WALTER SCHOBERT

DAS WHISKY LEXIKON

WELTBILD

Genehmigte Lizenzausgabe
für Verlagsgruppe Weltbild GmbH, Augsburg

Gesamtherstellung: Clausen & Bosse, Leck
Printed in Germany
ISBN 3-8289-1100-5

2004 2003 2002
Die letzte Jahreszahl gibt
die aktuelle Lizenzausgabe an.

Inhalt

Vorwort

Drei Jahre hat mich dieses Buch durch mein Leben begleitet, drei lange Jahre lang. Drei Jahre, in denen es immer wieder notwendig war, neue Einträge zu machen und alte zu überarbeiten. Das Entstehen neuer Marken, das Verschwinden altehrwürdiger Firmen, Übernahmen, freundliche und feindliche, Zusammenschlüsse, von vielen für ganz moderne Erscheinungen gehalten, sind es in der Whisk(e)yindustrie keineswegs. Sie haben lange Tradition und Wurzeln, die bis ins letzte Jahrhundert zurückreichen. Freilich hat sich das Karussell noch nie so schnell gedreht wie heute. Vor zwei Jahren erst fusionierten Guinness und Grand Metropolitan, um mit Diageo den weltgrößten Getränkekonzern zu formen.

Die Konsequenzen sind bis heute zu spüren, und sie haben nicht nur Auswirkungen in vielen Bereichen und in vielen Ländern – sie reichen auch in dieses Buch hinein. Es ist erst wenige Monate her, daß der neue Gigant sich entschloß, sich fast ganz aus Nordamerika zurückzuziehen. Das machte es notwendig, viele Stichworte noch einmal durchzusehen, zu ändern, zu ergänzen. Und die Veränderungen werden weitergehen. Solche Bücher bringen es mit sich, daß sie am Tage der Drucklegung nicht mehr aktuell sind. Bis Anfang Juni diesen Jahres wurden neue Informationen eingearbeitet. Danach werden sich die ersten Lücken auftun. Vielleicht ist es möglich, meinen Traum zu realisieren, und den Lesern eine Aktualisierung über das Internet anzubieten. Die »Whisky Watch« wird sie auf jeden Fall auf dem laufenden halten.

Ganz zwangsläufig sind Bücher wie dieses auch unvollständig – und sie enthalten Fehler, wie jedes Schriftstück seit den ersten in Keilschrift abgefaßten Steintafeln. Ich bin dankbar, wenn ich auf sie aufmerksam gemacht werde, damit sie in den hoffentlich kommenden Neuauflagen ausgemerzt werden können. Und die Vollständigkeit: Es gibt allein über 4000 Marken von schottischen Blends. Sie kommen und gehen. Selbst im Bereich des Malt, der noch vor wenigen Jahren sehr überschaubar war, ist es völlig unmöglich, die Übersicht zu behalten. Immer mehr Abfüllungen kommen auf den Markt, von den Eigentümern und, mehr noch, von den Unabhängigen herausgebracht, viele von ihnen nur in einzelnen Ländern oder gar nur für einen besonders aktiven Händler.

Im Mittelpunkt dieses Buches stehen, natürlich, die klassischen Whisk(e)yländer Schottland, Irland, Kanada und USA. Sie stehen aber nicht allein. Indien hat mehr Brennereien als die Vereinigten Staaten und Japan eine größere Produktion als Schottland. Es macht Spaß, solche »Exoten« aufzuspüren – und birgt das unvermeidliche Risiko, manche auch nicht zu finden. Auch da bin ich für Tips, Hinweise, dankbar. Im übrigen habe ich mich bemüht, das Buch so benutzerfreundlich wie möglich zu machen. Wo Abkürzungen verwendet werden, sind sie als Stichwort erklärt. Firmennamen und Namen von Brennereien sind immer in normaler Schrift, der Name eines Whisk(e)y ist kursiv gesetzt. Glenfiddich meint also die Destillerie, *Glenfiddich* ihren Single Malt.

Solch ein Buch kann nicht entstehen ohne die Unterstützung vieler, die bereit sind, mit Informationen zu helfen, geduldig viele Fragen zu klären, Fingerzeige zu geben. Tatsächlich war es eine sehr große Zahl von solchen Helfern, die ich hatte. Für mein »Single Malt Note Book« habe ich zwei ganze Seiten gebraucht, um mich zu bedanken. Diesmal würden selbst sie nicht ausreichen. Es waren viele Mitarbeiter von Firmen, in Schottland, in Irland, in den USA, die nicht müde wurden, mir zu antworten. Ich kann sie nicht alle erwähnen, aber sie alle wissen, daß ich ihnen dankbar bin. Es waren viele Freunde, in Schottland und in Deutschland, den beiden Ländern, in denen ich lebe, die mit Rat und Tat zur Seite standen und die mir geholfen haben, durchzuhalten. Ich bin froh und dankbar, daß ich sie alle habe.

Auch sie sind viel zu viele, aber einige möchte ich dennoch nennen, in alphabetischer Reihenfolge: Michael Aschke, Claudio Bernasconi, Bettina Bohl, Angela Borowski, Grant Carmichael, Jim McEwan, Dieter Gräf, Werner Hertwig, Lyndsay und Richard Joynson, Dieter Kirsch, Horst Kroll und meine Freunde vom Whiskyclub Kyrburg, André Leonhards, Stephan Macha, Bill & Maggie Miller, Bärbel und Lutz Reifferscheidt,

Vorwort

Bernd Schäfer und die anderen Mitglieder des Frankonian Highland Circle, Henrike von Schau, Lilly und Dietrich Scheunemann, Günter Schöneis, Otto Steudel, André Symington, Wulf Weißbach, Jürgen Zichnowitz. Es sind noch viel, viel mehr – ich habe sie nicht vergessen und sie alle wissen, daß ich sie nur nicht erwähnen kann und daß ich ihnen dankbar bin.

Mein Dank gilt auch meinem leidgeprüften Verleger und meinen auf harte Proben gestellten Lektorinnen, die dennoch daran geglaubt haben, daß dieses Buch irgendwann einmal fertig würde. Ganz besonders herzlich bedanke ich mich bei meiner Familie und vor allem bei meiner Frau, für die Liebe, die Geduld und die Bereitschaft, mich auch in diesen drei langen Jahren zu begleiten. Ihr widme ich dieses Buch.

Nerabus, Isle of Islay, am 15. Juni 1999
Walter Schobert

A

Abbott's Choice Schottischer Blend. Heute eine der zahlreichen (kleinen) Marken aus dem großen Portfolio von → UDV, das hauptsächlich aus der Hinterlassenschaft der → DCL besteht, die Ende der achtziger Jahre von → Guinness gekauft und als → UD weitergeführt wurde. Eine der DCL-Töchter waren John McEwan & Co., die die Marke schon im letzten Jahrhundert kreiert hatten. Da der Firma eine Zeitlang auch die → Linkwood Distillery gehörte, darf man vermuten, daß dieser Malt zumindest früher bei der Komposition des Blend eine große Rolle gespielt hat.

Aberdeen Angus Argentinischer Blend. Ein sogenannter »nationaler Whisky«, der in → Argentinien hergestellt wird. Verwendet werden dabei aus Schottland importierte Malts und Grains, die im Land selbst destilliert werden.

Aberfeldy Schottische Malt-Destillerie. Sie liegt am River Tay in der Nähe des gleichnamigen Örtchens, dessen Name Mündung des Paldoc bedeutet, und gehört zur Region der südlichen → Highlands. Gegründet wurde sie 1896/8 von den Whisky-Händlern John → Dewar & Sons aus Perth. Diese Firma gab 1925 ihre Selbständigkeit auf und ver-schmolz mit der → DCL. 1972 wurde zwar ein neues → *stillhouse* gebaut und die Kapazität auf vier → *stills* erweitert, die eigene → Mälzerei wurde aber aufgegeben und machte Platz für eine *Dark grain*-Anlage. Mit der Übernahme der → DCL durch → Guinness kam Aberfeldy Ende der achtziger Jahre unter das Dach der → UD, die die Lizenz wieder auf den alten Namen John Dewar & Sons übertragen ließen. Nach der Fusion der Mutterfirma Guinness mit → Grand Metropolitan mußte der neugebildete Getränke-Gigant → Diageo aufgrund der Auflagen der Monopolkommissionen in den USA (wo der Blend *Dewar's* → *White Label* der meistverkaufte Scotch ist) und Brüssel die Marke verkaufen. Käufer war der Rum-Gigant → Bacardi, der als Morgengabe auch die Aberfeldy Distillery und weitere drei schottische Brennereien erhielt.

Der Malt aus Aberfeldy wurde schon immer vor allem für die Blends von Dewar, besonders den *White Label* und den → *Ancestor*, verwendet. Als Single Malt in → Destillerie-Abfüllung wurde er besser verfügbar, als UD einen 15 Jahre alten *Aberfeldy* 1992 in ihre neue Serie »Flora und Fauna« aufnahmen. Er war auch in deren → *cask strength*-Version enthalten, 1980 destilliert und mit starken 62.0 % abgefüllt.

Aberfoyle Schottischer Vatted Malt von → Robertson & Baxter. Er ist benannt nach dem kleinen Ort am Fuß der Trossachs, der nur einige Meilen von → Glengoyne entfernt ist, der firmeneigenen Brennerei. Deren Malts dürften eine gewichtige Rolle in diesem 8jährigen Whisky spielen – neben den anderen wie → *Tamdhu*, → *Glen Rothes* und → *Highland Park*, auf die Hersteller durch ihre Verbindungen zu → Highland Distillers zurückgreifen können.

Aberlour Schottische Malt-Destillerie. Ihr Name, ausgesprochen »aberlauer«, bedeutet Mündung des Lour. Sie liegt direkt an der A 95 am Fuß des Ben Rinnes und somit im Herzen der → Speyside. Nicht weit von ihr befindet sich der Wasserfall Lynn of Ruthie. Dort gab es einst eine Quelle, deren Wasser schon die Druiden schätzten und später von St. Dunstan zum Taufen verwendet wurde: willkommene Motive also für Werbung und Marketing. Der offizielle Name der Brennerei, die seit 1974 zum französischen Konzern Groupe → Pernod Ricard gehört und von derer schottischer Tochterfirma → Campbell Distillers geführt wird, ist immer noch Aberlour-→ Glenlivet. Auf den Flaschen wird die Jahreszahl 1879 als Gründungsdatum geführt. Damals gründete James Fleming die Brennerei neu; aber schon 1826 hatte es eine Brennerei gleichen Namens gegeben. Die heutige Anlage wurde 1898 nach einem Großfeuer errichtet. Sie wurde 1973 auf vier → *stills* erweitert. Obwohl sie so verkehrsgünstig liegt, werden keine Besucher empfangen.

Der Malt aus Aberlour ist Bestandteil des Blends → *Clan Campbell*. Als Single Malt ist Aberlour schon relativ lange verfügbar, früher in einer Flasche mit rechteckiger Grundfläche und maggiähnlichem Aussehen, in den siebziger Jahren, mit der Bezeichnung *VOHM (Very old Highland Malt)*, in einer klassischen Cognac-Flasche und in Italien natürlich auch mit 5 Jahren. Die Standard-→Destillerie-Abfüllung, die viele Auszeichnungen und Preise gewonnen hat, ist 10 Jahre alt. Sie hat nur 40 %, der 12 Jahre alte 43 %. Es gibt ihn auch als →*vintage*: von 1969, 1970, 1971 und 1976. In den letzten Jahren kamen zahlreiche neue *expressions* heraus, zum Teil auch nur für einzelne Märkte. Der 100 Proof mit 57 % ist ebenso wie der *Antique* (43 %) nur im Duty free zu bekommen, während der 15 Jahre alte *Cuvée Marie d'Ecosse* offiziell nur in Frankreich verkauft wird, aber auch in Deutschland zu bekommen ist. Mit dem 15 Jahre alten →*Sherry Wood Finish* wurde ein Beitrag zum Trend der →*finishings* geleistet. Der 18jährige dagegen ist komplett in Ex-Sherry-Fässern gereift. Wiederum nur für den Duty free ist der *a'bunadh* (gesprochen »a-búhnaw«, gälisch für »Ursprung«), mit 59.6 % ein →*cask strength*; er trägt die Unterschrift von James Fleming.

Abtrennung Bezeichnung für einen für die Herstellung von Malt Whisky in →*pot stills* ganz entscheidenden Vorgang, dessen Gelingen sich oft erst viele Jahre später, nach der Reifung des Whisky, herausstellt. Gemeint ist die Aufgabe des →*stillman*, beim letzten Destillations-Durchgang durch genaue Beobachtung im →*spirit safe* den richtigen Moment abzupassen, um die →*foreshots* vom →*middlecut*, dem →*heart of the run*, und diesen später von den →*feints*, d. h. den unbrauchbaren, zum Teil giftigen, zum Teil aus schwer verträglichen Fuselölen bestehenden Alkohol vom brauchbaren zu trennen, der dann als →*Baby whisky* oder →*new spirit*, mit etwas Wasser versetzt, zum Reifen in Fässer gefüllt wird.

Adam's Choice (Vermutlich) indischer Whisky, der von der afrikanischen Niederlassung von →Mohan Meakin in Nairobi verkauft wird. Man kann die Form der Flasche eine Motiv-Karaffe nennen – wie sie auch andere Firmen (z. B. →Whyte & Mackay oder →Jim Beam) anbieten, diese hier jedoch hat die Form einer nackten Frau und ist von seltener Geschmacklosigkeit.

Adams Kanadischer Blend von →Seagram. Die Marke wurde von Samuel →Bronfman geschaffen, nachdem er 1953 United Distillers Ltd. gekauft und in Thomas Adams Distillery umbenannt hatte. Der neue Name sollte an einen Whisky-Pionier erinnern, dessen Brennerei 1802 lizenziert worden war. Es gibt mehrere Versionen: *Adams Double Distilled* enthält mindestens fünf Jahre alte Rye-Whiskies, *Adams Private Stock* sechsjährige, *Adams Antique* doppelt so alte. Es gibt auch einen →*Four Roses*, den man nicht mit dem Bourbon verwechseln darf, der verwirrenderweise auch aus dem Hause Seagram kommt. Die Adams-Whiskies sind fast nur in Kanada zu bekommen.

Adelphi Distillery Schottische Whiskyfirma, die 1993 von James Walker gegründet und nach einer Destillerie benannt wurde, die einst seinem Urgroßvater gehört hatte. Die alte Adelphi Distillery, die zeitweilig auch Loch Katrine Adelphi und Gorbals hieß, war in Glasgow und gehörte somit zur Region der →Lowlands. Sie soll schon 1825 gearbeitet haben, war von 1880 an im Besitz von A. Walker & Sons, die auch in

Liverpool und im irischen Limerick tätig waren. Adelphi produzierte sowohl Grains wie Malts. 1902 wurde sie an die → DCL verkauft, die sie schlossen, obschon die → *warehouses* noch bis 1960 existierten.

Die heutige Firma ist einer der zahlreichen → unabhängigen Hersteller wie → Glenhaven, → Blackadder oder → Murray McDavid, die seit einigen Jahren wie Pilze aus dem Boden schießen. Die von den älteren Konkurrenten wie → Cadenhead und → Gordon & MacPhail vorgebenen Standards werden bei ihren Single Malts selbstverständlich eingehalten: Es sind Abfüllungen ohne jede → Färbung und ohne die das Aroma des Whiskies empfindlich beeinträchtigende → Kühlfilterung. James Walker füllt zudem grundsätzlich nur in → *cask strength* ab. Er hat allerdings auch einen, sehr anständigen, aus 20 Malts vom »Privat Stock« gemachten Blend mit dem Namen *The Adelphi Director's Reserve* im Programm. → *Breath of Angels*, ein anderer Blend, war leider nur kurz erhältlich.

ADP (Amalgamated Distilled Products) Schottische Whiskyfirma. Sie wurde 1969 als Tochter der Argyll Group gebildet und durch den Erwerb von A. → Gillies & Co. und deren → Glen Scotia Distillery auf eine solide Grundlage gestellt. Die finanzkräftige Mutter ermöglichte ihr ein schnelles Wachtstum, indem sie viele Namensrechte und Marken erwarb. Anfang der achtziger Jahre verfügte die Firma über ein Portfolio von mehr als 20 Blends, die in der firmeneigenen Abfüllanlage in Grangemouth hergestellt wurden; dort konnte pro Jahr mehr als eine Million → *cases* gefüllt werden. In dieser Zeit erwarb ADP auch die amerikanische Firma → Barton Brands samt deren schottischer Tochter Barton Distilling (Scotland), der damals die Barton Distilllery in → Bardstown, Kentucky, und in Schottland die Brennereien → Glen Scotia, → Littlemill und → Loch Lomond (die 1985 zuerst an → Inver House, dann an → Glen Catrine verkauft wurde) gehörte. Die Firma fand ein schnelles Ende: sie wurde zunächst in einem *management buy out* von einigen leitenden Angestellten unter Beteiligung von → Schenley (Canada) erworben und wurde als → Gibson International weitergeführt, die, unter bis heute undurchsichtigen Umständen, bald wieder aus dem Firmenregister verschwand.

Affinity Whiskydrink. Er ist eine Variante des → Manhattan und wird statt mit Bourbon mit Scotch gemacht. Außerdem ersetzt Orange-Bitter das sonst übliche Angostura.

African Safari (Vermutlich) indischer Whisky, der in einer Flasche verkauft wird, die die Form des afrikanischen Kontinents hat. Sein Hersteller ist das House of → Mohan Meakin, das seinen Hauptsitz in → Indien hat, aber auch eine Niederlassung in Nairobi besitzt.

Against the Grain Schottischer Single Malt. Er ist – und dies längst nicht immer – nur in den Filialen der britischen Wein- und Spirituosenkette → Oddbins zu finden. Deren Hausgrafiker, der bekannte Karikaturist Ralph Steadman, hat das reizvoll-eigenwillige Label gestaltet. Es verrät, aus welcher

Brennerei der 10jährige →»Campbeltown Malt« kommt: von →Springbank. Deswegen hat er auch die typische Springbank- (und →Cadenhead) Stärke von 46 %.

Age of Sail Schottischer Blend von dem auf der Isle of Man residierenden Unternehmen →Lombart Scotch Whisky.

Ageing Japanischer Blend von →Suntory. Noch 1992 in der Produktliste geführt, wurde seine Produktion mittlerweile eingestellt. Er bestand aus Malts und Grains, die mindestens 15 Jahre lang gelagert worden waren, gehörte also zum →Premium-Segment.

A. H. Hirsch Straight Bourbon, der als Herkunft →Lawrenceburg in Kentucky angibt, aber keineswegs dort destilliert ist, sondern in Wirklichkeit aus →Michter's Distillery in Scheaferstown, Pennsylvania, stammt. Er stellt die letzte Gelegenheit dar, noch einen Whiskey aus dieser Brennerei zu kosten, die 1988 endgültig schließen mußte. Deren große, noch dort lagernde Vorräte mußten auf richterliche Anordnung verbrannt werden, weil sie immer wieder Einbrecher angelockt hatten – eine wahrhaft paradoxe und traurige Entscheidung, bekämpften die Richter doch Vandalismus mit Vandalismus.

Es war Adolf Hirsch, ein ehemaliger Spitzenmanager von →Schenley, der vor diesem barbarischen Akt einige Fässer aus dem Jahr 1974 erworben hatte. Er ließ sie unter seinem Namen abfüllen, verkaufte seinen Bestand aber später an die Familie Hue, der die Spirituosenhandlung »Cork 'n' Bottle« in Covington, Kentucky, gehörte. Um ein weiteres Altern des Whiskey zu verhindern, leerten sie die Fässer und füllten den Inhalt in Stahltanks. So erklärt sich das Rätsel, daß zwar alle Abfüllungen 1974 als Destillationsjahr angeben, aber verschiedene Altersstufen haben. Der 20 Jahre alte mit 91.6°/45.8 % kommt noch aus Fässern, die nicht umgefüllt wurden, ebenso wie der 19jährige mit 93°/46.5 %, von dem es aber nur noch sehr wenige Flaschen gibt. Nicht aus den alten Beständen stammen der 16jährige mit 91.6°/45.8 %, der mit dem →*Boone's Knoll* identisch ist, und der 13 Jahre alte, eine Privatabfüllung für einen kalifornischen Liebhaber, der in Wirklichkeit ein *Van Winkle Rye* ist.

Schade, daß auf den Flaschen keinerlei Hinweis auf die edle Herkunft gegeben wird, daß weder Pennsylvania mit seiner doch großen Whiskey-Tradition noch die ehrwürdige und immerhin unter Denkmalschutz stehende Michter's Distillery erwähnt werden – erstaunlich bei der Geschwätzigkeit, die sonst so viele amerikanische Labels auszeichnet. Immerhin hat man sich durchgerungen, die →*pot stills* zu erwähnen, die einst bei Michter's für die zweite Destillation verwendet wurde.

Ainslie & Heilbron Schottische Whiskyfirma. Der erste Teil ihres Namens geht zurück auf die 1868 gegründete Firma James Ainslie & Co., der zweite ist noch älter und datiert bereits von 1827. Sie bietet ein gutes Beispiel dafür, wie kompliziert die schottische Whisky-geschichte manchmal verlaufen ist: wie sich Firmen bildeten und wieder aufgelöst wurden, wie Übernahmen sich mit Fusionen abwechselten und ständig neue Allianzen geschmiedet wurden. Der Name Ainslie ist vor allem mit → Clynelish Distillery verbunden. Ainslie & Co., die die die Brennerei 1896 gekauft und renoviert hatten, überstanden zunächst unbeschadet die große, mit dem Namen → Pattison verbundene Whisky-Krise um die Jahrhundertwende, um dann 1912 doch zum Verkauf gezwungen zu sein.

Daß die Namen Ainslie und Heilbron erhalten blieben, liegt an der Verschmelzung der beiden Firmen durch den Unternehmer James Calder, der auch noch die in → Campbeltown ansässige Firma Colville Greenlees dazukaufte. Unter der → DCL, die 1926 die Regie übernahm, wurde neu strukturiert und als Tochterfirmen einerseits → Macdonald Greenlees (denen → Glendullan gehörte) und andrerseits Ainslie & Heilbron gebildet. Letztere wurden mit der Führung von → Clynelish beauftragt. Das führte dazu, daß der Name Ainslie & Heilbron doch noch auf Flaschen mit dem Single Malt dieser Brennerei kam. Sie wurden und werden allerdings nicht vom → Eigentümer, sondern von → Gordon & MacPhail abgefüllt. Seit der Übernahme der DCL eine Tochter von → UD, war die Firma dann für verschiedene Blends verantwortlich, die aber nur lokale Bedeutung hatten; der *Ainsley's*, vor allem in Griechenland gern getrunken, gehörte dabei zu denen, von denen sich die UD beim Zusammenschluß ihrer Mutter Guinness mit → Grand Metropolitan zu → Diageo auf Anordnung der europäischen Monopolkommission trennen mußte. 1998 wurde der Name und die Marke von der belgischen Firma Bruggemann erworben.

Alberta Kanadische Whiskyfirma mit Firmensitz in Vancouver und zwei Produktionsstandorten: in Burlington, Ontario, und in Calgary im Bundesland Alberta. Die Alberta Distillery wurde 1946 gebaut – in einer Gegend, die für die Whiskyherstellung besonders gut geeignet ist, weil es dort gutes Wasser aus den Rocky Mountains und besten Roggen aus der größten Getreide-Region Kanadas gibt. Die Brennerei gehört heute → Jim Beam Brands, der Spirituosentochter von → American Brands / → Fortune Brands. Glücklicherweise hatte diesmal der Wechsel des Besitzers keinen Wechsel der Methoden und des Produktionsstils zur Folge gehabt. Alberta ist die einzige Destillerie Kanadas geblieben, die ihre beiden Whiskies ausschließlich aus Roggen brennt. Ungewöhnlich auch, daß selbst der Basiswhisky, der wie anderswo auch bis ca. 95 % hochdestilliert wird, aus Roggen destilliert wird. Zusammen mit dem ebenfalls nur aus Roggen erzeugten, mit 65 % sehr viel schwächer destillierten und deshalb weit aromareicheren zweiten Whisky, ergibt das Blends von sehr eigenständigem und reizvollem Charakter, zu dem auch die Lagerung in neuen oder → Ex-Bourbon-Fässern beiträgt.

Alberta produziert unter eigenem Firmennamen Whiskies mit verschiedenem Alter: → *Carrington* ist drei, → *Windsor* vier und → *Tangleridge* 10 Jahre alt. Dazu kommen Whiskies, die *in → bulk* in die USA verkauft und dort von der Mutterfirma Jim Beam vertrieben werden wie → *Autumn Gold*, → *Canadian Gold* und → *Canada House*. Den hauseigenen Namen tragen der fünfjährige *Alberta Premium*, ein »Special Mild Canandian Rye Whisky« und der *Alberta Springs*. Ihn gibt es als Canadian mit 45 % und als Rye mit 10 Jahren und 40 %. Sein Etikett wirbt mit dem Hinweis, er sei durch → *charcoal mellowing* verfeinert, bei dem es sich aber nicht um das in → Tennessee angewandte Verfahren des → *leaching*, sondern um herkömmliches Filtern durch Aktivkohle handelt.

Albion's Schottischer Blend mit dem Zusatz *Finest Old*. Er wird produziert von der Firma Scottish Albion Blending Co., einer Tochter der → Kinross Whisky Company.

Alcopops Bezeichnung für alkoholhaltige Getränke, die in den letzten Jahren entweder von Softdrink- oder von Spirituosenfirmen auf den Markt gebracht werden. Beide erhoffen sich von ihnen eine Steigerung ihrer Absätze. Zielgruppe der Alcopops sind vor allem junge Leute, die es einerseits ablehnen, hochprozentige Alkoholika pur zu konsumieren, anderseits aber vor allem mit Drinks wie Cola groß geworden sind. Tatsächlich spielt dieses Getränk eine große Rolle bei den bereits fertig gemixt in Dosen oder auch Flaschen angebotenen Produkten. Pioniere waren die Besitzer der Marken *Jim Beam* und *Jack Daniel's*, die es schon seit längerer Zeit als »Cola mit Schuß« gibt. Auch schottische Whiskyfirmen versuchen, den Trend zu nutzen. So haben z. B. UD ihren Blend *Bell's* mit Cola, Limonade oder dem schottischen Kultgetränk »IRN BRU« herausgebracht, aber auch einen *Bell's* mit Chili als *Red Devil*. Nicht nur diejenigen, die glauben, es sei zu schade, Whisk(e)y mit etwas anderem als klarem Quellwasser zu mixen, stehen den Alcopops kritisch gegenüber. Viele halten sie für gefährlich oder sogar schädlich, weil besonders den jugendlichen Konsumenten in der Regel gar nicht bewußt ist, wieviel Alkohol sie in dieser Form zu sich nehmen.

Ale Das im Englischen als Bezeichnung für bestimmte Biere und vor allem in Zusammenhang mit dem *real ale* gebrauchte Wort wird manchmal auch bei der Whiskyherstellung verwendet. Bekanntlich gibt es bei der Produktion von beiden, von Bier und vor allem von Malt-, aber auch anderem Whisky bestimmte Parallelen. Nach dem deutschen Reinheitsgebot z. B. darf Bier wie in Schottland Malt Whisky nur aus reinem Gerstenmalz gemacht werden (in den USA sind dafür nur 51 % Gerstenmalz-Anteil gesetzlich vorgeschrieben). Auch die Verzuckerung der im Getreide enthaltenen Stärke durch Mahlen und → Maischen haben beide gemeinsam und ebenso die Weiterverarbeitung der → Würze durch den Zusatz von Hefe zu einer alkoholischen Flüssigkeit. Sie wird beim Whisky meist als → *wash* bezeichnet, zuweilen aber auch (in den USA) als → *beer* oder (in Schottland) als *ale*. Sie wird im nächsten Arbeitsschritt durch Destillation in Brennblasen, den → *stills*, zu der gewünschten Alkoholstärke gebracht. Dabei bleibt am Boden der *still* ein Rückstand, der in Amerika als → *stillage* oder *spent beer*, in Schottland gerne als *spent* oder *burnt ale* bezeichnet wird. Dort wird er entweder beseitigt oder zu Tierfutter verarbeitet, während er jenseits des Ozeans die Grundlage für das → *sour mash*-Verfahren bildet.

Alexander Dunn Schottischer Blend. Er wird produziert von der in Surrey ansässigen Firma Alexander → Dunn & Co., die die Marke in verschiedenen Versionen anbietet, als Blends mit 3, 5 und 12 Jahren und als 12jährigen Vatted Malt. Die Hauptmärkte sind Frankreich und Japan.

Alkohol Bezeichnung für ein Produkt, das zunächst entsteht, wenn eine zuckerhaltige Maische durch Zugabe von Hefe zum Gären gebracht wird. Dabei spaltet sich, vereinfacht gesagt, der Zukker in Alkohol und Kohlendioxyd. Beim Whisk(e)y ist das Ausgangsprodukt für die Maische Getreide, das Endprodukt der Gärung eine Art Bier, die in Schottland *wash*, in den USA auch *beer* genannt wird. Durch Destillation, durch Erhitzen in Brennblasen, in *stills*, kann der Alkoholgehalt weiter erhöht werden. Er wird heute in Volumenprozenten gemessen; früher war die in Großbritannien und in den USA unterschiedlich definierte Meßeinheit *proof* üblich. Das Wort selbst kommt aus dem Arabischen. »Al kuhl« oder »Al-koh'l« war ursprünglich eine Bezeichnung für ein schwarzes Puder, mit dem man die Augen schminkte, was den Schriftsteller Ambrose Bierce vom Alkohol als einer »Flüssigkeit, die einem Mann zu schwarzen Augen verhilft«, sprechen ließ. Die chemische Formel für Alkohol ist CH_3-CH_2 OH.

All Malt Japanischer Vatted Malt. Er wurde von → Nikka 1990 eingeführt und stellt etwas dar, was es in dieser Form vorher nicht gegeben hat: Er enthält Malts von zwei verschiedenen Destillerien, die verschiedene Destillationsverfahren anwenden. In der einen wird, ganz klassisch, gemälzte Gerste in einer → *pot still* gebrannt. Auch der zweite Malt basiert ausschließlich und zu 100 Prozent auf Gerstenmalz, das aber in Nikkas Brennerei in → Nichinomiya in einer → *Coffey still* verarbeitet worden ist. Der Whisky ist in der Tat das Produkt einer Firma, die nicht verleugnen kann (und will), daß sie schottischen Traditionen zutiefst verpflichtet ist, die ihr Gründer Masataka → Taketsuru bei seinem Studium in Glasgow ebenso lieben lernte wie seine schottische Braut Rita. 1995 kam zur ersten eine weitere Version der Marke, die den eingeführten Namen klein auf dem Label vermerkt und darunter größer → *Malt Club*.

All Saint's Amerikanische Firma, die auch eine kleine Serie von schottischen Single Malts im Programm hat. Sie heißt → »Highland Collection«, weil die Labels auf den Flaschen Bilder des britischen Künstlers Albany Wiseman zeigen. Außerdem führt sie einen 8jährigen Single Malt mit dem schönen Namen → *Ulle bé Naomh* und den Single Malt → *Orach Dram*. Ebenfalls ein Single Malt ist → *Loch Morar*, der in drei Altersstufen mit 8, 12 und 18 Jahren angeboten wird.

Allan's Schottischer Blend von → Eaglesome aus → Campbeltown. Die Firma gehört zu dem kleinen Imperium der Nachkommen der → Mitchells, deren Flaggschiff die ebenfalls in der

Hauptstadt Kintyres gelegene → Springbank Distillery ist.

Allied Domecq Internationaler Konzern. Er ist 1995 aus der Vereinigung von Allied Lyons mit der spanischen Sherry- und Brandyfirma Pedro Domecq hervorgegangen und nimmt in der Rangliste der größten Getränkefirmen der Welt nach dem 1997 gebildeten neuen Riesen → Diageo den 2. Platz ein. Das Hauptquartier der Firma ist nicht mehr in → Dumbarton, sondern in Bristol, wo die Tochterfirma Harvey ihren Sitz hatte und man den internationalen Märkten näher zu sein hofft.

Allied Domecq ist besonders im Spirituosensektor engagiert und besitzt Brennereien in Kanada (→ Walkerville), in den USA (→ Maker's Mark) und in Schottland. Dort ist die schottische Tochter Allied Distillers verantwortlich für die Brennerei Dumbarton, wo hauptsächlich Grain Whiskies hergestellt werden, aber mit dem → *Inverleven* (und dem → *Lomond*) auch Malts destilliert werden können. Außerdem gehörten der Firma immerhin elf weitere Malt-Brennereien, von denen allerdings → Balblair und → Pulteney schon1995/6 und die renommierte Islay-Destillerie → Ardbeg dann 1997 verkauft werden mußten, während → Glendronach und → Scapa vorübergehend geschlossen wurden. 1998 wurde auch → Imperial geschlossen und Scapa zwar nicht verkauft, aber → Highland Distillers bzw. deren Brennerei → Highland Park auf Orkney in Obhut gegeben. Zur Zeit werden nur noch → Laphroaig, → Miltonduff und → Tormore aktiv betrieben.

Eine der wesentlichen Aktivitäten der Firma war das Biergeschäft, dem sie eigentlich ihre Entstehung verdankt. Denn ihre »Urzelle« war der britische Biergigant Allied Breweries, der sich zunächst einige renommierte Whiskyfirmen wie → Stewart & Son und Wm → Teacher & Sons einverleibte. 1987 übernahmen die Brauer den kanadischen Konzern Hiram → Walker, von dem sie vorher bereits nahezu die Hälfte der Anteile besessen hatten, komplett. Er brachte seinerseits einige Brennereien und eine ganze Reihe Marken (z. B. → *Canadian Club*, → *Ballantine's*) in die Ehe mit. Ein Versuch, die → DCL zu übernehmen, scheiterte, statt dessen wurde der Wein- und Spirituosensektor eines anderen britischen Brauereigiganten, Whitbread, übernommen, wodurch die Blends → *Long John* und → *Black Bottle* und die Ginmarke »Beefeater« zum Portfolio kamen, aber auch weitere Brennereien erworben wurden, darunter das Schmuckstück Laphroaig. Eine der jüngsten Akquisitionen ist die deutsche Firma Jacobi, die seither die meisten Allied-Marken vertreibt.

Die Vereinigung mit Domecq, die ihre spanische Whiskytochter → DYC samt deren schottischer Brennerei → Lochside mitbrachten, hat nicht nur Synergien freigesetzt, sondern auch die Grenzen des Wachstums sichtbar gemacht: Außer den genannten Destillerien wurden auch einige Marken und, 1996, die Anteile an der Brauerei-Tochter Carlsberg Tetley verkauft; auch von dem großen schottischen Mälzereibetrieb Robert Kilgours in Kirkaldy trennte man sich, (noch) nicht aber von der

Pub-Kette, zu der immerhin 2700 Lokale gehören. Verkauft wurde im Januar 1999 auch die irische Tochter → Cantrell & Cochrane, die den Likör → *Cochrans* und den vor allem in Deutschland erfolgreichen → *Tullamore Dew* besitzt. Durch Engagements und *joint ventures* wird auch versucht, z. B. in Indien Fuß zu fassen, wo man sich zuerst an → Jagatijt Industries beteiligte und dann mit → Clan Morgan of Delhi und → Tilaknagar Partnerschaften einging. Die nordamerikanischen Whisk(e)y-Interessen sind unter dem Dach der Tochter Hiram Walker gebündelt, die schottischen bei Allied Distillers, über die Allied Domecq immer noch (nach → Diageo und vor → Seagram) der zweitgrößte Player im Scotchgeschäft ist. Zu großen Marken des Konzerns gehören die Sherries »La Ina« und »Harvey's Bristol Cream«, die Portweine von → Cockburn, der Cognac »Courvoisier«, die Brandies »Carlos« und »Fundador«, »Lamb's Rum« und »Beefeater«.

Allied-Reihe Schottische Single-Malts. Sie kommen alle aus Brennereien, die Allied Distillers bzw. deren Mutterfirma → Allied Domecq gehören, die aber nicht als → Destillerie-Abfüllung auf den Markt gebracht werden, sondern von → Gordon & MacPhail, dem → unabhängigen Abfüller aus Elgin. Sie tragen ein Label, das neben dem Namen der Brennerei auch den der Firma enthält, auf die die Lizenz eingetragen ist. Zur Reihe gehören: → *Ardmore*, → *Balblair*, → *Glenburgie*, → *Imperial*, → *Inverleven*, → *Old Pulteney* und → *Scapa*.

Allt A' Bhainne Schottische Malt-Destillerie. Sie wird manchmal auch Alt-à-Bhaine oder Allt-à-Bhaine geschrieben; ihr Name, »allt à vejn« gesprochen, bedeutet Milchbach. Sie liegt in den → Highlands an der südlichen Seite des Ben Rinnes und südwestlich von → Dufftown und ist im Besitz von → Seagram. Deren schottische Tochter → Chivas Bros. baute die Brennerei 1975 gleichzeitig mit → Braes of Glenlivet und als Teil eines ehrgeizigen Programmes, das eigentlich fünf Brennereien vorsah. Obwohl sie nur zwei → *stills* hat, ist sie für große Kapazitäten ausgelegt und könnte 5 Millionen Liter Alkohol im Jahr produzieren. Sie ist sehr modern: die Produktion läuft computergesteuert. Die Architektur ist etwas gewöhnungsbedürftig und natürlich weit entfernt von jeder romantischen Vorstellung, paßt aber dennoch ganz gut in die Landschaft. Die Pagodendächer über den modernen Gebäuden sind hübsch, aber gänzlich funktionslos. Der → *new spirit* wird nicht am Ort gelagert, sondern in Tankwagen nach → Keith gebracht.

Allt A' Bhainne ist als Single Malt bisher noch nie von den → Eigentümern abgefüllt worden. Aber es gab ihn von verschiedenen → unabhängigen Abfüllern, u. a. von → Signatory und von → Cadenhead. Gordon Currie, der im nahen Dorf Tomintoul in seinem »Whisky Castle« eine beeindruckende Auswahl an Malts führt, hat in seiner → Castle Collection schon zweimal einen Malt aus Allt A'Bhainne gehabt.

Alter In den meisten whisk(e)yherstellenden Ländern gibt es gesetzliche

Vorschriften, die regeln, wie lange Whisk(e)y mindestens gelagert werden muß, bevor er verkauft werden darf. In Schottland, Irland, Kanada und Japan schreiben die Gesetze dafür drei Jahre vor, in den USA sind es zwei. Eine Ausnahme sind die *Bottled in Bond*-Whiskies, die mindestens vier Jahre altern müssen. Ein solcher BiB ist also, wenn er ohne Altersabgabe auf dem Etikett verkauft wird, mindestens vier Jahre alt. Man darf das Mindestalter aber nicht mit dem Alter verwechseln, mit dem die Hersteller ihre Whiskies auf den Markt bringen. Nur einfache Standard-Blends begnügen sich mit drei Jahren. Weil die Qualitität bei längerer Reife sich verbessert, werden die Whiskies meistens sehr viel länger im Faß gelassen. Sie werden abgefüllt, wenn ihre Produzenten sie für ausgereift halten. Eine Altersangabe ist dafür nicht vorgeschrieben. Bei schottischen Blends kann man aber vom Preis auf das Alter schließen. Wenn allerdings eine Angabe auf das Etikett gedruckt wird, ist damit der jüngste im Blend enthaltene Whisky gemeint, d. h. »8 Jahre alt« bedeutet, daß alle Whiskies mindestens 8 Jahre alt sind, manche aber natürlich sehr viel älter sein können. Malt wird in der Regel erst mit 10 oder 12 Jahren abgefüllt – nur die für Italien bestimmten Marken sind oft jünger, aber es gibt auch oft sehr viel ältere Malts. Auch in den USA, wo die Bourbons in der Regel sehr jung in die Flasche kamen, ist in den letzten Jahren, mit den aufkommenden *small batch*- und *single barrel*-Whiskies, ein Trend zu älteren Abfüllungen zu beobachten. Ob das Altern den Bourbons wirklich bekommt, ist durchaus umstritten. Ende 1998 haben jedenfalls die Besitzer von *Maker's Mark* eine witzige Anzeige veröffentlicht, in der sie, leicht zu identifizierende, Flaschen ihrer Konkurrenten zeigten und sie als »overproofed, overpriced, overaged« verspotteten.

Ambassador Schottischer Blend. Er wurde ursprünglich von der kleinen Firma → Taylor & Ferguson auf den Markt gebracht. Nach deren Übernahme in den dreißiger Jahren durch Hiram → Walker wurde er von den neuen Besitzern vor allem in USA erfolgreich verkauft. Von ehemals mehreren Versionen ist heute nur noch ein 12jähriger → De luxe zu bekommen. Einer der verwendeten Malts kommt sicher aus → Scapa Distillery, deren Lizenz noch bis 1995 auf Taylor & Ferguson lief, die aber ebenso wie Hiram Walker längst zum Imperium von → Allied Domecq gehört.

American Biker Kentucky Straight Bourbon von → Twelve Stone Flagons, einer Firma, die vor allem durch ihre zum Teil hervorragenden schottischen → *Usquaebach*-Abfüllungen bekannt geworden ist. Ihr amerikanisches Produkt fällt sehr aus der Reihe, vielleicht weil es sich an eine andere Zielgruppe wendet: nicht an die das Besondere suchenden Scotch-Kenner (und, wie der verballhorte Name vermuten läßt: Schottland-Nostalgiker), sondern an die Liebhaber von Harley Davidson & Cie., die sonst wahrscheinlich eher zu Cola mit Schuß oder Budweiser greifen. Die Firma brachte die Marke 1996 heraus, bezieht den Whiskey von → Heaven Hill und reduziert ihn auf 80°/40 %.

American Brands Amerikanischer Mischkonzern, der sich auf vielen Geschäftsfeldern betätigt. Nachdem er 1996 Gallaher, die größte Zigarettenfirma Großbritanniens (Spitzenmarke: Benson & Hedges) verkauft und sich damit völlig aus dem Tabakgeschäft zurückgezogen hat, sind Golf und Whisk(e)y seine bedeutendsten Engagements. Er besitzt aber auch Master Lock (Türschlösser) und die bekannte Detektivagentur Pinkerton. Ihm gehören die Firmen Cobra Clubs (Golfschläger), Footjoy (Golfschuhe und -handschuhe) und Titleist (Golfbälle und anderes Zubehör). 1967 erfolgte der Einstieg in das Whiskey-Geschäft, als die Marke → *Jim Beam* samt den beiden gleichnamigen Brennereien in Boston und Clermont erworben wurde. 1987 wurden auch National Distillers gekauft, denen vor allem die Brennereien → Old Crow, → Old Taylor und → Grand Old-Dad (alle in Frankfort, Kentucky) samt einiger Regionalmarken gehörten. Die drei Destillerien wurden sofort geschlossen, aber die gleichnamigen Whiskies gibt es noch; sie werden heute allerdings alle bei Jim Beam hergestellt. 1990 ließ der Konzern durch seine damalige britische Zigarettentochter die Firma → Whyte & Mackay mit dem gleichnamigen Blend erwerben. Die Schotten durften dann wiederum für die amerikanische Mutter die bis dahin unabhängigen → Invergordon Distillers erwerben. Die etwas unübersichtliche Konzernstruktur machte 1997 eine umfassende Neustruktrierung notwendig.

Um sich ganz von der Tabakvergangenheit zu lösen, wurde einmal eine Umbenennung in → Fortune Brands beschlossen und dann die Whisk(e)yinteressen weltweit neu geordnet: Unter dem Dach von → JBB Worldwide (Jim Beam Brands) befinden sich nun drei Töchter: JBB (The Americas) ist für Nord- und Südamerika zuständig, JBB (Pacific) für den Rest der Welt außer Europa und Afrika, die als → JBB(Greater Europe) firmieren. Die bedauerlichste Konsequenz dieser Entscheidung war die Aufgabe des Namens Whyte & Mackay. Es mag im Zeichen der Globalisierung klug sein, das bedeutendste Produkt durch den Firmennamen in den Vordergrund zu stellen, einen Mangel an Sensibilität für europäische und speziell schottische Traditionen und Gefühle verrät es dennoch – von afrikanischen ganz zu schweigen, die ganz einfach hinter Europa zurücktreten müssen. Mit der Weiterführung der mit Frankfort, Kentucky, verbundenen altehrwürdigen Bourbon-Marken hat der Konzern bewiesen, daß er durchaus Respekt vor der Geschichte hat; es ist bedauerlich, daß solche Größe nur bei seinem amerikanischen Erbe zum Tragen kommt.

Amrut Indische Destillerie in Bangalore. Sie produziert auch Malt und ist somit eine der immerhin 15 Malt-Brennereien des Subkontinents. Sie gehört der Firma Amrut Distilleries, die vor allem den Blend → *Maqintosh* (sic) herstellt.

An Cnoc Schottischer Single Malt. Es handelt sich um die → Eigentümer-Abfüllung eines Malts, der von → Knockdhu Distillery erzeugt wird. Er hieß ursprünglich, wie sich das für einen schottischen Single Malt eigentlich gehört, genauso wie seine Brennerei und wurde 1990 tatsächlich unter diesem Namen herausgebracht. 1993 kam er unter dem neuen Namen als 12jähriger auf den Markt. Die Namensänderung basiert angeblich auf einer Vereinbarung mit → Justerini & Brooks bzw. deren Mutter → IDV und sollte helfen, eine Verwechslung mit deren → *Knockando* zu vermeiden. Für einen neuen 21jährigen wurde allerdings wieder der ursprüngliche Name benutzt.

Analyser Bezeichnung für die erste der beiden Säulen, die bei der Herstellung von Whisky in → *patent stills* oder → *column stills* verwendet werden. Die zweite Säule ist der → *rectifyer*. In beiden befinden sich perforierte Platten aus Kupfer oder Edelstahl, die übereinandergeschichtet sind und wie kleine Brennblasen wirken. In den Säulen treffen heißer Dampf und kalte → *wash* aufeinander. Ihren Namen hat die Säule, weil in ihr die alkoholhaltigen Bestandteile der *wash* vom Wasser getrennt werden, weswegen sie auch Trennkolonne genannt wird.

Ancestor Schottischer Blend, der manchmal auch *Dewar's Ancestor* genannt wird. Er ist die → De luxe-Version des Klassikers → *White Label* aus dem Hause John → Dewar & Sons. Im heimatlichen Großbritannien gab und gibt es ihn nicht zu kaufen, was böse Zungen lästern ließ, die Firma würde um den Absatz ihrer Hauptmarke fürchten müssen, würden sie deren Liebhaber nur endlich den *Ancestor* kosten lassen. Eine gewichtige Rolle in ihm dürfte der → Malt der firmeneigenen Brennerei → Aberfeldy spielen. Hersteller waren → UD, die Nachfolger von → DCL, zu denen Dewar & Sons seit 1925 gehören. Die Marke wechselte, im Gefolge der Vereinigung von UD und → IDV zu → UDV, aufgrund von Anordnungen der amerikanischen und europäischen Monopolkommissionen, den Besitzer und gehört jetzt → Bacardi. Weil die Rum-Könige kaum in der Lage wären, den Blend selbst herzustellen, haben sie sich vertraglich zusichern lassen, daß sie ihn fertig von UDV beziehen können.

Ancestral Schottischer Single Malt von The → Inverarity Vaults in Edinburgh/Leith. Die von dem ehemaligen → UD-Produktionsdirektor (und Professor) Ronnie Martin und seinem Sohn Hamish gegründete und nach seiner Großmutter benannte Firma ergänzt so ihren Blend → *Inverarity* und den → Speyside Single Malt gleichen Namens. Er kommt aus → Aultmore, ist 8 Jahre alt und in → Bourbon-Fässern gereift, während der Ancestral 14 Jahre alt ist und, für Aultmore sehr ungewöhnlich, in → Sherry-Fässern gelagert wurde.

Anchor Amerikanische Destillerie. Sie besteht eigentlich nur aus einer einzigen kleinen kupfernen → *pot still* – aus der freilich bereits ein Whiskey gekommen ist, der einzigartig genannt werden muß, weil es seinesgleichen in der Welt des (amerikanischen) Whiskey und auch des (schottischen) Whisky nie vorher gegeben hat: ein Single Malt Rye Whiskey, der erste seiner Art überhaupt und unseres Wissens der erste Malt, der nicht aus gemälzter Gerste, sondern aus gemälztem Roggen hergestellt ist. Der

Begriff Malt muß also in Zukunft neu definiert werden.

Die Brennerei ist in Potrero, einem Stadtteil von San Francisco, zu finden; durch sie ist plötzlich ein Bundesstaat der USA auf die Whiskey-Landkarte gekommen, der bisher nicht vertreten war. Anchor ist darüber hinaus wahrscheinlich die erste Micro-Distillery. Sie wird eine ähnliche Revolution sein wie die Anchor Brewery, die mit ihrem »Steam Beer«, ihrem »Liberty Ale«, ihrem Porter und ihrem Weihnachtsbier den Trend zu den Micro-Breweries ausgelöst und zur Gründung von immer neuen kleinen Brauereien geführt hat. Die haben mit einer Vielzahl von Bieren den Brauereigiganten und ihrem Retortengebräu den Kampf angesagt (und ihn, was die Qualität betrifft, längst gewonnen). Anchor Brewery ist die Gründung des Mannes, der auch die Brennerei eingerichtet hat. Er hatte sich zuvor bereits als erfolgreicher Winzer und Erzeuger der York Creek-Weine einen Namen gemacht – und ist überhaupt Träger eines in den USA bekannten Namens: Fritz Maytag. Sein Urgroßvater hat die Maytag-Waschmaschine erfunden (die Marke gehört heute Hoover), seinem Vater verdankt Amerika den »Maytag Blue«, einen der besten Käse des Landes.

Durch sein dreifaches Engagement ist Maytag der vermutlich einzige Mann der Welt, der sich gleichzeitig als Winzer, Brauer und Brenner hervortut – und schon jetzt ist klar, daß es bald andere kleine Brennereien geben wird, die in Zukunft kleine Mengen von außergewöhnlichem Whiskey herstellen werden. Maytag gibt nicht viel preis, wenn es um die Herstellung seines Produktes geht, er verrät nicht, woher der Roggen kommt und wer ihn mälzt. Immerhin weiß man, daß es sich bei seiner Brennerei (die man fast in Anführungszeichen setzten möchte) um gerade einmal einen streng abgeschirmten Raum in seiner Brauerei handelt, und daß darin in einem Edelstahlbottich gemaischt und fermentiert wird, ehe das → *beer* in der einzigen Brennblase zweimal destilliert wird. Maytags Leitvorstellung war, seinen Single Rye so zu machen wie einst die Iren und Schotten, die Amerika besiedelten. Ein bißchen länger, als es seine Vorbilder taten, läßt er seinen → *Old Potrero* immerhin reifen: die erste Partie von gerade 1448 Flaschen füllte er mit 13 Monaten und in der → Faßstärke von strammen 124°/62 % ab. Sie wurden nicht an den Handel verkauft und Sammler werden es schwer haben, eine Flasche zu ergattern, weil sie ausschließlich an eine Handvoll ausgewählter Restaurants in San Francisco, Kalifornien, Maryland und Washington DC gingen, die die köstliche Kostbarkeit meist nur glasweise abgeben.

Ancient Age Amerikanische Whiskey-Destillerie. Sie liegt in Leestown am Rande von Kentuckys Hauptstadt Frankfort über dem Kentucky River und wird gelegentlich auch als → Leestown Distillery bezeichnet. Sie hat im Lauf ihrer Geschichte ihren Namen fast noch öfter gewechselt als ihre Besitzer und ihre gegenwärtigen Eigentumsverhältnisse sind fast genauso unübersichtlich wie ihre Anfänge. Gesichert ist immerhin, daß ein Benjamin Harrison Blanton sich nach dem Konföderationskrieg auf der → Rock Hill Farm in Leestown niederließ und 1865 mit der Herstellung von Whiskey begann. Bei ihm handelt es sich möglicherweise um den Sohn des Steinbruchbesitzers, der 1830 die Steine für den Bau des Regierungsgebäudes in Frankfort geliefert hat und der im kalifornischen Gold Rush zu Geld gekommen war.

1869 entstand auf dem Land von Blanton jr. die O.C.F. (Old Copper Fire) Distillery. Ein gewisser Edmund Haynes Taylor, der später die nach ihm benannte Brennerei → Old Taylor baute, war an ihr beteiligt und renovierte sie 1873 zusammen mit George T. Stagg, der die Brennerei später allein übernahm und ihr seinen Namen gab. 1897 engagierte er den Sohn Blantons als Büroangestellten. Dieser Blanton sollte mehr als ein halbes Jahrhundert bleiben und die Brennerei prägen; eine Statue erinnert noch heute an ihn – und natürlich der Kentucky Straight Bourbon → *Blanton's*, der 1984 als erster amerikanischer → *single barrel* auf den Markt gebracht wurde. Colonel Albert B. Blanton war seit 1912 Manager und er überstand auch die → Prohibition, während der er zwar nicht mehr brennen, aber aus den Beständen Whiskey für medizinische Zwecke abfüllen durfte; in dieser Zeit übernahm → Schenley die Anlage. 1953 ging Blanton in den Ruhestand und die Destillerie trug seinen Namen, bis sie 1969 in Ancient Age Distillery umbenannt wurde – nach ihrer bekanntesten Marke, für die ein hoch über ihr aufragender Wasserturm weithin sichtbar Werbung macht.

Damals schon war → Elmer T. Lee Master Distiller, der bereits bei Blanton gelernt hatte und noch heute, im Ruhestand, nach dem Rechten schaut und die Fässer für den nach ihm benannten Whiskey auswählt. Für die Produktion ist heute Gary Gayheart zuständig. 1982 kamen Ferdie Falk und Robert Baranaskas, die Gründer der Firma → Sazerac in New Orleans, als neue Besitzer – und ein neuer Name: Ancient Age Distilling Company. Er ist heute auf vielen Flaschen zu lesen, die in der Brennerei hergestellt werden. Wieder zehn Jahre später kam eine Neustrukturierung: Sazerac verkaufte die Ancient Age Distilling Company an das japanische Konsortium → Takara Shuzo / Okura, das sich auch als Besitzer der schottischen → Tomatin Distillery hervorgetan hat (und dessen kleinerer Partner, Okura, 1998 Pleite machte). Sazerac selbst behielt die Brennerei und gründete als neue Tochter die Leestown Distilling Company. Nähere Einzelheiten des Joint Venture sind nicht bekannt, ob z. B. Sazerac noch Rechte an den Marken hat oder ob nur die Brennerei den Amerikanern gehört, die Markennamen aber den Japanern, die die Marken im Heimatland verkaufen und große Mengen Whiskey auch *in* → *bulk* importieren.

Produziert werden in Leestown natürlich der *Ancient Age*, eine Marke, die 1936 zuerst in Kanada produziert und erst seit 1946 in USA als echter Kentucky Straight Bourbon hergestellt wird. Die für sie benutzte Formel ist 80 % Mais auf 10 % Roggen und 10 % Gerstenmalz. In den USA gibt es einen 38 Monate alten, aber die Normalversionen sind 4 Jahre alt und es gibt sie in drei verschiedenen Stärken mit 80°/40 %, 90°/45 % und als → *Bottled in Bond* mit 100°/50 %. Der 80° und der 100° sollen identisch sein mit dem → *Bulleit*, den Jim Murray »Bullitt« nennt. Der *10 Star* ist 6 Jahre alt. Zehn Jahre haben der *Ancient Ancient Age* (auch *Triple A* genannt, 86°/43 % bzw. 90°/45 %) und der nach seiner Stärke von 107°/53,5 % genannte *Barrel 107*). Ein Blend führt den Zusatz *Preferred. Leestown* heißt ein weiterer Blend.

Von der Firma kommen heute auch der → *Benchmark*, der → *Eagle Rare* und der → *Kentucky Dale* und die *single barrels* der Firma: der *Blanton's*, der *Elmer T. Lee*, der → *Hancock's Reserve* und der → *Rock Hill Farms*. Sie sind nicht nur hervorragende Bourbons, sondern auch gute Beispiele für die Schwierigkeiten, die das Entschlüsseln des Labels dem Uneingeweihten bereiten können. Hancock's Distillery z. B., die Firma, die als Hersteller auf dem Label genannt ist, existiert physisch gar nicht. Der Name ist ein Warenzeichen, das Sazerac gehört, der Whiskey wird in Ancient Age produziert und die angebliche Brennerei ist ein kleiner Raum, in dem dieser Whiskey abgefüllt wird.

Ancient Privilege Schottischer Blend von W. → Brown & Sons in Glasgow. Anders als sein Name vermuten läßt, handelt es sich um einen jungen 5jährigen → Standard-Blend.

Angels' share Bezeichnung, die eigentlich überall gebraucht wird, wo Spirituosen hergestellt und in Holzfässern gelagert werden, wo man also die Erfahrung machen kann, daß ein Teil der kostbaren Flüssigkeit sich im Lauf der Jahre leider durch das Holz verflüchtigt. Wie groß dieser Anteil der Engel ist, hängt von verschiedenen Faktoren ab: von der Dauer der Lagerung ebenso wie von der Temperatur und dem Mikroklima, in dem das Faß gelagert ist, aber auch von der Beschaffenheit und der Qualität des Fasses selber. Der britische Zoll, der es in Gestalt der unbeliebten oder sogar gefürchteten → *excisemen* ja immer ganz genau genommen und versucht hat, jedwedem Mißbrauch auf die Spur zu kommen, wird erst dann mißtrauisch, wenn sich pro Jahr mehr als 2 % der Menge angeblich in Luft aufgelöst haben sollten, und vermutet dann doch eher einen heimlichen Genießer. In Schottland verliert der Whisky darüber hinaus auch an Alkoholvolumen. In den USA, wo manchmal in den Lagerhäusern brütende Temperaturen herrschen und der Whiskey schon bei der Abfüllung durch Wasser auf die spätere Trinkstärke gebracht wird, wird er zuweilen stärker.

Angus Dundee Britische Whiskyfirma, die in London ansässig ist und 1950 dort auch gegründet worden sein soll, auf den Labels ihrer Marken aber immer Glasgow als Firmensitz nennt – und erstaunlicherweise nicht die schottische Stadt, die sie in ihrem Namen führt. Möglich ist aber auch, daß sie nach einem Menschen dieses Namens benannt ist. Jedenfalls bemühen sich die Inhaber der Firma, beide Bestandteile des Namens in ihren Produkten kräftig zu vermarkten: Sie führen einen schottischen Blend *The* → *Dundee* und einen, der → *Forfars* getauft wurde – nach einem anderen Ort in der Region, die durch ihre Rinder bekannt ist. Außerdem hat die Firma die Blends → *Cattle Pride*, *Clan Ben*, → *Highland Legend*, → *Parker's*, → *Piper's Clan* und → *Scottish Royal* im Portfolio. Ein Vatted Malt heißt (wahrscheinlich nach dem nicht weit von Dundee entfernten Ort Auchterarder, wo → Gleneagles, das Hotel und der Golfplatz zu finden sind) → *Auchterar*. Auch der Whisky, der wie die Firma *Angus Dundee* heißt, ist ein Vatted.

Angus McKay Schottischer Vatted Malt von → Burn Stewart. Es gab ihn früher in Italien als 5jährigen, zur Zeit wird er aber nur noch in Frankreich, und zwar mit 8 und mit 12 Jahren, angeboten.

Ankara Türkischer Whisky, den es in zwei Versionen gibt: als Blend, der sich »Türk Visiki« nennt, und als »Malt Viski«, der sich ohne das zweite »i« schreibt. Beide haben 43 %. Sie werden von dem türkischen Staatsunternehmen Tekel vertrieben und enthalten tatsächlich Whiskies, die in der → Türkei destilliert sind und zwar in der Ankara Brauerei. Dort begannen Studenten der Landwirtschaftlichen Fakultät zu Studienzwecken mit einer eher experimentellen und naturgemäß sehr kleinen Whisky-Produktion. Es gibt mehrere Versionen über den genauen Zeitpunkt dieser Versuche. Auf den Flaschen des Malt Whisky jedenfalls steht, daß seit 1963 in der Alkoholfabrik in Ankara Whisky gemacht werde, daß der in speziellen Fässern gelagert und nach 5 Jahren verkauft werde, und daß dies selbstverständlich alles in Übereinstimmung mit den türkischen Gesetzen geschehe.

Antiquary, The Schottischer Blend. Er schmückte sich einst mit dem Zusatz »De Luxe Old Scotch Whisky« und ist nach dem Roman von Walter → Scott benannt. Inhaber der Marke war die → DCL-Tochterfirma J. & W. Hardie und über sie war die Marke besonders eng mit der → Benromach Distillery verbunden. Hardie hatte sie im letzten Jahrhundert eingeführt, aber 1917 an J. & G. → Stewart verkauft, die bald darauf mit der → DCL fusionierten. Später kam auch Hardie, als Tochter von Wm. → Sanderson, zur DCL und der Blend wurde wieder unter dem Namen seiner Erfinder verkauft. Beide, die Marke und der Firmenname, wurden 1996 von den DCL-Nachfolgern → UD an → Tomatin Distillery Co. verkauft. Die neuen japanischen Besitzer werden ihn weiterhin als 12jährigen Blend anbieten, beziehen ihn aber, jedenfalls bis 2008, noch fertig von UD bzw. von → UDV. Man hat aber schon angefangen, genügend Fässer zur Seite zu stellen, um den besonders in USA, Portugal und Südamerika erfolgreichen Whisky auch danach nach dem gleichen Rezept komponieren und anbieten zu können.

Antiquity Indischer Whisky. Seine Hersteller nennen den Blend einen »Rare Premium«. Er hat die in Indien üblichen 42.8 % und kommt von der Firma → Shaw Wallace, die vor allem für ihren → *Moghul Monarch* bekannt ist.

Apology Schottischer Whiskydrink, zu gleichen Teilen aus »Grand Marnier« und einem guten Blend bestehend.

Ardbeg Schottische Malt-Destillerie. Ihr Name, gesprochen »ard-bég«, bedeutet kleine Anhöhe. Sie liegt an der Südküste der Whisky-Insel → Islay auf dem Weg, der vom Hafenstädtchen → Port Ellen nach Kildalton im Osten führt, wo der Tourist ein berühmtes keltisches Kreuz findet, das vielleicht schönste überhaupt. Mit der Brennerei in Port Ellen, die den Namen des Ortes trägt, und mit → Laphroaig und → Lagavulin bildet Ardbeg eine imposante Kette von Destillen, die nicht nur sehr nahe beieinander liegen, sondern alle einen schweren Malt-Typ erzeugen. Rauchig, torfig, salzig und mit eindeutig medizinischem Einschlag, der starke Phenoltöne aufweist und an den Geruch von Seetang erinnert, stößt er bei seinen Liebhabern auf ebenso begeisterte Zustimmung wie auf heftige Ablehnung bei seinen Verächtern. Der *Ardbeg* gilt als der extremste der vier Malts. Er wird in einer Brennerei hergestellt, die lange sehr traditionell gearbeitet und bis vor einigen Jahren zumindest noch einen Teil des verwendeten → Malz in eigenen → *floor maltings* hergestellt hat – bis sie bei ihren damaligen Besitzern in Ungnade fiel und zunächst von 1981 bis 1989 und dann im Juli 1996 erneut geschlossen wurde.

Der sehr abgelegene Ort war schon bei Schwarzbrennern beliebt, ehe ein Alexander Stewart 1794 und dann wieder 1815 John McDougall legal zu arbeiten begannen. Ardbeg blieb im Besitz der Familie McDougall bis 1973. Dann bildeten der Ardbeg Distillery Trust, die → DCL und Hiram → Walker Scotland eine neue Firma, die schließlich 1977 ganz von den Kanadiern übernommen wurde. Sie geriet später unter den Einfluß des Spirituosen-und Brauerei- Giganten → Allied Lyons, der nach neuen Fusionen heute → Allied Domecq heißt. Ihnen gehört auch Laphroaig Distillery und es spricht viel für die Vermutung, daß sie nach ihrer Entscheidung, ganz auf diesen Malt zu setzen, Ardbeg und ihren mächtigen Malt nur noch als lästigen Konkurrenten im eigenen Haus fürchteten, sie deswegen schlossen und auf dem Markt anboten.

Die Rettung kam im Frühjahr 1997, als sich → Glenmorangie plc als Käufer fand, der das mittlerweile arg ramponierte Kleinod für 7 Millionen Pfund erwarb und seitdem noch einmal die gleiche Summe in eine umfassende Renovierung der Anlage steckte, die auch die Einrichtung eines gelungenen Visitor Centres einschloß. Mittlerweile wird sogar an die Wiederbelebung der eigenen Mälzerei gedacht und selbstverständlich hat man auch alle Besonderheiten der Brennerei unverändert gelassen – vor allem den eigenartigen »Rüssel« am Kopf der → *spirit still*, der einen Teil des Destillats zurückfließen läßt. Unmittelbar nach der Übernahme wurde auch wieder mit einer kleinen Produktion begonnen und mittlerweile läuft die Brennerei unter dem neuen Manager Stuart Thompson auf vollen Touren.

Als → Single Malt gab und gibt es *Ardbeg* von → unabhängigen Abfüllern besser als von den Eigentümern, was sich aber auch zu ändern scheint. Der alten offiziellen → Destillerie-Abfüllung, einem 10jährigen *Ardbeg* mit seinem schwarzen Etikett, trauern viele immer noch nach. Sehr limitiert gab es 1996 einen »guaranteed over 15 years old« mit dem alten Etikett und einen 30 Jahre alten Malt, die von den neuen Besitzern weiterverkauft wurden. Sie feierten ihr neues Kind mit einem, sehr teuren, *Provenance*, einem 1974 destillierten Malt, und erfreuten die Freunde von Ardbeg schon ein halbes Jahr nach dem Kauf mit einem 17jährigen und einem → *vintage* von 1978. Beide waren lieblicher und bei weitem nicht so extrem, wie man es mit Ardbeg verbindet, eine Erwartung, die von dem im Dezember 1998 herausgebrachten *vintage* 1975 weit besser erfüllt wird.

Ardmore Schottische Malt-Destillerie. Ihr Name, »ard-moor« gesprochen, bedeutet große Anhöhe. Sie liegt südlich von Huntley in Kennethmont, direkt an der Eisenbahnlinie von Aberdeen nach Inverness und wird manchmal noch zur → Speyside, manchmal auch schon zu den östlichen → Highlands gerechnet. Gebaut wurde sie während des Whisky-Booms 1898/9 von der Firma Wm → Teacher & Sons. Die Brennerei hatte eine vergleichsweise ruhige Geschichte und blieb lange im Besitz ihrer Gründer, die den zwei vorhandenen → *stills* 1955 zwei weitere zufügten und deren Zahl 1974 auf acht verdoppelten. Die Gründerfirma ist immer noch Lizenzträger, gehört aber heute über → Allied Distillers zu → Allied Domecq. Von der ursprünglichen Einrichtung ist noch eine Dampfmaschine erhalten und gefeuert wird, zum Teil jedenfalls, immer noch mit Kohle. Dagegen wird das Malz nicht mehr selbst erzeugt.

Wie von ihrer Schwester → Glendronach geht der Löwenanteil von Ardmore in den Blend *Teacher's* → *Highland Cream.* Als Single Malt gibt es *Ardmore* nicht in → Destillerie-Abfüllung, sondern nur von → unabhängigen Abfüllern. Semi-offiziell könnte man den 1977er nennen, den → Gordon & MacPhail in ihrer → Allied-Reihe mit dem Namen des Lizenzträgers auf dem Label führen.

Argentinien Strenggenommen hat das Land – wie viele andere auch – in diesem Lexikon nichts zu suchen: Es stellt nicht selbst Whisky her, jedenfalls nicht in dem Sinne, wie das etwa Schottland und Irland, die USA und Kanada, Japan oder Indien, Pakistan und sogar Deutschland tun. Es ist aber ein Land mit einer großen Whiskykultur, wo es immer noch zum Alltag und zum guten Ton gehört, in einer gepflegten Bar vor dem Abendessen, also zwischen 17 und 22 Uhr, Whisky zu sich zu nehmen, begleitet von einer Platte mit »ingredientes«, also mit Oliven, Schinken- und Käsewürfeln. Dabei hat der Gast die Wahl zwischen den (teuren) »Whiskies importades«, meist schottischen Blends, oder einem »Whisky nacional«, einem Blend, der im Land selbst aus schottischen Malts und lokal destillierten Grains gemacht wird. Es gibt mehrere Brennereien für solche Getreidedestillate, u. a. im Besitz von → Seagram. Es gibt sehr viele von diesen lokalen Whiskies, weit verbreitet sind etwa → *Aberdeen Angus*, → *Best Seller*, → *Black Jack*, → *Blender's Pride* und *The* → *Breeder's Choice*.

Argyll Schottische Landschaft, die

den mittleren Westen des Landes und die ihm vorgelagerten Inseln wie z. B. Arran und → Islay umfaßt. Das heutige Argyll ist noch weitgehend identisch mit dem alten Stammesgebiet des Clans der Campbells, dessen Oberhaupt, der Duke of Argyll, in Inveraray Castle am → Loch Fyne residiert – es waren Campbells, die die MacDonalds in → Glencoe hinmetzelten.

Der heutige Laird hat neben der Verwaltung seiner immer noch umfangreichen Güter auch vielfältige industrielle Interessen; u. a. ist er im Whiskygeschäft engagiert. Unklar ist, ob er auch mit der Argyll Group von James Gulliver zu tun hatte, die sich mit → Guinness die Schlacht um die → DCL lieferte und der die Supermarktkette → Safeway gehört. Klar dagegen ist, daß er im Vorstand von → Campbell Distillers sitzt, der Tochter von → Pernod Ricard. Und ganz sicher ist, daß er vom Verkauf des Whiskies profitiert, dessen schwarze Tonkrüge von seinem Wappen und seiner Unterschrift geziert werden. Sie werden in seinem Auftrag von seiner Beinn Bhuidhe Holdings hergestellt und als Blend und als 12, 15 bzw. 17jähriger Single Malt abgefüllt. Während Argylls »Kollege«, Clanchef → MacLeod von Dunvegan Castle auf Syke, seinen Single Malt wirklich nur den Besuchern seines Schlosses verkauft, ist der Whisky von His Grace, The Duke nicht nur in Inveraray, sondern durchaus auch anderswo zu bekommen.

Aristocrat Indischer Whisky. Seine Hersteller nennen ihn »Malted«, was aber oft bezweifelt wird, jedenfalls von denen, die die in → Indien beliebte Marke selbst getrunken haben und die vor allem Bescheid wissen über den großzügigen indischen Umgang mit Definitionen. Dort schreibt man gerne das mythische Wort auf das Etikett, auch wenn die Flaschen nur ein Melasse-Destillat, also so etwas Ähnliches wie Rum, enthalten und vielleicht dazu noch einen kleinen Teil Malt Whisky, vielleicht aber auch nur Malzextrakt. Hersteller ist die Firma → Jagatjit, die in dem nördlich von Delhi gelegenen Ort Hanira im Punjab die Jagatjit Nagar Distillery besitzen. Dort, in der größten Brennerei des Landes, wird tatsächlich Malt Whisky produziert, aber das beweist im konkreten Fall noch nichts.

Armorik Bretonischer Single Malt. Mit ihm ist das alte keltische Land endlich auch auf die Landkarte der Länder gekommen, die echten Malt Whisky herstellen. Zwar hatte auch Monsieur Fusilier aus Rennes von seinem → *Whisky de Bretagne*, manchmal jedenfalls, behauptet, daß er ein Malt sei, aber irgendwann verschwand die Bezeichnung dann von den Packungen. Die Destillerie Waremghem aus Lannion nennt ihr Produkt »alt« und sagt, es sei zweimal in traditionellen → *stills* destilliert, und beschwört ausdrücklich die keltische Seele des Landes, das die Römer Armorica nannten. Irgendwie ist es befriedigend, daß Asterix und Obelix nicht mehr auf Importe angewiesen sind.

Aroma, Aromen Bezeichnung für die Sinneseindrücke, die beim Verkosten und Genießen von Whisk(e)y über die Nase und den Mund wahrgenommen werden. Sie entstehen zum Teil beim

Produktionsprozeß, aber auch bei der Reifung im Faß. Wissenschaftler haben bis zu 32 Aromengruppen im Whisk(e)y gefunden, die sich zu mehr als 300 Aromen subsumieren. Es gibt wissenschaftliche Geräte, sie zu analysieren, die menschliche Nase gilt ihnen aber immer noch als überlegen, vor allem, wenn sie einem ausgebildeten und trainierten *noser*, einem professionellen Verkoster, gehört. Sie arbeiten nach einem festen Ritual, zu dem nicht nur die Verwendung bestimmter Gläser gehört, sondern auch die Verwendung von Wasser. Whisk(e)yliebhaber müssen sich natürlich nicht an dieses Ritual halten, profitieren aber in jedem Fall davon. Dabei wird zunächst mit der Nase der Geruch geprüft, den das unverdünnte Getränk verströmt. Dann wird ein kleiner Schluck in den Mund genommen, um das Gefühl zu prüfen, das er im Mund hinterläßt; es kann mundwärmend, mundüberziehend, astringierend, metallisch sein, um nur einige Eindrücke zu nennen. Der Geschmack wird zum Teil über die Zunge, die allerdings nur süß, sauer, salzig und bitter unterscheiden kann, und zum anderen über den Gaumen getestet. Besonders dabei werden Aromen identifizierbar, weil sie von Rezeptoren im oberen Nasenraum wahrgenommen und über olfaktorische Kanäle an das Gehirn weitergegeben werden. Danach wird (stilles, möglichst mineralstoffarmes) Wasser zugegeben, das die meisten im Whisk(e)y enthaltenen Aromen überhaupt erst freisetzt. Professionelle Verkoster testen Whisk(e)y immer auf 20 % bis 25 % Alkohol herabgesetzt, Amateure sind besser beraten, wenn sie vorsichtig mit dem Wasser umgehen und nur so viel nehmen, daß sie ihren Whisk(e)y optimal riechen und schmekken können. Wasser ist fast immer gut, weil es den Whisk(e)y »öffnet«, aber es gibt vor allem alte Malts, die nicht viel vertragen. Schwierig ist es, die eigenen Eindrücke in Worte zu fassen. Eine gute Möglichkeit, sich, auch als Laie, den Whisk(e)yaromen zu nähern, bietet das »Whiskyrad«, das 1979 im Pentland Scotch Whisky Research Institute entwickelt und von Charles MacLean 1996/7 für den Verbraucher neu konzipiert wurde. In seinem Buch »Malt Whisky« hat er zwei Räder publiziert. Eines zeigt neun Begriffe für die Wahrnehmung von Geschmack und Mundgefühl, das zweite dient der Analyse der Aromen, die zunächst in acht Gruppen unterteilt werden: Getreide, Ester, Floranoten, Torf, Nachlauf (sie entstehen durch die Produktion), Schwefel, Holz und weinige Noten (sie resultuieren aus der Reifung im Holzfaß). Ihnen sind dann jeweils weitere Aromen zugeordnet.

As we get it Bezeichnung der Mitarbeiter in schottischen Brennereien und Whiskyfirmen für den Whisky, wie er frisch und unmittelbar aus dem Faß kommt – oder sogar als → *new spirit* aus der Brennblase; dann allerdings darf er noch nicht Whisky heißen, weil das eine mindestens dreijährige Faßlagerung voraussetzt. Gemeint ist jedenfalls ein ganz besonderer Stoff: einer, der nicht mit Wasser versetzt, also verdünnt oder gar → kühlgefiltert oder sonst behandelt ist. Der Ausdruck ist somit die volkstümliche Bezeichnung für das, was offiziell *original* → *cask strength* und/oder manchmal, freilich weniger eindeutig, → *high proof* genannt wird.

Auch auf Flaschen ist sie zu finden: die zum Brauereigiganten Bass Charrington gehörende Firma J. G. → Thomson hat die Gewohnheit übernommen, den vom Mutterkonzern abhängigen Pubs neben ihrem Blend → *Old Inverness* (früher eine Marke von HD Wines in Inverness) jeweils einen Single Malt in *cask strength*, zwischen 55 % und 60 %, anzubieten. Früher gab es einen → *Balvenie*, dann einen inzwischen gesuchten → *Macallan*, dann war ein → *Aberlour* im Programm. Im Grunde handelt es sich dabei um eine besondere Form der von den Besitzern der Brennerein nicht immer mit Wohlgefallen gesehen Einzelfaßabfüllung wie sie sonst von den → unabhängigen Abfüllern wie → Gordon & MacPhail, → Cadenhead oder → Signatory bekannt sind. Genau diese Skepsis hat dazu geführt, daß die neue, 1998 herausgekommene Abfüllung mit 60.3 % keinen Destillerie-Namen mehr nennt.

Asama Japanischer Blend von → Sanraku-Ocean. Er ist nach dem Berg benannt, in dessen Nähe die Malt-Destillerie der Firma liegt. Es ist ihre Spitzenmarke, ein Super-Premium, der nach japanischer Definition mehr als 40 % Anteil an Malt Whiskies enthalten muß.

ASDA Britische Supermarktkette. Auch sie läßt, wie alle ihre Konkurrenten auch, exklusiv für sich Whiskies herstellen und bietet sie als eigene Marke oder unter dem Firmennamen an. Neben den Blends → *Oak Cask Matured* und → *Old Scotch Whisky* hat sie den Vatted *Highland Malt* im Programm. Von → Glenmorangie plc bezieht ASDA vier Malts, die unter dem Namen → *Old Glenn* (sic) angeboten werden. Sie ist stolz darauf, als erste ein System eingeführt zu haben, das den Käufer mit Hilfe einer Buchstaben-Scala auf den Charakter des Whisky hinweist: A meint leicht, J schwer, kräftig und rauchig.

Atholl Brose Schottischer → Whiskylikör von → Gordon & MacPhail, dessen kompletter Name → *Dunkeld Atholl Brose* lautet.

Auchentoshan Schottische Malt-Destillerie. Ihr Name, ausgesprochen »ochentóschen«, bedeutet Ecke des Feldes. Sie liegt am westlichen Stadtrand von → Glasgow nahe am Clyde und direkt an der A 82. Obwohl sie Wasser verwendet, das von den Kilpatrick Hills kommt, die schon zur → Whiskyregion der → Highlands gehören, wird Auchentoshan zu den → Lowlands gerechnet. Sie ist die einzige noch verbliebene Brennerei, die mit ihren drei → *stills* das für diese Region früher typische und allgemein übliche Verfahren der → Dreifachdestillation benutzt, die den Whisky weich und duftig macht. Verwendet wird dafür nur ganz leicht getorftes Malz. Angeblich schon 1800 gegründet, hat Auchentoshan eine sehr wechselvolle und komplizierte Geschichte mit auch für schottische Verhältnisse ungewöhnlich vielen Besitzerwechseln und Produktionsunterbrechungen erlebt. Erst in den letzten Jahrzehnten wurde es ruhiger: Eddie Cairns, der die Brennerei 1977 von dem Bierkonzern Bass Charrington erworben hatte, verkaufte sie an den Whisky-Broker Stanley → Morisson. Durch sie konnte er sein Portfolio mit Malts von seiner → Highland-Destillerie → Glen Garioch und seiner → Islay-Brennerei → Bowmore um einen Lowland ergänzen. Er renovierte sie gründlich, investierte viel Geld, um ihren Malt zu einer bekannten Marke zu machen. Viel Skepsis begleitete den Verkauf seiner Firma samt Destillerien und Marken an den japanischen Giganten → Suntory, aber im Rückblick zeigt sich, daß er damit nur deren Zukunft gesichert hat, zumal er selbst und andere Familienmitglieder im Management blieben.

Whisky aus Auchentoshan wird für den Firmen-Blend → *Rob Roy* verwendet, ist aber auch als Single Malt in → Destillerie-Abfüllungen sehr gut erhältlich: als *Select* ohne Altersangabe, mit 10 und 21 Jahren (als → *vintage* von 1972). In kostbaren Karaffen kamen der 22, 25 und 31 Jahre alte Malts. 1997 entdeckte man im »Official Distillery Archive« einige alte Fässer von 1975 und ein Faß von 1965. Sie wurden als → *cask strength* abgefüllt, die 21 Jahre alten mit 55.4 %, der 31jährige mit 48.9 %. Danach kam noch ein weiterer 31jähriger mit 45.6 % und ein 30jähriger mit 47.5 %. Weniger exklusiv war der *Three Wood*, der 1998 herausgebracht wurde und mit dem auch → Morrison Bowmore dem neuen Trend der → *finishings* ihren Tribut zollten: er hat keine Altersangabe und ist eine Komposition aus Malts, die in Fässern reiften, in denen vorher Bourbon, Oloroso- und Pedro Ximenez-Sherry war.

Auchroisk Schottische Malt-Destillerie. Ihr Name, gesprochen »oichreusk«, bedeutet Furt am roten Fluß. Sie liegt in der Nähe von Mulben bei → Keith und gehört somit zur → Speyside. Eröffnet wurde sie erst 1974, ist also eine der jüngsten und auch modernsten Brennereien in Schottland. Ihre Gebäude fügen sich sehr harmonisch in die Landschaft ein. Sie gehörte über → IDV zu → Grand Metropolitan und wurde geführt von → Justerini & Brooks (Scotland), ist aber nach der Fusion von GrandMet und Guinness jetzt eine der schottischen Brennereien von → UDV.

Es war ein Manager von Justerini & Brooks, der eine verborgene Quelle entdeckt hatte und von der Qualität des Wassers so begeistert war, daß er seine Chefs überzeugte, für einige Millionen Pfund das Gelände zu kaufen. Auchroisk kann mit ihren acht → *stills* sieben Millionen Liter Alkohol im Jahre produzieren. Ihr Malz wird nur leicht getorft, weil der Whisky von Anfang an dazu bestimmt war, vor allem für den → *J & B* verwendet zu werden. Deshalb werden hauptsächlich → Bourbon-Fässer eingesetzt, mit einem → Sherry-Anteil zur »Politur«.

Als Single Malt, als der er zunächst nicht vermarktet werden sollte, heißt er → *Singleton of Auchroisk*. Er hat keine Altersangabe, sondern trägt das Jahr der Destillation auf dem Label, ist aber in der Regel zwischen zehn und zwölf Jahre alt. Nur für Japan wird *The Singleton Particular 1980* abgefüllt.

Auchterar Schottischer Vatted Malt von der Glasgower Firma → Angus Dundee. Auchterardy ist übrigens der Name einer nicht sehr weit von Dundee entfernten Ortschaft, die man besser als Sitz des berühmten Hotels → Gleneagles und seiner Golfplätze kennt.

Auld Acquaintance Schottischer Single Malt ohne nähere Herkunftsbezeichnung. Er kommt von dem → unabhängigen Abfüller James → MacArthur und sein Label schmückt ein Porträt von Schottlands Nationaldichter Robert → Burns. Der Name erinnert sowohl an dessen unsterbliches Gedicht »Auld Lang Syne« (»Nehmt Abschied, Brüder ...«) wie auch an die alte Freundschaft zwischen Frankreich und Schottland. Es gibt auch einen Blend gleichen Namens. Der wurde früher von einer Firma geliefert, die vor allem für ihren → *McCallum's Perfection* bekannt war und zeitweilig Anteile an der → Cragganmore Distillery hatte. Später im Besitz der → DCL, war die Marke eine derjenigen, die → Guinness nach deren Übernahme aus kartellrechtlichen Gründen veräußern mußte. Heute kommt sie von dem Konzern → JBB (Greater Europe), der früher besser bekannt war als → Whyte & Mackay.

Auld Lang Syne Schottischer Blend von → Lang Brothers. Er präsentiert sich genau so, wie es einem Whisky gebührt, der nach einem der berühmtesten Gedichte von Robert → Burns benannt ist. Dessen Porträt schmückt den Karton, der den schottischen Nationaldichter auch durch einen Text kurz vorstellt. Bei der Einführung dieser neuen Aufmachung im Oktober 1997 war er nur in den Läden von → Safeway zu bekommen; mittlerweile ist er aber auch auf anderen Märkten, etwa in USA, gut vertreten.

Auld Sandy Schottischer Blend, der von der schon seit 1854 existierenden Weinhandelsfirma → Balls Brothers hergestellt wird. Sie hat noch heute einen Laden in London, betreibt aber vor allem mehrere Wine Bars bzw. mit feiner Differenzierung Wine Bars with Restaurant. Die Marke ist nur dort zu bekommen.

Aultmore Schottische Malt-Destillerie. Ihr Name, gesprochen »oltmoor«, bedeutet großer Bach. Sie liegt nördlich von → Keith und zählt somit zur → Speyside. Sie wurde 1896 von Alexander Edward erbaut, der bereits die von seinem Vater geerbte Brennerei → Benrinnes besaß und auch Gründer von → Craigellachie Distillery war. Zwei Jahre nach der Eröffnung von Aultmore kaufte er auch noch → Oban, mußte aber 1923 an John → Dewar & Sons verkaufen, die wiederum zwei Jahre später in der → DCL aufgingen. Die neuen Besitzer erweiterten die Zahl der → *stills* von zwei auf vier. Wie alle anderen Brennereien des schottischen Multis kam auch Aultmore 1987 zur → Guinness-Tochter → UD. Sie war dann eine der vier Destillerien, die die aus dem Zusammenschluß von Guinness und → Grand Metropolitan gebildete → Diageo gleichsam als Morgengabe an → Bacardi mitverkaufte, als sie sich auf Anordnung der amerikanischen und europäischen Kartellbehörden von der vor allem in USA starken Marke *Dewar's White Label* trennen mußte; sie besteht zu einem guten Teil aus Malts von Aultmore.

Überhaupt wurde deren Whisky fast ausschließlich für Blends verwendet, nur zeitweilig machte ihn die DCL (mit John & Robert Harvey als Abfüller auf dem Label) ihn auch als Single Malt verfügbar. Danach nahmen UD, die die Lizenz auf die → UMGD/Wm → Sanderson & Sons übertrugen, einen 12jährigen *Aultmore* als → Destillerie-Abfüllung in ihre → »Flora und Fauna«-Serie auf. Als sie durch eine → *cask strength*-Reihe ergänzt wurde, war wiederum ein *Aultmore* von 1983 mit 58.8 % enthalten – ebenso wie die Serie der → »Rare Malts« einen 21 Jahre alten Malt von 1974 mit 60.9 % brachte. Wie lange die neuen Herren der Brennerei zulassen, daß ihre Vorbesitzer einen Whisky aus Aultmore weiterverkaufen, steht in den Sternen, ebenso, ob sie die → Inverarity Vaults Ltd. gewähren lassen, die einen 8jährigen *Inverarity* und einen 14 Jahre alten → *Ancestral* im Programm haben, hinter denen sich nichts anderes verbirgt als ein *Aultmore*, letzterer, eine Rarität, aus → Sherry-Fässern. Auch andere → unabhängige Abfüller bieten ihn manchmal an.

Austin, Nichols Distilling Co. Amerikanische Whiskeyfirma. Sie schreibt sich verwirrenderweise manchmal auch ohne das Komma. Ihre Produkte tragen stolz – und sogar ganz zu Recht – die Jahreszahl 1855. In diesem Jahr benutzte ein Mr. Fitts das Geld, das er im kalifornischen Gold Rush gemacht hatte, um in New York ein Unternehmen zu gründen, das sich mit dem Import von Lebensmitteln beschäftigte. Nach der Prohibition beschloß der damalige Präsident, auch mit Weinen und Spirituosen zu handeln, der Firma den heutigen Namen zu geben und mit der Produktion von Gin, Blended und Straight Bourbons zu beginnen.

Eine seiner Sorten fand bei einem Jagdausflug mit Freunden solchen Anklang, daß er beschloß, sie nach dem Vogel zu nennen, den man gejagt hatte: 1942 wurde die Marke *Wild Turkey* kreiert, die sich seitdem zu einer der größten der Gattung entwickelt hat und in einer ganzen Reihe von Versionen, als Kentucky Straight Bourbon und auch als Straight Rye, hergestellt wird. Ursprünglich wurden die benötigten Whiskies von fremden Brennereien bezogen, aber 1970 beschloß man, sich unabhängig zu machen. Die Wahl fiel auf → Boulevard Distillery bei Lawrenceburg, die schon länger zu den Lieferanten gehört hatte. Seitdem werden alle Bourbons der Firma dort produziert, seit den achtziger Jahren auch der Rye, den man vorher von → Michter's gekauft hatte.

Die Firma, die als Adresse auf den Flaschen Lawrenceburg angibt, aber ein prächtiges Hauptquartier in Manhattan ihr eigen nennt, und ihre Marke gehören heute dem französischen Konzern Pernod Ricard. Alle Besitzerwechsel der letzten Jahrzehnte überdauerte nur der langjährige Master Distiller Jimmy Russell, der seit 1955 im Betrieb ist. Seit einigen Jahren kümmert er sich nicht nur um die Qualität der traditionellen Sorten, sondern sucht persönlich die besten Fässer aus für die → *single barrels* → *Kentucky Legend* und → *Kentucky Spirit* und den → *small batch*-Bourbon → *Rare Breed*, der in → *barrel proof* kommt und für einen der besten Whiskies seiner Gattung, von Jim Murray sogar für den besten überhaupt, gehalten wird. Aber zu Russells Aufgaben gehört es auch, sich um den Blended → *Nichols* und um den Whiskey Liqueur seiner Dienstherren zu kümmern.

Australien Es ist erstaunlich, daß ein Kontinent, der alles dafür mitbringt, nicht Whiskygeschichte geschrieben, oder sogar einen eigenen Whiskystil hervorgebracht hat, ja nicht einmal eine große Whiskyproduktion aufzuweisen kann. Es gibt gutes Getreide, es gibt gutes Wasser und, noch wichtiger, ist gibt den menschlichen Faktor: Einwanderer aus England, Schottland, Irland und nicht zu vergessen Amerika, die von zu Hause nicht nur die Kenntnisse, wie man Whisk(e)y macht, sondern ganz sicher auch das Bedürfnis, ihn zu trinken, mitgebracht haben. Vielleicht haben sie es aber vorgezogen, die Originale zu konsumieren, die ihnen ja auch, als Mitgliedern des Commonwealth, leicht zugänglich waren. Jedenfalls haben die Australier niemals Anstrengungen unternommen, es in der Whiskyproduktion auch nur annähernd so weit zu bringen wie beim Weinbau.

Sicher gab es Schwarzbrennerei – die Spirituose → *Tom Cobb* bezieht sich ebenso offenkundig auf diese Tradition wie die jüngste Brennerei des Landes, die auf den Flaschen ihres → *Sullivans Cove* die Jahreszahl 1822 nennt. Denn der offizielle Beginn der australischen Whiskygeschichte datiert auf 1866, als in Ballarat im Staat Victoria die Myers Distillery errichtet wurde, die allerdings hart zu kämpfen hatte gegen die importierten schottischen Blends; damals hatten die großen Firmen Schottlands den Kontinent längst als großen Absatzmarkt erkannt und eigene Niederlassungen eröffnet oder Agenten ernannt. Erst als die Regierung die Zölle erhöhte, war Myers erfolgreicher und hatte mit dem *Old Court* eine gut verkaufte Marke.

Es waren auch die Zölle, die die schottische → DCL (unter deren Dach sich bereits damals die meisten jener schottischen Handelshäuser wie → Walker, → Haig, → Buchanan zusammengefunden hatten) veranlaßte, in Australien selbst zu produzieren. Mit einigen kleineren Produzenten gründete sie die Firma United Distillers, die natürlich nichts zu tun hat mit jener → UD, die sehr viel später der Nachfolger von DCL werden sollte. Die neue Firma baute, ebenfalls in Victoria, die Brennerei → Corio und nannte eine ihrer Marken nach ihr; eine andere war → *Four Seasons*. Auch andere ausländische Firmen engagierten sich in Australien. So stellte z. B. → Gilbey, die spätere Tochter von → IDV / → Grand Metropolitan einen Blend namens → *Bond 7* her. → Seagram produzierte den 5 Jahre alten *Marksman*, der bei einem sehr bescheidenen Anteil von 10 % schottischen Malts 90 % australischen Grain Whisky enthielt. Das stimmte nicht gerade mit den gesetzlichen Vorgaben überein, die eigentlich festlegten, daß Malt Whisky nur aus Gerste gemacht werden durfte und daß für Blends mindestens 25 % Malt Whiskies verwendet werden mußten. Die Mindestlagerzeit ist immer noch nur zwei Jahre und die Mindeststärke betrug bis 1996 nur 37 %, ehe sie auf die üblichen 40 % heraufgesetzt wurde. Ein

Jahr vorher hatte mit Corio die letzte australische Brennerei aufgehört zu arbeiten und ihre Bestände zu Gin umdestilliert, weil das Publikum immer mehr zum schottischen Blend und, vor allem auch, zum Bourbon griff. Aus welchen Beständen der → *Great Outback* stammte, von dem 1999 einige Flaschen als Blend und als Single Malt auftauchten, ist leider nicht bekannt, nur daß sie aus den achtziger Jahren kamen.

Lange schien es, als sei der Kontinent völlig von der Whiskylandkarte verschwunden. Da wurde bekannt, daß bereits 1993 auf der dem Festland vorgelagerten Insel Tasmania eine winzig kleine Malt-Brennerei die Produktion aufgenommen hatte. Sie wird von der Firma → Small Concern Whisky Co. betrieben und bietet seit 1998 ihren »Pure Tasmanian Malt« unter dem Namen → *Cradle Mountain* an. Aber bereits ein Jahr vorher kam mit dem *Sullivans Cove* die erste Abfüllung eines australischen Single Malt heraus. Sie stammte von jener → Tasmania Distillery, die sich sehr traditionsbewußt zeigt und bereits 1995 zum ersten Mal ihren Brennapparat in Gang gesetzt hatte.

Autumn Gold Kanadischer Whisky. Er wird von → Alberta in Kanada produziert, aber im Tanklastwagen in die USA gebracht und dort von Albertas Mutterfirma → Jim Beam verkauft. Er ist einer der modischen *Lights*, der nur 35 % Alkohol enthält.

Avery's of Bristol Englische Firma, die zu den alten Weinhäusern Großbritanniens zählt. Sie wurde bereits 1793 in Bristol gegründet, hat noch heute einen ausgezeichneten Namen und ist eines der führenden Unternehmen des Landes. Besondere Schwerpunkte des Hauses sind Claret, also Bordeaux, und Portwein. Traditionell legten alle diese alteingesessenen Händler großen Wert darauf, ihren Kunden Hausmarken anzubieten, möglichst in Eigenabfüllungen, und zwar nicht nur Wein, sondern eben auch Spirituosen. Ein oder zwei eigene Blends und möglicherweise ein Vatted oder sogar ein Single Malt gehörten und gehören dabei selbstverständlich ins Programm. Avery's, die seit 1994 unter dem Dach der → Hallgarten Group sind, haben drei Blends, den → *Bristol Vat*, den → *Highland Blend* und den → *Queen Elizabeth*.

Avoca Irischer Whiskey von → Cooley Distillery. Diese Firma begann erst 1987 zu arbeiten, hat seither aber dafür gesorgt, daß der übermächtige Konkurrent → IDG nicht mehr das Monopol hat und die gesamte irische Whiskey-Produktion in ausländischer (französischer) Hand ist. Zur erfolgreichen Strategie gehörte von Anfang an, Marken zu kreieren, die wie alte irische Firmen heißen, welche zwar längst nicht mehr existieren, aber im geschichtsbewußten Irland immer noch einen großen Namen haben (oder ihre Benennung aus der irischen Geographie schöpfen). Der Appell an den Patriotismus (und die Sentimentalität) der Iren erwies sich bislang als sehr erfolgreich. Dieser Blend heißt nach einem Flüßchen, das südlich von Dublin zu finden ist. Er hat 40 % und wurde ursprünglich für die Warenhauskette »Dunne's Stores« produziert. Dort ist er nicht mehr zu finden, dafür hat er aber seinen Weg nach Deutschland gefunden.

Avonside Schottischer Blend. Er ist nach dem Fluß benannt, der nahe → Tomintoul Distillery entspringt und bei → Cragganmore in den → Spey mündet. Er kommt über die Tochter Avonside Whisky Ltd. aus dem Hause → Gordon & MacPhail, weist einen sehr hohen Maltanteil aus, der ihm einen typischen Speyside-Charakter verleiht. Es gibt ihn 8jährig und mit 40 % und 57 %.

Award Schottischer Blend von William → Lundie & Co. in Glasgow, ein einfacher → Standard ohne Altersangabe.

B

Baby Whisky Bezeichnung für die frisch destillierte Spirituose, die eigentlich nicht so genannt werden darf, weil der Gesetzgeber in Schottland ebenso wie in Irland, USA und Kanada eine bestimmte Mindestreifezeit vorschreibt, ehe die Flüssigkeit Whisk(e)y genannt werden darf. In Schottland und Irland sind das mindestens drei, in USA muß ein Bourbon ohne Altersangabe sogar vier Jahre alt sein. Dort wird das frische Destillat gern als → *white dog* bezeichnet, während in Schottland und Irland entweder von *spirit*, von → *new make*, zuweilen auch noch von → *clearic spike* und manchmal auch von → *fillings* die Rede ist.

Bacardi Firma, die mit ihrem weltbekannten Rum nicht nur die erfolgreichste Marke dieser Sorte, sondern die meistkonsumierte Spirituose überhaupt herstellt. Mehr als 20 Millionen → *cases* werden von ihm jährlich weltweit verkauft. Bacardi ist auch die größte Getränkefirma in Privatbesitz. Der Grund dafür, daß die 1862 von Don Facundo Bacardi y Masó in Santiago de Cuba gegründete und seit ihrer Enteignung durch Castro im Jahre 1960 von Nassau auf den Bahamas operierende Firma in einem Whisky-Lexikon auftaucht, liegt darin, daß sie 1995 mit dem Kauf der Holding General Beverages auch ins Whiskygeschäft eingestiegen ist und 1998 ihr Engagement durch den Erwerb der Marke *Dewar's* → *White Label* noch ausgedehnt hat. Die Luxemburger Holding war die Mutter der italienischen Vermouth-Dynastie Martini & Rossi, welche wiederum seit den siebziger Jahren mit der schottischen Firma William → Lawson verbunden sind. Ihr gehört neben Anlagen in Coatbridge und in Glasgow vor allem die → Macduff Distillery; sie verkauft deren Malt unter dem Namen → *Glen Deveron* und führt auch mehrere Blends. Bacardi besitzt in manchen Ländern auch die Vertriebsrechte von nicht selbst hergestellten Marken. So ist in Deutschland z. B. für → *Johnnie Walker* nicht die deutsche Tochter seines Herstellers → UDV zuständig, sondern eben Bacardi. Mit dieser Firma hat es auch zu tun, daß Bacardi seit 1998 zu einem wirklich großen *player* im schottischen Whisky-Geschäft geworden ist: Als UDs Mutterfirma → Guinness und → Grand Metropolitan fusionierten, zu → Diageo wurden und ihre Spirituosentöchter UD und → IDV zu → UDV verschmolzen, verlangten die Kartellbehörden in Washington und Brüssel den Verkauf der Marke *Dewar's*. Bacardi bezahlte insgesamt 1.15 Milliarden Pfund für sie, sicherte die langfristige Belieferung mit dem Blend vertraglich ab und erhielt, gleichsam als Morgengabe, die vier schottischen Brennereien → Aberfeldy, → Aultmore, → Craigellachie und → Royal Brackla dazu. Um künftig einheitlich aufzutreten, entschlossen sich die Rum-Könige auch, den Namen Lawson zu streichen und ihre schottischen Aktivitäten unter dem Namen John → Dewar & Sons zu betreiben.

Backset Bezeichnung für ein Verfahren, das in den USA bei der Herstellung von Whiskey allgemein üblich ist, von allen Brennereien in Kentucky angewendet wird und in Tennessee sogar gesetzlich vorgeschrieben ist. Es handelt sich um nichts anderes als um die berühmte → *sour mash* oder → *thin stillage*, also jenen Teil des Rückstandes, der beim Destillieren der → *wash*, des → *beer* in der → *beer still* übrigbleibt. Er wird, nach der Trennung von den festen Getreidebestandteilen, beim Ansetzen der nächsten → Maische oder auch der nächsten → Fermentation wiederverwendet und hat zwei Aufgaben: Einmal tötet er bestimmte unerwünschte Bakterien und zweitens trägt er dazu bei, daß der Whiskey seinen Charakter von Destillation zu Destillation beibehält.

Bagpiper Indischer Whisky. Seine Standard-Version ist mit mehr als drei Millionen → *cases*, also 36 Millionen Flaschen, bei weitem die bestverkaufte Marke des riesigen Landes – und weltweit die Nummer 5 unter den Whiskies! Zu seinem Erfolg trägt gewiß die Tatsache bei, daß er bei seiner Werbung vor allem auf die Beliebtheit großer und populärer indischer (männlicher) Filmstars setzt. Da haben sich zwei Wirtschaftszweige des Subkontinents verbündet, von denen kaum jemand außerhalb Indiens weiß, wie groß sie sind und welch gewaltige Summen sie bewegen: Die Filmproduktion Indiens ist die größte der Welt und übertrifft die Hollywoods. Die Whiskyindustrie weist im Augenblick die größten Zuwachsraten weltweit auf, sie ist größer als die Japans und verfügt über weitaus mehr Brennereien als jedes andere Land, außer Schottland natürlich. Herbertsons, eine Tochter von → United Brewers of India, veranstalten wöchentlich eine »Bagpiper«-Show im Fernsehen. Sogar Nachwuchswettbewerbe gibt es, bei denen die Gewinner an einem Eignungstest teilnehmen dürfen und die Chance haben, selbst zum Star zu werden.

Bagpiper's Melody Schottischer Whiskydrink. Zu gleichen Teilen werden grüne »Crème de menthe« und ein guter Blend über Eis geschüttelt. Anschließend im Cocktailglas servieren.

Bailey's Irischer Cream Liqueur. Er ist der erfolgreichste und nach Meinung von Kennern des Genres immer noch unübertroffen der beste. Daß er auch der erste war, wird durch das Wort »Original« gleich zweimal auf dem Etikett betont. Er hat sich so fest etabliert, daß man glauben könnte, es gäbe ihn schon lange. Dabei wurde Bailey's erst

1974 von → Gilbey of Ireland auf den Markt gebracht. Die Firma gehörte damals → IDV, heute profitiert → UDV bzw. deren Mutterfirma → Diageo von dem immensen Erfolg des Liköres. Der hat sich nämlich seit seiner Einführung zur größten irischen Erfolgsstory der Nachkriegszeit entwickelt: Die Marke stellt 47 % aller exportierten Getränke und 1 % aller irischen Exporte überhaupt, ist in mehr als 160 Ländern erhältlich und nimmt den 15. Platz unter den meistverkauften Spirituosen weltweit ein. Noch imponierender ist die Statistik, wenn es um die für den Likör verbrauchte Milchmenge geht: Jährlich 40 Millionen Gallonen werden benötigt; das ist exakt ein Drittel der gesamten irischen Milchproduktion!

Der Erfolg wurde ihm nicht an der Wiege gesungen: Gilbey hatten zahlreiche Schwierigkeiten zu überwinden, um eine längere Haltbarkeit zu erreichen. Die war Voraussetzung dafür, daß ein aus frischer Sahne produziertes Getränk einige Zeit in den Regalen und beim Verbraucher stehen konnte. Die Konservierungskraft des → Irish Whiskey allein reicht nicht, um die 18 Monate Haltbarkeit zu garantieren. Was außer den beiden genuin irischen Bestandteilen Sahne und Whiskey (er kommt von → IDG) und dem weniger irischen Kakao zur Komposition beiträgt, wird geheimgehalten, trägt aber entscheidend dazu bei, daß Jim Murray *Bailey's* »still the sexiest, most complex of all Ireland's cream liqueurs« nennen kann. Es gibt ihn in zwei Versionen, in der originalen mit 17 % und einer leichteren, vor allem für die USA hergestellten, die ebensoviel Alkohol, aber 50 % weniger Fett enthält.

Bailie Nicol Jarvie, The Schottischer Blend. Er wurde schon um die Jahrhundertwende von der heute zu → Macdonald & Muir / → Glenmorangie plc gehörenden Firma von Nicol Anderson auf den Markt gebracht. Seinen Namen verdankt er nicht etwa dem Vornamen seines Schöpfers, sondern einer von Walter Scott in »Rob Roy« beschriebenen Figur, an die heute auch ein Hotel in Aberfoyle am Fuß der Trossachs erinnert. Um den Blend aus dem → Premium-Segment mit dem hübsch geschriebenen Label war es lange Zeit sehr still, aber in letzter Zeit kümmern sich seine Besitzer intensiver um ihn. Über ihren deutschen Partner Moët-Hennessy ist er auch in Deutschland zu bekommen.

Baird-Taylor Schottische Whiskyfirma, die 1838 in Glasgow gegründet wurde. 1935 kam sie in den Besitz der → DCL, der Name gehört also heute deren Nachfolgern → UD bzw. deren Erben → UDV. Baird-Taylor hatten mehrere Blends, von denen aber nur der → Standard *Baird-Taylor's Selected* überlebt hat. Er wird heute von der Ardross Blending Company für die französische Firma Sipiec gemacht, als Inhaber der Marke ist → John Begg registriert.

Baker's Kentucky Straight Bourbon. Er ist einer der vier aus der → *small batch*-Serie von → Fortune Brands bzw. deren Tochter → JBB; die anderen sind → *Basil Hayden's*, → *Booker's* und → *Knob Creek*. Den Namen hat er von Baker Beam, einem Großneffen von James → »Jim« Beam, der nach dessen

Tod lange Zeit als Master Distiller in den beiden Brennereien der Firma in Boston und Clermont für die Produktion verantwortlich war. Das Etikett vermerkt stolz, daß Baker in sechster Generation Whiskey-Macher war, und daß die Geheimnisse des Bourbons, der seinen Namen führt, »der Familientradition folgend in der Flasche und nicht auf dem Label« zu finden seien. Dort steht die Empfehlung, ihn mit Eis oder einem Schuß Wasser zu nehmen – sicher zu Recht angesichts seiner immerhin 107°/53.5 %. Er ist 7 Jahre alt. Die Flaschen haben eine *batch*-Nummer.

Balblair Schottische Malt-Destillerie. Ihr Name wird »bal-blär« gesprochen und bedeutet Siedlung in der Ebene. Sie liegt an der alten A 9 zwischen dem Dornoch Firth und dem Örtchen Edderton, ist nicht weit von → Glenmorangie entfernt und zählt wie diese Brennerei zu den nördlichen → Highlands. Der Autor → Barnard nennt in seinem berühmten, 1887 erschienenen Buch als Gründungsdatum das Jahr 1790, die Brennerei selbst spricht von 1849, aber die heutige Anlage stammt erst von 1871/2. Einige Gebäude aus dieser Zeit stehen noch und tragen zusammen mit dem alten, schönen Ziegelstein-Schornstein dazu bei, daß Balblair noch immer den Eindruck einer gediegenen kleinen handwerklichen Destille macht. Über die Firma Cummings kam sie an den kanadischen Konzern Hiram → Walker, denen auch → Ballentine & Son gehörte und die heute ein Teil von → Allied Domecq sind. Im Sommer 1996 trennten sich deren Tochter Allied Distillers, nachdem sie schon → Pulteney verkauft und → Glendronach geschlossen hatten, auch von Balblair und verkauften sie an → Inver House.

Balblair war (und ist) ein wichtiger Bestandteil von → *Ballantine's*, was man auch den Flaschen ansah, in denen er als angenehmer, relativ leichter und schwach getorfter Single Malt in → Destillerie-Abfüllung (mit 5 Jahren) auf den italienischen und deutschen Markt kam. → Gordon & MacPhail liefern immer noch einen 10jährigen in ihrer → Allied Reihe (auch mit 57 %). Die neuen Besitzer machten im Herbst 1998 ihr Versprechen wahr und brachten zwei → Eigentümer-Abfüllungen in geschmackvoll gestalteten Flaschen heraus: einen 16 Jahre alten und einen Malt ohne Altersangabe und mit dem Namen *Elements*, weil er, wie das Label verkündet, »a creation of the elements« sei. Beide schmücken sich mit dem Slogan »A Spirit of the Air« – weil sie dort destilliert seien, wo »the Air is said to be The Purest in Scotland«.

Ball of Malt In Irland übliche Bezeichnung für ein Glas Whiskey. Um einen Malt muß es sich dabei nicht handeln.

Ballantine & Son, George Schottische Whiskyfirma. Ihre Anfänge gehen auf einen Lebensmittelladen zurück, den George Ballantine 1827 in Edinburgh gründete. Der Verkauf von Whisky gehörte zwar bald auch zu seinen Aktivitäten, es war aber dennoch nicht der Edinburgher, sondern der Glasgower Zweig der Familie, der die Grundlage zu einem Unternehmen schuf, das sich zwar seit 1919 in fremden Händen befindet, dessen Name aber immer noch präsent ist: durch den riesigen Destillierkomplex in → Dumbarton an den Ufern von Clyde und Leven und vor allem durch den Blend → *Ballantine's*, der eine der großen Weltmarken ist.

James Barclay übernahm die Firma nach dem 1. Weltkrieg und sorgte durch fleißige Kontaktpflege in den prohibitionsgeplagten USA (wo David Niven damals zu seiner *salesforce* gehörte) dafür, daß für die Marke ein Markt vorhanden war, als der Alptraum der Whisk(e)ytrinker 1933 endlich zu Ende ging. Barclay war es auch, der Ballantine & Son (und auch die Firma → Stoddart) an Hiram → Walker weiterverkaufte und so den Kanadiern den Weg nach Schottland ebnete. Sie errichteten 1938 Dumbarton, kauften die Brennereien → Miltonduff und → Glencadam und hatten viele Erfolge mit ihren diversen Scotchs (u. a. → *Old Smuggler*) in Nordamerika und Europa. *Ballantine's* schaffte auch den Einstieg in die staatlichen Läden des ehemaligen Ostblocks. Heute gehören die Rechte am Namen und die Marke dem internationalen Konzern → Allied Domecq und seiner europäischen Tochter Allied Distillers.

Ballantine's Schottischer Blend. Er wurde von George → Ballantine & Son bereits im letzten Jahrhundert auf den Markt gebracht und war so erfolgreich, daß er schon seit 1895 das Königliche Siegel Queen Victorias auf dem Label tragen darf. Der Erfolg blieb der Marke über all die Jahre und alle Besitzerwechsel von der Gründerfirma über → Stoddart, → Hiram Walker bis → Allied Domecq treu. Der Konzern kann sich heute daran erfreuen, daß seine Marke eine der verkaufsstärksten der Welt ist: 1997 war er die Nr. 1 in Deutschland und Europa und stand weltweit an 4. Stelle.

Es gibt längst nicht mehr nur den → Standard *Ballantine's Finest*, sondern einen 12jährigen → De luxe namens *Gold Seal*. Besonders aktiv ist man im Duty free-Geschäft: einen 15jährigen und einen 19jährigen gibt es in den entsprechenden Läden in Ostasien, einen 17jährigen gibt es global, einen mit 18 Jahren in Südamerika. Der 21jährige kommt im Decanter und der nur selten zu bekommende 30jährige ist einer der teuersten Whiskies überhaupt. Neu sind der *Ballantine's Founder's Reserve 1827* und der *Royal Blue*, der nur in Japan zu bekommen ist.

Tragende Malts für die Blends kommen aus den firmeneigenen Brennereien → Miltonduff, → Glenburgie und → Scapa und sicher immer noch auch aus → Balblair und → Pulteney, auch wenn Allied diese beiden Destillerien vor einiger Zeit an → Inver House verkauft hat. Wie → UDV bei ihrem → *Johnnie Walker* haben auch Allied Distillers der Reihe der Blends einen Vatted Malt zugefügt. Mit dem *Purity*, der aus 20jährigen Malts besteht, erregte man viel Aufsehen, vor allem wegen der aufwendigen Form der Flasche, die einen Tropfen assoziiert, und der Menge (50 cl). Ebenso sparsam ist man bei dem Blend *Ballantine's Serenity* und bei dem Grain *Ballantine's Vitality*. Alle drei sind nur in asiatischen Duty free-Shops und in Japan erhältlich.

Balls Brothers Alteingesessenes englisches Weinhandelshaus, das 1854 in London gegründet wurde. Die Firma war bekannt für zwei eigene Whiskies, den schottischen → *Auld Sandy* und seinen irischen »Bruder« → *Ould Paddy*. Während dieser nicht mehr produziert wird, ist der Scotch immer noch im Programm. Flaschen kann man allerdings nur im Londoner Laden der Firma kaufen. Glasweise bekommt man ihn in den Lokalen, die Balls Brothers heute als Haupttätigkeit betreiben und bei denen sie fein unterscheiden zwischen Wine Bars und Wine Bars with Restaurant.

Ballygeary Irischer Whiskey. Er ist ein Blend aus Malt und Grain Whiskeys, die beide von → Cooley in Riverstown nahe der Grenze zu Nordirland gebrannt und mittlerweile auch selbst abgefüllt wird. Er wird vor allem in Großbritannien verkauft, als Hausmarke von Malt House Vintners, der Spirituosentochter der Cash and Carry-Kette Bookers.

Balmenach Schottische Malt-Destillerie. Ihr Name, auf der zweiten Silbe betont, bedeutet Siedlung in der Mitte. Sie liegt im Herzen der → Speyside in der Nähe von Cromdale zwischen Grantown-on-Spey und Bridge of Avon ganz nahe an der A 95. Gegründet wurde sie von einer Familie McGregor, die gleich zwei bedeutende schottische Autoren hervorgebracht hat: Sir Robert Bruce Lockart und Sir Compton McKenzie. Lockart hat in seinem Buch »Scotch« das Leben in der 1824 gegründeten Brennerei sehr liebevoll beschrieben; McKenzies bekannestes Werk ist der Bestseller → »Whisky Galore«. Als → DCL-Destillerie kam Balmenach 1987 zu → UD, die sie 1993 schlossen, nachdem sie ein Jahr vorher die Lizenz von John → Crabbie & Co auf ihre Tochter → UMGD übertragen hatten. Im Dezember 1997 wurde die Brennerei von → UD an die Firma → Inver House verkauft, die die Produktion im Frühjahr 1998 wieder anlaufen ließ.

Als Single Malt war der Whisky lange nur von → unabhängigen Abfüllern wie → Cadenhead und → Gordon & MacPhail zu erhalten. Eine → Destillerie-Abfüllung mit 12 Jahren wurde dann aber in die → »Flora & Fauna«-Serie aufgenommen. Auch bei dem gleichaltrigen → *Deerstalker* soll es sich um einen *Balmenach* handeln. Nachdem die neuen Besitzer Inver House von ihren anderen frisch erworbenen Destillerien → Pulteney und → Balblair → Eigentümer-Abfüllungen auf den Markt gebracht haben, darf man sicher auch auf einen neuen *Balmenach* hoffen.

Balvenie Schottische Malt-Destillerie. Ihr Name leitet sich von dem nahegelegenen Balvenie Castle ab, bedeutet Stadt oder Siedlung des Glückes und wird meist auf der zweiten Silbe, manchmal aber auch auf der ersten betont. Sie ist eine der vielen Brennereien des kleinen Örtchens → Dufftown in der → Speyside und liegt, nur durch eine aufgelassene Bahnstrecke getrennt, in unmittelbarer Nachbarschaft von → Glenfiddich Distillery. Wie diese gehört sie der bis heute unabhängigen Firma William → Grant & Sons. Deren Gründer erbaute sie 1892 zusammen mit seinen Söhnen nahezu eigenhändig, wobei als Baumaterial Reste des New Balvenie Castle genannten verfallenen Gutshauses verwendet wurden; die ersten → *stills* wurden von → Lagavulin und → Glen Albyn gebraucht gekauft. Destilliert wird heute mit acht *stills*, die größer sind als die von Glenfiddich und mit deren Abwärme beheizt werden. Sie haben eine eigenartige Form, eine Art Ballon zwischen der Brennblase und dem Schwanenhals, die mittlerweile auch in anderen Brennereien zu finden ist und Balvenie-Blase heißt. Das Wasser für beide Brennereien kommt von → Robbie Dubh. Balvenie hat noch eigene → *floor maltings*, die etwa 15 % des benötigten → Malz produzieren.

Als → Destillerie-Abfüllung gab es früher den 10jährigen *Founder's Reserve* und einen ca. 18 Jahre alten *Classic*. 1992, zum 100. Geburtstag von Balvenie, wurde an ihrer Stelle eine Dreier-Serie in einer eigens entwickelten Flasche kreiert, die auch als Set mit einem hübschen Holz-»Tantalus« zu bekommend ist. Sie umfaßt wiederum einen *Founder's Reserve* mit 10, einen *Single Barrel* mit 15 Jahren und in → Faßstärke und den 12jährigen → *Double Wood*. Besonders er trägt der Bedeutung Rechnung, die der Ausbau im → Faß für einen Single Malt hat: Während der jüngere Malt in Eichenfässern, in denen vorher → Bourbon war, lagerte, wurde der 12jährige zum Abschluß der Reifezeit in → Sherry-Fässer umgefüllt. Mit ihm erfand David Stewart, Masterblender und »Chefnase« des Hauses, den ersten → *finishing* und setzte damit einen Trend in Gang, der seitdem viele, nicht immer geglückte, Nachahmungen gefunden hat.

1997 bewies Stewart erneut seine Meisterschaft in der Auswahl der richtigen Holzart und der richtigen Zeit für die → zweite Reifung: Er ergänzte die drei ersten Malts durch einen sensationellen 21jährigen, dem er eine Nachreife von einigen Monaten im → Portweinfaß gegönnt hatte. Von ihm gibt es nur kleine Stückzahlen, aber immerhin etwas mehr als von den → *vintages*, von denen z. B. ein 1966er herauskam und die, weil immer nur ein Faß abgefüllt wird, wegen ihrer beschränkten Verfügbarkeit von Sammlern gesucht und entsprechend teuer sind. Zuweilen werden auch sehr kleine Mengen bis hin zu Einzelflaschen für besondere Anlässe oder zu Benefizzwecken aufgelegt: So wurde zum 25. Jubiläum des deutschen »Playboy« 25 Flaschen eines 25jährigen *Balvenie* unter den Lesern verlost.

Banff Schottische Malt-Destillerie. Sie war früher auch unter dem Namen Inverboyndie bekannt und ist nach der Stadt Banff benannt, die östlich von ihr liegt. Sie zählte zu den → Highlands. 1863 erbaut, erlebte die Brennerei in ihrer Geschichte gleich zwei Katastrophen: 1877 ein Groß-Feuer und am 16. 8. 1941 die Bombardierung durch deutsche Kampfflugzeuge. Sie führte dazu, daß der in den → *warehouses* reifende Whisky entweder in Flammen aufging oder sich in die umliegenden Wiesen ergoß und die auf ihnen grasenden Kühe schwer vergiftete. Das dritte Unglück ereilte die Brennerei 1983: die Schließung und, ihr folgend, der teilweise Abbau. Da sie seit 1932 der → SMD gehörte, fielen die Reste an → UD.

Der ehemalige Lizenzinhaber Slater Roger & Co. hatte keine → Eigentümer-Abfüllung. Als Single Malt gibt es *Banff* nur von → unabhängigen Abfüllern:

Cadenhead hatten mehrere Versionen, auch in → *cask strength*, ein 1974er gehört zu der »Connoisseurs Choice« - Reihe von → Gordon & MacPhail. Auch die → Scotch Malt Whisky Society bot ihren Mitgliedern zuweilen einige Flaschen an. Ebenfalls ein *cask strength*, mit 58.8 %, gehörte zur → »Silent Stills«-Serie von → Signatory.

Banoch Brae Schottischer Blend von Cellars International. Man bekam ihn auch in Deutschland, aber nur über die britische Armee und ihre NAAFI-Läden.

Barclay's Kentucky Straight Bourbon von → Barton. Die Hersteller können oder wollen nicht sagen, woher der Whiskey seinen Namen hat (aber das können sie von ihrem eigenen auch nicht). Das Label bescheinigt dem 80°/40 % starken Getränk »Quality, Character, Value«.

Bardstown Kleines Städtchen südlich von Louisville am Blue Grass Parkway. Seine größte touristische Attraktion ist immer noch das »Old Kentucky Home«, das der später an Alkoholvergiftung gestorbene Liedermacher → Stephen Forster besungen hat. Nach ihm heißt heute ein Straight Rye Whiskey von → Heaven Hill Distillery in Bardstown. Diese Brennerei ist indessen nicht die einzige des Ortes, dort zu finden sind auch die Destillerien → Willett und → Barton. Aber selbst das sind nicht alle, denn eigentlich muß man auch die beiden → Jim Beam Distilleries zu Bardstown rechnen. Deren Besitzer geben als Adresse für ihre Brennereien Clermont und Boston/Beam zwar immer Frankfort, die Hauptstadt Kentuckys, an, aber Clermont und Boston liegen viermal näher bei Bardstown als bei Frankfort. Mit insgesamt fünf noch existierenden Destillerien stellt die kleine Gemeinde mit weniger als 10000 Einwohnern alle anderen Orte in Kentucky bei weitem in den Schatten. Zudem hat sie das großartige → Oscar Getz Museum of Whiskey History zu bieten. Für das alljährlich im September stattfindende Bourbon Festival gibt es also keinen würdigeren Ort; es macht ihn endgültig zur Whiskey-Kapitale Amerikas.

Barleycorn, John In Schottland gerne gebrauchter Name für Bier und Whisky. Er fand seine erste literarische Erwähnung zwar schon 1620 in der »Pleasant new ballad … of the murther of Sir John Barleycorn«. Aber es war der schottische Nationalbarde Robert Burns, der Hans Gerstenkorn richtig populär machte. »John Barleycorn«, und er sang diesmal von Bier,

»John Barleycorn was a hero bold,
Of noble enterprise,
For if you do but taste his blood,
Twill make your courage rise.«

In »Tam O'Shanter« dagegen hatte er beide, das Bier (»tipenny«) und das *usquabae* im Sinn:

»Inspiring, bold John Barleycorn!
What dangers thou can make us scorn!
W'tipenny, we fear nae evil;
Wi'usquabae, we'll face the devil!«

Auch der Schriftsteller Jack London schrieb mit »John Barleycorn« eine Art alkoholischer Autobiographie, benutzt den Namen allerdings als Synonym für Drinks: »At every turn in the world in which I lived, John Barleycorn beckoned. There was no escaping him.«

Barnard, Alfred Englischer Autor, der mit seinem 1887 erschienenen Buch »The Whisky Distilleries of the United Kingdom« eine unschätzbar wertvolle Quelle für alle an der Geschichte des Whisky Interessierten hinterlassen hat. Das Buch ist eine vollständige Bestandsaufnahme sämtlicher damals produzierender Brennereien. Barnard hatte sie auf einer Reise besucht, die 1886 ein volles Jahr in Anspruch nahm, und sich dabei jedes Detail über die Lage, die wirtschaftliche Situation und über die technischen Einrichtungen und Besonderheiten notiert. Er fand in Schottland 129 Destillerien, von denen bis auf neun alle Malt herstellten, 28 Brennereien in Irland und immerhin noch vier in England. Das Buch wurde von der Zeitschrift »Harper's Weekly Gazette« publiziert, die auch heute noch unter dem Titel »Harper's – the Wine and Spirit Weekly« erscheint und vermutlich die älteste noch bestehende Fachzeitschrift der Branche ist. Die Kontakte zu dem Blatt hatte Barnard über eine Anzeigenagentur gefunden, die er betrieben hatte, bevor er, durch die Recherchen zum Buch angeregt, sich ganz dem Journalismus zuwandte. Das Buch wurde zur Bibel für Whiskyhistoriker. Seine Erstausgabe ist eine, kaum zu findende, bibliophile Rarität und auch die Nachdrucke sind heute schon gesucht.
Ein erster erschien 1969 bei David & Charles (Publishers) in Newton Abbot, 1987 kam die »Centenary Edition« mit einem Vorwort von David Daiches und einer Einführung von Michael Moss heraus. Das monumentale Werk, in dem auch Stiche der Brennereien abgedruckt sind, ist nicht das einzige Buch des Autors geblieben. Er schrieb auch »Noted Breweries of Great Britain & Ireland«. Nahezu unbekannt ist, daß er auch ein zweites Whiskybuch schrieb: 1893 publizierte er »A Visit to Pattison & Elder & Cos, Leith, and Glenfarcas-Glenlivet Distillery«, eine Schrift für die Firma Pattison, die Firma, deren Bankrott die schottische Whiskyindustrie in ihre größte Krise stürzte.

Barrel Das Wort bedeutet im Englischen einfach »Faß« und wird als Synonym für *cask* verwendet. In der Whiskyindustrie gebraucht, meint es aber eine bestimmte Faßgröße. Ein *barrel* hat ca. 180 Liter und liegt damit zwischen dem → *quarter* und dem → *hogshead*. Wenn man von *barrel* redet, ist immer ein »american barrel« gemeint: Es ist immer aus amerikanischer Eiche gemacht. Wenn es, meist zerlegt, manchmal auch ganz, aus den USA nach Schottland oder Irland kommt, wurde es in der Regel vorher bereits zur Lagerung und Reifung von Bourbon verwendet.

Barrel proof Bezeichnung, die in USA für die Whiskeys verwendet wird, die in → Faßstärke abgefüllt werden. In Schottland und Irland spricht man von → *cask strength*.

Barton Amerikanische Destillerie in → Bardstown. Sie ist im Besitz der Firma Barton Brands, die wiederum, nach einigen stürmisch verlaufenen Jahren und der Beendigung der Expansion nach Schottland, seit Anfang der neunziger Jahre der → Canandaigua Wine Company gehört. Den heutigen Namen trägt die Brennerei erst seit 1944 – und bis heute kann niemand erklären, warum sie ihn erhielt. Sie ist freilich weit älter und begann ihre Geschichte 1889, als sie von → Tom Moore gebaut wurde, der vorher als Partner von Ben Mattingly schon eine andere Brennerei besaß. Nach ihm ist noch heute eine Marke von Barton benannt (während der → *Mattingly & Moore* heute von der ganz nahegelegenen → Heaven Hill Distillery kommt).

Auch Moores Destillererie fiel der → Prohibition zum Opfer, wurde aber nach deren Ende von einem Geschäftsmann namens Henry Teur 1934 wiedereröffnet. Zehn Jahre später kommt ein Mann namens Oscar Getz ins Spiel. Er darf nicht nur den Ruhm in Anspruch nehmen, die Brennerei und die Firma großgemacht zu haben, sondern hat sich auch durch das phantastische Whiskey-Museum und das Buch »Whiskey. An American Pictorial History« (1978) verewigt. Das Museum war bis zum Ausscheiden von Getz aus seiner Firma in der Brennerei untergebracht und ist heute eine der Attraktionen von Kentuckys Whiskey-Hauptstadt Bardstown. Getz war auch der Schöpfer des → *Kentucky Gentleman* und vieler anderer Marken. Und er war die treibende Kraft hinter der Ausdehnung des Unternehmens nach Schottland, die 1959 mit einer Beteiligung an → Littlemill Distillery (und am Neubau von → Loch Lomond Distillery) begann.

Littlemill wurde 1971 komplett übernommen, was zur Bildung einer schottischen Tochterfirma namens Barton Distilling (Scotland) und zu einem der unübersichtlichsten Kapitel der schottischen Whisky- und der amerikanischen Whiskey-Geschichte führte. Denn 1982 wurden die amerikanische Mutter und ihre schottische Tochter von der → ADP aufgekauft, die sich bald darauf von Loch Lomond trennte. ADP wurde 1989 von ihrer Besitzerin, der Argyll Group, an → Gibson International verkauft, hinter der wiederum → Schenley (Canada) und einige Manager von ADP standen, und die Anfang der neunziger Jahre Konkurs anmeldete; seitdem gehören die schottischen Teile zu → Glen Catrine, die amerikanischen heißen wieder Barton Brands und gehören der Weinfirma, die durch den Verkauf von billigen Supermarktweinen groß geworden ist.

Vielleicht liegt es an der verworrenen jüngsten Geschichte, daß man sich bei Barton so zugeknöpft gibt und sich z. B. weigert, die → *mash bill* zu verraten und Auskunft zu geben über die vielen Marken, die man mittlerweile besitzt. Diese Politik hat nicht gerade dazu beigetragen, das Image der Whiskies zu verbessern, die immer als etwas medioker (und zu jung) galten. Immerhin weiß man, daß es in der Brennerei 13 Gärbottiche gibt, eine große → *beer still* aus Edelstahl und einen → *doubler* aus Kupfer, daß vermutlich mehrere verschiedene Maische-Formeln gefahren werden und daß die Fässer in immerhin 30 siebenstöckigen Lagerhäusern lagern. Kritik kann die Firma auch deswegen kaltlassen, weil sie erfolgreich ist, weiter expandiert hat und jüngst vom achten auf den vierten Platz der größten Spirituosenfirmen der USA gerückt ist.

Sie produziert in zwei weiteren Brennereien (in Atlanta und in Californien) auch Gin, Tequila, Rum, Wodka und anderes. Aus der schottischen Vergangenheit besitzt Barton noch die USA-Rechte an einigen Scotch-Marken wie → *Inver House*, → *House of Stuart* und → *Highland Mist*. Das Portfolio wurde 1995 noch einmal beträchtlich erweitert, als man → UD nicht nur die beiden (stillgelegten) Brennereien → Medley und → Glenmore abkaufte, sondern auch eine ganze Reihe von Marken wie → *Fleischmann's, The Glenmore,* → *Kentucky Tavern* und → *Old Thompson*. Von → Hiram Walker hatte man vorher schon den weitverbreiteten → *Ten High* erworben. Sozusagen die Hausmarke ist der → *Very Old Barton*. Weitere Straights (ohne jede Garantie der Vollständigkeit) sind → *Barclay's*, → *Clementine's*, → *Colonel Lee*. Ihn gibt es auch als *Light Whiskey*. Ein weiterer Light ist der *Barton's QT*. Als Blended gibt es den *Barton's Premium* und den *Barton's Reserve*, den → *Corby's*, *Fleischmann's*, → *Imperial*. Straight Corn Whiskies sind → *Cabin Hollow*, → *CornCrip*, → *Golden Grain* und → *Old Dispensary*.

Basil Hayden's Kentucky Straight Bourbon. Er gehört wie → *Baker's*, → *Booker's* und → *Knob Creek* zu der → *small batch*-Serie von → American Brands bzw. deren Tochter → JBB. Seinen Namen hat er von einem der amerikanischen Whiskey-Pioniere. Basil Hayden gründete 1785 eine katholische Siedlung in Kentucky und soll angeblich bereits 1796 mit dem Destillieren begonnen haben – zu einer Zeit also, als, wie die Flasche stolz anmerkt, George Washington Präsident und der Staat Kentucky gerade vier Jahre alt war. Hayden ist eben der, nach dem seine Nachfolger eine Brennerei und eine große Marke benannt haben: → *Old Grand-Dad*.

Die Brennerei arbeitet nicht mehr, aber den Whiskey gibt es noch – er wird heute ebenfalls in den beiden Destillerien von → Jim Beam in Boston und Clermont gemacht, weist aber im Gegensatz zu deren bekanntestem Produkt einen sehr viel höheren Roggen-Anteil auf. Der prägt auch den *small batch*, der erst mit 8 Jahren und mit 80°/40 % abgefüllt wird. Die Flasche soll die Replik eines Vorbildes aus den zwanziger Jahren sein, sie wird von einem Label geschmückt, das wie ein Poncho über sie gestülpt ist und die Geschichte von Hayden erzählt. Außerdem ist sie von einer sehr distinguiert aussehenden Bauchbinde aus Metall umhüllt.

Baxter's Barley Bree Schottischer Blend. Er ist heute eine Marke von → UDV und wird vor allem in Südafrika und Südamerika verkauft. Warum er den Namen Baxter trägt, ist nicht bekannt und nicht einleuchtend, denn er kam früher von der ursprünglich in Dundee ansässigen Firma James Watson & Company. Die war bereits 1815 gegründet worden. Sie soll über große Vorräte an Whisky verfügt haben – und über die drei Brennereien → Ord, → Parkmore und → Pulteney, als sie 1923 von → Buchanan, → Dewar und John → Walker gekauft wurde. Als die kurz darauf mit der → DCL fusionierte, wurden die Whiskybestände aufgeteilt und die Destillerien an John Dewar & Son übergeben. Seitdem es den Blend → *Watson's No 10* nicht mehr gibt, ist der *Barley Bree* das einzige, was von der alten Firma übriggeblieben ist. Sein Name bedeutet Gerstensaft oder Gerstengesöff und war ein bei den Schotten früher gern verwendetes Wort für ihren Whisky.

Beam Bedeutende amerikanische Whiskey-Dynastie. Sie hat in der Geschichte des amerikanischen Whiskey tiefere Spuren hinterlassen als jede andere Familie. Ihre Wurzeln liegen in Deutschland, in den USA gaben sich die Böhms dann den neuen Namen. Stammvater der heutigen Beams war Jacob, der Sohn eines Mannes, der um 1752 in der neuen Heimat ankam, zunächst in Maryland und Pennsylvania lebte, ehe er 1788 die Appalachian Mountains durch das Cumberland Gap überquerte und sich in Kentucky niederließ. Dort arbeitete er nicht nur als Farmer, sondern brannte auch, in kleinem Maßstab, Whiskey.

Jacob wurde 1770 geboren, half zuerst seinem Vater bei der Arbeit und baute dann 1788 seine erste Destillerie. 1795 soll das Jahr gewesen sein, in dem er sein erstes Faß Whiskey verkauft und sich entschlossen haben soll, auf kommerzieller Basis zu destillieren: Dieses Jahr jedenfalls gibt die → James B. Beam Distilling Company heute offiziell als Beginn ihrer Firmengeschichte an. Sie hat sich aus diesen kleinen Anfängen zu einem der größten amerikanischen Whiskeyhersteller entwickelt.

Jacobs Sohn David und sein Enkel David M. führten die Firma weiter, aber es war der Urenkel James Beauregard Beam, der den Grundstein zum heutigen Unternehmen legte; er war der legendäre »Jim« und nach ihm ist die erfolgreichste aller Bourbonmarken benannt. Er übernahm die Firmenleitung 1892 und hatte sie noch inne, als er 1920 durch die → Prohibition gezwungen wurde, mit dem Brennen aufzuhören. Damals war er 55 Jahre alt. 70 war er, als er nach dem Ende der Trockenzeit noch einmal neu anfing und 1933 eine neue Company gründete.

Einer ihrer Teilhaber war Harry Blum, dem »Jim« 1945 seine Anteile verkaufte – zwei Jahre vor seinem Tod und drei Jahre, nachdem die berühmte Marke zum ersten Mal auf den Markt gekommen war. Doch auch nach dem Besitzerwechsel und dem Tod »Jims« blieb die Familie im Unternehmen aktiv – und sie ist es immer noch, auch wenn die Firma mitsamt den beiden Brennereien in Clermont und Boston seit 1967 dem Konglomerat → American Brands / → Fortune Brands gehört.

»Jims« Sohn T. Jeremiah ist bei ihm ebenso in leitender Stellung tätig wie sein Neffe Carl, der eine Zeitlang Master Distiller war. Sein Sohn → Baker Beam wiederum hat einem der neuen → *small batch*-Bourbons den Namen gegeben. Enkel → Booker Noe II, langjähriger Master Distiller und längst offiziell im Ruhestand, ist noch heute das Aushängeschild der Firma und ihr Botschafter. Bookers Vater hat aber auch in → Ancient Age gearbeitet – was beweist, daß die Beams nicht nur die eigene Firma geprägt haben. Auf Beams trifft man immer wieder, wenn man amerikanische Whiskey-Firmengeschichten studiert.

Ein Nachfahre von Jacob (und Onkel von »Jim«) gründete die → Early Times Distillery, die → Samuels-Family erhielt bei ihrer Neugründung von → Maker's Mark Distillery die Hilfe von Elmo Beam. Und in → Heaven Hill ist beinahe so etwas wie eine neue Dynastie entstanden: Dort ist heute, als Nachfolger seines Vater Earl Beam, Parker Beam Master Distiller und sein Sohn Craig bereitet sich schon darauf vor, ihn eines Tages zu beerben.

Beam's 8 Star Amerikanischer Blended von → Jim Beam. Man behauptet, er enthalte einen besonders hohen Anteil an → Straight Bourbon.

Beatlestone Schottischer Whiskydrink. Ein guter Blend und Dry Vermouth werden zu gleichen Teilen über viel Eis gemixt, gut gerührt und im Cocktailglas serviert.

Beer Bezeichnung, die bei der Whisk(e)yherstellung manchmal anstelle des sonst üblichen → *wash* verwendet wird. Gemeint ist damit die alkoholische Flüssigkeit, die gewonnen wird, wenn die → *wort* genannte Maische in den → *washbacks* mit Hefe versetzt und zum → Fermentieren gebracht wurde. Der Vorgang dauert 40 bis 72 Stunden und hinterläßt eine säuerlich-bittere Flüssigkeit von 7 % bis 9 %, deren Stärke durch das anschließende Destillieren stark erhöht werden kann. In Irland und manchmal auch in den USA nennt man die Brennblase, die beim ersten Destilliervorgang eingesetzt wird, oft auch *beer still*. Dort bezeichnet man das, was nach dem Destillieren am Boden der *still* zurückbleibt, als *spent beer* oder → *stillage*. Dabei handelt es sich um genau die Flüssigkeit, die in Kentucky und Tennessee wiederverwendet wird und die Grundlage für das berühmte → *sour mash*-Verfahren bildet.

Beer still Bezeichnung, die vor allem in Kanada und in den USA verwendet wird und die Brenn-»Blase« meint, in denen die → *wash* destilliert wird. Besser spricht man allerdings von einer oder zwei Säulen, weil in diesen Ländern nur noch ganz ausnahmsweise → *pot stills* verwendet werden. Statt dessen bildet eine Variante der von Robert → Stein und Aeneas → Coffey erfundenen → *patent*, → *continuous* oder auch → *column stills* die Grundlage der Produktion. In Kanada besteht die *beer still* aus zwei Säulen, an die zur Erzielung eines noch reineren, sauberen, freilich auch ziemlich geschmacksneutralen Whisky in einem zweiten Durchgang ein analoges Paar angefügt ist. In USA besteht die *beer still* aus einer einzigen Säule und das Ergebnis dieser Destillation wird zur Erhöhung der Alkoholstärke noch durch einen → *doubler* oder → *thumper* geschickt.

Begg, John Bedeutende Figur der schottischen Whiskygeschichte. Begg war Gründer der → Royal Lochnagar Distillery und berühmt für seine gute Nase für Publicity: Es gelang ihm, für seine Brennerei als Schirmherrin die im benachbarten Schloß Balmoral residierende Queen Victoria zu gewinnen. Nach einem Besuch der Brennerei ernannte sie ihn zum Hoflieferanten und erlaubte ihm, sie nicht mehr nur »New Lochnagar« zu nennen, sondern sie mit dem begehrten königlichen Affix zu schmücken und »Royal Lochnagar« zu taufen. Er schuf auch eine Reihe Blends, von denen → *John Begg Blue Cap* am erfolgreichsten war. Für ihn wurde der Slogan »Take a peg o'John Begg« kreiert, der so bekannt war, daß es von ihm sogar eine jiddische Übersetzung gab. Beggs Firma, von seinem Sohn weitergeführt, war später einer der Töchter der → DCL und ist somit heute ein Teil von → UDV.

Bell's Islander Schottischer Blend aus dem → Standard-Segment. Er wurde Ende der achtziger Jahre von der damaligen → UD-Tochterfirma Arthur → Bells & Sons eingeführt. Sein Name bezieht sich darauf, daß er einen großen Anteil von → Insel-Whiskies von → Islay, → Skye und → Orkney enthält. Sie verleihen ihm einen schönen und kräftigen Rauchton.

Bell & Sons, Arthur Schottische Whiskyfirma. Sie konnte sich, wenn auch seit 1949 nur noch als Aktiengesellschaft, ihre Unabhängigkeit bewahren, ehe sie 1985 von → Guinness geschluckt wurde. Das war die erste spektakuläre Übernahme der irischen Bierbrauer, die sich dann zwei Jahre danach, unter undurchsichtigen, auch durch Gerichtsverfahren bis heute nicht geklärten Umständen mit → DCL genau die Firma einverleibten, in der alle großen schottischen Familienfirmen von John → Walker und John → Dewar bis → Buchanan aufgegangen waren – bis auf Arthur Bell & Sons (und William → Grant & Sons natürlich).

Gründer der Firma, die sich 1976 in einem Buch als »Pride of Perth« feiern ließ, war Arthur Bell. Er war 1840 in diesem Ort, dem Tor zu den → Highlands, in das Wein- und Spirituosengeschäft seines Verwandten Thomas Sandeman eingetreten (der wiederum mit der berühmten Sandeman-Familie aus Oporto verwandt war). Elf Jahre später machte er sich selbständig und zog ein blühendes Geschäft auf, das so erfolgreich expandierte, daß er wiederum elf Jahre später als erster schottischer Whiskyhändler den Schritt wagte, in London eine eigene Filiale aufzumachen und von dort aus ein Vertriebsnetz in viele Länder zu spannen. Er setzte sich auch für verbindliche Qualitätsnormen ein und war einer der Pioniere bei der Einführung normierter Flaschengrößen.

Eine eigene Marke mit dem Namen *Bell* auf dem Etikett aber schufen, nach Arthurs Tod 1900, erst seine Söhne. Sie weiteten ihre Tätigkeit auf alle Gebiete des Whiskygeschäftes aus, indem sie die Firma P. → Mackenzie übernahmen, der die Brennereien → Blair Athol und → Dufftown gehörte. 1936 übernahmen sie auch → Inchgower Distillery. 1942 starb der letzte der Brüder; die Firma wurde dann von W. G. Farquharson geleitet, der sie in eine AG umwandelte. 1974 wurde, nahe der Dufftown Distillery, die neue Brennerei → Pittyvaich gebaut. Zu dieser Zeit war das Unternehmen vor allem auf dem heimischen Markt in Großbritannien und ganz besonders in Schottland stark, wo es eine dominierende Stellung hatte. Man erzielte aber auch so große Erfolge beim Export, daß man zu einem reizvollen Übernahmekandidaten wurde. Kurz nachdem von → Inver House auch noch → Bladnoch Distillery erworben worden war, schlug Guinness zu.

Die wichtigste Marke der Firma war natürlich immer der Blend → *Bell's*, aber sie verkaufte auch die Malts ihrer Brennereien in → Eigentümer-Abfüllungen. Eine beliebte Spezialität waren und sind die dem Firmennamen Rechnung tragenden glockenförmigen Decanter, die, mit bunten Bildern verziert, zu allen möglichen königlichen Anlässen und darüber hinaus jedes Jahr an Weihnachten herausgebracht werden und bei Auktionen Spitzenpreise erzielen. → UD, die Spirituosentochter von Guinness, machte einen *relaunch*, bei dem sie den alten durch einen neuen Blend ersetzte, bei dem das Alter (8 Jahre) angeben wurde. Außerdem wurde → *Bell's Islander* herausgebracht. Die Marke spielte auch eine besondere Rolle bei der Entwicklung modischer neuer Getränke wie dem → *Red Devil* und von → Alcopops wie *Bell's* mit »IRN Bru« oder Cola, mit denen auf die Erschließung neuer, vor allem junger Käuferschichten gezielt wird.

Bell's Schottischer Blend aus dem Hause Arthur → Bell & Sons, das seit 1985 → Guinness gehört und formal als Tochtergesellschaft von → UDV geführt wird. Der sehr erfolgreiche → Standard-Blend hatte früher keine Altersangabe und enthielt vermutlich vor allem die Malts der firmeneigenen Brennereien → Blair Athol, → Dufftown, → Inchgower und → Pittyvaich. Er wurde abgelöst von dem 8jährigen *Bell's*, der ziemlich intensiv, auch mit aufwendigen TV-Kampagnen, beworben wird – er war der erste Standard, der mit einer Altersangabe versehen war.

Daneben gibt es die Marke mit 12 und mit 21 Jahren und, als → *Bell's Islander*, mit einem hohen Anteil an Insel-Malts. Eine beliebte und besonders bei Sammlern begehrte Spezialität sind die Bell's Decanter: glockenförmige Keramikkaraffen in Normalgröße und als Miniaturen. Sie werden jedes Jahr an Weihnachten herausgebracht und dürfen – mit den Porträts der Royals bunt geschmückt – auch bei königlichen Anlässen wie Hochzeiten, Geburten etc. (von Scheidungen sind keine bekannt) nicht fehlen.

Um neue, und vor allem junge Käuferschichten zu erobern, brachte man auch → Alcopops auf dem Markt: in Bierflaschen gibt es, vorgemixt, *Bell's Cola*, *Bell's Lemonade* und *Bell's IRN-Bru*, letzteren mit einem in Schottland hergestellten Erfrischungsgetränk, das im Land fast Kultstatus genießt. Keineswegs mit einem Softdrink verdünnt ist dagegen der »Red Hot Spirit« genannte → *Red Devil*, der den 8jährigen »*Bell's* with red chili pepper« enthält.

Bellows Kentucky Whiskey, den es mit dem Namen *Bellows Club* als Kentucky Straight Bourbon und als *Bellows Partner's Choice* als Blended gibt. Früher gab es weit mehr Versionen und auf den Flaschen stand, daß die Firma Bellows & Company »ein geschätzter Name seit 1830« sei. Beide Marken kommen heute von → JBB, deren Mutter → American Brands sie miterwarb, als sie 1987 National Distillers samt deren Frankforter Brennereien → Old Crow, → Old Taylor und → Grand Old-

Dad kaufte. Keine dieser Destillerien produziert heute, vielmehr werden die nach ihnen benannten Whiskies jetzt in Boston und Clermont in den beiden →Jim Beam Distilleries hergestellt.

Beltane Schottischer Blend von einer Firma, die sich The Beltane Whisky Co. nennt. Hinter ihr steht kein anderer als der berühmte Phillip »Pip« Hills. Er ist der Vater der famosen →Scotch Malt Whisky Society, die er gegründet und zu einer schottischen Erfolgsstory gemacht hatte, ehe er aus etwas undurchsichtigen Gründen seinen Job als Chairman abgegeben mußte. Hills und einige Freunde gaben dem Malt Whisky eine neue Vision – und den Mitgliedern seines Vereins die Möglichkeit, ihn zum ersten Mal so zu trinken, wie das bisher nur wenigen vorbehalten war: ungefiltert, unverdünnt und aus dem Einzelfaß abgefüllt.

Mit seinem neuen Blend verfällt Hills jetzt sozusagen ins Gegenteil: ein – ebenfalls – ungefärbter, deshalb sehr bleicher Blend, der überdies noch sehr jung ist, gekühlt getrunken oder zum Mixen verwendet werden soll. Ob auch das, wie Hills behauptet, wieder eine Rückkehr zum Ursprünglichen ist, also dazu, einen Blend so zu machen und so zu trinken, wie es vor der Jahrhundertwende üblich war, sei dahingestellt. Sicher ist es ein Versuch, ein junges Publikum mit einem schlichten Getränk anzusprechen, das ihn vielleicht verwendet, um sich für Beltane Mut anzutrinken. Das alte keltische Fest wurde am 1. Mai gefeiert, indem man Feuer anzündete, um das neue Leben zu begrüßen, das mit dem Frühling kommt. Im Schein des wärmespendenden und reinigenden Feuers suchte man sich Partner: um Fruchtbarkeit für das kommende Jahr nicht nur herbeizuwünschen, sondern selbst seinen Teil beizutragen.

Beltline Cocktail Schottischer Whiskydrink. Im Shaker werden ein Drittel Scotch mit je einem Sechstel Zitronensaft, rotem Vermouth, »Bénédictine« und Rum über viel Eis geschüttelt.

Ben Aigen Schottischer Blend. Er ist ein einfacher →Standard und kommt von einer Tochter von →Gordon & MacPhail. Benannt ist er nach einem Berg, der zwischen Rothes und →Craigellachie liegt, also praktisch vor der Haustür der Firma aus Elgin.

Ben Alder Schottischer Blend. Er stammt aus dem Hause →Gordon & MacPhail, das ihn 1900 einführte und zwar zuerst unter dem Namen *Dew of Ben Alder*, also Tau vom Alder. Der majestätische Berg gehört zu dem zwischen Ben Nevis und Shiehallion liegenden Hochplateau, das man am besten von →Dalwhinnie Distillery aus sehen kann, wenn man nach Süden blickt.

Ben Nevis Schottische Malt-Destillerie. Sie gehört zu den westlichen →Highlands, liegt am nördlichen Ortsausgang von Fort William an der A82 – und zu Füßen von Schottlands höchstem Berg, von dem sie den Namen übernommen hat. Ihre Gründung 1825 wird einem Mann zugeschrieben, der aus mindestens zwei Gründen einen sehr berühmten Namen trägt: Er war ein Macdonald und gehörte somit zu der Familie, deren Gastfreundschaft die auf seiten der Engländer kämpfenden Campbells 1692 schlecht vergalten, indem sie nachts 38 Menschen, darunter auch alle Frauen und Kinder, töteten, oder präziser: regelrecht abschlachteten. Das Massaker von Glencoe ist in den Highlands bis heute unvergessen.

Wegen seiner ungewöhnlichen Körpergröße nannte man John Macdonald → Long John. Seinen Spitznamen trägt auch heute noch ein Blend, der aber längst nichts mehr mit dem Clan zu tun hat. Die Marke wurde, zusammen mit der Brennerei, schon zwischen 1910 und 1920 verkauft. Später kamen sie in getrennte Hände. Erst 1981 wurden beide wieder (und auch nur für kurze Zeit) unter einem Firmendach vereinigt. Die damaligen Besitzer, die Brauer und Brenner → Seager Evans, erweiterten die vier → *pot stills* von Ben Nevis um eine (später wieder abgebaute) → *patent still* und produzierten den Blend → *Dew of Ben Nevis*. Kurze Zeit war die Brennerei im Besitz des Kanadiers John Hobbs, der auch eine Ranch installierte, dann übernahm sie der Brauereigigant → Whitbread. Er schloß sie 1986, behielt aber die Rechte an der Marke *Long John*.

Drei Jahre später wurde die Destillerie an die japanische Firma → Nikka verkauft. Die neuen Herren investierten viel Geld und machten aus ihr nach der Wiedereröffnung ein kleines Schmuckstück. Sie richteten ein attraktives Visitor Centre ein; das dort gezeigte Video unterhält die Besucher durch seinen kernigen Humor und ist sicher eines der besten seiner Art.

Nikka vermarktet mittlerweile wieder einen Blend unter dem alten Namen *Dew of Ben Nevis* und hat auch die Marke → *Glencoe* gekauft. Vor allem aber wurden auch mehrere → Eigentümer-Abfüllungen des Single Malt herausgebracht. Bisher gab es (mindestens) sieben → *vintage*-Abfüllungen: einen 25jährigen von 1966 (59 %) in wertvoller Kristallkaraffe, je einen 26jährigen von 1969 (55.4 %), von 1970 (52.7 %), aus dem gleichen Jahr mit 53.7 % und von 1971 (54.5 %). 19jährig waren Abfüllungen von 1972 (56.8 %) und von 1976 (58.3 %). In nur sehr kleinen Auflagen kamen 1996 und 1997 ein 10 Jahre alter Malt mit jeweils 46 % auf den Markt. Auch die → Unabhängigen haben ihn von Zeit zu Zeit, z. B. → Cadenhead oder → MacArthur. → Signatory konnte sogar noch ein Faß von 1963 aus der *patent still* auftreiben und mit 54% abfüllen.

Ben Roland Schottischer Blend. Er wird exklusiv in den Filialen von → Unwins angeboten, einer Kette von High Street-Weinsupermärkten, die mit → Oddbins und → Victoria Wine konkurrieren. Als Hersteller ist auf den Flaschen Phillips Newman & Co. genannt, denen die Kette gehört. Der Großvater des heutigen Direktors brachte die Marke bereits 1924 auf den Markt.

Ben Wyvis Schottische Malt-Destillerien. Sie haben ihren Namen von dem Berg, der sich da erhebt, wo die nördlichen → Highlands beginnen. Die erste und ältere Ben Wyvis Brennerei lag in Dingwall am Ende des Cromarty Firth ganz in der Nähe des Ortes, wo der örtliche Laird Duncan Forbes of Culloden seine berühmte → Ferintosh Distillery hatte. Ben Wyvis, 1879 gebaut, hieß zeitweilig auch Ferintosh. Sie war für ihre

Zeit sehr groß, aber nicht sehr erfolgreich, und kam nach einigen Besitzerwechseln zu → DCL, die 1924 zwar noch die Lizenz auf John → Begg übertrug, die Brennerei aber zwei Jahre später endgültig schloß. Die Lagerhäuser allerdings wurden noch lange weiterbenutzt und sind heute, an der Eisenbahnstrecke, immer noch zu sehen.

1965 kam der Name Ben Wyvis wieder auf die schottische Whisky-Landkarte: Damals entschlossen sich → Invergordon Distillers, eine neue Malt-Brennerei mit zwei → *stills* inmitten ihres riesigen Grain-Komplexes in Invergordon einzurichten, die am Nordufer des Cromarty Firth und nicht allzuweit vom Berg entfernt liegt. Auch sie hatte kein langes Leben. Schon 1977 wurde sie wieder abgerissen und ist heute so vergessen, daß nicht einmal die Arbeiter in Invergordon sich an sie erinnern.

Trotz gegenteiliger Beteuerung ihrer Besitzer ist ihr Malt zumindest einmal als Single Malt in → Eigentümer-Abfüllung zu haben gewesen, wenn auch offensichtlich nur in Kanada.

Ben y Vrachie Schottischer Whiskylikör. Er ist nach einem schottischen Berg benannt und wird von der Firma G. & U. Liqueurs in Pitlochry hergestellt. Mit 30 % Alkohol liegt er im Mittelfeld des Genres.

Benchmark Kentucky Straight Bourbon. Die Marke wurde ursprünglich von → Seagram 1967 auf den Markt gebracht, dann aber 1989 an → Sazerac verkauft. Heute wird sie also in der → Ancient Age Distillery in → Leestown hergestellt. Die heutigen Besitzer sind seit der Einführung ihres → *Blanton's* die Pioniere der → *single barrel*-Bourbons und haben folgerichtig 1995 der ersten Version, dem *Premium* mit 80°/40 %, einen *Benchmark XO* an die Seite gestellt. Seine Fässer werden von Master Distiller Gary Gayheart ausgesucht und mit der etwas höheren Stärke von 94°/47 % abgefüllt. Daß die Labels als Firmensitz New Orleans und nicht einen Ort in Kentucky nennen, hängt damit zusammen, daß Sazerac dort seine Zentrale hat.

Beneagles Schottischer Blend. Er wurde 1922 von der in Perth ansässigen Familienfirma Peter Thomson geschaffen und nach einem gerade in der Nähe entstehenden Luxushotel benannt: → Gleneagles. Das bedeutet Adlertal – während Beneagles der Adlerberg ist. Vielleicht stand auch die Hoffnung hinter dem Namen, der Whisky könne als Hausmarke der edlen Golferhochburg erkoren werden.

Internationalen Erfolg hatte die Firma nach dem Krieg, als man auf die Idee kam, den Whisky in originelle Keramikgefäße abzufüllen, die z. B. die Form eines Curlingsteins oder eines anderen staubfangenden Gegenstandes hatten. Sie waren vor allem in den USA äußerst beliebt, wo ja auch → *Jim Beam* in einem Cadillac oder im Kopf von John Wayne die Sammler anlockt. Es gab auch eine Serie mit Schachfiguren, »The Thistle and the Rose« genannt, und eine mit Raubvögeln, deren Star natürlich ein Golden Eagle war (übrigens haben auch → Whyte & Mackay eine Serie mit Raubvögeln und eine mit

Eulen, manchmal sogar mit Single Malt gefüllt; und natürlich gibt es den →*Famous Grouse* auch in Form einer solchen).

Thomson wurde Anfang der achtziger Jahre zuerst von der Hotelkette Stakis, dann vom Brauereikonzern →Scottish & Newcastle bzw. dessen Tochter →Waverly Vintners übernommen. Sie läßt den Blend in Normalflaschen von →Invergordon machen und bietet ihn in der firmeneigenen Pubkette an. Die Vögel und die anderen Figuren, oft putzige Miniaturen, werden heute von →Lombard fortgeführt. Thomson hatte mit →*Huntingtower* eine weitere Marke. Auch sie wird noch von Waverly geliefert und ist manchmal auch in deutschen Supermärkten zu bekommen.

Benmore Schottischer Blend. Die kleine, vor allem in Belgien und Australien verkaufte, Marke gehört heute zu dem großen Angebot von →UDV. Ihr Name ist das Letzte, was noch an die alte Firma Benmore Distilleries erinnert. Ihr gehörten einmal immerhin vier Brennereien, von denen Benmore und Lochhead (beide in →Campbeltown) und Lochindaal längst verschwunden sind, während →Dallas Dhu Distillery wenigstens als Museum weiterexistieren darf. Der gälische Name bedeutet Großer Berg.

Bennachie Schottische Malt-Destillerie. Sie wurde wahrscheinlich schon 1824 gegründet und war nach einem Berg benannt, der westlich von Aberdeen bei Inverurie liegt. Sie hieß zeitweilig auch Jericho und bezog ihr Wasser tatsächlich von einem Gewässer namens Jordan. Nach dieser alten, seit 1913 nicht mehr existierenden Brennerei hat sich eine in Inverurie ansässige schottische Whiskyfirma benannt. Sie hat den Namen auch ihrem Spitzenprodukt *The Bennachie* gegeben: einem Vatted Malt, der mit 10 und 12 Jahren vermarktet wird. Sie führt außerdem eine Serie von Blends. →*Union Glen*, →*Jock*, →*Don's Dram* und →*Manchester United* liegen im →Standard-Bereich, zum →Premium-Sektor gehören →*Murrayfield* (10 und 12 Jahre) und *The →Scottish National Tartan*, der in zwei Versionen mit 21 und 30 Jahren und in Kristall-Karaffen kommt. Ein weiterer Blend, →*Pot Lid*, wird zur Zeit nicht mehr hergestellt.

Benriach Schottische Malt-Destillerie. Ihr Name wird auf der zweiten Silbe betont und bedeutet trister Berg. Sie liegt südlich von Elgin, in unmittelbarer Nachbarschaft von →Longmorn und gehört zu der Region →Highlands. Von den Besitzern ihrer Nachbarin wurde sie bereits im Jahr ihrer Gründung 1898 übernommen. Auch sie konnten sie nicht lange halten: schon zwei Jahre später kam die Schließung – als Folge des nach der Pleite von →Pattison jäh zusammenbrechenden Whisky-Booms. Erst 1965 wurde sie von →Glenlivet Distillers wiederaufgebaut und gehört wie diese Firma seit 1977 über The →Chivas & Glenlivet Group dem kanadischen Konzern →Seagram. Sie hat noch immer eigene →*floor maltings* und arbeitet mit acht →*stills*.

Ihr Whisky war als Single Malt, wenn überhaupt, nur von →unabhängigen Abfüllern zu bekommen. Seit man die

Edinburgher Firma → Hill Thomson & Company gekauft hatte, ging die Produktion der Brennerei fast komplett in den Blend → *Queen Anne*, der in Benriach abgefüllt wird. Zur Überraschung und Freude der Maltliebhaber entschloß sich Seagram aber doch noch, auch diesen Malt herauszurücken. Seit 1994 gibt es ihn, 10 Jahre alt, als → Eigentümer-Abfüllung in der → »Heritage Selection«.

Benrinnes Schottische Malt-Destillerie. Sie liegt im Zentrum der → Speyside am Fuß des Berges, dessen Namen man ihr gegeben hat. Bei ihrer Gründung taufte man sie nach dem nahegelegenen Wasserfall zuerst Lyne of Ruthie. 1838 wurde sie von William Smith & Co. übernommen und umbenannt. 1922 kam sie in den Besitz von John → Dewar & Sons, die drei Jahre später mit der → DCL fusionierten. 1987 kam auch deren Ende, als sie von → Guinness erworben und zu → UD umgeformt wurde. Die neue Mutter übertrug die Lizenz von Crawford & Co. an die → UMGD. Ihr Whisky war lange nur von → unabhängigen Abfüllern (die auch noch viele Versionen anbieten) erhältlich. UD machten ihn endlich als 15jährigen Single Malt im Rahmen ihrer → »Flora & Fauna«-Serie auch als → Eigentümer-Abfüllung zugänglich. Auch als → »Rare Malt« kam ein Benrinnes heraus: 1974 destilliert, mit 21 Jahren und 60.4 % abgefüllt.

Benromach Schottische Malt-Destillerie. Ihr Name, wie üblich auf der zweiten Silbe betont, bedeutet zottelig, stachlig aussehender Berg. Sie liegt, jenseits der Eisenbahn, am nördlichen Rand des Städtchens Forres und zählt somit zur Region der → Highlands. Gegründet wurde auch sie während des Whisky-Booms Ende des letzten Jahrhunderts und wurde, wie viele andere Brennereien auch, nach dessen jähem Ende fast unmittelbar nach ihrer Fertigstellung gleich wieder geschlossen. Im Laufe der Zeit wechselte sie manchmal den Namen und oft den Besitzer. Zeitweilig trug sie den Namen der Stadt und gehörte zuerst D. & J. → McCallum und später auch einmal den amerikanischen → National Distillers.

Sehr oft war sie geschlossen, was in einem seltsamen Widerspruch steht zu dem exzellenten Ruf, den ihr Malt in der Whiskyindustrie hatte und hat. Die letzte Schließung hatte 1983 ihre damalige Besitzerin → DCL zu verantworten. Auch nach deren Übernahme durch → UD wurde sie nicht zu neuem Leben gebracht. Statt dessen wurde sie 1992 an → Gordon & MacPhail verkauft. Die bis dato nur als → unabhängiger Abfüller bekannte Firma, die den Malt aus Benromach immer wieder in ihrer »Connoisseurs Choice«-Serie angeboten und auch zu ihrem 100. Geschäftsjubiläum abgefüllt hatte, erfüllte sich damit einen alten Wunsch – war sie doch schon einmal Besitzerin der Brennerei gewesen. Nach aufwendigen Renovierungsarbeiten und der Ausstattung mit neuen Maisch- und Gärbottichen und vor allem neuen → *pot stills* ging sie wieder in Produktion. Am 15. Oktober 1998 wurde sie von keinem Geringeren als Prinz Charles eingeweiht – auf den Tag genau 100 Jahre nach ihrer Gründung.

Einer ihrer Lizenzinhaber war J. & W. Hardie, mit dessen Name vor allem der Blend *The →Antiquary* verbunden ist. UD nahm den Whisky aus Benromach in keine ihrer Serien auf. Aber 1996 brachten die neuen Besitzer einen 12jährigen als Single Malt in → Eigentümer-Abfüllung auf den Markt, der Anfang 1999 durch einen 15 Jahre alten ersetzt wurde. Sie ließen es sich auch nicht nehmen, die Neueröffnung zu feiern durch einen *Benromach Centenary*, der aus drei sehr alten, 1886, 1895 und 1901 zum ersten Mal benutzten → Sherryfässern genommen wurde. 15jährig wurde er in diese Fässer umgefüllt und dann nach zwei Jahren, als 17jähriger also, abgefüllt.

Benson Indischer Whisky, der schon auf seinem Label als »Malted« vorgestellt wird, was bedeutet, daß er entweder einen Teil echten Malt enthält oder auch nur Malt-Extrakt. Er ist eine der vier Marken der zum Konzern Modi Enterprises gehörenden → Haryana Distillery.

Benveg Schottischer Blend, mit dem der sonst für hochkarätige Single Malts bekannte → unabhängige Abfüller → Signatory aus Edinburgh sein Angebot mit einem einfachen, preisgünstigen → Standard abrundete.

Berghoff Kentucky Straight Bourbon von einer Firma in Lawrenceburg, die sich nach ihrem Produkt Berghoff Distilling Company nennt, also dessen Herkunft nicht bekanntgeben will. Der Whiskey ist 10 Jahre alt und 90°/45 % stark.

Bernheim Amerikanische Destillerie in Louisville, Kentucky. In der heutigen Form gibt es sie erst seit 1992. Fünf Jahre vorher war die alte Brennerei zusammen mit ihren beiden Marken → *I. W. Harper* und → *Old Charter* von → UD erworben worden, denen als Nachfolgern der → DCL auch noch die nur sechs Kilometer entfernte → Stitzel-Weller Distillery gehörte und die 1991 außerdem auch noch → Glenmore Distillery kauften. UD entschlossen sich danach, alle ihre Brennereien außer George → Dickel's → Cascade Hollow in Tennessee zu schließen, in Kentucky einen Neubau zu errichten und fortan all ihre vielen Bourbon-Marken nur noch dort zu produzieren. Im März 1999 änderten sich die Besitzverhältnisse aber erneut. Denn die neue Brennerei gehörte zu dem Paket, das die mittlerweile aus dem Zusammenschluß von UD und → IDV zur → UDV gewordene Firma für 171 Millionen Dollar an ein Konsortium verkaufte. Es bestand aus → Sazerac, David → Sherman und → Heaven Hill und erwarb neben der Brennerei, die schließlich von Heaven Hill übernommen wurde, auch die vier Marken *Old Charter*, *Old Fitzgerald*, → *Rebel Yell* und → *W. L. Weller*.

Die Anlage ist in der Lage, zwei total verschiedene Whiskey-Typen zu erzeugen: den normalen, bei dem eine → *mash bill* mit Mais, Roggen und Gerstenmalz verwendet wird, und die sogenanten »wheated whiskies«, bei denen der Rye-Anteil durch Weizen ersetzt wird. Stitzel-Weller war bekannt dafür, daß ihre Marken *Old Fitzgerald*, *Rebel Yell* und *W. L. Weller* Weizen-Whiskies waren. Sie alle werden jetzt im Neubau erzeugt. Master Distiller Edwin S. Foote hat für sie dort eine eigene → *beer still* aus Kupfer, während die Brennblase für die Bernheim-Marken aus Edelstahl ist. Die → *mash tuns* für beide Reihen sind gleich, aber es werden verschiedene Hefen verwendet und natürlich eine unterschiedliche Formel: für die Bernheim-Whiskies 86 % Mais auf 6 % Roggen und 8 % Gerstenmalz, für die Stitzel-Weller-Bourbons 75 % Mais, 20 % Weizen und nur 5 % gemälzte Gerste. Sie alle werden, um bestimmte Aromastoffe nicht herauszudestillieren, bewußt mit sehr niedrigem Alkoholgrad produziert und mit ungewöhnlich niedrigen 56 % zur Reifung ins Faß gefüllt. Auch die Lagerung für die beiden Typen folgt unterschiedlichen Methoden, die »Bernheims« sind in mächtigen Ziegelbauten untergebracht, in denen große Temperaturunterschiede herrschen, während die »Stitzel-Wellers« in traditionellen, mit Eisen verkleideten → *warehouses* ruhen.

Der Name dieser gewaltigen neuen Brennerei geht auf einen der großen amerikanischen Whiskeypioniere zurück: den aus dem süddeutschen Dörfchen Schmieheim nach USA eingewanderten Issac Wolfe Bernstein, der zwar als der Erfinder des Flachmannes gilt, aber nicht mit dieser Erfindung ein Vermögen gemacht hat, sondern mit einem der ersten Marken-Whiskeys, den er bereits 1879 als Handelsmarke registrieren ließ. Er wagte es allerdings nicht, ihm seinen eigenen Namen zu geben, sondern verwendete nur die Initialen seiner Vornamen. Von einem mit ihm befreundeten Pferdezüchter borgte er den Nachnamen – wohl weil er, leider zu Recht, fürchtete, daß ein jüdischer Name dem Absatz nicht gerade förderlich sein würde. Zusammen mit seinem Bruder brachte er es zu so großem Reichtum, daß er es sich leisten konnte, als Philantrop aufzutreten; er hinterließ u. a. den großen Bernheim Forest, der Teile von Bullitt County und Nelson County umfaßt.

1888 hatten sich die Brüder an einer Brennerei beteiligt, die sie nach einem Brand 1897 völlig neu aufbauten. Aus ihr kam ihr Whiskey, der während der → Prohibition wenigstens als »medizinischer Alkohol« weiterverkauft werden durfte. Nach dem Ende der trockenen Jahre erwarb die Firma die Rechte und die Bestände am *Old Charter*, die bei Stitzel-Weller eingelagert gewesen waren. Ihre eigene Marke ging an zwei Whiskey-Broker in Chicago, die sie 1937 an die Firma → Schenley weiterverkauften, die dann 1987 wiederum von UD übernommen wurde. Die Firma besaß damals die Rechte an mehr als 90 verschiedenen Marken, von denen sie viele veräußert hat und nur noch wenige selbst aktiv betreibt. Außer den bereits genannten Sorten wird auch der → *James E. Pepper* bei Bernheim produziert, während der → *Kentucky Tavern* mittlerweile an → Barton verkauft wurde.

Berry Bros. & Rudd Uralte englische Firma, die in London ansässig ist und in Weinkreisen ebenso berühmt ist wie bei Whiskyliebhabern. Letztere schätzen ihren Blend → *Cutty Sark*, jene das exzellente Angebot von großen Weinen. Die Einrichtung des Ladens in 3, St. James's Street ist, zumindest in den dem Publikum zugänglichen Räumen, seit

1731 unverändert; er ist wahrscheinlich der älteste Weinladen der Welt. Die Firma ist sogar noch älter. Die Anfänge verlieren sich zwar irgendwann im 17. Jahrhundert, dennoch feierte man 1998 den 300. Geburtstag. Bis heute wird das Unternehmen von den beiden Familien Berry und Rudd kontrolliert. Es hat sich vor allem einen Namen gemacht durch die Eigenabfüllungen von Portwein, Sherry und, natürlich, Claret und anderen französischen Weinen unter eigenem Namen und Label – eine Tradition, deren von vielen bedauertes Ende wohl bald gekommen ist, weil die EG die Abfüllung von Weinen und anderen Getränken nur noch am Ursprungsort zuläßt. Das Schicksal von Cognac-Trinkern, denen ihr beliebter »Early landed late bottled« fehlen wird, bleibt den Whisky-Verehrern glücklicherweise erspart (jedenfalls solange Schottland nicht unabhängig ist).

Zu den Spezialitäten von Berry Bros. gehören außer dem Vatted *Berry's All Malt* auch, zum Teil sehr seltene, Single Malts von befreundeten Brennereien, die mit einem den altehrwürdigen Laden zeigenden Etikett angeboten werden. Der gute Kontakt zu den Destillerien ist vor allem dem Produkt zu verdanken, das den Namen der Firma weltweit bekannt gemacht hat: *Cutty Sark*. Er wird von → Robertson & Baxter gemacht und ist sicherlich bei weitem der bekannteste, aber keineswegs der einzige Blend der Firma: sie führt außerdem *Berry's Best*, → *Blue Hanger* und → *St. James's*. Außerdem besitzt sie die weltweiten Distributionrechte für den Single Malt → *Glenrothes*, was einmal mehr die Verbundenheit mit Robertson & Baxter bzw. mit → Highland Distillers zeigt.

Best Seller Blend, der in → Argentinien hergestellt wird. Er ist einer der in Südamerika weit verbreiteten »Whiskies nacionales«. Sie sind gemischt aus schottischem Malt und argentinischen Grain-Destillaten und viel billiger als die aus Schottland importierten Originale, die man »importades« nennt.

Betty Boothroyd Schottischer Single Malt. Er wurde und wird von → UD/ → UDV zu Ehren der Sprecherin des britischen Unterhauses gemacht und ist auch nach ihr auch benannt. Es handelt sich um einen 12 Jahre alten Malt aus → Glendullan, der nur im → House of Commons zu erhalten ist – zumindest solange, wie die Lady dort amtieren wird.

Big Five Bezeichnung für die fünf großen Unternehmen, die die wichtigste und entscheidende Rolle bei der Evolution des schottischen Whisky von einer lokalen Spezialität zu einem Getränk von weltweiter Bedeutung und entsprechendem ökonomischen Gewicht gespielt haben. Zu den Fünf gehörten James → Buchanan & Co., John → Dewar & Sons, John → Haig & Co., John → Walker & Sons und → White Horse Distillers. Sie alle sind im 19. Jahrhundert gegründet worden, begannen als Händler oder Whisky-Brenner, aber ihre Inhaber führten ihre Unternehmen aus diesen kleinen Anfängen in eine große Zukunft. Zunächst expandierten sie meist nach England und bauten von London zuerst ein nationales und dann ein weltumspannendes Vertriebsnetz auf. Gemeinsam litten sie alle auch unter den Folgen des 1. Weltkrieges und, mehr noch, unter der → Prohibition in den USA. Alle fünf verloren, früher oder später, ihre Selbständigkeit und fanden sich dann unter dem Dach ihres ehedem größten Konkurrenten, der allmächtigen → DCL, wieder. Schon vorher durften die Big Five erleben, daß ihren geschäftlichen Erfolgen die gesellschaftliche Anerkennung folgte: sie wurden, als die sprichwörtlichen → Whiskybarone, in den Adelsstand erhoben, machten zum Teil politische Karrieren und trugen, als Philantropen oder leidenschaftliche Rennstallbesitzer, nicht wenig zum Glanz der britischen Upper Class zwischen den Kriegen bei. Nicht zu den Big Five zählten übrigens Arthur → Bell & Sons, die 1985 relativ spät, aber eben doch noch vom DCL-Nachfolger Guinness geschluckt wurden, und William → Grant & Sons, die als einzige große schottische Firma unabhängig und im Besitz der Gründerfamilie geblieben sind.

Big T Schottischer Blend. Hersteller ist die Firma → Tomatin Distillery, die nicht in schottischem Besitz ist, sondern dem japanischen Konsortium → Takara Shuzo und Okura gehört. In Japan wird die Marke denn auch mit dem Zusatz Tomatin Big T verkauft. Dort wird der → Standard als 5jähriger Whisky ausgewiesen, während er in Europa keine Altersangabe hat. Die höherwertige Version enthält mindestens 12 Jahre alte Grains und Malts, deren Löwenanteil natürlich aus der eigenen Brennerei kommt.

Bisset's Schottischer Blend. Er kam früher von der Firma John Bisset & Co. und zwar in den zwei Versionen *Finest Old* und *Gold Label.* Bisset hatte sein Geschäft schon 1828 gegründet. Von 1926 bis 1992 war das Unternehmen für die → Royal Brackla Distillery verantwortlich, deren Malt gewiß für die Blends verwendet wurde. Heute ist der Whisky eine der vielen kleinen Marken von → UD bzw. UDV.

B. J. Holladay Kentucky Straight Bourbon. Sein Hersteller ist die in → Weston ansässige → McCormick Distilling Co.

BL Gold Label Schottischer Blend, der heute von → UDV kommt, aber, wie die Buchstaben dem Kenner verraten, ursprünglich von → Bulloch Lade & Co. herausgebracht wurde. Der Firma gehörte zur Zeit ihrer Übernahme durch die → DCL auch die → Caol Ila Distillery, deren Malt eine große Rolle in dem Blend spielte. Er war so erfolgreich, daß zeitweise die Zuteilung rationiert werden mußte. Heute ist er nur noch eine kleine Marke, freilich immer noch ein großer Whisky.

Black & White Schottischer Blend und eine der großen alten Marken. Sie wurde von dem → »Whiskybaron« James → Buchanan in den achtziger Jahren des letzten Jahrhunderts eingeführt – allerdings noch unter dem Namen *The Buchanan Blend.* Als er es geschafft hatte, einen Vertrag mit der Bar des Unterhauses zu bekommen, taufte er seinen Whisky stolz in → *House of Commons* um. Wegen seiner auffälligen und leicht zu identifizierenden schwarzen Flasche mit dem weißen Label bestellte jedermann freilich immer nur den »Schwarzweißen« und Buchanan, ein genialer Verkäufer und Werber, folgte dem Votum der Kunden und nannte seine Hauptmarke fortan *Black & White.*

Die berühmten kleinen Terriers, die für ihn werben und die ihn weltweit populär machten, sind Buchanans eigene Erfindung. Zwei Malts, die sicherlich für ihn verwendet wurden, kamen aus den hauseigenen Brennereien → Glentauchers und → Dalwhinnie. → DCL, die Buchanans Firma 1925 übernommen hatte, mußte den Blend Ende der siebziger Jahre auf Geheiß der Brüssler Behörden vom britischen Markt nehmen und ersetzte ihn dort durch einen → *Buchanan's.* Mittlerweile gibt es ihn wieder unter seinem angestammten Namen. Er kommt aber heute von der DCL-Nachfolgerin → UD / → UDV, man sagt ihm allerdings nach, daß er heute anders, leichter, sei als früher. Neben dem → Standard wird ein *Black & White Select* hergestellt, der nur in Japan verkauft wird.

Black Barrel Schottischer Blend von der Firma → Premier Scotch Whisky Co. Es gibt ihn, wie alle Blends dieses Hauses, mit 3, 5, 8, 10 und 12 Jahren.

Black Barrel Single Grain Schottischer Single Grain. Er wird seit 1995 in Großbritannien und seit 1996 auch in Deutschland angeboten. Mit ihm betrat das Haus William → Grant & Sons, dessen Name schon lange mit mutigen Innovationen (→ *Glenfiddich*) verbunden ist, wieder einmal Neuland. Abgesehen vom → *Cameron Brig*, der aber kaum mehr als lokale Bedeutung hat, und *The* → *Invergordon*, bei dem der Versuch nur halbherzig unternommen wurde, ist *Black Barrel* der erste seiner Gattung, der konsequent und weltweit verkauft werden soll. Er zielt auf eine neue und vor allem junge Verbrauchergruppe, die noch keine Whiskyerfahrungen hat und der ein Einstieg ermöglicht werden soll. Weich und sauber im Geschmack, eignet er sich für den Genuß »pur« ebenso wie mit Eis und zum Mixen mit Softdrinks. Er wird in → Girvan hergestellt, wird dreimal destilliert und anschließend mindestens vier Jahre lang in ausgesuchten → Bourbonfässern gelagert, die wie üblich über offenem Feuer ausgekohlt werden.

Black Bottle Schottischer Blend. Er ist nach der Farbe seiner Flasche benannt. In seinem Heimatland sehr populär, wartet er noch auf seine internationale Entdeckung. Kreiert wurde er 1897 von den Teeblendern Gebrüder Graham. Zunächst nur für den Eigengebrauch
gedacht, wurde er dann aber auf Wunsch von Freunden breiter vermarktet. Seine markante Flasche erinnert an die Form einer → *pot still.* Über → Long John Distillers kam die Marke an → Allied
Distillers, die ihn 1995 an → Highland Distillers veräußerten. Ob die Malts von → Laphroaig und → Imperial weiterhin sein Herz bilden werden, ist somit fraglich. Letztere bekannte sich lange sogar durch ein großes Schild am Eingang zu ihm, aber jetzt ist der Hinweis übermalt. Um so mehr setzen sich die neuen Besitzer für ihn ein. Sie brachten Anfang 1998 die Marke in zwei Versionen heraus, deren Flasche und Etikett etwas moderner gestaltet wurden. Die erste ist ein Premium ohne Al-

tersangabe, die zweite, die es einstweilen allerdings nur in wenigen Ländern wie Holland, Schweden und Neuseeland gibt, hat eine Altersangabe, die garantiert, daß die verwendeten Whiskies mindestens 10 Jahre alt sind. Vor allem aber wurde eine große Werbekampagne gestartet, die groß herausstellt, daß er der einzige Blend ist, der in sich Malts von allen → Islay-Brennereien vereinigt. Sie geben ihm eine Fülle und eine Kraft, die ihn zu einem großen Whisky machen.

Black Bush Irischer Whiskey von → Bushmills. Seinen Namen hat er wegen der Farbe seines Etiketts und von dem nordirischen Flüßchen Bush, an dem die Brennerei liegt, die die für ihn verwendeten Malts produziert. Von denen hat er den ungewöhnlich hohen Anteil von fast 80 %. Sie wurden hauptsächlich in Fässern gelagert, in denen vorher Oloroso-Sherry war. Auch seine Grains kamen früher aus der heimatlichen Destille, werden heute aber von → Midleton bezogen und dort extra für ihn gebrannt. Es ist unbekannt, wann er auf den Markt kam. Ursprünglich *Bushmills Liqueur Whiskey* genannt und als charaktervolles Gegenstück zum leichten → *White Bush* (heute *Bushmills Original*) gedacht, wurde er auf den jetzigen Namen zuerst von seinen Liebhabern getauft, denen der Hersteller schließlich folgte. Er hat viele Anhänger, die ihn, auch die Malts eingeschlossen, für den komplexesten und ausdrucksvollsten Irish überhaupt halten.

Black Castle Indischer Whisky, hergestellt von → Haryana Distillery und abgefüllt von Ajanta Chemicals, beides Unternehmen einer der größten indischen Industriegruppen. Es ist ein »Malted Whisky«, was ein ganz normaler Blend sein könnte, aber in Indien kann das auch heißen, daß eben kein echter Malt, sondern Malt-Extrakt oder gar ein aus Zucker-Melasse gewonnenes Destillat verwendet wird.

Black Cock Schottischer Blend von → Burn Stewart. Es gibt zwei Versionen, den → Standard mit dem für Scotch Whisky vorgeschriebenen absoluten Mindestalter von drei Jahren und den → De luxe, dessen Whiskies 12Jahre alt sind.

Black Dog Schottischer Blend von → Whyte & Mackay/→ JBB (Greater Europe). Der einfache → Standard ist nach einer jener kunstvoll geknüpften, künstlichen Fliegen benannt, wie sie zum Fliegenfischen auf Lachse und Forellen verwendet werden. Vielleicht stand aber auch jene besondere Form der Depression nach langen Whiskynächten Pate, die die Schotten mit »black dog on your shoulder« umschreiben.

Black Douglas Schottischer Blend von → Seagrams schottischer Tochter The → Chivas & Glenlivet Group. Auch die → Hart Brothers hatten früher einen Whisky mit diesem Namen. Träger eines großen schottischen Namens, handelt es sich beim historischen Schwarzen Douglas jedoch nicht um den, den Fontane in »Archibald Douglas« besungen hat (»Ich hab' es getragen sieben Jahr« und »Zu Roß, wir reiten nach Linlithgow«), sondern um »The Good Sir James« (1286–1330), den Gefolgsmann von Robert the Bruce, der nach Bannockburn zum Ritter geschlagen wurde und in Spanien im Kampf fiel.

Black Jack Blend von → Seagram, der in → Argentinien hergestellt wird und einer der dort weitverbreiteten »Whiskies nacionales« ist. Der für ihn verwendete Grain Whisky wird im Heimatland destilliert und mit Malts verschnitten, die aus Schottland importiert sind. Die Marke wird in Brasilien, Venezuela und natürlich in Argentinien angeboten.

Black Knight Indischer Whisky von → Mohan Meakin. Er besteht aus einer Mischung von einem kleinen Anteil Malt und einer viel größeren Menge an Melasse-Destillat (also Rum), dürfte also, zumindest nach herkömmlichen Definitionen, eigentlich gar nicht Whisky heißen. In Indien ist das aber erlaubt. Der Malt kommt aus der → Mohan Nagar Distillery.

Black Memorial Japanischer Blend. Er ist eine Marke des Hauses → Nikka und ein sogenannter Special. Nach japanischen Kriterien bedeutet das, daß er einen Malzanteil von mehr als 30 % hat. Er wird seit einiger Zeit nicht mehr hergestellt, ist aber noch zu finden.

Black Nikka Japanischer Blend von → Nikka, der ausschließlich aus verschiedenen Grains besteht und keinen Anteil an Malts aufweist. Es gibt ihn seit 1964/7. Nikkas Gründer Masataka → Taketsuru, der »Vater des japanischen Whisky«, hatte zwei Jahre vorher aus seinem geliebten Schottland, wo er studiert hatte, eine echte → *Coffey still* zur Produktion von Grain Whiskies geholt. Sie ist in → Nishinomiya installiert. Mittlerweile besitzt die Firma noch eine zweite in Tochigi. Seit 1995 gibt es von der Marke eine zweite Version.

Black Prince Schottischer Blend. Er kommt heute von → Burn Stewart, war aber ursprünglich das Produkt eines holländischen Unternehmens. Zunächst an eine Londoner Firma verkauft, kehrte die Marke doch wieder nach Holland zurück, als Bols sie kaufte. Burn Stewart übernahmen sie 1991 und haben sie kräftig ausgebaut. Schon früher gab es den → Standard *Select*, einen 12jährigen → De luxe und eine 17 Jahre alte Version im Keramik-Decanter. Die neuen Besitzer ergänzten sie um zwei weitere mit 20 bzw. 25 Jahren. Neben dem → *Burberry* und vor allem dem → *Scottish Leader* ist *Black Prince* das erfolgreichste Produkt der Firma. Der Schwarze Prinz, benannt nach der Farbe seiner Rüstung, war übrigens der älteste Sohn von König Edward III.

Black Rooster Schottischer Blend aus dem Hause Peter J. → Russell & Co. in Edinburgh. Das Unternehmen, dem unter anderem auch die Firma → MacLeod mit ihrem → *Isle of Skye* gehört, füllt auch für andere Firmen wie z. B. → Sainsbury unter deren Namen Whiskies ab. *Black Rooster* war eine Eigenmarke, die seit einiger Zeit nicht mehr hergestellt wird. Es gibt aber noch den → *Red Rooster*.

Black Shield Schottischer Blend von der Edinburgher Firma Peter J. → Russell & Co. Er ist ein → Standard und eine der Eigenmarken der Firma.

Black Stag Schottischer Blend von W. → Brown & Sons in Glasgow. Der

»Schwarze Hirsch« ist ein einfacher →Standard mit 5 Jahren.

Blackthorn Whiskydrink. Er ist eine weitere Variante des Manhattan und wird zu gleichen Teilen aus einem Irish und Dry Vermouth gemixt, die durch einige Spritzer Angostura und Anisette abgerundet werden

Black Top Schottischer Blend von Aberfoyle & Knight in Glasgow, einer →unabhängigen Firma, die mit Peter →Russell & Co. zusammenarbeitet. Die Marke gibt es seit 1996. Ihre Versionen →Standard, 12, 15 und 18 Jahre alt wurden zunächst nur exportiert und vor allem in →Venezuela, Italien und Dänemark verkauft. Seit 1998 gibt es sie auch in Großbritannien.

Black Velvet Kanadischer Whisky. Er war die Spitzenmarke von →Gilbey Canada, die später eine Tochter von →IDV wurden und heute zum Imperium von →Diageo's Spirituosenzweig →UDV gehören. Sie trennten sich allerdings im Februar 1999 von ihr, als sie ihr gesamtes Nordamerikageschäft »strategisch neu ausrichteten«, wie das genannt wird, wenn nach Fusionen sogenannte Synergie-Effekte gesucht werden. Neuer Besitzer ist →Canandaigua. Nach Angaben seiner Hersteller ist er die Nr. 4 seiner Gattung weltweit. Ursprünglich kam er in den fünfziger Jahre als *Black Label* auf den Markt. Der Name wurde aber, wohl um einen bekannten schottischen Konkurrenten nicht zu verärgern, schnell geändert, als auch er bekannter wurde. Sein Erfolg war so groß, daß Gilbey für ihn eine neue Brennerei bauen mußte, die →Palliser Distillery in Bundesstaat Alberta. Kenner, die sich noch an den »alten« *Black Velvet* aus der früheren Brennerei in Toronto erinnern können, versichern, der neue schmecke nicht mehr so intensiv, aber das kann auch Nostalgie sein.

Ein weiteres Ergebnis des Erfolges war, daß man auch noch andere Samt-Farben bemühte und einen *Red*, einen *Golden Velvet* und, ganz königlich, einen *Regal* und einen *Royal Velvet* herausbrachte. Sie zielten auf verschiedene regionale Märkte und gehören, als →Premium oder sogar Super-Premium, auch verschiedenen Preisklassen an. Auch den *Black Velvet* selbst gibt es in unterschiedlichen Ausführungen (und Alterstufen), so daß es durchaus passieren kann, daß er in einem Land ganz anders schmeckt als in einem anderen. Das 50. Jubiläum der Marke wurde mit 3600 →*cases* einer 20 Jahre alten *50th Anniversary Reserve* gefeiert.

Black Watch, The Schottischer Blend aus dem Hause →Seagram, das die Marke beim Kauf der Firma →Hill Thomson & Company in sein Portfolio übernommen hat. Sie hat ihren Namen von einem schottischen Regiment, das in Perth stationiert war und dem dort immer noch ein interessantes Museum gewidmet ist.

Black-50 Japanischer Blend von →Nikka. Er gehört zu den sogenannten leichten Whiskies, einer Kategorie, von der man hofft, daß sie einem jungen und noch (Whisky-)unerfahrenen Publikum den Zugang zu den »richtigen« Whiskies eröffnet.

Blackadder International →Unabhängiger Abfüller. Die Firma wurde 1995 von John Lamond und Robin

Tucek gegründet, nachdem beide aus dem von ihnen bereits Ende der achtziger Jahre ins Leben gerufenen Unternehmen The Whisky Association (nicht zu verwechseln mit der → Scotch Whisky Association!) ausgeschieden waren. Jene Firma ist ein Club, der seine Whiskies nur an Mitglieder verkauft, während Blackadder allgemein anbietet. Die beiden Inhaber sind auch Verfasser des auflagenstarken »Malt Whisky File«. Blackadder liefert unter diesem Namen Malts, die zwar auf 43 % herabgesetzt sind, aber immer ohne → Kühlfilterung und ohne → Färbung abgefüllt werden. Unter der Bezeichnung → »Limited Edition« kommen unverdünnte Malts in → *cask strength*.

Weil es nicht alle Eigentümer der Brennereien schätzen, wenn ihr Whisky von jemand anderem als ihnen selbst abgefüllt wird, wird nicht immer der Name der Herkunftsdestillerie angegeben, sondern z. B. nur *Loch Indaal* (der ein → *Bruichladdich* ist) oder *Blairfindy*, hinter dem sich ein → *Glenfarclas* verbirgt, also ein Malt jener Firma, die in den USA einem anderen Unabhängigen die Benutzung ihres Namens gerichtlich verbieten ließ. → *The Legendary* ist die → Einzelfaßabfüllung eines preisgünstigen → Speyside, der ohne Herkunftsbezeichnung mit 10 Jahren angeboten wird. Unter der Bezeichnung »Clydesdale« werden meist jüngere und deshalb billigere Single Malts angeboten, alle mit 43 %, manchmal mit, oft aber auch ohne jede Altersangabe. Ein anderes Label der Firma ist → »Celtic Connections«; es kann vorkommen, daß der Inhalt eines Fasses manchmal als »Blackadder« und als »Celtic Connections« abgefüllt wird, für verschiedene Märkte natürlich. Hauptabsatzgebiete sind Schweden, Deutschland und Japan.

Blackstone Kanadischer Malt Whisky und schon deshalb eine absolute Besonderheit. Aus Kanada ist bisher außer dem → *Glen Ogopolo* kein anderer abgefüllter Malt Whisky bekannt (der von → Glenora läßt noch auf sich warten). Er wurde von der Hamburger Lobuschkellerei importiert und von ALDI an Weihnachten 1995, 1996 und 1997 angeboten. Beide, Importeur und Ladenkette, schweigen sich über seine genaue Herkunft aus und lassen auch sonst alles offen: er sei aus »gemälztem Getreide«, also nicht unbedingt aus Gerste, was bei schottischem Malt zwingende Voraussetzung ist. Auch ob er jemals eine → *pot still* gesehen hat, bleibt unklar. Nur das Alter ist mit acht Jahren angegeben.

Blackwood Kanadischer Whisky, dessen Herkunft nicht zu ermitteln ist. Er wird von der französischen Firma CMI in Charantes vertrieben, hat 40 % und wirbt für sich, er sei »Fully Matured in Oak Casks«.

Bladnoch Schottische Malt-Destillerie. Ihr Name bedeutet schwarzer Fels und wird »blad-noch« ausgesprochen. Sie liegt, südlich von Wigtown in der Provinz Dumfries and Galloway, am Ufer des River Bladnoch, zählt zur Region der → Lowlands und ist die südlichste schottische Brennerei überhaupt. Sie wurde schon 1817 (oder 1814) gegründet und war immer mit dem Namen McClelland verbunden. 1938 zunächst geschlossen, geriet sie vorübergehend in nordirischen (→ Royal Irish) und – über → Inver House – amerikanischen Besitz. 1983 wurde sie von Arthur → Bell & Sons gekauft, die kurz darauf selbst von → UD übernommen wurden. Die übertrugen noch 1992 die Lizenz auf die → UMGD, beschlossen aber ein Jahr später, sie zu schließen – und mit ihr die letzte Brennerei in einer Gegend, die einstmals mehr als ein Dutzend aufbieten konnte.

1993 kaufte der nordirische Investor Raymond Armstrong Bladnoch. Er plante, Ferienhäuser zu bauen, wollte aber auch ein »Heritage Centre« eröffnen. Obwohl auch das bald wieder geschlossen wurde, gab es immer wieder Gerüchte über die Eröffnung eines Museums nach dem Vorbild von → Dallas Dhu. Im Herbst 1997 war es so weit: → UD gab grünes Licht für eine Wiederaufnahme der Produktion: während der Sommermonate, in kleinen Mengen und mehr zu touristischen Zwecken. Bladnoch hat also wieder eine Zukunft.

Als Single Malt in → Destillerie-Abfüllung schon von Arthur → Bell auf den Markt gebracht, ist *Bladnoch* z. Zt. noch als 12jähriger in der → »Flora & Fauna«-Reihe lieferbar.

Blair Athol Schottische Malt-Destillerie. Ihr Name, ausgesprochen »blär aßoll« und auf dem »a« betont, bedeutet Ebene (oder Moor) von Atholl. Sie liegt direkt an der (alten) A9 am südlichen Ortsende des Ortes Pitlochry und zählt zur Region der → Highlands. An gleicher Stelle stand bereits 1798 eine Brennerei und die Gebäude vermitteln mit ihrem dunklen Grau den Eindruck von solidem Alter. Sie sind aber relativ jung: Arthur → Bell & Son, die Blender aus dem nahen Perth, die die Anlage schon 1933 (zusammen mit → Dufftown) übernommen hatten, bauten sie erst 1949 neu. Heute ist die Brennerei mit ihrer belaubten Fassade besonders im Sommer ein hübscher Anblick und mit ihrem kleinen Visitor Centre eine der touristischen Attraktionen in dem umtriebigen Städtchen.

Trotz des Anklangs hat sie nichts zu tun mit dem nicht weit von ihr entfernt (nördlich von Pitlochry) liegenden Schloß Blair Atholl und dem Whiskylikör → *Atholl Brose* (die sich beide mit doppeltem »l« schreiben) aus dem Hause → Gordon & MacPhail. Um so mehr ist sie verbunden mit dem Blend → *Bell's*, dessen Herz seit langer Zeit die Malts aus Blair Athol bilden. Sein Hersteller hat sie aber auch als Single Malt in → Destillerie-Abfüllung herausgebracht; 8 Jahre alt war diese Abfüllung. Nachdem Arthur Bell & Son von → Guinness gekauft und mit → UD verschmolzen wurden, war ein 12jähriger *Blair Athol* Teil der → »Flora & Fauna«-Reihe. Auch in deren → *cask strength*-Version war er vertreten, 1981 destilliert und mit 55.5 %.

Blairmhor Schottischer Whisky von → Inver House bzw. deren Tochterfirma R. C. Carmichael & Sons. Er wurde früher mit dem Prädikat »Old« als Blend verkauft und ist heute ein Vatted Malt, der 8 Jahre alt ist. Sein Name, »Der große Blair«, prädestiniert ihn eigentlich dazu, zum Hausdrink von Nr. 10 Downing Street zu werden.

Blanton's Kentucky Straight Bourbon. Von ihm kann man wirklich behaupten, daß er die Welt des amerikanischen Whiskey tiefgreifend und grundlegend verändert und neue Qualitätsstandards für das ganze Genre gesetzt hat: Er hat, wie einst der → *Glenfiddich* beim schottischen Malt, beim Bourbon die Rolle des absoluten Pioniers gespielt und war der erste der sogenannten → *single barrel*- Bourbons. Hinter der Entscheidung, ein solches Produkt herauszubringen, standen wie beim schottischen Vorbild der unbedingte Glaube an eine höherwertige Qualität – und an eine solide Marketingstrategie. Obwohl er mittlerweile viele Nachfolger gefunden hat (allein drei im eigenen Haus), ist er, und auch das hat er mit seinem schottischen Vorgänger gemeinsam, immer noch bei weitem der erfolgreichste – nicht nur an den Verkaufszahlen gemessen, sondern auch an der Zahl der gewonnenen Preise und Auszeichnungen.

Sein geistiger Vater ist → Elmer T. Lee, der lange Jahre für die Produktion in der → Ancient Age Distillery in → Leestown zuständig war. Die wechselte zwar häufig den Besitzer, hatte aber seit 1912 nur vier Master Distiller. Am längsten war Colonel Albert B. Blanton im Dienst, dessen Vater schon bei der Gründung der Brennerei seine Hand im Spiel hatte. Er hatte noch im letzten Jahrhundert als Büroangestellter seinen Dienst begonnen und die Destillerie von 1912 bis 1953 geleitet – gewiß der rechte Mann, um zu seinen Ehren einen neue Maßstäbe setzenden Bourbon zu benennen. Lee, nach dem heute auch ein *single barrel* heißt, hat sein Handwerk noch beim alten Colonel Blanton (so genannt, weil er Mitglied des Honorable Order of Kentucky Colonels war) gelernt und er wählt noch heute jedes einzelne Faß selbst aus, das für den *Blanton's* verwendet wird.

Stolz wird auf der Flasche vermerkt: »We believe this is the finest bottle of whiskey ever produced, affording you extra flavour, bouquet and character«. Die Flaschen sind achteckig und sehen aus wie ein Decanter. Sie sind mit einem Kork verschlossen, der mit einem Pferd samt Reiter geschmückt ist. Mit einem ungeheuren Aufwand wird von der Abfüllung über das Verschließen und das Etikettieren bis zum abschließenden Verpacken der Flasche in einem Stoffbeutel alles mit der Hand gemacht – selbstverständlich auch das Beschriften der Labels, das den Abfülltag nennt, die Nummer der Flasche und des Fasses und sogar die des Regals im → *warehouse*, in dem es reifte. Ist das Pferd dunkel, ist der Whiskey für die USA bestimmt, ein helles steht für Export. Abgefüllt wird mit 93°/47.5 %. Die 1997 neu dazugekommene *Gold Edition* ist mit 115°/57.5 % wesentlich kräftiger.

Blend, Blended Bezeichnung für die Whiskies, die nicht als einzelner Whiskytyp, also etwa in den USA als Straight oder in Schottland als Single Malt abgefüllt werden, sondern als Mischung, als Verschnitt von verschiedenen Typen, Sorten. Das Wort selbst leitet sich vom Altenglischen »blandan« und vom Altnorwegischen »blanda« ab und bedeutet mischen. Fast überall stellen solche Blends oder Blended Whiskies den mengenmäßig größten Teil der Whiskyproduktion dar.

In Kanada gibt es, von ganz wenigen Ausnahmen abgesehen, überhaupt nur Blends. Die Kanadier haben immer Wert darauf gelegt, daß ihre Whiskies die Produkte weniger von Brennereien als eben von Masterblendern sind. So sagte etwa der Pionier Samuel Bronfman, der Gründer von Seagram, daß »das Destillieren eine Wissenschaft, das Blenden aber eine Kunst« sei. Kanadische Whiskies bestehen in der Regel aus einem hochprozentig destillierten Basiswhisky, mit dem andere Destillate mit weniger Alkoholvolumen verschnitten werden. Auch der Zusatz von →*flavourings* ist gestattet.

In Irland ist der früher ausschließlich hergestellte *pot still*-Whiskey längst auch von Blends abgelöst worden. Es gibt die klassische schottische Form, eine Mischung von Grain- und Malt-Destillaten, die etwa beim *Black Bush* oder bei einigen Marken von Cooley angewendet wird. Bei den Marken von IDG, die heute alle in Midleton produziert werden, ist das Verfahren nicht ganz eindeutig. Man läßt sich dort nicht gerne in die Karten schauen, erklärt aber gerne, daß Whiskeymachen in Irland die Kunst der Brenner sei. Sie könnten aus verschiedenen Maischen und durch die Kombination von *pot stills* mit *column stills* ganz verschiedene Whiskies erzeugen. Ob sie einzeln verwendet oder doch miteinander »verheiratet« werden, wird offengelassen.

In den USA sind die Blended Americans heute nicht mehr so bedeutend wie noch in den fünfziger oder sechziger Jahren. Damals war vor allem Seagrams *7 Crowns* sehr erfolgreich, ein relativ leichter Whiskey, der seine Verwandtschaft mit den kanadischen Produkten seines Herstellers nicht verleugnen kann. Das ist verständlich, weil die Amerikaner vor allem nach der Prohibition die Erzeugnisse ihrer nördlichen Nachbarn ihren eigenen vorzogen und zur Zeit auch wieder vorziehen. Die amerikanische Variante ist leichter und vor allem viel billiger als die Straights, müssen aber mindestens einen 20 %-Anteil an ihnen aufweisen. Der Rest darf dann Neutralsprit aus Getreide sein. Auch ein kleiner Anteil Sherry ist erlaubt, um die Farbe zu verschönern.

Die größte Bedeutung haben die Blends aber in Schottland, ja, für viele sind sie immer noch ein Synonym für schottischen Whisky, für Scotch, überhaupt. Obwohl der Verkauf rückläufig ist, sind von 100 verkauften Flaschen von Scotch 90 % Blends. Immer noch erwarten die meisten Verbraucher, wenn sie irgendwo einen Scotch bestellen, einen Blend und keinen Malt, dessen Marktanteil zwar in den letzten Jahren beständig gestiegen ist, was von vielen Firmen aber nur als Kompensation für die Verluste beim Blend gesehen wird – eine Tatsache, die einzusehen vor allem Maltliebhabern schwerfällt.

Es ist richtig, daß der Malt der originale schottische Whisky war. Aber ebenso richtig ist, daß er sich, vor allem in der Form, die er bis zum letzten Jahrhundert hatte, nicht eignete, um zu einem Getränk von mehr als lokaler Bedeutung zu werden. Es stand ihm genau das im Wege, was ihm heute seinen Erfolg verschafft: daß jeder Malt einen eigenen, individuellen Charakter hat und sogar jedes Faß Malt anders ist als das zweite. Daß schottischer Whisky über die Grenzen des Landes hinaus beliebt wurde, ist zwei Erfindungen zu verdanken: der kontinuierlichen Destillation und der Schaffung des Blends. Durch die neue Destilliermethode gelang es, einen leichteren (manche sagen charakterlosen) Whisky zu erzeugen, der zudem billiger herzustellen war, weil als Ausgangsprodukt nicht die teure gemälzte Gerste, sondern jedes Getreide verwendet werden konnte.

Doch erst die Entdeckung, diesen Grain mit den charaktervollen Malts zu verschneiden, brachte den Durchbruch (neben der Reblauskatastrophe in Bordeaux, die den Engländern ihren geliebten Brandy raubte). Als Pionier gilt Andrew Usher, der auf die Idee kam, Malts mit Grains zu verschneiden. Sein Ziel dabei war die Erzeugung eines neuen Whiskytyps, der in Geruch, Geschmack und auch Farbe (sie wurde durch Beigabe von Karamel verbessert) immer wieder konsistent zu reproduzieren war – die Grundlage für eine Hausmarke, für Markenwhisky überhaupt. Ushers Erfindung legte den Grundstein dafür, daß die Whiskyherstellung zu einer großen Industrie heranwachsen und der Scotch zum erfolgreichsten internationalen Getränk werden konnte.

Ushers Rezept fand bald Nachahmer. Viele von ihnen waren lokale Lebensmittel- oder Weinhändler. Sie hatten Namen wie Chivas, Ballantine, Walker oder Dewar. Sie machten ihren Hausblend erst im örtlichen Kundenkreis bekannt, begannen aber in der siebziger Jahren des letzten Jahrhunderts ihre Aktivitäten nach Süden auszudehnen, eroberten London und schließlich die ganze Welt. Viele der großen Marken gehen auf diese Pioniere zurück, die sich aus bescheidenen Anfängen zu mächtigen Firmen entwickelten, deren Besitzer großes Vermögen erwarben und bald auch, wie die Whiskybarone, bedeutende Stellungen im öffentlichen Leben einnahmen.

Blends herzustellen ist, man kann Bronfman nur zustimmen, eine Kunst. Sie wird ausgeübt von hochtrainierten Spezialisten, den Masterblendern, die immer wieder aus verschiedenen Ausgangswhiskies ein gleich aussehendes, gleich schmeckendes Produkt komponieren müssen. Sie haben dafür oft eine Formel, die aber Wandlungen unterworfen ist, weil z. B. ein bestimmter Malt nicht mehr zur Verfügung steht. Sie müssen sich ganz auf ihr sensorisches Erinnerungsvermögen und auf ihre Nase verlassen können. Die Qualität ihres Blends bemißt sich immer nach dem Anteil der verwendeten Malts, der zwischen 5 % und 60 % liegen kann, nach dem Alter der ausgewählten Ausgangswhiskies – und nicht zuletzt danach, wie die bis zu 30, in Einzelfällen sogar bis zu 50 oder mehr Whiskies miteinander harmonieren, besonders, wie die Grains und die Malts zu einer Einheit zusammenwachsen.

Wie sie zusammenkommen, wird unterschiedlich gehandhabt. Es ist teurer, erst die Malts und die Grains getrennt zu mischen, dann beide zusammenzubringen und vielleicht sogar noch einige Monate in großen Holzfässern weiterreifen zu lassen, ehe sie, mit Wasser auf die Normalstärke von 40 % oder 43 % herabgesetzt, abgefüllt werden. Auch der Gesetzgeber redet mit: Er schreibt vor, daß bei einer Altersangabe der jüngste enthaltene Whisky das genannte Alter haben muß. Blends werden in die Segmente Standard, Premium und De luxe eingeteilt. Ihr Preis bemißt sich immer nach dem Alter und dem Maltanteil.

Blend of Nikka, The Japanischer Blend, der von seinem Hersteller →Nikka 1986 auf den Markt gebracht wurde. Wie viele andere Marken dieses Hauses kommt er in einer Glaskaraffe, die schon äußerlich Kostbarkeit und Qualität ausstrahlt. Tatsächlich zeichnet er sich, was auch das Label durch den Hinweis »Maltbase« heraushebt, durch einen sehr hohen Malzanteil von mehr als 50 % aus, der auch deutlich zu schmecken ist. Sein Erfolg führte dazu, daß er 1989 durch eine →De luxe-Version namens *The Blend of Nikka Selection* und danach auch noch durch eine weitere mit mindestens 17 Jahre alten Whiskies ergänzt wurde.

Blender's Pride Argentinischer Blend von →Seagram. Ein sogenannter »nationaler Whisky«, der aus Grains, die im Land destilliert werden, und importierten schottischen Malts gemacht wird. Er ist auch im Nachbarland Brasilien und in Venezuela, dem Land mit dem höchsten Pro-Kopf-Verbrauch von Whisky weltweit, beliebt und weit verbreitet.

Blood and Sand Schottischer Whiskydrink. Zu gleichen Teilen Scotch, roten Vermouth, Orangensaft und Cherry Brandy über viel Eis schütteln. Wer es etwas leichter mag, kann mehr Orangensaft, dafür etwas weniger Kirschbrandy nehmen.

Blood Tub Bezeichnung für ein →Faß von 30 bis 40 Litern Inhalt. Im letzten Jahrhundert, als Whisky noch nicht in Flaschen abgefüllt, sondern »lose« oder in Steinkrügen verkauft wurde, hatten viele Privathaushalte und vor allem jeder Gentleman, der auf sich hielt, ein eigenes kleines Whiskyfaß im Keller, eben das *blood tub*. Man ließ es von einem Händler seines Vertrauens immer wieder auffüllen. An die alte Sitte knüpfte das Londoner Wein- und Whiskyhaus La →Reserve wieder an, das seinen Kunden Malts im *blood tub* anbietet. Ohne diesen Namen zu benutzen, hat auch Richard Joynson von →Loch Fyne Whiskies ein solches Faß installiert, um seinen Kunden aus seinem →*living cask* diese Version eines Vatted Malt anbieten zu können.

Bloody Macallan Whiskydrink, den Gary Regan und Mardee Haidin Regan, die Autoren von »The Book of Bourbon« kreiert haben: Zwei Teile *Macallan* werden mit fünf Teilen Tomatensaft in ein eisgefülltes Glas gegossen. Eine Gurkenscheibe und ein Schnitz Ingwer runden den Drink ab.

Blue Hanger Schottischer Blend aus dem renommierten Hause →Berry Bros. & Rudd. Sie haben den mit soliden 45.6 % abgefüllten Whisky nach einem ehemaligen Kunden benannt. Dieser William »Blue« Hanger war ein regelmäßiger Besucher des altehrwürdigen und legendären Ladengeschäftes in 3, St. James's Street, London, das auch auf dem Etikett abgebildet ist. Der

Gentleman galt als einer der bestangezogenen Männer seiner Zeit.

Blue Ribbon Schottischer Whiskylikör aus dem Hause → Drambuie. Wie der »normale«, ursprüngliche Likör besteht er aus einer geheimgehaltenen Mischung von Kräutern, Heidehonig und Whiskies. Bei dieser teuren Version, die einstweilen nur im Duty free-Handel zu bekommen ist, handelt es sich allerdings ausschließlich um Malts, die alle mindestens 15 Jahre alt sind.

Bobby Burns Whiskydrink. Eine Variante des Manhattan, diesmal aber mit Scotch gemacht. Der Spritzer Angostura wird durch »Bénédictine« ersetzt.

Bond Bezeichnung, die für Whiskies (und andere Waren) verwendet wird, für die noch keine Steuer und kein Zoll bezahlt worden sind. Sie lagern in besonders gesicherten *bonded warehouses*, also in Lagerhäusern, die unter Zollverschluß stehen, *in bond* sind. Bei Whisk(e)y-Herstellern und Händlern in der ganzen Welt ist diese Methode sehr beliebt, spart sie ihnen doch zunächst viel Geld, das sie anderswo investieren können. Deshalb haben insbesondere die Besitzer von Brennereien viel Lobbyarbeit betrieben, um Gesetze zu erreichen, die das Lagern von frisch destilliertem Whisk(e)y (der meist noch nicht so heißt), von → *new spirit in bond* erlaubten. Die Steuern und Zölle werden erst fällig, wenn ein Faß verkauft oder abgefüllt wird. Nachteil: sie können sich in der Zwischenzeit erheblich verteuert haben. Das bekommen oft auch Whisky-Liebhaber zu spüren, die sich ein neues Faß kaufen, in der Brennerei liegen lassen und sich dann nach zehn Jahren Reifezeit mit einer ziemlich großen Rechnung konfrontiert sehen. Eine besondere Form sind in den USA die → *Bottled in Bond*-Whiskeys.

Bond 7 Australischer Blend. Er wurde einst von → Gilbey, der → IDV / → Grand Metropolitan-Tochter, in Australien hergestellt und auch nach Lateinamerika exportiert. Er war einer letzten Whiskies des Landes und auch seine Produktion wurde mittlerweile eingestellt.

Bonnie Scot Indischer Whisky. Er nennt sich »Special Malted Whisky«, behauptet also nicht, ein echter Malt zu sein. Er schmeckt zwar so, aber Kenner des indischen Whisky führen das eher auf den beigefügten Malzextrakt zurück als auf die verwendeten Destillate. Die Marke gehört → Jagatjit, die mit der Jagatjit Nagar Distillery in Hanira im Punjab die größte Brennerei Indiens besitzen.

Booker's Kentucky Straight Bourbon. Er gehört zu der → *small batch*-Serie (→ *Baker's*, → *Basil Hayden's*, → *Knob Creek*) von → American Brands / → Fortune Brands bzw. → JBB und war der erste dieser ganz neuen Bourbon-Gattung überhaupt. Zu Recht trägt er den Namen des Mannes, der als Enkel von James → »Jim« Beam und als langjähriger Master Distiller auch heute noch, obgleich längst pensioniert, der beste Botschafter der Firma und ein wandelndes Lexikon der Whiskey-Herstellung ist: eine lebende Legende. Es war Booker Noe, der die Idee für die bahnbrechenden »neuen« Bourbons hatte. Sie begründeten, wie die fast gleichzeitig kreierten → *single barrel*-

Bourbons, ein ganz neues Genre, das die Bourbon-Welt von Grund auf veränderte und bewies, daß amerikanischer Whiskey genauso charaktervoll und individuell sein kann wie schottischer Malt – vorausgesetzt, man läßt ihn länger reifen als üblich und wählt die Fässer besonders sorgfältig aus.

Bei dem Bourbon, der nach ihm benannt ist, war Mr. Noe Jr. besonders penibel und bestand z. B. darauf, daß für »seinen« Bourbon immer nur → Einzelfässer abgefüllt wurden und zwar in → *barrel proof*, also in → Faßstärke und, was beim Bourbon immer noch eine Ausnahme ist, ungefiltert. Der Verzicht auf → Kühlfilterung führt dazu, daß manchmal kleine wolkige Schleier auftreten können – für den Kenner der Beweis dafür, daß der Whiskey naturbelassen wurde. Die abgefüllten Whiskies sind jeweils zwischen 6 und 8 Jahren alt, ihre Stärke beträgt durchschnittlich zwischen 120°/60 % und 127°/63.5 %. Sie stammen immer aus der Mitte der Lagerhäuser, wo die besten Reife-Bedingungen herrschen sollen. Das Label sieht aus, als ob es von Noe selbst geschrieben worden sei und vermerkt die Lot-Nummer. Eine neue Version ist der 8 Jahre alte *Booker's True Barrel Bourbon*, der wieder 127° hat und etwas teurer ist als das Original.

Boone's Knoll Straight Bourbon von einer Firma, die sich Boone's Knoll Distillery nennt und als Sitz → Lawrenceburg in Kentucky angibt. Als Namensgeber für sich und ihr Produkt hat sie sich keinen Geringeren als Daniel Boone ausgesucht, den großen amerikanischen Pionier und Scout. Hinter der Firma steht die der Familie Hue gehörende Spirituosenhandlung »Cork 'n' Bottle« in Covington, Kentucky. Sie ist heute Besitzerin der letzten noch vorhandenen Bestände von → Michter's Distillery in Pennsylvania. Einen Teil von ihnen konnte Adolf Hirsch erwerben, bevor ein Gericht die Vernichtung aller anderen Fässer anordnete. Die Hues lassen sie unter dem Namen → *A. H. Hirsch* abfüllen – bei → Van Winkle. *Boone's Knoll* ist denn auch identisch mit dem 16jährigen Hirsch-Bourbon und hat wie er 91.6°/45.8 %.

Boston Club Japanischer Blend von → Kirin-Seagram. Er ist wie alle Marken des kanadisch-japanischen Gemeinschaftsunternehmens eine Komposition aus japanischen Grains und Malts, die sowohl in Japan erzeugt wie auch aus Schottland importiert sein können.

Boswell's Reserve Schottischer Blend aus dem Hause Brodie Crawford & Co., dessen Flagschiff → *Brodie's Supreme* ist. Die Firma erinnert mit diesem zu seinem 200. Geburtstag herausgebrachten Blend an James Boswell. Der schottische Schriftsteller wurde vor allem durch seine Biographie seines großen englischen Kollegen, den Autor und Lexikographen Dr. Samuel Johnson, bekannt – und durch das Tagebuch ihrer gemeinsamen Reise durch Schottland und zu den Hebrideninseln. Johnson schätzte zwar durchaus das Trinken und die Kneipen, Whisky aber (wie auch die ihn erzeugenden Schotten) mochte er gar nicht. Die wenigen Bemerkungen dazu, die Boswell von ihm überliefert, lassen keinen anderen Schluß zu. Vielleicht hätte er seine Meinung nach dem

Genuß dieses 12jährigen Tropfens geändert.

Bottled in Bond Bezeichnung für amerikanische Whiskeys, die mittlerweile für eine bestimmte Qualität steht. Ursprünglich handelte es sich um Whiskeys, für die ihre Hersteller nicht gleich nach der Destillation, sondern erst nach der Abfüllung in Flaschen, also erst vor dem Verkauf Steuern zu entrichten brauchten. Unter bestimmten Bedingungen durften sie zoll- und steuerfrei, *in bond*, einlagern. Ein entsprechendes Gesetz erließ die amerikanische Regierung 1897. Im Gegenzug mußten sich die Brenner verpflichten, ihren Whiskey mindestens vier Jahre reifen zu lassen. Außerdem mußte er 100°/50 % Alkoholvolumen haben und durfte nur aus einer einzigen Brennperiode, also meist aus einem einzigen Jahr stammen. Vor allem die lange Lagerzeit war für die damalige Zeit noch ungewöhnlich und sie war es auch, die dafür sorgte, daß die Verbraucher von einem »BiB« besondere Qualität erwarteten. Auch heute verbinden sich mit einem solchen Whiskey besondere Erwartungen. Es ist aber heute, wo es auch viele relativ alte Bourbons gibt, nicht mehr das Alter, sondern eher der Reiz, daß es sich um einen → *vintage*, um Destillate eines Jahres handelt, der solche Whiskeys attraktiv macht.

Bottlers, The Schottische Whiskyfirma, die zu den in den letzten Jahren immer mehr werdenden → unabhängigen Abfüllern gehört. Sie ist, erst 1996 gegründet, ein Tochterunternehmen der in Schottland sehr renommierten Weinhandlung Raeburn Fine Wine, die Zubair Mohamed gehört. Er hat es geschafft, sich einen Keller in einem Gebäude zu sichern, das wie kein zweites in Schottland Wein- und auch Whisky-Geschichte geschrieben hat: »The Vaults« in der kleinen Giles Street in Edinburghs Hafenstädtchen Leith wurde schließlich schon vor 800 Jahren zur Lagerung von Weinen benutzt – und heute residiert außer Zubair Mohamed auch die → Scotch Malt Whisky Society im gleichen ehrwürdig grauen Gemäuer. Es könnte sogar gut sein, daß es zwischen The Bottlers und der Society enge Beziehungen gibt und daß so manches Faß zwischen beiden verkauft oder auch geteilt wird. Jedenfalls ist die Qualität der Abfüllungen aus beiden Teilen des Hauses absolut top. Auch die Beschriftung der Labels nehmen beide mit der gleichen Genauigkeit vor: Genannt ist immer der Monat der Destillation und der Abfüllung, das Alter und die Nummer des Fasses. Abgefüllt wird, fast möchte man sagen: natürlich, in → *cask strength*. Unter den bisherigen Abfüllungen waren zwei Fässer eines 30jährigen → *Dalmore*, ein 31 Jahre alter → *Springbank*, ein 21jähriger → *Craigellachie*, ein → *Highland Park* mit 25 Jahren und, eine besondere Rarität, ein 30 Jahre alter → *Inverleven*, der von sensationeller Qualität war.

Boulevard Amerikanische Destillerie. Sie wird so erst in jüngster Zeit genannt und firmiert meist unter dem Namen des Whiskey, der seit 1970 von ihr produziert wird: als → Wild Turkey Distillery. Sie liegt, eine halbe Autostunde südlich von Kentuckys Hauptstadt Frankfort, im Anderson County in der Nähe des Städtchens Lawrenceburg und direkt am Kentucky River. Ehe sie von → Austin, Nichols gekauft wurde, gehörte sie der Familie Ripy, einem der großen Whiskeyclans Kentuckys.

Die Ripy Brothers hatten 1869 ihre erste Brennerei erworben. Sie lag in der Nähe von Lawrenceburg in einem Örtchen, das sie nach ihrem aus Irland eingewanderten Vater Tyrone getauft hatten. Die Brüder besaßen im Laufe der Jahre mehrere Brennereien in dieser Gegend, darunter auch die → Old Joe Distillery, wo heute → Seagram den → *Four Roses* herstellt und wo heute in den → *warehouses* ein Teil der Fässer mit *Wild Turkey* reift. 1905 kauften sie die Anlage, die damals den Namen D. L. Moore Distillery trug und die sie nach dem Ende der → Prohibition auch wieder in Gang setzten.

Die Brennerei wechselte danach mehrmals den Besitzer, aber als der heutige Master Distiller Jimmy Russell dort zu arbeiten begann, war immerhin noch ein Ripy Manager. Die Besitzerwechsel (heute ist es der französische Konzern → Pernod Ricard) setzten sich fort, aber es war und ist Russell, der für Kontinuität sorgt. Er ist der Garant dafür, daß sich nicht allzu viel verändert, daß die alten *mash bills* beachtet werden und die alte Hefe gepflegt wird. Immerhin sind auch noch neun Gärbottiche aus Zypressenholz im Einsatz. Die Lagerhäuser werden nur natürlich belüftet. Es ist wohl auch Russell zu verdanken, daß die alten Gebäude an der urigen Eisenbahnbrücke über den Fluß ihren Charme bewahren konnten – obschon ihnen ein wenig Schminke sicher gut bekommen würde.

Bourbon Amerikanische Whiskeysorte. Sie hat ihren Namen von einem Landkreis in Kentucky, der seinerseits nach dem französischen Adelsgeschlecht benannt ist. Das heutige County Bourbon liegt nordöstlich von Lexington und östlich von Frankfort. Früher war es sehr viel größer als heute und es ist sicher, daß damals in diesem Gebiet auch Whiskey hergestellt wurde. Von den einst über 2000 Brennereien in Kentucky sind heute nur noch eine Handvoll übriggeblieben. Kurioserweise findet sich im modernen County keine von ihnen, der amerikanische Whiskey schlechthin trägt also den Namen eines Gebiets, mit dem er nichts zu tun hat. Tatsächlich ist Bourbon keine Herkunfts-, sondern eine Gattungsbezeichnung. Solange sie sich an seit 1964 genau festgelegte gesetzliche Vorgaben halten, dürfen alle Produzenten in den USA ihr Getreidedestillat Bourbon nennen, wo auch immer ihre *stills* stehen. Erst in der Verbindung mit dem Begriff »Kentucky Bourbon« wird auch die Herkunft definiert.

Will er sich auch Straight nennen, also Kentucky Straight Bourbon, schreibt das »American Bureau of Alcohol, Tobacco and Firearms« vor, daß er aus einer Maische gemacht wird, die zu mindestens 51 % aus *Corn*, also Mais, besteht. In der Praxis sind es meist sehr viel mehr; jede Brennerei hat dafür ihr eigenes Rezept, die *mash bill*. Sind es mehr als 80 %, spricht man von Corn Whiskey. Zur Maische werden auch Anteile von Roggen oder, bei einigen Marken z. B. von Stitzel oder bei *Maker's Mark*, auch Weizen verwendet. Ein Anteil von etwa 5 % bis 15 % ist immer Gerstenmalz, ohne das die Gärung nur schwer in Gang kommen würde.

Weitere gesetzliche Vorgaben sind, daß beim Destillieren das erreichte Alkoholvolumen 80 % oder 160° nicht überschreiten darf, die aber selten wirklich erreicht werden. Üblich sind etwa 65 %. Das Destillat muß anschließend mit Wasser versetzt werden, bevor es in Fässer abgefüllt wird. Auch für sie macht das Gesetz Vorschriften: Sie müsen aus amerikanischer Eiche sein, dürfen nicht für etwas anderes verwendet und müssen vor der Füllung ausgekohlt worden sein. Gelagert werden muß mindestens zwei Jahre, bei den → *Bottled in Bond*-Whiskeys sind es sogar vier Jahre. Dies ist auch das Alter, mit dem viele, wenn nicht die meisten Bourbons abgefüllt werden. Sie brauchen weniger Zeit zum Reifen als schottische Whiskies, weil das neue Eichenholz einen sehr großen und schnell spürbaren Einfluß hat. Es verleiht ihnen Vanille- und Karamelnoten.

Trägt ein Bourbon keine Altersangabe, ist er mindestens vier Jahre alt. Seit auch die Amerikaner gelernt haben, daß es sich lohnt, neben den Standard-Abfüllungen Whiskeys aus besonders sorgfältig ausgewählten Fässern in sogenannten *small batch*- oder sogar in *single barrel*-Abfüllungen herauszubringen, ist auch die Zahl der älteren Bourbons gewachsen. Nicht alle sind überzeugt, daß sie dieses höhere Alter auch verkraften; so haben die Hersteller von *Maker's Mark* erst jüngst eine witzige Anzeige geschaltet, in der sie sich über »overaged« Whiskeys lustig machten. Konfusionen schafft auch, daß mehrere Altersstufen eines Whiskey verschiedene Namen tragen.

Bourbon spielt auch bei schottischen Malts eine Rolle. Die Schotten sind dankbare Abnehmer all der vielen Fässer, die ihre amerikanischen Freunde und Konkurrenten nicht mehr verwenden dürfen.

Bourbon Crusta Whiskeydrink. 4cl Bourbon mit je 2cl Triple sec, Maraschino und frischem Zitronensaft über viel Eis mixen. Zwei Schuß selbstgemachter Orange-Bitter wäre optimal. Wo nicht vorhanden, lieber ein bißchen Orangenschale zugeben. Gut schütteln und im Cocktailglas servieren.

Bourbon Deluxe Kentucky Whiskey, den es in zwei Varianten gibt: sowohl als Kentucky Straight wie auch als Blended. Die Marke kam früher von National Distillers und gehört heute über → JBB deren Mutter → American Brands/ → Fortune Brands.

Bourbon Heritage Collection, The Serie von fünf Kentucky Straight Bourbons. Sie orientiert sich am Vorbild der berühmten sechs → »Classic Malts of Scotland«, mit denen → UD 1992 ein neues Kapitel in der Geschichte des Malt Whisky aufschlugen. Nachdem die Firma sich durch den Erwerb anderer Unternehmen, ihrer Marken und ihrer Brennereien auch stark in den USA engagiert hatte, lag es nahe, die in Schottland ausprobierte und weltweit erfolgreiche Idee zu kopieren und einige ihrer wichtigsten amerikanischen Whiskeys ebenso prominent herauszustellen und als Kollektion zu vermarkten.

UD, bzw. seit der Vereinigung von ihrer Konzernmutter →Guinness mit →Grand Metropolitan →UDV, besaßen in den USA zwar mehrere Brennereien, betrieben aber nur noch zwei: George →Dickels →Cascade Hollow Distillery in Tullahoma, Tennessee, und die →Bernheim Distillery in Louisville, Kentucky. Aus ersterer stammt die *Special Barrel Reserve*, die vier anderen Whiskeys kommen von Bernheim: der →*I. W. Harper Gold Medal*, der →*Old Charter Proprietor's Reserve* und auch die beiden →Weizen-Whiskies →*Old Fitzgerald Very Special* und →*W. L. Weller Centennial*, die bis 1993 bei →Stitzel-Weller produziert wurden. Drei dieser Marken, der *Old Charter*, der *Old Fitzgerald* und der *Weller* wurden, samt der Brennerei Bernheim, im März 1999 an ein aus →Heaven Hill, →Sazerac und David Sherman bestehendes Konsortium verkauft. Es ist also mehr als offen, ob die Serie weiterbestehen wird.

Bourbon Highball Whiskeydrink. Ein gutes Quantum Bourbon wird, in der klassischen Version, in einem Longdrinkglas mit viel Ginger Ale aufgefüllt. Man kann aber auch Limonade nehmen oder »Sprite«. Eine Zitronenspirale gehört immer dazu.

Bourbon Milk Punch Whiskeydrink. Ein Teil Bourbon mit zwei Teilen Milch mit einem Teelöffel sehr feinem Zucker, je einer Löffelspitze Vanilleextrakt, Muskat und Zimt in einem mit viel Eis gefüllten Mixer gut schütteln und in einem Longdrinkglas servieren.

Bourbon Slushie Whiskeydrink. 4cl Bourbon werden mit einem Teelöffel Zucker und Eis im Mixer so lange geschüttelt, bis sie schaumig sind. Mit Zitrone oder Kirsche garnieren.

Bourbon Supreme Kentucky Straight Bourbon von der David →Sherman Company of St. Louis.

Bourbontown Club Kentucky Straight Bourbon ungewisser Herkunft. Abgefüllt wird er von der Firma →Kentucky Bourbon Distillers. Ihr gehört auch die →Willett Distillery in →Bardstown, die in den frühen achtziger Jahren geschlossen wurde – zu früh, um diesen Whiskey produziert zu haben. Sie liegt aber nicht weit von →Heaven Hill und es spricht einiges dafür, daß er dort gemacht wird.

Bow Street Straße in Dublin, wo einst die alte Brennerei von John →Jameson zu finden war. Deren graue Gebäude mit dem mächtigen Schornstein boten bis 1998 nur noch einen traurigen Anblick, sind aber seitdem nach umfangreicher Restaurierung zu neuem Leben erwacht. Als Jameson 1966 mit →Power und mit der →Cork Distillery fusionierte und nur noch als Marke unter dem Dach der neugebildeten →IDG firmierte, wurde auch der Entschluß gefaßt, die gesamte Produktion nach →Midleton zu verlagern. Keine der alten Dubliner Brennereien wurde mehr gebraucht.

Die Reste der alten Gebäude verkamen immer mehr und boten den Besuchern des gegenüberliegenden →»Irish Whiskey Corner« einen Anblick, der sie mit Trauer erfüllte – so sie denn wußten, daß die Gebäude ein wichtiger Schauplatz der irischen Whiskeygeschichte gewesen waren. Das Schwelgen in der im Museum ausgebreiteten glorreichen

Vergangenheit des → Irish Whiskey und der Hinweis auf die harten Tatsachen seiner Gegenwart lagen nur wenige Schritte auseinander: Um die Ecke liegt der Neubau der Verwaltung der IDG, die durch das gesetzlich vorgeschriebene Schild am Eingang als Teil einer französischen Firma, nämlich von → Pernod Ricard, ausgewiesen wird. Der Schmerz darüber wird gelindert, seit sich die heutigen Besitzer entschlossen, das »Whiskey Corner« zu schließen und in den alten Gebäuden ein neues Museum einzurichten, dessen Besuch sehr empfohlen werden kann. Es bietet einen gelungenen Einblick in Geschichte und Produktionsmethoden, hat einen schönen Probierraum und ein auch von Einheimischen viel besuchtes Restaurant.

Der Name Bow Street stand und steht zwar auch heute noch auf jeder Flasche *Jameson*. Aber der Whiskey stammt aus Midleton. Nur einmal, 1991, gab es noch einmal eine Abfüllung, auf deren Etikett der Name Bow Street als Brennerei stand. Sie kam von der schottischen Firma → Cadenhead, die es sich nicht nehmen ließ, ihr eigenes, 150jähriges, Jubiläum mit einer Reihe von alten irischen Whiskeys zu feiern. Zu ihr gehörte der *Bow Street*, 1963 destilliert und bei der Abfüllung immer noch 68.1 % stark.

Bowmore Schottische Malt-Destillerie. Ihr Name, ausgesprochen »bouwmor«, bedeutet das große Riff. Sie liegt direkt am Ufer von Loch Indaal im Zentrum der Whisky-Insel → Islay und ihrer »Hauptstadt«, nach der sie auch benannt ist. Neben der Brennerei hat das Örtchen als Touristen-Attraktionen außerdem die Round Church aufzuweisen, deren runde Mauern verhindern sollten, daß sich der Teufel in ihr verstecken konnte. Wer die flüssige Form von *spirit* liebt, wird auch das Lochside Hotel aufsuchen, wo Wirt Alastair Birse mehr als 300 Islay-Malts offeriert. Die meisten Besucher allerdings hat immer noch die Destillerie. Sie bietet ein professionell gemanagtes Visitor Centre mit einem gut sortierten Laden und erlaubt manchen Einblick in die Produktion von Malt Whisky, den man andernorts nicht hat. Bowmore hat noch eigene → *floor maltings*, die immerhin 50 % des benötigten Malzes liefern. Es ist sogar billiger als der von der großen Mälzerei in → Port Ellen bezogene Rest – dank einem energiesparenden System der Wärmerückgewinnung, mit dem sogar auch das in einem alten → *warehouse* eingerichtete kommunale Hallenbad beheizt wird. Die Lage in der Mitte der Insel wird gleichsam reflektiert von ihrem Whisky, der alle Charakteristika von → Islay aufweist, aber bei weitem nicht so extrem ist wie die Malts der Destillerien am Südrand, aber auf der anderen Seite wesentlich rauchiger, torfiger und »medizinischer« ist als etwa der → *Bunnahabhain* oder der → *Bruichladdich*. Daß ein *Bowmore* auch salzige Noten aufweist, ist nicht überraschend, weil die Lagerhäuser nicht nur am Meer liegen, sondern zum Teil sogar unter dem Wasserspiegel.

Bowmore ist, mit einem Gründungsdatum von 1779, eine der ältesten Brennereien Schottlands. Schon der frühere Besitzer Sherriff & Co. machte den Whisky auch als Single Malt in → Destillerie-Abfüllung verfügbar – die Flasche mit einem Segelschiff auf dem Label ist heute sehr gesucht. Seit Stanley → Morrison die Brennerei 1963 übernommen und mit → Auchentoshan und → Glen Garoich zusammengebracht hat, gibt es fast unüberschaubar viele Abfüllungen: Ohne Altersangabe ist der *Legend* (in Italien 8jährig), für Japan wird er als *Select*, für Frankreich als *Hallmark* gemacht. Die 10, 12 und 17 Jahre alten *expressions* kommen in durchsichtiger Flasche mit einem ebenso durchsichtigen und eleganten Etikett. Es zeigt einige jener Barnacle-Gänse im Flug, die Islay im Winter besuchen (oder nach Meinung einiger Inselbewohner heimsuchen). Den 21jährigen ziert ein Papierlabel. Den *Surf* gibt es nur im Duty free, der *Mariner* ist 15 Jahre alt. Zum 200jährigen Jubiläum gab es einen *Bicentenary*, zum 30. Jahrestag der Geschäftsübernahme durch Morrison wurden einige Fässer mit seinem Erstdestillat abgefüllt. Vom *Black Bowmore*, der 1964 destilliert wurde und nach seiner Farbe benannt ist, gab es dreimal (1994, 1995 und, als *final edition*, 1996) je ca. 1800 Flaschen; sie genießen mittlerweile Kult-Status und erzielen hohe Sammlerpreise. Vom Erfolg angeregt, der sich sicher auch ihrer extrem dunklen Farbe verdankte, ließ man einen *Bowmore Darkest* mit 43 % aus dem → Sherryfaß folgen, der den *Black Bowmore* ausdrücklich zitiert. Der *Bowmore Cask Strength* kommt mit 56 %.

Es gab und gibt auch immer wieder → *vintage*- Malts und gegenwärtig geht die Firma unter dem neuen Besitzer → Suntory dazu über, Käufer auch durch ständig wechselnde Motive auf den Verpackungen und durch wertvolle Keramik-Flaschen (z. B. für einen 22jährigen *Moonlight* und einen 30jährigen *Sea Dragon*) zu finden. Mehr als 10000 DM muß anlegen, wer eine der raren Flaschen mit einem 40 Jahre alten *Bowmore* haben will; der mitgelieferte Schlüssel öffnet nicht nur den Schrein, in dem die Flasche präsentiert wird, sondern auch die Tür zum brennereieigenen Cottage, in dem der glückliche Besitzer ein Wochenende verbringen darf. Sehr preiswert ist dagegen der → *McClelland Islay*, der in Wirklichkeit ein (fünfjähriger) *Bowmore* ist. Sogar einen *Bowmore Blend* gab es. Er enthielt 21 Jahre alte Whiskies. Mit ihm beteiligte sich Morrison Bowmore an dem Wettbewerb, der von der International Wine & Spirit Competition zum 500. Jubiläum des schottischen Whisky im Jahr 1994 unter dem Motto »The → Spirit of Scotland« ausgeschrieben wurde und bei dem die großen Firmen darum kämpften, den besten Blend zum feierlichen Anlaß kreiert zu haben. Auch von den → Unabhängigen kommt so mancher *Bowmore*. Von hervorragender Qualität war der 31 Jahre alte *Bowmore* von den Hart Brothers, der sich auch in ihrem → *Dynasty Decanter* findet.

Brackla Schottische Malt-Destillerie in den → Highlands und in der Nähe von Schloß Cowdor. Ihr »richtiger« und voller Name lautet → Royal Brackla.

Braemar Schottischer Blend, der nach dem vor allem für sein Schloß und seine Highland Games bekannten Örtchen am Dee benannt ist. Er kommt heute mit der Herstellerangabe Grant,

MacDonald & Co. von → Allied Domecq und wird in Filialen ihrer ehemaligen Tochter → Victoria Wine verkauft. Ursprünglich war er einer der Blends, den Stowells of Chelsea im Programm hatten – der einzige, den es noch gab, als die Firma, deren Billigweine im Karton sich auf jedem britischen Supermarktregal finden, an den Brauerei-Riesen Whitbread verkauft wurde, der sie allerdings bald wieder abgab.

Breamar Cocktail Whiskydrink. Zu gleichen Teilen einen roten Vermouth, Drambuie und einen guten Blend gut mixen. Mit einem Spritzer Zitrone abrunden.

Braes of Glenlivet Schottische Malt-Destillerie. Ihr Name, gesprochen »bräs«, bedeutet Hang des Glenlivet. Sie liegt sehr abgelegen und einsam an einer kleinen Straße, die man über die von → Dufftown nach dem Dorf → Tomintoul (nicht zur gleichnamigen Brennerei!) führende B9008 erreicht. Sie befindet sich gerade noch an der Grenze der → Speyside und sollte vielleicht doch besser schon zur → Whiskyregion der → Highlands gezählt werden. Sie ist eine der jüngsten Brennereien Schottlands und wurde erst 1973/4 von der → Seagram-Tochter → Chivas Brothers und gleichzeitig mit der nahegelegenen Schwester → Allt A' Bhainne Distillery im Rahmen eines ehrgeizigen Programms errichtet. Mit ihr teilt sie die Modernität einer nahezu vollautomatisch gesteuerten Anlage und die hübschen, wenn auch überflüssigen Pagodendächer; sie tragen aber immerhin dazu bei, daß sich beide gut in ihre Landschaft einfügen.

Der Malt aus den mittlerweile sechs → *stills* war wohl nie dazu gedacht, in → Destillerie-Abfüllung auf den Markt zu kommen, aber sowohl → Signatory wie auch → Cadenhead und die → Scotch Malt Whisky Society haben → unabhängige Abfüllungen herausgebracht. Eine echte Besonderheit ist der 20 Jahre alte von den → Hart Brothers: Er kommt aus einem Madeira-Faß, hat aber nicht wie etwa der → *Glenmorangie Madeira* nur ein → *finishing* in diesem Faß erhalten, sondern sein ganzes Leben darin zugebracht.

Seagram hat 1994 einen → *Benriach* und einen → *Glen Keith* herausgebracht und dadurch gezeigt, daß man dem Wunsch der Maltliebhaber, von möglichst allen Destillerien eine → Eigentümer-Abfüllung zu bekommen, durchaus offen gegenübersteht. Breas of Glenlivet haben sie vergessen und deren Whisky leider nicht in ihre → »Heritage Selection« aufgenommen. Die Begründung dafür lautete, man fürchte eine Verwechslung mit dem ebenfalls der Firma gehörenden → *Glenlivet*. Deshalb haben sie die Destillerie kurzerhand umbenannt und → Braeval getauft. Einer Eigentümer-Abfüllung sollte danach nichts mehr im Wege stehen.

Braeval Schottische Malt-Destillerie, hinter der sich keine andere als → Braes of Glenlivet verbirgt. The → Chivas & Glenlivet Group, schottische Tochterfirma des kanadischen Multi → Seagram, hatte den Namen einfach nach dem Tal gewählt, in dem sie liegt und offensichtlich nie daran gedacht, daß ihr Whisky jemals als Single Malt verfügbar sein würde – und dann vielleicht mit dem

→ *Glenlivet* verwechselt werden könnte. Eine Gefahr, die sich, zumindest bei Uneingeweihten oder Unaufmerksamen, nicht ganz ausschließen läßt, liegt Glenlivet Distillery doch nicht nur räumlich nahe. Beide, die Destillerie und der Sin-gle Malt, gehören zudem ebenfalls Seagram und *The Glenlivet* ist deren weltbekanntes Flaggschiff. Schließlich brachten aber die → unabhängigen Abfüller → Signatory und Cadenhead tatsächlich einen Braes of Glenlivet heraus. Danach taufte Seagram die Brennerei um und gab ihr den neuen Namen, während der alte von den Unabhängigen munter weiterbenutzt wird.

Brandy Cask Schottische Single Malts von der → Speyside, mit dem der unabhängige Abfüller → Gordon & MacPhail 1993 Neuland betreten hat: Zum ersten Mal erschienen zwei Malts auf dem Markt, die in einem sehr ungewöhnlichen Faß gelagert worden waren – nicht in dem sonst üblichen Ex-Bourbon- oder Ex-→ Sherryfaß, sondern in einem Eichenfaß, in dem vorher Cognac war. Parallel dazu erschienen auch zwei Abfüllungen von Single Malts aus ehemaligen → Port-Fässern (Konkurrent → Cadenhead hatte ungefähr zur gleichen Zeit zwei Abfüllungen aus Rumfässern). Diese Methode darf man nicht verwechseln mit dem sogenannten → *finishing*, das zum ersten Mal von William → Grant & Sons bei ihrem → *Balvenie Double Wood* angewendet wurde und bei dem Malts aus dem ursprünglichen in ein zweites, oft ungewöhnliches, Faß zur zweiten Reifung umgefüllt werden. Daraus ist mittlerweile fast eine Mode geworden (→ *Glenmorangie*, *Balvenie*, »Distillers Edition«). Die Abfüllung von Malts, die sozusagen ihr ganzes Leben in einem untypischen und ungewöhnlichen Faß verbracht haben, ist dagegen eher die Ausnahme geblieben. Weitere Brandyfässer waren bisher nicht dabei. Um welchen Whisky es sich handelt, geben Gordon & MacPhail nicht an, dafür aber genau den Tag der Destillation und der Abfüllung und auch die Faßnummer. Faß 3241 wurde am 6. 6. 63 destilliert und am 19. 5. 93 abgefüllt, das Faß 7293 stammte vom 7. 12. 70 und war schon einige Tage vorher, am 9. 5. 93 in die Flaschen gekommen.

Brasilien Das große Land stellt nur Getreide-Destillate selbst her, also Grain Whiskies. Sie werden mit Malts, die aus Schottland importiert werden, zu eigenen »nationalen« Blends verarbeitet, die in Südamerika sehr beliebt sind, schon allein deshalb, weil sie in der Tat eine sehr preiswerte Alternative zu den »importades« darstellen, die von der Regierung mit hohen Steuern und Zöllen belegt werden und für viele nicht erschwinglich sind. → IDV / → UDV und → Seagram produzieren für Brasilien eigene Marken (die allerdings auch in anderen Ländern des Kontinents verkauft werden): → *Drury's*, → *Gregson's*, → *Natu Nobilis* und → *Old Eight*.

Brauen Bezeichnung für einen wichtigen Abschnitt bei der Produktion von Whisk(e)y, der allerdings nicht viel anders verläuft als beim Bierbrauen. Er beginnt damit, daß das als Ausgangsprodukt vorgesehene Getreide entweder gemälzt oder gekocht worden ist, um seinen Stärkeanteil in Zucker umwandeln zu können. Das geschieht beim Maischen. Die so erzeugte Würze, → *worts* genannt, wird dann mit Hefe wiederum in heißem Wasser zum Gären gebracht, an dessen Ende eine alkoholhaltige Flüssigkeit steht, die in Schottland → *wash* und in den USA → *beer* heißt. Sie kann dann im nächsten Produktionsabschnitt durch Erhitzen in den Brennblasen zu Whisk(e)y werden. In Brennereien ist jeder Mitarbeiter stolz auf seine Arbeit und jeder weiß, daß ohne ihn, seine Kenntnisse und seine Sorgfalt kein Whisk(e)y entstehen könnte. Es herrscht ein Wettstreit, wer dabei den wichtigsten Anteil hat. Besonders die *brewer* sind zutiefst davon überzeugt, daß sie es sind.

Breath of Angels Schottischer Blend, den der → unabhängige Abfüller → Adelphi herausbrachte. Der hat seinen Namen bekanntlich von einer nicht mehr existierenden Brennerei in Glasgow und wollte nach eigenen Angaben mit ihm etwas schaffen, was »an die Zeit der Aldelphi Distillery vor 100 Jahren erinnern« sollte.

Breeder's Choice, The Argentinischer Blend, der in seinem Heimatland sehr verbreitet ist. Er gehört zur Gattung der preisgünstigen »nationalen« Whiskies. Sie bestehen aus Grains, die lokal destilliert sind und mit Malts verschnitten werden, die aus Schottland importiert werden.

Breton's Hand and Seal Kanadischer Whisky, den die damals noch nicht mit → UD zu → UDV vereinigte → IDV in USA herausgebracht hat. Er ist ein Blend aus Whiskies, die in der firmeneigenen → Palliser Distillery gebrannt wurden, und aus Single Malts von → Glenora. Diese ist die einzige (und noch sehr junge) Brennerei Kanadas, die in traditionellem schottischen Stil arbeitet. Die Flaschen sind handversiegelt und tragen *batch*-Nummern.

Brig O'Perth Schottischer Blend. Die Marke wurde einst von Matthew → Gloag & Son eingeführt, dem alten Handelshaus aus Perth, das von → Highland Distillers übernommen und dann aufgelöst wurde. Der Whisky stand schon immer im Schatten des → *Famous Grouse*, der anderen, und sehr viel größeren, Marke des Hauses. Man findet ihn nur schwer (am ehesten natürlich in Perthshire), aber es gibt es ihn schon genauso lang wie den nach dem berühmten schottischen Vogel benannten. Sein Label mit der alten Brükke über den Tay hat sich in den hundert Jahren seiner Existenz noch weniger geändert als das des »Bruders«.

Bristol Vat Schottischer Blend. Er war und ist die – einfache – Hausmarke des heute zur → Hallgarten Group gehörenden Hauses → Avery's of Bristol, das auch noch zwei höherwertige Blends im Angebot hat: den → *Highland Blend* und den → *Queen Elizabeth*.

Brodie's Supreme Schottischer Blend von Brodie Crawford & Co. Die Firma residiert in Guildford im englischen Surrey und beschäftigt sich vor allem mit dem Export von Spirituosen. Sie führt aber auch einige Importmarken wie z. B. einen kanadischen → Rye namens → *Royal Lord*. Der Name wird aber auch für einen schottischen Blend und andere Spirituosen benutzt. Außer ihrer Spitzenmarke, die nach der 800

Jahre alten Brodie-Familie und ihrem Schloß benannt ist, gehören die Blends → *Boswell's Reserve*, → *Commander-in-Chief*, → *Forth House*, → *McDowall* und der Vatted Malt → *Glenmoy* zum Programm. Im September 1998 gab die Firma bekannt, daß sie sich von ihren Marken trennen wolle, hat aber noch keinen Käufer gefunden.

Broker Bezeichnung für einen Beruf, der vor allem in der schottischen Whiskyindustrie eine große Rolle spielt, deren Hauptprodukt nicht die Malts, sondern die Blends sind. Deren Hersteller sind, selbst wenn sie eigene Brennereien besitzen, in der Regel immer auch auf Malts von Destillerien angewiesen, die anderen Firmen gehören. Rivalität herrscht in Schottland beim Marketing, aber nicht bei der Produktion, weil im Grund jeder auf jeden angewiesen ist. Deshalb reifen in jeder Brennerei auch Fässer, die sofort nach der Abfüllung von anderen Firmen gekauft wurden. Broker vermitteln solche Fässer mit jungem Destillat (Whisky darf es noch nicht heißen, dazu muß es drei Jahre alt sein). Sie kaufen zum Teil aber auch auf eigene Rechnung und lassen die Fässer für sich reifen. Ein guter und erfolgreicher Broker verfügt auch über Fässer an reifem Whisky, die sofort zum Blenden verwendet oder als Single Malt abgefüllt werden können. Benötigt ein Masterblender einen bestimmten Malt für seinen Markenblend, wendet er sich an den Broker. Aus den Beständen von Brokern stammen aber auch so manche Malts, die von den Unabhängigen als Einzelfaßabfüllung herausgebracht werden. Manche Broker wie z. B. die → Hart Brothers sind in den letzten Jahren selbst zu unabhängigen Abfüllern geworden.

Bronfman Kanadische Whisky- und Spirituosendynastie. Sie wurde von Samuel Bronfman gegründet und aus ihr kamen die Männer, die → Seagram zu einem der größten Getränkekonzerne der Welt machten. Diesen Erfolg ließ sich der junge Bronfman sicher nicht träumen, als er zusammen mit seinen Eltern und drei Brüdern nach der Flucht aus dem zaristischen Rußland als jüdischer Einwanderer 1889 in Manitoba ankam. Die Familie kaufte wenige Jahre später ein Hotel und stieg, als neue Gesetze sie zwangen, die Hotelbars zu schließen, mit großem Erfolg zuerst in den Whiskyversand ein und begann dann auch mit dem Blenden. 1924 schufen sie die Distillers Corporation Limited und bauten eine eigene Brennerei in LaSalle in der französischsprachigen Provinz Quebec.

Vier Jahre danach erwarben sie Joseph Emm Seagrams Firma und firmierten nun als DC-SL (Distillers Corporation – Seagrams Limited). Der Rest der Geschichte ist unter dem Stichwort »Seagram« nachzulesen. Die Firma wurde von Samuel Bronfman geleitet, der ein weitsichtiger Geschäftsmann war. Beispielsweise sah er das baldige Ende der Prohibition voraus und legte entsprechende Whiskyvorräte an. Er sorgte auch dafür, daß sein Unternehmen durch Übernahmen anderer Firma stetig erweitert wurde. Und er hatte ein Händchen für die Kreation neuer Marken wie → *7 Crown* und → *Crown Royal* und für cleveres Marketing, bei dem er sich zudem als guter Patriot erwies: die Rückseiten der Flaschen nutzte er dazu, die zehn kanadischen Provinzen bekannt zu machen.

Durch strenge Kontrollen sorgte er unermüdlich für die Qualität seiner Produkte und ließ es sich nicht nehmen, das Blenden selbst zu überwachen. Bei allem Streben, möglichst viel Alkohol zu verkaufen, setzte er sich dennoch öffentlich für Mäßigung bei dessen Konsum ein und finanzierte sogar eine Werbekampagne dafür. Auch nach seinem Tod 1971 behielt die Familie einen erheblichen Einfluß auf den Konzern → Seagram, dem einzigen, der immer noch in kanadischer Hand ist. Edgar Bronfman, derzeitiger Chairman mit leidenschaftlichen Ambitionen als Drehbuchautor und einem manchmal teuren Faible für das Mediengeschäft, diversifizierte die Firma durch den Kauf von MCA, der Mutter der Universal Studios in Hollywood, und erwarb 1998 auch noch Polygram. Er engagiert sich auch auch politisch und nimmt als Präsident des Jüdischen Weltkongresses eine herausragende Stellung ein.

Brooklyn Whiskeydrink. Zu gleichen Teilen Rye Whiskey mit rotem Vermouth und einem kleinen Schuß Maraschino auf Eis verrühren, abseihen und im Cocktailglas servieren.

Brookstone Amerikanischer Blended. Er kommt von der in New Orleans ansässigen → Sazerac Company und wird in deren → Ancient Age Distillery in → Leestown hergestellt.

Brora Schottische Malt-Destillerie, die diesen Namen (er bedeutet Flußbrücke) erst seit 1968 trägt und vorher → Clynelish hieß. Sie liegt einige Meilen nördlich des berühmten Dunrobin Castle, nahe der A9 unweit der Nordsee und zählt zur → Whiskyregion der nördlichen → Highlands. Der ehemalige Besitzer des Schlosses, der Duke of Sutherland, war 1819 auch der Erbauer der Brennerei. Man lobt ihn bis heute dafür, daß er mit ihr die hungernden Farmer seines Landes in Brot und Lohn setzen wollte. Daß er freilich an ihrem Hunger selbst schuld war, wird gerne verschwiegen: Er ist kein anderer als der Erfinder des berüchtigten »Highland Clearances«, eines der finstersten und traurigsten Ereignisse in der an finsteren und traurigen Schurkereien nicht armen schottischen Geschichte. Weil ihm die Schafzucht rentabler erschien als der Ertrag seiner Bauern, vertrieb er sie von ihrem Pachtland, zwang sie ins Exil nach Amerika oder in den Hungertod – kein Wunder, daß sein die Lande überragendes Denkmal nicht nur schottischen Nationalisten ein Ärgernis ist.

Die Brennerei war auf → Ainslie & Heilbron lizenziert, gehörte aber schon seit 1930 komplett der → DCL und wurde mit dieser 1987 von → UD übernommen. Für Verwirrung hat die Tatsache gesorgt, daß auf dem gleichen Gelände 1967 eine neue Brennerei errichtet und ebenfalls Clynelish genannt wurde. Für kurze Zeit produzierten beide Anlagen, die alte und die neue Clynelish, unter dem gleichen Namen. Dann aber wurde die alte Destillerie in Brora umbenannt, 1968 kurz geschlossen, aber bald darauf wiedereröffnet. Für kurze Zeit auch hießen beide Malts, der aus der alten und der aus neuen *Clynelish*. Man kann sie aber unterscheiden: Nach Ausagen von Mitarbeitern, die damals dort beschäftigt waren, war der Malt der alten, später Brora genannten Brennerei, heftiger getorft und schwerer und kam den → Islay-Whiskies nahe. Deren Produktion ruhte von Zeit zu Zeit und 1983 wurde sie endgültig geschlossen. Die Gebäude stehen noch, aber weder UD noch die aus ihr entstandene → UDV zeigen irgendwelche Ambitionen, sie wieder zu beleben.

Der Name Brora ist nur selten auf Flaschen zu finden. Er stand auf → unabhängigen Abfüllungen von → Gordon & MacPhail, die in der → »Connoisseurs Choice«-Serie zuerst einen *Brora* 1972 und später einen 1982 hatten. Aus dem gleichen Jahr stammten zwei → *cask strength*-Abfüllungen von → Cadenhead. Ein Faß konnte auch die → Scotch Malt Whisky Society unter der Chiffre 61 ihren Mitgliedern anbieten. Als → Destillerie-Abfüllung gab es in der → »Rare Malts Selection« von UD *Brora* von 1972 in *cask strength* mit 58.7 % und mit 60.02 %, einen von 1975 mit 59.1 % und einen von 1977 mit 56.9 %.

Brown & Sons, W. Schottische Whiskyfirma. Sie wurde 1976 in Glasgow gegründet und hat seither eine ganze Reihe von Marken herausgebracht: den → *Glen Stuart*, den es als Blend und als Vatted Malt gibt, und die Blends → *Ancient Privilege*, → *Black Stag*, → *Cairndew Mist* und → *Diplomatic Privilege*. Außerdem exportiert die Firma alte Malts, die sie allerdings nicht unter ihrem eigenen Namen abfüllt. Unter dem Label → »Sennachie« bietet sie 30 Jahre alte Single Malts an, die von verschiedenen Brennereien kommen, von denen man aber die Namen nicht bekannt gibt, sondern nur verrät, daß sie alle zur → Speyside gehören.

Brown-Forman Corporation Amerikanische Firma, die sich weltweit betätigt. Sie besitzt mehrere Destillerien, ist aber auch im Weingeschäft engagiert und nimmt darüber hinaus die USA-Vertriebsrechte für mehrere bedeutende (auch Whisky)-Marken wahr. Sie hat zudem in andere Produkte wie Porzellan diversifiziert. Unter den modernen amerikanischen Whisk(e)y-Firmen ist sie die einzige, deren Anfänge ins letzte Jahrhundert zurückreichen, bei der immer noch Mitglieder der Gründerfamilie eine Aktienmehrheit haben und im operativen Geschäft führende Rollen spielen: Owsley Brown II, derzeit Chairman und Chief Executive, ist ein direkter Nachkomme des Mannes, der 1870 den Grundstein zum heutigen Imperium gelegt hat.

Dieser George Garvin Brown war schottischer Abstammung; sein Großvater war um 1750 in die Neue Welt ausgewandert, sein Vater war einer von Daniel → Boones Scouts. Zusammen mit seinem Halbbruder → J. T. S. Brown gründete er eine Firma, die 1872 den → *Old Forester* herausbrachte, den man, angeblich zur Erinnerung an die schottische Abstammung, ohne das sonst in Amerika übliche »e« Whisky schrieb. Er wurde von Anfang an in Flaschen geliefert, um ihn vor Panschereien zu schützen, und soll somit die erste → Original-Abfüllung des Landes gewesen sein; seine Flaschen tragen seitdem und bis heute Browns Unterschrift und das Qualitätssiegel »There is nothing better in the market«.

Die Partnerschaft der Browns hielt nicht lange; J. T. S. glaubte, mit anderen, billigeren Whiskeys erfolgreicher zu sein. Nach der Trennung von ihm wurde ein früherer Boß Browns in die Firma aufgenommen und später stieß auch George Forman zu ihr. Er erwarb einen Anteil, der indes nach seinem Tod von Brown zurückgekauft wurde – einschließlich des Rechtes, den Namen Forman weiter benutzen zu dürfen. George Gavin Brown sah die Gefahren der → Prohibition, die im Nachbarstaat Tennessee ja schon 1910 begann. Er bekämpfte sie, als frommer Christ, mit dem Buch »The Holy Bible Repudiates Prohibition«, konnte sie aber nicht verhindern. Aber immerhin gelang es ihm, daß seine Firma eine der zehn wurde, die während der trockenen Jahre eine Lizenz bekam, um Alkohol zu verkaufen – streng für medizinische Zwecke versteht sich.

In dieser Zeit wurde auch die Grundlage für die Expansion zur heutigen Größe und Bedeutung geschaffen, als man zuerst die Marke → *Early Times* erwarb und mit ihr die Brennerei am Dixie Highway, der »Distillery Row«, in Louisville, Kentucky. Diese Gebäude dienen heute als Firmenzentrale. Die alte *Early Times*-Flasche, in Wirklichkeit ein Wasserturm, ist freilich mittlerweile einer *Old Forester*-Flasche gewichen. 1940 kam die etwas weiter nördlich gelegene Brennerei in Shively dazu, die heute den Namen Early Times trägt und wo die beiden Marken zur Zeit produziert werden. Ebenfalls 1940 wurde die älteste noch existierende Brennerei der Vereinigten Staaten gekauft, die 1838 von Oscar Pepper gegründet worden war und seit 1878 → Labrot & Graham hieß. Sie wurde 1971 stillgelegt, aber Mitte der neunziger Jahre dann für viel Geld umgebaut mit der Vorgabe, einen besonders hochwertigen Bourbon zu produzieren (um den Namen bekannt zu machen, kam 1997 der → *Woodford Reserve* auf den Markt).

Die bedeutendste Erwerbung der Firmengeschichte war aber wohl im Jahr 1956 der Kauf von → Jack Daniel, der Brennerei und der Marke. 1971 kam auch noch der → *Canadian Mist* mit der dazugehörigen Brennerei in Kanada dazu. Eine weitere bedeutende Vergrößerung des Portfolios gelang durch den Erwerb des beliebten Likörs *Southern Comfort*. Die kalifornischen Weingüter Fetzer, Korbel und, seit 1999, Sonoma-Cutrer Vineyards gehören heute ebenso zu Brown-Forman wie Bolla in Italien. In ganz andere Geschäftsfelder bewegte man sich, als man die Porzellanfirma Lenox, Dansk Contemporary Tabletop, Gorham Silver und den Lederwarenhersteller Hartmann erwarb. Näher am Whisk(e)y ist die Bluegrass Cooperage bei Louisville, wo man in großem Maßstab Fässer für den Eigenbedarf und für andere Brennereien herstellt.

Brown-Forman ist der amerikanische Distributeur von → *Bushmills*, → *Glenmorangie*, → *Usher's*, aber auch von »Finlandia Wodka«. Auch dem modernen Trend zu vorgemixten Getränken entzog man sich nicht: es gibt *Southern Comfort and Cola* und es gibt *Jack Da-*

niel's & Cola, ihn wenigstens nicht in der Dose, sondern in richtigen Flaschen. Sozusagen an das andere Ende des Marktes gehört *The → President's Choice for a Distinguished Gentleman*, für den genau 24 Fässer abgefüllt wurden.

Brown Fox Whiskeydrink. Zwei Teile Bourbon auf einen Teil »Bénédictine« nehmen und auf Eis im Tumbler servieren.

Bruichladdich Schottische Malt-Destillerie. Ihr Name, gesprochen »bruchladdie« und auf der vorletzten Silbe betont, bedeutet Strandecke. Sie liegt auf → Islay am westlichen Ufer von Loch Indaal gegenüber von → Bowmore. Seit der Schließung der Loch Indaal Distillery in Port Charlotte ist sie die westlichste Brennerei nicht nur der Whisky-Insel, sondern Schottlands überhaupt. Daß Islay vom Golfstrom berührt wird, sieht man daran, daß im Hof von Bruichladdich eine (einsame) Palme wächst. Ihr Whisky ist leichter und feiner als die extremen Malts vom Südufer der Insel. Das liegt einmal daran, daß auf dieser Seite von Islay, den sogenannten Rhinns, das Wasser nicht torfig ist. Zudem wird das von der Mälzerei in → Port Ellen bezogene Malz mit sehr wenig Torf getrocknet.

Wer einen Blick für solche Details hat, freut sich an einigen alten Geräten aus dem letzten Jahrhundert, die möglicherweise sogar schon 1881 eingebaut wurden, als die Brennerei von der Familie Gourlay Harvey gebaut wurde. Vorübergehend war sie auch in amerikanischem Besitz (von National Distillers). 1968 wurde sie von → Invergordon übernommen, die die Zahl der → *stills* auf vier erweiterten. Kurz nach der Übernahme dieser Firma durch → Whyte & Mackay/→ JBB (Greater Europe) ordneten die neuen Besitzer die Schließung an – ein Schicksal, das Bruichladdich mit ihren »Schwestern« → Tamnavulin und → Tullibardine teilt. Sie soll zwar nicht endgültig sein, aber wie schnell auch kurzzeitige Schließungen ernsthafte Beschädigungen zur Folge haben, zeigte sich im Sommer 1998, als man, wenn auch nur für zwei Monate, die Produktion wieder aufnehmen wollte: es ging zunächst nicht, weil die Quelle versiegt war.

Ihren Whisky gibt es als Single Malt in → Eigentümer-Abfüllung mit 10, 15 und 21 Jahren. Mit 17 Jahren gibt es ihn in der Duty free-typischen Literflasche. 15 Jahre alt ist auch der *Centenary* in einem Glasdecanter. Aus früheren Invergordon-Zeiten stammen noch der 25, später der 26jährige mit jeweils 45 % in der → »Stillman's Dram«-Serie. Eine gesuchte Rarität ist ein → *single cask* aus dem einzigen Faß, das jemals in der Brennerei selbst abgefüllt wurde. Besonders für Frankreich kam Anfang 1998 ein 10jähriger → *Sherry Wood* heraus. Um einen *Bruichladdich* dürfte es sich auch bei einem 10jährigen Malt handeln, den Invergordon im Herbst 1997 in der Serie »The → Malts of Scotland« herausgebracht hat – mit dem Kunstnamen → *Druichan Islay* – eine Schöpfung, die bei denen Stirnrunzeln provoziert hat, die noch Respekt und Gefühl für schottische Namen und Geschichte haben.

Brusna Irische Brennerei im County Westmeath. Sie wurde nach dem Fluß benannt, an dem sie liegt, ist aber unter dem Namen → Kilbeggan wesentlich bekannter. Die gehörte bekanntlich J. Locke und wird heute von → Cooley Distillery zur Lagerung und Reifung ihrer Whiskeys benutzt. Deren → *Locke's Irish Whiskey* zeigt auf seinem Label die schönen, alten Gebäude unter dem alten, ursprünglichen Namen.

Buchanan & Co., James Schottische Whiskyfirma. Ihr Name ist weit weniger bekannt als ihr wichtigstes Produkt, der Blend → *Black & White*. Der wiederum verdankt seinen Ruhm einem Ensemble aus zwei kleinen Hunden, einem schwarzen Scottish Terrier und einem weißen West Highland Terrier: eine der großen Werbefiguren. Das Hundepärchen, das Werbegeschichte gemacht hat, ist die Erfindung des Firmengründers Lord Woolavington.

Er wurde 1849 als James Buchanan geboren und war der erste der großen → »Whiskybarone«. Der Erfolg seines Unternehmens verdankt sich nicht nur seinem unbedingten Beharren auf der Qualität seines Produktes, sondern vor allem auch seinem genialen Verkaufstalent. Sohn schottischer Eltern, in Kanada geboren, in Nordirland aufgewachsen, sammelte er in Glasgow als Büroangestellter erste Arbeitserfahrungen. Zum Whisky kam er, als er als Agent von Charles → Mackinlay nach London ging. Schon fünf Jahre später, 1884, wagte er den Schritt in die Selbständigkeit – und reüssierte schnell, als er merkte, daß es besser war, Scotch in Flaschen statt in Fässern zu verkaufen. Er schuf die eindeutig zu identifizierende schwarze Flasche mit einem weißen Label – und ruhte nicht, ehe er Verträge als alleiniger Lieferant für die Music Halls und vor allem für die Bar des Unterhauses abschließen konnte.

Stolz taufte er danach seine Marke von *The Buchanan Blend* in → *House of Commons* um, aber als jedermann dort nach der schwarzen Flasche mit dem weißen Label fragte, gab er ihr den Namen, unter dem sie heute jeder kennt. Er war einer der Pioniere der Markenpflege und achtete auf *Corporate Identity*, ehe es diesen Ausdruck überhaupt gab – bis in die dreißiger Jahre waren die schwarzweißen Pferdefuhrwerke mit den livrierten Kutschern aus dem Londoner Straßenbild nicht wegzudenken.

Durch den Kauf der Blending-Firma → Lowrie, mit denen zusammen er → Glentauchers Distillery gebaut und → Convalmore erworben hatte, machte er sich unabhängiger. Wie sein ebenbürtiger Konkurrent Tommy → Dewar ließ er es sich nicht nehmen, auf eigenen Reisen Niederlassungen in der ganzen Welt zu gründen. Als er sich 1915 mit ihm zu einem Unternehmen zusammenschloß, verbündeten sich zwei Genies des Marketing. Zusammen wollten sie den Kampf mit der mächtiger werdenden → DCL bestehen können, aber der große Konkurrent schluckte sie 1925 dennoch. DCL verkaufte Glentauchers an → Allied Distillers und übertrug die Lizenz an → Dalwhinnie Distillery auf ihre Tochter James Buchanan & Co. Deren Name kam in den siebziger Jahren wieder auf eine Flasche, als der schottische Quasimonopolist (wie im Fall von → *Johnnie Walker*) von der EG gezwungen wurde, den *Black & White* vom britischen Markt zu nehmen und ihn durch den → *Buchanan's* zu ersetzen. Mittlerweile gibt es ihn längst wieder und der Name James Buchanan & Co. steht auch beim → *Royal Household* und beim Vatted Malt → *Strathconan* auf dem Label.

Buchanan's Schottischer Blend, der paradoxerweise eine der ältesten und der jüngsten Marken zugleich ist. Der erfolgreiche Whiskyhändler James → Buchanan gab nämlich seinem ersten Blend, den er in London an den Mann zu bringen versuchte, natürlich seinen eigenen Namen und lieferte ihn in einer schwarzen Flasche mit weißem Label. Sie war so markant, daß jeder nur nach dem »Schwarzweißen« verlangte – bis ihn Buchanan schließlich auch offiziell umtaufte und ihm den berühmten Namen → *Black & White* gab. Der erste Name kam wieder, als in den siebziger Jahren die → DCL, die Buchanans Firma 1925 übernommen hatte, von der EG gezwungen wurde, einige große Marken vom britischen Markt zurückzuziehen; neben dem → *Johnnie Walker*, der durch den → *John Barr* ersetzt wurde, war unter ihnen auch *Black & White*, an dessen Stelle man wieder einen *Buchanan's Blend* herausbrachte. Auch als sie längst wieder den *Black & White* verkaufen durften, behielten → UD, die DCL-Nachfolger, den »Ersatz« im Programm. Der *Buchanan's Blend* ist 8 Jahre alt und es gibt ihn als *Buchanan's Special Reserve* in Südamerika, als *Buchanan's De luxe* in den anderen Ländern. In seinem Heimatland freilich gehört die Marke nicht mehr UD, sondern → Whyte & Mackay/ → JBB (Greater Europe). Als Guinness 1986 die DCL übernahm, verlangten die Kartellbehörden wieder die Aufgabe einiger Sorten. Manche mußten weltweit abgegeben werden, andere wie der *Buchanan's* nur in Großbritannien.

Bucktrout's Schottischer Blend mit dem Zusatz *Gold Label.* Man findet ihn nur auf der Kanalinsel Guernsey. Die Anfänge der Firma Bucktrout gehen auf die Aktivitäten eines französischen Kaufmanns zurück, der 1830 einen Laden eröffnete. Bucktrout betätigt sich auch heute noch auf der Insel mit Wein- (und Tabakwaren)handel. Wie alle lokalen Handelshäuser, die etwas auf sich hielten, hatte man auch eigene Abfüllungen und unter ihnen auch einen Scotch, der ursprünglich wie die Weine auch in den hauseigenen Kellern abgefüllt wurde. EG-Regularien, die nur noch eine Abfüllung am Erzeugungsort zulassen, machen das heute unmöglich, aber die Hausmarke gibt es weiterhin.

Buena Vista Irischer Whiskey. Er wird von → IDG in → Midleton exklusiv für das gleichnamige Café an der Hyde Street in Fisherman's Wharf in San Francisco hergestellt ist, ist also wie etwa auch → *Tullamore Dew* ein Irish, der in seinem Heimatland nicht zu bekommen ist. Er hat 40 %, ist leicht und hat nur den Zweck, in dem berühmten → Irish Coffee des Buena Vista zu verschwinden. Der wird dort in solchen Mengen getrunken, daß man 3000 Kisten Whiskey im Jahr braucht. Eingeführt hat ihn übrigens dort der amerikanische Journalist Stan Dalaplane. Er mußte einmal, als man den Atlantik noch nicht *nonstop* überqueren konnte, auf dem Flughafen von Shannon zwischenlanden und war von der Kreation aus Kaffee, Whiskey und Sahne, die ihm der Barmann an einem naßkalten Tag mixte, so angetan, daß er sie auch zu Hause trinken wollte. Er empfahl sie seinem Lieblingscafé und schuf dadurch eine Mode.

Bully Whiskydrink, mit dem man gut alle möglichen Probleme kurieren kann: Ein gutes Maß Scotch wird mit einem Eigelb im Weinglas serviert und in einem Schluck getrunken.

Bulk Bezeichnung für Whiskies, die nicht in Flaschen abgefüllt, sondern in einem losen Gebinde, eben *in bulk* verkauft werden. Das Wort bedeutet »Menge«, aber auch »sperrig«. Es wird auch angewendet, wenn es um Großeinkauf geht. Die Praxis, nicht in Flaschen abgefüllt, sondern *in bulk* zu verkaufen, ist in allen Ländern üblich, in denen Whisk(e)y produziert wird. Sie wird aus verschiedenen Gründen und zu verschiedenen Zwecken angewendet, obwohl sie in der Industrie nicht unumstritten ist: Sie erschwert es den Herstellern, die Qualität ihres Produkt zu kontrollieren, was sie, abgesehen von kriminellen Fälschungen, bei Flaschenabfüllungen leichter können.

Die größte Bedeutung hat das Liefern *in bulk* beim Export. In Tanklastwagen oder Containern werden sowohl Einzeldestillate wie auch vorgefertigte Blends verschickt und verschifft. Sie werden für die Füllung von Pralinen und anderen Lebensmitteln verwendet, die mit Whisk(e)y parfümiert werden sollen, dienen aber meist der Herstellung von Whiskies, die im Empfängerland abgefüllt werden. Oft werden aus Schottland importierte Malts mit heimischen Grains verschnitten – ein typisches Beispiel dafür war lange → *Racke rauchzart*. Die größte Menge von Malt *in bulk* geht nach Japan. In vielen Ländern, z. B. in Südamerika, unterscheidet man im Lande, »national« hergestellte (und natürlich billigere) Blends von den »importierten« und es kann durchaus geschehen, daß die gleiche Marke in beiden Versionen angeboten wird. Für alle anderen Whisk(e)y-Länder sind Zahlen nicht zu bekommen, für Schottland schon: 1997 betrug nach Angaben von Alan S. Gray (in seinem → »Whisky Newsletter«) der Anteil von Blends *in bulk* 14.9 % aller Exporte, bei Malts war er 3.69 %.

Bulleit Kentucky Straight Bourbon. Er wird heute von der → Sazerac Company in → Leestown hergestellt und kommt aus der Ancient Age Distillery. Es gibt zwei Sorten, die erste mit 80° / 40 %, die zweite namens *Thoroughbread* bringt es auf 100° / 50 %. Beide sollen 5 bis 6 Jahre alt sein. Benannt ist er nach dem Rechtsanwalt Tony B. Bulleit, der in → Louisville geboren wurde und später nach Lexington zog. Er ließ ihn in kleiner Menge für sich privat abfüllen. Die Mengen sind auch heute nicht groß; es gibt nur etwa 300 *cases* und sie werden von → Seagram vermarktet. Früher trug er neben Frankfort auch noch Owensboro auf dem Label, wo → Glenmore brannte und auch → Medley produzierte, und hatte nur 80° / 40 %. Jim Murray berichtet von einem *Ancient Age*, der auch als *Bullitt* erhältlich sei. Vermutlich ist das ein Druckfehler, vielleicht aber gibt es, lokal begrenzt, die Marke doch irgendwo; in Kentucky kannte sie jedenfalls keiner. Sie wäre dann nach einem der Counties von Kentucky benannt, das zwischen → Bardstown und Louisville liegt.

Bulloch Lade & Co. Schottische Whiskyfirma. Sie wurde bereits in den 30er Jahren des 18. Jahrhunderts in Glasgow gegründet und konnte ihre Unabhängigkeit bis 1927 erhalten. Dann wurde auch sie von der → DCL geschluckt. Sie war berühmt für ihren Blend → *BL Gold Label* und den Vatted Malt → *Glen Ila*. Der Firma gehörte von 1880 bis 1922 als Flaggschiff → Caol Ila Distillery und, über eine Tochter, eine Zeitlang auch → Dallas Dhu und der Blend → *Roderick Dhu*. Den Vatted haben die DCL-Nachfolger → UD eingestellt, aber die Lizenz von Caol Ila ist heute wieder auf Bulloch Lade eingetragen. Auch den einstmals sehr erfolgreichen Blend *BL* gibt es wieder: für Kanada wird er in Schottland abgefüllt, in die USA und nach Neuseeland wird er *in* → *bulk* exportiert. Auch beim → *King Arthur* steht Bulloch Lade als Hersteller auf dem Label.

Bunnahabhain Schottische Malt-Destillerie. Ihr Name, ausgesprochen »bunna-hawen« oder »bunna-hejven« und wie fast immer auf der vorletzten Silbe betont, bedeutet Mündung des Flusses. Sie liegt am Sund von → Islay an der nordöstlichen Ecke der Insel so abgeschieden, daß 1881 bei ihrem Bau zuerst eine lange und kurvenreiche Straße hinunter an das Meer gebaut werden mußte und danach Häuser für die Arbeiter, ein Laden und sogar eine eigene Schule. Einige der alten Häuschen können heute als komfortable Feriencottages gemietet werden. Angesichts der wechselvollen Geschichte schottischer Brennereien ist es eine Rarität, daß die Besitzer der Brennerei immer noch die sind, die sie 1897 gebaut haben: → Highland Distillers (die allerdings lange als Highland Distilleries firmierten und erst seit kurzem wieder so heißen). Gearbeitet wird mit vier → *stills*, das → Malz kommt von den großen Maltings in → Port Ellen.

Als Single Malt in → Destillerie-Abfüllung ist *Bunnahabhain* mit 12 Jahren erhältlich. Sein Label zeigt einen salutierenden Steuermann und nimmt Bezug auf den Song »Westering Home«, so etwas wie die Nationalhymne der Insel. In ihm besingen heimkommende Seeleute Islay als einen Platz, wo man den »Sorgen auf Wiedersehen« sagen kann. Der Whisky ist ein Beweis dafür, daß die Zugehörigkeit zu einer → Whiskyregion nicht automatisch auch die zu einem bestimmten Whisky-Stil bedeuten muß. *Bunnahabhain* ist für Islay untypisch weich, sanft, fruchtig und leicht.

Ein Grund dafür ist sicherlich, daß das für ihn verwendete Wasser (wie beim → *Glenmorangie*) relativ hart und daß es zudem nicht torfig ist. Auch das Malz ist nur sehr zart getorft. Außerdem wird darauf geachtet, daß bei der Reifung mit einem guten Anteil von → Sherryfässern gearbeitet wird. Die Lage am Meer hinterläßt einen zarten Salzton. In der Brennerei lagert eine ganze Reihe alte Fässer mit 1963 destilliertem Malt. Eine kleine Anzahl davon kam 1997 als gesuchte (und teure) → *vintage*-Abfüllung auf den Markt. Ein *Bunnahabhain* von 1968 wurde unter dem schönen Namen »The → Family Silver« herausgebracht.

Bunny Hug Whiskydrink. Man nimmt zu gleichen Teilen einen Blend, Gin und Pernod, schüttelt sie über Eis und serviert im Cocktailglas.

Bunratty Potcheen Irische Spirituose. Daß sie nicht für Iren gedacht ist, erkennt man schon an ihrem Namen, der englischen Bezeichnung für schwarzgebrannten Alkohol. Die Iren benutzen dafür das gälische Wort → Poitín. Das ist ein Destillat, dessen Herstellung immer noch eine Art Nationalsport ist und das herzustellen und zu konsumieren echte Iren für einen unverwechselbaren und nicht aufgebbaren Teil ihrer Freiheit halten. Echter Poitín ist immer illegal (den legalen nennen die Iren herablassend »Parlamentswhiskey«). Die Firma Bunratty Mead & Liqueur Co., die den Drink mit 40 % in einfacher Flasche, im Tonkrug und in einer Keramikflasche auf den Markt bringt, produziert selbstverständlich legal. Sie verzichtet wohlweislich dennoch darauf, diesen sich illegal gebärdenden, aber legalen Zwitter im Land selbst zu verkaufen. In den Duty free shops der irischen Flughäfen ist er aber zu bekommen: als Souvenir für dumme Touristen, die womöglich glauben, das legendäre Original zu bekommen. Exiliren, die nie aufgehört haben, vom oft nicht ganz ungefährlichen Stoff zu träumen, sollte man ihn besser nicht mitbringen. Immerhin war er so erfolgreich, daß er Nachahmer fand: → UD brachten den inzwischen wieder eingestellten → *Hackler* auf den Markt und Vins Français den »Poteen« genannten → *Knockeen*.

Burberry Schottischer Blend. Das vor allem durch seine von englischen Soldaten in den Kolonien und von Humphrey Bogart in Hollywood getragenen Trenchcoats berühmt gewordene Haus hat, dem Beispiel vieler anderer Bekleidungs- und Modefirmen folgend, seine traditionellen Produkte kräftig in Richtung *lifestyle* ausgeweitet und durch Parfüms, Kosmetik etc. ergänzt. Bei einem britischen Haus mit so großer Vergangenheit war es mehr als selbstverständlich, einen »eigenen« Whisky anzubieten – wie es auch die Konkurrenten → Daks oder → Dunhill tun. Hergestellt wird er von → Burn Stewart. Es gibt den *Burberry* in mehreren Versionen und Preisklassen, als Blend, als Vatted und auch als Single Malt. Der einfache Blend heißt *Premium*, die höherwertigen sind mit den Altersangaben 12, 15, 20, 23 (nur im Duty free) und 25 Jahren versehen. Der Vatted und der Single Malt sind 15 Jahre alt. 1994 kreierte Burn Stewart auch einen *Burberry*-Blend als Beitrag zu dem Wettbewerb »The → Spirit of Scotland«.

Burke & Barry Schottischer Blend. Er wird von einer ansonsten unbekannten Distilling Company mit eben diesem Namen hergestellt und von der Flensburger Firma Dethleffsen, International Drinks, importiert. Sein Charakter wird auf dem Etikett als »distinctive« beschrieben, seine Art als »a touch of class«.

Burn McKanzie Schottischer Blend. Er kommt heute von → Burn Stewart.

Diese Firma ist 1988 aus einer anderen mit gleichem Namen hervorgegangen, die mehrere Töchter hatte. Eine davon war Burn McKenzie & Co. Sie hatte den Blend als → De luxe ohne Altersgabe, heute gibt es ihn mit dem für Scotch Whisky erforderlichen Mindestalter von 3 und mit 12 Jahren.

Burn Stewart Schottische Whiskyfirma. Sie entstand in der heutigen Form erst 1988 aus einem *management buy out* und ist eine Aktiengesellschaft mit dem vollen Namen Burn Stewart Distillers plc. Den Namen gab es aber schon früher: für ein Unternehmen, das seinen Sitz in London hatte, mehrere Firmentöchter und einige gut eingeführte Marken besaß und sich als → Broker und Blender im Heimatland und auch im Export betätigte. Firmensitz ist heute East Kilbride. Die Firma kaufte 1991 von → Invergordon die Brennerei → Deanston und zwei Jahre später die → Tobermory/Ledaig Distillery auf der Insel Mull. Beider Whisky wird als Single Malt angeboten. Außerdem gibt es einen Malt namens → *Glen Ardoch*, der als Single und als Vatted abgefüllt wird, und drei Vatted Malts, → *Angus McKay*, → *Glen Blair* und → *Glen Elg*. → *Scottish Leader* ist die wichtigste Marke des Hauses und gehört mit zu den erfolgreichsten Blends überhaupt.

Nach dem eigenen Unternehmen benannt ist der *Burn Stewart*, den es als → Standard ohne Altersangabe und als 12jährigen → De luxe gibt. Weitere Marken sind: → *Black Cock*, → *Black Prince*, → *Burn McKenzie*, → *Burberry*, → *Glen Rowan*, → *Highland Rose*, → *Old Argyll*, → *Old House*, → *Old Royal* und → *Scottish Castle*. Während es den Cream Liqueur → *Drumgray* schon etwas länger gab, nutzte die Firma 1997 den 700. Jahrestag des Sieges, den William Wallace an der Stirling Bridge über die Engländer errungen hatte (und die durch Mel Gibsons »Braveheart« neugewonnene, weltweite Popularität des schottischen Helden) zum Lancieren eines neuen Whiskylikörs namens → *Wallace*. Unter dem Namen »The → Select Hogshead« liefert die Firma, die wegen ihrer vielen Blends natürlich große Vorräte auch an Malts von anderen Brennereien hat, Single Malts für die schottische Ladenkette »The Whisky Shop«, z. B. einen 14jährigen → *Glenlochy* mit 50 % und aus dem → Sherry-Faß, und einen ebenso starken → *Port Ellen*.

Burns, Robert Schottischer Dichter. Er ist sicherlich der bedeutendste neben Walter Scott, wird aber von seinen Landsleuten als der wahre und einzige »Nationalbarde« noch mehr verehrt und geliebt als der große Erzähler von Abbotsford, nicht zuletzt deshalb, weil er den Leuten wirklich »aufs Maul geschaut« hat und in ihrer Spache schrieb. Scott hat Burns zwar nicht entdeckt, aber in die feine Edinburgher Gesellschaft eingeführt und dafür gesorgt, daß er seinen Horizont erweitern konnte und für einige Jahre auch sein Auskommen durch das Schreiben (und das Sammeln von Songs) finden konnte.

Burns, geboren am 25. Januar 1759, war das Kind armer Leute, die in Ayrshire ohne großen Erfolg als Farmer schufteten. Vor allem um seine Armut zu bewältigen, begann Burns zu schreiben. 1786, als er schon seine Auswanderung plante, veröffentlichte er in einer Auflage von 612 Stück seine »Poems, Chiefly in the Scottish Dialect«, die ihn schnell berühmt machten, ihm freilich nicht den Lebensunterhalt sicherten. Nach der Edinburgher Episode war er gezwungen, sein Geld wieder als Farmer zu verdienen. Er verstarb, noch relativ jung, mit 37 Jahren am 21. Juli 1795 in Dumfries, an den Folgen von Rheuma und einem schwachen Herz.

Er war nicht nur ein begnadeter Dichter, sondern auch ein großer Liebhaber, dem die Mädchenherzen nur so zuflogen – vielleicht auch, weil er in seinen Gedichten und in den oft alten Melodien dazu die richtigen Worte fand, sie zu becircen. Von »My luve is like a red red rose« bis »Ae fond kiss« sind es viele Songs, die noch heute in Schottland gesungen werden. Burns hatte zahlreiche uneheliche Kinder und viele Verhältnisse. Man vergab sie ihm, selbst seine Frau Jean Armour sagte: »Oor Robin should have had twa wives« und sie war großherzig genug, eine uneheliche Tochter von »Rabbie« in den eigenen Haushalt aufzunehmen.

Man würde Burns allerdings nicht gerecht werden, würde man ihn auf solche Liebeslyrik reduzieren. Viele Gedichte zeugen von seinem sozialen und politischen Bewußtsein. Und auch mit Whisky hat Burns viel zu tun gehabt. Er war gezwungen, nach dem mißglückten Experiment mit der eigenen Farm, als Steuerbeamter zu arbeiten, gehörte also selbst zu jener Gattung, von der er sagte: »The De'il's awa wi' th' exiseman« (Der Teufel ist fort mit dem Zöllner). Dabei war er nicht einmal erfolglos, sondern wurde sogar zum »Acting Supervisor« in Dumfries bestellt. Den Whisky hat er nicht nur immer wieder besungen. Er hat ihn als John Barleycorn, Hans Gerstenkorn, verewigt. Er hat das Verschwinden des → *Ferintosh* beklagt. Und er hat den unsterblichen Spruch geprägt »Freedom and Whisky gang tegither« (Freiheit und Whisky gehören zusammen).

Zu Burns' Ehren treffen sich alljährlich am 25. Januar die Schotten und die Whiskyfreunde auf der ganzen Welt, um das »Burns Supper« zu begehen, bei dem es zahlreiche Toast gibt, natürlich auch auf die *lassies*, die schönen Mädchen, und bei dem das »Immortal Memory« zelebriert wird. Es wird Haggis serviert, viel gesungen und noch mehr getrunken, bis man mit dem Lied → »Auld Lang Syne« auseinandergeht, dem Lied, mit dem sich die Whiskyliebhaber voneinander verabschieden. Es gibt zwar einen Blend namens *Robbie Burns* und auch einen Cocktail *Bobbie Burns*, aber einen großen Whisky zu Burns' Ehren, den sind die Schotten ihrem *national bard* noch schuldig.

Burn's Heritage Schottischer Blend. Er kommt von → Morrison Bowmore, der Firma in Glasgow, die sich im Besitz des japanischen Getränkegiganten → Suntory befindet. Sein Name spielt natürlich auf Robbie an, den *national bard* der Schotten.

Burnside Schottische Malt-Destillerie. Sie lag in → Campbeltown, der Hauptstadt von Kintyre, wurde 1825 von McMurchy, Ralston & Co. gegründet und hörte 99 Jahre später auf zu arbeiten. Sie teilte das Schicksal vieler Brennereien der → Whiskyregion Campbeltown, die die → Prohibition in USA nicht überlebten. Daß ihr Name nicht ganz vergessen ist, ist einem Single Malt mit diesem Namen zu verdanken, den die Firma J. & A. → Mitchell herausgebracht hat. Sie betreibt in Campbeltown mit → Springbank eine der beiden noch existierenden Brennereien des Gebietes. Sie kämpft gegen das Vergessen und hat sich zur Hüterin der Tradition gemacht, indem sie etwa von Zeit zu Zeit Miniatur-Abfüllungen mit dem Namen verblichener Destillen herausbringt.

In Springbank wird ein zweiter Malt, den man nach → Longrow, und seit kurzer Zeit auch ein dritter produziert, den man nach → Hazelburn benannt hat. Bei beiden wird unterschiedlich getorftes Malz eingesetzt und es werden beim Destillieren andere → Abtrennungen vorgenommen. Vom (15 Jahre alten) *Burnside* weiß man nicht, woher er kommt. Es kann ein *Springbank* sein, aber sicher ist das nicht. Sicher aber hat er nichts mit dem *Burnside* zu tun, den William → Grant & Sons anderen Firmen zum Blenden anbieten. Das ist kein Single, sondern ein Vatted Malt mit Destillaten von → Glenfiddich Distillery und einem kleinen Anteil aus → Balvenie. Durch das Vermischen beider will man verhüten, daß die Fässer von irgendeinem → unabhängigen Abfüller als Single Malts auf den Markt gebracht werden.

Burnt ale Bezeichnung für hefehaltige Rückstände mit flüssigen und festen Bestandteilen, die beim ersten Destillationsdurchgang am Boden der → *beer* bzw. → *wash still* zurückbleiben. Sie werden in den USA auch → *stillage* genannt und sind, von den festen Teilen getrennt, nichts anderes als die berühmte → *sour mash*. Auch in Schottland wird die auch *pot ale* genannte Flüssigkeit nicht einfach in die Umwelt »entsorgt«, sondern meist zu proteinhaltigem Viehfutter (→ *dark grains*) verarbeitet. In → Laguvulin und in → Laphroaig allerdings werden sie ins Meer geleitet – mit dem wunderbaren Effekt, daß die dort »geernteten« Jakobsmuscheln besonders groß und wohlschmeckend sind, was nach Meinung der Brennereimanager zweifelsfrei mit ihrer köstlichen Ernährung zu tun hat.

Bush Pilot's Kanadischer Whisky. Er ist schon deshalb eine Besonderheit, weil es sich um ungeblendete → *single cask*-Abfüllungen handelt, vermutlich die einzigen des Landes. Außerdem ist das Alter der »Private Reserve« mit ihren 13 Jahren für kanadische Whiskies relativ hoch. Die Marke war eine Idee von Frederick H. Johnson Jr., der mit ihr an »my father's Great Northern Skyways to the wilderness of Canada« erinnern wollte. Er läßt ihn für sich exklusiv von der amerikanischen Firma Robert Denton in Bloomfield Hills (Michigan) in die USA importieren, die die Fässer wiederum von → Potter in British Columbia kauft. Potter besitzt zwar die winzige → Cascadia Distillery, dennoch ist unwahrscheinlich, daß der Whisky dort destilliert wird. Dagegen spricht viel dafür, daß seine Quelle die erst 1971 gebaute, aber mittlerweile stillgelegte → Okanagan Distillery von Hiram

→ Walker ist, die nur wenige Kilometer von Cascadia entfernt ist.

Bushmills Irische Malt-Destillerie. Ihr Name, gesprochen »Busch-Mills«, bedeutet Mühle am Fluß Bush. Sie liegt im nordirischen County Antrim und führt seit 1896 den offiziellen Namen The → Old Bushmills. Deswegen wird ihre Geschichte auch unter diesem Stichwort erzählt. Ihre Whiskies freilich haben nach wie vor meist die alte Bezeichnung auf dem Label. Seit über 100 Jahren produziert sie Malt und ist deshalb mittlerweile die große Ausnahme auf der grünen Insel. Schon lange ist der Single Malt auch in → Destillerie-Abfüllung zu bekommen, traditionellerweise mit 10 Jahren. Die Italiener können auch einen fünfjährigen genießen.

Eine lange Tradition haben auch zwei Blends: der mächtige → *Black Bush* und der *Bushmills Original*, den man früher nach der Farbe seines Labels → *White Bush* nannte. Neu dagegen ist der *Bushmills 1608*. Diese Zahl spielt auf das Jahr an, in dem nach der Firmengeschichtsschreibung Bushmills Distillery gegründet sein soll – eine Legende, die einer historischen Überprüfung nicht standhält, weswegen jetzt lieber von der »ältesten lizensierten Brennerei« gesprochen wird (was auch ein wenig geflunkert ist). Tatsache ist, daß der Blend einen sehr hohen Maltanteil von ca. 90 % aufweist.

Neu ist ein 16jähriger Malt, ein sogenannter → *Threewood*. Er besteht aus Whiskeys, die je zur Hälfte in Ex-→ Sherry- und Ex-→ Bourbonfässern gereift sind. Sie wurden verheiratet und durften danach in einem dritten Faßtyp nachreifen, in Fässern, in denen vorher Portwein (von Sandeman) war. Die *Distillery Reserve* ist ein 12 Jahre alter Malt, der nur in der Brennerei bzw. ihrem sehr lohnenden Visitor Centre zu bekommen ist. Man darf ihn nicht verwechseln mit der *Distiller's Reserve*. Diese Bezeichnung benutzt Bushmills für Fässer, die für einzelne Kunden abgefüllt werden. Fünf Abfüllungen mit dem dunkelgrünen Etikett und seinen genauen Angaben von Faßnummer, Stärke, Tag der Destillation und der Abfüllung sind bekannt, zwei davon waren für »World of Whiskies« in Londons Flughafen Heathrow, eines füllte Otto Steudel von → Celtic in Nürnberg für seine Kunden ab. Weitblickend wurden schon 1975 350 »Millennium«-Fässer zur Seite gelegt, die rechtzeitig vor dem 31. Dezember 1999 für ihre Subskribenten in die Flaschen kommen werden. Der dann 25 Jahre alte Malt ist gewiß ein großer Tropfen, würdig genug, um mit ihm auf ein neues Jahrtausend anzustoßen.

Butt Bezeichnung für eine Faßgröße. Sie geht auf das gleiche lateinische Wort »butta« zurück, das auch in *bottle* steckt. Verwendet wird sie schon seit dem Mittelalter, allerdings für durchaus unterschiedliche Faßgrößen. In der modernen Whiskyindustrie faßt ein *butt* ungefähr 500 Liter und damit etwa doppelt so viel wie ein → *hogshead*. Es ist das zweitgrößte Faß nach dem → *puncheon*. Normalerweise wird es aus spanischer Eiche gefertigt und hat oft schon → Sherry enthalten, bevor es für schottischen → Malt verwendet wird.

C

C & J Fine Old Schottischer Blend. Er wurde einst von C. & J. → Mc-Donald gemacht. Die Firma war eine Tochter von Arthur → Bell & Sons, weswegen die Marke dann zum Portfolio von → UD kam und → UDV gehört.

Cabin Hollow Kentucky Straight Corn. Er bringt 100°/50 % in die Flasche und kommt von → Barton. Die Firma ist heute im Besitz von → Canandaigua. Hergestellt wird er in der Barton Distillery in → Bardstown.

Cabin Still Kentucky Straight Bourbon. Er wurde früher von → Stitzel Weller gemacht und, in mehreren Stärken, vor allem auf lokalen Märkten im Süden der USA verkauft. 1954 kam ein *Cabin Still Hillbilly* in Porzellan heraus. Es soll die erste Motivkaraffe überhaupt gewesen sein; sie hat, z. B. bei → Jim Beam, viele Nachfolger gefunden. Nachdem Stitzel-Weller 1984 von der schottischen → DCL geschluckt worden war, verkauften deren Nachfolger → UD die Marke samt der noch verbliebenen Fässer an → Heaven Hill. Es sind immer noch die alten Whiskey-Bestände, die heute abgefüllt und in drei Versionen, mit 80°/40 %, 86°/43 % und 90°/ 45 % auf den Markt gebracht werden.

Cadenhead, Wm. Schottische Whiskyfirma. Die bloße Erwähnung des Namens Cadenhead bringt die Augen der Malt-Liebhaber zum Leuchten. Denn in einer Zeit, in der es nur wenige Single Malts gab und kaum etwas außer einem → *Glenfiddich*, einem → *Glen Grant* (der nur 5 Jahre alt war) und in Schottland vielleicht noch einem → *Glenmorangie*, in dieser dürren Zeit waren es die gedrungenen Flaschen mit dem schwarzen Label und der weißen Beschriftung, die dem Durstigen Oasen in der Wüste waren. Präzise über die Herkunft ihrer damals noch → Pure Malt genannten Whiskies Auskunft gebend und immer mit 46 % abgefüllt, wiesen sie Wm. Cadenhead, 18 Golden Square Aberdeen als Quelle aus.

In Aberdeen hatte William Cadenhead 1842, damals noch in der Netherkirkgate, seinen Wein- und Spirituosenladen gegründet. Die heutige Adresse lautet 30, Union Square, → Campbeltown. Kenner können das einordnen: Dort ist auch → Eaglesome zu Hause und das ist eine Tochterfirma von J. & A. → Mitchell, denen wieder die → Springbank Distillery gehört. Adresse und Besitzer haben gewechselt, aber immer noch darf Cadenhead sich rühmen, zusammen mit → Gordon & MacPhail der älteste und immer noch einer der bedeutendsten der → unabhängigen Abfüller zu sein; die Konkurrenten aus Elgin, obschon auch über 100 Jahre alt, sind aber wesentlich jünger. Die Firma hat in den letzten Jahren vom Malt-Boom profitiert – und ihn dazu verwendet, ihre Aktivitäten auszubauen. Dabei hat sie ihr Prinzip, ihren Kunden Single Malts möglichst unverfälscht anzubieten, noch einmal verschärft: auf → Kühlfilterung und jede → Färbung wird schon lange verzichtet, aber seit der Einführung der »Authentic Collection« wird in → *cask strength* abgefüllt.

Die Flaschen haben jetzt alle die Form, die bei Malts die Norm ist.

Die Vielfalt der Abfüllungen macht es unmöglich, auch nur annähernd zu erfassen, welche Single Malts von welcher Brennerei von Cadenhead zu bekommen waren und sind. Es kann Zufall gewesen sein, aber genau zu ihrem 150. Geburtstag gab die alte schottische Firma eine fulminante Serie von Single Malts heraus – ausgerechnet von irischen Brennereien. Die meisten von ihnen existieren längst nicht mehr: → Bow Street, → John's Lane, → Jones Road, Old → Bushmills, → Royal Irish und → Tullamore. Schon oft gab es große Raritäten (wie den → *Ladyburn*) und es gibt oft sehr alte Malts.

Leichter ist es zu sagen, was nicht zu bekommen war: den Triumph z. B., einen → *Glenmorangie* anbieten zu können, konnte auch Cadenhead bis jetzt nicht feiern. Daß man dagegen auch gute Bestände an Demerara-Rum hat, ist bekannt, seit zwei *Springbanks* aus Rumfässern angeboten wurden. Auch das eine oder andere Bourbon-Faß scheint in Campbeltown zu lagern, denn in der »Authentic Collection« gab es einen 6jährigen mit 66.3 % und einen 9 Jahre alten *American* mit 64.2 %, bei denen jeweils »Distilled at Frankfort, Kentucky« als Herstellerangabe auf dem Label stand.

Die Firma führt auch die Blends → *Hielanman*, → *Moidart* und → *Putachieside*. Sie hat eine Tochter, die unter dem Namen → »Duthie« ebenfalls als unabhängiger Abfüller auftritt. Eine Kuriosität ist der → *Triple S*, ein glasklares, frisches Destillat, abgefüllt in 50cl Flaschen, ein *Single Scottish Spirit*, hinter dem sich wohl ein *new make* aus Springbank verbirgt. In Edinburgh, in der Royal Mile, gehört Cadenhead der kleine Laden, der alles anbietet, was an Abfüllungen aktuell zu bekommen ist. Darunter ist immer noch eine Flasche *Springbank* von 1919. Geführt von zwei Enthusiasten, die auch Antialkoholiker zu bekennenden Trinkern machen könnten, ist auch er eine Oase, obwohl Edinburgh ja keineswegs eine Malt-Wüste ist.

Cairnbaan Schottischer Blend von → Eaglesome. Die in → Campbeltown ansässige Firma ist eine Tochterfirma der → Mitchells, denen auch die → Springbank Distillery gehört. Ein bißchen Malt von dort ist in dem Blend sicher enthalten. Woher die anderen Maltanteile kommen, ist unbekannt, aber weil den Mitchells auch → Cadenhead gehört, einer der großen → unabhängigen Abfüller, können sie auf große Bestände von Malts aus anderen Brennereien zurückgreifen.

Cairndew Mist Schottischer Blend. Er kommt von der in Glasgow ansässigen Firma W. → Brown & Sons und ist wie die meisten Marken von ihnen ein einfacher → Standard-Blend mit fünf Jahren. »Cairn« ist das schottische Wort für einen Steinhaufen, »dew« meint den Tau, »mist« den Nebel. Zusammengelesen macht das nicht gerade viel Sinn, klingt aber gut.

Calchou → Unabhängiger Abfüller, der sich die alte Bezeichnung für das Städtchen Kelso in den Borders als Markennamen auserkoren hat. Das liegt in einem Gebiet, das früher vom Earl of

Roxburgh beherrscht wurde. Ob der mit den Roxburgh Holdings zu tun hat, die als Hersteller auf den Flaschen genannt sind, ist nicht bekannt, wohl aber, wer die treibende Kraft hinter der Unternehmung ist: John McDougall. Er arbeitete lange Jahre in verantwortlicher Position in der → Springbank Distillery. Für seine erste Abfüllung hat er einen Malt von → Orkney gewählt. Das steht auf dem Label, aber weitere Auskünfte lassen sich dort nicht finden. Verschwiegen wird, um welche der beiden Brennereien auf Orkney es sich handelt und ob er überhaupt ein Single Malt ist; denn auch diese Bezeichnung sucht man vergebens.

Man muß also der Firma Scoma in Jever glauben, die *Calchou* für Deutschland importiert. Dort versichert man, daß es sich um einen Single Malt handelt und zwar um einen 9jährigen von → *Highland Park*. Die Zurückhaltung hat natürlich damit zu tun, daß die Besitzer der Brennereien wegen der immer größer werden Zahl der Unabhängigen es immer kritischer sehen, wenn Whiskies unter dem Namen der Brennerei auf den Markt kommen. Sie suchen sogar die Hilfe der Gerichte, weil sie glauben, daß ihre Markenrechte verletzt werden – und daß sie darunter leiden, wenn zweifelhafte Qualität geliefert wird. Diese Befürchtung freilich muß man bei einem Whisky, den ein John McDougall abfüllt, nicht hegen.

Caledonian Schottische Grain-Destillerie. Sie liegt fast im Herzen der Hauptstadt Edinburgh, gleich neben dem Bahnhof Haymarket, wurde 1855 gebaut und war laut Michael Moss lange die größte Brennerei des Landes. Schon seit 1884 gehörte sie der → DCL, die sie von 1966 ab von ihrer Tochter Scottish Grain Distillers verwalten ließ. Von außen sieht sie immer noch sehr altmodisch und unverändert aus. Dabei wurde sie zweimal schwer durch Feuer beschädigt: Einmal, während des 2. Weltkrieges, gingen dabei mehr als eine Million Gallonen Whisky in die Luft. 1987 wurde sie geschlossen.

Heute dient sie als Produktionsstätte für eine kleine Brauerei, die mehrere Sorten *real ale* herstellt, sich in kurzer Zeit einen sehr guten Namen gemacht hat und dafür sorgt, daß der Name Caledonian nicht untergeht. Der alte Feuerteufel hat freilich auch bei ihr zugeschlagen, ebenfalls zweimal, wobei beim letzten Mal kurz vor Weihnachten 1998 das kostbare Sudfaß zerstört wurde; es war das einzige in ganz Großbritannien, das noch aus dem letzten Jahrhundert stammte. Zuweilen taucht auch noch ein Faß Whisky aus der Brennerei auf. So gelang es → Signatory, einen 1958 destillierten Grain aufzutreiben und 1996 abzufüllen. Es wies nur noch 44.2 % Alkohol auf.

Calvert Amerikanischer Blend. Er nennt sich *Extra* und beschreibt sich als »Soft Whiskey«. Als Hersteller steht die Calvert Distilling Co. in Baltimore auf dem Label, aber die Marke gehört heute → JBB. Die haben sie miterworben, als ihre Mutter → American Brands/ → Fortune Brands 1987 die → National Distillers aufkauften. Man darf ihn nicht verwechseln mit dem kanadischen Blend → *Lord Calvert*, der von → Seagram kommt.

Cambus Schottische Grain-Brennerei. Sie hat ihren Namen von dem Dorf, das in der Nähe von Alloa in Clackmananshire am nördlichen Ufer des Firth of Forth liegt. Die Gegend war Anfang des 19. Jahrhunderts für ihre Whiskyaktivitäten sehr bekannt. Hier waren die → Steins und die → Haigs tätig und sowohl → Carsebridge Distillery wie auch die Brennerei → Cameronbridge sind nicht weit. Ursprünglich stand an dieser Stelle eine Mühle. Zu einiger Bedeutung gelangte Cambus erst, als sie 1836 mit einer → *patent still* ausgestattet wurde und begann, Grain Whisky herzustellen. Ihre Besitzer gehörten zu den Gründungsmitgliedern der → DCL. In deren Obhut blieb sie, bis die Firma von → Guinness übernommen und zu → UD umgebaut wurde. Obwohl der Whisky bei Blendern immer sehr begehrt war, wurde sie 1994 geschlossen. Cambus blieb ein wichtiger Name auf der Whiskylandkarte, denn UD unterhielten dort neben einer ihrer Abfüllanlagen einen ihrer großen Lagerkomplexe, vielleicht sogar den größten in Europa überhaupt. Ob auch sie der Fusion von Guinness und → Grand Metropolitan zu → Diageo und von UD und → IDV zu → UDV zum Opfer fallen, ist gegenwärtig noch offen.

Einige Fässer Grain aus Cambus konnten → Cadenhead (31 Jahre, 53.2 %) und → Signatory (1964, 43 %) auftreiben. Aber wer geglaubt hat, sie seien die ersten Single Grains der Brennerei gewesen, ist nur ein schlechter Kenner der Whiskygeschichte: Alles spricht dafür, daß es diese Brennerei war, die ihren Whisky jemals als Single Grain verkauft hat, früher sogar als Cameronbridge und ganz gewiß früher als → Invergordon und → Girvan. 1906 wurde weit von Schottland entfernt in Londons Stadtteil Islington der → »What is Whiskey«-Fall (in dieser Schreibweise!) verhandelt, die Auseinandersetzung also über die Frage, was sich Whisky nennen dürfe, nur Malts und Blends oder auch Grains. Damals brachte die DCL auftrumpfend einen 7 Jahre alten *Cambus* auf den Markt und warb frech damit, daß auch »ein Liter von ihm keine Kopfschmerzen verursache«. Es ist nicht bekannt, ob die Richter es ausprobierten, aber sie urteilten wenig später, daß nicht nur Malt echter Whisky sei, sondern auch Grain und die Blends – eine folgenschwere Entscheidung. Als die DCL gewonnen hatte, zog sie es jedenfalls vor, ihren *Cambus* schnell wieder verschwinden zu lassen.

Cameronbridge Schottische Grain-Destillerie, die manchmal auch Cameron Bridge geschrieben wird. Sie liegt in Windygate in der Grafschaft Fife. Schon 1913 soll sie von einem Mitglied der Familie → Haig gegründet worden sein und gehörte John Haig definitiv seit 1824. Sie kann für sich beanspruchen, eine der ersten Brennereien gewesen zu sein, in der neben der traditionellen Methode des Destillierens von gemälzter Gerste in → pot *stills* die neumodischen → *continuous stills* zur Erzeugung von Grain Whisky eingesetzt wurden. Der Erfinder dieser Methode, Robert → Stein, war ein Cousin von John Haig. Er hatte die Versuche seines Onkels in dieser Brennerei in der nahen Kilbagie Distillery kennengelernt und wandte sie bereits ein Jahr nach der Erfindung 1827 in Cameronbridge an. Als Aeneas →Coffey 1831 die Methode perfektioniert hatte, wurden zusätzlich zu den beiden Stein-*stills*, die noch bis 1929 im Einsatz waren, zwei *Coffey-stills* gebaut.

Um die Jahrhundertwende konnte Cameronbridge sowohl Malt wie auch verschiedene Grains und somit eine ähnliche Vielzahl von verschiedenen Whiskytypen produzieren, wie es heute im irischen →Midleton möglich ist. Seit langem wird nur noch Grain hergestellt. Seit 1987 ist sie im Besitz von UD/UDV, die aus dem englischen Wandworth Brennsäulen holten, mit denen auch Gin hergestellt werden kann. Ein Single Grain aus Cameronbridge, der nicht den vollen Namen trägt, sondern *Cameron Brig Old Choice* heißt, war zwar nicht der erste seiner Gattung (das war ein →*Cambus*), aber lange der einzige, der überhaupt zu bekommen war. Nachdem auch →Invergordon und William →Grant & Sons mit ihrem →*Black Barrel* Single Grains anbieten, wurde das etwas altmodisch anmutende Label durch ein modernes ersetzt. Der Whisky in diesen Flaschen ist 12 Jahre alt.

Campbell & Clark Schottische Whiskyfirma. Sie wurde 1934 gegrüdet und war seit 1970 zur Hälfte im Besitz der amerikanischen Firma →Sazerac. Schon damals hatte sie enge Verbindungen zur →Speyside Distillery Co., der sie heute ganz gehört. Sie führte unter ihrem eigenen Namen einige Blends, die es auch heute noch gibt, wie den →*Murdoch's Perfection* und den→ *Old Monarch*. Unter dem Namen der Firmentochter Colin Forbes Ross & Co. vermarktete sie den →*King's Crest* und den →*Scottish Prince*. Auch sie sind noch bzw. wieder auf dem Markt. Außerdem verwendet Speyside Distillery Co. den Namen auch, um gelegentlich Abfüllungen von Single Malts herauszubringen, wie z. B. einen aus der →Glen Mhor Distillery.

Campbeltown Schottische →Whiskyregion. Sie hat ihren Namen von dem wichtigsten Ort auf Kintyre bekommen und umfaßte alle Brennereien auf der Halbinsel. Im Städtchen und darum herum gab es im letzten und noch bis in die zwanziger Jahren dieses Jahrhunderts sehr viele Brennereien. Historiker nennen die Zahl von mindestens 20, manche sogar um die 30. Einer der Gründe dafür war sicher, daß gute Schiffsanbindungen bestanden und die Fässer leicht exportiert werden konnten – sogar nach Amerika. Diese Stärke wurde zum entscheidenden Nachteil, als in den USA die →Prohibition kam und plötzlich der Whisky von Kintyre nicht mehr gebraucht wurde. Während und nach der →Prohibition mußte eine Brennerei nach der anderen schließen. Heute gibt es nur noch zwei Destillerien, →Glen Scotia und →Springbank, von denen letztere allerdings gleich drei verschiedene Malts produzieren kann: einen mit dem eigenen Namen, den →*Longrow* und seit 1997 auch den →*Hazelburn*, der allerdings noch nicht abgefüllt werden darf. Die Namen der beiden erinnern an zwei von jenen nicht mehr existierendenen Brennereien. Wegen der kleinen Anzahl wird Campbeltown von einigen Autoren schon nicht mehr als eigene Region anerkannt, sondern entweder den → Lowlands oder den Western → Highlands zugerechnet. Letzteres paßt zwar bei einem Blick auf die Landkarte nicht besonders gut, trifft aber dennoch besser, weil sich bei den Campbeltown-Malts eine gewisse Verwandtschaft mit dem → *Oban* nicht verleugnen läßt. Andrerseits sind sie so verschieden, daß sie als besonders gutes Beispiel dafür dienen können, daß die Behauptung, die Regionen seien nicht nur als geographische Beschreibung, sondern auch als Definition eines Whisky-Stils brauchbar, sehr in Frage steht.

Campbeltown Loch Schottischer Blend. Auf seinen Flaschen steht als Hersteller die Campbeltown Loch Whisky Co., 30, Union Square, Campbeltown. Das verrät, wer hinter der Firma steht: An dieser Adresse befindet sich der Laden von → Eaglesome, einer Tochter von J. & A. → Mitchell, denen außerdem auch noch die nur einige Minuten entfernt gelegene → Springbank Distillery und der bedeutende → unabhängige Abfüller → Cadenhead gehören. Der Blend bringt 40 % mit und enthält Whiskies, die mindestens 10 Jahre alt sind. Er liegt damit zwischen dem → Premium- und dem → De luxe-Segment.

Captain Collins Whiskydrink. Es handelt sich um eine Variante des Collins, der mit kanadischem Whisky gemacht wird.

Canada House Kanadischer Whisky. Er wird von → Alberta Distillers hergestellt und zwar in Kanada produziert, aber dann von deren Konzernmutter → Jim Beam Brands *in* → *bulk* in die USA importiert und dort exklusiv für den amerikanischen Markt abgefüllt.

Canadian Age Amerikanischer Blend. Sein Name weckt falsche Erwartungen, denn er kommt keineswegs aus Kanada: er wird in den USA hergestellt, wo ihn → Sazerac in ihrer → Ancient Age Distillery in → Leestown produzieren. Aber verkauft wird er dann nur in Kanada. Häufiger ist der umgekehrte Weg, daß Canadians in Kanada gemacht, im Tank nach Amerika gebracht und als Eigenmarken amerikanischer Firmen auf dem USA-Markt verkauft werden.

Canadian Club Kanadischer Whisky. Er gehört zu den ganz großen Marken und gilt vielen als der Inbegriff seiner Gattung überhaupt. Er ist die Schöpfung des kanadischen Pioniers Hiram → Walker, der ihn zum ersten Mal bereits 1884 herstellte. Damit war er einer der ersten Markenwhiskies nicht nur Kanadas. Ursprünglich hieß er nur *Club* und sollte ein anspruchsvoller Whisky für ein anspruchsvolles Publikum sein – für Clubmitglieder eben. Um seine Qualität zu garantieren, lieferte ihn Walker nur in Flaschen und nicht in den üblichen Fässern und Krügen. Er hatte damit einen so durchschlagenden Erfolg, daß er viele Nachahmer fand, die sich nicht scheuten, ihre Whiskies mit dem gleichen Namen zu schmücken. Walkers amerikanische Konkurrenten drängten bald darauf, daß er auf seinen Flaschen deutlich auf die kanadische Abstammung hinweisen mußte – und sorgten so unfreiwillig dafür, daß er durch seinen neuen Namen *Canadian Club* nur noch eindeutiger zu identifizieren war und noch öfter verlangt wurde. Auch nach Walkers Tod mußte die Firma in Anzeigen und sogar mit großformatigen Plakaten immer wieder vor Fälschungen warnen.

Ihre Liebhaber nennen die Marke *CC*. Sie weist unter den kanadischen Whiskies eine Besonderheit auf: ihre Einzelwhiskies werden nicht erst nach ihrer Reifung im Faß geblendet, sondern zuerst gemischt und dann erst zur Lagerung in die Fässer gefüllt, wo sie verschieden lang reifen. Die klassische Version reift sechs Jahre lang, der *Classic* zwölf. Nur in Japan zu bekommen sind der 8 Jahre alte *Black* und ein 20 Jahre alter, der für kanadische Verhältnisse geradezu ein Methusalem ist und nach Meinung von Jim Murray seinen Höhepunkt überschritten hat und »disastrous« sei. Zur Range gehört auch ein *Premium 100*, der nach seiner Stärke von 100° heißt. Nur 35 % hat der *CC Citrus*, mit dem ein junges, an leichteren und frischen Spirituosen interessiertes Publikum angesprochen werden soll. 1998 haben die heutigen Besitzer der Marke, → Allied Domecq, das Spektrum erweitert und die *Canadian Club Reserve* herausgebracht, die 10 Jahre alt ist. Der *Canadian Club Sherry Cask* mit 41.33 % ist sichtlich in Anlehnung an den von → *Balvenie* und besonders → *Glenmorangie* ausgelösten schottischen Trend zu → *finishings* entstanden, geht aber für Kanada ganz neue Wege.

Canadian Company Kanadischer Whisky, der einstweilen nur in seinem Heimatland und in Taiwan zu finden ist. Dort allerdings ist er der meistverkaufte Kanadier. Beim renommierten Spirituosenwettbewerb in Brüssel wurde er mit mehreren Goldmedaillen ausgezeichnet. Auf den Markt gebracht wurde er von der 1970 gegründeten Firma Rieder. Sie besaß auch die → Kittling Ridge Distillery in Grimsby, Ontario, wo aber nur Obstbrände hergestellt wurden. Obwohl dort heute auch Whisky destilliert wird, kommen die für diesen Blend verwendeten Destillate von anderen Brennereien. Es gibt ihn in zwei Versionen, die vier und zehn Jahre alt sind.

Canadian Deluxe Kanadischer Whisky. Er ist eine der Handelsmarken des Hauses David → Sherman Company in St. Louis, die sie in Kanada erzeugen läßt und nur in den USA verkauft.

Canadian Gold Kanadischer Whisky. Er ist drei Jahre alt und wird von → Alberta Distillers hergestellt. Halewood Vintners, eine Tochter von Halewood International, importieren ihn exklusiv nach Großbritannien, wo kanadische Whiskies eher selten zu finden sind.

Canadian Host Kanadischer Whisky. Er wird zwar in Kanada produziert, aber *in* → *bulk* in die USA gebracht und dort von → Barton abgefüllt und vermarktet.

Canadian Hunter Kanadischer Whisky. Er ist vier Jahre alt und gehört zu den Canadians, die komplett in die USA gehen. Sein Hersteller ist → Seagram, der auf dem amerikanischen Markt mit ihm viel Erfolg hat. Zu ihm trägt sicherlich auch sein Name bei, der mit dem Traum von Abenteuer und Jagd in den Weiten des Nordens lockt.

Canadian Ltd Kanadischer Whisky. Es handelt sich um eine Eigenmarke von → Barton. Da dieser Firma früher einmal die → Canadian Mist Distillery gehörte, könnte man schon vermuten, daß der Whisky dort gebrannt wird, ehe er in den USA abgefüllt wird. Barton übernahm die Marke zusammen mit der Firma von → Glenmore. Die hatten mehr mit → Valleyfield zu tun und dort wird er heute noch produziert.

Canadian Mist Kanadische Destillerie. Sie liegt in dem kleinen Ort Collingwood, der ungefähr 100 Kilometer von Toronto entfernt ist. Sie trägt den Namen des Whisky, der von ihr erzeugt wird. Kurioserweise ist der Markenname zwei Jahre älter als die Brennerei in Ontario. Sie wurde von → Barton 1965 kreiert. Verwendet wurde für sie Whisky, der von → Melcher in Kanada produziert wurde. Die Marke boomte sehr schnell, weswegen sich ihre Besitzer entschlossen, eine eigene Destillerie für sie zu bauen. Die wurde 1967 in der Rekordzeit von nur vier Monaten fertiggestellt und ist in mehrfacher Hinsicht einmalig: Sie ist die einzige des Landes, die eine Mischung von Mais und gemälzter Gerste benutzt, sie ist die einzige, deren Destillate niemals mit Kupfer in Berührung kommen und sie ist die einzige, deren Roggen-Anteile nicht von ihr selbst gebrannt, sondern von der → Early Times Distillery in Louisville, Kentucky, bezogen werden. Diese Kuriosität klärt sich allerdings schnell auf. Beide, die Brennerei und die Marke, gehören seit 1971 → Brown-Forman und die sind die Besitzer von Early Times (und u. a. auch der → Jack Daniel Distillery). Nahezu die gesamte Produktion wird von Collingwood in Tanklastwagen *in → bulk* nach Kentucky gebracht, dort verschnitten (auch mit einem kleinen Anteil Bourbon) und von dort aus vor allem in den USA vermarktet, mit sehr großem Erfolg. Dort ist *Canadian Mist* die absolute Nr. 1 unter den Canadians, die mit ihren drei Millionen verkauften → *cases* selbst → *Seagrams V.O.* und den → *Canadian Club* um jeweils eine Million übertrifft. Der in den USA verkaufte ist nur drei, die kleine Menge, die nach Kanada geht, vier Jahre alt. Erst seit kurzem gibt es eine zweite Version, *The → 1885 Special Reserve*.

Canadian O.F.C. Kanadischer Whisky. Er wird manchmal auch → *Schenley O.F.C.* genannt, weil er ursprünglich aus diesem Hause kam. Das wurde 1987 samt der Brennerei → Valleyfield von → UD übernommen. Die Abkürzung wird unterschiedlich aufgelöst: sie bedeutet aber nicht »Old«, sondern »Original Fine Canadian«. Der sechsjährige ist für den heimischen Markt, die Exportversion ist acht Jahre alt; beide haben 40 % Alkohol. Letztere gilt als der beste unter den Valleyfield-Whiskies und als das Meisterstück des langjährigen → Masterblenders Luc Madore. Ob es die Marke weiterhin gibt, ist offen, weil die durch die Vereinigung mit → IDV zur → UDV gewordenen Besitzer im Februar 1999 alle kanadischen Marken bis auf den → *Gibson's* verkauften.

Canadian Springs Kanadischer Whisky. Er kommt aus dem Hause David → Sherman Company of St. Louis. Sie füllt die Whiskies ab, die sie en gros eingekauft und *in → bulk* importiert hat und auf dem heimischen Markt als Eigenmarke verkauft.

Canadian Supreme Kanadischer Whisky. Der Blend ist eine Eigenmarke von → Barton, die nur in den USA erhältlich ist. Die verwendeten Whiskies stammen aus Kanada und werden in den Staaten abgefüllt.

Canadian Whisky Canadian ist eine eigenständige Whiskygattung, die sich sowohl durch die Herkunft wie vor allem durch die Herstellungsverfahren definiert. Canadians gelten weniger als die Produkte von Brennern als von virtuosen Masterblendern. Denn bis auf die Malts, die bald aus → Glenora kommen und die absolute Ausnahme darstellen werden, und den obskuren → *Blackstone* sind alle kanadischen Whiskies Blends, selbst dann, wenn Rye auf der Flasche steht (was in den USA bedeutet, daß es sich um ein Destillat handelt, dessen Maische aus mindestens 51 % Roggen besteht). Nur der → *Bush Pilot's* ist wie die amerikanischen Bourbons und Tennessees wirklich ein → Straight. Der Anteil von wirklichem Straight in kanadischen Blends beträgt meist etwa 5 %, selten sind es 10 %.

Jede Brennerei produziert einen sogenannten Basiswhisky, einen langsam und sauber, aber bis zur Aromalosigkeit auf etwa 95 % hochdestillierten Getreidewhisky, der eigentlich nichts anders ist als ein Neutralsprit. Er bildet sozusagen das Rückgrat für die Verschnitte, für die aber auch viele verschiedene, weit schwächer gebrannte und deshalb aromatischere Whiskies hergestellt werden müssen. Sie sind es, die dem Endprodukt die unterschiedlichen Geschmacksnuancen verleihen. Außerdem dürfen, das ist eine kanadische Besonderheit, immerhin bis zu 9.09 % »non canadian whiskies« verwendet werden, die sogenannten → *flavourings*.

Nahezu alle kanadischen Whiskies entstehen durch kontinuierliche Destillation. Ihre Unterschiede verdanken sie der Zusammensetzung der → Maische, den verschiedenen Hefen und → *stills*. In Kanada kommen praktisch alle Formen von ihnen zum Einsatz und sie werden vielfältig miteinander kombiniert, wodurch der Charakter des Brandes gesteuert werden kann. Die Maische kann aus → Roggen bestehen, der gemälzt und / oder ungemälzt verwendet wird, aus → Mais oder gemälzter und / oder ungemälzter → Gerste, oder aus einer Kombination der Getreidearten. So können die einzelnen Brennereien sehr viele verschiedene Einzelbrände herstellen (→ Seagram z. B. um die 50). Manchmal (beim → *Canadian Club*) wird der junge Whisky erst geblendet und dann gelagert. Anderswo werden die Einzelwhiskies erst nach ihrer Faßreifung gemischt. Benutzt werden Fässer aus neuer Eiche oder Ex-Bourbon- oder Ex-Sherryfässer. Canadians werden jung abgefüllt, oft schon mit dem gesetzlich vorgeschriebenen Mindestalter von drei Jahren, bessere mit vier bis sechs, aber ganz wenige mit über zehn Jahren. Die Alkoholstärke beträgt meist 40 %, es dürfen aber auch Spirituosen mit weniger Alkoholgehalt Whisky genannt werden (→ *Silk Tassel*, → *Northern Light*, → *V.O.*).

Canandaigua Wine Company Amerikanische Wein- und Spirituosenfirma.

Sie wurde 1945 in New York gegründet und hat vor allem mit dem Verkauf von billigen Supermarktweinen so viel Geld verdient, daß sie heute auf Platz 3 unter den Weinproduzenten des Landes steht. Anfang der neunziger Jahre erwarb sie → Barton Brands und die dazugehörige Brennerei in → Bardstown. 1993 kamen Vintners International ins Portfolio, 1994 verkauften → IDV mit Almaden und Inglenook Wine weitere große und renommierte Weinfirmen an die Amerikaner. Eine weitere Expansion erfolgte 1995, als von → UD bzw. deren Tochter → Glenmore gleich eine ganze Reihe von Marken erworben wurden, u. a. die mit dem Namen → Schenley verbundenen Produkte, die Whiskies von Glenmore, → Fleischmann's Gin und Wodka, der Kentucky Straight Bourbon → *Kentucky Tavern* und der Blended → *Old Thompson*. Ende 1998 wagte die Firma, die von der Familie Sands dominiert wird, den Sprung nach Europa und kaufte für 215 Millionen Pfund die britische Gruppe Matthew Clark, die mit Cider, Wein, Spirituosen und Mineralwasser handelt und zu deren Marken »Stowells of Chelsea« mit ihren überall zu findenden Weinen im Karton (und Dosen) und → »Strathmore«-Wasser gehören. Sie führt auch die Blends → *Moorland*, → *Old St. Andrews* und → *Queen's Own*. Im Februar 1999 schlugen die Amerikaner wieder zu, als sie → Diageo die → UDV-Produktionsstätten in → Alberta und Quebec abkauften und die Marken → *Black Velvet*, → *Golden Wedding*, → *McNaugton's*, → *McMasters* und → *Triple Crown* erwarben. Sie wurden dadurch zur Nummer 10 der internationalen Rangliste.

Cantrell & Cochrane Irische Whiskyfirma mit Sitz in Dublin, die aber nicht nur in ihrem Heimatland produziert und deren Aktivitäten sich auch nicht auf Whisky beschränkt. So gehört ihr die Mineralwasser-Marke »Ballygowan«. In Italien stellt sie den erfolgreichen Likör »Fangelico« her, in Irland die Whiskeyliköre → *Carolans* und → *Irish Mist*. Ihr erfolgreichstes Produkt freilich ist der → *Tullamore Dew*, der natürlich in → Midleton von → IDG gebrannt wird. Die vor allen in Deutschland und Dänemark erfolgreiche Marke kam erst 1993 von IDG bzw. deren Mutter → Pernod Ricard unter das Dach von C&C, die damals eine gemeinsame Tochter von → Guinness und → Allied Domecq waren. Bis heute ist nicht ganz klar, ob dieser Verkauf freiwillig oder auf mehr oder weniger sanften Druck der irischen Kartellbehörden zurückzuführen war, die es vorher verhindert hatte, daß die IDG den (ihr damaliges Monopol als alleiniger Besitzer der gesamten irischen Whiskeyindustrie beendigenden) Konkurrenten John J. → Teeling und seine → Cooley Distillery schluckte. Wiederum aufgrund einer Vereinbarung mit den irischen Kartellbehörden trennte sich der aus der Fusion von Guinness und → GrandMet entstandene Multi → Diageo von der irischen Firma und verkaufte seine Anteile an den Partner Allied. Diese, in erheblichen wirtschaftlichen Schwierigkeiten, entschlossen sich zum Verkauf und veräußerten im Januar 1999 die Iren an BC Partners, die aus dem Zusammenbruch der Barings

Bank entstanden und vorher nur als Verleger und Geflügelzüchter aufgefallen waren.

Caol Ila Schottische Malt-Destillerie. Ihr Name, ausgesprochen »cal-iela« und auf dem langen »I« betont, bedeutet Sund von → Islay und leitet sich von der Lage der Brennerei unmittelbar an der Meerenge ab. Zu finden ist sie auf der Karte nördlich von Port Askaig. Allerdings ist sie nicht von dem Hafenflekken aus zu erreichen, sondern nur über eine Stichstraße, die von der Straße zwischen Bridgend und Port Askaig hinunter ans Meer führt. Von ihrem 1974 völlig neu gebauten und auf sechs Brennblasen erweiterten → *stillhouse* hat man den vielleicht schönsten Blick auf die berühmten Paps (gälisch für Brüste) der → Isle of Jura. 1846 errichtet, gehörte sie seit 1863 → Bulloch, Lade & Co., deren Blends immer einen guten Teil *Caol Ila* enthielten. Über die → DCL, die Bulloch 1930 übernahm, kam die Brennerei zu → UD. Ihr Malt, vom Stil her ein mittlerer Islay, war immer sehr begehrt bei den Blendern und galt als Geheimtip unter den Whiskykennern. Sie konnten ihn freilich, wenn überhaupt nur von → unabhängigen Abfüllern bekommen.

Als Single Malt in → Destillerie-Abfüllung gab es ihn lange nur für Besucher der Brennerei und in Italien, dort in zwei Versionen mit 12 und 15 Jahren. Besser verfügbar wurde er, als UD einen ebenfalls 15jährigen in die → »Flora & Fauna«-Serie aufnahmen. Nur leicht rauchig und torfig und dennoch mächtig, war er ein guter und auch typischer Vertreter seiner Heimatinsel Islay. 20 und 21 Jahre alt waren zwei »Rare Malts«-Abfüllungen von 1975, die erste mit mit 61.12 %, die zweite mit 61.3 %. Sie überraschten, weil sie keinerlei Rauchspuren hatten: in diesem Jahr wurde nämlich in der Brennerei ungetorftes Malz verwendet. Eine sehr gesuchte Rarität ist ein *anniversary bottling*, das 1996 zum 150. Geburtstag von Caol Ila veranstaltet wurde. Der 20 Jahre alte Malt, abgefüllt in → *cask strength* von 57.86 %, wurde verschenkt an die Gäste der Jubiläumsfeier und an die Mitarbeiter, deren Namen auf dem Rückenlabel aufgeführt sind.

Cape Breton Silver Kanadische Spirituose, die 50 % in die Flasche bringt. Ihre Ausgangsprodukte sind auf dem zweisprachigen Label exakt ausgewiesen: gemälzte Gerste und das Wasser von MacLellan's Brook – also alles, was einen klassischen Single Malt Whisky ausmacht. So darf das Destillat aber nicht genannt werden, weil es dafür zu jung ist. Es kommt von → Glenora Distillers, die den Stoff trotz seiner Jugend nicht nur vermarkten, weil er ihnen dringend benötigtes Geld bringt. Sie können mit ihm auch schon ihren Namen unter den Whiskyfreunden etablieren, bis sie später einmal ausgereiften Single Malt abfüllen können. Glenora ist eine noch junge Brennerei, die ganz im herkömmlichen schottischen Stil gebaut wurde. Sie wurde 1990 eröffnet und liegt auf Cape Breton in Nova Scotia, wie die schottischen Aussiedler sehnsuchtsvoll ihre neue Heimat nannten. Von dort brachten sie auch die Gewohnheit mit, schwarz zu brennen. Das Ergebnis ihrer Bemühungen nannten sie

→ *moonshine* und gaben ihm in dieser Gegend den Spitznamen »Cape Breton Silver«. Der Wasserklare knüpft also an eine alte Tradition an.

Caperdonich Schottische Malt-Destillerie. Ihr Name, auf der vorletzten Silbe betont und »caperdonich« ausgesprochen, bedeutet geheime Quelle. Die Brennerei liegt in dem kleinen Ort → Rothes, der immerhin fünf Destillen aufweisen kann, und zählt zur → Whiskyregion der → Speyside. Es waren J. & J. → Grant, die Besitzer von → Glen Grant, die sie 1897/8 bauten. Das war in den Zeiten des Whisky-Booms, und weil sie ihrer älteren Schwester gleich gegenüberlag, nannte man sie kurzerhand Glen Grant Nr. 2. Beide waren durch eine über die Straße hinwegführende Pipeline verbunden. Schon drei Jahre nach der Eröffnung mußte sie wieder geschlossen werden, weil dem Boom durch die Pleite der Firma → Pattison eine verheerende Rezession folgte. Bis 1965 rührte sich nichts mehr. Dann aber wurde sie revitalisiert und modernisiert. Seither hat sie vier → *stills* und kann nahezu vollautomatisch arbeiten.

Ihr Malt wurde nahezu ausschließlich zum Herstellen von Blends verwendet. Nur ab und zu wurde er von → unabhängigen Abfüllern angeboten, meist von → Gordon & MacPhail, die den Heimvorteil hatten, im nahen Elgin zu Hause zu sein und ihn in ihrer »Connoisseurs Choice«-Serie immer wieder offerierten. Auch Cadenhead und → Signatory (in den Serien → »Sailing Ships« und → »Dun Eidean«) hatten zuweilen ein Faß. Die einzige bekannte → Destillerie-Abfüllung gab es, und das ist lange her, in Italien. Auch die Übernahme der Brennerei und ihrer Besitzer durch → Seagram im Jahr 1977 hat daran leider nichts geändert. Die Lizenz von Caperdonich ist auf → Chivas Brothers ausgestellt, die zur → Chivas & Glenlivet Group gehören, der schottischen Tochter von Seagram.

Captain's Table Kanadischer Whisky. Er kommt von → McGuinness, einer Firma, der mehrere Brennereien, u. a. auch eine in Bridgetown, gehörten. Sie war später im Besitz von → Heublein und zählt als Tochter von → Corby heute zum Imperium von Hiram → Walker/ → Allied Domecq.

Cardhu Schottische Malt-Destillerie. Ihr Name, ausgesprochen »cardú«, bedeutet schwarzer Fels. Bis 1975 hieß sie allerdings so wie der Ort, in dem sie zu finden ist: Cardow. Dann wurde auch sie offiziell so getauft, wie ihr Whisky meist hieß (nur → Unabhängige wie → Cadenhead füllten ihn manchmal als *Cardow* ab (ebenfalls Kardú gesprochen). Die Brennerei liegt zwischen Upper Knockando und Cardow am Nordufer des Spey nahe der B 9102, die von → Craigellachie nach Grantown-on-Spey führt. Sie zählt also zur → Whiskyregion der → Speyside.

Das erste Jahrhundert ihrer Geschichte stand im Zeichen zweier Frauen, die zu Legenden geworden sind, aber wirklich gelebt haben. Das zweite wurde und wird bestimmt von einem, diesmal tatsächlich fiktiven, Mann. Von dem behauptet nicht nur die Werbung, daß er, obschon ziemlich alt, immer noch rüstig sei: »still going strong«. Es war Helen Cummings, die zusammen mit ihrem Mann 1811 zunächst illegal, seit 1824 dann mit Lizenz Whisky auf ihrem Hof in Cardow brannte. Von ihr erzählt man heute noch viele spannende und amüsante Geschichten. Sie handeln vor allem von dem Einfallsreichtum, mit dem sie immer wieder den verhaßten englischen Zöllnern ein Schnippchen schlug. Ihre Schwiegertochter Elizabeth errichtete 1874 einen Neubau an der heutigen Stelle. Sie war eine der wenigen Frauen, die in der schottischen Whiskygeschichte eine leitende Rolle spielten.

Schon seit 1893 steht Cardhu unter dem Banner von John → Walker & Sons und ihrer Weltmarke → *Johnnie Walker*. Daran hat sich bis heute nicht geändert, obwohl alle drei, die Brennerei, die Firma und die Marke längst → UD und seit 1997 → UDV gehören. Schon zu Zeiten der Vorbesitzer → DCL wurde damit begonnen, *Cardhu* als Single Malt in → Destillerie-Abfüllung zu vermarkten. Der 12jährige wurde in einer Decanterflasche präsentiert, deren Design vor einigen Jahren etwas verschlankt wurde. In Italien war auch ein fünfjähriger auf dem Markt. Im Marketingkonzept von UD/UDV spielt Cardhu eine herausragende Rolle: er ist, neben dem → *Glen Ord* und dem → *Royal Lochnagar* und, in viel kleinerem Maßstab → *Mortlach* und → *Royal Brackla*, der einzige Single Malt des Konzerns, der so prominent herausgestellt wird; die übrigen UDV-Malts werden nur als Serien wie → »Classic Malts« oder in den Reihen → »Flora und Fauna« und → »Rare Malts« angeboten.

Carlton Schottischer Blend. Die Marke wird in zwei Versionen, als → Standard und als → Premium, von der in London ansässigen kleinen unabhängigen Firma Charles H. → Julian hergestellt.

Carolans Irischer Cream Liqueur. Er ist nach → *Bailey's*, dem unbestrittenen Marktführer, die Nr. 2 seiner Gattung. Er enthält 17 % Alkohol. Auf den Markt gebracht wurde er 1978. Seine Hersteller sind T.J. Carolan & Sons, die mittlerweile eine Tochterfirma von → Cantrell & Cochrane sind und in ihrem Portfolio auch den in Deutschland sehr erfolgreichen → *Tullamore Dew* und → *Irish Mist* haben. Die Firma befand sich im Besitz von → Allied Domecq und → UDV. Letztere mußten sich aus kartellrechtlichen Gründen von ihrem Anteil trennen, veräußerten ihn an Allied, die die Firma im Januar 1999 an ein Unternehmen namens BC Partners weiterverkauften. Verwendet werden für den Likör gereifter irischer Whiskey, Neutralsprit, Sahne und Honig. 1994 wurde ihm ein *Corolans Irish Coffee Cream* an die Seite gestellt.

Carrington Kanadischer Whisky. Er reklamiert auf dem Label »35 Years Distilling Excellence« für sich, aber das meint nur den Hersteller und nicht den Whisky. Der ist drei Jahre alt und man sagt ihm nach, daß er (zu?) intensiv nach Roggen schmecke – kein Wunder, wird in seiner Heimatbrennerei → Alberta doch ausschließlich dieses Getreide als Ausgangsprodukt verarbeitet. Es handelt sich um eine neue Marke von Alberta Distillers, der kanadischen Tochter von → Jim Beam.

Carsebridge Schottische Grain-Destillerie. Sie liegt wie → Cambus in der Nähe von Alloa und dem Firth of Forth. Wie andere Grain-Brennereien in den → Lowlands ist sie älter als die Erfindung der dafür notwendigen Brennkolonnen und begann ihr Leben 1799 als Malt-Brennerei. Erst um 1850 wurde sie mit → *patent stills* ausgerüstet. Ihre Gründerfirma, John Bald & Co., betrieb sie bis 1877 selbst, brachte sie dann aber in die → DCL ein, deren Gründung sie sehr aktiv mitbetrieb, weswegen man den damaligen Chef auch den »Politic Bald« nannte. Carsebridge soll, nach Philip Maurice, die größte Brennerei Schottlands gewesen sein (andere Autoren nennen hier → Caledonian). Die Größe war nicht unbedingt ein Vorteil: auch sie überlebte die Whiskykrise von 1983 nicht, als DCL wegen Überkapazitäten viele ihrer Destillerien schloß. Zu ihr gehörten sehr ausgedehnte Lagerhäuser, die auch heute noch von den DCL-Nachfolgern → UD / → UDV genutzt werden; mehr als sechs Millionen Fässer warten dort auf die Abfüllung. → Signatory konnte ein altes Faß von 1965 finden und mit 57.8 % als Single Grain abfüllen. Auch → MacArthur hatte ihn im Angebot.

Carstairs White Seal Amerikanischer Blended Whiskey. Er kommt von der → Sazerac Company in Orleans, wird aber in → Leestown hergestellt. Dort betreibt Sazerac zusammen mit dem japanischen Konsortium → Takara Shuzo und Okura die → Ancient Age Distillery.

Cascade Hollow Amerikanische Destillerie, die manchmal auch nur Cascade genannt wird. Sie liegt bei dem Städtchen Tullahoma in Tennessee, das früher vor allem als wichtiger Eisenbahnort bekannt war. Die heutige Brennerei ist erst 1958 von → Schenley erbaut worden, die damals die Rechte an dem Namen Cascade besaßen. Sie wählten für den Neubau eine Stelle, die kaum einen Kilometer von dem Ort entfernt war, wo John F. Brown und F. E. Cunningham 1877 eine Destillerie erbaut hatten. Sie befand sich in der Nähe der Cascade Falls und Cascade Springs, von denen auch heute noch das Wasser kommt.

Auf diese alte Brennerei war → George Dickel aufmerksam geworden. Er, 1818 in Deutschland geboren und 1844 in die USA eingewandert, hatte gegen Ende der sechziger Jahre mit dem Whiskeyhandel begonnen. Schon bald bezog er seine Ware nur noch von Cascade, die schon damals ihren Whisky ohne das sonst in Amerika übliche »E« schrieb. 1888 erwarb Dickel zusammen mit seinem Schwager Victor Schwab die Brennerei. Er selbst mußte sich schon im gleichen Jahr zur Ruhe setzen, weil er an den Folgen eines Sturzes von seinem Pferd litt, an denen er schließlich 1894 starb.

Schwab und sein Sohn bauten die Brennerei aus und machten sie zur größten von Tennessee. Aber auch sie wurden zu Opfern der Prohibition, die in ihrem Bundesstaat bereits 1910 einsetzte und sie zwang, ihre Brennerei zu schließen. Beide, die Firma und ihre Marke, wechselten mehrmals den Besitzer. Der Whisky wurde zunächst bei → Stitzel in Kentucky, wo die Prohibition später begann, und nach dem Ende der trockenen Zeit in →Leestown hergestellt. Schließlich landeten die Markenrechte bei Schenley.

Die neuen Besitzer engagierten den alten Master Distiller Ralph Dubbs, der den Neubau konzipierte und dessen Nachfolger Jennings »Dave« Backus noch heute die Hefe benutzt, die Dubbs damals einsetzte. Die Maische besteht bei Cascade aus 80 % Mais, 12 % Roggen und 8 % Gerstenmalz. Man arbeitet sehr traditionell – und in sehr kleinem Maßstab, jedenfalls gemessen an dem Output der großen Nachbarin →Jack Daniel Distillery. Die ist nur 20 Autominuten entfernt und zieht große Massen an Touristen an, während bei Dickel fast niemand die ländliche Ruhe stört. Das ist schade, denn Cascade bietet den schönen Anblick einer schönen Brennerei in einer der schönsten Gegenden von Tennessee.

Auch bei Dickel wird natürlich das berühmte Verfahren angewendet, das dafür gesorgt hat, daß →Tennessee Sour Mash im Jahr 1941 von der amerikanischen Regierung als ein eigenständiger Whisk(e)y-Typ anerkannt worden ist. Allerdings unterscheidet sich die Prozedur etwas von der, die bei Jack Daniel üblich ist: Beide verwenden für das →*charcoal mellowing* oder →*leaching* Holzkohle, die aus Zucker-Ahorn gewonnen und in große, etwa 10 Fuß hohe Bottiche gefüllt wird. Bei Dickel wird die Holzkohle mit einer Wolldecke abgedeckt und das frische Destillat tröpfelt nicht aus den Löchern von Kupferrohren, sondern aus einer perforierten Stahlscheibe. Anders als bei der Nachbarin wartet man auch, bis der ganze Bottich mit Whisky gefüllt ist, bevor man beginnt, ihn abzuziehen und in die Fässer zu füllen. Seit 1987 sind →UD, bzw. seit 1997 →UDV die Besitzer des kleinen Schmuckstückes, das sie Schenley abgekauft haben, und es ist gut, daß die neuen Herren in Tullahoma nichts verändert, sondern alles so gelassen haben, wie es war – bis auf kleine Veränderungen am Label, das Cascade Hollow als Adresse nennt.

So gibt es nach wie vor den *George Dickel Old No. 8 Brand* und den etwas älteren *George Dickel Superior No. 12 Brand*. Ihm hat Jim Murray die Ehre erwiesen, ihn als einen von überhaupt nur zehn Whiskies auf der ganzen Welt mit dem Prädikat »recommended« auszuzeichnen. Auch eine Version mit zehn Jahren ist seit einigen Jahren im Handel. 1994 kam eine *Special Barrel Reserve* dazu, die auch in die Serie der →»Bourbon Heritage Collection« aufgenommen wurde. Das ist etwas befremdlich, weil der Dickel ja eigentlich ein Tennessee ist – einer, der immer und völlig unberechtigt im Schatten des mächtigen *Jack Daniel's* steht, und nur einer von den insgesamt zweien, die es auf der Welt gibt.

Cascadia Kanadische Destillerie. Sie liegt in Kelowna in British Columbia und wurde in den sechziger Jahren von der International Potter Distilling Company, Vancouver, gegründet. Auf dem gleichen Gelände befindet sich auch eine Brauerei, die Granville Island Brewery. Die Firma gehört zu den wenigen Kanadas, denen es gelungen ist, ihre Unabhängigkeit zu bewahren. Sie führt die Blends *Potter's Special Old* und

→ *Royal Canadian* und stellt auch den → *Bush Pilot's* her, ihn exklusiv für eine amerikanische Firma. Fast keiner der Whiskies, die Potter für die Marken verwendet, kommt aus Cascadia. Denn die Brennerei arbeitet nur noch eine Woche im Jahr, gerade so lang, daß die Lizenz nicht erlischt.

Case, cases Bezeichnung, die im internationalen Whisk(e)y- und Spirituosenhandel allgemein üblich ist und eine Meßeinheit darstellt. Mit ihr kann die von einer Firma oder von der gesamten Industrie eines Landes verkaufte Menge an Whisky statistisch erfaßt werden. In *cases* wird gemessen, welche Position eine Marke in der Rangliste der meistverkauften Whiskies in einem Land, beim Export, international oder weltweit einnimmt. Ein *case*, eine Kiste, früher tatsächlich aus Holz, heute meist ein Karton, enthält immer zwölf Flaschen. Ein *case* mit 75cl-Flaschen enthält exakt 9 Liter, mit 70cl-Flaschen 8,4 Liter. Will man die Zahl der Liter von reinem Alkohol (lpa) erfassen, muß man auch das Alkoholvolumen in die Rechnung einbeziehen. Die größere Flasche enthält bei 40 % 3,6 Liter und bei 43 % genau 3,87 Liter, bei der kleineren sind es bei 40 % 3,36 Liter, bei 43 % 3,61 Liter.

Casino Supermarktkette, die vor allem in Frankreich stark vertreten ist und auch Whisky im Programm hat. Unter dem schlichten Namen *Irish Whiskey* etwa importiert sie aus Irland einen 40 %igen Blend, der von → Cooley gemacht ist. → Glenmorangie plc stellt für sie exklusiv die beiden Vatted Malts → *Glen Vegan* und → *Dalvegan* her.

Cask strength Bezeichnung für eine Art, Whisky und besonders Single Malts abzufüllen, die bei den Kennern und Liebhabern immer beliebter wird. Der Terminus meint, daß der Whisky nicht durch Zugabe von Wasser auf einen künstlich oder auch durch Gesetz vorgegebenen Alkoholgehalt von z. B. 40 % oder 43 % herabgesetzt wird, sondern mit eben dem Volumen in die Flaschen kommt, das er auf natürliche Weise durch Lagerung erreicht hat. Bei ihr verdunstet bekanntlich Alkohol und geht als → *angels' share* in die Atmosphäre. Welche Menge verschwindet, hängt von vielen Faktoren ab, z. B. von der Wärme oder der Feuchtigkeit, denen das Faß ausgesetzt ist. Auch die Qualität des Fasses selbst spielt eine große Rolle und natürlich auch die Dauer der Lagerung. Deshalb ist es keineswegs sicher, daß Fässer, die sogar nebeneinander liegen können, nach einer bestimmten Zeit noch gleichviel Alkohol enthalten. Noch größer sind die Unterschiede, wenn es sich um verschiedene Lagerhäuser oder gar um verschiedene Destillerien handelt.

Pionier einer Abfüllung in *cask strength* war, wieder einmal, die → Scotch Malt Whisky Society, der inzwischen viele → Eigentümer und besonders auch die → Unabhängigen gefolgt sind. Aber auch in den USA wird immer öfter in → *barrel proof* abgefüllt. Besonders, wenn es sich um → Einzelfässer handelt, die so in die Flaschen kommen, bedeutet das natürlich, daß für eine relativ kleine Zahl von Flaschen immer wieder neue Etikette gedruckt werden müssen, weil die das Volumen genau ausweisen müssen. Besonders teuer wurde es für → UD, die für ihre *cask strength*-Edition der → »Flora und Fauna«-Serie schon Labels gedruckt hatten, aber feststellen mußten, daß sich der Alkoholgehalt der Malts zwischen Druck und Abfüllung geringfügig reduziert hatte. Sie mußten neu drucken lassen. Manche Firmen versuchen sich dadurch zu behelfen, daß sie den Begriff nicht ganz wörtlich nehmen, sondern einfach ein festes, aber deutlich höheres Volumen verwenden. So haben → *Glenfarclas* und → *Macallan* Versionen mit 57 % und William → Grant & Sons benutzen für die 15jährigen Versionen ihres → *Balvenie* und → *Glenfiddich* 51 %.

Cassidy's Irischer Whiskey. Er kommt von → Cooley Distillery, wird aber ausschließlich für und im Auftrag der britischen Supermarktkette → Marks & Spencer als *Distillers Reserve* produziert. Diese Bezeichnung soll ihn als etwas Besonderes ausweisen. Tatsächlich haben Hersteller und Anbieter den stolzen Anspruch, mit dem → *Black Bush* zu konkurrieren. Erreicht werden soll das durch einen guten Anteil von Whiskies, die im → Sherryfaß gereift sind. Er ist höher als bei anderen Blends von Cooley, mit denen die Marke aber die Stärke von 40 % gemeinsam hat.

Castle, The Schottischer Single Malt. Auf seinem Etikett ist zu sehen, welches Schloß gemeint ist: das die schottische Hauptstadt krönende Edinburgh Castle. Dort wird er im Laden von Historic Scotland verkauft, zusammen mit einigen anderen Malts, die ebenfalls nach Schlössern benannt sind, die unter der Verwaltung der Denkmalbehörde stehen: *St. Andrew's Castle* und *Stirling Castle*. Sie alle weisen 46 % Alkoholgehalt auf, was darauf hindeutet, daß sie in Springbank abgefüllt werden – was aber nicht bedeutet, daß auch der Whisky aus dieser Brennerei kommt. Der vierte der Schlösser-Malts ist *Urquhart Castle* gewidmet, hat nur 40 % und kommt von Gordon & MacPhail, deren heutige Besitzer Urquhart heißen.

Castle Collection Kleine Serie von → unabhängig abgefüllten Single Malts. Hinter der Reihe steht Gordon Currie, der das »Whisky Castle« in Tomintoul betreibt. Das Schloß ist in Wirklichkeit ein Whiskyladen, und zwar einer der schönsten und bestsortierten Schottlands, mit einer großen Auswahl von → Destillerie- und unabhängigen Abfüllungen und so mancher Rarität. Der erste Malt, den er unter eigenem Label abfüllte, kam von einer Brennerei aus der Nachbarschaft und war vorher nur ein- oder zweimal zu bekommen: Es war ein → *Allt-à-Bhainne*. Gordon sollte es wissen, aber die anderen schreiben den Namen etwas anders. Die »Castle Collection Nr. 2« war ein → *Glenturret*, die Nr. 3 brachte mit einem → *Glenallachie* wiederum eine nur selten in Flaschen zu bekommende Rarität. Für die Nr. 4 kehrte Gordon Currie wieder in die nähere Umgebung zurück und zog ein zweites Faß aus Allt A'Bhainne auf Flaschen. Ihr Label zeigt ein bewehrtes Burgtor. Alle Malts der Serie hatten bisher 43 % Alkohol.

Castle Pride Schottischer Blend. Er ist eine Marke der Glasgower Firma → Angus Dundee.

Catto's Schottischer Blend. Sein

Name erinnert an die alte, 1861 gegründete Firma James Catto & Co. aus Aberdeen. Sie war vor allem erfolgreich im Export von Whiskies in Länder, in denen viele schottische Einwanderer lebten. Nachdem → Gilbey zunächst nur einen Anteil übernommen hatte, kaufte das vor allem durch seinen Gin bekannte Unternehmen die Schotten 1945 vollständig. Die Marke gelangte schließlich an → IDV, die sie 1990 an → Inver House weiterverkauften. Es gibt den *Rare Old Scottish Highland* im → Standard-Segment und mit 12, 21 und 25 Jahren.

Celtic Irischer Whiskey aus der Cooley Distillery. Sie verweist darauf, daß zwei Traditionen keltische Wurzeln hätten: der Whisk(e)y und der Fußball. Benannt ist diese Marke denn auch nach dem 1888 gegründeten FC Celtic, der ihn für sich als Hausmarke machen läßt.

Celtic Connections Serie von schottischen Single Malts des → unabhängigen Abfüllers → Blackadder International. Er benutzt den Namen auf bestimmten Märkten für die gleichen Whiskies, die er sonst unter seinem normalen Namen abfüllt. Die Firma hat viele Malts in → *cask strength*, aber die in dieser Reihe sind auf 43 % Alkohol reduziert.

Celtic Crossing Irischer Whiskeylikör. Sein Name erinnert an eines der traurigsten Kapitel der irischen Geschichtet: an die große Hungersnot. »The great famine«, wie sie in Irland heißt, brach 1844 über das Land herein. Zu Tausenden starben die kleinen Farmer und Tagelöhner den Hungertod, die wenigen Überlebenden versuchten einen Platz auf einem Schiff zu bekommen und auf der anderen Seiten des Atlantik zu überleben. Auch die Überfahrt, das *crossing*, kostete vielen das Leben.

Das Etikett erinnert an die, »die unsere Küsten verließen, um niemals ihre Heimat wiederzusehen«. »To celebrate 150 years of Irish heritage and achievments around the world« brachte die Gaelic Heritage Corporation Ltd. aus Bailieboro im Co. Cavan den Likör heraus. Genau dort ist auch die Firma Emmet zu finden, die mit ihren beiden Produkten → *Dubliner* und → *Emmets* seit 1991 → IDV / → Grand Metropolitan gehörte, heute also bei → Diageo's → UDV ist. Der Likör hat 30 % Alkohol und ist in einer Normalflasche und einem aufwendigen Keramikkrug erhältlich.

Centenary Reserve Serie von schottischen Single Malts. Mit ihr machten → Gordon & MacPhail sich selbst und ihren Kunden ein schönes Geschenk, als sie 1995 ihr hundertjähriges Bestehen feierten. Ausgewählt wurden zwar Malts aus Brennereien, die auch sonst im Programm des großen → unabhängigen Abfüllers aus Elgin (z. B. in seiner Reihe → »Connoisseurs Choice«) gut vertreten sind und zu denen traditionell besonders gute Beziehungen bestehen – oder bestanden, solange die Destillerien noch produzierten. Aber alle sind von einer so hohen Qualität, wie sie sich nur jemand leisten kann, der aus einem großen Vorrat das Beste auswählen kann: ein → *Balblair* von 1973, ein → *Benrinnes* von 1978, ein → *Caol Ila* von 1966, ein → *Glenburgie* von 1948 (!), ein → *Glenrothes* von 1978, ein → *Highland*

Park von 1970, ein →*Mortlach* von 1984 und ein →*St. Magdalene* von 1980. Besonders der *Caol Ila* war eine kleine Sensation, schnell vergriffen und inzwischen bei Spitzenpreisen sehr gesucht. Ein kleiner Wermutstropfen war, daß auch für diesen Anlaß nicht →*cask strength*, sondern mit der firmentypischen Reduktion auf 40 % Alkohol abgefüllt wurde.

Centennial Kanadischer Whisky. Er kommt von der unabhängigen →Highwood Distillers Company. Die hat ihren Firmensitz in →Alberta, betreibt aber keine eigene Brennerei, sondern kauft bei anderen Produzenten ein. Es ist durchaus möglich, daß das bei der ortsansässigen Destillerie geschieht, die →Jim Beam/→American Brands gehört.

Century Schottischer Vatted Malt. Sein voller Name lautet *The Century of Malts* und er kommt aus dem Hause der →Seagram-Tochter →Chivas Brothers. Er wurde 1996 auf den Markt gebracht und vereinigt in sich die stolze Zahl von genau 100 Single Malts. Sie alle sind vorgestellt und von Jim Murray liebevoll beschrieben in einem Büchlein, das jeder Flasche beigegeben ist. Der *Century* ist freilich nicht die einzigartige und schon gar nicht die erste Versammlung einer solchen Anzahl von Whiskies, wie auf dem Label behauptet wird: Nach dem →*Ultima* von →J&B, der allerdings ein Blend ist, und dem *Centenary* in der blauen Keramikflasche, die →Gordon & MacPhail zu ihrem 100. Geschäftsjubiläum 1995 herausbrachten und die ebenfalls 100 Single Malts enthält, ist das schon das dritte Mal, daß so viele Whiskies »verheiratet« wurden. Mit seinem →*Signatory Supreme* brachte der unabhängige Abfüller aus Edinburgh einen weiteren auf den Markt, der sogar 104 Malts enthält. Der *Century* freilich bietet einige absolute Raritäten auf: Mit →*Craigduff* enthält er einen Malt, von dem man vorher noch nicht einmal den Namen gekannt hat, und mit dem →*Glenisla* einen, der den alten Namen von →Strathmill benutzt, wo er indes nicht entstanden ist.

Chairman's Schottischer Blend. Er war für den Ausschank in den firmeneigenen Pubs von →Eldridge, Pope & Co. bestimmt. Diese unabhängige, bereits 1837 gegründete Brauerei gibt es seit 1996 in der alten Form nicht mehr. Damals hat sie ihre Brauereiaktivitäten eingestellt bzw. an Thomas Hardy übertragen. Seither kümmert sie sich nur noch um das Management ihrer Pubs, die vor allem in Dorset und der Umgebung von Dorchester zu finden sind. Sie haben noch Vorräte von diesem Blend, aber die werden nicht ewig reichen.

Chairman's Reserve Schottischer Blend. Er ist ein Produkt der →Seagram-Tochter The →Chivas & Glenlivet Group, und wenn man weiß, daß seine Whiskies gemäß den für Whisky geltenden Gesetzen mindestens 50 Jahre alt sind, weiß man auch, daß er zum höchsten →De luxe-Segment gehört, nicht eben billig und eine absolute Rarität ist – eben etwas, das der Boß nur sich und seinen wichtigsten Gästen vorbehält.

Champion Indischer Whisky von →Haryana Distillery, die den Namen auch für einen Gin und einen Rum benutzt. Es handelt sich um einen einfachen Blend.

Charcoal mellowing Bezeichnung, die am häufigsten neben dem auch üblichen → *leaching* und dem (korrekten) Begriff → *Lincoln County Process* für ein sehr spezielles Verfahren verwendet wird, das nur in den beiden → Tennessee-Destillerien von Jack → Daniel und George A. → Dickel praktiziert wird. Es hat wesentlich dazu beigetragen, daß diese Whiskies, deren Herstellung sich sonst in nichts von der im benachbarten Kentucky unterscheidet, 1941 von der amerikanischen Regierung den Status einer eigenständigen Whisk(e)y-Gattung erhielten. Der Prozeß ist vor allem von Jack Daniel in der Werbung sehr herausgestellt worden und tatsächlich ist es äußerst beeindruckend, wenn zu seiner Vorbereitung mächtige Stämme von Zucker-Ahorn zu großen Stücken zersägt, zu sorgsam geschichteten Stapeln aufgebaut und schließlich angezündet werden, um von den lodernden Flammen in Holzkohle verwandelt zu werden. Die zerkleinerten Stücke werden dann in sehr große Holzbottiche gefüllt, die bei Jack Daniel gute zwei Meter Durchmesser haben und dreieinhalb Meter hoch sind. 25 solcher Bottiche hat die Brennerei. Oben liegen perforierte Rohre und aus ihnen tröpfelt der gerade gewonnene → *white dog*, um sich über die Holzkohle zu verteilen und sehr langsam zum Boden durchzusickern, wo er aufgefangen wird, um dann zum Lagern und Reifen in die Fässer aus neuer amerikanischer Eiche zu kommen. Es dauert 7 bis 10 Tage, bis der Stoff unten angekommen ist.

Das Verfahren ist also geld- und zeitaufwendig und gerade Zeit, das verrät jedes der berühmten schwarzweißen Werbefotos aus Lynchburg, hat man jede Menge: Zeit, um den Whiskey besonders weich und bekömmlich zu machen, denn das genau ist das Ziel: bestimmte unerwünschte Aroma-Komponenten aus ihm zu entfernen. Manchmal wird der Whiskey sogar noch ein zweites Mal so behandelt, unmittelbar vor der Abfüllung in die Flaschen. Der Konkurrent von Daniel in der nahen → Cascade Hollow Distillery treibt weniger Werbung, geht aber mit seinem *George Dickel* genauso sorgsam um, allerdings mit kleinen Abweichungen. So fließt der Whisky (so schreibt er sich dort) nicht aus Röhren, sondern aus perforierten Scheiben, und die Holzkohle ist oben mit Wolldecken bedeckt. Beides soll erreichen, daß er gleichmäßiger durch die Kohleschicht fließt. Beide, Daniel und Dickel, verkaufen die ausgelaugte Holzkohle, die bei den *barbecue*-süchtigen Amerikanern natürlich sehr begehrt ist.

Charlie Richards Schottischer Blend. Er ist eine Marke der gleichnamigen Firma, einer Tochter von → Halewood International Ltd.

Chequer's Schottischer Blend. Er war früher neben dem → *Abbot's Choice* eine der beiden Hauptmarken von John McEwan & Co. Die, erst eine Tochter der → DCL, dann von → UD, besaß bis 1992 die Lizenz von → Linkwood Distillery. Der Whisky ist 12 Jahre alt und wird vor allem in Südamerika verkauft.

Chicken Cock Amerikanischer Whiskey. Sein Label verrät nicht, wer ihn eigentlich herstellt. Es teilt nur mit, daß er 100°/50 % hat und von einer gewissen Kentucky Distilleries and Warehouse Company in Louisville, Kentucky kommt. Außerdem ist ein Dreieck abgedruckt, in dem die schöne Formulierung zu finden ist, er sei »Aged in Wood for Medicinal Use«.

Chieftain's Choice Reihe von schottischen Whiskies aus dem Hause Peter J. → Russell & Co. in Edinburgh, das für sie allerdings den Namen ihrer Tochterfirma → MacLeoad benutzt. Sie umfaßt sowohl Blends wie Single und Vatted Malts. Die Blends sind acht, 12 und 18 Jahre alt. Ein 32 Jahre alter Blend in einem schwarzen Decanter wird nur in Taiwan angeboten. Bei den Vatted ist nur die Herkunftsregion angegeben, was nicht ungewöhnlich ist. Lange ließen auch die Singles nicht erkennen, aus welcher Brennerei sie kamen. Vielleicht wollte man nicht die guten Beziehungen zu den Eigentümern der Destillierien aufs Spiel setzen, die es ja häufig nicht gern sehen, wenn → unabhängige Abfüller den Namen ihrer Brennereien verwenden. Vielleicht war der Grund aber auch einfach der, daß unter dem Serien-Namen immer wieder andere Malts kamen. Angegeben dagegen ist aber das, oft sehr hohe, Alter der jeweiligen Abfüllung. Es hat einen 30 Jahre alten → Lowland, zwei von der → Speyside mit 21 und 32 Jahren gegeben und einen → Highland mit 26 Jahren. Ihnen folgten ein weiterer Single Malt mit 29 und einer mit 32 Jahren. Vermutlich vom Erfolg anderer → unabhängiger Abfüller ermutigt, ist man jüngst dazu übergegangen, nun doch genau definierte Single Malts wie einen jeweils 15 Jahre alten → *Banff* und → *Convalmore* und einen 19jährigen → *Teaninich* herauszubringen. Sie alle werden mit 43 % abgefüllt.

China Die Volksrepublik mit ihrer riesigen Bevölkerungszahl ist für fast alle westliche Getränkeproduzenten immer noch terra incognita, obwohl der Konsum von westlichen Spirituosen bei denen, die ihn sich finanziell – und politisch – leisten konnten, in den letzten Jahren und besonders nach der Übernahme Hongkongs ständig zugenommen hat. Das hatte zwei Konsequenzen: Zum einen wurde, wie in allen kommunistisch beherrschten Ländern, auch in China versucht, westliche Drinks nachzuahmen und selbst zu produzieren. Ein Beispiel für solch einen chinesischen Whisky ist der → *Sunflower*.

Auf der anderen Seite positionierten sich die großen internationalen Getränkekonzerne, um für den Tag X der Öffnung des chinesischen Marktes rechtzeitig gewappnet zu sein. Südostasien bescherte ihnen in den letzten Jahren bis zum Ende des Wirtschaftsbooms 1998 ein immenses Wachstum. Nahezu ausnahmslos engagierten sich die Firmen in Hongkong, sozusagen direkt vor der Tür des großen Landes. Chinas Potential wird auf fast eine Milliarde Menschen geschätzt, die besonders an Scotch interessiert sind. Eine Erschließung dieser Massen könnte mit Leichtigkeit die Verluste wettmachen, die z. B. schottische Blends anderswo hinnehmen mußten.

Der erste der Giganten, der einen Fuß in die Tür bekam, war, wieder einmal, → Seagram. Den Kanadiern gelang es bereits 1988, mit Shangai Distilleries ein *joint venture* einzugehen. Eines der ersten Resultate war ein Whisky namens *Seagram's 7 Star*, der indes nicht mehr in den Listen der Firma steht. Dafür gibt es jetzt → *D'Accord* – als Whisky, aber auch als Gin, Wodka und Brandy. → Pernod Ricard ist in Taiwan und Hongkong vertreten und ist in der Volksrepublik an der Firma Dragon Seal zumindest beteiligt. Auch → Allied Domecq und → UD/→ UDV, deren → *Johnnie Walker* der beliebteste Whisky ist, sind aktiv, haben aber zur Zeit noch keine eigenen Tochterfirmen oder *joint ventures*. Sie hätten den Vorteil, daß nicht nur der Vetrieb besser zu organisieren wäre, sondern auch daß *in* → *bulk* importiert und im Land selbst abgefüllt werden könnte, oder daß, wie in vielen anderen Ländern auch, Blends aus schottischen Malts und im Lande gebranntem Grain-Whisky produziert werden könnten. Eine besondere Stellung nimmt → Glenmorangie plc ein: sie ist die einzige Firma, die ihre Produkte bereits in Flaschen abgefüllt nach China exportieren darf – wie wertvoll dieses Privileg ist, zeigte sich Anfang 1999, als der französische Luxusmarken-Konzern → LVMH sich eine Beteiligung eine Million Pfund kosten ließ. Sie soll ihm bessere Absatzchancen für seine Cognacs und Champagner eröffnen.

Chivas & Glenlivet Group, The Schottische Whiskyfirma. Sie ist nicht in schottischem Besitz, sondern ein Tochterunternehmen des kanadischen Konzerns → Seagram. Er hat unter diesem Namen seine mittlerweile neun schottischen Malt-Destillerien und mehrere schottische Whiskyfirmen mit ihren Marken zusammengefaßt. Firmensitz ist Paisley bei Glasgow. Der Name reflektiert das Ergebnis einer ganzen Kette von Fusionen. Sie umfassen sowohl die Übernahme der alten Blend- und Exportfirma → Chivas Bothers samt ihrem Spitzenprodukt → *Chivas Regal* wie den Kauf eines kleinen Konglomerats, das wiederum aus der bereits 1953 erfolgten Vereinigung von → Glen Grant mit → Glenlivet und deren Verschmelzung mit → Longmorn im Jahr 1970 hervorgegangen war: das hatte im gleichen Jahr außerdem auch → Hill Thomson & Company mit deren zum Teil bekannten Marken wie → *Queen Anne* und → *Something Special* übernommen. Sieben Jahre später, 1977, war die schottische Firma reizvoll genug, um die Aufmerksamkeit der Kanadier zu wecken, die immer einen gesunden Instinkt für attraktive Übernahmen bewiesen hatten. Sie ordneten ihre schottischen Geschäfte neu und gaben ihrer Tochter den heutigen Namen.

Neben den bereits genannten gehören der Firma auch die Malt-Destillerien → Allt A' Bhainne, → Benriach, → Braeval, → Caperdonich,→ Glen Keith und → Strathisla. Bis auf Allt A' Bhainne und Braeval sind ihre Malts auch in → Destillerie-Abfüllungen zu bekommen. Der bekannteste Blend ist nach wie vor *Chivas Regal*, der in den letzten Jahren durch neue Versionen und Produkte wie u.a den → *Chivas Imperial*, den → *Chivas Brothers 1801* und den *Chivas* → *De Danu* ergänzt wurde. Daneben gehören, ohne Garantie für Vollständigkeit, folgende Marken zum Portfolio: → *100 Pipers*, → *Passport*,

→ *Royal Citation*, → *Royal Salute* und → *Royal Strathythan*. → *Black Watch*, *Queen Anne* und → *Something Special* werden immer noch unter dem Namen von Hill Thomson abgefüllt. Weitere kleine Marken sind → *Black Douglas*, → *Chairman's Reserve*, → *Highland Clan*, → *Prince Charlie*,→ *St. Leger* und → *Treasury*. Natürlich gibt es mit dem → *Lochan Ora* auch einen → Whiskylikör. Eine neue Kreation ist der Vatted Malt → *Century*.

Chivas Brothers Schottische Firma. Ihre Geschichte begann 1801, als Edward Chivas seinen Lebensmittelladen in Aberdeen gründete. Sein Bruder James trat erst 1838 in das Geschäft. Beide erwarben sich bald großes Ansehen durch ihre erstklassigen Produkte. Sie brachten es sogar zu königlichen Hoflieferanten, als Queen Victoria sich im nicht weit von Aberdeen entfernten Crathie im Tal des Dee das Schloß Balmoral gekauft hatte. Die Firma war bei der Herstellung und dem Export von Blends so erfolgreich und hatte sich einen so guten Namen erworben, daß er nach dem Tod des letzten Chivas auch von den neuen Besitzern beibehalten wurde. Ihr bekanntestes Produkt war natürlich der Blend → *Chivas Regal*. Er war so erfolgreich, daß er die Begehrlichkeit der kanadischen Firma → Seagram weckte. Die erwarb Chivas Brothers 1949 und ließ sie ihre schottischen Interessen wahrnehmen.

Nach dem Erwerb der Milton Destillerie, die danach in → Strathisla umbenannt wurde, wurde → Glen Keith gebaut. In den siebziger Jahren wurden mit → Allt A' Bhainne und → Braeval ganz neue Brennereien gegründet. 1977 kaufte Seagram die durch eine ganze Reihe von Fusionen entstandenen Glenlivet Distillers und brachte dadurch auch die Brennereien → Glen Grant, → Glenlivet, → Caperdonich, → Benriach und → Longmorn in ihren Besitz. Die schottischen Aktivitäten Seagrams sind heute unter dem Namen The → Chivas & Glenlivet Group zusammengefaßt, die sowohl Brennereien betreibt als eine ganze Reihe von Single Malts und Blends im Portfolio hat. Der alte Name Chivas Brothers ist immer noch lebendig: Er steht auf den Flaschen so edler Marken wie *Chivas Regal*, → *Chivas Imperial*, des 1997 herausgekommenen *Chivas Brothers 1801*. Auch der *Chivas* → *De Danu*, der → *Royal Salute*, der → *Royal Citation* und der *Chivas Oldest & Finest* nennen den Namen der Gründerbrüder. Selbst ihr alter Laden in Aberdeen existiert immer noch.

Chivas Imperial Schottischer Blend. Er kommt natürlich aus dem Hause → Chivas Brothers und ist sozusagen die Luxus-Version des Luxus-Blends → *Chivas Regal*. Die in ihm enthaltenen Whiskies sind mindestens 18 Jahre alt.

Chivas Regal Schottischer Blend. Er gehört mit über drei Millionen verkauften → *cases* pro Jahr zu den absoluten Spitzenreitern seiner Gattung und ist in seinem Segment der Top-→ Premiums sogar die Nr. 1. Er wurde von → Chivas Brothers bereits 1891 kreiert und bald schon auch nach Nordamerika exportiert. Er war so beliebt und erfolgreich, daß beide, Firma und Marke, 1949 von → Seagram gekauft wurden. Sie benutzten ihre Neuerwerbung sogleich, um durch sie die Milton Distillery in → Keith zu ersteigern. Sie heißt seither → Strathisla und ihre Malts sind heute das Herz des *Chivas Regal.*

Seine Hersteller können aber auch auf die Malts der anderen schottischen Brennereien des Seagram-Imperiums wie → Glenlivet, → Glen Grant und → Longmorn zurückgreifen. Insgesamt soll er mehr als 30 Whiskies enthalten. Lange gab es ihn nur in zwei Versionen, mit 12 und 15 Jahren. Im Dezember 1997 brachte die Firma einen 18jährigen *Imperial Premium* und eine neue Version heraus, die auf das Wort »Regal« verzichtet und, auf die Anfänge der Aktivitäten der berühmten Brüder anspielend, *Chivas Brothers 1801* heißt. Er hat 50 % und kommt in einer Flasche, die an ein Vorbild aus dem 19. Jahrhundert angelehnt ist. Auf manchen Märkten gibt es den 18jährigen auch als *Rare Old.* Die letzte Addition war der *Oldest & Finest*, der in einer vornehmen Holzschatulle präsentiert wird. Nur für die USA und Italien ist der nach einer keltischen Göttin benannte *Chivas → De Danu*, der Ende 1998 auf den Markt kam.

Choice Japanischer Blend. Er kommt von → Nikka und ist, wie alle anderen Blends der Firma, nur in Japan selbst zu bekommen.

Christopher's Schottischer Blend. Er wurde früher in vielen Versionen von Christopher & Co. verkauft. Diese waren eine Tochter von → Waverly Wines & Spirits und hatten den *Chistopher's Finest Old* im → Standard- und im → De luxe-Segment. Außerdem gab es einen *Christopher's Four Lions* und einen achtjährigen Vatted Malt. Die Marke, die heute nicht mehr aktiv betrieben wird, wurde vor einigen Jahren von → Invergordon Distillers übernommen, die wiederum seit 1994 nur noch eine Tochter von → Whyte & Mackay/ → JBB (Greater Europe) sind.

Chwisgi Cymreig Die Bezeichnung steht in der walisischen Sprache für »Walisischen Whisky«. Verwendet wird sie von der Firma The → Welsh Whisky Co., die mit ihren Aktivitäten sehr bewußt an alte Traditionen des Landes anknüpfen möchte und den Begriff z. B. auf den Etiketten ihres Blends → *Swn y' Mor* verwendet. Es gibt allerdings keinen Nachweis, daß das Wort früher tatsächlich gebraucht wurde, damals, als in → Wales in grauen Vorzeiten angeblich auch Whisky gemacht worden sein soll. Vielmehr ist es ein englisches Lehnwort und seine Verwendung läßt sich erst für 1784 belegen. Damals entstand tatsächlich eine kleine Whisky-Industrie in Wales. Freilich wurde das, was man erzeugte, »whisci« genannt. Gavin D. Smith ist für sein Buch »Whisky« der Sache nachgegangen und hat sich von Professor Derec Lywyd Morgan vom Old College der University of Wales in Aberysthwyth aufklären lassen: »Welsh developed chw- from the wh (hw) of English; ... but in South Wales dialects the chw- becomes hw-, invariably spelt wh-. That is why you have chwisgi and whisgi«. Alles klar?

Clan Ardroch Schottischer Blend. Er kommt von dem Liverpooler Handelshaus → Hall & Bramley Ltd., das vor allem Weine verkauft. Die Bedeutung seines Namens ist nicht klar, denn einen solchen Clan gibt es in Schottland nicht.

»Ardrach« dagegen käme aus dem irischen Gälisch; es bedeutet Fähre, Boot. Es wird behauptet, daß die Marke an die vielen Iren erinnern soll, die ihr Land verlassen mußten. Sie mußten beim Auswandern ins angebliche gelobte Land Amerika erst einmal in Liverpool Station machen. In einem der alten Hafengebäude erinnert heute ein sehenswertes kleines Museum an sie und ihr leidvolles Schicksal.

Clan Ben Schottischer Blend. Er kommt von der in Glasgow ansässigen Firma → Angus Dundee.

Clan Campbell Schottischer Blend. Er kommt aus dem Hause → Campbell Distillers, dessen Ursprünge als → Blender-Firma bis ins Jahr 1879 zurückgehen und das heute zur französischen Groupe → Pernod Ricard gehört. Die Campbells waren der berüchtigte Clan, dessen Stammschloß Inveraray Castle ist, und der bei vielen Schotten vor allem deshalb unrühmlich bekannt ist, weil es Campbells waren, die sich von den verhaßten Engländern anheuern ließen und an den ihnen arglos Gastfreundschaft gewährenden Macdonalds das Massaker von → Glencoe begingen. Auch mit Mitgliedern des → Clan MacGregor gingen die Campbells nicht zimperlich um. Die vor einigen Jahren verstorbene Lady Campbell erregte in den dreißiger Jahren Aufsehen, weil sie sich mit einem nackten Männertorso fotografieren ließ.

Den Blend gab es freilich schon, bevor der Duke of → Argyll, der Clan-Chef der Campbells, in die Geschäftsführung der Firma eintrat und dazu beitrug, ihn, besonders in Großbritannien und → Frankreich, nicht nur erfolgreich, sondern zu einer der Marken mit den höchsten Zuwachsraten überhaupt zu machen. Er rangiert mittlerweile unter den 15 bestverkauften schottischen Blends. Über eine Million → *cases* werden von ihm verkauft. Es gibt ihn in → Deutschland nur als → Standard-, anderswo auch in De luxe-Versionen. Seit 1996 ist er neu ausgestattet, nennt sich »The Noble Scotch Whisky« und schmückt sich mit dem Wappen und einer kleinen Geschichte des Clans. Das aktuelle Angebot umfaßt einen Blend ohne Altersangabe, einen früher 12, heute 8 Jahre alten *Highlander*, einen 18jährigen *Legendary* und einen 21 Jahre alten ohne zusätzlichen Namen.

Clan MacGregor Schottischer Blend. Er kommt aus dem Hause William → Grant & Sons, das ihn zunächst nur für den nordamerikanischen Markt herstellte, mittlerweile aber auch anderswo verkauft. Er ist eine der erfolgreichsten Neueinführungen der letzten Zeit: Von ihm werden bereits mehr als eine Million → *cases* verkauft. Der Clan, der ihm den Namen gab, gehörte zu denen, die besonders vom Clan Campbell verfolgt und 1603 sogar für vogelfrei erklärt wurden. Wer einen toten MacGregor präsentieren konnte, erhielt von den Engländern sogar eine Prämie – ein Gesetz, das erst 1774 vom Parlament außer Kraft gesetzt wurde.

Clan Morgan of Delhi Indische Firma. Sie ist im November 1997 ein *joint venture* mit → Allied Distillers eingegangen, zu dem u. a. eine gemeinsam betriebene Abfüllanlage in Rajasthan gehört. Dort werden die *in* → *bulk* importierten Blends → *Old Smuggler* und

→ *Teacher's* abgefüllt und anschließend von einem anderen Partner, → Tikiknagar, auf dem indischen Subkontinent vertrieben.

Clan Munro Schottischer Blend. Er kommt von einer gleichnamigen Whiskyfirma. Hinter ihr stehen William → Lawson Distillers, die wiederum über und zusammen mit Martini & Rossi eine Tochter von → Bacardi sind. Sie gaben den Namen Lawson allerdings 1998 auf, als sie von → UDV die Marke und die Rechte an dem Namen Dewar kauften.

Clan Murdock Schottischer Blend. Er wurde einst von Murdock McLellan kreiert, der nicht nur mit Whisky handelte, sondern auch für seine landwirtschaftlichen Experimente bekannt war. Vor allem seine Forschungen über besonders fruchtbare Gerstensorten verschafften ihm bei seinen Kollegen in der Whisky-Branche viel Respekt. Die Marke gehört heute dem Haus → Glenmorangie plc.

Clan Roy Schottischer Blend. Er kommt von → Morrison Bowmore, die ihn aber unter dem Namen ihrer Tochterfirma T. & A. → McClelland herausbringen. Es gibt ihn als dreijährigen → Standard und mit 25 Jahren in einem Keramikgefäß in den Duty free-Läden in Frankreich und in Rußland.

Clancey's Irischer Whiskey. Er ist ein Blend mit 40 % und wird von → Cooley Distillery hergestellt. Exklusiver Abnehmer ist die Supermarktkette Wm. Morrison, die ihre Geschäfte vom englischen Bradford aus führt und die Marke nur in den eigenen Filialen verkauft.

Clansman Schottischer Blend. Er kommt aus dem Hause → Glen Catrine Bonded Warehouse, ist ein → Standard und wird besonders in Südamerika verkauft.

Clarion No 7 Schottischer Blend aus dem → Standard-Segment, der früher einmal *Clarendon No 7* hieß. Er wurde früher für die Firma Flagman in London hergestellt und ist zwar in der neuesten Ausgabe von »Harpers Wine and Spirit Directory 1998« nicht mehr zu finden, aber in deutschen Supermärkten gibt es ihn immer noch.

Clarke's Amerikanischer Whiskey. Sein Hersteller oder zumindest Abfüller ist die Clarke's Distillery Company in → Lawrenceburg, → Kentucky. Das Label nennt die Jahreszahl 1866 und meint damit wahrscheinlich das Gründungsjahr für die sonst unbekannte Firma. Ungewöhnlich auch, daß er nicht als »Kentucky Straight Bourbon«, sondern als »Kentucky Straight Sour Mash« ausgewiesen ist. Hervorgehoben wird, daß er in Fässern aus Steineiche gereift ist. Er bringt 80° / 40 % in die Flasche, wird von der Lobuschkellerei in Hamburg importiert und ausschließlich bei ALDI verkauft, übrigens auch in den britischen Filialen des Discounters.

Classic Malts of Scotland Serie von sechs Malt Whiskies aus schottischen Brennereien. Sie wurde 1991/2 von → UD auf den Markt gebracht. Mit ihr machte der Konzern, dem damals fast 40 Prozent aller Destillerien in Schottland gehörten, zum ersten Mal den Versuch, die Malts dieser Brennereien ernsthaft als eigenständige Marken zu verkaufen. Einige von ihnen hatte es noch nie als → Eigentümer-Abfüllung gegeben. Es war eine geniale Marketing-

Idee, sie aber eben nicht einzeln zu vermarkten, sondern als Serie: Die klassischen Sechs sollten dabei gleichzeitig die sechs → Whiskyregionen Schottlands vertreten und dokumentieren, wie verschieden ihre Malts sind: Der → *Glenkinchie* steht für die → Lowlands, der → *Dalwhinnie* für die → Highlands, der → *Cragganmore* für die → Speyside, der → *Oban* für die westlichen → Highlands, der von Skye kommende → *Talisker* für die → Islands und → *Lagavulin* für → Islay.

Es steht außer Zweifel, daß jeder einen bestimmten Stil repräsentiert und daß sie alle ganz hervorragende Vertreter der Gattung Scotch Malt sind. Dagegen darf bezweifelt werden, ob dieser Stil wirklich für die ganze Region steht. Auch die anfängliche Einordnung des *Dalwhinnie* in die Northern Highlands war nicht glücklich, weswegen sie auch später aufgegeben wurde; die Brennerei liegt ja sogar noch südlich von Cragganmore. Ein willkommener Nebeneffekt der Serie war, daß dem durch die Vielzahl der Malts und ihrer oft komplizierten Namen verwirrten Verbraucher eine Orientierung gegeben und ein erster Einstieg ermöglicht wurde.

Erhebliche Werbeanstrengungen und viele Aktionen haben das Marketingkonzept voll aufgehen lassen und die Reihe zu einem Renner gemacht, bei der es aber durchaus Favoriten gibt: der beliebteste ist der *Lagavulin*. Die »Classic Malts« wurden auch in einem Video vorgestellt. Man kann sie als Miniaturenset kaufen und, auch zusammen mit einem Barständer, einem *plinth*, als Karton mit allen sechs. Die Kundenbindung wird auch durch eine (kostenlose) Mitgliedschaft bei den »Friends of the Classic Malts« (vorher »Classic Malt Society«) gefördert.

Im Dezember 1997 wurde der ersten Reihe mit den sechs »normalen« Classics eine zweite, die → »Distillers Edition«, zur Seite gestellt. Sie umfaßt Malts von den gleichen sechs Brennereien. Sie hatten aber jeweils ein → *finishing*, also eine zweite Reifezeit in sehr sorgfältig ausgewählten Spezialfässern erhalten, von denen man meinte, daß sie dem Charakter der einzelnen Malts besonders gerecht würden: für den *Glenkichie* hatte man Amontillado Sherry Wood ausgewählt, für den *Dalwhinnie* Oloroso Sherry, für den *Cragganmore* Portfässer, für den *Oban* Montilla Fino Sherry, für den *Talisker* Amoroso Sherry Wood und für den *Lagavulin* den schweren, süßen Pedro Ximenez Sherry. Auf den Flaschen finden sich das Wappen und das Gründungsjahr der Brennerei, die Bezeichnung des Faßtyps und für jede Flasche zeichnet der Destilleriemanager. Anfangs wurden die Flaschen nur im Duty free verkauft, nur die Mitglieder der »Friends« konnten aus der Sechserserie eine einzige Flasche bekommen. Obwohl immer nur in kleinen Mengen, ist die Edition jetzt allgemein zu bekommen. Seither streiten sich die Aficionados, ob sich der Aufwand mit dem → *double wood* gelohnt hat oder ob die originalen nicht doch besser sind.

Classic of Schenley Kanadischer Whisky. Er ist äußerst limitiert; es gibt von ihm nur 300 Kristallkaraffen. Sie wurden 1983 vom kanadischen Zweig von → Schenley gefüllt und sollten an deren ersten kanadischen Whisky erinnern. Der war 35 Jahre zuvor auf dem Markt gebracht worden. Für das Sammlerstück wurden, dem Anlaß entsprechend, nur die ältesten und besten Whiskies des Hauses ausgewählt, alle zwischen 17 und 20 Jahre alt – für kanadischen Whisky ein fast schon biblisches Alter.

Claymore, The Schottischer Blend. Er ist nach dem Breitschwert der Schotten benannt und wurde 1977 von der damaligen → DCL-Tochter A. Ferguson & Co. als Billig-Marke eingeführt, um »den Whiskysee auszutrocknen«, also die überhöhten Bestände an reifem Malt abzubauen. Aber auch die Auflage Brüssels, den → *Johnnie Walker* in Großbritannien nicht mehr zu verkaufen, spielte eine Rolle; die DCL brauchte einen Ersatz für ihren Klassiker. Es waren wieder kartellrechtliche Auflagen, die 1986 dazu führten, daß der mittlerweile sehr erfolgreiche *Claymore* an → Whyte & Mackay abgegeben wurde. Die neuen Besitzer schafften es, den → Standard-Blend unter den Top 10 in Großbritannien zu etablieren. Auf manchen Märkten ist er auch mit 12 und 21 Jahren und als 30jährige → De luxe-Version erhältlich.

Clearic spike Sehr alte und heute nur noch selten gebrauchte Bezeichnung, die für nichts anderes steht als den *new spirit*, also das frische Destillat, das nach dem letzten Durchgang wasserklar die → *spirit still* verläßt und darauf wartet, zur Reifung in die Fässer zu kommen. Früher war es in Schottland auch üblich, die Arbeiter regelmäßig, z. B. zum Arbeitsbeginn und Arbeitsende »abzudramen«, ihnen also einen Schuß Frischgebrannten zu trinken zu geben – wohl um der Gefahr vorzubeugen, daß sie sich illegalerweise selbst bedienten.

Clementine's Kentucky Straight Bourbon. Es handelt sich um eine der vielen kleinen Marken von und aus → Barton, die oft nur auf einzelnen Märkten verkauft werden. Dieser hier wird ausschließlich für Japan gemacht.

Club Schottischer Blend mit großer Vergangenheit: Er war die erste Marke von → Justerini & Brooks, wurde schon 1880 eingeführt und war damals ein großer Erfolg. Es waren die Zeiten, in denen die den Brandy gewohnten Londoner auf ein neues Getränk umsteigen mußten, weil die Reblauskatastrophe in Frankreich ihnen ihr bis dahin bevorzugtes Lieblingsgetränk genommen hatte. Später stand er freilich ganz im Schatten des *J & B*, der Weltmarke der Firma. In liebenswerter Nostalgie stellt sie ihn immer noch her, in kleinen Mengen und ausschließlich für die Kunden ihrer Läden in London und Edinburgh reserviert. Ob die nette Geste beibehalten wird und ob die Marke dem Rationalisierungsdruck standhalten wird, den die Fusion von → Guinness und Justerinis Mutterfirma ausgelöst hat, wird sich zeigen.

Clubhouse Schottischer Blend. Sein Hersteller ist die Firma → Old St. Andrews Ltd., die durch die originelle Verpackung ihrer Hauptmarke bekannt wurde. Die heißt wie die Firma und kommt in Flaschen, die in Golfbags stecken oder sogar wie Golfbälle geformt sind. Viele Golfer schätzen das

»19. Loch«, weil man dort, also im Clubhaus, einen Whisky zu sich nehmen kann, zum Feiern oder um den Frust zu bekämpfen. Das berühmteste Clubhaus des schottischen Ortes, nach dem sich die Firma benannt hat, das des »Royal & Ancient«, ist nicht für jeden zugänglich, sondern »strictly for members only«. Und ob die sich mit diesem *Clubhouse* zufriedengeben, ist fraglich.

Cluny Schottischer Blend. Die Marke gibt es schon sehr lange: sie wurde 1857 von der bereits sieben Jahre vorher in Newcastle gegründeten Firma John E. MacPherson & Sons herausgebracht. Nach mehreren Besitzerwechseln sind heute → Invergordon Distillers ihre Eigentümer. Der Whisky ist nach einer Episode aus der Geschichte des Clans MacPherson benannt, der einen Zweig mit einer Burg in Cluny hatte. Ein Mitglied dieses Zweiges, der mit Prince Charlie nach der Schlacht von Culloden geflohen war, wurde von seinen Angehörigen vor den englischen Verfolgern neun lange Jahre in einer Höhle versteckt, die »Cluny's Cage« genannt wurde. Der MacPherson, der die Marke schuf, war sein Cousin. Er sorgte dafür, daß auf der Flasche das Wappen und der Wahlspruch des Clans zu sehen waren. Früher auch als Standard, gibt es den Blend heute nur noch mit 12 und 17 Jahren und als 21jährigen → De luxe.

Clydesdale Serie von schottischen Single Malts von dem → unabhängigen Abfüller → Blackadder International. Er verwendet dieses Label für jüngere Whiskies, die nicht mehr als acht Jahre in ihrem → *single cask* lagen oder die sogar ganz ohne Altersangabe abgefüllt werden. Sie sind aufgrund ihrer Jugend und der Reduktion auf 43 % verhältnismäßig preisgünstig.

Clynelish Schottische Malt-Destillerie. Ihr Name, »clein-liesch« gesprochen, bedeutet steiler Berg. Sie liegt einige Meilen nördlich von Dunrobin Castle nahe dem Örtchen → Brora an der A9 und zählt zur → Whiskyregion der nördlichen → Highlands. Eigentlich findet man dort gleich zwei Brennereien, die eine mit hübschen alten Gebäuden, die andere ein properer Neubau. Beide trugen sogar zeitweilig den gleichen Namen. Die neue Brennerei wurde 1967/8 in unmittelbarer Nachbarschaft der älteren von der → DCL, bzw. deren Tochter → SMD gebaut. Nachdem beide kurze Zeit unter dem gleichen Namen, als Clynelish A und B, produziert hatten, entschloß man sich doch, etwas gegen die Konfusion zu unternehmen und nannte die erste und ältere fortan → Brora. Sie wurde freilich später stillgelegt. Die Lizenz für beide war lange auf die alte Firma → Ainslie & Heilbron eingetragen. 1992 wurde sie auf die → UD-Tochter → UMGD übertragen. Heute befindet sich die Brennerei unter dem großen Dach von UDV.

Weder von Ainslie noch von der DCL gab es einen *Clynelish* als Single Malt in → Eigentümer-Abfüllung. Erhältlich waren und sind zwei Versionen eines *clynelish* mit 40 % und 57 %, die von → Gordon & MacPhail kommen, wobei völlig unklar ist, aus welcher der beiden Brennereien sie nun wirklich stammen. Sicher dagegen ist, daß der 14jährige Malt in der → »Flora & Fauna«-Serie von UD aus den sechs → *stills* der neuen

Brennerei kommt, ebenso wie der 22jährige mit 58.64 % und der 24 Jahre alte mit 61.3 % in der → »Rare Malts Selection«. Die → Unabhängigen wie → Cadenhead und → Signatory zeigen Geschichtsbewußtsein: Wenn sie Clynelish auf die Flaschen schreiben, ist er bis 1968 in der alten, danach in der neuen Brennerei gebrannt.

Cock o' the North Schottischer Whiskylikör. Er wurde 1998 auf den Markt gebracht und zwar von der Cock o' the North Whisky Liqueur Co. Hinter ihr stehen Lord Huntley und sein Sohn Alistair Granville Gordon, seines Zeichens Earl of Aboyne. Beide entstammen dem Clan Gordon. Kenner der schottischen wie auch der Whiskygeschichte wissen nun, wie die Spirituose zu ihrem Namen kam: »Hahn des Nordens« war der Titel des Clanchefs der Gordons seit dem 16. Jahrhundert und kein anderer als der 5. Duke of Gordon trug 1823 entscheidend dazu bei, daß das Parlament das berühmte Gesetz beschloß, durch das die Legalisierung der Whiskyherstellung für die Highlander endlich akzeptabel wurde.

Wie bei anderen Whiskylikören wird das Rezept natürlich geheimgehalten. Von ihnen und vor allem vom → *Drambuie* unterscheidet dieser sich vor allem durch die »Beigaben«. Der Akzent liegt nicht auf Honig und Kräutern, sondern auf Früchten, unter ihnen besonders eine spezielle schottische Art der Blaubeere. Der verwendete Whisky ist ein Single Malt aus der → Speyside.

Cock of the Walk Kentucky Straight Bourbon. Er ist 12 Jahre alt und 114°/57 % stark. Als Hersteller ist eine gleichnamige Destillerie in → Bardstown auf dem Etikett aufgeführt. Die gibt es nicht und hat es nie gegeben. Hinter der Firma verbergen sich natürlich wieder einmal → Kentucky Bourbon Distillers, die sich gerne mit immer neuen Phantasienamen schmücken.

Cockburn Schottischer Single Malt. Er wurde von → Cockburns of Leith auf den Markt gebracht. Es handelt sich dem Vernehmen nach um einen → *Tamdhu*. Sein Label ziert in Italienisch der geniale Spruch von James Hogg: »Wenn man nur wüßte, wieviel man täglich trinken sollte, man würde ewig leben und bräuchte keine Medizin mehr«. Das Zitat wird auf den Flaschen allerdings nicht dem »Ettrick Shepherd« zugeschrieben, sondern kurioserweise Walter → Scott – vielleicht weil der bekannter ist, vielleicht aber auch, weil er einmal zu den Kunden der (Vorgänger-)Firma in Leith gehört hatte.

Cockburn & Campbell Schottische Wein- und Whiskyfirma. Sie nahm schon vor mehr als 150 Jahren in Edinburgh ihre Geschäfte auf und konnte ihre Selbständigkeit sehr lange bewahren. 1972 aber wurde sie von der Brauerei Young & Co. gekauft. Damals wurde leider auch das alte → *warehouse* in der Duke Street in Leith aufgegeben, das für seine extrem hohe Luftfeuchtigkeit berühmt war: Zum Erstaunen der ungläubigen Steuerbeamten verdunstete darin fast kein Alkohol, gab es also kaum → *angels' share*. Die Firma hatte früher acht Marken, von denen sie vier schlicht mit *Cockburn's No. 1* usw. bezeichnete. Die *No. 4* wurde später in *The → Royal and Ancient* umgetauft. Er und der Vatted →*Special Malt* sind die beiden einzigen Marken des Hauses, die bis heute überlebt haben. Ein anderer Blend, *Loch Troon*, erinnerte an einen anderen berühmten Golfplatz. Young & Co. sind eine der größeren unabhängigen Brauereien Großbritanniens, sie besitzen selbst 500 Pubs und haben Abnahmeverträge mit weiteren 180 Kneipen. In allen sind die beiden Whiskies als Hausmarken zu bekommen.

Cockburn & Murray Schottische Whiskyfirma. Sie ist schon seit 1953 im Besitz von Peter J. →Russell & Co. in Edinburgh. Auch nach der Übernahme schmückte der alte Name noch lange das Label eines achtjährigen Blends, der vor allem für den italienischen Markt gemacht wurde, aber im Augenblick nicht mehr abgefüllt wird. In Italien findet man ihn aber noch.

Cockburn's of Leith Schottische Firma mit so großer Tradition, daß sie den alten Handelsadel der Stadt geradezu verkörperte. Ihre Geschichte begann mit dem Namen Cockburn & Company (Leith) – ein Name, der für kurze Zeit verschwand, aber glücklicherweise wieder zurückgekehrt ist, wenn auch leicht modifiziert als Cockburn's of Leith (gesprochen übrigens »Couburns«). In der schottischen Hauptstadt ist sie als Handelshaus für Wein, aber auch für Whiskies bekannt, sonst dürfte der Name besser für Portweine bekannt sein. Gegründet wurde sie 1796 von den beiden Brüdern Robert und John Cockburn; Henry, der dritte Bruder wurde Richter, als Lord Cockburn geadelt und als Autor von »Memorials of My Time« berühmt.

Erfolg hatten aber auch die beiden anderen. Die Firma zeigt heute noch stolz ihre Geschäftsbücher, in denen außer dem königlichen Haushalt und vielen Adligen auch Walter →Scott und sogar Charles Dickens verzeichnet sind. Es war auch einer der beiden Brüder, der nach Portugal ging und dort das Porthandelshaus etablierte. Die Firma blieb bis 1981 unabhängig, dann wurde sie von einem sehr bekannten lokalen Konkurrenten übernommen, der nach seinem bekanntesten Produkt →*Drambuie* heißt. Er verkaufte Cockburn 1993 weiter an die Wine Company, die wiederum von der erst 1986 gegründeten Edinburgher Firma Wine Emporium übernommen wurde.

Die neuen Eigentümer schlossen zwar den schönen Laden von Cockburn in Southbridge, beschlossen aber, ihren eigenen Namen aufzugeben und den der älteren Firma anzunehmen. Ende 1997 wurde ein anderer alter Edinburgher Weinhändler, J. E. Hogg, übernommen. Die älteste Marke der Cockburns war der → *V.O. 8*. Unter ihrem eigenen Namen führten sie einen →Vatted Malt und die Blends The →*Dominie*, →*Imperial Gold Medal* und →*Old Decanter*. Dem Vernehmen nach sollen sie alle zwar neu ausgestattet, aber immerhin weitergeführt werden. 1995 kam außerdem ein 6 Jahre alter Single Malt namens →*Cockburn* auf den Markt.

Cocktails Mixgetränke auf der Basis z. B. von Gin oder auch Whisk(e)y. Sie werden korrekter als Whisk(e)ydrinks bezeichnet und deshalb in diesem Buch unter diesem Stichwort behandelt.

Coffey, Aeneas Der um 1780 geborene Ire steht bis heute nicht in den Whisk(e)ybüchern, weil er es in knapp 19 Berufsjahren vom einfachen *gauger*, also einem Vertreter des bei den Destillern verhaßten Berufsstandes, immerhin zum obersten Zöllner des Landes, dem Inspector-General of Excise in Ireland, gebracht, sondern weil er anschließend die Fronten gewechselt hat, selbst zum Whiskeymacher wurde – und dabei eine Technik einführte bzw. perfektionierte, die die Herstellung des Produktes revolutionierte, weil sie sie einfacher, billiger und rationeller machte. Ironischerweise profitierte von ihr vor allem die schottische Whiskywelt – auf Kosten der irischen Brenner. 1842 erwarb Coffey die Dock Distillery in Dublin und begann dort (und kurz darauf auch in → Port Ellen auf → Islay) mit Experimenten, seinen Whiskey nicht mehr partienweise in den herkömmlichen *pot stills* zu destillieren, sondern kontinuierlich in säulenförmigen *stills* – Experimente, wie sie im schottischen Fife auch schon Robert → Stein durchgeführt hatte.

Coffey arbeitete von Anfang an mit Trennplatten in den beiden Säulen, die effektiver und besser als die Steinschen arbeiteten, weil sie ein saubereres Destillat brachten. Seine Methode stieß vor allem bei den Whiskyproduzenten in den schottischen → Lowlands auf große Resonanz, fand aber auch in den Ginherstellern Londons begeisterte Abnehmer. Coffeys Erfindung erlaubte es, mit wesentlich höherer Geschwindigkeit mengenmäßig wesentlich mehr zu produzieren – und wurde noch wirtschaftlicher, weil praktisch jedes Getreide und nicht mehr nur das teure → Gerstenmalz als Ausgangsprodukt verwendet werden konnte. Die *Coffey still* oder, wie sie auch genannt wird, → *patent*, → *continuous* oder → *column still* brachte einen völlig neuen Whiskytyp, den Grain Whisky, der dann bekanntlich wiederum die Erfindung des Blend möglich machte – mit all seinen Konsequenzen, war es doch dieser Blended Scotch, der die Schaffung von Marken im modernen Sinne erlaubte und die Welt eroberte. Zu Recht steht der am 26.11.1852 in England verstorbene ehemalige irische → *exciseman* also auch heute noch in den Whisk(e)ybüchern, dankbar erinnert von den großen Whiskyfirmen, die ohne seine Erfindung weder entstanden noch zu ihrer überragenden wirtschaftlichen Bedeutung herangewachsen wären – nur die Liebhaber des Malt sind Coffey etwas gram, weil er fast verhindert hätte, diesen ursprünglichen Whisky pur und ohne seinen Grain zu genießen.

Coffey Grain Japanischer Grain Whisky. Hersteller ist → Nikka. Deren Gründer Masataka → Taketsuru ließ 1962 eine → *Coffey still* aus Schottland importieren und in → Nichinomiya installieren. Dort werden mehrere Whiskytypen produziert, darunter einer aus 100 % Gerstenmalz (er findet sich wieder in Nikkas → *All Malt*). Eine Besonderheit ist *Nikka Coffey Grain Whisky* auf jeden Fall: er dürfte der einzige Grain überhaupt auf dem Markt sein, der eindeutig in dieser speziellen Form des kontinuierlichen Destillierens hergestellt wird. Schon deshalb lohnt sich eine Verkostung. Er eignet sich aber auch ganz hervorragend, daß man an einem gemütlichen Winterabend aus ihm und den drei Versionen des → *Pure Malt* von Nikka seinen eigenen Blend kreiert.

Coldstream Guard Schottischer Blend. → Inver House hatten die Marke schon im Programm, als sie selbst noch der amerikanischen Firma Publicker Industries Inc. gehörten. Ein einfacher Blend aus dem Standard-Segment ohne Altersangabe.

Coleburn Schottische Malt-Destillerie. Ihr Name, ausgesprochen »kolbörn«, bedeutet Bach an der Ecke. Sie liegt zwischen Elgin und Rothes nahe der A 491 und zählt, oder besser: zählte, zur → Speyside. Denn die kleine Brennerei sieht von außen zwar immer noch aus wie zur Zeit ihrer Gründung im Jahr 1897, aber ihre zwei → *stills* sind leider schon lange nutzlos. Erbaut wurde sie von John Robertson & Son, die vor allem durch ihren → *Yellow Label* bekannt wurden. Sie überlebte zwar zunächst das große Brennereisterben von 1983, aber zwei Jahre später wurde sie von der → DCL, die sie seit 1925 besaß, doch noch geschlossen. Deren Nachfolgerin → UD löschte endgültig auch die Lizenz. Sie war auf J. & G. Stewart eingetragen, von denen die berühmten → *Usher*-Blends kamen. In diesen Whiskies verschwand auch der Malt von Coleburn. Er war nie als Single Malt in → Destillerie-Abfüllung zu bekommen. Er war eine Rarität und er bleibt eine Rarität. Denn auch den → unabhängigen Abfüllern gelingt es nur ganz selten, ein Faß zu ergattern. Wer eine der → »Connoisseurs Choice«-Abfüllungen von → Gordon & MacPhail, den 12jährigen von → MacArthur, die → *cask strength*-Flasche mit einem 1978er und 59.1 % von Cadenhead oder den → Signatory-*Coleburn* von 1983 bekommt, sollte sich glücklich schätzen und sich wirklich zweimal überlegen, ob er sie trinkt oder nicht doch lieber aufhebt.

Colonel Collins Whiskeydrink. Eine weitere, die amerikanische Variante des Collins, diesmal auf Bourbonbasis bereitet. In den USA nennt man ihn auch John Collins.

Colonel Lee Kentucky Straight Bourbon. Nicht nur bei diesem Bourbon empfiehlt es sich, das Label genau zu lesen, aber bei diesem ist es ganz besonders wichtig. Sonst könnte man ihn mit dem vom gleichen Hersteller → Barton gemachten »Light Whiskey« verwechseln, der genauso heißt. Der Straight ist ein → *Bottled in Bond* und bringt 100°/50 % in die Flasche. Bei dem Colonel handelt es sich übrigens nicht um den berühmten Lee, den von den Südstaatlern verehrten und beliebten Helden des Bürgerkrieges, der selbst von Yankees aus dem Norden immerhin als geachteter Gegner geschätzt wurde. Das Label zeigt einen anderen, ganz unbekannten Lee, mit Bart und Schnauzer.

Colonel's Special Indischer Whisky von → Mohan Meakin. Er ist nach herkömmlichen Definitionen eigentlich kein Whisky, weil er zum größten Teil aus Melasse-Destillat besteht und somit ein Verschnitt von Malt (oder nur Maltextrakt?) und einer Art Rum ist. Das Verfahren ist in Indien üblich und weitverbreitet. Das Produkt darf dort durchaus die Bezeichnung »Whisky« führen. Der Malt-Anteil der Marke soll von der → Mohan Nagar Destillery kommen.

Colraine Irische Whiskybrennerei, an deren glanzvolle Existenz heute nur noch ein Blend erinnert. Er kommt von → Bushmills, von der sie nicht weit entfernt war und von deren damaligen Besitzern sie in den dreißiger Jahren übernommen wurde. Wie diese hätte auch Colraine (die ihren Whisky immer ohne »e« schrieb) beanspruchen können, die älteste Destillerie der Welt zu sein. Denn die Lizenz des englischen Königs für Thomas Phillipps, auf die sich Bushmills beruft, wurde ja nicht für eine spezielle Brennerei, sondern für einen Bezirk im nordirischen County Antrim erteilt. In ihm liegt der Ort Colraine ebenso wie Bushmills – und Colraine ist im Gegensatz zu Bushmills in dem kostbaren Dokument sogar namentlich genannt.

Die Brennerei wurde allerdings erst 1820 gegründet. Ihr Malt Whisky war so erfolgreich, daß er bald in den Bars des Londoner Unterhaus, des House of Commons, ausgeschenkt wurde. Stolz wurde er daraufhin *Old Irish HC Whisky* getauft. Nach dem Tod des Gründers James Moore wurde sie von Robert Taylor übernommen. Sein Unternehmen blühte und sein Whisky galt als einer besten überhaupt. Aber der Glanz zerfiel unter seinen Nachfolgern, denen die beiden Weltkriege und vor allem die Prohibition in den USA zu schaffen machte. Anfang der zwanziger Jahre mußte die Brennerei geschlossen werden. Erst 1938 konnte sie wieder eröffnet werden – und wurde wegen des Gerstenmangels im 2. Weltkrieg gleich wieder stillgelegt.

Später, als man auch in Irland dazu überging, Blended Whiskey zu produzieren, wurde eine → *patent still* installiert. Nachdem 1964 der letzte Malt geflossen war, wurde 1978 auch die Kolonne für den Grain abgebaut. Für die neuen Besitzer war es billiger, den Grain von ihrem modernen Komplex in → Midleton zu beziehen. Die Konzentration der irischen Whiskeyindustrie, die nach der Übernahme von Bushmills und damit auch von Colraine 1973 schließlich ganz dem Monopolisten IDG gehörte, hatte ein weiteres Opfer gefordert.

Was mit dem Malt von Colraine verlorengegangen ist, können nur die ermessen, die eine der 396 Flaschen eines 1959 destillierten, 34 Jahre alten Single Malt ergattern konnten. Er wurde von IDG 1993 abgefüllt. Der Whiskey war diesmal mit »e« geschrieben und auf dem Label stand Colraine Distillery Ltd. Der Inhalt wies nach so langer Zeit immer noch stolze 57.1 % Alkoholgehalt auf und wurde von denen, die ihre Flasche tatsächlich auch öffneten, über die Maßen gelobt. Die weniger Privilegierten können heute nur den Blend mit dem Namen *Colraine* kaufen. Er ist ein → Standard und wird vor allem auf dem heimatlichen Markt in Nordirland verkauft.

Collins Whisk(e)ydrinks, die es in einer Reihe von Varianten gibt. Sie bestimmen sich nach dem Whisk(e)ytyp, der als Basis für sie genommen wird. Dabei werden immer drei Teile Whisk(e)y mit einem Teil Zitronensaft und einem Teelöffel Zucker verrührt und mit viel Soda oder Mineralwasser aufgefüllt. Mit viel Eis und einer Maraschinokirsche und einer Orangenscheibe servieren. Die Scotch-Variante heißt Sandy Collins, die mit Irish Mike Collins, die kanadische Captain Collins und die mit Bourbon Colonel oder John Collins.

Column still Bezeichnung für einen Destillierapparat, der in den zwanziger Jahren des letzten Jahrhunderts neben die bis dahin ausschließlich verwendeten → *pot stills* trat. Als seine Erfinder gelten der Schotte Robert → Stein und der in Dublin als Steuerbeamter tätige Aeneas → Coffey. Das von ihnen entwickelte Gerät wird meist als → *patent still* oder, weil er anders als die *pot stills* eine kontinuierliche Produktion ermöglicht, auch → *continuous still* genannt. Von *column* spricht man, weil es sich gewöhnlich um zwei, bis zu 15 Meter hohe, Säulen aus Kupfer oder Edelstahl handelt, in deren Innern perforierte Platten, ebenfalls aus Kupfer oder Edelstahl, übereinandergeschichtet sind, die als kleine Brennblasen funktionieren. In ihnen läuft die oben in die zweite Säule eingespeiste kalte → *wash* nach unten, dabei auf von unten zugeleiteten Dampf treffend. Nach einem permanent ablaufenden Verfahren kondensiert schließlich chemisch sehr reiner Äthylalkohol, der etwa 95 % hat. In Schottland wird in den *column stills* Grain Whisky produziert. In Irland gehören zur Einrichtung der großen Anlage in → Midleton neben *pot stills* auch Säulen und entsprechend der irischen »Philosophie« werden natürlich drei Säulen kombiniert. In Kanada wird, um einen noch »saubereren« Whisky herstellen zu können, ein zweites Säulenpaar verwendet. In den USA werden praktisch alle Whiskies in einer Kolonne gebrannt, an die noch ein → *doubler* oder ein → *thumper* angeschlossen ist.

Commander-in-Chief Schottischer Blend ohne Altersangabe. Er ist eine der weniger bekannten Marken von Brodie Crawford & Co., deren bekanntestes Produkt sicherlich der → *Brodie's Supreme* ist.

Condenser Bezeichnung für Apparate, in denen beim Destillieren in → *pot stills* der Dampf durch Kühlung wieder zur Flüssigkeit wird. In der → *wash still* wird die → *wash*, in der → *spirit still* werden die → *low wines* durch Erhitzen in Dampf verwandelt, der aufsteigt und am Kopf der Brennblasen über den → *lyne arm* in die Kondensatoren geleitet wird. Sie werden durch Wasser gekühlt. Eine ältere Form ist der → *worm*, der sich an den *lyne arm* anschließt und sich spiralförmig durch eine hölzerne Tonne zieht. Brennereien freilich, die die »Würmer« noch haben, schwören auf sie. Sie waren oft im Freien außerhalb des → *stillhouse* aufgestellt. Man kann sie in → Edradour sehen, in → Glenkinchie und auch in → Talisker. Die meisten wurden jedoch durch moderne Geräte ersetzt.

Connemara Irischer Single Malt. Seit ihrer Gründung im Jahre 1987 ist die junge irische Firma → Cooley Distillery bereits für viele Überraschungen gut gewesen. Einige hingen damit zusammen, daß sie mit bis dahin geheiligten irischen Prinzipien gebrochen hat – zur Freude der Whisk(e)yliebhaber. Sie hat sich sowieso von Anfang an mehr an schottischen Gebräuchen orientiert und nicht nur (gebrauchtes) Equipment aus Schottland geholt, sondern sich auch der Mitarbeit schottischer Fachleute versichert. So arbeiteten Billy Walker von → Burn Stewart oder Jimmy Lang von → Chivas in Riverstown. Auf ihren Rat dürfte zurückzuführen sein, daß Cooley bald begann, auch getorftes Malz zu verwenden.

Das war nicht nur ein Bruch mit der irischen Tradition, sondern bot vor allem die Möglichkeit, mehrere unterschiedliche Single Malts zu produzieren. Erklärte Absicht war dabei, einen Whiskey zu haben, der es mit dem schweren → Islays aufnehmen konnte. Nachdem Cooley zunächst den ungetorften → *Tyrconnell* erfolgreich eingeführt hatte, folgte bald der nach einer irischen Landschaft benannte *Connemara*. Er wird in zwei Versionen abgefüllt: mit 40 % und, seit 1997, auch als → *cask strength*, die sich natürlich von Abfüllung zu Abfüllung ändert. So kam nach einem mit 60.9 % ein zweiter heraus, der 60.2 % in die Flasche brachte.

Connexion Japanischer Blend. Er kommt von → Nikka und ist nur in Japan zu bekommen. Unter dem gleichen Namen liefert die Firma eine Spirituose, die aus Rum und Rye, also einem Roggendestillat, gemixt ist und nicht nur in einer Flasche, sondern auch im Tetrapack verkauft wird.

Connoisseurs Choice Unter diesem Namen bringt der unabhängige Abfüller → Gordon & MacPhail Malt Whiskies heraus, die oft von längst geschlossenen oder sogar schon zerstörten Brennereien stammen. Oft kommen sie auch von Destillerien, die ihren Malt nicht selbst als → Eigentümer-Abfüllung herausbringen, weswegen sie bei Sammlern besonders begehrt sind, stellen sie doch die einzige Möglichkeit dar, von der betreffenden Destillerie eine Flasche zu bekommen. Die Abfüllungen weisen immer 40 % Alkoholvolumen aus, angegeben ist auf dem Etikett immer das Jahr der Destillation, leider aber nur selten auch das der Abfüllung.

Consulate Schottischer Blend. Er wird, ausschließlich für den amerikanischen Markt, von → QSI, einer Tochter von William → Grant & Sons, als »value for money«-Produkt hergestellt.

Continuous still Bezeichnung für einen Destillierapparat, der im Unterschied zu den bei der Produktion von Malt Whisky verwendeten *pot stills* das Destillieren nicht nur partienweise, sondern in einem Verfahren ermöglicht, das kontinuierlich betrieben werden und schon deshalb wesentlich rationeller und auch billiger arbeiten kann. Erfunden wurde es von Robert → Stein und Aeneas → Coffey. Es hat die Welt des Whisky verändert: Denn von nun an war es möglich, chemisch reineren, dafür deutlich geschmacksärmeren, Grain Whisky herzustellen und damit letztlich den Blend und die Markenwhiskies zu erfinden, die wiederum die Voraussetzung dafür waren, daß der Scotch zum internationalen Getränk werden konnte. Auch in den anderen Ländern, in Irland, in Kanada und in den USA kam es zur Anwendung und stellt dort heute praktisch, von wenigen Ausnahmen abgesehen, die einzige Methode bei der Herstellung der jeweils landeseigenen

Whisk(e)y-Arten dar. Allerdings wird der Terminus selbst nur selten verwendet; gesprochen wird meist von →*patent* oder →*column stills*.

Convalmore Schottische Malt-Destillerie. Ihr Name, ausgesprochen »Konwal-mor« und auf der vorletzten Silbe betont, bedeutet Groß-Conval. Sie liegt am nördlichen Ortsausgang von →Dufftown und zählte zur →Speyside. Das herausragendste Ereignis in der Geschichte der 1894 eingeweihten Brennerei war ein Großbrand im Jahr 1909. Damals im Besitz von →Buchanan, kam sie 1925 zur →DCL, die sie 1985 schlossen. Deren Nachfolger →UD verkauften die völlig leergeräumte Anlage an William →Grant & Sons, denen im gleichen Ort schon →Glenfiddich, →Balvenie und →Kininvie gehören. Sie benutzen die nahegelegenen →*warehouses* von Convalmore nur noch zum Reifen ihrer eigenen Malts. Den Whisky gab es nie als Single Malt in →Eigentümer-Abfüllung. →Unabhängige Abfüller, z. B. →Cadenhead, Signatory oder →G&M in der →»Connoisseurs Choice«-Serie, hatten und haben ihn aber von Zeit zu Zeit im Programm.

Cooley Distillery Irische Whiskeyfirma, die erst 1987 gegründet wurde und in der kurzen Zeit ihrer Existenz die irische Whiskeywelt kräftig aufgemischt und durchgewirbelt hat – und das nicht nur, weil sie dafür gesorgt hat, daß sich die Zahl der irischen Sorten nahezu verdoppelte, daß sich die Qualität ihrer Whiskeys auch nach Ansicht kritischer Kenner im Lauf der Zeit immer weiter verbessert hat und daß sie durch einige neue Produkte wie getorfte Single Malts die Whisk(e)ytrinker erfreute.

Die Gründung von Cooley verdankte sich dem Zorn und der Enttäuschung eines erfolgreichen Geschäftsmannes darüber, daß er beim Verkauf der →IDG nicht zum Zuge gekommen war und daß der den irischen Whiskey dominierende Konzern in fremde, französische!, Hände und in den Besitz der Groupe →Pernod Ricard gelangte. Das Geld, das John J. →Teeling ursprünglich in die →IDG investieren wollte, verwendete er dazu, dem irischen Staat für 120 000 Pfund die futuristisch und mehr nach Raffinerie aussehende Cimicei Teo Distillery bei →Riverstown nahe der Grenze zu Nordirland abzukaufen.

Er mußte zusammen mit seinen Mitinvestoren noch einmal drei Millionen ausgeben, um sie von einer Anlage zur Herstellung von Industriealkohol in einen Betrieb umzubauen, der sowohl Malt als auch Grain produzieren konnte. Man konnte auch die alte →*pot stills* der längst verblichenen →Comber Distillery erwerben und kaufte von →Inver House eine →*mash tun* aus der ebenfalls stillgelegten schottischen →Moffat Distillery. Auch Fachleute wie der Masterblender Billy Walker wurden aus Schottland geholt. Es paßt ins Bild, daß Cooley, anders als alle anderen irischen Brennereien, nur zweimal destilliert – wie es in Schottland die Regel ist. Die nächsten Schritte Teelings bewiesen, daß er seine Abschlußarbeit in Harvard nicht umsonst über die Verbesserung von Marketingstrategien für →Irish Whiskeys geschrieben hatte. Er nannte die Brennerei nach den nahegelegenen Cooley Mountains, erwarb, da er natürlich auch → *warehouses* brauchte, die nur noch als Museum bestehende alte → Kilbeggan Distillery und kaufte die Rechte an den Namen von altehrwürdigen Firmen und unvergessenen Marken wie → Locke, → Millar, → Watt, → Tyrconnell und → Inishowen.

Die Konkurrenz von IDG wurde erst wach, als die junge Firma, um dringend benötigtes Geld zu verdienen, mit dem *The Tyrconnell* einen sehr jungen Malt auf den Markt brachte. Eine drohende Übernahme durch den übermächtigen Konzern verhinderte die irische Monopolkommission. Mit Erfolg schaute sich Teeling nach Partnern um, die ihm das nötige Geld zum Weiterbestehen geben konnten. Er schloß Distributionsverträge mit → UD, → Heaven Hill und vor allem mit der ebenfalls mittlerweile in amerikanischem Besitz befindlichen schottischen Firma → Invergordon ab, die ihm Whiskey abnahm, um daraus eine Vielzahl von → Blends zu machen, die zum größten Teil exklusiv von Supermarktketten wie → Sainsbury, → Marks & Spencer oder → Tesco verkauft werden (der Kontrakt mit Invergordon wurde zwischenzeitlich wieder aufgelöst).

Cooleys Marken sind kaum mehr zu überblicken: Neben dem *Tyrconnell* und dem revolutionären, weil mit getorftem Malz hergestellten *Connemara*, dem → *Shanagarry* und dem exklusiv für Oddbins hergestellten → *Slieve na gCloc*, die alle Single Malts sind, neben dem → Blend → *Kilbeggan* und → *Locke's*, der als Blend und als Malt kommt, gibt es von → *Avoca* über → *Ballygeary*, → *Cassidy's* bis hin zu einer Hausmarke von → Waitrose nahezu keinen Buchstaben ohne Cooley-Whiskey. Der → *Dunlow* z. B. allein existiert in fünf verschiedenen Versionen für fünf französische Ladenketten. Fast alle sind auch in Deutschland zu bekommen: bei »Celtic« in Nürnberg. Otto Steudels Laden führt sogar einen → *Celtic*. Er wurde von Cooley zu Ehren des 1888 gegründeten FC Celtic Glasgow als deren Haustrunk herausgebracht.

Cooper's Choice, The Unter diesem Namen bietet The → Vintage Malt Whisky Company in Glasgow, einer der jüngsten, erst 1992 in Erscheinung getretenen → unabhängigen Abfüller, → Einzelfaß-Abfüllungen von ausgewählten schottischen Malt-Destillerien an. Da das Angebot sich naturgemäß schnell ändert und ausverkaufte und ausgetrunkene Abfüllungen immer wieder durch neue ersetzt werden, führen wir als Beispiel auf, welche Destillerien im Januar 1998 im Angebot waren: → Aberfeldy 1982, → Aultmore 1983, → Balmenach 1978, → Benrinnes 1981, → Caol Ila 1982, → Clynelish 1982, → Convalmore 1981, → Dailuaine 1981, → Glendullan 1978, → Macduff 1978, → Port Ellen 1983,→ Royal Brackla 1979, → Teaninich 1983, → Tomatin 1977. Eine Spezialreihe stellen die → Sherry-Faß-Abfüllungen dar, die alle mit 50 % in die Flasche kommen: *Aultmore*, → *Imperial* und → *Linkwood*, alle von 1983. Diese Aufzählung allein zeigt, daß das Angebot aus Glasgow sorgfältige Aufmerksamkeit verdient: der Kenner wird auf den ersten Blick sehen, daß manche Malts nur sehr selten zu bekommen sind. Ein *Convalmore* oder ein *Imperial* sind immer eine Rarität und der *Port Ellen* ist auf dem besten Weg, eine zu werden.

Cor, John Schottischer Mönch. Er gehörte zum Orden der Benediktiner und lebte in Lindores Abbey, einige hundert Meter östlich von Newburgh in der Grafschaft Fife. Das ist alles, was wir von dem Klosterbruder wissen und dennoch ist sein Name bis heute nicht vergessen. Denn dieser Name steht am Anfang jeder Geschichte des Whisky, der gesicherten und schriftlich dokumentierten jedenfalls. John Cor ist der erste namentlich bekannte Hersteller von Malt, er ist unsterblich geworden, weil sein Name sich im ältesten bekannten Dokument findet, in dem von Whisky die Rede ist. Es war natürlich in lateinischer Sprache abgefaßt und kündet davon, daß »Bruder John Cor acht Maß Malz, um daraus Lebenswasser zu machen« bekam, Lebenswasser, aqua vitae, uisge beatha, Whisky. Das Dokument, ausgefertigt 1494, ist die königliche Fiskalurkunde, die »Exchequer Rolls of Scotland«, die heute vom Keeper of the Records in Edinburgh aufbewahrt wird. Der Whisky war natürlich für den König gedacht, für James IV. Zum Gedenken an John Cor und den Beginn der schottischen Whiskygeschichte veranstaltete die Scotch Whisky Association 1994 einen Wettbewerb, an dem sich unter dem Motto »The Spirit of Scotland« die Whiskyfirmen mit einem eigens kreierten Blend beteiligen sollten. Unter den Teilnehmern waren auch UD, die ihren Whisky *Friar John Cor Quincentenary* nannten.

Corby Kanadische Whiskyfirma mit Sitz in Agincourt, Ontario. Sie führt ihre Ursprünge auf Henry Corby zurück, der als Einwanderer aus England nach Kanada kam und 1857 nahe Belleville eine Mühle und dann eine Destillerie baute. Corbyville lag am River Moira nicht weit von dessen Mündung in den Ontariosee. Nach einem Feuer 1907 wurde sie in traditionellem Stil wiederaufgebaut und muß ein architektonisches Kleinod gewesen sein. Sie ist leider längst geschlossen, aber an den Namen der Gründerfamilie erinnern noch ein Park und eine Bibliothek in Belleville. In den zwanziger Jahren führte sie ein Manager, Harry → Hatch, zu neuer Blüte: der Mann, der kurz darauf zuerst → Gooderham and Worts und dann Hiram → Walker kaufte und damit die Grundlage schuf für eine der beiden großen Firmen, die heute den kanadischen Whisky dominieren. → Hiram Walker, selbst im Besitz von → Allied Domecq, hat die Aktienmehrheit an Corby. Ihre Whiskies kommen heute aus → Walkerville, der einzigen Brennerei des Konzerns. Die wesentlichen Marken sind der an eine andere längst verblichene kanadische Brennerei erinnernde → *McGuinness*, → *Meagher's*, → *Royal Reserve*, → *Silk Tassel* und → *Wiser's*.

Die Namen Corbyville und Corby Distilleries schienen den Kanadiern gerade richtig, um den unter den Whiskies des Landes ziemlich einzigartigen → *Lot No. 40* zu schmücken.

Corio Australischer Blend, den man

bald nicht mehr finden wird. Die noch existierenden Flaschen sind die letzten, die übriggeblieben sind, als sein Hersteller United Distillers die Produktion ihrer Corio Distillery in Melbourne einstellten und alle noch in Flaschen vorhandenen Vorräte zu Gin umdestillierten. Die Firma hat übrigens nichts mit → UD zu tun, obwohl man vermuten könnte, daß die → Guinness-Tochter, die natürlich auch in Australien vertreten ist, nicht traurig war über das Ende des Konkurrenten. Wer aber geglaubt hat, daß damit wirklich die letzte Whisky-Brennerei → Australiens zu arbeiten aufgehört hatte, war nur schlecht informiert: auf der Insel → Tasmania gibt es zwei, allerdings sehr kleine, neue Brennereien.

Cork Stadt im Südwesten der Republik Irland und einst ein Zentrum des Irish Whiskey, der sich damals fast durchweg noch ohne »e« schrieb. Von den vielen Brennereien, die es in der Stadt und ihrer Umgebung einmal gegeben hat, sind → Hewitts Watercourse Distillery, North Mall, Daly's of John Street und The Green zumindest Historikern heute noch bekannt. Sie schlossen sich später mit der nahegelegenen → Midleton Distillery, wo heute bis auf → Cooley die gesamte Whiskeyherstellung der Republik konzentriert ist, zur Cork Distilleries Co. zusammen. Aus Cork kam der originale → *Paddy*, der auch heute noch den Namen der alten Firma auf dem Etikett trägt. An die Bedeutung Corks erinnert der *Hewitts*. Sie erschließt sich auch heute noch leicht jedem, der mit offenen Augen durch die Stadt geht und auf die architektonischen Reste der alten Brennereien stößt.

Corn Amerikanische Whiskeysorte. Sie unterscheidet sich von den anderen dadurch, daß für ihre Maische mehr als 80 % *corn* verwendet werden muß. Dieser sehr hohe Maisanteil macht ihn billig, aber auch geschmacklich eindimensional. Wird er auch noch mit hohem Alkoholgehalt angeboten, bietet er eine Mischung von Süße und Schärfe, die an frische schwarzgebrannte Destillate erinnert, die als *moonshine* durchaus viele Anhänger haben. Wie auch Bourbon und Rye darf der Corn nicht mehr als 160° / 80 % haben, wenn er aus den *stills* kommt. Ein weiterer Unterschied zu ihnen ist aber, daß er sowohl in neuen wie auch in gebrauchten Fässern gelagert werden darf; nur ein Straight Corn, von dem aber keine Beispiele mehr bekannt sind, müßte ausschließlich in neuen Fässern reifen. Für den Corn gibt es keine gesetzlich vorgeschriebene Mindestlagerzeit. Ein Corn wie der *Georgia Moon* ist denn auch nicht mehr als dreißig bzw. fünfzig Tage alt, bevor er in die Flaschen, oder in seinem Fall besser in die Einmachgläser kommt. Auch das ist eine Parallele zu den Schwarzgebrannten. Nur wenige Corns sind wie der *Cabin Hollow*, der *Corn Crib*, der *Golden Grain*, der *J. W. Corn*, der *Mellow Corn*, der *Old Dispensary* und McCormicks *Platte Valley* allgemein verfügbar, die meisten haben nur eine sehr eingegrenzte lokale Bedeutung.

Corn Base Japanischer Blend, der kein → Bourbon ist, ihn aber zu imitieren versucht: Er besteht aus in den USA produziertem und nach Japan importiertem Mais-Destillat, das in Japan mit von → Nikka erzeugten Whiskies »verheiratet« wird, wobei alle Bestandteile ein Mindestalter von acht Jahren aufweisen.

Corn Crib Ein Kentucky Corn, wie der Name schon vermuten läßt, der »Maiskolben« bedeutet. Er ist einer der nicht einmal zehn verbliebenen seiner Gattung und kommt von → Barton Brands und aus deren Brennerei in → Bardstown.

Corner Creek Reserve Kentucky Straight Bourbon. Er kommt von einer sonst unbekannten Firma, die den Namen ihrer Marke trägt. Sie füllt ihn mit 88°/44 % ab. Er ist eine kleine Besonderheit: Während die meisten anderen Bourbons neben dem gesetzlich vorgeschriebenen Mais und dem für die Gärung notwendigen Gerstenmalz entweder Roggen oder Weizen für ihre Maische verwenden, werden bei seiner Herstellung beide Getreidearten eingesetzt.

Corney & Barrow Eine schon 1780 in London gegründete Firma, die vor allem als Weinhandelshaus mit Niederlassungen in London, in Edinburgh und Newmarket Renommee erwarb und, vor allem als Mitbesitzer von James → Catto & Co., lange auch intensiv im Whiskygeschäft engagiert war. Der Blend mit ihrem Namen wurde selbstverständlich von Catto hergestellt. Nach der Trennung wurde er in Edinburgh von Peter J. → Russell gemacht, die aber nach eigenen Angaben heute nichts mehr mit ihm zu tun haben. Man findet ihn aber noch. 1994 fusionierte die Firma mit einem anderen sehr alten Wein-haus, mit Whighams of Ayr, die ihren eigenen Blend, → *Duart Castle* mitbrachten.

Country Gentlemen's, The Schottischer Blend, der ganz exklusiv für die Mitglieder der exklusiven Country Gentlemen's Assocation gemacht wird und zwar von einer Firma namens Hedley Wright & Co. in Bishop's Stortford. Ihr Inhaber ist niemand anderer als ein Nachkomme der berühmten Familie → Mitchell und der heutige Besitzer der → Springbank Distillery.

County American Blended von der David → Sherman Company of St. Louis.

Cousin Elvis Kentucky Straight Bourbon mit zwölf Jahren und 101°/50.5 %. Wer immer dieser Elvis sein mag, eine Brennerei hat er natürlich nie gehabt: Bei der C. E. Distilling Co., die als Abfüller genannt ist, handelt sich nur um eine weitere der vielen Firmen, unter deren Namen die → Kentucky Bourbon Distillers ihre unendlich vielen Sorten anbieten, die aber wahrscheinlich alle nur aus einer einzigen Distillery kommen: aus der ebenfalls in Bardstown ansässigen → Heaven Hill.

Couvreur, Michel In Burgund lebender Belgier, der sich dort als Weinhändler und als → unabhängiger Abfüller schottischer Whiskies betätigt. Sie kamen früher mit dem Label → »Meldrum House« auf den Markt und tragen jetzt seinen eigenen Namen *Michel Couvreur*.

Cowie & Sons, Georges Schottische Whiskyfirma, deren Name einer breiteren Öffentlichkeit zum erstenmal auffiel, als die → DCL Schwierigkeiten mit der EG bekam und ihre Supermarke → *Johnnie Walker* ausgerechnet vom britischen Markt nehmen und 1978 durch den → *John Barr* ersetzen mußten, als dessen Hersteller sie ihre Tochterfirma nannten. Maltliebhabern war sie indes schon vorher ein Begriff, weil sie die Lizenz für die → Mortlach Distillery in → Dufftown hatte und ihr Name auch auf den Flaschen stand, die → Gordon & MacPhail von diesem bei Kennern äußerst geschätzten Malt herausbrachten. Cowie besaß die Brennerei immerhin schon seit 1854 und der Name steht immer noch an der Eingangstür zum Büro des Managers, obwohl die Brennerei heute → UDV gehört.

Crabbie's Bis 1993 ein Name, der auch für Scotch stand, ist er heute nur noch auf Flaschen mit »Green Ginger Wine« zu finden, dem man pur besser aus dem Weg gehen sollte, der aber als Mixgetränk gute Dienste für Cocktails leistet und unerläßlich ist zur Herstellung des berühmten → *Whisky Mac.* John Crabbie gründete seine Firma 1801. Ihr gehörte auch einige Zeit → Balmenach. Über eine Verschmelzung mit → Macdonald Greenlees kam die Familienfirma 1922 unter die Kontrolle der DCL und damit später zu → UD, die sie 1994 an → Macdonald Martin/→ Glenmorangie plc verkauften.

Cragganmore Schottische Malt-Destillerie. Ihr Name, ausgesprochen »kraggan-mor«, bedeutet großer Felsen. Sie liegt zwischen Grantown-on-Spey und → Aberlour, zwischen der A95 und dem Fluß an dessen südlichem Ufer. Sie gehört zur → Speyside. Der Gründer, John Smith, verwertete die vielfältigen Erfahrungen, die er in → Glanfarclas, → Macallan und → Glenlivet gesammelt hatte, 1870 beim Bau seiner eigenen Brennerei. Vom Start weg schaffte er es, seinen Malt zu den begehrtesten Whiskies überhaupt zu machen – mit dem für Maltliebhaber äußerst unangenehmen Effekt, daß er fortan ausschließlich für Blends verwendet wurde. Man nennt den Malt »aristokratisch« und führt seinen Reichtum und seine Komplexität auf die ungewöhnliche T-Form der → *still*-Köpfe zurück. Auch wenn sie heute vier → Brennblasen hat, ist Cragganmore immer noch eine kleine Brennerei. Sie kam über → White Horse Distillers und die → DCL zu → UD, die die Lizenz 1992 von D. & J. → McCullum an → MacDonald Greenlees übertrugen. Heute gehört sie natürlich zum Imperium der UDV.

Als Single Malt in → Destillerie-Abfüllung gab es ihn in sehr beschränkter Menge, ehe er von → UD verdientermaßen zu einem der sechs → »Classic Malts« gemacht wurde, wo er, 12 Jahre alt, glanzvoll die Speyside repräsentiert. Ende 1997 wurde ihm in der neuen Reihe »The → Distillers Edition« eine limitierte Abfüllung zur Seite gestellt – ein 1984 destillierter Malt, der in einem Portweinfaß eine zweite Reifung, ein zusätzliches → *finishing* erhalten hat.

Craigduff Schottischer Single Malt, dessen Name unbekannt war, ehe er sich im → *Century* von → Chivas Bros. und dem dazugehörigen Büchlein fand. Seine Heimatbrennerei ist → Strathisla, wo → Chivas Bros. in den siebziger Jahren einige Malts herstellen ließ, die vom → Hausstil abwichen und vor allem heftiger getorft waren als sonst üblich. Sie sollten ihnen das liefern, was sie nicht besaßen: einen → Islay-artigen Malt von einer eigenen Brennerei auf der Insel. Die Experimente wurden bald eingestellt. Als Single Malt ist der Whisky weder als → Eigentümer-Abfüllung noch von den → unabhängigen Abfüllern in den Handel gekommen.

Craigellachie Schottische Malt-Destillerie. Ihr Name, ausgesprochen »kregelláchie« und auf der vorletzten Silbe betont, bedeutet Felsenberg. Sie liegt nicht weit entfernt von der Kreuzung der A9 mit der Straße von → Rothes nach → Dufftown fast in Sichtweite des River Spey und zählt zur → Speyside. Zu ihrem Gründerkonsortium gehörte Peter → Mackie, dessen Name wie der von Craigellachie Distillery untrennbar mit → White Horse Distillers und ihrem berühmten Blend verbunden sind. Sie waren noch 1998 als Lizenzinhaber registriert; ihr Name prangte in großen Lettern am → *stillhouse* – was das FAZ-Magazin zu der hübschen Behauptung verleitet hat, dort werde der Blend destilliert!

Als sich nach Mackies Tod die Übernahme seiner Firma durch die → DCL nicht mehr verhindern ließ, kam auch die 1891 erbaute Brennerei 1927 in deren Besitz und folglich 1987 zu → UD. Zehn Jahre später trennten sich deren Nachfolger UDV, die aus der Fusion von → Guinness und → Grand Metropolitan zu → Diageo bzw. deren Töchter UD und → IDV entstanden waren, von der Brennerei: Sie befand sich wie → Aberfeldy, → Aultmore und → Royal Bracka in dem Paket von vier Brennereien, das zusammen mit der Marke → *Dewar's* an → Bacardi verkauft wurde.

Schon UD hatten den vorher auch von den → unabhängigen Abfüllern nur selten zu bekommenen Malt aus Craigellachie als 14jährigen Single Malt in → Eigentümer-Abfüllung im Rahmen ihrer → »Flora & Fauna«-Serie endlich allgemeiner verfügbar gemacht. Der Löwenanteil an ihm wurde natürlich immer vor allem für den *White Horse* und auch für den → *Logan* gebraucht. Vermutlich haben sich UDV den Nachschub durch langfristige Lieferverträge mit dem neuen Besitzer gesichert. Offen ist, wie es mit dem Single Malt weitergeht. Wenigstens hin und wieder ist er auch von den → Unabhängigen zu bekommen.

Craiglodge Einer der sechs Malts aus der → Loch Lomond Distillery, von denen nur zwei, der → *Inchmurrin* und der → *Old Rhosdhu*, als Single Malt zu bekommen sind, während die anderen vier einstweilen nur zum Blenden bestimmt sind. Der Autor Jim Murray vergleicht ihn mit dem *Rhosdhu*, berichtet aber, daß nur die Hälfte des verwendeten Malzes getorft sei.

Craignure, The Schottischer Single Malt von → Invergordon, einer von fünf aus ihrer im Herbst 1997 herausgebrachten Serie »The → Malts of Scotland«. Sie zeichnet sich dadurch aus, daß sie mit der Regel gebrochen hat, Single Malts mit dem Namen ihrer Brennerei zu bezeichnen. In diesem Fall kann man wenigstens vermuten, woher er kommt, denn Invergordon besitzt die → Isle of Jura Distillery. Die liegt in Craighouse, was ja fast dasselbe ist wie »Craignure« – jedenfalls für clevere Designer, die sich solche Produkte ausdenken, oder für Kommerzstrategen, die in irgendwelchen weit von Schottland und seiner Geschichte entfernten Firmenzentralen sitzen wie bei → JBB, d. h. Jim Beam Brands, den Besitzer von Invergordon. Was kümmern die Amerikaner schottische Geschichte, Ortsnamen oder Traditionen, Hauptsache die Kasse stimmt.

Cratur In Schottland und Irland gebräuchliche Verballhornung des Wortes »creature«, die vor allem für Whisk(e)y verwendet wird. Sie geht angeblich auf das Bibelwort »every creature of God is good« zurück und wird gerne mit dem Adjektiv »real« zusammengebracht. Bei feierlichen Banketten, etwa bei den alljährlich am 25. Januar zelebrierten Burns Suppers oder bei den Inaugurationsabenden der »Keepers of the Quaich« wird das schottische Nationalgericht Haggis »wi' Champit Tatties an' Bashed Neeps wi' a Wee Drap o' the Cratur« serviert, also mit Kartoffelpuree, pürierten Rübchen und einem kleinen Tropfen der Kreatur.

Crawford's Schottischer Blend, der in zwei Versionen, als *3 Star* und als *5 Star* verkauft wurde – die mit weniger Sternen übrigens mit einem Label, das seit der Jahrhundertwende unverändert ist. Die Marke, einst in Schottland die erfolgreichste, wurde von der 1860 in Leith gegründeten Firma A. & A. Crawford etabliert, die später unter den Einfluß der → DCL geriet und für sie die Brennerei → Benrinnes führte. → UD, Nachfolger von DCL, verkauften wiederum die Rechte an dem Whisky für Großbritannien an → Whyte & Mackay, besitzen aber immer noch die Lizenz für den Rest der Welt. Zur Zeit wird nur die einfache Version hergestellt.

Crescent Japanischer Blend von → Kirin-Seagram, der nicht allein auf japanischen Whiskies beruht, sondern auch schottische Bestandteile enthält, auf die die Firma durch die → Seagram-Tochter The → Chivas & Glenlivet Group natürlich leichten Zugriff hat. *Crescent* ist das Spitzenprodukt der Japaner und ein Super-Premium, eine Kategorie, die in Japan mehr als 40 % Maltanteil haben muß. Er ist nur in seinem Heimatland zu bekommen.

Crest Japanischer Blend von → Suntory, den es in zwei verschiedenen Versionen gibt, von denen allerdings nicht bekanntgegeben wird, ob sie sich durch mehr als nur die Form und die Füllmenge der Flaschen unterscheiden. Beide tragen die Altersangabe 12 Jahre, die 0,75-Liter-Flasche erinnert ein bißchen an den → *Ballantine's*.

Crested Ten Irischer Whiskey mit 40 %. → Jameson brachten den Blend erst 1963 auf den irischen Markt, hauptsächlich um diesen nicht ganz → *Power's Gold Label* und dem → *Paddy* zu überlassen. Tatsächlich ist er aber die älteste Marke des Hauses (der heute meistverkaufte *Jameson* wurde erst 1968 eingeführt). Er enthält Whiskeys, die zwischen zehn und 15 Jahren alt sind, weist mehr → *pot still*- als Grain-Anteile auf, gilt aber dennoch als leicht. Wie alle irischen Whiskeys außer dem → *Tullamore Dew* und denen von → Cooley gehört er heute zum Portfolio der IDG, also von → Pernod Ricard.

Crinan Water Canal Schottischer Blend aus dem → Premium-Segment von Cockburn & Co. (Leith), die heute → Cockburn of Leith heißen. Er ist benannt nach der künstlichen Wasserstraße, die die Grenze zwischen Kintyre und den → Highlands darstellt und im späten 18. Jahrhundert geschaffen wurde, um den Schiffen einen direkten Durchgang zwischen dem Firth of Cyde und dem Atlantik zu geben und ihnen einen Umweg von mehr als 100 Kilometern zu ersparen.

Croftengea Schottischer Malt. Als einer von sechs verschiedenen wird er in der → Loch Lomond Distillery produziert. Er ist nicht als Single Malt zu haben, sondern wird nur zum Blenden verwendet. Der einzige, der ihn verkosten konnte, ist der »Whisky Writer« Jim Murray, der ihn einen »really peaty one« mit der »sweetest and oiliest peat attack in Scotland« nennt.

Crown Royal Kanadischer Whisky, der 1939 zum ersten Mal verkauft wurde. Anlaß für den neuen Whisky, den der sehr patriotisch und königstreu gesinnte Samuel → Bronfman schuf, war der Besuch von König George VI und Königin Elizabeth in ihrem Commonwealth-Staat Kanada. Dem hehren Zweck angemessen, war die Flasche nicht nur in Form einer Krone gestaltet, sondern auch aufwendig in purpurrotes Tuch verpackt. Zehn Jahre alt, galt und gilt er als der komplexeste aller kanadischen Whiskies; man hat ihn als den kanadischen → *»Macallan«* bezeichnet. 1995 kamen mit dem 12jährigen *Crown Royal Special Reserve*, der aus einer Reihe von speziell als »Waterloo-814 Reserve« zur Seite gelegten Whiskies gemacht wurde, und der 15 Jahre alten *Crown Royal Limited Edition* (exklusiv für USA) zwei neue Versionen dazu, wahrhaft exklusive und würdige Träger des großen Namens aus dem Hause → Seagram.

Cumbrae Castle Schottischer Blend von → MacDuff International. Er ist noch nicht lange auf dem Markt und nach einem Segelschiff benannt, das seinen Namen wiederum von den beiden Inseln Great und Little Cumbrae im Firth of Clyde hat. Von dem Schloß, das einst dort stand und von Oliver Cromwell in Schutt und Asche gelegt wurde, ist nur noch ein Turm erhalten. Der einfache Whisky aus dem → Standard-Segment wird vor allem in Südamerika und im Fernen Osten verkauft.

Custodian Schottischer Blend, der unter dem Firmennamen Denham vom Londoner Handelshaus → Red Lion Blending hergestellt und vor allem in Südamerika verkauft wird.

Cutty Sark Schottischer Blend, der sich distinguiert nicht »Scotch«, sondern »Scots« nennt und einen berühmten Namen hat, für den es gleich zwei Paten gibt: Von der hübschen Hexe mit dem »cutty sark«, dem abgeschnittenen Hemdchen, die seinem Tam O'Shanter im Gehirn herumspukt, singt der schottische Nationalbarde Robert → Burns in seiner gleichnamigen Ballade. »Cutty Sark« hieß aber auch der in Schottland gebaute Clipper, der lange Zeit den Rekord für die schnellste Fahrt von Australien nach England hielt. Er lag gerade wieder unter seinem ursprünglichen Namen in London, als → Berry Bros. & Rudd nach einem Namen für einen Blend suchten, den sie kurz vorher entwickelt hatten. Das war 1923, also zur Zeit der Prohibition in den

USA, was Mr. Berry nicht daran hinderte, beträchtliche Exportanstrengungen zu unternehmen. Seinen Erfolg verdankte die Neuschöpfung anfangs mehr der Tatsache, daß der berühmte Captain Bill → McCoy den *Cutty Sark* als eines der »Real McCoy«-Produkte einfallsreich nach USA zu schmuggeln verstand, was den Whisky so bekannt machte, daß die Berrys Besuch von dem Gangster Diamond Leg erhielten, der eine große Menge orderte.

Nach dem Ende der Prohibition entwickelte sich *Cutty Sark* bald zur Nr. 1 in den Staaten – und eine führende Position hat er dort und weltweit immer noch. Auch die blasse Farbe des Whisky, dem kein Karamel zugesetzt wird, paßte hervorragend zum Image des leichten Blend. Und das eigenwillige »Scots Whisky« auf dem von dem schottischen Künstler James McBey entworfenen Label sowie sein kräftiges Gelb, beide angeblich durch einen Irrtum des Druckers entstanden, wurden schnell als hervorragende optische Signale erkannt. *Cutty Sark*, von → Roberson & Baxter für Berry's geblendet, gibt es als → Standard, als 12jährigen *Emerald*, als 18jährigen *Discovery* und als *Golden Jubilee*. Dieser enthält bis zu 50 Jahre alte Whiskies und ist nur auf den Flügen von Cathay Pacific Airlines zu erhalten (und natürlich in Berry's Laden in Londons St. James's Street). Das Schiff kann man übrigens heute im Hafen von Greenwich bewundern.

CWS Britische Firma, die sich ausgeschrieben Co-operative Wholesale Society nennt, in Manchester zu Hause ist, dort eine große Abfüllanlage mit angeschlossenem Lagerhauskomplex betreibt und über eine große Zahl von Fililialgeschäften verfügt. In Manchester füllt sie auch für andere Firmen ab, aber ihre Eigenmarken im Whiskybereich macht sie nicht mehr selbst, sondern läßt sie von → Invergordon in Leith/Edinburgh blenden und abfüllen. Sie hat drei einfache → Standard-Blends: → *Heatherdale*, → *Highland Abbey* und → *Majority*.

D

D'Accord Spirituosen von → Seagram. Die Kanadier produzieren und verkaufen unter diesem Namen in der Volksrepublik China Whisky, Gin und Wodka. Die Wahl eines französischen Namens für Produkte, die man nicht gerade mit Frankreich identifiziert, hängt vielleicht damit zusammen, daß Cognac lange die einzige westliche Spirituose war, die in China auf breitere Zustimmung stieß; einen solchen bietet Seagram den Chinesen nicht, aber immerhin einen Brandy. Seagram war der ersten unter den großen internationalen Getränkekonzernen, der erkannte, welches Potential sich mit dem riesigen und bevölkerungsreichen Land bei einer politischen oder wenigstens wirtschaftlichen Öffnung auftun würde. Man ging bereits 1988 mit Shanghai Distillers ein *joint venture* ein, dessen erstes Ergebnis ein Whisky namens *Seagram's 7 Star* war, der indes nicht mehr in den Listen der Firma geführt wird.

Dailuaine Schottische Malt-Destillerie. Der Name, ausgesprochen »dalju-en« und auf der zweiten Silbe betont, bedeutet grünes Tal oder lange grüne Wiese. Sie liegt am südlichen Ufer des Spey in der Nähe des aufgelassenen Bahnhofes von Carron und gehört zur → Speyside. Die Brennerei zählt zu den unbekannteren, weil ihr Whisky praktisch ganz für Blends bestimmt war – vor allem für die von → *Johnnie Walker*, mit dessen Besitzern seit 1898 über die Dailuaine-→ Talisker Distillers Co. ein enges Verhältnis bestand, das die Zugehörigheit zur → DCL überdauerte und bis heute fortbesteht. Jetzt gehört sie → UDV und ist seit 1992 auf die → UMGD lizensiert. Die wahrscheinlich 1854 gegründete Destillerie wurde zweimal neugebaut, einmal nach einem Brand, dann, um auf sechs → *stills* erweitert zu werden. Als Single Malt ist ein *Dailuaine* in → Eigentümer-Abfüllung erst erhältlich, seit ein 16jähriger Malt in die → »Flora & Fauna«-Serie aufgenommen wurde. Auch bei den »Rare Malts« gab es (mindestens) eine Abfüllung, 24 Jahre alt und mit 60.92 %. Die Unabhängigen haben ihn zuweilen auch. Herausragend war der *Dailuaine* 1962, den Signatory 1998 als *cask strength* mit 57.6 % in einer Kristallkaraffe herausbrachte.

Daks Schottischer Blend, der von → Whyte & Mackay/→ JBB (Greater Europe) oder von ihrer Tochter → Invergordon hergestellt wird. Seit alle Marken der beiden Firmen nur noch in Invergordons großer Anlage am Salamander Place in Leith geblendet und abgefüllt werden, läßt sich das nicht mehr genau sagen. Auftraggeber ist in jedem Fall der renommierte Herrenausstatter Daks, der, wie seine Konkurrenten → Burberry oder → Dunhill, natürlich auch einen hauseigenen Whisky braucht. Seiner ist ein 17jähriger erstklassiger Blend, der standesgemäß im Decanter präsentiert wird.

Dalaruan Schottische Malt-Brennerei, die 1825 gegründet und kurz vor ihrem 100. »Geburtstag« 1922 für immer stillgelegt wurde. Sie gehörte David Colvill & Co. und stand in → Campbeltown. Ihren Namen erkoren sich Ende der achtziger Jahre die französische Champagnerfirma Taittinger und die schottischen → Lang Brothers, die über → Robertson & Baxter zur Edrington Group gehören, für ein *joint venture*, das bisher als einziges Produkt den Scotch → *Defender* hervorgebracht zu haben scheint.

Dallas Dhu Schottische Malt-Destillerie. Ihr Name, ausgesprochen »dallas du«, bedeutet schwarze Weide oder Wiese. Man findet sie, wenn man von Forres auf der der A940 in Richtung Grantown-on-Spey fährt. Sie zählt zur Whiskyregion der → Highlands. Die Brennerei wurde 1899 erbaut und im Jahr darauf an die Firma Wright & Greig, die damals den Blend → *Roderick Dhu* besaßen, verkauft. Heute ist die Destillerie nur noch Museum. Die Arbeit wurde schon 1983, also zu → DCL-Zeiten, eingestellt, angeblich, weil die Wasserzufuhr versiegte. Die komplette Einrichtung mit ihren zwei → *stills* blieb freilich so erhalten, wie sie nach dem Brand 1939 installiert wurde, sie wird liebevoll gepflegt und man könnte sofort wieder in Produktion gehen, aber → UD als Nachfolger der → DCL haben die Lizenz löschen lassen. Das eindrucksvolle und beliebte Museum steht unter der Leitung von → Historic Scotland, der staatlichen Kommission für »Ancient Buildings and Monuments«.

Als Single Malt in → Eigentümer-Abfüllung hat es den Whisky nicht gegeben, ehe → UD 1995 einen 24jährigen → *cask strength* in begrenzter Stückzahl in der → »Rare Malt Selection« herausbrachten. Ihm folgte ein zweiter mit 21 Jahren und 61.9 %. → Gordon & MacPhail hat noch, allerdings rasch schwindende Bestände und offeriert ihn aktuell mit 14 Jahren, davor mit 10 und dann mit 12 Jahren. → Signatory nahm ihn in die Serie → »Silent Stills« auf. Im April 1998 wurde, für Historic Scotland, das letzte noch verbliebene Faß von 1983 abgefüllt, das die Nummer 327 trug und genau 294 Flaschen mit 48 % Alkohol ergab. Ein paar Flaschen mehr, nämlich 438, umfaßte das Angebot, das Historic Scotland zum 100. »Geburtstag« der Brennerei im Frühjahr 1999 seinen Mitgliedern machte, als man einen 15 Jahre alten *Centenary Dallas Dhu* herausbrachte.

Dalmeny Schottischer Blend, der allerdings, anders als man erwarten könnte, nichts mit dem Schloß des Earl of Roseberry westlich von Edinburgh am Firth of Forth zu tun hat. Es handelt sich um eine alte Marke von der in Hull ansässigen Firma J. Townend & Sons, die ihn bei der Übernahme eines anderen Unternehmens sozusagen »geerbt« hat. Er wurde früher in den firmeneigenen Kellern aus Highland-Malts und Grains von der → North British Distillery selbst geblendet, wird aber heute aus Schottland bezogen und ist vor allem in Yorkshire zu finden. Es gibt ihn in zwei Versionen, als → Standard und als → De luxe.

Dalmore Schottische Malt-Destillerie. Ihr Name, »dal-mor« ausgesprochen, bedeutet großes Tal. Sie liegt, sehr abgeschieden, am Nordufer des Cromarty Firth in der Nähe von Alness und gehört zur Whiskyregion der nördlichen → Highlands. Ihre Geschichte begann 1839, als sie als typische Farmhaus-Destille zu arbeiten anfing, und ist für fast hundert Jahre mit der Familie → Mackenzie verbunden. Obschon ihre Besitzer 1960 mit → Whyte & Mackay fusionierten, die die Brennerei auf acht → *stills* erweiterten, zierte das Clan-Wappen der Mackenzies, der Hirschkopf, lange das Label und noch heute die Flasche. Schon sehr früh (1870) wurde in Dalmore begonnen, den Whisky in Sherryfässern zu lagern. Sie werden immer noch zu einem Drittel zum → *finish* verwendet und verleihen dem rauchigen und etwas trockenen Malt eine sanfte Süße.

Schon vor der Fusion ein wichtiger Bestandteil der Whyte & Mackay-Blends, gibt es ihn auch als Single Malt in → Destillerie-Abfüllung mit 12 Jahren schon lange; 1994 erhielt die Flasche ein neues Design. In manchen Ländern wird er auch mit 21 Jahren angeboten. Auch → *vintages* gibt es manchmal; so wurde 1989 ein 30jähriger *Dalmore* herausgebracht und zur Zeit kann man sogar einen 50 Jahre alten kaufen – allerdings nicht mehr für die 1000 Pfund, die er ursprünglich kostete. Als →»Stillman's Dram« kam zuerst ein 26jähriger mit 45 %, Ende 1997 ein 29 Jahre alter *Dalmore* heraus. Dem immer stärker werdenden Trend zur Zigarre trug man durch einen *Dalmore Cigar Malt* Rechnung, für den Chefnase Richard Paterson Whiskies aussuchte, die zum großen Teil in Oloroso-Sherry-Fässern gereift waren, angeblich weil deren größere Viskosität besonders gut mit einer Zigarre harmoniere.

Dalvegan Schottischer Vatted Malt, der von →Glenmorangie plc hergestellt wird und ausschließlich zum Verkauf in den Filialen der vor allem in Frankreich arbeitenden Supermarkt-Kette →Casino bestimmt ist.

Dalwhinnie Schottische Malt-Destillerie. Sie liegt, nahe der A9, an der Abzweigung der A889 zur A86 nach Fort William. Auch bevor die Straßen so gut ausgebaut waren wie heute, war die Stelle das, was der Name (er wird auf der vorletzten Silbe betont) der Brennerei bedeutet: ein Treffpunkt, der für Schmuggler so wichtig war wie für Viehtreiber auf dem Weg von den →Highlands in den Süden. Die direkt vorbeiführende Bahnlinie Glasgow – Fort William kompensierte, daß Dalwhinnie früher manchmal nur schwer zu erreichen war. Auf fast 330 Meter Höhe gelegen, gehört sie zu den höchsten Destillerien Schottlands, ist im Winter oft eingeschneit und dient ganzjährig als meteorologische Station. Die Datenerfassung für den Wetterdienst gehört zu den Pflichten des Brennerei-Managers. Ursprünglich 1897 als →Strathspey gegründet (obwohl sie nicht am Fluß Spey liegt), kam sie als erste schottische Brennerei für kurze Zeit in amerikanischen Besitz. Seit 1926 gehörte sie der →DCL, die sie vor allem für den Blend →*Black & White* von James →Buchanan & Co. kaufte, auf den die Lizenz bis heute läuft. Als Single Malt in →Eigentümer-Abfüllung gab es ihn (8 Jahre alt) schon von Buchanan. →UD nahmen ihn, als 15jährigen, in die Reihe der sechs →»Classic Malts« auf, ursprünglich mit der nun wirklich nicht zutreffenden Zuordnung Northern →Highlands, jetzt ist er besser klassifiziert als →Highland Malt. Ende 1997 wurde ihm in der neuen Reihe »The →Distillers Edition« eine limitierte Abfüllung an die Seite gestellt, mit einem 1980 destillierten Malt, der in einem Oloroso-→Sherry-Faß eine zweite Reifung, ein zusätzliches →*finishing* erhalten hatte.

Daniel, Jack Amerikanischer Whiskey-Pionier, nach dem bis heute die →Jack Daniel Distillery in Lynchburg, Tennessee, heißt und der einer der großen amerikanischen Marken ihren Namen gab: *Jack Daniel's Old Time Old No. 7*. Daniel, Kind englischer Einwanderer, 1846 geboren, verließ, nach dem Tod seiner Mutter und weil er mit der Stiefmutter nicht zurechtkam, die Familie, wohnte bei Nachbarn und dann bei einem Ehepaar Call, bei dem er schon als Kind das Handwerk des Destillierens lernte. Mit 14 übernahm er von seinem selbstgewählten Ziehvater das Equipment, als der glaubte, die Whiskeyherstellung nicht mehr mit seiner

Tätigkeit als Laienprediger vereinbaren zu können. Daniel war gerade 20, als er seine erste feste Brennerei baute, nahe Lynchburg an einem The Hollow genannten Platz, dessen Cave Spring für ihr gutes Wasser bekannt war. Daniel wurde schnell ein erfolgreicher Geschäftsmann. Er war auch eine herausragende Figur in der Gesellschaft. Man nannte ihn wegen seiner geringen Körpergröße von unter 160 cm den kleinen Gentleman – und dieses Image pflegte er, immer im schwarzen Gehrock, mit breitem Hut und mächtigem Schnauzbart. Selbst kinderlos, holte er seinen Neffen → Lem Motlow in das aufstrebende Unternehmen. Nach Jacks tragikomischen Tod (er starb 1911 an einem gebrochenen und nie geheilten Zeh, den er sich (1905!) zuzog, als er zornig gegen einen Safe trat, dessen Tür er nicht aufbekam) beerbte ihn der Neffe. Ihm gelang es, Firma und Marke über die → Prohibition hinwegzuretten, die in Tennessee ja bereits 1910, also neun Jahre vor dem → Volstead Act, ihr Unwesen trieb. Motlow und Daniel sind die Schöpfer der Marke *Jack Daniel's* und, zusammen mit → George Dickel von der zweiten Brennerei des Bundesstaates, einer eigenen Gattung, des → Tennessee Sour Mash, der als eigenständiger amerikanischer Whiskey-Typ neben dem Bourbon seit 1941 amtlich anerkannt ist.

Dark grain Bezeichnung für Rückstände beim Destillieren von Whisk(e)y, die zu Viehfutter weiterverarbeitet werden. Es handelt sich um die festen Bestandteile der Flüssigkeit, die in Schottland → *burnt* oder *pot ale*, in den USA → *stillage* genannt wird. Sie bleiben übrig, wenn beim ersten Destillationsdurchlauf in der → *wash still* die → *low wines* entstanden sind. Die flüssigen Teile werden in Amerika als → *backset* oder → *sour mash* weiterverwendet. Auch die festen Bestandteile werden nicht einfach beseitigt oder in der Umwelt »entsorgt«, sie können auch zu Geld gemacht werden, indem man sie zu einem dunkelbraunen Sirup werden läßt, der mit den nach dem → Maischen zurückbleibenden und → *draff* genannten Getreiderückständen vermischt wird. Die so entstandenen Würfel oder Tabletten haben einen sehr hohen Proteingehalt. Das Verfahren, zuerst in Kanada und in den USA ausprobiert, wird auch in Schottland häufig angewandt. Der erste *dark grain plant* wurde 1934 in Hiram → Walkers → Dumbarton Distillery eingerichtet

David Nicholson 1843 Kentucky Straight Bourbon, den es in zwei Versionen gibt: mit 90°/45 % und 100°/50 %, die beide 7 Jahre alt sind. Die Marke kommt von → Van Winkle, war eigentlich nur für eine Firma in St. Louis gedacht, ist aber dank der Findigkeit des Bourbon-Spezialisten Stephan Macha in Heidelberg hin und wieder auch in Deutschland zu bekommen.

Daviess County Kentucky Straight Bourbon, der heute von der David → Sherman Company of St. Louis verkauft wird. Urspünglich gehörte die Marke → Medley, einer Familie, die ihre Anfänge auf den Engländer John Medley zurückführt, der bereits 1634 in Kentucky destilliert haben soll. Einer der Nachkommen kaufte 1901 die Daviess

County Distilling Co., die 1873/4 erbaut worden war; verschiedene Mitglieder der Familie besaßen verschiedene Brennereien in Owensboro und ihre bedeutendste Marke war → *Ezra Brooks*. Medley und die im gleichen Ort ansässige → Fleischmann Distilling Co. wurden zunächst von → Glenmore übernommen, die ihrerseits 1991 von → UDV gekauft wurde, sich aber bald wieder von der Brennerei und den meisten Marken trennte. Einige gingen an → Barton, *Ezra Brooks* und *Daviess County* an Sherman. Er hat 80°/40 % und das Label spricht von »quality supreme« und von »Heritage from 1874«. Das stand auch schon auf den Etiketten der Flaschen, die aus Owensboro kamen. Sie enthielten einen Blend, dessen Anteil von 49 % neutralen Getreide-Distillaten ungewöhnlicherweise angegeben wurde.

Dawson, Peter Ltd Schottische Whiskyfirma, 1882 in Glasgow gegründet und 1925 von der → DCL übernommen, heute also eine Tochter von → UDV, für die sie den Blend → *Peter Dawson* herausgibt. Sechzig Jahre lang war die Lizenz von → Glen Ord Distillery, die damals allerdings nur → Ord genannt wurde, auf die Firma eingetragen. Sie lieferte auch einen 12jährigen Single Malt mit dem Namen *Ord*. Für kurze Zeit (1923/4) war sie auch Besitzerin von → Balmenach Distillery.

DCL (Distillers Company Ltd.) Schottische Whiskyfirma. Sie wurde offiziell bereits am 24. April 1877 gegründet und spielte mehr als 100 Jahre eine Schlüsselrolle in der Whiskyindustrie Schottlands. Lange war sie der Hecht im Karpfenteich, unersättlich, wenn es, sei es durch Neubauten von Brennereien, sei es durch Akquisitionen und Übernahmen, um Erweiterung ihrer Aktivitäten ging. An ihrem Anfang stand der Zusammenschluß von sechs Lowland-Grain-Destillerien, an ihrem Ende, 1987, hatte sie unter ihrem Dach die imponierende Anzahl von 38 Firmentöchtern versammelt – wenn man nur die rechnet, die im schottischen Whiskygeschäft engagiert waren und die umfangreichen Engagements mit anderen Spirituosen, mit Chemikalien u. a. einmal beiseite läßt. Die schottische Liste liest sich, von Ainslie über Begg und Haig bis Walker und White Horse Distillers, wie ein »Who is who?« des schottischen Whisky.

Es gab schon 1856 Vorläufer, als sich sechs Brennereien zusammentaten, um ihre Interessen gemeinsam zu vertreten. Einige schieden aus, andere kamen dazu, als die DCL gegründet wurde. Die sechs Destillerien von 1877 waren Cambus, Cameron Bridge, Carsebridge, Glenochil, Kirkliston und Port Dundas und unter ihren Besitzern war schon ein großer Name: John Haig. Unmittelbar nach der Gründung begann die Expansion. In Queensferry wurden eigene Gebäude zur Abfüllung und zum Exportieren der Whiskies gebaut. Aber auch der erste Schritt ins Ausland ließ nicht lange auf sich warten: in Dublin wurde die Chapelizod Distillery (später Phoenix Park) erworben.

Im Jahr 1889 wurde Wilhelm H. Ross leitender Mitarbeiter. Er sollte viele Jahrzehnte das Geschick der DCL bestimmen und er war die treibende Kraft hinter ihr und ihrem unersättlichen Appetit. Er war verantwortlich dafür, daß die DCL mit dem Züchten und Verkaufen auch von Bäckereihefe begann. Er formte die Scottish Malt Distillers, die aus weiteren fünf Brennereien bestand, wiederum alle in den Lowlands gelegen: Clydesdale, Glenkichie, Grange, Rosebank und St. Magdalene. Auch der 1. Weltkrieg konnte Ross und seine DCL nicht stoppen. 1916 kauft er John Begg, kurz darauf Andrew Usher & Co., 1919 den anderen Zweig der Haigs aus Markinch (und in London die Ginfirma Tanqueray, Gordon & Co.), 1925 folgten John Walker & Sons und Buchanan und John Dewar & Sons, die kurz vorher selbst erst fusioniert hatten. Schließlich fand sich 1927 mit Peter Mackies White Horse Distillers auch der letzte der → Big Five unter dem Dach der DCL, aber nicht die letzte schottische Firma. Die Geschichte der DCL von 1877 bis 1939 hat R. B. Weir in seiner Studie »The History of the Distillers Company« detailliert beschrieben.

Es ging weiter mit Amalgamationen, Rationalisierungen, Schließungen und auch mit Diversifikation. Zunehmend mehr war die DCL auch im Ausland tätig, in Kanada (wo man Seagram kaufte), in Australien und in Irland (wo ihr allerdings nicht viel Glück beschieden war). Zeitweise kontrollierte der Gigant 40 % aller schottischen Whiskyfirmen. Anfang der achtziger Jahre besaß er von den damals existierenden Malt Destillerien immerhin 45. Daß nicht alles Gold war, was da glänzte, zeigte sich 1983, als die Firma 21 von ihnen schließen mußte, weil die Lagerbestände zu hoch geworden waren – was die Schotten nicht hinderte, ein Jahr später in den USA Stitzel-Weller zu erwerben. Es war das Jahr, in dem Philip Morrices »The Schweppes Guide to Scotland« mit der imponierenden Liste der DCL-Töchter erschien. Es sah so aus, als ob die Firma (die damals schon eine Aktiengesellschaft war, also nicht mehr DCL, sondern nur noch DC plc hieß) kerngesund und absolut unangreifbar sei.

Unmittelbar darauf kamen die Schließungen. Sie waren das erste Anzeichen vom drohenden Ende – und ein Beweis dafür, daß Größe allein keine Qualität ist. Überhaupt muß der Historiker im Rückblick sagen, daß die schottische Erfolgsgeschichte doch viele dunkle Flekken aufweist. Es ist richtig, die DCL ist lange aus Krisen nur gestärkt hervorgegangen. Sie hat die Pattison-Krise überstanden, den 1. Weltkrieg und selbst die Prohibition. Aber die Erfolge waren, im Rückblick, teuer erkauft. Was ein Sieg schien, ein glänzendes Geschäft, war in Wirklichkeit oft ein Verlust. Die DCL hat zwar ihre Interessen durchgesetzt, aber darüber andere geopfert. Sie ist an Problemen schuld, die bis heute fortdauern. Vielleicht hängt das mit ihrer Entstehung zusammen. Im Zweifelsfall hat sie nie verleugnet, daß es Besitzer von Grain Destillerien und, später, Blendfirmen waren, für die sie sich einsetzte.

Am nachhaltigsten war das beim sogenannten »What is whiskey case« der Fall. Kurz nach der Jahrhundertwende bekamen die Verbraucher oft so schlechten Whisky, daß im Parlament eine Initiative eingebracht wurde, künftig nur noch echten Malt als Whisky bezeichnen zu dürfen. Die DCL opponierte – und gewann. Das Problem war nicht bewältigt. Im Londoner Stadtteil Islington wurde ein Komitee eingesetzt, das die Frage, ob auch Blends und Grains Whiskies seien, umfassend wissenschaftlich und juristisch prüfte. Die Aufarbeitung dauerte mehrere Jahre und endete mit einem vollen Sieg der DCL: Seitdem darf sich jeder Getreidebrand, gleich aus welcher Maische er auch besteht und gleich, ob er kontinuierlich oder in *pot stills* destilliert worden ist, als Whisky bezeichnen. Die Entscheidung betraf England, Schottland und Irland. Sie war eine herbe Niederlage für den Malt – und trug entscheidend dabei, daß der originale Whisky für lange Zeit in Vergessenheit geriet.

Tatsächlich verschlief die DCL in den achtziger Jahren auch das neuerwachte Interesse an ihm, das durch die Pioniertat von William Grant & Sons mit ihrem *Glenfiddich* ausgelöst worden war. Die Firma schlug sich auch immer noch mit den schmerzhaften Folgen herum, in den Contergan-Skandal verwickelt zu sein, weil eines ihrer Subunternehmen den Wirkstoff für dieses Medikament verkauft hatte. Und noch ein Schlag war zu verdauen: Weil sie auf unterschiedlichen Märkten unterschiedliche Preise verlangte, mußte sie sich auf Geheiß Brüssels von einigen Marken trennen. Die DCL wählte ausgerechnet ihren Klassiker *Johnnie Walker* – ein weiteres Zeichen dafür, daß sie schwerfällig geworden war und keine Rezepte mehr hatte, auf den Markt zu reagieren. Sie war reif für eine Übernahme. Diese ließ nicht lang auf sich warten. 1987 wurde die DCL nach einem heftigen Übernahmegefecht, dessen Einzelheiten bis heute nicht aufgeklärt sind, von Guinness übernommen und unter dem Namen UD weitergeführt.

Debonair Cocktail Whiskydrink, den Gray Regan und Mardee Haidin Regan (»The Book of Bourbon«) erfunden haben: Man nehme 1cl Ginger-Likör, 2,5cl *Oban* oder *Springbank*, schüttle sie über Eis, gebe sie in ein geeistes Cocktailglas und garniere mit einer Zitronenscheibe.

De Danu Schottischer Blend von → Seagram, der auf dem Label in gleicher Größe auch noch den Namen → Chivas führt. Die Marke wurde Ende 1998 eingeführt und ist zunächst nur in den USA und Italien erhältlich. Schon die prächtige Ausstattung der grünen Flasche soll einen Bezug zur keltischen Mystik herstellen. Sie zeigt, gekrönt von Sonne und Mond, in einem Kranz von Symbolen das Bild der keltischen Göttin, die dem Whisky den Namen gegeben hat: *De Danu* steht für Jugend, also für die Zielgruppe, die die Marketing- und Design-Spezialisten der schottischen Tochter des kanadischen Giganten im Visier haben.

De luxe Bezeichnung, die für Whiskies verwendet wird, die im oberen Marktsegment über den einfachen → Standards und auch über den → Premiums angesiedelt und besonders teuer sind; der Preis sollte allerdings keinesfalls automatisch als Indiz für überlegene Qualität gesehen werden. Bei schottischen Blends wird bei De luxe-Whiskies oft ein Alter angegeben und man darf davon ausgehen, daß der Maltanteil besonders hoch ist. Beispiele für solche Luxus-Blends sind etwa der → *Chivas Regal*, der → *Dimple* oder auch der → *Johnnie Walker Black Label*.

De Vreng & Zn., H. P. Holländische Firma, die als → unabhängiger Abfüller eine kleine Reihe von schottischen Single Malts herausbringt. Der »Whisky Merchant« findet seine Malts so kostbar, daß er sie nur in, allerdings sehr hübsch gestalteten, 0,5-Liter-Flaschen abgibt. Sie nennen sowohl das Alter wie auch die Jahre der Destillation und der Abfüllung. Da die Mengen sehr begrenzt sind und die Flaschen oft auch gleich bei den zahlreichen niederländischen Sammlern verschwinden, ist es schwer, einen Überblick über bisherige Abfüllungen zu bekommen. Unter ihnen war bisher ein → *Bruichladdich*, ein → *Laphroaig* und ein → *Macallan*.

Deanston Schottische Malt-Destillerie. Die Bedeutung ihres Namens, der »dienstn« ausgesprochen wird, soll starke Stadt sein. Sie liegt nicht weit entfernt von dem kleinen, durch sein Schloß und sein Oldtimer-Museum bekannten Städtchen Doune am Südufer des River Teith. Damit befindet sie sich gerade noch nördlich der berühmten Linie, durch die ihr Malt zu einem → Highland gemacht wird. Die imposanten grauen Gebäude aus dem Jahr 1784 beheimateten ursprünglich eine Baumwoll-Mühle und wurden erst 1965/6 zur Brennerei umgewandelt. Sie wurde 1972 von → Invergordon übernommen, die sie zehn Jahre später stilllegten und 1991 an → Burn Stewart verkauften. Diese ließen sie und ihre vier → *stills* wieder in Betrieb gehen. Seit September 1998 sind sie dazu übergegangen, in Deanston, natürlich mit anderem Equipment, auch Gin und Wodka zu produzieren. Als Single Malt in → Eigentümer-Abfüllung gab es den leichten, ungetorften Whisky schon zu → Invergordon-Zeiten. Aus ihnen stammen auch noch die jetzt angebotenen 12-, 17- und 25jährigen Abfüllungen des neuen Besitzers. Der Malt ist auch die Basis für → *Wallace*, den Whisky-, und den → *Drumgray*, den Sahne-Likör der Firma.

Deerstalker Schottischer Single Malt mit 12 Jahren, der von der Firma Aberfoyle & Knight in Glasgow abgefüllt wird, die aber nicht zu erkennen geben, welche Brennerei den Whisky geliefert hat. Charles MacLean behauptet allerdings in »Scotch Whisky«, er komme von → Balmenach. Die Marke wurde bereits 1880 geschaffen und zwar von J. G. → Thomson & Co., die Rechte an ihr fielen also an → DCL bzw. später an → UD. Sie erlaubten 1991 → Hedges & Butler, sie wiederzubeleben und vor allem zum Verkauf im Ausland herauszubringen. 1994 kam sie zum heutigen Besitzer, der u. a. auch den Blend → *Black Top* im Programm hat.

Defender Schottischer Blend von → Dalaruan, einer Firma in Glasgow, die in den späten achtziger Jahren gegründet wurde, sich den Namen einer ehemaligen Brennerei in → Campbeltown gegeben hat und ein *joint venture* zwischen den → Lang Brothers und der französischen Champagnerfirma Taittinger ist. Frankreich ist denn auch der Hauptmarkt für den 3jährigen, der dort vor allem in Nachtclubs angeboten wird. Der 12jährige *Success* ist dagegen eher im fernen Osten, in Japan und Taiwan, zu haben, während der 5jährige überall vermarktet wird. Sie alle haben 40 % Alkoholvolumen.

Derby Special Schottischer Blend von der Firma → Kinross Whisky Company, die von Sussex aus operiert und ihn mit 3 und 5 Jahren und als 12jährigen → De luxe-Blend liefert.

Destillation Bezeichnung für einen Arbeitsschritt bei der Herstellung von Whisk(e)y, den viele als den entscheidendsten betrachten. Er ist es insofern, als es ohne ihn überhaupt keinen Whisk(e)y gäbe, mögen auch andere Produktionsabschnitte mehr zu seiner Qualität beitragen. Die Destillation folgt auf die Gärung, bei der durch Hefe der Zucker in der Maische in Alkohol umgewandelt wird. Die so gewonnene alkoholhaltige Flüssigkeit nennt man → *wash* oder → *beer*. Die Destillation erhöht den Alkoholgehalt. Sie macht sich die Tatsache zunutze, daß Wasser und Alkohol verschiedene Siedegrade haben, d. h. daß Alkohol beim Erhitzen schneller verdampft als Wasser. Alkoholhaltige Dämpfe steigen also schneller auf als Wasser. In einem Kondensator werden sie wieder flüssig. Für das Erhitzen gibt es mehrere Formen. Die klassische ist das mehrmalige Destillieren in kupfernen Brennblasen, in → *pot stills*, in denen in der Regel zweimal, in einigen schottischen Brennereien und in Irland generell dreimal destilliert wird. Beim ersten Mal erhält man einen Rohbrand mit etwa 22 %, der anschließend noch einmal in der → *spirit still* destilliert wird. Bei diesem letzten Durchlauf ist nicht alles brauchbar. Der Vorlauf (→ *foreshot*) und der Nachlauf (→ *feints*) enthalten giftige Fuselstoffe. Nur der → *middle cut*, der ungefähr 70 % bis 72 % stark ist, wird genommen und in einem großen Faß gesammelt. Mit etwas Wasser versetzt kommt das frische Destillat mit ca. 63 % bis 64 % in die Fässer zum Reifen. Es gibt auch eine zweite, modernere Form des Destillierens. Sie beruht auf Erfindungen, die von Robert Stein und Aeneas Coffey gemacht wurden und erlauben, in → *patent stills* kontinuierlich zu brennen. Sie wird in Schottland bei der Herstellung von Grain Whisky verwendet und ist in Kanada und in den USA generell im Einsatz.

Wer die Kunst der Destillation entdeckt und als erster angewandt hat, ist umstritten. Manche Historiker schreiben die Fähigkeit schon den Ägyptern zu; auch China wird genannt. Die Waliser glauben, daß in ihrem Land schon im 3. Jahrhundert → chwisgi gemacht wurde und die Iren führen, wie fast immer, ihren Nationalheiligen Patrick ins Feld. Weit wahrscheinlicher ist, daß es erst um 1150 möglich war, eine Flüssigkeit durch den Einsatz von Brennblasen und Kondensatoren zu destillieren, und daß es arabische Wissenschaftler waren, die diese Kunst nach Europa gebracht haben, möglicherweise nach Salerno, dem damaligen Zentrum der Naturwissenschaft. Es ist vorstellbar, daß irische Mönche sie dort kennengelernt und in ihr Land mitgebracht haben. Ob man dort schon 20 Jahre später aqua vitae, also Whisky, machen konnte? Kurz nach der Invasion König Henry's II sollen englische Soldaten die Iren beim Machen und Trinken von Whisky beobachtet haben. Wer hat als erster Whisky destilliert? Die Iren sagen: Wir waren es – die Schotten lernen immer noch. Die Schotten sagen: Mögen es die Iren gewesen sein – wir haben ihn trinkbar gemacht. Sicher ist nur, daß es die Schotten sind, die die erste schriftliche Quelle besitzen: Die »Exchequer Rolls« von 1494 halten fest, daß »Bruder John → Cor acht Maß Gerstenmalz bekam, um daraus Whisky zu machen«.

Destillerie-Abfüllung Bezeichnung für Malt Whiskies, die von der Brennerei bzw. ihrem Besitzer abgefüllt werden und deshalb meist → Eigentümer-Abfüllung, im Gegensatz zu denen der → Unabhängigen, genannt werden.

Deutschland Erst seit sehr wenigen Jahren kann man auch Deutschland auf der Landkarte der whiskyerzeugenden Länder suchen: seit Robert → Fleischmann und seine Frau in Eggolsheim bei Forchheim einen echten Malt Whisky herstellen und Christian Gruel in Owen/Teck seinen → »Schwäbischen Whisky« macht, einen Single Grain. Zwar gab es vorher schon Whisky-Hersteller, aber sie produzierten nur Blends aus Malt Whiskies, die sie in Schottland einkauften und in ihrem Heimatland mit hier erzeugten Getreide-Destillaten (und heimischem Wasser) verschnitten. Der bekannteste von ihnen, und der einzige, der bis heute überlebt hat, ist der → *Racke rauchzart*, während dem Versuch der Hanauer Firma Stück AG mit dem → *Jacob Stück Whisky* nur ein kurzes Leben beschieden war.

Nicht vergessen werden sollte freilich, daß es auch in der DDR Whisky gegeben hat: Einer z. B. hieß *Goldener Stern* und kam vom VEB Bärensiegel in Berlin, die auch einen *HC* (für »High Country« und einen *Old Joe Silver* hatte. Ein anderer DDR-Whisky war → *Der Falckner* von der alten zum VEB Edelbrände und Spirituosen verstaatlichten Familienfirma C. W. Falckenthal Söhne in Luckenwalde, die nach der »Wende« zuerst den → *Oldmaster*, dann den → *Edelfalcke* herausbrachte. Selbst der Konsum Melde in Cottbus hatte einen *Ratsherrn Whisky* und auch die berühmte Nordhausener Kornbrennerei hat im Auftrag und ausschließlich für die Regierung einen Whisky namens → *Smoky Springs* gemacht, den es auch nach der Wiedervereinigung, als die Firma wieder eine GmbH war, gegeben hat.

In Westdeutschland mag es da und dort noch andere Produzenten gegeben haben. Wilhelm Braun Erben in Heimersheim/Ahr z. B. verkauften einen *Old Time Whisky*; der Autor besitzt eine Flasche von den Brauns, die aussieht, als sei vorher ein → *Johnnie Walker* in ihr gewesen, und einen fast wasserhellen Stoff enthält, der einfach und schlicht »Whisky« heißt – ebenso wie das Produkt der Destillerie Old Roczek in Wiesbaden. *Private Whisky* dagegen nannte die Robert Meisner GmbH in Heide ihren Blend. Viel mehr als lokale Bedeutung hatten sie alle nicht.

Auch schon vor dem 2. Weltkrieg gab es Whisky in Deutschland, die großen Berliner Hotels wie das Adlon hatten selbstverständlich auch ihre Eigenmarken und die vornehme Welt und andere, die es sich leisten konnten, tranken schottischen Whisky. Noch 1939 hatte die Firma Polthier & Maisinger den roten *Johnnie Walker* im Angebot. Im gleichen Jahr produzierte das »Institut für Gärungsgewerbe und Biotechnologie« in Berlin ein Destillat, das sie nicht Whisky nennen wollte (oder konnte), sondern »Deutsches Rauchkorn« – obschon ebenfalls 1939 das Kammergericht in Berlin festlegte, daß in Deutschland hergestellter Whisky nicht »Deutscher Whisky«, sondern nur »Whisky« heißen mußte. Die Beschreibungen deuten darauf hin, daß es sich immerhin um echten Whisky nach schottischen Methoden handelte, was nicht selbstverständlich war bei all dem, was sonst hierzulande hergestellt und verkauft wurde. Die Berliner produzierten übrigens auch nach dem Krieg innerhalb des Instituts in einer Anlage, die sie Adler Destillerie nannten, hin und wieder »Rauchmalt«; 1957 füllten sie ein Cognac-Faß, von dem immer wieder ein paar Flaschen abgefüllt wurden, die letzten 20 im Januar 1997; leider verschnitten sie sie mit ein bißchen Grain Whisky.

Aber nicht erst seit dem 20. Jahrhundert kennt man Whisky in Deutschland. Helmut Arntz, der immer wieder darauf hinweist, daß es lange – wie heute noch in der Schweiz – generell verboten war, Getreide zu destillieren, berichtet in seinem Buch »Weinbrenner« (1975) von einem aus Montpellier wegen seines Glaubens in Frankreich verfolgten und ins (damals) tolerante Preußen geflüchteten Destillateur namens Jean Dagobert Dubuy, der seiner Berliner Kundschaft um 1695 »Usquebaugh« anbot, dessen sehr hohen Preis er damit rechtfertigte, daß der »schottische Brannt in seinen Würckungen besser sei als irgendein anderer Aquavit«. Leider ist nicht zu erfahren, ob er ihn aus Schottland importiert oder selbst hergestellt hat. Was ein Jahrhundert später ein Herr Wägner in seinem populären (ohne Jahreszahl, aber nach 1793 in Straßburg erschienenen) Werk »Über das Brandtwein-Brennen. Ein Werk einzig in seiner Art« als Rezept für »Irrländischen Usquebah« niederschrieb, weckt jedenfalls schlimmsten Verdacht: »4 Loth Muscatennelken, 1 Loth Muscatennuß, 1 Loth weißen Ingwer, 1 Loth Kümmel, 1 Loth Sternanis, alles gröblich gestoßen, hierauf zwei Kannen Franzbrandtwein in eine gläserne Flasche, noch dazu 6 Loth Rosinen, woraus zuvor die Steine gemacht sind, und 10 Loth Candis. Diese Flasche 14 Tage an einem warmen Ort stehen gelassen und täglich umgeschüttelt, dann ein paar Tage ruhen lassen und abgegossen. Der Satz kann mit 10 Loth Candis noch zwei Kannen Franzbrandtwein in Usquebah verwandeln.«

Ein ähnliches von Claus Arius für die erste Auflage von Michael Jacksons »Whisky« ausgegrabenes Rezept stand immerhin noch 1922 im »Lexikon der Spirituosen-Industrie«, das auch verriet, daß der Rauch dadurch ins Getränk zu bekommen sei, daß man es mit Holzrauch durchziehen lasse. Auch die Anleitung, ebenfalls von Claus Arius mitgeteilt, 1913 für die Herstellung eines, amerikanisch anmutenden, Whiskey aus Kartoffelsprit, klingt nicht besser. Kein Wunder, daß Weinbrand oder Cognac bevorzugt oder lieber gleich zum schottischen Original gegriffen wurde. Viele taten es nicht und man kann tatsächlich behaupten, daß vor dem 2. Weltkrieg Whisky ein in Deutschland unbekanntes Getränk war.

Das änderte sich freilich schnell. Whisky wurde so etwas wie die Verkörperung der neuen Werte Demokratie und Freiheit, die die Amerikaner und Engländer den Deutschen nach ihrem Sieg über die Nazis mitbrachten. Die konnten ihn vor allem im Kino kennenlernen, wenn ein Bogart oder später ein Eddie Constantine Scotch oder ein John Wayne Bourbon tranken oder ein Alec Guinness in »Unser Mann in Havanna« mit Miniaturen Schach spielte. Sie machten Whisk(e)y populär und bekannt, aber leisten konnten ihn sich, wegen der hohen Zölle und Steuern, nur die, die vom Wirtschaftswunder schon profitiert hatten. Er war ein Prestigegetränk, was nichts daran änderte, daß es richtig Mode wurde, z. B. eine leere Flasche → *VAT 69* als Kerzenständer auf dem Schreibtisch zu haben.

Den Durchbruch zu einem Verkaufserfolg verdankt der Whisky aber keiner der großen ausländischen Marken, sondern dem schon erwähnten *Racke rauchzart*, der 1958 auf den Markt kam und sofort zu einem Erfolg wurde, nicht nur, weil sein Geschmack dem Publikum gefiel, sondern weil man sich ihn auch leisten konnte. 1969 wurden von ihm 3 Millionen Flaschen verkauft, da war er Marktführer vor *Johnnie Walker* mit 2,7 und → *Black & White* mit 2 Millionen Flaschen. Auch heute ist er mit einem 5. Platz immer noch in der Liste der Top 10. Auch in der DDR war Whisky populär, allerdings waren die schottischen Marken nur für sehr viel Geld oder gegen harte Währung in den Intershops zu bekommen.

Deutschland gehört heute zu den Ländern mit dem höchsten Whiskykonsum. Obwohl Bourbon stark aufgeholt hat, liegt an der Spitze immer noch Scotch, bei dem Deutschland nach Frankreich, den USA, Großbritannien, Spanien, Südkorea und Japan auf dem 7. Platz zu finden ist. Für 1996 entfielen auf ihn 57 % (weltweit 42 %), davon waren 5.2 % Malts, auf American Whiskey 31.7 % (Weltanteil 18 %), auf deutschen Whisky 5 %, irischen 2.6 und kanadischen 1 %, während diese am Weltmarkt 12 % Anteil hatten, wo noch japanische Whiskies mit 12 % vertreten sind und alle anderen, einschließlich irischem und deutschem, es auf zusammen 14 % bringen.

Dew of Ben Nevis Schottischer Blend. Der Gründer von → Ben Nevis Distillery, → »Long John« Macdonald, verkaufte unter diesem Namen zunächst seinen Malt. Als Blend wurde er zunächst von der Gründerfamilie vermarktet, die aber sowohl die Marke *Long John* als auch die Brennerei verkaufen mußte. Auch die Firma Long John International, die 1981 in den Besitz der Destillerie kam, vermarktete den *Dew*. Heute gehört sie der japanischen Firma → Nikka, die auch die Brennerei besitzt. Es gibt ihn als → Standard, als *Special Reserve* (auch im Steinkrug) und mit 12 und 21 Jahren. 1995 gab es die Jubiläumsedition *Glenfinnan*. Sie sollte daran erinnern, daß genau 250 Jahre vorher Bonnie Prince Charlie dort seine Standarte errichtet und seinen Feldzug begonnen hatte, der ein Jahr später in Culloden im Desaster endete.

Dew of the Western Isles Schottischer Blend, der zum Programm der → Speyside Distillery Co. gehört. Sie bietet den »Tau der westlichen (Hebriden-)Inseln« mit 8 Jahren an.

Dewar & Sons, John Schottische Whiskyfirma, die von dem 1806 auf einem Bauernhof in Perthshire geborenen John Dewar gegründet und von seinen beiden Söhnen John Alexander und Thomas Robert zu einem Unternehmen gemacht wurde, an dem man mustergültig die Evolution des modernen Scotch Whisky studieren kann: von einem lokalen Produkt zum Drink von Weltgeltung und Weltbedeutung – unter Einsatz von harter Arbeit, gekonntem Marketing, genialen Werbeideen – und intensiver politischer Arbeit. All das leisteten die beiden Brüder, die nach dem Tod ihres Vaters 1880 das Geschäft übernahmen – John Alexander mit 24, der jüngere Tommy mit 21 Jahren. Nach knapp zwanzig Jahren hatten sie ihren Blend → *Dewar's White Label* zu einem Welthit gemacht – und wurden in den Adel erhoben: Sie waren die ersten → »Whiskybarone«.

John Alexander blieb in Schottland, kümmerte sich dort um die Produktion und Administration und baute etwa 1896 die → Aberfeldy Distillery. Tommy ging nach London und kümmerte sich von dort aus um den Absatz. Er und vor allem seine für die damalige Zeit ungewöhnlichen Methoden werden für den Erfolg der Firma verantwortlich gemacht. Er hatte eine Nase für pfiffige Werbeideen, wobei er vor allem auf die Attraktivität der Highland-Folklore setzte. Die Figur eines Highlanders im traditionellen Kostüm wurde zum Firmensymbol. Ein Dudelsackpfeifer weckte die Aufmerksamkeit der Besucher der Brewers' Show 1886, ein riesiger Highlander leuchtete weithin von einem alten Turm Londons, und noch vor der Jahrhundertwende hatte Tommy das neue Medium des Films entdeckt und ließ auf dem New Yorker Time Square tanzende Highlander in einem Werbefilm auftreten (nicht im ersten, weil schon die Kinoerfinder Lumière 1896 für »Cointreau« Reklame gemacht hatten). Lange warben elegante Highland-Regiment-Offiziere für den Whisky und ein Highlander firmiert noch heute als Werbefigur.

Tommy bereiste zwei Jahre lang die Welt – eine Tournee, an deren Ende er 26 Länder besucht und 32 Agenten ernannt – und ein Buch mit dem Titel »A Ramble Round the Globe« geschrieben hatte. Zusammen mit seinem Freund, dem »Tea Tommy« Lipton war »Whisky Tommy« eine geschätzte Figur in der Gesellschaft, beliebt wegen seines Witzes und seiner Schlagfertigkeit. Beide Brüder wurden, nachdem sie bereits 1893 zum königlichen Hoflieferanten ernannt wurden, zum Ritter geschlagen und erhielten später die Baronswürde, John Alexander wurde 1917 Baron Forteviot of Dupplin, Tom 1919 Baron Dewar of Homestall, Sussex. Reich geworden, pflegten sie natürlich standesgemäße Hobbys wie Rennpferde oder, auch ungewöhnlich früh, Autos. Beide gingen auch ins Parlament, der eine für die Konservativen, der andere für die Liberalen.

Schon 1915 hatten sie sich mit James → Buchanan & Sons zur Firma Scotch Whisky Brands zusammengeschlossen und vereinigten sich 1925 mit der → DCL, ohne indes sich aus dem aktiven Geschäft zurückzuziehen. Ein anderer Dewar (der nicht mit ihnen verwandt war!) führte ihre Arbeit von 1930 bis 1946 weiter, ehe wieder ein Familienmitglied Präsident wurde. Obwohl hauptsächlich im Blend-Geschäft, besaß die Firma, wenngleich meist nur kurz, auch die Brennereien → Aultmore, → Benrinnes, → Port Ellen und → Royal Lochnagar und auch die nicht mehr existierenden Glenfoyle/→ Glendarroch und → Parkmore führten sie. Am längsten bestanden ihre Verbindungen zu Aberfeldy und zu → Glen Ord.

Das Hauptquartier war nicht in London, sondern in Inveralmond am nördlichen Rand von Perth, wo in riesigen Anlagen der *White Label* und der → *Ancester* abgefüllt wurden. Als Tochter der DCL kam die Firma Ende der achtziger Jahre unter das Dach von → UD, die die imponierende Abfüllanlage 1995 wegrationalisierten. Um den 150. Geburtstag ihrer Marke zu feiern, schrieben sie einen Design-Wettbewerb aus und legten eine kleine Auflage von diesem *1846 Decanter* auf, die leider nur an Geschäftsfreunde verschenkt wurde. Der normale Blend, als *Dewar's Whisky*, *Dewar's White Label* oder auch nur → *White Label* verkauft, ist indes immer noch eine der größten Marken überhaupt – in den USA steht er unangefochten auf Platz 1. Als Ende 1997 die UD-Mutter → Guinness und → Grand Metropolitan zu einem neuen Getränkegiganten fusionierten, mußten sie sich auf Geheiß der Wettbewerbsbehörden von der Marke trennen.

Diageo Der größte Getränkekonzern der Welt, entstanden im Dezember 1997 aus der – friedlichen und geplanten – Fusion von zwei Unternehmen, die bereits jedes für sich ein *global player* waren: → Grand Metropolitan mit der Spirituosentochter → IDV und → Guinness mit seiner Tochter → UD. Der Widerstand gegen den Zusammenschluß kam von außen: von Bernard Arnault, mit dessen Luxuskonzern LVMH (Louis Vuitton Moët Hennessy) Guinness gegenseitige Beteiligungen und Absprachen über Vertriebsrechte hatte, besonders aber von der Wettbewerbskommission der EU und den amerikanischen Monopolbehörden, die fürchteten, daß das neue Unternehmen auf bestimmten Märkten und Sektoren dominieren würde – ein nicht unbegründeter Verdacht, hatten UD doch mit → *Johnnie Walker Red* die Nr. 1 und IDV mit dem → *J & B* die Nr. 2 unter den schottischen Blends weltweit, waren in der Liste der Top 12 Scotch mit weiteren vier Marken vertreten und auch bei Gin, Wodka stark.

Mit den Auflagen konnten die neuen Partner zufrieden sein: ihre neugebildete Spirituosentochter → UDV mußte sich von einigen kleineren Marken wie → *Ainslie's* trennen und wird selbst den Verlust von → *Dewar's*, dem verkaufsstärksten Scotch in den USA, verschmerzen können – die anderen behält sie ja. Da solche Fusionen zu sogenannten Synergien zwingen und Auswirkungen bis in viele Länder haben, gehen die Verkäufe und Schließungen von überflüssig gewordenen Töchtern weiter: In Deutschland etwa wurden Weltmarken mit UD Germany (=Asbach) verschmolzen, in Schottland das bisherige Hauptquartier Cherrybank in Perth geschlossen (ein Neubau in Edinburgh ist geplant) und außer der Marke *Dewar's* auch die Brennereien → Aberfeldy, → Aultmore, → Craigellachie und → Royal Brackla an → Bacardi verkauft. In Kanada trennte man sich von allen Marken bis auf den → *Gibson's* und von den Produktionsstätten → Palliser und → Valleyfield, in den USA gingen im März 1999 für 171 Millionen Dollar die → Bernheim Distillery und die Marken → *Old Charter*, → *Old Fitzgerald*, → *Rebel Yell* und → *W. L. Weller* an ein Konsortium aus → Heaven Hill, → Sazerac und David → Sherman Company.

109 Millionen → *cases* kommen jährlich aus dem Hause Diageo/UDV, das sind 20 % des Weltmarktes, der auf 600 Millionen *cases* geschätzt wird. Die beiden schärfsten Konkurrenten, → Allied Domecq und der bisherige Weltmarktführer → Seagram bringen es zusammen auf weniger als 15 % und sind, zusammengenommen, immer noch kleiner als der neue Riese, der auf einen kombinierten Umsatz von 20 Milliarden Pfund jährlich geschätzt wird. Kopfschütteln hat nur der neue Name verursacht: War zunächst GMG Brands (GrandMet Guinness Brands) vorgesehen, fiel die Wahl dann auf das Kunstwort Diageo – eine Entscheidung, die der sonst betont nüchterne → »Whisky Newsletter« süffisant so kommentierte: »... behauptet man, der Name basiere auf dem lateinischen Wort für ›Tag‹ und dem griechischen für ›Welt‹. Die Wahl einer solchen Benennung könnte eine subtile Marketing-Strategie andeuten, die auf den schnell wachsenden Verbrauchermarkt von Latein- und Griechisch-Kundigen abzielt – obschon auf der anderen Seite die meisten des Lateinischen Kundigen ›Tag‹ mit ›dies‹ übersetzen dürften (dia ist Portugiesisch).« Zufälligerweise ist »geo« auf den Orkneys und den Shetlands ein Synonym für – Abgrund. Jedenfalls wurde der Name Diageo – dessen Entwicklung 250000 Pfund gekostet hat – mit ungläubigem Erstaunen aufgenommen und Kommentare wie: »Ist das ein italienischer Fußballspieler?« oder »Läuft das Pferd im Grand National?« blieben nicht aus. Ernsthaft gesprochen: GMG Brands war vielleicht nicht besonders phantasievoll, aber er enthielt einen Bestandteil, der beiden, Guinness und GrandMet, viel bedeutet: Brands! Und mit ihnen sind die beiden Unternehmen in den letzten Jahren ja ganz gut gefahren ...

Dickel & Co., George A. Amerikanische Whisky-(in dieser Schreibweise!) firma, die ihren Namen von einem Mann hat, der 1818 in Darmstadt (oder in der Nähe von Darmstadt) geboren wurde, 1844 nach USA auswanderte und sich neun Jahre später in Nashville, Tennessee, niederließ. Dort begann er später mit dem Whiskeyhandel, indem er ihn bei seinen Herstellern kaufte und unter seinem Namen weiterverkaufte. Die Jahreszahl 1870, die heute auf dem Label des nach ihm benannten Whisky steht, ist nicht gesichert, könnte aber das Jahr meinen, in dem er anfing, seinen Whisky ausschließlich von der → Cascade Distillery zu beziehen (außerdem ist es das Jahr seiner Heirat). Zusammen mit seinem Schwager kaufte er 1888 die Brennerei und erhielt das Recht, den *Cascade Whisky* exklusiv abzufüllen und zu verkaufen – es ist noch eine Flasche erhalten, die zeigt, daß man ihn schon damals schottisch und ohne das amerikanische »e« schrieb und ihn als »Mellow as Moonlight« anpries.

Im gleichen Jahr zog sich Dickel, als er vom Pferd stürzte, schwere Verletzungen zu, die ihn zwangen, sich zur Ruhe zu setzen, und denen er schließlich sechs Jahre später erlag. Doch sein Geschäft war bei seinem Schwager und dessen Sohn in guten Händen. Sie machten die Brennerei zur größten in ihrem Bundesstaat und konnten die Firma und die Marke zunächst auch vor der → Prohibition retten, die in Tennessee schon 1910 begann und sie zwang, die Produktion nach Kentucky zu verlegen, wo ihr Whisky zunächst bei → Stitzel hergestellt wurde. Dennoch wurde Dickel & Co. auch Opfer des → Volstead Act. Die Rechte am Namen der Firma und an der Marke *Cascade* landeten schließlich bei → Schenley, die 1958 eine neue Cascade Distillery in Tullahoma bauten, kaum einen Kilometer von der alten entfernt. 1964 gaben sie ihrem Produkt den Namen seines Gründers und wurden 1987 schließlich von → Guinness gekauft und deren Tochter → UD einverleibt. Heute sind sie also, nach der Fusion der UD mit → IDV, im Besitz von → Diageo bzw. deren Spirituosentochter → UDV. Als deren Tochterfirma sind George A. Dickel & Co. heute für die Führung der immer noch kleinen Brennerei und für ihren Whisky verantwortlich, von dem vier Versionen abgefüllt werden: der → *George Dickel Old No. 8 Brand*, der *Superior No. 12 Brand*, ein 10 Jahre alter und eine *Special Barrel Reserve*.

Dimple Schottischer Blend. Er ist berühmt geworden durch seine unverwechselbare, charakteristische Flasche, dreieckig mit jenen Einwölbungen, die ihm auch den Namen gegeben haben: »Dimple« bezeichnet sowohl die reizenden Grübchen an Wangen, Kinn und über dem Po als auch die Dellen in der Oberfläche von Golfbällen, deren Flugeigenschaft durch jene »Dimples« entscheidend verbessert werden. Die Marke existiert bereits seit der Jahrhundertwende und wurde von John → Haig & Sons eingeführt (in den USA von → Haig & Haig und unter dem Namen → *Pinch*) und gehörte bald zu den großen Verkaufserfolgen. Die Form der Flasche war sehr populär und reizte viele zur Nachahmung, gegen die die Haigs sich dadurch schützten, daß sie sie 1919 offiziell registrieren und als Markenzeichen eintragen ließen – als zweite Flasche nach Coca Cola. Der dünne Golddraht sollte früher verhindern, daß während stürmischer Schiffstouren der Kork von den Flaschen abfiel. Auch heute wird er noch von Hand angebracht. Doch auch die Qualität des Blends, der in Deutschland mit 12, sonst mit 15 Jahren verkauft wird, ist herausragend. Mehr als vierzig Malts stecken in ihm, darunter als Herz Destillate aus → Glenkinchie, die als seine Heimat gilt, und aus → Dalwhinnie und → Royal Lochnagar. Manchmal findet man auch eine Flasche, die mit Zinn armiert ist. Die deutschen Liebhaber sind im »Dimple Club« versammelt.

Diners Eine Reihe von Spezialabfüllungen, die von dem in London ansässigen Handelshaus → Red Lion Blending bzw. dessen Tochter Denham für das Kreditkartenunternehmen Diners Club hergestellt werden. Im Angebot sind ein 8, ein 12 und ein 21 Jahre alter Blend, ein 8- und ein 15jähriger Vatted Malt und ein Bourbon mit acht Jahren. Sie sind, wie die Ports, Cognacs und Champagner mit clubeigenen Labels nur für Mitglieder des Clubs erhältlich: glasweise in seinen Lounges und als ganze Flaschen beim Clubhouse Cellar in London.

Diplomat Indischer Whisky von → United Brewers of India, bzw. von deren Tochterfirma McDowell & Co., die vor allem durch ihren Single Malt bekannt ist, außer dem → *Kasauli*, dem einzigen des Landes. Sie haben eine Destillerie in der Nähe von Goa an der indischen Westküste, die sicherlich Destillate zu diesem Blend beiträgt. Er gehört zu den preiswerten Sorten → Indiens und verkauft immerhin 1.4 Millionen → *cases*.

Diplomatic Privilege Schottischer Blend von W. → Brown & Sons in Glasgow: ein einfacher → Standard mit 5 Jahren.

Director's Special Schottischer Blend von der → Premier Scotch Whisky Co. und wie jeder von den zahlreichen Blends der Firma in den fünf verschiedenen Altersstufen von 3, 5, 8, 10 und 12 Jahren erhältlich. Er ist vor allem in Lateinamerika und Südostasien zu finden, wohin er oft *in* → *bulk* exportiert und lokal abgefüllt wird. Es gibt auch einen Whisky dieses Namens von der indischen Firma → Shaw Wallace, der auch die in Indien üblichen 42.8 % Alkohol aufweist. Er weist manchmal die → Rampur Distillery & Chemical Company Ltd., manchmal auch Benghal Distilleries in Calcutta als Hersteller aus. Auch bei ihm dürfte es sich um die ebenfalls landesübliche Mischung von ein bißchen echtem Whisky mit einem Melasse-Destillat handeln.

Distilerias y Crienza Spanische Whiskyfirma mit Sitz in Segovia, die über Hiram → Walker zum Imperium von → Allied Domecq gehört und vor allem durch den nach ihr benannten Blend → *DYC* bekannt ist. Sie ist auch in Schottland in Erscheinung getreten, weil sie seit 1972 die → Lochside Distillery in Montrose führte – und zwar unabhängig von der Mutterfirma bzw. deren schottischer Tochter → Allied Distillers, die nur für die anderen Brennereien zuständig waren und sind. Während Lochside seit 1991 geschlossen ist, ist die spanische Brennerei von Distilerias y Crienza in Betrieb. Sie heißt → Molino del Arco und befindet sich nicht weit von Segovia nahe dem kleinen Ort Palazuelos de Eresma, wurde 1959 eröffnet und kann, wie einst auch Lochside, sowohl Malt- als auch Grain-Whiskies produzieren. Sie liefert natürlich einen großen Teil für den *DYC.* Ob sie auch zum anderen in Spanien (und Lateinamerika) verkauften Blend → *Doble V* beträgt, ist dagegen nicht bekannt.

Distillers Agency Ltd Schottische Whiskyfirma, die 1924 von der → DCL als Tochterfirma geschaffen wurde und von ihr vor allem mit der Herstellung und dem (Export-)Verkauf ihrer Blends *DCL*, → *Highland Club*, → *Highland Nectar* und → *King George IV* betraut wurde. Diese Blends waren bereits Ende des letzten Jahrhunderts auf den Markt gebracht worden. Um ihre Verhandlungen mit den großen schottischen Whiskyfirmen nicht zu stören, hielt es die DCL für besser, die Aktivitäten auf diesem Gebiet nicht länger unter eigenem Namen fortzuführen, sondern mit ihnen eine Tochterfirma zu betrauen. Einige Jahre war die Agency für → Knockdhu Distillery verantwortlich und, nachdem diese einer anderen Konzerntochter übergeben wurde, auch für die → Rosebank Distillery in Falkkirk, deren Lizenz noch bis 1992 auf sie ausgestellt war.

Distillers Edition, The Reihe von sechs Malts, mit denen die berühmten → »Classic Malts of Scotland« sozusagen Brüder bekommen haben. → UD, die Schöpfer der erfolgreichen Serie, folgten damit einem Trend, den andere Firmen wie → Glenmorangie pcl und William → Grant & Sons mit ihrem → *Balvenie* erfolgreich initiiert hatten: ihre Malts in einem zweiten Faß ein zweites Mal reifen zu lassen und ihnen durch ein solches → *finishing* zusätzliche Aromen einzuhauchen. Für jede der sechs Destillerien, die bei den »Classic Malts« vertreten sind, wurde eine spezielle Faßart ausgewählt, die dem Charakter des Whisky optimal entsprechen sollte: für den → *Cragganmore* von 1984 ein Portweinfaß, für den → *Dalwhinnie* von 1980 Oloroso Sherry Wood, für den → *Glenkinchie* von 1986 ein Amontillado-Faß, für den → *Lagavulin* von 1979 Fässer, in denen vorher der schwere, süße Pedro Ximenez Sherry war, für den → *Oban* von 1980 Montilla Fino und für den → *Talisker* von 1986 mit seinen traditionellen 45.8 % Amoroso Sherry (die anderen haben 40 %). Das Etikett nennt jeweils das Jahr der Destillation und weist darauf hin, daß es sich um limitierte Editionen handelt. Ein Vorzugsangebot galt bei der Einführung den »Friends of the Classic Malts«: Sie konnten sich telefonisch zwar nicht die komplette Serie, aber wenigstens eine Flasche von ihr sichern.

Distillery cat In jeder Brennerei anzutreffen und dort der nützlichen Tätigkeit nachgehend, die Mäuse am Verzehr von zuviel anderweitig benötigtem Getreide oder Malz zu hindern. Sie sind ernstgenommene und geschätzte Mitarbeiter und erfreuen sich im Kollegenkreis großer Beliebtheit – und natürlich auch bei den Besuchern. Ihre offizielle Berufsbezeichnung ist *mouser*. Einige von ihnen haben es geschafft, aus der Anonymität herauszutreten wie Smoky, die Katze von → Bowmore, die bei einem Schönheitswettbewerb der Zeitschrift »Country Living« unter die sieben schönsten Katzen Großbritanniens kam, oder Barley, die Katze von → Highland Park, die ebenso wie Smoky und einige Kolleginnen auch schon von der Fachzeitschrift →»Whisky Watch« interviewt wurde. Die berühmteste von allen aber war → Towser, der *mouser* von → Glenturret, die es nicht nur auf ein sehr hohes Alter brachte, sondern auch den Einzug ins »Guinness Book of Records« geschafft hat, weil sie es in ihrem für eine Katze sehr langen Leben von fast 24 Jahren auf die stolze Zahl von penibel registrierten 29899 gefangenen Mäusen gebracht hat.

Doble V Spanischer Blend von Hiram → Walker, der Tochter des großen Konzerns → Allied Domecq, die in Spanien sehr aktiv sind – kein Wunder, nimmt das Land doch einen Spitzenplatz unter den Ländern ein, in denen sich Whisky sehr großer Popularität erfreut. Die Kanadier hatten bis 1991 in Cuenca eine Brennerei und stehen hinter → Distilerias y Crianza, denen die Brennerei → Molino del Arco bei Segovia gehört (und in Schottland → Lochside Distillery) und die den erfolgreichen Blend → *DYC* verkaufen. An dessen Klasse kann der *Doble V* nicht heran, aber weil er billiger ist, ist er dennoch sehr beliebt und im Herstellungsland und in Lateinamerika weit verbreitet.

Dochan doris Bezeichnung für einen schönen schottischen Brauch, dem Gast noch einen letzten Schluck zu gönnen, bevor er sich auf den Heimweg macht. »One for the road« sagen die Engländer dazu. Gelehrte des Gälischen streiten sich darüber, ob man nicht doch besser »Deoch an dorius« schreibt und auch »dorais« wird verwendet. Ausgesprochen jedenfalls wird es »dschoch an Dórisch«. Und verstanden auch ohne Gälischkenntnisse.

Doctor's Special Schottischer Blend, der heute aus dem Hause Hiram → Walker kommt, also von → Allied Domecq. Eingeführt wurde die Marke in den zwanziger Jahren von der Firma Robert Macnish & Co., die vor allem für ihren → *Grand Macnish* bekannt war.

Doig, Charles Chree Architekt aus Elgin, der in Vergessenheit geraten ist, obwohl er wie kein anderer das Erscheinungsbild der schottischen Whisky-Brennereien verändert und geprägt hat: Er ist der Erfinder jener charakteristischen → Pagoden, die die Silhouetten der Destillerien formen. Durch sie gab er den vorher konisch geformten Rauchabzügen über der → *kiln*, den Dörröfen, ein neues Aussehen, das seither zum Wahrzeichen vieler Brennereien geworden ist und als Logo für sie alle steht: auf Wegweisern, auf Landkarten, eben überall da, wo es darauf hinzuweisen gibt, daß dort Malt Whisky gemacht wird.

Die erste Brennerei, für die der 1855 geborene und am 28. 9. 1918 gestorbene Doig eine Pagode baute, war → Dailuaine. Sie wurde 1889 eingeweiht und ein Jahr vor seinem Tod durch ein Feuer wieder zerstört, aber da hatte sie längst eine Revolution ausgelöst, weil jeder Brennerei-Besitzer nun seine *kiln* auch von einem jener hübsch anzuschauenden, dreieckigen Gebilde krönen lassen wollte. Doig selbst arbeitete u. a. für → Aberfeldy, → Coleburn, → Craigellachie, → Dalwhinnie und → Imperial. Seine Söhne, die das Werk des Vaters fortsetzten, hinterließen ihre Spuren in → Ardbeg, → Caol Ila, → Highland Park, → Laphroaig und

→ Tamdhu (um nur einige zu nennen). Insgesamt hinterließen sie mehr als 5000 Pläne auf 1237 Blättern und Rollen, die sich heute in der Elgin Library befinden und die zwischen 1870 und 1964 entstanden sind. Doch keine Plakette weist in der High Street auf Doig hin. Man sollte ihm ein Denkmal setzen.

Dolany Tschechische Destillerie, die der in Olomouc (Olmütz) ansässigen Firma → Seliko gehört. Sie liegt etwa sechs Kilometer nordöstlich des mittelalterlichen Städtchens. Sie hat mit vier Brennblasen eine größere Kapazität als ihre auf der anderen Seite von Olomouc angesiedelte Schwester → Testice, produziert aber seit einiger Zeit nicht mehr. Das hat mit den Schwierigkeiten der tschechischen Produzenten zu tun, ihren Landsleuten, die seit dem Ende des kommunistischen Regimes lieber zu importiertem Scotch greifen, landeseigene Whiskies zu verkaufen. Völlig zu Unrecht, denn wenn es in irgendeinem Land Whiskies gibt, die sich mit dem schottischen Vorbild vergleichen lassen, dann in Tschechien mit seiner Bierkultur, seiner Mälzereikunst, seinem hervorragenden Wasser – und seinem Bemühen, sich sehr eng an schottische Methoden zu halten: Torf wird sogar aus Schottland geholt! Jim Murray, der die Destillate von beiden Brennereien vor Ort verkosten konnte, hält den Whisky von Dolany für schwächer als den von Testice, diesen aber rechnet er immerhin unter die besten zwölf der ganzen Welt. Testice-Whisky spielt auch eine große Rolle im → *King Barley*, den es als 6jährigen Blend und als 12jährigen Malt gibt. Auf seinen Flaschen steht leider nur Dolany, vielleicht, weil er dort abgefüllt wird. In aufwendigen Holzkisten und noch aufwendigeren Glaskaraffen wird der Malt in kleinen Stückzahlen auch in Deutschland angeboten.

Dominie, The Schottischer Blend, ein → Premium aus dem renommierten Haus → Cockburn & Company (Leith), das vor allem auch durch seine Portweine bekannt ist. Der Name ist ein altes schottisches Wort für Pfarrer oder auch Schulmeister.

Don's Dram Schottischer Blend von The → Bennachie, ein Blend mit 40 %, fünf Jahre alt und trotzdem »superior« genannt, mit einem Fußballspieler auf dem Label und so etwas wie die Hausmarke des Aberdeen Football Club, dem (und dessen whiskytrinkenden Fans) sich die im nahegelegenen Inverurie beheimatete Firma wohl besonders verbunden fühlt.

Double Dog Indischer Whisky, der als → De luxe ausgegeben wird. Er kommt von → Haryana Distillery, einer Tochter des großen Industrie-Konzern Modi Enterprises.

Double wood Bezeichnung für die Verwendung von zwei verschiedenen → Faßarten beim Reifen von Whisky. In den USA ist sie beim Bourbon schon qua Gesetz unmöglich, weil dort immer neue Fässer verwendet und diese nur einmal eingesetzt werden dürfen. In Schottland dagegen ist nur Vorschrift, Eichenfässer zu verwenden, ohne festzulegen, was vorher in ihnen war. Meist werden Fässer gebraucht, in denen vorher entweder Bourbon oder Sherry oder auch schon einmal Malt oder Grain war. Kaum eine Brennerei füllt ihren Single

Malt einheitlich nur aus einem einzigen Faßtyp ab; Beispiele dafür sind → Macallan, wo nur Oloroso-Fässer, und → Glenmorangie, wo für den 10jährigen nur Ex-Bourbon-*barrels* eingesetzt werden. Sonst wird meist eine wohlüberlegte Mischung von beiden Faßformen angewendet. Der Terminus *double wood* fand sich zuerst auf den Flaschen des 12 Jahre alten → *Balvenie*. Für ihn hatte sich der → Masterblender David Stewart ausgedacht, seinen Malt nach 10 Jahren im Bourbon-Faß noch zwei Jahre im Sherry-*butt* nachreifen zu lassen. Seitdem sind so viele solcher → *finishings* herausgekommen, daß man fast schon von einer Mode sprechen kann. Das größte Engagement dabei bewies Glenmorangie plc, wo auch ungewöhnliche Faßtypen wie Port, Madeira, Rotwein und, bei ihrem → *Glen Moray*, sogar französische Weißweinfässer verwendet wurden. Auch vom *Balvenie* gibt es einen 21 Jahren alten Port und auch die sechs → »Classic Malts« wurden durch Versionen ergänzt, bei denen die *second maturation* zum Einsatz kam.

Doubler Bezeichnung für eine besondere Form einer Brennblase, die in den USA bei der Herstellung mancher Bourbons verwendet wird. Sie ist eine Art → *pot still* und dient der Erhöhung der Alkoholstärke, die beim ersten Durchlauf der → *wash* durch die hier → *beer still* genannte (und im Unterschied zur schottischen → *patent still* nur aus einer einzigen bestehende) Säule erzielt werden kann. Die aus ihr kommenden → *low wines* haben etwa 55 bis 60 %. Sie gelangen in flüssiger Form in den kupfernen *doubler*, wo sich die Stärke des → *white dog* genannten Destillats auf ungefähr 65 % erhöht, das dann mit Wasser versetzt zur Reifung in Fässer gefüllt wird.

Dougherty's Schottischer Blend, den → Inver House schon einmal eingestellt hatte, der heute aber wieder hergestellt wird: ein einfacher → Standard ohne Altersangabe.

Dowling Kentucky Straight Bourbon, den es einer Version mit 8 Jahren und 86° / 43 % und in einer zweiten als → *Bottled in Bond* mit 100° / 50 % und 12 Jahren gibt. Das Etikett nennt 1869 – das Jahr, in dem eine aus Schottland eingewanderte Familie in Kentucky mit der Whiskey-Herstellung begann. Wie die meisten anderen wurde auch sie Opfer der → Prohibition, konnte aber wenigstens in Mexiko überleben. Nach dem Ende der trockenen Jahre kam die Marke wieder heraus, zunächst als Produkt der Anderson County Distilling Co., das von Dowling Distillers in Tyrone abgefüllt wurde. Heute kommt der Whiskey von der Kentucky Deluxe Distilling Co. in → Bardstown, hinter der sich → Heaven Hill verbirgt.

Draff Bezeichnung für die festen Bestandteile, die von dem zu → *grist* zermahlenen Getreide übrigbleiben, wenn das → Maischen beendet ist und aus dem Malzkorn oder den anderen Getreidekörnern die Stärke in fermentierbaren Zucker umgewandelt und herausgewaschen wurde. Am Ende dieses Vorganges hat man einerseits die Würze, → *wort* genannt, gewonnen, behält aber auch noch Schlemme zurück. Nur Grain-Brennereien verwenden beide, *wort* und *draff*, auch im nächsten

Arbeitsgang beim → Fermentieren. In Malt-Destillerien wird sie separiert, allerdings nicht als Abfall behandelt. Schon lange weiß man, daß sie ein wertvolles Tiernahrungsmittel mit hohem Proteingehalt darstellt, das entweder sofort zum Verfüttern an Kühe verwendet, aber auch gelagert werden kann. Solche Kühe erkranken mit Sicherheit nicht an BSE. Seit die Whiskyindustrie herausgefunden hat, daß ungefähr 50 % des eingesetzten Getreides sich als Tierfutter weiterverwenden lassen, hat man effektive Formen der Verarbeitung entwickelt und dafür auch moderne Anlagen gebaut. Diese sogenannten Beiprodukte der Whiskyherstellung bringen nicht nur gutes Geld, sie schonen auch die Umwelt.

Dram Bezeichnung für ein Trinkmaß, das mittlerweile fast überall und fast immer bezogen auf Whisky benutzt wird, ursprünglich aber schottisch ist und dort gerne mit dem Diminutiv *wee*, klein, verwendet wird. Obwohl einige Autoren ihm eine feste Größe zuordnen, ist es, jedenfalls heute, nicht genau bestimmbar. David Daiches hat das Wort vom griechischen »Drachma« abgeleitet und gibt, sehr britisch, »one-eight of an ounce or sixty grains in apothecaris« an. Neil Wilson spricht dagegen von einem Drittel *pint* Whisky mit 60 % Alkohol. Am besten gefällt die Definition der → Scotch Whisky Association, die die Größe einfach von der »Großzügigkeit des Eingießenden« abhängig sein läßt. Das Wort scheint zum ersten Mal 1752 im immer noch existierenden »Scots Magazine« verwendet worden zu sein und kommt auch in Verbindungen mit anderen Begriffen vor: z. B. beim Whiskylikör → *Drambuie*, was gewöhnlich mit »Trunk, der Zufriedenheit schafft« übersetzt wird.

Im 19. Jahrhundert gab es *dram-shops*, die bekanntesten besaß ein gewisser William → Teacher, der seinen ersten schon mit 19 Jahren eröffnete und damit die Grundlage für eine der erfolgreichsten Whiskyfirmen und -marken Schottlands schuf. In Brennereien hört man zuweilen das Wort auch als Verb. Früher wurden die Arbeiter ganz regelmäßig »abgedramt« – wohl nicht aus Menschenfreundlichkeit, sondern, um sie am heimlichen Konsum zu hindern. In → Talisker kann man heute noch das *dram* bewundern, das die Arbeiter leeren durften: einen soliden Humpen, den sie, mit Baby-Whisky gefüllt!, zu Beginn und zum Ende der Schicht bekamen. Auch die Mutigen, die in die → *pot stills* stiegen, um sie zu reinigen, wurden mit einem *dram* belohnt. Und obwohl das *dramming* schon 1970 (aus Sicherheits- und Gesundheitsgründen) verboten wurde, hat auch Dr. Bill Lumsden seine berühmten »16 men of Tain« in → Glenmorangie Distillery noch 1997 zu Beginn der Arbeit, allerdings mit reifem Malt, verwöhnt – um ihnen täglich neu eine Vorstellung von dem zu vermitteln, was sie produzieren sollten.

Drambuie Der Klassiker unter den Whiskylikören – und das Vorbild für sie alle, denn er war der erste und ist noch immer der edelste. Seinen Stammbaum führt er auf keinen Geringeren als Bonnie Prince Charlie zurück, dem bis heute verehrten unglücklichen Prinzen aus dem Hause Stuart, der 1745 aus dem französischen Exil kommend nach der Krone griff und im Jahr darauf in der Schlacht von Culloden die schottische Unabhängigkeit endgültig verspielte. Auf der Flucht versteckte er sich auf Skye bei der Familie MacKinnon und hat sich dort mit Drambuie getröstet. Das ist Gälisch und bedeutet »Trunk, der Zufriedenschaft schafft«. Es ist ungeklärt, ob er nach dem Rezept seiner Gastgeber oder nach seinem eigenen Rezept gemischt wurde.

Wer ihn heute genießt, bekommt eine Ahnung davon, wie die Highlander ehedem ihren Whisky tranken: besten Malt mischten sie mit Heidehonig und verschiedenen Kräutern. So wird er heute noch gemacht – von den Nachfahren der gleichen Familie MacKinnon, die 1906 nach Edinburgh gingen und dort aus kleinen Anfängen mit zwölf *cases* jährlich eine Weltmarke aufgebaut haben, sicherlich auch deshalb, weil schottische Regimenter in der ganzen Welt den *Drambuie* zu ihrem Digestiv machten. Das Rezept für die Kräutermischung wird traditionellerweise von den Frauen der MacKinnons gehütet, die heute in Kirkliston über feinste Bestände an alten Malts verfügen. Sie erlaubten 1997 die Edition eines 15jährigen Likörs mit dem Namen → *Blue Ribbon*. Man genießt den Drink pur oder, besonders empfehlenswert, mit Eis oder verwendet ihn zum Mixen. Der klassische *Drambuie*-Drink ist der → *Rusty Nail.*

Dreifachdestillation Eine besondere Form der Destillation, die vor allem mit Irland identifiziert wird. Während bei der Produktion von Malt Whisky in Schottland (und anderswo) die *wash* in nur zwei Durchläufen zunächst auf etwa 22 % und dann in der *spirit still* auf etwas mehr als 70 % Alkoholvolumen destilliert wird, kommt bei der Dreifachdestillation eine dritte Brennblase zum Einsatz, oft *intermediate still* genannt. Außer bei Cooley werden in Irland traditionell alle Whiskies dreimal destilliert. Ihr Alkoholgehalt ist dadurch etwas höher als bei den Schotten, der Whisky ist dadurch reiner und leichter im Körper, aber auch etwas spritiger und in den Aromen etwas weniger ausdrucksstark. Die Dreifachdestillation war früher auch in den schottischen Lowlands üblich, wird aber heute nur noch in einer einzigen Lowland-Brennerei, in Auchentoshan, praktiziert. Dort verläßt der erste, der Rauhbrand, die *wash still* mit 18 % – 19 %, wird dann zusammen mit dem → *foreshot* und den → *feints* aus dem dritten Durchlauf in der zweiten Brennblase, die hier *low wines still* heißt, ein zweites Mal destilliert. Die *low wines* verlassen diese Blase mit 55 %, um dann in der *spirit still* noch einmal destilliert zu werden, wobei 82 % Alkoholvolumen erreicht werden. Zuweilen liest man, daß auch in Springbank dreifachdestilliert würde, aber das ist nicht korrekt.

Drop of the Irish, A Irischer Malt Whiskey, den der → unabhängige Abfüller → Blackadder International herausbrachte. Er ist bekannt dafür, seine Malts ohne → Kühlfilterung und ohne Farbstoff abzufüllen, was er denn auch stolz kundtut, wenn er »pure unfiltered Irish Malt Whiskies« auf die Flaschen schreibt. Der Plural läßt natürlich aufhorchen. Tatsächlich handelt es sich nicht um einen Single Malt, sondern um eine »unique combination of Irish Single Malts«, also um einen Vatted. Woher diese Malts kommen, bleibt leider offen. Abgefüllt sind sie mit 45 %.

Druichan Islay Schottischer Single Malt von → Invergordon, einer von fünf in ihrer Serie »The → Malts of Scotland«, die sich alle entweder mit Namen von großen, nicht mehr existierenden Destillerien oder mit Phantasienamen schmücken und dem Verbraucher überlassen zu raten, mit welchem Malt er es zu tun hat. Auf Islay besitzt Invergordon → Bruichladdich (die kurz nach der Übernahme von Invergordon durch → Jim Beam / → American Brands dichtgemacht wurde), so daß es wahrscheinlich ist, daß es sich bei dem 10jährigen Malt um Whisky von dort handelt. Bruichladdich, Bruich, Druich, Druichan: klingt ja doch alles gleich. Denken jedenfalls die Amerikaner, denen schottische Namen, Traditionen, Gefühle gleichgültig sind und für die nur das Geld zählt, das sie aus ihnen herauspressen können.

Drum maltings Bezeichnung für die Form der Mälzerei, aus der heute bei weitem die meisten Brennereien Schottlands (und Irlands) ihr Malz beziehen. Sie haben die traditionellen → *floor maltings* abgelöst, in denen die Destillerien früher ihr eigenes Malz herstellten. Das Verfahren ist zeit- und arbeitsaufwendig und nur wenige Brennereien leisten sich den Luxus, es anzuwenden. Die modernen, industriellen Mälzereien, wie sie etwa in Burghead, → Glenesk, → Glen Ord oder → Port Ellen zu finden sind, können in kürzerer Zeit größere Mengen Malz erzeugen, ohne dadurch die Qualität zu verschlechtern. Um dem Wunsch jeder Brennerei nach ihrem eigenen Malz mit dem für sie charakteristischen Raucharoma Genüge zu tun, muß nur zusätzlich zur Belüftung und Trocknung des durch Einweichen zum Keimen gebrachten Gerstenkorns unter den Trommeln ein Feuer unterhalten werden, dem dann nach genauer Rezeptur eine bestimmte Menge Torf zugesetzt wird. Der größte Vorteil der *drum maltings* besteht darin, daß die beiden Prozesse, die Keimung und die Trocknung, platzsparend in der gleichen Trommel stattfinden können, während beim alten Verfahren dazu zwei Gebäude notwendig waren. Außerdem läuft das Mälzen weitgehend automatisch ab und erfordert nur noch einen Arbeiter pro Schicht.

Drumgray Schottischer Cream Liqueur mit 17 %, der mit vollem Namen *Mrs. Walker's Single Malt Drumgray Highland Cream* heißt und von der → Wallace Malt Liqueur Company kommt, einer Tochter von → Burn Stewart, die für ihn ganz sicher Malts aus ihrer Brennerei → Deanston benutzt.

Drumguish Schottischer Single Malt, der in der → Speyside Distillery Co. der Familie Christie produziert wird. Seit den fünfziger Jahren arbeitete George Christie, ein erfahrener Whiskyblender, daran, an der Mündung des Tromie in den Spey eine Brennerei aufzubauen, die den Namen der berühmten → Whiskyregion und einer ehemaligen, ganz in der Nähe gelegenen Destille tragen sollte. Nach mehr als zwanzig Jahren floß im Dezember 1990 das erste Destillat. Genau drei Jahre später, also exakt nach der gesetzlich vorgeschriebenen Mindestreifezeit, brachte man den *Drumguish* auf den Markt und taufte ihn nach dem Dorf, das nahe an der Brennerei liegt. Den Namen »Speyside« nahm man nicht, einerseits wohl, weil man keine Verwechslung mit der Serie von Blends haben wollte, mit der die Firma ihren Namen etabliert hatte, andererseits wohl sicher aber auch, um eines Tages einen länger gereiften Single Malt herauszubringen. Konsequenterweise gründete man eine Tochterfirma, die Drumguish Distillery Co., um den Malt, den es auch in einer speziellen Weihnachtsausstattung gibt, zu vermarkten.

Drury's Whisky, der in → Brasilien von IDV hergestellt wird. Er ist ein sogenannter lokaler oder »nationaler« Whisky, d. h. ein Blend aus Malts, die aus Schottland *in → bulk* eingeführt werden, und Grains, die im Land selbst destilliert sind.

Duart Castle Schottischer Whisky, den es früher auch als Vatted Malt, heute nur noch als Blend gibt. Er ist, mit ausdrücklicher Erlaubnis, nach dem Schloß von Lord MacLean auf Mull benannt. Hergestellt wird er von der Firma Whighams of Ayr, die ihre Anfänge immerhin bis 1766 zurückverfolgen kann. Damals gründete eine Gruppe von lokalen Händlern in der Kleinstadt, innerhalb deren heutiger Stadtgrenzen der schottische Nationaldichter Robert → Burns geboren wurde, ihr Geschäft – zunächst unter dem Namen eines Alexander Oliphant & Co. 1968 spaltete sich Whigham Fergusson als eigenständige Firma ab, die 1994 mit dem Londoner Weinhandelshaus → Corney & Barrow fusionierte.

Dublin Whiskey Distillery Company Irische Firma, die vor allem durch eine Brennerei bekannt war, die nach der Straße, an der sie lag, → Jones Road Distillery genannt wurde.

Dubliner, The Irischer Cream Liqueur, der von R. & J. Emmet and Co. 1980 auf den Markt gebracht wurde und immerhin so erfolgreich war, daß die Firma samt ihrer Zweitmarke → *Emmets* und der Produktionsstätte in Bailieboro (Co. Cavan) 1991 von ihrem Konkurrenten → Bailey's aufgekauft wurde. Sie lassen den Likör mit 17 % von ihrer Tochterfirma The Dubliner Liqueur & Spirit Company verkaufen.

Dufftown Kleines Dorf in Schottland, das trotz seiner kleinen Einwohnerzahl den Namen »World Capital of Malt Whisky« beanspruchen darf, gibt es doch keinen Ort, der mehr Brennereien aufzuweisen hat als das zur → Speyside zählende Dufftown, das am Zusammenfluß des Dullan Water mit dem River Fiddich liegt. Allein schon dieser Hinweis enthält die Namen von drei berühmten Destillerien, aber Dufftown hat noch mehr zu bieten. Bereits Ende des letzten Jahrhunderts wurde der Spruch geprägt: »Rome was built on seven hills, Dufftown stands on seven stills« und gemeint waren damit (in alphabetischer Reihenfolge): → Balvenie, → Convalmore, → Dufftown, → Glendullan, → Glenfiddich, → Mortlach und → Parkmore.

Letztere ist seit langem stillgelegt,

wird aber noch zum Lagern von Fässern der örtlichen → UD-Brennereien benutzt, dafür wurde Glendullan um eine zweite Anlage erweitert. 1974 bauten Arthur → Bell & Sons → Pittyvaich, Ende der achtziger Jahre William → Grant & Sons → Kininvie. Rechnet man die nur wenige Meilen außerhalb des Ortes liegende → Allt à Bhainne von → Seagram dazu, hätte Dufftown heute sogar neun Brennstätten, aber Convalmore wird von den Grants, die sie von UD kauften, auch nur noch zum Lagern benutzt. Die Brennereien der Grants liegen am linken Ufer des Fiddich hübsch zusammen. Die andere Hälfte des Dorfes gehört UD, deren Besitz etwas verstreuter ist: Glendullan liegt am rechten Fiddich-Ufer, die anderen entlang des Dullan, weiter hinten in Tal Dufftown und Pittyvaich, weiter vorne Mortlach. Dazwischen liegt Mortlach Church, eine der ältesten Schottlands, die einen Besuch in Dufftown auch für die zur Pflicht macht, die nicht am Whisky interessiert sind.

Die Destillerie, die den gleichen Namen hat wie das Dorf wurde, war ursprünglich eine Mühle. Sie wurde 1896 zusammen mit → Blair Arthol von Arthur Bell & Sons gekauft, die sie auf sechs → *stills* erweiterten und auf die bis 1992 auch die Lizenz lautete (seitdem → UMGD). Schon sie machten den Whisky als Single Malt in → Eigentümer-Abfüllung verfügbar: der 8jährige hatte ein Label, das die Beziehung zu → Blair Athol verdeutlichte. Der 10 Jahre alte dagegen kam in eigenständiger Aufmachung. Ein 15jähriger *Dufftown*, von dessen Etikett der früher gebräuchliche Namenszusatz *Glenlivet* gestrichen ist, gehört zur → »Flora & Fauna«-Serie des neuen Besitzers → UD/UDV.

Dumbarton Schottische Destillerie. Sie liegt am Nordufer des Clyde und an der Mündung des River Leven. Gegenüber befindet sich der Dumbarton Rock, der ihr den Namen gegeben hat; der mächtige Vulkankegel soll ein Sitz von King Arthur gewesen sein. Der ebenso mächtige Brennereikomplex wurde 1938 von George → Ballantine & Son für seinen kanadischen Eigentümer Hiram → Walker errichtet und gehört heute zu → Allied Distillers, einer Tochter von → Allied Domecq. Sie erzeugt dort die Grain Whiskies für die Blends der Gruppe wie den → *Teacher's Highland Cream*, → *Long John*, → *Old Smuggler* und eben den → *Ballantine's*. Innerhalb der gewaltigen Anlage mit ihren von weitem sichtbaren roten Mauern befindet sich auch eine Malt-Destillerie, die mit verschiedenen → *stills* zwei verschiedene Single Malts produzieren kann, den → *Inverleven* und den → *Lomond*. Der *Inverleven* gehört mit verschiedenen Jahrgängen zur »Allied«-Reihe von Gordon & MacPhail. Cadenhead hatte einen *Dumbarton-Inverleven* von 1969, der mit 26 Jahren und 49.6 % in die Flaschen kam. Auch die unabhängige Firma The Bottlers hatten eine Abfüllung. Der *Lomond* dagegen gehört zu den größten Raritäten unter den schottischen Malts: nur eine einzige Abfüllung, von der Scotch Malt Whisky Society, wurde bisher bekannt.

Dumbuck Name eines schottischen Malts, der in den sechziger Jahren als einer von dreien in der → Littlemill

Distillery in Bowling erzeugt wurde, als man dort mit unterschiedlich getorftem Malz und einem → *rectifyer* auf der → *spirit still* verschiedene Whiskies gewann. Während der *Littlemill* als Single Malt verkauft wurde (und wird) und vom → *Dunglass* zumindest zwei → Einzelfaßabfüllungen bekannt sind, scheint der *Dumbuck* niemals in eine Flasche gekommen, sondern höchstens zum Blenden verwendet worden zu sein.

Dun Eideann Schottische Whiskyfirma, die unter ihrem eigenen Namen eine kleine Serie von schottischen Single Malts in → *cask strength* herausbringt. Sie gehört dem → unabhängigen Abfüller → Signatory, der in Edinburgh zu Hause ist und der den alten, »dun-íden« gesprochenen, Namen der Stadt in gälischer Schreibweise für seine Tochterfirma benutzt. Eigentlich nur ein Unterlabel der agilen Firma, tritt Dun Eideann in Frankreich mit einer weiteren Serie auf, die sich → »Treasures from Scotland Collection« nennt.

Dunbar Whisky, der von → Seagram in Lateinamerika hergestellt wird, wobei wie bei allen dort produzierten Blends schottische Malts mit lokal hergestellten Grains verschnitten werden. Als Alter werden 6 Jahre angeben. Die Marke ist besonders in → Venezuela und → Uruguay sehr verbreitet.

Dundee, The Schottischer Blend von einer Firma, die in London gegründet wurde, aber auf dem Etikett Glasgow als Sitz nennt und bei all ihren Marken ebenso wie ihrem Namen gerne auf die Landschaft Angus und die Stadt Dundee hinweist: sie heißt → Angus Dundee.

Dunglass Schottischer Single Malt, der früher in der → Littlemill Destillery erzeugt wurde, die Ende der sechziger Jahre durch den Einbau eines → *rectifyers* in die → *still* und durch Einsatz unterschiedlich getorften Malzes drei verschiedene Whiskies erzeugen konnte. Als Single scheint der *Dunglass* nur zweimal abgefüllt worden zu sein: Moon Import brachte 1990 einen 1967 destillierten Malt aus dem Faß 3447–050 in seiner Serie »The Animals« auf den italienischen Markt. Signatory, der unabhängige Abfüller aus Edinburgh, brachte unter dem Namen der Tochterfirma Dun Eideann ebenfalls 1990 einen *Dunglass*, auch aus dem Jahr 1967, heraus. Er hatte wie die italienische Version 46 %. Diese Gemeinsamen lassen vermuten, daß Signatory seine Vorräte auf zwei Abfüllungen unter verschiedenem Label aufteilte.

Dungourney Pure Pot Still Whiskey. Angespornt durch das Aufsehen, das ihre Einzelfaßabfüllung eines Single Malt aus der alten → Colraine Distillery erregt hatte, entschloß sich die → IDG, ein kostbares einzelnes Faß mit → Pot Still Whiskey aus der nur noch als Museum existierenden alten → Midleton Brennerei nicht in irgendeinem Blend verschwinden zu lassen, sondern, natürlich viel gewinnbringender, für die Liebhaber solcher Antiquitäten herauszubringen. Wohl um Konfusionen zu vermeiden, wichen sie allerdings von dem Brauch ab, einen Single Malt nach seiner Brennerei zu benennen, sondern druckten außer »laid down in 1964« einen anderen Namen auf das Label. Er stammt von dem kleinen Bach, an dem die alte und die neue Anlage stehen.

Dunhill Seit 1982 hat die englische Luxusfirma nicht mehr nur Tabak und Zigarren, Pfeifen, Raucheraccessoirs und Herrenkleidung im Programm, sondern auch einen sehr luxuriösen, exklusiven Blend für ihre Läden und die Duty free-Märkte, vor allem die in Fernost. Die Firma, Teil des Konzerns Vendome, dem weitere Edelmarken wie Cartier, Montblanc und Vacheron gehören, ließ den *Old Master* von → IDV herstellen, deren → Strathmill Distillery in → Keith sich seit einigen Jahren mit dem Schild »Home of Dunhill« schmückt. Ob es noch lange hängt, ist fraglich, denn 1998 ging die Verantwortung für die Produktion, das Marketing und den Vertrieb auf → Highland Distillers über, die beim Verkauf mit → Rémy zusammenarbeiten und sich dabei weiterhin vor allem auf Asien konzentrieren. Da dort auch kostbare Verpackungen und aufwendige Flaschen beliebt sind, wird der *Dunhill* auch als *Crystal Decanter*, als *Celebration Edition* und als, rare, *Centenary Cask Edition* angeboten. Aber es gibt auch einen → Standard, den *Dunhill Gentleman's Speyside Blend.*

Dunkeld Atholl Brose Schottischer Whiskylikör aus dem Hause → Gordon & MacPhail. Mit seiner Entstehung ist eine jener in Schottland so beliebten Legenden verbunden: Solch ein Getränk soll es dem Duke of Atholl ermöglicht haben, seinen Gegner, den Lord of the Isles, den König der westlichen Inseln also, gefangenzunehmen. Zu diesem Zweck soll er das Brunnenwasser durch Whisky, Hafermehl und Honig »verstärkt« haben. Beim heutigen *Dunkeld Atholl Brose*, sei, sagen seine Hersteller, das Mehl durch Kräuter ersetzt, mit denen ausschließlich Malts vermischt seien. Das macht ihn, nach Darstellung seiner Anbieter, zu einem beliebten Wiederbelebungsgetränk für erschöpfte »sportsmen in the field«, also etwa von Jägern und Golfern.

Dunlow Irischer Whiskey, ein Blend mit 40 %, der von → Cooley produziert, *in → bulk* in Tankwagen nach Frankreich gebracht, dort von der Spirituosenfirma La Martiniquaise abgefüllt und unter fünf verschiedenen Namen von fünf verschiedene Supermarktketten verkauft wird. *Dunlow* nennt ihn die Firma Promodes, Leader Price *Galoway*, Auchan's *Highfield*, Le Clerc *Greenfield* und Casino nannte ihre Version *Ken Lough*.

Dunn & Co., Alexander Whiskyfirma, die in Surrey ansässig ist und neben einigen Blends und einem Vatted Malt, die den Firmennamen tragen, vor allem durch zwei Erfindungen auf sich aufmerksam gemacht hat. Eine trug ihr den Ruhm ein, sich im → »Guinness' Book of Records« wiederzufinden als Hersteller der mit ungefähr 1 cl Inhalt kleinsten Whiskyflasche der Welt. Die zweite brachte ihr vor allem Geld: Sie bot ihren Kunden an, ihren Namen oder den Namen eines von ihnen Erwählten auf das Etikett schreiben zu lassen, was der Firma vor allem in Japan, wo man gerne seine eigene Flasche in der Lieblingsbar stehen hat, begeisterte Käufer einbrachte. Die dafür kreierte Marke heißt → *Slaintheva*, was eine bemerkenswerte Verballhornung des gälischen Trinkspruches »Slainté math« darstellt.

Die Firma war einmal mit → Tomatin Distillers assoziiert, die später von einem japanischen Konsortium übernommen wurden.

Dunphy's Irischer Whiskey, der auf dem Label zwar als *Finest Old* apostrophiert wird, aber nur ein einfacher → Standard mit 40 % ist. Er wurde zunächst in den fünfziger Jahren von der alten → Midleton Brennerei vor allem produziert, um in den nach → Irish Coffee dürstenden USA einen nicht so kostbaren Blend zum Mixen anbieten zu können. Heute wird er, mit einem anderen Label, von der → IDG-Tochter → Fitzgerald & Co. eigentlich nur noch in Irland verkauft, aber einige deutsche Läden führen ihn auch.

Dunville's Irischer Whiskey, ein Blend mit 40 %, der die Erinnerung an die alte Firma Dunville und ihre → Royal Irish Distillery in Belfast wachhält, die schon in den dreißiger Jahren zu existieren aufhörte, während die Brennerei auch später wenigstens hin und wieder arbeitete. Kurioserweise mußte der Belfaster Wein- und Spirituosenhändler Philipp Russell seine Wiederbelebungsversuche mit einem Whiskey starten, der zwar irisch mit »e« geschrieben war, aber ein Scotch (von → Invergordon) war, weil sich die → IDG weigerte, ihn zu beliefern. Inzwischen ist diese Scharte ausgewetzt, weil → Cooley nur allzu froh waren, ihre Malts und Grains zur Verfügung zu stellen. Sie haben ihre Zusammenarbeit mit Invergordon beendet und beliefern die britische Firma Cellars International, die ihn in Großbritannien vertreibt, direkt, aber er ist auch in Nordirland zu haben.

Duthie, R. W. Schottische Whiskyfirma, die → unabhängige Abfüllungen herausbringt. Sie ist die Zweitmarke von → Cadenhead und gibt wie diese die alte Adresse in Aberdeen an. Beide Labels gehören J. & A. → Mitchell von → Springbank Distillery in → Campbeltown. Die Single Malts von Duthie's sind etwas billiger als die von Cadenhead. Auch in Deutschland zu erhalten waren ein → *Ardbeg* von 1975, ein → *Highland Park* von 1978, ein → *Lagavulin* von 1978, ein → *Macallan* von 1979 und ein → *Talisker* von 1979. Sie alle wurden mit den Cadenhead-typischen 46 % abgefüllt.

DYC Spanischer Blend, dessen Name eine Abkürzung für → »Distilerias y Crianza del Whisky« ist und den es in zwei Versionen, als → Standard und mit 8 Jahren, gibt. Es gab Zeiten, wo die für ihn benötigten Malt-Anteile komplett aus Schottland kamen, aber inzwischen werden zumindest ein Teil seiner Malt-Komponente und alle seine Grain Whiskies in → Spanien selbst destilliert und zwar in der Brennerei → Molino del Arco. Sie wird von Distillerias y Crianza geführt, die über Hiram → Walker zum Imperium von → Allied Domecq gehören und in Schottland die → Lochside Distillery verwalteten, seltsamerweise unabhängig von den anderen schottischen Aktivitäten des Konzerns, die unter dem Dach von → Allied Distillers angesiedelt sind. Sicherlich wurde Malt von Lochside für diesen spanischen Blend verwendet, der seit 1963 auf dem Markt ist und nicht nur in seinem Heimatland, sondern auch in Lateinamerika sehr beliebt ist und einen Platz unter den 30 erfolgreichsten Whiskies weltweit einnimmt.

Dynasty Decanter, The Schottischer Single Malt in einer der kostspieligsten und schönsten Aufmachungen, die je für einen schottischen Whisky geschaffen worden sind. Der siebeneckige Kristalldecanter ist mit einem silbernen Flaschenverschluß geschmückt und mit einem ebenfalls silbernen Mantel umgeben, in den sieben Medaillons in Gold eingelassen sind. Sie zeigen die Porträts der sieben Regenten aus dem Hause Stewart oder Stuart, die – von James I (1406–1437) bis zu Mary Queen of Scots (1542–1567) – Schottlands Herrscher waren, ehe es seine Unabhängigkeit verlor. Die Edition erinnert an diese großen Herrscher und feiert gleichzeitig, daß während der 200 Jahre langen Zeit ihrer Regentschaft das wichtigste Produkt des Landes, der Whisky, »geboren« und groß geworden ist. 850 Exemplare haben die → Hart Brothers von dem edlen Stück aufgelegt, die natürlich in einer schweren Holzschatulle und mit einem Zertifikat kommen. Der Inhalt des Decanter ist der Aufmachung mehr als angemessen, vielleicht sogar noch wertvoller als sie: es handelt sich immerhin um 31 Jahre alten → *Bowmore*.

E

Eagle of Spey Handelsname für einen 10jährigen Single Malt, der aus dem Hause J. & G. → Smith, also aus → Glenfarclas kommt. Etwas trockener als die Malts, die unter dem Namen der Destillerie abgefüllt werden, weist er einen höheren Anteil an Eichenfässern, in denen vorher Bourbon war, auf oder stammt sogar ausschließlich aus solchen. Dadurch wird er billiger, was der Firma hilft, ihre Überbestände abzubauen, sich im Konkurrenzkampf zu behaupten und ihre Unabhängigkeit als eine der letzten Firmen, die im Besitz der Familie, und zwar einer in Schottland ansässigen Familie, ist, zu bewahren.

Eagle Rare Kentucky Straight Bourbon, der als Hersteller die Old Prentice Company nennt. An der angegebenen Adresse kann man erkennen, wer hinter ihr steht: New Orleans ist der Stammsitz der → Sazerac Company, der die → Ancient Age Distilling Company in → Leestown gehört. Dort wird die Marke heute auch produziert, aber sie kam einst wirklich aus der → Old Prentice Distillery in Lawrenceburg, die heute → Four Roses heißt. Besitzer war und ist auch heute noch → Seagram. Die Kanadier brachten den *Eagle Rare* in den siebziger Jahren heraus, verkauften aber die Marke und die Rechte am Namen Old Prentice an die heutigen Besitzer; ein gutes Beispiel dafür, wie in den USA die Namen nicht nur von Marken, sondern auch von Brennereien in neue Hände übergehen können, bzw. dafür, daß eine Marke plötzlich von einer ganz anderen Destillerie weiterproduziert werden kann. Es gibt den Whiskey mit 10 Jahren und 101°/50.5 % und, nur für den Export, mit 15 Jahren und 107°/53 %. Der 10jährige trägt den Hinweis, daß nur eines von jeweils 37

Fässern gut genug sei für diesen Whiskey in seiner markanten viereckigen Flasche.

Eaglesome Schottische Whiskyfirma, die in → Campbeltown einen kleinen Laden betreibt, der durch eine gute Auswahl von Whiskies auffällt. Besonders gut vertreten sind natürlich die Malts der örtlichen → Springbank Distillery – was erst recht nicht erstaunt, wenn man erfährt, daß Laden wie Brennerei der Familie → Mitchell gehören. Eaglesome ist, wie → Cadenhead, deren Tochterfirma, und die Mitchells bieten neben den Single Malts *Springbank* und dem → *Longrow* unter den Namen ihrer beiden Tochterfirmen eine ganze Reihe von Marken an: Eaglesome hat die Blends → *Allan's*, → *Cairnbaan*, → *Campbeltown Loch* und → *Old Spencer* und den Single Malt → *Burnside*. Vom *Eaglesome's* gibt es den einfachen → Standard und einen 12jährigen → De luxe.

Early Times Amerikanische Destillerie, die den Namen einer der beiden Marken trägt, die heute von ihr produziert werden; die andere ist → *Old Forester*. Sie gehört → Brown-Forman seit Beginn der Firmengeschichte, während der *Early Times* erst während der → Prohibition zum einzigen Whiskey-Konzern Amerikas kam, bei dem Mitglieder der Gründerfamilie bis heute das Sagen haben. Der Whisky, der sich – wie übrigens auch *Old Forester* ohne das sonst in den USA übliche »E« schreibt, ist nicht immer in Shively nördlich von Louisville gemacht worden. Die erste Early Times Distillery wurde von John H. Beam, dem Onkel von James → »Jim« Beam 1860 gegründet und lag in der Nähe von → Bardstown; ein Bild von ihr und die Jahreszahl schmücken das Label einer der Versionen der Marke. Es gab einige Besitzerwechsel, ehe die trockenen Jahre der Prohibition kamen. Die Brennerei mußte geschlossen werden, ihre Bestände durften nur noch als medizinischer Alkohol auf ärztliches Rezept verkauft werden. Nur zehn Firmen hatten dafür eine Lizenz, unter ihnen Brown-Forman, die die noch vorhandenen Fässer und die Markenrechte kauften. Die heutige Brennerei stammt von 1935 und begann ihre Existenz mit dem Namen Old Kentucky Distillery, wurde 1940 von Brown-Forman erworben und gründlich umgebaut.

Master Distiller Lincoln Henderson hat für seine beiden Marken zwei verschiedene → *mash bills*: für den *Early Times* verwendet er mit 79 % etwas mehr Mais als beim *Old Forester*, der Roggenanteil beträgt 11 %, 10 % sind Gerstenmalz (manchmal macht er auch einen Rye, der für den → *Canadian Mist* benötigt wird). Henderson besteht auch auf einer besonderen Methode der Faßreifung in seinen beheizten und sieben Stockwerke hohen → *warehouses*: Ein ständiges Wechselspiel von künstlicher Erhitzung und Abkühlung sorgt dafür, daß der Whisky tief ins Holz einziehen kann und insgesamt schneller reift. Und noch etwas ist ungewöhnlich, ja einmalig: seit 1983 gibt es einen → *Early Times Old Style Kentucky Whisky* mit 80°/40 %, auf dessen Label das Wort Bourbon fehlt, dafür aber der Hinweis zu finden ist: »matured at least 36 months in reused oak barrels«. Bourbon aber darf sich nur nennen, was in den gesetzlich vorgeschrieben neuen, ungebrauchten Eichenfässern gelagert war – wie der *Early Times Kentucky Straight Bourbon*, der allerdings nur noch für den Export gemacht wird und mit 80°/40 % bzw. 86°/43 % angeboten wird.

Eaton's Schottischer Blend von der Firma Douglas → Laing & Co. in Glasgow, die seit jeher dafür bekannt ist, daß sie über einen guten Bestand an sehr lange gereiften Whiskies verfügt. Er erlaubt ihr die Herstellung einer ganzen Reihe von relativ alten Blends. *Eaton's Special Reserve* ist nur ein → Standard, aber es gibt auch einen → De luxe mit immerhin 30 Jahren.

Eblana Irischer Whiskey Liqueur, der schon auf dem Etikett »sweet« genannt wird. Er enthält 40 % Alkohol und wird hergestellt von → Cooley Distillery, die sich auf ein altes irisches Rezept berufen und ihn als Produkt von Adam → Millar ausgeben, einer alten Firma, deren Namen sie aufgekauft haben.

Echo Spring Kentucky Straight Bourbon von → Heaven Hill. Es handelt sich um eine der vielen kleinen Marken dieser großen, unabhängigen Familienfirma, die nur auf Einzelmärkten verkauft werden. Diese ist außerhalb Kentuckys nicht zu finden.

Edel Falcke Deutscher Whisky, von der Firma als Malz-Whisky ausgegeben, aber nicht das, was man in der herkömmlichen Definition darunter versteht. Die setzt voraus, daß für die Herstellung nur gemälzte Gerste verwendet werden darf. C. W. → Falckenthal Söhne ist eine alte Firma, die 1959 in Luckenwalde gegründet wurde und zu DDR-Zeiten zunächst noch ihre Selbständigkeit erhalten konnte. 1972 aber wurde sie verstaatlicht. Nach der »Wende« konnte die Familie Falckenthal ihren alten Besitz (von der Treuhand) zurückkaufen. Sie sprach dann von einem Produkt aus »märkischem Roggen und einheimischen Malz« – was eben nicht reines 100 % Malz (das durchaus auch aus Roggen gemacht sein dürfte) bedeutet, sondern nur ein Getreidedestillat oder sogar ein Blend aus zwei Destillaten sein könnte. Aber es war weder dieses Verwirrspiel noch das geringe Alter von 3 Jahren, was der Firma Probleme bereitete. Sie führte ihr Produkt zunächst als *Oldmaster* ein, was natürlich die Rechtsanwälte der → Scotch Whisky Association auf den Plan rief, die eifersüchtig darüber wachen, daß nichts nach Schottland aussieht, was nicht aus Schottland kommt, und englische Namen nicht tolerieren. Das war nicht der einzige Schlag, der die Falckenthals traf: Wegen hoher Schulden mußten sie an die große westdeutsche Firma Berentzen verkaufen. Die hat die Produktion in Luckenwalde sofort eingestellt, verkauft aber die, immer noch großen, Bestände noch weiter.

Edradour Schottische Malt-Destillerie. Ihr Name, ausgesprochen »edradauer« bedeutet »Zwischen zwei Wassern«. Sie liegt einige Meilen westlich von Pitlochry bei Moulin und gehört zur Whiskyregion der → Highlands. Sie soll angeblich schon 1825 gegründet worden sein und wurde zeitweilig auch

→ Glenforres genannt. Sie ist eine richtige kleine Puppenstuben-Brennerei und sieht so aus, wie sich Romantiker eine kleine Destille in den Highlands vorstellen. Tatsächlich ist sie die einzige in ganz Schottland, die noch ganz im Stil der alten Farmhaus-Betriebe erhalten ist. Glücklicherweise wissen ihre heutigen Besitzer das kleine Juwel zu schätzen und pflegen sie liebevoll: ihre strahlend weißen Gebäuden mit den feuerroten Türen und Fensterläden werden sorgfältig in Schuß gehalten: Sie ist vielleicht die allerschönste Brennerei Schottlands. Die kleinste ist sie sicherlich. Die Belegschaft des Visitor Centre ist größer als die der Brennerei.

Die zwei → *stills* produzieren gerade zwölf Fässer pro Woche. Zu Zeiten des Vorbesitzers William Whiteley wurde die gesamte Jahresproduktion für die vielen Blends der Firma verwendet. Auch heute werden nur 2000 → *cases*, also 24000 Flaschen, als 10jähriger Single Malt in → Eigentümer-Abfüllung abgegeben, der auch in einem Steinkrug angeboten wird. Der Rest geht entweder in die firmeneigenen Blends wie den → *House of Lords* und den → *King's Ransom* oder in den Vatted → *Glenforres*. Beide sind Marken von → Campbell Destillers, denen Edradour seit 1982 gehört und die sie (und → Aberlour und → Glenallachie) im Auftrag ihrer französischen Mutter → Pernod Ricard führen. Von Zeit zu Zeit gelingt es auch einmal den Unabhängigen, einen *Edradour* abzufüllen.

Eiche Das Holz dieses Baumes spielt eine vitale Rolle bei der Erzeugung von Whisk(e)y, schreiben doch die Gesetze in den wichtigsten Whisk(e)yländern vor, daß die zur Reifung benutzten Fässer ausschließlich aus Eiche sein dürfen. In den USA dürfen alle Straight Whiskies, also Kentucky Straight Bourbon, Rye oder auch Tennessee-Whisk(e)y nur aus neuen, ungebrauchten Fässern aus amerikanischer Weißeiche (*quercus alba*) gelagert werden, die zusätzlich vor der Benutzung innen ausgekohlt werden müssen und nicht ein zweites Mal verwendet werden dürfen. In Irland und Schottland ist Eichenholz vorgeschrieben, das aber nicht neu sein muß. Beide sind deshalb dankbare Abnehmer der Fässer, die die Amerikaner nicht wiederverwenden dürfen und können. Diese Ex-Bourbon-Fässer stellen den größten Anteil derer, die in diesen beiden Ländern zum Einsatz kommen. Verwendet werden dort aber auch Fässer aus europäischer Eiche (*quercus robur*), die meist aus Spanien kommen und früher Sherry enthalten haben. In den letzten Jahren, seit die → *finishings* populär geworden sind, kommen zunehmend auch Fässer aus anderen europäischen Ländern zum Einsatz, etwa aus Portugal oder Frankreich. Es werden auch Versuche mit Eiche aus Osteuropa unternommen. Das Eichenholz ist deshalb ideal für Whisk(e)y, weil es zahlreiche Komponenten enthält, die sich positiv auf das frische Destillat auswirken und einen großen Teil zu seiner Aromenvielfalt beitragen, etwa Hemi-Zellulose oder Tannine. Eiche macht den Whisk(e)y auch weicher und komplexer.

Eigentümer-Abfüllung In diesem Buch und fast überall sonst verwendete Bezeichnung für die Malt Whiskies, die von ihrem Hersteller oder von der Firma abgefüllt und verkauft werden, der die Destillerie gehört. Sie werden auch → Destillerie-, → Hersteller- oder → offizielle Abfüllung genannt, im Unterschied zu denen, die von den → Unabhängigen auf den Markt gebracht werden. In Großbritannien liest man manchmal auch die etwas irreführende Bezeichnung → *markethouse*. Eine Zwischenform ist, was die alteingesessene Firma → Gordon & MacPhail als → Lizenzabfüllung im Einverständnis mit dem Hersteller vornimmt, wie etwa beim → *Glenlivet*, beim → *Linkwood* oder dem → *Mortlach* oder bei der → »Allied«-Serie.

1885 Special Reserve Kanadischer Whisky von → Brown-Forman, der Firma, die vor allem durch ihren → *Jack Daniel's* und den → *Canadian Mist* bekannt ist. Vermutlich angeregt durch die bemerkenswerten Erfolge, die mit Spezialeditionen von Malts erzielt wurden, begannen Mitte der neunziger Jahre auch Bourbonfirmen mit → *single barrel*- oder → *small batch*-Abfüllungen. *The 1885* ist zwar der erste Canadian dieser Art, aber hinter ihm steht das gekonnte Marketing der Leute von Jack Daniel. Der 8 Jahre alte Whisky soll an den 100. Jahrestag der Fertigstellung der Canadian Pacific Railway erinnern – der allerdings bereits zehn Jahre vor seiner Markteinführung 1995 gefeiert wurde!

Eileandour Schottischer Vatted Malt mit 10 Jahren von → Isle of Arran Distillers. Deren neue Brennerei liegt in → Lochranza auf der Insel Arran, was die Namenswahl sicher beeinflußt hat: Das Wort, gesprochen »Eilandauer«, bedeutet Inselwasser, und das wird der Malt von Arran in der Tat sein. Mittlerweile ist er nicht mehr zu jung, um in diesem Vatted enthalten zu sein: In Lochranza wird seit 1995 destilliert und nach drei Jahren darf der Whisky offiziell verwendet werden. Alle in ihm enthaltenen Malts kommen ausschließlich von schottischen → Islands.

Einzelfaß-Abfüllungen Sie sind in den letzten Jahren immer beliebter geworden, weil sie in ganz besonderer Weise der Tatsache Rechnung tragen, daß Single Malts hochindividuelle Getränke sind, die sich nicht nur von Brennerei zu Brennerei erheblich unterscheiden, sondern bei denen kein einziges Faß einem zweiten gleicht. Die Unterschiede rühren her vom Mikroklima der → *warehouses*, von der genauen Stelle, an der ein Faß lagert, von der Beschaffenheit des Fasses und natürlich auch von der Lagerdauer. Den großen Vorreiter bei der Abfüllung von → *single casks* hat die → Scotch Malt Whisky Society gespielt, der inzwischen immer mehr → unabhängige Abfüller und in jüngster Zeit zunehmend mehr auch die → Eigentümer der Brennereien folgen. Sie haben oft gegen die Einzelfaß-Abfüllung eingewendet, sie könne Erwartungen enttäuschen, wenn ein Verbraucher plötzlich eine Abfüllung bekäme, die anders schmecke als die gewohnte; deren Konsistenz werde dadurch gewährleistet, daß durch sorgfältige Auswahl der Fässer bei aller Individualität Einheitlichkeit gewonnen werden könne.

Tatsächlich muß zugegeben werden, daß manche reguläre Abfüllung weit besser gelungen ist als so manche Einzelfaß-Abfüllung, → Faßstärke hin, Verzicht auf → Kühlfilterung und Färbung her. Auf der anderen Seite besteht der Reiz von Single Malt genau darin, daß er jedesmal zu einem neuen sinnlichen Abenteuer werden kann. Deshalb haben sich letztlich auch die großen Firmen dem neuen Trend nicht entzogen, sondern bieten immer mehr solche Abfüllungen an. Die hervorragende Serie → »Rare Malts« von → UD / → UDV ist ein gutes Beispiel dafür – und nur eines von vielen. Besonders Jubiläen werden gerne zum Anlaß genommen, das eine oder andere ganz besondere, oft besonders alte Faß herauszurücken. Selbst im lange sehr konservativen Amerika ist der Trend angekommen und schlägt sich dort in einer ganzen Reihe von sogenannten → *single barrel bottlings* nieder.

Eldorado Whiskydrink. Ein Teil Orangensaft und ein Teil Scotch werden mit zwei Teilen Punch über Eis im Shaker gemixt und im Cocktailglas serviert.

El Vino Englisches Weinhandelshaus, das Ende des 19. Jahrhunderts in London gegründet wurde und heute auch eigene Weinbars in London (»Old Wine Shades« in der Martin Lane, »El Vino« in der Fleet Street) unterhält. Wie alle anderen renommierten Weinhändler war man auch bei El Vino stolz darauf, seinen Kunden Eigenabfüllungen von Weinen und auch von Spirituosen bieten zu können, seinen Haus-»Claret« zu haben und selbstverständlich auch einen eigenen Blend. Die geleerten Fässer wurden dann benutzt, um z. B. einen aus Schottland bezogenen Malt in einem → Sherry- oder Portweinfaß nachreifen zu lassen, also um das zu tun, was heute eine regelrechte Mode geworden ist und als → *finishing* z. B. von → *Glenmorangie* oder → *Balvenie* angeboten wird. Die Firma hat einen *El Vino Islay Malt* im Angebot, bei dem es sich nach eigenen Angaben um einen 13 Jahre alten → *Bunnahabhain* handelt. Der hauseigene Blend ist ein → De luxe mit 7 Jahren und dem Namen *El Vino Connoisseur's Blend*. Er kommt nicht sofort in die Flasche, sondern noch einmal in Sherryfässer zur *marriage*, damit seine einzelnen Bestandteile sich besser » vermählen«, bevor sie dann mit Wasser versetzt auf Trinkstärke gebracht und abgefüllt werden.

Eldridge, Pope & Co. Englische Firma, deren Geschichte mit der Gründung der Green Dragon Brewery in Dorchester, Dorset, 1837 begann. Sie war eine der größeren unabhängigen Brauereien, erlebte aber 1996 eine Aufspaltung: Die Brauerei wird nun von der Thomas Hardy Brewery weitergeführt, die sich vor allem durch einige *real ales* schnell einen guten Namen machen konnte, während eine zweite Firma unter dem alten Namen sich auf das in Großbritannien lukrative Pub-Geschäft konzentriert. Immerhin 200 Pubs gehören ihr. Wie andere auch hatte die Brauerei eigene Blends für sie wie den → *Chairman's* und, immerhin seit 1908, den → *Old Highland Blend*. Ob sie nach Einführung der neuen Struktur weiter hergestellt werden, ist ungewiß, aber noch sind zumindest in den Pubs genug Vorräte vorhanden.

Elijah Craig Kentucky Straight Bourbon von → Heaven Hill, der unabhängigen Familienfirma in Bardstown, die

Anfang der sechziger Jahre damit begonnen hat, einige ihrer Marken nach Whiskey-Pionieren zu nennen. Craig war Baptistenprediger und seine Familie war aus religiösen Gründen nach Kentucky gekommen, weil sie in Virginia von der etablierten (englischen) Kirche verfolgt wurde. Er ließ sich in Lebanon in der Nähe von Georgetown nieder und es ist bewiesen, daß er auch Whiskey gemacht und 1795 sogar verschifft hat – im gleichen Jahr wurde er verurteilt, weil er ohne Lizenz gebrannt hatte. Ob er aber, wie gerne behauptet wird, derjenige war, der den Bourbon erfunden hat, ist mehr als fraglich (Craig hat nie im County Bourbon gelebt). Es spricht einiges dafür, daß die Legende nur erfunden wurde, weil ein frommer Mann als Erfinder gerade recht kam, um die Bigotterie der Whiskeyverächter bloßzustellen. Das Label der Flasche des 12jährigen mit 94° / 46 % verliert übrigens kein Sterbenswort über den Mann, sondern berichtet nur von einem seit Generationen vererbten Heferezept, aber damit sind nicht die Craigs gemeint, sondern die berühmte Familie Beam, die tatsächlich in der dritten Generation als Master Distiller in Heaven Hill tätig sind. 1995 kam ein → *single barrel* mit 18 Jahren und 90° / 45 % heraus, der allgemein als der beste Straight der Brennerei gerühmt wird.

Elmer T. Lee Kentucky Straight Bourbon, der den Namen eines Mannes trägt, der bei → Sazeracs → Ancient Age Distillery in → Leestown die Rolle spielt, die Booker Noe bei → Jim Beam innehat: beide sind als Master Distiller längst emeritiert, beide verfügen über lebenslange Erfahrung im Whiskeygeschäft und über ein enzyklopädisches Wissen über alle Einzelheiten seiner Herstellung, beide schauen auch heute noch an ihrer alten Wirkungsstätte nach dem Rechten, beide sind lebende Legenden – und beide haben dazu beigetragen, die Welt des Bourbon zu verändern, indem sie neue Qualitätsstandards gesetzt haben: Noe durch die → *small batch*-Abfüllungen, Lee durch die *single barrel*-Bourbons. Lee hat sein Handwerk noch bei Colonel Albert B. → Blanton gelernt und nach ihm den ersten *single barrel* überhaupt benannt, für den er auch heute noch die Fässer selbst auswählt. Selbstverständlich tut er das auch bei seinem »Eigenen«, der mit 6 bis 8 Jahren abgefüllt wird und zwar bei 90° / 45 % und dessen Fässer natürlich aus Leestown und von Sazerac kommen, welcher Phantasiename auch immer auf dem Label angegeben sein mag.

Emblem Japanischer Blend von → Kirin-Seagram, dem *joint venture* zwischen dem japanischer Brauerei-Giganten und dem kanadischen Spirituosenkonzern. Sie betreiben zusammen eine Brennerei in Japan, wo sie Malt und Grain Whiskies produzieren, die aber für nicht ausreichend gehalten werden, um einen rein japanischen Blend herzustellen. *Emblem* ist ein → Premium, was in Japan bedeutet, daß er zwischen 35 % und 40 % Anteil an Malts hat, von dem eben einige aus Schottland kommen, vermutlich die, die den Rauch in den Whisky bringen.

Emmets Irischer Cream Liqueur mit 17 %, auf dem Label als »Classic

Cream« beschrieben. Es nennt als Hersteller die Firma R. & J. Emmet in Dublin, die ihn 1980 auf den Markt gebracht hat, allerdings damals in Bailieboro zu Hause war. Sie war mit ihren beiden Produkten *Emmets* und *The* → *Dubliner* so erfolgreich, daß sie 1991 von → Bailey's aufgekauft wurde und über → IDV und → Grand Metropolitan an Diageos UDV gelangte.

Erin Go Bragh Irischer Single Malt Whiskey aus der → Midleton Distillery, die zwar seit einiger Zeit keinen Malt mehr herstellt, aber noch Vorräte von früher hat. Mit dem kämpferischen Namen, der nichts anderes bedeutet als »Irland für immer!« erfüllte die → IDG jedenfalls einen langgehegten Wunsch – und stellten dem Single Malt von der ebenfalls ihnen gehörenden → Bushmills Distillery einen »Bruder« zur Seite. Er ist natürlich in den → *pot stills* gebrannt, nennt als Alter 6 Jahre, stammt aber aus Bourbon- und Oloroso-Sherry-Fässern, die zum Teil auch 10 Jahre alt sind. Ein bißchen schade ist, daß man dem Anlaß entsprechend nicht eine etwas aufwendigere Ausstattung gewählt hat, sondern relativ lieblos eine Flasche mit Drehverschluß und ohne lichtabhaltende Verpackung verwendet. Aber es stimmt natürlich: aufs Innere kommt's an – und darauf, daß jetzt alle drei noch arbeitenden irischen Brennereien auch ihre Malts als Single verfügbar machen.

Erin's Isle Irischer Whiskey, der schlicht den gälischen Namen für Irland trug, und dessen Grundwhiskeys zwar von → Cooley Distillery hergestellt, aber nicht selbst geblendet, abgefüllt und vertrieben wurden. Cooley mußte sich, als junge und immer noch relativ kleine Firma, verschiedener Partner bedienen, um außerhalb Irlands Fuß zu fassen. So gab und gibt es Verträge mit der amerikanischen → Heaven Hill, mit dem Supermarktriesen → Saintsbury und mit → UD, für die Cooley auch produzierte (→ *Hackler*). *Erin's Isle* war einer der Blends, der im Rahmen der Zusammenarbeit mit → Invergordon entstand, die mittlerweile beendigt wurde. Den Blend mit seinen 40 % kann man aber noch da und dort finden.

Eternity Schottischer Blend von der Eternity Scotch Whisky Co. Es gibt einen einfachen *Finest Old* mit 5 Jahren, einen *Black Label – Very Special Old* ohne Altersangabe, den *Rare Aged* mit 16 und den *Extra Old Special Reserve* mit 21 Jahren.

Evan Williams Kentucky Straight Bourbon von → Heaven Hill, die um 1960 auf die Idee kamen, einige ihrer Produkte dadurch herauszustellen, daß sie nach Whiskey-Pionieren benannt wurden. Die Anregung kam ausgerechnet von der Konkurrenz, die in einer Werbung ihre Whiskeys mit einem gewissen Evan Williams in Verbindung gebracht hatten. Der war zwar nicht der erste Distiller in Kentucky, aber immerhin der erste, der seit 1783 sein Handwerk kommerziell betrieb – für ganze 19 Jahre, ehe er von mißgünstigen Nachbarn, die sich belästigt fühlten, zur Aufgabe gezwungen wurde. In die Annalen von Louisville ist er aber vor allem deshalb eingegangen, weil er als Mitglied des »Board of Trustees« die Sitzungen durch seinen Whiskey verschönert hatte – was nicht von allen

Mitgliedern mit Wohlwollen gesehen wurde.

Heaven Hill hat seither eine ganze Reihe von anderen Pionieren wie Elijah Craig und Henry McKenna dem Vergessen entrissen, aber der *Evan Williams* ist ihr Flaggschiff und ein sehr erfolgreiches: der 7jährige (90°/45 %) mit dem schwarzen Label steht in USA auf Platz 2 unter den Bourbons. Es gibt auch eine einfache Version, die um die 4 Jahre alt sein dürfte und 80°/40 % hat. Der 8 Jahre alte bringt 86°/43 % mit, ebensoviel wie der *1783* mit der magischen Jahreszahl. Ein →*Bottled in Bond* ist der 12jährige mit 101°/50.5 % und rotem Etikett. Das Spitzenprodukt ist der →*Single Barrel*, der zwar nicht das genaue Alter, dafür aber das Jahr der Destillation nennt und der erste →*vintage*-Bourbon war. Die erste Anfüllung brachte einen 1986 mit 86.6°/43.3 %. Genauso stark waren der 1987 und der 1988. Die Reihe soll fortgesetzt werden, obwohl nicht feststeht, ob in jedem Jahr ein neuer dazukommt.

Excellence Japanischer Blend von →Suntory in einer Flasche, die eine gewisse Ähnlichkeit mit der eines anderen Erfolgsproduktes der Firma nicht verleugnen kann, ohne indes genauso leuchtend grün zu sein wie das Behältnis für den Melonen-Likör »Midori«. Michael Jackson bescheinigt dem Whisky einen sauberen, malzigen Geschmack.

Excise, exciseman Die Schande bleibt ihnen: Es waren die Schotten selbst, und nicht etwa die verhaßten Engländer, die als erste eine Steuer auf Whisky erhoben. 1644 war das, und der Grund dafür war, daß der König Geld brauchte, um den Kampf gegen die Engländer zu finanzieren. Auf die Idee gebracht hat sie vielleicht die Regierung der Niederlande, die, so R. J. S. McDowall in »The Whiskies of Scotland«, als erste (was nicht ganz stimmt: in Deutschland wurde auf exzessives Branntweintrinken schon 1360 eine Steuer erhoben) den Mut gehabt hatte, Alkohol zu besteuern. Den Holländern folgte, also doch, das englische Parlament, das 1643 eine Alkoholsteuer einführte, ebenfalls um die Armee zu bezahlen. Noch etwas könnte die Schotten trösten. Noch jede Regierung seither und wo auch immer hat sich schamlos bedient und sowohl die Hersteller als die Verbraucher dazu mißbraucht, ihren Staatshaushalt aufzubessern.

In Schottland scheint sich zunächst kaum jemand um die neue Abgabe gekümmert zu haben. Sie geriet wieder in Vergessenheit. Der paradiesische Zustand fand ein Ende nach der Vereinigung der beiden Königreiche Schottland und England durch die »Union of Parliaments« im Jahr 1707. Im gleichen Jahr wurde das »Board of Excise« (das Wort bezeichnet eine Abgabe, die auf heimische Produkte erhoben wird) verabschiedet, und die Regierung versuchte nun auch in ihrem neuen Einflußgebiet, was sie bereits an Weihnachten (!) 1661 in Irland getan hatte: die Herstellung von Whisky für illegal zu erklären. In Irland, sagt man, sei damals eine ganze Nation zu Schwarzbrennern gemacht worden. Die Iren sprechen seitdem vom legalen, also besteuerten als »Parlamentswhiskey« und glauben, zum Teil bis heute, daß es zu den Menschenrechten gehöre, sich seinen →*piotín* destillieren zu dürfen. In beiden Ländern begann eine Zeit, in der immer neuen Versuchen der Regierung in London, die *excise* durchzusetzen, die Bemühungen der Einheimischen gegenüberstanden, sich den Auflagen und Lasten zu entziehen. Die Versuche der Regierung waren meist mit Erhöhungen verbunden und in dem Maß, wie die Steuern stiegen, stiegen auch die Anstrengungen, illegal zu destillieren und den Schwarzgebrannten zu schmuggeln.

Die Regierung setzte *excisemen* ein, die einen gefährlichen Beruf ausübten. Sie bekamen Prämien für das Aufspüren und Zerstören von Equipment und von flüssigen Vorräten. Die Schwarzbrenner gingen nicht zimperlich mit ihnen um und es waren nicht wenige, die ihren Diensteifer mit schweren Verletzungen oder sogar dem Tod bezahlten. Es ist nicht übertrieben zu behaupten, daß sie die bestgehaßten Leute des Landes waren. Ihre Position wurde nicht verbessert dadurch, daß auch viele eigentlich regierungstreue Grundbesitzer oder sogar Richter und Rechtsanwälte nichts dabei fanden, Schwarzgebrannten zu kaufen und zu trinken. Wie sollten sie auch, verlangte doch selbst der englische König George IV bei einem Besuch in den Highlands nach einen *Glenlivet.* Er wußte genau, daß der Whisky nicht legal hergestellt war.

Die Iren und die Highlander wiederum fanden in der Illegalität sogar zu einer neuen Identität. Jedenfalls gibt es Hunderte von Geschichten über die phantasievollen Schnippchen, die man den Zöllnern schlug. Die Taten der Schmuggler gehören zur irischen und schottischen Folklore, wie etwa die des Gottesmannes Magnus Eunson, der auf Orkney selbst seine Kanzel benutzte, um den Stoff zu verstecken, oder wie die Anekdoten um Helen, die Vorfahrin der Cummings, die Cardhu aufbauten. Auf der anderen Seite gibt es freilich auch prominente Namen zu erwähnen. Der schottische Nationaldichter Robert Burns fand eine Zeitlang sein Auskommen als *exciseman*; er schrieb das berühmte Gedicht »Der Teufel ist fort mit dem Zöllner« und betrauerte den Untergang der → Ferintosh Distillery (die von der Steuer befreit war!). Der Autor Neil Gunn fand bei seiner Arbeit als *exciseman* in Glen Mhor die Zeit, sechs Romane und das Buch »Whisky and Scotland« zu schreiben. Auch S. W. Stillett, Autor von »Illicit Scotch« war Zöllner und arbeitete in Keith. Unter dem Pseudonym Keith Bond erzählte Jimmy Brown 1996 seine »Memoirs of An Exciseman«, in denen er den Spieß herumdreht und vergnügliche Geschichten davon erzählt, wie er seine schwarzen Schafe ertappt und gestellt hat.

Auch in den USA verspürte die Regierung bald den Drang, die Herstellung von Whiskey zu regulieren. Dort ist es sogar zu einer veritablen »Whiskey Rebellion« gekommen, die unrühmlich mit dem Namen von George Washington verbunden ist, der sogar selbst Whiskey gemacht hat. Er erhob 1791 eine Steuer, die der Finanzstaatssekretär Alexander Hamilton vorgeschlagen hatte. Sogleich erhob sich Widerstand, es kam zu ersten Auseinandersetzungen zwischen Regierungsbeauftragten und den Farmern, die es als natürliches Recht ansahen, das Getreide, das sie nicht zum Essen brauchten, zu destillieren. Man errichtete »Freiheitsbäume« und es waren schließlich 12 000 Soldaten notwendig, um die Rebellion niederzuschlagen.

In Europa, in Schottland und Irland, wurden derweil dreißigmal zwischen 1707 und 1820 die Vorschriften geändert. Aber erst die Gesetze, die 1822 und 1823 erlassen wurden, schafften es, die Gesetzesbrecher in Schottland und Irland zu bekehren. Sie waren in ihren Augen so fair, daß es sich lohnte, Steuern zu bezahlen und legal zu werden. Die Kosten für eine Lizenz wurden ebenso gesenkt wie die Steuern für eine Gallone und die Mindestgröße für eine *still* mußte jetzt 40 Gallonen sein. Die Brennereien wurden verpflichtet, einem *exciseman* auf ihrem Gelände ein Haus zu bauen und ihm zu jeder Zeit und überall ungehindert Zutritt zu gewähren (erst Maggie Thatcher rationalisierte den Mann mit dem berühmten zweiten Schlüssel aus den Destillerien weg). Der erste, der eine Lizenz nach dem neuen Gesetz erwarb, war George Smith von eben jener Glenlivet Distillery. Waren 1823 noch 14 000 Gesetzesverstöße aufgedeckt worden, so fiel die Zahl jetzt dramatisch, 672 waren es 1834 und vierzig Jahre später nur noch sechs. Das Zeitalter der Legalität hatte begonnen.

Zur Zufriedenheit bestand dennoch kein Anlaß. Zwar gab es jetzt eine gesicherte Basis für die Produktion und auch die Exporte nach England waren fair geregelt. Dennoch mußte der Whisk(e)y mit schöner Regelmäßigkeit dazu herhalten, den Staatssäckel zu füllen. Von 1923 bis heute sind die Steuern ständig gestiegen. Eine Ausnahme war nur das Jahr 1973. Dafür wurde damals die Mehrwertsteuer eingeführt. Alan S. Gray hat in seiner »Scotch Whisky Industrial Review« die Daten zusammengetragen: 1855 mußten, nach heutiger Währung, für den Liter reinen Alkohol 15 Pence berappt werden, 1968 waren es 7.26 Pfund und heute sind es 19.56 Pfund, zu denen noch 17.5 % Mehrwertsteuer kommen. Diese Zahlen machen verständlich, warum eine Flasche Malt im Vereinigten Königreich teurer ist als in Deutschland.

Exise Officer's Dram Schottischer → Pure Malt in einer Flasche mit gerade 25cl, von der seine Firma, die Cromdale Whisky Company in Inverness, behauptet, sie sei eine Replik der »Quality Sample Bottle«, wie sie früher von den, gelinde gesagt, nicht gerade beliebten Mitarbeitern der Zoll- und Steuerbehörde benutzt wurden. Ein solcher schmückt das Label – in einer Uniform aus dem Jahre 1823, in dem ein neues Steuergesetz erlassen wurde, das sich dann allmählich doch durchsetzte und befolgt wurde. Es hat zwar die Grundlage zur heutigen schottischen Whisky-Industrie gelegt, aber ganz sicher nicht die Akzeptanz der Repräsentanten des immer weiter an der Steuerschraube drehenden Staates erhöht. Sie waren, sind und bleiben der natürliche Feind aller, die Whisky machen – und trinken. Es gehört also schon einige Chuzpe dazu, ausgerechnet an sie mit einem Whisky zu erinnern, der dazu auch noch das aufreizende Motto »My Duty is my Pleasure« trägt. Glücklicherweise ist wenigstens der

Stoff anständig. Die Firma verrät zwar nicht, woher er kommt (er wird doch nicht illegal sein?), aber man munkelt, man habe es mit einem → *Macallan* zu tun.

Extra Japanischer Blend, der sich auf dem Label groß → *Nikka Whisky* nennt und kleiner darüber *Extra*, der also eine besondere Version der Hausmarke des großen japanischen Konzerns ist.

Ezra Brooks Kentucky Straight Bourbon, der heute von der David → Sherman Company of St. Louis verkauft wird und auf seinem Label immer noch stehen hat, er werde in »Kentucky's Finest Little Distillery« gemacht. Es hat keinen Zweck sie zu suchen, denn es gibt sie nicht. Daß er aus Kentucky kommt, ist sicher, aber Sherman läßt seine Quelle im dunkeln. Die Marke macht einen sehr gediegenen, konservativen und uralten Eindruck, preist sich als »Sippin' Whiskey«, was auf George Dickel und Tennessee verweisen könnte. Nichts davon stimmt: Die Marke wurde erst in den fünfziger Jahren geschaffen und zwar als direkte Konkurrenz zu → *Jack Daniel's*, der damals Lieferschwierigkeiten hatte. Der Name stammt nicht von einem Whiskey-Pionier, sondern verdankt sich dem Einfall eines PR-Mannes.

Auf den Markt gebracht wurde sie von der Hoffman Distilling Company, die sie aber sehr schnell an → Medley abgab. Nach deren Übernahme durch → Glenmore, deren Akquisition durch → UD 1991 und deren Trennung von einigen Glenmore-Marken landete sie beim heutigen Besitzer. Es gibt sie in mehreren Versionen: mit jeweils 80° / 40 % mit goldenen bzw. grünem Etikett, mit 90° / 45 % und schwarzem Label. Der → *Old Ezra Rare Old Sippin' Whiskey* ist 7 bzw. 12 Jahre alt, beide kommen mit 101° / 50.5 %. Schließlich gibt es die *No. 19 Special Reserve* mit 15 Jahren und 94° / 47 % in der Holzkiste. Nach dem Vorbild z. B. von → *Jim Beam* werden immer wieder sogenannte Motivkaraffen herausgebracht, Porzellanfiguren z. B. eines Rodeo-Reiters oder Jockeys mit Pferd, von Schachfiguren oder von Glocken, die bei Sammlern sehr beliebt sind. Für sie gibt es sogar einen Ezra Brooks Collectors Club. Diese *Ezra Brooks Heritage China Ceramic Bottles* enthalten meist einen 12jährigen Whiskey.

F

Fairley's Schottischer Whiskylikör, von → Highland Distillers herausgebracht und nach zwei Männern benannt, denen nicht nur diese Firma viel verdankt: Es war James Fairley, der die brachliegende → Glenturret Distillery wiederbelebte und es war sein Sohn Peter, der sie und ihren Malt zu bekannten Namen gemacht hat. Peter Fairley war bei Highland Distillers als Marketing-Direktor für alle Produkte zuständig, wurde aber ohne Rücksicht auf seine Verdienste um die Firma im Frühjahr als *redundant*, als überflüssig also, entlassen. Der Likör trägt kein Bild der beiden Männer auf dem Label, statt dessen hat man sich für den berühmten → Towser, die legendäre → *distillery cat*, entschieden. Der Likör ist bewußt als ein »Light Highland Liqueur« konzipiert, hat nur 24 %, und man darf sicher sein, daß der *Glenturret* eine dominierende Rolle bei ihm spielt.

Falckenthal Söhne, C. W. Deutsche Spirituosenfirma, die ihre Anfänge bis auf das Jahr 1759 zurückführen kann. Damals fand Johann Christian Falckenthal im Archiv des Klosters Zinna das Rezept für einen Likör, den ein aus Liebeskummer ins Kloster gegangener Bruder Lukas ersonnen haben soll. Im nahegelegenen Luckenwalde, einer kleinen Stadt in der Mark Brandenburg, zwischen Wittenberg und Berlin, gründete Falckenthal sein Unternehmen, das vor allem durch diesen »Zinnaer Klosterlikör« bekannt wurde. Nach dem 2. Weltkrieg konnte die Familienfirma zunächst ihre Selbständigkeit bewahren, wenn sie auch Regierungsaufträge ausführen und z. B. einen eigenen Whisky herstellen mußte, den sie *Der* → *Falckner* nannte. 1972 wurde sie verstaatlicht und arbeitete danach als VEB Edelbrände und Spirituosen, ein Falckenthal blieb aber Betriebsleiter. Nach der »Wende« 1989 kaufte die Famile von der Treuhand ihr altes Unternehmen zurück, konnte es aber nicht behalten, weil die Schulden zu hoch waren. Sie verkauften an den Apfelschnaps-Giganten Berentzen, der die Produktion in Luckenwalde einstellte und den Likör jetzt wieder in Zinna selbst macht.

Den *Falckner* verkaufte Falckenthal zunächst weiter und sie brachten auch eine weitere Marke heraus, die sie zunächst → *Oldmaster* nannten, aber wegen Klagen der → Scotch Whisky Association in → *Edel Falcke* umbenennen mußten. Probleme bereitete aber auch, daß sie ihn als »Malt Whisky« deklarierten, der er bei näherem Hinsehen nicht war. Beide Whiskies werden nicht mehr hergestellt, da es alte und große Bestände gibt, aber weiterhin verkauft. Für die → Scotch Malt Embassy in Berlin stellte Falckenthal einmal ein Faß zur Verfügung, in dem echter Malt gewesen sein soll. In der sehr kleinen Stückzahl von zehn Flaschen gab es *Der alte Falckner*, ein »Original Faßmuster«, destilliert 1987, abgefüllt im Oktober 1994. Er wurde auf den handgeschriebenen Etiketten als »einziger deutscher Malzwhisky« bezeichnet – was auch nicht richtig ist, weil auch Robert → Fleischmann Malts herstellt.

Falckner, Der Deutscher Blend aus Luckenwalde, den es bereits zu DDR-Zeiten gab. Damals war der Hersteller die VEB Edelbrände und Spirituosen, wie die Firma C. W. → Falckenthal Söhne nach der Verstaatlichung im Jahre 1972 genannt wurde. Aber bereits 1954 hatte die Regierung der damals noch privaten Firma, die auf Liköre spezialisiert war, den Auftrag gegeben, einen Whisky herzustellen, was nach einigen Experimenten auch glückte. In der DDR und im sozialistischen Ausland (wo er manchmal auch zu einem schottischen Whisky umetikettiert worden sein soll) erfreute er sich durchaus einiger Beliebtheit. Das war wahrscheinlich auch der Grund, ihn nach der »Wende« weiterzuführen, als die Familie Falckenthal den Betrieb von der Treuhand zurückkaufte – ein Experiment, das schließlich scheiterte, weil sie wegen Überschuldung an Berentzen verkaufen mußte. Da aber große Bestände vorhanden waren und sind, wird es die Marke wohl noch einige Zeit geben. Ganze zehn Flaschen gab es von *Der alte Falckner*, einem 1987 destillierten und 1994 abgefüllten Whisky, einem wahrscheinlich doch echten Malt, wenn auch nicht dem einzigen, wie auf dem Etikett behauptet wird, weil es ja auch noch Robert → Fleischmann gibt.

Family Silver, The Name einer bisher allerdings nur aus zwei Abfüllungen bestehenden und deshalb sehr ausbaufähigen Serie, mit denen → Highland Distillers 1998 die Liebhaber und Sammler erfreute, die von dieser Firma bis dahin nicht gerade mit Sonderabfüllungen von Malts aus den firmeneigenen Brennereien verwöhnt worden waren. In limitierter Menge von genau 4728 Flaschen gab es einen *vintage → Bunnahabhain* 1968. Noch willkommener war der *vintage → Glenglassaugh* 1973, stammt er doch aus einer Destillerie, die geschlossen ist und von der es bisher überhaupt nur einmal eine → Eigentümer-Abfüllung gegeben hatte.

Famous Grouse, The Schottischer Blend, der seinen Namen von dem berühmten Vogel hat, den zu jagen das höchste Glück jedes (britischen) Jägers sein soll. Der Blend wurde schon 1897 von dem Neffen des Firmengründers Matthew → Gloag kreiert. Die neue Marke wurde schnell so erfolgreich und bekannt, daß man ihr den heutigen Namen gab. Den endgültigen Durchbruch schaffte der, wie man ihn in Schottland bestellt, *Grouse*, nachdem er 1970 mitsamt der Firma an → Highland Distilleries verkauft worden war. Deren Malts aus → Bunnahabhain, → Highland Park und besonders → Tamdhu sind unschwer zu identifizieren. Der *Famous Grouse* ist heute Nr. 1 in Schottland, Nr. 2 in Großbritannien und Nr. 7 in der Welt. Es gibt ihn als → Standard, in einer von dem Designer Daniel Montgomery speziell entworfenen Flasche als *Prestige* (nur in Asien) und auch in einer Keramikflasche, die wie der Vogel aussieht. Zu seinem 100. Geburtstag ersetzten seine Hersteller den 15 durch den 12jährigen *Gold Reserve*, der einen kräftigen und runden → Sherryton hat.

Färbung Bezeichnung für ein Verfahren, das bei der Herstellung von schottischen Blends und anderen Whiskies weit verbreitet war und ist, von dem man lange aber geglaubt hatte, daß es bei schottischen Single Malts nicht angewendet würde: das Zusetzen von Farbstoff. Seine Aufgabe war und ist es, dem Whisky eine immer gleiche Farbe zu verleihen. Dieser Effekt war geradezu die Voraussetzung für die Schaffung der schottischen Blends und ihre Durchsetzung als internationale Markengetränke: Der Käufer sollte, entschied er sich für eine bestimmte Marke, nicht nur immer das gleich Aroma und den gleichen Geschmack vorfinden, sondern eben auch immer die gleiche Farbe, egal, wann und wo er seine Marke kaufte. Den Blends wurde also von Anfang an Zuckerkulör oder Karamel zugesetzt, um Farbunterschiede auszugleichen. Den Geschmack beeinträchtigten sie nicht, weil schon verschwindend kleine Mengen ausreichten, um den erwünschten Effekt zu erzielen. Tatsächlich störte sich auch niemand an der allgemein verbreiteten Praxis.

Anders verhielt es sich beim Single Malt, zu dessen Wesen Individualität gehört, die sich unter anderem auch in der Farbe äußert, die der Malt auf natürliche Weise durch die Lagerung in verschiedenen → Faßarten bekommt. Um so größer die Überraschung und, bei zahlreichen Malt-Freunden, auch Enttäuschung, als in den letzten Jahren immer mehr Flaschen auftauchten, auf deren Rücken-Etikett in Holländisch oder Griechisch darauf hingewiesen wurde, daß Farbstoffe zum »Justieren«, also Angleichen, eingesetzt worden waren. Immer mehr solcher Malts kommen heraus, darunter auch sehr teure und charaktervolle wie etwa die älterern Jahrgänge von → *Highland Park* oder selbst der von Natur aus helle → *Glengoyne*. Sie kommen von einer Firma und man konnte meinen, die sei vielleicht besonders genau in der Beschreibung ihrer Produkte. Aber dann fand sich zur großen Enttäuschung seiner Liebhaber ein Hinweis z. B. auch auf dem → *Bowmore*. Andere folgten.

Wer allerdings genauer hinschaute, mußte spätestens nachdem der → *Loch Dhu* herausgekommen war, wissen, daß auch Single Malts gefärbt wurden. Wer jemals eine größere Anzahl von Abfüllungen von → Gordon & MacPhails → »Connoisseurs Choice« nebeneinanderstellte, konnte auch sehen, daß alle die gleichen Farben hatten. Allerdings ist man in Elgin zunehmend dazu übergegangen, eben nicht zu färben. Auch andere → unabhängige Abfüller stellen immer deutlicher heraus, daß sie ihre Malts wirklich absolut naturbelassen in die Flasche bringen, also ohne Färbung und auch ohne → Kühlfilterung.

Natürlich muß gefragt werden, warum die Wahrheit erst jetzt zum Vorschein kommt. Nach Auskünften einiger Whiskyfirmen steht dahinter eine Anordnung der europäischen Kommission, die für Zuckerkulör eine Deklarationspflicht vorgeschrieben hat. Seit einiger Zeit sorgt die → Scotch Whisky Association dafür, daß sie eingehalten wird und nach und nach alle auf das Etikett schreiben, ob sie gefärbt haben. Große Entdeckungen stehen da bevor – wie z. B. auch die, daß ein → *Glenfiddich* eben nicht gefärbt ist. Wer die Methode anwendet, tut es aus den gleichen Gründen, die schon bei den Blends maßgeblich waren: Auch bei seinem Lieblingsmalt würde es der Verbraucher nicht verstehen, wenn er in einem Jahr so, im nächsten anders aussehen würde. Und auch das teilen Blends und Malts: Erstens handelt es sich um absolut natürlich Farbstoffe und zweitens sind ihre Mengen so gering, daß selbst die feinste Zunge sie kaum schmecken dürfte.

Fässer In fast allen Ländern, in denen Whisk(e)y gemacht wird, ist es gesetzlich vorgeschrieben, zu seiner Lagerung und Reifung Holzfässer zu verwenden, meist aus → Eichenholz. Allerdings gibt es in den verschiedenen Ländern ganz unterschiedliche Bestimmungen über die Länge der Lagerung und auch über die Beschaffenheit der Fässer. In den USA ist beim Bourbon zwingend vorgeschrieben, daß er nur in ganz neuen Fässern aus amerikanischer Eiche *(quercus alba)* reifen darf. Zwei Jahre muß er in ihnen mindestens bleiben. Wird er abgefüllt, bevor er vier Jahre gelagert ist, muß das Alter auf dem Label vermerkt sein (Bourbon ohne Altersangabe ist also immer mehr als 4 Jahre alt). Werden die Fässer wiederverwendet, darf nicht mehr von Bourbon gesprochen werden. Es gibt sehr wenige solcher amerikanischen Whiskies. Dennoch müssen sich die Amerikaner keine Sorgen machen, auf Bergen von nicht wiederverwendbaren Fässern sitzen zu bleiben: Die Schotten und auch die Iren sind dankbare Abnehmer. Dort schreiben die Gesetze zwar drei Jahre als Mindestreifezeit vor, bevor sich ein Getreidedestillat Whisk(e)y nennen darf, aber es gibt keine Vorschriften darüber, daß die Fässer neu sein müssen. Tatsächlich werden solche → *new casks* aus europäischer Eiche *(quercus robur)* nur höchst selten, eigentlich fast nie, verwendet. Das liegt nicht am sprichwörtlichen Geiz der Schotten, sondern daran, daß ihr Whisky aus solch frischem Holz viel zu viele unerwünschte Stoffe extrahieren könnte, der seine Qualität beeinträchtigen könnte.

Früher gab es in Schottland und Irland viele gebrauchte Fässer und es war kein Problem für die Destiller, Nachschub zu bekommen – als sie erst einmal entdeckt hatten, welch wohltuenden Effekt ein hölzernes Faß hat. Das passierte erst in der 2. Hälfte des letzten Jahrhunderts, während vorher Whisk(e)y vor allem in Tonkrügen oder auch Glasgefäßen (wenn überhaupt) gelagert wurde. Fässer wurden für fast alles verwendet, für Butter, Salz, vor allem aber, um faßweise Wein zu importieren. Noch bis vor kurzem hatte jeder Weinhändler, der auf sich hielt, seinen selbstabgefüllten »Claret« (roten Bordeaux), Sherry oder Port. Besonders → Sherry-Fässer waren und sind in der Whisky-Industrie sehr begehrt. Sie sind knapp und teuer geworden und können bis zu 250 Pfund kosten – und die Brennereien, die wie → Macallan ihren zur → Eigentümer-Abfüllung vorgesehenen Malt ausschließlich in Sherry-*butts* reifen lassen, sind längst dazu übergegangen, in Spanien selbst die Fässer machen zu lassen, sie an Sherry-Produzenten sozusagen zu vermieten und dann nach Schottland zu holen. Andere Brennereien glauben, daß Sherry zu dominant werden könnte und verwenden eine Mischung aus verschiedenen Faßtypen.

Manche schwören ausschließlich auf ehemalige Bourbon-Fässer; ein Beispiel dafür ist der 10jährige → *Glenmorangie*. Aber gerade in Glenmorangie Distillery hat man längst auch mit anderen Faßarten experimentiert und damit entscheidend dazu beigtragen, daß es zu der neuen Mode der → *finishings* gekommen ist. So werden jetzt nicht nur Fässer verwendet, in denen der helle Fino oder der dunkle Oloroso war, auch Pedro Ximenez-Fässer werden eingesetzt (z. B. beim → *Lagavulin* oder → *Auchentoshan*). Auch Malts aus Madeira-Fässern sind schon auf den Markt gekommen. Besonders beliebt sind Port-*pipes*. Selbst der eine oder andere Malt aus einem Weinfaß taucht auf (*Glenmorangie*, → *Glen Moray*).

Den Löwenanteil stellen aber immer noch die Ex-Bourbon-Fässer, die zudem erheblich billiger sind und nur 25 Pfund kosten. Sie kommen entweder zerlegt als *remade-*→ *hogshead* nach Schottland, wo sie neu zusammengefügt werden und einen neuen Deckel bekommen, oder werden als *after-bourbon-*→ *barrels* im Ganzen verschifft. Beide Typen werden noch einmal einem Prozeß unterzogen, den sie schon in den USA über sich ergehen lassen mußten, wo sie immer kurz getoastet und dann noch einmal etwa eine Minute lang »gechart«, ausgekohlt werden. Die dadurch entstehende Holzkohleschicht gibt an den Whisky ebenso intensive Aromastoffe ab wie das Holz selbst und natürlich auch die ins Holz eingedrungenen Aromen des Bourbon oder Sherry. Ein leicht nussiger Ton läßt oft auf Sherry schließen, Vanille auf Bourbon. Zellulose gibt Karamel, Süße und Farbe ab, Tannine verleihen dem Whisky eine leicht astringierende Trokkenheit, das Eichenholz macht den Whisky weicher und komplexer – um nur einige Effekte zu nennen.

Fässer haben einen sehr großen Einfluß auf die Reifung und auf den Charakter des Whisk(e)y, mehr als die Form der Brennblasen und das → Wasser. Neben dem Holz ist es auch die Größe des Fasses, die wichtig ist. Auch wenn der gleiche Whisky in ihnen ist und wenn sie nebeneinanderliegen – keine zwei Fässer entwickeln sich absolut identisch. Es sind diese Unterschiede, die der → Masterblender einerseits auszugleichen versucht, die andererseits Malt aus → Einzelfässern so attraktiv machen. Fässer sind ein kostbarer Besitz und entsprechend sorgsam werden sie gepflegt. Sie sind teuer und schon deswegen werden sie in Schottland nicht nur einmal verwendet. Ein gutes *first* → *refill*-Sherry-Faß ziehen manche sogar einem frischen vor. Es läßt sich nicht generell sagen, wie oft ein Faß wiederverwendet werden kann. Darüber entscheidet der *cooper*, der Küfer. Weggeworfen wird es freilich nie. Man kann immer noch Blumenkübel aus ihm machen. Oder darin Lachse räuchern.

Faßstärke Bezeichnung für Whiskies, die nicht wie sonst allgemein üblich vor dem Abfüllen in Flaschen durch Wasser auf eine angebliche (höchst willkürlich festgesetzte) »Trinkstärke« von 40 % oder 43 % herabgesetzt werden. Sie kommen vielmehr mit exakt der Stärke in die Flasche, die sie auf natürliche Weise nach den Jahren der Lagerung erreicht haben. Dabei reduziert sich nicht nur die Menge um den → *angels' share*, sondern auch das Alkoholvolumen – bei Bourbons allerdings kann es auch zunehmen. Die englischen Fachbegriffe sind in den USA → *barrel proof* und → *cask strength* in Schottland und Irland.

Feints Bezeichnung, die in Schottland und Irland für den Teil des letzten Destillationsdurchlaufs gebraucht wird, der bestimmte Stoffe wie Fuselöle enthält, die unerwünscht und unbrauchbar sind, und deshalb nicht verwendet werden. Die *feints*, immer im Plural gebraucht und manchmal auch → *tails* genannt, werden vom → *stillman* im → *spirit safe* vom »guten« Alkohol, dem → *middle cut*, abgetrennt und zur Restillation zurückgeleitet.

Ferintosh Schottische Brennerei, deren genaue Lage unbekannt ist, die sich aber wohl in der Nähe von Dingwall am Cromarty Firth befunden haben muß. Sie gehörte dem örtlichen Laird Duncan Forbes of Culloden und spielte eine Rolle in den Kämpfen zwischen den aufständigen schottischen *Jacobites*, die einen eigenen König haben wollten, und den rotberockten Königstreuen, die für die englische Krone kämpften. 1689 wurde die Brennerei von den Anhängern von James II niedergebrannt und Forbes erhielt darauf das Privileg, eine neue Anlage zu bauen und sie, gegen eine sehr kleine Jahrespacht, zu betreiben, ohne Steuern zu bezahlen. Ihr Whisky war renommiert und begehrt. Als das Steuerprivileg 1784 endete und die Destillerie ihre Arbeit einstellte, lamentierte kein Geringerer als Robert → Burns: »Thee, Ferintosh! O sadly lost! Scotland, lament frae coast to coast.«

Eine Brennerei namens Ferintosh gab es auch später noch einmal – zumindest wurde → Ben Wyvis kurzzeitig so genannt. Zur allgemeinden Überraschung kam der lange vermißte Name aber sogar wieder auf eine Flasche, als → Invergordon im Herbst 1997 eine neue Reihe lancierte, die man »The → Malts of Scotland« taufte. Bei den fünf Single Malt war ein 10jähriger *Ferintosh* – was, je nach Temperament Stirnrunzeln oder Zornesausbrüche provozierte. Single Malts haben manchmal Phantasienamen, was in der Regel darauf hinweist, daß sie nicht von den Eigentümern einer Brennerei kommen. Wenn sie den Namen einer Destillerie führen, war das bisher eine hundertprozentige Garantie für ihre Herkunft. Invergordon besitzen keine Brennerei mit dem Namen Ferintosh. Daß ihr Malt als → Speyside ausgewiesen wird, verschlimmert die Sache und ist eine grobe Täuschung, weil Ferintosh mit dieser Region überhaupt nichts zu tun hatte. Invergordon besitzt freilich in der Speyside → Tamnavulin (von der der Whisky dem Vernehmen nach kommen soll) und auch → Tomintoul, die der Mutterfirma → Whyte & Mackay gehört, könnte man noch zur Speyside rechnen. Die → »Scotch Whisky Review« hat völlig recht, wenn sie der Firma Verantwortungslosigkeit (gegenüber dem Verbraucher wie der Geschichte) vorwirft: »Seems they want the heritage but not the responsibilities.«

Fermentation Bezeichnung, die im Englischen und im Deutschen angewandt wird, um fachlich korrekt den Vorgang zu beschreiben, durch den aus einer zuckerhaltigen eine alkoholische Flüssigkeit wird. Bei der Produktion von Whisk(e)y wird erstere gewonnen, indem entweder durch Mälzen von Gerste oder Kochen von anderen Getreidearten Stärke in Zucker verwandelt wird. Dies geschieht durch das → Maischen von → *grist* in den → *mash tuns*. Die so gewonnene → *wort* wird dann (meist) von den festen Getreiderückständen getrennt, gekühlt und in die → *washbacks* gepumpt, wo sie mit Hefe versetzt wird. Das Fermentieren dauert 40 bis 42 Stunden und kann durch die Kontrolle der Temperatur sogar noch weiter verzögert werden. Aus Gerstenmalz gewonnene *wort* gärt stürmischer als andere. Am Ende steht die → *wash*, die zwischen 7 und 9 % Alkohol enthält und wegen ihrer Verwandtschaft zu ihnen auch

→ *beer* oder → *ale* genannt wird. Sie ist nun fertig zum Destillieren, bei dem der Alkoholgehalt stark erhöht wird.

Fettercairn Schottische Malt-Destillerie. Ihr Name, ausgesprochen »fetterkärn«, bedeutet Fuß des steinernen Monuments. Sie liegt östlich der Cairngorm Mountains und zählt zu den Eastern → Highlands. Die Gegend ist bekannt für ihre fruchtbaren Felder. Die Brennerei war eine der ersten Schottlands, die nach dem neuen Gesetz von 1823 eine Lizenz beantragte. 1887 wurde sie nach einem Feuer umgebaut; der Chairman der Firma, die sie damals besaß, war der Vater des britischen Premiers Gladstone und vielleicht waren es diese verwandtschaftlichen Beziehungen zum Whiskygeschäft und zu den Problemen der Brenner und Blender, die den Politiker 1860 den »Spirits Act« formulieren ließ, mit dem der Export des Whisky in Flaschen erlaubt und die Malzsteuer abgeschafft wurde. Nach einer Periode, in der sie geschlossen war, wurde die Brennerei über deren schottische Tochter Train & MacIntyre von den National Distillers of America betrieben. 1971 kam sie unter ein Dach mit → Tomintoul Distillery und landete ein Jahr später über den neuen Besitzer Scottish & Universal Investment bei → Whyte & Mackay, die sich, was für sie sehr ungewöhnlich ist, sogar entschlossen, die Türen ihrer sehr hübschen Destillerie den Besuchern zu öffnen und ein Visitor Centre einzurichten.

Sie brachten den Whisky, dem ein leichter Gummigeschmack und ein ungewöhnliches, sehr gut ausbalanciertes Aroma nachgesagt wird, unter dem Namen → *Old Fettercairn* als 10jährigen Single Malt heraus, lassen aber heute ihre Tochter → Invergordon für ihn verantwortlich zeichnen. Ende 1997 kam ein 30 Jahre alter Malt dazu und, in der Invergordon-Serie → »Stillman's Dram« ein 26jähriger, der die reihentypischen 45 % hatte. Von den → Unabhängigen hatten ihn → Cadenhead und → Signatory, deren Version eines 1980er aus dem → Sherryfaß eine gesuchte Rarität ist und die auch einen Malt von 1970 mit 57 % herausbringen konnten.

Fighting Cock Kentucky Straight Bourbon. Er ist 8 Jahre alt und bringt 103°/ 51.5 % in die Flasche. Die preist in verschwenderischen Wendungen seine Qualität an. Als Hersteller nennt sie die Fighting Cock Distilling Co. in → Bardstown, Kentucky.

Fillings Bezeichnung, die in Schottland häufig für die frisch destillierte Flüssigkeit verwendet wird, die nicht Whisky genannt werden darf, weil sie laut Gesetz dazu drei Jahre im Faß gereift sein muß. Deshalb behilft man sich entweder mit den Begriffen → *new make*, → *new spirit* oder auch noch mit → *clearic spike* (das oft gehörte → Baby-Whisky ist strenggenommen auch nicht legal). Von *fillings* spricht man insbesondere dann, wenn die frisch gefüllten Fässer gleich verkauft werden. Käufer sind andere Brennereien oder Firmen, die sie später für ihre Blends verwenden wollen. Diese *fillings* werden entweder gleich zum Käufer gebracht oder lagern auf seine Rechnung oft auch in der Brennerei, die sie erzeugt hat.

Filtrieren Praktisch alle Whiskies werden vor dem Abfüllen gefiltert, um bestimmte Teile, die sich z. B. während der Lagerung der Fässer vom Holz gelöst zu haben, von den Flaschen entfernt zu halten. Dies gilt auch für Einzelfaßabfüllungen, deren Hersteller oft sehr deutlich herausstellen, daß ihre Whiskies naturbelassen und unbehandelt sein. Bei dieser Art des Filterns wird der Whisk(e)y einfach durch ein Sieb aus Edelstahl geseiht und dabei werden natürlich keinerlei Aromastoffe entfernt, d. h. nichts, was den Geruch und den Geschmack beeinträchtigen könnte. Genau das ist es aber, was bei der weitverbreiteten Kühlfiltrierung passiert. Sie wird deshalb von Puristen abgelehnt und sie ist es, die die Unabhängigen nicht anwenden. Daneben gibt es auch die vor allem in Kentucky angewandte Methode, das frische Destillat durch eine Kohlenstaubschicht zu pressen. Sie wiederum darf nicht verwechselt werden mit dem in Tennessee üblichen Verfahren des → *charcoal mellowing* oder → *leaching*, dem berühmten → *Lincoln County Process*.

Findlater's Schottischer Blend, von dem es in der Normalflasche nur noch zwei Versionen gibt: der *Finest* ist ein → Standard, der *Legacy* ein 21jähriger → De luxe. Es gibt aber auch Motivkaraffen: Der 15 Jahre alte *Findlater's First XV* kommt in der Replik eines Gilbert-Rugbyballes, der 11jährige *First XI* in einem Football und der 25 Jahre alte in kostbarem Wedgewood-Porzellan. Sie alle tragen den Namen von Alexander Findlater, der als Sohn eines jener verhaßten → *excisemen* in Dublin mit dem Whiskyhandel begann und dann 1850 in London die Firma Findlater Mackie Todd & Co. gründete. Sie war eine der ersten, die bei ihren Whiskies den Namen des Herstellers auf das Label druckte. → Invergordon war schon lange ein wichtiger Lieferant für den Blend und stellt ihn auch heute noch am Salamander Place in Leith her, jetzt aber im Auftrag der Mutterfirma → Whyte & Mackay, die von ihrer Besitzerin → American Brands 1997 in → JBB (Greater Europe) umbenannt wurde. Außer den beiden Blends gibt es von Findlater auch noch den → *Jock Scott* und den Vatted Malt → *Mar Lodge*.

Fine Old Special Schottischer Blend. Er ist eine Eigenmarke von Joseph Holt, einer in Manchester ansässigen und seit 1849 arbeitenden Brauerei, der es gelungen ist, ihre Unabhängigkeit zu bewahren und nicht von einem der Giganten wie Bass, Scottish & Newcastle oder → Guinness geschluckt zu werden. Die Brauerei macht auch heute noch jenes *real ale*, das von den modernen, »Lager« genannten Chemiebieren fast verdrängt worden ist, aber mittlerweile wieder mehr Zuspruch findet. Wie fast alle Brauereien in Großbritannien besitzt die Firma eine Kette von Pubs, mit denen sie vertraglich fest verbunden ist oder die ihr sogar gehören. Zum Lieferprogramm gehört nicht nur Bier, sondern oft auch ein oder zwei Blends mit einem eigenen Label. Holt hat 120 Häuser und dort ist der Whisky im Ausschank.

Finishing Bezeichnung für einen neuen Trend, der seit einigen Jahren zu beobachten ist. Gemeint ist damit, einen Malt, nachdem er mehrere Jahre im Faß gereift ist, in ein zweites Faß umzufüllen, um so die Einflüsse von mehreren

Faßsorten, bzw. der Spirituose oder auch des Weines, die vorher in ihnen waren, zu nutzen und dem Whisky dadurch mehr Komplexität, Tiefe und auf jeden Fall weitere Aroma- und Geschmacksnuancen mitzugeben. Nachdem sich zuerst → Gordon & MacPhail mit → Speyside Malts hervorgewagt hatten, die in einem Portweinfaß und sogar in einem Brandyfaß gelagert worden waren, und auch andere Firmen plötzlich wissen ließen, daß bei ihnen nicht nur die üblichen Ex-Bourbon- und Ex-Sherry-Fässer benutzt wurden, waren es William → Grant & Sons, die 1992 ihren → *Balvenie* neu herausbrachten. Während der 10jährige eine klassische Kombination von in Bourbon- und Sherryfässern gereiften *Balvenies* und der 15jährige ein → *single barrel* war, zeigte schon der Name des 12jährigen, → *Double Wood*, daß bei ihm das neue Verfahren angewendet worden war: die Lagerung in zwei Fässern nacheinander.

Seitdem hat besonders → Glenmorangie plc eine besondere Rolle gespielt und mehrere Single Malts aus ihrer Brennerei mit verschiedenen *finishings* herausgebracht: Neben dem im nicht ungewöhnlichen Sherry-Faß gereiften gab es einen im sehr ungewöhnlichen Madeira- und, in mehreren Versionen, einen im Portweinfaß nachgereiften Malt. Noch ungewöhnlicher waren der *Tain* und der *Claret*, für die Rotweinfässer von der Rhone bzw. von Bordeaux benutzt worden waren. Für drei Versionen des → *Glen Moray*, dessen Brennerei ihnen ebenfalls gehört, benutzten sie sogar französische Weißweinfässer. Auch von *Balvenie* gibt es zwischenzeitlich einen Portwein-Malt (21 Jahre) ebenso wie von → *Bushmills* (16 Jahre). → UD stellten Ende 1997 ihren sechs → »Classic Malts of Scotland« sogar eine komplette Ergänzungsreihe mit dem Namen »The → Distillers Edition« an die Seite, bei der für die sechs Malts von → Glenkinchie, → Dalwhinnie, → Cragganmore, → Oban, → Talisker und → Lagavulin sehr gezielt und sehr speziell ausgesuchte Fässer verwendet worden waren. Selbst nach Nordamerika ist die Welle übergeschwappt: dort legten → Allied Domecq mit einem → *Canadian Club* aus dem Sherry-Faß das erste Beispiel für einen nicht-schottischen Whisky mit zweiter Reifung vor.

Finlaggan Schottischer Single Malt des → unabhängigen Abfüllers The → Vintage Malt Whisky Company in Glasgow. Der Whisky ist nach dem Loch Finlaggan auf Islay benannt, wo auf einer kleinen Insel die Lords of the Isles ihren Sitz hatten. Von ihr aus beherrschten sie, als Konkurrenten der schottischen Könige, jahrhundertelang die Hebriden und den Nordwesten des Landes. Der Whisky, den es als *Old Reserve* ohne Altersangabe und mit 12 bzw. 15 Jahren gibt, stammt also von Islay und es gibt die unterschiedlichsten Vermutungen, es könne ein → *Bowmore* sein, ein → *Caol Ila* oder ein (aber dafür ist er eigentlich zu rauchig) → *Bruichladdich*. Da aber die Brennereien ihren Stoff durchaus gerne verkaufen, es aber nicht wollen, daß ihr Name dann auch auf Flaschen steht, die nicht von ihnen abgefülllt sind, sind genaue Auskünfte nicht zu bekommen. Er ist jedenfalls gut gewählt und hat deshalb zu Recht 1977 eine Silbermedaille auf der International Wine & Spirit Competition bekommen.

Finnegans Irischer Whiskey, der von → Cooley Distillery produziert wird und bis auf den Namen mit deren *Avoca* identisch ist – auch das Label, auf dem der Markenname mit den Worten »Uisce Beatha« eingerahmt ist. Es weist den Standardblend mit 40 % aus. Es waren seine holländischen Importeure, die wegen einer Verwechslung mit dem heimischen »Advocaat!« die Umbenennung veranlaßten.

First fill Bezeichnung, die in Schottland für → Fässer verwendet wird, in denen vorher schon ein alkoholisches Getränk, z. B. Bourbon, → Sherry, → Port und, seltener, auch Wein gelagert war, und die zum ersten Mal mit Malt Whisky gefüllt werden. Verwirrenderweise spricht man dabei aber auch manchmal von → *new casks*.

First Tyrolean Single Malt Spirituose, deren Hersteller die Verwendung des Wortes »Whisky« peinlichst vermeiden und lieber (und ehrlicher) von »Spirit« sprechen. Das kommt daher, daß sie zwar gemälzte Gerste verwenden und auch → *pot stills*, aber nicht jene drei Jahre warten wollten, die zumindest in Schottland vorgeschrieben sind, damit sich ein Getreidedestillat auch Whisky nennen darf. Ob österreichische Gesetze sich jemals mit Whisky beschäftigt haben, entzieht sich unserer Kenntnis, aber die Rechtsanwälte der → Scotch Whisky Association haben ihre Augen überall. Die schwarze Designer-Flasche, ein kleiner Boxbeutel mit 20 Zentimeter langem Hals, verrät auf der Vorderseite mit handgeschriebenen Goldbuchstaben den Hersteller Branger Bräu. Auf der Rückseite der Flasche teilt ein gedrucktes Etikett mit, daß die enthaltenen 50cl 40 % haben, daß der Malt eichenfaßgelagert ist und von einer Firma in Altach vertrieben wird, die sich Whisky & m.o.r.e. nennt. Er ist teuer und, soweit bekannt, der erste und einzige Malt seines Landes. Obwohl Blindverkostungen ihm bereits jetzt gute Qualität bescheinigen, sollte man ihm die Chance geben, älter zu werden.

Fitzgerald & Co. Irische Whiskeyfirma, die heute eine Tochter der → IDG ist und somit zum Imperium der französischen Firma → Pernod Ricard gehört. Sie vertreibt u. a. → *Dunphy's*, den → *pot still*-Whiskey → *Redbreast* und die Billigspirituose → *Three Stills* und hatte früher auch die mittlerweile eingestellte Marke → *Murphy's* im Programm.

Five Lords Schottischer Blend, der in drei Versionen, als → Standard, mit 5 und mit 12 Jahren zu haben ist. Er gehört heute → Whyte & Mackay, wurde aber ursprünglich von A. J. Ponte auf den Markt gebracht.

Five Star Kanadischer Whisky, heute wie alle Kanadier von Seagram in → Gimli gemacht, von der Firma als Rye bezeichnet, aber natürlich ein Blend mit 40 %. Er soll aus der Seagram-Range derjenige sein, der in seinem Heimatland am meisten verkauft wird. Es gibt auch einen Scotch dieses Namens, der früher von → Haig & Haig hergestellt wurde, die 1888 zwar von einem der vielen Mitglieder der großen Whiskyfamilie der Haigs gegründet wurde, aber erst seit 1925 eine Tochter von John → Haig & Co. ist. Der Blend, der heute von → UD/UDV kommt, wird manchmal *Haig & Haig Five Star*, manchmal *Haig Five Star* und zuweilen auch nur *Five Star* genannt. Der dritte Whisky mit fünf Sternen im Namen ist der → *Crawford's 5 Star*, der aber im Augenblick nicht hergestellt wird.

Flavourings Bezeichnung für die Beimischungen von sogenannten »non-Canadian whiskies«, die in Kanada erlaubt sind. Es dürfen immerhin 9.09 % pro Flasche verwendet werden. Zum Einsatz kommen zum Teil echte Whiskeys wie Bourbons, aber auch destillierte Fruchtsäfte, fortifizierte Weine wie Sherry oder der besonders beliebte Pflaumenwein. Die Aromastoffe sollen dem leichten Canadian mehr Geschmack und oft auch mehr Farbe geben.

Fleischmann, Robert Deutscher Whiskyhersteller, der im fränkischen Eggolsheim bei Forchheim zusammen mit seiner Frau tätig ist. Wie so viele im Frankenland haben auch die Fleischmanns das Recht, in begrenzter Menge und streng von den Behörden kontrolliert Brände herzustellen. Doch während ihre Kollegen dieses Hausbrennrecht nutzen, um Obst und manchmal auch Korn zu destillieren, kamen die Fleischmanns schon 1984 auf die Idee, es einmal mit Whisky zu versuchen. Ob dabei die Nähe zu Bamberg mit seinem berühmten, aus geräuchtem Gerstenmalz hergestellten, Rauchbier, dem »Schlenkerla«, eine Rolle gespielt hat, können die beiden heute nicht mehr sagen, sicher ist nur, daß sie damals wie heute von dort kein Malz bekommen.

Zwei Fässer von 1984 liegen noch immer in ihrem Keller, echter Single Malt, aus gemältzter Gerste, zweimal destilliert und lange gelagert. Sie wurden niemals abgefüllt, sondern sind nur für den Eigenbedarf bestimmt, allenfalls gute Freunde dürfen einmal kosten – um Robert Fleischmann und seiner Frau zu bestätigen, daß sie es waren, die in Deutschland zum ersten Mal ernsthaft Malt Whisky gemacht haben, Single Malt, wenn sie auch dieses Wort nicht verwendeten, als sie 1994 zum ersten Mal ihren Whisky abfüllten. Der stammte von 1986, war 8 Jahre im Eichenfaß gereift und sie nannten ihn → *Piraten Whisky* und einen »Pur Malt«, was manche vermuten ließ, es sei nur ein Vatted. Es war aber nur ein Druckfehler und nicht der erste auf einem Whiskyetikett. Das zeigt einen rudernden Piraten und der Flaschenhals ist mit einer starken Schnur umhüllt, was einen verwegenen Eindruck macht und sich nur mit der zweiten Leidenschaft Fleischmanns erklären läßt. Er liebt die Seefahrt und hat zu Hause eine der Öffentlichkeit zugängliche Kneipe, die wie eine gemütliche Schiffskombüse eingerichtet ist. Nur zum Ausschank dort war sein Malt gedacht, aber dann wurde er entdeckt und ist jetzt auch anderswo zu bekommen. Den Namen haben die Fleischmanns geändert, es gibt jetzt den → *Glen Blue* und den → *Glen Mouse*, die aus zwei verschiedenen Malzsorten gemacht sind. Mittlerweile liegen im Keller eine ganze Reihe von Fässern, die letzten wurden im August und September 1997 gefüllt.

Fleischmann's Preferred Amerikanischer Blended, der früher von der in Owensboro ansässigen Familienfirma Fleischmann hergestellt wurde, die allerdings Dayton, New Jersey, als Adresse auf dem Label nannte. Das Etikett gibt über die Zusammensetzung des Whiskey folgende Auskunft: Er enthält 27.5 % → Straight Bourbon und 72.5 % *Neutral Spirit*. In den achtziger Jahren wurde Fleischmann von → Glenmore gekauft – ebenso wie → Medley, die beide im gleichen Ort ihren Geschäften nachgingen. Glenmore wurde 1991 von → UD übernommen, die vier Jahre später die (stillgelegte) Brennerei und einige ihrer Marken an → Barton verkauften. Sie führen die Marke weiter, so daß der Name Fleischmann einstweilen vor dem völligen Vergessen bewahrt bleibt.

Floor maltings Bezeichnung für die Gebäude, in denen das Mälzen, also die Arbeiten, die aus einem Gerstenkorn ein Malzkorn machen, in traditioneller Form ausgeführt werden. Früher war eine Brennerei ohne ihren eigenen Malzboden undenkbar. Auf ihm wird, nachdem die Gerste in großen Bottichen eingeweicht (→ *steeping*) und dadurch zum Keimen gebracht worden ist, das feuchte Getreide ausgebreitet. Es muß, um seine Temperatur konstant zu halten und nicht über 16° ansteigen zu lassen, von Hand immer wieder umgewendet werden, wobei über fünf bis zehn Tage hinweg die ursprünglich zwei bis drei Fuß dicke Schichte auf wenige Zentimeter verdünnt wird.

Hat das nun → grünes Malz genannte Korn dann eine bestimmte Konsistenz erreicht, muß die weitere Keimung verhindert werden. Das geschieht durch Feuchtigkeitsentzug, durch Trocknung in der → *kiln*. Das Verfahren braucht nicht nur Platz, sondern ist vor allem auch arbeitsaufwendig und entsprechend teuer, weswegen schon bald nach Rationalisierungsmaßnahmen gesucht wurde. → Glengoyne war die erste Brennerei, die bereits 1910 ihre eigene Mälzerei einstellte und das Malz aus fremder Quelle bezog. Dem Beispiel sind bis auf wenige Brennereien heute alle gefolgt; nur noch → Balvenie, → Bowmore, → Glendronach, → Highland Park, → Laphroaig und → Springbank machen ihr Malz heute in *floor maltings* – und auch sie nur einen Teil. Ansonsten wird das Malz fertig von großen, industriellen Mälzereien bezogen, die es in mechanischen und ohne großen Arbeitsaufwand zu bedienenden modernen → *drum maltings* produzieren.

Flora & Fauna Name einer Serie von insgesamt 22 schottischen Single Malts, deren Erscheinen einer Revolution gleichkam: Zum ersten Mal hatte die größte Firma im schottischen Whiskygeschäft, → UD, als Nachfolgerin des Fastmonopolisten → DCL, sich dazu verstanden, ihre Malts nicht nur für ihre Blends zu verwenden, sondern sie auch als Single Malts in → Eigentümer-Abfüllungen verfügbar zu machen. Rechnet man die sechs → »Classic Malts« und die einzeln vermarkteten → *Royal Lochnagar* und → *Cardhu* dazu, waren immerhin 30 → UD-Brennereien (von ca. 40) vertreten, mit den → »Rare Malts« sogar noch mehr, als UD Ende 1997 mit IDV zu UDV fusioniert wurden.

Die Serie wurde zunächst nur in den Brennereien und wenigen ausgewählten Läden angeboten. Sie kam 1992 auf den Markt und hat ihren Namen davon, daß jedem Whisky ein schottisches Tier oder eine schottische Pflanze zugeordnet ist, das auf dem Label ebenso beschrieben wird wie der Charakter des Whisky. Die aufwendigen Holzkisten sind zwischenzeitlich ersetzt worden durch Kartons und die aus ursprünglich 22 Malts bestehende Serie ist auch längst nicht mehr vollständig zu bekommen. Das Alkoholvolumen ist immer 43 %, das Alter dagegen unterschiedlich. Die einzelnen Malts kamen aus → Aberfeldy, → Aultmore, → Balmenach, → Benrinnes, → Bladnoch, → Blair Athol, → Cynelish, → Caol Ila, → Craigellachie, → Dailuaine, → Dufftown, → Glendullan, → Glenlossie, → Inchgower, → Linkwood, → Mannochmore, → Mortlach, → Pittyvaich, → Rosebank, → Royal Brackla, → Speyburn, → Teaninich.

Florian Whiskeydrink. Eine Variante des Whiskey Sour. Bei Schumann's in München werden 4cl Bourbon mit einem Spritzer »Chartreuse Verte«, einem Spritzer Angostura, einen Barlöffel Puderzucker und 2cl Orangensaft auf Eis geschüttelt und ohne das Eis serviert.

Foreshot Bezeichnung für das, was bei der letzten (also in Schottland meist zweiten, in Irland dritten) Destillation ganz am Anfang aus der → *spirit still* herausfließt. Es wird manchmal auch → *head* genannt. Nach ihm fließt *the* → *heart of the run*, der → *middle cut*, an den sich dann die → *feints* oder der → *tail* anschließen. Der *foreshot* ist stark und ölig, enthält Ester, Aldehyd und andere unverträgliche Stoffe, weswegen er nicht in den → *spirit receiver* geleitet, sondern vom → *stillman* abgetrennt wird. Meist kommt er, wie später auch die *feints*, zurück in den Bottich, wo die → *low wines* auf die zweite Destillation warten, um mit ihnen zusammen redestilliert zu werden.

Forester Kentucky Straight Bourbon, bei dem es sich um nichts anderes handelt als um eine modernisierte Version des guten alten → *Old Forester*, des Whiskey also, der von George Garvin Brown und seinem Halbbruder schon 1872 auf den Markt gebracht wurde. Er war der erste Bourbon überhaupt, der in Flaschen abgefüllt und mit einem Gütesiegel und der Unterschrift Browns auf dem Label verkauft wurde. Daß nach so vielen Jahren das »Old« gestrichen wurde, liegt vermutlich daran, daß man jugendlicher erscheinen wollte und sich mehr Erfolg bei neuen Käufergenerationen versprach.

Eine *Forester Barrel Reserve 96*, ein Premium mit 96°/48 %, kam als *Olympic Filling* anläßlich der Spiele in Atlanta heraus. Der *Forester 1870* wird vielleicht die bisherigen Versionen ganz ablösen. Seine Jahreszahl spielt auf die Gründung der Firma, aus der sich die → Brown-Forman Corporation entwickelt hat, durch die beiden Browns an. Für ihn trennte man sich auch von der alten Flasche. Die neue mit ihrer viereckigen Form geht ein bißchen in Richtung der von → *Jack Daniel's*, der ja auch zum Konzern gehört. Vielleicht wird sie später auch auf dem Dach der

Firmenzentrale in Louisville stehen, aber noch hat man den Bruch mit der Tradition noch nicht ganz vollzogen und dem alten Wasserturm seine alte Form gelassen – die einer Flasche des *Old Forester*.

Forfars Schottischer Blend, der seinen Namen wohl von dem Ort in Angus erhalten hat, dem Bezirk zwischen Fife und dem River Tay, der bei Dundee ins Meer fließt. Der Hersteller des Blend hat dieser Gegend sogar im Firmennamen → Angus Dundee seine Referenz erwiesen.

Formidable Jock, The Schottischer Blend von The → Bennachie, von der Firma als »Rare Blend of Strenght and Character« apostrophiert, 5 Jahre alt und auch in Großflaschen, für Bars, zu erhalten.

Forth House Schottischer Blend mit 5 Jahren. Er ist eine wenig bekannte Marke von Brodie Crawford & Co., dessen Spitzenmarke der → *Brodie's Supreme* ist.

Fortnum & Mason Londoner Firma, die seit ihrer Gründung im Jahre 1707 »twelve reigns of British monarchs« (Philip Morrice) gedient hat – nicht zu vergessen die unzähligen Bediensteten Ihrer Majestäten, die auch in den entferntesten Regionen des Empire nicht auf die Segnungen der britischen Zivilisation in Form von Pasteten, Tees, Stilton, Gentlemen's Relish und natürlich Weinen und Spirituosen verzichten mußten, weil sie von 181, Piccadilly, London, mit allem, was sie brauchten, bestens und schnellstens versorgt wurden. Heute ist das Kaufhaus vor allem ein *must* für Touristen, hat aber immer noch eine exzellente Lebensmittelabteilung mit eigenen Produkten wie Tees und Konfitüren – und natürlich ein hervorragendes Wine Department mit einer lohnenswerten Whiskyabteilung. Dem Rang des Hauses entsprechend führt man Eigenmarken wie den *Fortnum & Mason ›Choice Old‹ Blend* sowie einen 8jährigen Blend und einen 12 bzw. 21jährigen Highland Malt. Manchmal füllen auch die Brennereien exklusiv für die Firma ab. 1996 war ein 1961er → *Linkwood* im Angebot. Und in einem nur auf besondere Nachfrage geöffneten Schrank sind auch schon einmal Raritäten wie ein 50 Jahre alter *Glenfiddich* oder ein → *Springbank* von 1919 zu bestaunen – der eine für 5000, der andere für 6000 Pfund zu erhalten.

Fortune 80 Japanischer Blend von → Nikka, der als einziger Whisky der Firma die Signatur ihres Gründers Masataka → Taketsuru trägt, auf einem metallisch schimmernden Etikett, das sich um die Flasche schmiegt. Der eigentliche Markenname findet sich auf einem altmodischen Decanter-Label, das an einem dünnen Kettchen am Flaschenhals hängt – ganz wie es früher üblich war, als man seine Getränke zu Hause nicht aus Flaschen ausschenkte, sondern aus Kristallkaraffen. Tatsächlich kommt der Whisky in einem Gefäß, das sehr an die klassischen alten Port-Decanter mit den drei Ringen um den Hals erinnert – alles in allem eine Aufmachung, die auf etwas Besonderes hinweist: nämlich den 80. Geburtstag, den Taketsuru 1974 feiern konnte.

Fortune Brands Weltweit operierender Konzern, der sich diesen Namen erst 1997 gegeben hat und vorher als →American Brands firmierte. Er hatte sich kurz zuvor von seiner Tabaktochter Gallagher (Hauptmarke »Benson & Hedges«) getrennt und betrieb die Namensänderung wohl auch mit Rücksicht auf die tabakkritischen Amerikaner, um sich von diesem Image gänzlich zu befreien. Der Konzern besitzt die →Bourbon-Marke →*Jim Beam* und hat, ebenfalls 1997, seine sämtlichen Whisk(e)y-Interessen unter diesem Namen neu strukturiert. Dieser Neuorganisation fiel auch seine schottische Tochter →Whyte & Mackay zum Opfer. Ohne Rücksicht auf irgendwelche europäischen oder schottischen Empfindlichkeiten wurde dieser Name kurzerhand aus dem Firmenregister gestrichen und durch die Bezeichnung →JBB (Greater Europe) ersetzt. Daß die Schotten Europäer sind, haben sie oft genug bewiesen, aber daß man auch die Afrikaner kurzerhand Europa zugeschlagen hat, erinnert doch sehr an Imperialismus und zeigt wenig Sensibilität für Tradition und ist verletzend. Die anderen Weltteile werden von JBB (The Americas) und JBB (Pacific) bedient.

Founders Schottischer Blend von →Whyte & Mackay/→JBB (Greater Europe).

Four Roses Amerikanische Destillerie, die seit 1986 nach dem Bourbon benannt ist, für den sie schon lange die Whiskeys liefert. Seitdem kann man sie endlich klar unterscheiden von einer anderen Brennerei, mit der sie den Besitzer →Seagram und, was für große Irritationen gesorgt hat und manchmal immer noch sorgt, den Ortsnamen →Lawrenceburg teilt. Das Geheimnis ist, daß der kanadische Konzern, der früher immerhin sieben Anlagen in USA sein eigen nannte, zwei verschiedene Destillen betreibt, von denen die eine am Ohio River im Bundesstaat Indiana steht, die andere am Kentucky River im Anderson County im Herzen von Kentucky. Man findet die Kleinstadt etwa 20 km südlich von Frankfort, der Hauptstadt des Staates. Gleich in der Nachbarschaft liegt eine andere Brennerei, die heute ebenfalls den Namen des Bourbon trägt, der aus ihr kommt und →Wild Turkey heißt. Mit ihr hat Four Roses im Laufe der Zeit auch manchmal die Besitzer geteilt – und mit ihr teilt sie noch heute die →*warehouses*, die zwar Four Roses gehören, in denen aber eben kein *Four Roses* reift, sondern *Wild Turkey*.

Ihre heutigen Gebäude, die jede spanische Missionsanstalt in Lateinamerika in den Schatten stellen, stammen erst aus dem Jahr 1910, aber sie kann auf eine viel längere Geschichte zurückblicken. Die beginnt mit dem Iren →»Old Joe« Peyton, der 1818 mit dem Kanu nach Kentucky einwanderte und sogleich mit dem Herstellen von Whiskey begann – so erfolgreich, daß man seinen Stoff nur *Old Joe* nannte (was ihn zu einem der ersten Marken-Whiskies des Landes machte). Peytons Unternehmen wurde von Gratz Hawkins gekauft und danach folgten noch viele andere Besitzer, u. a. auch die →Medleys und die Gebrüder Ripy, denen auch die Nachbarin eine Zeitlang gehörte, und man nannte sie jetzt →Old Prentice. Dann wurden Frankfort Distilleries ihre

Besitzer und hier kommt auch die Marke *Four Roses* ins Spiel, die seit 1902 dem Unternehmen gehörte.

Sie wurde von einem gewissen Paul Jones populär gemacht und es gibt mehrere Geschichten über die Entstehung des Namens; um sicherzugehen, präsentiert auch Seagram zwei verschiedene auf den Labels. Eine erzählt von einem mit Whiskey handelnden Colonel namens Rose, der vier schöne Töchter gehabt haben soll (er hatte aber fünf), eine andere, daß Rose der Name von Jones' Verlobter gewesen sein soll. Sicher ist nur, daß Seagram 1943 die Marke mitsamt der Brennerei kaufte. Sie produzierte früher auch den → *Benchmark* und den → *Eagle Rare*, heute aber nur noch die Whiskies, die für *Four Roses* benötigt werden – und das auf eine Art und Weise, die sich sehr stark von dem sonst beim Bourbon angewandten Verfahren unterscheidet.

Es beginnt damit, daß es nicht möglich ist, ihn in seinem Heimatland als Straight zu bekommen, weil Seagram in den USA nur einen Blended liefert. D.h. kein Amerikaner konnte jemals diesen Straight zu Hause kosten, der immerhin der erfolgreichste seiner Gattung in Europa und der drittplazierte weltweit sein soll. Ungewöhnlich ist auch, daß in der Brennerei ganz unterschiedliche Straights produziert werden, mit zwölf unterschiedlichen → *mash bills* und verschiedenen Hefen. Sie werden dann, ebenso ungewöhnlich, miteinander verblendet für die einzelnen Versionen, aber das passiert, noch ungewöhnlicher, nicht dort, wo sie erzeugt werden. Die Whiskeys, die Jim Rutledge und sein Vorgänger Ova Haney machen, reifen nicht einmal in Lawrenceburg, sondern sie werden in Tanklastwagen etwa 50 Meilen weit nach Cox's Creek gefahren, um dort in ungeheizten → *warehouses* zu reifen.

Danach muß der Whiskey wieder auf Reisen gehen: er wird nach Schottland gebracht, um erst dort, in einer der Abfüllanlagen der Firma bzw. ihrer schottischen Tochter The → Chivas & Glenlivet Group auf Flaschen gezogen zu werden. Die einfache Version heißt *Yellow Label* und hat 40 %, der *Black Label* und der *Platinum Label* haben 43 % und sie alle sind nur für den Export gedacht. Das ist einstweilen auch bei der neuen → *Single Barrel Reserve* so, die ebenfalls 43 % hat und vielleicht doch bald in den USA zu haben ist. Den Amerikanern wäre zu wünschen, daß sie diesen Bourbon nicht nur, vorgemixt, aus Cola-Dosen zu kosten bekommen, und auch Jim Rutledge würde es sicher begrüßen, seinen Besuchern einmal seinen eigenen Whiskey aus einer Flasche anbieten zu können.

Four Roses Kanadischer Whisky aus dem Hause → Seagram, der als sogenannte »Barmarke« verkauft wird und nicht das geringste mit dem großen Kentucky Straight Bourbon zu tun hat, der ebenfalls von Seagram kommt.

Four Seasons Australischer Blend, von dem man noch Flaschen finden kann. Sie besitzen aber schon Sammlerwert, denn die ehedem sehr erfolgreiche Marke der (nicht mit der früheren → Guinness-Tochter → UD) zu verwechselnden australischen United Distillers wurde ebenso wie der → *Corio* eingestellt; die Firma wandelte 1995 ihre Bestände per Destillation in Gin um.

Frankreich Das Land verdient es, in ein Whisky-Lexikon aufgenommen zu werden, schon deshalb, weil die Franzosen sich alle Mühe geben, die Lücken auszugleichen, die der sinkende Whisky-Konsum in anderen Ländern hinterlassen hat. Beim Scotch ist der Absatz von 1986 bis 1996 von ungefähr 25 auf satte 36,64 Millionen pro Jahr gestiegen und hat damit nicht nur die USA mit 33,73, sondern auch Großbritannien mit 32,07 Millionen Liter überholt. Frankreich nimmt damit weltweit die Spitzenstellung ein – was die heimischen Produzenten von Cognac, Armagnac und Calvados vor Neid erblassen läßt. Kein Wunder, daß sie sich schadlos halten und sich ihren Teil des Kuchens dadurch holen wollen, daß sie sich entweder die Vertriebsrechte sichern oder sich gleich ganz in Schottland einkaufen.

So hatte sich LVMH (Louis Vuitton Moët Hennessy) an → Guinness beteiligt, nachdem Firmenchef Arnaud zunächst heftig gegen deren geplanten Zusammenschluß mit → Grand Metropolitan zu → Diageo opponiert hatte, die Anteile aber mit saftigem Gewinn verkauft. Moët Hennessy ist z. B. in Deutschland Distributeur der Produkte von → Glenmorangie plc. → Rémy Martin vertreibt Whisky in einer ganzen Reihe von Ländern und, auch in Deutschland, die Malts von → Highland Distillers. Am größten ist das Engagement der Group → Pernod Ricard. Sie besitzt in Schottland die → Campbell Distillers mit ihren Brennereien → Aberlour, → Edradour und → Glenallachie und hat eine ganze Anzahl von Blends. In den USA hatten sich die Absint-Giganten schon früh die → Wild Turkey Distillery mit ihrem Bourbon gesichert und in Irland hatten sie sich Ende der achtziger Jahre eine heiße Übernahmeschlacht geliefert, die sie gewannen. Danach konnten sie sich die Irish Distillers Group (IDG) einverleiben – und damit zunächst sogar ein Monopol im Land sichern.

Eine eigene Produktion von Whisky hat es in Frankreich nicht gegeben, ehe in der Bretagne der → *Whisky Breton* auftauchte und der »Artisan Liquoriste« Jacques Fusilier aufgetreten ist, der unter etwas rätselhaften Umständen in Rennes einen → *Glenroc* und seinen → *Whisky de Bretagne* produziert. Letzteren hat er zuweilen auch als als Malt Whisky ausgegeben. Ein echter bretonischer Single Malt dagegen ist der → *Armorik*.

Unter die Whisky-Hersteller möchte auch der im Burgundischen residierende Belgier Michel → Couvreur gehen, von dem man immer wieder hört, er wolle, auf Orkney oder in den → Highlands, einen Malt nach alten Methoden machen. Er scheint aber noch nicht so weit zu sein und begnügt sich einstweilen noch damit, schottische Whiskies unter seinem Namen als → unabhängiger Abfüller anzubieten. In gleicher Weise betätigt sich das »Maison du Whisky« in Paris, der wohl bedeutendste und beste Whisky-Laden des Landes.

Fraser McDonald Schottischer Blend aus dem → Standard-Segment, ursprünglich von Barton, später dann von deren Nachfolger Gibson International auf den Markt gebracht und somit heute bei → Glen Catrine Bonded Warehouse.

Fraser's Schottische Whiskies, von denen es mehrere Versionen gibt, die verwirrenderweise auch noch von verschiedenen Firmen geliefert werden. Der Blend *Fraser's* kommt heute von → Whyte & Mackay/→ JBB (Greater Europe), wurde aber ursprünglich von Donald Fraser & Co. herausgebracht. Unter dem Namen Fraser kommen auch Whiskies von der Firma Strathnairn Whisky in Inverness. Bei ihr handelt es sich um eine Tochter von → Gordon & MacPhail aus Elgin. *Fraser's Supreme* ist ein Blend, als *Fraser's Reserve* gibt es einen Highland Single Malt und einen → Islay Single Malt, auf dessen Label jüngst Glasgow als Firmenadresse genannt ist.

Friar John Cor Quincentenary Schottischer Blend, mit dem sich → UD an dem Wettbewerb »The → Spirit of Scotland« beteiligten, den die → International Wine & Spirit Competition 1994 veranstaltete. Der Anlaß war, daß 500 Jahre vorher Whisky zum erstenmal in einem Dokument schriftlich erwähnt worden war. Der Mönch John Cor aus Fife hatte damals vom König die Erlaubnis erhalten, »8 Bols of Malt« zur Herstellung von »aqua vitae« zu verwenden. Aufgelegt wurden von der Jubiläumsabfüllung angemessene 1494 Flaschen.

Frisco Sour Whiskeydrink. Eine Variante des Whiskey Sour, bei dem außer dem Bourbon ein Teil »Bénédictine« zum Einsatz kommt.

From the Barrel Japanischer Blend von → Nikka mit der für das Land ungewöhnlichen 51.4 % Alkoholstärke. Ungewöhnlich für Japan ist auch, daß die verwendeten Whiskies zuerst einmal geblendet werden, dann aber wieder in die Fässer kommen, damit sie sich bei dieser Nachreifung besser »verheiraten« können.

Full House Amerikanischer Blended mit 40 % (keine Proof-Angabe), der sich auf dem Label als »Mc Intyre's Full House« vorstellt und ein einfacher Supermarkt-Whiskey ist.

500 Anniversary Blend Schottischer Blend, mit dem → Whyte & Mackay den Wettbewerb »The → Spirit of Scotland« gewannen, zu dem die → International Wine & Spirit Competition 1994 die großen Whiskyfirmen eingeladen hatte. Anlaß war, daß genau 500 Jahre vorher der Mönch John → Cor aus Fife vom König ein bestimmtes Quantum Malz bekommen hatte, aus denen er Whisky machen sollte – eine Tatsache, die im königlichen Rechnungsbuch festgehalten wurde. Dies war die erste Erwähnung des Getränks. Der Sieger des Wettbewerbs, an dem sich sieben Firmen beteiligten, die einen eigens geschaffenen Blend vorlegen sollten, war eine Kreation von Richard Paterson, dem Masterblender von Whyte & Mackay, die inzwischen als → JBB (Greater Europe) firmieren.

G

G & G Japanischer Blend von →Nikka, dessen Flaschenform mit der des →Gold & Gold eine deutliche Ähnlichkeit aufweist. Dessen Flasche ist allerdings transparent, während die für den als »mild and smooth« ausgewiesenen *G & G* rabenschwarz ist.

Gairloch Schottischer Blend, den es in zwei Versionen, mit 4 und mit 5 Jahren, gibt und den die kleine englische Brauerei McMullen & Co aus Hertford herstellen läßt. Die Marke existiert seit 1904 und ist benannt nach dem bekannten Ort in Easter Ross an der schottischen Westküste. Sie dient vor allem als Hausmarke in den brauereieigenen Pubs. Gemacht wird er von →Robertson & Baxter, die eine ganze Reihe Malts für ihn verwenden, zu denen sie als Besitzer von →Glengoyne und durch ihre Verbindung zu →Highland Distillers Zugang haben.

Gale's Schottischer Blend, dessen Name den Liebhabern von *real ale* besser vertraut sein dürfte als denen von Whisky. George Gale & Co. ist eine der wenigen noch verbliebenen unabhängigen Brauereien Großbritanniens und noch im Besitz der Familie, die vor mehr als 250 Jahren in Hordean bei Portsmouth das Pub »Ship and Bel« übernommen hat. Die Hampshire Brewery befindet sich auch heute noch dort. Sie beliefert nicht nur die 122 firmeneigenen Pubs, sondern auch mehr als 500 andere Gaststätten und die Mitglieder ihrer »Gale's Club« und zwar nicht nur mit ihren Ales »Bitter«, »Mild« oder »Winter Brew«, sondern auch mit einem eigenen Blend, der sich stolz *Gale's Blended Glenlivet* nennt. Er wird nicht in der Brauerei, sondern in London gemacht. Er nennt, ungewöhnlich genug, auf seinen Flaschen exakt die Brennereien, aus deren Whiskies er komponiert wird: die Grains kommen aus →Cameronbridge, →Dumbarton, →North British und →Strathclyde, die Malts von →Ben Nevis, →Bunnahabhain, →Dalmore, →Dufftown, →Glen Grant, →Highland Park und, natürlich, von →Glenlivet.

Galoway Irischer Whiskey von →Cooley. Sie produzieren einen einfachen Blend, der unter fünf verschiedenen Namen von verschiedenen Supermarktketten in Frankreich verkauft wird. Als *Galoway* wird er von Leader Price angeboten, ein anderer ist →*Dunlow*.

Gamefair Vatted Malt mit sehr lokaler Verbreitung, der von der Firma →Hynard Hughes & Co. herausgebracht wird und nur in Leicester und Umgebung zu bekommen ist. Er ist 10 Jahre alt.

Gamekeeper Schottischer Blend aus dem Hause →Morrison Bowmore. Ein →Standard-Blend mit 5 Jahren.

Garnheath Schottische Brennerei, die normalerweise besser unter dem Namen →Moffat bekannt ist und außer einer Grain-Destillerie auch zwei kleine Anlagen zur Herstellung für Malt betrieb, →Glen Flagler/Glenflagler und →Killyloch. Daß sie einen eigenen Eintrag bekommt, ist den beiden Brüdern

Andrew und Brian Symington zu verdanken, die auch schon das einzig jemals als Single Malt abgefüllte Faß eines *Killyloch* gefunden hatten. Zum 10jährigen Jubliäum ihrer Firma → Signatory legten sie in der »10th Anniverary«-Edition neben fünf Malts auch einen *Garnheath Grain* vor. 1998 mit 56.8 % abgefüllt, war er 1973 destilliert worden.

Gärung Sie stellt ein wichtiges Stadium bei der Produktion von Whisky dar. Ohne sie könnte die Verwandlung eines stärkehaltigen Getreidekornes in Alkohol nicht stattfinden und bei ihr kommt dieser Alkohol zum ersten Mal ins Spiel. Nachdem durch Mälzen oder Kochen die Verzuckerung der Stärke in der Gerste, dem Roggen, dem Weizen oder im Mais eingeleitet ist und durch → Maischen der Zucker aus dem gemahlenen oder zerkochten Getreide herausgewaschen worden ist, wird die so gewonnene Flüssigkeit, die → *wort*, in den → *washbacks* oder *fermentern* mit → Hefe versetzt. Sie löst die Gärung aus, indem sie den Zucker in Kohlendioxide und Alkohol spaltet. Der Vorgang selbst kann durch die Kontrolle der Temperatur beschleunigt oder verlangsamt werden und dauert in der Regel zwischen 40 und 72 Stunden. An seinem Ende steht eine Flüssigkeit mit etwa 7 bis 9 % Alkohol, die → *wash* genannt wird. Bei ihr handelt es sich um eine Art Bier, weswegen manchmal auch von → *beer* oder → *ale* gesprochen wird. Ihr Alkoholgehalt wird durch den nächsten Schritt im Arbeitsprozeß, die Destillation, angehoben. Er macht aus dem Bier Whisky.

Gentleman Jack Amerikanischer Whiskey, ein Tennessee Sour Mash, der nach keinem Geringeren als nach → Jack Daniel benannt ist. Der, obschon von kleiner Statur, war ein wahrhaft Großer – nicht nur der amerikanischen Whiskeygeschichte, sondern auch der Südstaaten-Gesellschaft seiner Zeit: ein echter »Gentleman of the South«. Seinen Namen trägt nicht nur eine der beiden Destillerien in Tennessee, sondern eine der erfolgreichsten Whisk(e)y-Marken überhaupt. *Jack Daniel's* mit dem schwarzen Label ist einer der beliebtesten und bekanntesten (und erfolgreichsten) amerikanischen Whiskeys, gewiß auch einer der besten.

Mehr als 100 Jahre sahen seine Hersteller keinen Anlaß, ihm weitere Abfüllungen an die Seite zu stellen. 1988 aber sah man die Zeit gekommen, auch ein höheres Qualitäts- (und Preis-)Segment zu bedienen und schuf diesen »Rare Tennessee Whiskey«, der mit einer eigenen → *mash bill* gemacht wird, vier bis sechs Jahre reifen darf und dann einer besonderen Prozedur bei der Abfüllung unterworfen wird. Wie sein (historisch gesehen) älterer Bruder wird er natürlich auch unmittelbar nach dem Brennen dem → *Lincoln County Process* ausgesetzt, darf also langsam durch Holzkohle sickern, ehe er ins Faß kommt, aber er wird ein zweites Mal nach dem Leeren der Fässer holzkohlegefiltert, bevor er mit 80°/40 % in die Flaschen gefüllt wird.

Letztere sind Repliken eines 12eckigen Decanter, den Jack Daniel höchstpersönlich entworfen haben soll, um die Goldmedaille zu feiern, die sein Whiskey 1904 bei der Weltausstellung in

St. Louis gewonnen hatte. Etwas verwirrend ist, daß die Firma ihn als »Single Whiskey« herausstellt, wahrscheinlich in Anlehnung an schottische Gebräuche, wo Single Malt meint, daß ein Whisky aus einer bestimmten Destillerie kommt, aber das tut der normale *Jack Daniel's* ja auch: Er und der *Gentleman Jack* bestehen natürlich ausschließlich aus Destillaten aus der eigenen, der →Jack Daniel Distillery in Lynchburg.

George & J. G. Smith Glenlivet Single Malt, der von →Gordon & MacPhail kommt, die alte und lange Beziehungen haben zu der Brennerei, von der diese Whiskies stammen. Um ihre Abfüllungen von denen der →Eigentümer zu unterscheiden, die als Markenname das selbstbewußte und markante *The →Glenlivet* verwenden, gebrauchen die →unabhängigen Abfüller aus Elgin zusätzlich die Namen derer, die die Brennerei einst gründeten und zu ihrer Berühmtheit geführt haben. Es gibt eine ganze Phalanx: mit 12 Jahren und 40 %, den 15jährigen mit 40 %, 46 % und 57 %, mit 21 Jahren bei 40 % und außerdem viele Jahrgangsabfüllungen, die bis in die dreißiger Jahre zurückreichen. Eine kleine Rarität ist der 43er aus dem 2. Weltkrieg, als in Schottland kaum destilliert wurde, weil die Gerste in erster Linie für die Ernährung der Bevölkerung benötigt wurde.

George Dickel Amerikanischer Whisky (sic), ein Tennessee Sour Mash, der früher bei den beiden damals verkauften Versionen diese Gattungsbezeichnung trug und immer schon ohne das sonst in den USA übliche »e« in der schottischen Weise geschrieben wird. Er ist benannt nach George Dickel, der 1818 in (oder bei) Darmstadt geboren wurde, 1844 nach Amerika auswanderte, sich in Nashville, Tennessee, niederließ und begann, Whiskey faßweise zu kaufen, um ihn dann unter seinem Namen weiterzuverkaufen. Irgendwann bezog er ihn nur noch von der →Cascade Distillery in Tullahoma, die er 1880 zusammen mit seinem Schwager aufkaufte.

Seine Firma trug den Namen George A. →Dickel & Co., seine Marke hieß *Cascade Whisky* und so blieb es auch nach seinem Tod 1894 und bis zur Einführung der →Prohibition, die in Tennessee bereits 1910 begann und Schwab und seinen Sohn George zwang, die Produktion nach Kentucky, in die →Stitzel Distillery zu verlegen. Dort wurden selbstverständlich Bottiche installiert, damit der →*Lincoln County Process* auch hier angewendet werden konnte. Auf diese Weise überlebte der Markenname die trockenen Jahre, nicht aber die Firma; beide gelangten nach dem Ende der Prohibition in den Besitz von →Schenley, die 1941 die Produktion in eine Brennerei nach Frankfort verlegten, die damals George T. Stagg gehörte und heute als →Leestown und als Heimat des *»Ancient Age«* bekannt ist. Schenley entschlossen sich indes, den Whisky wieder an seinen angestammten Ort zu bringen und so bauten sie nur einen Kilometer von der alten eine neue Cascade Distillery, die 1958 fertig war.

1964 erhielt ihr Whisky dann endlich den Namen seines Schöpfers. Es gibt ihn in vier Versionen: Ein schwarzes Label hat der *Old No. 8 Brand* (früher

86.8°/43.4 %, heute 80°/40 %), der zwischen 4 und 6 Jahre alt ist. Ein beiges Etikett hat der *Superior No. 12 Brand* (früher 90°/45 %, heute 86°/43 %), der etwas älter ist. Bei ihm ist der Begriff *Sour Mash* auf dem Label gestrichen und durch »Original Tennessee Finest Quality Sippin' Whisky« ersetzt. Ihn hat Jim Murray in seine Hitparade der zehn empfehlenswerten Whiskies/Whiskeys aufgenommen. In fast der gleichen Aufmachung kommt seit Anfang 1998 ein 10jähriger, ebenfalls mit 86°/43 %. 1994 haben → UD, die Schenley 1987 kauften und heute Brennerei und die Marke besitzen, eine *Special Barrel Reserve* herausgebracht, die ebenfalls 10 Jahre alt ist; beide dürften die ältesten Tennessee-Whiskeys sein (86°/43 %).

Der *single barrel* gehört zur → »Bourbon Heritage Collection« – was nur auf den ersten Blick befremdlich ist, weil erstens der *George Dickel* im Lauf seiner Geschichte schon einmal zu dieser Gattung gehörte und weil, zweitens, qua Definition zwar ein Bourbon niemals ein Tennessee sein kann, aber jeder Tennessee auch ein → Straight Bourbon ist. Denn Bourbon darf sich jeder in den USA hergestellte Whiskey nennen, solange er aus einer Maische von mehr als 51 % Mais und nicht stärker als bis 160° destilliert ist, mit weniger als 125° ins Faß kam, länger als zwei Jahre im neuen Eichenfaß gelagert und mit mindestens 80° abgefüllt wurde: Kriterien, die auf den *George Dickel* ebenso zutreffen wie auf seinen bekannten Nachbarn → *Jack Daniel's*.

Georgia Moon Kentucky Straight Corn und eine Kuriosität, nicht, weil er einer der wenigen Whiskeys ist, die sich wegen des Mais-Anteils von mehr als 80 % in ihrer → *mash bill* Corn-, also Mais-Whiskey nennen dürfen, sondern wegen seiner originellen Aufmachung: Er kommt in Gefäßen, die an Honiggläser erinnern. Er ist von fast wasserheller Farbe und so konzipiert, daß alles an ihm an die legendären Schwarzgebrannten erinnert. Sie soll es bis heute geben und sie sollen von vielen den »legalen« Destillaten vorgezogen werden. In Irland nennt man sie *poitín*, in Schottland *peatreek* und einer der Namen, die in den USA für sie verwendet werden, ist wegen der für ihre Produktion bevorzugten Tageszeit → *moonshine*. Viele lieben es, sie jung zu trinken, frisch aus der → *still* und höllisch scharf. Der *Georgia Moon* kokettiert auch mit dem Alter: früher war er immer »weniger als 30 Tage alt«, heute bringt er es manchmal auf immerhin 50 Tage. Ursprünglich kam er aus Owensboro, heute gehört die Marke der Johnston Distilling Co., hinter der sich wahrscheinlich → Heaven Hill verbirgt. Er enthält 50 % Alkohol und ist einer der wenigen Corn Whiskies, die relativ gut zu bekommen sind.

Germination Bezeichnung für einen der ersten Arbeitsschritte bei der Erzeugung von Malt-Whisky (und auch Bier). Sie steht für den Vorgang, bei dem die im Gerstenkorn enthaltene Stärke dadurch freigesetzt wird, daß man es durch Einweichen in Wasser zum Keimen bringt.

Gerste Sie ist das wichtigste Getreide, das für die Whisk(e)y-Produktion gebraucht wird. Bei Malt Whisky ist sie, neben dem Wasser und der Hefe, das einzige erlaubte Naturprodukt. In Schottland sind Gerste bzw. das aus ihr gewonnene → Malz, das ihm ja auch den Namen gibt, beim Malt Whisky gesetzlich vorgeschrieben. Selbst in populären Liedern wird immer wieder → John Barleycorn, Hans Gerstenkorn also, gefeiert (Robert → Burns allerdings hat auch das Bier so genannt). Tatsächlich war es immer Gerste, die für Malt genommen wurden, bis Fritz Maytag seinen → *Old Potrero* aus Roggenmalz machte.

Gerste wird auch in anderen Ländern und bei anderen Whisk(e)y-Arten gebraucht: In Irland entsteht → *pot still*-Whiskey immer aus einer Maische von gemälzter und ungemälzter, aber gekochter Gerste. In den USA muß Bourbon aus mindestens 51 % Mais, Rye aus mindestens 51 % Roggen gewonnen werden. Aber auch hier wird der Maische ein bestimmtes, von Brennerei zu Brennerei unterschiedliches Quantum an Gerstenmalz zugesetzt. Ohne gemälzte Gerste würde die → Fermentation, also die Umwandlung des aus der Getreidestärke gewonnenen Zuckers in Alkohol, nicht funktionieren.

In Schottland unterscheidet man neun verschiedene Gerstenklassen und hält nur die obersten drei für geeignet, um gemaischt und destilliert zu werden. Kriterien für die Einordnung sind ein hoher Stärke- und ein niedriger Protein- und Nitrogengehalt. Außerdem werden Sorten mit hoher → Keimbereitschaft bevorzugt; sie müssen ausgereift und sehr trocken sein. Obwohl es im Land selbst durchaus genug Gerste gäbe, um den Bedarf der Brennereien zu decken, wird nicht nur heimische Gerste, *local barley*, verwendet – manche Destillerien werben aber manchmal damit, es hin und wieder zu tun; → Springbank ist ein Beispiel. Heute kommt die Gerste auch aus England und Mitteleuropa und es sind Sorten wie »Camarque« und »Chariot«, die bevorzugt gekauft werden, während die früher sehr beliebte und fast ausschließlich verwendete »Golden Promise« nur noch schwer zu bekommen ist. Die Gerste hat natürlich einen Einfluß auf den Whisky, aber mehr auf die Quantität als auf die Qualität und den Charakter, obwohl beide ebenfalls leicht vom Getreide geprägt werden.

Gibson International Whisk(e)y-firma, die 1989 als *management buy out* entstand, als damals leitende Mitarbeiter der → ADP mit Hilfe von → Schenley (Canada) ihre alte Firma aufkauften. Ihr gehörten damals die amerikanische → Barton Brands und die gleichnamige Brennerei in → Bardstown und die schottischen Destillerien Littlemill und Glen Scotia. Was sich dann abspielte, ist bis heute nicht geklärt, jedenfalls ging die Firma sang- und klanglos ein. Die schottischen Reste landeten bei → Glen Catrine Bonded Warehouse, die amerikanischen bei → Canandaigua.

Gibson's Kanadischer Whisky. Die Marke gehörte → UD, die sie mit dem Kauf von → Schenley Canada übernommen haben. Sie wurde von dem → Masterblender Jacques Loiselle geschaffen. Der Name hat nichts mit → Gibson International zu tun, sondern ist eine freie Erfindung. Es gibt zwei Versionen: *Gibson's Finest* mit 12 Jahren und *Gibson's Sterling Edition*. Beide haben 40 %. Ihr Besitzer, durch den Zusammenschluß ihrer beiden Mutterkonzerne → Guinness und → Grand Metropolitan mit dem vorherigen Konkurrenten → IDV zur → UDV geworden, ließ im Februar 1999 mitteilen, er wolle künftig als einzigen Canadian nur noch *Gibson's* vermarkten.

Gilbey, W. & A. Englische Firma, die 1857 von den beiden Brüdern Walter und Alfred gegründet wurde, die sich vor allem als Weinhändler und Gin-Destillateure in London schnell einen Namen machten. Schon vor der Jahrhundertwende stiegen sie auch ins Whiskygeschäft ein. So kauften sie z. B. die Firma James → Catto & Co. in Aberdeen und übernahmen nacheinander die Brennereien → Glen Spey, → Strathmill und → Knockando. Auch in Irland und Kanada, wo seit 1945 u. a. die wichtige Marke → *Black Velvet* produziert wird, gab es Niederlassungen. In Indien gibt es den dort gemachten → *Gilbey's*, in Australien wurde in eigenen Produktionsstätten der → *Bond 7* und *Milnes Gilt Edge* (den es heute nicht mehr gibt) hergestellt. Der Blend → *Glen Spey* wurde zwar in Schottland, wo es in Aberdeen eigene Abfüllanlagen gab, gemacht, aber nicht dort abgefüllt, sondern *in* → *bulk* exportiert. 1962 gab die Firma, die mit »Gilbey's«-Gin immer noch auch im Stammgeschäft eine große Rolle spielte, die Selbständigkeit auf, fusionierte mit den United Wine Traders und bildete den neuen Konzern → IDV, einen der fünf internationalen Spirituosengiganten, der dann 1972 Teil von → Grand Metropolitan wurde.

Gilbey's Indischer Whisky von → IDV, die auf dem Subkontinent durch ein *joint venture* mit → Polychem vertreten waren und ihr Produkt von International Distillers herstellen ließen. Es trägt den Namen des renommierten, alten Hauses → Gilbey und ist ein Blend, der vermutlich sowohl indische wie auch schottische Bestandteile enthält. Es gibt ihn in den vier Versionen *Green*, *Heritage*, *Gold* und *White*. IDV verkauften in Indien auch ihren → *Spey Royal*. Nachdem die Firma Ende 1997 mit UD fusioniert wurde, ist offen, welche Produkte künftig in Indien angeboten werden.

Gillon's Schottischer Blend, der den Namen der ehemaligen Lizenzinhaber von → Glenury Royal Distillery in Erinnerung hält – einer Firma, deren Geschichte bis 1817 zurückreicht, als sie von John Gillon in Linlithgow gegründet wurde. Später wurde sie eine Tochter von → Ainslie & Heilbron, gelangte mit der Mutter zum Imperium der → DCL, deren Marken heute im Besitz von → UD/UDV sind. *Gillon's* wird heute vor allem in Italien angeboten.

Gimli Kanadische Destillerie. Sie wurde 1969 in Manitoba gebaut, in der Provinz, in der sich die russische Einwandererfamilie → Bronfman zuerst niederließ. Sie ist heute die letzte, die von all den Brennereien von → Seagram übriggeblieben ist. Sie ist technisch in der Lage, jeden gewünschten Whisky zu produzieren. Die Masterblender des Hauses können also tatsächlich in Anspruch nehmen, die verschiedenen Marken weiterhin so herstellen zu können, wie sie damals waren, als ihre Whiskies noch aus → Waterloo, → LaSalle oder Beaupré kamen. Noch sind Bestände der alten, stillgelegten und abgerissenen Destillerien vorhanden, aber über das Jahr 2000 hinaus werden sie nicht reichen. Ob sie ersetzt werden können, ist fraglich, weil der Charakter eines Whisky nun einmal stark von der Brennerei geformt ist, aus der er kommt. Aber Kanadas Blender sind Meister ihres Faches und dürfen sich ziemlich viele Freiheiten herausnehmen: z. B. fremde → *flavourings* zusetzen, also z. B. Bourbons aus der hauseigenen → Four Roses Distillery in Kentucky verwenden. Freilich bestätigen alle, die Proben der einzelnen Gimli-Whiskies verkosten durften, ihnen große Qualität – und loben die Schönheit der Lage zwischen dem Lake Winnipeg und dem Meer von Getreide, das Gimli zum Schönsten verarbeitet, was aus ihm werden kann.

Girvan Schottische Grain-Destillerie: Sie liegt im schottischen Ayrshire am Rande der gleichnamigen Stadt nahe der Küste. Wie alle schottischen Grain-Brennereien gehört sie zur Whiskyregion der → Lowlands. Sie wurde 1963 von der unabhängigen Firma William → Grant & Sons erbaut, die vor allem durch den → *Glenfiddich* und ihre Blends bekannt ist. Die Errichtung von Girvan Distillery hatte wohl auch den Zweck, den für diese Blends (früher *Standfast*, heute → *Grant's Family Reserve* genannt) benötigten Grain Whisky selbst zu produzieren und sich damit ein Stück Unabhängigkeit von der Konkurrenz zu sichern. In Girvan können jährlich 55 Millionen Liter Alkohol erzeugt werden: neben der für den Grain notwendigen → *Coffey still* gibt es Kolonnen für Neutral Spirit, die die Herstellung von Gin und Wodka möglich machen. In einer »Winery« auf dem Gelände werden aus italienischen Weißweinen zwei farbenprächtige Mixgetränke namens »Mirage« und »Taboo« produziert. Die Rückstände der Brennerei werden an Ort und Stelle zu Tierfutter verarbeitet. Von 1966–1976 befand sich auf dem Gelände auch die Malt Destillerie → Ladyburn.

Glamis Castle Schottischer Blend mit einem prominenten Namen: Glamis Castle war der Sitz des Earl of → Strathmore, lange die Heimstätte Ihrer »Königlichen Hoheit Königin Elizabeth The Queen Mother« und Geburtsort von »Her Royal Highness« Princess Margaret. Der Whisky kommt aus der → Speyside Distillery und daß die Familie Christie diesen Namen benutzen darf, liegt wohl daran, daß sie sich in den fünfziger Jahren in das Abenteuer gestürzt hat, in der Nähe des Schlosses mit der → North of Scotland Distilling Co. eine kleine Brennerei namens Strathmore zu errichten, wo (mit → *patent stills*!) Malt erzeugt wurde – ein Experiment, das bald eingestellt wurde. Der → Blend mit dem Beiwort *Reserve* ist 12 Jahre alt.

Glas Ein gutes Glas ist eine wichtige Voraussetzung, um ein Getränk richtig genießen zu können. Ein schlechtes Glas kann das ganz oder teilweise unmöglich machen, z. B. wenn es zwar die Entfaltung des Geschmacks fördert, aber die des Aromas behindert oder den

Fluß auf der Zunge falsch lenkt. Daß ein gutes Glas auch gut gestaltet sein muß, ist eine Selbstverständlichkeit. Viele Whisk(e)y-Genießer und Trinker halten den *tumbler*, ein becherförmiges Gefäß, oft aus schwerem, manchmal geschliffenen Kristall, für das beste und angemessenste Glas. Tatsächlich sieht es gut aus und liegt auch gut in der Hand. Alle Whiskies, die mit Soda oder mit Eis genossen werden, lassen sich bestens aus dem *tumbler* genießen. Für einen *Bourbon on the rocks*, dem man seine Süße durch Eis ein bißchen entziehen will, ist es genauso ideal wie für einen schottischen Blend, der pur genossen oder mit viel Soda und Eis, aus einem höheren Glas, getrunken wird.

Diejenigen, die nicht nur den Geschmack des Whisk(e)y schätzen, sondern sich allein an seinem Aroma, an seinem Duft berauschen können, wird ein solches Glas enttäuschen. Vor allem für Malt Whisky ist es ungeeignet – daran ändert auch die Tatsache nichts, daß viele Hersteller in der Werbung ihren Malt immer noch gerne im *tumbler* präsentieren. Wer ihn für Malt benutzt, verschenkt die Hälfte seines Potentials. Deshalb war auch das Malt-Glas von Riedel eine große Enttäuschung: es hat keinen Stiel zum Anfassen, weshalb der Malt schnell zu warm wird, und ist oben zu weit geöffnet, weshalb der Duft nicht an die Nase kommt, sondern verströmt. Andererseits ist auch das von der Industrie und von den Masterblendern verwendete → *nosing glas* nicht unbedingt empfehlenswert. Seine Tulpenform lenkt und konzentriert zwar das Aroma hervorragend auf die Nase, andererseits ist es oben zu eng geführt, so daß man nicht mehr gut trinken kann. Auch herkömmliche Sherrygläser, oft empfohlen, sind zu schmal und eng.

Eine gute Alternative ist das INAO-Glas, das sich für Weinverkostungen allgemein durchgesetzt hat: es hat einen Stiel, der gut angefaßt werden kann, einen soliden Stand, bietet genug Platz für eine ordentliche Portion, läßt dem Malt genug Raum und Luft zum Entfalten, ermöglicht auch die Zugabe von (stillem!) Quellwasser, ist eng genug für das konzentrierte → *nosing* und weit genug, um ordentlich trinken zu können. Noch besser sind Gläser, die sich ganz oben wieder ein bißchen öffnen, weil sie einen guten Fluß und eine breite Verteilung des Getränks auf die Zunge erlauben.

Glayva Schottischer Whiskylikör, der schon seit 1947 auf dem Markt ist. Er soll eine Kreation von Ronald Morrison sein, dem Besitzer der gleichnamigen Firma, die in Leith im Wein- und Spirituosenhandel tätig war. Er wollte einen Whisky Liqueur nach dem Vorbild von → *Drambuie* haben und soll Monate gebraucht haben, um immer wieder neu Malt und Grains mit Honig und Kräutern zu mischen. Eine Probe wurde einem gälisch sprechenden Mitarbeiter als »Gle Mhath« (gesprochen »glay-vaa«, als sehr gut also, bewertet. Also wurde die Rezeptur übernommen, das Produkt hatte seinen Namen und wurdeschnell im In- und Ausland populär, besonders bei Exil-Schotten (oder Schottinnen?). Es wird heute von → Invergordon hergestellt, wird aber nicht mehr als deren Marke geführt, sondern als eine ihrer Firmenmutter → Whyte & Mackay/

→JBB (Greater Europe); auch daran kann man den Erfolg des Gaumenschmeichlers mit seinen 35 % ablesen. Bisweilen gibt es ihn auch in Sonderausstattung, etwa an Weihnachten 1996.

Glen Albyn Schottische Malt-Destillerie. Ihr Name, ausgesprochen »glen albin«, bedeutet Tal von Schottland. Sie lag am Rand von →Inverness dort, wo sich die Great North Road mit dem Caledonian Canal kreuzt. Gegenüber von ihr war die →Glen Mhor Distillery. Beide zählten also zu den nördlichen →Highlands. Zuvor eine Brauerei, wurde sie wahrscheinlich 1846 gegründet und zeitweilig als Getreidemühle benutzt. Ihre beste Zeit erlebte die Brennerei unter der Regie einer Firma, die Mitgliedern der Familien →Mackinlay und Birnie gehörte. Diese verkauften sie 1972 an die →DCL, die sie elf Jahre später schlossen und ihrem Abriß zustimmten. Heute steht dort ein Einkaufszentrum.

Als Single Malt in →Eigentümer-Abfüllung ist nur ein für Italien bestimmter 10jähriger *Glen Albyn* bekannt geworden. →Unabhängige Abfüllungen sind noch lieferbar, werden aber bald knapp werden. Der Malt war auch in der Serie →»Silent Stills« von →Signatory mit einem 1965er vertreten, der 1997, also 31jährig, mit 51.5 % abgefüllt wurde.

Glen Ardoch Malt mit 12 Jahren, dessen genaue Herkunft nicht zu eruieren ist und der von seinen Herstellern als »Single Vatted« bezeichnet wird. Auch ihr Hinweis, daß es auch einen 8jährigen und einen ohne Altersangabe gibt, die auf dem Label als Vatted bezeichnet werden, tatsächlich aber Singles sind, beendet nicht die Begriffsverwirrung. Da sie alle von →Burn Stewart kommen, die mit →Deanston und →Tobermory/Ledaig zwei Brennereien besitzen, kann man natürlich gewisse Vermutungen hegen. Andrerseits füllt die Firma auch sehr viele Blends ab, für die sie natürlich große Vorräte an Malts auch von anderen Destillerien brauchen. Auch einer von ihnen könnte also der *Glen Ardoch* sein.

Glen Avon Schottischer Single Malt von dem alten Handelshaus →Gordon & MacPhail in Elgin, das traditionellerweise über hervorragende Beziehungen zu den Besitzern vieler Brennereien und über entsprechend hervorragende Whiskyvorräte verfügt. Die Marke, unter dem Namen der Tochter Avonside geführt, ist nach dem Tal des kleinen Flusses benannt, der bei →Cragganmore in den Spey mündet. Am Avon liegt die →Tomintoul Distillery. Aber auch →Glenlivet ist nicht weit – und dessen Gründer George Smith besaß einmal eine Brennerei namens Delnabo, die zuweilen auch Glenavon genannt wurde. G & M haben wegen ihrer guten Beziehungen eine eigene Reihe von *Glenlivets*. Aber sie schweigen eisern über die genaue Quelle für den *Glen Avon* und verraten nur, daß er aus der →Speyside kommt. Angeboten wird er mit 8, 15, 21 und 25 Jahren und immer mit 40 %.

Glen Baren Schottischer Vatted Malt in zwei Versionen, mit 5 und mit 8 Jahren, von der in Sussex angesiedelten Firma →Kinross Whisky Company.

Glen Blair Schottischer Vatted Malt von →Burn Stewart, der schon von der Vorgängerin der heutigen Firma, auch als *Glenblair*, hergestellt wurde. Sie besitzt die beiden → Brennereien → Deanston und → Tobermory/Ledaig, was zur Vermutung Anlaß gibt, daß deren Malts eine Rolle spielen, obwohl auch → Islay herauszuschmecken ist. Es ist nicht der einzige Vatted der Firma, aber ihr erfolgreichster – mit besonders guten Verkaufszahlen in Frankreich. Er wird in zwei Versionen angeboten, einmal ohne Altersangabe, einmal mit 12 Jahren. Auf manchen Märkten scheint es auch 5- bzw. 8jährige zu geben.

Glen Blue Deutscher Single Malt von Robert Fleischmann und dessen Frau, die im fränkischen Eggolsheim bei Forchheim bereits 1984 ihren ersten Malt destillierten. Den behielten sie allerdings für sich. Erst ein Faß von 1986 füllten sie ab – unter dem Namen → *Piraten Whisky*. Der war wegen der Leidenschaft Fleischmanns fürs Maritime gewählt. Weil der Name allerdings kaum auf einen echten Single Malt hindeutete, heißt ihr Whisky jetzt entweder → *Glen Mouse* oder *Glen Blue*. Letzterer ist aus einer etwas kräftigeren Malzsorte destilliert, aber wie sein »Bruder« im neuen Eichenfaß gereift. Das Faß Nr. 2 wurde 1997, das Faß Nr. 3 1998 abgefüllt, in drei verschiedenen Flaschengrößen, immer mit 40 %.

Glen Cairn Schottischer Single Malt, den es bei der britischen Supermarktkette → Tesco gibt, und zwar in mindestens zwei Versionen: als Single Highland Malt und als Single → Speyside Malt. Beide sind 10 Jahre alt und bei beiden wird nicht näher erläutert, aus welcher Brennerei sie stammen.

Glen Calder Schottischer Blend von → Gordon & MacPhail, der nicht nach einem Tal, sondern nach Sir James Calder benannt ist, der im 17. Jahrhundert Abgeordneter für Elgin war, dort also, wo der Stammsitz der Firma ist.

Glen Carren Schottischer Vatted Malt, früher 8 Jahre, heute 10 Jahre alt. Er kommt aus dem 1860 gegründeten unabhängigen Haus → Hale & Bramley.

Glen Carron Schottischer Blend. Er gehört zu den drei Marken des englischen Hauses → Hall & Bramley Ltd., das mittlerweile seine Unabhängigkeit verloren hat und heute eine Tochter von → Halewood International Ltd. ist.

Glen Catrine Schottischer Blend aus dem → Standard-Segment. Die Marke kommt von → Glen Catrine Bonded Warehouse.

Glen Catrine Bonded Warehouse Schottische Firma. Ihre Anfänge gehen auf die Familie Bulloch zurück, deren Nachfahre heute der Chairman ist. Sie betrieb ursprünglich nur Lagerhäuser zum Reifen von Whisky, brachte dann aber auch eigene Blends wie → *Glen Catrine*, → *High Commissioner* und → *Clansman* heraus. 1984 kaufte sie mit → Loch Lomond ihre erste Brennerei, 1995 übernahm sie von der bankrotten Firma → Gibson International auch → Glen Scotia und → Littlemill, die sie aber im Gegensatz zu Loch Lomond nicht weiterbetreiben, sondern verkaufen will. Außer den Single Malts ihrer Brennereien wie dem → *Inchmurrin*, dem *Old Rhosdhu* und dem 23 Jahre alten *Loch Lomond* und den eben genannten Blends hat sie mehrere Vatted Malts im Programm (→ *Royal Culross*, → *Glen Gyle*, → *Glen Nevis* und

→ *Glenshiel*) und die Blends → *Loch Lomond*, → *Old Troon* und → *Scots Earl* sowie die von Gibson übernommenen Marken → *Fraser McDonald*, → *Howard McLaren*, → *Scotia Royale*, *Royal Escort* und → *Glengarry*. Sie führt auch andere Spirituosen wie einen »Grant's Gin« und einen »Grant's Blue Label«, gegen deren Namen William Grant & Sons wegen der Gefahr einer Verwechslung mit ihren Marken gerichtlich vorgegangen sind. 1999 brachte die Firma, in deren Brennerei Loch Lomond sowohl Grain Whisky wie auch verschiedene Malts hergestellt werden können, den ersten → Single Blended Scotch heraus, wiederum mit dem Namen *Loch Lomond*.

Glen Clova Schottischer Blend, der früher wie → *Scots Club* von der Firma Ewen & Co. kam, dann aber zu der → Scottish & Newcastle-Tochter → Waverly Vintners Ltd. gehörte. Durch den Verkauf der meisten Marken dieses Hauses an → Invergordon ist der Whisky heute einer der zahlreichen → Standard-Blends dieser Tochter von → Whyte & Mackay / → JBB (Greater Europe).

Glen Corrie Schottischer Blend von → QSI, einer Tochter von William → Grant & Sons. Es gibt ihn als 3 Jahre alten Blend und als 5jährigen Vatted Malt in Großbritannien, Italien, Spanien und Deutschland.

Glen Dee Schottischer Vatted Malt mit 5 Jahren. Er wird von der Firma Glen Dee Distillery hergestellt, die sich durch ihre Adresse in Keith als Tochter von → Seagram zu erkennen gibt. Er ist nur in Italien erhältlich.

Glen Deveron Schottischer Single Malt, manchmal in einem Wort auch *Glendeveron* geschrieben, aus der → Macduff Distillery, die in der Nähe von Banff am River Deveron liegt. William → Lawson Distillers, die die Brennerei bis 1998 führten, sind damit den ungewöhnlichen Weg gegangen, ihren Malt in → Eigentümer-Abfüllung nicht unter dem Namen der Brennerei zu verkaufen. Das könnte seinen Grund darin haben, daß er in Italien und vor allem in Frankreich sehr populär ist, wo, wie Lästerer sagen, ein Malt nach irgendeinem Glen benannt sein muß, wenn er gekauft werden soll. Es gibt ihn mit 12, in Italien auch mit 5 und auf anderen Märkten mit 10 und 15 Jahren. Dieses Alter hat auch die *limited edition* im edlen (und teuren) Baccarat-Decanter. Lawsons Konzernmutter Bacardi erwarb 1998 von UDV vier Brennereien und die große Marke *Dewar's*, deren Name jetzt für alle Whiskyaktivitäten in Schottland benutzt wird und den Namen Lawson ersetzt hat.

Glen Dew Schottischer Vatted Malt, der von Mitchell Bros. in Glasgow hergestellt wurde. Die Firma war eine Tochter der → DCL, die ihr die Lizenz der Brennerei → North Port übertragen hatte. Ihr Malt spielte sicher eine tragende Rolle in dem 5 Jahre alten *Glen Dew*. Die Destillerie ist heute geschlossen, die DCL wurde aufgelöst bzw. von → UD übernommen, die diese Marke nicht mehr herstellten. Man findet aber durchaus noch ein paar Flaschen von ihr.

Glen Douglas Schottischer Malt, der in der → Loch Lomond Distillery hergestellt wird, aber bisher nicht als Single

Malt auf den Markt kam, sondern nur zum → Blenden verwendet wird. Jim Murray, der einzige, der ihn bisher zu kosten bekam, nennt ihn »slightly feinty«.

Glen Dowan Schottischer Blend, der als → Standard und als 21jähriger zu haben ist. Er kommt aus dem Hause J. & G. → Grant und dürfte deshalb als Basis-Malt → *Glenfarclas* enthalten.

Glen Drumm Schottischer Vatted Malt. Er nennt als Hersteller die Langside Distillers, hinter denen Douglas → Laing & Co. aus Glasgow stehen. Mit 43 % und in numerierte Flaschen abgefüllt, ist er vor allem für den französischen Markt gedacht, auf dem man, wie böse Zungen behaupten, einen Malt nur gut verkaufen kann, wenn er »Glen Soundso« heißt.

Glen Drummond Schottischer Vatted Malt, der mit 8 Jahren abgefüllt wird und auf dem Etikett als Hersteller den altehrwürdigen Namen → Hankey Banister nennt, eine Firma, die im letzten Jahrhundert in London gegründet wurde und von der heute nur noch ein erfolgreicher Blend übriggeblieben ist. Er gehört, wie der *Glen Drummond*, seit den achtziger Jahren → Inver House.

Glen Eagle Schottischer Blend von Longman Distillers, einer Tochter von → Invergordon. Es gibt ihn als → Standard ohne Altersangabe, mit 5 Jahren und als Vatted Malt, ebenfalls mit 5 Jahren.

Glen Eason Schottischer Single Malt, 10 Jahre alt. Er stammt aus der → Speyside, wird aber nicht vom → Eigentümer seiner Brennerei verkauft, sondern von → Isle of Arran Distillers. Deren Destillerie auf der Insel, der man nachsagt, »Scotland in miniature« zu sein, ging nach mehrjähriger Bauzeit erst 1995 in Produktion. Ihr eigener Single Malt wird wohl erst nach der Jahrtausendwende abgefüllt werden. Bis dahin wird Gründer Harold Currie die gespannt wartende Gemeinde mit Geschmacksproben in Kleinflaschen bei Laune halten, wie er es schon mit *1. Produktion*, dem *1 Year Old Spirit 1996* und dem Folgejahrgang getan hat, ehe er 1998 für viel Geld einen 3jährigen *Isle of Arran* in limitierter Auflage anbot. Zweifellos wird er auch mit solch gutausgewählten Malts von anderen Brennereien Kundenbindungen aufbauen, bis sein eigener Malt ein anständiges Alter erreicht hat.

Glen Elg Schottischer Vatted Malt aus dem Hause → Burn Stewart, das die beiden Brennereien → Deanston und → Tobermory/Ledaig besitzt und daher sicherlich deren Malt, die auch als Single Malts verkauft werden, auch für diese Marke verwendet. Wie der erfolgreichste Vatted der Firma, → *Glen Blair*, vor allem für Frankreich gedacht. Schottische Lästermäuler behaupten immer, in Frankreich könne man alles als Whisky verkaufen, solange es nur »Glen Sowieso« hieße; aber dieses Glen Elg, das man vorwärts und rückwärts lesen kann, gibt es wirklich – und es ist eines der schönsten des Landes.

Glen Elgin Schottische Malt-Destillerie. Sie hat ihren Namen von der Stadt, in deren Süden sie liegt. Man erreicht sie, wenn man von → Elgin nach Rothes fährt. Sie ist die Nachbarin von → Longmorn und zählt zur → Speyside.

→ White Horse Distillers, die heute so unübersehbar auf dem Label ihres Single Malts stehen, sind nicht die Gründer, sondern kamen erst in den Besitz der Brennerei, als sie längst der → DCL-Tochter → SMD gehörten. Sie waren es, die die Lizenz auf White Horse übertrugen. Heute ist sie im Besitz der UDV. Gegründet zur Zeit des → Whisky-Booms 1898 und zwei Jahre später fertiggestellt, war sie für fast 60 Jahre die letzte Destillerie, die in der Speyside gebaut wurde. Seit der Renovierung 1964 besitzt sie vier → *stills*; ihr Wasser kommt von den Millbuies Springs. Wie der Malt ihrer »Schwestern« → Craigellachie und → Lagavulin geht auch von ihrer Produktion viel in den Klassiker → *White Horse*, aber es gibt ihn auch als Single Malt in → Eigentümer-Abfüllung mit 12 Jahren. Sie trug natürlich das bekannte weiße Pferd auf ihrem Etikett. Seit allerdings → UD das Zepter schwingen, wird der Malt offiziell nur noch für den japanischen Markt abgefüllt, was nicht bedeutet, daß er nicht, dank findiger Importeure, auch in Deutschland zu erhalten wäre.

Glen Fern Schottischer Blend, der von der → UD-Tochter → Macdonald Greenlees produziert wurde. Er ist selten zu finden; die letzte bekannte Abfüllung wurde 1992 für Chile gemacht.

Glen Flagler Schottische Malt-Destillerie. Ihr Name wird manchmal in zwei Worten, manchmal zusammen geschrieben. Sie lag ehedem in der Nähe von Airdrie und zählte damit zur → Whiskyregion der → Lowlands. Sie existierte nur von 1965–1985 und entstand innerhalb des großen Komplexes → Garnheath, den die amerikanische Firma Publicker Distillers Inc. von ihrer schottischen Tochter → Inver House erwerben ließ, um aus einer Papiermühle eine sehr große Whisky-Anlage zu machen. Zu ihr gehörten neben Glen Flagler eine zweite Malt-Destillerie namens → Killyloch, eine Grain-Brennerei, eine Mälzerei, ein großer Komplex zum Blenden und Abfüllen und 32 → *warehouses*. Sie hatte sechs → *stills* und bezog ihr Wasser von dem See Lillyloch. Ihren Whisky gab es als Single Malt in → Eigentümer-Abfüllung mit 5 und 8 Jahren vor allem für den italienischen Markt, daneben wurde der Name immer wieder für Vatted Malts benutzt. Zur Zeit bieten Inver House, das seine Direktoren 1988 den Amerikanern abkauften, wieder einen Vatted mit 8 Jahren, der sich *Glen Flagler* schreibt. → Signatory konnte 1994 je ein Faß *Glenflagler* (in dieser Schreibweise) von 1970 in → cask strength und außerdem einen → *Killyloch* abfüllen. Ein Jahr später brachten die Symingtons einen 1972er, wiederum in Faßstärke mit 52.3 % heraus. Aus dem gleichen Jahr stammte die Abfüllung in ihrer Serie → »Silent Stills«, die aber wieder *Glen Flagler* hieß.

Glen Fraser Schottischer Single Malt aus dem Hause des → unabhängigen Abfüllers → Gordon & MacPhail in Elgin, der bei seinen »Hausmarken« (→ *Glen Avon*, → *Glen Gordon*, → *MacPhail's*) nie die genaue Quelle angibt, sondern nur, grob, die Region, hier also die → Highlands. Weil er verhältnismäßig rauchig ist, könnte es sich um einen → *Glen Garioch* handeln, aber das ist

Spekulation, weil G&M sich hartnäckig in Schweigen hüllen. Es gibt ihn mit 8, 12, 15 und 21 Jahren und immer mit der firmentypischen Stärke von 40 %.

Glen Fruin Schottischer Single Malt, bei dem zwar das Alter (10 Jahre), aber nicht die genaue Herkunft angegeben ist. Er gehört zu den Marken der Glasgower Firma William → Lundie & Co.

Glen Garioch Schottische Malt-Destillerie. Ihr Name, ausgesprochen »glen gieri«, bedeutet Tal des Garioch. Sie liegt mitten im Ort Oldmeldrum nordwestlich von Aberdeen und zählt zu den östlichen → Highlands. Wann genau die Brennerei gegründet wurde, steht nicht fest, sie zählt aber mit Sicherheit zu den ältesten überhaupt und hat ihre Arbeit noch vor 1800 aufgenommen; wahrscheinlich gibt es sie seit 1797. Unter ihren vielen Besitzern waren William → Sanderson und Booth's Distillers, über die sie schließlich an die → SMD kam. 1970 kaufte Stanley → Morrison die zwei Jahre zuvor stillgelegte Anlage. Ihm ist es zu verdanken, daß trotz Modernisierung und Vergrößerung auf mittlerweile vier → *stills* und der Installation eines bahnbrechenden Abwärmesystems, mit dem ein Gewächshaus beheizt wird, dennoch der alte Charakter bewahrt wurde. Wie in Morrisons Brennerei → Bowmore werden auch noch die → *floor maltings* benutzt. 1995 hat Morrisons Sohn, der seine Firma komplett an → Suntoy verkaufte, aber in der Geschäftsführung blieb, Glen Garioch geschlossen und sie zum Verkauf ausgeschrieben. Nachdem sich kein Käufer fand, investierten die japanischen Inhaber selbst. Im Herbst 1997 nahm die Brennerei zur Freude der Liebhaber dieses für einen Highland sehr intensiv getorften Whisky den Betrieb wieder auf.

Single Malts in → Eigenümer-Abfüllung gibt es schon lange, mit mehreren Altersstufen (z. B. 8, 12, 15 und 21 Jahre) und Stärken, auch als → *vintage* von 1987. 1997 öffneten Morrison Bowmore ihr »Official Distillery Archive« und brachten neben Malts von ihrer → Auchentoshan Distillery auch einen 18jährigen *Glen Garioch* von 1978 mit 59,4 % als »selected cask vatting« heraus, also als eine Abfüllung, für die der Inhalt einzelner ausgesuchter Fässer verwendet wurde. Der 21jährige *Glen Garioch* mit 43 % kam entweder in einer Keramikflasche oder in numerierten Holzkisten. Einzelfaßabfüllungen waren der 29jährige von 1968 mit 55.8 % und der 27 Jahre alte Malt von 1970, der 48.8 % hatte. Etwas verspätet erinnerte man sich auch an den 200. Jahrestag der Gründung, als man 1998 ein 37 Jahre altes Faß als *200 Anniversary Edition* herausbrachte, von der es passenderweise genau 200 Flaschen gab.

Glen Garry Schottischer Blend, der bereits 1878 von John → Hopkins auf den Markt gebracht wurde und den Verkauf seiner Schöpfer an die → DCL und deren Übernahme durch → Guinness im Jahre 1987 überlebt hat. Anders als der → *Old Mull*, der damals an → Whyte & Mackay verkauft werden mußte, wird der → Standard auch heute noch von UDV produziert, aber nur noch in Spanien verkauft. Es gibt auch einen → *Glengarry*, der von → Glen Catrine Bonded Warehouse produziert wird.

Glen Ghoil Schottischer Blend von der seit 1860 in Liverpool bestehenden Firma → Hall & Bramley. Philip Morrice überliefert in »The Schweppes Guide to Scotch« die hübsche Analyse, die der in offiziellen städtischen Diensten stehende Chemiker Granville H. Sharpe 1890 von diesem Blend gemacht hat. Er attestiert ihm »great purity of composition and excellent qualities. It is particularily free from Amylic Alcohol or Fusel Oil … and I consider it to be a thoroughly matured Whisky possessing important dietic properties, and well suited for ordinary and regular use.«

Glen Gordon Schottischer Single Malt von Gordon Whisky, einer Tochter von → Gordon & MacPhail in Elgin, nicht nach einem wirklich existierenden Tal, sondern nach einem der beiden Firmengründer benannt. Voller und runder als der → *Glen Avon* kommt er wie dieser von einer → Speyside-Brennerei, die aber nicht angegeben wird. Meist mit 15 und 25 Jahren und mit 40 % lieferbar, zuweilen auch als → *vintage*; der 1947er und 1958er sind aber sicher schon ausgetrunken.

Glen Grant Schottische Malt-Destillerie. Ihr Name bedeutet Tal der Grants. Sie liegt im Whisky-Ort Rothes und gehört somit zur → Speyside. Sie produziert einen der bekanntesten und begehrtesten Single Malts, von dem es verwirrend viele Abfüllungen gibt. Von den → Eigentümern gibt es den 5jährigen, in Italien der meistverkaufte Whisky überhaupt, den 10jährigen und einen (sehr jungen, wahrscheinlich nur 3jährigen) Malt ohne Altersangabe, der vor allem in Deutschland mit erheblichem Werbeaufwand angeboten wird. Weltweit rangiert Glen Grant, freilich mit 10 % Abstand zu dem führenden → *Glenfiddich*, auf Platz 2. Diesen Erfolg verdankt er der Tatsache, daß seine Besitzer ihn ungewöhnlich früh als Single Malt auf den Markt brachten.

Die Brennerei wurde 1840 von den Brüdern John und James Grant gegründet, die bereits vorher an anderer Stelle eine Destille hatten. Sie sollen auch erfolgreiche Schmuggler gewesen sein, was für James nicht im Widerspruch zu seinem Beruf als Rechtsanwalt zu stehen schien. Die Familienfirma, die gegenüber von Glen Grant 1898 eine zweite Brennerei (→ Caperdonich) baute, blieb unabhängig, bis sie 1953 mit → Georg und J. G. → Smith zu The Glenlivet & Glen Grant Distilleries fusionierte. Mit → Longmorn kam 1970 ein weiterer Partner (und eine weitere erstklassige Brennerei) dazu. → Seagram, seit dem Erwerb von → Chivas Brothers 1949 in Schottland engagiert, konnten sicher sein, ein Juwel zu erwerben, als sie 1977 einstiegen und zusammen mit Glen Grant auch die Brennereien → Glenlivet, Caperdonich, Longmorn und → Benriach erwarben. Sie alle sind heute unter dem Dach der Seagram-Tochter The → Chivas & Glenlivet Group vereint, die die Brennerei schon früh auch für Besucher geöffnet hat. Eine besondere Attraktion sind ihre Gärten, in denen man auch noch den *dram*-Safe bewundern kann, aus denen die beiden Brüder früher ihre Gäste bewirteten und in dem auch heute noch, allerdings nur für Ehrengäste, ein Fläschchen samt Gläsern bereitsteht.

Mit ihren 10 → *stills* hat Glen Grant eine recht große Produktion, für die freilich auch großer Bedarf allein für die vielen → Blends ihrer Mutter besteht. Abgesehen von den genannten Eigenabfüllungen, die traditionell fast nur in Bourbon-Fässern ausgebaut und deswegen sehr hell sind, gibt es *Glen Grant* auch in zahlreichen Abfüllungen von → Gordon & MacPhail, die oft dunkler sind und viele Altersstufen und Alkoholgrade aufweisen. Die ältesten von ihnen datieren aus der Vorkriegszeit wie z. B. ein 1936er. Sie alle tragen, eine absolute Ausnahme, das gleiche viktorianische Etikett wie die Originalabfüllungen.

Glen Gyle Schottischer Vatted Malt, dessen jüngste Whiskies acht Jahre alt sind und der ausschließlich aus → Highland Malts komponiert sein soll. Früher von → Gibson International gehandelt, gehört er heute → Glen Catrine Bonded Warehouse.

Glen Hill Schottischer Vatted Malt ohne Altersangabe, aber mit der Herkunftsbezeichnung → Highlands. Der etwas kuriose Name (er bedeutet Talhügel) ist ein Hinweis darauf, daß er für französische Verbraucher gedacht ist, von denen böse Zungen sagen, sie würden alles akzeptieren, solange es sich nur »Glen Sowieso« nennt.

Glen Keith Schottische Malt-Destillerie. Ihr Name, ausgesprochen »glen kieß«, bedeutet Tal von Keith oder des Keith. Sie zählt zur → Speyside und liegt in dem Örtchen Keith am Ufer des Flüßchen Isla, gleich gegenüber von → Strathisla, die ebenfalls über die → Chivas & Glenlivet Group der kanadischen Firma → Seagram gehört. Sie wurde 1957 auf dem Gelände einer ehemaligen Getreidemühle gebaut und war die erste Brennerei überhaupt, die seit der Jahrhundertwende neu errichtet wurde. Seagram baute neben Glen Keith auch riesige → *warehouses*, in denen die Malts ihrer neun Brennereien gelagert und zum Blenden mit Grain vorbereitet werden. Als Single Malt war der Whisky immer nur von → unabhängigen Abfüllern wie z. B. Gordon & MacPhail erhältlich, bis Seagram 1994 ihn im Rahmen ihrer → »Heritage Selection« auch als → Eigentümer-Abfüllung verfügbar machten, ohne Altersangabe zwar, aber mit dem Hinweis »distilled before 1983«. Er wurde zwischenzeitlich von einem 10jährigen abgelöst.

Glen Kella Destillerie auf der Isle of Man, die eine weiße Spirituose herstellte, die als »The → Manx Whiskey« nicht nur bekannt, sondern auch gut aufgenommen wurde. Freilich nicht von der zuweilen sehr empfindlichen und aggressiven → Scotch Whisky Association, deren Aufgabe es ist, die Interessen der schottischen Whisky-Hersteller zu schützen, die Einhaltung der gesetzlichen Bestimmungen bei der Whisky-Produktion zu überwachen und Mißbräuche zu verhindern. Sie strengte gegen die kleine Firma auf der Insel zwischen England und Irland einen aufsehenerregenden Prozeß an, weil sie ausgerechnet Anstoß nahm an dem, was den *Glen Kella* eigentlich auszeichnet und bekannt gemacht hat: seine, für Whiskyfreunde sicher gewöhnungs- und erklärungsbedürftige, weiße Farbe und das Verfahren, dem sie sich verdankt.

1997 gewann die schottische Lobby und das Gericht untersagte der kleinen Firma von Andrew Dixon die Bezeichnung »Whisk(e)y« für sein Produkt. Nicht nur Dixon, ein Rechtsanwalt übrigens, fand, daß die SWA aus einer Mücke einen Elefanten gemacht hatte. Die Folge war, daß er zunächst Konkurs anmelden mußte. Inzwischen ist seine Existenz dadurch gesichert, daß auf den Flaschen nicht mehr *Manx Whiskey* und auch nicht mehr *Glen Kella*, sondern nur noch *Manx Spirit* steht. Dixons Problem war, daß seine Methoden vom Parlament der Insel, der Tynewald, zwar ausdrücklich gebilligt worden waren, daß die Insel aber außenpolitisch von Großbritannien vertreten wird.

Es wäre schade gewesen, hätte er aufgeben müssen, weil solche Kuriositäten wie ein weißer Whiskey, pardon Spirit, immer eine Bereicherung des Marktes sind. Aber es stimmt natürlich, so ganz in Übereinstimmung mit dem, was man von einem Whisky oder einem Whiskey (auf der Insel zog man die irische Schreibweise vor) erwartet, war und ist das nicht, was aus der einzigen → *still* der alten Kella Mill am Fuß von Sulby Glen fließt. Lucian Landau, ein auf der Insel lebender Pole, hatte lange experimentiert, ehe er sein Patent beantragen konnte. 1979 war es soweit: er hatte schottische Malts und Grains genommen, sie zu Blends oder Vatted Malts gemischt und dann einfach noch einmal destilliert. Dabei verloren sie natürlich die Farbe, die sie vorher im Faß angenommen hatten. Das Ergebnis sah nicht nur verblüffend aus, sondern hatte auch einen etwas strengen Geschmack, der aber durchaus Anhänger fand, besonders auch in Deutschland.

Die Produkte von der Insel sind übrigens nicht die ersten Whiskies mit wasserheller Farbe: Es gab *White Canadian* von → McGuinness, einen weißen schottischen Blend namens *Carnaby Street*, es gab sogar einen Scotch Whisky mit dem Namen *The White* und auch alle ohne Faßlagerung abgefüllte Destillate sind immer weiß, also das, was man in USA → *white dog* nennt (wie der → *Georgia Moon*) und in Irland → *poitín* (von dem es kurioserweise legale Versionen gibt wie den → *Hackler*). Vielleicht standen die irischen Schwarzbrenner Pate bei den Versuchen Landaus (oder war es die Erinnerung an den Wodka seiner Heimat?). Sicher ist, daß man auf der Isle of Man auch sonst manchmal etwas zu leichtsinnig und zu großzügig im Umgang mit den Begriffen war: Es gab Informationsblätter zur Geschichte der Firma, in denen von Single Malt die Rede war. Das waren der 8- bzw. der 12jährige »Natural White Whiskey« mit dem schwarzen Siegel natürlich nicht, sondern es handelt sich um Vatteds. Aber auch das wäre wirklich kein Grund für ein Todesurteil gewesen. Einstweilen sind in den Läden durchaus noch Vorräte vorhanden, auch an dem rotgesiegelten Blend mit 5 Jahren. Die neuen Versionen heißen *Manx red – distilled from Scotch Whisky* und *Manx blue – distilled from finest 12 years old Malt Whisky.*

Glen Kindie Schottischer Blend von der 1973 in London gegründeten Firma → Montrose Whisky Company: ein einfacher → Standard.

Glen Lyon Schottischer Blend, der

früher einmal von der Firma Glen Lyon Blending Co. kam. Sie war eine Tochter von MacLeaf Duff, die wiederum seit 1933 der → DCL gehörte und für sie → Millburn Distillery führte. Bekanntlich wurde nach der Übernahme durch → Guinness aus der DCL UD, denen die Marke dann gehörte, die sie aber nur noch in Südafrika verkauften und einen Teil der Rechte an → Invergordon veräußerten. *Glen Lyon* war früher ein Vatted und ist heute ein Blend.

Glen Mavis Schottischer Blend von der Firma → Inver House, ein → Standard ohne Altersangabe.

Glen Mhor Schottische Malt-Destillerie. Sie wurde vollständig abgerissen und mußte einem Einkaufszentrum Platz machen. Sie lag früher an der Great North Road gegenüber von → Glen Albyn am westlichen Ortsende von → Inverness und zählte zu den nördlichen → Highlands. Ihre Lage spiegelte sich auch in ihrem Namen: Glen Mhor, ausgesprochen »glen vor«, ist die gälische Bezeichnung für das Great Glen, das als »Caledonian Canal« die Nordsee über den River und das Loch Ness und viele andere Lochs mit dem Atlantik verbindet. Mit ihrer Nachbarin teilte sich die Brennerei nicht nur die Lage, sondern lange Zeit auch den Besitzer. Ihr Erbauer (1892) John Birnie war auch Manager von → Glen Albyn, die er zusammen mit seinem Partner John → Mackinlay und ihrem stillen Teilhaber John → Walker später kaufte. 1972 übernahm → DCL die Kontrolle, die sie wie viele andere Brennereien im Schicksalsjahr 1983 dichtmachten, um Überbestände abzubauen.

Als Single Malt in → Eigentümer-Abfüllung gab es den Whisky nur für den italienischen Markt. Ein 8jähriger mit 40 % bzw. 57 %, ein 12- und ein 15jähriger wurde aber auch von → Gordon & MacPhail unter dem Namen des Lizenzträgers Mackinlay & Birnie geführt; auch in ihrer »Connoisseurs Choice«-Serie gibt es ihn manchmal. Bestände scheinen aber auch noch die → DCL-Nachfolger → UD / UDV zu haben: Sie brachten einen → *cask strength* in limitierter Stückzahl in der → »Rare Malt Selection« heraus. Einige Fässer von 1969 bzw. 1970 brachte → Speyside Distillery Co. unter dem Namen der von ihr übernommenen Firma → Campbell & Clark heraus. → Signatory hatte einen *Glen Mhor* von 1977 mit 59.3 % in der Serie → »Silent Stills«. Die Bonner Whiskyenthusiasten Lutz und Bärbel Reifferscheidt eröffneten mit einem 1997 abgefüllten 1977er ihre Serie »The Rhine Castle Collection«.

Glen Moray Schottische Malt-Destillerie. Ihr Name, ausgesprochen »glen móräi«, bedeutet Tal der Siedlung am See. Sie liegt am westlichen Rand von Elgin, am Ufer des Lossie, und zählt damit gerade noch zur → Speyside. Wie ihre »Schwester« → Glenmorangie entstand sie aus dem Umbau einer alten Brauerei. Das war 1897, also kurz vor dem berühmten → Whisky-Crash, den sie ohne Schließung überstand. Die ereilte sie erst 1910 und dauerte bis 1923, ehe sie → Macdonald & Muir kauften. Sie hat heute vier → *stills*.

Als Single Malt in Eigentümer-Abfüllung ist der Whisky seit den späten siebziger Jahren erhältlich: 12-, 15-, 16- und

17jährig und zuweilen als → *vintage* (z. B. 1962, 1963, 1964, 1966, 1967). Sie alle wurden übertroffen vom Jahrgang 1959, dem bislang ältesten der Firma überhaupt, der 1999 in insgesamt 400 Flaschen zum stolzen Preis von 600 Pfund angeboten wurde. Das Label ziert nicht nur das Motto von Elgin »sic itur ad astra«, das Vergils »Aeneis« entnommen ist, sondern auch der Hinweis, daß diese fruchtbare Gerstengegend im »Laich of Moray« »forty days more summer that any other part of Scotland« habe. Zum 100. Jubiläum der Brennerei erschien nicht nur eine neue Ausgabe der Blechschachteln für den 12jährigen, die mit Bildern von Highland-Regimentern geschmückt sind, sondern auch eine limitierte *Centenary Edition*, für die je ein Faß von 1976, 1977, 1978 und 1979 ausgewählt wurde, die zunächst sieben Jahre in ihrem Ex-Bourbon-Holz ruhten und dann noch einmal für zehn Jahre in Portwein-Pipes nachreifen durften. Glenmorangie plc, Trendsetter in Sachen → *finishings* und immer gut für Experimente mit neuen → Faßarten, überraschten im März 1999 mit gleich drei »Expressionen« von *Glen Moray*, die in französischen Weißweinfässern nachgereift waren. Während der jüngste, präsentiert ohne Altersangabe, in Ex-Chardonnay-Fässern gelagert war, bekamen der 12- und der 16jährige ihren Schliff vom Chenin Blanc, der vorher in ihren Fässern war.

Glen Mouse Deutscher Single Malt von Robert → Fleischmann und Frau, die im fränkischen Eggolsheim bei Forchheim eine kleine Brennerei betreiben und schon 1984 den ersten echten Malt Whisky Deutschlands herstellten. Er war eigentlich nur für den eigenen Gebrauch bestimmt. Zwei Jahre später produzierten sie wieder einige Fässer, wiederum nur für sich und zum Ausschank in dem kleinen Lokal, das sie betreiben. Sie nannten ihn → *Piraten Whisky*. Dieser Namen wird nicht mehr verwendet, seit die Fleischmanns und ihr Whisky entdeckt wurden. Statt dessen gibt es den *Glen Mouse* und den → *Glen Blue*, die sich dadurch unterscheiden, daß für sie verschiedene Malzsorten verwendet wurden. Ausgebaut sind beide in neuen Eichenfässern, deren Charakter sich im Whisky deutlich wiederfindet. Das Faß Nr. 2 stammt von 1986 und wurde 1998 abgefüllt, das Faß Nr. 3 von 1988 wurde teils 1997, teils 1998 abgefüllt – in drei verschiedene Flaschengrößen und immer mit 40 %.

Glen Nevis Schottischer Vatted Malt, der nichts mit der Brennerei → Ben Nevis zu tun hat, obschon deren Malt durchaus in ihm enthalten sein kann, sondern seinen Namen von einer alten Brennerei auf Kintyre hat. Er trägt die Altersangabe 12 Jahre und kommt aus dem Hause → Glen Catrine Bonded Warehouse.

Glen Nicol Schottischer Vatted Malt, 5 Jahre alt, von Carmichael & Sons in Airdrie, einer Tochterfirma der Erfolgsfirma → Inver House, die in den letzten Jahren immer wieder auf sich aufmerksam machte durch den Kauf von Brennereien wie Balblair oder Pulteney. Sie besitzt mittlerweile fünf Malt-Brennereien, hat also reichliche Auswahl für die Produktion von Vatted Malts.

Glen Niven Schottischer Blend, der heute aus dem Hause → Glenmorangie plc kommt, aber einst eine Marke von Douglas MacNiven & Co. war. Diese Firma wurde von → Macdonald & Muir übernommen und gehörte zur Holding → Macdonald Martin Distilleries, die sich 1996 nach ihrem bekanntesten Produkt benannte.

Glen Ogopolo Kanadischer → Malt Whisky und als solcher schon eine absolute Rarität. Er wurde von Hiram → Walkers Okanagan Distillery hergestellt und nur in Japan verkauft. Seinen Namen hat er von dem im Okanagan Lake sein Unwesen treibenden Ogopolo, einem kanadischen Vetter von Nessie aus dem schottischen Loch Ness.

Glen Ord Schottische Malt-Destillerie. Ihr Name, ohne Schwierigkeit auszusprechen, bedeutet Tal des runden Hügels. Sie wurde ursprünglich nach ihrem Heimatort Muir of Ord und im Laufe ihrer Geschichte auch → Ord und Glenordie genannt. Der Ort liegt südwestlich der Black Isle, weshalb die Brennerei zu den nördlichen → Highlands zählt. Wasserreich und inmitten von ausgedehnten Gerstenfeldern war die Stelle prädestiniert für die Schwarzbrennerei. 1838 wurde sie legal und operierte unter wechselnden Besitzern, ehe sie 1923 von der Firma John → Dewar & Sons gekauft wurde, die im folgenden Jahr mit der → DCL fusionierte. Sie übertrug die Lizenz auf Peter → Dawson Ltd, erweiterten sie auf sechs → *stills*, bauten eine → Saladin-Anlage und 1968 auch die gewaltigen Glen Ord Maltings, die viele Brennereien mit Malz versorgen.

Als Single Malt brachten Dawson's einen → *Ord* heraus, der eingestellt wurde, als die DCL 1983 die Lizenz auf Dewar's übertrugen. Sie ließen ihm einen 12jährigen mit dem Namen → *Glenordie* folgen, der Dewar als Eigentümer nannte. → UD, die die DCL 1987 übernahmen, nannten ihre → Eigentümer-Abfüllung des 12jährigen *Glen Ord*. Ihn gibt es auch nach der Fusion der UD mit IDV zu UDV, obwohl Gerüchte nicht verstummen, daß Brennerei und Marke zum Verkauf stehen, was die neuen Besitzer nicht daran hinderte, auch in ihrer »Rare Malts Selection« einen *Glen Ord* von 1974, abgefüllt mit 23 Jahren und 60.8 %, herauszubringen.

Glen Osprey Schottischer Blend. Er gehört zu denen, die nicht durch Fusionen oder Übernahmen zu → Whyte & Mackay kamen, sondern schon immer eine der Zweitmarken des Hauses war, das freilich seinerseits 1990 »geschluckt« und 1997 von seiner Mutter → American Brands in → JBB (Greater Europe) umbenannt wurde.

Glen Rosa Schottischer Blend ohne Altersangabe. Er kommt von → Isle of Arran Distillers, die mit ihm und einigen anderen Marken die Zeit überbrücken, bis sie, etwa um die Jahrtausendwende, den Whisky von ihrer eigenen Brennerei auf der Insel als ausgereiften Single Malt herausbringen können.

Glen Rowan Schottischer Blend von → Burn Stewart, 3 Jahre und damit exakt so alt, wie es das Gesetz erfordert, um ihn überhaupt Scotch Whisky zu nennen: So lange müssen in Schottland hergestellte Getreidedestillate mindestens im Faß reifen.

Glen Scotia Schottische Malt-Destillerie. Ihr Name, ausgesprochen »glen scoscha«, bedeutet Tal von Schottland. Sie liegt in der Stadtmitte von → Campbeltown und gehört damit zu der gleichnamigen Whiskyregion. Die Halbinsel Kintyre, zwischen dem Festland und der Insel Arran gelegen, ist mit allem gesegnet, was zum Destillieren notwendig ist; selbst Kohle für die Beheizung gab es immer schon. Die Lage erleichterte den Export der Whiskies in die USA. Kintyre hatte früher sehr viele Brennereien; über 30 sollen es gewesen sein, davon über 20 in der Stadt Campbeltown. Davon sind heute nur → Springbank und Glen Scotia übriggeblieben. Auch deren Zukunft ist unsicher. Denn im Frühjahr 1999 war die 1832 gegründete Anlage immer noch geschlossen – wie schon, als Folge der Prohibition in den USA, von 1928 bis 1933 und dann später von 1984 bis 1990. Damals wurde Glen Scotia, die kurz auch einmal im Besitz von Hiram → Walker war und von ihnen 1955 an A. Gillies veräußert wurde, von ihren Managern gekauft, denen auch bereits → Littlemill gehörte. Doch die neue Firma → Gibson International ging 1994 bankrott. → Glen Catrine Bonded Warehouse kaufte die Whiskybestände und die Brennerei, ohne die zwei → *stills* indes zunächst weiterproduzieren zu lassen. Es gibt allerdings Pläne, die Produktion wieder aufzunehmen.

Als Single Malt in → Eigentümer-Abfüllung von Gibson mit 8, dann mit 12 Jahren unter dem Namen des Lizenzinhabers A. Gillies verkauft, wird der Whisky vom neuen Besitzer jetzt als 14jähriger angeboten – vor allem in Deutschland und Nordamerika. Er wird sehr geschätzt wegen seines frischen und leicht salzigen Geschmackes, der sich gut verträgt mit der Honigsüße. In kleiner Stückzahl (350) gab es Ende 1997 einen 1973er mit 23 Jahren. Der Malt spielt auch eine große Rolle in den Blends und besonders den Vatted Malts von Glen Catrine. Auch der Whisky, den Signatory ohne Altersangabe als *Vintage Campbeltown Malt* anbietet, ist ein *Glen Scotia*.

Glen Sloy Schottischer Vatted Malt von Longman Distillers, einer Tochterfirma von → Invergordon, die selbst wiederum seit 1994 eine Tochter von → Whyte & Mackay/→ JBB (Greater Europe) sind.

Glen Spey Schottische Malt-Destillerie. Ihr Name, ausgesprochen »glen spej«, bedeutet Tal des Spey. Sie ist im Whiskyort Rothes gelegen und zählt zur → Speyside. Von den fünf Brennereien des Dorfes ist sie sicher die unbekannteste, zumal ihr Malt fast nie in → Eigentümer-Abfüllung zu bekommen war. Sie gehörte, von James Stuart errichtet und seit 1887 im Besitz der großen, vor allem im Gingeschäft tätigen Firma Gilbey's, über → IDV, die sie 1970 renovieren und auf vier → *stills* erweitern ließen, zu → Grand Metropolitan, befindet sich also heute im Besitz von UDV.

Die Vorbesitzer ließen einen 8 Jahre alten Single Malt als eine Art Hausmarke über ihre Ladenketten Unwins und Peter Dominic verkaufen. Mit letzterer ist auch die Destillerie-Abfüllung von *Glen Spey* vom Markt verschwunden und zu einem der gesuchtesten Malts geworden. Er spielt eine große Rolle im firmeneigenen Blend → *J & B* und ist manchmal von → unabhängigen Abfüllern zu bekommen, so etwa von → MacArthur, der einen 21jährigen mit 55.4 % hatte, und von der → Scotch Malt Whisky Society. Es gibt auch einen Blend namens *Glen Spey*, für den außer den Malts aus Rothes wohl auch welche von → Strathmill und den anderen Brennereien von IDV verwendet werden.

Glen Stuart Schottischer Blend von dem in Glasgow ansässigen Haus W. → Brown & Sons. Es gibt ihn in mehreren Versionen, als 5- bzw. 8jährigen Blend und als Vatted Malt mit 5, 8 und 12 Jahren.

Glen Torran Schottischer Single Malt ohne genaue Herkunftsangabe, der von der Firma → London & Scottish Spirits kommt. Es gibt drei Versionen: eine mit 3, eine mit 8 und eine mit 12 Jahren.

Glen Turner Schottischer Vatted Malt ohne jede Angabe eines Herstellers. 8 Jahre alt, wird er meist in Italien, aber manchmal auch in Deutschland verkauft.

Glen Urquhart Schottischer Blend aus dem Hause → Gordon & MacPhail, in dem der erste Urquhart, John, seine Lehre absolvierte: Er übernahm 1915 das Haus, das noch heute von Mitgliedern dieser Familie geleitet wird. Sie gehören zum gleichnamigen Clan, dessen Stammschloß am Loch Ness heute eine der imposantesten Ruinen Schottlands ist. Es spricht für die Bescheidenheit der Urquharts, daß sie nur einem → Standard (mit 40 %) ihren Namen gaben.

Glen Vegan Schottischer Vatted Malt, von → Glenmorangie plc hergestellt und ausschließlich zum Verkauf in den Läden der vor allem in Frankreich operierenden Supermarkt-Kette → Casino bestimmt.

Glenallachie Schottische Malt-Destillerie, ziemlich nahe bei ihrer Schwester → Aberlour gelegen und zur → Speyside gehörend. Sie gehört zusammen mit → Isle of Jura und → Tullibardine zu der Dreiergruppe von neuen Brennereien, die W. Delmé Evans für → Mackinlay McPherson, damals eine Tochter von → Scottish & Newcastle Breweries, baute. 1967 war sie fertig und ging in Betrieb. 1985 wechselte sie den Besitzer und kam unter die Fittiche von → Invergordon, vier Jahre später wurde sie weiterverkauft an → Campbell Distillers, die im Besitz der französischen Gruppe → Pernod Ricard waren, für sie bereits Aberlour und → Edradour führten und durch den Kauf ihre Kapazität damit fast verdoppelten. Sie hat vier → *stills*. Ein 12jähriger → Single Malt in → Destillerie-Abfüllung wurde noch vom Vorbesitzer → Invergordon auf den Markt gebracht, ist aber mittlerweile nur noch schwer zu finden. Die jetzigen Besitzer verbrauchen die gesamte Produktion leider für ihre Blends → *Clan Campbell*, → *House of Lords* und → *White Heather*.

Glenalmond Schottischer Vatted Malt, von dem nur zu erfahren ist, daß er aus Whiskies von Brennereien in den → Highlands gemacht ist, die in verschiedenen Jahren (1986 bzw. 1989) destilliert und jeweils mit acht Jahren und 40 % abgefüllt worden sind. Hergestellt wird die Marke von dem → unabhängigen Abfüller → Vintage Malt Whisky Company in Glasgow.

Glenanrach Schottischer Single Malt, der vor allem in Spanien und Frankreich verkauft wird. Hersteller des 10 Jahre alten Whisky sind R. Carmichael & Sons in Airdrie, die → Inver House gehören.

Glenandrew Schottischer Single Malt, den es in drei Versionen, als 10-, als 15- und als 20jährigen gibt. Sie alle kommen aus den → Highlands, aber die exakte Herkunft wird von seinem Abfüller, der → Vintage Malt Whisky Company, nicht verraten – vermutlich, weil die Brennerei, die ihn hergestellt hat, nicht gerne sieht, wenn ihr Name auf Flaschen steht, die sie nicht selbst abgefüllt hat.

Glenbeg Schottischer Single Malt ohne Alters- und Herkunftsangabe. Die Marke existiert erst seit 1996 und wird von → MacDuff International herausgebracht. Die Firma hat u. a. auch einen Blend namens → *Strathbeag*.

Glenburgie Schottische Malt-Destillerie. Ihr Name, ausgesprochen »glen börgie«, bedeutet Tal des Burgie oder das Tal mit der Feste. Sie liegt zwischen Forres und Elgin in Alves und ist schwierig einzuordnen: Vollständig heißt sie Glenburgie-Glenlivet, obschon sie von allen sich mit diesem Beiwort schmückenden Brennereien am weitesten von Glenlivet entfernt und eher ein → Highland als ein → Speyside ist. Das gerne genannte Gründungsdatum 1810 läßt sich nicht belegen. Gesichert dagegen ist das Jahr 1829, allerdings mit dem Namen Kilnflat, den sie bis 1871 trug. Sie wechselte häufig den Besitzer und war von 1927–1935 geschlossen. Der neue Besitzer Hiram → Walker ließ sie von J. & G. → Stodart führen, die später auch die Lizenz von → Pulteney hatten und vor allem durch ihren Blend → *Old Smuggler* bekannt sind. Heute gehört Glenburgie zum Imperium von → Allied Domecq. Wie auch einige andere Allied-Brennereien konnte sie zwei Malts produzieren: 1958 wurden ihre zwei → *stills* um zwei weitere, sogenannte → *Lomond stills* erweitert. Sie erzeugen einen völlig anderen Malt, der konsequenterweise auch einen eigenen Namen trägt (→ Glencraig). Glenburgie stellte traditionell einen wesentlichen Bestandteil von → *Ballantine's*.

Als Single-Malt in → Destillerie-Abfüllung gab es einige Zeit einen 5jährigen. Wie andere Firmen auch versucht Allied, seine Übermengen abzubauen (»den → Whisky-See austrocknen«, nennt man das) und neue Abfüllungen in limitierter Stückzahl und deshalb teuer herauszubringen: ein 18jähriger *Glenburgie*, 1966 herausgebracht, ist vor allem für das Duty free-Geschäft konzipiert. → Gordon &MacPhail haben *Glenburgie* in verschiedenen Jahrgängen sowohl in der → »Connoisseurs Choice«-Serie wie auch einen 8jährigen in ihrer→ Allied-Reihe. Signatory brachte 1998 eine Holzkiste heraus, in der ein 1962er mit 50.8 % in einer kostbaren Kristallkaraffe und einer Miniatur zum Probieren lag.

Glencadam Schottische Malt-Destillerie. Ihr Name, einfach »glencadam« ausgesprochen, bedeutet Tal der wilden Gans. Sie liegt in der Nähe des River

Esk am Rande des Städtchens Brechin und zählt zur Whiskyregion der östlichen → Highlands. Wahrscheinlich wurde sie schon kurz nach dem Erlaß des Gesetzes von 1823 gegründet, aber das ist nicht bewiesen. Überhaupt blieb sie bis heute weithin so unbekannt wie ihr Whisky. Seit 1954 gehörte sie Hiram → Walker, die den Namen der ebenfalls von ihnen erworbenen altehrwürdigen Blending-Firma Stewart & Sons of Dundee auf das graue Gemäuer schreiben ließen. Sie ist vor allem durch ihren Blend → *Stewart's Cream of the Barley* bekannt. Wie Walker sind auch Stewart und damit Blend wie Brennerei Teil von → Allied Domecq. Der Whisky von Glencadam war bisher als Single Malt in → Destillerie-Abfüllung nur einmal in einer »Limited edition« im Decanter zu bekommen. Von den → unabhängigen Abfüllern führen ihn ziemlich regelmäßig Gordon & MacPhail in ihrer »Conniosseurs Choice«-Reihe.

Glencoe Schottischer Vatted Malt, der einfach den Namen des Ortes trägt, aus dem er kommt, aber dennoch die ganze Last der schottischen Geschichte mit sich schleppt. In der spektakulären Landschaft von Glencoe südöstlich von Fort William geschah am 6. Februar 1692 das bis heute unvergessene furchtbare Massaker, bei dem 38 Mitglieder des Clans der → MacDonalds von Soldaten des regierungstreuen Duke of Argyll aus dem Hause der Campbells hingeschlachtet wurden. Kinder, Frauen und alte Menschen starben von der Hand derer, denen sie Gastfreundschaft geboten hatten.

Der Whisky, 8 Jahre alt und 57 % stark, wurde von Nachfahren des Zweiges der MacDonalds auf den Markt gebracht, dem auch der berühmte → Long John entstammt. Er kommt heute nach einer Fusion nicht mehr von R.N. MacDonald und auch nicht von → Red Lion Blending, die ihn einige Jahre führten, sondern von → Ben Nevis Distillery, deren japanische Besitzer → Nikka die Marke kauften und ihn damit sozusagen wieder nach Hause zurückbrachten.

Glencraig Schottischer Single Malt. Er wird mit den → *Lomond stills* in der Brennerei → Glenburgie produziert. 1958 eingebaut, wurden sie bereits 1980 wieder entfernt. Der mit diesen speziell geformten Brennblasen erzeugte Whisky wird oft als schwerer und körperreicher als der aus den → *pot stills* von Glenburgie beschrieben; eigentlich ist er jedoch eher fruchtig und honigsüß. Um ihn von dem Malt zu unterscheiden, der mit den schon vorher in Glenburgie benutzten → *stills* hergestellt wurde, gab man ihm einen eigenen Namen: er ist benannt nach Willie Craig, damals Produktionschef von Hiram → Walker/→ Allied Distillers in Nordschottland. Soweit bekannt ist, gab es ihn bisher noch nicht als Single Malt in → Eigentümer-Abfüllung. Nur die → unabhängigen Abfüller, vor allem → Gordon & MacPhail, bieten ihn hin und wieder an. So gab es einen *Glencraig*, der 1970 destilliert worden war, in der »Connoisseurs Choice«-Serie. Die Bestände sind klein und der Malt aus den *Lomond stills* von Glenburgie wird wohl bald zu den gesuchten Raritäten gehören.

Glendarroch Schottische Malt-Destillerie am Crinan Canal in Ardrishaig. Sie wurde wegen dieser Lage am Loch Fyne unter dem Namen Glenfyne 1831 gegründet, wurde später umgetauft, hieß aber wieder wie am Anfang, als 1937 ihre Existenz beendet wurde (nur die → *warehouses* wurden länger benutzt). Glendarroch zählte zu den Western → Highlands und war eine von mehr als 20 Brennereien in Argyll, von denen heute nur noch → Oban übriggeblieben ist. Deren Besitzer war bis 1883 die Firma William Gillies. Sie kauften ein Jahr später Glenfyne, veräußerten sie aber schon nach drei Jahren. Daß eine bereits so lange nicht mehr existierende Brennerei hier auftaucht, hat zwei Gründe: Einmal gibt es einen früher 10, jetzt 12 Jahre alten Blend namens *Glendarroch* von der heutigen Firma William Gillies & Co in Glasgow (die man nicht verwechseln sollte mit A. Gillies von → Glen Scotia). Zweitens haben Richard Joynson und seine Frau Lyndsay für das Label ihrer Hausmarke, *The → Loch Fyne*, ein Bild von Glendarroch ausgewählt.

Glendonan Schottischer Blend aus dem Hause → Whyte & Mackay, eine der älteren Marken des Unternehmens, das 1990 von → American Brands gekauft und später in → JBB (Greater Europe) umbenannt wurde. Es gibt sowohl einen → Standard-Blend als auch einen 8jährigen Vatted Malt.

Glendower, The Schottischer Vatted Malt von der Firma John McLaren & Sons in Manchester.

Glendronach Schottische Malt-Destillerie. Ihr Name, eher mit einem »k« als mit einen »ch« am Ende ausgesprochen und auf der vorletzten Silbe betont, bedeutet Tal des Dronach oder Tal der Brombeerhecken. Sie liegt bei Forgue zwischen Banff und Huntley östlich der A97 und zählt zu den östlichen → Highlands. Sie wurde schon 1826 gebaut und gehörte von 1920–1960 einem Sohn von William → Grant von → Glenfiddich. Dann wurde sie von Wm → Teachers & Sons erworben, der damals größten noch im Familienbesitz befindlichen und unabhängigen schottischen Whiskyfirma, denen auch die nahegelegene → Ardmore Distillery gehörte. Während diese eine sehr moderne (und große) Anlage ist, wurde und wird in Glendronach sehr traditionell gearbeitet und (bis auf das Abfüllen) alles noch selbst gemacht: Die Gerste kommt zum größten Teil von den benachbarten Gerstenfeldern des fruchtbaren Forgue Valley und wird in den eigenen → *floor maltings* verarbeitet, die → *wash backs* sind noch aus Holz und die mittlerweile vier → *stills* werden wenigstens noch teilweise mit Kohle gefeuert, die Böden der → *warehouses* sind aus Erde. Auf dem Hof steht immer noch ein alter Lieferwagen, den der Spruch ziert, mit dem Glendronach bekannt geworden ist (und der heute leider nicht mehr auf dem Etikett zu finden ist): »most suitable for medicinal purposes«. Seit 1976 gehört die Brennerei samt Wm Teacher zu → Allied Distillers, deren Mutter → Allied Domecq 1996 die Anweisung gaben, sie zu schließen.

Als Single Malt ist *Glendronach* schon verhältnismäßig lange in → Destillerie-Abfüllung zu haben, hat sich aber in seiner »Rezeptur« im Laufe der Zeit verändert: Dem 8jährigen folgten gleich zwei 12jährige aus dem → Sherry bzw. als *Original* aus dem Bourbonfaß. Sie wurden abgelöst vom *Traditionell* mit ebenfalls 12 Jahren, der immer noch eine deutliche Sherry-Note hatte. Neben ihm gab es einen 18jährigen von 1976, der zuerst ein reiner Sherryfaß-Malt war, dann aber nur noch eine »Verheiratung« von Sherry- und Bourbonfaß-Malts. Als das Durcheinander zu groß wurde, entschlossen sich Allied Distillers, nur noch einen 15jährigen abzufüllen, der wieder ausschließlich im Sherryfaß gereift war. Auch die Unabhängigen, besonders Cadenhead, bieten *Glendronach* immer wieder an.

Glendrostan Schottischer Blend von Longman Distillers, einer Tochter von → Invergordon. Es gibt ihn als → Standard ohne Altersangabe, mit 8 und mit 12 Jahren.

Glendullan Schottische Malt-Destillerie. Sie ist nach dem Dullan Water benannt, das nicht weit von ihr in den River Fiddich mündet, liegt also in → Dufftown, der heimlichen Malt-Hauptstadt nicht nur Schottlands, die zur → Speyside gehört und schon im letzten Jahrhundert sieben Brennereien aufweisen konnte. Glendullan wurde 1897 errichtet und hätte die Zahl auf acht erhöht, wenn der Neubau einer zweiten Destille auf dem gleichen Gelände 1972 nicht einfach den gleichen Namen bekommen hätte. Die alte Anlage wurde schon bald von → Macdonald Greenlees übernommen, die kurz danach von der → DCL absorbiert wurden, aber weiterhin unter ihrem Namen operien konnten. Während sie nur zwei → *stills* hatte, bekam die neue Anlage sechs. Bis 1985 arbeiteten beide als Glendullan A und B, dann wurde die alte Brennerei stillgelegt. Die neue, ein ziemlich häßlicher Zweckbau, produziert, die alte hübsche Destille dient den neuen Besitzern UD/UDV als Werkstatt, in der sie für alle Brennereien, die der Firma in der Umgebung gehören, Reparaturen ausführen lassen.

Als Single Malt in → Destillerie-Abfüllung gab es *Glendullan* schon von → Macdonald Greenlees. UD haben ihn dann, 12 Jahre alt, in die → »Flora & Fauna«-Serie aufgenommen. Auch in der Serie »Rare Malts« gab es mehrere Versionen, z. B. einen 1972er mit 62.2 %, einen 1974er mit 61.1 % und aus dem gleichen Jahr einen mit 63.1 %. Für Frankreich ist der 8jährige gemacht, den es auch in einer Holzdose gibt. Auch die Unabhängigen bieten ihn manchmal an.

Gleneagles Golf Schottischer Single Malt von einer Firma, die als Adresse Auchterarder angibt, also den Ort, zu dem das berühmte Hotel Gleneagles mit seinen noch berühmteren Golfplätzen gehört. Bilder vom Hotel und von einem der Plätze zieren das Label. Im Karton liegen neben der Flasche auch Repliken von alten Golfbällen. Das Hotel gehört → UD bzw. → Guinness, die nach ihrer Fusion mit Grand Metropolitan aber einen Käufer für die Luxusherberge suchen. Sie haben nie erkennen lassen, ob sie auch hinter diesem Whisky stehen, der vor allem in den Duty free-Läden auf britischen Flughäfen verkauft wird.

Glenesk Schottische Malt-Destillerie. Ihr Name bedeutet Tal des Esk. Sie liegt nicht weit vom River North Esk, westlich der Ortschaft Montrose und zählt zu den östlichen → Highlands. Auf dem gleichen Gelände befinden sich die → Glenesk Maltings. Sie trug im Laufe ihrer Geschichte viele Namen, den jetzigen erst seit 1980. Einst eine Flachsmühle, wurde sie 1897 als Highland Esk gegründet. Zwei Jahre später wurde sie in North Esk umbenannt. Während des 1. Weltkriegs geschlossen, wurde sie erst 1938 von ihrem neuen Besitzer, einer Tochter der amerikanischen National Distillers of America wieder in Betrieb genommen – als Grain Distillery und mit dem Namen Montrose. Über die → DCL kam sie unter die Kontrolle der → SMD, die wieder eine Malt-Destillerie aus ihr machten, sie → Hillside nannten und von Wm → Sanderson & Son führen ließen. Diese vor allem durch ihren → *VAT 69* bekannte Firma schloß zwar 1985 die Brennerei, brachte ihren Whisky aber als 12jährigen Single Malt in → Destillerie-Abfüllung auf den Markt (in Italien auch einen 5 Jahre alten). → UD, seit 1987 im Besitz der → DCL und damit auch von Glenesk, stellten diese Abfüllung leider ein und schlossen die Brennerei endgültig. Immerhin brachten sie in ihrer Reihe »Rare Malt« einen *Hillside* von 1969 in der Faßstärke von 61.9 %. Ihm folgten, dann schon unter der Regie von UDV, weitere Abfüllungen. Auch die Unabhängigen haben ihn manchmal, benutzen aber den Namen Glenesk.

Glenesk Maltings Eine der vier großen Mälzereien, die → UD/UDV in Schottland betreiben – die anderen sind in → Port Ellen, Muir of → Ord, Burghead und Roseisle. Sie liegt westlich der Ortschaft Montrose und trägt den Namen einer inzwischen geschlossenen Malt-Destillerie, die in den letzten Jahren ihres Bestehens → Glenesk genannt wurde, was wiederum vom nahen River North Esk abgeleitet ist. Die Kapazität der Mälzerei ist so groß, daß nicht nur die anderen firmeneigenen Brennereien im Umkreis, sondern auch andere Destillerien versorgt werden können.

Glenfairn Schottischer Vatted Malt. Er ist eine der zahlreichen Marken, die → Invergordon herausgibt.

Glenfarclas Schottische Malt-Destillerie. Ihr Name, ausgesprochen »glen farkles«, bedeutet Tal des grünen Graslandes. Sie liegt im Zentrum der → Speyside nahe bei Ballindalloch Castle und direkt an der A95. Sie hat einen großen Namen: Ihr Whisky gehört zu Kategorie 1, also zu den Malts, die von allen Blendern gesucht sind. Er war aber auch einer der ersten, der konsequent als Single Malt angeboten wurde und zwar ungewöhnlicherweise in mehreren Altersstufen und sogar als → *highproof*. Auch bei der Öffnung für Besucher spielte Glenfarclas eine Pionierrolle. Man erkannte schnell, welchen Wert eine Politik der Offenheit und Aufgeschlossenheit für den Absatz hatte.

Daß J. & G. → Grant relativ früh diesen ungewöhnlichen Weg gingen und vor allem gehen konnten, hängt damit zusammen, daß sie unabhängig waren, ihre Entscheidungen selbst treffen konnten und nicht in die komplizierten Strukturen und Organisationsabläufe eingebunden waren, die anderen Brennereien zwar oft mehr Kapital verschafften, aber auch mehr Schwerfälligkeit und Bürokratie. Glenfarclas gehört wie → Glenfiddich und → Springbank zu der sehr kleinen Gruppe von Destillerien, die unabhängig sind, seit Generationen im Besitz einer Familie und somit vollständig unter schottischer Kontrolle. Bereits 1865 erwarb John Grant die 1844 von Robert Hay erbaute Brennerei, allerdings zunächst nicht, um sie selbst zu betreiben. Er verpachtete sie an John Smith, der fünf Jahre später kündigte, um → Cragganmore zu bauen.

Seitdem sind John Grant, sein Sohn George und ihre Nachkommen nicht nur Besitzer, sondern auch Manager. Es gab nur eine Unterbrechung, als sie, um Geld für eine Renovierung zu bekommen, → Pattison beteiligten. Sie überstanden auch dessen berüchtigten Bankrott, der die ganze Whisky-Industrie Schottlands in Mitleidenschaft zog, Glenfarclas aber wegen der direkten Verbindung ganz besonders. 1960 erweiterten die Grants die Zahl der → *stills*, der größten in der ganzen Speyside, auf vier, 1976 auf sechs. Die Öffnung für die Besucher und der Bau eines Visitor Centre erfolgte 1973.

Die Firma hat den Single Malt in → Destillerie-Abfüllung schon vor vielen Jahren auf den Markt gebracht, die höheren Altersstufen (15, 17, 21, 25 und 30 Jahre) früher in einer quadratischen, jetzt in einer runden Flasche, die kleiner und gedrungener ist als die normale Whiskyflasche, die für den 10- und den 12jährigen und den 8jährigen *Glenfarclas 105* in → *cask strength* gewählt wurde. Der 15jährige hat 46 %, die übrigen nur 43 %. Der Vorliebe der Italiener für jüngere Malts wird durch einen 6jährigen unter dem Namen *John Grant's* Rechnung getragen. Nur in Frankreich ist ein 8jähriger zu erhalten. Von Zeit zu Zeit, aber doch so häufig und in in so kleinen Auflagen, die oft auch nur für bestimmte Läden gemacht, daß sie sich nicht mehr überblicken lassen, gibt es → *vintages*. Sie werden oft auch speziell für Deutschland abgefüllt.

Der hiesige Hauptimporteur, die Hanseatische Weinhandelsgesellschaft in Bremen, versucht durch Spezialeditionen den Verkauf noch weiter anzukurbeln. So gibt es eine Serie, die nach berühmten Schotten wie Bonnie Prince Charlie, Robert Burns, David Livingston, Conan Doyle und Mary Stuart benannt ist. Immer wieder gibt es auch die eine oder andere *Family Reserve*. Einen unkonventionellen Weg gehen die Grants von Glenfarclas auch mit Abfüllungen, die nicht unter dem Destillerie-Namen, sondern z. B. als → *Eagle of Spey*, → *Highland Cattle* oder → *Meadhan*, also eher wie Blends, verkauft werden. Abgefüllt werden sie alle in Broxburn in der Nähe des Edinburgher Flughafens, wo die Glenfarclas-Grants eine Anlage zusammen mit Peter J. → Russell & Co. betreiben.

Glenfern Schottischer Blend und eine der kleineren Marken aus dem Riesen-Portfolio von → UD/UDV.

Glenfiddich Schottische Malt-Destillerie. Sie liegt im Whisky-Ort → Dufftown und zählt zur → Speyside. Für die meisten ist ein *Glenfiddich* der erste Single Malt, den sie kennenlernen, und für viele immer noch der Inbegriff von Malt

Whisky schlechthin. Daß er diese Position erobern konnte, liegt daran, daß die Besitzer dieser 1886/7 von William → Grant gegründeten Brennerei sich als erste zutrauten, einen Malt nicht nur auf dem lokalen Markt in Schottland anzubieten, sondern ihn nach England zu »exportieren« und danach auch weltweit zu vermarkten. Der *Glenfiddich Pure Single Malt* hält seither unangefochten die Position der Nr. 1 mit ca. 20 % Marktanteil in Großbritannien und 26 % im Weltmarkt.

Der Erfolg ist auch auf das konsequente Marketing der Firma William → Grant & Sons zurückzuführen, die heute von der fünften Generation der Gründerfamilie geführt wird und sich ihre Unabhängigkeit bewahren konnte. *Glenfiddich* kommt in einer auffälligen grünen und dreieckigen Flasche, die von einem großen Etikett geschmückt wird. Auf ihm ist ein Hirsch abgebildet – Glenfiddich heißt Tal der Hirsche und der Hirsch, der »Monarch der Highlands«, ist auch das Wappentier der Grants. Zum Marketing gehörte auch, daß man den touristischen Wert einer Brennerei erkannte, sie für Besucher öffnete und das erste Visitor Centre in einer schottischen Destillerie einrichtete. Es lockt jedes Jahr weit über 100000 Besucher nach Dufftown.

Sie könnten in Glenfiddich und ihren beiden auf dem gleichen Gelände in unmittelbarer Nachbarschaft gelegenen Schwestern → Balvenie und → Kininvie die Herstellung vom Malt von der Gerste bis zur Flasche erleben – wenn letztere der Öffentlichkeit zugänglich wären. Ein großer Teil der verwendeten Gerste kommt von heimischen Feldern und sogar aus der Nachbarschaft, auch ein Teil des Malzes wird in den → *floor maltings* und der → *kiln* von Balvenie selbst erzeugt, das Wasser kommt aus der berühmten → Robbie Dubh-Quelle. Ungewöhnlich, sogar einzigartig ist, daß der Single Malt unmittelbar in der Brennerei abgefüllt wird. Und ungewöhnlich ist auch die Zahl der → *stills*: aus dem Paar, das William → Grant seinerzeit gebraucht in → Cardhu gekauft hat, sind zehn → *wash stills* und 20 → *spirit stills* geworden. Sie sind ungewöhnlich klein und werden, auch das eine Seltenheit, noch mit Kohle beheizt.

Der leichte und gefällige, intensiv malzige Whisky, der sich tatsächlich hervorragend für Einsteiger eignet, wurden als Single Malt in → Eigentümer-Abfüllung vor allem in der Normalausführung mit der Bezeichnung *Special Old Reserve* angeboten, die keine Altersangabe hat. Früher wurden »over 8 years« angegeben; dieses Alter dürfte er auch heute haben. Ebenfalls ohne Altersangabe ist der *Classic*, der in numerierten Flaschen angeboten wird und besonders langsam reifenden Eichenfässern entstammt. Er ist ungefähr 12 Jahre alt, wurde mittlerweile eingestellt, ist aber immer noch zu bekommen. 18 Jahre alt war der *Excellence*. Sie alle haben neben dem Wort Single auch noch die Bezeichnung Pure auf dem Label, die sonst den Vatted Malts vorbehalten ist. In zum Teil sehr kostbaren Stein- bzw. Porzellankaraffen kamen Abfüllungen, bei denen Malts verschiedener Altersstufen miteinander »verheiratet« wurden, ebenso ein 18jähriger

Ancient Reserve und eine *Superior Reserve*, sie wiederum ohne Altersangabe. 1996 wurde ein 15jähriger → *cask strength* mit 51 % herausgebracht. Den 100. Geburtstag der Brennerei feierte man mit einer in 12000 Exemplaren aufgelegten *Limited Centenary Edition*. Mit ihrem 50 Jahre alten Glenfiddich in sorgfältiger und kostbarer Ausstattung bieten die Grants zudem einen der teuersten Malts überhaupt an: er kostete bei der Einführung 3500 Pfund und ist mittlerweile nicht unter 5000 Pfund zu haben.

1998 nutzte die Familienfirma dazu, ihr Portfolio auch durch einen *Glenfiddich Malt Liqueur* zu ergänzen und ein umfassendes *relaunch* ihres Malt zu starten: Der »normale« *Glenfiddich* heißt jetzt nur noch Single Malt. Neben ihm stehen die 18jährige *Ancient Reserve* und eine ganz neue 15 Jahre alte *Solera Reserve*. Mit ihr gelang Masterblender und »Chefnase« David Stewart, der mit seinem *Balvenie Double Wood* den Trend der → *finishings* eingeleitet hatte, eine ziemlich revolutionäre Neuerung. Er ließ sich gleichzeitig von der alten schottischen Tradition des → *Living Cask* und von einer Praxis beeinflussen, die in Spanien beim Sherry angewendet wird und darauf beruht, daß die ältesten Weine immer in der untersten Faßreihe liegen und aus darüberliegenden Fässern mit jüngeren Weinen aufgefüllt werden. Stewart hat ein ausgeklügeltes *wood management* eingeführt, das die Vorteile der beim Reifen von Malt eingesetzten Fässer optimal ausschöpft. Alle seine *Glenfiddichs* sind 15 Jahre alt und entstammen ehemaligen Sherry- oder Bourbon-Fässern. Ein weiterer Teil kommt aus sogenannten *refill*-Fässern, in denen vorher Bourbon, aber auch schon einmal Malt war. Sie werden umgefüllt in völlig neue, ungebrauchte amerikanische Eichenfässer, deren Holz sehr schnell und heftig auf den Malt einwirkt. Die einzelnen Fässer aller drei »Grundwhiskies« werden getrennt »verheiratet«, ehe sie alle zusammen eine eine große »Solera«-Tonne kommen, wo sie noch einmal Zeit haben, eine Einheit zu werden. Aus ihr wird dann immer höchstens eine Hälfte abgefüllt, die dann durch neue Margen ersetzt wird, was Konsistenz und Kontinuität garantiert.

Glenforres Ehemaliger Name der → Edradour Distillery und gleichzeitig eines Vatted Malts, von dem ein guter Anteil aus dieser Brennerei kommt und der heute als 12jähriger verkauft wird. Besitzer der Marke sind heute → Campbell Distillers, deren Mutter → Pernod Ricard sie mit → Edradour von William Whiteley übernommen haben.

Glenfoyle Schottischer Blend von Longman Distillers, einer Firma, die zu → Invergordon gehört. Der Blend führt die Bezeichnung »Reserve« und ist 12 Jahre alt.

Glengannon Schottischer Vatted Malt, 5 Jahre alt, von der gleichnamigen Whiskyfirma, die als Sitz Edinburgh angibt. Das könnte ein Hinweis dafür sein, daß der preiswerte Supermarkt-Whisky von → Invergordon gemacht wird. Auf dem – portugiesischen – Rückenetikett wird übrigens freimütig eingeräumt, daß seine Farbe mit → Karamel nachgebessert wurde.

Glengarry Schottischer Blend, den

mit nicht mit dem → *Glen Garry* verwechseln darf. In einem Wort geschrieben, kommt er von → Glen Catrine Bonded Warehouse, die ihn nur in Kanada verkaufen.

Glenglassaugh Schottische Malt-Destillerie. Ihr Name, ausgesprochen »glen glasso«, bedeutet Tal des Glassaugh oder Tal mit der Aue. Sie liegt ziemlich genau in der Mitte zwischen den Mündungen von River → Spey und River Deveron in der Nähe des Küstenstädtchens Portsoy und zählt zu den → Highlands. Eine eher unbekannte Brennerei, wird sie wahrscheinlich bald ganz in Vergessenheit geraten, weil sie seit 1986 geschlossen ist. 1992 wurde ihre Lizenz gelöscht und ihr Malt, als Destillerie-Abfüllung immer selten zu bekommen, wird wohl bald ganz aufgebraucht sein. Er soll bei den Blendern sehr begehrt gewesen sein, vielleicht weil er so rar war. Die Brennerei, 1875 gegründet und in den neunziger Jahren von → Highland Distillers übernommen, ist noch heute in deren Besitz. Im Lauf ihrer Geschichte war sie öfter geschlossen als in Betrieb. Die erwähnte Abfüllung hatte manchmal 12 Jahre als Altersangabe, aber es gab auch Flaschen ohne eine Zahl auf dem Etikett. 1998, als sie unter dem schönen Namen »The → Family Silver« eine neue (kleine) Serie von bisher zwei Abfüllungen herausbrachten, erinnerten sich Highland Distillers auch an ihr vernachlässigtes Kind und erfreuten die Liebhaber endlich wieder mit einer → Eigentümer-Abfüllung. Dieser *Glenglassaugh* war 1973 destilliert worden. Die Unabhängigen haben mehr für ihn getan als seine Eigentümer. MacArthur hatte einen 11jährigen, Gordon & MacPhail hatten ihn immer wieder in der »Connoisseurs Choice«-Serie und boten einen 1986er ihn ihrer »MacPhail's Collection«. Signatory brachte in der Serie »Silent Stills« einen *Glenglassaugh* 1967 mit 55.8 %.

Glengoyne Schottische Malt-Destillerie. Ihr Name, ausgesprochen »glen goin«, bedeutet Tal des Pfeils, vielleicht auch Tal der Wunde. Sie liegt eine gute halbe Autostunde nördlich von Glasgow außerhalb des Dorfes Killearn am Fuß der Campsie Fells. Damit befindet sie sich nur knapp jenseits der legendären Linie, die die → Highlands von den → Lowlands trennt und ist die südlichste der → Highland-Destillerien. Sie wurde 1833 als Burnfoot gegründet. → Lang Brothers, die sie 1876 erwarben, nannten sie zuerst Glen Guin, ab 1905 dann Glengoyne. Sie ist immer noch auf den Namen der Brüder lizensiert, obwohl die Firma seit langem eine Tochter von → Robertson & Baxter ist, die wiederum zum kleinen Imperium der Edrington Group gehören und eng mit → Highland Distillers verbunden sind.

Ihrer Lage und ihrer Architektur wegen gehört Glengoyne zu den schönsten Brennereien in Schottland: Die weißgetünchten Gebäude gruppieren sich um einen Innenhof, der sich zu einem kleinen Teich öffnet und den Blick auf einen spektakulären Wasserfall freigibt. Mit nur drei → *stills* ist sie den alten Farmhaus-Destillen noch recht ähnlich. Weil ausschließlich ungetorftes Malz verwendet wird und auch das Wasser aus den Campsie Fells nie mit Torf in Berührung kam, ist der Single

Malt völlig rauchfrei, leicht süß, sauber, malzig und sehr elegant.

Es gibt ihn mit 10, 17 und 21 Jahren, für den Export auch mit 12 Jahren. In Holzkisten kamen → *vintages* von 1967, 1968, 1969, die jeweils am Weihnachtstag destilliert und mit 25 Jahren abgefüllt wurden. Der 1970er dagegen, von dem es weltweit nur 1200 Flaschen gibt, wurde an einem »normalen« Tag, dem 27. März, hergestellt, während der *Vintage 1971* wieder näher an Weihnachten produziert wurde: am 27. Dezember. Von ihm gab es immerhin 2100 Flaschen. Ihm folgte ein 1972er mit 51.7 %.

Von dem 30 Jahre alten → *Middle Cut* dagegen gibt es nur 100 Exemplare, die dafür in einem soliden Kupfergefäß verpackt sind, das einer → *spirit still* nachempfunden ist. Die gleiche schwergewichtige Hülle umgibt einen 1997 abgefüllten Single Cask von 1969 mit 48,3 %, von dem gerade 50 Stück an den amerikanischen Importeur Disusa geliefert wurden. Solche Marketingideen kommen von Highland Distillers. Auch dem in Ruhestand gehenden Manager widmete man eine Sonderabfüllung, die sich ebenfalls in einem *safe* präsentierte. Seit einiger Zeit verfolgt man eine konsequente Nischenpolitik, limitierte Abfüllungen kommen gleich serienweise: zweimal sechs *Glengoynes* aus verschiedenen Jahrgängen hatten jeweils Faßstärke und kosteten fast 1500 DM pro Serie. Auch auf kostbare Verpackungen setzt man; so sind die beiden Standard-Abfüllungen des 10- und des 17jährigen auch in Karaffen zu bekommen.

Glenhaven Schottische Firma im Besitz von William Y. Thomson, der in Callander am Fuß der Trossachs zu Hause ist, seinen Betrieb aber in Glasgow hat. Er handelt mit Rum, Cognacs, schottischen Blends und Single Malts. Glenhaven ist einer der *newcomer* unter den immer zahlreicher werdenden → unabhängigen Abfüllern, hat sich aber in der kurzen Zeit, in der sich die Firma auf diesem Gebiet betätigt, einen hervorragenden Namen geschaffen. Sie füllt meist → Einzelfässer ab, behält dabei die → *cask strength*, verzichtet auf → Färbung und → Kühlfiltrierung und gibt auf dem Label das Alter, den Monat der Abfüllung und meist auch den der Destillation an. Erstaunlich ist auch die Zahl der bisher vorgelegten Abfüllungen, die eine Aufzählung unmöglich macht. Sie waren bisher nur in den USA zu bekommen, wo ihnen der → »Malt Advocate« oft sehr gute Noten und hohe Punktzahlen gegeben hat. In kleinen Stückzahlen sind sie auch in Deutschland zu bekommen.

Glenisla Schottischer Single Malt, der einen altehrwürdigen Namen trägt: So hieß bis 1891 → Strathmill Distillery, die über → J&B und → IDV zu → Grand Metropolitan gehörte und nach deren Fusion mit Guinness im Besitz von UDV ist. An den Namen erinnerten sich deren Konkurrenten → Chivas Bros., die im gleichen Ort Keith die beiden Brennereien → Strathisla und → Glen Keith besitzen. Die → Seagram-Tochter nennt insgesamt neun Destillerien ihr eigen, die alle in den Highlands liegen. Um nicht von fremden → Islay-Brennereien abhängig zu sein und über eigenen schwer getorften Malt zu verfügen, experimentierte man in den siebziger Jahren mit Rezepturen, die vom normalen Stil abwichen, indem z. B. mehr → Torf beim → Mälzen verwendet wurde. Der auf diese Weise in → Glen Keith entstandene Whisky wurde natürlich nie als Single Malt abgefüllt. Aber einige Fässer scheinen die Experimente überlebt zu haben und wurden für den → *Century* verwendet, den Chivas 1996 als Vatted auf den Markt brachte.

Glenkinchie Schottische Malt-Destillerie. Ihr Name, ausgesprochen »glen kintschie«, bedeutet Tal der Quinceys. Sie liegt südöstlich von Edinburgh in der Nähe des reizenden Örtchens Haddington am Fuße der Lammermuir Hills, die durch Walter Scotts und Donizettis Lucia bekannter geworden sind als durch die Brennerei, die zu den → Lowlands zählt. Die Gegend ist bekannt für die Qualität ihrer Gerste. Lange Zeit gehörte eine große Farm zu der Brennerei, die ihre Anfänge auf 1835 zurückführen kann. Sie begann allerdings erst 1914 nach dem Kauf durch die → SMD und der Übernahme der Geschäfte durch John → Haig & Co wirklich kontinuierlich zu produzieren. Dafür waren ihre zwei *stills*, eine Ausnahme, auch während des 2. Weltkriegs in Betrieb. Die alten → *floor maltings* wurden schon vom vorigen Besitzer geschlossen, aber erst → UD haben das darin eingerichtete Museum ernsthaft ausgebaut und zu einem attraktiven Ort gemacht. Man kann nicht nur alte Werkzeuge, sondern auch das arbeitsfähige, immerhin fast 10 Meter lange Modell einer Brennerei bewundern, das einst für eine Weltaustellung gebaut worden war. Das Visitor Centre wurde 1997 noch einmal modernisiert und ist jetzt ein Ort, wo man sich, auch unter Einbeziehung von multimedialer Technologie, hervorragend und unterhaltsam über Whisky, seine Geschichte, seine Herstellung und Eigenheiten informieren kann. Das gepflegte Bowling Green, das einzige, das man in einer schottischen Brennerei finden kann, ist dagegen leider immer noch ausschließlich den Mitarbeitern und Dorfbewohnern vorbehalten.

Schon → UD haben den Whisky in ihre Serie der → »Classic Malts« aufgenommen, wo er, 10 Jahre alt, leicht, süßlich, sanft rauchig und würzig, die Region der Lowlands sehr würdig repräsentiert. Ihm wurde Ende 1997 in der neuen Reihe »The → Distillers Edition« eine limitierte Abfüllung zur Seite gestellt, mit einem Malt von 1986, der in einem Amontillado → Sherryfaß eine zweite Reifung, ein zusätzliches → *finishing* erhalten hatte. *Glenkinchie* soll auch sein, was in den Flaschen des »blonden Whisky → *Jackson Row* enthalten ist. Auch der → *Kincaple* von Invergordon soll in Wirklichkeit ein *Glenkinchie* sein. Zuweilen gibt es ihn auch von unabhängigen Abfüllern. So hatte z. B. Signatory einen 1996 abgefüllten 1978er in der Faßstärke von 60.8 %.

Glenleven Schottischer Vatted Malt, eine sehr alte Marke, die von John → Haig & Co. eingeführt wurde. Ungewöhnlicherweise gaben sie auch bekannt, aus wie vielen Single Malts er bestand: aus sechs, alle mindestens 12 Jahre alt und unter ihnen sicherlich Destillate aus → Glenlossie und

→ Glenkinchie. Schon → UD, spätere Besitzer der Firma, stellten ihn nicht mehr her, aber man findet ihn noch. Ob er von UDV wieder herausgebracht wird, ist mehr als fraglich.

Glenlivet Schottische Malt-Destillerie. Sie liegt im Tal des Flusses, von dem sie ihren Namen (ausgesprochen »glen lívet«) hat. Sie zählt zur → Speyside – bildete allerdings wegen des schon frühen Ruhms ihres von allen begehrten Whisky lange Zeit so etwas wie eine eigene → Whiskyregion. Ihren Namen benutzte eine ganze Gruppe von zum Teil sogar relativ weit von ihr entfernt gelegenen Brennereien, um ihren Malts zu einem besondere Qualität versprechenden Gattungsbegriff zu verhelfen. Sie versuchten vom Ruhm Glenlivets zu profitieren, indem sie ihrem Namen das Suffix »Glenlivet« anfügten, wie z. B. → Longmorn, → Aberlour und selbst → Glenfarclas und → Macallan. Um sich von ihnen allen zu unterscheiden, wurde bereits 1880 das Recht erstritten, sich mit dem distinguierten Artikel *»The Glenlivet«* zu schmücken.

Ihre Berühmtheit verdankt die Brennerei allerdings nicht allein der Qualität ihres Produktes, sondern vor allem auch der Geschichte. Sie kann nachweisen, daß ihr Erbauer George → Smith der erste war, der nach dem Gesetz von 1823 eine Lizenz erwarb und somit als erster nach den bis heute geltenden Maßstäben legal Malt destillierte. Doch er betrieb schon vorher sehr erfolgreich sein Handwerk, das er von seinem Vater gelernt hatte, der bereits seit 1747 tätig war. Immerhin ist überliefert, daß sich König Georg IV. 1822 bei einem Besuch in Edinburgh keinen anderen Whisky als den aus dem Tal des Livet kredenzen lassen wollte. Auch kleine Gedichte künden von ihrem Ruhm:

»Glenlivet it has castles three,
Drumin, Blairfindy and Deskie,
And also one distillery,
More famous than the castles three.«

George Smith brannte zuerst in Drumin und später auch in Delnabo, ehe er sich 1858 für seine Farm in → Minmore entschied, wo Glenlivet heute noch arbeitet – natürlich oft renoviert, ausgebaut und vergrößert. Heute werden dort acht → *stills* beheizt. Er und sein Sohn bewiesen noch ein zweites Mal Weitsicht und Pioniergeist, als sie bereist 1870 den Namen »Glenlivet« als Handelsmarke schützen ließen und sich das Recht für das »The« erstritten. Die Brennerei blieb im Familienbesitz bis 1953, als aus dem Zusammenschluß mit den → Grants von → Glen Grant die Aktiengesellschaft The Glenlivet & Glen Grant Distilleries entstand, die später mit → Longmorn fusionierte und 1977 von → Seagram gekauft wurde. Glenlivet ist heute eine der insgesamt neun Brennereien, die deren Tochter The → Chivas & Glenlivet Group betreibt.

Ihr Malt ist schon sehr lange als Single zu bekommen, als → Eigentümer-Abfüllung allerdings meist nur mit 12 Jahren. Einen 21jährigen gab es früher in Italien, wo er in eine mit Seide ausgekleidete Schatulle gebettet war, und in anderer Aufmachung, in einer gedrungenen, schwarzen Flasche in Holzkasette in den USA, wo die 12000 handnumerierten Flaschen auf Wildleder ge-

bettet waren und für immerhin 650 Dollar angeboten wurden. Von solchen Sonderabfüllungen abgesehen, ist erst seit 1995 ein hervorragender 18 Jahre alter *Glenlivet* verfügbar. Ein aus besonders ausgewählten Fässern komponierter Whisky kam 1996 dazu, *The Glenlivet Archive*. 1998 endlich wachten auch die Inhaber dieser international erfolgreichen Marke auf und kamen der wachsenden Nachfrage nach: In einer schmucken Holzkassette kamen fünf → *vintages* von 1967, 1968, 1969, 1970 und 1972 auf den Markt. Sie enthielten allerdings nur
0,2-Liter-Fläschchen. In der Normalflasche gab es nur den 69er und den 72er. Außerdem erlauben die seit langem vorzüglichen Beziehungen dem → unabhängigen Abfüller → Gordon & MacPhail eine ganze Reihe von Abfüllungen. Sie sind zum Teil sehr alt, wie der Malt aus dem Kriegsjahr 1943, in dem kaum gebrannt werden durfte. Bei Gordon & MacPhail heißt der Malt *George & J. G. Smith's Glenlivet*, ist 8, 12 oder 15 Jahre alt und hat 40 %, 46 % oder 57 %.

Glenlochy Schottische Malt-Destillerie. Ihr Name bedeutet Tal des Lochy. Ihre ansehnliche Überreste an der A82 kurz hinter dem nördlichen Ortsende von Fort William können nicht nur besichtigt, sondern sogar bewohnt werden. Die zu den westlichen → Highlands zählende Brennerei wurde 1983 wie viele andere geschlossen und seit 1991 teilweise zu Ferienappartments umgebaut – eine preiswerte Alternative zum nahegelegenen Luxushotel »Inverlochy Castle« und mit einem ebenso schönen Blick auf den Ben Nevis, dem höchsten Berg Großbritanniens. Anders als früher ist die Schließung also diesmal nicht mehr rückgängig zu machen. Gleich nach ihrer Gründung 1898 geriet sie in den durch die Pleite von Pattison verursachten Strudel der Whisky-Krise. Einige Jahre war sie im Besitz des Kanadiers John Hobbs, dem auch → Ben Nevis gehörte, und der Associated Scottish Distilleries, einer Tochter der amerikanischen Firma National Distillers, von der sie 1953 die → DCL übernahm.

Als Single Malt in → Eigentümer-Abfüllung wurde der Whisky erst 1996 verfügbar, als → UD, die die Bestände beim Kauf der → DCL erworben hatten, einen → *cask strength* mit 62.2 % von 1969 in limitierter Anzahl in ihrer → »Rare Malt Selection« herausbrachten (ihm folgte ein 26jähriger mit 58.8 %). Vorher gab es nur → unabhängige Abfüllungen u. a. von → Gordon & MacPhail und von »The → Select Hogshead«. → Signatory hatte den Malt öfter, auch in der Serie → »Silent Stills«.

Glenlossie Schottische Malt-Destillerie. Ihr Name bedeutet Tal des Lossie. Sie liegt südlich von Elgin nahe der Eisenbahn, von der sie stark profitiert hat, und zählt zur → Speyside. Errichtet 1876 von John Duff, kam sie 1919 unter die Kontrolle der → SMD, die sie von ihrer Tochter John → Haig & Co. führen ließen und sie 1962 auf sechs → *stills* erweiterten. Auf dem gleichen Gelände wurde 1971 die moderne Brennerei → Mannochmore errichtet. Der Whisky war bei Blendern immer sehr begehrt und als Single Malt nur von → unabhängigen Abfüllern zu bekommen. → UD, seit der Übernahme der

→ DCL und ihrer Töchter im Jahre 1987 Besitzer, nahmen ihn, 10 Jahre alt, in die → »Flora & Fauna«-Serie auf. Von den Unabhängigen hatten ihn natürlich die im nahen Elgin ansässigen Gordon & MacPhail, aber auch Cadenhead und Signatory füllten *Glenlossie* ab, z. B. einen sherryfaßgelagerten 1981er.

Glenluig Schottische Brennerei, deren genaue Lage unbekannt ist und von der man nur weiß, daß ein Mr. McFarlane sie um 1812 irgendwo in Dunbartonshire betrieben haben muß. Ausgerechnet diesen alten Namen haben → Invergordon wiederbelebt, als sie im Herbst 1997 eine neue Serie, »The → Malts of Scotland«, herausbrachten. Die Serie hat ihnen viel Kritik eingebracht, weil es bis dato üblich war, daß Firmen mit eigenen Brennereien ihre Single Malts nach ihnen benannten. Drei der fünf Sorten tragen die Namen alter Destillerien, zwei haben reine Phantasienamen. Im Falle des *Glenluig* ist es sogar erlaubt, von Verbrauchertäuschung zu reden, denn das war eine → Lowland-Brennerei, während Invergordons Malt ein → Highland sein soll. Die Firma besitzt → Tullibardine (an der Grenze zwischen den Lowlands und den Highlands) und → Tamnavulin (eindeutig in den Highlands), ihre amerikanische Mutter → JBB, die sie 1993 gekauft hat (und beide Brennereien sofort schließen ließ) auch noch → Tomintoul, → Fettercairn und Dalmore. Von dort soll er kommen, aber das ist keineswegs sicher – gewiß ist nur, daß hier sehr zynisch und unter Ausbeutung schottischer Traditionen Geld gemacht wird.

Glenmorangie Schottische Malt-Destillerie. Ihr Name, ganz gegen alle Regeln auf der drittletzten Silbe betont und »glenmóranschie« ausgesprochen, bedeutet Tal der tiefen Ruhe. Sie liegt etwas außerhalb nördlich des Örtchens Tain zwischen der A9 und dem Durnoch Firth, von dem sie nur durch die Bahnlinie Inverness – Wick getrennt ist. Sie zählt somit zu den nördlichen → Highlands. 1966 hat sie ihren Namen der ganzen Firma, der sie gehört und deren berühmtestes Produkt sie herstellt, gegeben. Die Aktiengesellschaft → Macdonald Martin Distilleries, in deren Besitz sie über → Macdonald & Muir seit 1921 war, entschloß sich, sich in Glenmorangie plc umzubenennen. Ihr gehören auch die Brennereien → Glen Moray und, seit Frühjahr 1997, die → Ardbeg Distillery auf Islay.

Zur Bekanntheit und zur einmaligen Stellung der Brennerei haben viele Faktoren beigetragen, natürliche Voraussetzungen ebenso wie eine konsequente Produktphilosophie, die wiederum entschieden und sorgfältig an den natürlichen Gegebenheiten festhält. Das Wasser der Brennerei stammt aus den firmeneigenen Quellen im Tarlogie-Forst, ist außergewöhnlich mineralienhaltig und besonders hart – also so, wie es von anderen Brennereien gerade nicht geschätzt wird. Die mittlerweile acht → *stills* sind die höchsten in Schottland überhaupt und deshalb geeignet, einen leichten Malt zu produzieren. Die Lage am Meer sorgt für eine sanft salzige Note im fruchtigen, delikaten Malt, der überdies durch eine konsequente Faßpolitik, ein durchdachtes *wood manage-*

ment, geformt wird: Der 10jährige und der 18jährige Single Malt werden ausschließlich in Bourbonfässern gelagert, deren Holz die Firma selbst in den USA kauft, wo sie zuerst Bourbon abfüllen läßt, ehe die Fässer nach Schottland verschifft werden.

Teil des rigiden »Holzregimes« ist aber auch, daß man mit anderen Fässern experimentiert und den Malt entweder ganz in einem ungewöhnlichen Faß lagert oder ihn nach der normalen Reifung im Bourbonfaß in einem zweiten Faß nachreifen läßt – ein Verfahren, das mittlerweile Schule macht und auch von vielen anderen Brennereien nachgeahmt wird. Diese Versuche fanden ihren Niederschlag in vielbeachteten, teils sehr limitierten und entsprechend teuren Sonderabfüllungen von *Glenmorangie* aus Port-, Madeira- und Rotwein-Fässern. Einige stammten natürlich aus Tain im Rhonetal, aber es gab in sehr kleiner Menge auch einen *Glenmorangie Claret*, der in einem »Mouton Rothschild«-Faß seine Politur erhielt, was zwar nicht expressis verbis mitgeteilt wurde, sich Kennern aber durch die Gestaltung des Labels erschloß.

Darüber hinaus werden mit den Herstellern von → *Maker's Mark* volle Fässer getauscht, um herauszufinden, wie schottischer Malt in den USA bzw. wie Bourbon in Schottland reift. So ungewöhnlich wie diese Aktivitäten ist die Entscheidung, grundsätzlich keinen Tropfen der Produktion der werbewirksam herausgestellten »Sixteen Men of Tain« außerhalb der eigenen Firma zu verwenden – wobei unterschiedliche Ansichten darüber bestehen, ob der *Glenmorangie* komplett als Single Malt abgefüllt wird oder doch ein Teil in die firmeneigenen Blends wie → *Highland Queen* oder → *Baillie Nicol Harvie* geht. Dagegen steht fest, daß man den Whisky noch nie von → unabhängigen Abfüllern gesehen hat. Und fest steht auch, daß die Entscheidung, ihn als Single Malt abzufüllen, schon ungewöhnlich früh getroffen wurde.

Dieser Mut wurde und wird dadurch belohnt, daß er in Schottland seine Position als Nr. 1, in Großbritannien als Nr. 2 und weltweit immerhin als Nr. 5 hält. Dies hätte der 1843 von einer Brauerei zur Brennerei umgebauten Destille niemand prophezeit, am wenigstens → Barnard, der sie 1887 besucht und sie als die »älteste und primitivste« von allen von ihm besuchten beschrieben hat. Doch kurz darauf wurde sie renoviert und modernisiert und als erste überhaupt mit einer internen Beheizung ausgestattet. Ihr Erfolg machte mehrere Vergrößerungen und schließlich den Bau eines neuen *still*-Hauses notwendig.

Außer in den bereits genannten Abfüllungen gibt es ihn auch als → *cask strength*, früher unter dem etwas eigenartigen Namen *The Native Ross-shire Glenmorangie*, jetzt als → *High Proof*. Die erwähnten, ursprünglich nur als interessante Experimente gedachten Sonderabfüllungen führten dazu, 1996 die *finishings* fest zu etablieren und eine Serie herauszubringen, zu der ein im Port-, im Sherry- und im Madeira-Faß gelagerter Malt gehörte, dessen Alter nicht genannt wurde. Ausschließlich für die Supermarktkette → Sainsbury war der 1979er *vintage* bestimmt, er gelangte dann aber doch in den freien Handel, ebenso wie andere *vintages* (1963, 1971 und 1972).

Gleich mit einer ganzen Reihe von Novitäten wurden die Liebhaber dieses Malt Ende 1998 beglückt, als in einer Art Offensive gleich fünf neue Produkte auf den Markt kamen: Eine *Special Reserve* wurde aus Malts »verheiratet«, die zwischen 1980 und 1990 destilliert worden waren. Der *1977 Vintage* entstammt 21 Jahre lang gelagerten Eichenfässern. Ebenso alt ist der *Glenmorangie Elegance*, der sich in einem eleganten, mundgeblasenen Decanter präsentiert, der von Kollegen der 16 *craftsmen* aus Tain in der Glasbläserei Caithness in Wick gefertigt worden ist. Schließlich gehörte zu den neuen ein weiterer *finishing*, der nach 13 Jahren in amerikanischen Ex-Bourbon-Fässern in Sherry-, und zwar Fino Sherry-Fässern nachgereift war und als 15jähriger *Fino Sherry Glenmorangie* auf den Markt kam. Der *Cellar 13* war der erste Single Malt, der aus einem einzigen *warehouse*, eben dem Nr. 13, stammte.

Ein weiteres Highlight war 1998 eine Spezialabfüllung, die der damalige junge Destillerie-Manager Dr. Bill Lumsden ausgewählt und persönlich signiert hatte; er war der erste »studierte« und promovierte Brennmeister Schottlands und ist mittlerweile verantwortlich für die Produktion und Kontrolle der Reifung in allen drei Brennereien der Firma. Das aufziehende neue Millennium begrüßte man mit dem *Glenmorangie Millenium Malt*, einem 12jährigen Whisky, für den nur *first fill*-Fässer verwendet wurden, also Fässer, in denen zuerst Boubon reifte und die dann zum ersten Mal für Malt eingesetzt wurden.

Glenmore Amerikanische Destillerie und Whiskeyfirma, von der nichts geblieben ist als ein Kentucky Straight Bourbon namens *The Glenmore* und ein Appendix zu → UD, deren amerikanische Tochter seit 1991 zumindest zeitweilig UD-Glenmore hieß. Die Anfänge der Firma gehen auf den irischen Einwanderer James Thompson zurück, der sich in der Mitte der siebziger Jahre des letzten Jahrhunderts mit George Gavin Brown zusammentat. Während letzterer einer der Gründerväter von → Brown-Forman wurde, kaufte sich Thompson 1910 die Glenmore Distillery in Louisville, Kentucky. Die große Marke der Firma war der → *Kentucky Tavern*. 1944 kauften sie auch den → *Yellowstone*. Zu dieser Zeit verfügte die Firma auch über eine Brennerei in Owensboro und eine Grain Distillery in Albany, Georgia. 1970 kaufte man die nach dem legendären Barman und Verfasser des »Bartender's Guide« benannte Marke *Mr. Boston* mit ihrer Palette von Likören, Mixgetränken und Branntweinen.

Nachdem Glenmore erst in den achtziger Jahren die beiden ortsansässigen Betriebe von → Fleischmann und → Medley in ihren Besitz gebracht hatten, wurden sie selbst von UD geschluckt. Nur wenige Jahre später trennte sich die Spirituosentochter von → Guinness, die die Anlagen in Louisville und Owensboro nicht mehr zur Produktion, sondern nur noch zum Lagern von Whiskey verwendet hatten, von fast allem, was den Namen Glenmore trug. Die meisten Marken und die

Gebäude wurden an → Barton verkauft, die heute den *The Glenmore* ebenso führen wie den *Kentucky Tavern* und den → *Old Thompson*, während der *Yellowstone* von der David → Sherman Distilling Company of St. Louis weiterbetrieben und der *Medley* in → Heaven Hill gemacht wird, exklusiv für die deutsche Firma Dethleffsen. Bis 1995 war es auch der hohe Schornstein, der den Namen Glenmore weithin sichtbar zeigte; er wurde von Barton abgerissen. Tradition, Geschichte, Vergangenheit, sie zählen nicht mehr, nur noch die Konzentration von immer mehr Marken auf immer weniger Firmen.

Glenmoriston Schottischer Vatted Malt von → Burn Stewart, die ihn aber nicht mehr herstellen. Einige Flaschen sind aber noch zu finden.

Glenmoy, The Schottischer Vatted Malt. Er enthält 10 Jahre alte Malts und kommt von dem Haus Brodie Crawford & Co., das vor allem durch den Blend → *Brodie's Supreme* bekannt ist. Sein Name soll sich auf den berühmten Whisky Trail in der → Speyside beziehen, der zu den Schlössern, Gärten und natürlich Brennereien um den Fluß herum führt.

Glenora Kanadische Destillerie, die erst 1990 gegründet wurde und trotz ihrer Jugend bereits eine bewegte Geschichte hat. Sie wurde in dieser kurzen Zeit bereits zweimal geschlossen – weil die Finanzkraft nicht ausreichte, um die lange Zeit zu überstehen, bis mit dem eigenen Whisky Geld zu verdienen war. Das ist aber nicht das einzige, was sie mit vielen schottischen Brennereien gemeinsam hat. Sie steht zwar in Kanada, aber alles an ihr sieht aus wie in dem Land, das die Siedler letzten und vorletzten Jahrhundert hinter sich ließen, um sich an der Ostküste des anderen Kontinents in einem Land niederzulassen, das sie Nova Scotia nannten.

Auf Cape Breton sieht es nicht nur schottisch aus, es geht auch schottisch zu, die Traditionen leben noch. Nur eine Brennerei fehlte. Doch seit eine Gruppe mutiger Unternehmer, unterstützt von der Regierung, die Brennerei samt Pub und Inn gegründet hat, ist auch diese Lücke geschlossen. Die Anlage liegt in einer ziemlich schottisch aussehenden Landschaft, komplett mit Glen und Bergen, wie sie auch in den Highlands stehen könnten. Ihr Wasser bezieht sie von dem ganz schottisch klingenden MacLellan's Brook. Sie hat sogar → Pagoden wie ihre schottischen »Schwestern«. Sie wurde von einem schottischen Architekten konzipiert und mit einer schottischen → *mash tun* und → *pot stills* von Forsyth aus Rothes ausgestattet. → Morrison Bowmore trainierte die Mitarbeiter. Im September 1990 floß der erste Whisky. Im Dezember wurde dichtgemacht, 1991 wiedereröffnet, 1993 wieder geschlossen. Seit 1995 ist sie im Besitz von Lauchie MacLean und scheint nicht mehr gefährdet zu sein.

Er hat dafür gesorgt, daß der alte, offensichtlich nicht ganz reine, Whisky, redestilliert wurde, daß bessere Fässer verwendet werden. Die Zukunft sollte gesichert sein – und der Welt das schenken, was es bisher nicht gegeben hat: Nova Scotia Single Malt, einen echten Single Malt aus Kanada. Obwohl noch Reste der Produktion von 1990 vorhanden sind, wird er wohl noch etwas auf sich warten lassen. Einstweilen versucht die Firma, ihren Namen zu etablieren mit von ihr hergestelltem Rum, mit einem wie ein Schwarzgebrannter aussehenden Stoff namens → *Cape Breton Silver*. → IDV hat → *Breton's Hand and Seal* herausgebracht, einen Blend von eigenem Whisky aus → Palliser und Glenora-Whisky: Das bringt ebenso Geld wie der Versuch, Touristen anzuwerben, und der Verkauf eines Whisky, mit dessen Herstellung sie nichts zu tun hat: → *Kenmore*. Auf dem Label nennt sich die Firma The Glenora Distillers of the Cape Breton Highlands und behauptet stolz, die einzige Malt-Brennerei in ganz Nordamerika zu sein. Der Stolz ist berechtigt, auch wenn es seit 1994 mit Fritz Maytags → Anchor Distillery in San Francisco eine zweite und mittlerweile noch mehr gibt.

Glenordie Schottischer Single Malt aus einer Brennerei, die im Laufe ihrer Geschichte schon verwirrend viele Namen hatte. Heute heißt sie → Glen Ord und gehört → UD/UDV. Man nannte sie aber auch eine Zeitlang → Ord und nach dem Ort, in dem sie liegt, auch Muir of Ord. Einen Single Malt namens *Ord* gab es, als Peter → Dawson im Auftrag der → DCL die Lizenz hielt. Sie wurde 1982 auf John → Dewar & Sons übertragen, die den Namen des Whisky in *Glenordie* änderten, den sie als 12jährigen überall und als 5jährigen exklusiv für Italien lieferten.

Glenrob Schottischer Blend, der von der in London ansässigen Firma H. → Mayerson & Company hergestellt wird und ein einfacher → Standard ist.

Glenroc Französischer Whisky, der von dem »Artisane Liquoriste« Jacques Fisilier in Rennes gemacht wird. Er führt neben einigen anderen Spirituosen auch einen → *Whisky de Bretagne*, der zwar nicht auf dem Flaschenetikett, aber auf einem am Flaschenhals hängenden Papierchen als Malt deklariert ist, während der *Glenroc* weiter nicht erklärt wird. Monsieur selbst hüllt sich in Schweigen und läßt am Telefon nur seine Frau versichern, daß er alle Bestandteile selber destilliere, also nicht etwa z. B. aus Schottland importierte Malts mit selbstgebranntem Getreidewhisky verschneide. Die Flaschen haben keine Altersangabe, der Whisky ist 41 % stark und im Norden Frankreichs in Fachgeschäften gut zu bekommen.

Glenrothes Schottische Malt-Destillerie. Ihr Name bedeutet Tal der (Earls von) Rothers. Sie liegt im Whisky-Ort → Rothes zwischen → Elgin und → Craigellachie und gehört somit zur → Speyside. Manchmal wird ihr Name auch in zwei Wörtern Glen Rothes geschrieben. Gegründet wurde sie 1879 von William Grant & Co. (nicht zu verwechseln mit dem Gründer von → Glenfiddich). Deren Zusammenschluß mit Islay Distillers, den Besitzern von → Bunnahabhain, war es, der zur Entstehung der Firma → Highland Distillers führte, denen sie bis heute gehört. Sie lassen sie von ihrer Tochter → Highland Malt Distilling führen. Von schottischen Masterblendern, die die Malts in Kategorien einteilen, wird ihr mittlerweile von zehn → *stills* produzierter Whisky unter die besten sechs eingereiht. Entsprechend heiß begehrt ist er – und entsprechend schwer war er lange Zeit als Single Malt zu bekommen. Eine besonders große Rolle spielt er im firmeneigenen → *Famous Grouse* und auch im → *Cutty Sark* von → Berry Bros. & Rudd.

Die verkaufen einen 12jährigen Single Malt, der strenggenommen keine → Eigentümer-Abfüllung ist, aber wegen der engen Beziehungen der beiden Firmen doch als solcher bezeichnet werden kann und sie bringen erfreulicherweise immer öfter auch → *vintages* des von ihnen *The Glenrothes* genannten Malts auf den Markt: einen 14jährigen, der 1979 destilliert und 1993 abgefüllt wurde, den 1984/95er, den 1972/96er, den 1982er, der 1997 und 1998 abgefüllt wurde, und zuletzt den 1985er, der ebenfalls 1998 in die Flaschen kam. Auch vorher gab es ihn mit einiger Regelmäßigkeit, als jungen 8jährigen, von → Gordon & MacPhail, die einen 1978er auch in ihre Reihe → »Centenary Reserve« aufnahmen und, wiederum mit 8 Jahren in ihrer »MacPhail's Collection« führen. Auch andere → unabhängige Abfüller wie → Signatory und → Cadenhead haben bisweilen einen *Glenrothes*.

Glenshiel Schottischer Vatted Malt von der → Loch Lomond Distillery, der Tochter von → Glen Catrine Bonded Warehouse. In den Spar-Supermärkten in Großbritannien gibt es ihn mit 8 Jahren, in Frankreich wird er mit 8 und mit 12 Jahren verkauft.

Glenside Schottischer Blend, der nur in den Filialen von Tresher's zu finden ist, einer der großen britischen Getränke-Supermarktketten, die mit → Oddbins oder → Victoria Wine konkurriert. Ob der Blend wirklich nach einem Rennpferd benannt ist, das 1991 den Preis des Grand National in Derby errungen hat, oder mit einem alltäglichen schottischen Wort, läßt sich nicht sicher belegen.

Glentauchers Schottische Malt-Destillerie. Ihr Name, ausgesprochen »glen tóchers«, bedeutet Tal des Windes. Sie liegt zwischen Keith und Rothes in Mulben und zählt zur → Speyside. Sie wurde lange mit James → Buchanan & Co. in Verbindung gebracht, einem der → »Big Five«, der sie gemeinsam mit zwei Partnern 1898 bauen ließ und mit dessen Firma sie 1925 Teil der → DCL wurde. Diese renovierten die Brennerei zunächst und erweiterten sie sogar auf sechs → *stills*, mußten sie aber im Krisenjahr 1983 stillegen. Seit 1989, nachdem sie von → Allied erworben worden war, arbeitet sie wieder. Die neuen Besitzer erlaubten → Gordon & MacPhail, den Whisky, der vorher nur in Frankreich als Single Malt (mit 5 Jahren) zu bekommen war, innerhalb der → Allied-Reihe herauszubringen, zuerst einen 1979er, dann einen 1984er, die beide keine Altersangaben hatten. Dieser Malt gehört sicher zu den unbekannteren, aber das könnte sich ändern, nachdem Jim Murray (allerdings nur in der Taschenbuchausgabe) ihn in seinem Buch »The Complete Guide to Whisky« verblüffenderweise in die Liste seiner fünf Lieblingsmalts und der zehn besten Whiskies überhaupt aufgenommen hat.

Glentress Schottischer Vatted Malt aus dem Hause Peter J. → Russell in Edinburgh.

Glentromie Schottischer Vatted

Malt, auf dessen Label zwar die Glentromie Distillery Co. in → Drumguish genannt wird, der aber von der Firma → Speyside Distillery Co. kommt. Sie besitzt eine Brennerei gleichen Namens, die nach einer sehr langen Bauzeit und unter erheblichen Mühen, die die Familie Christie auf sich genommen hatte, 1990 endlich in Betrieb ging. Diese Destillerie liegt am River Tromie, der in der Nähe von Kingussie in den Spey mündet. Einerseits war die Familie schon lange im Whiskygeschäft tätig und besaß bereits mehrere Marken, sie mußte aber auch neue herausbringen, einmal, um den Namen Speyside als Namen für Whisky zu etablieren, andererseits, um dringend benötigtes Kapital zu bekommen. Der *Glentromie* enthält sicherlich schon Malt aus der neuen Brennerei und wird mit 12 und 17 Jahren abgefüllt.

Glenturret Schottische Malt-Destillerie. Ihr Name, manchmal »glentarret«, manchmal und öfter »glenturret« ausgesprochen und immer auf der vorletzten Silbe betont, bedeutet Tal des Turret. Sie liegt am westlichen Rand der Ortschaft Crieff und ist damit zu den südlichen → Highlands zu rechnen. Sie verdient aus mehreren Gründen viel Aufmerksamkeit – nicht nur, weil sie einige Rekorde für sich verbuchen kann. Sie ist, zusammen mit → Strathisla und → Littlemill, eine der ältesten Brennereien Schottlands und kann für sich in Anspruch nehmen, daß in Hosh schon 1717 illegal destilliert wurde und ihre ältesten Gebäude aus dem Jahr 1775 stammen. Sie war eine der ersten, die ein Visitor Centre einrichteten. Es hat mehrere Restaurants und wird mit so viel Einfallsreichtum geführt, daß es heute mehr Besucher anzieht als jede andere Brennerei. Deswegen konnte man es sich auch leisten, als erste Destillerie Eintrittsgebühren zu verlangen. Ganz besonders stolz sind alle Mitarbeiter auf ihre berühmte → *distillery cat*, die Katze → Towser, die Mäuse in solcher Menge verzehrte, daß sie ins »Guinness-Buch der Rekorde« kam und 1995 durch ein Denkmal verewigt wurde.

Vor allem aber verdient Respekt, wie eine Anlage, die immerhin 30 Jahre (von 1929 bis 1959) geschlossen war, nach ihrem Neuanfang den ausgezeichneten Ruf erlangen konnte, den sie heute genießt. Der Aufbau ist mit dem Namen James → Fairlie verbunden, der sie mit der Absicht kaufte, dem damals aus dem öffentlichen Bewußtsein verschwundenen Malt Whisky als genuinem schottischen Produkt seinen einstigen Ruhm zurückzugewinnen. Eine kleine Destille wie Glenturret, deren zwei → *stills* nur je 6000 Liter verarbeiten können, kam ihm gerade recht, um der Welt zu zeigen, wie durch schottische Kunst und schottisches Qualitätsbewußtsein der vergessene Urstoff wiederzubeleben war. Weitsichtig genug, sein Unternehmen abzusichern, gewann er zunächst Cointreau und dann → Highland Distillers als Partner. Auch nach seinem Tod hatte die Familie zunächst noch großen Einfluß. Sein Sohn Peter Fairlie war lange für den Betrieb von Glenturret verantwortlich, stieg dann nach der Übernahme von Macallan durch Highland Distillers zum Marketing-Direktor der Firma auf.

Seit es die Mengen zulassen, wird der Whisky als Single Malt in → Eigentümer-Abfüllung angeboten, in vielen Altersstufen und auch als → *vintage*, mit 8, 12, und 18 Jahren und 40 %, mit 15 Jahren und 43 % bzw. 50 %, 21jährig in einer Karaffe, 25jährig in einer etwas merkwürdigen Keramik-Weltkugel. Es gab mehrere Jahrgangsmalts von 1966 und einen von 1972. 27 Jahre alt ist der *Glenturret MCMLXVI/MCMXCIII*. Der Verbindung mit Cointreau ist der Whiskylikör *Glenturret Original Malt Liqueur* (35 %) zu verdanken, an dessen Seite 1996 der → *Fairlie's* trat. Mit ihm wurde den beiden Männern, denen Schottland und seine Malt-Industrie so viel verdankt, die verdiente Reverenz erwiesen. Genützt hat die Geste dennoch wenig: 1999 wurde Peter Fairleys Job gestrichen – eine Entlassung, die nicht nur in der Branche viel Aufsehen erregte, weil sie aufzeigte, daß die bei Fusionen angestrebten Synergien höchst negative Folgen haben können.

Glenugie Schottische Malt-Destillerie. Ihr Name, ausgesprochen »glenjugie«, bedeutet Talsenke oder das geschützte Tal. Sie liegt südlich von Peterhead an der A92 nach Aberdeen nahe am Meer. Sie zählt zu den → östlichen Highlands, ist seit 1982 geschlossen und wurde teilweise abgebaut. Vorausgegangen war eine lange Kette von Fusionen und Übernahmen, durch die die Brennerei über Seager Evans, → Long John und → Whitbread bei → Allied Distillers landete, die sie 1975 an eine Gruppe von Ölhändlern verkaufte. Die ehemals östlichste Brennerei Schottlands ist aber immer noch einen Ausflug wert, weil ihr Hauptgebäude architektonisch interessant ist. Ihren Whisky gab es nie als → Eigentümer-Abfüllung, sondern nur von → unabhängigen Abfüllern wie → Gordon & MacPhail und → Cadenhead. → Signatory hatte in der Serie → »Silent Stills« einen *Glenugie* von 1966 in der Faßstärke von 53.9 %.

Glenury Royal Schottische Malt-Destillerie. Ihr Name bedeutet Tal der Eiben. Sie liegt nahe dem River Cowie und der Ortschaft Stonehaven südlich von Aberdeen und zählt zu den östlichen → Highlands. Ihre Anfänge (1825 bzw. 1937) sind mit Captain Robert Barclay verbunden, einem rührigen Farmer und Schafzüchter, der ein großer Läufer war und sogar einen Weltrekord aufstellte. Als Parlamentsmitglied war er mit einem »Mr. Windsor« so gut bekannt, daß dieser später als König William IV. der Brennerei das begehrte königliche Affix verlieh. An den König erinnert noch heute ein Blend, der von der Firma John → Gillon & Co. herausgebracht wurde und noch heute von → UD bzw. UDV abgefüllt wird. UD hatte die Destillerie, die damals der → DCL gehörte, 1987 übernommen. Damals war sie schon zwei Jahre geschlossen. Inzwischen ist auch die Lizenz gelöscht. Es ist sogar geplant, Glenury komplett abzureißen.

Der von John Gillon abgefüllte 12jährige Single Malt gehört mittlerweile zu den absoluten Raritäten, ebenso wie der von → UD in der → »Rare Malt Selection« herausgebrachte → *cask strength* (61.3 %) von 1971 und die Abfüllung von → Signatory in der → »Silent

Stills«-Serie. Dieser *Glenury Royal* stammte aus dem Jahr 1973 und hatte 53.7 %. Auch andere Unabhängige wie Cadenhead und Gordon & MacPhail haben ihn immer wieder, aber sicher nicht mehr sehr lange.

Glenwood Schottischer Malt Whisky, *selected and blended* von einer Firma namens → Drumguish. So heißt auch ein Single Malt, den die → Speyside Distillery produziert. Deren Besitzer stellen auch den Vatted her, der nur in Spanien verkauft wird.

Gloag & Son, Matthew Schottische Firma, die, wie viele andere Träger von großen Whiskynamen, auf bescheidene Anfänge als das, was man in Schottland *family grocer* nennt, also als Lebenmittel- und Weinhändler, zurückgeht. Anders als etwa bei → Chivas, → Teacher oder John → Walker hat ihr Name nicht als Scotch-Marke überlebt, obschon ihr Blend es durchaus mit ihnen aufnehmen kann: Ihr → *Famous Grouse* ist immerhin Nr. 1 im Heimatland. Er wurde von einem Neffen des Mannes »erfunden«, nach dem die Firma benannt ist, der sie aber nicht gründete: Die Gründung übernahm im Jahre 1825 seine Frau, während er selbst noch zehn Jahre lang als Butler arbeitete. Der letzte Matthew Gloag verkaufte sein Haus 1970 an → Highland Distilleries. Sie gaben 1995 nicht nur die alten Abfüllanlagen in Perth auf, sondern auch das schräg gegenüber liegende »Bordeaux House«, das immer noch die Büros beherbergte und vielen Besuchern der Stadt eine beliebte Adresse war, weil es dort die wunderbarsten Weine gab. Noch erinnert das Label des *Grouse* an den Namen – ebenso wie »Gloag's Gin«, den Highland Distilleries 1996 auf den Markt brachten. Einige Jahre lang waren Matthew Gloag & Son als Tochter von Highland für den gesamten Vertrieb der Marken zuständig, also neben dem alten Blend auch für die Neuerwerbung → *Black Bottle*, die Liköre → *Glenturret Malt Liqueur* und → *Fairley's* und natürlich die Single Malts → *Bunnahabhain*, → *Glenturret*, → *Highland Park*, → *Tamdhu* und den *Glengoyne* der »Schwesterfirma« → Robertson & Baxter. 1998 haben Highland Distillers ihrer Firma eine neue Struktur gegeben. Der Name Gloag kommt darin als Unternehmen nicht mehr vor. Der Verkauf der Marken ist nun Highland Distillers Brands anvertraut.

Glorious 12th Schottischer Blend, mit dessen Name jeder Brite, zumindest aber jeder aus der britischen Oberschicht etwas anfangen kann: gemeint ist der 12. August, an dem in jedem Jahr in den → Highlands die Jagd auf die, um einen anderen Whisky zu zitieren, → *Famous Grouse* freigegeben wird. Hersteller des 12jährigen → De luxe-Blends ist die Londoner Firma John Buckmaster & Sons.

Gold & Gold Japanischer Blend aus dem Hause → Nikka, dessen Flasche man auch in einer Version bekommen kann, die von einer prächtigen Samurai-Rüstung umhüllt ist. Das eine »Gold« steht für die → *pot still*, das andere für die → *Coffey still*, die Nikka seit 1962 in → Nishinomiya in der Nähe von Osaka betreibt. Es gibt auch eine leichtere Version, die nur → *G & G* genannt wird.

Gold Blend Schottischer Blend

von der in Sussex ansässigen Firma → Kinross Whisky Company.

Gold Classic Koreanischer Blend, den → Seagram im Lande produzieren läßt, wobei wie so oft lokal destillierte Grain Whiskies mit Malts verschnitten werden, die *in* → *bulk* aus Schottland (und, in diesem Fall, vermutlich auch aus Japan oder → Neuseeland) importiert wurden.

Gold Cock Tschechischer Blend mit 3 Jahren und 40 % von der Firma → Seliko in Olomouc (Olmütz), die in der Nähe dieser mittelalterlichen Stadt die beiden Brennereien → Testice und → Dolany besitzt und vor allem auch durch ihren → *King Barley* bekannt ist.

Gold King Schottischer Blend, der früher von John Makay Ltd. in London kam, heute von einer Firma geliefert wird, die sich nach diesem → De luxe-Blend nennt.

Gold Label Schottische Blends von verschiedenen Firmen. Einer wird von dem Londoner Handelshaus → Red Lion Blending hergestellt. Man sollte ihn nicht mit *Haig Gold Label* aus dem Hause John → Haig & Co. oder dem → *BL Gold Label* von → Bulloch Lade verwechseln. Auch der heutige → *Bisset's* hatte früher einmal den Zusatz »Gold Label«. Douglas → Laing & Co. aus Glasgow haben sogar mehrere Blends dieses Namens: → *King of Scots Gold Label*, → *House of Peers Gold Label* und → *Sir Walter Raleigh Gold Label.* → *Lombard's Gold Label* ist der → Standard-Blend der auf der Isle of Man ansässigen Firma. Ein weiterer *Gold Label* kommt von einer anderen britischen Insel und von der Firma → Bucktrout & Co., die auf Guernsey ansässig ist. »Gold Labels« gibt es natürlich nicht nur in Schottland: Auch von dem Bourbon → *I. W. Harper* ist eine Version ein *Gold Label.*

Gold Tassel Kanadischer Whisky von → McGuinness.

Golden Age Schottischer Blend, der Ende der siebziger Jahre wie andere → DCL-Marken als Ersatz für Labels geschaffen wurden, die wegen Auflagen der Monopol-Kommissionen verkauft oder zumindest vom britischen Markt genommen werden mußten; das bekannteste Beispiel ist → *Johnnie Walker*, der damals durch → *John Barr* ersetzt wurde. *Golden Age* war der Ersatz für den → *Dimple* von → Haig. → UD, Nachfolgerin der DCL, bzw. UDV haben immer noch die Rechte an der Marke, betreiben sie aber nicht aktiv.

Golden Anniversary Schottischer Vatted Malt in einem Noblesse ausstrahlenden roten Keramik-Decanter mit königsblauem Verschluß, den → Gordon & MacPhail zur Goldenen Hochzeit von Queen Elizabeth und ihrem Prinzgemahl Philip, dem Duke of Edinburgh, am 20. November 1997 edierten. Sie folgten darin einer alten Tradition des Hauses, das schon immer gerne königliche Ereignisse wie die Hochzeit von Prince Charles und Lady Di oder auch das »Silver Jubilee« der Queen durch die Herausgabe kostbarer alter Whiskies aus seinen Beständen gewürdigt hat. Der in eine Holzschatulle gebettete und handnumerierte Vatted enthält Whiskies aus den fünfzig Jahren, die diese Ehe bisher hielt und sogar einige aus dem Hochzeitsjahr selbst.

Golden Blend Schottischer Blend, nicht zu verwechseln mit dem → *Gold Blend* von → Kinross Whisky Co. Der → Standard ist eine der vielen kleinen Marken von → Whyte & Mackay/ → JBB (Greater Europe).

Golden Burn Bourbon, der als Handelsmarke in den Filialen der deutschen Supermarktkette Lidl verkauft wird. Sein Hersteller bleibt anonym.

Golden Cap Schottischer Blend, der nur für die Pubs hergestellt wird, die die Brauerei Palmers aus Bridport in Dorset beliefert. Die unabhängige, Ende des letzten Jahrhunderts gegründete Firma hat mit etwa 120 Gaststätten vertragliche Verbindungen, denen sie auch diesen Blend zur Verfügung stellt, dessen Hersteller nicht zu erfahren ist.

Golden Crib Kentucky Straight Corn Whiskey, der mit 100°/50 % von → Barton abgefüllt wurde. Es ist nicht zu erfahren, wann er hergestellt wurde und ob er noch gemacht wird. Der Sammler Taubenheim jedenfalls kann eine Flasche vorweisen. Ein »crib« ist ein Gestell, in dem Maiskolben getrocknet werden.

Golden Eagle Schottische Blends von zwei verschiedenen Firmen. Der eine kam früher von H. Stenham bzw. einer seiner zahlreichen Tochterfirmen. Eine von ihnen war die → Premier Scotch Whisky Co. und diesen Namen trägt das Unternehmen jetzt, nachdem Stenham es aus Altersgründen verkauft hat. Wie alle Blends der Firma in fünf Altersstufen mit 3, 5, 8, 10 und 12 Jahren abgefüllt und ausschließlich für den Export, vor allem nach Zentral- und Südamerika und nach Südostasien, bestimmt. Der andere Blend wird von → Whyte & Mackay/ → JBB (Greater Europe), ohne Altersangabe, im Decanter verkauft.

Golden Grain Kentucky Straight Corn von → Barton, der die ungewöhnliche Stärke von schlappen 180°/95 % aufweisen soll. Nicht einmal der Bourbon-Sammler Taubenheim besitzt eine Flasche. Der einzige Nachweis für ihn findet sich in Stefan Gabányis »Schumann's Whisk(e)y Lexikon« und es ist gut möglich, daß er ihn mit dem → *Golden Crib* verwechselt.

Golden Irish Irischer Whiskey aus dem Hause → Cooley, als Nachfolger des → *Avoca*, der jetzt überall verkauft wird, vor allem für die irische Kette Dunne's Stores gemacht. Ein Blend mit 40 %.

Golden Nail Whiskeydrink. Vier Teil Bourbon werden mit zwei Teilen *Southern Comfort* in einem Longdrinkglas auf Eis verrührt.

Golden Piper Schottischer Blend von der Firma → Lombard Scotch Whisky, die ihren Sitz auf der Isle of Man hat.

Golden Wedding Kanadischer Whisky, der auf dem Etikett bisher zwei Namen trug: den von → Schenley, die ihn herausgebracht haben, und den von → UD, denen er durch den Kauf der kanadischen Firma und ihrer Brennerei → Valleyfield gehörte, bis sie, durch den Zusammenschluß von → Guinness und → GrandMet, zu → UDV wurden. Sie verkauften die Marke 1999 an → Canandaigua; es wird sich zeigen, welche Namen die neuen Besitzer auf das Label schreiben werden. Bisher ist er ein → Standard aus 4jährigen Whiskies und hat 40 %.

Gooderham and Worts Kanadische Whiskyfirma, die den Ruhm für sich in Anspruch nehmen kann, daß erst mit ihr die Whiskyindustrie des Landes begann. Sie wurde 1832 von den beiden aus England eingewanderten Schwagern William Gooderham und James Worts in Upper Canada (wie Ontario damals noch genannt wurde) und zwar in Toronto gegründet. Die Geschichte der Firma beginnt, wie die des kanadischen Whisky überhaupt, mit einer Mühle. Die Destillerie kam erst 1837 dazu. Beide wurden 1861 durch einen Neubau ersetzt, in dem 150 Leute beschäftigt waren und der mit einer Jahresproduktion von einer halben Million Gallonen die bei weitem größte des Landes aufwies. Wenige Jahre später stellte sie bereits ein Drittel aller kanadischen Spirituosen her und exportierte erfolgreich in die USA, nach Großbritannien und Südamerika. 1923 wurde sie von Harry → Hutch gekauft und von ihm wenige Jahre später mit Hiram → Walker zu Hiram Walker – Gooderham and Worts vereinigt, die sich bald auch in Schottland engagierte und nach einigen weiteren Fusionen heute unter dem Dach von → Allied Domecq zu finden ist.

Gordon & MacPhail Schottische Whiskyfirma, die einer der ältesten → unabhängigen Abfüller ist und die bedeutendste und größte Whiskyhandlung (en gros und en detail) der Welt sein soll. 1895 von James Gordon und John Alexander MacPhail in Elgin gegründet, wurde aus den »Family Grocers, Tea, Wine & Spirits Merchants« einer der großen unabhängigen Abfüller, der gleichwohl noch in seinem ursprünglichen Laden ein Feinkostgeschäft (mit großer Whisky-Abteilung) betreibt. Mitgründer James Gordon verfügte über genaue Kenntnisse im Whiskygeschäft und über gute Kontakte zu den benachbarten Brennereien, denen die prosperierende Firma in schlechten Zeiten oft finanzielle Engpässe überwinden half. Heute gehört sie der Familie → Urquhart, deren Mitglied John als Lehrling begonnen hatte und der 1915, nachdem Mr. MacPhail in den Ruhestand gegangen und Mr. Gordon einem Herzinfarkt erlegen war, Partner von Gordons Witwe wurde.

Die Firma verfügt über sehr große Bestände an Malt Whiskies, die zum Teil noch in die Zeit vor dem 2. Weltkrieg zurückreichen. G&M führen einige eigene Blends wie → *Ben Alder*, → *Glen Calder*, → *Royal Findhorn*, → *Old Orkney*, → *Ubique*, → *Immortal Memory* und haben mit dem → *Dunkeld Atholl Broth* auch einen eigenen Whiskylikör. Daneben gibt es eine Serie von Vatted Malts wie den → *Old Elgin* und den → *Strathavon* und die → »Pride of …«-Reihe. Das herausragendste Angebot freilich sind die Single Malts, von denen es mehrere ohne genaue Herkunftsbezeichnung gibt wie den *Fraser's* und die zum Teil in ganzen Reihen angeboten werden wie der → »Connoisseurs Choice«- und der → »Cask strength«-Serie. Sie wurden 1998 gleich durch zwei neue Reihen ergänzt, → »MacPhail's Collection« und → »Speymalt«, die ausschließlich verschieden alte → *Macallans* enthält.

Die guten Kontakte zu den Besitzern der Destillerien erlauben die Abfüllung von Malts wie →*Balblair*, →*Scapa*, →*Inverleven*, →*Glentauchers* oder *Old* →*Pulteney*, die im Auftrag von →Allied Distillers, oder von →*Linkwood* und →*Mortlach*, die im Auftrag von deren →Lizenzbesitzern erfolgt. Eine besonders enge Beziehung besteht zu Glenlivet, deren Malts unter dem Namen *George & J. G. Smith's Glenlivet* herausgebracht werden. Eine alte Tradition waren Whiskies für schottische Regimenter, an die heute noch die →*Highland Fusiliers*-Malts erinnern. Anläßlich von Queen Elizabeths II 25. Regierungsjubiläum oder der Hochzeit der Königskinder brachte G&M Spezialabfüllungen heraus, die heute hohe Preise erzielen. In dieser Tradition steht der *Golden Anniversary*, der 1997 zur Goldenen Hochzeit der Queen und des Prinzen Philip in einem prachtvollen Decanter herausgebracht wurde. Zum 100jährigen Firmenjubiläum 1995 ehrte man sich selbst durch die Serie der →»Centenary Reserve« und eine Abfüllung, die 100 Malts vereinigte.

Gordon Highlanders, The Schottischer Blend aus dem Hause William →Grant & Sons, das zu dem schottischen Regiment, das ihm den Namen gab, enge Beziehungen hat: Der Firmengründer bekleidete bei seinem Freiwilligen-Bataillon den Rang eines Majors. Zum 200. Gründungstag der Truppe schuf Grants Masterblender David Stewart einen »offiziellen Regiments-Whisky«. Er kann nicht mehr zur Feier militärischer Heldentaten, sondern nur noch zur Traditionspflege verwendet werden. Das Regiment fiel der Rationalisierung durch die englische Regierung zum Opfer, unterhält aber noch ein Museum in Aberdeen, an das von jeder verkauften Flasche ein Spendenanteil geht.

Grain Obschon jeder Whisk(e)y aus einer Getreidemaische destilliert wird und somit eigentlich ein Grain ist, ist die Bezeichnung doch für eine bestimmte, klar definierte Whiskysorte reserviert. Während ein Malt aus reinem Gerstenmalz gemacht und in kupfernen *pot stills* zwei- oder dreimal destilliert werden muß, während ein amerikanischer Straight Bourbon aus einer Maische mit mindestens 51 % Mais, ein Straight Rye aus mindestens 51 % Roggen in der Maische bestehen müssen, während ein klassischer Irish aus gemälzter und ungemälzter Gerste besteht, die wiederum in *pot stills* gebrannt werden, kann für den Grain jedes beliebige Getreide verwendet werden. Tatsächlich richtet sich die Zusammensetzung der Maische nicht nach irgendwelchen gesetzlichen Vorschriften, sondern nach dem Markt, d. h. es wird das Getreide genommen, das gerade am billigsten zu kaufen ist.

Doch es gibt noch ein zweites Kriterium: die Methode der Destillation. Grain wird nicht in den klassischen birnen- oder zwiebelförmigen Brennbasen zum Whisky, sondern durch das kontinuierliche Brennen in →*patent* →*stills*, die oft auch nach einem ihrer Erfinder als →*Coffey stills* bezeichnet werden. Aeneas Coffey und, unabhängig von ihm, Robert Stein entwickelten in den zwanziger Jahren des letzten Jahrhunderts ein neues Verfahren, bei dem die hauptsächlich aus Wasser und Alkohol bestehende *wash* nicht durch Erhitzen und Kondensieren destilliert wurde. Vielmehr »entkleidet« bei ihrer Methode heißer Dampf, der von unten in einen säulenförmigen Brennapparat eingeführt wird, die von oben kalt eingeleitete *wash* von Alkohol. Während mit den *pot stills* immer nur partienweise gearbeitet werden kann, können die *column* oder *continous stills* ohne Unterbrechung beschickt werden. Daß dabei gegenüber der traditionellen, ursprünglichen Methode erhebliche Kostenvorteile zu erzielen sind, liegt auf der Hand. Sie machen den Grain, der schon vom billigeren Ausgangsprodukt profitiert hat, noch einmal billiger. Zudem läßt sich so ein höheres Alkoholvolumen erreichen, das Destillat ist sehr rein, wenn auch etwas geschmacks- und aromenarm.

Es ist nicht übertrieben zu behaupten, daß die Erfindung Coffeys und Steins die Whiskywelt revolutioniert hat. Sie ermöglichte die Herstellung von gutem, aber billigem Whisk(e)y in großen Mengen. Tatsächlich spielte der Grain zunächst eine große Rolle, um preisgünstigen Whisky von Schottland nach England zu liefern. Aber wie wertvoll die Erfindung des neuen Whiskytyps war, erwies sich wenige Jahrzehnte später, als es Pionieren wie Andrew → Usher gelang, aus einer Mischung von Malts und Grain einen wiederum neuen Whiskytyp zu kreieren, den Blend. Er hat den Vorteil, daß er mit großer Konsistenz wiederholbar ist, also nach einer festen Formel immer wieder neu gemischt werden kann – die Voraussetzung für die Entstehung eines identifizierbaren Markengetränkes. Er hat als Scotch seit der Mitte des letzten Jahrhunderts zunächst Großbritannien erobert (wobei ihm die Reblauskatastrophe in Frankreich half, die den Engländern ihren bis dato bevorzugten Brandy nahm) und dann den Rest der Welt. Er hat die Grundlage für das Entstehen eines bedeutenden Wirtschaftszweiges gelegt, der immer noch dem Staat große Steuereinnahmen beschert. Er trug entscheidend dazu bei, daß der orginale Whisky, der Malt, in Vergessenheit geriet und daß, bis vor wenigen Jahren, der hauptsächlich aus Grain bestehende Blend das Synomym für schottischen Whisky war.

Als Single Grain hatte die neue Sorte lange nur eine sehr beschränkte Bedeutung. Einzig der aus der Cameronbridge Distillery stammende *Cameron Brig* war auf dem Markt, ehe zunächst Invergordon einen gleichnamigen Single Grain verkauften. Erst William Grant & Sons bemühten sich mit ihrem *Black Barrel* darum, einen Grain weltweit anzubieten.

Grand Age Japanischer Blend von → Nikka, seit 1989 auf den Markt. Er scheint den *Specialage* (sic) abgelöst zu haben, der vor der Einführung von Nikkas Single Malts die Spitzenmarke der Firma war und zumindest nicht viel unter diesem Niveau sieht man auch den Nachfolger. Das zeigt sich schon an der Ausstattung: Nikka liebt es, die Leidenschaft der Japaner für kostbar und ästhetisch verpackte Dinge dadurch zu befriedigen, daß viele Marken in schönen Glaskaraffen kommen. Neben dem → *Tsuru* in weißem Porzellan ist der eckige Decanter für den *Grand Age* die eleganteste Form, die Nikka gefunden hat. Er ist ein Super-Premium, also ein Blend der höchsten japanischen Kategorie, die einen Maltanteil von mehr als 40 % haben soll.

Grand Castle Schottischer Blend, 26 Jahre alt und in luxuriösem Keramik-Decanter: Ein → De luxe-Blend von → Morrison Bowmore, für den Markt in Fernost gedacht, auf dem diese Firma, die bekanntlich einen japanischen Besitzer hat, gut und erfolgreich vertreten ist, gerade mit den dort beliebten aufwendigen Präsentationsformen und sehr alten Whiskies.

Grand Dulky Französischer Whisky, der als »Noble« und »Grand Whisky de luxe« ausgegeben wird. Sein Hersteller ist die Firma La Marrinigeonise in Charente. Gemacht ist er aus Malts, die aus Schottland geholt werden, und Grain Whisky, der in Frankreich destilliert ist.

Grand Macnish Schottischer Blend, der heute von → MacDuff International kommt. Die Marke hat eine wechselvolle Geschichte hinter sich. Sie wurde von Robert Macnish schon Ende des 19. Jahrhunderts herausgebracht und kam, wie → *Doctor's Special*, eine andere Kreation des Glasgower Whisky- (und Tee-) Händlers, unter die Fittiche von Hiram → Walker. Dessen heutige schottische Statthalter, → Allied Distillers, haben letzteren behalten, den *Grand Macnish* aber 1992 an die gerade neu gegründete Firma MacDuff verkauft. Es gibt ihn als einfachen → Standard ohne Altersangabe und mit 12, 18, 21 und 25 Jahren.

Grand Metropolitan Internationaler Konzern, der im Dezember 1997 als eigenständiges Unternehmen aufhörte zu existieren: Nach mehrmonatigen Verhandlungen und unter Auflagen der Monopolkommissionen sowohl der EU wie der USA hat er mit → Guinness – friedlich – fusioniert. Die neue Firma ist bei weitem die größte auf dem Getränkesektor und läßt mit einem kombinierten Umsatz von mehr als 20 Millliarden Pfund die beiden nächsten, → Seagram und → Allied Domecq, weit hinter sich; beide zusammen sind immer noch kleiner als der neue Gigant, der ursprünglich den nüchternen Namen GMG Brands (GrandMet Guinness Brands) bekommen sollte, dann aber zur allgemeinen Verblüffung den erklärungsbedürftigen Namen → Diageo bekam. Beim Zusammenschluß war GrandMet der größere Partner. Er hatte seine Gestalt erst allmählich angenommen, sich im Laufe seiner Geschichte auf vielen Feldern betätigt, war z. B. einmal der größte Hotelkonzern der Welt. Zur Zeit der »Eheschließung« hatte man nur noch die umsatzstärksten (schwächere wie die deutsche Konservenfirma Erasco oder die Optikerkette Pearle Vision waren rechtzeitig abgestoßen worden) »Food and Drink«-Aktivitäten beibehalten, also die Tochterfirmen Häagen-Dazs (Eiscreme), Pillsbury (Baked Beans), Green Giant (Tiefkühlgemüse), Old El Paso (mexikanische Lebensmittel) und natürlich → IDV. Dieses Tochterunternehmen war einer der fünf weltgrößten Getränkekonzerne mit Produktionsstätten in Schottland (→ Auchroisk, → Glen Spey, → Knockando, → Strathmill plus Lager- und Abfüllanlagen), Kanada (→ Palliser), Brasilien, Indien und Australien und einigen sehr starken Marken wie »Gilbey's«-Gin, »Smirnoff«-Wodka, »Malibu« und vor allem dem Blend → *J & B*, der die Nr. 2 weltweit ist und den Diageo behalten durfte. Aus dem neuen Unternehmen, das es bei Spirituosen auf etwa 20 % des Weltmarktes bringt, kommen mit → *Johnnie Walker Red* und *J & B* die beiden verkaufsstärksten schottischen Blends und, nachdem man sich von → *Dewar's* trennen mußte, mit *Johnnie Walker Black*, → *Bell's* und → *White Horse* immerhin fünf Marken, die zu den zwölf Top Scotch Whiskies gehören.

Grand Old Highland Schottischer Blend von Morrison Bowmore, eine der → De luxe-Marken des Hauses. 26 Jahre alt und in aufwendigem Keramikgefäß präsentiert, zielt der Blend auf die Märkte in Fernost, wo man solche Aufmachungen liebt (und für sie zu zahlen bereit ist).

Grand Scot Schottischer Blend von H. → Stenham in London, der ihn unter dem Namen seiner Tochterfirma Highland Blending in fünf Altersstufen mit 3, 5, 8, 10, 12 Jahren und ausschließlich für den Export herstellt.

Grande Canadian Kanadischer Whisky, von der Firma → Heaven Hill als → *bulk*-Ware in die USA importiert und dort als Eigenmarke verkauft.

Grant and Sons, William Schottische Whiskyfirma, gegründet 1886 von William Grant in → Dufftown. Sie ist, nachdem → Macdonald Martin und Arthur → Bell & Sons Aktiengesellschaften wurden und letztere von → Guinness übernommen wurde, die letzte und einzige von Weltgeltung, die heute immer noch im Besitz der Gründer-Familie ist und, auch das eine Seltenheit, immer noch von Schottland aus geführt wird (von London aus werden nur die Exportgeschäfte getätigt, die Zentrale ist in Glasgow). William Grant lernte sein Handwerk in → Mortlach, der ersten Brennerei des Ortes, der heute die größte Zahl an Destillerien weltweit aufweist. Grant hatte zwei Töchter und sieben Söhne, die er, ungewöhnlich genug für diese Zeit, alle studieren ließ – und die ihm dennoch halfen, mit ihren eigenen Händen, nur beraten von einem Architekten, seine erste eigene Brennerei zu errichten.

Sie hieß → Glenfiddich und ihr erster Whisky soll am Weihnachtstag des Jahres 1887 geflossen sein. Ihr folgte, nur einen Steinwurf entfernt, 1892 die nach dem nahen → Balvenie Castle benannte zweite Brennerei. William Grant wurde später blind, ließ sich dennoch die Leitung der Geschäfte, die die Familie zielstrebig ausbaute, nicht nehmen – und hatte eine so schöne Schrift, daß seine Unterschrift noch heute jede Flasche der Firma ziert. Den größten Erfolg hatte sie mit einem → Blend, der nicht ganz freiwillig herausgebracht wurde, als durch den Zusammenbruch → Pattisons der Hauptabnehmer für die Malts der Grants wegfiel. Er wurde, der schwierigen wirtschaftlichen Situation – und dem Schlachtruf des Clan Grant! – entsprechend → *William Grant's Standfast* genannt. Um auch einen Großteil des für ihn benötigten → Grain Whisky selbst zu produzieren und sich von anderen Firmen unabhängig zu machen und damit die Selbständigkeit zu erhalten, wurde 1963 in → Girvan in den → Lowlands eine Grain-Destillerie errichtet.

Gleichzeitig wurde der Entschluß getroffen, der sich als der erfolgreichste und folgenreichste der gesamten Firmengeschichte herausstellen sollte: *Glenfiddich* sollte als Single Malt nicht nur in Schottland, sondern auch in England und dann sukzessive auf der ganzen Welt vermarktet werden. Es war das erste Mal, daß eine Whiskyfirma daran glaubte, daß auch für Single Malt Kunden gewonnen werden konnten – und zwar zu einer Zeit, wo selbst im heimischen Schottland der Blend das Synonym für einen Scotch war und eben nicht für den in Vergessenheit geratenen Malt. Vielleicht konnte dieser mutige Schritt nur von einer Familienfirma gemacht werden, die sich die Zustimmung für ihre Entscheidungen nicht von einer weit entfernten Konzernzentrale holen mußte oder gar von einem internationalen Multi abhängig war. Die Entscheidung der Grants stieß damals auf die Skepsis aller Kollegen und der gesamten Industrie, die aber längst einsehen mußten, daß sie das Nachsehen hatten: *Glenfiddich* ist heute national und international mit weitem Abstand die Nummer 1 von allen verkauften Malts. Konsequentes Marketing, zu dem eine völlig eigenständige Flasche ebenso gehörte wie die revolutionäre Öffnung der Destillerie für Besucher, begleiteten den Erfolg der Marke. Für viele war und ist ein *Glenfiddich* der erste Malt, mit dem sie es zu tun haben, und in vielen Ländern ist er geradezu identisch mit dem ganzen Genre.

Schon kurz nach der Markteinführung von *Glenfiddich* expandierten die Grants wieder, indem sie 1966 in → Girvan innerhalb des Destillerie-Komplexes eine Malt-Destillerie namens → Ladyburn einrichteten, die allerdings zehn Jahre später ihren Betrieb wieder einstellte. In → Girvan wird neben Grain auch Neutral Spirit produziert. Mit → Kininvie baute die Firma 1990/1 in → Dufftown auf ihrem Gelände eine neue Malt-Destillerie, von → UD wurde, komplett leergeräumt, die unmittelbar benachbarte → Convalmore gekauft, deren → *warehouses* heute zur Lagerung der eigenen Fässer benutzt werden. Beide Schritte zeigen, daß auch die fünfte Generation der Familie gewillt ist, den Konzentrationsprozessen und den Firmenübernahmen zu widerstehen und den Giganten des Geschäftes ihre Unabhängigkeit entgegenzusetzen – und Innovationskraft und -mut.

So werden nicht nur die vorhandenen Marken wie der als Nr. 4 der Weltrangliste ebenfalls sehr erfolgreiche Blend *William Grant's* gepflegt und sorgfältig durch neue Varianten ausgebaut, es werden auch neue Blends wie → *Robbie Dubh*, *The* → *Gordon Highlanders* oder → *Clan MacGregor* oder für eine Whiskyfirma ungewöhnliche Produkte wie Gin oder der mit Richard Branson zusammen konzipierte »Virgin Vodka« auf den Markt gebracht. Außerdem wurden → Alcopops wie »Mirage« und »Taboo« kreiert. Das 100jährige Jubiläum von Balvenie wurde zu einem *relaunching* genutzt. Die *Glenfiddich*-Reihe wurde um einen 15jährigen → *cask strength* und, 1998, um einen *Solera Reserve* und den *Ancient Reserve* erweitert. Mit der Einführung eines Single Grain wurde 1995 wieder Neuland betreten: mit dem → *Black Barrel* wurde zum ersten Mal dieser Whisky-Typ wiederum nicht nur auf dem heimischen Markt oder über → unabhängige Abfüller, sondern mit aufwendigen Aktionen international angeboten, um neue Verbrauchergruppen anzusprechen. William Grant & Sons haben auch eine Tochterfirma, → QSI (Quality Spirits International), die mehr als 50 Spirituosen-Marken führt und vor allem einfache *Value for money*-Produkte anbietet.

Grant, J. & G. Schottische Whiskyfirma, die die → Glenfarclas Distillery besitzt und betreibt, die vom Firmengründer John Grant bereits 1865 gekauft und seit 1870 zusammen mit seinem Sohn George betrieben wurde. Die Firma wird heute in der fünften Generation geführt und ist damit eine der ganz wenigen, die sich ihre Unabhängigkeit bewahren und es vermeiden konnte, von den Großen des Geschäftes, wie der früh in Schottland entstandenen → DCL oder den heute international operierenden Multis, freundlich oder feindlich übernommen zu werden. Nur einmal in ihrer Geschichte haben J. &. G. Grant eine Partnerschaft gesucht, als sie, um Kapital für die Renovierung von Glenfarclas zu bekommen, 1895 die Hälfte

der Firma an → Pattison abtraten. Dessen die gesamte Whisky-Industrie schockenden Bankrott 1898 überstanden sie nur mühsam. Seitdem wurden keine neuen Allianzen eingegangen, statt dessen versuchte man, durch Einfallsreichtum und das Gehen neuer Wege im Geschäft zu bleiben. Das Vorbild von William → Grant & Sons und → *Glenfiddich* dürfte dabei hilfreich gewesen sein: der Malt von Glenfarclas wurde nicht mehr nur Blendern angeboten, sondern als Single Malt selbst verkauft und als wichtiges Marketinginstrument wurde auch früh die Einrichtung eines Visitor Centres (1973) mit Führungen durch die Brennerei erkannt.

Neben den Single Malts, die in vielen Versionen angeboten werden, wird auch ein Blend mit dem Namen → *Glen Dowan* als → Standard und mit 21 bzw. 25 Jahren verkauft. Den Namen des Firmengründers trägt der → Pure Malt *The* → *John Grant*, der ursprünglich nur in Italien verkauft wurde, wo er gerade 6 Jahre alt war; 1998 kam ein 17jähriger mit 43 % dazu. In den letzten Jahren werden zudem eindeutig von Glenfarclas kommende Malts unter Handelsnamen wie → *Highland Cattle*, → *Eagle of Spey* und → *Meadhan* vermarktet, wofür die erfolgreichen »Zweitweine« der großen Chateaux in Bordeaux Pate gestanden haben könnten. Zusammen mit Peter J. → Russell & Co. besitzt die Firma eine Abfüllanlage in Broxburn nahe beim Flughafen in Edinburgh und kann damit zu Recht behaupten, sie gehöre zu den wenigen Brennereien, die ihren Malt selbst abfüllen – wenn auch nicht am Produktionsort.

Grant, J. & J. Eine weitere Familie mit dem Namen Grant. Er durchzieht die schottische Whiskygeschichte, weil viele Destillerien wie → Glenfiddich, → Glenfarclas oder → Glen Grant von Grants gegründet wurden, die freilich nicht miteinander verwandt sind. John und James waren die beiden Brüder, die Glen Grant gründeten, wobei James der aktivere war. Er versuchte es immer noch mit dem Schmuggel, als er schon Rechtsanwalt war, experimentierte mit anderen Berufen, ehe er endgültig Brenner wurde. Er engagierte sich auch als Politiker und erreichte, daß sein Dorf einen Eisenbahnanschluß bekam. Ein kleines Denkmal setzte er sich im Garten hinter der auch heute noch wie eine kleine Schloßanlage annutenden Glen Grant Distillery: Nach dem Vorbild der in kleinen Grotten verborgenen Heiligen-Figuren ließ er einen *Dram-Safe* anlegen. Seine Eisentür bewachte eine Flasche seines Malts, aus der er seinen Besuchern eine Erfrischung anbieten konnte. Die von ihm gegründete Firma blieb über 100 Jahre in Besitz von Glen Grant und → Caperdonich, bis sie 1953 mit den → Smiths von → Glenlivet fusionierte, um in eine Aktiengesellschaft umgewandelt zu werden.

Great Count O'Blather Irischer Whiskey, von dem trotz größter Bemühungen keine Flasche aufzutreiben war, obwohl in Stefan Gabányis »Schumann's Whisk(e)ylexikon« der famose Günter Mattei sogar eine genaue Abbildung von ihm gemalt hat. Er käme, berichtet Gabányi, von B. O'Nolan im nordirischen Strabane. Er sei eine kleine Marke, die in »Dubliner Literaturkreisen sehr geschätzt wird; Whiskey ist hier auch als das ›Öl der Sonne‹ bekannt«. Könnte es sein, daß der gute Gabányi bei zuviel Whiskey dem bekannten Fabuliertalent jener Kreise aufgesessen ist? Hat ihn gar das Öl doch nicht vor einem Sonnenstich bewahrt? Oder macht er sich nur lustig? Recherchen in Strabane beim örtlichen Tourist Office und im Rathaus ergaben, daß noch niemand diesen Whiskey zu Gesicht bekommen hat und daß es auch keine Firma dieses Namens gibt. Aber »blather«, das kannte man: es ist ein tatsächlich nur in Strabane und Umgebung verwendetes Wort und bedeutet – Gerücht, Geschwätz. Und Rolf Sotscheck, Irlandkorrespondent der TAZ, großer Whiskeykenner und mit der Tochter eines berühmten Schwarzbrenners verheiratet, hatte noch einen Hinweis und der führte wieder zu den Literaturkreisen: O'Nolan, das ist der richtige Name von Flann O'Brian, der eigentlich Brian O'Nolan hieß.

Great Glen Celtic Cream, The Schottischer Whiskylikör auf Sahnebasis, hergestellt von der → Speyside Distillery Co.

Great Mac Schottischer Blend, der von der in London ansässigen Firma → Montrose Whisky Company hergestellt und vor allem exportiert wird.

Great Macauley, The Schottischer Blend, dessen Etikett als Hersteller → Ladyburn Distillery nennt, der aber von → QSI kommt. Diese Firma ist eine Tochter von William → Grant & Sons, die wiederum tatsächlich eine Malt-Brennerei namens Ladyburn innerhalb ihrer großen Anlage in → Girvan betrieben haben. Sie ist längst stillgelegt und auch deswegen gehört ihr Malt zu den gesuchtesten überhaupt. Nur der → unabhängige Abfüller → Cadenhead führte ihn und auch das ist lange her, ansonsten gab es nur einmal einige Flaschen für die Arbeiter in Girvan (und für den Autor dieses Buches). Man weiß aber, daß es noch einige Fässer von ihm gibt, die immer wieder die Begehrlichkeit der Sammler reizen. Daß jetzt der Name *Ladyburn* auf den Flaschen dieses Blends und sogar auf einem Malt zu finden ist, nährt natürlich die Spekulationen darüber, ob die Grants dem Drängen ein Ende setzen wollten und den (für einen → Lowland schon sehr in die Jahre gekommenen) Whisky kurzerhand verarbeitet haben, aber bewiesen ist das nicht. Jedenfalls waren auch im Mai 1999 noch einige Dutzend Fässer vorhanden.

Great Outback Australischer Whisky, von dem 1999 einige Flaschen aufgetaucht sind. Dem Nürnberger Whiskyhändler Otto Steudel von »Celtic« gelang es, einige von ihnen zu bekommen. Der *Great Outback Superior Blend Australian Whisky* kam in einer Bügelflasche, die nur einen halben Liter faßte. Der Rare Old Australian Single Malt dagegen war in einer normalen Flasche. Sie war in eine Holzkiste verpackt, man wußte also, daß man für die Rarität viel Geld verlangen konnte. Als Produzent und Distributeur nennt das Label eine Firma namens Cawsey Menck. Leider ist alles andere sorgfältig weggerubbelt. Zu lesen ist immerhin noch, daß der Malt Mitte der achtziger Jahre in Australien destilliert und dort auch, mit 40 %, abgefüllt sei.

Green Highlander Schottischer Blend, der von G. & J. Greenalls wahrscheinlich nicht produziert, sondern nur vertrieben wurde. Die Firma, im englischen Sprachgebrauch ein *contract-distiller* und *bottler*, also ein Unternehmen, das eigene Marken von anderen destillieren läßt, ist eine Tochter von Greenalls plc. Dieses Unternehmen war zuerst eine große, in ganz Großbritannien aktive, Brauerei, hat dann zuerst sehr viele kleinere, regionale Brauereien aufgekauft, sich aber dann 1991 ganz von der Bierherstellung zurückgezogen, um sich nur noch auf die Verwaltung ihrer 1400 Pubs und ihrer »Stretton Leisure«-Kette (Spielhallen) zu beschränken. 1998 kam die Firma unter Druck. Ob sie sich auch von G. & J. Greenalls trennen muß, ist noch offen. Sie sind vor allem für ihren »Greenalls«- und »Richmond«- Gin bekannt, den Scotch haben sie nicht mehr im Programm.

Green Plaid Schottischer Blend, dessen voller Name auf den Besitzer der Marke verweist: → *Inver House Green Plaid*. Die Firma Inver House stellt den vollen Namen groß heraus, um diesen Blend von dem zu unterscheiden, der in den USA von → Canandaigua bzw. deren Tochter → Barton Brands unter dem Namen *Inver House* verkauft wird und von → UD gemacht wurde: ein Beispiel, zu welchen verwirrenden Ergebnissen die Fusionen, Ver- und Aufkäufe von Firmen und Marken führen können. Barton hatte Inver House 1985 die → Loch Lomond Distillery verkauft und im Gegenzug dafür die Vertriebsrechte für die USA bekommen. Der *Green Plaid*, dessen Ausstattung sehr schottisch ist, ist vor allem in Südeuropa und

Südamerika sehr erfolgreich. Es gibt ihn als → Standard und mit 12, 21, 25 und 35 Jahren.

Green Spot Irischer Whiskey, der sich auf dem Label so nennt, obwohl er ein echter Pot Still Whiskey ist – eine Bescheidenheit, die ganz und gar unangebracht ist, ist er doch einer der letzten Vertreter dieser Gattung, die bis zur Einführung der Blends den traditionellen, echten Irish verkörperte und sich wirklich von allen anderen in Schottland, USA und Kanada unterschied. Heute gibt es von diesem Whiskey-Typ nur noch den → *Red Breast* und den → *Old Comber* und, bei einer etwas großzügigeren Definition die Single Malts von → Cooley's, für die allerdings nur gemälzte Gerste verwendet wird; Puristen bestehen darauf, daß es weniger die dreifache Destillation ist, die Irish Pot Still Whiskey ausmacht, sondern die ungemälzte Gerste. *Green Spot* stellt auch noch aus einem anderen Grund eine Ausnahme dar: er ist der letzte des Landes, der für eine Weinhandlung produziert und ausschließlich von ihr vertrieben wird. Früher hatten viele Wein- und Lebensmittelhändler ihre eigene Marke. Während in Schottland aus einigen von ihnen mächtige Firmen wie → Haig, → Walker oder → Dewar und fast ein Synonym für Scotch wurden, ist in Irland nur Mitchell & Son übriggeblieben, die ihren Laden in der Kildare Street in Dublin haben. Anfang der 20er Jahre eingeführt und wegen seiner großen Beliebtheit bald um längst wieder eingestellte Versionen wie einen *Blue* (7 Jahre alt), *Yellow* (12) und *Red Spot* (15) ergänzt, kam der für *Green Spot* bestimmte Whiskey zunächst für fünf Jahre in verschiedene Sherryfässer, wurde dann verschnitten und durfte nach dieser »Verheiratung« weitere fünf Jahre reifen. Hergestellt wurde er immer von → Jameson, früher in Dublin, heute in → Midleton. Er ist, bei 40 %, nur noch sieben bis acht Jahre alt und der Sherryfaßanteil macht nur noch etwa ein Viertel aus. Jährlich gibt es nicht mehr als 6000 Flaschen. Eine Rarität also, in mehrfacher Hinsicht.

Green Stripe Schottischer Blend, mit vollem Namen *Usher's Green Stripe*, der von der Firma Andrew → Usher geschaffen wurde. Usher Vater und Sohn gelten allgemein als diejenigen, die die Kunst des Blendens von Malt und Grain-Whiskies erfanden. Der *Green Stripe* ist damit so etwas wie der Ur-Blend schlechthin. Um so größer die Schande, daß → UD bzw. deren Nachfolger UDV, denen er heute gehört, es nicht für nötig halten, ihn groß herauszustellen, sondern ihn auf dem südamerikanischen Markt nahezu verstecken. Dort spielt er freilich eine dominierende Rolle. In Venezuela, das mit den größten Pro-Kopf-Verbrauch von Scotch hat, ist er sogar Nr. 1.

Greenfield Irischer Whiskey von Cooley, identisch mit dem → *Dunlow*.

Gregson's Whisky, der in → Brasilien hergestellt wird. Wie alle »nationalen Whiskies« besteht er aus Grains, die im Lande erzeugt werden, und aus Malts, die aus Schottland *in* → *bulk* importiert werden. Hersteller waren → IDV, sind also jetzt UDV. Er wird auch in den Nachbarländern, vor allem in Uruguay, verkauft.

Grierson's No. 1 Schottischer Vatted Malt mit 12 Jahren, den sich das angesehene Londoner Weinhandelshaus Grierson herstellen läßt. Die Firma hat weitere Eigenmarken, z. B. den Blend → *Moorland.*

Grist Bezeichnung für das in einer Mühle zu grobem Schrot zerkleinerte Getreide, das für die Herstellung der verschiedenen Whisky-Typen eingesetzt wird. Beim Malt Whisky wird das durch → Keimung und Trocknen erzeugte → Malz zu nicht zu feinem *grist* gemahlen, der dann in einer → *mash tun* in heißem Wasser eingeweicht wird, um ihm den Zucker, die Maltose, zu entziehen. Je feiner der *grist* ist, desto mehr Alkohol ist erzielbar. Allerdings glaubt man, daß eine zu große Feinheit negativen Einfluß auf seinen Geschmack hat. Es werden zwei Typen von Mühlen verwendet: Mühlen, die das Malz mit Hämmern zerkleinern, und Mahlwerke, die sanfter und schonender mit einem Rollwerk arbeiten.

Auch bei der Erzeugung von anderen Whiskies muß das verwendete Getreide, sei es ungemälzte Gerste, Roggen oder Weizen, gemahlen und zu *grist* gemacht werden, ehe es noch einmal gekocht wird, um die Stärke freizusetzen. Mais, sowohl beim Bourbon wie auch beim Grain eingesetzt, wird nicht gemahlen, sondern gleich gekocht. Gemälztes Getreide darf dagegen nicht gekocht werden, weil das Enzyme zerstören würde, die für die Verzuckerung und Vergärung gebraucht werden.

Grünes Malz Bezeichnung für einen bestimmten Zustand, bei dem das für die Herstellung von Bier oder Malt Whisky notwendige Gerstenkorn sich schon verändert hat, aber noch nicht zu → Malz geworden ist. Von *green malt* spricht man, wenn die Gerste durch Einweichen in Wasser (→ *steeping*) zum Keimen gebracht worden und dabei die in ihr enthaltene Stärke freigesetzt worden ist. Sie wird durch weitere Bearbeitung in Maltose verwandelt, die dann durch Gären und schließlich Destillieren in Alkohol verwandelt wird. Während des Keimvorgangs muß das Getreide immer wieder zur Temperaturkontrolle umgewendet werden. Nach einigen Tagen hat es dann eine bestimmte Konsistenz erreicht, die Stärke ist dann weich und kalkig und man nennt es grünes Malz (obwohl es immer noch gelb ist). Durch Trocknung in der → *kiln* kann es jetzt zu Malz werden.

Guinness International operierender Getränkekonzern, der aus jenen kleinen Anfängen entstanden ist, die Arthur Guinness legte, als er 1759 die St. James's Brewery in Dublin erwarb. Zweihundert Jahre lang wurde Guinness nur mit dem Hauptprodukt, dem berühmten tiefschwarzen Stout, identifiziert. Die Brauerei wuchs zwar ständig, eroberte, auch dank ihrer pfiffigen Reklame mit dem Tukan, die Märkte der Dritten Welt, aber sie blieb eine Familienfirma und wäre vermutlich nie in ein Whisky-Lexikon gekommen, wenn nicht Anfang der achtziger Jahre ein von Nestlé kommender Mann namens Ernest Saunders im sich damals immerhin schon in London befindlichen Hauptquartier das Kommando übernommen hätte. Er träumte von Diversifikation und Globalisierung – und landete innerhalb von zwei Jahren zwei Coups, die Guinness zu einem der größten Spirituosengiganten machten – ihn aber ins Gefängnis brachten. Der erste Schlag war die feindliche Übernahme von Arthur → Bell & Sons, einer der letzten unabhängigen (wenn auch schon an der Börse gehandelten) Firmen im Jahre 1985. Ein Jahr später war die größte schottische Whiskyfirma reif, die sich durch Unbeweglichkeit in eine angreifbare Position manövriert hatte: → DCL. Es kam zu einer erbitterten Auseinandersetzung zwischen Saunders und James »Jimmy« Gulliver, dem aus → Campbeltown stammenden Selfmademan, der die → Argyll-Gruppe (u. a. → Safeway) aufgebaut und sich auch im Whiskygeschäft engagiert hatte. Gulliver verlor den Kampf im Dezember 1986, offensichtlich weil Saunders sich mit Hilfe alter schweizer und österreichischer Bankkontakte unfairer Methoden bedient hatte. Die Sache kam an Licht, als einer der Beteiligten, der amerikanische Spekulant Ivan Boesky, wegen Insider-Geschäften zur Rechenschaft gezogen wurde. Saunders wurde verurteilt – ein Wirtschaftskrimi, der immer noch nicht ganz aufgeklärt ist. Nick Kochan und Hugh Pym haben mit »The Guinness Affair« darüber ein spannendes Buch geschrieben, bei dem man freilich auch nicht sicher ist, ob alles stimmt.

Tatsache ist jedenfalls, daß Guinness plötzlich im Besitz der DCL war und nun energisch die Macht ergriff. DCL mußte, trotz der gegenteiligen Zusage Saunders, ihren Sitz nach London verlegen, was die Schotten noch mehr schmerzte als der Verlust vieler Jobs, weil einmal mehr die Entscheidungen nicht mehr in Schottland, sondern in England getroffen wurden. Aus der DCL wurden United Distillers, → UD, die einer der großen *player* im Whiskygeschäft wurden und sich keineswegs nur auf Europa beschränkten: Sie besaßen auch große Gin-Marken wie »Tanqueray« und »Gordon's«, aber eben auch mit → *Johnnie Walker Red Label* und *Black Label*, mit → *Bell's*, → *Dewar's* und → *White Horse* immerhin fünf der weltweit meistverkauften Scotch Blends und es gehörten ihnen fast ein Drittel aller schottischen Malt-Brennereien. Guinness war seitdem gegliedert in die beiden Gruppen GBW (Guinness Brewing Worldwide) und die ebenso weltweit operierenden UD mit Töchtern in mehr als zwanzig Ländern; außerdem publizierte die Firma in vielen Ländern das berühmte Rekorde-Buch, besaß das Gleneagles Hotel in Schottland und hat *joint ventures* z. B. in Indien, China und es gab eine gegenseitige Beteiligung an dem französischen Luxuskonzern LVMH.

Im Sommer 1997 wurden Pläne bekannt über eine Fusion zwischen Guinness und → Grand Metropolitan, die ein neues Gebilde entstehen lassen sollte: den größten Getränkekonzern der Welt mit einem kombinierten Umsatz von mehr als 20 Milliarden (Pfund!), einem Weltmarktanteil bei Spirituosen von mehr als 20 % und einem Umsatz von 600 Millionen → *cases* jährlich. Zu den Opponenten zählten nicht nur die Brüssler und die amerikanische Monopolkommission, sondern auch Bernard Arnault, der Chef von LVMH. Gegen Jahresende waren die Einsprüche vom Tisch, die neue Firma mußte sich von einigen Marken trennen, vor allem von → *Dewar's*, der in den USA die Nr. 1 war (behält aber mit dem → *J & B* die Nr. 2). Sie hat auch einen neuen Namen: → Diageo. Sie ist größer als die beiden nächstgrößten → Seagram und → Allied Domecq zusammen. Der neue Konzern trennte sich mittlerweile von weiteren Töchtern und Marken, vor allem in Nordamerika.

Gun Club Schottischer Blend von → Whyte & Mackay/→ JBB (Greater Europe). Die Marke wird unter dem Namen der Firma Allan, Poyter & Co. geführt, deren Manager Mr. Mackay war und die er bei der Gründung der eigenen Firma 1882 einbrachte.

H

Hackler Irische Spirituose mit 40 %, die von → UD erfunden und für sie von → Cooley in Irland hergestellt wurde. Sie nannte sich → *poitín* und war etwas, was es per definitionem gar nicht geben kann: ein illegaler Whiskey, der legal hergestellt wird. Destilliert wurde sie aus gemälztem Getreide. Nach eigenen Angaben wollten UD mit ihr sowohl vom Mythos des schwarzgebrannten irischen Nationalgetränks unter Irland-Sympathisanten vor allem in den USA und in Australien profitieren und gleichzeitig das jüngere Publikum ansprechen, das »weiße« Spirituosen zum Mixen den klassischen »braunen« vorzieht. Das Produkt war damit Teil des Konzepts, Whisk(e)y in neuer Form wie den umstrittenen → *Loch Dhu* oder den → *Red Devil* oder als vorgefertigtes Mixgetränk wie → *Bell's* mit Cola anzubieten und damit neue Käuferschichten anzusprechen. Zumindest beim Hackler ist das Experiment gescheitert. Im August 1998 wurde das Getränk, das seine Erfinder 2 Millionen Pfund gekostet haben soll, wegen Erfolglosigkeit vom Markt genommen, kurz nachdem ein *Gold Label* mit 50 % herausgebracht worden war und eine andere Firma mit dem → *Knockeen* einen weiteren »Poteen« lanciert hatte. Auch den → *Bunratty*, der seine Version »Potcheen« schreibt, gibt es weiter.

Haddington House Schottischer Blend, ein einfacher → Standard von → QSI, einer Tochter von William → Grant & Sons. Haddington ist ein kleiner Ort südöstlich von Edinburgh, in dessen Nähe eine berühmte Familie ihr Herrenhaus hat. Aber das Schloß der Lady Hamilton heißt Lennoxlove, während Haddington House das schönste Haus des Städtchen ist.

Haig & Co., John Schottische Whiskyfirma, deren Gründerfamilie nicht nur Whisky-, sondern mehrmals schottische, sogar britische Geschichte schrieb. Keine andere jedenfalls hat so frühe Beweise dafür, daß sie mit dem Handwerk des Destillierens zu tun hatte: schon 1655 wird von einem Robert Haig berichtet, der sich eine Kirchenstrafe zuzog – weil er am heiligen Sonntag Whisky gebrannt hatte. Und Douglas Haig errang als Feldmarschall der britischen Armee im 1. Weltkrieg einen entscheidenden Sieg über die Deutschen, wurde zum Earl ernannt und mit einem Reiterdenkmal vor dem Edinburgh Castle geehrt.

Die Familie geht zurück auf den Normannen Petrus de Hage, der mit William the Conqueror nach England kam. Seit 1162 ist Bemersyde, zwischen Dryburgh Abbey und Scott's View hoch über dem Tweed gelegen, der Stammsitz. Kein Geringerer als der berühmte Seher Tom the Rhymer prophezeite ihr, daß das ewig so bleiben würde. Doch obwohl → Glenkinchie Distillery, die der Firma zeitweilig gehörte, nicht weit von Bemersyde liegt – der Schwerpunkt der Whiskylinie der Familie lag auf der anderen Seite des Firth of Forth, in Fife. Dorthin war Robert Haig als Farmer gegangen, der wie viele seiner Kollegen die Überschüsse der Ernte gerne in flüssiger Form aufbewahrte. 1751 heiratete John, einer seiner Nachkommen, Margarete Stein, deren Familie Destillerien in Kilbagie und Kennetpans im nahen Clackmannshire betrieb. Zweifellos hat diese Heirat tiefe Spuren in der Whiskygeschichte hinterlassen, nicht nur, weil die Haigs nach Irland und Amerika gingen, um dort Whisky herzustellen und zu verkaufen, und weil alle fünf Söhne eigene Brennereien gründeten und eine Tochter in Dublin John → Jameson heiratete, sondern vor allem, weil einem Robert → Stein 1827 in Kilbagie die Erfindung der → *patent still* gelungen war, die die Herstellung von Grain Whisky ermöglichte. Ohne sie hätte es keinen Blend gegeben und keinen Siegeszug des Scotch zum erfolgreichsten Drink überhaupt. → Cameron Bridge, die Brennerei, die ein anderer John Haig 1813 gebaut hatte, produzierte hinfort nur noch Grain – aus ihr kommt heute einer der wenigen dieser Gattung, die auch als Single Grain verkauft werden.

John Haig, der drei Meilen von der Brennerei entfernt in Markinch Anlagen zum Blenden errichtet hatte, war auch die treibende Kraft hinter dem Zusammenschluß mehrerer → Lowland-Brenner zur → Distillers Co. Ltd, aus der später die → DCL wurde, die mächtigste Firma im schottischen Whiskygeschäft, die 1987 von → Guinness gekauft und zu → UD gemacht wurde. 1919 erwarb die DCL sämtliche Aktien von John Haig & Co., 1925 erwarb sie auch → Haig & Haig, die in Amerika sehr erfolgreich den → *Pinch* eingeführt hatten, der in Europa als → *Dimple* bekannt war, die Edelmarke neben dem einfacheren, aber nicht weniger erfolgreichen *Haig Gold Label* und → *Haig & Haig Five Star* und dem → *Golden Age*, den es nicht mehr gibt. Zum Promoten ihres Whisky schufen die Haigs auch einen der genialsten Slogans: »Don't be vague ask for Haig«. Der *Haig Fine Old* wird seit 1994 wieder von UD verkauft. Auch ein Vatted, der → *Glenleven*, wurde verkauft. Unter dem Dach der DCL war Haig neben Glenkinchie auch für die Brennerei → Glenlossie und die 1971 in ihrer Nachbarschaft errichtete → Mannochmore Distillery verantwortlich. Auch der ehemalige amerikanische NATO-Oberkommandierende Alexander Haig ist übrigens ein Abkömmling derer von Bemersyde.

Haig & Haig Schottische Whiskyfirma, die 1888 von einem Mitglied der großen Whiskyfamilie der Haigs gegründet wurde, um vor allem auf dem amerikanischen Markt tätig zu sein. Sie war es, die den → *Pinch*, die amerikanische Version des → *Dimple* dort zu einer großen Marke machte. Seit 1906 unter der Kontrolle von → Robertson & Baxter, wurde sie an die → DCL verkauft und 1925 passenderweise von John & → Haig & Co. übernommen. Ein → Blend namens *Haig & Haig Five Star* trägt noch ihren Namen.

Hair of the Dog Eines der schottischen Rezepte gegen den »Hangover«, den Morgenkater. Es soll auf den (englischen) Dichter John Heywood zurückgehen, der das Haar eines Hundes empfohlen hat, von dem man am Abend zuvor gebissen worden sei. Ein guter Schuß Scotch wird mit einem Eßlöffel Honig und einem Eßlöffel Sahne über Eis geschüttelt. Kann sein, daß es einem danach schlechter geht als vorher.

Hakushu Japanische Destillerie, 120 Kilometer westlich von Tokio in einer Region gelegen, die zu den »Japanischen Alpen« gehört. Sie ist das wichtigste Weinbaugebiet des Landes und tatsächlich hat der Multikonzern → Suntory, Besitzer der Brennerei, dort auch eine Weinkellerei. Etwas näher an Japans heiligem Berg Fujiyama liegt die riesige, 1973 gebaute Anlage, die indes fast völlig vom Wald verschluckt würde, wären da nicht zwei durch einen Steg verbundene Pagoden. Sie sehen aus wie die, die früher in Suntorys älterer → Yamazaki Distillery zu sehen waren und krönen freilich nicht eine Mälzerei, denn Hakushu bezieht alles benötigte Malz aus dem Ausland, sondern ein hervorragendes Museum, in dem man sich kostbare Exponate anschauen und über die Geschichte des Whisky nicht nur in Japan informieren kann.

Etwas weiter entfernt liegt die Brennerei, die mit einer Jahresproduktion von 55 Millionen Liter Malt Whisky zweifelsfrei die größte der Welt ist; genauer gesagt handelt es sich freilich um drei unterschiedliche Brennereien, von denen eine erst 1981 zu den beiden älteren hinzukam. Sie sind in einem gemeinsamen Gebäude, haben aber unterschiedliche → *mash tuns* und → *wash backs*. Unterschiedliche Hefen und unterschiedlich stark getorftes Malz erlauben es, daß die 24 → *pot stills* ganz verschiedene Whiskies erzeugen. Riesig sind auch die Lagerhäuser, die dort Keller genannt werden und in denen ständig 800 000 Fässer liegen, von denen die meisten vorher Bourbon enthielten. Sie werden in einer eigenen Küferei für den neuen Inhalt aufbereitet.

Es gibt eine → Eigentümer-Abfüllung eines *Hakushu*-Malt Whisky, der von Suntory allerdings nicht Single, sondern → Pure Malt genannt wird – es könnte also sein, daß er neben Malts von Hakushu auch einen Schuß schottischen Malt enthält; schließlich besitzt Suntory u. a. auch → Auchentoshan, → Bowmore und → Glen Garioch. Da die Firma es liebt, vieles im unklaren zu lassen und auch das Etikett des 12jährigen keineswegs eindeutig ist, muß sie mit solchen Spekulationen leben.

Halewood International Ltd. Englische Firma. Sie betätigt sich vor allem als Importeur von Weinen, hat aber auch Spirituosen im Programm. Firmensitz ist Huyton bei Liverpool. Zum Portfolio gehören außer dem Bourbon → *Kentucky Gold* und dem → *Canadian Gold* die fünf schottischen Blends → *Charly Richards*, der nach einer Firmentochter benannt ist, → *Highland Gold*, → *Highland Poacher*, → *Highland Prince* und → *Tartan Prince*. Ein weiteres Tochterunternehmen, das sehr alte Weinhandelshaus → Hall & Bramley Ltd., hat weitere drei Marken. In Dublin wird eine Filiale unterhalten, die für den irischen Sahne-Whiskey-Likör → *Irish Meadow* verantwortlich ist, der früher → *Meadow Cream* hieß.

Hall & Bramley Ltd. Englisches Weinhandelsunternehmen. Das kleine, aber mit einem Gründungsdatum von 1860 alte Haus war lange unabhängig, gehört aber jetzt zu → Halewood International Ltd., freilich noch mit eigener Adresse in Liverpool. Seine wichtigste Marke war → *Glen Ghoil*, die es nicht mehr gibt, besondere Erwähnung aber schon deshalb verdient, weil der Whisky ein offizielles Zertifikat von einem städtischen Chemiker bekommen hat und von ihm zum »regelmäßigen Genuß« empfohlen wurde. Slainté! Weitere Blends des Hauses sind der → *Clan Ardroch*, → *Glen Carron* und → *Highland Pearl*.

Hamashkeh Schottischer Blend, der von der Firma EMA Kosher Foods verkauft wird, einem Unternehmen, das garantiert, daß bei der Herstellung aller seiner Produkte die Reinheitsgebote der jüdischen Religion genauestens befolgt werden. Das bedeutet, daß nur bestimmte Ausgangsprodukte verwendet werden dürfen, daß bei deren Verarbeitung bestimmte Regeln befolgt werden und daß ein Rabbi die Einhaltung aller Vorschriften garantiert. Erst dann sind die Speisen und Getränke → kosher. Was genau diesen Whisky von allen anderen unterscheidet, d. h. ob die anderen vielleicht nicht koscher sind, ist leider nicht zu erfahren.

Hancock's Reserve Kentucky Straight Bourbon, der vollständig *Hancock's President's Reserve* heißt und als Hersteller die Hancock Distilling in Frankfort nennt, aber von → Sazerac kommt. Sein Name erinnert an Hancock Taylor, einen der Pioniere, die 1774 nach Kentucky kamen und sich in der Gegend von → Leestown niederließen – also dort, wo heute die Brennerei → Ancient Age steht, die diesen Single Barrel Bourbon erzeugt. Master Distiller Gary Gayheart wählt die Fässer für den Whiskey aus, der seit 1991 auf dem Markt ist. Er hat die ungewöhnliche Stärke von 88.9°/44.5 % und wird in einem viereckigen Decanter angeboten.

Hankey Bannister Schottischer Blend, von einer alten Londoner Firma dieses Namens Ende des letzten Jahrhunderts auf den Markt gebracht und über Saccone & Speed an → IDV gelangt. Er wurde von ihr zu einem »Freundschaftspreis« 1988 an → Inver House verkauft. Der schon früher beliebte und weitverbreitete Blend hat unter den neuen Eigentümern weiter prosperiert und ist als → Standard und mit 12, 15 und 21 Jahren erhältlich. Hankey

Bannister stehen als Hersteller auch auf den Flaschen des Vatted → *Glen Drummond.*

Happy Morning Whiskydrink. Man nehme halb und halb Eierlikör und einen Cordial Médoc, dazu ein gutes Maß Scotch und schüttle sie kräftig über Eis. Im Weinglas ohne das Eis servieren.

Harrod's Londoner Kaufhaus, das früher als das nobelste überhaupt galt, wo nur die Oberen Zehntausend kauften. Die Auswahl ist immer noch atemberaubend, aber nach Knightsbridge strömen heute vor allem Touristen, die »top people« einschließlich der Windsors kaufen offensichtlich erst nach Ladenschluß. Der neue Besitzer Mohamed Al Fayed sorgt dafür, daß die berühmten »Food Halls« immer noch alles bieten, was das Herz begehrt. Nebenan hat das Wine Department bei weitem nicht mehr so vieles und vor allem nicht mehr so viel Exquisites wie noch in den Siebzigern, als es in London kaum eine bessere Adresse für Malts gab. Auch die Zahl der Eigenmarken, die laut »Schweppes Guide to Scotch« von Philip Morrice von → Whyte & Mackay gemacht werden, ist zurückgegangen: von den früher angebotenen drei Blends ist nur noch der *Harrod's VOH Special Blend* übriggeblieben. Dazu gibt es einen 15jährigen Vatted, *Harrod's Pure Malt*, aber erstaunlicherweise keinen eigenen Single Malt.

Hart Brothers Schottische Whiskyfirma, die seit mehr als 30 Jahren vor allem im Blend- und Exportgeschäft tätig ist. Ihre »Hausmarke«, die den Namen eines der beiden Brüder auf der Flasche zeigt, ist → *Harts*. Außerdem werden noch die beiden Blends → *Scots Lion* und → *Old Glasgow* geführt. Die anderen Marken, die der Firma gehören, werden zur Zeit nicht abgefüllt: *Old Curlers*, *Old Fox*, *Old Keg* und *Speakers* – vielleicht auch deshalb, weil sich die beiden Brüder von dem Erfolg anderer → unabhängiger Abfüller inspirieren ließen und ihre Bestände an Fässern nicht mehr nur für Blends benutzen, sondern sie für eine eigene Serie von Single Malts verwenden, die sie unter ihrem Namen und mit dem Zusatz »Finest Collection« herausbringen. Sie alle werden bei 43 % abgefüllt. Etwa alle sechs Monate erscheint eine neue »Collection«, oft auch mit Malts von längst geschlossenen Brennereien. Einen besonders kostbaren Single Malt, einen 31 Jahre alten *Bowmore* wählten sie aus für ihren ebenso kostbar ausgestatteten → *Dynasty Decanter*, der in goldenen Medaillons auf silberner Einfassung die Bilder von sieben schottischen Regenten des Hauses der Stewarts/Stuarts zeigt.

Harts Schottischer Blend, 8 Jahre alt, von Donald Hart und Co., einem der beiden Brüder der → Hart Brothers, die sich seit langem in Glasgow mit der Herstellung von Blends beschäftigen und seit einiger Zeit auch als → unabhängige Abfüller von Single Malts hervorgetreten sind.

Harvey's Special Schottischer Blend, der heute von → UD/UDV gemacht wird und an eine der ältesten Firmen im schottischen Whiskygeschäft erinnert. Die Anfänge von John & Robert Harvey gehen auf 1770 zurück. Die Firma verlor ihre Unabhängigkeit in der Folge des

Zusammenbruchs von → Pattison und fand sich 1902 unter dem Dach der → DCL wieder. Sie trugen später die Lizenz von → Aultmore Distillery auf Harvey ein. Seit 1992 läuft sie auf → UMGD/Wm → Sanderson & Sons, der einfache Blend ist also das letzte, was von Harvey übriggeblieben ist.

Harwood Kanadischer Whisky, von → Seagram in Kanada produziert, lose im Tankwagen zu → Heaven Hill gebracht und von dieser Firma in → Kentucky für den heimischen Markt in den USA abgefüllt.

Haryana Indische Brennerei, die in dem weit im Norden des Subkontinents gelegenen Bundesstaat Punjab zu finden ist. Sie ist eines der vielen Unternehmen des großen Konzerns Modi Enterprises, einer der größten Industriegruppen des Landes. Zu seinen Aktivitäten zählen neben der Herstellung und dem Verkauf von Spirituosen auch Chemikalien, synthetische Fasern, Elektroden, elektronisches Equipment, Zement und Textilien. Ganz besonders stolz ist man bei der Firma auf das soziale Engagement für Bildung und Gesundheit. Außer Rum und Gin werden mehrere Whiskies produziert: → *Benson*, → *Black Castle*, → *Champion*, → *Double Dog*, → *Knight King* und → *Old Barrel*.

Hatch Kanadische Whiskyfamilie, die lange Jahre die Firma Hiram → Walker prägte. Harry Hatch begann seine Karriere mit einem Hotel samt Bar, war dann Vertreter von → Corby und kaufte 1923 mit einigen Partnern zuerst → Gooderham and Worts, dann drei Jahre später Walker und formte die Firma Hiram Walker – Gooderham and Worts. Auch er verdankte den Aufstieg seines Unternehmens der → Prohibition in den USA. Er glaubte an deren baldiges Ende und bereitete sich darauf vor, indem er große Mengen von → *Canadian Club* bereithielt. Er war also vorbereitet, als die trockenen Jahre in den USA vorbei waren, konnte aber den US-Markt auch deshalb erobern, weil die amerikanischen Brennereien jahrelang nicht mehr produziert hatten und sich das Publikum längst an den geschmuggelten Canadian gewöhnt hatte. Ein Mitglied der Familie Hatch heiratete in die französische Cognac-Dynastie Courvoisier, ein weiteres war später Chef von Hiram Walker.

Hausstil Bezeichnung für etwas, was es bei der Produktion von Whisk(e)y offizell gar nicht gibt, dennoch aber von allen Herstellern beachtet wird: eine bestimmte Vorstellung, wie ihr Whisk(e)y sein sollte. Bei Blends kommt es darauf an, die einmal gefundene Formel beizubehalten, wann immer eine neue Tranche zur Abfüllung ansteht. Dabei kann es, z. B. wenn ein bestimmter Malt nicht mehr zur Verfügung steht, passieren, daß die Rezeptur geändert wird; der Stil wird es nicht. Auch bei Single Malts oder bei Straight Bourbons gibt es einen Hausstil, weil auch von ihnen der Verbraucher erwartet, daß er seine Marke in immer gleicher Konsistenz bekommt. Der Hausstil wird manchmal, sehr oberflächlich, einfach mit Speyside oder Lowlands beschrieben, oft aber auch sehr viel konkreter. So beschreibt David Stewart, der im Hause William Grant & Sons als Masterblender arbeitet, den

Hausstil des → *Balvenie*, für den er verantwortlich ist, so: »Hat rauchiges, aber mildes Aroma, am Gaumen weich und reif mit einem sauberen, trockenen langen Finish mit einem Hauch von Sherry. Äußerst aparter und delikater Whisky mit Honigtönen«. Beim ebenfalls von ihm überwachten *Glenfiddich* ist seine Leitvorstellung: »Leichte, frische, duftige Nase mit einem Hauch von Trokkenheit. Der Nachklang ist rund und lange anhaltend«. Die Besitzer von Glenfarclas erwarten von ihrem Whisky einen »voll aromatischen, typischen Speyside-Malt, der eine Menge Charakter durch den hohen Prozentsatz der bei der Reifung verwendeten Sherry-Fässer bekommt«. Der Hausstil sollte sich, bei aller Verschiedenheit der unterschiedlichen Abfüllungen und Versionen, in ihnen allen finden lassen. In Walter Schoberts »Single Malt Note Book« läßt sich für jede schottische Brennerei der von ihren Besitzern selbst beschriebene Hausstil nachlesen.

Hazelburn Schottische Malt-Destillerie, deren Name längst von den Whisky-Landkarten verschwunden war, den man jetzt aber wieder eintragen muß. Sie war eine der vielen Brennereien in und um → Campbeltown, die wegen der → Prohibition in den USA aufgeben mußten. Sie wurde möglicherweise schon 1796 gegründet, vielleicht aber auch erst 1825, ganz sicher gab es sie aber 1836. Sie hat nie viel von sich reden gemacht, sieht man davon ab, daß sie 1920 von dem → Whiskybaron Peter → Mackie gekauft wurde, der dort ein wissenschaftliches Labor einrichtete, und daß dort auch ein junger Mann namens Masataka → Taketsuru seine Erfahrungen sammelte, der nach seiner Rückkehr nach Japan mithalf, → Suntory und → Nikka aufzubauen. Somit trug er dazu bei, daß die schottische Whiskyindustrie einen großen Konkurrenten bekam.

Schon Mackies Firma, → White Horse Distillers, schloß die Brennerei, deren → *warehouses* freilich noch lange von der → DCL genutzt wurden. Daß ihr Name hier genannt wird, ist J. & A. Mitchell zu verdanken, den Besitzern einer der beiden letzten Brennereien Campbeltowns: Sie nutzen die → Mehrfachdestillation in ihrer → Springbank Distillery schon lange, um mit dem → *Longrow* einen zweiten Malt zu produzieren. Auch er erinnert an eine längst dahingegangene Campbeltown-Distillery. Die Firma, die die Erinnerung an die große Tradition der Region auch durch eine Serie von Miniaturen mit den Namen alter Destillen des Bezirkes wachgehalten hat, hat im Herbst 1997 bekanntgegeben, daß sie einen neuen Malt destilliert hat, wiederum dreifach gebrannt – aber anders als der *Springbank* und der *Longrow*, mit anderer Abtrennung des → *middle cut*, und aus vollkommen ungetorftem → Malz. Er wird, wenn er in zehn oder zwölf Jahren als Single Malt erhältlich sein wird, den Namen *Hazelburn* tragen.

Head Bezeichnung, die bei der Herstellung von Malt zwei Bedeutungen hat: zum einen steht sie für das obere Ende der → *pot stills*, an das sich der → *lyne arm* anschließt, zum anderen für die erste, nicht verwendbare Flüssigkeit, die beim Destillieren der → *low wines* aus der →*spirit still* fließt. Sie wird meist →*foreshot* genannt.

Heart of the run Bezeichnung, die manchmal anstelle des sonst üblichen →*middle cut* gebraucht wird. Gemeint ist damit, daß der →*stillman* bei der letzten (also in Schottland meist zweiten, in Irland dritten) Destillation, die in der →*spirit still* erfolgt, die Aufgabe hat, die unbrauchbaren, toxischen Anfänge, die →*foreshots*, von den ebenfalls unbrauchbaren →*feints* gegen Ende der Destillation abzutrennen. Dazu beobachtet er die aus der Brennblase heraus und durch den →*spirit safe* laufende Flüssigkeit und entscheidet aufgrund von Farbe, Temperatur und Messung der Alkoholstärke, wann der gute Alkohol beginnt und endet. Nur *the heart of the run* ist gut genug, um aufgefangen und später ins Faß zur Reifung gefüllt zu werden. Vorlauf und Nachlauf werden redestilliert.

Heather Cream Schottischer Whiskylikör, der von R. Carmichael & Sons, einer Tochterfirma von →Inver House, gemacht wird. Er ist natürlich der Versuch, eine schottische Antwort auf den →*Bailey's* zu geben, hat wie dieser 17 % und basiert auf der Kombination von Whisky und Sahne. Er soll aber im Unterschied zu ihm und allen anderen der erste Cream Liqueur gewesen sein, der mit Malt gemacht wurde. Die Hersteller behaupteten früher, es handle sich um Single Malt aus →Bladnoch Distillery, die ihnen ja wirklich zehn Jahre lang gehörte. Welcher Whisky heute verwendet wird, wird nicht veröffentlicht.

Heatherdale Schottischer Blend, ein →Standard, der von der in Manchester ansässigen und dort eine große Abfüllanlage betreibenden Firma →CWS kommt, die ihn indes nicht mehr selbst produziert, sondern von →Invergordon in Leith machen läßt.

Heathwood Schottischer Blend, eine kleine Marke von →UD, zu denen der als Hersteller genannte C. & J. →McDonald kam, als seine Mutter Arthur →Bell & Sons in den achtziger Jahren von →Guinness übernommen wurde.

Heaven Hill Amerikanische Destillerie in Bardstown, die unter der Beteiligung der Familie Shapira erst 1935 gebaut wurde, noch heute der Familie gehört und somit das einzige große Whiskey-Unternehmen in den USA mit eigener Brennerei ist, das unabhängig blieb. Daß die Brennerei sehr große Kapazitäten hat, daß in den Lagerhäusern eine halbe Million Fässer lagern können und daß man sehr rationell produziert, hat den Erhalt der Selbständigkeit erleichtert. Von besonderem Vorteil aber ist, daß man eine riesige Anzahl von Marken besitzt; sie ist so groß, daß in diesem Fall Vollständigkeit weder angestrebt noch möglich ist – die Firma selbst sieht sich nicht in der Lage, eine genaue Zahl zu nennen. Verblüffend ist, daß das alles in verhältnismäßig kurzer Zeit erreicht wurde und ohne daß es irgendwelche alte Wurzeln und Traditionen gegeben hat.

Andrerseits beginnt die Geschichte der Firma unmittelbar nach der →Prohibition, als eigentlich die gesamte Geschichte des amerikanischen Whiskey neu begann und auch so manche alteingesessene Firma zu einem Neubeginn gezwungen wurde. Die Shapiras erkannten die Chancen, die das Ende der trockenen Jahre bringen würde, hatten das nötige Geld – und eine Marke, mit denen sie die Anfangsjahre überstehen konnten. Überdies war alles groß angelegt: 400 bis 500 Fässer konnten täglich produziert werden, es gab 31 Gärbottiche, mehrere kupferne → *beer stills* und einen *doubler*, 25 eigene Lagerhäuser, zu denen noch 19 weitere in der alten → T. W. Samuels Distillery in Deatsville und in einer anderen Brennerei in Bardstown kommen – und dennoch mußte manchmal zugekauft werden, um den Bedarf für die eigenen Marken und die zahlreichen Eigenlabels zu befriedigen, denn Heaven Hill liefert viel Whiskey an andere Abfüller – wenn auf einer Flasche als Adresse Bardstown und ein unbekannter Name steht, ist die Wahrscheinlichkeit groß, daß ihr Inhalt von Heaven Hill stammt.

Für alle eigenen Marken wurde die gleiche → *mash bill* benutzt, die für die Straight Bourbons 75 % Mais, 13 % Roggen und 12 % Gerstenmalz vorsahen, für die Straight Ryes 65 % Roggen, 23 % Mais und wiederum 12 % Malz. Die Hefe geht auf eine Kultur zurück, die Earl Beam, ein Mitglied der berühmten Familie von James → »Jim« Beam mitgebracht hatte, als er 1935 erster Master Distiller wurde; er wurde von seinem Sohn Parker beerbt und auch sein Enkel Craig hat schon eine verantwortliche Position, aber wann er sie wieder ausüben kann, ist fraglich. Denn am 7. 11. 1996 ereignete sich die große Katastrophe: bei einem Gewitter schlug der Blitz ins Lagerhaus J. Der Brand griff auf das Lagerhaus Nr. 1 über und von dort fraß sich das Inferno immer weiter, brennende Fässer flogen durch die Luft, der ausfließende, entflammte Whiskey floß bis in die Destillerie und am Ende waren 90 000 Fässer und die gesamte Brennerei Opfer der Flammen. Dennoch: es hätte schlimmer kommen. Die Produktion konnte nach → Early Times Distillery verlagert werden, es gibt immer noch genug Vorräte an Fässern mit reifendem Whiskey, und Max Shapira, heutiger Vizepräsident, arbeitet am Neubau. Auch der Kauf der → Bernheim Distillery (samt der Marke → *Old Fitzgerald*) im März 1999 wird den Engpaß überwinden helfen; Heaven Hill war damals Teil des außerdem aus → Sazerac und David → Sherman bestehenden Konsortiums, das für 171 Millionen Dollar von → UDV die Brennerei und drei weitere Bourbons übernahm.

Der Neubau der eigenen Destillerie soll auf jeden Fall dort stehen, wo man 1935 begonnen hatte, in der Senke am Fluß an der Straße nach Loretto – auf dem Gelände, wo im letzten Jahrhundert William Heavenhill seine Farm hatte, dessen Name die Brennerei eigentlich tragen sollte, hätte nicht ein Schreibfehler des Notars den viel schöneren und passenderen Heaven Hill produziert. Ihn tragen ein Blended, aber vor allem der Kentucky Straight Bourbon. Paradoxerweise und mit dem in den USA so beliebten Versteckspiel nennt der *Heaven Hill* manchmal nicht die eigene Brennerei, sondern die Kentucky Deluxe Distilling Co. als Hersteller. Es gibt ihn mit 4 Jahren und

80°/40 %, mit 6 Jahren und 90°/45 % und als 10jährigen mit 86°/43 % (für Japan soll ein 28jähriger abgefüllt werden).

Sieben Jahre ist der *Old Heaven Hill*, ein → *Bottled in Bond*. Doch die wichtigste Marke ist der → *Evan Williams*, von dem eine Version den Platz 2 unter den *top ten*-Bourbons in den USA einnimmt. Er war der erste, den man nach einen Whiskey-Pionier benannte. Der → *Elijah Craig* folgte. Andere große Namen kamen durch Zukauf unter das Dach von Heaven Hill: → *Henry McKenna*, → *J. T. S. Brown* (auch als Blended), → *J. W. Dant*, → *Mattingly & Moore*, der → *T. W. Samuels* und eben auch der *Old Fitzgerald*. Weitere Straights sind → *Old 1889*, → *Cabin Still*, → *Echo Springs* und → *W. W. Beam*. Die Firma führt die Ryes → *Pikesville* und → *Stephen Foster* (leider nicht mehr den → *Rittenhouse* und den *North Brook*), die Corn-Whiskeys → *Georgia Moon* und → *J. W. Corn* und die Blended Americans → *Paul Jones*, → *Philadelphia* und → *Wilson*. Schließlich werden heute bei Heaven Hill die beiden nur noch in Deutschland erhältlichen → *Medley* und → *Pennypacker* produziert.

Hebridean Whisky Liqueur Schottischer Whiskylikör von einer Firma, die dem Namen ihres Produktes nur noch ein »Co.« angefügt hat, in Glasgow residiert und leider nicht mitteilt, welches Rezept sie anwendet. Mit 20 % ist er einer der leichteren der Gattung.

Hedges & Butler Schottische Firma, die für »Glaswegians« den gleichen Klang hat wie → Berry Brothers & Rudd für Londoner: eine alteingesessene Weinfirma, die ihre Ursprünge bis 1667 zurückverfolgen kann, also ein noch höheres Alter für sich in Anspruch nimmt als die Kollegen im Süden, die allerdings immer noch selbständig sind. Beide haben als Weinhändler begonnen und sich einen hervorragenden Namen gemacht. Bei nicht weniger als neun Regenten waren Hedges & Butler Hoflieferanten und wenn eine Firma ihre Produkte »Royal« nennen darf, dann sie, die bis heute in jede Flasche Whisky, die ihr Haus verläßt, stolz die Zahl 1667 einprägen lassen. Wie jeder Weinhändler, der etwas auf sich hielt, hatten auch die Glasgower ihre eigenen Whiskies, Hausblends, die einfach als Qualitätsgarantie den Namen ihres Herstellers trugen. Das ist noch heute so, obwohl das Unternehmen, das auch sehr erfolgreich Export betrieb, vom britischen Brauereigiganten Bass aufgekauft wurde, der unter dem Namen der alten Firma mit Weinen und Spirituosen handelt (und natürlich, wie von seiner anderen Tochrer J. G. → Thomson, auch seine eigenen Pubs beliefern läßt). Bass, seit 1967 mit dem ehemaligen Konkurrenten Charrington unter einem Dach, ließ von Hedges & Butler in den achtziger Jahren auch die britischen Vertriebsrechte für → *Dewar's* wahrnehmen. Sie hatten einst fünf Blends und den Vatted Malt → *Royal Malt*, den es noch gibt. Von den Blends sind nur der → Standard *Royal* und der 12jährige *Royal Finest de Luxe* übriggeblieben, der mehrfach ausgezeichnet wurde, u. a. mit einer doppelten Goldmedaille bei der Wine and Spirit Competition in Bristol.

Hefe Neben Wasser und Getreide ist Hefe das dritte Naturprodukt, das für die Herstellung von Whisky verwendet werden darf. Sie kommt zum Einsatz, wenn aus der → Würze die → *wash* werden soll und sie ist wichtig, weil ohne sie der aus der Stärke der Getreidekörner gewonnene Zucker nicht vergoren, d. h. nicht in Alkohol umgewandelt werden könnte. Ob sie dagegen auch den Charakter des fertigen Destillats beeinflußt, ist umstritten; manchmal wird sogar die Meinung vertreten, daß die Hefe tiefere Spuren hinterlasse als das Wasser. In vielen Brennereien wird sie jedenfalls genauso sorgsam gepflegt wie die Wasserquelle. Jede Destillerie hat ihre spezielle Hefe und während die eine auf Brauereihefe schwört, läßt die andere sie nach eigener Rezeptur züchten. In amerikanischen Brennereien ist man sehr stolz darauf, daß die Hefekette oft seit Jahren, ja Generationen nicht abgerissen ist.

Henry Clay Kentucky Straight Bourbon, der zu den → »Rare Bourbons« von → UD gehört – einer Reihe, mit der die Firma an ihre schottischen → »Rare Malts« anknüpfte und zum Entzücken der Liebhaber (und der Historiker) Whiskeys aus längst geschlossenen Brennereien zugänglich machte. Ob es die Reihe weiter gibt, ist offen, nachdem sich die UD-Nachfolger UDV von fast allen Firmen und Marken in den USA trennen. Eine nach dem amerikanischen Politiker Henry Clay benannte Brennerei gab es tatsächlich einmal, aber die existiert längst nicht mehr. Es ist schade, daß bei den Bourbons nicht eindeutig angegeben wird, woher sie kommen; aber Phantasienamen haben ja Tradition in Kentucky. Jim Murray hat verraten, woher dieser stammt: aus der alten Astor Distillery, deren Reste gleich neben der → Bernheim Destillery liegen, die ebenfalls UD gehörte. Er ist mit insgesamt 2400 Flaschen extrem limitiert, 16 Jahre alt und hat 90.6°/ 45.3 %.

Henry McKenna Kentucky Straight Bourbon von → Heaven Hill, der unabhängigen Familienfirma aus → Bardstown, die über so viele Marken verfügt wie keine andere. Sie begann um 1960, einige ihrer Produkte durch die Namen von Whiskey-Pionieren herauszustellen – und ein solcher war auch McKenna. Anders als die anderen Marken wurde diese allerdings nicht erst von Heaven Hill kreiert, sondern von → Seagram in den frühen achtziger Jahren erworben. Aber ihre Anfänge gegen auf den irischen Einwanderer zurück, der 1855 nach dem Vorbild seiner Heimat mit dem Herstellen von Whiskey begann, sich schnell einen guten Ruf machte und vor allem berühmt wurde, weil er seinen Stoff mindestens drei Jahre lang reifen ließ. Drei Jahre nach dem Tod des Gründers 1893 war er bereits im ganzen Land erhältlich. Die McKennas bauten bald eine eigene Brennerei in Fairfield, die während der → Prohibition geschlossen war, danach aber wieder zu arbeiten anfing. 1941 wurde sie an Seagram verkauft, die die Marke sterben ließen und 1976 auch die Destillerie. Bei Heaven Hill wird sie nicht nach der alten Formel gemacht, sondern nach der, die für alle eigenen Bourbons der Firma verwendet wird (75 % Mais, 13 % Roggen, 12 % Gerstenmalz). Es gibt ihn mit 80°/40 %, ohne Altersangabe als »Kentucky's Finest Table Whiskey Since 1855«. Seit einigen Jahren ist auch ein single barrel erhältlich, 100°/50 % → *Bottled in Bond* und 10 Jahre alt.

Heritage Schottischer Blend, mit dem sich → Allied Distillers an dem Wettbewerb »The → Spirit of Scotland« beteiligten, den die International Wine & Spirit Competition 1994 ausgeschrieben hatte. In diesem Jahr feierte man den 500. Wiederkehr der ersten Erwähnung des schottischen Whisky in einem Dokument (John → Cor).

Heritage Selection, The Serie von vier schottischen → Highland Single Malts aus dem Hause → Seagram, in der die Brennereien → Longmorn und → Strathisla vertreten sind und zu der auch die beiden vorher noch nie als → Eigentümer-Abfüllung angebotenen Malts von → Glen Keith und → Benriach gehören. Als »Limited Edition« auch in einer Geschenkpackung mit Miniaturen der vier und einer Normalflasche eines → *Longmorn* erhältlich.

Hersteller-Abfüllung Vor allem in Zusammenhang mit schottischen Single Malts gebräuchliche Bezeichnung für die Whiskies, die nicht von → unabhängigen Abfüllern, sondern von ihrem Hersteller, also der Destillerie selbst oder deren Besitzer, vermarktet werden, weswegen meist von → Eigentümer-Abfüllung gesprochen wird.

Hewitts Irischer Whiskey mit 40 %. Ein Blend, der immer noch die alte Adresse »Cork Distilleries Co., North Mall, Cork« auf dem Label trägt, aber heute natürlich im nahegelegenen → Midleton produziert und von der → IDG in Dublin verkauft wird. Der namengebende Thomas Hewitt gründete die Watercourse Distillery 1782 in Cork. Seit 1868 sowohl mit Midleton wie den anderen drei Corker Brennereien The Green, Daly's und eben North Mall vereinigt und später nur noch als Mälzerei und zur Herstellung von → Grain benutzt, konnte man Reste von ihr bis vor kurzer Zeit noch sehen. Hewitts, seit 1960 auf dem Markt, weist sich als ein Blend von »old malt and light whiskies« aus. Die Malts sind ein leichterer → *Bushmills* und ein ungewöhnlich öliger *Midleton*.

Hi Japanischer Blend von → Nikka, dessen Name schon signalisiert, daß die Firma mit ihm ein junges, westlich orientiertes Publikum ansprechen will. Sie nennt ihn einen → De luxe und gibt ihm die ungewöhnliche 39 % Alkoholstärke mit. Es gibt ihn in Glasflaschen von verschiedener Größe, es gibt ihn aber auch in einer weißen Verpackung, die wie Tetrapack aussieht und eher Milch erwarten ließe – wären da nicht einige Ähren abgebildet ...

Hibiki Japanischer Blend auf der Grenze zwischen dem Premium und Super Premium-Segment. Der sehr hohe Malzanteil ist aus ungefähr dreißig verschiedenen Malts aus → Suntorys → Yamazaki Destillerie komponiert, die alle um die 20 Jahre alt sind. Der Name steht im Japanischen für »Chor« oder »Harmonie«. Die Marke wird von Suntory als eines ihrer Spitzenprodukte herausgestellt und auch international angeboten, u. a. in Deutschland.

Hielanman Schottischer Blend, der

von dem renommierten Haus William → Cadenhead in Aberdeen eingeführt wurde. Dessen heutige Inhaber, J. & A. → Mitchell, denen auch → Springbank und → Eaglesome gehört, wollten mit ihm eine alte Marke wiederbeleben.

High Commissioner Schottischer Blend aus dem → Standard-Segment. Er kommt aus dem Hause → Glen Catrine Bonded Warehouse und ist die erfolgreichste Marke der Firma in Großbritannien.

Highfield Irischer Whiskey von → Cooley, der in anderen Märkten (und Supermarkt-Ketten) unter dem Namen → *Dunlow* angeboten wird.

Highland Abbey Schottischer Blend von → CWS, die ihn für sich von → Invergordon herstellen läßt.

Highland Bird Schottischer Blend, ein *value for money*-Produkt von → QSI, einer Tochter von William → Grant & Sons.

Highland Black Schottischer Blend. Die Marke wird exklusiv für ALDI Großbritannien hergestellt und ist in den britischen Filialen des Discounters erhältlich. Die »Special Reserve« enthält 8 Jahre alte Whiskies.

Highland Blend Schottischer Blend mit 15 Jahren, also aus dem → Premium-Segment. Er kommt aus dem Hause des renommierten Weinhändlers → Avery's of Bristol, den die mittlerweile nicht mehr selbständige Firma freilich heute nicht als Eigenabfüllung herstellt, sondern von anderswo (aus nicht genannten Quellen) bezieht. Die Firma berichtet, daß sie mit dem Blend besonders in Japan erfolgreich ist.

Highland Breeze Schottischer Blend. Er ist eine Marke von James → MacArthur Jr. & Co., die im Besitz von → Inver House ist. Ein → Standard ohne Altersangabe.

Highland Cattle Handelsname für einen »Pure Highland Scotch Malt Whisky«, was normalerweise einen Vatted meint, der aber trotz dieser Bezeichnung auf dem Label durch die Angabe »Distilled and bottled by J. & G. Grant« eindeutig als Single Malt von → Glenfarclas zu identifizieren ist, weil die Firma keine zweite Brennerei hat. Der Behauptung, der sehr preisgünstige Whisky ohne Altersangabe sei sanft rauchig und angenehm weich, kann man uneingeschränkt zustimmen – ebenso wie der Strategie der Firma, durch Sonderabfüllungen wie *Highland Cattle* oder → *Eagle of Spey* ihren → Whisky-See auszutrocknen und als immer noch unabhängige schottische Familienfirma den Kampf mit den internationalen Whiskygiganten zu bestehen.

Highland Clan Schottischer Blend aus dem Hause → Seagram, der von deren schottischer Tochter The → Chivas & Glenlivet Group hergestellt wird und im Standard-Segment angesiedelt ist.

Highland Club Schottischer Blend, der früher zum Portfolio der Distillers Agency Ltd. gehörte, einer Tochter der → DCL, und somit heute eine der vielen Marken von deren Nachfolgerin → UD bzw. UDV ist.

Highland Collection Serie von Single Malts, die in Schottland hergestellt und abgefüllt werden – für die amerikanische Firma → All Saint's Brands in Minneapolis. Die genaue Herkunft wird nicht angegeben, nur das Alter: 12, 14 und 17 Jahre. Die Labels sind, daher der Name, Reproduktionen von Bildern des britischen Künstlers Albany Wiseman.

Highland Cream Schottischer Blend, den man besser unter seinem vollständigen Name → *Teacher's Highland Cream* kennt.

Highland Dew Schottischer Blend von der Glen Lyon Blending Company in Glasgow, einer der vielen Tochterfirmen von → UD.

Highland Distillers In Glasgow ansässige Whiskyfirma, die bis heute genauso unabhängig und urschottisch ist wie zur Zeit ihrer Gründung. Das ist um so bewunderswerter als sie, anders als etwa William → Grant & Sons oder die Mitchells von → Springbank nicht im Besitz einer Familie, sondern eine Aktiengesellschaft ist, deren Aktien an der Londoner Börse gehandelt werden. Es hat Übernahmeversuche gegeben (wie etwa 1979 von Hiram → Walker), aber sie konnten erfolgreich abgewehrt werden. Das ist nicht nur für Traditionalisten wichtig, denen daran liegt, daß wenigstens ein Teil des schottischen Whiskygeschäfts im Heimatland von Schotten und nicht von London, Tokio oder New York aus betrieben wird.

Die Firma kann auch darauf stolz sein, daß sie einmal erworbene Brennereien auch immer behalten hat. Selbst → Glenglassaugh, deren Lizenz sie 1992 löschen ließen, wurde eben nicht verkauft. Zwei Destillerien sind schon mehr als 100 Jahre in ihrem Besitz: → Bunnahabhain auf → Islay und → Glenrothes; deren Eigentümer bildeten die Keimzelle für die heutige Firma, indem sie sich 1887 zusammenschlossen, um Highland Distillers zu gründen. → Glenglassaugh und → Tamdhu kamen wenige Jahre später dazu, 1935 → Highland Park. In all diesen Jahren beschäftigte sich die Firma nur mit dem Brennen und dem Verkaufen ihrer Malts an Broker und Blender. Das änderte sich 1948, als sie einen 35 %-Anteil an → Robertson & Baxter erwarb, die über → Lang Brothers auch an → Glengoyne beteiligt waren und für → Berry Bros. & Rudd die Herstellung des → *Cutty Sark* besorgten. Letztere sitzen immer noch in London, aber die drei anderen teilen sich eine Adresse in Glasgow.

Einen gewaltigen Sprung im Blend-Geschäft machte die Firma 1970, als sie Matthew → Gloag & Son und deren bestens eingeführten Blend *The → Famous Grouse* übernehmen konnten, der in Schottland die Nr. 1 und in Großbritannien die Nr. 2 ist. In den achtziger Jahren kam über die Verbindung mit der französischen Firma Rémy der Kontakt mit einer weiteren Brennerei zustande: damals war deren Tochter Cointreau an → Glenturret Distillery beteiligt, die Highland inzwischen ganz übernommen hat. 1996, nachdem von → Allied der Blend → *Black Bottle* übernommen worden war, kaufte die Firma von Rémy deren 26 %-Anteil an → Macallan – der Beginn einer dramatischen Entwicklung. Denn kurze Zeit später, im Juli 1996, schloß man eine Allianz mit → Suntory, denen 25 % von Macallan gehörten, und machte ein feindliches Übernahmeangebot zu einem Kurs, der niedriger war als die offizielle Börsennotierung. Kurz darauf wurde das gesamte Unternehmen umstrukturiert.

Das gemeinsame Dach für alle Brennereien des Konzerns ist nun die Tochter → Highland Malt Distilling mit dem Hauptquartier in den alten Macallan-Büros in Craigellachie. Um den Anschluß auf den zukunftsträchtigen Märkten im asiatischen Raum nicht zu verpassen, gingen Highland und Rémy im September 1996 ein *joint venture* mit der indischen Firma DCM Shiram ein. Rémy ist auch Partner, z. B. in Deutschland, für den nationalen Vertrieb in verschiedenen Ländern. 1999 wurde bekanntgegeben, daß künftig für den Vertrieb aller Produkte eine neue Gesellschaft zuständig sein wird, die unter ihrem Dach Highland Distillers, Rémy und → JBB vereinigt.

Bis auf die von → Glenglassaugh werden die Whiskies aller firmeneigener Brennereien auch als Single Malts in → Destillerie-Abfüllungen verkauft, wobei der *Glenrothes* von → Berry Bros. & Rudd angeboten wird. Die anderen werden, nachdem man den guten, alten Namen Matthew Gloag & Son aufgegeben hat, von der Tochter Highland Distillers Brands in Perth verkauft. Neben dem alten *Grouse* gibt es mit *Black Bottle* einen zweiten Blend. 1997 entschloß sich → Dunhill, seinen → *Old Master* von den → IDV auf Highland zu übertragen. Außerdem gibt es mit dem → *Glenturret Malt Liqueur* und dem → *Fairley's* zwei → Whiskyliköre. Ein neues Produkt (1996) ist »Gloag's Gin«.

Highland Earl Schottischer Blend aus dem → Standard-Segment. Er ist in den britischen Filialen von ALDI zu bekommen.

Highland Fusilier Schottischer Vatted Malt aus dem Hause → Gordon & MacPhail, das in Elgin beheimatet ist. Der Ort spielte ein Rolle in der Geschichte des Regimenter der Highland Light Infantry und der Royal Scots Fusiliers, die 1959 zu den Royal Highland Fusiliers zwangsfusioniert wurden. Zur Gründung der neuen Formation wurde der Whisky kreiert. Es gibt ihn mit 5, 8, 15, 21 und 25 Jahren. Seine Grundwhiskies kommen alle aus der → Speyside.

Highland Gathering Schottischer Blend von der auf der Isle of Man ansässigen Firma → Lombard Scotch Whisky, die ihn in einer ganzen Reihe von Versionen liefert: ohne Altersgabe als einfachen → Standard und mit 8, 12, 15, 18, 21 und 25 Jahren.

Highland Gold Schottischer Blend. Er kommt von der in Huyton in der Merseyside ansässigen Firma → Halewood International Ltd.

Highland Legend Schottischer Blend aus dem Hause → Angus Dundee.

Highland Line Eine imaginäre Linie, die die → Lowlands von den → Highlands teilt und für die mehrere Verläufe angegeben werden, je nachdem ob es um eine geographische, soziale, politische Definition geht – oder um Whisky. Auf der Landkarte, die 1799 den Berichten des »Select Committee« des House of Commons beigefügt war, gab es zwischen den beiden Landesteilen noch eine »intermediate area«, eine Zwischenzone, die auch weite Teile des Küstenstreifens der Highlands umfaßte.

Ziel derartiger Aufteilungen war es, neue Steuern einzuführen und durchzusetzen, die zwar auf den ersten Blick fair wirkten, die Highlander aber dennoch benachteiligten. Die »Collins Encyclopaedia of Scotland« zitiert Follartons »Gazetter of Scotland«: »Die Linie beginnt an der Mündung des Nairn, dann läuft sie, mit einer kleinen Ausnahme, wo sie eine Kurve nach Nordost nimmt, deren Scheitel am Spey ist, strikt nach Südosten, berührt den Dee bei Tulloch, ... verläuft nach Süden ... bis zum River Esk; dann verläuft sie fast gerade nach Südwesten bis zum Clyde und dann zum Atlantic ...«. Die erwähnte Karte hat eine zweite Linie, die der nahekommt, die heute verwendet wird, um die → Whiskyregionen einzuteilen. Sie beginnt in Greenock im Westen von Glasgow, läuft dann nördlich an der Stadt vorbei und endet bei Dundee.

Highland Malt Distilling Schottische Whiskyfirma. Sie ist eine erst 1996 gebildete Tochter von → Highland Distillers und entstand, nachdem Highland zusammen mit → Suntory eine Mehrheit bei → Macallan zustande gebracht und die renommierte Brennerei in Familienbesitz im Rahmen einer sehr feindlichen Übernahme ganz in ihren Besitz gebracht hatte. Zur Erzielung von Synergieeffekten wurden Markteting und Vertrieb von Highland zunächst bei Matthew → Gloag & Son konzentriert, die kurz darauf allerdings in Highland Distillers Brands umgetauft wurde. Die gesamte Produktion einschließlich des Betriebs der firmeneigenen Destillerien, deren Zahl durch die Neuerwerbung auf insgesamt acht angewachsen war, liegt in den Händen von Highland Malt Distilling. Die acht Destillerien sind → Bunnahabhain, → Glenglassaugh, → Glengoyne, → Glenrothes, → Glenturret, → Highland Park, Macallan und → Tamdhu.

Highland Mist Schottischer Blend, der früher von → Barton hergestellt wurde. Die komplizierte Geschichte dieser Firma erklärt, warum heute sowohl der heutige amerikanische Besitzer von Barton, → Canandaigua, als auch die schottische → Glen Catrine Bonded Warehouse (und auch der → Argyll-Konzern, dem u. a. → Safeway gehört) Rechte an der Marke geltend machen. Wahrgenommen werden sie zur Zeit nur von den Amerikanern, die den Blend in den USA abfüllen und verkaufen.

Highland Mountain Schottischer Blend von → Morrison Bowmore, der hauptsächlich für die USA und den Fernen Osten gemacht wird. Es gibt ihn in zwei Versionen, mit 21 und mit 31 Jahren.

Highland Nectar Schottischer Blend, der als eine der ersten Marken der → DCL Ende des letzten Jahrhunderts geschaffen wurde und nur für den Export bestimmt war. Als die DCL um 1920 mit den großen schottischen Whiskyhäusern verhandelte, trennte sie sich vom eigenen Blendinggeschäft und gründete die Distillers Agency Ltd., die die Marke wie auch den → *King George IV* und den *DCL* weiterführte (und zuerst → Knockdhu und später → Rosebank Distillery leitete). Sie gehört heute, wie alle ehemaligen DCL-Firmen und Marken → UD bzw. UDV.

Highland Park Schottische Malt-

Destillerie, am südlichen Ortsrand der Insel-Hauptstadt Kirkwall auf Orkney Mainland gelegen, zählt sie zur Whiskyregion der → Inseln und ist die nördlichste Brennerei Schottlands. Highland Park, die auf einer Anhöhe liegt, ist eine der seltenen noch ganz traditionell arbeitenden Brennereien, mit eigenen → *floor maltings* und zwei → *kilns*. So liebevoll wie diese Traditionen wird auch die Erinnerung an die Geschichte gepflegt, zu der auch der an gleicher Stelle sehr erfolgreich, aber illegal arbeitende, legendäre Magnus Eunson zählt. Daß er, der auf den Namen des Insel-Heiligen St. Magnus getauft war, ein Kirchenmann war, kam ihm gerade recht: Er soll den verhaßten Zöllner und Steuerbeamten manches Schnippchen geschlagen haben, wenn er z. B. seine Whiskykrüge unter der Kanzel oder in den Särgen der lieben Verstorbenen verbarg.

Vielleicht gehört das in den Bereich der Legenden dieser Wikinger-Insel, historisch gesichert ist jedenfalls die Gründung 1795 durch David Robinson (obwohl von den heutigen Inhabern 1798 angegeben wird) und die Übernahme durch James Grant 1895. Er war durch seinen Vater bestens vorbereitet, denn der war Manager von → Glenlivet gewesen. Die Familie, auf die heute noch die Lizenz ausgestellt ist, verkaufte 1935 an → Highland Distillers. Der Whisky, der zu den größten Malts überhaupt gehört, verdankt seinen runden und harmonischen Charakter dem Torf und der Seeluft; aber auch das süße Heidekraut, das beim Trocknen verwendet wird, hinterläßt angenehme Spuren. Als Single Malt in → Eigentümer-Abfüllung mit 12 Jahren ist er seit den frühen siebziger Jahren zu bekommen. Zuweilen gibt es auch einen → *vintage* wie den 1967er. Regelmäßig dagegen sollen die beiden neuen, Ende 1997 eingeführten Versionen mit dem Alter von 18 und 25 Jahren abgefüllt werden. Im Juni 1998 wurde der 200. Geburtstag der Brennerei durch eine limitierte und numerierte Abfüllung des *Bicentenary Vintage 1977* gefeiert. Nur 665 Flaschen gibt es von dem *Highland Park 1958*, der im Sommer 1999 auf den Markt kam.

Highland Pearl Schottischer Blend. Er kommt von der alten Weinhandelsfirma → Hall & Bramley Ltd. in Liverpool. Mit 12 Jahren gehört er zum → De luxe-Segment.

Highland Poacher Schottischer Blend von der vor allem als Weinimporteur tätigen Firma → Halewood International Ltd.

Highland Prince Schottischer Blend von einer Firma, die im englischen Huyton in der Nähe von Liverpool residiert: → Halewood International Ltd.

Highland Queen Schottischer Blend aus dem Hause → Macdonald & Muir, einer Tochter von → Glenmorangie plc (bis 1996 → Macdonald Martin Distilleries). Der Blend wurde schon in den neunziger Jahren des letzten Jahrhunderts kreiert. Sein Name ist inspiriert vom langjährigen Hauptquartier der Firma an den Queen's Docks gleich am Hafen in Leith, in dem Mary, die unglückliche schottische Königin, nach ihrer Rückkehr aus Frankreich landete. Die grauen Lagerhäuser schmückte bis 1998 der Schriftzug »Highland Queen«.

Nach dem Umzug der Firma in die Nähe des Edinburgher Flughafens und der Umwandlung der gegenüber dem neuen Scottish Office liegenden Gebäude in Wohnungen wird der Name von dort wohl bald verschwinden. Der Whisky wird aber der wichtigste Blend der Firma bleiben. Es gab ihn früher in zahlreichen Altersstufen und sogar als Whiskylikör. Heute wird er als Standard ohne Altersangabe, als Premiumblend unter dem Namen *Highland Queen Majesty*, als 15jährige *Grand Reserve*, als 21jähriger *Supreme* und *Highland Queen – Queen of Scots* (ebenfalls 15 Jahre) abgefüllt.

Highland Reserve Schottischer Blend. Ein einfacher → Standard, der von → QSI hergestellt wird, einer Tochter von William → Grant & Sons.

Highland Rose Schottischer Blend aus dem Hause → Burn Stewart, dessen Vorgänger ihn auch schon im Programm hatte. Es gibt einen → Standard, der mit 3 Jahren genau das vorgeschriebene → Mindestalter dafür aufweist, daß sich in Schottland hergestellte Getreidedestillate überhaupt »Scotch Whisky« nennen dürfen. Der → De luxe hat die normalen 12 Jahre.

Highland Stag Schottischer Blend, der von der britischen Firma → Red Lion Blending gemacht wird, die in den siebziger Jahren aus dem Zusammenschluß der in Surrey ansässigen Firma Highland Stag Whiskies mit R.N. → MacDonald hervorging, die wiederum von einem Nachfahren des in jeder Hinsicht großen → Long John MacDonald gegründet wurde. Der Hochland-Hirsch-Blend ist nur in den englischen Filialen des Discounters → ALDI erhältlich.

Highland Star Schottischer Blend aus dem Hause → Premier Scotch Whisky Co., die ihn unter dem Namen eines ihrer zahlreichen Tochterlabels in den fünf Altersstufen 3, 5, 8, 10 und 12 Jahren ausschließlich für den Export herstellt.

Highland Woodcock Schottischer Blend. Er wird für die in Croydon, Surrey, beheimatete Firma J. T. Davies & Sons hergestellt. Seine Verbreitung beschränkt sich ganz auf London und Umgebung, weil er ausschließlich in den ungefähr 30 Pubs des Unternehmens und dessen Weinläden angeboten wird, die sich allerdings Davison's nennen.

Highlander Schottischer Blend von H. → Stenham, den es in den firmenüblichen fünf Alterstufen 3, 5, 8, 10 und 12 Jahren gibt. Eine weitere Version der Marke ist ein Vatted Malt mit dem für schottischen Whisky unüblichen Namen *Highlander Straight Malt*. Die Marke wird nur für den Export, besonders nach Lateinamerika, hergestellt.

Highlands Schottische → Whiskyregion, die mit Ausnahme der → Islands und → Campbeltowns alles umfaßt, was nicht zu den → Lowlands gezählt wird, also praktisch den gesamten Norden zwischen Glasgow/Edinburgh und John O'Groats, die den Orkneys gegenüberliegende Landspitze. Die heutige Grenze, die durch eine Linie von Greenock am Clyde im Westen Glasgows und Dundee gezogen wird, geht zurück auf Auseinandersetzungen zwischen den Steuerbehörden der (englischen) Regierung und den Highlandern einerseits, zwischen den kleinen Farmhausbrennern des Nordens und den schon in industriellem Maßstab Malt Whisky erzeugenden Destillern des Südens andrerseits. Ein »Select Committee« des House of Commons zog 1799 nach langwierigen Anhörungen endlich einen Strich zwischen ihnen, die berühmt-berüchtigte → Highland Line. Sie sollte vor allem eine klare Grenze zwischen den für die Brenner nördlich und südlich dieser Linie unterschiedlich erhobenen Steuern sein und war vielleicht sogar als Befriedung gemeint, wurde aber in den Highlands als Diskriminierung empfunden und als Herausforderung zum Schwarzbrennen und zur Legitimierung des Schmuggels. Auf der damals veröffentlichten Karte gab es eine Zwischenzone, deren Nordgrenze weniger westöstlich verlief, sondern weitgehend südnördlich. Sie umfaßte alles, was südlich nicht in den Bergen lag, also auch die die Highlands umgebenden Küstenregionen zwischen Dundee und Nairn/Inverness. Die zweite auf der Karte gezogene und von West nach Ost laufende Linie ist weitgehend identisch mit der heute üblichen.

Zur besseren Unterscheidung und wegen der Größe der Region werden die Highlands – ohne festgeschriebene Grenzen – eingeteilt in die Southern und Northern, die Western und die Eastern Highlands – mit einem Kerngebiet, das nach dem es durchfließenden Fluß die → Speyside genannt wird. Einige Autoren geben sich damit nicht zufrieden, sondern versuchen eine noch detailliertere Aufteilung. So bemüht etwa Michael Jackson in seinem Buch »Whisky« noch andere Flüsse wie den Findhorn, den Lossie und den Deveron. Solange es dabei nur um eine bessere Orientierung geht, ist die Sache nicht problematisch. Sie wird es, wenn den »Kleinlagen« auch unterschiedliche Whiskystile nachgesagt werden. Die gibt es nicht; es wird nicht gelingen, alle Malts entweder der ganzen Region oder einzelner Teile von ihr auf einen einheitlichen geschmacklichen Nenner zu bringen, mehr noch, es wäre dem diametral entgegengesetzt, was die Malts so einzigartig und besonders macht: daß jeder seiner eigenen, unverwechselbaren Charakter hat.

Highproof Bezeichnung für Whiskies, die nicht auf die (allerdings auch vom Gesetzgeber vorgeschrieben) sonst üblichen 40 % oder 43 % einer angeblichen Trinkstärke herabgesetzt werden, sondern so abgefüllt werden, daß der Genießer die Möglichkeit hat, seinen Wasseranteil selbst zu bestimmen. Der Terminus wird oft als Synonym für die naturgemäß von Faß zu Faß wechselnde → *barrel proof* oder → *cask strength* verwendet, meist aber für die Handvoll Single Malts, die von ihren → Eigentümern bei 57 % abgefüllt werden. Beispiele dafür sind → *Glasfarclas* und → *Macallan*, von denen es solche Versionen gibt. Es gibt aber auch Whiskies mit 50 %, die als *highproof* bezeichnet werden.

Highwood Kanadischer Whisky, der nach der Firma benannt ist, die ihn herstellt. Sie begann 1974 als Sunnyvale Distillers mit einer Destillerie in dem Städtchen High River nahe Calgary im Bundesstaat Alberta, die vermutlich die kleinste im Lande ist, aber dem am stärksten wachsenden unabhängigen Whiskyhersteller Kanadas gehört. Der Standort ist nicht zufällig gewählt: die Region am Fuße der Rocky Mountains und inmitten der reichen Getreidefelder hat auch andere Unternehmen zum Bauen einer Brennerei verlockt (→ Alberta, → Palliser). Highwood ist stolz darauf, die einzige Brennerei des Landes zu sein, die für ihren Basiswhisky nur Weizen verarbeitet, um den reinsten – Wodka (sic!) machen zu können. Sie hat ein reichhaltiges Getränkesortiment, zu dem neben fertig gemixten Drinks auch Scotch gehört, den sie selbstverständlich aus Schottland bezieht und mit dem eigenen Wasser vor Ort nur noch verdünnt und abfüllt. Die beiden hauseigenen Canadians sind der 4 Jahre alte *Highwood* und der → *Centennial*.

Hill & Hill Kentucky Whiskey, der zu den Regionalmarken gehört, die früher von National Distillers in → Frankfort hergestellt wurden, ohne daß man genau wußte, in welcher ihrer drei Brennereien das genau geschah. → *Old Crow*, → *Old Taylor* und → *Old-GrandDad* gelangten wie ihre Mutterfirma 1987 in den Besitz von → American Brands. Sie lassen die Marke heute von ihrer Tochter → JBB in deren → Jim Beam Distilleries in Boston bzw. Clermont herstellen, allerdings seit einiger Zeit nur noch als Blended. Der Straight Bourbon wurde eingestellt.

Hill Thomson & Company Schottische Whiskyfirma, deren Anfänge auf William Hill zurückgehen, der 1793 in der Rose Lane in Edinburgh seinen Laden eröffnete und später um die Ecke in die Frederick Street zog, wo die Firma bis in die achtziger Jahre unseres Jahrhunderts residierte. 1857 bildete die Familienfirma eine Partnerschaft mit William Thomson und gab sich den heutigen Namen. Zwei Jahrzehnte später trat William Shaw in die Firma ein und kreierte mit → *Queen Anne* einen Blend, mit dem sie seither identifiziert wird. Er blieb auch die Flaggschiff-Marke, als die Unabhängigkeit verlorenging und man sich 1970 mit → Glenlivet Distillers vereinigte. Seit 1977 ist Hill Thomson & Company unter dem Dach der → Seagram-Tochter The → Chivas & Glenlivet Group, die unter dem alten Namen nach wie vor einige Marken führt: neben dem *Queen Anne*, → *Black Watch*, → *Prince Charlie*, → *St. Leger*, → *Something Special* und → *Treasury*.

Hillside Schottische Malt-Destillerie, die diesen Namen allerdings nur von 1964–1980 trug und dann in → Glenesk umbenannt wurde. Während ein Single Malt in → Destillerie-Abfüllung von Wm → Sanderson zu haben war, wurde der frühere Name Hillside bewahrt in einigen Versionen, die UD bzw. UDV in ihre → »Rare Malt Selection« aufgenommen haben. Bei ihr den Überblick zu behalten, ist schwierig, weil für unterschiedliche Märkte unterschiedliche Abfüllungen geliefert werden. Bekannt sind drei 25jährige, die mit 61.9 % (1969), 60.1 % (1970) und 62.0 % (1971) in die Flasche kamen. 1971 wurde der 22jährige destilliert, der wiederum 60.1 % aufwies.

Hips Japanischer Blend, der sich mit dem Prädikat »The brightest Whiskey«

schmückt und damit eine Schreibweise verwendet, die in Japan nicht üblich ist. Dort schreibt man normalerweise, in schottischer Manier, Whisky. Der Bruch mit der Konvention ist auch ein Bruch mit der in Japan gepflegten schottischen Tradition und dem Whisky-Stil, der sich in Japan bisher an Schottland orientierte. Aber → Kirin-Seagram, die ihn herstellen und die mit ihrem → *News* schon einen eindeutig nach Bourbon schmekkenden und auf ein junges Publikum zielenden Whisky im Programm haben, wollten vermutlich dem auch in Japan nicht mehr zu übersehenden Interesse an Whiskeys im amerikanischen Stil Rechnung tragen.

Hiram Walker's Premium Whisky von Hiram → Walker, den die kanadische Firma im Besitz von → Allied Distillers *in* → *bulk* nach Venezuela bringt und dort abfüllen läßt.

Historic Scotland Schottische Körperschaft, die im Auftrag der britischen Regierung für die »ancient buildings and monuments« (so ihr früherer Name) zu sorgen hat. Sie wird vom Staat und den Beiträgen und Spenden ihrer »Friends of Historic Scotland« alimentiert und kümmert sich, neben dem »National Trust for Scotland«, um das kulturelle Erbe des Landes: Sie ist für eine große Zahl von archäologischen und architektonischen Sehenswürdigkeiten einschließlich ihrer Inneneinrichtung verantwortlich, die zu einem großen Teil auch der Öffentlichkeit zugänglich sind. Im Auftrag von → UDV pflegt Historic Scotland auch die → Dallas Dhu Distillery, die so zu einem vorzüglich gestalteten und den Besuch wirklich lohnenden Museum geworden ist, aber dennoch jederzeit wieder in Produktion gehen könnte. Natürlich ist im Museumsshop auch Malt aus Dallas Dhu im Angebot, in der Abfüllung von → Gordon & MacPhail. Im Frühjahr 1998 wurde das letzte, 1983 in der Brennerei destillierte Faß mit der Nummer 327 abgefüllt, das noch 294 Flaschen ergab. Die Nummern 1, 294, 19 und 83 wurden zur Seite gelegt, die anderen zum Preis von 95 Pfund angeboten (für die »Friends« mit 20 % Rabatt). Auch der 100. Geburtstag der Brennerei wurde gefeiert, mit der Abfüllung des Fasses Nr. 262 aus dem Jahr 1983, das 438 Flaschen ergab, die zum deutlich höheren Preis von 135 Pfund (für die »Friends« 110 Pfund) feilgeboten wurden.

Die Namen von einigen der größten, von Historic Scotland betreuten touristischen Attraktionen sind auch auf Whiskyflaschen zu finden: Schlicht *The Castle* heißt ein 15jähriger Single Malt, der das Bild von Edinburgh Castle zeigt. *Stirling Castle* ist ein 12jähriger Single, während der 10 Jahre alte *St. Andrews Castle* und der 8jährige *Urquhart Castle* → Pure Malts sind. Die drei ersteren haben ein Alkoholvolumen von 46 %, was darauf hinweist, daß sie von → Cadenhead bzw. deren Mutter J. & A. → Mitchell abgefüllt sind, während der letzte nur 40 % hat. Das ist der »Stammgehalt« der Malts von → Gordon & MacPhail, einer Firma, die bekanntlich seit langer Zeit von Mitgliedern der Familie Urquhart geleitet wird und deren Vorväter ihren Sitz auf dem Schloß am Loch Ness hatten.

Hogshead In Schottland übliche Bezeichnung für eine Faßgröße, die aber nicht eindeutig definiert, sondern von seinem Inhalt abhängig ist, je nachdem es sich um Wein, Bier oder auch Tabak handelt. Es kann auch das Faß oder sein Inhalt gemeint sein. Fässer, die heute in der Whiskyindustrie zur Reifung benutzt und so genannt werden, haben etwa 250 Liter und sind in der Regel aus amerikanischer Eiche. Der Ausdruck, der sich von *hog* (= Schwein) ableitet, wird schon seit vielen Jahrhunderten benutzt, seine Herkunft ist aber unklar. Es gibt auch einen → Vatted Malt desselben Namens; er kommt von der in Edinburgh ansässigen Firma Inverheath Ltd., die auf dem Karton ein paar Erläuterung zum Namen gibt und darauf hinweist, daß ihr »Schweinekopf« eine besonders hohe Portion von → Islay-Malt enthält.

Hokkaido Japanischer → Pure Malt von → Nikka, die auf der gleichnamigen Nordinsel Japan eine Malt-Brennerei besitzen. Sie wird meist → Yoichi, manchmal aber auch Hokkaido »Yoichi« Distillery genannt und ist die zweitälteste des Landes. Sie wurde 1934 von Masataka → Taketsuru gegründet. Der hatte seine Kenntnisse der Whiskyherstellung als Student in Schottland gewonnen und zuerst in den Dienst des zweiten japanischen Pioniers, Shanjiro → Torii, gestellt, ehe er sich selbständig machte, um in Yoichi seine Destillerie zu bauen und mit einer einzigen winzigen → *pot still* seinen eigenen Malt zu brennen. Es dauerte sechs Jahre, bis er seinen ersten Whisky verkaufen konnte. In der Zwischenzeit verdiente er sein Geld mit der Produktion von Fruchtsäften. Während des Krieges durfte er keinen Whisky machen, danach stieg seine Firma aber nach Toriis → Suntory zum zweitgrößten Whiskyhersteller des Landes auf. 1962 eröffnete er in → Nishinomiya eine Grain Destillerie, 1979 eröffnete er in → Sendai eine weitere, weit größere Malt-Brennerei, mit der er leichtere Malts vom Typus → Lowlands anstrebte, während in Yoichi schwere, zum Teil sehr intensiv getorfte Malts erzeugt werden. Die Single Malts von dort heißen *Yoichi*, der *Hokkaido* ist ein 12 Jahre alter *Pure Malt*, ohne daß klar würde, warum der eine ein Single, der andere nur ein Pure Malt ist. Bei ihm ist jedenfalls nicht eindeutig die Brennerei selbst als Abfüller genannt, sondern die Nikka Distilling Company.

Hopkins & Company, John Schottische Whiskyfirma, die 1874 von John Hopkins in Glasgow gegründet wurde und mit dem Import des Cognac »Otard« begann, bald auch mit → *Glen Garry* (1878) und → *Old Mull* (1880) ihre ersten Blends herausbrachte. In den Zeiten des Whiskybooms bauten sie 1896 die Brennerei → Speyburn in Rothes, nachdem sie schon vorher → Tobermory gekauft hatten. Seit 1916 im Besitz der → DCL, gehörte sie zu dem bunten Strauß der großen, alten schottischen Whiskynamen, die sich seit 1987 unter dem Dach von → Guinness bzw. von → UD befinden und zehn Jahre später bei UDV. Sie lassen die Lizenz für ihre Brennerei → Oban, deren Geschäfte John Hopkins & Co. von 1930 an geführt hatte, seit 1992 offiziell unter deren Namen laufen. UDV führen immer noch den *Glen Garry*, mußten sich aber schon zu UD-Zeiten von *Old Mull* aus kartellrechtlichen Gründen trennen.

Horse's Neck Whiskeydrink. Eine leichte Abwandlung des einfachen Bourbon-Highballs: Zum Bourbon auf Eis ein paar Spritzer Angostura geben, mit Ginger Ale auffüllen und als Garnierung eine Zitronenspirale nehmen.

Hot Buttered Whisky Whiskydrink, der gerne in Kanada getrunken wird, eine Art kanadischer Grog – mit der befremdlichen Zugabe von Butter. Ein Teelöffel Zucker wird mit einem kräftigen Quantum Whisky übergossen und erhitzt. Mit heißem Wasser aufgefüllt und kalten Butterflocken darüber soll es sich um ein Getränk handeln, mit dem die Lebensgeister zurückkommen, wenn man aus eisiger Kälte nach Hause gekommen ist.

Hot Whisky Skins Whiskydrink. Eine Variante des Toddy. Zwei bis drei Teelöffel Zucker werden in einem Schuß Whisky aufgelöst. Mit heißem Wasser auffüllen und mit einer Zitronenspirale verzieren. David Daiches, der große Kenner der schottischen Literatur und des schottischen Whisky, empfiehlt, das Getränk im Bett zu sich zu nehmen.

Hot Whiskey Amerikanische bzw. irische Version des → Toddy, der im Unterschied zum klassischen schottischen Rezept gerne mit einer Zitronenscheibe und Nelken bereitet wird.

House of Commons Schottischer Blend, der ausschließlich für die Bar des Londoner Unterhauses gemacht wird. Das exklusive und prestigeträchtige Recht, die britischen Parlamentarier, die MPs, mit seinem Whisky zu beliefern, sicherte sich James → Buchanan schon Ende des letzten Jahrhunderts, als er dort seine Hausmarke feilbieten durfte. Die hieß zuerst → *Buchanan's* und zeichnete sich durch eine markante Flasche von schwarzer Flasche mit weißem Label aus – und gerne als → *Black & White* bestellt wurde, weshalb sie auch bald umgetauft wurde. Die Firma belieferte aber auch danach immer noch das hohe Haus mit einem Blend, der *House of Commons Number One Scotch Whisky* genannt wurde. Er kommt heute von → UD bzw. UDV, die heute Besitzer der Rechte an dem Namen Buchanan und den Marken der Firma sind und es sich natürlich nicht nehmen lassen, an so prominenter Stelle präsent zu sein.

House of Lords Schottischer Blend, der von William Whiteley in den 20er Jahren auf den Markt gebracht wurde. Trotz der → Prohibition war er auch für die USA gedacht und die an die großen Schmuggelzeiten des letzten Jahrhunderts anknüpfenden Versuche, ihn in dieses Zielgebiet zu bringen, sind heute Legende: Von Verstecken in Müllautos geht die Sage, ebenso von Torpedos, die auf den Strand von Long Island abgefeuert wurden, und von einem U-Boot, das erfolgreich die Küstenwache überlistete. Es gab sogar besonders leichte und dennoch stabile Flaschen. Die heutigen kommen von → Campbell Distillers. Die Whiskies sind 8 bzw. 12 Jahre alt. Kostbar ausgestattet ist ein 30 Jahre alter, von dem es nur wenige Flaschen gibt. Er besteht vor allem aus einem ebenso alten → *Edradour*, von dem ein Faß gefunden wurde, dessen Inhalt aber nicht mehr zum Abfüllen als Single Malt reichte.

House of Peers Schottische Whiskies aus dem Hause Douglas → Laing & Co. in Glasgow. Es gibt sie in vier Versionen als Blends: als *Black Label* bzw. *Gold Label* im → Standard-Segment, als *X O Extra Old* und *12 years old* im → De luxe-Bereich. Man sagt ihnen nach, daß sie nach dem Blenden noch einmal im Faß nachreifen dürfen. Außerdem gibt es einen Vatted Malt, der 22 Jahre alt ist.

House of Stuart Schottischer Blend, der zum Portfolio von → Barton Brands gehörte, dessen amerikanische Überreste heute unter dem Dach von → Canandaigua sind, während die schottischen über → Gibson International an → Glen Catrine Bonded Warehouse fielen. Der Blend wird in Schottland gemischt, aber erst in den USA von Barton abgefüllt und verkauft.

Howard McLaren Schottischer Blend aus dem → Premium-Segment. Die Marke gehört heute → Glen Catrine Bonded Warehouse, die sie von von Gibson International übernommen haben.

100 Pipers Schottischer Blend, von → Seagram in den sechziger Jahren auf den Markt gebracht, der sich insbesondere in Lateinamerika, Südostasien und Großbritannien großer Popularität erfreut. Obwohl eher im unteren Segment angesiedelt, kann er auf Malts aus → Glenlivet, → Glen Grant, → Glen Keith und → Strathisla zurückgreifen, die ebenfalls Seagram gehören. Das Hauptquartier der Firma ist in Pailsey bei Glasgow, sie besitzt aber auch in in der Umgebung von → Keith große Anlagen. *100 Pipers*, der seinen Namen von einem schottischen Song hat, entsteht dort.

Huntingtower Schottischer Blend, ein einfacher → Standard, der von → Waverley Vintners kommt, einer Tochter der → Scottish & Newcastle Breweries, und auch in deutschen Supermärkten wie der Penny-Kette verkauft wird.

Huntley Schottischer Blend, benannt nach dem kleinen Städtchen in den Eastern → Highlands, der ursprünglich von der alten Firma Slater, Rodger & Co. in Glasgow kam, die später die Lizenz an der → Banff Distillery hatte, schon Ende des letzten Jahrhunderts unter den Einfluß der → Walkers aus Kilmarnock geriet und sich deshalb bald unter dem Dach der → DCL fand, deren Nachfolgerin → UD/UDV den Blend als Abfüllung von Huntley Blending und als einzigen der alten Firma neben dem → *Rodger's Old Scots* noch weiterführt.

Hynard's Schottischer Blend, der mit dem Zusatz *Finest* von der Firma Hynard Hughes & Co. verkauft wird und fast nur in Leicester und Umgebung zu bekommen ist. Neben diesem → Standard-Blend gibt es auch den Vatted Malt → *Gamefair*.

I

IDG (Irish Distillers Group) Sie entstand erst Anfang der siebziger Jahre und verlor ihre Selbständigkeit weniger als 20 Jahre später. In diesen wenigen

Jahren war die gesamte irische Whiskeyindustrie in der Hand des Monopolisten IDG vereinigt, ein kaum vorstellbarer Zustand angesichts eines Volkes, das die Ideale von Freiheit und Unabhängigkeit so sehr verehrt – und der Tatsache, daß es in Irland einmal mehr als 4000 Brennereien gab. Viele verschwanden schnell wieder, viele überlebten die Schwierigkeiten nicht, die die beiden Weltkriege und vor allem die → Prohibition über eine Industrie gebracht hatten, deren Produkt einst besonders im Export stark war. Die Konzentration von Brennereien, Abfüllern und Händlern begann schon im letzten Jahrhundert und führte schließlich dazu, daß es 1966 nur noch vier Destillerien gab: drei in der Republik und eine, → Bushmills, in Nordirland. → Jameson, → Power's und → Cork Distilleries schlossen sich im gleichen Jahr zur Irish Distillers Company zusammen. Mit der Vereinigung mit Bushmills wenige Jahre später war das Monopol unter dem Namen IDG perfekt. Die Konzentration führte nicht zur erhofften wirtschaftlichen Stärke. Ende der achtziger Jahre kam es zu einer Übernahmeschlacht, die als die dramatischste der irischen Geschichte bezeichnet wird. Es beteiligten sich neben dem irischen Geschäftsmann John J. → Teeling mehr oder weniger offen → Guinness, → Grand Metropolitan und → Allied Lyons, also die großen Hechte im Karpfenteich. Gewonnen wurde der Kampf von der Groupe → Pernod Ricard. Seitdem ist die IDG nur noch eine Tochter der französischen Firma. Die Gründung von → Cooley beendete das Monopol.

IDV (International Distillers and Vintners) International operierender Getränkekonzern, der 1962 aus dem Zusammenschluß der vor allem im Weingeschäft tätigen United Wine Traders mit der Firma W. & A. → Gilbey entstanden ist und durch die Bündelung der Aktivitäten zu einem der ganz großen *player* im Wein- und Spirituosensektor wurde. Die Weinhändler brachten die renommierte Firma → Justerini & Brooks mit in die Ehe, der mit dem → *J & B* eine der größten Whiskymarken gehörte. Gilbey, die ihr Geschäft mit Gin begonnen hatten, aber schon seit der Jahrhundertwende auch im Whisky engagiert waren, brachten Firmen wie James → Catto & Co. und vor allem ihre Brennereien → Glen Spey, → Knockando und → Strathmill, aber auch den Canadian → *Black Velvet* mit. Unmittelbar nach der Fusion kam es zu einer Umstruktuierung; danach waren Justerini & Brooks für die schottischen Aktivitäten zuständig, unter dem Namen Gilbey arbeitete man in Kanada. Zur Firma gehörten alte Portweinfirmen wie Croft und große amerikanische Weinfirmen wie Almadén und Inglenook und die beiden starken Marken »Smirnoff«-Wodka und »Gilbey's«-Gin. Die Erfolge machten den Bau eines großen Komplexes mit → *warehouses* und einer eigenen Küferei in der Nähe von Renfrew und einer neuen Abfüllanlage in → Dumbarton notwendig – und sie zogen kauflustige Interessenten an.

1972 wurde IDV zuerst von den Bierbrauern Watney, Mann & Co. und sechs Monate später von → Grand Metropolitan übernommen. Unter Führung der neuen Mutter konnte IDV weiter expandieren und zu einem der fünf größten Spirituosenunternehmen werden. 1974 lancierte man mit dem → *Bailey's* den ersten Sahne-Whiskey-Likör, man baute im gleichen Jahr mit → Auchroisk eine vierte Brennerei, kooperierte mit Dunhill und kreierte den Blend → *Old Master*, kaufte 1987 die amerikanische Firma Heublein, beteiligte sich an der Grain Distillery → North British mit 50 % (die anderen Anteile hält → Robertson & Baxter). Um neue Absatzmärkte zu erschließen, engagierte man sich in → Brasilien, → Australien (→ *Bond 7*) und vor allem im asiatischen Raum, besonders in → Indien, wo die Blends → *Gilbey's* und → *Spey Royal* hergestellt werden und mit dem indischen Whiskyhersteller → Polychem kooperiert wird. Von einigen Marken trennte man sich allerdings auch, z. B. von dem Irish → *Redbreast* und von → *Catto's*, der seit 1990 bei → Inver House ist. Auch die amerikanischen Weinunternehmen wurden 1993 an → Canandaigua verkauft.

Nachdem es vorher schon Gerüchte gegeben hatte, wurde im Sommer 1997 offiziell bestätigt, daß Guinness und GrandMet ihre Kräfte bündeln wollten, um den weltgrößten Getränkekonzern zu bilden. Noch während der Verhandlungen kam es zu weiteren Verkäufen, die mit der Konzentration auf das Kerngeschäft begründet wurden; so trennte sich Dunhill von IDV. Im Dezember 1997 wurde die neue Ehe besiegelt und unter dem ungläubiges Erstaunen provozierenden Namen → Diageo vollzogen. Die Monopolkommissionen der EU in Brüssel und die der USA verlangten die Trennung von weiteren Marken, vor allem von → *Dewar's*, der amerikanischen Nr. 1, was als schmerzhaft aber verkraftbar betrachtet wurde angesichts der Tatsache, daß man mit den → *Johnnie Walker*-Sorten und dem *J & B* immer noch die beiden weltgrößten Marken besaß. Die Marke *Dewar's* ging an → Bacardi, der als Morgengabe auch noch die Brennereien → Aberfeldy, → Aultmore, → Craigellachie und → Royal Brackla erhielt. Dieses Geschäft wurde schon von der aus IDV und der Guinness-Tochter UD gebildeten neuen Gesellschaft → UDV vollzogen. IDVs deutsche Tochterfirma wurde aufgegeben, ihre Produkte werden jetzt von UDV Germany (ehemals Asbach) verkauft. Auch in Kanada wurden ehemalige IDV-Unternehmen wie die → Palliser Distillery und alle Marken bis auf den → *Gibson's* aufgegeben.

Ileach, The Schottischer Single Malt, der seinen Namen von der gälischen Bezeichnung für eine/n Bewohner/in von → Islay hat und lange Zeit nur auf der Insel selbst zu bekommen war, z. B. in den beiden SPAR-Läden in Bowmore und Bridgend. Das Etikett warnt zwar mit einem deutlichen Hinweis davor, daß er »peaty« sei, verschweigt aber leider sowohl sein Alter, seine genaue Herkunft wie auch die Firma, die ihn herausbringt. Nur daß er 40 % hat, bekommt man mitgeteilt. Er ist ein wohlgeratenes Exemplar seiner Gattung und tatsächlich so schön rauchig-torfig-medizinisch, daß man sicher nicht fehlgeht, wenn man eine Brennerei der Südküste als den Ort seiner Entstehung vermutet. Seit 1999 gibt es ihn auch in Deutschland und sein deutscher Importeur, Dudelsack in Aschaffenburg, versichert, es handle sich bei ihm um einen 5 Jahre alten → *Lagavulin*.

Immortal Memory Schottischer Blend aus dem Hause → Gordon & MacPhail, 8 Jahre alt und vielgerühmt. 1991 bekam er auf der International Wine and Spirit Competition in London die Auszeichnung »Best Blended Whisky in the World«. Der Name erinnert an die Reden, die jedes Jahr am 25. Januar bei den »Burns Suppers« in aller Welt gehalten werden, wenn der Geburtstag des schottischen Nationalbarden begangen wird.

Imperial Blue Whisky von → Seagram, der in und für → Indien hergestellt wird und für den aus Schottland *in → bulk* importierte Malts mit lokal destillierten Grains verschnitten werden.

Imperial Gold Medal Schottischer Blend aus dem Hause → Cockburn & Company (Leith), das 1981 von → Drambuie gekauft wurde, heute der Firma Wine Emporium gehört, die aber nach außen unter dem Namen des alten Unternehmens als Cockburn's of Leith auftritt.

Imperial Schottische Malt-Destillerie. Sie gehört zur → Speyside und liegt direkt am → Spey neben dem Bahnhof von Carron und in Nachbarschaft von → Dailuaine Distillery, mit der sie lange Jahre geschäftlich verbunden war. Sie wurde 1897 gebaut, also in dem Jahr, als sich die Krönung Queen Victorias zum 60. Mal jährte; der Name reflektiert das Jubliläum. Sie war im Verlauf ihrer Geschichte oft geschlossen: von 1900 (nach dem Bankrott → Pattisons) bis 1919, 1925, als sie von der → DCL übernommen wurde, bis 1955, als sie neugebaut wurde, und von 1985 bis 1989. In diesem Jahr wurde sie von → Allied gekauft und wiedereröffnet. Ihr Whisky spielte, was man an einem großen Schild am Eingang der Brennerei sehen konnte, eine bestimmende Rolle beim Blend → *Black Bottle*; der Name wurde allerdings übermalt, nachdem Allied die Marke an → Highland Distillers weiterverkauft haben.

Als Single-Malt in → Eigentümer-Abfüllung ist der bei Blendern hochangesehene Whisky strenggenommen immer noch nicht zu bekommen, aber → Gordon & MacPhail haben in ihrer → Allied-Reihe einen 1979 ohne Altersangabe. Sonst gibt es ihn nur von anderen → unabhängigen Abfüllern, z. B. von Cadenhead (1979, 64.9 %), von Signatory (1976, 43 %) oder MacArthur (1979, 43 %).

Es gibt unter dem Namen *Imperial* auch einen amerikanischer Blended von → Barton in → Bardstown, der aber nicht das geringste zu tun hat mit dem Single Malt aus der Destillerie am Spey – ebenso wenig wie der japanische Blend von → Suntory, der auf manchen Märkten auch → *Signature* heißt. Er wird in einer vornehm aussehenden Kristallkaraffe verkauft, die einen Inhalt von nur 0,6 Litern hat.

Inchgower Schottische Malt-Destillerie. Ihr Name, ausgesprochen »inschgauer«, bedeutet Insel der Ziegen. Sie liegt zwischen Fochabers und Buckie an der A98, also hart an der Grenze der → Speyside, zu der sie dennoch gerechnet wird. Die Stadtväter von Buckie kauften die von Alexander Wilson gebaute Brennerei, mit der er seine Tochineal Distillery ersetzte, 1936 für die Summe von 1000 Pfund, um sie zwei Jahre später – mit Gewinn – an Arthur → Bell & Sons weiterzuveräußern. Auf sie läuft die Lizenz immer noch, obwohl sie seit 1985 eine Tochter der → Guinness-Tochter → UD ist, heute also zu UDV gehört.

Als Single-Malt in → Eigentümer-Abfüllung wurde er von → Bells mit 12 Jahren und in zwei verschiedenen Aufmachungen verkauft. UD nahmen einen 14jährigen in ihre → »Flora & Fauna«-Serie auf. Häufiger gibt es ihn von den Unabhängigen, von denen z. B. Cadenhead zwei sherryfaßgelagerte 77er mit 46 % bzw. 56 % hatten. Signatory hatte mehrere Abfüllungen, u.a mit Malts von 1977, 1979 und 1986, die jeweils 43 % stark waren.

Inchmoan Schottischer Malt, der als einer von sechs verschiedenen Typen in der → Loch Lomond Distillery in Alexandria erzeugt wird. Er wird leider nicht als Single Malt vermarktet, sondern nur zum Blenden verwendet. Der Journalist Jim Murray berichtet, daß für ihn das gleiche Malz verwendet wird wie für den → *Croftengea*, daß er aber distilliert würde wie der leichte, als Single Malt erhältliche → *Inchmurrin*.

Inchmurrin Schottischer Malt. Er kommt aus der → Loch Lomond Distillery und ist nach der größten, fingerförmigen Insel des Sees benannt. Er war früher, als die Herstellerfirma → Glen Catrine Bonded Warehouse nur kleine Mengen zur Verfügung hatte, ein Vatted, ist jetzt aber eindeutig ein Single Malt. Er ist neben dem → *Old Rhosdhu* der zweite Malt der Brennerei, der als Single verkauft wird. Die Brennerei produziert aber insgesamt sechs Malts – mit jeweils leicht verändertem Equipment, unterschiedlichem Malz und verschiedenem → *middle cut*. Als Eigentümer-Abfüllung wird er manchmal mit »Distilled 1975«, manchmal mit der Angabe »10«, manchmal »12 years old« geliefert. In kleiner Stückzahl (350 Flaschen) gab es Ende 1997 einen 1966er mit 30 Jahren. Auch von → unabhängigen Abfüllern gibt es ihn bisweilen, z. B. von → Cadenhead, die ihn einmal als Pärchen zusammen mit dem *Old Rhosdhu* angeboten haben.

Independence Schottischer Blend mit 40 %. Er wurde anläßlich der von Tony Blairs Regierung versprochenen und am 11. September 1997 durch eine Volksabstimmung auch endlich von der Mehrheit der Schotten beschlossenen Einrichtung eines eigenen Parlaments herausgebracht. Das Datum war mit großem historischen Bewußtsein gewählt: an diesem Tag vor 700 Jahren hatte »Bravehart« William → Wallace seinen Sieg über die Engländer errungen. Für viele Schotten ist das Parlament noch nicht die endgültige Unabhängigkeit, für andere (sie haben sich bei der ersten Wahl am 6. 5. 1999 durchgesetzt) die zeitgenössische europäische Variante davon – und allemal wert, ihr mit einem Scotch eine gute Zukunft zu wünschen. Wer ihn kreiert hat, ist unbekannt, die Firma nennt sich Independent Scotland Limited.

Indien Es ist, einerseits, nicht erstaunlich, daß ein Land, das so lange unter dem Einfluß und der Herrschaft der Briten stand, eine besondere Beziehung zum Whisky hat. Andrerseits aber wissen die wenigsten, wie intensiv diese Beziehung ist. Es ist ein wenig wie beim Film; jeder weiß, daß auch in Indien Filme hergestellt werden, aber nur wenige ahnen, wieviele. Indien hat die größte Filmproduktion der Welt. Beim Whisky ist die Menge von importiertem Scotch angesichts der riesigen Zahl der Bevölkerung mit etwas über einer Million Liter im Jahr fast verschwindend gering, besonders wenn man den Subkontinent mit so kleinen Ländern wie → Venezuela oder anderen asiatischen Staaten vergleicht. Auf der anderen Seite nimmt die nationale Produktion stark zu, hat selbst → Japan schon übertroffen und erzielt immer noch Zuwachsraten von mehr als 50 % im Jahr. Und wer weiß schon, daß Indien die höchste Zahl von Brennereien aller whiskyproduzierender Länder außer Schottland hat und mehr besitzt als selbst die USA, Kanada, Japan, von Irland ganz zu schweigen. Es gibt allein 15 über das ganze Land verteilte Destillerien, die Malt Whisky herstellen.

Ganz im Norden im Himalaya und fast an der Grenze zu Tibet liegen → Kasauli und → Solan, im Bundesstaat Punjab arbeiten → Jagatjit und die zu Modi Enterprises gehörende → Haryana Distillery. Im benachbarten Uttar Pradesh hat die Firma Narang eine Brennerei, außerdem sind dort → Rampur und → Mohan Nagar. Weiter im Süden in Bophal ist → Som zu finden und im Bundesstaat Maharashtra gibt es Seven Seas und Sinclair. Sie liegt in Aurangabad, wo auch → Shaw Wallace eine Anlage besitzen. → United Brewers besitzen in der Nähe von Goa bzw. Ponda die → McDowell's Distillery, die den einzigen echten Single Malt des Landes abfüllt, und noch tiefer im Süden eine weitere in der Nähe von → Kerala. Eine dritte befindet sich in Bangalore, wo auch → Khoday und → Amrut produzieren.

Diese Zahl ist ganz erstaunlich und das Erstaunen wird noch größer, wenn man weiß, daß die indischen Behörden nicht gerade Whisky-freundlich sind, sondern sich gern Schikanen ausdenken. Das beginnt bei Hinweisen auf die Gesundheitsgefahren, die manchmal auf den Etiketten angebracht werden müssen, geht weiter mit der Vorschrift, daß auf ihnen das Abfülldatum zu lesen sein muß und daß sie nur in einem auf dem Label genau beschriebenen Gebiet verkauft werden dürfen, und endet noch nicht einmal dabei, daß immer mehr Bundesstaaten trocken werden und sogar den Besitz von Alkohol bestrafen (drei sind es mittlerweile). Denn auch obskure Auflagen denkt man sich gerne aus: die gravierendste ist, daß mancherorts für die Lagerung ausschließlich das Brennereigelände erlaubt ist (was die Kapazitäten beschränkt) und daß keine Fässer, sondern nur große Holzbottiche zugelassen werden (was die Reifung sehr behindert). Auf der anderen Seite ist man (zu) großzügig bei der Definition dessen, was als Whisky verkauft werden darf. Auch ein Destillat aus Melasse, das man andernorts einfach Rum nennen würde, darf sich

Whisky nennen, und wird natürlich gerne verwendet, weil es sich billiger herstellen läßt. So kommt es, daß selbst dann »Malt« oder »Malted« auf den Flaschen steht, wenn wie beim beliebten → *Aristokrat* oder dem → *Moghul Monarch* höchstens ein kleiner Prozentsatz enthalten ist und viele indische Whiskies ihren Malzgeschmack schlicht durch die Verwendung von Malzextrakt gewinnen. Generell gibt es aus der einheimischen Produktion eine verwirrende Vielfalt von verschiedenen Sorten: außer dem genannten einzigen Single Malt und einem → Pure Malt namens → *Solan No 1* findet man viele Blends. Auch sie gibt es in mehreren Formen. Sie können aus indischem Malt und Grain bestehen oder aus indischen Destillaten, die mit bereits in Schottland komponierten Blends verschnitten werden – und natürlich gibt es auch Blends aus indischem Grain und schottischen Malts. Sie alle wiederum weisen einheitlich einen Alkoholgehalt von 42.8 % auf. Die bedeutendsten Firmen des Landes, in alphabetischer Reihenfolge, sind: Amrut mit der Marke → *Maqintosh* (sic), Haryana mit → *Benson*, → *Black Castle*, → *Champion*, → *Double Dog*, → *Knight King* und → *Old Barrel*, Jagajit mit dem *Aristocrat*, Khoday mit → *Peter Scot* und → *Red Knight*, → Mohan Meakin mit dem *Solan No 1*, → *Black Knight*, → *Colonel's Special*, → *Summer Hall* und weiteren 12 Marken, → Polychem mit → *Men's Club*, → *Royal Secret* und → *White House*, Rampur mit → *Genesis* und → *White Hall,* Shaw Wallace mit dem → *Antiquity*, dem *Moghul Monarch* und dem → *Director's Special* und United Brewers mit den *McDowell's*, dem → *Diplomat* und dem Bestseller → *Bagpiper*.

Die Zahl der potentiellen Kunden auf dem bevölkerungsreichen Subkontinent hat natürlich dafür gesorgt, daß auch die internationalen Getränkekonzerne aufmerksam wurden; man schätzt das Potential etwa so hoch ein wie in den USA. Die → JBB-Tochter → Whyte & Mackay hat bereits 51 % von der Rampur Distillery übernommen, → Glenmorangie plc hat ein *joint venture* mit Mohan Meakin, → Allied Domecq mit Jagatjit, → Clan Morgan of Delhi und mit → Tiliknagar. → Pernod Ricard hat 1999 die Mehrheit von United Agencies erworben, um »Indian Made Foreign Liqueurs« exportieren zu können.

→ IDV, die dort bereits mit → Gilbey's am Markt beteiligt waren, waren mit Polychem verbunden und → UD, die auch eine eigene indische Tochter hatten, arbeiteten auch mit United Breweries zusammen; wie sie, nun als → UDV, ihre indischen Interessen neu ordnen, ist noch nicht bekannt. Seagram ist mit den drei Marken → *Imperial Blue*, → *Oaken Glow* und → *Royal Stag* auf dem Markt und verhandelt auch mit Shaw Wallace. Man wird noch viel hören von indischem Whisky.

Inishowen Irischer Whiskey, produziert von → Cooley Distillery in Riverstown, die ihn aber nicht unter dem eigenen Namen führen, sondern unter dem von Andrew A. → Watt, einer alten Whiskeyfirma, deren Überbleibsel von John J. → Teeling, der treibenden Kraft hinter Cooley, aufgekauft wurde. Watt gehörte neben der Marke *Inishowen* einst auch der → *Tyrconnell*, den es heute wieder als Single Malt gibt. Auf seinem Etikett wird als Adresse von Watt Riverstown genannt, beim *Inishowen* ist es Derry. Der Blend mit 40 % ist keineswegs leicht, sondern dem Irish-Spezialisten Jim Murray zufolge »einzigartig tief« für einen Irish Blend, was er dem in Irland selten zu findenden Gebrauch von → getorftem Malz zuschreibt. Seinen Namen hat er von der Halbinsel mit der Spitze Malin Head, wo eine Spritdestille steht, die mit Cooley's Brennerei in Riverstown nicht nur den tschechischen Architekten teilt, sondern auch die Häßlichkeit.

Intermediate still Bezeichnung für die zweite von drei Brennblasen, die zum Einsatz kommt, wenn bei der Erzeugung von Whisk(e)y in → *pot stills* drei Durchläufe veranstaltet werden. Irischer Whiskey wird immer, schottischer Whisky ganz selten dreimal destilliert, meist in den → Lowlands. Die einzige Lowland-Brennerei, in der heute noch eine *intermediate still* arbeitet, ist → Auchentoshan. Aber auch in → Benrinnes wird dreifach gebrannt. In → Springbank stehen ebenfalls drei → *stills*, mit denen ganz unterschiedliche Malts erzeugt werden können.

Inver House Schottische Whiskyfirma, die erst seit 1988 in ihrer heutigen Form als Unternehmen im Privatbesitz existiert. Damals kauften sie ihre Direktoren in einem *management buy out* von der amerikanischen Publicker Industries Inc., die in Schwierigkeiten geraten war. Die Amerikaner waren z. B. mit → *Old Hickory* zu Hause erfolgreich und wollten nach Schottland expandieren. Statt sich, wie andere, irgendwo einzukaufen, gründeten sie Inver House als Tochtergesellschaft, wählten das südlich von Glasgow gelegene Airdrie als Basis, erwarben die ehemalige Papiermühle → Garnheath und bauten sie 1964/5 zu einem riesigen Komplex um, in dem Grain ebenso wie Malt destilliert werden konnte, wo geblendet und abgefüllt werden konnte und wo 23 → *warehouses* zur Verfügung standen. Den Komplex nannte man Moffat (nicht zu verwechseln mit dem Städtchen in den Borders), die eine Malt-Destille → Glen Flagler, die andere → Killyloch. Keine der Destillier-Anlagen steht heute noch. 1973 erwarben sie → Bladnoch Distillery, die sie aber zehn Jahre später an Arthur → Bell & Sons weiterverkauften, 1985 kauften sie → Bartons → Loch Lomond Distillery in Alexandria.

Doch der eigentliche Aufschwung kam erst, als die Amerikaner sich verabschiedet hatten: Inver House ist so etwas wie der *shooting star* der letzten Jahre in Schottland und mittlerweile durchaus eine feste Größe, vor allem nachdem man mit dem → *Hankey Bannister* und → *Catto's* zwei bedeutende Marken erworben hatte – und darüber hinaus die stolze Zahl von fünf Brennereien – von Firmen, die sie sich nicht mehr leisten wollten oder konnten. Nach → Knockdhu und → Speyburn folgten → Pulteney und → Balblair und im Dezember 1997 auch noch → Balmenach. Inver House führt als Single Malts den → *An Cnoc*, der in

Wirklichkeit aus Knockdhu kommt, den *Speyburn* und → *Old Pulteney*. Im Programm sind mehrere Vatted Malts: → *Blairmhor*, → *Glen Drummond*, → *Glen Flagler*, → *Glengalwan* und → *Glen Nicol*. Die wichtigsten Blends sind neben den beiden genannten der *Inver House* → *Green Plaid* (im Unterschied zu einem von → UD gemachten und in den USA von → Barton verkauften einfachen *Inver House*) und der → *Pinwinnie*. Außerdem: → *Coldstream Guard*, → *Glen Mavis*, → *Highland Breeze*, → *Kinsey*, → *MacArthur's* und → *Sir Ternece* und der → Whiskylikör → *Heather Cream*. Inver House war 1994 mit dem Blend *The* → *Quintessential* auch beim Wettbewerb »The → Spirit of Scotland« vertreten.

Inverallan Schottischer Blend von → Whyte & MacKay/ → JBB (Greater Europe). Leider stellen sie diesen 30 Jahre alten Whisky aus dem → De luxe-Segment zur Zeit nicht mehr her. Aber man findet noch Flaschen von ihm.

Inverarity, The Schottischer Blend aus dem Hause Inverarity Vaults in Edinburgh. Die Namensgeberin für Firma und Marke war die Großmutter von Ronnie Martin, der lange Jahre Produktionsdirektor der → DCL gewesen war und 1991 nach seiner Pensionierung zusammen mit seinem Sohn Hamish einen Blend ganz nach seinen Wünschen kreieren wollte. Sie liefern auch den 8 Jahre in Bourbon-Fässern gelagerten *The Inverarity Single Speyside Malt*, von dem Insider wissen, daß es sich um einen → *Aultmore* handelt. 1998 stellten sie ihm den 14jährigen Malt → *Ancestral* an die Seite. Ein weiteres Meisterstück ist den beiden Martins mit dem → *Loch Fyne* gelungen, den Richard Joynson und seine Frau Lyndsay als Hausmarke für ihren Shop in Inveraray kreieren ließen.

Invergordon Distillers Schottische Whiskyfirma, die 1960 als Tochter von Hawker Siddely gegründet und nach einer Brennerei benannt wurde, mit deren Bau ein Jahr zuvor begonnen worden war. Obschon zu ihr auch die Malt-Destillerie → Ben Wyvis gehörte, war sie vor allem für Grain und später auch für Neutralsprit ausgelegt. Sie liegt am Nordufer des Cromarty Firth, ist die einzige ihrer Art in den Highlands und besitzt mittlerweile vier → *Coffey stills*, die fast 40 Millionen Liter Alkohol produzieren können. Die → *warehouses*, die zum Komplex gehören, können die doppelte Menge lagern. Zur Firma gehörten die Malt-Destillerien → Bruichladdich, → Tamnuvulin, → Tullibardine und → Deanston; letztere wurde später wieder verkauft. 1985 wurde auch noch → Isle of Jura Distillery erworben. Die Firma, die 1988 von ihren Direktoren gekauft wurde und auch an die Börse ging, verfügt über eine große Abfüllanlage in Leith.

Sie verkaufte bis auf den *Ben Wyvis* alle ihre Single Malts in → Eigentümer-Abfüllung und brachte 1990 mit dem → *The Invergordon* auch einen der ersten Single Grains (7 und 10 Jahre alt) auf den Markt; ein weiterer heißt → *Wolfe's Glen*. 1995 wurde sie nach einem äußerst feindlichen Kampf von → Whyte & Mackay übernommen, die damals schon im Besitz der Firma → American Brands waren. Unmittelbar nach der Übernahme wurden drei Brennereien geschlossen, nur → Isle of Jura durfte weiter produzieren. Invergordon arbeitet jetzt als unselbständige Tochter der Amerikaner und ist u. a. einstweilen noch mit dem Verkauf der Single Malts von → Fettercairn, → Tamnavulin, → Tomintoul und → Tullibardine betraut. Sie füllt in Leith eine große Zahl von eigenen Marken ab, aber auch alle Whiskies ihrer mittlerweile von Whyte & Mackay in → JBB (Greater Europe) umbenannten Mutter und außerdem große Mengen von Blends für andere Firmen (z.B für → CWS oder den → *Old Keeper* für ALDI), unter Markennamen oder auch als Eigenlabel ihrer Kunden, zu denen die großen britischen Supermarktketten gehören. Der Vertrag mit der neuen irischen Brennerei → Cooley ist mittlerweile ausgelaufen, aber ein Bourbon namens → *Smokey Jim* wird immer noch von Invergordon abgefüllt. Die Firma verfügt über ein effektives und vielgelobtes Team von Blendern und Designern, die imstande sind, innerhalb weniger Stunden jedem Kunden ein Angebot für einen Blend einschließlich seiner Ausstattung zu machen. Weniger gelobt dagegen wurde die Serie »The → Malts of Scotlands«, die Invergordon im Herbst 1997 herausbrachte. Die fünf Single Malts waren zwar von eben den erwähnten Designern vorzüglich ausgestattet, trugen aber Namen, die bei denen, die noch Respekt vor Tradition und Geschichte haben, Reaktionen zwischen Wut und Trauer provozierten. Man hatte entweder Phantasienamen gewählt oder altehrwürdige Namen wie → Ferintosh benutzt, mit denen die Firma nichts zu tun hat, ja die sogar falsche Herkunftsbezeichnungen waren. Das war ein Bruch mit der bisher von allen Whiskyfirmen beachteten Regel, daß ein Malt, wenn er den Namen einer Brennerei trägt, auch tatsächlich von dort kommen muß.

Invergordon, The Schottischer Single Grain, 1990 von der gleichnamigen Firma auf dem Markt eingeführt und nach der Brennerei am Cromarty Firth benannt, wo er produziert wird und reift. Vor ihm gab es, abgesehen von seltenen Angeboten der → unabhängigen Abfüller und von → *Old Cameron Brig*, der allerdings nie über lokale Bedeutung hinausreichte, keinen Single Grain. 10 Jahre alt, leicht und, auch mit Eis, vor allem für junge und mit Whisky unvertraute Käufer gedacht, war er ein Pionier, der freilich nicht entschlossen genug vermarktet wurde. William → Grant & Sons sind mit ihrem → *Black Barrel* konsequenter, wobei man → Invergordon Distillers manches nachsehen muß, weil sie ihre Selbständigkeit mittlerweile an → Whyte & Mackay verloren haben.

Inverleven Schottische Malt-Destillerie, die sich bis 1991 innerhalb der großen, 1938 errichteten Brennerei → Dumbarton befand und somit zu den → Lowlands zählte. Sie war die erste, in der die beiden → *stills* durch eine dritte in einer ungewöhnlichen Form ergänzt wurde, die ihr Erfinder Fred Whiting → *Lomond still* nannte. Sie stellte eine Kombination zwischen einer → *pot still* und einer → *column still* dar und konnte einen anderen Whiskytyp produzieren. Nach dem Vorbild von Inverleven wurden auch andere → Allied-Brennereien mit *Lomond stills* ausgerüstet (→ Glenburgie / → Glencraig und → Miltonduff / → Mosstowie). Der mit den konventionellen → *stills* erzeugte Whisky wurde nie als Single Malt in → Eigentümer-Abfüllung verfügbar gemacht, ein 1979er war aber von → Gordon & MacPhail (in der → Allied-Reihe) zu bekommen. Ihm folgten ein *Inverleven* von 1984 und 1985. Von den Unabhängigen hatte ihn z. B. Cadenhead, einen 1969 destillierten und 1995 abgefüllten 26jährigen, der 49.6 % hatte.

Inverness Cream Schottischer Blend von → Invergordon, der Tochter von → Whyte & Mackay / → JBB (Greater Europe), die den Blend unter dem Namen Longman Distillers herausbringt.

Iona Royale Schottischer Blend mit einem ehrwürdigen Namen. Er ist nach der kleinen Insel vor Mull benannt, wo der aus Irland stammende Hl. Columba im 6. Jahrhundert sein Kloster errichtete, das für lange Zeit der geistige Mittelpunkt des keltischen Christentums werden sollte. Dort entstand das berühmte »Book of Kells«, von dort aus wurde zuerst Schottland christianisiert, von dort trugen Mönche ihren Glauben bis nach Deutschland, die Schweiz und selbst nach Oberitalien. Auch das Prädikat »Royale« ist berechtigt, war Iona doch die Begräbnisstätte zahlreicher schottischer Könige des Mittelalters (und des aus Schottland stammenden Führers der Labour Party, John Smith). Solchem Ort widmet man nicht einen einfachen Blend; tatsächlich sind die Whiskies in dieser Kreation der in → Glenfarclas beheimateten Firma J. & G. Smith mindestens 25 Jahre alt.

Irish Coffee Ein Drink, der nicht nur äußerst populär ist, sondern eine wahre Lawine von Nachahmungen ausgelöst hat, die immer darauf beruhen, daß Kaffee mit einer Spirituose verfeinert und mit Sahne abgerundet wird. Nach der nationalen Herkunft dieser Schnäpse wird er dann meist benannt. Das Original ist freilich mit Irish Whiskey gemacht und Puristen lassen nichts anderes gelten. Sie bereiten ihn so zu wie sein Erfinder Joe Sheridan, der Barmann auf dem Flughafen Shannon. In den 50er Jahren, als noch alle Transatlantikflugzeuge zwischenlanden mußten, bediente er einmal einen amerikanischen Journalisten, dem das Getränk so gut gefiel, daß er es zu Hause in seinem Stammcafé → Buena Vista in San Fransisco einführte, wo seither solche Mengen konsumiert werden, daß → IDG einen eigenen Blend liefern muß. Joe Sheridan aber hat man in Shannon ein Denkmal gesetzt.

Er bestand darauf, einen sehr heißen, mittelstark gerösteten und immer frisch zubereiteten Kaffee zu nehmen und ihn in ein vorgewärmtes 6-Unzen-Glas (0,17l) zu geben, mit 3 Teelöffeln braunem Zucker zu süßen und 1–2 Teilen gutem Irish aufzufüllen. Auch die Sahne muß frisch sein, weder zu fest noch zu flüssig, und man läßt sie langsam über den Rücken eines Löffels laufen, damit sie nicht absinkt. Eine andere Schule beginnt mit dem Whiskey, den sie im vorgewärmten Glas erhitzt und mit dem Zucker verrührt, ehe der Kaffee aufgegossen wird. Bequemere behelfen sich mit geschlagener Sahne und *fast-food*-Anhänger können einen vorgefertigen Kaffeelikör wie → *Irish Velvet* nehmen und mit Wasser und Sahne verdünnen. Dem Irish Coffee ist sogar ein Festival gewidmet, das im August im irischen Städtchen Foynes stattfindet.

Irish Meadow Irischer Whiskey-Likör. Er hatte früher den Namen → *Meadow Cream*. Damals enthielt er holländische Sahne. Jetzt wird diese Komponente nur noch als frisch beschrieben. Beibehalten haben → Halewood International Ltd. aber das geringe Alkoholvolumen von nur 14,5 %.

Irish Mist Irischer Whiskey-Likör. Anders als der lange nach ihm erfundene → *Bailey's* und dessen zahlreiche Nachahmer basiert er nicht auf einer Mischung von Sahne und Whiskey. Wie seine schottischen »Brüder«, die allerdings schon viel älter sind als er, kombiniert er Whiskey mit Honig und Kräutern. Angeblich hat er aber nichts mit ihnen zu tun, sondern geht auf ein uraltes irisches Rezept zurück, das allerdings nicht mehr aufzufinden war, als Daniel E. Williams von der → Tullamore Distillery im letzten Jahrhundert nach ihm suchte. Erst ein österreichischer Besucher soll seinen Nachfolgern 1948 den richtigen Weg gewiesen haben. Heute gibt es weder die Brennerei noch die alte Herstellerfirma. Die Irish Mist Company ist längst eine Tochter von → Cantrell & Cochrane, gehörte somit zu → Allied Domecq und → Guinness, dann kurz zu Allied allein und seit Januar 1999 einem etwas obskuren Unternehmen namens BC Partners. Der Likör (35 %) wird allerdings immer noch in Tullamore hergestellt. Er enthält sowohl irische wie schottische Whiskies.

Irish Velvet Irischer Whiskey-Likör, von → IDG, aber von der holländischen Firma Koninklijke Cooymans abgefüllt, ist eine Mixtur aus Kaffee, Zucker und Whiskey. Bei ihm soll es sich ausschließlich um → *Jameson* handeln, was den Drink auch für Whiskey-Liebhaber konsumierbar machen könnte. Er eignet sich aber auch bestens dazu, als Instant-Basis für → Irish Coffee zu dienen, wenn man ihn mit zwei Teilen heißem Wasser aufgießt und das Ganze mit Sahne abrundet.

Irish Whiskey Oberbegriff für alle Whiskeyarten, die aus dem Land kommen. Der traditionelle Irish war ein → *pot still*-Whiskey, der in kupfernen Brennblasen zwei- oder dreimal destilliert sein konnte, aber immer aus Gerste bestand, die zum größeren Teil ungemälzt, zum kleineren gemälzt war, wobei beim Mälzen durchaus auch Torf verwendet werden konnte. Heute ist der *Pure Pot Still* selten geworden. Es gibt nur noch → *Green Spot*, → *Old Comber*, → *Redbreast* und die Malts von → Cooley. Ob letztere sich mit dem Titel schmücken dürfen, ist aber umstritten, denn sie sind, zweimal, ausschließlich aus Gerstenmalz gebrannt. Sie waren die ersten Single Malts neben denen von → Bushmills, der bis dahin einzig Überlebenden von den einst so vielen Malt-Brennereien des Landes. Die heute am weitesten verbreitete Form des Irish Whiskey ist der Blend, eine Mischung von *pot still-* oder eben Malt- mit Grainwhiskies. Seit es sie gibt, hat der Irish nahezu seine Identität verloren, die ihn von allen anderen Whiskies der Welt unterschied. Um so heftiger wird heute auf der Verwendung des »e« bestanden, die es allerdings auch beim amerikanischen Whiskey gibt – und die keineswegs die ursprünglich irische ist. Noch im 19. Jahrhunderte schrieben die Iren Whisky, wie es heute die Schotten und die Kanadier tun. Nicht vergessen werden darf →*poitín*, der irische Schwarzgebrannte, der aber nicht immer ein Whiskey sein muß, sondern auch aus anderem Getreide, Kartoffeln oder Zuckersirup gemacht sein kann.

Irish Whiskey Corner Von →IDG eingerichtetes und betriebenes Museum in der →Bow Street, dem Standort der alten Brennerei der Firma →Jameson. Es zeigte Dokumente zur Geschichte der Firma und des irischen Whiskey überhaupt, man konnte einen Jameson probieren und durch einen →Tastingwettbewerb seine Sinne schulen. 1998 wurde gegenüber in den alten Gebäuden der Jameson Distillery ein größeres Museum mit Videovorführung, Shop und Restaurant eröffnet.

Irland Auch wenn es ihnen zu ihrem Leidwesen nicht gelungen ist, ein schriftliches Dokument zu finden, das eindeutig beweist, daß sie es waren, die den Whisk(e)y erfunden haben: Sie waren es wohl. Jim Murray hat in seinem Buch »Classic Irish Whiskey« noch einmal detailliert nachgewiesen, daß alle Berichte, in denen in Verbindung mit Irland von »aqua vitae« die Rede ist, damit Branntwein meinen und eben nicht ein Destillat aus Bier. Es war also nicht *uisce beatha*, was die Soldaten König Henrys II 1170 vorfanden. Die Iren müssen mit Neid zugeben, daß das erste schriftliche Dokument, das eindeutig von Whisky spricht, 1494 in Schottland geschrieben wurde. In der »Exchequer Roll« erhält da ein John Cor den Auftrag, acht Maß Malz zu kaufen, um daraus Whisky zu machen.

Cor war ein Mönch. Obwohl ein schriftliches Dokument fehlt, hat die Vermutung doch sehr viel für sich, daß es eben doch irische Mönche waren, die das Wissen, wie man durch Erhitzen und Kondensieren ein stark alkoholhaltiges Getränk herstellen könne, aus Italien in ihr Heimatland mitbrachten. Wiederum muß allerdings der Legende der Iren widersprochen werden, die ja gerne alles auf ihren Nationalheiligen Patrick zurückführen. Zu seinen Lebzeiten war die Destillation noch nicht entdeckt. Unbekannt ist auch, wann die Whiskyherstellung zum ersten Mal nicht mehr für Heilzwecke geschah, also die Klöster verließ, um auf den Farmen und in den Hütten der kleinen Bauern heimisch zu werden, als willkommene Möglichkeit, nicht zur Ernährung notwendiges Getreide platzsparend in flüssige Form zu bringen (und damit auch seine Steuern bezahlen zu können.)

Aber einen Triumph haben die Iren doch: die älteste lizensierte Brennerei zu besitzen. →Bushmills im nordirischen County Antrim liegt zumindest in einer Gegend, für die König James I einem Sir Thomas Phillipps 1608 die Lizenz zum Destillieren erteilte. Die heutige Brennerei nennt diese Jahreszahl bis heute auf den Etiketten ihrer Whiskies, auch wenn sie selbst erst viel später gebaut worden ist. Noch zwei Jahreszahlen sind wichtig und auch sie sind nicht geeignet, die Iren mit besonderen Stolz zu erfüllen. Schon 1556 und dann noch einmal 1620 sah sich die Regierung gezwungen, auf die Gesundheitsgefahren aufmerksam zu machen, die vom Whiskey ausgingen; er sei kein aqua vitae, sondern ein aqua mortis. Und 1661, ausgerechnet am Weihnachtstag, erließ die Regierung ein Gesetz, mit dem auf Whiskey → *excise*, Steuern also, erhoben wurden. Es machte eine Nation von anständigen Bürgern zu Schwarzbrennern. Die Iren kennen seitdem zwei Formen von Whiskey: den »Parlamentswhiskey« und den *poitín*, den illegalen, den eigentlichen Stoff. 150 Jahre Krieg zwischen den Zöllnern und den braven Leuten, die doch nur auf ihr natürliches Recht, sich ihr Getränk ohne Abgaben herzustellen oder zu kaufen, pochten, folgten. Wie in Schottland sorgten erst die Gesetze von 1822 und 1823 dafür, daß der Erwerb einer Lizenz sinnvoll schien.

Damals schrieb man das Getränk übrigens ganz willkürlich mit oder ohne das »e«, von dem viele glauben, es mache den Hauptunterschied zwischen dem irischen und den anderen Whiskies aus. Erst seit Anfang dieses Jahrhunderts hat man sich auf eine einzige Schreibweise festgelegt – dafür aber allmählich begonnen, genau die Kriterien zu vernachlässigen, die irischen Whiskey zu einem ganz eigenen und klar definierten Whiskeytyp machen. Irish wird, wie schottischer Malt, in *pot stills* destilliert (die aber viel größer sind als im Nachbarland). Aber es wird dreifachdestilliert, wodurch das Destillat reiner und leichter wird. Außerdem wird tradionell beim Mälzen kein Torf verwendet, wodurch dem Irish jegliches Raucharoma abgeht. Der größte Unterschied freilich besteht darin, daß die Maische nicht aus gemälzter Gerste, sondern aus ungemälzter Gerste besteht, der ein kleiner Teil Gerstenmalz zugesetzt wird. Das Ergebnis ist der *Pure Pot Still*. Er ist heute nur noch schwer zu finden. Es ist für viele eine Tragödie, daß es ausgerechnet vom irischen Whiskey schlechthin nur noch zwei Versionen gibt, den *Green Spot* und den *Redbreast*, sieht man einmal vom *Old Comber* ab, der aber so alt ist, daß er kein großer Genuß mehr ist.

Der *Pure Pot Still* war das, was die irischen Whiskeyfirmen groß gemacht hat und ihr Produkt z. B. in England, aber auch in den USA beliebter gemacht hat als den Scotch. John Power, John Jameson (ein Schotte!), William Jameson und George Roe waren die Besitzer der vier größten Brennereien des Landes und ihre Whiskies waren so gut, daß sie Nachahmer fanden, die es mit der Qualität nicht immer genau nahmen. 1879 schlossen sie sich zusammen, um das Buch »Truths about Whisky« (sic) zu publizieren, in dem sie vor schlechten und gepanschten Whiskies warnten. Es war ein Anzeichen dafür, daß es schon bergab ging. Die nächsten 100 Jahre der irischen Whiskeygeschichte sind von Niederlagen gezeichnet.
Es ging Schlag auf Schlag. Der irische Whiskey wurde zu einem Produkt, das

fast nur noch im eigenen Land getrunken wurde. Immer mehr Brennereien mußten schließen oder ihre Geschäfte zusammenlegen. In den achtziger Jahren war nur noch zwei Brennereien und eine einzige Firma, IDG, übriggeblieben, um die bald eine heftige Übernahmeschlacht entbrannte, die schließlich ein ausländisches Unternehmen, die französische Groupe Pernod Ricard, für sich entschied – eine schmerzhafte Entwicklung für ein Volk mit solchem Geschichtsbewußtsein und Nationalstolz.

Vor allem vier Gründe gab es für den Niedergang. Der erste war, daß auch in Irland die Temperenzler sich austobten. Ein Father Mathew brachte es zu fraglichem Ruhm, weil er die Folgen des »Demon Drink« so anschaulich beschreiben konnte, daß innerhalb der sechs Jahre von 1838 bis 1844 die Zahl von einst 21 000 Kneipen auf 13 000 sank. Auch die Erfindung der kontinuierlichen Destillation durch Robert → Stein und Aeneas → Coffey (einen Dubliner Steuereintreiber!) hinterließ ihre Wirkung. Sie ermöglichte die Herstellung von Grain Whisky und schließlich der schottischen Blends, die billiger waren als die irischen *Pure Pot Stills*. Die Entscheidung in dem berühmten »What is Whiskey Case«, durch die jedes Getreidedestillat als Whisky anerkannt wurde, war 1909 nicht nur für die schottischen Maltbrenner, sondern auch für die Iren eine schlimme Niederlage. Sie brachte den endgültigen Durchbruch für die Blends – und verführte auch die Iren dazu, billigen Grain mit ihrem *Pot Still* zu blenden. Als nächstes kam ein Doppelhaken: Die Prohibition in den USA nahm den Iren einen wichtigen Markt und nach dem Unabhängigkeitskrieg 1916 verhängten die Engländer ein Handelsembargo und schnitten den wichtigsten Markt ab.

Das Destilleriesterben setzte sich bis in die fünfziger Jahre fort. Damals schloß Tullamore. 1960 bildeten Jameson, Powers und die Cork Distillers die IDG, der kurze Zeit später auch Bushmills beitrat. Seit ihrer Entscheidung, in Midleton eine neue supermoderne Brennerei zu bauen, gab es in der Hauptstadt keine Destillerie mehr. Die neue Anlage war raffiniert konstruiert, machte es möglich, aus verschiedenen Maischen und durch die Kombination verschiedener Destilliermethoden verschiedene Marken an einem Ort herzustellen. Es gibt viele ältere Kenner, die dennoch sagen, daß sich der Stil der irischen Whiskies geändert habe.

So sah es aus, als IDG 1987 von den Franzosen übernommen wurde. An der Übernahmeschlacht hat sich auch ein irischer Geschäftsmann beteiligt, der seine Diplomarbeit über das nicht ausgeschöpfte Exportpotential der heimischen Whiskies geschrieben hatte. John J. Teeling kam damals nicht zum Zug, aber es gelang ihm, ein eigenes Unternehmen aufzubauen. Cooley Distillery hat seitdem dafür gesorgt, daß es frischen (Auf-)wind gab. Teeling baute eine neue Brennerei, die Grain und, nach schottischen Methoden, Malts herstellen kann. Er führte neue Marken ein, darunter auch Single Malts, die zum Teil sogar getorft waren. Sein Erfolg ließ die IDG nicht ruhen, sie versuchte, ihn aufzukaufen. Das ist glücklicherweise mißlungen. Irland hat wieder eine Whiskeyfirma in irischem Besitz. Die Zahl der Marken hat sich in den letzten Jahren fast verdoppelt und erreicht jetzt fast 100.

Vor allem hat auch Pernod Ricard, angestachelt durch den Wettbewerber, neue Iniativen ergriffen. Groß herausgestellt wird jetzt nur noch der *Jameson*, der international zu den am stärksten wachsenden Spirituosen gehört (im Land ist der *Power's* die Nr. 1; den *Tullamore Dew* kennt man nur in Deutschland und Dänemark). Es wurden zahlreiche neue Varianten der alten Marken herausgebracht, u. a. der phantastische *Jameson Gold*. Auch Bushmills wird besser vermarktet. Nicht zuletzt hat man auch entdeckt, daß es sich lohnt, Interessenten einen Blick hinter die Kulissen tun zu lassen. In Midleton gibt es das Jameson Heritage Centre, Bushmills steht Besuchern offen und in Dublin hat man in den Gebäuden der alten Jameson Distillery ein hervorragendes Museum eröffnet. Es geht wieder aufwärts mit dem irischen Whiskey.

Island Prince Schottischer Blend von → Isle of Arran Distillers, der natürlich noch keinen Malt aus eigener Produktion enthält, weil ihre Brennerei erst 1995 eröffnet wurde. Aber Gründer Harold Currie war lange genug ein erfolgreicher und erfahrener Blendmaster, um dafür zu garantieren, daß ein Blend aus seinem Haus von hervorragender Qualität ist. Früher gab es auch einen 12jährigen, mittlerweile gibt es nur noch zwei Versionen, mit 15 und mit 21 Jahren, letzterer kommt in einer Kristallkaraffe.

Islander Schottischer Blend mit einem besonders hohen Anteil an Malts von den schottischen Inseln, die besonders rauchig und torfig sind. Er wurde von → UD Ende der achtziger Jahre eingeführt und heißt mit vollem Namen → *Bell's Islander*.

Islands, Inseln Schottische → Whiskyregion, der alle Brennereien zugeordnet werden, die auf den Hebriden und den nördlichen Inseln liegen. Auf den äußeren Hebriden, also auf Lewis, Harris usw. wird kein (jedenfalls kein legaler) Whisky gebrannt, was vielleicht mit dem dort immer noch großen Einfluß eines äußerst strengen und puritanischen Protestantismus zu tun hat (obschon einige der südlichen Inseln der Gruppe katholisch sind). Die nördlichste Whiskyinsel ist Orkney Mainland, wo mit → Highland Park und → Scapa zwei Destillerien zu finden sind. Der Westküste Schottlands nach Süden folgend kommen die Insel → Skye mit der → Talisker Distillery und Mull mit → Tobermory/ → Ledaig. Im Süden liegt → Islay, die wegen der großen Zahl von (acht) Brennereien oft als eigene Region genannt wird, auf der Nachbarinsel ist die nach ihrer Heimatinsel benannte → Isle of Jura zu finden. Seit Anfang der neunziger Jahre Harold Currie auf der → Isle of Arran in Lochranza seine Brennerei baute und 1994 in Produktion gehen ließ, ist auch diese Insel nach mehr als hundert Jahren auf die Whisky-Landkarte zurückgekehrt. Zwischen Arran und Islay liegt die Halbinsel Kintyre mit → Campbeltown, das einer eigenen Region den Namen gegeben hat, jüngst aber, weil es mit → Springbank und → Glen Scotia nur noch zwei aktive Brennereien gibt, von manchen entweder den → Lowlands oder den Western → Highlands zugerechnet wird.

Wie generell ist es auch bei der Region der Islands schwer, ihr einen bestimmten, eindeutig definierten Stil zuzuordnen. Island Malts werden oft mit intensivem Rauch, kräftigem Torfaroma, harter Phenoligkeit, schwerem Körper und einem Charakter identifiziert, der den Einfluß der Meeresluft und von Seetang spüren läßt und ihnen ein Aroma gibt, das an ein Krankenhaus, an etwas Medizinisches erinnert. So sehr das für die Whiskies von Ardbeg, Laphroaig, Lagavulin und Talisker zutrifft, so wenig stimmt es beim → *Bunnahabhain* und es ist schwierig, Gemeinsamkeiten zwischen einem → *Highland Park* und dem sanften → *Isle of Jura* zu finden.

Islay Die südlichste der schottischen Hebriden-Inseln wird entweder zur → Whiskyregion der → Islands gerechnet oder, und das öfter, als eigenständige Region gewertet, was allein schon wegen der ungewöhnlich hohen Konzentration von Brennereien dort berechtigt ist. Zur Zeit sind es noch sieben, von denen eine, → Bruichladdich, allerdings geschlossen ist. Von einer achten, → Port Ellen, stehen noch alle Gebäude und auch ihr Malt ist, noch, zu bekommen, von einer neunten, Port Charlotte oder Loch Indaal genannt, stehen nur noch einige → *warehouses*. Beginnt man die Zählung so, wie die meisten Besucher von Islay die Destillen zu sehen bekommen, wenn sie mit der Fähre Port Ellen ansteuern, und geht man dann rund um die Insel (Islay, ausgesprochen übrigens »Eila« und nicht Englisch »Eilei«, war der Name einer norwegischen Prinzessin), dann gilt diese Aufzählung: → Ardbeg, → Lagavulin, → Laphroaig, Port Ellen, → Bowmore, → Bruichladdich, (Port Charlotte), → Bunnahabhain, und schließlich, gegenüber der → Isle of Jura, → Caol Ila, die, wie ihr Name sagt, am Sund von Islay liegt.

Ob die Malts von Islay einen eigenen Stil haben, ist dagegen sehr fraglich – es ist schwer, stilistische Gemeinsamkeiten zwischen dem fruchtigen, sanften → *Bunnahabhain* und dem extremen → *Ardbeg* zu postulieren. Aber es läßt sich nicht leugnen, daß die drei Brennereien an der Südküste alle schwere, wuchtige, fleischige Malts produzieren, von ausgeprägtem Rauch- und Torfaroma, mit eindeutig phenolig und medizinischen Tönen, die den Einfluß des Meeres und von Seetang spüren lassen. Alle Brennereien liegen an der Küste, alle verwenden den aus Seetang entstandenen Torf, mit dem große Teile der Insel bedeckt sind. Aber nicht alle verwenden das torfgeprägte, gelbe Wasser, das oft zu finden ist, Bruichladdich z. B. hat helles, aus den Bergen kommendes Wasser. Eine Skala würde die drei Südküstenwhiskies an das »schwere Ende« stellen, Bunnahabhain an das andere, »leichte«. Fachleute führen die Unterschiede vor allem auf die beim Mälzen zugesetzte Menge von Torf zurück und unterscheiden dabei *parts per million (ppm)*. Ardbeg hat, nach Auskunft von

Jim McEwan, 50ppm und liefert die intensivsten Malts, Lagavulin würde mit 40ppm folgen, dann käme Laphroaig mit 35ppm, danach und eng beieinanderliegend die Mittelgruppe Caol Ila (30ppm), Port Ellen (25ppm) und Bowmore (20ppm), dann die beiden »B«-Malts mit jeweils 5 bis 8ppm. Die ausgeprägten Islays stoßen nicht bei allen Malt-Freunden auf Gegenliebe, es läßt sich aber immer wieder beobachten, daß längeres Üben und freundliche Aufgeschlossenheit schon manchen vom Gegner zum Freund gemacht haben. Bei den Blendern jedenfalls sind sie beliebt und begehrt, weil sie den Blends genau das geben können, was sie brauchen und die Islays eben haben: Charakter.

Islay Legend Schottischer Blend, den man nicht mit dem berühmten → *Islay Mist* verwechseln sollte. Er kommt aus dem Hause → Morrison Bowmore, dürfte also den Anteil an → *Bowmore* enthalten, die jener an → *Laphroaig* hat. Der Whisky, der immerhin 50 % Maltanteil enthält, ist 8 Jahre alt und vor allem in Frankreich erhältlich.

Islay Mist Schottischer Blend, den der damalige Manager von → Laphroaig in den dreißiger Jahren für einen privaten Auftraggeber kreierte – unter Verwendung seines eigenen Malts und → *Glenlivet*. Er fand so viel Anklang, daß sich die Besitzer der Brennerei entschlossen, ihn allgemein auf den Markt zu bringen. Er gehörte zur Erbschaft, die → Allied Distillers zusammen mit der Brennerei auf → Islay zufiel, von ihnen allerdings veräußert wurde. Die Marke gehört heute der erst 1992 gegründeten Firma → MacDuff International, die den Blend mit 8, als *Master's* mit 12, mit 17 Jahren und als *Islay Mist De Luxe* ohne Altersangabe im Programm hat.

Isle of Arran Schottische Malt-Destillerie. Sie wurde erst 1995 eröffnet, ist also die jüngste überhaupt in Schottland, aber, nach → Speyside und → Kininvie immerhin schon die dritte in diesem Jahrzehnt. Mit ihr hat sich Harold Currie einen Traum erfüllt. Er, der sein Leben lang in der Whiskyindustrie gearbeitet und es zum gesuchten Masterblender gebracht hatte, wollte, ganz ähnlich wie George Christie von Speyside, eine eigene Brennerei haben, um einen Malt ganz nach seinen Vorstellungen zu machen. Den Platz dafür fand er auf der Insel zwischen dem schottischen Festland und Kintyre, wo seit mehr als hundert Jahren nicht mehr legal destilliert wurde. In → Lochranza am nordwestlichen Ende der Insel, die man gerne »Scotland in miniature« nennt, begann er 1990 mit dem Bau. Die Eröffnung war für 1994 geplant, aber ein brütendes Adlerpaar (es waren die seltenen Golden Eagles) erzwang die Verschiebung um ein Jahr. 1995 war es so weit, das erste Destillat floß aus den fünf → *stills* – und alle, die es kosten durften, bezeugten, daß Currie und seine Mannschaft gut gearbeitet hatten.

Bei der Finanzierung hatte Currie übrigens gezeigt, daß er nicht nur von Whiskymachen etwas versteht: Er brachte eine Menge Geld zusammen, weil er Anteilscheine verkaufte, die zum Bezug einer bestimmten Menge von Blends und später von Single Malt von

Arran berechtigten. Nach der Eröffnung verkaufte er in Miniaturflaschen eine *»1. Production«,* der mittlerweile zum Jahrestag jeweils neue, von Sammlern sehr begehrte kleine Fläschchen gefolgt sind. Man kann auch Fässer kaufen, die einstweilen in der Brennerei bleiben und später nach Wunsch abgefüllt werden. Es gibt eine »Society«, deren Mitglieder Informationen und Angebote bekommen und z. B. eingeladen werden, wenn es etwas zu feiern gibt – wie im Sommer 1997, als die Queen höchstpersönlich mit der mittlerweile ausgemusterten und zum Museum gewordenen »Britannia« vorbeikam, um das Visitor Centre zu eröffnen. Und Currie brachte, auch das eine Parallele zu Speyside, eine ganze Reihe von Whiskies auf den Markt, um das Publikum schon einmal an Produkte seiner Firma zu gewöhnen: die Blends → *Glen Rosa*, → *Island Price*, → *Loch Ranza* und → *Royal Island*, den Vatted Malt → *Eileandour* und den Single Malt → *Glen Eason*. Natürlich ließ es sich Currie nicht nehmen, bei der ersten Gelegenheit seinen Malt nach den gesetzlich vorgeschriebenen drei Jahren Reifung in einer limitierten Sonderedition herauszubringen. Um den Hals der bauchigen Flasche hängt ein von ihm selbst unterschriebenes Label. Und angekündigt ist schon der *Golden Eagle, First Production 1995*, den es von 2001 ab geben wird.

Isle of Jura Schottische Malt-Destillerie. Sie liegt an der östlichen Seite der gleichnamigen Insel im Örtchen Craighouse, der einzigen Ansiedlung des Eilands, die so etwas wie ein Dorf ist, und zählt zur → Whiskyregion der → Islands. Der Name Jura, ausgesprochen »dschura«, stammt aus dem Norwegischen und bedeutet Rotwild. Diese Spezies übertrifft die Zahl der auf der Insel lebenden 225 Menschen etwa um das 30fache. Nur ein schmaler Sund trennt die sehr langgestreckte Insel vom schottischen Festland. Er ist durch den gefährlichen Strudel von Corriewrackie kaum passierbar. Jura ist per Fähre nur von ihrer Nachbarin → Islay aus zu erreichen, von der sie durch eine schmale Meeresenge und eine fünfminütige Fahrt mit der Fähre getrennt ist.

Sie hat ihren Besuchern nur wenige Attraktionen zu bieten: Jura House mit einem schönen »Walled Garden«, einem ummauerten geschützten Garten, das weit im Norden am Ende eines immer unwegsamer werdenden Weges liegende Haus, in dem George Orwell seine berühmte Vision »1984« geschrieben hat, für Bergsteiger drei (!) nach dem altschottischen Wort für Brüste »Paps« genannte Berge und natürlich die Brennerei, die allerdings für Besucher nicht geöffnet ist – obwohl Manager Willie Tait, ein in seinem Heimatland bekannter Langstreckenläufer, so schnell niemand abweist.

Die heutige Destillerie arbeitet erst seit 1963, aber selbstverständlich gab es auf der Insel nicht nur Schwarzbrennerei, sondern auch legale Aktivitäten. Seit 1810 sind diese nachgewiesen.

Im 19. Jahrhundert hat James Ferguson mit seinen Söhnen dort gebrannt; er baute seine Anlage allerdings ab, als er sich mit seinen Verpächtern nicht mehr einigen konnte. Vom 1. Weltkrieg bis 1958 passierte nichts, dann entschlossen sich zwei Inselbewohner zu einem Neubau – vor allem, um Arbeitsplätze zu schaffen. Sie gewannen Mackinlay MacPherson, also Scottish Brewers (heute Scottish & Newcastle). Sie beauftragten W. Delmé Evans, der auch → Tullibardine und → Glenallachie entworfen hatte, mit dem Bau. Fünf Jahre später war er fertig. Die Zahl der → *stills* ist mittlerweile auf vier erhöht worden, das Wasser kommt aus einem See, der auf Englisch Market Loch, gälisch Loch a'Bhaille Mhargaidh heißt, das Malz wird von → Port Ellen herübergebracht. Es ist heute nur noch wenig getorft, weswegen als Werbung »The Highland from the Island« benutzt wird. Seit 1985 gehörte Isle of Jura → Invergordon Distillers, die ihren Whisky auch als 10jährigen Single Malt herausbrachten.

Nach der feindlichen Übernahme Invergordons durch → Whyte & Mackay/→ JBB (Greater Europe) hatte die Brennerei Glück: im Gegensatz zu den anderen der Firma (→ Bruichladdich, → Tamnavulin und → Tullibardine) wurde sie nicht geschlossen; man erwies ihrem Malt sogar die Ehre, jetzt von der neuen Mutter vermarktet zu werden. Sie nahm einen 26jährigen mit 45 % in die Serie → »Stillman's Dram« auf; auch ein 15jähriger kam heraus. Eine echte Rarität ist der 20 Jahre alte *Isle of Jura*, von dem 1993, also noch zu Invergordon-Zeiten, 261 Flaschen mit 54 % → *cask strength* abgefüllt wurden; es war das erste Faß, das in der Brennerei selbst abgefüllt wurde, wurde von einer Handvoll Journalisten ausgesucht (die als Erinnerung eine Faßdaube geschenkt bekamen). Jede einzelne Flasche ist von Willie Tait höchstpersönlich signiert. In der gleichen Aufmachung kam 1998 ein neuer 10 Jahre alter *single barrel*, eine Einzelfaßabfüllung von 304 Flaschen in der Faßstärke von 61.7 % heraus. Sie ist offiziell nur in Frankreich erhältlich. Auch der *Craignure*, den Invergordon in der höchst umstrittenen Serie »The → Malts of Scotland« herausbrachten, ist eindeutig ein *Jura*. Von den → Unabhängigen hatten z. B. → Cadenhead Abfüllungen und auch → Signatory mehrere Versionen, darunter den zum 10jährigen Bestehen herausgebrachten 66er mit 50.6 %.

Isle of Skye Schottischer Blend von Ian MacLeod in Edinburgh, einer Tochterfirma von Peter J. → Russell, den es in mehreren Versionen gibt: Als → Standard für den britischen Markt mit acht Jahren, für den Export ohne Altersangabe, als → Premium mit 12 und als → De luxe mit 18 und 21 Jahren. MacLeod ist der Clan, der sich mit den MacDonalds die Insel → Syke teilt und dessen derzeitiges Oberhaupt der singende Laird von Dunvegan Castle ist (den man keinesfalls mit den MacLeods von Lewis verwechseln darf). Ob nicht nur die Heimat der Familie für die Namenswahl verantwortlich war, oder ob tastächlich auch ein überproportionaler Anteil → *Talisker*, dem Malt der Insel Skye, in den Blends steckt, bleibt Firmengeheimnis.

I. W. Harper Kentucky Straight Bourbon, dessen Etiketten mit zahlreichen Goldmedaillen geschmückt sind, die er erobert hat – die älteste immerhin schon 1895. Tatsächlich ist die Marke noch älter und schon seit 1879 registriert. Ihr Erfinder Issac Wolfe → Bernheim, der sein Whiskeyleben in den Vereinigten Staaten als Händler begonnen und seinen Whiskey erfolgreich verkauft hatte, hatte vorher damit begonnen, ihn nicht mehr in Fässern oder Keramikkrügen, sondern in Flaschen zu liefern. Erstaunlich, daß er ihm nicht seinen eigenen Namen, sondern den eines mit ihm befreundeten Pferdezüchters gab. Aber die Erklärung, daß er, der Einwanderer aus dem deutschen Flekken Schmieheim, einen »guten amerikanischen Namen« wählte, weil er seinen eigenen jüdischen Namen für nicht opportun hielt, hat, leider, einiges für sich. Immerhin verewigte er sich durch die Initialen seiner Vornamen.

Bernheim und sein Bruder Bernhard wurden durch ihren Whiskey jedenfalls reich und konnten sich schon 1897 in Louisville eine eigene Brennerei bauen, um ihre Marke auch selbst zu produzieren. Während der → Prohibition wurde er als »Medizinischer Alkohol« verkauft und danach wechselten Marke und Brennerei mehrmals den Besitzer. 1937 kamen sie zu → Schenley, die 1987 von → UD übernommen wurden. Unter deren Regie schloß die alte Brennerei, um einem 1992 eröffneten Neubau zu weichen. Die gegenwärtig dort angewandte Formel ist 86 % Mais auf 6 % Roggen und 8 % Gerstenmalz. Es gibt fünf Versionen: der → *Bottled in Bond* hat 101°/50.5 %. Der *Gold Label* hat ebenfalls keine Altersangabe und kommt mit 86°/43 %. Genauso stark ist der 12jährige und auch die nur für den Export bestimmte *President's Reserve*. Zur → »Bourbon Heritage Collection« gehört die 15jährige Version des *Gold Medal* mit 80°/40 %. Die Marke ist die einzige außer dem Tennessee-Whisky *George Dickel*, die die UD-Nachfolger UDV behielten, als sie sich im Frühjahr 1999 fast ganz aus Nordamerika zurückzogen. Sie verkauften damals auch die Bernheim Distillery.

J

J & B Schottischer Blend. Eine der großen Marken, weltweit und im bedeutenden Einzelmarkt USA jeweils die Nr. 2 und selbst unter allen Spirituosen noch auf dem 17. Platz – Positionen, die zu Spekulationen über seine Zukunft Anlaß gaben, als Ende 1997 → Grand Metropolitan mit → Guinness fusionierten, um hinfort den größten Getränkekonzern der Welt zu bilden. Die europäischen und amerikanischen Monopolkommissionen entschieden aber, daß der neue Gigant sich zwar von → *Dewar's* (Nr. 1 in den USA und in Griechenland) und einigen anderen Marken trennen mußte, den *J & B* aber als zweites Flaggschiff neben → *Johnnie Walker* behalten durfte. Die Marke wurde von → Justerini & Brooks etabliert und wuchs zur heutigen Bedeutung, als die Firma wohlvorbereitet nach der → Prohibition den amerikanischen Markt mit dem hellen, Leichtigkeit signalisierenden Blend aufrollte. Er besteht aus mehr als 40 verschiedenen Malts, unter denen die der hauseigenen → IDV-Brennereien → Auchroisk, → Glen Spey, → Knokkando und → Strathmill naturgemäß eine große Rolle spielen. Es gibt ihn als *J & B Rare*, als *J & B Reserve* und *J & B Jet*. Die früher nur für Japan hergestellten *J & B Edwardian* und *J & B Victorian* wurden eingestellt. 1994, als der schottische Whisky 500 Jahre alt wurde, wurde ein *J & B Ultima* kreiert, der seinen Namen schon deshalb verdient, weil er sage und schreibe 128 Whiskies enthält, 116 Malts und 12 Grains, deren Fässer auf einem hübschen Poster im Panoramaformat abgebildet sind, ein Leckerbissen für Whiskyhistoriker, weil viele nicht mehr existierende Brennereien darunter sind.

Jack & Jill Slowenischer Blend von der Firma Dana in Mirna, die noch zu sozialistischen Zeiten als kleine Weinbrand-Brennerei zu arbeiten begann und mittlerweile eine ganze Reihe von Spirituosen produziert. Die für ihren Whisky benötigten Malts bezieht sie aus Schottland und verschneidet sie vor Ort mit selbstgebrannten Getreide-Destillaten.

Jack Daniel Amerikanische Destillerie, die den Namen des Mannes trägt, der sie gegründet hat – und den des wahrscheinlich bekanntesten amerikanischen Whiskey überhaupt; *Jack Daniel's* ist so sehr zum Synonym für ihn geworden, daß viele einfach einen Bourbon bestellen, wenn sie *Jack Daniel's* haben wollen. Doch ein Bourbon ist er keineswegs. Stolz nennt er sich auf dem Label *Tennessee Sour Mash*. Noch stolzer ist die Brennerei, daß sie es war, die es geschafft hat, 1941 diese Bezeichnung als einen eigenen Gattungsbegriff neben dem Bourbon von der Regierung anerkennen zu lassen – wobei es wichtig ist festzuhalten, daß es nicht die Verwendung der → *sour mash*-Methode ist, die ihn dazu macht (die wird bei allen amerikanischen Whiskeys angewendet), sondern die Herkunft aus dem Bundesstaat Tennessee und, mehr noch, der Prozeß des → *charcoal mellowing*, bei dem das frische Destillat langsam über Holzkohle sickert, bevor es ins Faß kommt.

Dieses, auch → *leaching* oder → *Lincoln County Process* genannte Verfahren soll von einem Mann namens Afred Eaton erfunden und zum ersten Mal genau an dem Ort angewendet worden sein, den Jack Daniel sich für seine erste »richtige« Destillerie auserkoren hatte: einen für sein hervorragendes Wasser bekannten Platz namens The Hollow bei Cave Spring, wo heute das Örtchen Lynchburg zu finden ist, dessen Einwohnerzahl immer noch mit hinterste Provinz und tiefsten Frieden signalisierenden 361 angegeben wird. Das war 1866 und Jack Daniel war damals gerade 20 Jahre alt, hatte aber schon große Erfahrung im Whiskeygeschäft. Weil seine Mutter ein Jahr nach seiner Geburt gestorben war und er sich mit der Stiefmutter nicht vertrug, verließ er die Familie und entschloß sich, lieber bei Nachbarn und dann bei der Familie Call zu leben. Dan Call war Farmer und Destiller, aber auch evangelischer Laienprediger, brachte dem Buben das Handwerk bei und verkaufte, als er meinte, die Herstellung von Alkohol sei mit seinem Glauben nicht länger vereinbar, dem gerade 14jährigen Jack schließlich sein Equipment.

Nachdem Daniel zunächst als Whiskeyhändler Erfahrungen gesammelt hatte, baute er seine Brennerei und avancierte zum erfolgreichen Geschäftsmann – und zu einer bedeutenden Figur des gesellschaftlichen Lebens. Von kleiner Statur und keine 160 cm groß, aber von riesigem Selbstbewußtsein, legte er äußersten Wert auf das Auftreten als Gentleman, trug immer Gehrock und einen weißen Hut mit breiter Krempe. Seinen ersten Whiskey nannte er *Bell of Lincoln*. Selbst kinderlos, holte er seinen Neffen → Lem Motlow ins aufblühende Unternehmen, der bald Manager werden sollte und den Onkel überredete, seinen Whiskey nicht länger im Faß zu verkaufen, sondern selbst abzufüllen. Warum sie ihn *Old No. 7* nannten, ist so ungeklärt wie manch anderes, was bis heute auf dem Label steht (wie die »No. 1 Distillery«, als die sich die Firma tatsächlich in Washington eintragen ließ, ohne es wirklich zu sein, jedenfalls nicht im nationalen Maßstab).

Sicher ist dagegen, daß sie schnell Erfolg hatten: bereits 1904 erhielt ihr Whiskey eine Goldmedaille bei der Weltausstellung in St. Louis; sechs weitere sollten ihr folgen. 1905 zog sich Jack eine Krankheit zu, als er, ungeduldig, weil er seinen Safe nicht aufbekam, mit dem Fuß gegen ihn trat; der gebrochene Zeh heilte nie mehr und kostete ihn schließlich 1911 das Leben. In diesem Jahr galt in Moore County, wo die Destillerie stand, schon die Prohibition, und Motlow, der neue Besitzer, wich zunächst nach Missouri, dann nach Alabama aus, mußte aber das Handtuch werfen, als der → Volstead Act das ganze Land trockenlegte. Motlow kehrte nach Tennessee zurück und begann mit einer Pferde- und Maultierzucht; weil er sie unter dem Namen »Jack Daniel« betrieb, gelang es ihm, im Besitz der Namensrechte zu bleiben. Die Prohibition endete 1933, aber Moore County blieb trocken. Dennoch gelang es Motlow, eine neue Lizenz zu bekommen und 1938 konnte er wieder mit der Produktion anfangen – in der alten Brennerei, in der man indes zwar die Herstellung beobachten, aber keine Flasche kaufen, geschweige denn öffnen konnte (erst seit 1995 können die Besucher auch einen *Jack Daniel's* erwerben, dürfen ihn aber immer noch nicht trinken und müssen sich weiterhin mit der berühmten Limonade zufriedengeben). Motlow starb 1947 und neun Jahre nach seinem Tod verkauften seine – kinderlosen – vier Söhne ihr Unternehmen an → Brown-Forman, die seither dafür sorgen, daß ihr Produkt auch international prosperiert.

In all diesen Jahren gab es immer nur zwei Versionen: *Jack Daniel's Old Time Old No.7 Brand* mit schwarzem Label (4 Jahre, früher 90°/45 %, heute 86°/43 %) und den *Jack Daniel's No. 7 Brand* mit dem grünen Etikett (etwa 6 Jahre alt und früher 86°/43 %, heute 80°/40 %). Master Distiller Jimmy Belford verwendet für beide die gleiche → *mash bill* von 80 % Mais, 12 % Roggen und 8 % Gerstenmalz. Ein etwas verändertes Rezept liegt dem → *Gentleman Jack* zugrunde, der 1988 als erste neue Marke nach über 100 Jahren von der Firma herausgebracht wurde; er wird noch einmal vor der Abfüllung in Flaschen holzkohlegefiltert. Es gab auch den einjährigen → *Lem Motlow*, der indes nur lokal verkauft wurde und bald eingestellt werden soll. Seit Beginn der neunziger Jahre kamen in schneller Folge immer neue Abfüllungen heraus, teils mit dem *Old No. 7* in speziellen Flaschen, teils aber auch als → *small batch*- oder → *single barrel*-Versionen, mit denen Brown-Forman sich dem neuen Trend anschloß. 1995 erschien zunächst die *1895 Replica Bottle*, eine rechteckige Flasche mit Bügelverschluß, 1996 zum 200. Jahrestag der Gründung des Bundesstaates Tennessee eine *Bicentennial Tennessee State* genannte Abfüllung (96°/46 %).

Ein Jahr später wurde eine Serie begonnen, die an die sieben Goldmedaillen erinnern soll, die auf den Flaschen des *Old No. 7* abgebildet sind: der erste »Gold Medal Decanter« war der St. Louis World Fair 1905 gewidmet, der zweite gedachte der Messe, die 1905 im belgischen Lüttich stattfand; weitere werden folgen. Sie alle enthalten den *Old No. 7* (mit 90°/45 %) ebenso wie die *Maxwell House Bottle*, die allerdings nur 85°/43 % hat. Der *Master Distiller* hat 90°/45 %. Der *Jack Daniel's Single Barrel Tennessee Whiskey* stammte zunächst aus Fässern, die im Lagerhaus Nr. 1 ganz oben gereift waren und hatte ein handgeschriebenes Label, das die Faßnummer und die Regalnummer wiedergab. Er scheint mit dem *Barrel House One* identisch zu sein, von dem jedes Jahr nur wenige Kisten abgefüllt werden, was ihn zu einer gesuchten – und teuren – Rarität macht. Dagegen wird ein neuer *Single Barrel* mit 90°/45 %, in einer würfelförmigen Flasche und mit gedrucktem Etikett, allgemein verkauft. Auch der *Silver Select* kommt aus dem Einzelfaß, hat aber 100°/50 %; angegeben sind Faßnummer, Regalnummer und Abfüllungsdatum. Neben diesen edlen und kostbaren Whiskeys gibt es, bei so einer populären Marke fast unvermeidlich, auch die üblichen Dosen mit Cola, aber auch mehrere Biere, wie »Summer Brew« und »Honey Brown Ale«, die unter dem Namen Jack Daniel hergestellt werden und in den Läden des Städtchens angeboten werden. Dort kann man auch andere Produkte erwerben, die den Namen Jack Daniels tragen, vorgemixte Cocktails und natürlich auch die »Lynchburg Lemonade«.

Jackson's Row Schottischer → Malt von seltsam gelber Farbe in einer ebenso seltsam mattierten Flasche, deren Beschriftung ein Leckerbissen für Whiskyphilologen ist. Sie nennt den Inhalt einen »All Malt Blond Scotch Whisky«, trägt das Siegel von → Glenkinchie Distillery, die auch genannt wird, aber mit der Anschrift Edinburgh, wo sie indessen nicht liegt. Zusätzlich wird als Firma John → Dewar & Sons genannt, die mit der Brennerei nie etwas zu tun hatte (sie gehörte John → Haig). Aus Glenkinchie kommt einer der sechs → »Classic Malts«, *Jackson's Row* aber ist ein »pure Malt«, was offenläßt, ob er ein Vatted ist oder doch ein Single aus Glenkinchie. Alle Namen, Firmen, Marken freilich gehörten → UD, die in den letzten Jahren viele Experimente

(→ *Hackler*, → Alcopops) machten, um neue Kunden an Whisky heranzuführen. Mit diesem haben sie nur Verwirrung gestiftet – er wurde wohl auch deshalb schnell zurückgezogen. Seinen Namen hat er übrigens von einer kleinen Straße in London, für deren Pubs er angeblich vorbehalten sein sollte.

Jacob Stück Deutscher Whisky, hergestellt aus schottischen Malt Whiskies und deutschen Getreidedestillaten. Sein Hersteller, die Stück AG, die in Hanau und Berlin ansässig war, machte sich den Erfolg des → *Racke rauchzart* zunutze, als er sein Produkt lancierte, konnte aber niemals auch nur annähernd zum Pionier aufschließen: Auf dem Höhepunkt seines Erfolges brachte er es auf gerade 750000 Flaschen, wogegen der Konkurrent Racke 1969 3 Millionen absetzen konnte. Er verschwand denn auch wieder vom Markt. Dennoch bleibt er unvergessen, nicht zuletzt durch seine Ausstattung mit einem Lederhalfter, die ihn dem deutschen Publikum wohl als Getränk für Freunde des Westerns und andere harte Männer schmackhaft machen sollte.

Jacob's Well Kentucky Straight Bourbon, der sich stolz »the world's first microbourbon« nennt, dabei auf die vielen in den letzten Jahren neu entstandenen kleinen, »microbreweries« genannten Brauereien und die von ihnen gepflegten traditionellen Biere anspielend. Er ist die letzte Kreation von → American Brands bzw. deren Tochter → JBB und wird in deren → Jim Beam Distilleries in Bosten und Clermont hergestellt. Dort hatte Booker Noe Jr., der Enkel von James → »Jim« Beam, 1989 mit dem → *Booker's* den ersten → *small batch*-Bourbon geschaffen, der mittlerweile Teil einer vier verschiedene Whiskeys umfassenden Serie ist. Ihr tritt nun die Neuschöpfung zur Seite, die ihren Namen von dem Brunnen hat, den der Urvater der Beam-Dynastie, Jacob Beam (geborener Jakob Böhm), 1795 benutzt haben soll, als er ins kommerzielle Destilliergeschäft einstieg. Für den neuen hat man sich eine neue Variante der Reifung einfallen lassen: Er schlummert zuerst in frisch ausgekohlten Eichenfässern, wird aber nach 4 Jahren mit Whiskeys aus besonders ausgesuchten Fässern »verheiratet«, um dann wieder ins erste Faß gefüllt zu werden. Insgesamt dauert die Reifezeit bis zu 7 Jahre und abgefüllt wird bei 85°/42 %.

Jacobite, The Schottischer Blend, der 1983 auf den Markt gebracht wurde – mit dem Ziel, den britischen Supermärkten einen preisgünstigen Blend zur Verfügung zu stellen. Die Spekulation von Nurdin & Peacock, die ihn, mit Independent Cellars als Hersteller auf dem Label, von → Invergordon produzieren lassen, ging auf; er liegt in Großbritannien in der Spitzengruppe. Der Name des Blends, der aus 47 Malts gemacht sein soll, erinnert an die Jakobiten, jene Schotten, die dafür kämpften, den Stewarts die schottische Königskrone zurückzuerobern.

Jagatjit Indische Firma, die im an der Grenze zu → Pakistan im Norden Indiens gelegenen Punjab die größte Malt-Brennerei des Landes besitzt. Sie heißt Jagatjit Nagar Distillery und befindet sich in der Stadt Hanira. Die beiden bekanntesten Marken der Firma sind

→ *Aristocrat* und → *Bonnie Scot*, die beide mit der in → Indien üblichen Großzügigkeit als »Malted Whisky« ausgegeben werden, ganz sicher aber keine Single Malts sind, sondern nur einen kleinen Anteil davon (vielleicht auch nur Malzextrakt) enthalten.

James B. Beam Distilling Company Amerikanische Whiskeyfirma, die diesen Namen seit 1933 führt, ihre Anfänge freilich bis auf 1795 zurückdatieren kann, als Jacob Beam zum ersten Mal ein Faß Whiskey verkaufte und sich entschloß, die Whiskeyherstellung kommerziell zu betreiben. Sein Urenkel James Beauregard Beam, besser bekannt als Jim, übernahm 1892 das, was aus diesen bescheidenen Anfängen entstanden war. Er mußte 1920 wegen der → Prohibition zunächst aufgeben, wagte aber 1933 den Neuanfang, als er zusammen mit seinem Sohn T. Jeremiah und den Geschäftsleuten Homel, Jacobson und Blum die neue Firma ins Register eintragen ließ. Sie steht noch heute auf allen Flaschen ihres berühmtesten Produktes, des Bestsellers → *Jim Beam*, der 1942 auf den Markt gebracht wurde. Das Unternehmen behielt den Namen, auch nachdem James »Jim« 1945 seine Anteile an Harry Blum verkaufte und 1967 → American Brands das Kommando übernahm. Als Tochter des Mischkonzerns untersteht sie → JBB Worldwide (Jim Beam Brands) und führt in seinem Auftrag die beiden Brennereien in Boston und Clermont.

James E. Pepper Kentucky Straight Bourbon, mit dem → UD sich das Verdienst erworben haben, einen der großen, alten Namen der amerikanischen Whiskeygeschichte dem Vergessen entrissen zu haben. Er trägt den Namen einer Familie, die sich rühmte, schon so lange im Geschäft zu sein, daß die Flaschen heute völlig zu Recht die Jahreszahl 1776 tragen – und den Hinweis: »Born with the Republic«. Der alte Elijah Pepper ließ sich in diesem Jahr an den Old Pepper Springs in Kentucky County, Virginia, nieder. Sein Sohn Oscar gründete die Old Pepper Distillery in Glenn's Creek südlich von Frankfort, in der der berühmte Dr. Crow sein Handwerk ausübte, nach dem später die gleich in der Nachbarschaft errichtete neue Brennerei → Old Crow benannt wurde. Oscars Sohn, James E., verkaufte sie später dem gleichfalls berühmten E. H. Taylor von → Old Taylor Distillery, während er 1878 die ursprüngliche Destille an → Labrot & Graham verkaufte, die wiederum 1940 an → Brown-Forman verkauften. Die schlossen sie (ließen sie aber 1996 wieder in Produktion gehen).

Pepper zog sich aber keineswegs zurück, sondern gründete ein neues Unternehmen mit den beiden Marken → *James E. Pepper* und *Henry Clay* (nach dem bekannten Senator). Es war Pepper, der 1890 eine Lizenz beantragte, um seine Whiskeys selbst abzufüllen, weil er sich (und seine Kunden) vor minderwertigen Fälschungen schützen wollte. Pepper starb 1906 und fünf Jahre später wurde seine Firma von Investoren gekauft. Um ihren Whiskey vor der Prohibiton zu schützen, verkauften sie ihn sogar nach Deutschland – im gleichen Jahr 1919 schlug ein aus dem Weltkrieg heimkehrender Soldat vor, den Slogan »Born with the Republic« zu ergänzen durch »Died with Democracy«. Tatsächlich überlebte auch Pepper die Prohibition nicht, Destillerie und Marke wurden von → Schenley gekauft, die beide einstellten. UD, die die Firma 1987 aufkauften, produzierten den Whiskey wieder, mit 80°/40 %, nur für den Export und seit 1992 in der völlig neugebauten → Bernheim Distillery in Louisville. Sie gehörte zu den Unternehmungen, von denen sich die aus der Fusion von IDV mit UD hervorgegangenen UDV 1999 trennten.

James Foxe Kanadischer Whisky, der von → Seagram in Kanada hergestellt, *in → bulk* in die USA exportiert und dort von → Sazerac vertrieben wird.

James Gordon's Blend Schottischer Blend, der den Namen eines der beiden Gründer der bedeutenden Firma → Gordon & MacPhail trägt. Mit 8 Jahren gehört er zu den besten Whiskies im → Premium-Segment.

James Martin Schottische Blends und Malts, die heute aus dem Hause → Glenmorangie kommen, früher einfach → *Martin's* hießen und in diesem Buch unter dem alten Namen der Firma aufgeführt sind. Der Vorname wurde aufgrund einer Vereinbarung mit den Italienern von Martini & Rossi eingeführt, die angeblich tatsächlich eine Verwechslung des guten schottischen Stoffes mit ihrem Vermouth befürchteten (oder war es umkehrt und die Schotten …).

Jameson Irischer Whiskey und gleichzeitig Name einer irischen Firma von großer Tradition und Reputation. Es ist eigentlich kaum zu glauben, daß es den Whiskey in der heutigen Form erst seit 1968 gibt, denn mittlerweile ist er weltweit die Nr. 1 unter den Irish und war 1996 der mit der größten Zuwachsrate überhaupt. Die Jahreszahl 1780, die eine weitere Jameson-Marke trägt und offiziell als Gründungsdatum der Firma gilt, ist keineswegs gesichert, wie Jim Murrray in seinem Buch »Classic Irish Whiskey« ausführlich schildert. Als Stammvater gilt der Schotte John Jameson, der eine Tochter von John → Haig und Margarete Stein geheiratet hatte und um 1770 nach Irland auswanderte. Sein Sohn John übernahm die → Bow Street Distillery, die John Stein (ebenfalls mit Haig verwandt und ein Nachkomme von Robert → Stein, dem Erfinder der → *patent still*) gehörte, Johns Bruder William die Marrowbone Distillery.

Johns Firma prosperierte, hatte einen riesigen Ausstoß (der allerdings im Faß verkauft wurde) und wurde 1902 Aktiengesellschaft. 1966 fusionierte sie mit → Power und → Cork Distilleries zur → IDG, stellte die Produktion ein. Ihr Whiskey wurde von seinem ehemaligen Konkurrenten jenseits der Liffey, von Power, gemacht, ehe die Produktion nach → Midleton verlegt wurde. Ein Großteil der alten Gebäude verfielen und man mußte befürchten, daß sie nicht mehr lange stehen würden. Sie wurden 1998 renoviert und beherbergen jetzt ein gut gestaltetes Museum (das → »Irish Whisky Corner«, das sich gegenüber befand, wurde natürlich geschlossen).

Außer der genannten Abfüllung gibt es den → *Crested Ten* (die früheste

Form, in der ein *Jameson* in die Flasche kam), die erwähnte → Premium-Marke *Jameson 1780* (ebenfalls 40 %), die 12 Jahre alte Whiskeys enthält. Ihr sehr ähnlich ist der *Jameson 12 Years Old*, der von Word Brands Duty Free, die wie IDG der Groupe → Pernod gehört, vor allem in Fernost verkauft wird. *Jameson Gold*, ursprünglich *Jameson XO*, ist für den gleichen Markt bestimmt und hat ebenfalls 43 %. Den *Jameson Distillery Reserve* gibt es nur in Midleton, wo sich auch das »Jameson Heritage Center« befindet. Daneben gibt es noch eine *Distillery Collection* und, als wahrscheinlich bald gesuchte Kuriosität, den *Jameson Marconi*, der daran erinnert, daß der Erfinder des Radios mütterlicherseits ein Urenkel von John Jameson war. Für ihn sind zum ersten Mal in Irland neue amerikanische Eichenfässer verwendet worden.

Jamie Stuart Schottischer Blend, der die alte Schreibweise für Stewart benutzt und aus dem Hause J. & G. → Stewart kam. Die Firma selbst gehörte seit 1917 zur → DCL, die 1987 von → Guinness gekauft und zu → UD umstrukturiert wurde. Aus kartellrechtlichen Gründen mußten sich die neuen Besitzer von einigen Marken trennen. Seitdem gehört der Blend → Whyte & Mackay/ → JBB (Greater Europe), die ihn zur Zeit nicht mehr herstellen.

Japan Japan ist heute die viertgrößte Whiskynation nach den USA, Schottland und Indien – eine Tatsache, die immer noch Erstaunen hervorruft. Noch ungewöhnlicher ist, daß Japan diese Position in der relativ kurzen Zeit seit dem 2. Weltkrieg erobert hat. Ungewöhnlich auch, daß sich der Eintritt des Landes in die Whiskygeschichte erst in diesem Jahrhundert vollzogen hat, daß er sich genau datieren läßt und daß er sich der Initiative und der Leidenschaft von nur zwei Männern verdankt, zwei Japanern zudem. Das macht Japan zum einzigen der großen Whiskyländer, dessen Tradition nicht auf schottische oder irische Einwanderer zurückzuführen ist. Dennoch ist alles, was in Japan mit Whisky zu tun hat, zutiefst schottisch geprägt, ja, das Land folgt schottischen Methoden und Gebräuchen so sehr, daß sein Whisky (der sich natürlich auch schottisch ohne »e« schreibt) bis heute im Schatten des großen Bruders steht, ständig an ihm gemessen wird und nie die Chance bekommen hat, als eigenständiger Typ wahrgenommen – und gerecht beurteilt – zu werden.

Das ist schwer zu verstehen bei einem Volk, das immer wieder auf vielen Gebieten gezeigt hat, daß es westliche Produkte nicht nur nachzuahmen versteht, sondern zu verbessern und zu übertreffen vermag. Beim Whisky hat das mit dem Charakter der Destillate zu tun, die eher leicht und blumig, als schwer und körperreich ausfallen – nicht weil es die Japaner nicht anders können, sondern weil sie ihr Getränk genau so haben wollen. Ethnologen haben darauf hingewiesen, daß Japaner kaum Körpergerüche haben und vermutlich deshalb schwere Düfte und Aromen auch bei Parfüm und Kosmetika nicht mögen. Das ist eine interessante Information, die helfen könnte, den speziellen und durchaus eigenständigen Charakter des japanischen Whisky besser zu verstehen.

Dennoch läßt sich nicht verleugnen, daß Schottland das Vorbild der Japaner ist. Das ist nicht erstaunlich, wenn man sich die Anfänge ihrer Whiskygeschichte vergegenwärtigt. Es ist eine Erfolgsgeschichte: Ihre Väter heißen Shanjiro → Torii und Masataka → Taketsuru. Sie sind die Begründer von → Suntory einerseits, von → Nikka andrerseits. Beide Firmen teilen sich bis heute mehr als 80 % des nationalen Marktes bei der Produktion und beim Verkauf. Der eine hatte als erfolgreicher Weinproduzent das Kapital, der andere die technischen Kenntnisse. Im Alter von 24 Jahren, gleich nach dem Abschluß des britisch-japanischen Vertrags, war Taketsuru nach Schottland gegangen, um das Bierbrauen zu lernen. Noch mehr faszinierte ihn jedoch der Whisky, dessen Erzeugung er u. a. in → Hazelburn und → Lagavulin kennenlernte.

Er verliebte sich so sehr in das Land, daß er eine schottische Braut nach Japan mitbrachte. 1923 half er Torii beim Bau der → Yamazaki Distillery und gemeinsam brachten sie 1929 den ersten in Japan hergestellten Whisky heraus. 1934 gründete er seine eigene Firma und baute auf → Hokkaido in → Yoichi seine eigene Brennerei – an einem Ort, den er für besser geeignet hielt als den seines alten Arbeitgebers und neuen Konkurrenten. Auf Hokkaido gab es Torf, Kohle zum Beheizen der → *pot stills* und es wuchs sogar Gerste. Heute wird in Japan kaum mehr selbst gemälzt, Gerste und Malz werden aus dem Ausland bezogen, oft aus Schottland. 1940 konnte Taketsuru seinen ersten eigenen Whisky herausbringen, aber dann stoppte der Krieg die weitere Produktion. Doch erst danach ging es so richtig aufwärts und der Aufstieg des Whisky zum Kultgetränk der Japaner ist nicht nur auf das Interesse an westlicher Kultur und Lebensart zurückzuführen, wiewohl es zu Rekordimporten an Scotch führte. Auch eine kluge Kampagne Toriis, der mit seinen »Tory Whisky Bars« das Land überzog und dort nur eigene Marken anbot, steigerte den Umsatz.

Whisky wurde das Getränk der japanischen Männerwelt, in der es zum täglichen Ritual gehört, nach Arbeitsschluß mit den Kollegen (und Vorgesetzten) in die Bars zu gehen und in großen Mengen »Mizuwari« zu konsumieren, »mit Wasser verdünnten Whisky«. Besonders beliebt ist es, sich in seiner Lieblingsbar eine ganze Flasche persönlich reservieren zu lassen. Japanischer Whisky ist sehr beliebt, aber auch ausländische Marken sind begehrt, trotz der hohen Importzölle für ausländische Sorten; viele Luxusmarken werden ausschließlich für Japan hergestellt (und in aufwendige Gefäße verpackt). Obwohl die Rezession in Fernost auch bei den Whiskyimporten Spuren hinterlassen hat, steht Japan bei der Einfuhr von Scotch nach Frankreich, den USA, Großbritannien, Spanien und Südkorea auf dem 6. Platz (Zahlen von 1996). Auch wenn die Menge der *in → bulk* importierten schottischen Malt Whiskies erheblich zurückgegangen ist, ist Japan immer noch mit weitem Abstand der größte Abnehmer; sie werden gebraucht, um zusammen mit im Land erzeugten Grains und Malts zu heimischen Marken verarbeitet zu werden.

Der Zugriff ist leicht: Suntory besaß einen Anteil an → Macallan und besitzt → Morrison Bowmore mit den Brennereien → Auchentoshan, → Bowmore und → Glen Garioch zu 100 %, Nikka hat → Ben Nevis erworben, → Kirin-Seagram hat über den kanadischen Partner Zugang zu dessen neun schottischen Destillerien. Als einzige Firma hat → Sanraku-Ocean keinen Partner; dafür besitzt das Konsortium (dessen Partner Okura 1998 Bankrott machte) → Takara Shouza & Okura die → Tomatin Distillery und, in einer Partnerschaft mit → Sazerac, auch → Ancient Age. Dabei sollte man meinen, daß die Produktion in Japan selbst ausreichend ist, um den Bedarf zu decken: sie verdoppelte sich in den siebziger Jahren und ein weiteres Mal im nächsten Jahrzehnt und erreichte Ende der achtziger Jahre stolze 375 Millionen Liter im Jahr. Mittlerweile sind die Zahlen aber wieder zurückgegangen, weil auch die Verkäufe rückläufig sind. Das liegt daran, daß auch japanische Whiskies verhältnismäßig teuer sind: nirgends sind die Produktionskosten so hoch wie in Japan.

Das Land verfügt über fünf Malt-Destillerien und eine Reihe von Grain-Brennereien. Suntory besitzt mit → Hakashu die größte Brennerei der Welt und hat eine weitere, noch nicht fertiggestellte, in Noheji, Nikka hat im Verwaltungsbezirk → Miyagikyo in der Nähe von → Sendai eine zweite Malt-Brennerei gebaut und verfügt, ganz dem schottischen Geist des Firmengründers verpflichtet, in Toshigi und → Nishinomiya über zwei Anlagen mit altmodischen → *Coffey stills*. Kirin-Seagram haben in der Nähe von Gotemba eine Brennerei, die sowohl Malt als auch Grain produziert, und Sanraku-Ocean haben in dem Kurort → Karuizawa eine kleine Malt-Destillerie (die seit einiger Zeit → Mercian heißt) und in Kawasaki eine für Grain.

In allen diesen Brennereien können durch den Einsatz unterschiedlicher Hefen und von unterschiedlich getorftem Malz verschiedene Whiskies gebrannt werden. Bei der Herstellung hält man sich wiederum an das schottische Vorbild, bei der Lagerung setzt man auf Bourbon- und Sherry-Fässer, verwendet allerdings sehr viel häufiger als in Schottland auch neue, ausgekohlte Eichenfässer. Wie in Schottland verlangt der Gesetzgeber, die Destillate mindestens drei Jahre zu lagern. Single Malts werden erst seit sehr kurzer Zeit abgefüllt, sogenannte → Pure Malts schon seit den achtziger Jahren. Damals wurden auch erste Versuche mit Blends gemacht, die eher vom amerikanischen Stil geprägt waren und nach Bourbon schmeckten. Den weitaus größten Teil des Angebots aber bestreiten Blends. Den Markt dabei teilen sich neben den beiden Giganten Suntory und Nikka und den wesentlich kleineren Sanraku-Ocean und Kirin-Seagram (mit jeweils etwa 4 %) etwa 20 weitere Firmen mit zusammen ebenfalls etwa 4 %. Sie werden, ein Unterschied zu Schottland, nicht in die drei Kategorien → Standard, → Premium und → De luxe eingeteilt, sondern in fünf, die sich nach ihrem Malt-Anteil definieren (und die Steuerklasse bestimmen): ein Super-Premium hat mehr als 40 % Malzanteil, ein

Premium 35 % – 40 %, ein Special über 30 %, ein First über 20 % und ein Second über 10 % Prozent.

Jazz Club Serie von insgesamt sechs bzw. zwölf Kentucky Straight Bourbons, die von niemand anderem stammen können als den → Kentucky Bourbon Distillers. Sie haben entdeckt, daß sie denselben Whisky nur mit verschiedenen Etiketten versehen zu Reihen anordnen müssen, um die Sammelleidenschaft anzukurbeln und den Absatz zu steigern. Nach guten und bösen Figuren aus der amerikanischen Geschichte (→ »Legends of the Wild West« und → »Outlaws«) nun also der Jazz. Es gibt einen Boogie Woogie, einen Bee Bop, den Jazz Singer, Guitar, Drum und Trumpet. (Vielleicht sollten es die geschäftstüchtigen Abfüller aus → Bardstown mal mit einem Sinfonie-Orchester versuchen, das hat noch mehr Instrumente). Von jeder Version des Jazz Club gibt es zwei Unter-Versionen, eine 12jährige mit 101° und eine 15jährige mit 114°.

JBB (Greater Europe) Whiskyfirma, die bis 1997 einen der großen Namen der schottischen Whiskygeschichte trug und → Whyte & Mackay hieß. Sie war seit 1990 im Besitz des Konzerns → American Brands, der durch sie eine sich über drei Jahre hinziehende und bis 1994 dauernde Übernahmeschlacht um → Invergordon Distillers schlagen ließ. Der Übernahme folgte die Schließung von drei der vier Invergordon-Destillerien, eine Neuverteilung der Marken auf die beiden Firmen und, als ob sich Amerikaner noch nicht genug Feinde in Schottland geschaffen hätten, die jede Sensibilität für schottische Gefühle und Geschichte entbehrende Umbenennung in JBB. Der Name ist natürlich eine Abkürzung für den erfolgreichsten Whiskey der Amerikaner und bedeutet Jim Beam Brands. Auch das Greater Europe verrät amerikanischen Imperialismus: Greater steht nämlich für die Tatsache, daß z. B. auch Afrika von Glasgow aus mit den Bourbons und den Scotch Whiskies von American Brands versorgt wird. Ob dieser Operation Glück beschieden ist, wird sich zeigen. Sie selbst haben sich, ebenfalls 1997, jedenfalls vorsorglich in → Fortune Brands umbenannt.

Jefferson's Reserve Kentucky Straight Bourbon Whiskey, der von der Aufmachung her dem → *Woodford* Reserve ähnlich ist, sich bei näherem Hinsehen dann aber doch unterscheidet. Die Flasche ist noch eine Spur distinguierter. Von wem und wo er gemacht wird, ist nicht herauszubekommen. Immerhin verrät das kleine handnumerierte Label, daß es ihn nur in sehr kleinen Mengen gäbe und daß er nicht nur ein → *small*, sondern ein »Very Small Batch Bourbon« sei. Er ist 15 Jahre alt und bringt 92° / 45.1 % in die Flaschen. Vermarktet wird er von McLain & Kyne Distillery Co. und von ihr ist immerhin zu erfahren, daß deren Vorfahren schon 1799, vor acht Generationen, *spirits* verkauft hätten. Sie sehen ihr Produkt als »tribut to Thomas Jefferson's integrity and independence« an. Daß der Präsident ein großer Kenner war, weiß man spätestens, seit der Weinkeller entdeckt wurde, den er während seiner Pariser Jahre benutzte.

Jesse James Kentucky Straight Bourbon mit 8 Jahren und 40 %, der auf seinem Label keinen Hersteller nennt und ausschließlich für Italien produziert wird.

Jim Beam Amerikanische Whiskey-Destillerien. Alle beide sind zu finden in der Nähe des kleinen Ortes Belmont, nahe der von Louisville nach Nashville führenden Interstate 65. Sie tragen den Namen ihres berühmtesten Produktes, des Bourbon *Jim Beam*, auf dessen Flaschen allerdings nur der Ortsname der einen genannt wird: die kleinere (und ältere) von beiden ist in Clermont, die größere, 1953 gegründet, befindet sich etwa 15 km von der anderen entfernt in Boston (beide sind weitaus näher bei Bardstown als bei Frankfort, der ebenfalls genannten Hauptstadt Kentuckys). Weil dieses Örtchen praktisch nur aus der Brennerei besteht, wird sie auf den Flaschen nicht mit dieser Adresse geführt, sondern so schlicht wie berechtigt als »Beam«.

Diese Flaschen sind mit den Porträts von sechs Beams geschmückt, die für sechs Generationen einer Familie stehen, die in der Geschichte des Bourbon tiefe Spuren hinterlassen hat. Ihre Mitglieder wurden in manche Brennerei Kentuckys entsandt, die stärksten Spuren hinterließen sie natürlich durch die Firma, die ihren Namen trägt. Obwohl sie längst nicht mehr im Familienbesitz ist, sondern seit 1967 → American Brands gehört, ist sie dennoch eine der ganz wenigen in den USA, bei der es zumindest noch direkte Beziehungen zu den Nachkommen der Gründerfamilie gibt. Der Beam, der ihr den Namen gab, war James »Jim« Beauregard, Urenkel von Jacob Beam, dem Ersten der Dynastie, und Großvater von Booker Noe Jr., der heute noch als »Master Distiller Emeritus« keineswegs den Ruhestand pflegt, sondern als lebende Legende (und allseits anerkannte Autorität bei allen Fragen der Whiskeyherstellung) überall präsent und der beste Botschafter der Firma ist.

Es war Booker Noe, der 1989 den Einfall hatte, nicht immer nur den Standard-Whiskey in verschiedenen Versionen herzustellen, sondern die besten Fässer auszusuchen, sie länger reifen zu lassen und sie in kleinen Partien abzufüllen. So wie mit dem → *Blanton's* ein neues Bourbon-Kapitel aufgeschlagen wurde, führten auch Noes → *small batch*-Abfüllungen den Bourbon in eine neue Dimension. Seine Erfindung hat seitdem nicht nur einen neuen Trend begründet, sondern bewiesen, daß Bourbons so charaktervoll und individuell sein können wie sonst nur schottische Malt Whiskies; einer der neuen Bourbons, → *Booker's*, trägt denn auch seinen Namen. Booker Noes Vater hat übrigens lange Zeit in → Ancient Age Distillery gearbeitet, ein anderer Beam hat die → Early Times Distillery gegründet.

Der alte Jacob Beam, als Jakob Böhm aus Deutschland ins Gelobte Land ausgewandert, hatte sich 1788 in Kentucky niedergelassen und, wie jeder andere Farmer auch, brachte er die Überschüsse seiner Getreideernte mit Hilfe einer mitgebrachten → *still* in flüssige Form. 1795 gilt als das Geburtsjahr des Unternehmens, weil Jacob in diesem Jahr seinen Whiskey zum erstenmal kommerziell verkaufte und auf kommerzieller Basis zu destillieren begann. Urenkel Jim übernahm die Firma 1880, die damals immer noch relativ klein war, aber mit dem *Old Tub* immerhin schon über eine im ganzen Land verkaufte Marke verfügte. Jim war 55, als ihn die → Prohibition zwang, die Produktion zu beenden und die Firma zu schließen. Aber er gab nicht auf: Die moderne Geschichte der Firma begann erst 1933, als Jim Beam, nun 70 Jahre alt, nach dem Ende der Prohibition eine Lizenz beantragte und zusammen mit dem Geschäftsmann Harry Blum das Geld (und die Geduld) aufbrachte, vier Jahre zu überstehen, ehe sie den ersten Whiskey verkaufen konnten. Das war immer noch ein *Old Tub*, die heutige Marke kam erst 1942 heraus, drei Jahre bevor Blum seinen Partner Beam auskaufte.

1953 wurde die neue Destillerie in Boston gebaut. Sie hat, wie Clermont, 19 Gärbottiche und verwendet eine → *column still* mit einem → *doubler*. Obwohl kein Unterschied gemacht wird, produzieren beide natürlich leicht verschiedenen Whiskey, verwendet werden die gleichen → *mash bills*, aber das Wasser kommt aus unterschiedlichen Quellen. Die Rezepturen bei Jim Beam sind streng geheim, manche vermuten zwei, manche auch drei, mit verschieden hohem Anteil von Roggen. Immerhin verweist man stolz darauf, daß die verwendete Hefe, der Hopfen zugesetzt wird, immer noch auf die von Jim Beam bereits in den dreißiger Jahren verwendete Kultur zurückgeht. Zweimal im Jahr wird Straight Rye produziert. Der Ausstoß ist natürlich hoch: Täglich werden ungefähr 600 Fässer neu gefüllt und 600 gereifte Fässer geleert. 1987 kaufte American Brands die Firma National Distillers, der u. a. die Marke → *Old Overholt* und die drei Brennereien → Old Crow, → Old Taylor und → Old Grand-Dad gehörten. Sie wurden sofort geschlossen, aber ihre Namen blieben durch die drei Marken erhalten, die heute bei Jim Beam gemacht werden – angeblich sogar unter Verwendung ihrer alten Hefe. Die *Jim Beam*-Bourbons, die wohl je zur Hälfte Boston- und Clermont-Whiskeys enthalten, haben den niedrigsten Rye-Anteil, *Old Grand-Dad* und die *small batch*-Marken → *Knob Creek* und → *Basil Hayden* den höchsten. Die »Normal«-Version ist der Straight *Jim Beam* mit dem weißen Label, er ist 4 Jahre alt, hat 80°/40 % und ist bei weitem der meistverkaufte seiner Gattung weltweit. In den USA gibt es ihn auch mit 7 Jahren (auch vorgemixt mit Cola in der Dose). Ein grünes Label trägt (oder besser trug, denn er wird nicht mehr hergestellt) der *Beam's Choice*, ebenfalls 80°/40 % (früher 85°/43 %), der auf die *Old Number 8 Family Formula* zurückgehen soll; er soll 5 Jahre alt sein. Der *Beam's Black Label*, in USA 90°/45 %, sonst 80°/40 %, führte als Altersangabe früher kokett 101 Monate, heute schlicht 8 Jahre. Einen *Gold Label*, mit 100°/50 %, gibt es nur in Australien. Die Firma hat auch einen Rye mit 80°/40 % und einem gelben Etikett, das ungewöhnlicherweise festhält, er sei »copper distilled« und – wie auch die anderen Versionen – die Unterschrift James B. Beams trägt – mit dem Hinweis »None genuine without my signature«. 1995 kam zum 200. Jubiläum ein *Jim Beam Anniversary Label* heraus – in einer Flasche mit Bügelverschluß, der Altersangabe 75 Monate und mit 95°/47.5 %.

Für → Nikka, den japanischen Importeur von *Jim Beam*, wird ein spezieller »Barrel Bonded« abgefüllt. Es gibt auch den Blend → *Beam's 8 Stars*. Die Firma ist außerdem berühmt für ihre Motivkaraffen, also Whiskey, der in alle möglichen Gefäße gefüllt wird. Das können Chevrolets genau so sein wie eine Büste von John Wayne; sie faszinieren sehr viele Sammler. Diese Praxis erinnert an ihre schottische Schwester → Whyte & Mackay, die ebenfalls American Brands gehört und mittlerweile umgetauft wurde in → JBB (Greater Europe), was für »Jim Beam Brands« steht. Die Spirituosentochter des großen Konzerns beaufsichtigt die → Alberta Distillery in Kanada und eine Abfüll-Anlage in Cincinnati, Ohio und ist, außer den bereits genannten, auch für die Marken → *Bellows*, → *Bourbon Deluxe*, → *Calvert*, → *Hill & Hill*, → *Kessler*, → *P.M.* und → *Sunny Brook* sowie für die *small batch*-Bourbons *Jacob's Well* und → *Knob Creek* und den Likör → *Rock and Rye* verantwortlich. Auch der Rye Whiskey → *Old Overholt* wird heute von Jim Beam hergestellt.

J. M. & Co. Superior Mountain Dew Schottischer Blend, der von der Firma Malpass Stallard kommt. Sie sitzt in Worcester und kann ihre Geschichte bis zurück ins Jahr 1642 nachweisen, hat aber vermutlich schon vorher existiert. Ihr Blend ist der letzte, der das in Schottland und Irland gern für Whisky gebrauchte Synoym → »Mountain Dew« auf dem Etikett führt.

Jock → Scotch von der nach dem Berg bei Inverurie benannten Firma The → Bennachie.

Jock Scott Schottischer Blend von → Invergordon, die ihn unter dem Namen der Firma anbietet, welche ihn in den dreißiger Jahren auf den Markt brachte: Findlater Mackie Todd & Co. Es gibt ihn als → Standard mit 3 und 5, als → De luxe mit 12 Jahren.

John Barr Schottischer Blend, der seine Entstehung im Jahr 1978 einer Entscheidung der EG-Bürokratie verdankt. In diesem Jahr untersagte Brüssel der → DCL, ihre Whiskies zu unterschiedlichen Preisen in Großbritannien und für den Export zu verkaufen – eine Maßnahme, mit der die Schotten ihre offiziellen Importeure besser vor Parallelimporten schützen wollten. Als Reaktion auf die Anordnung zog die Firma ausgerechnet den Marktführer → *Johnnie Walker* vom heimischen Markt zurück. Den finanziellen Einbußen suchte sie mit der Einführung eines neuen Blends, eben *John Barr*, zu begegnen, den sie für ihre Tochterfirma Georges → Cowie & Sons (→ Mortlach) registrieren ließ. Mittlerweile gibt es den Klassiker *Johnnie Walker* längst wieder in Großbritannien, aber auch die neue Marke ist noch am Leben. Sie wurde allerdings nach der Übernahme der DCL durch → Guinness, wiederum aus kartellrechtlichen Gründen, weiterverkauft und kommt heute als → Standard, als »Special Reserve« und als *John Barr Black* von → Whyte & Mackay, die 1997 in →JBB (Greater Europe) umbenannt wurden.

John Begg's Blue Cap Schottischer Blend, der den gleichen Namen trägt wie der Gründer der →Royal Lochnagar Distillery. Schon die Gründerfamilie, die 1916 von der →DCL übernommen wurde, prägte den Spruch »Take a peg o'John Begg«, der viel zum erfolgreichen Profil der Marke beigetragen hat und von dem David →Daiches, leider ohne Datumsangabe, sogar eine jiddische Übersetzung aus einer in Glasgow erschienenen jüdischen Zeitschrift überliefert: »Nem a schmeck fun Dzon Bek«. Die einst große und populäre Marke fristet heute leider nur noch ein Schattendasein im großen Angebot von →UD/UDV. Früher auch als *Gold Cap* und *De Luxe* erhältlich, wird er etwas stiefmütterlich behandelt und nur noch als *Blue Cap* und im unteren Preissegment vor allem auf den deutschen Markt gebracht.

John Collins Whiskeydrink. Er ist die amerikanische Variante des Collins, der oft auch als Colonel Collins bezeichnet wird. Aus dem John kann ein Jack oder ein George werden, wenn er statt mit Bourbon mit einem *Jack Daniel's* oder einem *George Dickel* zubereitet wird. Das Rezept bleibt aber immer gleich: Man nehme 3cl Whiskey, 1cl frischen Zitronensaft, einen Teelöffel Zucker, schüttle sie über viel Eis, fülle mit 3cl Soda auf und garniere mit einer Maraschinokirsche und einer Orangenscheibe.

John Finch Amerikanischer Blended von →Kentucky Bourbon Distillers, einer Firma in Bardstown.

John Grant, The Schottischer →Pure Malt von J. & G. →Grant, denen die →Glenfarclas Distillery in der →Speyside gehört. Für Italien, wo man junge Malts liebt, wurde schon seit längerer Zeit eine 6jährige Version angeboten, die nach dem Gründer der Firma benannt war und bei der es sich wohl um einen Single Malt von Glenfarclas handelte, den man nur nicht so nannte, weil man einerseits das Geschäft in Italien gerne mitnahm, andererseits sein jugendliches Alter doch für zu gering und als abträglich für das Image des Hauses erachtete, das durch reifere Whiskies geprägt ist. Doch der Malt hat sich in Italien einen guten Namen gemacht und deshalb ergänzte man ihn 1998 durch eine neue Version, die stolze 17 Jahre alt ist. Sie schmeckt anders als der gleich alte *Glenfarclas*, weil sie aus anderen Fässern komponiert ist.

John Grant's Schottischer Single Malt mit 6 Jahren – ein Alter, das darauf schließen läßt, daß er für den italienischen Markt gemacht ist. Er kommt von J. & G. →Grant, denen es offensichtlich nicht opportun schien, den Namen auf die Flasche zu schreiben, den ihre anderen Malts tragen: →*Glenfarclas.*

John Lee Kentucky Straight Bourbon ohne Altersangabe und mit 40 %. Die »Personal Reserve« wird ausschließlich in Frankreich von Bardinet verkauft, die leider nicht bekanntgeben, aus welcher Quelle der Whiskey stammt.

John Player Special Schottischer Blend, der in vier Versionen erhältlich ist und nach der bekannten Zigarettenmarke benannt ist. Ihre Besitzer gestatteten der Glasgower Firma Douglas →Laing & Co. die Benutzung des Namens – sicherlich zum beidseitigen Vorteil, weil das eine Produkt vom anderen profitieren dürfte. Die →Standard-Sorte heißt *Fine Old*, im höheren Bereich sind der *Rare* und der 12 bzw. der 15 Jahre alte *JPS* angesiedelt.

John's Lane Straße in Dublin, an der die nach ihr benannte Destillerie von →Power liegt, die James Power 1791 gründete. Aus ihr kam der berühmte →*pot still*-Whiskey von John Power & Son, wie die Firma seit 1809 hieß. 1871 wurde sie im viktorianischen Stil renoviert und bereichert seither das Stadtbild Dublins. Sie liegt nahe an der Liffey bei Father Matthew Bridge und beim »Brazen Head«, dem ältesten Pub der Stadt. Seit der Fusion mit dem Rivalen →Jameson vom anderen Ufer und nach dem Entschluß der neuen Firma, nur noch in →Midleton zu produzieren, beherbergen die Gebäude heute das National College for Art and Design. An die glorreiche Whiskey-Vergangenheit erinnert die Abfüllung eines 1965 destillierten, 34 Jahre alten Fasses mit gewaltigen 73,2 % durch →Cadenhead – und die drei mächtigen *pot stills*, die man, anders als die in den fünfziger Jahren installierte →*patent still*, glücklicherweise nicht abgebaut hat.

Johnnie Walker Schottischer Blend (und Vatted Malt), vielleicht die bekannteste Marke überhaupt, aber ganz gewiß die erfolgreichste – nicht zuletzt dank des berühmten Slogans »Born 1820 – still going strong«. Der wurde zwar erst 1908 geprägt, führt die Jahreszahl aber dennoch mit einem gewissen Recht, weil John →Walker damals seinen Laden in Kilmarnock eröffnete, in dem er neben Lebensmitteln auch Wein und Whisky verkaufte. »Walker's Kilmarnock Whisky« hatte schon Weltgeltung (und war besonders in Australien eine Größe), als der gemeinsam mit Johns Enkel Alec Walker die Geschäfte führende James Stevenson 1908 die markante viereckige Flasche schaffen ließ – und von dem Künstler und Karikaturisten Tom Browne die Figur, die seitdem zum Wahrzeichen für den Whisky geworden ist: der Dandy im Reiter-Outfit und mit Lorgnon. Flasche und Figur sind von so zeitloser Qualität (und Eleganz), daß sie mit nur sanften Modifikationen (die letzte erfolgte 1997) praktisch unverändert blieben.

Der Erfolg von *Johnnie Walker* hat ihn natürlich auch zur Beute von Fälschern werden lassen; wohl kein Scotch wird derart unverschämt nachgeahmt. 1984 wurde der Fall von mehr als 20000 Kisten bekannt, die als Fälschung nur auffielen, weil der Hinweis »Product of Scotland« auf dem – bulgarischen! – Etikett fehlte; in Ägypten wird ein Whisky namens *Waker* ahnungslosen Touristen untergejubelt – vielleicht von Islamisten als Strafe dafür, daß sie überhaupt nach Alkohol fragen.

Die Marke gibt es in sehr vielen Versionen. Sie sind nur schwer zu übersehen, weil sie oft nur auf Einzelmärkten angeboten werden. Die klassische ist der *Red Label*. So wie er die Weltrangliste im →Standard-Segment anführt, ist der *Black Label*, der meist mit der Altersangabe 12 Jahre verkauft wird, Nr. 1 im

→ Premium-Segment. So alt ist auch der *Swing*, der in den zwanziger Jahren für die großen Oceanliner entwickelt wurde und in einer Flasche kommt, die dank ihres gerundeten Bodens auch bei Sturm nicht kippt, sondern swingt; er heißt mancherorts auch *Celebrity* und wird, in Taiwan, als *Swing Superior* verkauft.

Überhaupt ist der asiatische Markt wichtig für den *Johnnie Walker*. So gibt es den *Premier* und den angeblich nach einem Rezept Alexander Walkers geblendeten *Gold* (Basis ist angeblich Malt von → Clynelish) nur in Japan, den *Gold 18 years old* nur in ostasiatischen (und USA-)Duty free-shops. Der *Honour*, mit numerierten Zertifikaten, ist ebenfalls nur in den Duty free-Läden des pazifischen Raums zu haben (und in → Glenkinchie Distillery, wo er 200 Pfund kostet) ebenso wie der *Quest* und der *Excelsior*, die beide Anfang 1998 herauskamen und für die Zielgruppe der 25–35jährigen (und wohlhabenden) Reisenden gedacht sind. → UDV, denen die Marke als Nachfolger von → UD und der → DCL, mit denen sich John Walker & Sons 1925 vereinigt haben, heute gehört, lancierten einen *Blue Label*, dessen Malts zum Teil bis zu 60 Jahre alt sein sollen. Unter ihnen dürften, wie bei allen Blends, auch beim 1997 gestarteten *Johnnie Walker Malt* (15 Jahre alt) sicherlich Brände von den mit dem Haus besonders verbundenen Brennereien → Cardhu und auch von → Talisker sein. Für den asiatischen Raum wurden Anfang 1999 weitere Versionen lanciert: nur in Taiwan und in eine eigens für ihn gestaltete Karaffe gefüllt ist er mit 21 Jahren zu bekommen, nur in Japan gibt es, in sparsamen halben Flaschen, den *Deco*. Das Millennium vor Augen, bot man eine spezielle Abfüllung des *Black* an, die *1998 Special Edition – First Production*. Schließlich gibt es einen *Johnnie Walker Liqueur* und, wohl unvermeidlich bei einem Produkt, das sich so großer Popularität erfreut, auch einen *Johnnie Walker* in Dosen, als fertig gemixten *Johnnie Walker Red and Cola*.

Johnny Drum Kentucky Straight Bourbon, der eine gleichnamige Distilling Company in Bardstown als Hersteller nennt, hinter der in Wirklichkeit die → Kentucky Bourbon Distillers stehen. Ihnen gehört die → Willett Distillery bei Bardstown, die in den achtziger Jahren schloß. Aus ihren alten Beständen kommt dieser 15 Jahre alte Whiskey mit 101°/50.5 %, der also tatsächlich dem »Private Stock« entstammt, als den ihn die Firma auf dem Label ausgibt. Sie führt ihn als einen der vier von ihr selbst so genannten → »*Small Batch* – Boutique Bourbons«. Weitere Versionen, die wahrscheinlich nicht mehr aus der alten Brennerei kommen, sind der 8jährige mit 86°/43 % und der 12 Jahre alte mit der gleichen Stärke.

Jones Road Standort der Brennerei der → Dublin Whiskey Distillery Company (DWC), die 1873, genau ein Jahr nach Gründung der Firma, zu arbeiten begann. Sie befand sich an einem spektakulären Ort: neben den Ruinen eines Schlosses und einer Abtei am River Tolka, an einer wunderschönen Bucht und genau dort, wo in einem der größten Momente irischer Geschichte im Jahr 1014 König Brian Boru die dänischen

Invasoren in der Schlacht von Clontarf bezwang. Obwohl die DWC 1899 mit William Jameson und Georg Rowe zur Dublin Distilling Company fusionierte, produzierten alle drei unter ihrem Namen weiterhin →*pot still*-Whiskey. Die Geschäfte gingen schlecht, Ende des 2. Weltkriegs kam das endgültige Aus. An den alten Namen erinnert eine Abfüllung eines Fasses von 1942, das nach 49 Jahren immer noch 65 % hatte, als →Cadenhead es zum Bestandteil einer grandiosen Serie von *pot still*-Whiskeys aus alten, längst vergangenen irischen Brennereien machte.

Joseph Finch Kentucky Straight Bourbon von →UD aus deren Serie →»Rare Bourbons«. Wie das schottische Pendant →»Rare Malts« soll die Reihe Bourbons bringen, die von Brennereien aus dem Besitz von UD stammen, die schon lange geschlossen sind – bei den Amerikanern wird aber auf dem Label nicht angegeben, woher genau sie kommen. Beim ersten, dem →*Henry Clay* konnte man es herausbringen; er stammt von der Astor Distillery in Louisville. Beim *Joseph Finch* ist das Geheimnis noch nicht gelüftet. Er wurde im Frühjahr 1981 destilliert, kam mit 15 Jahren und einer Stärke von 86.8°/ 43.5 % in genau 2400 Flaschen. Seinen Namen hat er von einem Mann, der in den vorrevolutionären Tagen 1856 einen Brunnen fand, der dann das Wasser für eine Brennerei lieferte. Der Whiskey wird sicherlich eine Rarität, denn die UD-Nachfolger UDV trennten sich Anfang 1999 von fast allen ihrer amerikanischen Marken und werden diese Serie sicher nicht fortführen.

JPS Abkürzung für eine Reihe von schottischen Blends, deren voller Name →*John Player Special* ist.

J. T. S. Brown Kentucky Straight Bourbon und Blended Whiskey, der heute von →Heaven Hill kommt, der letzten unabhängigen Brennerei im amerikanischen Whiskeygeschäft, die nicht nur ungewöhnliche viele Marken unter ihrem Dach vereinigt, sondern deren Verdienst es auch ist, daß einige von ihnen vor dem Aussterben bewahrt wurden – auch wenn sie es nicht immer ganz genau nimmt mit allen Details. Schon ihr Name ist einem Schreibfehler zu verdanken und die Jahreszahl 1855 auf dem Label dieses Bourbon ist ebenfalls ein Irrtum, weil sie sich auf →Henry McKenna bezieht. Dennoch: J. T. S. Brown ist ein wichtiger Name in der Geschichte des Bourbon. Er ist einer der beiden Browns, die am Anfang einer anderen bedeutenden Familie, der →Brown-Formans, standen. John Thompson Street und sein Halbbruder George Garvin gründeten ihre Firma in Louisville 1870 und kreierten einen Whiskey von großem Renommee, den →*Old Forester*. J. T. S. stieg bald wieder aus, angeblich weil er nicht einverstanden war mit der hochwertigen Qualität, auf die George setzte, sondern glaubte, mit billigerem Stoff schneller Geld machen zu können. In den nächsten 100 Jahren tauchte der Name J. T. S. Brown immer wieder auf, als Erbauer der →Old Prentice Distillery, dann 1923 als Käufer der geschlossenen →Early Times Distillery (die Rechte an der Marke besaßen damals – Brown-Forman), in den fünfziger Jahren als Besitzer einer Brennerei in → Lawrenceburg (Kentucky). Ende der siebziger Jahre wurden die Rechte am Namen von Heaven Hill erworben. Der Straight hat 80°/40 % und keine Altersangabe.

Julian, Charles H. Kleines, von dem ehemaligen Chefblender von → Justerini & Brooks gegründetes Unternehmen in Familienbesitz. Die Firma, die über eine Tochter auch Lagerung und Vertrieb betreibt, besaß mehrere eigene Marken, von denen nur noch → *Carlton* im Programm ist, während die früher nicht nur bei Fans von King Arthur sehr beliebten *Excalibur* und *Camlan* nicht mehr gemacht werden. Dafür hat sie den → *Royal Club*, eine Marke, die es auch schon von → ADP gab. Außerdem ist sie weltweit für den Vertrieb von *Sir Iain's Special* → *Moncreiffe* zuständig. Sie gehört heute Ian Lockwood.

Justerini & Brooks Es war im Jahre 1749, drei Jahre nach der Niederlage der Schotten bei Culloden, als der Italiener Giacomo Justerini nach London auswanderte, angeblich auf den Spuren einer Opernsängerin, in die er verliebt war. Zusammen mit George Johnson eröffnete er im selben Jahr einen Lebensmittelladen, indem er auch Liköre aus dem heimatlichen Italien anbot. 1831 kaufte der Geschäftsmann Alfred Brooks das florierende Geschäft, das seither unter dem Namen Justerini & Brooks firmiert. Es besteht bei weitem nicht nur aus den zwei wunderschönen Weinläden in Londons St. James's Street und Edinburghs George Street, sondern war Teil des Konzerns → Grand Metropolitan, der 1997 mit → Guinness zum größten Getränkekonzern der Welt fusionierte. GrandMet brachten in die Ehe ihre Spirituosentochter → IDV ein, die 1962 selbst aus einer Fusion entstanden war, als Justerini & Brooks mit → Gilbey zusammengingen. Justerini & Brooks (Scotland) führten im Auftrag von IDV die vier Brennereien → Auchroisk, → Glen Spey, → Knockando und → Strathmill – und waren natürlich für das bekannteste Produkt des Unternehmen zuständig, den Blend *J & B*. Während er eine Weltmarke ist, bekommt man den → *Club* nur noch in den beiden Läden. Es zeigt aber sympathisches Traditionsbewußtsein, daß man sich den Luxus leistet, eine so kleine Marke zu pflegen. Selten gewordenen Respekt vor der Tradition zeigten auch die neuen Konzernherren von Diageo, die fast alle ihre Spirituoseninteressen von ihrer Tochter UDV wahrnehmen lassen, Justerini & Brooks aber unangetastet ließen. Auch der Single Malt *Knockando* trägt also bis auf weiteres den ehrwürdigen Namen.

J. W. Corn Kentucky Straight Corn, hinter deren Hersteller J. W. Corn in Bardstown sich keine andere verbirgt als → Heaven Hill, die auch den bekannten → *Georgia Moon*, im Einmachglas mit Schraubverschluß, anbieten. Das Etikett ziert ein Bild mit Mais, von dem mehr als 80 % für die Maische verwendet werden müssen, damit er sich »Corn« nennen darf. Er ist mit 100°/50 % ein → *Bottled in Bond*.

J. W. Dant Kentucky Straight Bourbon von → Heaven Hill, der Firma in Bardstown, die nicht nur über ungewöhnlich zahlreiche Marken verfügt, sondern auch über viele, die die Namen amerikanischer Whiskeypioniere tragen. Einige von ihnen hat die Firma selbst eingeführt, andere hat sie durch Übernahme vor dem Vergessen bewahrt – und die Marken vor dem Aussterben. Zu letzteren gehört der J. W. Dant, dessen Initialen für Joseph Washington stehen. Er begann 1836 mit einer kleinen Brennerei in Marion County. Sein Sohn Joseph Bernard gründete die Cold Spring Distillery und den → *Yellowstone*. Sein zweiter Sohn George blieb beim Vater und wurde Präsident der nach ihm benannten Firma. Während der → Prohibition wurden auch ihre Vorräte bei → Stitzel-Weller eingelagert und als »medicinal alcohol« verkauft. Nach den trockenen Jahren gehörte die Marke → Schenley und kam so 1987 zu → UD, die sie an Heaven Hill verkauften. Dem Vernehmen nach gab es, zumindest vor dem großen Brand 1996, noch alte Fässer, aber auch wenn sie vernichtet oder aufgebraucht sind, soll es den Bourbon weiter geben. Er wird gegenwärtig mit 100°/50 % und ohne Altersangabe verkauft.

J. W. Gottlieb Amerikanischer Straight Rye Whiskey, der von der Commonwealth Distillery Co. in Lawrenceburg 1997 abgefüllt wurde. Hinter ihr verbirgt sich niemand anders als das Unternehmen J. P. → Van Winkle and Son. Der *Privat Stock* war eigentlich exklusiv für Jonathan W. Gottlieb gedacht, ist aber durchaus auch für Normalsterbliche erhältlich. Er hat 95.6°/47.8 % und ist 13 Jahre alt.

K

Kakubin Japanischer Standard-Blend von → Suntory, der schon seit 1937 auf dem Markt ist, allerdings seit 1989 in einer neuen Version mit deutlich mehr Malzanteilen, die seine Beliebtheit eher noch gesteigert hat. Er ist mit weitem Abstand die Nr. 1 in seinem Heimatland. Sein Name bedeutet »Eckige Flasche«.

Kanada Das Riesenland auf dem nordamerikanischen Kontinent ist eine der vier großen Whiskyregionen der Welt, mit einem eigenständigen Whiskytyp. Die Natur schenkt alles, was zur Whiskyherstellung notwendig ist: reichlich Getreide und gutes Wasser. Die erste in Kanada hergestellte Spirituose war freilich Gin oder Genever, mitgebracht von Einwanderern aus Frankreich oder Holland (→ Melcher). Sie ließen sich vor allem in Quebec nieder, während die Engländer Upper Canada, wie Ontario damals genannt wurde, bevorzugten. Dort beginnt die Whiskygeschichte Kanadas – mit Müllern, die das Getreide, das sie nicht brauchten, zu Whisky verarbeiteten. Bis auf die Molsons, die Brauer waren und blieben, begannen um die Mitte des letzten Jahrhunderts alle bedeutenden Whiskypioniere mit diesem Doppelberuf: → Gooderham und Worts ebenso wie J.P. → Wiser, Joseph Emm → Seagram; Henry → Corby und Hiram → Walker. Ihre Brennereien waren bald blühende Unternehmen und bildeten sogar, wie Corbyville und → Walkerville, richtige Gemeinden.

Doch die Pioniere stießen auch auf Schwierigkeiten. Immer wieder wurde per Gesetz der Verkauf von Alkohol verboten und auch Kanada hatte, wie alle puritanisch geprägten Länder, seine Temperenzbewegung. Die gleichen Leute, die nichts dagegen hatten, die indianischen Ureinwohner mit Feuerwasser zu vergiften und zu vernichten, verboten jenen den Whisky, die ihn nur genießen wollten. Auch Kanada kannte die → Prohibition – und ihre Folgen sind noch immer nicht überall beseitigt. Mancherorts geschieht der Verkauf bis heute unter staatlicher Regie, jede Provinz hat eigene Alkoholgesetze und die Steuern sind extrem hoch. Paradoxerweise war es dann die Prohibition im Nachbarland USA, die den kanadischen Whisky erblühen ließ. Die kanadischen Produzenten waren nur zu begierig, in die Lücken zu stoßen, die das Verbot im Süden hinterlassen hatte. Sie produzierten zwar, überließen den Vertrieb aber Schmugglern und Gangstern – und sahen mit Wohlgefallen, daß ihr guter und auch reiner Stoff immer beliebter wurde. Tatsächlich wurde der Grundstein für die heutige Popularität des Canadian in den USA (wo immer noch mehr von ihm als vom landeseigenen Whiskey getrunken wird) damals gelegt.

In jenen Jahren begann der von Persönlichkeiten wie Samuel → Bronfman und Harry → Hatch getragene Aufstieg Kanadas zu einem der größten Whiskyproduzenten der Welt – und der ihrer Firmen Hiram Walker und Seagram zu Weltkonzernen. Von ihnen ist allerdings nur noch letztere in kanadischer Hand, Walker ist eine Tochter von → Allied und beide konkurrieren mit → UD und → IDV (die seit 1997 fusioniert sind und 1999 bis auf eine Marke ihr kanadisches Geschäft an Canandaigua verkauften) und → Jim Beam, die auch alle in Kanada tätig sind. Der Konzentrationsprozeß auf dem Spirituosenmarkt hat auch in Kanada tiefe Spuren hinterlassen. Von über 200 Brennereien, die es um 1840 gab, haben zwar viele schon die nächsten zwanzig Jahre nicht überstanden, aber heute sind nur noch zehn übriggeblieben: die winzigen → Highwood und → Kittling Ridge, die nur noch sporadisch brennende → Cascadia von → Potter und → Glenora, die nicht nur die jüngste, sondern als → Maltbrennerei für Kanada etwas ganz Neues ist. Die anderen, → Alberta, → Canadian Mist, → Gimli, → Palliser, → Valleyfield und Walkerville, gehören Großkonzernen, und Walkerville ist die einzige, die aus den Gründerjahren noch übrig ist.

Karuizawa Japanische Malt-Destillerie, die ihren Namen von dem populären Kurort hat, der in der Nähe des Berges → Asama liegt – auf dem Weg von Tokio zum durch die Olympiade 1998 weltbekannt gewordenen Ort Nagano, den die Japaner für eine heilige Stadt halten. Die winzige Brennerei, in der eine kleine Ausstellung auch Besuchern offen ist, wurde erst in den sechziger Jahren gebaut – von einer Firma, die sich nach der erfolgreichen Sake-Marke → »Sanraku« benannte, mit der sie 1937 begonnen hatte, und die für ihre Whiskies den Zusatz → *Ocean* wählte (obwohl dieser weit von der Brennerei entfernt ist). Karuizawa ist sehr klein; alle

Teile der Produktion, vom Maischen über die Gärung bis zum Destillieren in den vier → *pot stills* finden in einem einzigen Gebäude statt. Das Wasser kommt vom Asama, das Malz wird aus Schottland importiert, ebenso wie ein Teil der Fässer. Alle Destillate werden zuerst in neue angekohlte Eichenfässer gefüllt, dann aber umgefüllt in Fässer, in denen vorher Sherry war oder die mit Wein behandelt sind – nicht erstaunlich bei einer Firma, die auch im Weinbau und -handel sehr erfolgreich ist. Ihre Weine werden in Japan unter dem Namen → Mercian verkauft und sind so angesehen, daß die Firma sich Mitte der neunziger Jahre entschloß, der Brennerei diesen Namen zu geben. Ein Malt, der allerdings nicht als Single, sondern etwas mehrdeutig als 100 % Malt bezeichnet wird, wird bereits unter dem neuen Namen verkauft. Etwas mehrdeutig, so wie es die Japaner lieben, wird auch der *Karuizawa* in der Karaffe auf seinem um seinen Hals hängenden Porzellanlabel nicht Single genannt, sondern »Fine Aged Straight Malt Whisky«. Was das bedeutet, wissen nur seine Erzeuger, die aber immerhin etwas eindeutiger werden, wenn sie sich als Hersteller und dazu noch die Karuizawa Distillery als Herkunftsort angeben.

Kasauli Indische Malt-Destillerie, deren Anfänge auf das Jahr 1855 zurückgehen. Sie begann ihre Geschichte, wie viele andere auch, als Brauerei, die der Schotte Edward Dyer als erste → Indiens gründete, um die große (und durstige) Armee der britischen Kolonionalherren mit frischem Bier zu versorgen. Die Brennerei benutzt noch heute altehrwürdige Geräte wie z.B. einen gußeisernen Gärbottich aus der Gründerzeit. Dyer hatte sich als Standort einen Platz hoch im Himalaya ausgesucht, den man von Chandigarh, der Hauptstadt des Punjab, nur erreicht, wenn man Haryana durchquert (man sollte vorsorgen, Haryana ist der dritte Bundesstaat Indiens, der ein totales Alkoholverbot erlassen hat). In Kasauli sieht es noch so aus, wie man es von Abbildungen von schottischen Brennereien aus dem letzten Jahrhundert kennt, selbst die Mälzerei hat Schornsteine und noch keine Pagoden. Der Komplex liegt auf einem Hügel.

Mit der Whiskyproduktion wurde erst nach dem 1. Weltkrieg begonnen. Es gibt keine Unterlagen über die damaligen Besitzverhältnisse, aber immerhin weiß man, daß Dyer sich irgendwann mit einem Iren namens Meakin, dem er bereits seine → Solan Brewerey verkauft hatte, zur Firma Dyer, Meakin & Co. zusammenschloß. Sie wurde 1949 von N. N. Mohan gekauft, der sie → Mohan Meakin nannte und zu einem mächtigen Unternehmen machte mit mehreren Destillerien und elf Brauereien. In Kasauli wurde alles beim alten belassen, es gibt noch die alten → *floor maltings*, in denen nur Kohle und kein Torf verwendet wird. Die vier → *pot stills* werden allerdings mit Dampf, nicht mehr mit Kohle beheizt. Seit 1955 gibt es auch zwei kleine → *patent stills*, die ganz aus Kupfer sind, die aber keinen Grain, sondern auch nur Malt produzieren. Er wird freilich nicht in Fässern, sondern in Tanks gelagert. Seine Reifezeit beträgt nur einige Wochen. Der Malt aus den *pot stills* kommt ins Holz. Der Malt aus Kasauli ist sehr begehrt, die Produktion kann mit der Nachfrage auch wegen der Kleinheit der Gärbottiche nicht mithalten. Seltsamerweise bietet Mohan Meakin ihn zwar als »Pure Malt Whisky« aus der Kasauli Distillery an, auf dem Label steht aber auch *Solan No. 1* und das ist sein offizeller Name.

Keepers of the Quaich Die »Träger des Quaich« sind eine Vereinigung, die am 16. Oktober 1988 mit der Absicht ins Leben gerufen wurde, Bedeutung und Prestige des schottischen Whisky im eigenen Land und in der ganzen Welt zu würdigen und zu steigern. Vier große schottische Whiskyfirmen waren die Gründer, aber nahezu alle anderen schlossen sich an. Mitglieder können nur die werden, die sich mindestens fünf Jahre lang um das schottische Nationalgetränk und um Schottland überhaupt verdient gemacht haben. Die Mitgliedschaft kann aber nicht auf Antrag, sondern nur auf Einladung und durch Unterstützung von »Paten« erworben werden. Die meisten Mitglieder sind bedeutende Persönlichkeiten der Industrie und der Politik, aber auch »whisky writer«, Connaisseure oder große Sammler. Sie alle eint tatsächlich ihre Leidenschaft für Schottland und Whisky. Weltweit gibt es immer noch nicht mehr als etwa 1000 und sie kommen tatsächlich aus fast allen Ländern der Welt. Sie tragen ihren eigenen Tartan in den Farben Blau (für Wasser), Braun (für Erde) und Goldgelb (für Gerste und Whisky), sie haben ein eigenes, von der Königin genehmigtes Wappen und den Wahlspruch »uisgebeatha gu brath« (Whisky forever). Zweimal jährlich, zu Beginn des Frühlings und des Herbstes, trifft man sich, willkommen geheißen von der Privatarmee des Duke of Atholl, in den wunderschönen Räumen von Blair Castle zu einem feierlichen Bankett. Es werden neue Mitglieder »induziert« und zu einem hervorragenden Dinner, zu dem natürlich auch Haggis gehört, werden exquisite Whiskies serviert. In der Welt des Whisky gibt es es keine größere Ehre, als Mitglied dieser exklusiven Vereinigung zu werden.

Keimung Die Herstellung von Bier wie von Malt Whisky beruht darauf, daß die in der Gerste enthaltene Stärke zunächst in Zucker verwandelt wird. Er kann dann durch Zusatz von → Hefe zur → Gärung gebracht werden, wobei er, grob gesagt, in Kohlendioxyd und Alkohol gespalten wird. Es entsteht eine alkoholhaltige Flüssigkeit, die dann mehrmals destilliert wird, um den Alkoholgehalt zu erhöhen. Der erste Arbeitsschritt besteht immer darin, die Gerste in Wasser einzuweichen (→ *steeping*). Dadurch beginnt das Gerstenkorn zu keimen und die in ihm enthaltene Stärke wird freigesetzt. Nach einer gewissen Zeit muß die Keimung gestoppt werden. Wann er gekommen ist, ist Erfahrungssache: Man sagt, er sei erreicht, sobald das → grüne Malz so weich geworden ist, daß man mit ihm seinen Namen an die Wand schreiben kann. Auf Englisch heißt der Vorgang *germination*.

Kelly's Irischer Whiskey von der schottischen Firma → Invergordon, die wie etwa beim → *Dunville's* und → *Erin's Isle* die Grundwhiskies für ihn von → Cooley bezieht, ihn selbst blendet und mit dem 40 %igen Blend vor allem die holländische Supermarktkette Makro beliefert.

Kelt Schottischer Vatted Malt von Kelt Whisky, die mit der als Abfüller genannten Firma → Invergordon Distillers die Adresse in Edinburgh-Leith teilt. Er hat als zweiten Namen auf dem Label »Tour du Monde«, was wiederum zeigt, für welchen Markt er gemacht wird – und wie er gemacht wird. Bevor er in die Flaschen kommt, werden die Fässer an Bord eines Schiffes gebracht und auf eine Weltreise mitgenommen, deren Stationen auf der Flasche ebenso genau verzeichnet sind wie die Dauer der Fahrt (4. 7. 95–12. 9. 95) und die Reederei (Evergreen). Auf diese Weise wird er dann »mellowed by the wages of the ocean«, dabei einem alten Brauch folgend, der noch aus den Zeiten stammt, als man Getränke nicht in Flaschen, sondern eben in Fässern verschickte, z. B. in die Kolonien, und dabei entdeckte, daß manchen von ihnen die Reise gut bekam und zur Reifung beitrug. Bei manchen Sherries (»East India« von Lustau) und beim »Linje Akvavit« hält man bis heute daran fest.

Ken Lough Irischer Whiskey von Cooley, der mit dem → *Dunlow* identisch ist.

Kenloch Single Malt Scotch Whisky – aus Kanada, wie das Etikett ausweist. Der Widerspruch klärt sich auf, wenn man es genauer liest. Er ist von → Glenora Distillers nur »bottled«, aber nicht »distilled«. Dem Vernehmen nach enthält die Flasche → Bowmore, denn es waren die Fachleute von Islay, die halfen, etwas nie Dagewesenes in ihrem Land zu etablieren: eine Malt-Brennerei in klassischem schottischen Stil – in einer Region, die dafür schon vom Namen her prädestiniert war, nämlich in Nova Scotia. Die Flasche, zweisprachig beschriftet, enthält 40 %igen Malt in den großzügigen 750ml, die früher auch in Europa üblich waren. Mit dem Whisky aus Bowmore hoffen die kanadischen Neulinge ihren Namen bekannt zu machen und etwas Geld in die Kasse zu bekommen, ehe sie es mit ihrem eigenem Whisky verdienen können.

Kenmore Schottischer Blend, der von → Burn Stewart für die britische Supermarktkette → Marks & Spencer produziert wird.

Kentucky Amerikanischer Bundesstaat. Die Geschichte des amerikanischen Whiskey begann nicht mit ihm, aber spätestens seit der Mitte des letzten Jahrhunderts eroberte er die Bedeutung, die ihm heute zukommt: Bis auf wenige Ausnahmen sind alle Destillerien in seinen Grenzen zu finden. Für diese herausragende Stellung gibt es eine ganze Reihe von Gründen. Sie haben mit den natürlichen Vorzügen des Landes zu tun, das die Siedler vorfanden, die auf den Spuren von Daniel Boone durch das Cumberland Gap die Appalachian Mountains überquerten, um sich im Bluegrass Country niederzulassen. Hinter sich gelassen hatten sie ihre europäische Heimat, die sie aus verschiedenen Gründen verlassen mußten, hinter sich gelassen hatten sie auch Pennsylvanien und Maryland. Viele von ihnen kannten die Kunst des Destillierens, viele hatten auch die dafür notwendigen Geräte in ihrem Gepäck, viele suchten ein neues Leben als Farmer. Das Destillieren war für sie ein selbstverständlicher Teil davon.

In dem Gebiet, das später zum heutigen Kentucky werden sollte, fanden sie gutes Wasser, das seine besondere Qualität dem *limestone*, der Kentucky durchziehenden Kalksteinschicht, verdankt. Sie fanden Boden, auf dem man Getreide anbauen konnte. Als besonders ergiebig erwies sich Mais, den sie *Corn* nannten. Und sie fanden große Flüsse, die ideale Transportwege waren und den Handel erleichterten. Man darf das, was sie daraus machten, nicht mit dem Getränk verwechseln, das wir heute als Bourbon kennen, vor allem deshalb nicht, weil sie ihre Destillate frisch, ohne jede Faßreifung, verkauften, ähnlich dem illegal gemachten → *moonshine*. Den gibt es auch in den USA, seit die Regierung unter George Washington 1791 eine Steuer auf Whiskey einführte, was zur Whiskey-Rebellion führte, die erst einige Jahre später mit militärischer Gewalt niedergeschlagen werden konnte.

Ob das, was wir heute als Bourbon kennen, wirklich in diesem nach der französischen Königsfamilie benannten Landkreis Kentuckys zuerst hergestellt wurde, ist historisch durchaus umstritten. Sicher dagegen ist, daß im modernen County Bourbon, das nordöstlich von Lexington und westlich von Frankfort liegt, überhaupt keine Destillerie zu finden ist. »Bourbon« ist denn auch keine Herkunftsbezeichnung. Jeder in den USA hergestellte Whiskey darf sich so nennen, solange er nach dem 1964 erlassenen Gesetz aus einer Maische, die zu mindestens 51 % aus Corn besteht, hergestellt ist, mit nicht mehr als 180°/80 % aus der *still* kommt und mindestens zwei Jahre in ungebrauchten, innen ausgekohlten Fässern aus amerikanischer Eiche gereift ist. Auch die beiden aus Tennessee kommenden Whiskies, der *Jack Daniel's* und der *George Dickel* dürften sich Bourbon nennen, würden sie es nicht vorziehen, sich unter dem Namen ihres Bundesstaates zu vermarkten (sie wenden allerdings auch den *Lincoln County Process* an, d. h. sie filtern ihren Whisk(e)y auch über Holzkohle). Dennoch ist durch die Bezeichnung »Kentucky Bourbon« auch die Herkunft klar definiert.

Im Staat Kentucky sind heute folgende Brennereien zu finden: Ancient Age, Barton, Bernheim, Early Times, Four Roses, Heaven Hill, Jim Beam, Labrot & Graham, Maker's Mark und Wild Turkey. Aus dieser Handvoll Brennereien, zu denen bald vielleicht auch noch Willett gehören wird, kommen heute all die vielen hundert verschiedenen Bourbonmarken.

Kentucky Bourbon Distillers Amerikanische Whiskeyfirma mit Sitz in Bardstown, die eine so große Reihe von Marken, und von ihnen oft ganze Serien wie → ›Outlaws‹ oder → ›Jazz Club‹, führt, daß man kaum den Überblick behalten kann. Sie zeichnen sich dadurch aus, daß als Hersteller Namen genannt sind, die schlicht und einfach der Phantasie entsprungen sind und sich nur höchst selten wirklich einer Brennerei zuordnen lassen. Dabei hat die Firma tatsächlich Beziehungen zu einer Destillerie, weil an ihr auch die Familie

→ Willett beteiligt ist, denen die gleichnamige Distillery nahe Bardstown gehört. Die Willetts arbeiten zwar an einer Wiedereröffnung, aber einstweilen dürften die meisten Whiskies von der gleich um die Ecke liegenden → Heaven Hill Distillery bezogen werden. Einer der vier von ihr selbst als → »*Small batch* – Boutique Bourbons« bezeichneten Marken entstammt aber tatsächlich noch alten Beständen von Willett: der → *Noah's Mill* mit seinen 15 Jahren. Und auch der → *Johnny Drum*, ebenso alt, kommt noch aus der alten Anlage, seine jüngeren Versionen dagegen wohl kaum. Die anderen *small batch*-Abfüllungen heißen → *Kentucky Vintage*, → *Pure Kentucky* und → *Rowan's Creek*. Kentucky Straights sind der → *Bourbontown Club*, der → *Kentucky Crown*, der → *Lone Oak*, der → *Old Bardstown*, → *Old Distiller* und → *Red & Gold*. Rare Bourbon Whiskeys (also nicht Kentucky Straights) sind die → *Very Old St. Nick*-Versionen. Außerdem gehört der Blended → *John Finch* zum Portfolio.

Kentucky Crown Straight Bourbon, bei dem die Stärke nicht in Proof angegeben und auch das Wort »Kentucky« weggelassen ist. Er gibt ihn in zwei Altersstufen: einmal mit 8 Jahren und 47.5 %, während der ältere 16 Jahre alt ist, sich »very rare« nennt und 63.5 % hat. Die Herkunft ist nicht klar, das Label spricht von »distilled and aged in Kentucky« und nennt als Abfüller die Kentucky Crown Distillery in → Bardstown, was zumindest die Vermutung zuläßt, daß die verwendeten Whiskies in → Heaven Hill gemacht werden. Die Marke gehört jedenfalls den → Kentucky Bourbon Distillers, die ebenfalls in Bardstown zu Hause sind.

Kentucky Dale Kentucky Straight Bourbon von der → Sazerac Company in New Orleans, der in ihrer → Ancient Age Distillery in → Leestown hergestellt wird.

Kentucky Dry Amerikanischer Blended von einer Firma, die keine Brennerei nennt und sich als Abfüller mit dem Namen Kentucky Custom Distillery angibt. Da die Marke aus → Bardstown kommt, könnte dahinter entweder → Kentucky Bourbon Distillers oder die → Heaven Hill Distillery stehen.

Kentucky's Friend Kentucky Straight Bourbon von einem unbekannten Hersteller, der zum Verkauf in Frankreich von den Distilleries Ryssen in Hesdin importiert wird. Die wiederum kennt man, weil dort die → Wine Society ein Auslieferungslager unterhält, bei dem man, die kräftigen Unterschiede zwischen britischen und französischen Alkoholsteuern nutzend, sehr viel billiger Wein (und auch die Society-Whiskies) kaufen kann als auf der Insel.

Kentucky Gentleman Kentucky Straight Bourbon, der in den vierziger Jahren von dem Schöpfer der heutigen → Barton Distillery in → Bardstown kreiert wurde. Das Label zeigt einen korrekt gekleideten Gentleman, aber man weiß nicht, wer es ist (das scheint eine Spezialität der Firma zu sein, denn auch beim → *Barclay's*, beim → *Clementine's* und selbst beim → *Colonel Lee* weiß man es nicht – kein Wunder bei einer Brennerei mit einem Namen, den auch niemand erklären kann). Es gibt drei Versionen, einen Standard mit 80°/40 % und einen → *Bottled in Bond* mit 100°/50 %, beide ohne Altersangabe. Der 6jährige hat 86°/43 %. Es gibt auch einen Blended, ebenfalls mit 80°/40 %.

Kentucky Gold Kentucky Straight Bourbon, den die in der Robertstown Lane in Liversedge, West Yorkshire, ansässige Firma T. W. Turnbulls Sour Mash Company, eine Tochter von Halewood Vintners, aus einer nicht genannten amerikanischen Destillerie bezieht. Der Whiskey mit 40 % wird nur in Großbritannien verkauft.

Kentucky Legend Kentucky Straight Bourbon von → Austin, Nichols Distilling Company, die ihn als einen der beiden → *single barrel*-Versionen ihres Klassikers → *Wild Turkey* herausgebracht hat. Er ist 8 Jahre alt, hat mit 101°/50.5 % die Stärke, von der nicht nur Master Distiller Jimmy Russell glaubt, daß sie für die Whiskeys, die er in der → Boulevard Distillery in Lawrenceburg herstellt, ideal ist. Er persönlich wählt die Fässer aus, die Flaschen sind numeriert und tragen manchmal die Aufschrift »Beyond Duplications«.

Kentucky Pride Kentucky Straight Bourbon mit 90°/45 % von einer gleichnamigen Distilling Company, die als Firmensitz → Bardstown angibt – ein deutlicher Hinweis darauf, daß es sich bei diesem → *small batch*-Bourbon um eines der vielen Produkte der → Kentucky Bourbon Distillers handelt.

Kentucky Spirit Kentucky Straight Bourbon von Austin Nichols, die sich bei dieser → *single barrel*-Version des → *Wild Turkey* zur Abwechslung einmal ohne Komma zwischen den beiden Namen schreiben. Er kommt daher wie eine sehr teure Cognac-Flasche und zeigt durch ein Bild auf dem Verschluß, aus welchem Haus er stammt. Die Fässer, aus denen er abgefüllt wird, werden von Jimmy Russel, dem legendären Master Distiller in der → Boulevard Distillery in Lawrenceburg, höchstpersönlich einzeln ausgesucht. Wahrscheinlich sorgte er auch für die Stärke, von der er glaubt, daß sie seinem Whiskey zur besten Form verhilft: 101°/50,5 %.

Kentucky Tavern Bourbon, den es lange nur als Blended gab und der von → Glenmore produziert wurde. Als diese Firma samt ihrer Brennerei 1991 von → UD gekauft wurden, entschloß man sich, einen Kentucky Straight herauszubringen, der bei → Bernheim in Louisville produziert, aber in den alten Glenmore → *warehouses* in Owensboro gelagert wurde. Dieser Whiskey wird heute verkauft, aber es ist fraglich, ob das noch lange so bleibt, denn UD/Glenmore haben sich 1995 von der Marke getrennt und sie an → Barton verkauft, die sich gerne zugeknöpft geben und Auskünfte über die von ihnen verwendeten → *mash bills* ebenso verweigern wie Auskünfte darüber, ob bei ihnen auch zugekaufte Whiskies verwendet werden. Es gibt zwei Versionen: mit 80°/40 % und → *Bottled in Bond* mit 100°/50 %, beide ohne Altersangabe.

Kentucky Vintage Kentucky Straight Bourbon, der als Hersteller die Kentucky Vintage Distillery nennt, die es natürlich nie gegeben hat. Die Marke gehört → Kentucky Bourbon Distillers in Bardstown, die eine ganze Reihe von Bourbons abfüllen, für die sie gern Phantasienamen benutzen. Vier von ihnen sind → *small batch*-Whiskeys. Auf dem Label steht eine jener beliebten langen Geschichten, die immer gut erfunden sind, romantisch klingen und lange Tradition atmen sollen. Er wird ohne Altersangabe bei 90°/45 % abgefüllt und kommt in einem hellen Leinensack. Ein → *vintage* von 1976 dagegen ist in einen vornehmen schwarzen Samtbeutel gehüllt.

Kessler Amerikanischer Blended, der in den USA ein großer Erfolg zu sein scheint und dort mit 80°/40 % für gerade 8 US$ verkauft wird. Die Marke ist älter, kommt aber heute von → American Brands bzw. deren Tochter → JBB.

Khoday Indische Firma, die in Bangalore eine Malt-Destillerie besitzt. Vor allem zwei Marken von ihr sind bekannt: der → *Red Knight* und der diesem weit überlegene → *Peter Scot*, der einer der besten und erfolgreichsten Whiskies des Landes ist.

Kilbeggan Irische Destillerie im County Westmeath westlich von Dublin. Sie streitet sich mit → Bushmills um die Ehre, die älteste in ihrem Land zu sein. Tatsächlich hat Kilbeggan erst 1757 zu arbeiten begonnen, damals nach dem Fluß, an dem sie liegt, → Brusna genannt. Bushmills dagegen kann darauf verweisen, daß der englische König schon 1608 eine Lizenz für die Errichtung einer Brennerei an dem Ort gewährte, wo heute die »Old Bushmills Distillery« steht – die indesssen erst 1891 eröffnet wurde und damals ihr Gründungsdatum mit 1784 angab! Unzweifelhaft ist, daß Kilbeggan länger ununterbrochen existiert. Sie wurde in der Mitte des 19. Jahrhunderts von J. → Locke übernommen und blieb im Besitz seiner Familie bis nach dem 2. Weltkrieg, konnte dann aber nicht mehr gehalten werden. Sie fiel zuerst den kriminellen Machenschaften eines Syndikats zum Opfer, das ihren Whiskeybestand auf dem Schwarzmarkt verkaufen wollte. Dann gehörte sie einem Deutschen, der ebenfalls nur an ihren Fässern interessiert war und einen → *Old Galleon* verkaufte.

1953 wurde die Produktion endgültig eingestellt, die Brennerei verkam und wurde als Schweinestall benutzt. Von ihrem endgültigen Niedergang wurde sie durch die Einwohner des Dorfes Kilbeggan (»Kleine Kirche«) befreit, die ein schmuckes Museum aus ihr machten. Danach ging es wieder aufwärts: John J. → Teeling erwarb sie, um ihre Lagerhäuser zum Reifen des Whiskey zu benutzen, den er mit seiner 1987 gegründeten Firma → Cooley Distillery seit 1989 in → Riverstown produzierte. Auch eine Küferei betreibt er dort. Das Museum existiert immer noch – und glänzt heute mit den → *stills* aus → Tullamore, die vielleicht sogar wieder zum Brennen verwendet werden. Teeling hat sowohl dem Namen → Locke wie auch dem der Brennerei dadurch ein Denkmal gesetzt, daß er einige seiner zahlreichen Whiskeys nach ihnen benannte. Der *Kilbeggan* ist ein Blend mit 40 %, der sich sehr erfolgreich verkauft und in Deutschland mittlerweile die Nr. 2 unter den Irish ist. Er ist das Flaggschiff der Firma, kreiert von dem schottischen Masterblender Jimmy Lang (→ Chivas), der ganz auf hauseigene Ausgangsprodukte angewiesen war. Der Whiskey hat sich im Lauf der Jahre etwas verändert, weil jetzt mehr Möglichkeiten genutzt werden können und z. B. zwei verschiedene Malts zur Verfügung stehen.

Killyloch Schottische Malt-Destillerie. Sie lag innerhalb des Moffat-Komplexes von → Inver House in der Nähe von Airdie und gehörte somit zu den → Lowlands. Die Brennerei bestand eigentlich nur aus einer eigenen → *still*, alles andere teilte sie sich mit ihrer im gleichen Komplex betriebenen Schwester → Glenflagler/Glen Flagler. Auch das Wasser – und das führte zu einer der kuriosesten Geschichten der schottischen Whiskyindustrie. Das Wasser kam aus dem See Lillyloch. Als die ersten Fässer beschriftet werden sollten, stellte sich heraus, daß der erste Buchstabe der Schablone fälschlicherweise ein »K« war. Weil der Whisky zunächst nicht als Single Malt verkauft, sondern nur in die Blends gehen sollte, ließ man es bei Killyloch. Der Name kam aber dann doch auf Whiskyflaschen, weil Inver House in den achtziger Jahren einen Killyloch Vatted Malt verkaufte. Als Brennerei existierte Killyloch noch kürzer als Glen Flagler und wurde schon in den siebziger Jahren wieder abgebaut. Was niemand erwartet hätte, ereignete sich 1994: Andrew und Brian Symington von → Signatory konnten ein 1972 destilliertes Faß ergattern und es als → unabhängige Abfüllung in → *cask strength* mit 52.6 % und in naturgemäß sehr kleiner Auflage abfüllen.

Kiln Die Bezeichnung steht für beides, den Ofen, in dem das → grüne Malz nach dem → Keimen getrocknet wird, und die Gebäude, in denen sich dieser Ofen befindet. Sie sind von → Pagoden gekrönt, die so etwas wie das Wahrzeichen Schottlands geworden sind. Schon von weither signalisieren sie, daß man sich einer Brennerei nähert, und auch auf Wegweisern werden sie gerne verwendet. Allerdings haben die Pagoden heute ihre Funktion weitgehend eingebüßt. In Schottland und Irland hatte früher jede Destillerie ihre eigene *kiln*. Jetzt sind es nur noch wenige, während die anderen ihr fertiges Malz aus großen industriellen → *maltings* beziehen.

Das Wort selbst kommt vom englischen »cylene«, das vom lateinischen »culina« abstammt und Feuerstelle bedeutet. Nachdem die durch Wasser zum Keimen gebrachte Gerste genügend Stärke freigesetzt hat, muß sie getrocknet werden, ohne dabei die Enzyme zu zerstören, die die Stärke in Zucker verwandeln sollen. Dazu wird die feuchte Gerste auf perforierten Böden ausgebreitet, unter denen ein Feuer entfacht wird. Früher wurde dazu wohl ausschließlich der heimische Brennstoff → Torf verwendet, heute nimmt man Kohle, Koks, Anthrazit oder Öl. In den modernen großen Mälzereien wie in → Port Ellen findet die Keimung und die Trocknung in den gleichen großen Trommeln statt.

Torf spielt freilich immer noch eine gewichtige Rolle: Er sorgt dafür, daß der Whisky eine rauchig-torfige Note bekommt. In Irland war sie in neuerer

Zeit verpönt, ehe → Cooley mit dem → *Connemara* wieder einen getorften Malt brachte. In Schottland dagegen hat jede Brennerei ihr spezielles Rezept und auch, wenn sie Malz von außerhalb bezieht, wird genau vorgeschrieben, wie viele Torf-Anteile in der *kiln* verwendet werden. Die Spannbreite reicht dabei vom → Glengoyne, der vollkommen rauchfrei bleibt, bis zu den schweren → Islay-Malts wie → Lagavulin, → Laphroaig und → Ardbeg, der als der am heftigsten getorfte Whisky überhaupt gilt.

Zu den Destillerien, die zumindest noch teilweise selbsterzeugtes Malz einsetzen, gehören → Balvenie, → Bowmore, → Glendronach, → Highland Park und → Laphroaig; auch in → Ardbeg soll bald wieder gemälzt werden. Obwohl die *kilns* in den anderen Brennereien nicht mehr gebraucht werden, hat man sie nicht abgerissen, sondern meist umfunktioniert, oft zum Visitor Centre. Tatsächlich würde die schottische Landschaft verlieren, böte sie nicht mehr den Anblick der hübschen, ästhetischen und ansehnlichen Pagoden. Das wußten auch die Erbauer ganz neuer Brennereien wie → Breaval, die ihre hochfunktionellen Anlagen dennoch mit Pagoden krönen ließen.

Es gibt sie übrigens erst seit 1889. Vorher saßen auf den Dächern der *kilns* konische Rauchabzüge (wie man sie heute noch in Kent sehen kann). Es war der in → Elgin ansässige Architekt Charles Chree Doig, der beim Umbau von → Dailuaine die Idee hatte, dem Schornstein die Form einer Pagode zu geben. Sie wurde wenige Jahrzehnte später bei einem Feuer zerstört, hat aber Schule gemacht. Meist waren es Doig oder seine Söhne selbst, die die heutigen Wahrzeichen entwarfen und bauten.

Kiln, De Vor allem dem Malt Whisky gewidmetes Magazin, das von dem holländischen Club → Usquebaugh Society herausgegeben wird und Informationen über neue Abfüllungen, Destillerieporträts, Reisen nach Schottland usw. enthält. Es ist nur für Clubmitglieder erhältlich.

Kincaple Schottische Brennerei am Rande von St. Andrews in Fife, die es zwar seit langem nicht mehr gibt, an die sich aber jeder erinnert, weil sie von zwei Männern betrieben wurde, die schottische Whiskygeschichte geschrieben haben: Robert → Stein und John → Haig. Ausgerechnet diesen traditionsreichen Namen hat → Invergordon für einen Single Malt gewählt, mit dem ein 10jähriger → Lowland in ihrer im Herbst 1997 lancierten Serie »The → Malts of Scotland« vertreten ist. Die Namenswahl verrät weniger Respekt als vielmehr rücksichtslose Ausbeutung von schottischer Geschichte – und ist ein Bruch mit der Regel, daß → Eigentümer-Abfüllungen von Single Malts den Namen der Brennerei tragen sollten, aus denen sie kommen.

Kinclaith Schottische Malt-Destillerie, der nur ein kurzes Leben beschieden war. Ihr Name, ausgesprochen »kincläiß«, bedeutet Kopf des (River) Clyde. Sie gehörte, mitten in Glasgow gelegen, zur → Whiskyregion der → Lowlands und wurde 1957 von den Bierbrauern Seager Evans gebaut. Sie waren damals im Besitz der amerikanischen Firma → Schenley, denen sie als Morgengabe nicht nur → Long John International mitbrachten, sondern auch ihre große Grain-Brennerei → Strathclyde in Glasgow, mit deren Erweiterung sie 1954 begonnen hatten. Mit dem amerikanischen Kapital investierten sie groß ins Malt-Geschäft und bauten in der → Speyside → Tormore Distillery und – schon vorher – auf dem Gelände von Strathclyde Kinclaith mit zwei → *stills*. Das Wasser kam aus den → Highlands, von Loch Katrine in den Trossachs, einem der großen Wasserreservoirs Glasgows. Schon 1975 schloß sie wieder die Tore, als sich die Amerikaner aus Schottland zurückzogen und der britische Braukonzern Whitbread das Kommando übernahm; einer Erweiterung der Grain-Brennerei mußte die Malt Destille weichen. Während Strathclyde heute → Allied Distillers gehört und weiter produziert, ist von Kinclaith nichts mehr zu sehen. Das gleiche muß man leider von ihrem Malt sagen. Er war nie als → Eigentümer-Abfüllung zu bekommen, aber es gab eine Abfüllung von → Cadenhead. → Gordon & MacPhail hatte ihn regelmäßig in der → »Connoisseurs Choice«-Reihe. Der letzte angebotene Jahrgang war, nach 1966 und 1967, ein 1968er. Er ist nicht mehr lieferbar und ein Nachfolgejahrgang ist nicht in Sicht.

King Arthur Schottischer Blend, der von der Firma → Bulloch Lade & Co. eingeführt wurde, die später ihre Unabhängigkeit an die → DCL verlor und dann zum Imperium von → UD gehörte.

King Barley Tschechischer Whisky, der ein Fall für Whiskyphilologen ist, weil er mal als Malt, mal als Blend daherkommt und sich, mit der gleichen Abbildung eines ährengeschmückten Königs auf dem Etikett, eine Zeitlang auch *King Barleycorn* nannte. Als solcher war er als Malt Whisky mit 43 % gekennzeichnet, wird aber laut Josef Kvapil, dem Leiter der Brennereien → Testice und → Dolany, nicht mehr abgefüllt. Er war über 6 Jahre alt – ein Alter, das jetzt dem Blend *King Barley* vorbehalten ist, den es in mehreren Flaschengrößen (bis 4.5 Liter) gibt. Da offensichtlich noch einige alte Fässer vorhanden sind und eine starke Nachfrage nach Whiskies aus »exotischen« Ländern besteht, konnte der deutsche Importeur Jack Wievers aus Berlin die Manager der Firma → Seliko überreden, für ihn einige Flaschen abzufüllen. Als erstes brachte er, in einer aufwendigen Glaskaraffe und einer riesigen Holzkiste, eine 12jährige Version vom *King Barley* auf den deutschen Markt, der endlich ein klares (und neu gestaltetes, goldenes) Label hat und als Malt Whisky definiert ist. Jim Murray hatte die Gelegenheit, von einem Faß eines 20 Jahre alten *Testice* zu probieren, und lobte ihn als einen der 12 besten Whiskies, die er je gekostet habe. Wievers brachte im Sommer 1999 in limitierten Mengen einen 20jährigen *King Barley* heraus, vielleicht aus jenem Faß …

King Charles Schottischer Blend von → QSI, einer hundertprozentigen Tochter von William → Grant & Sons.

King Edward I Schottischer Blend von → Clan Munro Whisky, einer Tochter von William → Lawson Distillers, die die → Macduff Distillery betreiben und seit 1995 zum Imperium von → Bacardi gehören.

King George IV Schottischer Blend. Die Marke wurde von der → DCL Ende des letzten Jahrhunderts vor allem für den Export hergestellt und Anfang der zwanziger Jahre, als sich die DCL mit dem großen schottischen Whiskyhäusern vereinigte, unter dem Namen einer neuen Tochterfirma, → Distillers Agency Ltd., weitergeführt. Wie alle DCL-Unternehmungen gehörte sie dann → UD und ist besonders auf dem dänischen Markt stark. Der Name erinnert an jenen englischen König, der sich zuerst wieder stark für Schottland und seine angeblichen Gebräuche interessierte und bei einem Besuch 1822 in Edinburgh nach einem → *Glenlivet* fragte, ohne sich daran zu stören, daß er damit einen Schwarzgebrannten verlangte. Walter → Scott führte den König bereitwillig in die schottische Welt ein und schuf dafür Gewohnheiten und Riten, die seitdem als altehrwürdig gelten, die es vorher aber zumindest in dieser Form nicht gegeben hatte. Der »Full Highland Dress« gehört zu ihnen, dem man aber immerhin zugute halten kann, daß er die nach Culloden verbotenen Tartanstoffe im wahrsten Sinn des Wortes wieder hoffähig gemacht hat.

King Henry VIII Schottischer Blend von der Highland Blending Co. in Glasgow und London, hinter der H. → Stenham stand, der die für eine so kleine Familienfirma erstaunliche Zahl von über 40 Labels abfüllte und sie vor allem exportierte. Stenham verkaufte 1996 an eine schottische Firma, die den Namen einer ehemaligen Tochter wählte: → Premier Scotch Whisky Co., die diesen Blend mit dem berühmten König auf dem Etikett als eine von zwei Hauptmarken verkauft. Er ist in südeuropäischen Supermärkten und in Lateinamerika zu finden und mit 3, 5, 8, 10 und 12 Jahren zu erhalten.

King James VI Schottischer Blend. Er ist nach jenem König benannt, der für die Schotten James VI, für die Engländer aber James I ist, der Sohn der unglücklichen Königin Mary, die von ihrer englischen Konkurrentin Elizabeth I hingerichtet wurde. Weil sie keinen Thronfolger geboren hatte, wurde James 1567 der erste König beider Länder. Der Blend kommt von der Firma Forth Wines, die außerdem den → *Strathfinnan* führt.

King John Schottischer Blend von Highland Shippers, hinter denen sich die Familienfirma H. → Stenham verbarg, die von London aus mehr als 40 Marken produzierte und vor allem nach Mittel- und Lateinamerika und Südostasien, teils auch *in→ bulk* zur lokalen Abfüllung, exportierte. Stenham verkaufte sein Unternehmen 1996; es wird jetzt unter dem Namen einer ehemaligen Tochterfirma, → Premier Scotch Whisky Co., weitergeführt. Wie alle Blends des Hauses wird er mit 3, 5, 8, 10 und 12 Jahren hergestellt.

King of Kings Schottischer Blend von → UD, die diese Marke als Erbschaft bei der Übernahme der → DCL durch → Guinness in ihr Portfolio bekommen haben. Sie wurde begründet von James Munro & Son, einer Firma, deren Urspünge unbekannt sind, die aber in der Geschichte des schottischen

Whisky als zeitweilige Lizenzinhaber von → Knockdhu bzw. → Dalwhinnie Distillery Spuren hinterlassen hat. Sie ist seit 1925 eine Tochter von → Macdonald Greenlees. Den Blend gibt es vor allem in Japan.

King of Scots Schottische Blends, die in einer ganzen Reihe von Ausführungen von der Glasgower Firma Douglas → Laing kommen. Sie haben die schon im letzten Jahrhundert eingeführte Marke gekauft und ausgebaut. Alle Versionen sind entweder in Decantern aus Keramik oder Kristall oder in ledergebundenen Taschenflaschen aufwendig verpackt, was sie vor allem für den ostasiatischen Markt attraktiv macht. Neben den beiden → Standards *Gold Label* und *Numbered Edition*, die keine Altersangabe aufweisen, gibt es sie im → De luxe-Bereich mit 12, 17 und 25 Jahren und, wiederum ohne Altersangabe, als *Rare Extra Old*, *Proclamation* und *Flagship*.

King Robert II Schottischer Blend in zwei Versionen, als → Standard und als 12jähriger → De luxe, der auf dem Label Wm. Maxwell als Hersteller nennt, aber aus dem Hause Peter → J. Russell & Co. kommt. William Maxwell war eine alteingesessene, schon 1796 gegründete Firma von Whiskyblendern und -exporteuren in Liverpool, die dennoch starke Sympathie für Schottland gehabt haben muß, hat sie ihre Marke doch nach dem ersten Stuart benannt, der 1371 als Enkel von Robert the Bruce den schottischen Königsthron bestieg.

King William IV Schottischer Blend, der heute von → UD/UDV kommt, ursprünglich aber von John Gillon & Co. eingeführt wurde. Dieser Tochter von → Ainslie & Heilbron wurde 1953 die Lizenz von → Glenury Royal Distillery übertragen, die von dem berühmten Langstreckenläufer Captain Robert Barclay gegründet wurde. Der war nicht nur Farmer, sondern auch Abgeordneter von Kincardineshire in London, wo er eine besondere Freundschaft mit dem damaligen Prince of Wales pflegte, der dann König William IV wurde, womit der Name dieses Blend erklärt ist.

King's Crest Schottischer Blend, der in besonders aufwendigen und luxuriösen Keramikdecantern präsentiert und in mehreren Altersstufen geliefert wird. Die Marke gehört der → Speyside Distillery Co., die ihn auch herstellt, aber von der Firma Alexander Muir verkaufen läßt. Beide Firmen haben mit → »Scotts Selection« eine gemeinsame Reihe, für die sie Single Malts in → *cask strength* abfüllen. Den Blend gibt es mit 5, 12, 15, 21, 25 und 30 Jahren.

King's Legend Schottischer Blend: eine kleine, nur lokal erhältliche Marke von → UD/UDV.

King's Pride Schottischer Blend aus dem Hause → Morrison Bowmore, die ihn zusammen mit ihrer heutigen Tochterfirma T. & A. → McClelland übernommen haben und ihn als einfachen → Standard ohne Altersangabe und als → De luxe mit 12, 17, 21, 25 und 30 Jahren führen.

King's Ransom Schottischer Blend mit dem Ruf, zeitweilig der teuerste Blend überhaupt und Hauswhisky des Weißen Hauses gewesen zu sein. Er soll 1945 auf dem Konferenztisch in Potsdam gestanden haben. Er wurde kreiert von William Whitely (→ *House of*

Lords) und von → Pernod Ricard nach der Übernahme der Firma leider nicht weitergeführt.

King's Whisky Schottischer Blend aus dem Hause → Burn Stewart, die die Marke allerdings nicht mehr herstellen und zur Zeit nur noch die Reste verkaufen.

Kings Scotch Schottischer Blend von der High Spirits Company, hinter der die Firma → Speyside Distillery Co. steht. Ein einfacher → Standard ohne Altersangabe.

Kingsland Japanischer Blend der leichteren Art, obwohl seine Hersteller → Nikka ihn mit dem Untertitel »Premier« schmücken und in einem vornehmen Glasdecanter liefern.

Kininvie Schottische Malt-Destillerie. Sie zählt zur → Speyside und liegt unmittelbar neben ihren Schwestern → Glenfiddich und → Balvenie am Rande des Whisky-Ortes → Dufftown. Sie war, ehe → Isle of Arran gebaut wurde, die jüngste Brennerei des Landes und wurde von William → Grant & Sons 1990/1 wohl vor allem deshalb gegründet, um den Bedarf für die firmeneigenen Blends besser und vor allem mit eigenen Malts decken zu können. Obwohl er das gesetzliche → Mindestalter von drei Jahren längst überschritten hat, ist es für einen Single Malt in → Destillerie-Abfüllung noch zu früh. Sie ist aber bald zu erwarten.

Kinross Whisky Co. Firma, die in Haywards Heath im südenglischen Sussex residiert, aber ihre vier Marken dort sicher nicht produzieren läßt. Sie führt den Vatted Malt → *Glen Baren*, die Blends → *Derby Special* und → *Gold Blend* und den Blend → *Albion's Finest Old* ihrer Firmentochter Scottish Albion Blending. Die wichtigsten Märkte der Firma sind im südostasiatischen Raum.

Kinsey Schottischer Blend. Er ist schon seit längerem im Programm von → Inver House, die ihn als einfachen → Standard ohne Altersangabe verkaufen.

Kirin-Seagram Japanisch-kanadisches Unternehmen, dessen Anteile gemeinsam von → Seagram und der japanischen Firma Kirin gehalten werden. Kirins Name kommt von einem mythischen Wesen, halb Pferd und halb Drache, das der Mutter des Konfuzius vor dessen Geburt erschienen sein soll. Die Firma, die auf eine 1869 in Yokohama gegründete Brauerei zurückgeht, ist mittlerweile die größte Bierbrauerei des Landes (und der drittgrößte Bierproduzent weltweit hinter Miller und Anheuser-Busch) und gehört zum Imperium von Mitsubishi. Stieg → Suntory, der größte Whiskyhersteller des Landes, 1963 ins Biergeschäft ein, so ging Kirin zehn Jahre später den umgekehrten Weg und diversifizierte vom Stammgeschäft Bier in die Whiskyproduktion – eine Absicht, die dem kanadischen Multi Seagram gerade recht kam, der nach dem 2. Weltkrieg seine Aktivitäten systematisch in fast alle Kontinente ausgedehnt hatte und gerne auch *joint ventures* einging. In Kirin fand er einen Partner, der bestens etabliert war, über hervorragende Distributionsstrukturen verfügte – und dem er als Morgengabe all die Malts, die er in seinen neun schottischen Brennereien destillierte, mitbringen konnte. *In* → *bulk* nach

Japan gebracht, lieferten sie eine hervorragende Basis für lokal erzeugte Blends.

Aber damit gab man sich nicht zufrieden, sondern errichtete auch eine neue Destillerie in Japan, in der, in getrennten Gebäuden, sowohl Malt als auch Grain Whiskies produziert werden sollten. Als Ort wurde eine Stelle auf der japanischen Hauptinsel Honshu gewählt, südwestlich von Tokio in der Nähe von Gotemba. Japans Nationalberg Fujiyama ist gar nicht so nahe, scheint aber dennoch an manchen Tagen direkt hinter der Brennerei zu liegen und sie mit seinem schneebedeckten Gipfel zu krönen. Von drei Quellen des Berges kommt das Wasser, das für die Maische gebraucht wird. Unterschiedlich intensiv getorftes Malz wird aus Großbritannien importiert und von den vier → *pot stills* zu ganz unterschiedlichen Malts verarbeitet. Für die Grains können auch die → *column stills* unterschiedlich kombiniert werden. Für die Lagerung in den sechs Hochregal-Lagerhäusern, die jeweils bis zu 35 000 Fässer aufnehmen können, werden meist ehemalige Bourbon *barrels* benutzt, manchmal neue ausgekohlte Eichenfässer und nur selten Ex-→ Sherry-butts. Trotz der Vielfalt der eigenen Whiskies werden für alle Kirin-Seagram-Marken immer noch zusätzlich schottische Importe genommen. Die Firma führt die (nur in Japan erhältlichen) Blends → *Boston Club*, → *Crescent*, → *Enblem*, → *News*, → *Robert Brown* und → *Ten Distilleries* und den Bourbon-ähnlichen → *Hips*, der sich in amerikanischer Schreibweise »The brightest Whiskey« nennt. Kirin-Seagram ist der einzige japanische Produzent, der bisher keinen Single Malt aus seiner Brennerei herausgebracht hat.

Kittling Ridge Kleine kanadische Destillerie nicht weit von Niagara, in Grimsby, Ontario. Sie wurde von der 1970 gegründeten Firma Rieder gebaut, deren Name auf eine deutschschweizer Herkunft hinweist. Mit ihren Brennblasen stellte sie tatsächlich nur Obst- und Weinbrände her, etablierte sich aber im Whiskygeschäft durch den Vertrieb von → *Canadian Mist* und die hauseigenen Blends → *Pure Gold* und → *Canadian Company* (zwei Versionen), die sie aus Whiskies herstellte, die sie von anderen Brennereien zukauft. Seit 1992 heißt der neue Besitzer John Hall. Er begann, seine → *stills* auch für Rye- und Cornwhiskies zu benutzen, offensichtlich mit Erfolg. Einen *Kittling Ridge Rye* kann man schon kaufen, der *Kittling Ridge Corn* reift noch (in → Sherryfässern). Das finanzielle Rückgrat bilden aber immer noch die Blends und andere Spirituosen wie Rum, Wodka und Kaffeeliköre und der Weinhandel.

Knappogue Castle Irischer Whiskey, von dem zwei Jahrgänge auf dem Markt sind: 1951 und 1991. Der ältere ist natürlich eine Rarität. Er wurde produziert von B. Daly in einer Brennerei, die einen sehr bekannten Namen trägt: → Tullamore Dew. Als sie schließen mußte, gelangten einige Ex-→ Sherry-Fässer in den Besitz eines Whiskeyhändlers. Nach 36 Jahren wurden die alten Fässer schließlich 1987 von der Firma Waterford Liqueurs abgefüllt. In den USA kamen sie zusammen mit dem neuen Whiskey auf den Markt, der weniger rar ist. Bei ihm handelt es sich um ein

Produkt von → Cooley Distillery. Immerhin wurde es von dem bekannten »whisky writer« Jim Murray höchstpersönlich ausgewählt. Das Schloß, das beiden den Namen gegeben ist, liegt übrigens im irischen County Clare.

Knight King Indischer Whisky. Die Marke gehört der zum Konzern Modi zählenden → Haryana Distillery, die unter diesem Namen auch einen Gin und einen Rum anbieten.

Knob Creek Kentucky Straight Bourbon aus der → *small batch*-Serie von → American Brands bzw. deren Spirituosentochter → JBB, in deren → Jim Beam Distilleries in Boston und Clermont die Whiskeys gebrannt werden. Er ist 9 Jahre alt, bei 100°/50 % abgefüllt und wird von vielen wegen seiner Süße und Trockenheit perfekt balancierenden Ausgewogenheit als der beste der »Viererbande« betrachtet. Das Etikett auf der Vorderseite trägt den Namen auf dem Hintergrund eines Zeitungsausschnittes, das Rückenlabel beweist, daß auch die Amerikaner zu lyrischen Ergüssen auf Whisk(e)yflaschen fähig sind: »Deep in Kentucky, tiny Knob Creek spills and rifles down through the hills. Like the Bourbon bearing its name, there's no much of Knob Creek but what there is rewards your finding it.« Erstaunlicherweise wird nicht darauf hingewiesen, daß der Name in der amerikanischen Geschichte eine Rolle spielt (vielleicht nicht, weil jedes Schulkind in den USA das weiß): das Rinnsal gab einem Ort, an dem eine der Hütten stand, in der Abraham Lincoln einen Teil seiner Kindheit verbrachte, den Namen. Die Hütte stand südlich von → Bardstown und heute kann man von dort aus in einer halben Autostunde zu einer Nachbildung der historischen Stätte fahren.

Knockando Schottische Malt-Destillerie. Sie liegt am linken Ufer des → Spey unweit von → Tamdhu und zählt somit zur → Speyside. Ihr Name, ausgesprochen »nockándu«, ist nicht eindeutig, wird aber meist mit kleiner schwarzer Hügel übersetzt und auf der vorletzten Silbe betont. Sie gehört zu denen, die in der Zeit des großen Whiskybooms 1898 gebaut wurden. Sie überlebte ihn und mußte im Laufe der Jahre nur sehr wenige Besitzerwechsel erleben. 1904 wurde sie von → Gilbey übernommen, aus deren Zusammenschluß mit → Justerini & Brooks entstanden 1962 die → IDV, die über die Station Watney Mann unter das Dach von → Grand Metropolitan kam. Bis 1997 fungierten Justerini & Brooks (Scotland) als Lizenzträger für die Brennerei, die 1969 renoviert wurde und seither vier → *stills* hat. Einstweilen trägt sie auch noch nach dem Megamerger der Mutter mit → Guinness den alten Namen, ist also noch nicht Teil der UDV geworden. Wie es auch weitergehen mag – sicher ist, daß ihre Quelle auch weiterhin Cardnach Spring sein wird. Ihr Malt spielt eine gewichtige Rolle im bedeutensten Blend des Konzerns, dem → *J & B*, weltweit die Nr. 2.

Der Bedarf für ihn ist offensichtlich so groß, daß *Knockando* als Single Malt von → Unabhängigen kaum zu finden ist, als → Eigentümerabfüllung ist er dagegen gut zu bekommen. Im Unterschied zu den meisten anderen wird bei ihm allerdings kein Alter angegeben, sondern das Jahr der Destillation und das Jahr der Abfüllung, was wohl signalisieren soll, daß man, qualitätsbewußt, nicht einfach mechanisch nach einer bestimmten Zeit abfüllt, sondern dann, wenn eine optimale Reife erreicht ist – was indes immer bei ungefähr 12 Jahren der Fall zu sein scheint und bei der »Extra Old Reserve« bei etwa 25 Jahren. Leider nur in den USA werden seit 1997 auch ein 18jähriger und ein 21 Jahre alter aus dem → Einzelfaß angeboten, auch bei ihm sind Jahr der Destillation und der Abfüllung angegeben und natürlich auch die Nummer des Fasses und der Flasche. Zum 100. Geburtstag gab es 1998 einen *Centenary*, ausgewählt von Manager Innes Shaw. Speziell für den französischen Markt ist der *Knockando Pure Single Malt 1980* gemacht, der eigens »slow matured in oak hogshead cask« auf dem Etikett führt. Vor einigen Jahren, noch vor dem großen Boom, gab es auch einmal eine Serie von Zigarren, die den Namen *Knockando* trugen und vorzüglich zu ihm paßten.

Knockdhu Schottische Malt-Destillerie. Ihr Name, ausgesprochen »nockduh«, bedeutet schwarzes Hügelchen. Sie liegt in der Nähe von Huntley und ist somit wahrscheinlich eher doch schon den Eastern → Highlands als der Region → Speyside zuzurechnen. Viel Nachdenken hat es darüber nicht gegeben, denn die Brennerei gehört zu den kleinen, die auch vielen Whiskyautoren nicht gut bekannt war. Sie ist nicht zu besichtigen, sie hat nur zwei → *stills* und hat sich viel von ihrem »Victorian« Stil bewahren können. Daß sie so unbekannt ist, liegt an ihrer gänzlich unspektakulären Geschichte. Sie wurde 1893/4 von der → DCL gebaut, die selbst erst wenige Jahre vorher gebildet worden war, vor allem auf Betreiben von John → Haig & Co., für dessen Blends ihr Whisky dann auch hauptsächlich bestimmt war. Sie war die erste selbstgebaute Destillerie der DCL und blieb, unter verschiedenen Betreibern, bis 1987 in deren Händen, als DCL von → Guinness geschluckt wurde. Damals war sie schon ein paar Jahre geschlossen. 1989 begann die Produktion wieder, ein Jahr nachdem → Inver House sie von der Guinness-Tochter → UD erworben hatte.

Die neuen Besitzer brachten den Whisky auch als Single Malt heraus, selbstverständlich mit dem Namen der Brennerei, wie sich das bei einer → Eigentümer-Abfüllung gehört. Aber kaum war er da, wurde er umgetauft. Seither trägt er den gälischen Namen von Knockdhu und heißt → *An Cnoc* – eine Änderung, die auf Wunsch von → Justerini & Brooks bzw. der → IDV zustande kam, die die Intelligenz der Kenner wohl unterschätzten und eine Verwechslung mit ihrem → *Knockando* fürchteten. Immerhin gaben Inver House dem 21 Jahren alten → *cask strength* (57.5 %) wieder den alten Namen. Es gibt ihn, unter seinem »richtigen« Namen auch von den → Unabhängigen wie z. B. → Gordon & MacPhail.

Knockeen Irische Spirituose, die glasklar in den Flaschen glänzt und auf dem Label als »Irish Poteen« ausgewiesen wird. Wenigstens die Schreibweise kommt dem irischen Original so nahe wie es Engländern möglich ist. Die Iren schreiben ihren geliebten Schwarzgebrannten *»poitín«* und wissen natürlich, daß es so etwas wie die Quadratur des Kreises ist, ein Getränk legal herzustellen und zu verkaufen, das nun einmal dadurch definiert ist, daß es heimlich, illegal und unter Androhung schwerster Strafen gebrannt wird. Nach dem →*Bunratty Potcheen* (sic) und dem mittlerweile wieder eingestellten →*Hackler* wird dieser Versuch nun zum dritten Mal unternommen. Möglich wurde er, weil »die irische Steuerbehörde am 7. 3. 1997 ihre Opposition eingestellt hat«, wie stolz auf den Flaschen vermerkt ist. Den »Spirit Drink«, der auf dem gleichen Etikett auch *Knockeen Hills* genannt wird und den die in Canterbury ansässige Firma Vins Français herstellen läßt, gibt es in zwei Versionen: mit 45 % ist er allgemein erhältlich. Den »Gold Extra Strength« gibt es nur im Duty free (z. B. im Eurotunnel). Er soll dort mit stolzen 90 % die stärkste Spirituose sein, wird dennoch als mild gepriesen, was man der →Dreifachdestillation zuschreibt.

Körper Bezeichnung, die nicht, wie meistens angenommen wird, die Stärke, den Alkoholgehalt eines Whisk(e)y beschreibt, sondern mit seiner Beschaffenheit, seiner Struktur zu tun hat. Auch ein mit z. B. 60 % sehr starker Whisky kann leicht sein und umgekehrt kann ein auf 40 % verdünnter Malt einen vollen Körper haben. Das Wort dient dazu, sowohl einen optischen als auch einen geschmacklichen Eindruck zu beschreiben. Man unterscheidet einen vollen, mittelschweren und leichten Körper. Er zeigt sich, wenn man den Whisky im Glas schwenkt und anschließend beobachtet, wie er wieder zurückfließt. Es zeigen sich Gebilde, die wie Kirchenfenster aussehen und *legs* genannt werden. Fließen sie schnell und eng nebeneinander, kann man auf einen leichten Körper schließen, fließen sie langsam, mit breitem Abstand, dickflüssig und ölig, darf man einen vollen Körper und viel Geschmacksfülle erwarten. Im Mund macht sich der Körper etwa viskos und cremig bemerkbar.

Kosher Whisk(e)y Um so heißen zu dürfen, müssen die Whiskies in Übereinstimmung mit den jüdischen Religionsvorschriften gemacht sein. Sie sehen vor, daß nur bestimmte Speisen und Getränke zugelassen sind, für die nur ausgewählte Ausgangsprodukte verwendet werden dürfen, die in ganz genau bestimmten Verfahren hergestellt sein müssen. Die Beachtung der Gebote muß von einem Rabbi überwacht, bestätigt und garantiert werden. Ausdrücklich als kosher ausgezeichnet und bestätigt sind der Scotch →*Hamashkeh* und der Bourbon →*Old Williamsburg*.

Kuba Die Insel ist eher für ihren Rum (und natürlich die Zigarren) bekannt als für Whisky. Tatsächlich wurde in der Zeit vor Castro zwar viel Whisk(e)y getrunken, aber nicht dort produziert. Selbst wenn es der *máximo líder* gewollt hätte (und die Kubaner genug Geld gehabt hätten), der Boykott sorgte dafür, daß es keinen Scotch und Bourbon mehr zu kaufen gab. Als kleinen Ersatz gab es zumindest einen Whisky, der auf Kuba selbst gemacht wurde. Er hieß → *Old Havanna*, gab sich als reinen Malt aus und kam aus dem Getränkekombinat Santa Cruz.

Kühlfilterung Bezeichnung für ein Verfahren, das bei der Abfüllung von Whiskies in Flaschen angewendet wird. Es darf nicht mit anderen Methoden des Filtrierens, insbesondere nicht mit dem in Tennessee praktizierten → *leaching* verwechselt werden. Whiskies enthalten sogenannte *congeners*, bestimmte Stoffe, meist Fette, die sie unter bestimmten Umständen wolkig und trübe werden lassen, insbesondere dann, wenn sie kalt serviert oder mit Wasser verdünnt werden. Die Hersteller von Blends und besonders die, die Single Malts in → Eigentümerabfüllungen anbieten, glauben, daß man das den Verbrauchern nicht zumuten könne. Deshalb kühlen sie die Whiskies auf etwa 5° herab, eine Temperatur, bei der sich diese angeblich unerwünschten Stoffe verfestigen und mit Filtern extrahieren lassen.

Das Problem ist nur, daß eben diese Stoffe auch Geschmacksträger sind. Deshalb legen andere Abfüller, meist die → Unabhängigen, Wert darauf, ihre Whiskies naturbelassen, also ohne sie zu kühlen und zu filtern, abzufüllen. Pionier dieser Anschauung und einer veränderten Praxis war, wieder einmal, die → Scotch Malt Whisky Society. Ihr Insistieren auf das Recht des Liebhabers auf den vollen Geschmack hat mittlerweile Schule gemacht. Es sind nicht mehr nur die Unabhängigen, sondern auch die großen Firmen, die nicht mehr kühlfiltrieren. So hat z. B. schon → UD, also die jetzige → UDV auf den Flaschen ihrer Reihe → »Rare Malts« darauf hingewiesen, daß sie Schleier bekommen können, folgt man der Empfehlung, diese Malts in → *cask strength* vor dem Genuß mit etwas Wasser zu verdünnen. Der Kenner weiß, daß eben dies die Garantie dafür ist, daß die Whiskies in dem natürlichen Zustand abgefüllt wurden, den sie nach der Faßlagerung erreicht haben.

L

Labrot & Graham Amerikanische Destillerie südlich von Frankfort, der Hauptstadt des Bundesstaates Kentucky. Von den drei stillgelegten Brennereien in Glenn's Creek war sie die älteste, aber anders als die beiden Nachbarinnen → Old Crow und Old Taylor wurde sie wiedereröffnet: Der 17. 10. 1996 war ganz sicher ein großer Tag für Kentucky und für alle, die Bourbon nicht nur lieben, sondern sich auch für seine Geschichte interessieren. Denn diese Destillerie ist nicht irgendeine, sondern die älteste noch existierende des Landes. Es gibt dort noch einen Mühlstein über einer Tür, dessen Inschrift lautet: »Old Oscar Pepper Distillery Est. 1838 Labrot & Graham Est. 1878«. Oscar Peppers Vater Elijah war einer der Pioniere des Whiskey in Kentucky und begann schon um 1780 als Farmer auch mit dem Brennen; Pepper nannte seinen Whiskey *»Old 1776«* und benutzte für ihn den Slogan »Born with the Republic«. Oscar stellte auch den berühmten Dr. James Crow als Mitarbeiter ein. Nach Oscars Tod folgte ihm sein Sohn → James E. Pepper, der 1878 die Brennerei an Labrot & Graham abgab, die sie umbenannten. 1940 wurde das Unternehmen an Brown-Forman verkauft, die die Brennerei 1971 schlossen, sich aber 25 Jahre später entschieden, viel Geld zu investieren, Land zurückzukaufen, ein Visitor Centre einzurichten – und in ihr einen Bourbon der besonderen Art zu produzieren.

An jenem Oktobertag floß er zum ersten Mal und zwar aus drei → *pot stills*, die man in Schottland gekauft hatte. Ein historischer Tag – weil an ihm eine altehrwürdige Brennerei wieder auf die Whisk(e)y-Landkarten zurückgekehrt ist – und weil zum ersten Mal wieder eine amerikanische Firma wie in den Tagen der Pioniere ganz auf die *pot stills* gesetzt hatte. In ihnen wird natürlich nicht die schottische → *wash* aus hundertprozentigem Gerstenmalz, sondern → *beer* destilliert, das aus einer Mischung von 72 % Mais, 18 % Roggen und 10 % Malz gewonnen wird. Das alles zeigt, daß man von Anfang vorhatte, einen Bourbon zu machen, der mit den neuen → *small batch* und → *single barrels* der anderen Firmen in Konkurrenz treten sollte. Es wird noch einige Zeit dauern, bis die ersten Flaschen auf den Markt kommen werden. Um den Namen Labrot & Graham wieder bekanntzumachen, haben Brown-Forman einstweilen den → *President's Choice* und vor allem den → *Woodford Reserve* herausgebracht, der zwar aus Beständen von → Early Times stammt, mit dem Master Distiller Lincoln Henderson aber schon einen Vorgeschmack auf die Freuden gibt, die uns erwarten.

Ladyburn Schottische Malt-Destillerie. Sie war innerhalb des → Girvan-Komplexes in dem gleichnamigen Küstenstädtchen in Ayrshire zu finden und zählte damit zu den → Lowlands. Ihre vier → *stills* arbeiteten nur zehn Jahre, von 1976–1985 und wurden dann so vollständig von William → Grant & Sons abgebaut, daß heute nichts mehr von der ganzen Anlage übriggeblieben ist – außer einigen Fässern, die immer wieder die Phantasie der Sammler anregen. Denn einen *Ladyburn* gab es als Single Malt in → Eigentümer-Abfüllung nur ein einziges Mal (wenn man die zwölf Flaschen nicht rechnet, die einmal per Hand für den Autor dieses Buches abgefüllt wurden) und die war den Arbeitern und den anderen Firmenangehörigen vorbehalten, die sie wahrscheinlich längst ausgetrunken haben. Selbst von den → unabhängigen Abfüllern ist nur der 20jährige mit 46 % bekannt, den → Cadenhead im Programm hatten. *Ladyburn* gehört zu den gesuchtesten Malts überhaupt und die selten angebotenen Flaschen der Cadenhead-Abfüllung erzielen denn auch bei Auktionen immer wieder Rekordpreise.

Der Name Ladyburn ist allerdings auch auf dem Label eines Blend namens *The → Great Macauley* aufgetaucht. Deswegen wurde immer wieder der Verdacht laut, für ihn seien die erwähnten restlichen Fässer verwendet worden und die Grants hätten auf diese Weise zwei Probleme elegant gelöst: das des für einen Lowland schon gefährlich hohen Alters und das andere der Begehrlichkeit der Sammler. Die wurden richtig nervös, als bekannt wurde, daß → QSI nicht nur den Blend verkauft, sondern in Spanien auch einen Malt namens *Ladyburn* herausbrachte. David Stewart, bei den Grants für die Kontrolle der Fässer zuständig und »Chefnase« der Firma, hat im April 1999 glaubhaft versicht, daß dieser *Ladyburn* ein Vatted Malt sei – und daß immer noch einige Dutzend alte Fässer Ladyburn in Girvan lagern.

Lagavulin Schottische Malt-Destillerie. Ihr Name, ausgesprochen »lagavúlin«, bedeutet Talsenke mit der Mühle. Sie liegt auf der Whisky-Insel → Islay an deren Südküste zwischen → Port Ellen und Kildalton und ist die mittlere von drei Brennereien zwischen → Ardbeg und → Laphroaig. Mit letzteren verbindet sie eine alte Rivalität, die gerne mit jener zwischen den beiden Chateaux Ausone und Cheval Blanc verglichen wird – was früher dadurch noch reizvoller wurde, weil bis zum Sommer 1998 ein Mühlrad mit einem weißen Pferd an ihrem Eingang dem Besucher die alten Verbindungen Lagavulins mit → *White Horse* zeigte. Ihre Anfänge verlieren sich in beträchtlichem Durcheinander. In jener Talsenke mit der Mühle sollen sich Mitte des achtzehnten Jahrhunderts nicht weniger als zehn (illegale) Destillen gedrängt haben. Und noch Anfang des 19. Jahrhunderts gab es dort zwei (legale) Brennereien, die eine von John Johnston, die andere von Archibald Campbell. In der Folgezeit scheint immer eine die andere übernommen zu haben.

Etwas klarer wird ihre Geschichte ab 1837: da gab es nur noch eine Brennerei. Sie wurde 1867 von James → Logan und seiner Firma James Logan Mackie übernommen, dem Onkel von Peter → Mackie, der dort in die Lehre ging und sie 1889 erbte. Seitdem gehört sie jener Firma, aus der später White Horse Distillers wurde. Um einen heftig getorften und medizinisch-phenolisch schmeckenden Malt zu bekommen, baute Mackie auf dem Gelände von Lagavulin eine zweite Brennerei, → Maltmill, die die → *mash tun* von Lagavulin mitbenutzte, aber eigene → *stills* und eigene → *floor maltings* hatte. In ihnen ist heute eine wunderschöne Halle, die für Empfänge und Seminare genutzt wird und im Inselleben eine bedeutende kulturelle Rolle spielt (aber leider nicht für Touristen offen ist). Eine Attraktion für Besucher sind die Ruinen des Dunevaig Castle in den Schären vor der Brennerei, das Seeschloß der Lord of the Isles, die von Islay aus die Inseln beherrschten und Konkurrenten des Königs auf dem schottischen Festland waren.

Schon zu Zeiten der → DCL, die Mackies Unternehmen nach seinem Tod übernahmen, gab es Lagavulins Whisky als von Kennern äußerst geschätzten Single Malt. Früher war er weniger wuchtig als die Malts von Ardbeg und Laphroaig, hatte aber schon immer seine Liebhaber, die ihn wegen seiner Ausgewogenheit und Eleganz als dennoch typischen und vielleicht sogar größten Islay preisen. Heute wird er mit 35 bis 40ppm (*parts per million phenols*) getorft, ist also so eindeutig rauchig-torfig wie der *Laphroaig*. Es gab ihn mit 12 Jahren und in kleiner Auflage mit 15 Jahren in einem Steinkrug. → UD, Besitzer bis sie 1997 zu UDV wurden, nahmen ihn in ihre Reihe »The → Classic Malts of Scotland« auf, wo er glanzvoll seine Region Islay vertritt; mit 16 Jahren ist er der älteste der Serie. Ende 1997 wurde ihm in limitierter Auflage in der neuen Reihe »The → Distillers Edition« ein 1979 destillierter Malt an die Seite gestellt, der in einem Faß, in dem vorher ein schwerer, dem Charakter dieses Whisky vorzüglich entsprechender »Pedro Ximenez«-Sherry gelagert war, eine zweite Reifung bekommen hatte. Auch die Unabhängigen haben den Malt immer wieder. Interessant ist ein sehr junger, ungestümer 5jähriger, der unter dem neutralen Namen *Vintage Islay Malt* verkauft wird, aber unzweifelhaft ein *Lagavulin* ist.

Laing & Co., Douglas Schottische Whiskyfirma. Sie wurde 1950 in Glasgow gegründet und ist eine der wenigen, die ganz im Besitz der Familie und unabhängig geblieben ist. Ihre Spezialität war von Anfang an der Verkauf von reifen Whiskies – und ihr Vorrat davon hat es ihr ermöglicht, eine ganze Reihe von erfolgreichen eigenen Marken selbst aufzubauen oder zielstrebig weiter zu entwickeln. Die beiden wichtigsten sind → *King of Scots* und → *House of Peers*, aber auch → *John Player Special* (→ *JPS*) und die → *McGibbons*-Reihe sind nicht unwichtig. Weitere, zum Teil unter dem Namen von Tochterfirmen abgefüllte Blends sind: → *Sir Walter Raleigh*, → *Langside*, *The* → *Sovereign*, → *Royal Galleon*, → *Eaton's*, → *77* und → *Glen Drum*. Sie vermarktet auch den → *SS Politician* und hat Geschäftsbeziehungen mit der indischen Firma Kedir. Im Herbst 1998 schlossen sich auch die »Scotch Whisky Blenders and Bottlers« dem Trend nach Single Malts an, besannen sich darauf, daß sie in ihren Lagern alte Fässer mit seltenen Whiskies hatten. Seitdem treten sie auch als → unabhängige Abfüller auf und brachten einige Einzelfaßabfüllungen unter dem Namen »The → Old Malt Cask« heraus.

Laird's Reserve Schottischer Malt, den es exklusiv in den Filialen der britischen Wein- und Spirituosenkette → Unwins gibt. Er ist 10 Jahre alt. Seine genaue Herkunft wird leider nicht verraten.

Lambert Brothers Schottische Wein- und Spirituosenfirma, die der Öffentlichkeit vor allem durch ihren gutbestückten Laden in Edinburghs Frederick Street bekannt war, wo schon vor dem Malt-Boom eine für damalige Verhältnisse sensationelle Auswahl geboten wurde. Sammlern ist die Firma durch ihre Miniaturen ein Begriff. Es gab verschiedene Serien, z. B. die »Ben«-Reihe, die nach den schottischen Bergen benannt war; auch der Autor gesteht, daß ihm der Konsum so mancher von diesen Fläschchen nicht nur beim Besteigen, sondern vor allem beim Memorieren ihrer komplizierten gälischen Namen geholfen hat. Lambert Brothers hatten eine ganze Reihe von Eigenabfüllungen, von denen international verbreitet nur der Blend *The* → *Monarch* war. Wegen zu hoher Mieten wurde das Ladengeschäft 1995 geschlossen.

Lammerlaw Neuseeländischer Single

Malt von → Wilson Distillers, einem vergleichsweise jungen Unternehmen, das erst 1968 in Dunedin auf der Südinsel des Landes eine Brennerei eröffnet hat. Seit 1981 gehört die Firma zu → Seagram, die nicht nur viel investierten, sondern auch dafür sorgten, daß einige Dinge, die der Produktion eines guten Whisky im Wege standen, verändert wurden, und durch ihre weltweiten Vertriebskanäle auch eine breite Vermarktung möglich machten. 1991 kam der erste 10jährige *Lammerlaw* heraus und wer ihn seither regelmäßig verkostet hat, hat bemerkt, daß er sich immer wieder verändert hat. In letzter Zeit ist der Torfgeschmack ausgeprägter geworden, was vielleicht damit zusammenhängt, daß das Malz jetzt aus Australien bezogen wird. Das Wasser kommt aus dem Deep Creek und gelagert wird ausschließlich in amerikanischen Eichenfässern. Den Namen hat die Brennerei von der Bergkette Lammerlaw Range. Dort entspringt der Bach, aus dem das Wasser kommt. Obwohl er in England, wo die Seagram gehörende Kette → Oddbins ihn im Programm hat, und auch in Deutschland zunehmend Freunde gewonnen hat, mußte die Brennerei 1995 schließen; Grund ist ein geplatzter Abnahmekontrakt mit Südkorea. Die Schließung soll aber nur vorübergehend sein. Auch der unabhängige Abfüller Cadenhead hatte einen *Lammerlaw*. Er war 10 Jahre alt und hatte 50.8 %.

Lands of Scotland Serie von schottischen Malts, die die Maison du Whisky in Paris für sich herstellen läßt. Zu ihr gehören, bei jeweils 40 %, ein → Islay-, ein → Speyside-, ein → Lowland-, ein → Campbeltown- und ein → Highland-Malt. Ihre genaue Herkunft wird freilich nicht bekanntgegeben.

Lang's Schottischer Blend, der nach den Lang Brothers benannt ist, die 1861 ihr Geschäft gründeten. Sie kauften 1876 die damals Burnfoot genannte Destillerie → Glengoyne, deren Lizenz bis heute auf sie ausgestellt ist; sie selbst sind seit 1965 im Besitz von → Robertson & Baxter. Über diese auch heute noch unabhängige Firma sind sie mit → Highland Distillers verbunden. Deren Tochter Matthew → Gloag & Son (1998 umbenannt in Highland Distillers Brands) besorgt den Vertrieb des → Standard *Langs Supreme*, während der *Langs Select* mit 12 Jahren von Robertson & Baxter verkauft wird. Die Firma führt auch einen Blend mit dem Namen → *Auld Lang Syne*.

Langside Schottischer Blend von der in Glasgow ansässigen Firma Douglas → Laing & Co. bzw. von ihrer Tochter Langside, die früher auch für den → *John Player Special* zuständig war. Als → Standard heißt der → Blend *Black Label*, als → De luxe-Version kommt er mit der Altersangabe »25 years old«.

Laphroaig Schottische Malt-Distillerie. Ihr Name, ausgesprochen »lafrójg«, bedeutet wahrscheinlich Senke an der weiten oder weißen Bucht. Sie ist die westlichste der drei zwischen Port Ellen und Kildalton an der Südküste → Islays aufgereihten Brennereien. Das ganze Gebiet war für die Aktivitäten seiner Schwarzbrenner berühmt und hatte auch in den legalen Zeiten noch fünf Destillen und unmittelbar neben

Laphroaig war Mitte des letzten Jahrhunderts noch die Brennerei Ardenistiel. Es waren die beiden Brüder Donald und Alex Johnston, deren Vater nach den 1745er Ereignissen, die ein Jahr später mit der Niederlage von »Bonnie Prince Charlie« endeten, als Farmer auf Islay Zuflucht gesucht hatten, die neben dem Farmen auch destillierten.

Das offiziell genannte Jahr 1815 ist nicht gesichert, 1826 ist wahrscheinlicher. Die Brennerei blieb in den Händen der Gründerfamilie, deren Name auch heute noch das schlichte Label ziert, bis das letzte Familienmitglied 1954 kinderlos starb und sie an seine Sekretärin Bessie Williamson vererbte – nicht die einzige Frau, die auf Islay für eine Brennerei verantwortlich war. Sie verkaufte ihre Firma 1967 an → Long John International, blieb aber bis 1972 weiterhin Direktorin. Die heutigen Besitzer sind → Allied Domecq. Laphroaig verfügt über sieben → *stills* (drei *wash* und vier *spirit stills*), bezieht das Wasser von Kilbride Dam, verfügt über eigene Torffelder und mälzt einen Teil der Gerste noch selbst in den eigenen → *floor maltings*. Das verwendete Malz soll heute 35 bis 40 ppm (*parts per million phenols*) aufweisen, wäre damit also genauso getorft wie das des Erzrivalen Lagavulin. Für die Eigentümer-Abfüllungen werden ausschließlich Ex-Bourbon-Fässer verwendet, die von Maker's Mark bezogen werden. Ein Teil der Produktion wird für den → *Long John* und für den ehemals ebenfalls Allied gehörenden Blend → *Islay Mist* verwendet.

Überhaupt ist der Malt begehrt, weil er immer noch einer der ausgeprägtesten Islays überhaupt ist, mit intensiven medizinisch-phenoligen Komponenten und schwerer Torfig- und Rauchigkeit. Sie kommen am besten in der relativ neuen Abfüllung des 10jährigen in → Faßstärke zum Ausdruck, während der normale 10jährige Single Malt nach Meinung vieler Liebhaber und Kenner flacher geworden ist. Ein Grund dafür könnte die → Kühlfilterung sein, die bekanntlich dem Malt wichtige Aromastoffe entzieht. Beim 57.3 % starken → *cask strength* wird sie nicht angewendet. Dennoch ist der 10 Jahre alte der Flaggschiff-Malt von Allied und war, ehe der 16 Jahre alte Malt des Nachbarn von Lagavulin als einer der → »Classic Malts« besser verfügbar wurde, der weitverbreitetste und bekannteste Islay. An ihm schieden sich schon immer die Geister, weil er entweder totale Begeisterung oder totale Ablehnung provoziert. In den USA wurde er während der → Prohibition sogar gern als Medizin verschrieben. Seit 1994 darf sich der Malt mit dem Wappen von Prinz Charles schmücken, der anläßlich seines Besuches in der Brennerei seinen Jet spektakulär neben die Piste des kleinen Insel-Flughafens setzte. Die Eigentümer bieten außer den genannten Abfüllungen auch einen 15jährigen an und verkaufen im neuen Visitor Centre – solange der Vorrat reicht – mehrere → *vintages* (1976, 1977) und einen 30jährigen. Es gibt ihn auch sehr häufig von den → Unabhängigen: → Cadenhead hatte mehrere Jahrgänge mit unterschiedlichem Alkoholgehalt, die aber immer in *cask stregth* abgefüllt waren, ebenso → Signatory. Murray → McDavid hat einen 1984 destillierten und 1996 abgefüllten *Laphroaig* im Programm, an dessen 46 % man merkt, daß, die neue Firma irgend etwas mit Cadenhead oder → Springbank zu tun haben muß.

LaSalle Kanadische Destillerie. Sie wurde 1924 von den → Bronfmans in Quebec gebaut und vier Jahre später als Mitgift in die »Ehe« gebracht, als sie → Seagram samt deren Brennerei in → Waterloo übernahmen. Später kamen weitere Brennereien wie die von Reidel und Calvert (→ *Lord Calvert*) und die ebenfalls in Quebec gelegene Beaupré dazu, aber sie alle genügten nicht, um den Bedarf zu decken, ganz abgesehen davon, daß sie einer modernen Produktion nicht mehr gerecht wurden. Seagram produziert nur noch in → Gimli und nicht einmal der andächtige Respekt davor, daß es LaSalle war, die all den Stoff produzierte, der in die unter der → Prohibition leidende USA geschmuggelt wurde und dem die Firma ihren Aufstieg zum weltgrößten Getränkekonzern verdankt, hat verhindern können, daß die schönen Gebäude dem Erdboden gleichgemacht wurden.

Lauder's Schottischer Blend, der schon im letzten Jahrhundert von der gleichnamigen Firma auf den Markt gebracht wurde. Später gehörte er zu den Marken von Hiram → Walker. Dessen schottische Erwerbungen sind heute unter dem Dach von → Allied Distillers versammelt, die den besonders in Lateinamerika beliebten Blend 1992 an die gerade neu gegründete Firma → Mac-Duff International weiterverkauft haben. Es gibt ihn als → Standard ohne Altersangabe und mit 12 Jahren. In den USA wird er von → Barton Brands verkauft.

Lawrenceburg Amerikanische Destillerien, die jeweils nach der Stadt benannt sind, in der sie liegen – und immer wieder für Verwirrung sorgen, weil es sich um zwei ganz verschiedene Städte in zwei ganz verschiedenen Bundesstaaten handelt und um zwei verschiedene Brennereien. Daß sie beide derselben Firma, nämlich → Seagram, gehören, trägt auch nicht gerade dazu bei, sie besser auseinanderzuhalten. Das eine Lawrenceburg liegt in Kentucky und am Kentucky River, das andere in Indiana westlich von Cincinnati am Ohio River. Seagram hat sich immerhin bemüht, die Brennerei in Kentucky umzubenennen und ihr den Namen des Bourbon zu geben, den sie produziert: → Four Roses (auf deren alten Flaschen ihre Stadt übrigens, auch das vielleicht ein Beitrag zur Unterscheidung, Laurenceburg geschrieben wurde). Die Indiana-Destillerie sieht mit ihren großen Gebäuden heute ein bißchen aus wie → Walkerville und → Dumbarton, und läßt nichts mehr von der kleinen Anlage ahnen lassen, mit der 1865 ihr Leben begann. Ihrem Besitzer dient sie vor allem für die Herstellung von Gin und Wodka und vielleicht war das der Grund, weswegen plötzlich die Einstellung der Whiskeyproduktion verfügt wurde. Bis dahin wurden sehr viele verschiedene Whiskeyarten mit verschiedenen → *mash bills* hergestellt, die nie als → Straights abgefüllt wurden, sondern vor allem für den firmeneigenen Blended → *7 Crowns* verwendet wurden. Nachdem am 2. 6. 1996 zum letzten Mal → *beer* aus den 14 Gärbottichen gebrannt worden war, schien das Ende für einen in Indiana gemachten Bourbon gekommen zu sein. Aber die Konzernherren hatten ein Einsehen und gaben im Februar 1997 zumindest vorläufig wieder grünes Licht – wie man hört, vor allem um die Whiskeys zu erzeugen, die für ihre neue Marke → *Sam Cougar* gebraucht werden, der allerdings zur Zeit nur in Australien verkauft wird.

Lawson, William Schottische Firma, die vor allem durch die beiden Blends → *William Lawson's Finest Blend* und *William Lawson's Scottish Gold* (*12 years old*) bekannt ist. Der Name geht zurück auf einen Weinhändler, der sein Geschäft 1849 gründete und bald auf Whisky ausdehnte. Ende des 19. Jahrhunderts belieferte Lawson eine Dubliner Firma mit seinem Blend. Die Dubliner behielten die Marke auch, als sie sich von der Lieferfirma trennten, und machten während der → Prohibition hervorragende Geschäfte mit dem Whisky, den sie auf die Bahamas lieferten, von wo er leicht in die USA geschmuggelt werden konnte. Von den Schotten selbst hörte man erst nach 1945 wieder, als sie erneut Whiskyexport betrieben, diesmal aber von Liverpool aus. 1967 bauten sie in Coatbridge südlich von Glasgow eine Anlage zum Blenden und Abfüllen. Mit der italienischen Vermouthfirma Martini & Rossi, die in der Zwischenzeit die Rechte an der Marke *Lawson's* gekauft hatte, gingen sie eine enge Partnerschaft ein und gehörten seit 1980 zu der in Luxemburg ansässigen Holding General Beverages, der Mutter der Italiener, die ihrerseits 1995 von → Bacardi übernommen wurde. Als deren Tochter firmierte man unter William Lawson Distillers und führte auch die bereits 1972 erworbene → Macduff Distillery in der Nähe von Banff. Deren Malt wird unter dem Namen → *Glen Deveron* in → Eigentümer-Abfüllung verkauft. Neben den nach der Firma benannten Blends gibt es *Clan Munro* und *King Edward I.* Außerdem bestehen Verbindungen zu William → Lundie & Co. Nachdem sie die Marke → *Dewar's* (und einige Brennereien) 1998 von → Diageo erworben hatten, entschlossen sich die Rum-Könige, ihre schottischen Aktivitäten lieber unter dem Namen der ungleich bekannteren Firma John Dewar & Sons weiterzuführen und ließen den Namen Lawson im Handelsregister löschen.

Leaching Bezeichnung für ein spezielles Verfahren, das in den USA nur bei Jack → Daniel und George A. → Dickel, also in Tennessee, angewendet wird und dafür gesorgt hat, daß deren Whiskies seit 1941 als eigenständige Whisk(e)y-Gattung geführt werden dürfen, obwohl sie sie sich sonst nicht von denen im benachbarten Kentucky unterscheiden. Das Verfahren, bei beiden mit leichten Abweichungen praktiziert, wird normalerweise als → *charcoal mellowing* bezeichnet, manchmal auch als → *Lincoln County Process*.

Ledaig Schottische Malt-Destillerie. Sie liegt auf der Insel Mull und ist normalerweise unter dem Namen → Tobermory bekannt. Ledaig hieß sie nur zeitweilig, aber ihr heutiger Besitzer, → Burn Stewart, benutzte den Namen wieder für zwei Single Malts, die als → *vintage* herausgebracht wurden. Beide wurden 1974 destilliert; in diesem Jahr hieß die Brennerei wirklich Ledaig. Sie kamen 1992 in die Flasche, waren also bei der Abfüllung 18 Jahre alt; der eine hat 43 %, der andere 56 %. Ende 1997 folgte ein *Ledaig 1979* und zwei Jahre später ein *Ledaig* mit 20 Jahren. Angeblich wurde in jenen Jahren getorftes Malz verwendet. Jedenfalls legt die Firma Wert darauf, daß sich *Tobermory* und *Ledaig* künftig dadurch unterscheiden, daß dieser aus getorftem, jener aber aus ungetorftem Malz destilliert wird. Noch eine Besonderheit weist der *Ledaig* auf, der vor allem in Frankreich mit großem Erfolg verkauft wird: Er wird nach traditioneller Reifung noch einmal zu einer zweiten Reifung in ein ganz neues Eichenfaß gelegt – eine ganz ungewöhnliche Verwendung von → *double wood* und → *finishing*. Übrigens hatte auch → Oddbins einmal einen 20 Jahre alten *Ledaig*. Bei ihm wurde eine Firma namens Douglas Murdoch & Co. aus Glasgow als Abfüller genannt. Signatory verkauft einen sehr jungen *Vintage Mull Malt*, bei dem es sich ebenfalls um einen *Ledaig* handeln soll.

Leestown Amerikanische Whiskey-Destillerie, die diesen Namen, der oft für sie verwendet wird, indes gar nicht offiziell hat, sondern Leestown Distilling Company heißt und identisch ist mit jener Brennerei, die 1869 als O.F.C. Distillery begann, später Stagg Distillery, → Schenley Distillery, → Blanton Distillery und, nach ihrer bekanntesten Marke auch → Ancient Age Distillery genannt wurde. Sie gehört heute in einem *joint venture* der amerikanischen → Sazerac Company und dem japanischen Konsortium → Takara Shuzo & Okura (dessen kleinerer Partner Okura allerdings 1998 Pleite ging) und liegt in dem Ort Leestown am Rande von Frankfort, der Hauptstadt von Kentucky. *Leestown* heißt auch ein Blended, den Ancient Age mit 80° / 40 % abgefüllt hat.

Legacy Schottischer Blend aus dem → De luxe-Bereich, der mit 12, 17 und 21 Jahren angeboten wird. Ursprünglich von Charles → Mackinlay & Co. eingeführt, gehört er heute zum Portfolio von → Invergordon und somit von → Whyte & Mackay.

Legends of the Wild West Serie von Kentucky Straight Bourbons, die in jeweils zwei Versionen große Figuren aus der amerikanischen Geschichte vorstellen. Untereinander unterscheiden sich die Whiskies durch nichts als das andere Gesicht und den anderen Namen auf dem Label. Jeweils mit 12 Jahren und 96° bzw. mit 15 Jahren und 114° gibt es elf »Legenden«: Levis & Clark, David Crockett, Geronimo, Abraham Lincoln, Daniel Boone, General Custer, Buffalo Bill, Kit Carson, Wyatt Earp, General Washington und Doc Holliday. Diesen Guten wurde eine zweite Serie mit denen, die für gute Amerikaner die Bösen sind, gegenübergestellt, die → »Outlaws Series«. Beide Reihen kommen, wie auch anders, von den phantasiereichen → Kentucky Bourbon Distillers, die sich in diesem Fall hinter dem Namen Legendary Distilling Co. verbergen und sich die Leidenschaften von Sammlern und Patrioten gleichermaßen zunutze machen, um möglichst viel von ihren Vorräten abzusetzen.

Legendary, The Schottischer Single Malt von → Blackadder International, die unter diesem Namen → Einzelfaßabfüllungen von → Speyside-Malts anbietet, bei denen der Name der Destillerie nicht genannt wird. Sie sind 10 Jahre alt, haben 43 % und stellen die preisgünstige Alternative zu den anderen Whiskies des → unabhängigen Abfüllers dar.

Lem Motlow's Tennessee Sour Mash von → Jack Daniel, der einen Namen groß herausstellt, der freilich denen wohl bekannt ist, die z. B. die schwarzen Labels des berühmten *Old Time Old No. 7* wirklich gelesen haben: dort wird Motlow immer noch als »Proprietor« der Brennerei genannt. Er war der Neffe von Jack Daniel, fing in den frühen achtziger Jahren des letzten Jahrhunderts bei seinem Onkel an und übernahm nach dessen Tod die Leitung der Firma. Als die → Prohibition bereits 1910 in Tennessee eingeführt wurde, wich er zunächst nach Missouri und dann nach Alabama aus und schaffte es sogar, die Firma und vor allem die Rechte an der Marke zu behalten, als die Herstellung von Whiskey im ganzen Land verboten wurde – weil er unter dem Namen Jack Daniel eine Pferde- und Maultierzucht betrieb.

Seiner Hartnäckigkeit war es zu verdanken, daß er 1938 wieder eine Lizenz zum Destillieren erhielt – obwohl Tennessee »trocken« blieb (bis 1995 war es nicht einmal möglich, in der Brennerei in Lynchburg eine Flasche zu kaufen, und einen Schluck zu trinken gibt es immer noch nicht – außer Limonade). Motlow starb 1947 und neun Jahre nach seinem Tod verkauften seine – kinderlosen – Söhne die Firma an → Brown-Forman. Lem Motlow hätte es sicher verdient, mit einer bedeutenderen Abfüllung geehrt zu werden als mit diesem jungen Whiskey mit 90° / 45 %, der dazu nur sehr lokal im eigenen Bundesstaat verkauft wird und dem Vernehmen nach bald ganz zurückgezogen werden soll. Vielleicht, um einem → *small batch* oder einem → *single barrel* Platz zu machen, der den Namen dieses Mannes, dem Firma und Marke Jack Daniel so viel verdanken, endlich in ganz großen Buchstaben auf das Etikett eines ganz großen Whiskey zu bringen.

Limited Editions Serie von schottischen Single Malts. Der → unabhängige Abfüller → Blackadder International hat den Namen für seine Whiskies gewählt, die nicht auf 43 % reduziert, sondern in → *cask strength* abgefüllt werden.

Lincoln Amerikanischer Präsident. Nicht nur, weil auch er zu den Politikern gehörte, die Whiskey als Steuerquelle benutzten, muß er erwähnt werden. Er war schon seit seiner Kindheit mit dem Destillieren vertraut, weil sein Vater eine Zeit lang in einer Brennerei arbeitete, um die Familie zu ernähren. Sie lebte damals in einer kleinen Hütte in Knob Creek. Rekonstruiert ist sie heute ein nationaler Wallfahrtsort. Auch eine Bourbonmarke erinnert an den Ort, wo Lincoln einige Jahre lang lebte.

Die frühe Verbindung zum Whiskey hinderte ihn nicht, später eher mit der Temperenzlerbewegung zu sympathisieren. Er war zwar kein Mitglied, unterstützte sie aber durch öffentliche Reden und durch das Bekenntnis, daß er Alkohol für schädlich halte und selber nicht trinke. 1862 unterschrieb er ein Gesetz, das auf die Produktion und den Verbrauch von Whiskey Steuern erhob, die dazu dienen sollten, die Armee der Unionisten im Krieg mit den Südstaaten zu finanzieren.

Lincoln County Process Bezeichung für das vor allem von Jack Daniel in der Werbung groß herausgestellte Verfahren (das indes auch beim nahen Konkurrenten George A. → Dickel angewendet wird), nach der Destillation den Whisk(e)y nicht gleich in Fässer zu füllen, sondern zuerst mehrere Tage lang allmählich über eine sehr dicke Schicht Holzkohle sickern zu lassen, die in fast vier Meter hohen Bottichen aufgetürmt ist. Obwohl auch andere Brennereien manchmal filtern, wird dieses Verfahren, auch als → *charcoal mellowing* oder → *leaching* bekannt, so nur in Tennessee angewandt. Als sein Erfinder gilt Alfred Eaton, der es schon 1825 in seiner Brennerei in Tullahoma praktiziert haben soll. Seinen Namen hat es deshalb, weil Moore County, der Bezirk, zu dem Lynchburg und die Jack Daniel Distillery heute gehören, einst Teil von Lincoln County waren.

Linkwood Schottische Malt-Destillerie. Sie liegt knapp außerhalb des Stadtgebietes im Süden von Elgin und zählt somit zur → Speyside. Sie wurde schon 1820/21 gegründet, 1871 komplett neu gebaut und genau hundert Jahre danach um ein zweites → *stillhouse* ergänzt. Aber die wichtigste Renovierung geschah 1962 durch ihren langjährigen Manager Roderick McKenzie, der so sehr an die Kraft der Beständigkeit glaubte, daß er nach dem Austausch der → *stills* erst dann wieder zu destillieren anfing, als auch die Spinnen ihre Netze wieder an den alten Stellen gewoben hatten. Von 1933 an gehörte sie der → DCL, deren durch ihre Blends → *Abbot's Choice* und → *Chequer's* bekannte Tochter John McEwan bis 1992 als Lizenzinhaberin eingetragen war, ehe der neue Besitzer → UD sie auf sich umschreiben ließ. Heute ist sie Teil von UDV.

Als Single Malt gab es Linkwood auch schon von McEwan in einer originellen sechseckigen Box in Eigentümerabfüllung, aber besonders gepflegt wurde er von → Gordon & MacPhail aus dem nahen Elgin, die ihn mit 12, 15 und 21 Jahren und in mehreren Jahrgangsabfüllungen führten. UD brachten dann einen 12jährigen in der → »Flora & Fauna«-Serie heraus und auch einen *cask strength* mit 59.8 % von 1983. Auch → Cadenhead, → Signatory und → MacArthur können von Zeit zu Zeit einen *Linkwood* anbieten. Bei keiner Abfüllung wird übrigens zwischen den Bränden von Linkwood B und der alten Linkwood A unterschieden; sie fließen unterschiedslos gemeinsam in die Fässer.

Linlithgow Schottischer Ort westlich von Edinburgh, Geschichtskundigen als Ort bekannt, wo Mary Queen of Scots geboren wurde, Literaturkundigen vertraut durch Fontanes Gedicht »Archibald Douglas« (»Zu Roß! Wir reiten nach Linlithgow..«). Der kleine Ort beherbergte einst vier Brennereien, von denen keine mehr besteht. Einzig die (denkmalgeschützten) Gebäude der 1983 geschlossenen Brennerei → St. Magdalene sind übriggeblieben. Die hieß zeitweilig wie der Ort, dessen Name der unabhängige Abfüller → Cadenhead zumindest einmal bei einer Abfüllung vorgezogen hat, deren Etikett anders gestaltet war als sonst üblich. Es wies den Malt als 1982er aus und nannte neben der Stärke (65.4 %) auch die Faßnummer 2839 und die Nummer der Flasche. Auch → Signatory bevorzugte den Namen *Linlithgow*, als sie in der Serie »Silent Stills« einen Malt von 1975 mit 51.7 % herausbrachte.

Lismore Schottische Whiskies, die es sowohl als Blend wie als Vatted und Single Malt gibt. Sie sind nach der dem Festland vorgelagerten kleinen Insel im Loch Lhinne benannt und kommen von der Firma William → Lundie & Co. in Glasgow. Einfache Blends sind der *Finest* und der *Signature* ohne Altersangabe, der *Select* ist 8 Jahre alt, die verschiedenen *Special Reserves* sind 12, 15 bzw. 21 Jahre alt. Als Vatted ist der *Lismore* 8, als Single Malt (ohne Herkunftsbezeichnung) 12, 21 und sogar 25 Jahre alt.

Littlemill Schottische Malt-Destillerie. Sie liegt in Bowling am Nordufer des Clyde direkt unter der Erskine Bridge und wird zu den → Lowlands gezählt, obwohl sie ihr Wasser aus den Kilpatrick Hills bezog, die wiederum schon den → Highlands zugerechnet werden. Sie kann sich, zusammen mit → Glenturret und → Strathisla, stolz eine der ältesten Brennereien Schottlands nennen, mit einem Gründungsdatum von 1772 oder sogar 1750. Sie hat eine sehr wechselvolle Geschichte hinter sich, mit ungewöhnlich vielen Schließungen und Besitzerwechseln, die bis in die jüngste Vergangenheit reichen: 1931 wurde sie von dem Amerikaner Duncan G. Thomas erworben, der 1959 Anteile an → Barton Brands verkaufte (die 1965/66 als Erweiterung → Loch Lomond Distillery bauten). 1982 kam sie wieder unter schottische Kontrolle, wurde 1984 geschlossen, 1989 von → Gibson International, denen auch → Glen Scotia gehörte, übernommen und nach umfangreichen Aufbauarbeiten wiedereröffnet.

Nach deren Konkurs wurde sie 1994 von → Glen Catrine Bonded Warehouse übernommen, die sie unter dem Namen Loch Lomond Ltd. zusammen mit → Loch Lomond und → Glen Scotia führt, ohne sie indes produzieren zu lassen. Sie planten sogar einen Abriß, um an ihrer Stelle Wohnhäuser zu bauen, mußten den Plan aber fallenlassen, weil einige der Gebäude denkmalgeschützt sind, und suchen nun einen Käufer. Littlemill verwendete bis in die dreißiger Jahre die → Dreifachdestillation und hatte mechanische → *maltings*. In den sechziger und siebziger Jahren fügte man an die → *stills* einen → *rectifyer*, um unterschiedliche Whiskies produzieren zu können und stellte einen getorften Malt namens → *Dumback* (der noch nie als Single Malt abgefüllt wurde) und einen leichteren, ungetorften namens → *Dunglass* her. Was der neue Besitzer Glen Catrine in seiner → Loch Lomond Distillery perfektioniert hat, wurde also zum Teil auch in Littlemill versucht: mit unterschiedlichem Ausgangsmaterial und veränderbarem Equipment in ein und derselben Brennerei unterschiedliche Whiskies zu erzeugen. *Littlemill* wurde als Single Malt in → Eigentümer-Abfüllung mit 5, und wird heute, in zwei verschiedenen Flaschen, mit 8 Jahren verkauft. In der kleinen Stückzahl von 350 Flaschen gab es Ende 1997 einen 64er mit 32 Jahren. → Signatory hatte in der Serie → »Silent Stills« in der Faßstärke von 49.1 % einen 1965 destillierten Malt. Auch vom *Dunglass* sind Abfüllungen bekannt.

Living Cask, The Schottischer Vatted Malt, mit dem Lyndsay und Richard Joynson, die rührigen Besitzer von Schottlands bestem Whiskyladen, → »Loch Fyne Whiskies« in Inveraray, eine alte schottische Tradition wiederbelebt haben. Vielleicht ein klein wenig angeregt durch den neuen → *Glenfiddich Solera Reserve,* ganz gewiß aber durch die Lektüre von Professor George Saintsburys Klassiker »Notes on a Cellar Book«, haben sie in ihrem Laden ein Faß mit einem guten Single Malt aufrecht aufgestellt, so daß man leicht an den Spundhahn herankommt, und es dann allmählich fast bis auf die Höhe dieses Spundhahns geleert. Dann haben sie den entnommenen Malt durch neuen, etwas jüngeren ersetzt und erlauben diesem, sich mit dem vorherigen, älteren, zu »verheiraten«. Dabei soll der neue vom Charakter des älteren ebenso profitieren wie den eigenen Charakter an ihn weitergeben, oder, wie Saintsbury sagt, »the constantly changing character of the old constituents doctors the new accessions, and in which these in turn freshen and strengthen the old«. Bei der Produktion von Sherry nennt man diesen Prozeß das Solera-System. Ein solches Faß stand früher in jedem schottischen Haushalt, der etwas auf sich hielt – kein Wunder, ist der so gewonnene Malt doch etwas Wunderbares. Die Joynsons lassen ihre Kunden gern von ihm kosten. Abgefüllt werden, natürlich in Faßstärke, immer nur kleine Flaschen mit 20cl und es wird angegeben, um welchen »Aufguß« es sich handelt: Im Frühjahr 1999 war Volume II an der Reihe. Es hatte einen deutlich rauchigeren Charakter als Volume I.

Lizenzabfüllung Bezeichnung für Abfüllungen, die nicht vom Besitzer einer Marke oder vom → Eigentümer einer Brennerei selbst, aber mit deren Einverständnis vorgenommen werden. Beim schottischen Single Malt, wo sehr viele selbständig operierende → unabhängige Abfüller agieren, ist die Lizenzabfüllung eine Zwischenform: sie wird von einem Unabhängigen auf den Markt gebracht, nennt aber neben dessen Namen und dem Namen der Brennerei auch den Namen der Firma, der die Destillerie gehört. → Gordon & MacPhail hat seit vielen Jahren solche Malts von → Mortlach und → Linkwood im Programm, unter der Bezeichnung → »George & J. G. Smith's« eine eigene Reihe mit Whiskies von → Glenlivet und in Absprache mit → Allied Distillers die → »Allied-Serie«.

Loch Dhu Schottischer Single Malt aus der → Mannochmore Distillery, der Ende 1996 von → UD auf den Markt gebracht wurde und durch seine extrem dunkle, fast schwarze Farbe auffällt, die allerdings bei näherem Hinsehen dunkelbraune, orangefarbene Reflexe bekommt. UD bestritten, daß die Farbe durch intensive Verwendung von Karamel erreicht wurde, geben allerdings keine genaue Auskunft, sondern verweisen auf die Verwendung von besonders intensiv ausgekohlten Bourbon-Fässern. Da der Whisky zehn Jahre ist, müßte er bereits 1986 ins Faß gekommen sein – zu einer Zeit, als die Brennerei noch der → DCL gehörte, die nie durch besondere Experimentierfreude, sondern eher durch konservative Zurückhaltung und den Mangel an Ideen aufgefallen ist. Kaum denkbar, daß sie schon damals so ungewöhnliche Wege beschritten haben soll. Eher handelt es sich um ein Produkt der Marketingstrategen von UD, die viele Versuche unternommen haben, neue Käuferschichten anzusprechen (weitere Beispiele sind der → *Hackler*, der → *Jackson Row,* der → *Red Devil* oder die → Alcopops von → *Bell's*). Das scheint ihnen im Falle des *Loch Dhu* gelungen zu sein: Der trotz aller Beteuerungen intensiv nach Karamel (und Lakritz) schmeckende Whisky stößt bei erfahrenen Maltliebhabern, die ihn für ein Designerprodukt halten, auf Ablehnung, bei Neulingen aber auf begeisterte Zustimmung.

Loch Fyne, The Schottischer Blend aus dem → Premium-Segment, die Hausmarke von Richard Joynson und dessen Frau Lyndsay Shearer und ihrem Laden »Loch Fyne Whiskies« in Inveraray, dem umtriebigen Örtchen am Loch Fyne. Das war bis jetzt vor allem für seine Kippers, die geräucherten Heringe, bekannt, wird nun aber in der Whiskywelt gerühmt als eine der weltweit besten Bezugsquellen für Whisky. Ansprüche, Ernsthaftigkeit und Professionalität der beiden Inhaber zeigen sich u. a. darin, daß sie eine vorzügliche Zeitschrift herausgeben, die → »Scotch Whisky Review« – und sie zeigen sich auch bei ihrem neuen Blend. Er trägt die Jahreszahl 1884 – weil Richard und Lyndsay die Rechte an einer alten Marke gekauft und sie dadurch wiederbelebt haben. Mit einem Bild der von 1831 bis 1997 existierenden → Glendarroch Distillery auf dem Etikett, ist er eine höchst gelungene Schöpfung von Ronnie Martin von → Inverarity Vaults. Seine Qualität spiegelt sich auch in der W-ürde und Gediegenheit ausstrahlenden Ausstattung wieder – das alles wurde 1996 durch die Bronze-Medaille der International Wine and Spirit Competition gewürdigt.

Loch Indaal Schottischer Single Malt, der 1998 auf den Markt kam. Wenn ein Malt diesen (»Loch Indohl« ausgesprochenen) Namen trägt, kann es sich nur um einen aus → Bowmore oder einen → Bruichladdich handeln, denn nur diese beiden → Islay-Brennereien liegen an der Meeresbucht. Theoretisch käme auch noch Port Charlotte Distillery in Frage, dem stünde allerdings das Alter von 10 Jahren entgegen, denn die Destillerie in dem kleinen Örtchen ist schon viel länger geschlossen. Freundlicherweise wird dann »Scotland's most westerly distillery« als Quelle angegeben. Er kommt also aus Bruichladdich, die ja leider von → Whyte & Mackay/ → JBB (Greater Europe) geschlossen wurde. Die große 43 auf Label und Verpackung signalisiert das Alkoholvolumen. Der Malt wird nicht von den → Eigentümern vertrieben, sondern von einer von einem Amerikaner neu und eigens für dieses Produkt gegründeten Firma namens Associated Distillers.

Loch Kindie Schottischer Vatted Malt, acht Jahre alt, der von → QSI, einer Tochter von William → Grant & Sons, zwar hergestellt wird, dessen Namensrechte aber eine andere Firma besitzt.

Loch Lomond Schottische Malt-Destillerie. Sie liegt leider nicht an dem legendären und vielbesungenen See, der ihr den Namen gegeben hat, sondern südlich von ihm in einem häßlichen Industriegebiet am Rand der Ortschaft Alexandria. Damit befindet sie sich knapp nördlich der imaginären Grenze zwischen den → Lowlands und den → Highlands, darf sich also zu letzteren rechnen. Die Brennerei am River Leven, der den See mit dem Clyde verbindet, war früher eine Fabrik und wurde erst 1965/6 von einer amerikanischen Firma gebaut, der auch → Littlemill gehörte und an der auch → Barton Brands beteiligt war. Deren neue Besitzer → ADP schlossen sie 1984 und verkauften sie ein Jahr später an → Glen Catrine Bonded Warehouse. Sie hat ungewöhnliche → *stills*, die verändert werden und deshalb ganz verschiedene Whiskies produzieren können: In die Köpfe von zwei der vier Brennblasen sind → *rectifyer* eingebaut, die wahlweise benutzt werden können. Es werden auch verschiedene Gerstensorten und vor allem ganz unterschiedlich getorftes Malz verwendet, u. a. eines, das von → Port Ellen kommt und sehr stark phenolig ist. Außerdem wird manchmal der → *middlecut* des zweiten Durchlaufes unterschiedlich abgetrennt.

Wegen dieser vielfältigen Möglichkeiten produziert Loch Lomond sechs verschiedene Malts, von denen allerdings nur zwei als Single Malt auf den Markt kommen,→ *Inchmurrin* und → *Old Rhosdhu*, während → *Glen Douglas*, der schwer getorfte → *Croftengea*, → *Inchmoan* und → *Craiglodge* einstweilen nur zum Blenden verwendet werden. Der Name *Loch Lomond* war lange nur auf → unabhängigen Abfüllungen von → Cadenhead zu finden, die ihn voranstellten und *Inchmurrin* und *Old Rhosdhu* hinter ihm in Klammern setzten. Aber dann brachten die → Eigentümer 1998 in der gleichen Aufmachung wie vorher einen → *Glen Scotia* und einen → *Littlemill* auch endlich einen *Loch Lomond* heraus, der immerhin 23 Jahre lange gereift war.

Zum Komplex in Alexandria gehört auch eine Grain Destille. Unter dem Namen des Sees wird ein »normaler« und ein → Single Blend verkauft. In den Lagerhäusern reifen auch Malts aus Glen Scotia und Littlemill. Viele von ihnen fielen den Flammen zum Opfer, als eines der → *warehouses* im Frühjahr 1997 Feuer fing und zahlreiche Fässer verbrannten.

Loch Morar Schottischer Single Malt mit 8, 12 und 18 Jahren, den die in Minneapolis residierende Firma → All Saint's Brands in den USA anbietet. Sie gibt die Brennerei nicht an, wirbt aber damit, daß er ein »classic → Speyside from the town of Elgin« sei. Das Loch, das ihm den Namen geliehen hat, ist freilich an der Westküste in der Nähe von Malaig zu finden – nicht weit von dem Strand, an dem »Local Hero« gedreht wurde.

Loch Ness Water Schottischer Blend, »selected for the Loch Ness Monster«, das auch auf dem Label aus dem See auftaucht. Ein → De luxe, von → Signatory für den deutschen Importeur Dieter Kirsch abgefüllt und nur in Deutschland zu erwerben.

Loch Ness, The Schottischer Single Malt unbestimmter Herkunft. Angegeben ist keine Brennerei, sondern nur die Region → Highlands. Die Cleverness, sich des berühmten Namens zu bedienen, hatte die bisher nur durch einen Gin hervorgetretene Martinelli Group. Sie gründete eine eigene Tochterfirma namens The Loch Ness Whisky Company, um ihr Produkt weltweit und vor allem auch im Duty free zu vermarkten. Flasche und Röhrenverpackung des 40 % starken Malts zeigen natürlich Nessie.

Loch Ranza Schottischer Blend ohne Altersangabe von → Isle of Arran Distillers, deren Gründer Harold Currie bis zu seinem Ruhestand ein erfolgreicher Masterblender war und mit der Schaffung einiger Blends dazu beitrug, schon einmal ein bißchen Geld zu verdienen, weil es ja noch dauert, bis der eigene Malt abgefüllt werden kann. Seinen Namen hat er von Lochranza Castle bzw. dem kleinen Ort, von dem aus die Fähre nach Kintyre geht und an dessen Rand die neue Brennerei liegt. Schloß und Ort schreiben sich tatsächlich in einem Wort, nur der Whisky heißt wie die Bucht Loch Ranza.

Lochan Ora Schottischer → Whiskylikör, an dessen Aufmachung man unschwer erkennen kann, aus welchem Haus er kommt: von → Chivas Brothers (mit der alten Adresse in Aberdeen!), also von → Seagram. Er hat 35 %, aber was er außer Whisky enthält, wird leider nicht verraten. Dafür wird freundlicherweise auf dem Label die Übersetzung für den gälischen Namen geliefert: »Golden Loch«, also »Goldsee«, und das beschreibt seine Honigfarbe ganz gut.

Lochside Schottische Grain- und Malt-Destillerie. Ihr Name bedeutet Seenplatte oder Seengegend. Sie liegt in Montrose und zählt zu den östlichen → Highlands. Schon von außen ist zu erkennen, daß die Gebäude nicht zum Herstellen von Whisky errichtet wurden. Tatsächlich beherbergten sie eine Brauerei, die zuletzt Deuchar's gehörte. Joseph Hobbs, dem damals auch → Ben Nevis gehörte, kaufte sie, installierte wie dort Anlagen, mit denen Malt wie Grain destilliert werden konnte, die an Ort und Stelle, nach entsprechender Lagerung, zu Blends weiterverarbeitet werden sollten. Der Firma gab er den Namen Macnab Distilleries, seinen Blend nannte er → *Sandy Macnab's*. 1973 kauften die spanischen → DYC (Distilerias y Crianza) Lochside, was damals genauso viel Aufregungen und Befürchtungen hervorrief wie der Einstieg der Japaner in Schottland. Doch die spanischen Eigentümer ließen zunächst alles beim alten, ließen die vier → *pot stills* weiterhin Malt produzieren, legten nur die Grainanlage still und transportierten auch nur einen Teil des Malt *in* → *bulk* nach Spanien, um ihn für ihren *DYC* zu verwenden. Seit 1991 ist die Brennerei allerdings geschlossen. Die Situation ist seit einiger Zeit etwas verwirrend. Einerseits wußte man schon lange, daß hinter den Spaniern Hiram → Walker stand, deren Mutter → Allied Domecq sind. Die wiederum hat einen schottischen Arm, → Allied Distillers, aber die fühlen sich für das heruntergekommene Kind nicht zuständig. Sie möchten es gerne loswerden, haben auch schon alle Fässer abtransportiert und füllen auch den Single Malt mit 10 Jahren (früher 8 und 12) nicht mehr ab. Von den → Unabhängigen gibt es ihn aber hin und wieder, z. B. hatten → Gordon & MacPhail in der → »Connoissoirs Choice«-Serie einen 1966er und einen 1982er. → Signatory hatte mehrere Abfüllungen, darunter einen sehr alten aus dem Jahr 1959 und einen aus dem Jahr 1966, den sie in ihre Serie »Silent Stills« aufnahmen. Er hatte 57.7 %. → MacArthur gelang es sogar, einen Grain aufzufinden und mit 60.5 % und 27 Jahren abzufüllen.

Locke's Irischer Whiskey, der der Whiskeywelt den Namen des ehemaligen Inhabers der in dem Dorf → Kilbeggan gelegenen Brennerei → Brusna erhält. Die Marke gehört heute der Firma → Cooley Distillery, die sie und die alten Gebäude gekauft hat und in ihnen eine Küferei betreibt. Vor allem aber läßt sie dort einen Großteil ihres Bestandes reifen, der in → Riverstown destilliert und in Tankwagen nach Kilbeggan gebracht wird. Locke's gibt es in zwei Versionen: als Blend mit 40 % und als Single Malt. Von ihm gab es eine Abfüllung in limitierter, numerierter Auflage von 5000 Flaschen des Jahrgangs 1989. Sie lagen in einer samtausgekleideten Holzkiste, eine neue Edition kam unverpackt, aber immerhin mit dem Hinweis auf das Jahr der Abfüllung 1997.

Logan Schottischer Blend, der den Namen eines Mannes trägt, den jeder in Ehren halten sollte, der den → Single Malt von Lagavulin liebt. James Logan Mackie übernahm die Brennerei auf → Islay 1867, gab seinem Neffen Peter → Mackie die Gelegenheit, dort das Handwerk des Destillierens zu lernen, und vererbte ihm die Brennerei 1889. Es war dieser energische junge Mann, der seine Firma zu einer der → Big Five ausbaute und mit seinem → *White Horse* eine der erfolgreichsten Blends überhaupt schuf. *Logan* ist so etwas wie die → De luxe-Version dieser Marke, hieß früher einmal *Laird o'Logan*, kommt heute mit 12 Jahren immer noch von White Horse Distillers, die freilich längst, über die Stationen → DCL und → UD zum Imperium von UDV gehören. Neben Lagavulin spielen sicher auch die Brennereien → Craigellachie und → Glen Elgin eine Rolle bei dem Whisky.

Lombard Scotch Whisky Whiskyfirma, die ihren Sitz auf der Isle of Man hat und eine Reihe von eigenen Marken hat. Nach dem Unternehmen heißt der

Blend *Lombard's*, den es als → Standard mit dem Zusatz → *Gold Label* und außerdem mit 5 und 12 Jahren gibt. *Lombard's Pure Malt* ist ein 12jähriger Vatted Malt. Eine Spezialität der Firma ist ihr Angebot an Sammler: sie hat die → *Beneagles*-Serie übernommen, bei der Whisky in Nippesfiguren abgefüllt wird; populär ist die Raubvögel-Serie und beliebt sind Motive wie Curlingsteine oder Nessie. Gleichfalls an Sammler wendet sich die »Limited Edition« mit Single Malts, auf deren Label »Golfing Greats« abgebildet sind. Weitere Marken der Firma sind: → *Age of Sail*, → *Golden Piper* und → *Highland Gathering*.

Lomond Schottischer Single Malt, der in der → Dumbarton Distillery erzeugt wird. Innerhalb dieses 1938 errichteten Komplexes, der vor allem der Erzeugung von Grain Whisky dient, gab es bis 1991 eine kleine Anlage zum Brennen von Malt. Sie hatte drei → *stills*, eine → *wash still* und zwei verschiedene → *spirit stills*, von denen eine eine sogenannte → *Lomond still* war. Mit ihr wurde ein Malt erzeugt, der konsequenterweise *Lomond* getauft wurde. Er war nie in → Eigentümer-Abfüllung zu haben. Soweit bekannt, gelang es nur der → Scotch Malt Whisky Society, ein einziges Faß als Single Malt, in → *cask strength*, abzufüllen.

Lomond still Bezeichnung für eine spezielle Form von → *stills* zur Herstellung von Malt Whisky, die in den fünfziger Jahren in einigen schottischen Brennereien neben den normalen → *pot stills* installiert wurden. Der Grund für die neuen Brennblasen war, daß Hiram → Walker, damals Besitzer dieser Destillerien, für seine Blends 42 Malts brauchte, aber nur sechs Brennereien besaß. Der junge Ingenieur Alistair Cunningham (später Managing Director von → Allied Distillers) bekam 1955 von seinen Chefs den Auftrag herauszufinden, ob und wie eine Brennerei mehrere verschiedene Malts produzieren könne. Nach Experimenten mit der → Maische schlug er eine neue Form von *stills* vor. Sie sollten nicht bauchig, sondern zylindrisch sein und in ihrem Kopf bewegliche Kupferplatten haben. Das erste Paar wurde in → Dumbarton eingebaut, wo herkömmliche *pot stills* den → *Inverleven* produzieren. Ebenfalls ein Paar kam neben die *stills* in → Glenburgie und → Miltonduff. In → Scapa wurde nur die bisherige → *wash still* durch einen der neuartigen Apparate ersetzt. Um die Malts unterscheiden zu können, bekamen sie, bis auf den Scapa, neue Namen: *Lomond* in Dumbarton, → *Mosstowie* in Miltonduff und → *Glencraig* (nach dem Nordschottland-Chef der Firma) in Glenburgie. Die Kupferplatten brachten dann aber doch nicht den erhofften Erfolg und wurden zuerst in Lomond, dann auch in Scapa entfernt. Überhaupt wurde die Sache Anfang der achtziger Jahre wieder aufgegeben, vor allem, weil der Bedarf an *Inverleven*, *Glenburgie* und *Miltonduff* stieg. Die *Lomond stills* wurden abgebaut, um Platz für Erweiterungen mit *pot stills* zu schaffen. Entsprechend selten und gesucht sind die Malts. Nur in Scapa ist noch die *Lomond still* zu bestaunen, aber auch dort ruht die Produktion seit mehreren Jahren.

In den meisten Whiskybüchern steht zu lesen, daß die Lomond-Malts »öliger und schwerer« als die mit den anderen Brennblasen der vier Brennereien wären. Sie waren es nicht. Auch wenn das »Whisky Magazine« im Frühjahr 1999 die Behauptung wiederholte: Sie ist falsch. Man kann sich leicht davon überzeugen, wenn man die Malts verkostet. Beim *Lomond* werden das zwar die wenigsten können, weil es von ihm überhaupt nur ein Faß gab, das abgefüllt wurde. Aber den *Mosstowie* gibt es und er ist leichter als der *Miltonduff*. Der *Glencraig* ist süß und fruchtig und keineswegs schwer. Der *Scapa* ist eine Ausnahme, aber der wird ein zweites Mal in einer herkömmlichen → *spirit still* destilliert. Befragt, welche Meinung nun richtig sei, antwortete William F. Bergius, Director of Brand Heritage bei Allied: »Der Plan war, mit einer *still* mehrere Whiskies zu produzieren und sie sollten reicher sein als das vorher in der betreffenden Brennerei möglich war. Theoretisch sollte die gleiche *still* sehr komplexe, aber auch sehr leichte Whiskies produzieren. Die Praxis folgte leider nicht diesen Hypothesen. Die neuen *stills* produzierten eben keine reicheren Whiskies, auch die Idee mit der *range* funktionierte nicht und alle *Lomond stills*, wo sie auch waren, machten ganz im Gegenteil elegante und leichte Whiskies. Das Geheimnis des Scotch hat wieder einmal gewonnen!«

London & Scottish Spirits Spirituosenfirma, die erst 1994 gegründet wurde und ihren Geschäftssitz in Bramley in Surrey hat. Neben anderen Produkten hat sie eine Reihe von Scotch Whiskies im Programm, die sie in der kurzen Zeit so gut entwickelt hat, daß sie 1997 von der Zeitschrift »Export Times« mit dem Titel »Exporter of the Year« ausgezeichnet wurde. Das zeigt, wo ihre Aktivitäten hauptsächlich liegen: sie liefert ihre Marken vor allem nach Fernost, Südostasien, Südeuropa und Lateinamerika. Sie führt die Blends → *Old Bridge*, → *Old Crofter*, → *Rory* und → *Scottish Reel* und einen Vatted Malt namens → *Glen Torran*.

Lone Oak Kentucky Straight Bourbon, den es in zwei Versionen gibt: mit 6 Jahren und einer Stärke von 43 % und 12jährig und mit 50.5 %. Er wird in Kentucky, wahrscheinlich bei → Heaven Hill, gemacht und von einer Kentucky Hilltop Distillery in → Bardstown abgefüllt, die nichts weiter ist als einer der vielen Phantasienamen, hinter denen sich die → Kentucky Bourbon Distillers verbergen.

Long John Schottischer Blend, der heute → Allied Domecq gehört und zur Zeit nur noch als → Standard und als 12jähriger → De luxe-Blend erhältlich ist. Seine Geschichte ist lang und so verwickelt, daß sich an ihr all die komplizierten Firmengründungen, -verkäufe, -fusionen und Besitzerwechsel von Brennereien und Marken, die die schottische Whiskygeschichte in den letzten 100 Jahren bestimmt haben, geradezu mustergültig studieren lassen.

Die Marke geht auf eine legendäre Figur zurück, den ob seiner außergewöhnlichen Körpergröße »Long« genannten John Macdonald. Er entstammte einem der ältesten Geschlechter des Landes, dessen Stammväter keine Geringeren waren als John MacDonald, Lord of the Isles, und über ihn hinaus Somerled, der König von Argyll. John gründete 1825 seine Brennerei am Fuße des höchsten Berges Großbritannien, nach dem er sie → Ben Nevis benannte. Seinem Whisky gab er den Namen → *Dew of Ben Nevis*. 1911 wurde die Marke an den Londoner Spirituosenhändler Chaplin verkauft, der sie 25 Jahre später an → Seager Evans veräußerte, die als Ginhersteller groß geworden waren und diversifizieren wollten. Unter dem Namen Long John International betrieben sie ihre Whisky-interessen, kauften später auch → Glenugie Distillery und erwarben in den fünfziger Jahren am Clyde ein großes Gelände, um die → Lowland-Brennerei → Kinclaith zu bauen. Noch vor ihrer Fertigstellung wurden Seager Evans und mit ihr Long John International von → Schenley gekauft. Die nächsten Aktivitäten waren der Bau von → Tormore, der Kauf der Marke → *Black Bottle* und der Erwerb von → Laphroaig Distillery. Schenley verkaufte seine schottische Interessen an den Brauereigiganten Whitbread. Der kaufte 1981 für seine Tochter auch Ben Nevis und vereinigte so nach vielen Jahren der Trennung den Blend und die Brennerei, aus der er ursprünglich kam, unter dem gleichen Dach. Aber das Glück hielt nicht an, weil die Brennerei bald an die japanische Firma → Nikka veräußert wurde.

Der Blend *Long John* soll mehr als 30 verschiedene Malts enthalten und ist ein schottischer Klassiker. Verwandte von ihm sind *The* → *Real Mackay* und → *Scorsby Rare*.

Longmorn Schottische Malt-Destillerie. Sie liegt in unmittelbarer Nachbarschaft zu → Benriach nahe an der Straße, die von Elgin nach Rothes führt und gehört damit zur → Whiskyregion → Speyside. Ihr Name hat nichts mit dem englischen »morning« zu tun, sondern ist das gälische Wort für Platz des heiligen Mannes. Ihre Geschichte war wenig sensationell – wenn man es nicht schon als Sensation bezeichnen will, daß eine schottische Brennerei während ihrer ganzen Geschichte ohne Schließung in Betrieb bleiben konnte und auch nur wenige Änderungen in den Besitzverhältnissen erleben mußte. Erbaut wurde sie 1894/5 von John Duff an eben dem Platz, wo vor vielen Jahrhunderten jener heilige Mann seine Kapelle hatte. Ihrer Wasserquelle prophezeite man wahrscheinlich deswegen ewiges Sprudeln. Unmittelbar nach dem Bankrott von → Pattison und dem durch ihn ausgelösten Ende des Whiskybooms kam Nachbarin Benriach in ihren Besitz. Der Zusammenschluß mit → Glenlivet und → Glen Grant im Jahr 1970 machte eine umfassende Renovierung und die sukzessive Erweiterung auf zunächst sechs, dann acht → *stills* möglich, die bis 1993 noch mit Kohle direkt befeuert wurden – was Liebhaber ihres Malts große Befürchtungen hegen läßt, ob die Änderung Auswirkungen auf seinen Charakter hat.

Und sie hat diese Liebhaber, obwohl der Single Malt aus Longmorn immer ein wenig im Schatten stand, auch bei seinen Besitzern (seit 1977 → Seagram). Sie brachten zwar schon 1986 eine → Eigentümer-Abfüllung mit 15 Jahren heraus, taten aber wenig, um sie auch bekannt zu machen. Seit 1994 gehört der *Longmorn* (ebenfalls 15 Jahre) zur → »Heritage Selection« der Seagram-Tochter → Chivas & Glenlivet Group, der die auf → Chivas Brothers lizensierte Brennerei untersteht. Seitdem ist der Malt besser verfügbar – und erfährt nun hoffentlich auch die ihm gebührende Aufmerksamkeit, nachdem Jim Murray in der Taschenbuchausgabe seines Buches »The Complete Guide to Whisky« ihn unter die zehn besten Whiskies der Welt subsummiert hat. Ganz gewiß ist er einer der komplexesten und größten Schottlands. Mit einem 25jährigen *Centenary Bottling*, der immerhin 45 % hatte, gedachte man 1995 der Eröffnung der Brennerei. Auch die → Unabhängigen haben ihn immer wieder, z. B. → Cadenhead und → Blackadder. → Gordon & MacPhail haben einen 12jährigen und immer wieder verschiedene Jahrgänge in ihrer → »Connoisseurs Choice«-Serie. Signatory brachte zum 10. Firmenjubliäum einen *Longmorn* von 1969 in der Faßstärke von 56.3 % heraus.

Longrow Schottische Malt-Destillerie, die einst in → Campbeltown dort stand, wo heute der Parkplatz von → Springbank Distillery ist. Es gibt noch einige Überreste, die auch benutzt werden. Die Mitchells von Springbank haben es fertiggebracht, den Namen des ehemaligen (und einige Jahre älteren) Konkurrenten der Nachwelt zu erhalten, indem sie ihren Zweitmalt *Longrow* genannt haben. Er wird nur sehr selten hergestellt und unterscheidet sich vom *Springbank* einmal dadurch, daß für ihn schwer getorftes Malz genommen und daß bei der → Destillation eine andere Abtrennung vorgenommen wird. Die Beschreibungen dafür sind in der Whiskyliteratur höchst unterschiedlich und verwirrend. Niemand kann authentischer Auskunft geben als der langjährige Produktionschef John McDougall. Ihm zufolge wird einfach der gesamte zweite Durchlauf als → *feints* betrachtet und ein drittes Mal gebrannt, was ein rauheres Ergebnis und zusammen mit dem Torf einen schweren, phenoligen Charakter ergibt.

Er ist sehr gesucht und kommt immer nur in kleinen Mengen auf den Markt, was die Nachfrage zusätzlich ankurbelt. In → Eigentümer-Abfüllung gab es einen 14jährigen Malt, dann kamen nacheinander einer mit 16, 18 und 21 Jahren, bei denen als Jahr der Produktion jeweils 1974 angegeben war. Besonders rar war der *First Distillation Last Cask Longrow 1973* und der um die tausend Mark teure *Longrow Bond Reserve*. Selbst der im Herbst 1997 angebotene 10jährige von 1987 ist gesucht. Aus dem gleichen Jahr stammen die beiden Abfüllungen, die der deutsche Importeur Dieter Kirsch und → Signatory anboten. Außerdem hatten auch → Blackadder und die italienische Firma Moon ein Faß. Und hin und wieder gibt es ihn natürlich auch von → Cadenhead, dem → unabhängigen Abfüller, kein Wunder, gehört er doch ebenso der Firma J. & A. Mitchell wie die Brennerei. Für den Sommer 1999 war ein *Longrow* aus dem Sherryfaß angekündigt. Er war binnen weniger Tage ausverkauft.

Lord Calvert Kanadischer Whisky, der den Namen der kleinen Calvert Distillery in Amherstburg im Süden Ontarios am Leben hält. Sie war eine Gründung der Reifels, einer deutschstämmigen Familie, die in British Columbia zuerst mit Bierbrauen ihr Geld verdiente und später British Columbia Distillery Company gründete. Sie war vor allem während der amerikanischen → Prohibition erfolgreich, als sie ihre Whiskies offiziell nach Tahiti exportierte. 1942 kaufte Samuel → Bronfman zusammen mit Reifels Unternehmen auch Calvert. Der drei Jahre alte Whisky kommt heute aus → Gimli und wird nur für den Export produziert.

Lord Connell Schottischer Blend von der Firma Duncan MacKinnon & Co. in Glasgow, die ihr Produkt als »specially selected for coffee drinkers« anpreist – ohne indes mitzuteilen, ob sie sich dabei eine schottische Version von → Irish Coffee vorstellen oder den Blend einfach als Begleitung zu einer Tasse Kaffee empfehlen.

Lord of Islay Schottischer Single Malt. Sein zweisprachiges, englisch-französisches Etikett spricht von einem Single Islay Malt. Es zeigt ein Segelschiff, das den Kenner der Whiskygeschichte an die alten Flaschen und Verpackungen erinnert, die Malt aus Bowmore enthielten und heute als *Sherriffs Bowmore* bei Sammlern sehr gesucht sind. Ob die Ähnlichkeit Zufall ist oder ein dezenter Hinweis darauf, daß der Malt, der 1999 in Frankreich auf den Markt kam, tatsächlich *Bowmore* ist, muß natürlich Spekulation bleiben. Er ist ein neues Produkt von The Vintage Malt Whisky Co. in Glasgow/Bearsden und die hütet sich, Auskunft zu geben.

Lot No. 40 Kanadischer Whisky und eine Rarität unter seinesgleichen. Vielleicht ist er die erste → *small batch*-Abfüllung des Landes. Die Flasche selbst ziert die Darstellung des Destillier-Prozesses nach einem alten Druck, das Etikett berichtet, daß der Whisky in einer einzigen kupfernen → *pot still* gebrannt wird – von D. Michael Booth, der sich auf ein Rezept seines vor sieben Generationen lebenden Vorfahren Joshua Booth beruft. Basis sei eine → Maische von Getreide und gemälztem Roggen, das Ergebnis ein »Geschmack, den Sie nicht so bald vergessen«.

Lottas Home Kentucky Straight Rye mit 13 Jahren, der einerseits von der Commonwealth Distillery in Lawrenceburg kommt, andrerseits als »Papas Private Family Reserve« beschrieben wird, womit klar ist, daß es sich um ein Produkt von J. P. → Van Winkle and Son handelt.

Low wines Bezeichnung für eine Flüssigkeit mit etwa 22 % bis 23 %, manchmal auch 25 % Alkoholgehalt. Sie ist bei der Produktion von Whisky in → *pot stills* das Ergebnis, wenn die → *wash* die erste Brennblase durchlaufen hat. Sie heißt manchmal → *low wines still* (obwohl dieser Ausdruck auch für die → *spirit still* verwendet wird), wird aber häufiger als *wash still* bezeichnet. Daß sich das *low* auf die Alkoholstärke bezieht, ist klar, seltsam ist aber, daß bei der doch weitaus mehr Parallelen mit dem Bierbrauen aufweisenden Produktion von Whisky plötzlich von Wein gesprochen wird. Vermutlich wurde die Bezeichnung vom Weinbrand übernommen, wo der Terminus im Englischen üblich ist. Immerhin läßt er sich schon für 1790 auch beim Whisky nachweisen. Die *low wines* bestehen hauptsächlich aus Alkohol und Wasser, das dem Destillat in weiteren Durchläufen in der → *intermediate* oder der *spirit still* entzogen wird.

Lowlands Schottische → Whiskyregion, deren Ausdehnung nicht identisch ist mit dem Gebiet, das Geologen meinen oder das politisch das Grenzgebiet zu England beschreibt. Geologisch gesehen liegt der Bruch zwischen den → Highlands und den Lowlands in den Trossachs. Politisch spricht man heute von den Borders, die aber viel kleiner sind als eben die Lowlands, deren Bewohner anders sprechen als die der Highlands und auch eines anderen Charakters verdächtigt werden. Wenn es um Whisky geht, spielt als Grenze die berühmt-berüchtigte → Highland Line eine Rolle, die auf den Strich zurückgeht, den das »Select Committee« des House of Commons Ende des 18. Jahrhunderts zog. Die heutige Linie meint mit Lowlands alles, was südlich einer imaginären Linie von Greenock nach Dundee liegt. Dort sind heute nur noch die Brennereien → Auchentoshan, → Lomond und → Glenkinchie zu finden, nachdem → Bladnoch, → Glenflagler / → Killyloch, → Kinclaith, → Littlemill, → Rosebank und → St. Magdalene / → Linlithgow geschlossen wurden. Einige Destillerien wie → Glengoyne, → Deanston, → Loch Lomond und → Tullibardine liegen nur knapp nördlich der Linie. Von ihrem Stil her werden die Lowlands eher mit leichten, kaum getorften und nur ganz zart rauchigen Whiskies assoziiert, oft sogar diskriminiert. Das mag darauf zurückzuführen sein, daß sie historisch gesehen mit den schottischen Grain-Brennereien, die alle in den Lowlands liegen, konkurrieren mußten, auch mit der in vielen von ihnen angewendeten → Dreifachdestillation. Richtig ist, daß einige eine gewisse Sprittigkeit nicht verleugnen können, andrerseits gibt es aber z. B. mit den Malts von Rosebank und St. Magdalene wiederum überzeugende Gegenbeispiele, die es auch im Falle dieser Region nur schwer zulassen, von einem einheitlichen Whiskystil zu sprechen.

Lowrie's Schottischer Blend, der heute von → UD / UDV kommt und einen für die Whiskygeschichte Schottlands bedeutsamen Namen trägt. Er ist benannt nach William Lowrie, der in jungen Jahren in → Port Ellen arbeitete, sich 1869 selbständig machte und dann einer der ersten war, der sich mit dem Blenden beschäftigte (obwohl der »offizielle« Ruhm, diesen neuen Whiskytyp erfunden zu haben, natürlich Andrew → Usher gutgeschrieben wird). Die Firma beansprucht auch, die erste gewesen zu sein, die Whiskies abgefüllt hat, die noch unter Zollverschluß, → *in bond*, waren. Sie war jedenfalls eine Größe im aufblühenden Whiskygeschäft, hatte nicht nur eigene Anlagen zum Blenden und Abfüllen, sondern stellte selbst die Kisten und die Flaschen her. Besonders eng waren die Verbindungen mit James → Buchanan, den sie zuerst belieferte und der sie dann, als Lowrie in Ruhestand ging, übernahm. Mit dieser Firma, mit der zusammen sie → Glentauchers besaß (während ihr → Convalmore allein gehörte), gelangte sie zur → DCL.

Lundie & Co., William Schottische Whiskyfirma, die noch im Besitz der Familie ist und heute in der dritten Generation betrieben wird. Der im Firmenname genannte Compagnon war David → Sandeman aus der Dynastie, die den → *VAT 69* erfunden hat. Die Firma hat ihren Sitz in Glasgow und betätigte sich früher vor allem als Broker, d. h. als Vermittler zwischen denen, die den Whisky erzeugten, und denen, die ihn für ihre Markenblends brauchten. In jüngster Zeit hat die Firma, die mit William → Lowrie kooperiert, eigene Blends herausgebracht und auch einige Vatted und Single Malts. Die Marke mit den meisten Versionen ist → *Lismore*, daneben gibt es die Blends → *Award*, → *Prestige d' Ecosse*, → *Royal Heritage* und → *Tribute* und den Single Malt → *Glen Fruin*.

Lyne arm Bezeichnung für ein Rohr, das bei der Produktion von Malt Whisky in → *pot stills* eingesetzt wird. Es beginnt am Kopf der → *stills* und verbindet ihn mit den Kondensatoren, in denen der Dampf wieder zu Flüssigkeit wird. Der Arm ist aber weit mehr als nur ein Verbindungsstück. Vielmehr glaubt man, daß sein Winkel einen ziemlich großen Einfluß auf den Charakter des Whisky hat und dazu beiträgt, ob er einen leichten oder einen schwereren Körper hat. Verschiedene Stellungen können demnach unterschiedliche Whiskies zur Folge haben. Ist er fast waagerecht oder gar T-förmig wie in → Cragganmore, kann ein Teil des Destillats wieder in die *still* zurückgehen. Manchmal, etwa in → Ardbeg oder → Talisker sind auch zusätzliche Ausbuchtungen in ihm, die den gleichen Effekt haben sollen. Das Wort leitet sich vom englischen »lean« ab.

M

Mac NaMara Schottischer Blend von → Pràban na Linne, leichter als ihr → *Té Bheag* und von Anfang an (1992) für den Export gedacht. Der gälische Name bedeutet: Sohn des Meeres. Die Firma ist auf der Insel Skye zu Hause, die vor allem für den → *Talisker* bekannt ist.

Mac Pay Eine in Uruguay sehr populäre Marke, die dort auch hergestellt wird. Es handelt sich, wie bei allen in Lateinamerika produzierten »Whiskies nacionales« um einen Blend aus heimischen Grains und Malts, die *in* → *bulk* aus Schottland importiert werden. Als Alter sind 6 Jahre angegeben.

Macallan Schottische Malt-Destillerie. Ihr Name, von den Schotten »mackállan« ausgesprochen, bedeutet Sohn des Allan. Sie liegt gegenüber von → Craiggellachie oberhalb der berühmten Rundbogenbrücke Telfords auf der Anhöhe über dem Fluß: eine → Speyside-Brennerei. Von weitem grüßt leuchtend weiß das alte Manorhouse von Easter Elchie, das heute die

Büros und ein Visitor Centre beherbergt. In ihm befindet sich ein kleines rundes Theaterchen, in dem man durch eine veritable Kinoorgel eingestimmt wird und dann durch eine Laterna magica-Show höchst originell über Schottland, seinen Whisky und besonders den von Macallan informiert wird – und auch die ultimative Auskunft über die weltbewegende Frage bekommt, was der Schotte unter seinem Rock trägt. Der Witz und die Professionalität dieser Präsentation sind nicht dem Zufall zu verdanken, sondern der Tatsache, daß Allan Shiach, Chairman bis August 1996, einen Zweitberuf hat: Er ist unter dem Pseudonym Allan Scott ein sehr erfolgreicher Drehbuchautor, Verfasser von »Don't look back« (»Wenn die Gondeln Trauer tragen«) und vieler Fernsehstücke. Lieber hätte er diesen Beruf auch weiter ausgeübt, mußte aber wegen des frühen Todes seines Bruders das Ruder übernehmen: Macallan-Glenlivet, so der offizielle Name als Unternehmen, war eine Familienfirma und die Shiachs sind direkte Nachfahren von Roderick Kemp, der 1892 seinen Anteil an → Talisker verkaufte, um die 1824 gebaute Brennerei zu übernehmen.

Macallan-Glenlivet wäre, neben den → Grants von → Glenfiddich, den anderen → Grants von Glenfarclas und den → Mitchells von → Springbank, eine der letzten unabhängigen Familienfirmen, hätte sie nicht 1996 diese Unabhängigkeit verloren. Es war eine richtige schottische Tragödie: die ersten Nachrichten kamen am 1. 7. 1996, genau an dem Tag, als die Firma eine Handvoll Freunde eingeladen hatte, um eine Flasche *Macallan* mit ihnen zu trinken, der 1874 destilliert worden war: Der Whiskywelt sollte eine, die Form und den Inhalt der alten Flasche nachahmende, limitierte Auflage eines *Macallan 1874* präsentiert werden – und man war voller Stolz darüber, einen so alten Whisky vorweisen zu können, der vom eigenen Vorfahren in die Flasche gefüllt worden war. Just an diesem Tag stand in den Zeitungen die Nachricht von einem Übernahmeangebot durch → Highland Distillers zu lesen, das man als feindlich bezeichnen muß, weil ein Kurs deutlich unter den Börsennotierungen geboten wurde.

Daß Macallan schließlich die Waffen strecken mußte, daß die Brennerei und der Inhalt all ihrer → *warehouses* heute Highland gehören, lag daran, daß man in einer früheren finanziellen Klemme einen Anteil von 25 % an den japanischen Konzern Suntory verkauft hatte und daß auch → Rémy einen »stake« besaß. Diese 26 % wurden von Highland erworben, die plötzlich einen Pakt mit Suntory schlossen – und so die Aktienmehrheit hatten. Sie wußten, welches Juwel sie bekamen – und sind entschlossen, es nicht anzutasten, sondern durch ihre größeren Möglichkeiten den Absatz zu verbessern. Es wird also bei dem bleiben, was diesem Whisky zu seinem Ruhm verholfen hat und zu seinem Ruf, der »Rolls Royce« unter den Malts zu sein, zu den Siegen in Blindverkostungen und den Rekordpreisen, die immer wieder für alte Abfüllungen gezahlt werden und von Versteigerung zu Versteigerung höher ausfallen.

Selbstbewußt wirbt man entweder durch Understatement oder trumpft auf wie z. B. durch ein Poster, das die englische Königskrone zeigt und daneben eine Flasche – mit dem Text »A Hat – The Macallan«. Selbstbewußt pflegt man eine Mischung von Festhalten an der Tradition und dem Beschreiten neuer Wege.

Die mittlerweile immerhin 21 → *stills* sind sehr klein und getreue Kopien der ersten. Die → *warehouses* gehören zu den modernsten überhaupt – aber bei den Fässern hält man eisern an der Qualität fest, für die man sich entschieden hat: Was unter dem eigenen Namen in die Flasche kommt, wird ausschließlich in Fässern zur Reife gebracht, die vorher Oloroso-Sherry enthalten haben. Als der Nachschub an solchen Fässern schwieriger wurde, war Macallan die erste Firma, die dazu überging, in Spanien Holz zu kaufen, die Fässer machen zu lassen, sie auszuleihen an eine Weinfirma und sie danach für eigene Zwecke zu verwenden. Der Einfluß des schweren Oloroso ist dem Malt auch deutlich anzumerken, aber er bringt genug eigene Kraft mit, um sich nicht dominieren zu lassen – und altern zu können.

Als Single Malt gibt es ihn, sicherlich einen der größten, am besten ausbalancierten überhaupt, in sehr vielen Versionen: mit 7 Jahren für Italien, mit 8 für Frankreich, mit 10 (mit 40 % und als → *highproof*) mit 12, mit 18 und mit 25 Jahren. Besonders die 18jährigen, bei denen auch immer der Jahrgang angegeben ist, sind sehr geschätzt – bei Genießern, denen sie als die besten gelten, und bei Sammlern, die oft lückenlos alle Jahrgänge bis weit zurück in die fünfziger oder sogar vierziger Jahre besitzen. Um so schlimmer traf sie die Nachricht, daß sie 1999 durch einen 15 Jahre alten *Macallan* ersetzt werden sollen. Gleichzeitig allerdings kam auch ein 30 Jahre alter Malt auf den Markt – und Ende 1998 auch ein ganz anderer als sonst, nämlich verhältnismäßig rauchig schmeckender 1946er → *vintage*, für den man einige tausend Mark anlegen mußte. Ihm wird ein mindestens genau so teurer 1948er folgen, von dem es genau 365 Flaschen geben wird. Dagegen war der *Macallan Grand Reserva* aus ganz besonders sorgfältig gelagerten und ausgesuchten Oloroso-Fässern fast schon spottbillig.

Auch Sonderabfüllungen wie den erwähnten *1874* gibt es. Gerne wird ein Jubiläum zum Anlaß genommen – nicht nur des Königshauses, sondern z. B. auch der 35. Geburtstag des Magazins »Private Eye«. Die Verkaufsrekorde beziehen sich auf die 12 Flaschen eines 1926 destillierten und 1986, also mit 60 Jahren, abgefüllten *Macallan*, mit Etikett von Künstlerhand und einem kleinen Schrein aus Messing und Glas. Eine der Flaschen brachte bei einer Versteigerung bei Christie's 1993 15 000 Pfund, was wegen des gestiegenen Kurses trotzdem weniger war als die 12 000, die der Nachtclubbesitzer Lou Manzi 1997 auf den Tisch legen mußte. Auf dem Londoner Flughafen kaufte ein japanischer Tourist einen *Macallan* von 1926/93, von dem es ebenfalls nur 12 Flaschen gab, für 10 000 Pfund. Sehr viel weniger verlangen die → Unabhängigen wie → Cadenhead, Murray Mc-

David oder → Signatory, die durchaus an Malts von Macallan herankommen; aber sie sind oft eben nicht sherryholzgelagert. Gleich eine ganze Serie von *Macallans* aus verschiedenen Jahrgängen brachten Gordon & MacPhail durch ihre Tochter Speymalt heraus. Einen → *As we get it* gab es von J. G. → Thomson.

MacAndrew's Schottischer Blend, einer der vielen, die heute von → Glenmorangie geführt werden. Die Marke wurde von der Firma Alistair Graham Ltd. begründet, die später von → Macdonald & Muir übernommen wurde. Letztere änderten 1996 ihren Namen und nannte sich wie ihre berühmten Brennerei in Tain.

MacArthur & Co, James → Unabhängiger Abfüller, der als Firmensitz auf den Flaschen früher Glasgow (manchmal sogar London) angab, heute als Sitz Edinburgh ausweist und von dem in High Wycombe in Buckinghamshire ansässigen Arthur H. B. Winning geleitet wird. Die Firma, hinter der man lange einen Faßhändler vermutete, dessen gute Beziehung zu den Brennereien ihn an so manches → Einzelfaß kommen ließ, ist erst Anfang der neunziger Jahre aufgetreten. Sie hat anfangs ihre Single Malts nur mit 43 % abgefüllt, sich aber mittlerweile auch dem neuen Trend zu → *cask strength* und Verzicht auf → Kühlfilterung und → Färbung angeschlossen und fährt zumindest zweigleisig. Die mit 43 % heißen »Fine Malt Selection«, die Hochprozentigen kommen unter dem Namen → »Old Master's«. Naturgemäß ändert sich das Angebot ständig, aber die Firma hat immer wieder seltene Brennereien im Programm wie z. B. → Ledaig oder → Glen Spey, und sie gehörte zu den ersten, die einen Malt von → Allt A'Bhainne anbieten konnten. 1994 kam eine kleine Sonderserie »In Celebration 500 Years of Scotch Whisky« mit Malts u.a von → Glen Keith, → Springbank und → Teaninich heraus. Besondere Aufmerksamkeit fanden die Abfüllungen von drei Single Grains aus → Ben Nevis (27 Jahre), → Carsebridge (27 Jahre) und → Lochside (28 Jahre). Ohne genaue Herkunftsbezeichnung kommt der 10 Jahre alte Single Malt → *Auld Acquaintance* mit einem Bild von Robert → Burns auf dem Label.

MacArthur's Schottischer Blend, der urspünglich 1877 von der Glasgower Firma James MacArthur Jr. & Co. herausgebracht wurde, welche man nicht mit dem heutigen unabhängigen Abfüller verwechseln darf, obwohl gemeinsame Wurzeln durchaus vorhanden sein können. Die Marke gehört heute → Inver House, die sie als → Standard ohne Altersangabe und als → De luxe mit 12 Jahren im Programm haben.

MacDonald & Co., R.N. Schottische Whiskyfirma, die in den siebziger Jahren von Major Andrew MacDonald gegründet wurde, der ein Urenkel des berühmten → Long John von der → Ben Nevis Distillery in Fort William war und somit dem berühmten Clan angehörte, der vor allem durch das Massaker von → Glencoe ewiges Mitgefühl bei allen echten Schotten und Verfechtern einer unverletzlichen Gastfreundschaft genießt. Die Firma ließ sich in dem Örtchen Glencoe nieder und benannte ihren Vatted Malt nach ihm, der, 8 Jahre alt und 57 % stark, viele Freunde gefunden hat. Die Firma selbst existiert nicht mehr, die Marke gehörte einige Jahre lang der → Red Lion Blending. Ihr hat → Nikka, der japanische Eigentümer von Ben Nevis, sie abgekauft und sie so wieder dort hingebracht, wo sie hingehört.

Macdonald & Muir Schottische Whiskyfirma, die 1893 von den beiden Unternehmern Roderick Macdonald und Alexander Muir gegründet wurde. Sie waren zuerst Kollegen, dann Konkurrenten, ehe sie durch die Heirat von Muirs Schwester und Macdonald zu Partnern wurden. Kurz nach der Jahrhundertwende, nach dem durch → Pattisons Konkurs ausgelösten Schock, bezogen sie die (erst 1996 aufgegebenen) Gebäude am Queen's Dock in Leith. Leith war der Hafen, in dem Mary, die unglückliche Königin der Schotten, 1561 bei ihrer Rückkehr aus Frankreich landete. Ihr zu Ehren wurde der wichtigste → Blend der Firma → *Highland Queen* genannt. Nachdem sie bereits Teilhaber von → Glenmorangie und → Glen Moray waren, kauften Macdonald & Muir die beiden Brennereien 1918 bzw. 1923 vollständig. Andere Akquisitionen waren u. a. James → Martin & Co. und 1995 die in der Nachbarschaft gelegene Firma → Crabbie's. 1996 entschloß man sich, den Namen des bekannesten Produktes anzunehmen und sich von → Macdonald Distilleries in → Glenmorangie plc umzubenennen und Macdonald & Muir nur noch als Tochterfirma weiterzuführen, die für die Produktion und die Verwaltung zuständig ist. 1997 wurde von → Allied Distillers auch die → Ardbeg Distillery auf → Islay erworben. Ein Enkel des Gründers Macdonald war bis Frühjahr 1999 in der Geschäftsführung der Firma, die seit 1949 zu einer Aktiengesellschaft gehört.

Macdonald Greenlees Schottische Firma, die Ende des letzten Jahrhunderts entstand, als der Geschäftsmann John Calder die beiden Unternehmen Alexander & Macdonald und James & Samuel Greenlees unter seine Kontrolle brachte. Letztere waren die erfolgreichen Erfinder der großen Marke → *Old Parr*. Das war der Beginn eines bedeutenden Firmenkonglomerats, zu dem William Williams & Sons mit ihrer Destillerie → Glendullan gehörten und des weiteren Firmen wie → Ainslie & Heilbron, John Gillon (→ Glenury) und James Munro & Son (→ *King of Kings*). Sie alle kamen 1925 unter das Dach der → DCL, die viele von ihnen unter Führung von Macdonald Greenlees noch weiterhin aktiv sein ließ. Ihr Name immerhin steht noch im Handelsregister, aus dem → UD seit der Übernahme der DCL viele alte Firmen streichen ließ. Sie sind offiziell eingetragen als Besitzer der Marken *Old Parr*, → *Gillon's*, → *President* und → *Sandy Macdonald*.

Macdonald Martin Distilleries Schottische Firma, 1949 als Holding einer Reihe von Familienfirmen gegründet, zu denen u. a. und als wichtigste → Macdonald Muir, James → Martin & Co. und die als eigenständige Firmen geführten Brennereien → Glenmorangie und → Glen Moray gehörten. Obschon Aktiengesellschaft, gehörte sie zu den wenigen unabhängigen und von Mitgliedern ihrer Gründerfamilien geführten Firmen. David Macdonald war auch nach seinem Ausscheiden als Vorsitzender bis Frühjahr 1999 im Direktorium. 1996 wurde zu einem wichtigen Jahr in der Firmengeschichte, denn damals wurden die alten Gebäude in Leith zugunsten neuer in der Nähe des Flughafens Edinburgh gelegenen Anlagen aufgegeben. Geändert wurde auch der Name. Die Firma, die in mehr als 120 Länder exportiert und der es als einziger gelungen ist, ihre Produkte in Flaschen abgefüllt nach → China liefern zu können, trägt seitdem den gleichen Namen wie ihr bekanntestes Produkt und die Brennerei, aus dem es kommt: Glenmorangie plc.

Macduff Schottische Malt-Destillerie. Sie liegt über dem River Deveron am Rand von Banff und nicht weit vom Meer und zählt zur Whiskyregion der → Highlands. Sie wurde erst 1962 gebaut und erhielt ihren Namen von einer kleinen Ansiedlung in ihrer Nähe (und dem jenseits des Flusses gelegenen Duff House). Stanley → Morrison gehörte einige Jahre zu ihren Besitzern. Heute gehört die Brennerei zum Imperium von Bacardi, für die dieser Kauf der Einstieg ins Whiskygeschäft war. Seit 1972 lief die Lizenz der stufenweise auf vier → *stills* vergrößerten Brennerei auf William Lawson Distillers, die den Whisky als Single Malt in → Eigentümer-Abfüllung nur unter dem Handelsnamen → *Glen Deveron* verkaufen. Unter dem Namen seiner Destillerie gibt es ihn nur von → unabhängigen Abfüllern.

MacDuff International Schottische Whiskyfirma, die nichts mit der Brennerei → Macduff zu tun hat, sondern von einem von Stewart MacDuff geführten Konsortium gegründet wurde. Alle hatten lange im Whiskygeschäft gearbeitet und wollten sich endlich selbständig machen. Das ist ihnen mit bemerkenswertem Erfolg gelungen: In der kurzen Zeit seit 1992 konnte sich das Unternehmen gut etablieren, was sicherlich auch einigen bekannten Marken wie → *Grand Macnish*, → *Islay Mist* und → *Lauder's* zu verdanken ist, die sie kauften und ausbauen konnten. Andere Blends der Firma sind → *Cumbrae Castle*, The → *Stewart MacDuff*, → *Regent* und → *Strathbeag*. Der Single Malt → *Glenbeg* ist die jüngste, aber sicher noch nicht die letzte Ergänzung des Portfolios.

MacGavins Schottischer Blend von der Firma → Speyside Distillery Co., die der Familie Christie gehört. Sie füllen ihn unter dem Namen von Alexander MacGavin ab, der ihn ursprünglich herausgebracht hatte. Er ist ein → Standard ohne Altersangabe.

Macgregor's Schottischer Blend, der nach der Firma Macgregor, Ross & Co. benannt ist, die ihn ursprünglich produziert hat. Sie wurde von → Whyte & Mackay/→ JBB (Greater Europe) übernommen, die ihn nicht mehr herstellen, aber die Rechte an der Marke behalten haben.

Mackie, Peter Schottischer Whiskypionier, der mit seiner (erst nach seinem Tod 1924 nach ihrem wichtigsten Produkt umbenannten) Firma → White Horse Distillers zu den → »Big five« zählte, für seine Arbeit 1920 mit dem

Adelstitel eines Baronet ausgezeichnet und in die erlauchte Gruppe der → Whiskybarone aufgenommen wurde. Er war ein besonders energischer und dynamischer Mann voller Sendungsbewußtsein; sein Spitzname war »restless Peter« und Bruce Lockhart, selbst Sproß einer Whiskyfamilie, nannte ihn »zu einem Drittel genial, zu einem Drittel größenwahnsinnig und zu einem Drittel exzentrisch«. Immerhin führten diese Eigenschaften dazu, daß er an seinem Lebensende eine Firma sein eigen nannte, die eine Weltmarke und drei Brennereien besaß. → Lagavulin, wo er bei seinem Onkel das Destillierhandwerk gelernt hatte, hatte er geerbt, → Craigellachie am Spey mitgebaut und später ganz übernommen und → Hazelburn gekauft. Er engagierte sich heftig im Streit zwischen den Grain-Brennern der → Lowlands und den Malt-Brennern, der über die Frage entbrannt war, was alles den Namen Scotch Whisky führen dürfe. Damals wurde von einer Royal Commission, natürlich in London, entschieden, daß es weder auf die Form der Brennblase noch auf das Ausgangsprodukt ankomme. Das bedeutete, daß sowohl Grain als auch Malt und die aus beiden gemachten Blends Scotch genannt werden durften. Diesen Kampf hatte Mackie zwar verloren, aber er konnte dennoch verhindern, daß seine Firma noch zu seinen Lebzeiten von seinen Gegnern, der → DCL, geschluckt wurde (was drei Jahre nach seinem Tod dennoch geschah). Er war das, was man im Englischen einen »colourful character« nennt, aber sonst ziemlich schwarz: politisch ein Tory, imperialistisch, wenn es um sein Land ging, ein großer Jäger und ein kleiner Despot in seiner Firma.

Mackinlay's Schottischer Blend, der auf vielen Märkten, in Schottland, Europa und auch in Ostasien gut vertreten ist. Er trägt den Namen einer bedeutenden schottischen Firma, die 1815 von Charles Mackinlay in Leith gegründet wurde und zu den Pionieren des Blendens zählte. Über fünf Generationen wurde sie vom Vater an den Sohn weitergegeben und war, mit verschiedenen Partnern wie den Birnies oder den McPhersons und mit den Brennereien → Glen Albyn, → Glenallachie und → Isle of Jura sehr erfolgreich im Blend- wie im Destillier-Geschäft. Die Marke gehörte einst über → Waverly Wine & Spirits dem Brauereikonzern → Scottish & Newcastle, der sie an → Invergordon weiterverkaufte. Zum Paket gehörten auch die beiden letztgenannten Destillerien, die heute über Invergordon im Besitz der amerikanischen Firma → American Brands bzw. dessen europäischem Zweig → Whyte & Mackay / → JBB (Greater Europe) sind. Den *The Original Mackinlay*, wie er mit vollem Namen heißt, gibt es außer als → Standard auch mit 12 bzw. 21 Jahren. Die Markengeschichte vermerkt stolz, daß der Polarforscher Ernest Shackleton 1907 zehn Kisten *Mackinlay's* auf seine Expedition mitnahm (was Gordon Brown in »Classic Spirits of the World« boshaft ergänzt durch den Hinweis, Shackleton habe dann aber 1914 und 1921 → *VAT 69* bevorzugt).

MacLeay Duff Schottischer Blend, der noch den Namen der alten Firma aus Glasgow trägt, die 1863 gegründet wurde und 1933 ihre Selbständigkeit an → DCL verlor. In deren Auftrag führte sie die Lizenz der → Millburn Distillery in Inverness, bis sie geschlossen und schließlich abgerissen wurde. Neben diesem Blend und dem → *Glen Lyon* gab es damals auch einen Vatted Malt namens *The Mill Burn*.

MacLeod Schottischer Clan, von dem es zwei Zweige gibt: die MacLeods von Lewis und die MacLeods von Skye, deren Stammschloß Dunvegan ist. Von dieser Insel stammen die Vorfahren derer, die in Edinburgh die Firma Ian MacLeod gegründet haben. Sie ist heute eine Tochterfirma von Peter J. → Russell. Am bekanntesten wurde sie durch den → *Isle of Syke*, einen Blend, den es in mehreren Versionen gibt: als → Standard und mit 8, 12, 18 und 21 Jahren. Auch Single Malts tragen neuerdings den Namen: Ohne genaue Herkunftsbezeichnungen gibt es einen jeweils 8 und 15 Jahre alten *MacLeod's* → *Islay* und *MacLeod's Highland*. Schließlich wird der MacLeod auch benutzt für die Reihe → »Chieftain's Choice«.

Nichts mit der Firma zu tun hat dagegen der Single Malt *MacLeod of MacLeod*. Er ist vom heutigen Chief des Clans, John MacLeod, signiert und kann nur von denen erworben werden, die den Laird, der sich auch als Sänger hervorgetan hat, auf seinem prächtigen Schloß besuchen. Es ist ein Vatted und es darf vermutet werden, daß MacLeod an dem einzigen Malt, den »seine« Insel Skye hervorbringt, dem → *Talisker*, nicht vorbeigegangen ist, als er seine Hausmarke kreieren ließ.

Macnab Distilleries Schottische Whiskyfirma, die von dem Unternehmer Joseph Hobbs gegründet wurde, als er von den zum Konzern Scottish & Newcastle Breweries gehörenden Bierbrauern John Deuchar & Sons die → Lochside Brauerei kaufte. Nach dem Vorbild der ebenfalls von ihm erworbenen → Ben Nevis Distillery stattete er Lochside so aus, daß sie gleichermaßen Grain und Malt produzieren konnte. 1973 verkaufte er die Firma weiter an das spanische Unternehmen → Distileria y Crianza (→ DYC), die den Blend → *Sandy Macnab* weiterhin herstellten und später auch noch einen 10jährigen *Lochside* Single Malt herausbrachten. Nachdem die Spanier schon die Grain-Destille abgebaut hatten, legten sie die ganze Brennerei 1991 still. Mitsamt der spanischen Mutter gehört sie heute zum Konzern → Allied Domecq, die Macnab liquidiert haben und für die Brennerei einen Käufer suchen.

Macnair's Schottischer Blend. Die Marke ist das letzte, was von der schottischen Firma Harvey Macnair & Co. übriggeblieben ist. Sie gehörte zu den kleineren Unternehmen, die Hiram → Walker erwarben, als sie in den dreißiger Jahren ihre Aktivitäten von Kanada nach Schottland ausdehnten. Diese Vergangenheit erklärt, warum der Blend heute aus dem Hause → Allied Distillers kommt.

MacNaughton's Kanadischer Whisky mit 40 %. Der einfache, vierjährige Whisky war die erste Exportmarke, die der 1945 gegründete kanadische Zweig von → Schenley herausbrachte. Er war ausschließlich für den Markt in den

USA konzipiert. Die Marke gehörte eine Zeitlang der amerikanischen Firma →Glenmore, die 1991 von →UD gekauft wurde. Sie waren damals bereits Besitzer von Schenley und deren Brennerei →Valleyfield, wo *MacMaughton's* immer hergestellt wurde, und behielten diese auch, als sie die meisten anderen Marken von Glenmore samt deren alter Gebäude wieder verkauften. Als Importeur steht John MacNaughton Co., New York, auf dem Label. Im Februar 1999 allerdings wechselte die Marke den Besitzer, weil die durch die Vereinigung mit →IDV zur →UDV fusionierten Inhaber sich entschieden, sich aus Nordamerika fast ganz zurückzuziehen. Sie gehört jetzt der Firma →Canandaigua.

MacPhail's Schottischer Single Malt von →Gordon & MacPhail. Man könnte ihn die Hausmarke des bedeutenden Hauses aus Elgin nennen, das sich bestimmt sehr genau überlegt hat, welches Produkt es mit dem Namen seines Mitgründers schmückt, und weiß, daß dieser Name für beste Qualität bürgt. Es wird offengelassen, aus welcher Brennerei der jeweilige Single kommt, das kann auch von Abfüllung zu Abfüllung wechseln, aber es handelt sich immer um einen →Speyside. Auch handelt es sich immer um Whiskies aus den eigenen, großen, teils auch sehr alten Beständen. Deshalb gibt es auch eine große Auswahl in vielen Alterstufen und Verpakkungen: 10, 15, 21, 25, 30 und 40 Jahre alt, haben sie jeweils 40 %, ebenso wie die →*vintages* von 1973 und 1965; nur als Miniatur gibt es Malts, die schon 1937, 1938, 1939 oder 1940 destilliert wurden. Ein 50jähriger wird in einem schön geschliffenen Kristalldecanter präsentiert. Mit dem Zusatz »Gold 106« geschmückt kommt eine →*highproof*-Abfüllung mit stolzen 60,5 %. Selten geworden ist der 1967er Port Cask, einer der ersten Versuche, mit ungewöhnlichen Faßarten zu experimentieren (die aber mittlerweile viele Nachahmer gefunden haben, siehe →Glenmorangie, →Balvenie, →Bushmills und andere *finishings*). Im Gegensatz zu ihnen ist MacPhail's Port aber nicht nur nachgereift, sondern hat sein ganzes Leben im Portfaß zugebracht. Zum 100. Jubiläum der Firma im Jahre 1995 bedachten sich G&M mit einem *Centenary*, einem Vatted aus genau einhundert verschiedenen Malts.

MacPhail's Collection Serie von schottischen Single Malts mit den firmentypischen 40 %, die der →unabhängige Abfüller (und größte Whiskyhändler Großbritanniens) →Gordon & MacPhail aus Elgin 1998 herausgebracht und an die Seite seiner bisherigen Großreihe →»Connoisseurs Choice« gestellt hat. Den Anfang machten zwei →Speysides, ein 8 Jahre alter →*Glenrothes* und ein gleichaltriger →*Tamdhu*. Ohne exakte Altersangabe, dafür aber mit dem Jahr der Destillation auf dem Label kamen der →*Glenglassaugh* 1986, der →*Glenturret* 1988 und der →*Bunnahabhain* aus dem gleichen Jahr. 8 Jahre wiederum war der →*Highland Park*. Alle diese Brennereien sind im Besitz von →Highland Distillers, zu denen G&M traditionell gute Beziehungen unterhalten. Ob die Reihe sich weiterhin auf deren Malts beschränkt, bleibt abzuwarten.

Maische Um eine Spirituose herstellen zu können, muß ihr Ausgangsprodukt, also Früchte oder Getreide, immer in heißem Wasser eingemaischt werden. Der Vorgang dient zur Gewinnung von flüssigem Zucker, der dann vergoren und, einen Arbeitsschritt weiter, destilliert werden kann. Auch Whisk(e)y kann nicht ohne die in → *mash tuns* angesetzte Maische auskommen. Allerdings ist der Arbeitsprozeß selbst davon abhängig, um welche Whisk(e)yart es sich handelt. Am einfachsten ist er beim Malt Whisky, wo das zu → *grist* zermahlene Malz mehrmals mit heißem Wasser versetzt wird, um die Würze (→ *wort*) zu bekommen. Ähnlich ist es beim Grain, bei dem das ungemälzte Getreide gemahlen und gekocht oder der gekochte Mais eingemaischt wird, wobei immer auch ein Quantum Gerstenmalz zugefügt werden muß, um die Verzuckerung zu starten.

Ungleich komplizierter verläuft das Maischen bei Bourbon, bei dem verschiedene Getreidearten verwendet werden. Begonnen wird das Maischen mit dem Mais, für den das Wasser von 50° C auf fast 100° erhitzt wird. Roggen wird zugefügt, wenn es auf 80° abgekühlt ist. Noch später kommt das Gerstenmalz dazu und als letztes, falls eingesetzt, Weizen. Die Temperatur muß deshalb strikt eingehalten werden, weil heißeres Wasser bestimmte Enzyme zerstören und die Vergärung des Zuckers unmöglich machen würde. Während in Amerika und auch in den meisten Grain-Destillierien nach dem Abschluß des Maischens beim nächsten Arbeitsschritt, der → Fermentation, die *wort* wie auch die verbliebenen festen Bestandteile verwendet werden, wird bei der Produktion von Malt die flüssige *wort* von den festen → *draffs* getrennt und allein weiterverarbeitet.

Majesty Schottischer Blend, mit der Bezeichnung »Rare Old«, dessen Name auf Mary, Queen of Scots anspielt, nach der auch der → *Highland Queen*, der wichtigste Blend seines Herstellers → Glenmorangie benannt ist.

Major Gunn's Schottischer Blend, der heute aus dem Hause → Glenmorangie kommt und einst von der Firma Andrew MacLaggan & Co. etabliert wurde.

Majority Schottischer Blend, ein einfacher → Standard, von → Invergordon für → CWS gemacht.

Maker's Mark Amerikanische Whiskey-Destillerie, die manchmal auch als Star Hill Distillery bezeichnet wird, meist aber den Namen des Kentucky Straight Bourbon trägt, den sie herstellt und der sie berühmt gemacht hat. Auf seinen Flaschen ist ein Logo zu finden, ein Kreis, der von einem fünfzackigen Stern unterbrochen ist. Das steht für Star Hill. Darin ist ein »S«, das die Familie → Samuels meint, die das Unternehmen gegründet hat, und eine römische IV, weil T. William Samuels bei der Gründung gemeint hatte, seine Familie sei seit vier Generationen als Whiskeymacher tätig. Das ist, ungewöhnlich für die Bourbonindustrie, ein Understatement: sein Sohn Bill Samuels Jr., der die Firma heute leitet, hat durch genaue Recherchen herausgefunden, daß er bereits die siebte Generation verkörpert. Ungewöhnlich indes ist manches an diesem Unternehmen und an seinem Produkt, dem man auf den ersten Blick ansieht, daß seine Väter sehr genau wußten, daß ihre Schöpfung etwas ganz Besonderes war: Der Whisky (sic) kommt in einer sehr markanten und unverwechselbaren Flasche, von der jedes Exemplar mit einem handgemachten Label versehen und einzeln von Hand mit Wachs versiegelt wird. Zu Recht tragen sie, wie kostbare englische Silberstücke die *hallmark*, das Siegel ihres Herstellers – eben »Maker's Mark«.

Es war ein Robert Samuels, der 1780 als ehemaliger Offizier von Pennsylvania nach Kentucky ging, um sich als Farmer und Distiller niederzulassen. Sein Enkel Taylor William begann 1844 in kommerziellem Maß mit der Whiskeyherstellung in Deatsville, wo die Familie heute noch Lagerhäuser besitzt und nutzt. Ihm folgten William Isaac und Leslie, der nach der → Prohibition den Neuanfang in Deatsville mit einem Neubau und der Wiedereröffnung der alten Brennerei wagte. Sein Sohn T. Williams folgte ihm, verkaufte aber das Unternehmen und seine Destillen, um sich 1943 zur Ruhe zu setzen. Aber die fand er nicht, denn zehn Jahre später erwarb er in Loretto südlich von → Bardstown eine heruntergekommene Brennerei namens Happy Hollow und beschloß, sie zu einem Schmuckstück zu machen, bei dem alles etwas anders sein sollte als gewöhnlich. Ein Schmuckstück wurde in der Tat daraus; die Brennerei ist so liebevoll restauriert, daß sie zur »National Historic Landmark« erklärt wurde.

Ungewöhnlich auch der hohe Anteil von fast einem Drittel → *sour mash*, den man selten findet. Die → *mash bill* gibt es so auch nirgends sonst: 70 % Mais und 16 % Gerstenmalz, der Rest aber nicht Roggen, sondern Weizen. Beim Brennen achtet man darauf, nicht zu hoch zu fahren, sondern sich auf ungefähr 125°/62.5 % zu beschränken, um bestimmte Aromastoffe zu behalten und dem Destillat mehr Charakter zu lassen. Besonders sorgfältig ist man mit den Fässern, die erst einmal ein Jahr lang an der Luft gelagert und getrocknet werden, bevor man sie füllt – ein kostspieliges Verfahren (kein Wunder, daß → Glenmorangie, wo man bekanntlich genausoviel Sensibilität für die Bedeutung des Holzes hat, sich seine Fässer vornehmlich in Star Hill holt). Und um die Besonderheit herauszustreichen, sprach man nicht wie sonst von Whiskey, sondern von Whisky (wie beim → *Dickel* und beim → *Early Times*).

Und man beschloß, klein zu bleiben. Am Anfang produzierte man nur 36 Fässer pro Tag und selbst nach der Übernahme durch Hiram → Walker 1981 konnte Bill Samuels Jr. verhindern, daß zu sehr expandiert werden mußte: Das einzige Zugeständnis, das er machte, waren zusätzliche Gärbottiche, die nicht mehr aus Holz, sondern aus Edelstahl waren, aber die Tagesproduktion beträgt immer noch nicht mehr als 54 Fässer. Ein weiteres Zugeständnis an → Allied Domecq, die Mutter von Hiram Walker, war die Markteinführung eines vorgemixten → *Mint Julep*. Aber sonst ist alles beim alten geblieben und immer noch ist Bill Jr. Präsident, der, wenn er nicht als Botschafter in eigener

Sache in der ganzen Welt unterwegs ist, alles überwacht. Er freut sich mit seinem Master Distiller Steve Nally über jeden Besucher, der den Weg (er ist auf der Straße viel länger als die Landkarte vermuten läßt) von Bardstown über die → Stephen Foster, die 49 und dann, von Loretto, die 52 nach Star Hill findet und sich an der Schönheit der Brennerei und ihrem Whisky erfreut. Von Standard-Version zu sprechen verbietet sich bei ihm; die geläufigste ist der *Red Seal*, der um die sechs Jahre alt ist und den es mit 86°/43 % bzw. 90°/45 % gibt. Ebenso stark sind die weiße und die blaue Version; letztere hat ein blau geflecktes Etikett. Die *Limited Edition* ist mit goldenem Wachs versiegelt und 101°/50,5 % stark. Noch seltener sind der *Black Seal Maker's Mark Select* mit 95°/47,5 % und, mit ebensoviel Alkoholstärke, der *1983 Vintage*, dem jährlich neue → Vintages folgen sollen. Wer will, kann sich auch selbst auf dem Label verewigen lassen; man ist gern bereit, für VIPs und solche, die sich dafür halten, einzelne Flaschen mit einem persönlichen Etikett zu versehen.

Malcolm Stuart Schottischer Blend, der von der 1872 gegründeten Firma Melrose Drover auf den Markt gebracht wurde. Sie wurde 1968 von Saccone & Speed übernommen, deren bekanntester Blend der → *Hankey Bannister* war, der freilich auch nicht von ihnen »erfunden« worden ist. Die Firma hatte einen großen Abfüllbetrieb in Broxburn beim Edinburgher Flughafen, der mittlerweile gemeinsam von Peter J. Russell & Co. und Glenfarclas betrieben wird. Die Marken wurden von → IDV aufgekauft, die den Blend nicht mehr herstellen. Man findet ihn aber noch.

Malt Advocate Vierteljahreszeitschrift, die von John Hansell 1992 begründet wurde und in Emmaus, Pennsylvania, erscheint. Ursprünglich mit einem deutlichen Akzent auf Artikel über Bier, hat im Laufe der Jahre der dem Malt Whisky gewidmete Anteil immer stärker zugenommen. Hansell interessierte sich anfangs vor allem für kleine, unabhängige, von sogenannten »microbrewers« hergestellte Biersorten, also das, was in Großbritannien im Unterschied zu den Chemiebieren der Brauereigiganten *real ale* genannt und durch eine eigens gegründete Pressure Group namens CAMRA vor der Ausrottung durch die immer stärkere Konzentration der die kleinen Brauereien schluckenden Riesen geschützt wird. Hansell begeisterte sich dabei immer mehr für europäische und auch deutsche Kleinbrauereien und entdeckte dabei den Malt Whisky, der mit ähnlichen Reinheitsgeboten hergestellt wird und dessen Reiz auch in der Individualität der einzelnen Brennerei liegt. Er engagierte sich so sehr, daß er dafür durch die Aufnahme in die → »Keepers of the Quaich« geehrt wurde. Autoren wie Michael Jackson (für Bier und Whisky), Jim Murray und Charles MacLean erhöhen die Qualität des Magazins, das regelmäßig Brennereien vorstellt, vor allem aber über neue Produkte informiert, was für den europäischen Leser noch wichtiger geworden ist, da immer mehr Abfüllungen nur noch für den amerikanischen Markt gemacht werden. Nach der Methode von Jackson und nach dem System des amerikanischen Weinguru Robert Parker werden sie mit einer Punktzahl von 70/79 (*average*) bis 90/100 (*classic*) bewertet. Wer brandneue Informationen sucht, bekommt sie über eine eigene Website.

Malt Club Japanischer Malt von → Nikka, der 1995 auf den Markt gebracht wurde, als eine neue Version ihres berühmten → *All Malt*.

Malt Distillers Association of Scotland Schottischer Verband, zu dem sich die Besitzer der Malt-Distillerien zusammengeschlossen haben, um ihre wirtschaftlichen und politischen Interessen gemeinsam durchzusetzen. Die MDAS wurde schon 1874 als North of Scotland Malt Distillers Association gegründet, nannte sich ab 1925 The Pot Still Malt Distillers of Scotland und nahm 1971 den heutigen Namen an. Ihr Sitz ist in Elgin, wo einige hauptamtliche Mitarbeiter arbeiten. Der Vorsitzende nimmt sein Amt ehrenamtlich wahr. Bis 1998 stand John McDonald, der langjährige Manager von Tomatin an der Spitze des Verbandes. Er beschrieb in der »Scotch Whisky Review« den MDAS als »Organisation, die sich mit dem ›scharfen Ende‹ aller Probleme in der Produktion beschäftigt, mit denen die Industrie konfrontiert ist. Umweltpolitische Themen beanspruchen viel Zeit – bei all dem Umsinn, der aus Brüssel kommt. Gesundheit und Sicherheit sind wichtige Themen und es gibt ein Komitee, das sich mit dem Tierfutter beschäftigt, das in den Brennereien produziert wird. Zölle und Steuern, Löhne und Gehälter, auch darum kümmern wir uns.« Die MDAS arbeitet eng mit der → SWA zusammen, ist aber von ihr unabhängig.

Malt Whisky Association, The Unternehmen, das von einer Gruppe von Investoren um Robin Tucek Ende der achtziger Jahre in Großbritannien gegründet wurde, in Tunbridge Wells in Kent seine Hauptniederlassung und in Largs ein schottisches Büro hatte. Die Association bot den an Malt Whisky Interessierten an, gegen eine Gebühr Mitglied zu werden, sie mit Informationen zum Thema und vor allem mit Whisky zu versorgen. Als Berater hatte man den ausgewiesenen Wein- und Whiskyfachmann John Lamond gewonnen, der sich mit dem selbstverliehenen Titel → »Master of Malt« schmückte. Der mittlerweile in großer Auflage zu einem Bestseller gewordene »The Malt Whisky File« von Tucek und Lamond wurde ursprünglich als Handbüchlein für Mitglieder herausgebracht. Es gab auch einen Newsletter, der aber nach wenigen Ausgaben wieder eingestellt wurde, so daß der einzig erkennbare Zweck des Unternehmens der Versandhandel war, den es unter der Bezeichnung The → Master of Malt führte und als Warenzeichen schützen ließ. Neben ganz normalen Abfüllungen wurde eine eigene Serie von Whiskies unter diesem Namen angeboten, die die Vereinigung für sich selbst abfüllen ließ. Bei Master of Malt, der somit auch ein → unabhängigen Abfüller ist, kann jeder einkaufen, aber Mitglieder erhalten Rabatt. Vor einiger Zeit sind Lamond und Tucek ausgeschieden und haben eine neue Firma, → Blackadder International, gegründet. Master of Malt ist auch mit Sitz in Mainz in Deutschland vertreten, als Versandhandel und als eingetragener Verein. Auch hier werden neben ganz normalen Abfüllungen von Whiskyfirmen Eigenabfüllungen von Master of Malt verkauft, für Vereinsmitglieder mit 10 % Nachlaß.

Maltings Bezeichnung für die Gebäude, in denen aus der → Gerste das beim Bierbrauen und beim Destillieren von Malt Whisky notwendige → Malz gemacht wird. Das Wort läßt sich erst ab 1840 nachweisen, während vorher allgemein *malt-house* üblich war. *Maltings* bestehen aus einer Reihe von Einrichtungen, in denen die Geste zunächst durch Einweichen in Wasser (→ *steeping*) zum Keimen gebracht wird. Dadurch soll die im Korn enthaltene Stärke freigesetzt werden. Das Getreide wird dann in zwei bis drei Fuß hohen Schichten auf Tennen, eben den *maltings* ausgelegt. Zur Kontrolle der Temperatur, die 16° nicht überschreiten darf, muß es arbeitsaufwendig immer wieder von Hand umgewendet werden. Dabei wird darauf geachtet, daß die Schicht immer dünner wird.

Hat das Getreide nach etwa fünf bis zehn Tagen eine bestimmte Konsistenz, ist die Stärke weich und kreidig geworden, muß der Keimvorgang gestoppt werden. Das geschieht durch Entziehung der Feuchtigkeit, die am Ende nur noch 3° – 4° betragen darf. Dazu wird die nun → grünes Malz genannte Gerste in einen anderen Raum gebracht, wo sie auf perforierten Böden ausgebreitet wird, unter denen sich ein Ofen, die → *kiln*, befindet: Sie wurde früher ausschließlich mit → Torf, wird heute jedoch mit modernen Brennstoffen beheizt, denen aber nach genauer Vorgabe eine bestimmte Menge Torf zugesetzt wird, um das für die jeweilige Brennerei charakteristische Aroma zu erzielen. Der Rauch zieht dann durch die Körner, dringt in sie ein. Er entweicht durch die → Pagoden, die die *kiln* krönen.

Diese traditionelle Form des Mälzens in den sogenannten → *floor maltings* wird allerdings heute nur noch in wenigen Destillerien angewendet, z. B. in → Balvenie, → Bowmore, → Glendronach, → Highland Park, → Laphroaig und, seit kurzem wieder, in → Springbank. Der Grund dafür liegt auf der Hand: das Verfahren ist teuer und kostet viele Arbeitsstunden. Die erste Brennerei, die die eigene Mälzerei einstellte, war → Glengoyne. Seitdem beziehen die meisten Brennereien fertiges Malz aus großen industriellen *maltings* wie in Burghead, → Glenesk, → Glen Ord oder → Port Ellen. Dort arbeiten sogenannte → *drum maltings*, in denen in großen Trommeln beide Prozesse, das Keimen und das Trocknen, stattfinden können. Die Gerste wird in den Trommeln zuerst gewässert und dann durch Zuführen von Luft getrocknet. Diese modernen Anlagen beliefern viele Destillerien mit ganz unterschiedlichem Malz, denn die Brennereien legen natürlich Wert darauf, daß nach einem präzise vorgegebenen Rezept durch ein Torffeuer unter den Trommeln wiederum Torfrauch an ihr Malz kommen kann. Eine andere mechanisierte Form sind die → *Saladin boxes*, wie sie etwa noch in → Tamdhu im Einsatz sind.

Malts of Scotland, The Serie von fünf schottischen Single Malts, die von → Invergordon im Herbst 1997 herausgebracht wurde und die trotz der sorgfältigen Ausstattung und der Präsentation auf einem hölzernen Barständer überwiegend negative Reaktionen hervorgerufen hat. Vor allem diejenigen, denen Ehrlichkeit und Liebe zur Tradition gleichermaßen am Herzen liegen, schwankten zwischen Zorn und Resignation. Der Grund dafür waren die Namen der fünf Malts. Sie hießen → *Craignure*, → *Druichan Islay,* → *Ferintosh,* → *Glenluig* und → *Kincaple* – die letzten drei tragende Namen, die in der Geschichte des schottischen Whisky eine überragende Rollen spielten; die → »Scotch Whisky Review« nennt sie »the most historical of all Scotch Whisky's heritage«. Als die Marketingstrategen von Invergordon diese Namen benutzten, brachen sie mit einem ehernen, wenn auch ungeschriebenen Gesetz: nämlich daß man Single Malts bisher immer den Namen der Brennerei gab, aus der sie kommen (jedenfalls, wenn es sich um → Eigentümer-Abfüllungen handelt). Invergordon besitzt zwar die → Isle of Jura Distillery in Craighouse und → Bruichladdich auf → Islay und von dort sind sicherlich der *Criagnure* und der *Druichan*. Aber weder sie noch ihre Mutter → Whyte & Mackay/→ JBB Greater Europe, (im Besitz von → American Brands) haben eine Brennerei in den Lowlands noch besitzen sie eine namens Ferintosh oder Glenluig. Daß sie ihren *Ferintosh* als → Speyside bezeichnen und ihren *Glenluig* als → Highland grenzt nicht nur an Verbrauchertäuschung, es ist eine. Glenluig war in den Lowlands, wahrscheinlich in Dunbartonshire, und Ferintosh am Cromarty Firth. Woher also kommen diese Malts? Man vermutet, daß sich hinter dem *Glenluig* ein *Dalmore*, hinter dem *Ferintosh* ein *Tamnavulin* und hinter dem *Kincaple* ein *Glenkinchie* verbirgt. Noch einmal die »Scotch Whisky Review«: »Invergordon wurde 1993 nach einer sehr feindlichen Schlacht von Jim Beam übernommen. Unmittelbar nach dem Erwerb der (Invergordon gehörenden) vier Brennereien schloß Beam drei, darunter die überragende Bruichladdich. Es scheint, sie beanspruchen das Erbe und die Tradition, wollen aber keine Verantwortung für sie tragen.«

Malt Whisky Er war der erste, der originale, der ursprüngliche Whisky, gilt vielen immer noch als der edelste und beste und ist auf jeden Fall der vielseitigste, mit einer überwältigenden Vielfalt, die den Malt jeder Brennerei unverwechselbar macht, kein Faß dem anderen gleichen läßt, jedem einen eigenen Charakter schenkt, mit einer Fülle an Aromen und Geschmacksnuancen ohnegleichen. Er ist eine vollendete Kombination der Gaben der Natur, der Kunst der Menschen, die ihn schaffen, und des Landes, mit dem er verbunden ist und zusammengehört. Jede Spirituose ist eine Konzentration eines *genius loci*, aber Malt Whisky ist es in besonderem Maße. Whisky heißt »Wasser des Lebens« und die Schotten nennen ihn auch *spirit* – er verkörpert ihren Geist, den Geist von Gälen, eines keltischen Landes.

Die Naturprodukte, die man für ihn braucht, sind Wasser, Gerste und Hefe. Aus ihnen destillieren die Menschen eine alkoholhaltige Flüssigkeit, die auf ein weiteres Naturprodukt angewiesen ist, um verfeinert zu werden, auf Fässer aus Eichenholz – und auf die Luft, in denen die Fässer älter und ihr Inhalt reifer werden. Malt ist eine Verheiratung, eine Versöhnung der vier Elemente – durch Menschen. Ohne Wasser gibt es keinen Malt, die Erde schenkt das Getreide und den Torf, der so unnachahmlich zu seinem Wohlgeschmack beiträgt und zu Feuer wird, das das Wasser erwärmt und die von Menschen erfundenen kupfernen Brennblasen, die *pot stills*, beheizen, damit der *spirit*, der Geist, stärker und reiner wird. Die Luft umgibt ihn dann jahrelang, die reine Luft der Highlands oder die salzige der Inseln.

Man kann das alles auch nüchterner beschreiben: Malt Whisky ist ein Destillat, das nur aus einer einzigen Getreidesorte gewonnen werden darf: aus Gerste, die auch heute noch zu großen Teilen aus Schottland kommt. Außerdem dürfen nur Wasser und Hefe verwendet werden. Daß man aus einem Getreidekorn eine alkoholische Flüssigkeit machen kann, verdankt sich der Tatsache, daß Getreide Stärke enthält, die in Zucker verwandelt werden kann, der durch Vergärung zu Alkohol wird, dessen Stärke durch Erhitzen erhöht wird. Die Unterschiede zwischen den einzelnen Malts entstehen dadurch, daß jede Brennerei ihr eigenes, wie ein Augapfel gehütetes Quellwasser hat, daß verschiedene Gerstensorten eingesetzt werden, daß vor allem bei der Umwandlung der Gerste in Malz Rauch und Torf in unterschiedlichen Proportionen mit dem Korn in Berührung kommen, daß die Hefekulturen sich unterscheiden, vor allem aber die Form der *pot stills*, daß das fertige Destillat in unterschiedlichen Faßarten in ganz verschiedenem Mikroklima reift: Viele Parameter sind es, die jedem Malt seinen eigenen Charakter geben.

In nur vier Stufen wird aus der Gerste ein solches Individuum: In einem ersten Arbeitsgang wird das Korn durch Einweichen in Wasser zur Keimung gebracht. Sobald dieser Vorgang abgeschlossen ist, folgt das Trocknen über Feuer in der *kiln*, bei dem die Umwandlung der Stärke in Zucker beginnt. Ob und wieviel Torf dabei verwendet wird, ist ein Teil der Philosophie der einzelnen Brennerei (in Irland wird völlig ohne Rauch gearbeitet). Im nächsten Arbeitsgang wird das Malz gemahlen und eingemaischt, dann mit Hefe versetzt und zur Fermentation gebracht. Der dritte Schritt ist die eigentliche Destillation, die in Schottland bis auf wenige Ausnahmen in zwei, in Irland in drei Durchgängen erfolgt. Der Teil des Destillats, der keine giftigen Stoffe enthält, wird aufgefangen und als *new spirit*, mit etwas Wasser versetzt, in Fässer aus amerikanischer oder spanischer Eiche gefüllt, in denen in der Regel vorher entweder Bourbon oder Sherry oder schon einmal Malt war. Der letzte Schritt, die *maturation*, beginnt. Der Gesetzgeber schreibt vor, daß sie mindestens drei Jahre dauert; erst dann darf sich der Malt auch Whisky nennen. Es gibt aber nur wenige Brennereien, die ihren Malt schon so jung verkaufen, meist reift er zehn, zwölf oder auch noch mehr Jahre. Je länger er gelagert wird, deste teurer wird er.

Vom Maischen angefangen, ist es zwingend vorgeschrieben, die Arbeiten in der Brennerei selbst durchzuführen. Früher hat auch jede Destillerie ihr eigenes Malz auf den *floor maltings* selbst durchgeführt. Weil das langwierig und personalaufwendig und deshalb teuer ist, erzeugen heute nur wenige Brennerei wie Balvenie, Bowmore oder Highland Park das Malz selbst. Die anderen beziehen es von großen industriellen *maltings*, geben ihnen aber genaue Rezepte vor, mit welchen Torfanteilen sie ihr Malz wünschen. Die gleiche Sorgfalt gilt der Form der *stills*, die den Charakter eines Malt und vor allem seinen Körper entschieden beeinflussen. Müssen sie ersetzt werden, weil sie abgenutzt sind, oder soll die Kapazität erhöht werden, kommen nur exakte Kopien der Vorgänger in Frage.

Obwohl er durchaus auch anderswo hergestellt wird, wird Malt zu Recht mit Schottland identifiziert – in den beiden irischen Malt-Brennereien Bushmills und in Riverstown wird nach schottischen Methoden gearbeitet. In Schottland sind von einstmal weit mehr heute etwa 125 Brennereien übriggeblieben, von denen allerdings wegen des → Whisky-Lochs nur ungefähr 80 auch aktiv produzieren, weitere 30 könnten jederzeit wieder in Produktion gehen und von weiteren 25, die zum Teil oder ganz abgerissen wurden, sind immerhin noch Reste an Whiskybeständen vorhanden. Daß die Malts so vieler Brennereien für den Maltliebhaber käuflich zu erwerben sind, ist eine relativ moderne Erscheinung. Spätestens nach dem für die Malthersteller vernichtenden Urteil des Londoner Gerichts im »What is Whisky-Case« 1909 war das Schicksal des Malt besiegelt: seine Bestimmung war es, den Blends Rückgrad und Charakter zu geben. Auch heute werden 90% der schottischen Produktion für Blends verwendet. Aber es gibt ihn wieder, den »King of Drinks«.

Die Wiederentdeckung ist nur einer Firma zu verdanken: William Grant & Sons und ihrem *Glenfiddich*, den sie 1963 unter dem Gelächter und Spott der übrigen Branche auf den Markt brachten. Seitdem haben immer mehr Brennereibesitzer erkannt, daß es sich lohnt, auch ihren Malt anzubieten. Der eigentliche Durchbruch zur Maltrevolution ereignete sich Ende der achtziger Jahre. Bücher wie Wallace Millroys »Malt Almanac« und Michael Jacksons »Whisky« trugen dazu ebenso bei wie paradoxerweise die zunehmende Firmenkonzentration und vor allem der Kauf der DCL durch Guinness. Um einen Malt auf den Markt zu bringen, braucht man Mittel, die oft nur große Firmen haben. Guinness' UD setzten mit ihren »Classic Malts« ein Zeichen.

Seitdem sind die Dämme gebrochen. War es vor zehn Jahren noch völlig unmöglich, aus allen Whiskyregionen und von allen 125 schottischen Brennereien einen Malt zu bekommen, heute ist es leicht. Viele dieser Single Malts aus einer einzigen Brennerei sind als → Eigentümer-Abfüllung zu bekommen, noch mehr von den Unabhängigen. Mehr noch, es gibt nicht nur Single Malts, sondern Single Single Malts: Whiskies aus dem Einzelfaß, wie sie von den Kenner besonders geliebt werden, weil eben keine zwei Fässer sich gleichen, und es gibt sie auch naturbelassen, in *cask strength*. In Vergessenheit geraten sind ein bißchen die Vatted Malts, die hervorragend sein können. An einen Single Malt freilich kommen sie nicht heran. Er bleibt der erste, der originale, der ursprüngliche Whisky, der edelste und der mit dem größten Reichtum an Aromen und Geschmacksnuancen.

Malz Das durch bestimmte Manipulationen aus der Gerste entstandene Korn, aus dem durch weitere Arbeitsgänge bei der Whiskyherstellung Malt Whisky wird. Es wird auch, jedenfalls dort, wo nach dem deutschen Reinheitsgebot gearbeitet wird, beim Bierbrauen verwendet und wird zu einem bestimmten Anteil auch bei anderen Whisk(e)y-Arten eingesetzt. Das Malz entsteht dadurch, daß reife Gerste durch Einweichen in Wasser zum → Keimen gebracht und dann in der → *kiln* über einem Feuer oder heißer Luft wieder getrocknet wird. Während dieses Vorgangs beginnt die im Gerstenkorn enthaltene Stärke sich in Zucker zu verwandeln. Danach wird es zu → *grist* gemahlen, wieder mit heißem Wasser versetzt, um aus dieser → Maische den Zucker herauszuwaschen. Er wird dann anschließend durch Zugabe von → Hefe zu einer alkoholhaltigen Flüssigkeit namens → *wash* oder → *beer*, deren Alkoholgehalt durch → Destillation erhöht wird.

Manchester United Schottischer Blend, die Hausmarke des gleichnamigen Fußballclubs. Der → Blend aus dem → Standard-Segment kam früher von → Whyte & Mackay und ist heute im Programm von The → Bennachie.

Manhattan Whisk(e)ydrink. Er ist ein Klassiker und einer der ganz wenigen, der tatsächlich ein echter Whisk(e)ycocktail ist. Seine Erfindung ist legendenumrahmt und es gibt von ihm viele Versionen, von denen die ursprünglichen mit Canadian Whisky gemacht wurden (was dafür spricht, daß er während der Prohibition entstand), heute wird aber auch gern mit Bourbon gearbeitet. Für den »Manhattan Perfect« nimmt man vier Teile Canadian auf eine Teil Vermouth Dry und einen Teil Vermouth Rosso. Zusammen mit einigen Spritzern Angustura werden sie kräftig gerührt und dann in einer Schale mit einer Kirsche serviert. Beim »Manhattan Dry« wird der rote Vermouth durch einen weiteren Teil Dry ersetzt, beim »Manhattan Sweet« der Dry durch Rosso.

Mannochmore Schottische Malt-Destillerie. Ihr Name, ausgesprochen »mánnoch-mór«, bedeutet großer Mönch. Sie liegt in der Nähe von → Elgin und wurde gleich neben der → Glenlossie Distillery gebaut. Im Auftrag der → DCL wurde sie von John → Haig & Co. errichtet. Das war erst 1971 und ihre sechs → *stills* konnten immerhin jährlich 1 Million Liter Alkohol pro Jahr produzieren. Obwohl ihr Whisky bei Blendern bald beliebt war, waren die Erwartungen zu hoch: In der Whiskyrezession 1983 mußte sie geschlossen werden, begann aber 1989 unter dem DCL-Nachfolger → UD wieder mit der Produktion – als Glenlossie zur Renovierung schloß. Obwohl beide von den gleichen Arbeitern bedient wurden, mußte Mannochmore 1995 wieder schließen, soll aber seit Anfang 1997 wieder aktiv sein. Als Single Malt vorher nur einmal von der → Scotch Malt Whisky Society abgefüllt, nahmen UD ihn in die → »Flora und Fauna«-Serie auf und brachten einen 12 Jahre alten Malt heraus. Viel (und nicht nur positives) Aufsehen erregte der zehnjährige → *Loch Dhu,* ein sehr dunkler, fast schwarzer Whisky, als dessen Herkunft UD Mannochmore angaben – ein typisches Designerprodukt, das sich letzten Endes aber doch nicht durchsetzte und wieder vom Markt genommen wurde. In der Serie der »Rare Malts« gab es einen 22jährigen *Mannochmore* mit 60.1 %. Auch die Unabhängigen konnten einige Abfüllungen anbieten. Cadenhead hatte einen 1977er in der Faßstärke von 60.9 %. Gordon & MacPhail hatten in der »Connoisseurs Choice«-Reihe einen *Mannochmore* von 1984.

Mansion House Indische Spirituosen von → Tiliknagar, einer Firma, die mit → Allied Domecq seit 1997 ein *joint venture* eingegangen ist und für sie u. a. deren → *Teacher's* und → *Old Smuggler* distribuiert, die von einem anderen Partner, → Clan Morgan of Delhi, *in* → *bulk* importiert und erst in → Indien abgefüllt werden. Die Firma hat auch einige eigene Marken, darunter die Reihe »Mansion House«, zu der neben einem Brandy und einem Gin auch ein indischer Blend gehört.

Manx Whiskey Spirituosen, die einige Jahre lang von der Isle of Man kamen und offensichtlich deswegen die irische Schreibweise bevorzugten. Der »Natural White Whiskey« aus der → Glen Kella Distillery darf sich seit 1997 allerdings nicht mehr Whiskey nennen, weil ihm die → Scotch Whisky Association diese Bezeichnung gerichtlich untersagen ließ – ein Sieg, der fast zum Konkurs des kleinen Unternehmens führte, das einen 5jährigen Blend und einen 8- bzw. 12jährigen Vatted produzierte. Der Einspruch der in diesem Fall wirklich kleinlichen Schotten veranlaßte sie, ihr Produkt in »Manx Spirit« umzutaufen. Von ihm gibt es nun zwei Versionen, den *Manx red* und den *Manx blue*, der eine aus Scotch destilliert, der andere aus 12jährigen Malts. Sie werden aus Schottland bezogen und auf der Insel ein drittes Mal gebrannt, wobei sie ihre Farbe verlieren und wieder wasserklar werden.

Maqintosh Indischer Whisky, der sich wirklich so schreibt und aus indischem Malt und 5jährigem Scotch geblendet ist, der wiederum wahrscheinlich ein Blend aus schottischen Malts und Grain Whisky ist. Sie werden zusätzlich noch mit in → Indien destilliertem Neutralsprit, vermutlich aus Zucker-Sirup, verschnitten. Hersteller der Marke sind → Amrut Distilleries in Bangalore.

Mar Lodge Schottischer Vatted Malt, der von der renommierten Firma → Findlater Mackie Todd & Co. geschaffen wurde, diesen Namen noch heute auf dem Etikett führt, aber über → Invergordon zum Portfolio von

→ Whyte & Mackay oder besser → JBB (Greater Europe) gehört – um die Bezeichnung zu benutzen, die → American Brands 1997 ihrer schottischen Tochter gab. Sie entschlossen sich, die Produktion einzustellen, haben aber immer noch die Rechte an der Marke. Flaschen von ihm sind zumindest in Schottland aber noch zu finden.

Mark Twain Amerikanischer Whiskey-Likör, den die Hamburger Firma Borco importiert, die exklusiv den Kentucky Straight Bourbon → *Pennypacker* für sich machen läßt. Der kommt von → Heaven Hill, was die Vermutung nahelegt, daß die Grundlage für den in seiner Aufmachung ein bißchen an den Klassiker → *Southern Comfort* erinnernden Liqueur im »Southern Style« ebenfalls Bourbon von dort ist. Zweiter Bestandteil der Spirituose sind Früchte. Von »Old Tradition from the South of the United States« kündet das Label und das meint das Getränk ebenso wie das literarische Werk des anderen amerikanischen Klassikers, der ihm seinen Namen gegeben hat: Mark Twain, der große Humorist, Satiriker, Zyniker, Menschenfreund, der dem Süden mit »Tom Sawyer« und »Huckleberry Finn« unvergängliche Denkmale geschenkt hat.

Markethouse-Abfüllung In Großbritannien hin und wieder gebrauchte Bezeichnung für die Single Malts, die nicht von → unabhängigen Abfüllern, sondern vom Eigentümer der Brennerei »offiziell« herausgebracht werden.

Marks & Spencer Britische Kaufhauskette mit sehr guter Lebensmittelabteilung und einigen deutschen Filialen in Dortmund, Frankfurt und Köln. Von Briten liebevoll »Marks und Sparks« genannt, verkauft sie fast nur Produkte unter dem eigenen Label »St. Michael«, auch verschiedene Blends und Malts, deren Herkunft offenbleibt, die aber immer relativ preisgünstig und von verläßlicher Qualität sind. Es gibt aber auch Ausnahmen von der Namensregel wie den irischen Whiskey → *Cassidy's* oder den Scotch → *Kenmore*.

Marlfield Irische Spirituose, die auf dem Etikett als »Olde Irish Liqueur Whiskey« ausgewiesen wird – eine Bezeichnung, die alle Fragen offenläßt. Sie kam in der sehr kleinen Menge von insgesamt 1000 Flaschen auf den Markt und nicht nur deshalb war ihr hoher Preis gerechtfertigt. Der Inhalt dieser Flaschen stammt aus dem Jahr 1946 und wurde in der → Tullamore Distillery destilliert, die früher einmal George Daley gehörte. Sein Name, allerdings als Daly geschrieben, findet sich auch auf dem Etikett, obwohl es im fraglichen Jahr Daniel E. Williams war, der um das Überleben seiner Brennerei kämpfte. Von ihm weiß man, daß er damals versuchte einen Likör zu kreieren, den → *Irish Mist*. Der kam allerdings erst 1948 auf den Markt. Was also genau in den Fässern war, die seit 1946 unter Zollverschluß in Suir Valley lagen, und was dann in die Flaschen kam, ein Whiskey, die Vorform des Likörs, oder ob damals destillierter Whiskey zur Herstellung eines Likörs verwendet wurde, das wird leider verschwiegen. 20 % Alkohol enthält das Getränk, typisch für Likör und zu wenig, um auf natürliche Weise, durch → *angels' share*, so stark reduziert zu sein. Wenigstens ist klar, woher der Name kommt: von einer alten Brennerei, die vor 300 Jahren arbeitete und von der man noch einige Mauern sehen kann.

Marriage, marrying Bezeichnung für das Zusammenführen von Whiskies aus verschiedenen Fässern in einem großen Bottich aus Holz oder Edelstahl, in dem sie sich »verheiraten« können, bevor sie in Flaschen abgefüllt werden. Das Verfahren soll dazu dienen, daß die unterschiedlichen Einzelwhiskies, die für einen Blend oder einen Vatted Malt verwendet werden, sich angleichen, zu einer Einheit werden können. Da es zeitaufwendig und damit teuer ist, wird die Methode nur noch sehr selten angewendet. Daß sie auch früher nicht immer und allgemein angewendet wurde, zeigt sich darin, daß manche Firmen in der Werbung herausgestellt haben, die Whiskies für ihre Blends würden erst »verheiratet«. Der *Whyte & Mackay* ist ein berühmtes Beispiel. Eine andere Form des *marrying* kommt beim *Canadian Club* zur Anwendung, bei dem die Whiskies schon vor der Abfüllung in die Fässer zusammengeführt werden. Auch bei einzelnen Single Malts legen manche Firmen Wert darauf, die einzelnen Fässer erst zu »verheiraten«, um ihre Unterschiede auszugleichen. Ein besonders aufwendiges System hat sich Masterblender David Stewart für seinen *Glenfiddich Solera Reserve* ausgedacht, bei dem jeweils 15 Jahre alter *Glenfiddich* aus ehemaligen Sherryfässern, aus ehemaligen Bourbonfässern und aus in nagelneuen Eichenfässern nachgereiften *refill casks* in großen Tonnen »verheiratet« werden, ehe sie alle zusammen in einer 40000 Liter fassenden *Solera tun* darauf warten, in die Flasche zu kommen.

Martin, James Schottische Whiskyfirma, die 1878 von dem gleichnamigen Händler gegründet wurde, der sich auch als Boxer und Philanthrop einen Namen gemacht hat. Die Firma gehört seit den zwanziger Jahren zu → Macdonald & Muir. Es waren ihre → Blends *Martin's VVO* und *Martin's De Luxe*, die 1941 vor der Insel Eriksay auf geheimnisvolle Weise verschwanden, als die → »SS Politician« auflief. Compton Mackenzie hat in → »Whisky Galore« beschrieben, wie der Stoff die Inselbewohner über die Unbill des Krieges hinwegtröstete. Von Martini & Rossi veranlaßt, die tatsächlich eine Verwechslung ihres Vermouth mit dem Scotch befürchteten, führen die Blends heute auch den Vornamen. Es gibt sie zum Teil immer noch als *Martin's VVO* (»very very old« oder »vatted very old«) in Standard- und als 12jährigen und 20jährigen *Martin's Fine & Rare* im Premiumbereich. Die neuen Bezeichnungen sind *James Martin's Premium*, *James Martin's Special*, *James Martin's 17 years old* und *Martin's 20 years old.* Sie alle sind in Europa kaum erhältlich, dafür in den USA um so populärer. Bei → Oddbins gibt es auch den Vatted *James Martin Finest Pure Malt* und einen *James Martin 20 years Lowland*, bei dem nicht klar ist, ob es ein Single oder ein Vatted Malt ist.

Mary of Scotland Whiskydrink. Man nehme einen Teil grünen »Chartreuse«, einen Teil *Drambuie* und einen Teil Scotch, schüttle sie auf Eis im Mixbecher und serviere im Cocktailglas zusammen mit einer Cocktailkirsche.

Mash bill Bezeichnung, die in amerikanischen Brennereien angewendet wird, um zu beschreiben, aus welchen Getreidesorten sich die → Maische zusammensetzt und in welchen Proportionen sie zueinanderstehen. Das Gesetz schreibt z. B. vor, daß beim Kentucky Straight Bourbon mindestens 51 % Mais und daß beim Straight Rye mindestens 51 % Roggen verwendet werden müssen. Meist sind die Anteile aber höher. Außerdem kommen Anteile von Roggen und/oder Weizen dazu und immer auch eine bestimmte Menge gemälzter Gerste. Jede Brennerei hat für die *mash bill* ihre eigene feststehende Rezeptur. Lange wurde um sie ein großes Geheimnis gemacht, aber seit Gary und Mardee Haidin Regan ihr »Book of Bourbon« veröffentlicht haben, ist sie für die meisten Destillerien bekannt.

Mash tuns Bezeichnung für die großen Bottiche, in denen sich der für die Herstellung von Whisky (und Bier) ungemein wichtige Vorgang des → Maischens abspielt. Bei ihm werden den eingesetzten Naturprodukten die Zuckerbestandteile entzogen, die dann später durch Zusatz von Hefe zum Gären gebracht werden. Bei der Herstellung von Malt Whisky wird das zu → *grist* zermahlene Malz in 63° bis 64° heißem Wasser eingeweicht, um Maltose und Dextrin zu gewinnen. Nach etwa 20 Minuten ist aus der → Maische, die zunächst aussieht wie dünner Porridge, eine Flüssigkeit entstanden, die man → *wort*, also Würze, oder manchmal umgangssprachlich auch *sweetwater* nennt. Sie fließt durch einen perforierten Boden in die sogenannten → *underbacks*. Zurück bleiben Feststoffe, → *draff* genannt, die als Viehfutter Verwendung finden. Das Einmaischen mit heißem Wasser wird insgesamt dreimal vorgenommen, wobei die Wassertemperatur jedesmal erhöht wird, um wirklich allen Zucker herauszuwaschen. Der dritte Aufguß wird nicht als *wort* verwendet, sondern beim nächsten Maischen benutzt. Die *mash tuns*, deren Größe variiert, sind heute meist aus Edelstahl (es gibt aber auch noch welche aus Eisen oder Kupfer) und sie sind abgedeckt, um die Hitze zu bewahren. In jüngster Zeit werden immer häufiger die in deutschen Brauereien zuerst verwendeten *Lauter tuns* verwendet, in denen ein Läuterwerk bessere Ausbeute erlaubt.

Mason's Schottischer Blend von der Edinburgher Firma Peter J. → Russell & Co., die ihn allerdings nicht unter ihrem eigenen Namen führt, sondern unter dem ihrer Tochterfirma Wm. Maxwell, die auch für den Blend → *King Robert II* bekannt ist.

Master Blend Thailändischer Blend, den → Seagram als ersten »richtigen« Whisky in einem Land herstellt, in dem zwar Flaschen zu finden sind, auf denen »Whisky« steht, die aber eine Spirituose enthalten, die aus Reis destilliert wurde. → Thailand gehörte in den letzten Jahren zu den Ländern, die einen Wirtschaftsboom erlebten, der zu einem starken Interesse an westlichen (Luxus-) Gütern führte; auch der Konsum an

Scotch stieg überproportional. Seagram, oft Pionier bei der Eroberung neuer Whisky-Länder, reagierte mit einem Produkt, für das die Grain Whiskies lokal produziert, die Malts aber aus Schottland importiert werden. Die Marke kam 1995 auf den Markt.

Master of Malt, The Anders als der begehrte Titel »Master of Wine«, den man sich durch harte Prüfungen erarbeiten muß und der dann als prestigeträchtige Abkürzung MW hinter dem Namen geführt werden darf, steht der Master of Malt nicht für eine besonders hohe Qualifikation und Kompetenz. Der erste, der den Titel für sich in Anspruch nahm, war John Lamond, ein ausgewiesener Weinfachmann, der durch Blindverkostungen auch seine Maltkenntnisse bewiesen hatte und sich dadurch berechtigt sah, seinem Namen die Buchstaben MM zuzufügen. Er ist, zusammen mit Robin Tucek, auch Autor des Bestseller »The Malt Whisky File« und zusammen mit Tucek war er in der → Malt Whisky Association tätig, die sich entschloß, den schönen Titel als Namen für ihren Whiskyversandhandel und für die → Einzelfaßabfüllungen von Single Malts zu verwenden, die sie herausbrachte. Sie planten auch, in verschiedenen Ländern jeweils nur eine einzige Person mit dem Titel (und dem Recht, die Abfüllungen zu verkaufen) auszuzeichnen; in Deutschland war das der bekannte Whiskysammler Horst Kroll vom »Whisky-Castle« Kyrburg über der Nahe. Ihm wurde der Titel gerichtlich streitig gemacht, nachdem Tucek und Lamond aus der britischen Association unter nicht ganz geklärten Umständen ausscheiden mußten (und mittlerweile ein neues Unternehmen, → Blackadder International, gründeten) und nachdem die neuen Inhaber der Association und des Versandhandels einen anderen deutschen Repräsentanten gefunden hatten. Der deutsche Ableger ist als eingetragener Verein organisiert und unabhängig davon gibt es den Versandhandel The Master of Malt, der sich den Namen als eingetragenes Warenzeichen schützen ließ. Beide sitzen in Mainz.

Master's Choice Whisky, der aus schottischem Malt und kanadischem Grain besteht, die *in → bulk* nach → Venezuela verschifft und dort abgefüllt werden – für einen Markt, der lange der größte des Kontinents war. Der Blend hat 40 % und ist eine Marke von → UD/UDV.

Masterblender Bezeichnung für die Mitarbeiter, die bei den Whisk(e)y-firmen für die Auswahl der Fässer verantwortlich sind, die nach ihrer Reifung fertig zum Abfüllen sind und aus denen entweder die neue Tranche für einen bestimmten Bourbon oder einen bestimmten Single Malt kombiniert oder die nächste »Auflage« eines Blend zusammengestellt wird. In vielen Firmen sind sie auch für die Kontrolle aller eingelagerten Fässer zuständig, prüfen ständig deren Qualität und entscheiden darüber, wann sie reif genug sind, um in die Flaschen zu kommen. Deshalb trifft man sie genauso in den → *warehouses* wie in den → *nosing rooms*. Das sind nüchtern eingerichtete, oft mit Fliesen ausgekleidete Räume, an deren Wänden reihenweise kleine Probeflaschen stehen, von denen jede ein Faß repräsentiert. In der Mitte des Raumes ist ein Edelstahlbecken, in das die Proben entsorgt werden. Auf einem Arbeitstisch stehen, von Mitarbeitern vorbereitet, die Whiskies in Nosing-Gläsern, die oft auch dunkelblau oder schwarz sind, damit die Farbe unsichtbar wird. Der Whisky wird niemals pur geprüft, sondern auf etwa 20 % bis 30 % verdünnt. Ein *lid*, ein kleiner Glasdeckel, verhindert, daß das Aroma zu früh verströmt. Aber Masterblender trinken bei der Arbeit niemals. Sie prüfen die Whiskies ausschließlich mit der Nase. Es ist ihr wichtigstes Organ und es dauert lange, bevor ein Anfänger, selbst einer mit großem Talent, zum Masterblender wird. Von allen Mitarbeitern hat er die wahrscheinlich verantwortungsvollste Aufgabe: an der Qualität seiner Arbeit entscheidet sich die Zufriedenheit des Kunden, der seinen Blend, aber auch seinen Single Malt in immer gleicher Qualität, mit immer gleichem Aroma, mit immer gleichem Geschmack erwartet. Der Masterblender wählt aus hunderten von Faßproben die aus, die das garantieren, und muß bestimmen, wieviele Fässer von welchem Malt und von welchem Grain er braucht, um die Konsistenz zu sichern. Männer wie Trevor Conan (ehemals bei → Invergordon und nach deren Übernahme durch → Whyte & Mackay leider entlassen), Richard Paterson, ebenfalls bei Whyte & Mackay, oder David Stewart von William Grant & Sons sind deshalb von unschätzbarem Wert für ihre Chefs.

Mattingly & Moore Kentucky Straight Bourbon, dessen Name sich zusammensetzt aus denen von Tom Moore und Ben Mattingly, die sich um 1876 zusammentaten, um eine Brennerei zu kaufen, ihr ihren Namen zu geben und einen Whiskey namens *Belle of Nelson* herauszubringen. Moore baute einige Jahre später eine nach ihm benannte Destillerie in Bardstown, aus der nach der → Prohibition die → Barton Distillery werden sollte (die noch heute einen → *Tom Moore* herstellt). Die Marke *Mattingly & Moore* wechselte mehrmals den Besitzer, landete nach den trockenen Jahren bei → Seagram und schließlich bei → Heaven Hill, jener Firma in Bardstown, die sich geradezu auf die Rettung von alten Namen aus der amerikanischen Whiskeygeschichte spezialisiert zu haben scheint. Sie verkauft den Whiskey ohne Altersangabe und mit 80°/40 %.

Maturing Bezeichnung für den letzten Arbeitsschritt bei der Produktion eines Whisk(e)y. Er beginnt, wenn das frische Destillat mit mehr oder weniger Wasser versetzt in die Fässer gefüllt wird, und endet, wenn es diese Fässer wieder verläßt. Die Reifung in Fässern und die oft jahrelange Lagerung in *warehouses* war nicht immer Praxis, sondern ist erst eine relativ späte Erfindung in der Geschichte des Whisk(e)y. Vorher war es üblich, den Alkohol jung zu trinken (und seine Härte und Rauheit eventuell durch Kräuter oder auch Zugabe von Honig zu mildern). Solche jungen ungestümen Brände haben auch heute ihre Liebhaber, die z. B. in den USA ihren → *moonshine* oder in Irland ihren → *poitín* frisch aus der Brennblase konsumieren. Auch in Schottland trifft man in Brennereien immer wieder Mitarbeiter, denen der *new spirit* lieber ist als der gereifte Malt.

Dennoch ist unbestritten, daß der Whisk(e)y von der Lagerung ungemein profitiert. Es ist unbekannt, wem diese Entdeckung zu verdanken ist und es könnte sein, daß die Legende stimmt, die von einem Schmuggler erzählt, der auf der Flucht vor den → *excisemen* ein zum Transport benutztes Fäßchen verlor. Als er es viel später wiederfand, war er überrascht, wie sich der Inhalt verändert hatte. Es könnte aber auch schottische Sparsamkeit gewesen sein, die sich das Vorhandensein vieler geleerter Fässer zunutze machte. Auch der Gesetzgeber ist der Meinung, daß Whisk(e)y reifen müsse. In den meisten Ländern gibt es gesetzliche Vorschriften über die Mindestreifezeit. In Schottland und Irland beträgt sie drei, in den USA zwei bzw., bei → *Bottled in Bond*-Bourbons vier Jahre. Neue Forschungsergebnisse zeigen, daß es nicht allein auf die Zahl der Jahre ankommt, die beim *maturing* eine Rolle spielen. Vielmehr ist es das Zusammenwirken von Art und Qualität des Fasses, Temperatur und Beschaffenheit der Lagerhäuser und ihres Mikroklimas und das Alter, die den Charakter eines Whisk(e)y maßgeblich formen.

Mayerson & Company, H. Whiskyfirma, die 1953 gegründet wurde und ihren Sitz in London hat. Sie ist eine der großen → Broker, d. h. sie kauft Fässer von reifem Whisky oder auch sogenannte → *fillings*, also frische Destillate, von den Erzeugern und verkauft sie weiter an Firmen, die sie für die Herstellung ihrer Blends benötigen, oder sie vermittelt, ohne selbst ein Faß zu bewegen, zwischen Erzeugern und Verwendern. Mayerson betätigt sich aber auch im Import und verschifft große Mengen Whisky *in* → *bulk* ins Ausland. Außerdem werden Blends unter dem Eigenlabel von anderen Firmen hergestellt. Die Blends → *Glenrob* und → *Scottish Envoy* werden für die Firma selbst produziert, dazu → *Strath-Roye* mit dem Etikett der Tochterfirma Glen-Roye (Blenders).

McCallum's Perfection Schottischer Blend, der dem Anspruch seines Namens tatsächlich gerecht wird und seine Besonderheit auch dadurch herausstreicht, daß er sich »Scots Whisky« nennt. Die Brüder Duncan und John McCallum begannen ihre Geschäfte 1807 in Edinburgh mit einer bald so beliebten Gastwirtschaft, daß sie schnell expandieren konnten, wobei sie besonders auf hochwertige Blends setzten, aber auch in Brennereien wie z. B. → Benromach investierten. Ihr *Perfection* kam 1911 auf den Markt – fünf Jahre bevor alle ihre Produktionsgebäude bei einem deutschen Luftangriff auf Edinburgh total zerstört wurden. In den dreißiger Jahren erwarb die → DCL die Firma und übertrug ihr die Lizenz von → Cragganmore, deren Malt einen wesentlichen Anteil an diesem Blend und seiner Qualität hat. Anders als → *Auld Acquaintance* blieb er bei → Guinness' → UD, als sie die DCL 1987 kauften. Zur Zeit gehört die Marke UDV.

McCarthy's Amerikanischer Single Malt, der sich nach dem Bundesstaat, in dem die Brennerei liegt, »Oregon Single Malt« nennt und Whiskey selbstverständlich mit »e« schreibt. Er kommt aus der Clear Creek Distillery in Portland, die bisher nur Obstbrände hergestellt hat. Dann aber wurde die → *pot still* benutzt, um aus »Peat Malted Scottish Barley« einen echten Single Malt zu machen. Das Malz wird von der Firma Widmer Brothers, einer Brauerei, eingemaischt und → fermentiert, bevor in Clear Creek destilliert wird. Der Whiskey wurde drei Jahre lang in amerikanischen → *barrels* gelagert und mit 40 %/80° abgefüllt – der zweite amerikanische Single Malt nach dem → *Old Potrero* und vor dem → *Peregrine Rock*.

McCauley's Kanadischer Whisky, einer der vielen, die in Kanada produziert, *in* → *bulk* importiert und von einer amerikanischen Firma auf dem heimischen Markt verkauft werden. Die Marke gehört → Sazerac.

McClelland, T. & A. Schottische Whiskyfirma, deren Ursprünge sich bis 1818 zurückverfolgen lassen und deren Gründer im gleichen Jahr auch die Brennerei → Bladnoch bauten. Ihr Chairman war lange Jahre Jimmy Barclay, der bekannt wurde, weil er Hiram → Walker durch den Verkauf von J. & G. → Stodart den Einstieg in die schottische Whiskyindustrie ermöglichte. Die Firma und ihre Marken gehören heute → Morrison Bowmore. Sie benutzen den Namen auch bei ihren Blends → *Clan Roy*, → *King's Pride* und → *Rob Roy* und verkauften so auch einen Single → Islay, einen Single → Lowland und einen Single → Highland, von denen Kenner natürlich wissen, daß sie nirgends sonst herkommen können als von den firmeneigenen Brennereien → Bowmore, → Auchtentoshan und → Glen Garioch. Sie sind ebensogut, aber viel billiger als normale Abfüllungen, sind aber, mit fünf Jahren, viel jünger als diese.

McCormick Amerikanische Whiskeyfirma mit dem vollen Namen Distilling Co., die zwei Brennereien und eine ganze Reihe von Marken besitzt. Firmensitz ist das kleine Städtchen → Weston an der Westgrenze von Missouri (sprich »Missora«) zu Kansas. Dort liegt auch die eine der beiden Destillerien, die allerdings bereits seit 1985 geschlossen ist; gegen eine Wiedereröffnung der immer noch gepflegten Anlage hat man sich erst vor kurzem entschieden. Die andere Brennerei ist → Pekin nahe von Peoria in Illinois, die zwar nicht geschlossen ist, aber seit 1991 keinen Whiskey mehr produziert, sondern nur noch Industriealkohol. McCormick führt unter dem eigenen Firmennamen Rum, Tequila, Gin, Wodka und Brandy und hat auch einen Canadian und einen Scotch im Programm. Ebenfalls unter dem Firmennamen kommt ein Straight Bourbon (80°/40 %), der die Zahl 1856 trägt; sie bezieht sich auf das Jahr, in dem die Brennerei in Weston ihre Arbeit begann. Außerdem gehören zum Portfolio der Straight Bourbon → *B. J. Holladay*, der → *Plainsman*, der → *Stillbrook*, den es als Straight Bourbon und als Blended American gibt, und → *Platte Valley*, ein Straight Corn. Letztere beide tragen den Hinweis »Distilled in Illinois«, der indes bald durch »in Kentucky« ersetzt werden wird, wenn die in Pekin gemachten Whiskies aufgebraucht sind und die Nachfolger von → Heaven Hill kommen werden.

McDavid, Murray Schottische Whiskyfirma, die zu den → unabhängigen Abfüllern gehört und erst Anfang 1997 mit ihrer ersten Serie an die Öffentlichkeit trat. Sie nennt ihre Abfüllungen »Vintage Selection« und gibt sehr klare Auskünfte über sie. Das Label nennt groß die Brennerei, aus der diese Single Malts kommen und das Jahr der Destillation. Es folgt eine kurze Beschreibung der Brennerei und dann eine Auflistung mit Faßnummer, Monat der Destillation und der Abfüllung und dann ganz exakt der → Faßtyp. Alle bisher bekannten Abfüllungen hatten 46 % – und weisen damit die Spur zu dem bis dato unbekannten Neuling, dessen Name sich in der Whiskyliteratur nicht nachweisen läßt, von dem die Firma aber behauptet, daß McDavid auf »neun Generationen Erfahrung im Single Malt Geschäft« zurückblickt. Nun hat man damals, irgendwann Anfang des 19. Jahrhunderts, den Ausdruck Single Malt noch gar nicht gekannt, aber die beiden Informationen über das Alter und den Alkoholgehalt deuten auf einen Zusammenhang mit → Cadenhead bzw. dessen Besitzer hin, der Firma J. & A. Mitchell. Ihnen gehört die → Springbank Distillery in → Campbeltown und dort sind 46 % die traditionelle Stärke. In der Whiskyszene hatte man schon länger von Streitigkeiten in der Familienfirma gemunkelt und tatsächlich hatte sich der langjährige Marketingdirektor Gordon Wright von seinem Onkel und Firmenboß Hedley Wright getrennt. Der beansprucht für sein Unternehmen allerdings nur sieben Generationen. Firmensitz des neuen Unabhängigen ist auch nicht Campbeltown, sondern Glasgow und London. Die ersten Malts von McDavid kamen von folgenden Brennereien: → Bowmore (1973), → Bunnahabhain (1979), → Caol Ila (1974), → Glenturret (1979), → Highland Park (1979), → Laphroaig (1987), → Linkwood (1979 und 1981), → Macallan (1974) und → Royal Brackla (1979).

McDonald, C. & J. Schottische Whiskyfirma, die Arthur → Bell & Sons gehörte und für sie die Blends → *C & J Fine Old*, → *Heathwood*, → *McDonald's Special Blend* und → *Queen's Choice* herstellte. Sie alle gehören heute, nachdem → Guinness zuerst Arthur Bell und danach die → DCL gekauft und dann aus den beiden → UD gebildet hatte, zum Portfolio des Spirituosenriesen, der 1997/8 noch einmal wuchs, als Guinness mit → Grand Metropolitan fusionierte.

McDonald's Special Blend Schottischer Blend von C. & J. → McDonalds, einer Tochter von Arthur → Bell & Sons, die wiederum in den achtziger Jahren von → Guinness gekauft wurden. Deren Spirituosentochter → UDV ist heute für die vor allem in Südafrika verkaufte Marke verantwortlich.

McDowall Schottischer Blend. Er kommt von der in Surrey ansässigen Firma Brodie Crawford & Co., deren bekanntestes Produkt → *Brodie's Supreme* ist.

McDowell & Co. Indische Whiskyfirma mit Sitz in Madras, die im Besitz der → United Brewers of India ist und für sie im Süden → Indiens, an der

Westküste in dem Dorf Ponda nahe Goa, die McDowell's Distillery führt. Sie ergänzte 1988 eine Anlage, in der Bier gebraut und in kontinuierlicher Destillation aus Melasse ein Destillat gewonnen wurde, das in Indien »Whisky« genannt werden darf, in Wirklichkeit aber Rum ist, und dort zum Verschneiden mit richtigem Whisky verwendet wird. In den achtziger Jahren entschloß man sich, auch echten Malt zu produzieren, obwohl die tropische Gegend mit konstant warmen Temperaturen auf den ersten Blick dafür alles andere als ideal erscheint. Ein Maischebottich aus Edelstahl, sechs Gärbottiche und zwei →*pot stills* sind dafür vorgesehen. Zum Mälzen wird seit einiger Zeit sogar aus Schottland importierter Torf verwendet, die Lagerung erfolgt, für Indien sehr ungewöhnlich, in Ex-Bourbon-Fässern und man schwört, daß man für den Single Malt nicht einmal Karamel zum Färben nimmt, sondern ihn ganz so abfüllt, wie er sich entwickelt hat.

Der *McDowell's* ist bisher der einzige echte Single Malt eines Landes, das mit dem Wort »Malt« sehr verschwenderisch und nicht immer zum Vorteil der Konsumenten umgeht. So ist etwa der →*Moghul Monarch* nicht einmal von Ferne ein reiner Malt und höchstens der →*Solan No. 1*, ein echter →Pure Malt, kommt an den *McDowell's* heran (begrifflich jedenfalls, an Qualität überholt er ihn manchmal). Er wird mit den in Indien üblichen 42.8 % abgefüllt und nennt auf seinem Label den Abfülltag und, wie ebenfalls vorgeschrieben, genau den Staat, in dem er ausschließlich verkauft werden darf, wenn er nicht exportiert wird. Außer ihm gibt es noch Blends, die ebenfalls den Namen der Brennerei tragen und in den Versionen *No. 1*, *Travel*, *Premium* und *Centenary* (der aus schottischem Grain und indischen Malts bestehen soll!) kommen. Auch der →*Diplomat* kommt aus Goa.

McGibbon's Schottischer Blend von Douglas →Laing & Co. in Glasgow bzw. deren Tochterfirma Douglas McGibbon & Co., ebenfalls in Glasgow. Die verschiedenen Versionen kommen in Verpackungen, die alle mit Golf zu tun haben: als Golf Bag, als Ball, als Schläger (englisch: »club«). Mal heißen sie *Golf Bag*, mal *Golf Club*, enthalten aber entweder den →Standard *McGibbon's Special Reserve* oder die →Premiums *McGibbon's Master's Reserve* und *McGibbon's Premium Reserve.* In den USA werden sie unter dem schönen Namen »Scotch for Swingers« verkauft. Den *Master's Reserve* gibt es auch in Form von Curling-Steinen. Ob sie alle getrunken werden, mag dahingestellt bleiben, sie erfreuen sich jedenfalls großer Beliebtheit als Souvenir an einen Golfurlaub oder als gefürchtetes, staubfangendes Mitbringsel für Golfer. Zu diesen Zwecken werden sie besonders in den Duty free-Läden auf Flughäfen angeboten.

McGuinness Kanadische Whiskies, die heute aus dem Hause →Corby kommen und ihre Namen auf eine Firma zurückführen, die Destillerien in Toronto und in Kelowna, British Columbia, hatte, der aber auch die Brennereien Central Canadian in Weyburn, Saskatchewan, und Arcadian in Bridgetown, Nova Scotia, gehörten. Die Firma war später im Besitz von Heublein und hatte zu dieser Zeit ein umfangreiches Sortiment mit der Premiummarke →*Captain's Table*, den *NC Tower* und etlichen lokalen Marken, darunter auch einen wasserklaren *White Canadian*, der viermal destilliert und dreimal gefiltert war. Von ihnen sind heute noch der *McGuinness Old Canada* und →*Silk Tassel* geblieben, den es in zwei Ausführungen, mit 40 % und als »light« mit 27 %, gibt, während die frühere →De luxe-Version ebenso eingestellt wurde wie der *Gold Tassel*.

McIntyre Schottische Whiskyfirma, die zu den Neulingen unter den unabhängigen Abfüllern zählt und erst in jüngster Zeit aufgetreten ist. Die McIntyre's Malt Whisky Coy., wie sie sich mit vollem Namen bezeichnet, hat u. a. einen *Bruichladdich* von 1986, einen *Dufftown* von 1979, einen *Highland Park* von 1978, einen *Macallan* von 1989 und *Rosebank* von 1990 vorgelegt.

McKullnich Amerikanischer Straight Bourbon Whiskey ohne das sonst übliche »Kentucky«. Er ist 8 Jahre alt und wird nur in Frankreich verkauft, von einer Firma namens Fayenne. Sie verrät nicht, woher sie ihn bezieht.

McMasters Kanadischer Whisky, der nur in den USA erhältlich ist. Er trägt keine Herkunftsbezeichnung, da er aber von Heublein vertrieben wird, dürfte zumindest der größte Teil der für den Blend verwendeten Whiskies aus der →Palliser Distillery von →Gilbey kommen. Dort wird nämlich nicht nur der Wodka »Smirnoff« produziert, die bekannteste Heublein-Marke. Die Marken und die Firmen sind im Besitz einer gemeinsamen Mutter: von →IDV/ Grand Metropolitan. Die verschmolzen bekanntlich mit →Guinness zur →Diageo, eine Superfusion, die allerdings auch dazu führte, daß die neue gemeinsame Tochter →UDV viele Marken und Produktionsstätten abgeben mußte (oder wollte). Der neue Besitzer ist jetzt →Canandaigua.

Meadhan 12jähriger schottischer Single Malt aus dem Hause J. & G. →Grant in Ballindalloch, dem die →Glenfarclas Distillery gehört. Wie →*Eagle of Spey* und →*Highland Cattle* ein Versuch der immer noch nicht von einem der großen Konzerne geschluckten, sondern unabhängig gebliebenen Firma, sich durch preisgünstige Zweitmarken neue Absatzmärkte zu erschließen und gleichzeitig Überbestände abzubauen.

Meadow Cream Irischer Whiskey-Sahne-Likör. Er unterschied sich von seinen irischen Konkurrenten in zweierlei Hinsicht: Statt der üblichen 17 % enthielt er nur 14,5 % und bei der Produktion wurde keine irische, sondern holländische Sahne verwendet. Auf dem Etikett wurde er früher deshalb auch als »blend of Dutch Cream with White Wine and Irish Whiskey« beschrieben. Seit einiger Zeit ist das »Dutch« durch »fresh« ersetzt, weswegen seine Hersteller →Halewood International Ltd. ihn auch umbenannt haben. Er heißt jetzt →*Irish Meadow*.

Meaghers 1878 Kanadischer Whisky, ein Rye von →Corby, der ursprünglich für die Firma Meaghers hergestellt wurde, die vor allem Obstschnäpse und Liköre führte.

Medley Kentucky Straight Bourbon, der bis zum Erscheinen des → *Wathen's* das einzige war, was von einer einst ruhmreichen und alten amerikanischen Whiskeyfamilie übriggeblieben ist. Sie kann ihre Anfänge auf den englischen Katholiken John Medley zurückführen, der 1635 nach Maryland auswanderte. Es ist unsicher, ob die Familie dort schon Whiskey gemacht hat, aber nach ihrem Umzug nach Kentucky taten sie es bestimmt. Sie hatten im Lauf der Zeit mehrere Brennereien und heirateten in die Beam-Family ein. Vor und nach der → Prohibition hatten sie eine Destillerie in Owensboro und produzierten u. a. den → *Ezra Brooks* und den → *Rittenhouse Rye*. Es waren wohl die Spätfolgen der trockenen Jahre, die die Firma ihre Selbständigkeit verlieren ließen. Sie kam schließlich unter die Fittiche von → Glenmore, die die Produktion einstellten und die Gebäude nur noch zum Lagern benutzten. 1991 kam auch für diese das Aus, als Glenmore von → UD übernommen wurden. Die trennten sich dann von einer ganzen Reihe der erworbenenen Firmen bzw. ihrer Produktionsstätten und verkauften ihre Marken teils an → Barton, teils an → Sherman und → Heaven Hill. Dort wird der Whiskey heute hergestellt, aber zu bekommen ist er nur noch in Deutschland, weil ihn die Flensburger Firma Dethleffsen exklusiv für sich *in* → *bulk* importiert und abfüllt. Ganz aus dem Geschäft haben sich die Medleys aber nicht zurückgezogen, sie arbeiteten nur nicht mehr für sich selbst, sondern für andere. Charles Medley und sein Sohn haben jetzt den *Wathen's* herausgebracht, einen → *single barrel*. Vielleicht schaffen sie es, sich ihren Traum zu erfüllen und irgendwann auch wieder eine eigene Brennerei zu besitzen.

Meiklers Schottischer Blend mit 40 %, der von Meiklers of Scotland aus Newtonmore verkauft wird. Die Firma hat auch einen → Whiskylikör mit dem Namen → *Stag's Breath* im Programm.

Melchers Kanadischer Whisky, der einen für die Whiskygeschichte Kanadas wichtigen Namen trägt, obwohl Jan Melcher selbst überhaupt keinen Whisky produzierte. Er war ein holländischer Einwanderer, der nach Quebec kam und dort das Destillat herstellte, das er aus seiner Heimat kannte: Genever, holländischen Gin. Erst in den zwanziger Jahren, unter einem neuen Besitzer, begann die von ihm gegründete Firma mit der Herstellung von Whisky. Heute gehört sie zum Imperium von → Seagram. Der *Melchers Very Mild* hat 40 % und ist vier Jahre alt.

Melchers Very Mild Kanadischer Whisky, 4 Jahre alt und mit 40 %, der heute in Gimli gemacht wird und von der Melchers Incorporation in Montreal kommt, einer Tochter von→ Seagram.

Meldrum House Serie von schottischen Whiskies, die der im burgundischen Bouze-les-Beaune lebende Belgier Michel → Couvreur als → unabhängiger Abfüller anbietet. Der Name bezieht sich auf den Ort Oldmeldrum nordwestlich von Aberdeen (er schreibt sich manchmal auch in zwei Wörtern), der Heimat von → Glen Garioch Distillery. Mit ihr hat Couvreur, der es seit einiger Zeit vorzieht, seinen Namen mit größeren Lettern auf die Flaschen zu schreiben, aber nichts zu tun. Was genau in Oldmeldrum stattfindet, bleibt genauso im dunkeln wie die Angabe, ob es sich bei seinen Malts um Singles oder Vatteds handelt. Klar ist er nur bei seinem Grain.

Mellow Corn Amerikanischer Corn Whiskey von → Medley in Owensboro, eine Marke, die zusammen mit der Firma untergegangen ist, von der man aber, vor allem in Kentucky, durchaus noch Flaschen finden kann. Er war ein → *Bottled in Bond* mit 100°/50 %.

Men's Club Indischer Whisky, den die Firma → Polychem 1974 als preiswerte Marke eingeführt hat und von dem es die beiden Versionen *Black Label* und *Red Label*, beide mit den in → Indien üblichen 42.8 %, gibt. Er ist vor allem im Süden und Westen des Landes populär, wo die Firma in Bombay ihren Sitz hat und im Bundesstaat Maharashtra eine Brennerei besitzt. Dort verkauft sie von dem Blend fast vier Millionen Flaschen pro Jahr. Wie der → *White House*, eine andere Marke der Firma, ist er ein Verschnitt aus indischem Malt und aus Blended Scotch, der bereits fertig gemischt importiert wird.

Mercian Japanische Malt-Destillerie, die erst seit Mitte der neunziger Jahre so heißt und identisch ist mit der → Karuizawa Distillery der japanischen Firma → Sanraku-Ocean. Sie ist auf vielen Feldern tätig, produziert Dosennahrung und Tierfutter ebenso wie Chemikalien. Ihr Stammgeschäft waren freilich alkoholische Getränke: Seit 1937 produziert sie einen Sake namens »Sanraku«, sie ist im Weinbau erfolgreich und beschloß in den sechziger Jahren, das Whiskygeschäft nicht länger den beiden Pionieren → Suntory und → Nikka zu überlassen. In dem beliebten Kurort Karuizawa am Fuße des Berges → Asama wurde eine kleine Malt-Brennerei gebaut. Während die Firma ihre Whiskymarken unter dem Namen → *Ocean* vermarktete, wurde sie einfach so genannt wie der Ort, in dem sie liegt. Vielleicht hat Sanraku-Ocean einen komplett neuen Auftritt für ihre Produkte vor und die Umbenennung ihrer Brennerei ist nur ein Teil davon. Jedenfalls war der Name Mercian bisher nur für die sehr erfolgreichen und angesehenen Weine der Firma gebräuchlich. Ein 17jähriger Malt wird bereits unter diesem Namen verkauft; er wird allerdings nicht als Single bezeichnet, sondern als »100 % Malt«. Mercian ist auch der japanische Distributeur von William → Grant & Sons.

Merlyn Walisischer Whiskylikör auf Sahnebasis von der → Welsh Whisky Co., die vor allem den Blend → *Swn y' Mor* und den → *Prince of Wales* herausbringt. Sie basieren auf Whiskies, die die Firma in Schottland einkauft und im walisischen Brecon verarbeitet. Seit 1992 besitzt sie die Möglichkeit, auch selbst Malt Whisky zu destillieren, und die ersten Fässer sollen auch für den Likör verwendet worden sein, obwohl die Produktion dann wieder eingestellt werden mußte, um die Brennblasen zu überarbeiten. Der Likör enthält 17 % Alkohol und ist natürlich nach dem berühmten Zauberer und Lehrer des großen, guten König Arthur benannt, den freilich nicht alle Historiker für einen Stammvater der heutigen Waliser halten, sondern den manche wie Merlin eher in Kintyre, auf der Isle of Man oder in den heutigen schottischen Borders beheimatet sehen.

Merry's Irischer Whiskey. Zunächst gab es nur einen Blend. Dann kam ein irischer Sahnelikör und schließlich, 1999, eine Flasche, die auf dem vorderen Etikett als Single Malt Irish Whiskey beschrieben wurde. Dort stand der Name Merry's ohne den Apostroph. Auf dem Rücklabel war er korrekt wiedergegeben, dafür stand da, daß man für ihn sorgfältig »den besten Malt und milden Grain« gemischt habe. Eine Nachfrage ergab, daß es sich um einen Irrtum des Druckers handelt, der schleunigst berichtigt werde; die Flaschen mit dem falschen Etikett werden also bald Raritäten für Sammler sein. Der Whiskey wird von → Cooley Distillers geliefert und von der kleinen Firma Robert A. Merry & Co. in Clonmel im County Tipperary, die dort auch einen Pub besitzt, verkauft. Die beiden Whiskies haben 40 %, der Cream 17 % Alkohol.

Michel Couvreur Der in Burgund lebende Belgier Couvreur bietet unter seinem Namen eine Serie von schottischen Whiskies an, tritt also als → unabhängiger Abfüller auf. Er umgibt sich gern mit Geheimnissen, tut so, als ob er den Scotch in allen seinen Formen neu erfunden hätte und läßt sich nicht hinter die Kulissen blicken. So bezeichnet er seinen Standort Bouze-les-Beaune als »französisches Durchgangsdepot« (was sonst), nennt als Anschrift groß auf den Flaschen → Meldrum House – Old Meldrum (den Ort schreibt man eigentlich zusammen), verschweigt aber, was er dort im Städtchen von → Glen Garioch Distillery eigentlich tut, läßt prinzipiell offen, ob es sich beim Inhalt um Single Malts oder Vatteds handelt, streicht die mittlerweile zur Selbstverständlichkeit gewordene Tatsache heraus, daß er ohne → Kühlfilterung arbeitet und läßt seine deutschen Importeure von einem geheimnisvollen Verfahren munkeln: Sie behaupten, er habe es unternommen, »die traditionelle Whiskyherstellung unverändert wiederzuerschaffen« – ohne ein Wort darüber zu verlieren, wo das stattfindet und was da so anders sein soll. Auf die Spitze getrieben sind die Geheimnistuerei und das gestelzte Gehabe bei seinem *Single Single*, einem simplen Single Malt in Einzelfaßabfüllung und mit 45 %, bei

dem ebenfalls nicht angegeben ist, aus welcher Brennerei er kommt: »Couvreur gelang eine Erfindung, indem er … den SINGLE SINGLE kreierte, bei dem in jedem Fall die Fässer, deren Inhalt zuvor mit schottischem Quellwasser auf den entsprechenden Alkoholgehalt verdünnt wurde, gekennzeichnet werden«. Geradezu bescheiden mutet angesichts solcher Unverständlichkeit und Banalität die Klarheit bei der Auszeichnung seines *Single Grains* an. Auch die Angaben auf dem *Special Vatting* aus drei Fässern sind nachvollziehbar. Aber beim *Unfiltered*, von dem es auch eine Großflasche mit 2,27 Litern gibt, schlägt er dann wieder zu: die heißt natürlich »semi-imperial«. Dabei hätte er diese Attituden gar nicht nötig, denn die Whiskies sind gut.

Michter's Amerikanische Destillerie

in dem kleinen Ort Scheaferstown zwischen Philadelphia und Harrisburg in Pennsylvania, dem Bundesstaat mit einst großer Whiskeytradition. In Pennsylvania begann einst die Geschichte der amerikanischen Whiskeyproduktion, ehe sie ihr Zentrum in Kentucky und Tennessee fand. Dieser Whiskey war der Rye-Whiskey, den man »Monongahela« nannte nach dem Tal, in dem er gebrannt wurde. Michter's war die letzte Brennerei, die an die große Vergangenheit erinnerte. Als Bauwerk, das zum nationalen Denkmal erklärt wurde, tut sie es immer noch, aber leider nicht mehr als aktiv arbeitende und Whiskey erzeugende Produktionstätte, seit sie 1988 endgültig ihr Feuer ausgehen lassen mußte – das Feuer unter der einzigen echten → *pot still* übrigens, die in der Nachkriegszeit in ganz Nordamerika zu finden war. Sie wurde in den fünfziger Jahren installiert, als Louis Forman, Besitzer seit 1942, zusammen mit Charles Everett Beam, einem Abkömmlung des großen James → »Jim« Beam in den fünfziger Jahren die Produktion wieder aufnahm.

Damals war es ziemlich genau 200 Jahre her, seit an diesem Platz mit dem Herstellen von Whiskey begonnen worden war. 1753 hatte die Familie der Shanks, Schweizer Mennoniten, ihrer Farm eine kleine Destillerie angegliedert. Seit 1861 wurde das Brennen unter Abe Bomberger kommerziell betrieben. Seinen Namen trug die Brennerei, als Ende des 19. Jahrhunderts die Hexenzeichen angebracht wurden, die sie heute noch zieren. Sie haben nicht geholfen, denn auch diese Brennerei überlebte nicht die Prohibition. Und sie beschützten sie auch nicht vor einer sehr wechselvollen Geschichte danach, zu der 1975 die Umbenennung in Michter's ebenso gehörte wie eine Schließung 1981, eine Wiedereröffnung 1984 und das endgültige Aus 1988.

In den fünfziger Jahren war ein *Michter's Pot Still* mit der ungewöhnlichen → *mash bill* von 38 % Roggen, 50 % Mais und 12 % Gerstenmalz erfolgreich und man hielt sich auch damit über Wasser, daß man an die Besitzer von → *Old Overholt* und *Wild Turkey* Rye-Whiskey lieferte. Die Rye-Produktion wurde bei der Neueröffnung nicht wieder aufgenommen, weil man sie für zu altmodisch hielt – vielleicht war diese Entscheidung daran schuld, daß man nur vier Jahre arbeiten konnte. Das Unglück hielt an: In den → *warehouses* der Brennerei lagerten auch nach der Schließung noch große Bestände, die immer wieder das Ziel von Einbrechern wurden; mehr als 1000 Fässer sollen auf diese Weise verschwunden sein – zu viele für die amerikanische Justiz, die kurzerhand verlangte, daß alle verbliebenen Fässer vernichtet werden sollten. Ein trauriges Beispiel dafür, wie man, um Vandalen zu bekämpfen, selbst zum Vandalen wird.

Dennoch gibt es einen kleinen Lichtblick: Adolf Hirsch, ehemals Manager von → Schenley, hatte gerade noch rechtzeitig einige Fässer kaufen können. Ihr Inhalt wurde als → *W. H. Hirsch Straight Bourbon* auf den Markt gebracht, mit 16, 19 und 20 Jahren. Was noch übrig ist, gehört mittlerweile der Familie Hue, die in Covington, Kentucky, die Spirituosenhandlung »Cork 'n' Bottle« betreibt und mit der Van Winkle-Familie zusammenarbeitet. Sie hat den Michter's-Whiskey, um weiteres Altern zu verhindern, von Holz- in Stahlfässer umgefüllt und bietet ihn weiterhin als → *A. H. Hirsch*, aber auch als → *Boone's Knoll* an – leider ohne jeden Hinweis auf seine wirkliche Herkunft. Die Vorräte sind nicht groß, die Flaschen entsprechend rar und teuer. Wenn sie ausgetrunken sind, wird nichts mehr übrig sein von einem Whiskey, der einst stolz von sich behaupten konnte, er habe »warmed the American Revolution«.

Middle cut Bezeichnung, die bei der Produktion von Malt Whisky in → *pot stills* für den Teil der letzten (in Schottland meist zweiten, in Irland dritten) Destillation gebraucht wird, der als verwendbar betrachtet wird. Ihm voraus gehen der nicht verwendbare Vorlauf, der → *foreshot*, ihm folgen die ebenfalls nicht verwendbaren → *feints*. Beide werden vom → *stillman*, der den gesamten Durchlauf im → *spirit safe* beobachtet, sorgfältig abgeschnitten, abgetrennt also. Nur der *middle cut*, auch → *heart of the run* genannt, ist brauchbar, es ist der *spirit*, der danach zum Reifen in die Fässer kommt. Wie groß die Proportion des zum *middle cut* erklärten Alkohol ist, hängt von der Philosophie der jeweiligen Brennerei ab. In → Macallan spricht man von gerade 18 %, die ins Faß gelassen werden, anderswo sind es rund 60 %.

Midleton Irische Destillerien. In dem kleinen Ort Midleton in der Nähe von Cork gründeten die drei Brüder Murphy schon 1825 eine Brennerei. Sie stellt unter allen anderen irischen Whiskeydestillen die große Ausnahme dar, weil sie, zusammen mit der nordirischen → Bushmills, alle Veränderungen und Konzentrationsprozesse, die die irische Whiskeyindustrie gekennzeichnet hatte, alle Schließungen und Stillegungen, denen so viele Brennereien zum Opfer fielen, unbeschadet überstand. Ihre schönen alten Gebäude stehen immer noch, man kann ihre mächtigen → *pot stills* heute noch besichtigen. Sie waren die größten nicht nur Irlands, sondern der ganzen Welt. Ihre neuen Besitzer → IDG haben aus ihr ein gut gelungenes Museum gemacht, das »Jameson Heritage Centre«. Dieser Name ist ein kleiner Wermutstropfen, denn mit → Jameson hatte Midleton nichts zu tun, jedenfalls solange nicht, bis die ihrerseits aus einer Fusion von Midleton mit den vier anderen Destillen in → Cork hervorgegangene Cork Distillers Company sich 1966 mit → Power und → Jameson zur IDG zusammenschloß.

Seit sich die Firma entschlossen hat, ihre gesamte Whiskeyproduktion nach Midleton zu verlegen (wo es im Unterschied zu Dublin Platz gab) kommt, wiederum bis auf die *Bushmills* (und seit 1989 die Marken von → Cooley) jeder andere irische Whiskey aus Midleton. Dort werden sie zwar nicht gemacht, aber die Grundwhiskeys für alle Marken der IDG werden dort hergestellt: der → *Paddy*, → *Power's*, *Jameson*, → *Hewitts*, → *Dunphy's*, → *Murphy's*, → *Redbreast*, → *Green Spot*, → *Tullamore Dew* und natürlich der *Midleton Very Rare* (dem → *Crested Ten* wird ein Teil Bushmills-Destillate beigegeben). Sie alle werden in Dublin abgefüllt und bestehen aus Midleton-Whiskies.

Dort wurde im Juli 1975 das in Sichtweite von den alten Gebäuden gebaute und hinter Bäumen wohlweislich versteckte neue Brennereizentrum eröffnet, eine hochkomplexe Anlage mit → *pot stills* und → *patent stills*, die in jeder gewünschten Weise miteinander kombiniert werden können, so daß sowohl Malts wie auch → Pure Pot Stills und Grains produziert werden können (Malt wird seit längerer Zeit nicht mehr gemacht). Eine weitere Besonderheit ist, daß die → *wash backs* aus Edelstahl (die man dort »Fermenter« nennt) gleichzeitig die Außenmauern des Gebäudes darstellen. Aus Whiskies der alten Destillerie stammten zwei Abfüllungen, die unlängst herauskamen (→ *Dungourney* und der sich ohne das »e« schreibende → *Old Midleton Whisky*). Aus der neuen kommt der *Midleton Very Rare*, der 1984 zum ersten Mal abgefüllt wurde. Seitdem gibt es in jedem Jahr eine Neuedition in limitierter Auflage. Alle Flaschen (40 %) sind von Barry Crockett, dem Manager der Brennerei, signiert. Ihre Besitzer können sich im neuen Museum von IDG in der Dubliner → Bow Street unter der Nummer ihrer Flasche in ein Buch eintragen lassen. Aus Midleton kommt auch der Single Malt Irish Whisky → *Erin Go Bragh*, mit dem, man kann es nicht anders sagen, IDG die Welt überraschten. Exklusiv im Visitor Centre gibt es eine 12 Jahre alte *Jameson Distillery Reserve* mit starker Sherrydominanz.

Mike Collins Whiskeydrink. Er ist die irische Variante des Collins.

Mild Japanischer Blend von → Nikka, eine der vielen Marken des Hauses, die nur in Japan zu bekommen ist, auf dem Label als »Matured in Wood« ausgewiesen.

Millars Eine weitere Marke, die von → Cooley Distillery wiederbelebt wurde, um dem übermächtigen Konkurrenten → IDG nicht nur durch Qualität, sondern auch durch Quantität die Stirn zu bieten. Die Neugründung von John J. → Teeling erhöhte die Zahl der irischen Brennereien von zwei (→ Midleton und → Bushmills) auf drei, die der in Irland tätigen Firmen von einer (IDG) auf zwei und beendete den für irische Lokalpatrioten untragbaren Zustand, daß das gesamte Whiskeygeschäft in den ausländischen Händen von → Pernod Ricard war, denen die IDG seit 1989 gehört. Cooley hat nicht nur eine Brennerei in → Riverstown erworben, sondern auch die Rechte an alten Marken und Firmen wie → Dunville, A.A. → Watt und eben Millar. Daß er dieses Label benutzen kann, muß Teeling besondere Genugtuung verschaffen, hat Millar doch früher auch → *Jameson*, die wichtigste Marke der IDG, geführt.

Die Firma Millar war von einem aus Schottland eingewanderten Vetter von John Jameson im 19. Jahrhundert in Dublin gegründet worden, um mit Tee und natürlich auch mit den Whiskies der Verwandtschaft zu handeln. Cooley nannte sein Produkt zuerst »Black Label«, taufte es aber schließlich in »Special Reserve« um, weil man → UD für den Vertrieb ihrer Produkte brauchte und sie nicht durch die Verwechslungsgefahr mit deren berühmten Scotch verärgern wollte. Die älteren Flaschen sind aber durchaus noch zu finden. Es gibt auch einen *Millars Gold*, der indes (wie → *Three Stills*) nur 30 % Alkoholgehalt aufweist, deshalb nicht Whiskey genannt werden darf, sondern als »Specially Selected Spirits« definiert wird.

Millburn Schottische Malt-Destillerie. Ihr Name bedeutet Mühlbach. Sie lag, bevor sie von → UD verkauft, abgerissen und im Jahr 1989 in ein Restaurant umgewandelt wurde, am östlichen Ortseingang von Inverness und zählte zur Whiskyregion der → Highlands. Damals war ihre Lizenz auf die alte, 1863 gegründete Firma → Macleay Duff ausgestellt, die seit 1943 zum Konzern der ↳ DCL gehörte. Millburn geht zurück auf das Jahr 1807 und war eine der ersten legalen Brennereien. 1825 bekam sie einen neuen Besitzer, aber es ist unklar, was in und mit ihr passierte. 1876 wurde sie neu gebaut und bald von zwei Mitgliedern der Whiskyfamilie → Haig übernommen. Aus ihr kam auch der Kommandant der Cameron Highlanders, die ihre Kaserne neben der Brennerei hatten und bei dem großen Brand 1922 entscheidend dazu beitrugen, daß nicht die ganzen Whiskyvorräte in die Luft gingen. Damals gehörte sie der Ginfirma Booth, die sie an die DCL weiterverkaufte. Macleay Duff verkauften einen Vatted Malt, bei dem der Name mit zwei Wörtern geschrieben wurde, *The Mill Burn*. Als Single Malt gab es den Malt der 1985 geschlossenen Destillerie nur von den → Unabhängigen, z. B. von → Cadenhead, → Gordon & MacPhail, die in ihrer Reihe »Connoisseurs Choice« z. B. einen 71er, einen 72er und einen 74er hatten. → MacArthur verkaufte einen 12jährigen von 1983. → Signatory hatten einen *Millburn* auch in ihrer fulminanten Serie → »Silent Stills«, er stammte aus dem Jahr 1974 und hatte 58.7 %. Die erste Eigentümer-Abfüllung war der → *cask strength* in der → »Rare Malt«-Serie von UD, 18 Jahre alt, 1975 destilliert und mit 58.9 % abgefüllt.

Millwood Whiskey Cream Likör, der zwar irischen Whiskey enthält, aber dennoch nicht als Irish Cream Liqueur bezeichnet werden kann. Er ist der Nachfolger des ebenfalls über Halewood International aus dem Hause → Pernod Ricard kommenden → *Meadow Cream*. Er hat nur 14.5 % Alkohol und basiert auf einer Mischung von irischem Whiskey (aus → Midleton) und holländischer Sahne. *Millwood* wird auch in den Niederlanden hergestellt (von der Koninklijke Cooymans B.V. in Tillburg).

Milner's Brown Label Schottischer Blend, der ursprünglich von der Firma W. H. Millner & Co. hergestellt wurde. Sie kam 1957 in den Besitz von Marston, Thompson & Evershed, deren Aktien zwar an der Börse gehandelt werden, die aber eine der wenigen größeren Brauereien sind, denen es gelungen ist, unabhängig zu bleiben – und das, obwohl sie in der alten Brauereistadt Burton-on-Trent zu Hause sind, wo heute fast alles dem Giganten Bass gehört. Wie alle Brauereien beliefert sie die ihr gehörenden oder vertraglich verbundenen Pubs nicht nur mit ihren

Bieren, sondern auch mit anderen Produkten. Ein Scotch ist fast immer dabei. Schon 1910 führte die Brauerei drei Blends, bei denen auch ein *Special Old (Brown Label)* war. *Milner's* Whisky konnte diese Tradition wieder aufnehmen. Er steht heute in allen fast 900 Pubs zwischen Yorkshire und Hampshire, die mit Marston's Ales (darunter das bekannte »Pedigree«) beliefert werden.

Milord's Schottischer Blend, der von seinen Herstellern → Macdonald Martin Distilleries, die heute → Glenmorangie plc heißen, vor allem für Venezuela gemacht wurde, dann sehr große Popularität in Dänemark gewann, heute aber nicht mehr sehr intensiv vermarktet wird.

Milroy's Die Adresse schlechthin für Whiskyfreunde – für alle, die nach London kommen oder dort wohnen. Der kleine Laden in dem schmalen Haus in der Greek Street zwischen der Shaftesbury Avenue und dem Soho Square sieht unscheinbar aus, birgt aber neben einem guten Wein- (vor allem auch: Portwein-) Angebot große Whiskyschätze. Die Auswahl ist heute nicht mehr größer als die anderer guter (auch deutscher) Läden, aber noch vor wenigen Jahren war Milroy's die Oase in der Wüste, wo man besondere Malts zu kaufen bekam, von denen so mancher noch nicht einmal gehört hatte. Heute findet man dort vor allem Raritäten und auch sehr alte Jahrgänge; wenn es von einer Abfüllung nur einige Flaschen gibt – bei Milroy's sind zu finden. Die beiden Brüder, beide unübersehbar schottischer Abstammung und kräftige Mannsbilder, teilen sich den Job. John macht den Laden und Wallace die Vermarktung. Er ist auch Autor des »Malt Whisky Almanac«, der 1986 zum ersten Mal und mittlerweile in vielen Auflagen und Sprachen (auch in Deutsch) erschienen und vermutlich das erfolgreichste Whiskybuch aller Zeiten ist . »Soho Wine Market«, so der offizielle Name des Geschäftes, ist seit einigen Jahren allerdings nicht mehr im Besitz der Brüder, sondern Teil der Ingleton Group. Dafür haben sich John und Wallace unter die → unabhängigen Abfüller begeben und eine ganze Reihe von Single Malts, meist in → *cask strength*, unter ihrem Namen herausgebracht. Sie können auch helfen, wenn man unbedingt sein eigenes Fäßchen Malt besitzen möchte.

Miltonduff Schottische Malt-Destillerie. Ihr Name, ausgesprochen »milton daff«, bedeutet schwarze Mühle. Sie liegt südwestlich von → Elgin und zählt damit immer noch eher zur → Speyside als zu den → Highlands. Nahebei liegen die Ruinen von Pluscarden Abbey, was zum Glauben verlockt (und sich hervorragend für die Werbung eignet), daß die Mönche dort schon im Mittelalter nicht nur Bier gebraut, sondern auch → uisge beatha destilliert haben. Immerhin wurde sie von den Partnern Pearey und Bain schon 1824 gegründet, also ein Jahr, nachdem die britische Regierung versucht hatte, mit einem neuen Gesetz der Schwarzbrennerei Herr zu werden und Lizenzen anzubieten. Später war Miltonduff im Besitz von Thomas Yool, der seine Firma samt Brennerei 1936 an Hiram → Walker – Goderham & Worts verkaufte, die sie für die ebenfalls kurz vorher von ihnen erworbene Firma George → Ballantine & Son lizensieren ließen. 1974/5 wurde umfassend renoviert, wobei auch zwei → *Lomond stills* eingebaut wurden, deren Malt unter dem Namen → *Mosstowie* geführt wurde (und die längst wieder abgebaut sind). Der Name Ballantine steht heute noch auf den Flaschen der → Eigentümerabfüllung mit 12 Jahren. Immer wieder hört man allerdings, daß sie im Zuge einer Markenbereinigung eingestellt werden soll, die die derzeitigen Besitzer → Allied Domecq zur Aufgabe einer ganzen Reihe von Marken (→ *Black Bottle*) und Destillerien veranlaßt hat. Vielleicht ist aber auch der Mangel an Charakter, dem man dem Single Malt nachsagt, für die offene Zukunft entscheidend. Er ändert freilich nichts an seiner Beliebtheit bei den Blendern. Von den → Unabhängigen, die ihn gerne in zwei Worten *Milton Duff* schreiben, hatte → Cadenhead einen 1964/94 mit 50.9 % und einen 1978/92 mit 59.4 %, → Signatory einen von 1961 (abgefüllt 1996) mit 53.4 %. Der größte unabhängige deutsche Importeur Dieter Kirsch brachte 1997 einen ebenfalls von Signatory abgefüllten 1978er heraus, dessen Etikett von dem Künstler Ralf Pertrat gestaltet ist.

Minmore Zweiter Name für die besser unter → Glenlivet bekannte schottische Brennerei. Er leitet sich ab von der Gemarkung, in der sie liegt.

Mint Julep Whiskeydrink. Von ihm wird immer behauptet, er sei der klassische Drink des amerikanischen Südens. Tatsächlich findet man ihn dort viel weniger häufig als angenommen. Aber ein richtiger Gentleman nimmt ihn natürlich bei einem Pferderennen wie dem Kentucky Derby zu sich. Er war schon zu Anfang des 19. Jahrhunderts bekannt und soll damals vor allem am Morgen genossen worden sein. Es gibt viele Rezepte, viele von ihnen gehen in den Familien von Generation zu Generation. Sie alle beruhen immer auf einer Mischung von Bourbon, Zucker und Minze, die ganz frisch sein sollte. Bei Charles Schumann in München bekommt man ihn so: Zwei Stück Würfelzucker werden im Glas zerdrückt, die Minzblätter werden zugefügt und leicht gequetscht. Mit zerstoßenem Eis und 4cl Whiskey auffüllen und einem Minzzweig garnieren.

Mississippi Sound Amerikanischer Whiskey-Likör, der von der Hamburger Lobuschkellerei importiert und in Deutschland verkauft wird. Sie ist auch der Importeur des kanadischen Malts → *Blackstone*, der nur bei ALDI und auch da nur an Weihnachten zu haben ist.

Misty River Whiskylikör, der in → Neuseeland von → Seagram hergestellt wird, höchstwahrscheinlich unter Verwendung von Whiskies aus ihrer Brennerei in Dunedin, die sowohl Grain wie Malt produzieren kann und von der auch der Single Malt → *Lammerlaw* und der Blend → *Wilson's* kommen.

Mitchell & Co., J. & A. Schottische Whiskyfirma, die heute in der siebten Generation einer Familie gehört, die seit 1837 legal (und möglicherweise vorher schon illegal) die → Springbank Distillery in → Campbeltown betreibt. Sie wird heute von Hedley Wright geleitet, der in der Whiskyindustrie eine sehr isolierte

Erscheinung darstellt und insofern eine Ausnahme ist, als er einer der beiden Firmen angehört, die noch im Besitz der Gründerfamilie geblieben sind. Daß ihnen mit → Cadenhead auch noch einer der großen → unabhängigen Abfüller gehört, hat die Beliebtheit Wrights bei den anderen nicht gerade gesteigert, weil er immer wieder Single Malts von den Brennereien der anderen anbietet. Eine weitere Tochterfirma ist → Duthie. In Campbeltown nicht weit von der Brennerei ist der Laden von → Eaglesome, die ebenfalls einige Marken führen. Die einzelnen Whiskies sind unter den Namen dieser Töchter zu finden. Sie alle kann man im firmeneigenen Cadenhead-Laden in der Royal Mile in Edinburgh erwerben.

Miyagikyo Japanischer Single Malt von → Nikka, einer Firma, die wie auch ihr einheimischer Konkurrent → Suntory Dinge und Whiskyfreunde im unklaren läßt, lieber von → »Pure Malt« spricht und offenläßt, woher der Whisky wirklich kommt, der in den Flaschen ist. Bei zwei Malts gibt es freilich nichts zu deuten: beim → *Yoichi* und beim *Miyagikyo*, der zweifelsfrei aus der zweiten, 1969 gegründeten, Malt-Destillerie Nikkas kommt, die manchmal nur → Sendai, manchmal Sendai »Miyagiko« Distillery genannt wird. Er hat 43 % und ist 12 Jahre alt.

Moffat Schottisches Dorf im Süden des Landes, reizvoll am Eingang der Tweedsmuir Hills gelegen und mehrfach als schönstes Dorf des Landes ausgezeichnet. Obwohl sie weit davon entfernt liegt, trug auch eine Brennerei einst diesen Namen. Sie wurde 1965 von Inver House in Airdrie gebaut und man kennt sie besser als → Garnhearth. Sie begann als Grain-Destillerie, aber später wurden auch sechs → *pot stills* für die Produktion von Malt zugefügt, die jedoch in den siebziger Jahren wieder abgebaut wurden. Mittlerweile stehen nur noch die → *warehouses*. Aus Moffat kamen die Single Malts → Glenflagler und → Killyloch.

Moghul Monarch Indischer Whisky, der vom Besitzer der Marke, von → Shaw Wallace, als »Finest Malt Whisky« ausgegeben wird, was indes, wie man weiß, in → Indien keineswegs bedeutet, daß es sich um das handelt, was man z. B. in Schottland darunter verstehen würde. Auf dem Subkontinent ist es durchaus erlaubt, sogenannten Melasse Whisky zu verwenden, also ein Destillat aus Zuckersirup, also so etwas wie Rum. Shaw Wallace verfügen über eine Brennerei in Aurangabad im Bundesstaat Maharashtra südlich von Delhi und auf manchen Flaschen wird sie auch als Herstellerin angegeben. Es gibt aber auch Flaschen, auf denen die Delta Distilleries mit einer Adresse in Bombay genannt sind. Jim Murray berichtet, daß ein völlig ungereifter Malt aus der → Rampur Distillery für ihn verwendet wird, die Shaw Wallace auch als Produzenten ihres → *Director's Special* angeben.

Mohan Meakin Indische Firma, die 1949 durch den Aufkauf der von einem Schotten und einem Iren gegründeten Firma Dyer, Meaker & Co. durch N. N. Mohan entstanden und seither zu einem richtigen Imperium herangewachsen ist, das über vier Brennereien und elf Brauereien verfügt, 15 000 Mitarbeiter beschäftigt, allein 14 Whiskymarken führt, aber auch Lebensmittel produziert, in Afrika eine Niederlassung unterhält und 1994 mit → Glenmorangie plc bzw. deren Tochter → Macdonald & Muir das *joint venture* Macdonald Meakin gegründet hat. Die Schotten haben sich dadurch eine hervorragende Basis auf dem Subkontinent und ein funktionierendes Distributionsnetz verschafft, um ihre Malts → *Glenmorangie* und → *Glen Moray* und die Blends → *Highland Queen* und → *James Martin* in Indien zu vermarkten; letztere sollen künftig *in* → *bulk* nach Indien gebracht und erst dort abgefüllt werden. Die Brennereien der Firma sind → Kasauli, wo der Malt → *Solan No. 1* gemacht wird, Solan, die allerdings nie produziert hat, Lucknow, die seit mehreren Jahren nicht mehr arbeitet, und → Mohan Nagar, wo die Marken → *Black Knight*, → *Colonel's Special* und → *Summer Hall* entstehen. Für Afrika werden u. a. → *Adam's Choice* und → *African Safari* gemacht.

Mohan Nagar Indische Destillerie. Sie liegt in einem Ort, der den gleichen Namen hat. Er bedeutet einfach Mohan-Stadt, nach N. N. Mohan, der im Jahr 1949 durch den Aufkauf von Dyer, Meakin & Co. das Imperium von → Mohan Meakin und im Jahr 1962 die Stadt gegründet hat. Sie liegt östlich von Delhi innerhalb einer anderen Stadt, Ghazibad, und umfaßt ein großes Industriegebiet, aber auch Wohnungen für mehr als 5000 Mitarbeiter. In den funktionellen Gebäuden werden Lebensmittel, Bier und Whisky produziert. Für den Whisky werden die Gärbottiche der Brauerei mitbenutzt und es gibt auch eine gemeinsame Mälzerei mit immerhin drei mechanischen → *Saladin boxes*, in denen mit Kohle getrocknet wird. Malz wird aber auch zugekauft. Die Brennerei hat Edelstahl-Brennblasen, mit denen aber nur sogenannter Melasse-Whisky gebrannt wird, der nichts anderes ist als eine Art Rum. Vier → *pot stills* brennen Malt und es gibt auch Grain aus kontinuierlich arbeitenden *stills*. Zum größten Unterschied zum sonst üblichen Herstellungsprozeß von Whisky wird die Firma zu einer Lagerung gezwungen, bei der die indischen Behörden aus Gründen, die nur sie kennen, keine Fässer zulassen, sondern große Eichenbottiche vorschreiben, was die Reifung verlangsamt. Der Whisky von Mohan Nagar wird vor allem für die drei Marken → *Black Knight*, → *Colonel's Special* und → *Summer Hall* verwendet.

Moidart Schottische Vatted Malts aus dem Hause → Cadenhead. Sie sind nach einer Landschaft benannt, die zwischen Loch Shiel und der schottischen Westküste liegt, zu deren Sehenswürdigkeiten die spektakuläre West Highland Line gehört, die Zugverbindung von Fort William nach Malaig. Sie führt an Glenfinnan vorbei, wo Bonnie Prince Charlie 1745 beim letzten Versuch, Schottlands Unabhängigkeit zu erkämpfen, seine Standarte errichtete, nachdem er in dem kleinen Örtchen Kinlochmoidart das Festland betreten hatte (nicht weit davon entfernt verließ er es auf der Flucht nach Skye auch ein Jahr später wieder, nach der vernichtenden Niederlage von Culloden). Die Marke ist in vielen Altersstufen erhältlich, mit 10, 12, 15, 21, 25 und 30 Jahren, alle haben 46 %.

Molino del Arco Spanische Destillerie bei dem kleinen Ort Palazuelos de Eresma, der in der Nähe der alten Stadt Segovia liegt, zu Füßen der Sierra de Guadarama und am Fluß Eresma – eine Umgebung, die Besucher sofort an Schottland und insbesondere an → Tamdhu Distillery erinnert. Die Brennerei arbeitet seit 1959 und zwar tatsächlich nach schottischem Vorbild. Wie nach Tamdhu führt eine kurvenreiche Straße hinunter zu ihr und zum Fluß, von der aus schon die Pagoden sichtbar werden, und wie sonst nur noch in Tamdhu wird das Malz in einer → *Saladin box* getrocknet. Produziert werden Malt wie auch Grain Whiskies und wer die Gelegenheit hatte, sie zu kosten, bestätigt, daß, nach mehrjähriger Lagerung, der Single Grain dem Single Malt überlegen ist. Sie werden allerdings beide nicht abgefüllt, sondern nur zum Blenden verwendet, vor allem für den nicht nur in Spanien populären → *DYC*. Hinter der Abkürzung verbirgt sich die Firma → Distilerias y Crianza del Whisky, die über Hiram → Walker im Besitz von → Allied Domecq ist und die Destillerie führt (und in Schottland → Lochside Distillery). Die → *pot stills* für den Malt sehen aus wie schottische, sind aber in Madrid hergestellt; sieben gibt es, aber sie sind nicht alle und nicht immer in Betrieb. Die Grain Whiskies werden aus Mais und manchmal auch Roggen in einer → *patent still* destilliert. Gelagert werden die Destillate in Ex-Bourbon-Fässern in Lagerhäusern mit Erdboden, die ein paar hundert Meter von der Brennerei entfernt sind.

Monarch, The Schottischer Blend, der im Auftrag des alten Edinburgher Weinhauses → Lambert Brothers gemacht wurde. Das Label schmückt nicht das Porträt eines Königs, sondern der majestätische Kopf eines Hirsches, eine Wiedergabe des berühmten Gemäldes »The Monarch of the Glenn« von Sir Edwin Landseer. Der Blend, der früher nicht nur bei den Soldaten schottischer Regimenter sehr beliebt gewesen sein soll, ist noch auf dem Markt, obwohl Lamberts ihr Ladengeschäft in Edinburgh leider schließen mußten.

Moncreiffe Schottischer Blend von Moncreiffe plc in Glasgow, der in mehreren Versionen hergestellt wird: als → Standard und als 8jähriger; der 15 Jahre alte wird im Augenblick nicht produziert, ist aber noch verfügbar. Für den weltweiten Vertrieb der Marke, deren voller Name *Sir Iain's Special Moncreiffe* ist, ist Charles H. → Julian in London zuständig. Moncreiffe etablierte die Marke 1983 und sorgte dafür, daß sie vor allem in Londoner Clubs und Nachtlokalen serviert wurde, die Sir Iain eifrig besuchte. Er führte den schönen Namen Moncreiffe of that Ilk, 11th Baronet and 23th Laird of Moncreiffe in Perthshire. Er wird als einer der »most colourful Scots of his generation« beschieben. Die Firma Julian gehört Ian Lockwood.

Monster's Choice Schottischer Blend von Strathnairn Whisky, einer Tochter von Gordon & MacPhail. Das namengebende Monster ist natürlich Nessie, zu deren Heimatsee die Firma eine besondere Beziehung hat, liegt an dessen Ufern doch Urquhart Castle – und die Familie Urquhart, die natürlich zum gleichnamigen Clan gehört, führt G&M seit 1915. Wahrscheinlich ist es eher deren als Nessies Lieblingsdrink, wie es das Etikett suggerieren möchte.

Montrose Whisky Company Englische Whiskyfirma, die 1973 in London gegründet wurde, von dort aus operiert und vor allem in viele Länder Südostasiens und Südamerikas exportiert. Sie führt die vier Marken → *Glen Kindie*, → *Great Mac*, → *Old Montrose* (auch als Vatted Malt) und → *Pipe Major*. Ob bei der Namenswahl das kleine Städtchen an der Ostküste eine Rolle gespielt hat oder ob gar die dort produzierten Malts von → Lochside bzw. Hillside/ → Glenesk für die Firmenblends verwendet werden, ist nicht bekannt.

Moorland Schottischer Blend, der einst aus dem Londoner Weinhandelshaus Grierson kam, das auch den Blend → *Grierson's No. 1* führte. Die Marke gehört heute der britischen Weinproduzenten- und Großhandelsgruppe Matthew Clark, die Ende 1998 von → Canandaigua gekauft wurde.

Morning Glory Whiskydrink. Eine Fizz-Variante auf Scotch-Basis. 4cl Scotch mit 3 Löffeln Zitronensaft, einem Eiweiß, 2cl Zuckersirup, einem Löffel Puderzucker und einem Spritzer »Pernod« auf Eis kräftig schütteln, abseihen, mit viel Soda im hohen Becherglas servieren.

Morrison Bowmore Schottische Whiskyfirma, von Stanley P. Morrison gegründet, als der erfolgreiche Whiskyhändler und -broker 1963 die → Islay-Destillerie → Bowmore erwarb. Zu dieser Zeit besaß er schon mehrere andere Töchter wie z. B. die Firma Scottish Trading Co., der die Marke → *Rob Roy* gehörte, und T. & A.→ McClelland, deren Name auch heute noch benutzt wird, um Malts nicht unter dem Namen der Brennereien, sondern unter Handelnamen wie *McClelland Highland* zu vermarkten. 1970 erwarb er → Glen Garioch, 1984 folgte → Auchentoshan. Seit 1987 firmiert die Firma, die mittlerweile von Morrisons Sohn Brian geleitet wird, unter dem Namen Morrison Bowmore Destillery. → Suntory, die schon lange einen 35 %-Anteil besaßen, wurden 1994 Alleinbesitzer. Die Firma betreibt nach dem vergeblichen Versuch, → Glen Garioch zu verkaufen, seit 1997 wieder alle ihre drei Brennereien, ist sehr einfallsreich im Vermarkten ihrer Single Malts, die es immer in verschiedenen Versionen und auch als limitierte Sondereditionen gibt. Sie führt auch die Blends → *Burn's Heritage*, → *Clan Roy*, → *Gamekeeper*,→ *Islay Legend*, → *King's Pride*, → *Premier*, *Rob Roy* und → *Sword's* und hat, vor allem für den Markt im Fernen Osten, der ihr natürlich schon wegen ihres japanischen Eigentümers Suntory besonders am Herzen liegt, einige Marken geschaffen, die sehr alte Blends in aufwendigen und luxuriösen Keramikdecantern anbieten (→ *Grand Castle*, → *Grand Old Highland*, → *Highland Mountain*). Unter dem Namen ihrer Tochterfirma McClelland hat sie drei Single Malts im Programm, einen → Islay, einen → Lowland und einen → Highland, die keine Altersangabe haben. Nachdem man durch die drei Editionen des *Black Bowmore* entdeckt hatte, was sich Genießer und Sammler manche Malts kosten lassen, offerierte man eine sehr schön ausgestattete Sonderedition des *Bowmore 40 years old*, der einer der teuersten Whiskies überhaupt ist: Wer ihn will, muß in Deutschland mindestens 10000 DM, in Großbritannien 4000 Pfund bieten.

Mortlach Schottische Malt-Destillerie. Ihr Name wird »mort-lack« oder »mort-lach« ausgesprochen. Sie zählt zur → Speyside und liegt am Ortsausgang von → Dufftown, der Whiskyhauptstadt der Welt, die je nachdem, ob man auch die stillgelegten mitrechnet, sieben, acht, neun oder gar zehn Brennereien beheimatet. Mortlach, 1832, aber vielleicht auch schon 1824 gegründet, war die erste von ihnen. Für ihr hohes Alter hat sie erstaunlich wenig Besitzerwechsel miterleben müssen: Sie gehörte zwar kurz auch einmal J. & J. → Grant von → Glen Grant (nicht dem William → Grant von → Glenfiddich, aber der lernte dort sein Handwerk und war sicher ihr bedeutendster Lehrling). Aber schon 1854 wurde sie von George → Cowie erworben – und dieser Name steht auch heute noch an der Tür des Büros, obschon die Firma (natürlich) auch irgendwann eine Tochter der → DCL wurde, somit zunächst → UD und heute UDV gehört. Mortlach hat sogar zwei → *kilns*, die leider nicht mehr benutzt werden, sieht aber immer noch sehr traditionell aus – wie es einer Brennerei geziemt, die auf so geschichtsträchtigem Boden steht. Nicht weit von ihr liegt die berühmte Mortlach Church, eine der ältesten Schottlands, die bereits auf 566 datiert.

1010 schlug der schottische König Malcolm II dort die Dänen vernichtend – weswegen einige den Namen Mortlach als »Massaker an den Wildgänsen« übersetzen, die Dänen mit den Vögeln gleichsetzend. Andere benügen sich mit »schüsselförmiges Tal«, aber auch »großer grüner Hügel« kursiert. Der Malt von Mortlach war immer sehr beliebt, vor allem bei Blendern, und zwar so sehr, daß ihre Besitzer nie auf die Idee kamen, ihn als Single Malt in → Eigentümer-Abfüllung herauszubringen. Immerhin gestatteten sie → Gordon & MacPhail aus dem nahen Elgin, ihn immer wieder anzubieten, als 12, 15, 21 und 25jährigen und auch als Jahrgangsabfüllungen von zum Teil hohem Alter – bis zurück zu 1936. UD nahmen dann endlich auch den *Mortlach* in die → »Flora und Fauna«-Serie auf, der mit seinen 16 Jahren vielleicht ein wenig zu alt war, brachten dann aber auch einen 10jährigen heraus, auf dessen Etikett wieder George Cowie & Sons als Hersteller genannt waren. Auch in der Serie → »Rare Malts« war er mehrmals zu finden (22 Jahre, 65.3 %, 23 Jahre, 59.4 %, 20 Jahre, 62.2 %). Gordon & MacPhail, die ihn zu ihrem 100. Geburtstag als → »Centenary Reserve« aufnahmen, führen ihn, mit einem veränderten Etikett allerdings, immer noch (mit 15 und 21 Jahren). Von den anderen → Unabhängigen hatten ihn → Adelphi, → Cadenhead und → Signatory. Die → Wine Society hat einen sensationellen *Mortlach* aus Fässern, in denen vorher Oloroso-Sherry war.

Mosstowie Schottische Malt-Destillerie, die eigentlich nur aus zwei → *stills* bestand, sonst aber alles mit → Miltonduff teilte. In dieser Brennerei, die sie 1974/5 umfassend renovierten, wiederholten die Destillier-Profis von Hiram → Walker ein Experiment, das sie vorher schon in ihrem großen Komplex in → Dumbarton durchgeführt hatten (und auch in → Glenburgie anwandten): 1964 ergänzten sie die vorhandenen traditionellen → *pot stills* um zwei neue vom sogenannten → *Lomond*-Typ, mit denen ein völlig anderer Whisky produziert werden konnte. Um ihn von Malt aus den Miltonduff-*stills* zu unterscheiden, nannten sie ihn *Mosstowie*. Die *Lomond stills* wurden bereits 1981 wieder abgebaut, was den Single Malt, der allerdings nie von den → Eigentümern (mittlerweile → Allied Domecq) selbst abgefüllt wurde, zu einer Rarität machte, die vermutlich bald nicht mehr zu haben sein wird. Einstweilen ist er aber noch im Programm der → »Connoiseurs Choice«-Reihe von → Gordon & MacPhail, die früher einen von 1970 und derzeit einen 1975er und einen 1979er führen. Einen *Mosstowie* brachte auch Signatory in der Serie »Silent Stills« heraus; er stammte aus dem Jahr 1976 und war 54.8 % stark.

Mount Royal Light Kanadischer Whisky, der in anderen Ländern gar nicht so genannt werden dürfte, weil er weniger als 40 % → Alkoholgehalt hat. Er wirbt schon auf dem Etikett damit, daß er mit nur 30 % Alkholvolumen auch 30 % weniger Kalorien hat. Er ist also einer der neuen »light« Whiskies, die dem Wunsch vor allem der jüngeren Verbraucher nach leichteren Spirituosen entgegenkommen.

Mountain Dew »Morgentau« ist ein Synonym für Whisky und wird vor allem von Menschen gerne benutzt, die ein besonders herzliches Verhältnis zu diesem Getränk haben, also von Schotten und Iren zu Hause und im Exil, von Musikern, Barden und Poeten. Es gab auch einen sehr berühmten Blend namens *Real Mountain Dew*. Er kam aus dem Hause W. & S. → Strong und hatte auf seinem Etikett ein Zertifikat des Doktors Ivison McAdam aus Edinburgh, der ihm feierlich bestätigte, ein »old and well-matured spirit« zu sein, »free from impurity, and possessing a fine aroma and taste«, eben ein »clear and well-blended whisky of the best class«. Ende des letzten Jahrhunderts gab es einen *Mountain Dew* von der Firma Robertson Sanderson, der sich stolz »the oldest Whisky-brand in Scotland« nannte. Auch Donald McGregor & Co., eine Tochter von William → Whiteley & Company führte einen Blend mit diesem Namen. Heute gibt es den → *J. M. & Co. Superior Mountain Dew* von Malpass Stallard in Worcester.

Mouth feel Bezeichnung, die bei Verkostungen angewendet wird und beschreiben soll, welches Mundgefühl ein Whisk(e)y hinterläßt, wenn er mit dem Gaumen in Berührung kommt.

Muirhead's Schottischer Blend, der an die alte, 1824 gegründete Firma Charles Muirhead & Son erinnert, die ihn in den zwanziger Jahren auf den Markt brachte. Sie wurde von → Macdonald & Muir übernommen und ist heute nur eine, allerdings weit verbreitete, von den vielen Marken der 1996 in → Glenmorangie plc umbenannten Gruppe.

Mulligan Irischer Whiskey-Likör, von → IDG für W. & E. Mulligan & Co., Dublin, hergestellt, kein Sahnelikör, sondern eine Mischung aus Whiskey und nicht näher bekannten anderen Produkten, unter denen Bitterorange zu erschmecken ist. Am ehesten dem → *Irish Mist* vergleichbar, mit dem er auch das Alkoholvolumen von 35 % gemeinsam hat.

Mundgefühl Bezeichnung für den Eindruck, den der Whisk(e)y am Gaumen hinterläßt. Bei einer Verkostung ist das *mouth feel* das dritte Kriterium für das Herausfinden der Eigenarten eines Whisk(e)y nach der Feststellung der Farbe und des Geruchs und noch vor dem Aufspüren des Geschmacks, den er im Mund hinterläßt. Das Mundgefühl verrät etwas über den Körper, der leicht oder schwer und voll sein kann, und gibt Auskunft über die Intensität und die Textur eines Whisk(e)y. Die Eindrücke lassen sich mit wärmend (*mouth warming)* oder mundbedeckend (*mouth coating)* beschreiben, Whisk(e)ies können cremig, weich, sanft, ölig, brennend, astringierend oder trocken sein.

Murdoch's Perfection Schottischer Blend, der heute von → Speyside Distillery Co. kommt, einer Firma, die der Familie Christie gehört und die gleichnamige Brennerei bei Kingussie aufgebaut hat und betreibt. Die Christies sind seit langem im Whiskygeschäft und waren u. a. an der mit der amerikanischen → Sazerac verbundenen Firma → Campbell & Clark beteiligt, die diesen Blend hauptsächlich für den Export herstellte. Er ist in mehreren Versionen zu haben, ohne Altersangabe, mit 5 und mit 8 Jahren im → Standard-Segment, mit 12, 15, 17 und 20 Jahren als → De luxe.

Murphy's Irischer Whiskey, der vor allem in den USA sehr beliebt war, wo er vor allem für → Irish Coffee verwendet wurde. Er kam zuerst aus → Cork, wo auch das gleichnamige Bier hergestellt wird, und später aus → Midleton. Während der ähnlich konzipierte und ähnlich leichte → *Dunphy's* nach einigen Jahren Pause jetzt wieder zu bekommen ist, sind für *Murphy's* solche Pläne nicht bekannt.

Murrayfield, The Schottischer Blend, der weniger nach dem Edinburgher Stadtteil als nach dem berühmten Rugbystadion dort benannt ist. Eine Rugbyszene ziert denn auch das Label des mit 10 oder 12 Jahren abgefüllten Blend aus dem Hause The → Bennachie.

Murree Pakistanische Destillerie in Rawalpindi, die sich auf dem Gelände der Murree Brewery befindet. Deren Besitzer, die Murree Brewery Company, gründeten bereits 1861 in den Ausläufern des Himalaya bei Ghora Gali ihre Brauerei, die vor allem die britischen Soldaten mit dem stets begehrten Bier versorgen sollte. Die alten Gebäude dieser als Terrassen angeordneten Anlage sind, schneebedeckt, heute auf den Flaschen des 8 Jahre alten *Murree's Malt Whisky Classic* abgebildet; sie wurden 1947 im Unabhängigkeitskrieg durch Feuer fast vollständig zerstört. Der Whisky kommt denn auch nicht von dort, sondern aus einer Brennerei, die

1899 neben der bereits zehn Jahre vorher errichteten Rawalpindi Brewery erbaut wurde. Diese bekam ihren neuen Namen nach der Zerstörung der anderen.

Sie besitzt, wohl als einzige der ganzen Welt, für das Mälzen sowohl →*floor maltings* als auch eine →*Saladin box*, muß aber zusätzlich Malz aus Großbritannien importieren. Das praktisch rauchfreie Malz wird in einigen der 26 Gärbottiche verarbeitet, die auch beim Bierbrauen verwendet werden. Zum Destillieren werden vier →*wash stills* aus rostfreiem Stahl (die im Freien aufgestellt sind) und zwei kupferne →*spirit stills* verwendet. Die größten Unterschiede zu schottischen Methoden liegen in der Lagerung, die nicht in →*warehouses*, sondern in tiefliegenden Kellern vorgenommen wird, die wegen der heißen Sommertemperaturen seit einigen Jahren zusätzlich gekühlt werden. Gelagert wird nur zum Teil in Fässern, ein großer Teil der Destillate reift in sehr großen Tonnen. All das weist darauf hin, daß die Whiskies zwar echte Malts sind, aber kaum eine Chance haben, Substanz zu bekommen, sondern relativ leicht sind. Früher gab es *Murree's* auch als 12jährigen, der aber nicht mehr abgefüllt wird. Neben dem bereits erwählten *Classic* gibt es noch den *Special Reserve Malt Whisky*, der 3 Jahre alt ist und »oak matured«. Islamische Pakistani dürfen ihn natürlich nicht kaufen oder gar trinken, er ist ausschließlich den durch ein Gesetz geschützten religiösen Minderheiten →Pakistans vorbehalten.

Museum Blend Kanadischer Whisky, der exklusiv in dem Museum verkauft wird, das →Seagram in der →Waterloo Distillery eingerichtet hat. In diesem Gebäude begann 1857 die Firmengeschichte. Die Brennerei wurde wie alle anderen von der Firma selbstgebauten oder gekauften Destillerien geschlossen, als die Produktion nach →Gimli verlegt wurde. Alles, was von ihr übrigblieb, sind drei Lagerhäuser, von denen eines nun das Museum beherbergt. Der Blend ist eine Rarität auch insofern, als er ausschließlich Whiskies enthält, die noch in dieser 1857 erbauten Brennerei destilliert, gelagert und geblendet wurden – und davon sind nicht mehr viele übrig.

N

Natu Nobilis Whisky, der in →Brasilien von →Seagram hergestellt wird, wobei aus Schottland importierte Malts und einheimische Grains verwendet werden. Es gibt die Marke in zwei Versionen: eine einfache und eine bessere mit dem Namen *Natu Nobilis Celebrity*.

Neuseeland Wer jemals in diesem Land war, weiß, daß es auf seiner Südinsel schottischer zugeht als in manchen Teilen Schottlands. Tatsächlich stammen alle, die dort nicht zur Maori-Urbevölkerung gehören, von eingewanderten Schotten ab. Am schottischsten ist Dunedin; schon der Name der Stadt bedeutet nichts anderes als Edinburgh auf Gälisch (Dun Eideann), obwohl es Leute gibt, die behaupten, es handle sich um eine Kombination von Edinburgh und Dundee. Die Straßen heißen Oban oder Leven. Natürlich gibt es auch eine Destillerie und sie liegt, wie denn anders, am Water of Leith. Daß es eine gibt, überrascht nicht; daß es sie aber erst seit 1968 gibt, schon. Böse Zungen behaupten, die Regierung habe durch hohe Steuern frühere Aktivitäten erfolgreich unterdrückt oder beendet, noch bösere, daß die schottischen Firmen ihr dabei dabei kräftig auf die Sprünge geholfen hätten – und weniger Zölle zu bezahlen hatten als die einheimischen Produzenten. Tatsächlich hat es nur einmal den Versuch gegeben, eine Brennerei einzurichten: 1848 eröffneten C. R. Howden und R. M. Robertson die New Zealand Distillery, aber sie hielten (ebenso wie ein kleinerer Konkurrent) nur bis 1875 durch, bevor sie, wegen zu hoher Steuern, aufgeben mußten. Fast hundert Jahre lang gab es außer importiertem Scotch, nicht verwunderlich bei so vielen schottischen Vorfahren, nur Schwarzgebrannten, der den hübschen Namen »Hokonui« trug. Irgendwann gab es auch einmal einen *Clavisbrook*, der sich einen »Matured Blend of Finest No. 2 Whiskies« nannte, aber sonst keinen Hinweis auf seinen Hersteller erkennen ließ.

Der Ruhm, die Whiskyproduktion wieder nach Neuseeland gebracht zu haben, gebührt der Familie Wilson. Sie hatte zuerst erfolgreich die Wenn Park Brewery und noch erfolgreicher die Produktion eines Malzextraktes mit dem Namen »Maltexo« betrieben, und hatte den Mut, auf dem Gelände der ehemaligen Willowbank Brewery eine Destillerie zu eröffneten. Vier Jahre wartete sie auf die Lizenz, 1968 konnte die Produktion beginnen. In Neuseeland war alles vorhanden, was man brauchte: Gerste, Wasser, sogar Torf. Nur an den technischen Kenntnissen haperte es und da die Schotten damals noch sehr zurückhaltend waren mit Informationen und nicht helfen wollten, baute man die → *stills* beispielsweise aus Edelstahl, was den Geschmack der ersten Destillate doch spürbar beeinträchtigte. Destilliert wurde sowohl Grain als auch Malt. Das erste Produkt aus Dunedin, der leichte Blend *South 45*, war nicht besonders erfolgreich und niemand hätte → Wilson Distillers eine große Zukunft prophezeit, wäre nicht 1981 die kanadische Firma → Seagram eingestiegen. Sie kauften den Betrieb auf, ersetzten wenigstens einige Teile der *stills* durch Kupfer, und sorgten dafür, daß der Blend *Wilson's* sich mittlerweile im eigenen Land sehr gut behaupten kann, sogar die Nr. 1 sein soll. 1991 entschieden sie, auch einen Single Malt herauszubringen, der nach der Bergkette, aus der das Wasser der Brennerei kommt, → *Lammerlaw* genannt wurde. Er hat sich im Laufe der Zeit verändert, ist immer torfiger geworden, was vermutlich damit zu tun hat, daß das Malz jetzt aus Australien geholt wird. Jedenfalls hat er seine Anhänger gefunden. Doch wegen der Überbestände, die nach einem geplatzten Vertrag mit Südkorea vorhanden sind, ist die Brennerei seit 1995 geschlossen. Das soll sich aber wieder ändern.

New cask Bezeichnung, die in Schottland, anders als zu vermuten, nicht für → Fässer verwendet wird, die ganz neu sind. Meist wird darunter ein Faß verstanden, in dem vorher z. B. Bourbon oder Sherry war und das zum ersten Mal für Malt Whisky eingesetzt wird, das also strenggenommen ein → *first fill* ist. Wirklich ganz neue Fässer aus europäischer Eiche werden überhaupt extrem selten benutzt, nicht wegen des angeblichen schottischen Geizes, sondern weil frische Eiche dem Malt zu dominante Holzaromen abgeben würde, die unerwünscht sind. Üblich sind überwiegend Fässer aus zweiter Hand. Wenn tatsächlich mit frischen Fässern gearbeitet wird, dann nur für kurze Zeit und nur für einen Teil des Whisky, der dann mit Malt aus anderen Fässern »verheiratet« wird, ehe er zur Abgefüllung kommt. David Stewart, → Masterblender von William → Grant & Sons hat für seinen → *Glenfiddich Solera Reserve* einige solcher *new casks* benutzt.

New Century Schottischer Single Malt. Mit ihm hat es die britische Firma → Unwins geschafft, den ersten Whisky zum Jahrhundertwechsel zu lancieren. Bereits Weihnachten 1998, also schon ein Jahr vor dem großen Ereignis, und damit weit früher als alle ihre Konkurrenten, waren die Südengländer mit ihm auf dem Markt. Man darf ihnen hoch anrechnen, daß sie sich aus gewichtigem Anlaß auch für einen (weniger an Körper als an Alter) gewichtigen Malt entschieden haben. Es handelt sich um einen → *Tamnavulin*, der immerhin 25 Jahre alt ist und 45 % aufweist. Er kommt natürlich von → Invergordon Distillers, den Besitzern der leider stillgelegten Brennerei im schönen Tal des Livet.

New make, new spirit Bezeichnung für die frisch destillierte Spirituose, die man viel lieber Whisk(e)y nennen möchte. Das aber verhindert der Gesetzgeber, der vorschreibt, daß der *spirit* erst einmal eine bestimmte Zahl von Jahren in Fässern gereift ist. In Schottland und Irland müssen es drei Jahre sein. In USA, wo man meist von → *white dog* spricht, ist man weniger pingelig. Verkauft werden darf dort auch viel jüngerer Whiskey. Dann allerdings muß das Alter angegeben sein, wie z. B. beim nur wenige Tage alten → *Georgia Moon*. Hat ein Bourbon dagegen keine Altersangabe, ist er mindestens vier Jahre alt.

News Japanischer Blend von → Kirin-Seagram, der eher nach einem Bourbon schmeckt. Mit 40 % ist er deutlich leichter als andere Blends des japanisch-kanadischen *joint ventures* und schon das Label, das Michael Jackson an Tinte denken läßt, deutet darauf hin, daß er zu den Marken gehört, mit denen junge Leute an den Whisky herangeführt werden sollen. Tatsächlich finden sich nicht nur die Worte »Light & Smooth« auf dem schwarzweißen Etikett, sondern auch »Design – Taste – Life«. Die große »1000« wird durch den Vorschlag ergänzt: »One litre per month«.

Nichols Amerikanischer Blended von → Austin, Nichols, für den ganz gewiß ein gehöriger Anteil des Kentucky Straight Bourbon verwendet wird, für den die Firma berühmt ist und den sie in ihrer gleichnamigen → Wild Turkey Distillery herstellt. Sie hieß einst D. L.

Moore, gehörte später den Brüdern Ripy und firmiert heute meist als → Boulevard Distillery.

Nikka Japanischer Getränkekonzern, dessen Anfänge auf 1934 zurückgehen. Damals machte sich ein immerhin schon vierzig Jahre alter Mann selbständig, der allerdings schon Geschichte, Whiskygeschichte geschrieben hatte: Masataka → Taketsuru war 1918 als Student nach Glasgow gegangen, eigentlich, um sich mit dem Bierbrauen zu beschäftigen. Aber der Whisky faszinierte ihn mehr und er setzte seine Studien in → Hazelburn, → Craggellachie und → Lagavulin fort. Bei seiner Rückkehr nach Japan brachte er auch eine schottische Braut mit. Seine Kenntnisse kamen dem zweiten Pionier des japanischen Whisky, Shinjiro → Torii, gerade recht, er engagierte ihn als Produktionsleiter für seine → Yamazaki Distillery.

Zehn Jahre lang arbeiteten die beiden zusammen und brachten 1929 den ersten japanischen Whisky auf den Markt. Aber 1934 trennten sich ihre Wege; Taketsuru machte sich selbständig, besorgte sich eine winzige → *pot still* und wählte als Ort für seine Brennerei das kleine Städtchen → Yoichi auf Japans Nordinsel → Hokkaido, wo er Verhältnisse vorfand, die ihn an Schottland erinnerten, und alle benötigten Ingredienzien, gutes Wasser, kalte Winter, Torf und heimische Gerste. Solange sein Whisky reifte, produzierte er Säfte, darunter einen Apfelsaft namens »Kaju«, der seiner Firma ihren Namen gab: Nippon Kaju, woraus dann 1952 »Nikka« wurde. 1940 konnte er seinen ersten Whisky herausbringen (ebenso einen Brandy), aber der Krieg machte die weitere Produktion von Whisky unmöglich und Taketsuru war gezwungen, Alkohol für Kriegszwecke herzustellen. Danach ging es langsam, aber stetig bergauf und während aus → Suntory, dem Unternehmen seines ehemaligen Chefs Torii, der bei weitem größte Whiskyproduzent Japans wurde, prosperierte auch Nikka und nimmt heute den 2. Platz ein, mit einem Anteil von 16 % an der Produktion und von 15 % am Markt. Zu den weitgespannten Aktivitäten gehören neben Whisky auch Wein und Fruchtspirituosen.

Nikka produziert auch Grain Whiskies, in → Nishinomiya sogar mit einer → *Coffey still*, die Taketsuru 1962 eigens aus Schottland importierte. 1969 baute er in der Präfektur → Miyagikyo die zweite, sehr viel größere Malt-Brennerei → Sendai. In beiden Destillerien können mehrere Malt Whiskies von unterschiedlichem Charakter produziert werden, so daß Nikka genügend Möglichkeiten hat, zahlreiche Marken herzustellen. Ein Jahr vor dem Tod des Firmengründers wurde 1978 ein großes Technologie-Zentrum eröffnet. Nikka ist Importeur von → *J & B* und → *Jim Beam* (von ihm gibt es einen *Jim Beam Barrel Bonded* nur für Nikka) und erweiterte sein Whiskyimperium 1989 durch den Kauf der schottischen → Ben Nevis Distillery (im gleichen Jahr kaufte man auch die Brennerei Dompierre in Cognac). Nikka hat in Tochigi eine zweite *Coffey still*-Brennerei und lagert dort auch ihre Blends noch einmal in Fässern, ehe sie abgefüllt werden. Das passiert in zwei großen Abfüllanlagen.

Die Firma ist heute nicht mehr selbständig, sondern gehört Asahi, einer der vier großen Brauereien Japans.

Ihr Spitzenblend ist → *Tsuru*, der nach dem Gründer benannt ist, der zum Gedächtnis an seine 1961 verstorbene Gattin Rita (die Schottin) den → *Super* kreiert hatte. Die Hausmarke ist *The Nikka Whisky*, den es auch mit 17, 21 und 25 Jahren und als → *Choice*, → *Extra* und → *Prize* gibt. Weitere Blends sind: → *Black-50*, → *Black Memorial*, → *Black Nikka*, The → *Blend of Nikka*, → *Connexion*, → *Fortune 80*, → *From the Barrel*, → *G & G*, → *Gold & Gold*, → *Grand Age*, → *Hi*, → *Kingsland*, → *Mild*, → *Super Session*. → *Corn Base* ist eine Art Bourbon, → *Rye Base* so etwas wie ein kanadischer Whisky. Unter dem Namen → *Nikky* gibt es einen → *new spirit*, also ein frisches Destillat, und einen alkoholarmen *Soft*. Ungewöhnlich sind der → *Coffey Grain* und der → *All Malt*, von dem eine zweite Version → *Malt Club* heißt. → »Pure Malt« heißen ein *Black*, ein *Red* und ein *White*, *Nikka Pure Malt* ein Whisky aus dem Sherry-Faß, der → *Hokkaido* und der → *Kitagenshu*, während der → *Miyagikyo* und der → *Yoichi* eindeutig Single Malts sind.

Nikky Japanische Spirituose von → Nikka, die in drei Versionen kommt: Zwei heißen *Gold* und *White*, womit aber eher die Farbe des Etiketts gemeint ist als die der Flüssigkeit. Beim *Nikky* handelt es sich um einen → *new spirit*, also um frische Destillate, die zu jung sind, um schon Whisky genannt zu werden. Wären sie ganz frisch, also noch nicht mit dem Holz des Fasses in Berührung gekommen, müßten sie eigentlich ganz wasserklar sein. Es kann also nur mit ein bißchen Karamel nachgeholfen sein – wenn es sich nicht um eines der vielen kleinen Geheimnisse handelt, hinter denen sich japanische Whiskyproduzenten gerne verstecken. Ein ebenfalls honigfarbener *Nikky* heißt *Soft* und hat nur 25 % Alkohol.

Nineteen-Hole-Cocktail Whiskydrink für Golfer. Ein Drittel Scotch werden mit einem Drittel Fino Sherry und einem Drittel Vermouth Dry mit Eis gut gerührt und im Cocktailglas serviert.

Nishinomiya Japanische Grain-Destillerie in der Nähe des gleichnamigen Ortes bei Osaka. Sie gehört der Firma → Nikka, deren Gründer Masataka → Taketsuru einer der beiden Väter des japanischen Whisky ist. Er war 1918 den ungewöhnlichen Weg nach Schottland gegangen und hatte von dort (außer einer Braut) so detaillierte Kenntnisse in der Whisky-Produktion mitgebracht, daß er dem zweiten Pionier, Shanjiro → Torii, helfen konnte, seine → Yamazaki Distillery zu errichten. Später baute er selbst eine Brennerei in → Yoichi und hielt sich dabei streng an das schottische Vorbild. 1962 wagte er es, zur Herstellung seiner Getreidedestillate eine echte → *Coffey still* zu holen, vermutlich die einzige ihrer Art, die heute noch im Einsatz ist. Aus ihr stammt der Grain Whisky, den Nikka zusammen mit einem Malt zu ihrem → *All Malt* komponieren, und auch der → *Coffey Grain*.

Noah's Mill Kentucky Straight Bourbon aus der vier Marken umfassenden → *small batch*-Serie von → Kentucky

Bourbon Distillers. Sie gehört der Familie Willett, die auch die → Willett Distillery nahe Bardstown besitzen. Die Destillerie wird gegenwärtig auf eine Wiedereröffnung vorbereitet, ist aber seit den achtziger Jahren geschlossen. Obwohl eine Noah's Mill Distilling Co. als Hersteller genannt ist, wurde der Whiskey aus den Beständen dieser Brennerei abgefüllt. Er ist 15 Jahre alt, hat 104.3°/57.15 % und ist wirklich »Handmade in the Hills of Kentucky«, wie das mit der Zeichnung einer kleinen hölzernen Mühle geschmückte Etikett behauptet.

North British Schottische Grain-Destillerie, die 1886 von einigen sehr bekannten Männern gegründet wurde, die sich ein wenig Unabhängigkeit von der damals immer stärker werdenden und den Rest der Industrie dominierenden → DCL erkämpfen wollten: Zum Konsortium gehörten außer Andrew → Usher, einem der Pioniere des Blendens, der für seinen → *Green Stripe* immer noch bekannt ist, John → Crabbie & Co., William → Sanderson & Son, James → Watson & Co. und George Robertson von → Robertson & Baxter. Der etwas unschottische Name kommt wohl von der Bahnlinie der North British Railway, an der sie (gleich neben der → Caledonian Distillery) liegt und deren Vorhandensein für die Wahl des Standortes große Bedeutung hatte. Die Destillerie ist riesig, kann immense Mengen produzieren und lagern. Das alte Bürogebäude am der Slateford Road diente lange dem unabhängigen → Pentland-Institut als Zentrale für seine Forschungen über alles, was mit Whisky und Chemie zu tun hat – und ist ein Beispiel für den Charme, den viele Gebäude von North British ausstrahlen. Obwohl sie mehr eine Art Kooperative war (an der später auch die DCL beteiligt war), konnte sie ihre Unabhängigkeit tatsächlich bewahren. Seit 1993 gehört sie den Lothian Distillers, einem Gemeinschaftsunternehmen von → IDV (sie verwenden für ihren → *J & B* einen hohen Anteil Grain von North Port) und Robertson & Baxter, also einem der Gründungsmitglieder. Ihre Besitzer haben den Whisky, für den außergewöhnliche 20 % Gerstenmalz bei 80 % Mais verwendet werden, nie als Single Grain abgefüllt. Aber → Signatory hatte zwei Fässer, eines von 1964, abgefüllt 1990 in der Faßstärke von 46 %, und ein Sherryfaß von 1979, 1995 abgefüllt mit 43 %. Der amerikanische → Unabhängige → Whyte & Whyte hatte ebenfalls ein Faß von 1964.

North of Scotland Distilling Co. Schottische Whiskyfirma, an der die Familie Christie beteiligt war, die später die → Speyside Distillery gründete. 1957 baute die Firma in Cambus eine ehemalige Brauerei zur Strathmore-Brennerei um, die das ungewöhnliche Experiment wagte, mit → *patent stills* Malt Whisky zu produzieren. Es stellte sich als nicht besonders erfolgreich heraus, weswegen man zunächst mit der Herstellung von → Grain weitermachte, dann Anfang der achtziger Jahre aber ganz aufgab.

North Port (-Brechin) Schottische Malt-Destillerie, die 1983 geschlossen und teilweise abgerissen wurde. Sie liegt mitten in dem kleinen Örtchen, das vor allem durch seinen Round Tower (und durch eine zweite, glücklicherweise noch arbeitende, Brennerei, → Glencadam) bekannt ist, und gehört zur → Whiskyregion der Eastern → Highlands. Daß sie überhaupt noch in dieses Buch aufgenommen wurde, liegt daran, daß ihr Whisky hin und wieder noch abgefüllt wird. Sie wurde unter dem Namen Townhead 1820 von einer ortsansässigen Familie gegründet. Drei Jahre später wurde sie in Brechin umbenannt; wann sie den heutigen – von einem Tor in der ebenfalls längst zerstörten Stadtmauer abgeleiteten – Namen bekommen hat, ist unklar. In den zwanziger Jahren von der → DCL übernommen und von 1928 bis 1937 geschlossen, kam sie später unter die Obhut der der DCL-Tochter Mitchell Bros. aus Glasgow, die den Whisky nie als Single Malt hergaben, aber einen Vatted → *Glen Dew* verkauften. Die Reste der schon sehr heruntergekommenen Brennerei, die zwei → *stills* hatte und ihr Wasser aus Loch Lee bezog, gehören heute → UD/UDV. Sie machten, was niemand mehr erwartet hatte, tatsächlich einen *North Port* als Single Malt in → Eigentümer-Abfüllung in ihrer Reihe → »Rare Malts« verfügbar: Er ist von 1971 und hat 54.7 %. Vorher gab es ihn nur von den → Unabhängigen, z.B von → Cadenhead und → Gordon & MacPhail, die mehrere Jahrgänge hatten, etwa einen 1974er und einen 1981er.

Northern Light Kanadischer Whisky, der auf dem Label klar als Produkt von Hiram → Walker ausgewiesen ist, aber von → Barton exklusiv auf dem amerikanischen Markt verkauft wird. Das »light« hat in diesem Fall nicht mit dem modischen Trend zu leichten Spirituosen mit 30 % zu tun, die sich in Kanada Whisky nennen dürfen. Das Nordlicht hat solide 40 %.

Northern Scot Schottischer Blend von der Firma Bruce & Co. in Leith, die eine Tochter von → Waverly war und die Marke in zwei Versionen produzierte: als Standard ohne Altersangabe und als 12jährigen. Den einfachen findet man noch da und dort.

Northern Scott Schottischer Blend von → Invergordon, die die ursprünglich von Bruce & Co. hergestellte Marke von → Waverly Vintners bzw. deren Mutter → Scottish & Newcastle übernommen haben.

Nosing Bezeichnung für eine besondere Form des Umgangs mit Whisk(e)y. Es wird dabei jedoch nicht getrunken, der Genuß erfolgt ausschließlich über die Nase durch Riechen. Für viele Liebhaber guter Bourbons und vor allem von Single Malts ist das *nosing* ein sehr wichtiger Bestandteil des Verkostens und des Trinkens, weil sie die Reichhaltigkeit und Eleganz des Aromas schätzen. Besonders wichtig ist das *nosing* für die Profis aus der Industrie. Ihre Nasen sind darauf trainiert, einen Whisk(e)y ausschließlich nach dem Eindruck zu beurteilen, den er beim Beriechen hinterläßt. Es gibt zwar auch Apparate, die das Aroma analysieren können, aber bis heute ist die Feinheit einer talentierten und geschulten menschlichen Nase nicht zu ersetzen. Vor allem die → Masterblender verlassen sich ganz auf ihre Nase. Sie verwenden für ihre Arbeit ein ganz bestimmtes Glas, hoch und tulpenförmig, das sich oben verengt, um den Duft ganz auf die Nase zu konzentrieren. Das Glas ist mit Eichstrichen versehen, damit eine genau bestimmte Menge Wasser zugegeben werden kann. Es wird Wert darauf gelegt, daß ein kleiner Deckel, das *lid*, verhindert, daß das Aroma zu früh verströmt. Oft werden auch dunkelblaue oder schwarze Gläser verwendet, damit sich der Verkoster nicht von der Farbe eines Whisk(e)y ablenken läßt.

O

Oak Cask Matured Schottischer Blend, der exklusiv für die britische Supermarktkette → ASDA gemacht wird. Er wird mit dem Hinweis verkauft, daß für ihn immerhin zehn verschiedene Malts und vier Grains verwendet werden und diese Whiskies in drei verschiedenen → Faßarten aus Eichenholz gereift sind.

Oaken Glow Whisky von → Seagram, der ausschließlich für und auch in → Indien gemacht wird, wobei aus Schottland importierte Malts mit lokal produzierten Grain Whiskies verschnitten werden.

Oban Schottische Malt-Destillerie, die zu den wenigen in den Western → Highlands zählt – und zu den ganz seltenen, die im Zentrum einer Stadt liegen. Bei ihr erklärt sich das wahrscheinlich dadurch, daß es sie eher gab als das umtriebige Hafenstädtchen an der Westküste, das um sie herum gewachsen ist. Die treibende Kraft war die Familie Stevenson, die die Destillerie 1793 gründete – Oban ist somit eine der ältesten, kontinuierlich produzierenden Brennereien des Landes, obwohl natürlich auch sie immer wieder geschlossen war, etwa im frühen 19. Jahrhundert, in den dreißiger und dann wieder in den sechziger Jahren. Sie ist auch eine der kleinsten; die Zahl ihrer zwei → *stills* wurde nie erhöht, vermutlich aus Platzgründen. Denn Platz ist rar, das Wasser muß aus Loch Gleann à Bhearraidh weit herangeholt werden, nicht die ganze Produktion findet in den eigenen → *warehouses* Platz und die Brennerei schmiegt sich mit ihren alten Steingebäuden zwischen die das Hafenbecken umrundende Hauptstraße und steile Felsklippen.

In ihren Höhlen, direkt hinter der Brennerei, wurden die sterblichen Überreste von sechs Erwachsenen und vier Kindern gefunden, die mehr als 5000 Jahre alt sind. Es könnte gut sein, daß nicht nur Dichtung ist, was auf dem Label ihres Single Malt behauptet wird: daß die ersten Siedler in Schottland in den Höhlen an der »Kleinen Bucht« (das bedeutet Oban) hinter der heutigen Brennerei Schutz gesucht haben und daß auch die aus Irland kommenden Scoti von dort aus das Festland besiedelt haben. Über Oban kann man nicht schreiben, ohne eine andere Merkwürdigkeit zu erwähnen. Die dem römischen Coliseo nachgebaute Steinkrone über der Destillerie und ihrem markanten Schornstein, McCraig's Tower genannt, ist gewiß eine Verrücktheit, aber eine, die sehr ehrenwerten Gründe hat: der Erbauer schaffte Arbeit für arbeitslose

Maurer. Oban wurde 1923 von John → Dewar & Sons übernommen und wenig später dem Imperium der → DCL eingegliedert, die die Lizenz auf ihre Tochterfirma John → Hopkins & Co. übertrugen.

Schon sie brachten einen Single Malt, mit 12 Jahren und in einer Art Parfümflasche, in → Eigentümer-Abfüllung heraus. Sie halten heute noch die Lizenz, sind mittlerweile aber eine Tochter von → UD/UDV, die den Oban in die Reihe ihrer → »Classic Malts of Scotland« aufnahmen, mit 14 Jahren. Die zwei Jahre mehr sind dem runden, intensiven, eine eindeutige Nähe ebenso wie eine klare Ferne zu den Inseln aufweisenden Whisky gut bekommen. Im Dezember 1997 bekam er in der neuen Reihe »The → Distillers Edition« in einer limitierten Abfüllung einen Malt von 1980 an die Seite gestellt, der in einem Montillo Fino-Sherryfaß eine zweite Reifung, also ein zusätzliches → *finishing* bekommen hatte. Von den Unabhängigen gibt es ihn manchmal, aber nicht eben häufig, vielleicht weil die Eigentümer-Abfüllung sehr beliebt ist und er auch für viele Blends von UDV gebraucht wird.

O'Brien's Irischer Whiskey aus der → Cooley Distillery, ein weiterer Standardblend mit 40 %, den die Firma als »Special Reserve« ausgibt und von der Wein- und Spirituosenkette PJ O 'Brien & Sons verkaufen läßt.

Ocean Japanische Blends von → Sanraku-Ocean, einer Firma, die 1937 unter dem Namen »Sanraku« einen Sake herausbrachte, auch als Weinproduzent auftritt, seit den sechziger Jahren in einer Malt-Destillerie in → Karuizawa und in einer Grain-Brennerei in Kawasaki auch Whisky herstellt. Für diesen Teil ihrer Aktivitäten hat sie den Namen Ocean gewählt. Der Spitzen-*Ocean Whisky*-Blend ist der → *Asama*, andere heißen → *Route* und → *Status*. Derjenige, der *Ocean* groß auf dem schwarzen Label führt, ist preisgünstiger und hat einen kleineren Maltanteil; er wird auch »Special Old« genannt. Außerdem gibt einen »Special Grade« in einer Karaffe, die einem Schiff nachempfunden ist. Auch der Malt *Karuizawa* führt die Bezeichnung *Ocean Whisky* auf seinem Porzellanlabel.

O'Connell's Irischer Whiskey, der hoffentlich auf dem Markt sein wird, wenn dieses Buch erscheint. Zum Zeitpunkt des Schreibens jedenfalls hatte er bereits eine Goldmedaille auf der International Wine and Spirit Competition 1996 gewonnen, existierte aber nur in einigen wenigen Flaschen. Seine Hersteller, → IDG, wollten nicht länger zusehen, wie → Cooley Distillery, der *shooting star* unter den irischen Brennern, nicht nur ihr Monopol brach, sondern ihnen auch den ganzen Markt für preiswerte und dennoch gute Whiskies abnahm. Der Erfolg dieses Blend aus Malt, → Pot Still und Grain kam dann wohl doch zu früh und überraschte seine Produzenten noch mitten in den Vorbereitungen für die Vermarktung.

Oddbins Britische Ladenkette, die sich schnell vergrößert und deren Filialen in jeder größeren Gemeinde und in Städten oft mehrmals zu finden sind. Sie haben viel zur Popularisierung der Weinkultur in Großbritannien beigetragen, weil sie die Hemmschwelle abbauen konnten, die renommierte Läden oft haben: freundliche und junge, aber kompetente Bedienung, faires Preis-Leistungsverhältnis, extreme Kundenfreundlichkeit durch lange Öffnungszeiten. Weißweine, Champagner und Bier sind auch gekühlt im Angebot. Die Preislisten werden von dem bekannten Karikaturisten Ralph Steadman frech und spritzig gestaltet und sind Sammlerstükke. Oddbins hat sich immer hervorgetan durch die Entdeckung neuer Weine aus den »New World«-Ländern. Es gibt auch einige Filialen mit Fine Wines, mit sehr edlen Tropfen zu vernünftigen Preisen. Ein Schnäppchen machten die Londoner, als sie 1999 die Filiale von → Victoria Wine Cellars im französischen Calais kauften, wo britische Kunden gerne die im Vergleich zum Heimatland wesentlich niedrigeren Alkoholsteuern nutzen, um billig einzukaufen.

Maltliebhaber finden eine große Auswahl und immer wieder Whiskies, die es nur bei Oddbins gibt (nicht in allen Läden und immer schnell ausverkauft). Auch interessante Experimente werden gewagt wie die Whiskies aus ungewöhnlichen Fässern wie Port oder Madeira, die im Unterschied zu den → *finishings* z. B. von Glenmorangie ihre ganzen 15 Jahre im Faß waren. Ständig im Programm ist eine Reihe von eigenen Abfüllungen mit je einem Single Malt aus den fünf Regionen → Lowland, → Highland, → Speyside, → Islands und → Islay, deren Brennereien ungenannt bleiben. Oddbins ist im Besitz von → Seagram.

O'Darby Irischer Sahne-Likör, 17 %, mit J. J. O'Darby als Hersteller auf dem Label. In Wirklichkeit kommt er aber aus dem Hause → Gilbey, also von den Erfindern der ganzen Gattung (→ *Bailey's*), und gehörte zum Portfolio von → IDV / → Grand Metropolitan, heute also von → UDV.

Offizielle Abfüllung Im Gegensatz zu den Abfüllungen von Single Malts, die von den → Unabhängigen herausgebracht werden, meint »offiziell«, daß sie von den → Eigentümern der Brennerei selbst vermarktet werden.

O'Hara Irischer Whiskey. Er wird hergestellt von → Cooley Distillery, aber unter dem Namen ihrer Marke → Millar Products vertrieben und vor allem von der französischen Supermarktkette Intermarché verkauft. Dem Blend mit 40 % wird auf dem Etikett nicht nur bescheinigt, ein »Celtic Flavour« zu haben, sondern »The Greatest Flavour of Ireland« überhaupt zu sein, während Jim Murray ihn (in »The Complete Guide to Whisky«) lakonisch »not unpleasant, but very grain-reliant«, also sehr Grain-lastig, nennt.

Okanagan Kanadische Brennerei in Winfield bei Kelowna, British Columbia. Sie wurde von Hiram → Walker 1971 gebaut, als die Nachfrage nach → *Canadian Club* allein durch die Produktion in → Walkerville nicht mehr befriedigt werden konnte. Es gibt Spezialisten, die behaupten, durchaus Unterschiede zwischen Okanagan-*Canadian* und dem »normalen« herausschmecken zu können – wenn sie eine alte Flasche in Vancouver bekommen können. Die Brennerei besaß vier → *pot stills*, die denen von → Inverleven in Walkers Komplex in → Dumbarton sehr ähnlich sind, und stellte in den achtziger Jahren sogar Malt Whisky her. Ihr → *Glen Ogopolo* wurde in Japan verkauft. 1995 wurde sie geschlossen und zum Verkauf ausgeschrieben.

Old Japanischer → Special-Blend von → Suntory, der 1950 auf den Markt gebracht wurde, lange Zeit Spitzenreiter war und immer noch Nr. 3 unter den heimischen Whiskies ist. Auf den gedrungenen, dunklen 0,75-Liter-Flaschen heißt er *Suntory Old Whisky*, auf den neuen halben Flaschen wird das *Old* herausgestellt.

Old 1889 Kentucky Straight Bourbon, eine der unendlich vielen Marken von → Heaven Hill. Dieser Whiskey ist 4 Jahre alt und hat 80°/40 %.

Old Angus Schottischer Blend, neben → *Robbie Burns* und → *Windsor Castle* eine der drei Marken der kleinen Firma R. H. → Thomson & Co. aus Edinburgh. Sie gehörte zur → DCL und führte für diese die Lizenz von → Teaninich Distillery, deren Malt ganz sicher für den Blend verwendet wird. Er kommt heute von → UDV.

Old Argyll Schottischer Blend von → Burn Stewart, hergestellt bereits von der Londoner Vorgängerin der heutigen Firma, die durch ein *management buy out* entstanden ist. Er gehört mit 12 Jahren zum → De luxe-Segment.

Old Bardstown Kentucky Straight Bourbon, der von → Kentucky Bourbon Distillers abgefüllt wird. Diese Firma führt eine ganze Reihe von Marken, für die sie gerne Phantasienamen kreiert, die dann als Hersteller auf dem Label firmieren. Ihr gehört auch die nahe Bardstown gelegene → Willett Distillery, die lange diese ehedem sehr bekannte Marke im Programm hatte. Mit einigem Recht spricht das Etikett also davon, daß er von der »Fifth Generation of Distillers« gemacht sei, obschon die Brennerei seit den achtziger Jahren geschlossen ist. Es sind zwar noch Bestände von ihr vorhanden, aber mit 6 bzw. 10 Jahren sind diese Bourbons zu jung, um noch von dort zu kommen. Wahrscheinlicher ist, daß sie bei → Heaven Hill gekauft werden, die ja auch in Bardstown liegt. Der 6jährige hat 80°/40 %, der 10jährige ist mit seinen 101°/50,5 % ein → *Bottled in Bond*. Der 15 Jahre alte (ebenfalls 101°/50,5 %) könnte tatsächlich noch aus den alten Beständen von Willett stammen.

Old Barrel Indischer Whisky, ein Blend von → Haryana Distillery, der Tochter des Konzerns Modi Enterprises, die diesmal auf dem Label nichts von irgendwelchen Malt-Anteilen schreibt, sondern von einem → Premium spricht. Daneben gibt es auch eine einfache Version.

Old Blacksmith Amerikanischer Straight Bourbon mit 80°/40 %, der die sonst übliche Herkunftsbezeichnung Kentucky ebenso vermeidet wie einen Hinweis darauf, aus welcher Brennerei er kommt. Das Label teilt nur mit, er sei »Distilled and Shipped for Willow Springs Distilling«, eine Firma, die ihren Sitz in San Francisco hat.

Old Bridge Schottischer Blend von einer neuen Firma → London & Scottish Spirits, die ihre Geschäfte von Bremley in Surrey aus führt. Es gibt den

Blend als → Standard und mit 12 Jahren.

Old Bushmills Distillery, The Irische Malt-Destillerie. Sie liegt nicht weit von der Küste im nordirischen County Antrim und führt diesen Namen erst seit 1896, wird aber oft auch, ebenso wie ihre Whiskies, einfach → Bushmills genannt. Ihre heutigen Besitzer, die Irish Distillers Group (→ IDG) nennen sie stolz »die älteste lizensierte Destillerie der Welt« und geben als Gründungsjahr kühn 1608 an. Den Anspruch gründen sie darauf, daß der englische König James I in diesem Jahr durch seinen irischen Gouverneur einem Thomas Phillipps eine Lizenz erteilen ließ, die ihm das Herstellen von Whiskey erlaubte. Ähnliche Lizenzen wurden freilich in der gleichen Zeit auch für andere Gebiete erteilt. Genaue historische Recherche zeigt zudem, daß die Lizenz nicht eine konkrete Brennerei betraf, sondern einen größeren Teil des County Antrim. Zu ihm gehört auch Bushmills. Während aber Bushmills nicht eigens genannt wird, ist von einem anderen nordirischen Ort dezidiert die Rede, nämlich von → Colraine. Dort stand tatsächlich eine Destillerie, die lange mit Bushmills konkurrierte. Paradoxerweise wird heute ein Blend dieses Namens ausgerechnet von Bushmills hergestellt.

Im letzten Jahrhundert gab man übrigens als Gründungsdatum 1784 auf den Flaschen des berühmten *Old Glynn Bush* an. Damit wäre Bushmills immer noch die älteste Brennerei Irlands, die bis heute in Betrieb ist. Ihre Geschichte ist überhaupt nur schwer zu rekonstruieren: zweimal zerstörte ein Feuer alle Unterlagen, 1885 brannte die Brennerei selbst, 1941, im 2. Weltkrieg, wurden die Verwaltung und die Abfüllanlagen in Belfast zerstört. Nach dem Feuer entstand sie neu und in der Form, wie sie die Besucher heute noch erleben. Sie ist kleiner als es andere irische Brennereien waren und heute sind, sieht eher aus wie eine typisch schottische Anlage. Tatsächlich ist Schottland auch nicht weit entfernt. Wäre man ein Riese und könnte übers Wasser laufen, stiege man bei »Giant's Causeway«, dem berühmten geologischen Weltwunder nahe Bushmills, ins Wasser und wäre bald in → Islay oder Kintyre.

Erst seit dem Wiederaufbau produziert sie Malt, der sich freilich dort Whiskey schreibt. Seit der Schließung von Colraine ist Bushmills die einzige Destillerie Nordirlands. Nach häufigen Besitzerwechselns (u. a. gehörte sie → Seagram und dem Bierkonzern Charrington) kam sie 1972 unter das Dach der IDG. Die Firma hatte das Whiskeymonopol in beiden Teilen der grünen Insel, ehe es Ende der achtziger Jahre zu einer aufsehenden Übernahmeschlacht kam. An ihr beteiligte sich auch John J. → Teeling, aber gewonnen wurde sie von → Pernod Ricard. Die französischen Besitzer sorgen für ihre Zukunft. Es ist ihnen zu verdanken, daß der Malt von Bushmills heute dabei ist, auch außerhalb Irlands die Berühmtheit zu erringen, die er verdient. Sie haben auch die Palette der Marken, die heute unter dem Namen → Bushmills zu haben sind, beträchtlich erweitert.

Old Canada Kanadischer Whisky mit 40 %, der heute von der Firma → Corby kommt, die zum Imperium von Hiram → Walker/→ Allied Domecq gehört. Sein vollständiger Name lautet indes → *McGuinness Old Canada*, was darauf hinweist, daß die Marke einst von dieser Firma herausgebracht wurde.

Old Charter Kentucky Straight Bourbon, den es bereits seit 1874 gibt. Er war die Kreation der beiden Brüder Adam und Ben Chapeze, Kinder von französischen bzw. englischen Einwanderern, die sieben Jahre vorher ihre eigene Brennerei gegründet hatten. Ihre Marke nannten sie nach der Charter-Eiche in Connecticut. Deren Bild ziert nach wie vor alle Etiketten der Marke. Bereits 1900 kam ein → *Bottled in Bond* mit dem Namen *Old Charter Bourbon* heraus, allerdings von einem neuem Besitzer. Während der → Prohibition wurden alle Whiskey-Bestände für die Marke in der → Bernheim Distillery in Louisville eingelagert, deren Besitzer nach dem Ende der trockenen Jahren beide, die Whiskeybestände und die Markenrechte, kaufte und den Whiskey bis heute herstellt – seit 1992 allerdings in der neuen Brennerei und unter der Regie von → UD. Denen gehörte sie, seit die damalige → Guinness-Tochter 1987 → Schenley aufkaufte. Im März 1999 trennten sich die UD-Nachfolger → UDV vom *Old Charter*. Er gehörte zu einem aus vier Marken und der Bernheim Distillery bestehenden Paket, das an ein Konsortium verkauft wurde, das sich schließlich einigte, den *Old Charter* (und den → *W.L. Weller*) an → Sazerac zu geben. Ob es also bei der derzeitigen → *mash bill* bleibt, ist offen. Sie besteht aus 86 % Mais auf 6 % Roggen und 8 % Gerstenmalz. Es gibt sechs Versionen: die jüngste kommt ohne Altersangabe mit 80°/40 %. Genauso stark ist der 8 Jahre alte mit ebenfalls 80°/40 %. Der 10 Jahre alte hat 86°/435. *The Classic 90* ist 12 Jahre alt und hat die Stärke von 90°/45 %. Der → *Bottled in Bond* hat die vorgeschriebenen 100°/50 % und ist 7 Jahre alt. Das Spitzenprodukt ist die *Proprietor's Reserve* mit 13 Jahren und ebenfalls 90°/45 %, auf dessen Label »distilled in old time proven methods« steht. Er gehörte zu der → »Bourbon Heritage Collection« von UD, die es nach dem Verkauf in dieser Form vermutlich nicht mehr geben dürfte.

Old Club House Japanischer Blend von → Suntory, eine von fast 20 Marken des japanischen Konzerns, der die nur im Heimatland angebotene Sorte einen »Classic Fine Whisky« nennt.

Old Comber Irischer → Pot Still Whiskey, den es vielleicht nicht mehr gibt, wenn dieses Buch erscheint. Der »mindestens 30 Jahre alte« Whiskey galt schon als ausverkauft, als doch noch einige hundert Flaschen entdeckt wurden. Sie wurden von der nordirischen Wein- und Whiskeyfirma James E. McCabe abgefüllt, die 1970 die letzten Reste von der alten, bereits 1953 geschlossenen Comber Distilleries Company gekauft hatte. Der Plural verweist darauf, daß es einst in dem kleinen Städtchen Comber in Ulster zwei Brennereien gab, die Upper und die Lower Distillery, die beide 1825 gegründet und zwanzig Jahre später zusammengeführt wurden. Beide litten unter den gleichen Problemen wie alle irischen Whiskeyhersteller, aber bei Comber kam nach dem 2. Weltkrieg erschwerend dazu, daß ihre schweren Pot Still Whiskies sich gegen die moderneren leichten Blends kaum mehr behaupten konnten. Mit der Schließung von Comber Distilleries reduzierte sich die Zahl der einst stolzen 70 Brennereien Nordirlands auf zwei. Übrig blieben zunächst nur → Colraine, die nur Grain, und → Bushmills, die nur Malt produzierte. Eine Pot Still Distillery gibt es jetzt überhaput nicht mehr.

Old Commonwealth Kentucky Straight Bourbon, der auf seinem Label eine Commonwealth Distillery in → Lawrenceburg angibt und auf »three generations of distillers« verweist. Mit detektivischem Spürsinn, den man bei Bourbons manchmal aufwenden muß, um herauszubekommen, wer wirklich hinter einer Marke steht, schließt man auf J. P. → Van Winkle and Son, die aber erstens keine Brennerei in Lawrenceburg haben, zweitens als Firmensitz Louisville angeben, drittens immer noch verbergen, aus welcher Destillerie sie diesen Whiskey wirklich beziehen, den sie sich als zweite Marke neben ihren → *Old Rip Van Winkle*, → *Van Winkle Special Reserve* und → *Pappy Van Winkle's Family Reserve* aufgebaut haben. Es gibt ihn in normaler Flasche mit 10 Jahren und 107°/53,5 % als → *small batch* und mit 80°/40 % in Keramikgefäßen, sogenannten Motivkaraffen. Bisher erschienen sind »Irish Potatos«, »Post Stamps of Ireland«, »Firefighter«, »Fireman Hero« und »Peace on Earth«.

Old Court Schottischer Blend, der ursprünglich von der Firma A. Gillies auf den Markt gebracht wurde, den damaligen Besitzern von → Glen Scotia Distillery. Beide, die Firma und ihre Brennerei, kamen 1970 in den Besitz der → ADP und somit später zu → Gibson International. Bei deren Konkurs 1994 erwarb → Glen Catrine Bonded Warehouse die Brennereien Glen Scotia und → Littlemill und eine ganze Reihe von Marken, von denen sie einige wie den *Old Court* zur Zeit aber nicht abfüllt.

Old Crofter Schottischer Blend, 12 Jahre alt, von der 1994 gegründeten und in Surrey ansässigen Firma → London & Scottish Spirits.

Old Crow Amerikanische Whiskey-Destillerie. Sie liegt südlich von Frankfort in Kentucky an einer kleinen Nebenstraße, die sich am Glenn's Creek entlangzieht. In ihrer unmittelbaren Nachbarschaft befinden sich die → Old Taylor Distillery und die heutige → Labrot & Graham Distillery, mit denen sie intensive historische Beziehungen verbindet. Sie ist nicht nach dem Raben-Vogel benannt, sondern nach Dr. James Crow, einer großen Figur in der Bourbongeschichte. Er, schottischer Chemiker, der 1820 nach Amerika auswanderte und sich ein paar Jahre später in Kentucky niederließ, gilt als der erste Whiskeymacher, der sich der → *sour mash*-Methode bedient haben soll, was bis heute, zusammen mit der Jahreszahl 1835, auf den Flaschen vermerkt wird. Einen Beweis dafür gibt es zwar nicht, aber sicher ist, daß er einer der ersten, vielleicht sogar der überhaupt erste war, dessen Produkt dem sehr nahekam, was wir heute unter einem Bourbon verstehen.

Sicher ist, daß er seinen wissenschaftlichen Sachverstand einsetzte, sich Instrumenten wie des Sacharo- und Thermometers zur Kontrolle der Gär- und Destillierprozesse bediente und vor allem Wert darauf legte, einen Maisanteil von 75 % zu verwenden und seinen Whiskey altern zu lassen – sehr wahrscheinlich in gekohlten Fässern. Schon 1849 rühmte man seinen Whiskey als »red liquor«. Damals war er bereits in der Old Oscar Pepper Distillery beschäftigt (die nach Jahren des Stillstands unter dem Namen Labrot & Graham gerade wieder in Produktion gegangen ist). Crow konnte sich rühmen, daß seine Arbeitgeber seinen Namen für einen der ersten – und sehr erfolgreichen – Markenwhiskey benutzten. Die Peppers bauten 1872 eine neue Brennerei in der Nähe der alten, die sie noch nach Dr. Crow benannten, obwohl sie sie samt der Marke an E. H. Taylor verkauften, der dann wenige Jahre später die Old Taylor Brennerei gründete.

Zusammen mit ihr gelangte Old Crow während der → Prohibition in den Besitz der American Medicinal Spirits Company und 1947 der National Distillers. Die alten Gebäude von Old Crow sind noch gut erhalten, aber produziert wird dort schon seit 1987 nicht mehr. Damals wurde sie von → American Brands übernommen und sofort geschlossen. Aber die Marke lebt. Der Whiskey wird heute bei → Jim Beam gemacht, wobei für ihn, was Dr. Crow sicher gut gefallen hätte, besonders viel → *back set* verwendet wird. Er ist in zwei Versionen erhältlich: als Kentucky mit 4 Jahren und 80°/40 % und als → *Bottled in Bond* mit 100°/50 %. Beide sind natürlich Kentucky Straights.

Old Decanter Schottischer Blend, mit 12 Jahren dem → De luxe-Segment zugehörig. Er ist eine Marke der alten Firma → Cockburn & Company (Leith).

Old Dispensary Amerikanischer Corn Whiskey mit 100°/50 % von → Barton/ → Canandaigua. Der Name bedeutet nicht nur Apotheke, sondern Krankenhausapotheke und man weiß nicht, ob sie vor oder nach dem Genuß dieses Whiskey benötigt wird – oder ob er sie womöglich ersetzt.

Old Distiller Kentucky Straight Bourbon Whiskey. Die Firma, für die er abgefüllt wird und die ihn verkauft, Fairfield Distillery & Co. aus → Bardstown, verrät zwar nicht, welche Brennerei ihn produziert, nennt ihn aber stolz einen »Custom Made Bourbon«. Er ist eine weitere Marke von → Kentucky Bourbon Distillers, denen auch die → Willett Distillery gehört.

Old Dublin Irischer Whiskey mit 40 %, der von der → IDG-Tochterfirma The Old Dublin Distillery kommt. Obwohl er erst 1995 auf den Markt gebracht wurde, hat er schon sein zweites Etikett bekommen. Das alte in einfachem Blau wurde abgelöst von einem sehr distinguiert wirkenden Label, das die Firma als Lieferanten des Dubliner Oberbürgermeisters ausweist und ausdrücklich hervorhebt, daß der Whiskey, ein Blend von Destillaten aus → Bushmills und → Midleton, in Eichenfässern gereift sei.

Old Eight Whisky, der von → IDV in → Brasilien hergestellt wird, wo, wie immer bei diesen »nationalen« Blends, Grains, die im Lande destilliert werden, mit Malts aus Schottland vermischt werden.

Old Elgin Schottischer Vatted Malt, dessen Name die Erinnerung daran wachhält, daß Elgin einstmals so etwas wie die die Whiskyhauptstadt Schottlands war. Dreißig Brennereien liegen in ihrer unmittelbaren Umgebung (wenngleich auch keine im Stadtgebiet selbst) und von den vielen Abfüllbetrieben und Lagernhäusern sind nur noch die der freilich dafür besonders bedeutenden → unabhängigen Firma → Gordon & MacPhail geblieben, die neben ihrem fast Museumscharakter atmenden Laden in der South Street kostbare Vorräte von alten Malts und moderne technische Anlagen ihr eigen nennt. Aus diesem Hause kommt der *Old Elgin*, dessen genaue Zusammensetzung über die Angaben → Speyside und → Glenlivet hinaus natürlich verschwiegen wird. Er kommt in verschiedenen Alterstufen mit 8, 15 und 21 Jahren. Es gibt auch alte → *vintages* wie den 1949er (ältere mögen noch in manchen Läden zu finden sein, bei G&M selbst sind sie geräumt).

Old Ezra Kentucky Straight Bourbon, der sich mit vollem Namen *Old Ezra Rare Old Sippin' Whiskey* schreibt und dessen einfachere Versionen als → *Ezra Brooks* bekannt sind. Die Marke, in den fünfziger Jahren von der Hoffman Distilling Co. eingeführt und kurz darauf von → Medley übernommen, gehört heute der David → Sherman Company of St. Louis. Den *Old Ezra* gibt es mit 7 und mit 12 Jahren, beide mit 101° / 50,5 %.

Old Fashioned Whiskeydrink. Einer der Klassiker des Genres und schon seit langer Zeit bekannt und populär. Im - Becherglas wird ein mit Angostura getränkter Zuckerwürfel mit einem Zitronen- und einem Orangenviertel zerdrückt, mit einem kräftigen Maß Whiskey gemischt und mit viel Eis und Soda aufgegossen serviert.

Old Fettercairn Schottischer Single Malt, der aus der → Fettercairn Distillery kommt, deren Besitzer → Whyte & Mackay / → JBB (Greater Europe) es vorziehen, ihn unter diesem Namen zu vermarkten. Es gibt ihn mit 12 und mit 30 Jahren und in der → »Stillman's Dram«-Serie mit 26 Jahren und 45 %. Fettercairn ist die einzige Brennerei der Firma, die den Besuchern offen ist – und ein Besuch lohnt sich sehr.

Old Fitzgerald Kentucky Straight Bourbon. Er wurde bis 1993 in der → Stitzel-Weller Distillery in Louisville hergestellt, ehe sich deren Besitzer → UD entschieden, die Brennerei zu schließen und ihn, allerdings unter Beibehaltung der originalen → *mash bill*, in ihrer ein Jahr zuvor neueröffneten und nur sechs Kilometer entfernten → Bernheim Distillery zu produzieren. Aus ihr kamen in den folgenden Jahren (bis auf die erst 1997 eingeführten Whiskies, die aus alten Beständen von geschlossenen Brennereien stammen wie der → *Henry Clay* und der → *Joseph Finch*) alle sechs Bourbons der Firma. Sie werden in zwei Gruppen unterteilt. Zu der einen gehören die, deren Formel neben Mais und Gerstenmalz auch Roggen enthält; die anderen sind die sogenannten Weizen-Whiskies, bei denen der Roggen durch

Weizen ersetzt ist. Sie kamen früher allesamt von Stitzel-Weller. Auch beim *Old Fitzgerald* kommen 5 % Malz und 75 % Mais auf 20 % Roggenanteil.

Die Marke wurde aber nicht immer in Louisville hergestellt. Sie geht auf John E. Fitzgerald zurück, der sie in seiner Brennerei in Frankfort produzierte und Ende der achtziger Jahre des letzten Jahrhunderts zunächst nur an Privatclubs (und die Mississippi-Dampfer) verkaufte, ehe er sie auch allgemein zugänglich machte. Nach der Jahrhundertwende wurde die Marke schnell populär und selbst in Europa verkauft. Während der → Prohibition gelang es Julian »Pappy« → Van Winkle, damals Chef-Manager bei Stitzel-Weller, die Marke für seine Firma zu erwerben. Von 1972, als die Firma Somerset Marke und Destillerie kaufte, bis 1991 gab der *Old Fitzgerald* auch der Brennerei seinen Namen, der auch als Hersteller auf den Flaschen steht. Ob es dabei bleibt, ist fraglich. Denn im März 1999 verkauften die UD-Nachfolger → UDV ihre Bernstein Distillery und den *Old Fitzgerald* an → Heaven Hill (zum Paket, das zunächst an ein Konsortium aus Heaven Hill, → Sazerac und David → Sherman ging, gehörten auch der → *Old Charter*, der → *W. L. Weller* und der → *Rebel Yell*). UD führten fünf Versionen: Der *Prime* hat 80°/40 % bzw. 86°/43 %. Der 8jährige *1848 Celebration Bourbon* (das Jahr hat nichts mit Fitzgerald zu tun, sondern ist das Gründungsjahr der Firma von William L. Weller), der 90°/45 % hat und auf dessen Flaschen steht »We make Fine Bourbon it's Quality unchanged since 1848«. Spitzenprodukte sind der 100°/50 % → *Bottled in Bond* und der 12 Jahre alte *Very Special* mit 90°/45 %, der auch in die → »Bourbon Heritage Collection« aufgenommen wurde.

Old Forester Kentucky Straight Bourbon aus dem Hause → Brown-Forman, nicht nur eine der ältesten Marken des Landes, sondern auch deshalb eine Ausnahme, weil sie immer noch im Besitz der Firma ist, die sie 1872 eingeführt hat. Der Whiskey kann zu Recht in Anspruch nehmen, der erste Bourbon überhaupt gewesen zu sein, der als → Eigentümer-Abfüllung auf den Markt kam. George Garvin Brown hatte mit seinem Halbbruder → J. T. S. Brown zwei Jahre zuvor eine gemeinsame Firma gegründet, sie aber bald wieder verlassen, angeblich, weil er nicht mit der Qualitätspolitik seines Bruders einverstanden war und mit billigeren Whiskies schnelleres Geld verdienen wollte.

George Gavin aber bestand auf der gewohnten Qualität und um sie zu sichern, verkaufte er sein Destillat nicht länger faßweise, sondern in Flaschen. Sie waren von Hand versiegelt und ließen auf dem von ihm selbst geschriebenen Label wissen: »This whisky is distilled by us only, and we are responsible for its richness and fine quality. Its elegant flavor is solely due to original fineness developed with care. There is nothing better in the market«. Dieser letzte Satz steht auch heute noch, mit Browns Unterschrift, auf den Flaschen. Der Whisky schreibt sich ohne das sonst in den USA übliche »e«, angeblich als Erinnerung an die schottische Abstammung der Browns. Der *Old Forester*, der sich ursprünglich übrigens *Forrester* schrieb, wechselte im Lauf der Zeit mehrmals die Produktionsstätte, kam aber immer aus Louisville, eine Zeitlang aus den prächtigen Gebäuden am Dixie Highway, der »Distillery Row«, wo heute die Hauptverwaltung von Brown-Forman residiert und ein großer als *Old Forester*- Flasche verkleideter Wasserturm auf dem Dach schon von Ferne grüßt.

Seit 1979 wird er einige Kilometer weiter nördlich in der → Early Times Distillery in Shively gemacht, wo für ihn eine eigene → *mash bill* mit 72 % Mais, 18 % Roggen und 10 % Gerstenmalz verwendet wird. Er wird aber dem gleichen Reifeprozeß und dem permanenten Wechsel von Beheizen und Abkühlen der Lagerhäuser unterzogen wie sein Stallgenosse *Early Times*. Lange gab es nur zwei Versionen, eine mit 86° / 43 % und einen → *Bottled in Bond* mit 100° / 50 %. Die Olympischen Spiele in Atlanta waren der Anlaß für eine → *small batch*-Abfüllung mit dem schönen Hinweis »Olympic Filling«; diese *Barrel Reserve 96 Premium* weist 96° / 48 % auf und verzichtet auf das »Old« im Namen – ebenso wie der → *Forester 1870*, der auf das Gründungsjahr der Firma anspielt und dessen Flasche ein neues eckiges Design bekam.

Old Galleon Irischer Whiskey, der eigentlich ein → Kilbeggan war. Die Konkursmasse der durch die → Prohibition, den Krieg und eine wüste Spekulation schwer angeschlagenen und seit 1953 geschlossenen Brennerei im County Westmeath wurde zehn Jahre später von dem Deutschen Karl Heinz Mellow für 10 000 Pfund erworben, der die Whiskeyrestbestände unter diesem Namen vor allem in Deutschland verkaufte.

Old Glasgow Schottischer Blend, der den Namen der kommerziellen Hauptstadt Schottlands und ihr Stadtwappen stolz auf den schwarzen Steinkrügen trägt, in denen er sich präsentiert. Sie nennen Donald Hart & Co. als Hersteller des 8jährigen → Blends, eine Tochterfirma der → Hart Brothers, der Glasgower Firma, die seit langer Zeit eigene Blends herstellt und auch als → unabhängiger Abfüller von Single Malts bekannt ist.

Old Glen Schottische Malts, die → Glenmorangie plc unter dem Namen der Tochterfirma Douglas MacNiven & Co. ausschließlich für die britische Supermarktkette → ASDA herstellt. Die vier Sorten sind ein 12jähriger Single → Highland, ein ebenfalls 12 Jahre alter Single → Speyside, ein Single → Lowlands mit 10 Jahren und ein 10jähriger → Islay, der aber nicht als Single, sondern als → Pure Malt ausgegeben wird. Sie werden für weniger als 16 Pfund verkauft, ein für britische Verhältnisse äußerst günstiger Preis.

Old Glomore Schottischer Blend von James Williams, einer Firma, die sich seit mehr als 100 Jahren mit dem Herstellen von Blends beschäftigt und in Narberth/Dyfed in Wales ansässig ist.

Old Grand-Dad Kentucky Straight Bourbon, der heute in einer der beiden → Jim Beam Distilleries in Clermont oder Boston gemacht wird und als die

Marke gilt, die den höchsten Roggen-Anteil aller amerikanischen Bourbons aufweist. Die Rechte an der Marke hat Jim Beams Mutter → American Brands 1987 erworben, als sie National Distillers übernahm. Damals kam der Whiskey aus der Old Grand-Dad Distillery, aber die war nicht identisch mit der, die Raymond B. Hayden 1882 erbaut hatte. Der starb ohne Erben und Brennerei und Marke wurden an die Familie Wathen verkauft, die die Produktion in einer anderer Destille fortsetzten und 1920, am Anfang der → Prohibition, die alte Anlage schlossen. Ein → Wathen formte die American Medicinal Spirits Company, die 1940 von National Distillers übernommen wurde. Sie kauften auch eine Brennerei in Frankfort und nannten sie nach der Marke, mit der Raymond den Stammvater der Familie, → Basil Hayden, den Old Grand-Dad eben, ehren wollte.

Sein Antlitz ziert auch heute noch die Flaschen. Es ist derselbe Basil Hayden, nach dem → JBB einen ihrer → *small batch*-Bourbons benannt haben, ein Mann, der 1785 in Kentucky eine katholische Enklave gründete und mit der Whiskeyherstellung begann. JBB legen Wert auf die Feststellung, daß dieser Whiskey trotz der häufigen Besitzerwechsel seinen ursprünglichen Stil behalten hat. Er wird heute nicht weit von der Stelle produziert, wo er 1882 das Licht der Welt erblickte, und wird noch heute nach der alten Formel hergestellt. Er enthält den höchsten Roggen-Anteil aller JBB-Marken (außer dem → Straight Rye → *Old Overholt* natürlich). Es gibt ihn in vier Versionen: mit 80° / 40 % und 4 Jahren, mit der gleichen Stärke auch als *Special Reserve*, als → *Bottled in Bond* mit 100° / 50 % und als → *barrel proof* mit 114° / 57 %, bei dem die Lot-Nummer abgeben ist, der also auch ein *small batch* ist.

Old Hardy Kentucky Straight Bourbon mit 40 %, aber ohne jeden Hinweis auf eine Brennerei oder sonst einen Hersteller. Der anonyme Whiskey ist in Supermärkten in Deutschland und Frankreich erhältlich.

Old Havanna Kubanischer Whisky, der auch wirklich auf der Insel hergestellt wird, »distilado y envasado en combinado de bebidas Santa Cruz Cuba«. Es läßt sich nicht ermitteln, wann er herauskam und wie lange er gemacht wurde. Vermuten darf man aber, daß er den Bewohnern Kubas einen kleinen Trost bieten sollte, die, wie jeder Leser Hemingways und anderer prominenter Liebhaber des Landes weiß, vor Castro nicht nur Rum und Daiquiri, sondern auch gerne Scotch tranken. Unklar ist auch, aus welchen Ausgangsprodukten und nach welchen Methoden er destilliert wurde; auf dem Etikett wird er aber als »Malto 100 %« beschrieben.

Old Highland Blend Schottischer Blend, der von der alten Brauerei → Eldridge, Pope & Co. bereits seit 1908 hergestellt wurde und ausschließlich zur Bestückung der mit der Brauerei verbundenen Pubs diente. Das Ungewöhnliche an ihm war nicht nur der sehr hohe Maltanteil, sondern auch, daß das Label die wichtigsten der verwendeten Malts aufführte und dabei immerhin so große Namen wie → *Glen Grant*,

→ *Glenfarclas*, → *Glenfiddich* und → *Glenrothes* nannte. Die Vergangenheitsform ist nur prophylaktisch, denn er wird zwar noch hergestellt und man findet ihn noch in den firmeneigenen Kneipen in Dorset, man muß aber dennoch fürchten, daß er bald ausgetrunken sein wird, denn die Gesellschaft hat sich aufgespalten in die Thomas Hardy Brewery und eine unter dem alten Namen operierende Firma, die aber eben nicht mehr selbst produziert, sondern nur noch ihre rund 200 Pubs managt.

Old House Schottischer Blend. Eine der vielen Marken von → Burn Stewart, mit den bei dieser Firma häufigen Versionen von 3 und 12 Jahren.

Old Huckleberry Kentucky Straight Bourbon, »4 summers« alt und nach einer »Original 1788 Formula« hergestellt, die indes nicht näher beschrieben wird. Auch einen Hersteller sucht man vergeblich auf dem Etikett, das allerdings → Bardstown nennt, was darauf schließen läßt, daß er von → Heaven Hill kommt. Das Alkoholvolumen wird unter Verzicht auf die in den USA übliche Angabe in → *proof* mit europäischen 40 % ausgewiesen. Und für Europa ist er bestimmt: er wird von Island Distributors angeboten, hinter denen niemand sonst stehen als → William Grant & Sons, die zur Vervollständigung ihres Angebotes auch einen Bourbon haben wollten.

Old Inverness Schottischer Blend von J. G. → Thomson, Glasgow, einer Firma, die heute dem Brauereigiganten Bass Charrington gehört, in dessen firmeneigenen Pubs der Blend so etwas wie eine Hausmarke ist. Die Firma, die die Marke von HD Wines in Inverness übernommen hat, liefert auch → *As we get it*.

Old Joe Amerikanische Destillerie, die man unter diesem Namen allerdings schon lange nicht mehr auf den Whiskeylandkarten findet. Dort firmiert sie seit 1986, nach sehr vielen Besitzer- und Namenswechseln, als → Four Roses Distillery. Sie gehört heute dem kanadischen Konzern → Seagram, der sie, zusammen mit der berühmten Marke, Mitte der vierziger Jahre von einer Firma namens Frankfort Distilleries erwarb; damals hieß sie → Old Prentice. Aber ihre Geschichte begann mit dem irischen Einwanderer »Old Joe« Peyton, der 1818 im Kanu von Pennsylvania nach Kentucky kam, sich 20 km südlich von Frankfort im heutigen → Lawrenceburg niederließ und mit dem Destillieren begann. Sein Erzeugnis errang schnell einen guten Ruf, wurde *Old Joe* genannt und war somit einer der ersten Markenwhiskies des Landes. Nach der → Prohibition kam der Pionier noch einmal zu Ehren, als die Brennerei, seit 1910 in völlig neuen Gebäuden, noch einmal für kurze Zeit seinen Namen trug.

Old Keeper Schottischer Blend, der einmal von Burn McKenzie & Co. in Dumbarton gemacht wurde. Heute kommt er, »over 3 years« alt und dennoch »Old Scotch Whisky« genannt, als Eigenmarke von ALDI. Teilweise wird er *in* → *bulk* importiert und erst in Deutschland von der Silverstone Brandy & Liqueur Company GmbH in Rottenburg/Laaber auf Flaschen gezogen. In den britischen Filialen von ALDI bekommt man ihn übrigens nicht. Zumindest teilweise (für ALDI Nord?) wird er von → Invergordon hergestellt und auch, in deren Bottling Plant am Salamander Place in Edinburgh-Leith abgefüllt – ein sehr geschichtsträchtiger Ort, an dem man noch ein Stück Rasen vom ersten Golfplatz Schottlands besichtigen kann.

Old Kentucky Kentucky Straight Bourbon, den es in zwei Versionen gibt. Die 10 Jahre alte hat 90°/45 % und heißt *Amber*, die 13jährige hat 94°/47 % und nennt sich *No. 88*. Sie kommen laut Etikett von der Old Kentucky Distillery in → Bardstown, die man dort heute freilich nicht finden wird. Dagegen ist bekannt, daß die Brennerei, die heute den Namen → Early Times trägt, 1935 als Old Kentucky gegründet wurde, was immer noch nicht erklärt, wie der Name auf eine Flasche aus Bardstown kommt. Wahrscheinlich handelt es sich um eine der vielen Marken, die → Heaven Hill besitzt. Dafür spricht auch der ausdrückliche Hinweis auf der Flasche, der Whiskey sei »bottled at the distillery«.

Old Kentucky Rifle Kentucky Straight Bourbon. Er wird in den USA bei → Heaven Hill hergestellt für das Bremer Weinhandelshaus Eggers & Franke, das den Whiskey *in → bulk* importiert und ihn hier mit 40 % abfüllt.

Old Kilkenny Irischer Whiskey mit 40 %, der exklusiv für die britische Supermarktkette → ASDA gemacht wird und zwar mit Whiskies von → Bushmills und → Midleton. Beide Brennereien gehören der → IDG, die damit zum erstenmal auf einem Terrain mitkämpfte, das sie bisher ihrem Konkurrenten → Cooley mit seinen zahlreichen Handelsabfüllungen überlassen hatte (→ *Dunville's*, → *Kelly's*, → *O'Neill's* u. a.).

Old Malt Cask, The Reihe von schottischen Single Malts, die die Firma Douglas → Laing & Co. im Herbst 1998 herausbrachte. Das Familienunternehmen aus Glasgow verfügt als erfolgreicher »Blender and Bottler« naturgemäß über viele schöne Fässer von manchmal sehr alten und immer sehr kostbaren Malts. Sie wurden vorher vor allem für die Blends der Firma verwendet. Vermutlich war es die immer größere Nachfrage nach → unabhängig abgefüllten Single Malts, die die Laings zu der Ansicht kommen ließ, daß mit ihnen mehr Geld zu verdienen sei als mit Blends. Um den Wert der Whiskies schon äußerlich sichtbar zu machen, verwendete man viel Sorgfalt auf die Gestaltung der Verpackung, der Flaschen und der Etiketten. Sie nennen das genaue Alter, den Namen der Brennerei und die Anzahl der Flaschen. Abgefüllt sind sie immer mit 50 % Alkoholgehalt. Den Anfang machte ein 17 Jahre alter → *Pittyvaich*, gefolgt von einem 21jährigen → *Tormore* und einem 31jährigen → *Banff*. Die zweite Serie umfaßte einen 20 Jahre alten → *Aberfeldy*, einen gleichaltrigen → *Benrinnes* und → *Glendullan*, einen → *Glen Keith* und einen → *Macduff*, die beide 30 Jahre in die Flasche brachten.

Old Man Winter Kentucky Straight Bourbons mit 94°/47 %, 12 und 14 Jahre alt und von einer »Old Man Winter Distilling Co.«. Sie gibt als Firmensitz → Bardstown an, was es ziemlich wahrscheinlich macht, daß es sich um einen der vielen Namen handelt, der von den →Kentucky Bourbon Distillers benutzt werden.

Old Master Schottischer Blend aus dem →De luxe-Segment, der zum Portfolio von →Dunhill gehört.

Old Master's Reihe von Single Malts von dem →unabhängigen Abfüller James →MacArthur, der den Namen zur Unterscheidung von seinen mit 43 % abgefüllten Malts für die verwendet, die er mit →*cask strength* (und selbstverständlich ohne →Kühlfilterung und →Färbung) abfüllt.

Old Matured Schottischer Blend, der heute von →UDV kommt, auf seinem Etikett aber noch den Namen der Firma nennt, die ihn einst herausbrachte: Daniel Crawford & Sons, 1850 in Glasgow gegründet und später unter der Kontrolle der →DCL. In deren Auftrag hielt sie die Lizenz der →Parkmore Distillery in →Dufftown. Obwohl sie mit ihnen zu DCL-Zeiten sogar die Adresse in Leith teilte, hat sie nichts zu tun mit A. & A. Crawford, nach denen *Crawford's 3 Star* und *5 Star* benannt sind.

Old Midleton Irischer Whisky, der sich ohne das heute übliche »e« schreibt, also so, wie früher fast alle irischen Destillerien und auch die alte Brennerei in →Midleton ihr Erzeugnis nannten. Von ihm gab es nur 33 Flaschen. Sie alle enthalten Whisky, der vor 1960 destilliert wurde, und kommen aus einem der früher ebenfalls üblichen Steinkrüge, den der ehemalige Manager von Midleton in einem Pub fand. Sein Sohn verkaufte den Krug an →Milroy in London, der ihn an den Irish Pub »The Toucan« weiterverkaufte. Dort kann man die Rarität für 25 Pfund pro Glas probieren, während man bei Milroy für die volle Flasche mehr als 400 Pfund berappen muß.

Old Monarch Schottischer Blend von der →Speyside Distillery Co. der Familie Christie, die schon vor der Eröffnung ihrer neuen Brennerei an der Mündung des Tromie in den Spey an der Firma →Campbell & Clark beteiligt war (→*Murdoch's Perfection*), die ihr heute gehört und die diesen Blend auch schon im Programm hatte. Er ist »over 3 years old«.

Old Montana Red Eye Kentucky Straight Bourbon, der nichts mit den sprichwörtlichen frühmorgendlichen Flügen zu tun hat, auf die sich, mit rot geränderten Augen, junge Manager begeben müssen. Er wurde, abgefüllt für Montana Distillers, zunächst nur 1989 zum Montana Centennial herausgebracht und war so schnell ausverkauft, daß ein größerer Erfolg sicher war. 6 Jahre alt und 40 % stark, ist er zur Zeit im heimatlichen Bundesstaat und in Idaho, Minnesota, Utah und Iowa und wohl bald im ganzen Land erhältlich.

Old Montrose Schottische Whiskies, die als →De luxe-Blend und als Vatted Malt hergestellt werden und von der Londoner Firma →Montrose Whisky Company kommen. Vielleicht wird für sie Malt aus den Brennereien →Hillside/→Glenesk und →Lochside verwendet, die in bzw. in der Nähe des Städtchens Montrose an der schottischen Ostküste liegen.

Old Moor Schottischer Blend, den es in zwei Versionen, als Major und als

→De luxe gibt. Er trägt den Namen einer italienischen Firma, die ihn als Hausmarke von →QSI herstellen läßt. Da er sich erfolgreich entwickelt hat, vertreibt die auf Guernsey ansässige Tochter von William →Grant & Sons ihn jetzt auch auf anderen Märkten.

Old Mull Schottischer Blend. Die alte Marke wurde schon 1880 von der Glasgower Firma John Hopkins ins Handelsregister eingetragen, die ihr Geschäft mit dem Import des Cognac »Otard« begann, →*Glen Garry* als ihren ersten Blend herausbrachte und später die Destillerie →Speyburn baute. Seit 1916 gehörte die Firma der →DCL. Als →Guinness 1987 die DCL kauften, verlangte das britische Kartellamt den Verkauf einiger Marken. Seitdem ist der →Standard im Portfolio der →American Brands-Tochter →Whyte & Mackay, die 1997 in →JBB (Greater Europe) umbenannt wurde. Auf Hopkins läuft noch heute die Lizenz von →Oban. Ob deren Single Malt im *Old Mull* enthalten ist und vielleicht auch der von →Tobermory auf Mull, die schließlich auch lange Hopkins gehört hat, ist nicht gesichert.

Old New Orleans Kentucky Straight Bourbon von →Kentucky Bourbon Distillers in →Bardstown, die wie immer eine Phantasiedestillerie als Hersteller nennen, ihre Whiskeys aber meist von →Heaven Hill im gleichen Ort beziehen. Es gibt drei Versionen: mit 80°/40 %, 90°/45 % und 107°/53,5 %. Alle haben einen der romantischen alten Mississippi-Raddampfer auf dem Label, die hochprozentige Version schmückt unterhalb des Namens ein Schriftband mit dem Wort »Antebellum«, die beiden anderen haben an gleicher Stelle »Since 1811«.

Old Orkney Schottischer Blend, der in größeren Buchstaben »OO« auf dem Etikett trägt und deshalb von den Schotten »Double O« genannt wird. Er ist ein 8 Jahre alter Blend von →Gordon & MacPhail. Seine Name (und die traditionell guten Beziehungen seines Herstellers zu den Brennereien) lassen vermuten, daß er einen guten Anteil von Malts aus →Highland Park und →Scapa enthält.

Old Overholt Straight Rye Whiskey, der, wie man unschwer an der auf dem Label genannten Adresse Clermont erkennen kann, heute von →Jim Beam in einer seiner beiden Brennereien gemacht wird. Aber als Hersteller wird immer noch A. Overholt angegeben und auch die Jahreszahl 1810 ist dort zu lesen. Er ist einer der wenigen noch erhältlichen echten Roggen-Whiskeys, kam jedoch nicht immer aus Kentucky. Seine Heimat war ursprünglich Pennsylvania, wo früher die Monongahela Whiskeys gemacht wurden – aus dem heimischen Getreide, aus Roggen. Der *Old Overholt* ist heute, neben dem *Old Potrero,* der einzige dieser Gattung, der eine Ahnung davon vermitteln kann, wie dieses Urgewächs einst geschmeckt haben muß.

Abraham Overholt war ein Farmer und Brenner. Er und seine Nachkommen bauten in Broad Ford, Pennsylvania, ein Unternehmen auf, das 1860 zu respektabler Größe herangewachsen war. Während der Prohibition erregte die Firma einiges Aufsehen, weil ausgerechnet ein Mann an ihr beteiligt war, der als Secretary of the Treasury gleichzeitig oberster Wächter über die Einhaltung der Gesetze war. Er verkaufte die Whiskeyvorräte an → Schenley und die Rechte an der Marke an National Distillers, die wiederum 1987 von → American Brands erworben wurden. Glücklicherweise teilte der *Old Overholt*, der früher mit 93°/43,5 % hergestellt wurde, nicht das Schicksal so vieler anderer traditionsreicher Marken. Man muß dem Konzern sehr dankbar sein, sich nicht damit zufrieden zu geben, daß seine Tochter → JBB den *Jim Beam Rye* herstellt. Soviel Gespür für Traditionsbewußtsein und Sensibilität haben die Amerikaner bei ihren schottischen Unternehmungen (z. B. bei → Whyte & Mackay) nicht immer bewiesen. Um so erfreulicher ist, daß sie die Größe aufbringen, diesen Straight Rye am Leben zu erhalten. Er wird mit 80°/40 % verkauft. Die → *mash bill* wird, wie immer bei Jim Beam, nicht verraten, der Roggenanteil soll aber 61 % betragen.

Old Parr Schottischer Blend, der seinen Stammbaum auf die siebziger Jahre des letzten Jahrhunderts zurückführen kann. Auf den Markt gebracht wurde er von den Brüdern Greenlees (→ Macdonald Greenlees), die ihn nach der legendären Figur Thomas Parr benannten, dessen Grabmal in Westminster Abbey zu besichtigen ist. Parr soll 152 Jahre alt geworden sein, vom 15. bis ins 17. Jahrhundert gelebt und erst mit 80 geheiratet haben, mit 100 wegen Untreue geschieden worden sein und die Frau, die er mit 122 Jahren heiratete, auch noch geschwängert haben. Das hat ihn so berühmt gemacht, daß er von Rubens und von Van Dyck porträtiert wurde und daß das Etikett eines der erfolgreichsten und weitverbreitetsten Blend seinen Namen trägt. An die Zeit Parrs soll auch die Flasche erinnern, die eine Replik der alten Tavernenflaschen ist. Sein Herz soll der Malt von → Cragganmore sein. Auf vielen Märkten vertreten, ist er besonders in Japan erfolgreich, wo es ihn seit über 100 Jahren gibt und *Old Parr Superior* exklusiv erhältlich ist. *Old Parr* (12 Jahre alt), *Old Parr Tribute* und *Old Parr Elizabethan* sind im oberen Preissegment angesiedelt. Im Frühjahr 1998 kam ein *Old Parr Seasons* heraus, der einstweilen nur in Südostasien zu bekommen ist, ein Set mit zwei Halbliter-Flaschen, eine mit der »Summer«-Version, die andere als »Winter«.

Old Potrero Amerikanischer Single Malt Rye Whiskey, der wohl einzige seiner Art weltweit, in mehrfacher Hinsicht ungewöhnlich, einmalig und eine kleine Revolution: Er wird in Kalifornien hergestellt und ist, bisher, der erste und einzige Whiskey aus diesem Bundesstaat, der, bisher, nur für Film, Flugzeug und Computer und, kulinarisch, allenfalls für Wein stand. Der *Old Potrero* hat dafür gesorgt, daß man künftig den Begriff Malt neu definieren muß; der stand, bisher, für meist schottischen Whisky aus gemälzter Gerste. Künftig wird man berücksichtigen müssen, daß es sich auch um einen amerikanischen Whiskey aus gemälztem Roggen handeln kann.

Er verdankt sich dem Enthusiamus von Fritz Maytag, der sich bereits erfolgreich als Winzer betätigt und die Weine von York Creek geschaffen hat: Mit seiner Anchor Brewery löste er die Welle der *microbreweries* aus mit ihren sorgfältig nach alten Rezepten aus der Zeit vor der chemischen Revolution und den Brauereigiganten gemachten Bieren. Er hat sich in den Kopf gesetzt, der erste Mann der Welt zu sein, der gleichzeitig Winzer, Brauer und Brenner ist. Er läßt sich nicht gern in die Karten blicken, verrät nicht, woher der Roggen kommt und wer ihn mälzt. Daß seine → Anchor Distillery nur aus einer einzigen kleinen, kupfernen → *pot still* in einem streng abgeschirmten Raum der Brauerei besteht, verheimlicht er allerdings nicht.

Sie befindet sich in San Francisco in dem Stadtteil Potrero, der seinem Produkt schließlich den Namen gab. Das »Old« mutet ein wenig verschroben an angesichts der Tatsache, daß es mit gerade 13 Monaten und 124° / 62 % in die Flaschen kommt. Die sind selten und praktisch nicht zu bekommen. Eine erste Partie von gerade 1448 Flaschen ging ausschließlich an Restaurants der gehobenen Klasse in San Fransisco und im restlichen Kalifornien, in Maryland und in Washington DC. Eine zweite Lieferung ist Ende 1997 abgefüllt worden und natürlich ebenso rar.

Old Prentice Amerikanische Destillerie in → Lawrenceburg, Kentucky, die man nicht verwechseln darf mit der ebenfalls dem kanadischen Konzern Seagram gehörenden gleichnamigen Brennerei in Indiana. Sie ist besser bekannt unter dem Namen → Four Roses, den sie seit 1986 trägt. Gegründet wurde sie (natürlich nicht in der heutigen Form) bereits 1818 von dem irischen Einwanderer → »Old Joe« Peyton und gehörte im Laufe der Zeit u. a. den Ripy Brothers, die man besser von der benachbarten → Wild Turkey Distillery kennt, dann den → Medleys und Frankfort Distilleries, die auch die Marke besaßen, nach der sie jetzt benannt ist. Früher wurden von ihr auch der → *Benchmark* und der → *Eagle Rare* hergestellt, die von Seagram an → Sazerac verkauft wurden. Der alte Name hat sich aber noch erhalten: das Label des *Eagle Rare* führt als Hersteller immer noch die Old Prentice Company.

Old Pulteney Schottischer Single Malt, der aus der → Pulteney Distillery in Wick kommt. Er war lange nur von → unabhängigen Abfüllern, vor allem → Gordon & MacPhail, zu bekommen. Sie hatten zwar auch einen 15jährigen und einen 1961er ohne Altersangabe, besonders aber einen 8 Jahre alten (mit 40 % und 57 %), weswegen das Adjektiv immer etwas deplaziert wirkte. Es wurde damit erklärt, daß der Malt ungewöhnlich und unerklärlich schnell reif war. Als 1997 vom neuen Besitzer → Inver House zum ersten Mal eine → Eigentümerabfüllung herauskam, wurde die alte Gewohnheit beibehalten und der »Manzanilla des Nordens«, wie man ihn wegen geschmacklicher Anklänge an diese Sherrysorte nannte, weiterhin als »Old« bezeichnet. Das schmückende Beiwort trifft aber jetzt besser zu: der neue ist 12 und der im Dezember 1997 herausgekommene → *cask strength* (60 %) sogar 15 Jahre alt. Sie wurden durch einen ebenfalls 15

Jahre alten *Sherry Cask* ergänzt, der in limitierter Menge und mit 60.8 % abgefüllt wurde.

Old Regal Schottischer Blend, den → UD/UDV für → Venezuela herstellen. Als Abfüller werden auf der Flasche James Munro & Son genannt, eine Firma, deren Ursprünge nicht geklärt sind, die aber bereits seit 1925 zur → DCL kam, dort unter dem Dach von → Macdonald Greenlees angesiedelt war und für die gemeinsame Mutter eine Zeitlang die Lizenz von → Dalwhinnie und → Knockdhu innehatte. Der Whisky wird erst in Venezuela selbst abgefüllt.

Old Rhosdhu Schottischer Single Malt, der aus der → Loch Lomond Distillery kommt und nach einer Sandbank im nicht sehr weit von der Brennerei gelegenen See benannt ist. Die Destillerie kann, durch eine Veränderung in den Köpfen der → *stills*, unterschiedliche Malzsorten und verschieden abgetrennte → *middle cuts*, sechs verschiedene Whiskies produzieren, von denen zwei als Single Malts angeboten werden (die anderen werden nur zum Blenden verwendet): der → *Inchmurrin* und der *Old Rhosdhu*, der etwas fülliger und öliger ist als sein »Bruder«. Die Flaschen weisen manchmal keine Altersangabe, manchmal 5 Jahre aus. In kleiner Stückzahl gab es 1996 einen 1967er mit 28 und (in 350 Flaschen) Ende 1997 einen 1969er mit 27 Jahren. Die → Unabhängigen schreiben ihn zuweilen »Rosdhu« und lassen manchmal auch das »old« weg; so haben → Cadenhead unter dem Namen der Brennerei ein Pärchen angeboten als *Loch Lomond (Inchmurrin)* und *Loch Lomond (Rhosdhu)*, letzteren mit 9 Jahren und 60.5 %.

Old Rip Kentucky Straight Bourbon bzw. Straight Rye von der unabhängigen Familienfirma → Van Winkle, die als Firmensitz Louisville angibt. Der Vater und der Großvater von Julian Van Winkle Jr. und Van Winkle III war der berühmte »Pappy«, der es zum Präsidenten von → Stitzel-Weller in Louisville brachte. Die Firma bevorzugt es, ihre Whiskeys unter drei fast gleichen, aber eben doch verschiedenen Namen zu vermarkten. Neben der *Van Winkle* bzw. *Pappy Van Winkle Family Reserve* wird auch *Old Rip* verwendet, als deren Herstellungsort die Old Rip Van Winkle Distillery in Lawrenceburg ausgegeben wird. Der 4jährige in seiner viereckigen Flasche mit dem dunkelgrünen Label hat 86°/43 %, der 12jährige mit schwarzem Etikett 105°/52.5 %. *Old Rip Van Winkle* heißen der »10 summer old« Kentucky Straight Bourbon mit 90°/45 % bzw. 107°/53.5 %, der 15jährige mit 107°/53.5 % und der 12jährige *Old Time Rye*, ein Straight Rye, dessen Flaschen numeriert sind und der 90°/45 % mitbringt. Er ist mittlerweile nicht mehr der einzige Rye der Firma, deren Bourbons sogenannte Weizen-Whiskies sind, eine Spezialität, bei der der Roggen-Anteil durch Weizen ersetzt wird und für die z. B. die Stitzel-Weller Distillery berühmt ist. Aus ihr stammen sicher die älteren Versionen. Nach der Schließung der Brennerei im Jahre 1993 werden die Whiskeys in der → Bernheim Distillery hergestellt.

Old Royal Schottischer Blend, der mit den Altersangaben 12, 15 und 21

Jahren abgefüllt wird und von → Burn Stewart hergestellt wird. Die als Aktiengesellschaft tätige Firma hat die Marke von einer Vorgängerin übernommen, die auch Burn Stewart hieß, aber nichts mit der heutigen Firma zu tun hat.

Old Scotch Whisky Schottische Blends. Der Name wird gleich zweimal verwendet, allerdings für zwei so verschiedene Zielgruppen, daß keine Gefahr der Verwechslung besteht. Der eine wird von Duncan McKinnon & Co. in Glasgow hergestellt und führt auf seinem Label die Buchstaben NIOE, was für »Nostalgic Istanbul Orient Express« steht und bedeutet, daß nur die Passagiere dieses Zuges ihn kaufen können. Der andere dagegen ist ein einfacher → Standard, der zu äußerst günstigem Preis in den Filialen der britischen Supermarktkette → ASDA verkauft wird. Als Hersteller wird bei ihm James MacCrae genannt.

Old Smuggler Schottischer Blend. Er wird jetzt von → Allied Domecq angeboten, aber der Markenname wurde schon 1835 von James und George → Stodart eingeführt, damals natürlich nicht als Blend, sondern wohl als Vatted Malt. Bereits wenige Jahre nach der Legalisierung 1823 erinnerten sie mit dem Namen ihres Whisky an die verklärten Zeiten des illegalen Brennens und des Schmuggelns. Die Flaschenform ist einer Handlaterne nachempfunden, wie sie von den Schmugglern verwendet wurde, die von ihren Booten aus Signale gaben. Die Marke ist vor allem in den USA und in Deutschland stark vertreten und nur noch als → Standard im Angebot.

Old Spencer Schottische Blends von → Eaglesome, einer Tochterfirma von J. & A. → Mitchell, die die → Springbank Distillery im gleichen Ort Campbeltown betreiben und denen auch der → unabhängige Abfüller → Cadenhead gehört.

Old St. Andrews Schottische Blends von einer gleichnamigen Firma in London, die sich den Namen 1982 schützen ließ und ihn in Großbritannien von Matthew Clark distribuieren läßt. Sie hatte die Idee, ihren Whisky in große Flaschen von etwas mehr als zwei Litern (eine halbe Gallone) zu füllen und diese Flaschen in einem auf einem Trolley montierten Golfsack zu stecken. Das Produkt nach dem schottischen Nationalheiligen zu benennen, lag nahe: gilt doch das Städtchen mit seinem Namen als der Vatikan des Golfs, wo mit dem → »Royal & Ancient« der exklusivste Golf Club (und die oberste Regelinstanz) sitzt und vor seinem Clubhouse (»members only«) der berühmte Platz (der sich im Besitz der Gemeinde befindet, also ein öffentlicher Platz ist) liegt. Normalerweise sollte man so präsentiertem Whisky aus dem Weg gehen. Nicht in diesem Fall: seine Basis ist Malt aus → Tomatin, der Brennerei, die einem japanischen Konsortium gehört. Die Japaner sind auch an *Old St. Andrews* beteiligt – und in Japan hatten die Blends, die es immerhin mit 5, 12 und 21 Jahren und zwischenzeitlich auch in Normalflaschengröße gibt, natürlich auch ihre größten Verkaufserfolge. Nicht geringer ist der Erfolg mit den einem Golfball nachgebildeten Flakons, die als Miniatur und als Normalgröße zu bekommen sind sowie eine weitere Ausführung in Form eines Fasses. Um die Palette abzurunden, gibt es den Ball auch als Eiskübel mit einer Flasche. Die Firma hat einen weiteren Blend, für den mit → *Clubhouse* ebenfalls ein adäquater Name gefunden wurde.

Old Taylor Amerikanische Whiskey-Destillerie, nur eineinhalb Kilometer von → Old Crow Distillery am Glenn's Creek südlich von → Frankfort in Kentucky gelegen. Sie wurde 1877 errichtet und ist damit fünf Jahre jünger als ihre Nachbarin. Ihr Erbauer war Colonel Edmund Hanes Taylor Jr., der seine Karriere als Bankier begann und 1868/9 ins Whiskeygeschäft einstieg. Damals beteiligte er sich an einer Brennerei in Frankfort, die von der Familie → Blanton gegründet wurde und damals O.F.C. (Old Fire Copper) Distillery hieß. Heute ist sie als → Ancient Age bekannt. Er verkaufte sie 1885, um die Anlage zu errichten, die wegen ihres schloßartigen Aussehens Castle Distillery hieß und bis heute, zinnenbewehrt, seinen Namen trägt. Einige Jahre später kaufte er übrigens seinen Nachbarn von der Old Pepper Brennerei (→ Labrot & Graham, → *James E. Pepper*) Old Crow samt der Rechte an der bestens eingeführten Marke ab.

Taylor machte Whiskeygeschichte, weil er nicht nur bei seinen eigenen Whiskies für Qualität sorgte, sondern generell dafür kämpfte, daß es besseren und das hieß Straight Whiskey gab; nur 1 % verdienten 1896 diesen Namen, der Rest waren mediokre, manchmal sogar gefährliche Blends. Vor allem erwarb sich Taylor Verdienste, weil er zu denen gehörte, die den → *Bottled in Bond*-Act durchsetzten. Dieses Gesetz war nicht nur eine Erleichterung für die Produzenten, die die Steuer erst bei der Abfüllung zu bezahlen hatten, es bot den Konsumenten auch die Garantie, daß die Whiskies, die das Siegel der Regierung trugen, Straights waren, mindestens vier Jahre alt und bei mindestens 100° abgefüllt. Auch Taylors Nachkommen überstanden die → Prohibition nicht. Ihre Firma wurde zunächst von der American Medical Spirits Company und dann, 1936, von National Distillers gekauft, die die Brennerei in den siebziger Jahren schlossen. Seit 1987 gehören sie und die Marke → American Brands, deren Tochter → JBB den Whiskey in einer ihrer beiden → Jim Beam Distilleries herstellen. Es gibt ihn, natürlich als Straight, mit 6 Jahren und 86°/43 % und als *Bottled in Bond* mit 100°/50 %.

Old Thompson Amerikanischer Blended von → Barton in → Bardstown. Die Firma ist bekannt dafür, daß sie nicht einmal ihren eigenen Namen erklären kann, geschweige denn den von vielen ihrer Marken. In der Whiskeygeschichte hat es mehrere Thompsons gegeben und man kann nur hoffen, daß nicht Eliza Jane gemeint ist, die 1873 mit 70 Mitstreiterinnen die Bars ihrer Heimatstadt Hillsboro in Ohio heimsuchte und damit dazu beitrug, den Grundstein zur Woman's Christian Temperance Union zu legen, zur → Temperenzbewegung und damit zur → Prohibition. Aber es war James Thompson, der dem Whiskey den Namen gab. Er stand zusammen mit George Gavin Brown am Beginn der Firma, die heute → Brown-Forman heißt und kaufte 1910 die → Glenmore

Distillery in Louisville. Glenmore brachte die Marke später heraus. Die Firma wurde von → UD gekauft, die 1995 eine ganze Reihe von Marken an Barton verkauften, von der der Whiskey heute kommt.

Old Times Whisky, der in → Uruguay hergestellt wird. Er ist einer jener Blends, die aus im Land produzierten Grains besteht, die mit schottischen Malts gemischt werden. Seine Hersteller, Carrau & Cia., weisen stolz darauf hin, daß die uruguayischen Bestandteile eichenholzgelagert und die schottischen vier Jahr alt seien. Die Firma hat sich 1997 unter dem Namen United Distillers Carrau SA mit → UD zusammengetan.

Old Troon Schottischer Blend. Er ist eine der vielen Marken, die → Glen Catrine Bonded Warehouse führt.

Old Virginia Straight Bourbon, der das Wort »Kentucky« auf dem Label strikt vermeidet und sich lieber »Authentic« nennt, allerdings keinerlei Herstellerangabe führt. Er ist 8 Jahre alt und hat 40 %. Die Stärke wird nur in der in Europa üblichen Form angeben, was darauf schließen läßt, daß er nur für den Export gedacht ist. Ob er tatsächlich aus dem alten Whiskeyland Virginia kommt oder doch aus Kentucky, wird ebenfalls geheimgehalten.

Old Weller Antique Kentucky Straight Bourbon von → UD, der früher von der → Stitzel-Weller Distillery kam und heute von der zur gleichen Firma gehörenden und nur wenige Kilometer von der alten Brennerei entfernten → Bernheim Distillery kommt. Er ist einer von drei Versionen dieses Weizen-Bourbons, bei denen der übliche Roggenanteil in der → Maische durch das andere Getreide ersetzt wird. Die beiden anderen heißen → *W. L. Weller*, nur bei diesem »7 Sommer alten« und mit 107°/53.5 % abgefüllten Whiskey sind die für William LaRue stehenen Kürzel weggelassen. Die Zukunft der Marke ist offen, nachdem sich die zu UDV mutierten UD im Frühjahr 1999 von fast allen nordamerikanischen Aktivitäten trennten.

Old Williamsburg No. 20 Kentucky Straight Bourbon und eine Rarität. Er ist wohl der einzige amerikanische Whiskey, der sich → kosher nennen darf, also von denen konsumiert werden darf, die sich bei allen Nahrungsmitteln und Getränken strikt an die Gebote der jüdischen Religion halten. Die Übereinstimmung mit jenen muß von einem Rabbi bestätigt werde; ein entsprechender Stempel in hebräischer Sprache befindet sich auf dem Rückenlabel. Er ist seit 1994 auf dem Markt und wird von der Firma Royal Wine Corporation in New York verkauft, die ihn von einer nicht genannten Brennerei in Kentucky bezieht und ihn nach einem Quartier in Brooklyn benannt hat, in dem sie residiert. Er ist 36 Monate, also 3 Jahre alt und kommt mit 101°/50.5 %.

Oldmaster Deutscher Whisky von der alten Familienfirma C. W. → Falckenthal Söhne, die in Luckenwalde ansässig und vor allem für ihren »Zinnaer Klosterlikör« berühmt war. Sie kaufte nach der »Wende« von der Treuhand ihren von der DDR verstaatlichten Betrieb zurück und brachten 1992 ein Produkt auf den Markt, das sie als

»Malt Whisky« verkauften. Mit drei Jahren noch sehr jung, erfüllte es aber nicht die Kriterien für einen echten Malt: es war nicht nur aus gemälzter Gerste, sondern auch aus Roggen destilliert. Es waren aber die Rechtsanwälte der → Scotch Whisky Association, die dafür sorgten, daß der Whisky mit dem verbotenen englischen Namen schnell vom Markt verschwand. Als → *Edel Falcke* feierte er zunächst wieder eine Auferstehung.

Oldmoor Schottischer Vatted Malt von Mackay & McDavitt, 8 Jahre alt und vor allem in Italien zu bekommen. Früher gab es schon einen 5jährigen »100 % pure Malt« von einer Oldmoor Whisky Company in London.

O'Neill's Irischer Whiskey mit 40 %, der von der schottischen Firma → Invergordon gemacht wird, für den aber Whiskies von → Cooley benutzt werden. Er ist die Hausmarke der in Großbritannien beliebten und weitverbreiteten Irish Pub-Kette O'Neill's.

OO Schottischer Blend, der zu Hause »Double O« gerufen wird. Die Abkürzung bedeutet → *Old Orkney*.

Orach Dram Schottischer Single Malt mit 8 Jahren und 40 % von → All Saint's Brands in Minneapolis, Minnesota.

Ord Schottische Malt-Destillerie. Sie hieß später auch → Glenordie und wird heute → Glen Ord genannt. Ord hieß sie von 1923 bis 1982, als die Firma Peter → Dawson Ltd. für die → DCL die Lizenz innehatten. Sie lieferten auch einen Single Malt mit 12 Jahren unter diesem Namen, den hin und wieder auch die → unabhängigen Abfüller benutzen. So hatte etwa → Cadenhead einen *Ord*. Von 1983 bis 1993 hieß der Malt *Glenordie*. Dann brachten → UD ihn unter dem Namen auf den Markt, unter dem heute auch die Brennerei geführt wird: *Glen Ord*.

Order of Merit Kanadischer Whisky mit 40 %, früher mit 15, heute mit 12 Jahren, ein → Premium, der in der → Valleyfield Brennerei hergestellt wird, die nach dem Kauf ihrer Besitzerin → Schenley Canada zum Imperium von → UD gehörte. Mit IDV vereinigt und zur UDV geworden, trennten sich die Besitzer im Frühjahr 1999 auch von dieser Marke.

Original Cowboy, The Kentucky Straight Bourbon von → Kentucky Bourbon Distillers in → Bardstown, die wie immer einen Phantasienamen als Hersteller angeben, ihren Whiskey aber meist von → Heaven Hill beziehen. Der »Genuine« ist 12 Jahre alt und hat 90°/45 %. Neben diesem zwar »original« genannten, aber anonym bleibenden Cowboy führt die Firma die zwei Serien → »Legends of the Wild West« und → »Outlaws«, die in je elf Versionen berühmte Figuren der Geschichte des amerikanischen Westens präsentieren.

Original Lakeland Liqueur Whiskylikör, der mit schottischen Whiskies, aber außerhalb des Landes gemacht wird. Die Herstellerfirma, The High Street Trading, sitzt im englischen Midlethorp. Mit 20 % einer der leichteren seiner Gattung.

Original Mackinlay, The Schottischer Blend, der von Charles → Mackinlay kreiert wurde und einer der ersten Blends überhaupt war. Heute kommt er von → Invergordon, die über → Whyte & Mackay/ → JBB (Greater Europe) eine Tochter von → American bzw. → Future Brands sind.

Oscar Getz Museum of Whiskey History Was in Schottland bis heute nicht gelang, nämlich dem Nationalgetränk ein Museum zu widmen, in Kentucky ist es Wirklichkeit – und somit für jeden ein Muß, der Bourbon nicht nur genießen, sondern auch etwas über ihn, seine Geschichte und deren große Persönlichkeiten erfahren möchte, der studieren möchte, wie sich Marken entwickelt haben, oder der sich einfach nur an schönen alten Werkzeugen, Etiketten und Flaschen und originellen Anzeigen und Plakaten erfreuen will. Der Schöpfer dieses wunderbaren Museums ist ein Mann, der sich sicher auch ohne diese Hinterlassenschaft seinen Platz in der Whiskeygeschichte der USA gesichert hätte.

Oscar Getz ist der Gründer einer Firma und einer Brennerei, der er den Namen → Barton gab (den niemand, auch Getz nicht, plausibel erklären konnte – oder wollte). Er kreierte die Marke → *Kentucky Gentleman*. 1983 mußte er nach fast vierzigjähriger Tätigkeit als Chairman abdanken. Damals wurde seine Firma von der schottischen Argyll Group bzw. deren Tochter → ADP gekauft und damals zog auch das bis dahin sehr beengt in der Destillerie untergebrachte Museum um – in die Spalding Hall in Bardstown, wo es neben dem von → Stephen Foster besungenen »Old Kentucky Home« die wichtigste touristische Attraktion darstellt. Es sorgt dafür, daß das Städtchen mit drei Brennereien innerhalb der Stadtgrenzen und zwei anderen nicht weit von ihr entfernt und dem alljährlich im September stattfindenden Bourbon Festival die Whiskeyhauptstadt nicht nur Kentuckys, sondern der Vereinigten Staaten ist. Das Museum wird heute von Flaget Nally und Mary Hite betreut, sie empfangen Besucher mit der sprichwörtlichen Gastfreundschaft der Südstaaten und breiten ihnen ihre Schätze aus.

Getz grüßt von einer Porträtbüste – und noch immer kann man seine kleine Schrift »Pictorial History of Whiskey« erwerben, die er 1975 anläßlich von »Our Nation's Bicentennial« herausbrachte, und das drei Jahre später erschienene Buch »Whiskey. An American Pictorial History«, das als eine Art Museumskatalog fungiert und nicht nur viele Exponate abbildet, sondern wirklich eine hochinteressante Sozial- und Kulturgeschichte des vielleicht Besten ist, was Amerika der Welt geschenkt hat: Bourbon.

Outlaws Serie von Kentucky Straight Bourbons von den nie um neue Einfälle verlegenen → Kentucky Bourbon Distillers aus → Bardstown. Sie führen auch eine Reihe mit → »Legends of the Wild West«. Wenn man die Namen ansieht, die für beide Serien ausgewählt wurden, und sich ein bißchen in amerikanischer Geschichte (und Mythologie) auskennt, ist man sich nicht mehr so sicher, ob die Zuordnung in Gut und Böse so eindeutig ist. Die Outlaws sind Wild Billy, John Wesley Harding, Josquin Murieta, Kid Curry, Butch Cassidy, Harry Longbough, Frank und Jesse James, My

Dave, Belle Starr, Billy the Kid und Harry Tracy. Die einzelnen Whiskies unterscheiden sich nicht voneinander und von jeder Legende gibt es zwei Versionen, 12 Jahre bzw. 15 Jahre alt, mit jeweils 101°.

P

Paddy Irischer Whiskey. Er trug diesen sehr irischen Namen nicht immer, sondern hieß noch in den zwanziger Jahren, sehr unromantisch und nach seinem Hersteller, → *Cork Distilleries Company Old Irish Whiskey*. Den neuen Namen bekam er von dem nach dem irischen Nationalheiligen benannten Patrick Flaherty, seines Zeichen Vertreter der Firma für den Bezirk Munster. Sein Trick bestand in der Großzügigkeit, mit der er durch Freirunden das Publikum an seinen Whiskey gewöhnte. Bald bestellten die Wirte bei der Firma Paddy's Whiskey und diesen Namen bekam er schließlich ganz. Früher ein → *Pot Still*, ist er heute ein eher leichter Blend (40 %). Er ist der einzige Irish, für den keine neue Brennerei gesucht werden mußte, als → IDG entstand: er kam (bis auf einen Schuß → *Bushmills* Single Malt) schon immer aus → Midleton. Einen sehr obskuren *Paddy* gibt es auch in Argentinien in zwei Versionen, mit einem braunen und einem schwarzen Label. Er scheint im Land selbst produziert zu werden.

Pagodas Sie gehören zu einer schottischen Brennerei wie der Whisky zu Schottland, sie formen ihr Erscheinungsbild und schärfen ihre Silhouette. Nicht jede Destillerie hat freilich ihre Pagoden. Man bemerkt es oft nicht gleich, hat aber oft das Gefühl des Unvollständigen: auf den zweiten Blick realisiert man dann, daß es die fehlenden Pagoden sind. Dabei sind sie nicht immer dagewesen, jedenfalls nicht in der heutigen Form. Es war der in → Elgin ansässige Architekt Charles Chree Doig, der beim Umbau von → Dailuaine Distillery die Idee hatte, dem bis dahin konisch geformten Rauchabzug über der → *kiln* das inzwischen vertraute Aussehen zu geben. Die gefällige neue symmetrische Form eines Dreiecks fand sofort Anklang und fortan wollten alle Brennereibesitzer auch ihre Pagoden. Doig und seine Söhne selbst entwarfen sie für → Aberfeldy, → Coleburn, → Craigellachie, → Cragganmore, → Benromach, → Dalwhinnie, → Dallas Dhu, → Glen Elgin, → Glen Albyn, → Glen Mhor und → Imperial. In vielen dieser Destillerien sind sie noch heute zu sehen, leider nicht mehr in Dailuaine, wo ein Feuer sie bereits 1917 zerstörte. Überhaupt hat man den Mann weithin vergessen, der das Wahrzeichen für Schottland und seine wichtigste Industrie geschaffen hat. Kein Denkmal, nicht einmal eine Plakette an seinem Haus in Elgin erinnert an Doig, der das Erscheinungsbild der Brennereien geprägt hat wie kein anderer.

Pakistan Das Land ist zwar islamisch, aber trotzdem wird dort Whisky produziert, Malt Whisky sogar. Es verfügt über eine Brennerei, die 1899 eingerichtet wurde, als die Briten dort noch regierten. Daß sie deren Abzug überlebt hat, verdankt sich der pakistanischen Verfassung, die bei der Gründung des Staates vor etwa 50 Jahren den Schutz nicht-islamischer religiöser Minderheiten vorschrieb. Sie dürfen Whisky trinken und eine Destillerie betreiben, an der sogar Moslems Anteile halten können, solange sie auf Zinsen verzichten. Dieses Gesetz wurde auch von General Zia ul Haq nicht angetastet – vielleicht, weil der Minister für die religiösen Minderheiten gleichzeitig Geschäftsführer der → Murree Brewery Company war. Diese baute 1861 eine Brauerei in Ghora Gali und 1889 eine weitere in Rawalpindi, die zehn Jahre später um eine Whisky-Brennerei ergänzt wurde. Zulfikar Bhutto, der Vorgänger des Generals, lebte sogar auf ihrem Gelände. An ihn, der zum Tod verurteilt und hingerichtet wurde, erinnert heute ein kleiner Park. Selbstverständlich ist die Produktion nicht groß, aber immerhin erfolgt sie, mit Ausnahme der Reifung, nach schottischen Methoden, was auf den Kartons des 8jährigen *Murree's Malt Whisky Classic* auch stolz festgehalten wird: »Every drop contained in this bottle is distilled from barley malt in traditional Scotch-type pot stills and matured for a minimum period of eight years in oak cask or vat. We claim this single malt whisky classic compares favourably with Scotch malts of equal age«. Neben dieser Version führt Murree auch einen dreijährigen und ein Getränk namens »Gymkana«, das als Whisky ausgegeben wird, aber nur zu einem Teil aus Malt und mehrheitlich aus Reis- und Molasse-Destillaten besteht.

Palliser Kanadische Brennerei, die von → Gilbey gebaut wurde, als die britische Firma in den dreißigere Jahren ihre Aktivitäten auf den nordamerikanischen Kontinent ausdehnte. Die Old Palliser Distillery stand in Toronto und produzierte zuerst vor allem Gin. Nach dem 2. Weltkrieg schuf Gilbey die Marke → *Black Velvet*, die so erfolgreich war, daß der Bau einer neuen Brennerei notwendig wurde. Sie liegt in einem Industriegebiet in Lethbridge im Bundesstaat Alberta, mitten in der Prärie, die sich nördlich der Rocky Mountains ausdehnt. Gilbey's Eigentümer → IDV ist 1997, seit der Großfusion ihrer Mutter → Grand Metropolitan mit → Guinness, durch den Zusammenschluß mit deren Tochter → UD zu → UDV geworden. Die neuen Strategen beschlossen im Februar 1999, sich von fast allen kanadischen Aktivitäten zu trennen und bis auf den → *Gibson's* alle Canadians zu verkaufen. Zum Paket, das für 185 Millionen Dollar an → Canandaigua ging, gehörte neben der → Valleyfield Distillery auch Palliser. Sie produziert neben dem *Black Velvet* mehrere andere Canadians (→ *Triple Crown*, → *Red Feather*) und exportiert Whiskies *in* → *bulk*, also nicht in Flaschen, sondern im Tank. Ihr bekanntestes Produkt ist aber kein Whisky, sondern der Wodka »Smirnoff«. Den allerdings behielten UDV.

Pappy Van Winkle Spitzname für den bedeutenden Julian → Van Winkle, der sein Whiskeyleben bei → W. L. Weller begann und es zum Präsidenten der

→ Stitzel-Weller Distillery brachte – ein legendärer Master Distiller, der überzeugt war, daß seine Arbeit nichts mit Wissenschaft, aber alles mit Kunst zu tun hatte, wie das Schild zeigt, daß er vor seiner Brennerei aufstellen ließ: »No chemists allowed«. Sein Sohn und sein Enkel, Julian Van Winkle Jr. und III führen die Firma Old Rip van Winkle Distillery, deren Sitz mit Lawrenceburg angegeben wird, während die Firma selbst in Louisville zu Hause ist, wo auch der Senior wirkte. Sie bringt eine Reihe von Kentucky Straight Bourbons und Straight Ryes heraus, die → *Old Rip* oder *Old Rip Van Winkle* heißen oder → *Van Winkle*. Die älteste Bourbon-Version ist der 20jährige, einer der ältesten Bourbons auf dem Markt. Er wurde *Pappy Van Winkle Family Reserve* getauft, mit 90.4°/45.7 % abgefüllt und mit Bildern vom Stammvater geschmückt. Noch älter ist der gleichnamige 23jährige, von dem nur 250 → *cases* mit 95.6°/47.8 % in die Flaschen kamen.

Parallelimport Bezeichnung für eine Form des Imports von Produkten, die nicht über die »offiziellen« Importeure geschieht. Hersteller von Whisk(e)y schließen mit Firmen in einzelnen Ländern Verträge (oder gründen eigene Tochtergesellschaften) und übertragen ihnen exklusiv den Vertrieb ihrer Marken. Das ist vorteilhaft für beide Vertragspartner – aber nicht automatisch auch für den Verbraucher. Es kommt z. B. vor, daß eine neue Sorte auf den Markt gebracht wird, aber Hersteller oder Importeur sich aus irgendeinem Grund entschließen, sie nicht oder nicht gleich zu liefern. Solange es nur die bekannten Markenwhiskies gegeben hat, stellte das kein Problem dar. Mit der immer größeren Zahl von schottischen Single Malts oder von amerikanischen *small batch*-Abfüllungen kam es immer häufiger zu der Situation, daß die offiziellen deutsche Importeure sie nicht ihr Lieferprogramm aufnahmen – oft mit der Begründung, daß der Verkauf solcher Spezialitäten in oft naturgemäß nur kleinen Stückzahlen sich nicht lohne. Diese Situation machten sich unabhängige Importeure zunutze. Sie erkannten, daß die angebliche Marktnische in Wirklichkeit ein erhebliches Potential hatte und durchaus lohnende Geschäfte versprach. Sie sind oft die exklusiven, also selbst »offiziellen«, Importeure von unabhängigen Abfüllern und insofern noch keine Konkurrenz zu den Vertragsimporteuren der großen Firmen. Sie beschränken sich aber durchaus nicht auf unabhängige Abfüllungen, sondern bieten auch Eigenabfüllungen an und zwar nicht nur die, die die »offiziellen« nicht haben wollen, sondern auch Produkte aus deren Portfolio. Solche Parallelimporte sehen die »offiziellen« nicht gern, vor allem, weil ihre Konkurrenten oft billiger und meist schneller sind als sie selbst. Für die großen Importhäuser mögen die Aktivitäten der Parallelimporteure lästig und ärgerlich sein, für den Whisk(e)yliebhaber sind sie ein Gewinn, ermöglichen sie ihm doch den Erwerb so mancher Flasche, an die er sonst nicht (oder nur schwer und teuer) gekommen wäre. Zur Entwicklung der Whisk(e)ykultur in Deutschland haben Parallelimporteure wie Dieter Kirsch einen großen, vielleicht den entscheidenden Beitrag geliefert.

Park & Tilford Kanadische Whiskyfirma, die ihre Destillerie in Vancouver hatte und für ihren → *Royal Command* berühmt war. Sie war später im Besitz von Canadian → Schenley, weswegen die Marke in → Valleyfield und von → UD produziert wurde, die sie bekam, als sie 1987 Schenley kaufte. Eine andere Marke, *Three Lancers*, wird nicht mehr hergestellt.

Parker's Schottischer Blend von der Firma → Angus Dundee.

Parkmore Schottische Malt-Destillerie. Sie liegt gegenüber von → Glenfiddich Distillery auf der anderen Seite des River Fiddich am Rand von → Dufftown. Sie zählte also ehedem zur → Speyside und war eine der Brennereien, die mit dem Spruch »Rome was built on seven hills, Dufftown stands on seven stills« gemeint waren. Sie wurde in den Jahren des großen Whiskybooms vor der Jahrhundertwende von der Parkmore Distillery Company gebaut, geriet aber bald in Schwierigkeiten. 1923 wurde sie von John → Dewar & Sons erworben und kam so zwei Jahre später zur → DCL, die sie 1931 stillegten. Daß sie dennoch erwähnt wird, liegt daran, daß sie, glänzend erhalten und mit prächtigen Pagoden ein wundervoller Anblick, von → UD/UDV immer noch benutzt wird. Obwohl sie so aussieht, als könne sie jederzeit wieder produzieren, werden heute nur noch ihre zahlreichen → *warehouses* benutzt. Sie waren wohl zum Abriß zu schade und haben ihr sozusagen das Leben gerettet. Einen Single Malt von Parkmore gibt es natürlich nicht – bei Christie's in London ist aber vor einigen Jahren einmal eine Flasche aufgetaucht und für viel Geld versteigert worden.

Passport Schottischer Blend, der von → Seagram 1968 eingeführt wurde und sich seither zu einer der führenden Marken entwickelt hat – allerdings nicht in Großbritannien, sondern nur auf Exportmärkten wie USA, Brasilien und Südeuropa. Seine Position unter den Top 12 Scotch-Marken hat er allerdings verloren. Während er sonst in Schottland hergestellt wird, wird er in die USA *in → bulk* gebracht und kommt erst dort in die Flasche. Die Malts für ihn stammen natürlich von den Brennereien der Chivas & Glenlivet Group, der schottischen Tochter Seagrams. Es gibt ihn auch »Pre-mixed« als *Passport & Cola.*

Patent still Bezeichnung für ein Destilliergerät, das in den zwanziger Jahren des letzten Jahrhunderts erfunden wurde und die Herstellung ganz neuer Whiskyarten möglich machte. Da es die Verwendung auch von ungemälztem Getreide zuläßt und zudem, anders als beim Destillieren von Malt Whisky in → *pot stills*, der Destillationsprozeß nicht nur partienweise, sondern → kontinuierlich gestaltet werden kann, kann mit der *patent still* viel kostengünstiger gearbeitet und in weit größeren Mengen produziert werden. Wegen der Arbeitsweise wird sie auch → *continuous still*, wegen ihrer Form auch → *column still* genannt. Sie basiert auf der Idee, den Alkohol aus der fermentierten → *wash* nicht durch Kochen und Verdampfen in den bis dahin ausschließlich verwendeten *pot stills* zu gewinnen, sondern die kalte *wash* unmittelbar durch heißen Dampf vom Alkohol zu »entkleiden«.

Als Erfinder der Methode gilt der zur Familie der → Haigs gehörende Robert → Stein, der sie 1826 zuerst in seiner Brennerei in → Kilbaggie ausprobierte. Wenig später stellte der ehemalige irische Steuerbeamte Aneas → Coffey ein verbessertes Verfahren vor, das sich bald durchsetzte. Die neue Methode ermöglichte die Produktion eines billigeren, aber auch eines (chemisch gesehen) besseren, weil reineren Whisky und wird heute in Schottland zur Produktion von Grain Whisky eingesetzt. Es ist keine Übertreibung, wenn man behauptet, daß sie die Welt des Whisky verändert hat: Ohne sie hätte in Schottland nicht der Blend erfunden werden können und ohne ihn wiederum wäre der Scotch nicht zum Welterfolg geworden. In Irland, Kanada und den USA ist sie sogar, von geringen Ausnahmen abgesehen, praktisch die einzige Methode für die Herstellung der jeweils landeseigenen Whisk(e)yarten – allerdings gibt es charakteristische Unterschiede im Aufbau. So werden in Kanada zwei Säulenpaare verwendet, die → *beer still* und eine analog aufgebaute Kolonne, während in den USA die *beer still* nur aus einer Säule besteht und das Destillat dann noch durch einen → *doubler* oder → *thumper* läuft.

Im Gegensatz zu den *pot stills*, deren Anblick auch ein ästhetischer Genuß ist, wirken *patent stills* sehr unromantisch. Äußerlich unterscheiden sie sich nicht sehr von Anlagen, in denen Öl raffiniert wird. Sie bestehen meist aus zwei bis zu 15 Meter hohen Kupfer- oder Edelstahlsäulen, die miteinander verbunden sind. Die erste Säule ist der → *analyser*, die Trennkolonne, die zweite der → *rectifyer* oder *rectifier*, die Rektifizierkolonne. In ihrem Inneren sind übereinander geschichtete perforierte Kupfer- (oder Edelstahl-) Platten, von denen jede wie eine kleine Brennblase wirkt. Die kalte *wash* wird oben in den *rectifyer* geleitet und trifft dort auf den Dampf, der zuerst unten in den *analyser* geschickt wird, dort aufsteigt und dann über ein Rohr in den *rectifyer* geführt wird. In ihm läuft die *wash* in Kupferrohren im Inneren der Platten nach unten, gelangt schließlich in den *analyser*, wo sie sich mit dem dort aufsteigenden Dampf vermischt, als Gemisch von Alkohol- und Wasserdampf wieder in den *rectifyer* gelangt, ehe sie durch die Begegnung mit neu eingefüllter und wieder kalter *wash* kondensiert. Unbrauchbare Alkohole und Fuselöle, die früher kondensieren, bleiben in der Kolonne zurück und werden weiterdestilliert. Übrig bleibt ein etwa 95 % starker Äthylalkohol. Er wird aufgefangen und vor der Abfüllung in die Fässer mit Wasser verdünnt. Der so gewonnene Whisk(e)y ist leicht im Körper und relativ neutral im Geschmack, er ist »reiner« als Malt, erkauft das aber durch einen Mangel an charakterformenden Aromastoffen.

Pattison Schottische Whiskyfirma, die es schon seit 1898 nicht mehr gibt und die dennoch hier behandelt werden muß, weil sie Whiskygeschichte gemacht hat. Ihr Bankrott führte zur ersten großen Krise in einer Industrie, die bis dahin nur Fortschritt, Wachstum und Erfolg gekannt hatte, und brachte viele Firmen und vor allem Brennereien in große Schwierigkeiten. Für nicht wenige bedeutete die Krise sogar das Ende. Die beiden Brüder Robert und Walter Pattison hatten als Kolonialwarenhändler in Leith begonnen, setzten aber bald, angelockt durch das Prosperieren z. B. der → Big Five, auf das Herstellen von Blends. Sie nannten sich Pattison, Elder & Co., kauften in großem Maßstab Whisky, errichteten in Leith riesige → *warehouses* für verzollte und unverzollte Ware, bauten dort und in London pompöse Büros, leisteten sich aufwendige Landgüter.

Alles mußte vom Feinsten sein: Als man eine Werbebroschüre herausgeben wollte, durfte kein Geringerer sie schreiben als der berühmte Alfred → Barnard (»The Whisky Distilleries of the United Kingdom and Ireland«), der in dem aufwendig gestalteten und bemerkenswert illustrierten Buch die Edinburgher Anlagen vorstellte – und → Glenfarclas Distillery, an der sich die beiden Brüder mit 50 % beteiligt hatten. Für eine Werbekampagne ließen sie hundert dressierte Papageien »Drink Pattison's« rufen. Ihr Erfolg brachte sie auf die Idee, eine Aktiengesellschaft zu gründen und Aktien anzubieten. Sie fanden viele Investoren und bekamen noch mehr Geld von den Banken. Die Produktion blühte, neue Brennereien wurden gebaut. Und dann hatte die Produktion die Nachfrage überholt und es folgte der Zusammenbruch. Niemand gab ihnen mehr Geld, sie mußten die Zahlungen einstellen und verloren alles, kamen vor Gericht und wurden wegen Betrugs zu mehrmonatigen Gefängnisstrafen verurteilt. Aber es traf nicht nur sie: viele, auch gerade erst fertiggestellte Destillerien mußten schließen. Dieser ersten Krise folgten weitere: der 1. Weltkrieg, die anschließende → Prohibition. Aber es gab auch einen Sieger: die → DCL, die durch das Scheitern ihres größten Konkurrenten stärker wurde und viele bankrottgegangene kleine Firmen schlucken konnte.

Paul Jones Amerikanischer Blended von → Heaven Hill, dem unabhängigen Familienbetrieb in Bardstown.

Pekin Amerikanische Destillerie nahe Peoria in Illinois, die in den zwanziger Jahren erbaut wurde und seit 1991 keinen Whiskey mehr erzeugt, sondern nur noch Industriealkohol. Sie gehörte früher der Mid West Grain Company und ist heute im Besitz von → McCormick, einer Firma, die neben einer ganzen Reihe von Spirituosen auch mehrere Straight Bourbons und den Straight Corn → *Platte Valley* führt. Er und der → *Stillbrook* stammen (noch) aus der Produktion von Pekin und tragen auf den Flaschen den Hinweis »Distilled in Illinois«. Sobald die Vorräte erschöpft sind, werden die Marken mit Whiskeys von → Heaven Hill fortgeführt werden. Pekin soll mit einer → *mash bill* von 74,5 % Mais, 15 % Roggen und 10,5 % Gerstenmalz den süßesten Bourbon der ganzen USA erzeugt haben.

Pennypacker Kentucky Straight Bourbon, der exklusiv für die Hamburger Familienfirma Borco hergestellt wird. Er kommt von → Heaven Hill Distillery, wird *in* → *bulk* nach Deutschland transportiert, hier abgefüllt und in ganz Europa verkauft.

Peregrine Rock Kalifornischer → Pure Single Malt Whiskey. Er wird von der Brennerei Saint James Spirits im kalifornischen Irwindale produziert, die bisher nur Spirituosen wie einen Ananas Brandy, einen Ananas Rum, einen Williamsbirne, einen Kirsch und einen Schnaps aus Agave, also Tequila, hergestellt hat, es nun aber auch mit einem Malt versucht. 1996 kaufte James Susuttil schottisches Malz, das er mit »reinstem Bergquellwasser« einmaischte. Zur Reifung benutzte er Fässer aus amerikanischer Eiche, in denen vorher, ganz wie in Schottland üblich, Bourbon gelagert hatte. Nach zwei Jahren hätte er seinen Malt in den meisten amerikanischen Staaten verkaufen dürfen, nicht aber im heimischen Kalifornien; dort schreiben die Gesetze eine dreijährige Lagerung vor. Im Herbst 1999 ist diese Frist abgelaufen und, nach dem → *McCarthy's Oregon Malt* aus der Clear Creek Distillery und dem → *Old Potrero*, die Welt um einen weiteren amerikanischen Malt reicher.

Pernod Ricard Französischer Getränkekonzern, der Ende 1974 aus dem Zusammenschluß der beiden traditionellen Firmen Pernod und Ricard entstanden ist, korrekt Groupe Pernod Ricard heißt und, obschon Aktiengesellschaft, immer noch von einem Mitglied einer der beiden Gründerfirmen, Patrick Ricard, als Vorstand geleitet wird. Die Gruppe ist Weltführer bei Getränken, die auf Anis basieren, nimmt in der Rangliste der Getränkefirmen die Position 6 ein und hat mit dem »Ricard« eine Marke, die nach eigenen Angaben auf Platz 3 der meistverkauften Spirituosen steht. Auch im Whisk(e)ybereich hat man mit dem Scotch → *Clan Campbell* eine sehr erfolgreiche Marke; er soll, wiederum nach Angaben der Firma, weltweit mittlerweile die Nr. 3 seiner Art sein. Diese Marke wird von der schottischen Tochter → Campbell Distillers betrieben, die Pernod 1974 erwarb und sozusagen als Mitgift mitbrachte, als sie sich mit Ricard vereinigten.

Die schottische Firma, mit der das Whiskyengagement der Franzosen begann, hieß damals noch S. Campbell & Sons und besaß die Brennerei → Aberlour (→ Edradour und → Glenallachie kamen später dazu) und als weitere Marken die Blends → *House of Campbell*, → *House of Lords*, → *White Heather* und den Vatted → *Glenforres*. 1980 erwarb man die → Austin, Nichols Distilling Company mit ihrer → Wild Turkey Distillery in Lawrenceburg, Kentucky, samt den dazugehörigen Marken → *Kentucky Spirit*, → *Wild Turkey* und der Austin Nichols-Range. 1987 erfolgte nach einer aufsehenerregenden Übernahmeschlacht der Kauf der → Irish Distillers Group mit den Brennereien → Bushmills und → Midleton, der damals die gesamte irische Whiskeyindustrie gehörte, die damit in ausländische Hände fiel – ein Zustand, der erst durch die Gründung der → Cooley Distillery beendet wurde. Auch in neue Kontinente erstrecken sich die Aktivitäten: 1999 wurden 74 % der indischen United Agencies erworben, eine Mehrheit, die ausreicht, um die begehrte Lizenz für den Import ausländischer Spirituosen nach → Indien mit seinem enormen Wachstumspotential zu bekommen.

Aus Bushmills kommen Single Malts der Brennerei und die Blends → *Black Bush*, *Bushmills Original*, *Bushmills 1608*, die *Bushmills Distillery Reserve* und → *Coleraine*, aus Midleton → *Crested Ten*, → *Dunphy's*, → *Hewitts*, → *Jameson*, *Midleton Rare*, → *Paddy*, → *Powers*, → *Three Stills*, der besonders in Deutschland beliebte → *Tullamore Dew*, der zwar immer noch in Midleton gebrannt wird, allerdings mittlerweile → Allied Domecq gehört. Der → *Buena Vista* wird ausschließlich für das gleichnamige Café in San Francisco hergestellt. Neuerdings kommt aus Midleton auch ein Single Malt mit dem Namen → *Erin Go Brath*. Schließlich gehört ins Whisk(e)y-Portfolio der Franzosen noch der → *Royal Canadian*.

Peter Dawson Schottischer Blend, der heute von → UDV hergestellt wird, aber schon vor 1900 auf den Markt gebracht wurde – von der in Glasgow ansässigen Familienfirma, die 1925 in der → DCL aufging. Für sie führte sie die Lizenz von → Glen Ord Distillery, die damals allerdings ebenso wie der von ihr gelieferte Single Malt nur Ord hieß. Die Marke ist heute vor allem für Südamerika bestimmt, aber z. B. auch im Visitor Centre von → Glenkinchie zu erhalten.

Peter Scot Indischer Whisky, der nach Tradition des Landes als Malt ausgegeben wird, was in diesem Fall zumindest für einen großen Teil von ihm gelten kann. Sein Etikett beschreibt ihn allerdings auch als »Blended with the choicest whiskies«, was immer das auch bedeuten mag. Dennoch kann man ihm Qualität nicht absprechen; sie erklärt, warum der für indische Verhältnisse mit 300 Rupien (rund 18 Mark) relativ teure Whisky geradezu zur Grundausstattung jedes Haushalts zu gehören scheint. Seine Hersteller, → Khoday, können sich jedenfalls freuen, von ihm pro Jahr mehr als eine Million Flaschen zu verkaufen.

Phenols Bezeichnung für die aromareichen chemischen Bestandteile, die der Whisky aus dem → Torf aufnimmt, das beim Trocknen des Malzes in der traditionellen → *kiln* oder in modernen → *maltings* mitverbrannt wird. Die Phenole geben vor allen den → Islay Malts ihren charakteristischen Geschmack, der regelmäßig die Geschmäkker scheidet, weil er bei den einen totales Entsetzen und strikte Ablehnung herausfordert, bei den anderen entzückten Jubel provoziert. Allerdings haben die Islays keineswegs einen einheitlichen Geschmack – eben weil sie einen unterschiedlich hohen Anteil an Phenolen aufweisen. Sie werden in ppm, *parts per million*, gemessen und reichen vom kaum getorften Bunnahabhain mit 5 ppm bis zum Ardbeg mit seinen mächtigen 50 ppm. Dazwischen liegen, laut Mitteilung von Jim McEwan, dem langjährigen Manager von → Bowmore (20 ppm), → Bruichladdich mit 8, → Coal Ila mit 30, → Port Ellen mit 25, → Laphroaig mit 35 bis 40 und → Lagavulin mit 40 ppm. Die Phenole sorgen für Geschmackskomponenten wie Jod, Seetang und Rauch. Chemisch gesehen handelt es sich um Derivate von Hydrocarbonat.

Philadelphia Amerikanischer Blended, eine der vielen kleinen und wegen ihrer großen Zahl kaum zu überblickenden Marken von → Heaven Hill in Bardstown.

Pig's Nose Schottischer Blend, der sein Leben 1977 als Hausmarke eines Pubs in dem kleinen Ort Oldbury on Severn bei Bristol begann. Er wurde zwar von dort aus weiter vermarktet, aber von den Blendern George Morton in Montrose produziert. Die Marke gehörte M. J. Dowdeswell & Co., die schon vorher mit einem Vatted mit dem ebenso originellen Namen → *Sheep Dip* auf sich aufmerksam gemacht hatten. Auf dem Etikett wird der Name damit erklärt, daß der Whisky »as soft and smooth as a pig's nose« sei. Heute kommt er von der → JBB/→ Fortune Brands-Tochter → Invergordon und wird als 5jähriger → Standard-Blend international verkauft.

Pikesville Supreme Amerikanischer Straight Rye, der nach einem Ort in Baltimore County benannt ist. Das liegt im Bundesstaat Maryland, war einst eine der Hochburgen dieser Gattung, aber dort wird er nicht mehr produziert. Whiskeyhistoriker mögen bedauern, daß Staaten, die am Beginn der amerikanischen Whiskeygeschichte standen, heute überhaupt nicht mehr auf der Whiskeylandkarte vertreten sind; Liebhaber der selten gewordenen Straight Ryes dagegen werden froh sein, daß es ihn überhaupt noch gibt. Er kommt heute aus Kentucky und wird bei → Heaven Hill mit der Formel 65 % Roggen auf 23 % Mais und 12 % Gerstenmalz gemacht. Auf seinem Label steht zu lesen: »The Aristocrat of Straight Whiskies Pikesville was distilled under an old Maryland formula and stored in selected charred white oak casks in modern warehouses to age and mellow.« Er ist schwer zu finden und eigentlich nur in Maryland zu bekommen.

Pinch Schottischer Blend, der nur in den USA unter diesem Namen verkauft wird, im Rest der Welt aber als → *Dimple* einer der erfolgreichsten → De luxe-Blends ist. In Amerika wurde er von → Haig & Haig eingeführt, einer ursprünglich von John → Haig & Co. unabhängigen Firma, deren Gründer aber aus der gleichen Familie stammen.

Pinwinnie Schottischer Blend, dessen Namenszusatz *Royal Scotch* schon verrät, daß er dem → De-luxe-Segment zuzurechnen ist. Er kommt in distinguierten Blechdosen aus dem Hause → Inver House und ist besonders in den → USA und in → Frankreich erfolgreich, aber durchaus auch in → Deutschland zu haben.

Pipe Major Schottischer Blend von der in London ansässigen Firma → Montrose Whisky Company, die ihn mit 5, 12 und 21 Jahren herstellt.

Piper's Clan Schottischer Blend von → Angus Dundee, was vermuten läßt, daß der angesprochene Dudelsackspieler-Clan in der schottischen Landschaft zu Hause ist, die der berühmten Rinderrasse den Namen gab. Die Firma hat ihre Produkte gerne mit Namen ausgestattet, die auf Angus oder die Stadt Dundee Beziehung nehmen.

Piper's Preferred, The Serie von

schottischen Single Malts, die die deutsche Firma Scotchconnection für sich abfüllen läßt: Einzelfaßabfüllungen in → *cask strength*, bei denen die Brennerei genannt ist, aus der sie kommen, das Alter und der Monat der Destillation. Das Abfülldatum wurde früher nicht bekanntgegeben, ist bei neueren Abfüllungen aber ins Glas eingeprägt. Die Firma sitzt im schwäbischen Lichtenstein und ist der deutsche Importeur von → unabhängigen Abfüllern wie → Adelphi, → Blackadder International, → Glenhaven, → Hart Brothers, James → MacArthur, → Michel → Couvreur, → Pràban na Linne und → Vintage Malt Whisky Company.

Piratengift Whiskydrink. Drei Spritzer Angostura, 1cl Campari, 1cl weißer Rum, 2cl Peach Brandy und 2cl Ananassaft mit einem kräftigen Teil Scotch über Eis schütteln und mit einer Kirsche und einigen Stückchen Ananas servieren.

Piraten Whisky Deutscher Malt Whisky, der erste hierzulande überhaupt. Er ist das Produkt von Robert Fleischmann und seiner Frau, die im fränkischen Eggolsheim seit vielen Jahren Obstbrände herstellen und bereits 1984 begannen, einen Teil ihrer Brennrechte für die Herstellung von Whisky zu nutzen. Zwei Fässer aus diesem Jahr liegen immer noch in ihrem Keller, niemals abgefüllt, sondern nur zum eigenen Gebrauch und um Freunde kosten zu lassen: eine »Private Reserve«. Der erste abgefüllte Jahrgang war 1986, er kam 1994 mit 8 Jahren in die Flaschen. Der Hals der Halbliterflasche war mit einer soliden Schnur und einem roten Siegel versehen, was ihr ein etwas verwegenes Aussehen gab und dem Namen durchaus angemessen war. Der verdankt sich der zweiten Leidenschaft Fleischmanns, der Seefahrt. Weil auf den Flaschen das »e« vergessen war und nur »Pur Malt« vermerkt war, wurde zuweilen unterstellt, es handele sich um einen Vatted. Es ist aber ein echter, richtiger Single Malt, aus gemälzter Gerste, zweimal in einer kupfernen Brennblase destilliert und anschließend in einem neuen Eichenfaß gelagert. Von ihm hat er seine tiefdunkle Farbe und einen deutlichen, trockenen Holzcharakter, der mit der Malzsüße gut harmoniert. Es gab nur wenige Flaschen, weitere Abfüllungen von 1986 und späteren Jahrgängen kamen mit den Namen → *Glen Blue*, bzw. → *Glen Mouse* heraus.

Pittyvaich Schottische Malt-Destillerie. Sie wurde von Arthur → Bell & Sons 1974 auf dem Gelände der zu ihrer Brennerei → Dufftown gehörenden Farm erbaut – ihr Name, ausgesprochen »pitti-véch« oder »pitti-waich«, bedeutet denn auch Platz des Kuhstalls. Sie setzte den alten Spruch »Rome was built on seven hills, Dufftown stands on seven stills« außer Kraft, vergrößerte die Zahl auf acht und achtete auch sonst nicht viel auf alte Traditonen: sie ist ultramodern und kommt mit sehr wenig Personal aus. Gemacht vor allem, um genügend Malt zum Tauschen mit anderen Blendern zu haben, wurde er von ihren Eigentümern auch nie als Single Malt abgefüllt. Erst → UD, die die Brennerei seit der Übernahme von Bell durch → Guinness im Jahr 1985 führten, brachten in ihrer Serie → »Flora und Fauna« einen 14jährigen heraus – kurz nachdem sie die Destillerie geschlossen hatten. Sie wird im Augenblick nur jeweils einige Monate im Jahr für Experimente mit neuen Destilliermethoden benutzt. Von den → Unabhängigen gab es zuerst einen → MacArthur, dann auch Abfüllungen von → Cadenhead und → Signatory.

Plainsman Kentucky Straight Bourbon von einer Plainsman Distilling Company, deren Adresse Weston, Missouri, signalisiert, daß es sich nur um → McCormick handelt kann. Er hat 80°/40 %.

Platte Valley Amerikanischer Corn Whiskey von der McCormick Distilling Co., die als Firmensitz → Weston in Missouri angibt, aber bis 1991 auch die → Pekin Distillery in Illinois betrieb. Dort ist der 3 Jahre alte und mit 80°/40 % abgefüllte Whiskey gemacht, aber die Tonkrüge, auf denen »Distilled in Illinois« steht, gehen zur Neige und werden dann durch Corn ersetzt, der von → Heaven Hill bezogen werden wird. Verwirrenderweise findet man das namengebende Platte Valley nicht in Illinois, sondern in Missouri; Weston gehört zu ihm.

PM Amerikanischer Blended, der heute von → American Brands bzw. deren Tochter → JBB kommt und ursprünglich National Distillers gehörte, die 1987 von den heutigen Besitzern der Marke übernommen wurden. Was die Buchstaben bedeuten, ist nicht klar, vielleicht stehen sie aber für die im Englischen und Amerikanischen übliche Einteilung des Tages in a.m. und p.m., für vor und nach 12 Uhr (ante und post meridiem). Die Abkürzungen hatte einst auch der schottische Whiskypionier William → Sanderson für zwei seiner Marken benutzt. Daß er ein Faible für Abkürzungen hatte, zeigt auch sein → *VAT 69*.

Poit Dhubh Schottischer Vatted Malt von → Pràban na Linne. Gesprochen »Potsch guu« bedeutet es schwarzer Topf, ist also die schottisch-gälische Version dessen, was in Irland → *poitín* heißt und immer illegalen, schwarzgebrannten Whiskey meint. Es gibt von dem sehr wohlgelungenen Vatted drei Versionen, eine 12jährige mit 40 % und schwarzem Label und eine mit 46 %, deren grünes Etikett darauf hinweist, daß ihr Inhalt »unchillfiltered« ist, d. h. daß man bei der Abfüllung die Whiskies nicht dem sonst üblichen Prozeß der → Kühlfiltrierung ausgesetzt hat. Sie macht die Flüssigkeit zwar klar, entzieht ihr aber auch viele Stoffe, die für ein reiches Aroma verantwortlich sind. Ungekühlt abgefüllte Malts werden wolkig, wenn wenn sie mit ein wenig Wasser »behandelt« – für Kenner das sichere Zeichen, daß man sie in Ruhe gelassen hat. Der 21jährige hat 43 %. → Talisker, auf Skye ebenso zu Hause wie Pràhban na Linne, hat bei der Komposition der drei sicher auch eine Rolle gespielt.

Poitín Gälische Bezeichnung für irische schwarzgebrannte Spirituosen. Das Wort bedeutet »kleiner Topf«, wird manchmal auch, english, → potcheen, poiteen oder poteen geschrieben und immer »potschien« gesprochen. Illegal wird überall destilliert, aber für die Iren hat es eine besondere Bedeutung, weshalb es immer dort stark praktiziert wird, wo Iren zu finden sind, wie z. B. in in USA, wo der Stoff → *moonshine* genannt wird. In Irland wurde das Destillieren von Alkohol an Weihnachten 1661 von den englischen Landesherren mit Steuern belegt. Viele Iren, deren Motiv keineswegs Alkoholsucht war, sondern die oft destillierten, um ihre hohe Pacht bezahlen zu können, empfanden das als himmelschreiende Ungerechtigkeit. Das illegale Herstellen von Whiskey wurde daraufhin zu einer Art Nationalsport und Bestandteil des Freiheitskampfes gegen die Engländer und später gegen jede Art Regierung und deren polizeilichen Vetreter – es hörte deshalb auch nicht auf, als in Irland wie in → Schottland 1823 Lizenzen für legale Destillerien angeboten wurden und als noch einmal fast 100 Jahre später die Republik Irland gegründet wurde. Der legal hergestellte Whiskey wird immer noch »Parlamentswhiskey« genannt und ist für einen echten Iren in keinerlei Hinsicht »the real thing«. Unzählige Lieder, Gedichte, Geschichten, Anekdoten erzählen von den Auseinandersetzungen zwischen der der oft brutal vorgehenden Staatsgewalt und den heldenhaften Schwarzbrennern und Schmugglern und von der Qualität des Getränks und den Wundern, die man mit ihm erleben kann.

Produziert wird an den unmöglichsten Stellen, an irgendeinem verschwiegenen Ort, wo man es vor den Augen der Gesetzeshüter raffiniert verbergen kann. Das muß nicht hinter den sieben Bergen sein, auch in den Städten gibt es Wasser. Traditionellerweise besteht das Rezept für die Maische aus Wasser und Gerste zu gleichen Teilen, denen noch (irischer!) Zucker beigegeben wird, aber auch Mais, Kartoffeln oder sogar Zuckersirup (Molasse) können verwendet werden. Deshalb muß es sich bei *poitín* nicht immer um Whiskey handeln. Die Trinker sind meist nur am puren Alkohol interessiert, weswegen es keine Faßreifung gibt und der Stoff glasklar bleibt. Da durchaus nicht immer sauber gearbeitet wird, hat der Konsum oft auch gefährliche Folgen. Selbst Todesfälle sind bekannt, obschon die Verteidiger des Stoffes wie der Rechtsanwalt (sic) Sean McGuffin das als Feindpropaganda abtun und z. B. behaupten, der Schnaps sei gut gewesen, aber leider hätten irgendwelche Idioten ihn in Fässern gelagert, in denen vorher Kupfervitriol gewesen sei.

McGuffin hat dem geliebten Getränk ein hinreißendes Buch gewidmet, »In Praise of Poitín« (auch in Deutsch, »Zum Lobe des Poitín«, bei Nautilus erschienen). In ihm wird *poitín* so definiert: »Starke farblose Spirituose, in eigener Brennblase mit traditionellen Zutaten unter Steuerbefreiung gebrannt, zum Wohle und der Erquickung des harten irischen Daseins«. Von McGuffin sind auch einige der schönsten Schwarzbrennergeschichten überliefert, wie die von dem Pädagogen, der unter den Augen der Schulaufsicht seine Schüler lehrte, wie man aus schmutzigem klares Wasser macht; die von dem »king« genannten Meisterdestillateur, von dessen Produkt die Mitglieder der Dubliner Anwaltskammer so begeistert waren, daß sie zusammenlegten, um die Strafe für ihn zu bezahlen. Die Geschichte des *poitín* ist eine Geschichte Irlands im Kleinen. Wer sie und die vielen irischen »troubles« verstehen will, muß nur studieren, was über die Jahrhunderte den Iren ihr Schwarzgebrannter bedeutet hat.

Polo Club Schottischer Blend, der von der erst 1993 gegründeten Firma Hurlingham International verkauft wird. Sie verwendet den Namen auch für andere Spirituosen wie Gin und Wodka und ist besonders in Fernost, Südamerika, Mexiko und Osteuropa tätig. Den Blend gibt es in zwei → De luxe-Versionen, mit 12 und mit 15 Jahren.

Polychem Indische Firma, die ihren Sitz in Bombay hat, wo sie auch eine Brennerei besitzt. 1984 hat Polychem mit dem → *Men's Club* eine Marke herausgebracht, die mit fast vier Millionen verkauften Flaschen zu den erfolgreichsten → Indiens gehört. Eine zweite ist → *Royal Secret* und → *White House* ist sogar im Export erfolgreich. Seit 1993 war die Firma mit → IDV in einem *joint venture* verbunden, das ihr den Bezug der für ihre Whiskies benötigten schottischen Blends (sie werden tatsächlich geblendet aus indischem Malt und bereits vorgeblendetem Scotch) erleichtert, andrerseits IDV eine hervorragende Basis im Kampf um den immer wichtiger werdenden Markt des riesigen Subkontinents mit seinen vielen Millionen Einwohnern gab, auf dem man mit dem → *Gilbey's* und dem → *Spey Royal* schon gut vertreten war.

Port Cask Schottischer Single Malt aus einer nicht näher beschriebenen Brennerei, die aber in der → Speyside zu finden sein muß. Als er 1994 von → Gordon & MacPhail gleichzeitig mit einem → Brandy Cask herausgebracht wurde, war das eine Pioniertat, weil noch nie vorher Malt Whiskies zu bekommen waren, die in einem Portweinfaß bzw. einem Cognacfaß gereift waren. Doch während der im Brandy gelagerte Malt bis heute keinen Nachfolger fand, überschlugen sich die Konkurrenten des → unabhängigen Abfüllers aus → Elgin geradezu mit immer neuen Port-Abfüllungen. Sie enthielten allerdings im Unterschied zum Vorbild meist keine Whiskies, die ihr ganzes Leben in einer *port pipe* verbracht, sondern in ihm nur ein sogenanntes → *finishing* erhalten hatten, also einige zusätzliche Jahre der Reifung. Der → *Glenmorangie*, der → *Balvenie*, der → *Bushmills* und jüngst der → *Cragganmore* aus der → »Distillers Edition« der → »Classic Malts« sind Beispiele; → Oddbins allerdings hatte einen reinen Port-gereiften Malt. Gordon & MacPhail brachten den ersten 1993 und dann 1994 eine weitere Abfüllung heraus. Die erste war am 22. 12. 1967 destilliert und am 9. 3. 1993 aus den Fässern Nr. 8921 und 8922 abgefüllt worden, die zweite, am gleichen Tag destilliert, aber erst am 14. 7. 1994 abgefüllt, entstammte den Fässern Nr. 8923, 8924 und 8925. Er hatte die bei G&M fast obligatorischen 40 %.

Port Dundas Schottische Grain-Destillerie in Glasgow. Sie liegt im nördlichen Teil der Stadt und direkt am Forth-Clyde-Canal, was den Transport des Getreides zu ihr und der Fässer von ihr sehr begünstigt hat. Sie begann 1817 als Malt-Brennerei, wurde aber bald mit

→ *patent stills* ausgerüstet – kein Wunder, denn kein geringerer als Aneas → Coffey soll dort seine Erkenntnisse zum erstenmal auf schottischem Boden vorgestellt haben. Sie gehörte später der Firma Macfarlane & Co., die zu den Gründungsmitgliedern der → DCL zählten und ihre Destille 1877 in deren Obhut gaben. Auf diese Weise kam sie 110 Jahre später zu → UD, die sie heute (nachdem sie → Cambus und → Carsebridge schlossen) als einzige Grain-Destille neben → Cameronbridge betreiben. Von außen sehen die Gebäude noch wie im letzten Jahrhundert aus, und es war in Port Dundas, wo Alfred → Barnard seine berühmte Reise zu den Brennereien der britischen Inseln begonnen hat. Für wahre Whisky- und Schottlandfans heiliger Boden also, aber nicht für die Bosse, die die Industrie heute beherrschen; man munkelt, daß die UD-Nachfolger UDV einen Abriß und Neubau planen. Eine Abfüllung als Single Grain hat es weder von der DCL noch von UD gegeben und auch von den → Unabhängigen läßt sich keine nachweisen.

Port Ellen Hafenstädtchen auf der Whisky-Insel → Islay mit einer Malt-Destillerie gleichen Namens, die nicht erst von ihren heutigen Besitzern → UDV geschlossen wurde, sondern bereits 1983 von deren Vorvorgängern → DCL – obwohl sie nach einer sehr langen Schließung von 1929 bis 1966 wenige Jahre zuvor erst renoviert und die Zahl ihrer → *stills* von zwei auf vier erhöht worden war. Immerhin sind ihre Gebäude denkmalgeschützt, weshalb die schönen Pagoden schon von weither jeden grüßen, der von → Bowmore oder vom Inselflughafen kommend über das weite flache Moor z. B. zur Fähre fährt, die die Insel mit dem Festland verbindet. Die *stills* sind zwar noch da, aber ansonsten sind viele Teile abgebaut, um in den anderen → UDV-Brennereien der Insel, in → Caol Ila oder → Lagavulin, Verwendung zu finden. Die Luft, die für die Reifung der Malts in den immer noch benutzten → *warehouses* so gut ist, ist dem verbliebenen Rest des Equipments gar nicht bekommen und es ist zu fürchten, daß Port Ellen Distillery bald von den Whiskylandkarten Schottlands gestrichen werden muß.

Das ist besonders schade, weil sie einen hervorragenden Malt produzierte, einen nicht ganz extremen, aber dennoch typischen Islay. Außerdem soll sie, 1825 gegründet und 1836 von John Ramsay übernommen, Whiskygeschichte geschrieben haben: David Daiches und Philip Morrice (allerdings nicht das am besten recherchierte Buch, »The Scotch Whisky Industry Record« von H. Charles Craig) berichten, daß dort sowohl Robert → Stein wie Andreas → Coffey, eingeladen von Ramsay, ihre ersten Experimente mit ihren neuartigen → *patent* bzw. → *Coffey stills* gemacht haben; auch ein → *spirit safe* soll dort von Ramsay zum ersten Mal eingesetzt worden sein, ehe er allgemein vorgeschrieben wurde. Ganz sicher ist dagegen, daß Ramsay zu den Pionieren des Whiskyexports gehörte und von Port Ellen aus Schiffe nach Amerika geschickt hat. Seine Nachfolger verkauften die Brennerei 1929 an die DCL-Töchter John → Dewar & Sons und W. P.

→ Lowrie & Co. In ihrer unmittelbaren Nachbarschaft entstanden 1973 die Port Ellen Maltings, die heute sämtliche Brennereien Islays und auch → Isle of Jura Distillery versorgen.

Den Single Malt von Port Ellen hat es nie als → Eigentümer-Abfüllung gegeben, bevor UDV Ende 1998 einen »Rare Malt« herausbrachten. Er war 1978 destilliert worden, kam mit 20 Jahren in die Flaschen und hatte 60.9 %. Es gab aber sehr viele Abfüllungen von den → Unabhängigen, besonders häufig von → Gordon & MacPhail und → Signatory, die auch zwei Versionen (einen 1975er mit 56.1 % und einen 1979er mit 56.3 %) in der Serie → »Silent Stills« hatten, aber auch von → Cadenhead und von »The → Select Hogshead«. In letzter Zeit wird er knapp.

Pot Lid Schottischer Blend, der von der in der Nähe des gleichnamigen Berges bei Inverurie im Westen von Aberdeen ansässigen Firma The → Bennachie kommt und ein einfacher → Standard ist.

Pot still Bezeichnung für eine bestimmte Form des Destillierapparates, die heute vor allem noch in schottischen Brennereien eingesetzt wird, die reinen Malt Whisky produzieren. Die Gesetze schreiben vor, daß dafür ausschließlich gemälzte Gerste verwendet werden darf und ausschließlich in *pot stills* destilliert werden muß. In Irland dagegen ist es erlaubt, auch ungemälztes Getreide zu nehmen, obwohl auch in → Bushmills nur Gerstenmalz eingesetzt wird. Irischer Whiskey wurde früher ebenfalls nur in *pot stills* destilliert. Heute ist der → Pure Pot Still, der einst ein Synonym für Irish Whiskey war, sehr selten geworden; es gibt bedauerlicherweise nur noch wenige Sorten wie den → *Redbreast* oder den → *Green Spot*.

Traditionellerweise waren die irischen *pot stills* zwar in der Form den schottischen ähnlich, aber ungleich größer. In → Midleton kann im Museum die größte der Welt besichtigt werden; sie ist so groß wie ein Einfamilienhaus. Auch in Schottland findet man verschiedene Größen und auch verschiedene Formen. Sie sind zwiebelförmig oder sehen aus wie Birnen, sind manchmal klein wie in → Edradour, dick und gedrungen wie die von → Glenfiddich oder → Macallan und zuweilen hoch und schlank wie die von → Glenmorangie und sie haben manchmal eine zweite, ringförmige Ausbuchtung wie in → Balvenie. Form und Größe sind keineswegs willkürlich, sie haben Einfluß auf den Charakter des Destillats: Je größer, desto leichter, je kleiner desto fülliger und öliger der Whisky. Brennmeister glauben fest an die Form ihrer *stills*, die sich abnützen können und dann ersetzt oder ausgebessert werden müssen.

Sie werden immer durch exakte Kopien der ausgemusterten ersetzt und wenn eine Brennerei ihre Kapazität erhöhen will, werden nicht etwa die *stills* vergrößert, sondern nur ihre Zahl erhöht. Die neuen sehen aus wie die schon vorhandenen. *Pot stills* sind immer aus Kupfer, einem Metall, das offensichtlich ganz besonders gut für Whisk(e)y geeignet ist und seine Qualität zu beeinflussen scheint. Man kann mit einer einzigen *pot still* auskommen, aber meist treten sie pärchenweise auf. Der erste Durchlauf erfolgt in der → *wash* oder → *low wines still*, der zweite in der → *spirit still*. In Schottland gibt es manchmal, in Irland immer einen dritten Durchlauf. Er findet dann in der → *intermediate still* statt.

Pot Still Whiskey Der ursprüngliche irische Whiskey (außer dem → *poitín* natürlich). Wie der schottische → Malt wird auch er nur in → *pot stills*, den kupfernen Brennblasen, destilliert, die in Irland allerdings sehr viel größer sind. Dennoch muß man die beiden Whiskies unterscheiden: Während beim schottischen Malt ausschließlich gemälzte Gerste verwendet werden darf, besteht Pot Still Whiskey aus einer Mischung von gemälzter und (zu einem höheren Anteil) ungemälzter Gerste. Früher wurden auch manchmal zusätzlich Roggen und Hafer beigegeben. Ein weiterer Unterschied ist, daß in Irland (heute) immer dreimal destilliert wird. Beides, die Ausgangsprodukte und die Brennmethode, verleiht dem Pot Still Whiskey seine charakteristische Verbindung von Weichheit, Reinheit und Öligkeit. Gab es früher in Irland ausschließlich diese Whiskeyart, ist sie heute selten geworden: die meisten Irish Whiskies sind heute Blends, weswegen neuerdings auch der Terminus → Pure Pot Still Whiskey verwendet wird, der betonen soll, daß es sich um den traditionellen Irish handelt. Von ihm gibt es außer bei → Cadenheads Einzelfaßabfüllungen von den alten Brennereien → Bow Street, → Jones Road, → Jones Lane, → Royal Irish und dem → *Dungourney* nur noch → *Green Spot*, den → *Old Comber* und den → *Redbreast*. Die unter der gleichen Bezeichnung kommenden *The* → *Tyrconnell*, → *Connemara* und → *Locke's Single Malt* von → Cooley Distillery sind dagegen nach schottischem Vorbild nur zweimal destillierte Single Malts aus gemälzter Gerste.

Potcheen Auch poteen oder poiteen geschrieben und immer »potschien« gesprochen. Es bedeutet »kleiner Topf« und ist die den Iren verhaßte englische Schreibweise für ihr Nationalgetränk, den illegalen Stoff, den sie selbst → *poitín* nennen. Kurioserweise gibt es von dem legendenumrankten Schwarzgebrannten etwas, was es eigentlich gar nicht geben kann: legale Versionen. Die eine nennt sich → *Bunratty Potcheen* und sagt wohlweislich schon auf dem Label, daß sie nur für den Export ist. Die andere wurde von → UD im Sommer 1997 auf den Markt gebracht, wird von → Cooley hergestellt, hieß → *Hackler*, benutzte wenigstens die gälische Form des Wortes und war so erfolglos, daß sie zurückgezogen wurde. Mit dem *Knockeen* wurde von einer anderen Firma ein neuer Versuch unternommen, solch einen Zwitter zu lancieren.

Potter's Amerikanischer Blended mit 80°/40 %. Er kommt von der Firma Potter Brands, die in San José in Kalifornien sitzt. Ob sie etwas zu tun hat mit dem kanadischen Unternehmen, dem die → Cascadia Distillery und die Marke → *Potter's Special Old* gehören, läßt sich nicht eruieren.

Potter's Special Old Kanadischer

Whisky, nur auf dem dortigen Markt zu bekommen und sehr sherrybetont – was nicht heißt, daß Ex-Sherry-Fässer verwendet wurden, sondern, wie in Kanada erlaubt und üblich, wirklich ein Schuß von dem spanischen Wein zugesetzt ist. Der in Vancouver ansässigen Firma International Potter Distilling Company gehört zwar die → Cascadia Distillery in Kelowna, sie bezieht die Whiskies für ihre Blends zum größten Teil aber von anderswo.

Power's Gold Label Irischer Whiskey. In Irland ist er die beliebteste Marke und auch diejenigen, die ihn außerhalb des Landes finden können, singen ihm das höchste Lob oder halten ihn gar, wie Jim Murray, der mehrere Bücher über irischen Whiskey geschrieben hat, für das Beste überhaupt, was Irland zu bieten hat. Er trägt den Namen einer Firma, die 1791 von James Power & Son gegründet und später von diesem Sohn in John Power & Son umbenannt wurde. Sie baute die berühmte Brennerei in → John's Lane und entwickelte sich allmählich zum erfolgreichsten Unternehmen neben dem Konkurrenten → Jameson vom anderen Ufer der Liffey. Auch in der Stadtpolitik spielten die Powers eine wichtige Rolle.

Ihr Erfolg wurde ebenso auf die Qualität ihrer Produkte wie auf ihre Innovationsfreudigkeit zurückgeführt; sie war die erste irische Firma, die ihren Whiskey nur noch in Flaschen und nicht auch im Faß lieferte und sie führte als erste eine »Baby Power« genannte Miniatur ein. Ob sie die berühmten »Three Swallows« enthielt, unter denen der Whiskey bekannt wurde und die auf dem Etikett abgebildet sind, ist umstritten, auf jeden Fall ist es ein hübsches Wortspiel, weil »swallow« im Englischen sowohl Schluck als auch Schwalbe bedeutet. Die Expansion machte 1871 eine Vergrößerung der Brennerei notwendig. Ihre ansehnlichen und architektonisch wertvollen Reste haben das Ende der Firma durch ihre Fusion mit Jameson und → Cork Distilleries zur → IDG überlebt und sind, samt der prächtigen drei *stills*, auch heute noch zu bewundern. Der Whiskey freilich hat sich geändert. Er kommt heute aus → Midleton und ist kein → Pot Still mehr, sondern ein, freilich sehr charaktervoller, Blend. Seiner Beliebtheit hat die Veränderung indes nicht geschadet.

Pràban Na Linne Schottische Whiskyfirma, auf der Insel Skye zu Hause und der gälischen Tradition sehr verpflichtet. Ihre Whiskies haben nicht nur gälische Namen, es wird auch in gälischer Sprache geworben, was nicht nur aus Liebe zum Brauchtum geschieht, sondern weil Gründer Iain Noble zunächst vor allem auf eine Kundschaft von den gälisch-sprachigen Hebriden zielte. → *Té Bheag*, → *MacNaMara* und vor allem die Malts → *Poit Dhubh* sind aber längst nicht mehr nur dort beliebt. Daß die Firma das Originale liebt, zeigt sich auch daran, daß sie einige ihrer Abfüllungen nicht → kühlfiltriert und eigentlich als erste damit begann, damit zu werben. Die seit 1976 arbeitende Firma heißt in ihrem »Kleinen Whiskycenter am Sound of Sleat« (das bedeutet ihr Name übersetzt) auch Besucher willkommen und nennt ihre Produkte stolz »Gaelic Whiskies«.

Prairie Gold Kanadischer Whisky, der in den britischen Filialen des Discounters ALDI als »Finest Canadian« angeboten wird.

Premier Schottischer Blend, von dem es drei sehr verschiedene Versionen von ganz unterschiedlichen Firmen gibt. Die erste war wahrscheinlich der einfache Blend von der Firma Premier Scotch Whisky, die bis 1996 eine Tochter des umtriebigen Familienbetriebes H. → Stenham in London war. Stenham verkaufte dann aus Altersgründen an eine schottische Firma, die das Unternehmen unter dem Namen der ehemaligen Tochter weiterführt. Wie alle Produkte der Firma gibt es ihn in fünf Altersstufen mit 3, 5, 8, 10 und 12 Jahren und er wird ausschließlich für den Export hergestellt.

1995 kam → Morrison Bowmore mit einem *Premier* auf den Markt. Bei ihm handelt es sich um einen 15 Jahre alten → De luxe, eine Erfindung der Marketingstrategen der Firma, die es vorzüglich verstehen, den Ehrgeiz der Sammler auf Vollständigkeit anzustacheln: Mit »Premier« sind wirklich die Chefs von Nr. 10, Downing Street gemeint; ihre Porträts zieren die Labels. Man kauft also nicht nur einen sehr guten Blend, sondern verschiedene Etikette. Mindestens drei hat es gegeben: Margaret Thatcher, John Major und, auch jenseits der Möglichkeit, Trinkgenuß mit politischem Bekenntnis zu verbinden und sozusagen überparteilich, mit Winston Churchill. Von einer neuen Abfüllung mit Tony Blair ist einstweilen nichts bekannt.

Schließlich und drittens gibt es auch eine Version von → *Johnnie Walker* mit dem Suffix *Premier*.

Premier Scotch Whisky Co. Schottische Whiskyfirma, die früher eine Tochter des Londoner Unternehmens H. → Stenham war. Von 1953 bis 1996 baute Stenham praktisch als Einmannbetrieb ein kleines Imperium mit einigen Firmentöchtern und mehr als 40 Marken auf, die meist für den Export bestimmt und zum Teil auch erst in den Bestimmungsländern abgefüllt wurden. Mit 82 entschloß er sich dann doch zum Verkauf an die schottische Firma Rossendale Blenders von Alastair R. F. Sinclair, der als neuen Namen den der ehemaligen Tochter wählte. Sie führt nach wie vor eine Reihe der Stenham-Blends, konzentriert sich aber besonders auf die beiden → *King Henry VIII* und → *Queen Mary I.*

Premium Bezeichnung, die vor allem in Schottland für eine mittlere Kategorie von Blends gebraucht wird. Sie stehen zwischen den einfachen → Standards und den → De luxe-Blends, die im oberen Marktsegment rangieren. Auch sie haben, wie die Standards, meist keine Altersangabe, weisen aber einen höheren Maltanteil auf – und sind auf jeden Fall teurer. In der jährlich erscheinenden »Scotch Whisky Industry Review« nennt Whisky-Börsen-Guru Alan S. Gray als Beispiele für Premiums → *Ballantine's*, → *Bell's*, → *Famous Grouse*, → *J & B*, → *Johnnie Walker Red Label* und → *Teacher's*.

President Schottischer Blend, der als *President Special Reserve De Luxe* sein Leben begann und von der vor allem durch ihren erfolgreichen Blend → *Old*

Parr, den → *Sandy Macdonald* und ihre Brennerei → Glendullan bekannten Firma → Macdonald Greenlees kam. Deren heutige Besitzer, → UDV, führen die Marke als → Premium weiter und verkaufen sie vor allem in Südamerika.

President's Choice Unter dem Namen gibt es drei Whiskies. Ein Kentucky Straight Bourbon heißt mit vollem Namen *The President's Choice for a Distinguished Gentleman*. Bei dem Präsidenten handelt es sich um den Chef der bedeutenden amerikanischen Firma → Brown-Forman, der die beiden Brennereien → Early Times in Kentucky und → Jack Daniel in → Tennessee gehören. Genau 24 Fässer wurden für die schwer zu bekommende Rarität für gut genug befunden, die mit 90.3° abgefüllt wurde.

Der Name schien Brown-Forman genau richtig für einen ganz anderen Whiskey, ebenfalls einen Straight Bourbon, der aber nun als eine Marke ihrer Tochter → Labrot & Graham ausgewiesen und dem fulminanten → *Woodford Reserve* an die Seite gestellt wurde. Mit ihm wollte Brown-Forman darauf aufmerksam machen, daß sie 1996 die älteste Brennerei der USA wiedereröffneten und mit ihr Großes vorhaben. Natürlich stammt dieser Whiskey noch nicht aus den → *pot stills* im Glenn's Creek südlich von Kentuckys Hauptstadt Frankfort, sondern von der → Early Times Distillery. Er hat 100.4° / 50.2 %.

Ein japanischer Blend von → Suntory trägt den Namen »zum Andenken an die Kooperation zwischen dem Weingut Schloß Vollrads und der Suntory Yamanashi Winery«. Leider wurde die Übernahme des Weingutes von Robert Weil im nicht weit von Vollrads gelegenen Kiedrich nicht genauso zelebriert; mittlerweile hat Weil, nicht zuletzt dank der großen Investionen Suntorys, einen sagenhaften Aufschwung erlebt und kann sich mit seinen eigenen Superweinen feiern.

Prestige Japanischer Blend aus dem → Super-Premium-Segment, das in Japan die Whiskies mit einen Maltanteil von mehr als 40 % umfaßt. Die Marke des Hauses → Suntory weist darüber hinaus auch ein für japanische Verhältnisse hohes Alter der für die Komposition benutzten Malts auf; das Label der schon optisch Gediegenheit und Qualität signalisierenden Flasche trägt die Altersangabe 25 Jahre.

Prestige d' Ecosse Schottischer Blend von William → Lundie & Co. in Glasgow, den es in zwei Versionen, ohne Altersangabe und mit 5 Jahren, gibt. Der französische Name zeigt, für welchen Markt er gemacht wird.

Prestonfield Schottische Whiskies, die nach dem kleinen, feinen und luxuriösen, in Edinburghs Osten am Fuß von Arthur's Seat liegenden Hotel benannt sind, für das sie ursprünglich als exklusive Hausmarken gedacht waren. Die Marke gehört den beiden Brüdern Symington von → Signatory. Es gibt einen Blend wie auch Single Malts, die manchmal auch die Brennerei nennen.

Pride of ... Serie von schottischen Vatted Malts aus dem Hause → Gordon & MacPhail. Sie sollen die charakteristischen Geschmacksnuancen der vier schottischen → Whiskyregionen aufweisen, nach denen sie benannt sind: *Pride of* → *Strathspey*, *Pride of* → *Islay*, *Pride of* → *Orkney* und *Pride of the* → *Lowlands*. Sie enthalten Malts, die mindestens 12 Jahre alt sind, den *Strathspey* gibt es auch mit 25 Jahren. Neben dem für → G&M typischen Alkoholvolumen von 40 % gibt es den *Orkney* auch mit 57 %. Von Zeit zu Zeit werden auch → *vintage*-Abfüllungen angeboten. Um welche Malts es sich jeweils handelt, wird nicht angegeben, ist im Falle von *Orkney* leicht zu klären, bei *Islay* und den *Lowlands* schwierig und im Fall *Strathspey* unmöglich; zwar hieß → Dalwhinnie Distillery tatsächlich einmal so, aber das Wort bezeichnet im Schottischen (wie etwa bei Strathclyde) ein Gebiet und zur → Speyside gehört jene Brennerei nicht.

Prince Charlie Schottischer Blend aus dem Hause Seagram bzw. deren schottischer Tochter Chivas. Der Name verweist natürlich auf den berühmten, tragischen Bonnie Prince Charlie, den »young pretender« aus dem katholischen Hause der Stuarts, auf den die Schotten ihre ganze Hoffnung setzten, um wieder von England unabhängig zu werden. Nach glanzvollen Erfolgen am Anfang seines Feldzugs verspielte er 1746 mit der Niederlage in Culodden alles – nur nicht die Liebe des schottischen Volkes. Seltsam nur, daß man ihm – so wenig wie seiner ebenso tragischen Vorfahrin → Queen Mary – keinen wirklich großen Blend gewidmet hat. Oder ist das nur die Fortsetzung des tragischen Scheiterns beim Griff nach dem Großen?

Prince of Wales Malt Whisky von der in Brecon ansässigen Firma The Welsh Whisky Co., die ihr bekanntestes Produkt nach dem wohl bekanntesten Bürger des Landes benannt hat. Es gibt ihn normalerweise in drei Versionen, von denen die erste ein 10 Jahre alter Whisky war, der die verwirrende Gattungsbezeichnung »Single Vatted Malt« trug – etwas, was es strenggenommen gar nicht geben kann. Der Widerspruch löst sich auf, wenn man die Geschichte der kleinen Firma kennt, die auf den Enthusiasmus von Mal Morgan und besonders Dafydd Gittings und dessen Frau Gillian zurückgeht, die 1974 beschlossen, endlich auch → Wales wieder zu einem Whiskyland zu machen. Da sie damals noch keine eigene Brennerei besaßen, kauften sie Single Malt in Schottland und verarbeiteten ihn so, wie Whisky früher alten Quellen zufolge in Wales (auch in Schottland übrigens) »ausgebaut« wurde, ehe man die segensreiche Wirkung von Holzfässern erkannt hatte: D.h. man versetzte ihn mit Kräutern, wenn er gefiltert wurde, wobei auf die übliche → Kühlfilterung verzichtet wurde. Dem Vernehmen nach kommt der verwendete Malt von → Tomatin, aber das kann sich bald ändern, denn seit 1996 läuft in Brecon endgültig eine kleine eigene Produktion. Die einfache »Special Reserve« des *Prince of Wales* hat keine Altersangabe. Auf den Flaschen des 12jährigen steht weder Single noch Vatted, sondern nur noch »Oak Aged Malt Whisky«. Der 10jährige erklärt auf seiner Verpackung nicht nur die Geschichte des Whisky in Wales, sondern auch, daß er gar nicht nach dem heutigen Inhaber des Titels benannt ist, sondern nach dem mächtigen Prinzen Owain Glyndwr, der von 1400 bis 1412 regierte. 1994 kam zum 50. Jahrestag der Landung der britischen Truppen in der Normandie eine Sonderedition heraus, deren Erlös zum Teil der Stiftung der »Airborne Forces« zugute kam.

Printer's Tschechischer Whisky, den seine Hersteller, die → Stock Distillery in Plzen (Pilsen), auf dem mit einer alten Druckerpresse verzierten Etikett als »Finest Blended Malt Whisky« ausgeben – eine Wortwahl, die nicht den klassischen Definitionen entspricht, nach denen es entweder einen Single oder → Pure Malt gibt oder eben einen Blend, der dann aus Malt und Grain Whiskies bestehen müßte. Leider wird man auch durch den ausführlichen Text nicht klüger; er spricht immer nur, in Englisch, von gemälzter Gerste und davon, daß man nach traditionellen schottischen Methoden arbeite, verliert aber kein Wort über seinen Grain-Anteil. In einer Korrespondenz stellte Stocks Produktionsdirektor Vladimir Steiner (er ist gleichzeitig Präsident der Union of the Czech Spirits Producer) klar, daß es sich um einen »normalen« Blend mit der in der → Tschechischen Republik vorgeschriebenen Mindeststärke von 40 % handelt.

Prize Japanischer Blend in einer jener aufwendigen Glaskaraffen, in denen der Hersteller → Nikka seine Whiskies gerne verpackt. Der Name »Nikka Whisky« steht größer auf dem Label als das *Prize*, aber schon die Aufmachung zeigt, daß er zu einer der oberen Kategorien gehört, in die Japan seine Blends gliedert und die sich durch den jeweiligen Anteil an Malt Whisky definieren: ein Premium enthält zwischen 35 und 40 %, ein Super-Premium über 40 %.

Prohibition Bezeichnung für das gesetzliche Verbot von Alkoholherstellung und -verkauf, das zumeist mit den »trockenen Jahren« identifiziert wird, die in den USA vom 17. Januar 1920 bis zum 5. Dezember 1933 dauerten. Die Prohibition ist freilich älter und sie war auch keineswegs nur auf die Vereinigten Staaten und dort nicht auf diese Jahre beschränkt – wenngleich sie nirgends sonst mit so rabiater Konsequenz und mit so gravierenden Folgen durchgesetzt wurde wie damals. Schon um die Mitte des letzten Jahrhunderts entstanden überall sogenannte Temperenzbewegungen. Sie waren durchaus berechtigt, hatten doch die industrielle Revolution in Europa oder das harte Leben im »wilden Westen« der USA dazu geführt, die schwierigen Lebensbedingungen durch Trinken erträglicher zu machen – mit den verheerenden Folgen, daß Familien verelendeten und zerstört, die Kinder zur Arbeit gezwungen wurden.

Seltsamerweise gibt es allerdings keine Berichte davon, daß die Temperenzler mit der gleichen Verve dagegen kämpften, die Indianer durch Feuerwasser zu ruinieren. Überhaupt blieb es nicht bei der »Temperenz«, also beim Einsatz für einen vernünftigen, kontrollierten Konsum und dem Kampf gegen den Mißbrauch des Alkohols, sondern man versuchte, den »demon drink« ganz zu untersagen. In den USA gelang es den Befürwortern eines Totalverbotes, im Staat Vermont bereits 1851 ein solches Gesetz durchzusetzen. 1869 wurde die Prohibition Party gebildet. In Irland schaffte es der Kapuzinerpater Matthew durch seine Kapuzinerpredigten, zwischen 1838 und 1844 die Zahl der Kneipen von 21 000 auf 13 000 zu reduzieren und der Whiskeyindustrie substanzielle Verluste zuzufügen. In England organisierten die Kirchen Lichtbilderabende, bei denen herzergreifende Geschichten über alkoholkranke Väter verbreitet wurden. In Skandinavien wird der Handel mit Alkohol bis heute vom Staat kontrolliert.

In den USA gab es »trockene Staaten« schon vor dem 1. Weltkrieg. In Tennessee wurde die Prohibition 1910 eingeführt; sie zwang die Inhaber der Brennerei von George Dickel, ihre Produktion ins benachbarte Kentucky zu verlegen. 1917 war es der Krieg, der zur Einführung einer generellen Prohibition führte und ein Jahr später wurde das »National Prohibition Law« sogar in die Verfassung aufgenommen. Der »Volstead Act« brachte dann eine Verschärfung und 1920 war es so weit: ab 17. Januar, 00.00 Uhr war Amerika trocken. Stefan Gabànyi hat recht, wenn er in seinem »Whisk(e)ylexikon« urteilt, daß es 13 Jahre waren, »die die Whisk(e)y-Welt in einem Ausmaß veränderten, dessen Folgen heute noch spürbar sind«.

Sie brachten den Zusammenbruch der kompletten Whiskeyindustrie im Land selbst. Fast alle Brennereien mußten schließen. Zwar war nach wie vor die Herstellung von Alkohol zu medizinischen Zwecken erlaubt, aber nur sechs Destillerien bekamen eine Lizenz. Gleichzeitig nahm die Zahl der Erkrankungen rapide zu, die nur mit Whiskey behandelt werden konnten. In gleichem Maß stieg die Zahl der Schwarzbrenner: 1921 hob die Polizei 96 000 aus, 1930 waren es 282 000 – von den unentdeckten ganz zu schweigen. Überall entstanden sogenannte *speakeasies*, illegale Kneipen, in denen, oft höchst fragwürdiger und minderwertiger, Whiskey angeboten wurde. In Nachtclubs wurden Fruchtcocktails serviert, die die Gäste mit selbst mitgebrachtem Alkohol »verstärken« konnten. Durch Schmuggel wurden Vermögen verdient und so mancher Gangster wurde reich und mächtig.

Doch nicht nur das zeigt die Fragwürdigkeit der amerikanischen Prohibitionspolitik. Insgesamt wurde der Konsum eher angeheizt als unterdrückt. Und vom Durst profitierten auch die Konkurrenten der amerikanischen Whiskeyhersteller in Kanada und in Schottland – nur die Iren traf es schlimm. Ihnen wurde auf einen Schlag ihr Hauptabsatzmarkt genommen, die irische Industrie brach zusammen und brauchte Jahre, bis sie sich wieder erholt hatte. Ähnlich erging es den Brennereien im schottischen Campbeltown, von denen viele schließen mußten. Auch die anderen schottischen Firmen schienen zunächst großen Schaden zu erleiden. Rückwirkend gesehen, muß allerdings geurteilt werden, daß sie von der amerikanischen Kurzsichtigkeit eher profitierten.

Wie die Kanadier auch, ließen sie sich von den Gesetzen in den USA nicht abhalten, Whisky zu produzieren und Wege zu suchen, ihn dorthin zu bringen oder zumindest nichts dagegen zu unternehmen, wenn der *Real McCoy* dorthin gebracht wurde. Sie belieferten die Bahamas; was dort mit ihrem Scotch geschah, interessierte sie nicht. Sie reagierten auch mit der Schaffung leichterer, hellerer Blends, die dem amerikanischen Geschmack entgegenkommen sollten. Marken wie *Cutty Sark* und *J & B* sind dafür Beispiele. Als dann 1933 das Ende der Prohibition ausgerufen wurde, hatten sie eine strategische Position, durch die sie den amerikanischen Markt erobern konnten. Ähnlich hatten sich auch Hiram Walker und Seagram verhalten. Auch sie verdanken ihre Stellung im Weltmarkt letzten Endes der Prohibition. Noch heute trinken die Amerikaner mehr Canadian als Bourbon.

Das offizielle Ende der Prohibition, das Präsident Roosevelt verkündete, galt nicht für alle. Noch heute gibt es im Süden der USA »trockene« Regierungsbezirke. Der Besucher der Jack Daniel Distillery in Lynchburg kann (seit einigen Jahren) zwar eine Flasche kaufen, aber trinken darf er daraus nicht. Er muß seinen Durst zügeln, bevor er das County verlassen hat, oder sich mit der angebotenen (köstlichen) Limonade zufriedengeben. Übrigens gab es auch in Schottland Prohibition, die sogar noch länger dauerte als die jenseits des Atlantik. Glücklicherweise galt sie nicht im ganzen Land, sondern nur in dem Örtchen Wick, wo es von 28. Mai 1922 bis zum 28. Mai 1947 verboten war, Whisky zu verkaufen. Es ist nicht bekannt, ob dies der Grund war, die örtliche → Pulteney Distillery stillzulegen, aber geschlossen war sie, von 1930 bis 1951.

Proof Bezeichnung für die standardisierte Messung der Alkoholstärke von Getränken, die bis Januar 1980 auch in Großbritannien üblich war, heute aber nur noch in Nordamerika verwendet wird. Auch dort wird sie allerdings zunehmend von der modernen Messung abgelöst, die auf der Methode von Guy-Lussac der International Organisation of Legal Metrology beruht, die die Alkoholstärke in Volumenprozenten, gemessen bei einer Temperatur von 20° Celsius, mißt. Eine feste Temperatur wurde bei der Bestimmung auch vorher zugrunde gelegt. Sie betrug 51° – allerdings in Fahrenheit und in Großbritannien, anders als in Amerika, wo bei 60° F gemessen wurde. Deshalb sind verwirrenderweise British und American proof nicht identisch.

Einfach ist es mit der amerikanischen Messung, die immer exakt doppelt so hoch ist wie die in Prozenten. 50 % entsprechen also genau 100°. In der britischen Definition aber entsprechen 100° 57 %. 1952 wurde festgelegt, daß »Branntwein dann Normalstärke hat, wenn das Volumen des in ihm enthaltenen Äthylalkohols zusammen mit dem aufgefüllten destillierten Wasser ein Gewicht von zwölf Dreizehnteln dessen ausmacht, was ein gleiches Quantum an destilliertem Wasser wiegt«. Das ist zwar weit genauer als die früher übliche Methode, die Stärke dadurch zu bestimmen, daß man Schießpulver mit Alkohol anfeuchtete und durch eine brennende Kerze prüfte, ob er sich entzündete. Das Hydrometer machte zwar genauere

Methoden möglich, aber man brauchte immer noch Tabellen, um zu ermitteln, wieviel Wasser und wieviel Alkohol eine Flasche enthielt. Komplizierte Formeln erklärten, warum 70 britische proof 80 amerikanischen entsprachen. Die Aufgabe von Gewohnheiten kann, auch beim Whisky, manchmal tatsächlich ein Fortschritt sein; das Leben macht sie in diesem Fall allemal leichter.

Pulteney Schottische Malt-Destillerie. Ihr Name, ausgesprochen »pultnej«, bedeutet vielleicht Grube und bezeichnet den Teil des Städtchens Wick, in dem sie ganz in der Nähe der Nordseeküste südlich des Hafens liegt. Sie zählt zu den nördlichen → Highlands und ist die nördlichste Brennerei auf dem schottischen Festland. Das Örtchen war einmal die Heringshauptstadt Schottlands und spielte in der Whiskygeschichte des Landes eine besondere Rolle, weil dort von 1922 bis immerhin 1947 eine totale Prohibition herrschte, die jeglichen Verkauf von Whisky verbot. Lange Zeit nur wirklichen Kennern ein Begriff, machte die Brennerei in den letzten Jahren gleich zweimal von sich reden: einmal, weil sie zu den Destillerien gehörte, von denen der Großkonzern → Allied Domecq sich trennte, und zweitens, weil die neuen Besitzer → Inver House ihre Ankündigung wahrmachten und den Single Malt zum ersten Mal nach mehr als 60 Jahren in einer → Eigentümerabfüllung (mit 12 Jahren) auf den Markt brachten.

Bereits 1826 von einem James Henderson in der schottischen Heringshochburg gebaut, blieb die Brennerei bis in die zwanziger Jahre im Familienbesitz, geriet dann aber in heftige Turbulenzen mit häufigen Besitzerwechseln. Sie kam zuerst zu James Watson & Co., dann über → Dewar zur → DCL, die sie von 1930 bis 1951 (wegen der Prohibition?) stillegten. Ein weiterer Besitzer verkaufte sie 1955 an die kanadische Firma Hiram → Walker, die die Lizenz auf ihre Tochter James and George → Stodart ausstellen ließen. Was die zwei → *stills* aus dem Malz und dem Wasser von Hempriggs Loch machten, wurde überwiegend für Blends (vor allem → *Ballantine's*) verwendet, aber Allied, mittlerweile im Besitz von Hiram Walker, erlaubten → Gordon & MacPhail einige Abfüllungen unter dem Namen des Lizenzträgers und mit dem Namen → *Old Pulteney*. Er wurde auch von Inver House beibehalten. Sie stellten im Dezember 1997 dem 12jährigen einen 15 Jahre einen → *cask strength* (60 %) zur Seite. Beide wurden durch einen ebenfalls 15 Jahre alten *Sherry Cask* ergänzt, der in limitierter Menge und mit 60.8 % abgefüllt wurde.

Puncheon Bezeichnung für das größte in Schottland für die Lagerung von Whisky verwendete Faß. Es faßt ungefähr 550 Liter und gehört neben dem → *quarter*, dem → *barrel*, dem → *hogshead* und dem → *butt* zu den fünf Faßtypen, die am häufigsten verwendet werden.

Pure Gold Kanadischer Whisky, 3 Jahre alt und nur in Kanada erhältlich. Die für den Blend verwendeten Whiskies kommen (noch) nicht aus der auf dem Label genannten → Kittling Ridge Distillery, sondern werden von anderen Brennereien zugekauft.

Pure Kentucky Kentucky Straight Bourbon von → Kentucky Bourbon Distillers in Bardstown, denen auch die → Willett Distillery gehört. Aus ihren alten Beständen stammen der → *Johnny Drum* und der → *Noah's Mill*, aber wahrscheinlich nicht dieser → *small batch*-Whiskey, den die Firma selbst einen »Boutique Bourbon« nennt. Er trägt auf einem Siegel die Bezeichnung »XO« und zeigt auf dem Label eine alte Karte von Kentucky.

Pure Malt Bezeichnung für einen Whiskytyp, der sich indes nicht eindeutig definieren läßt, was die Verwendung des Begriffs manchmal mißverständlich macht. Während die Bezeichnungen Single Malt und Vatted Malt auf der einen Seite immer für einen Malt Whisky verwendet werden, der entweder aus einer einzigen, meist auch namentlich bekannten, Brennerei stammt oder aus den Malt Whiskies von verschiedenen Brennereien komponiert, eben »vatted« ist, kann »Pure Malt« beides meinen. Die Unklarheit kommt aus einer Zeit, in der Single Malts noch eine Rarität waren. So haben William → Grant & Sons ihren → *Glenfiddich*, den ersten Single Malt, der außerhalb Schottlands vermarktet wurde, zuerst als »Pure Malt« bezeichnet, und bis vor kurzem standen beide Bezeichnungen auf den Flaschen dieses Klassikers und Pioniers. Seit allerdings immer mehr Malts in → Eigentümer-Abfüllung verfügbar wurden, wird zumindest in Schottland darauf geachtet, für Klarheit zu sorgen. Wenn heute auf einer schottischen Flasche nur »Pure Malt« steht, ist in der Regel ein Vatted gemeint – aber eben nur in der Regel. In anderen Ländern ist man noch weniger konsequent. Besonders die Japaner verwenden gerne die Bezeichnung »Pure Malt« – und haben damit Gerüchten Vorschub geleistet, ihre Malts enthielten vielleicht doch nicht nur in Japan destillierten Malt, sondern manchmal auch ein bißchen schottischen (was nicht erstaunlich wäre, weil sowohl → Suntory wie auch → Nikka Brennereien in Schottland besitzen und → Kirin natürlich über → Seagram Zugriff hätte). Ein anderes Beispiel ist der deutsche Malt → *Piraten Whisky*, den sein Hersteller Robert Fleischmann als »Pure Malt« bezeichnet, obwohl er eindeutig ein Single ist.

Pure Malt Japanische Marke von → Nikka. Die Firma führt mehrere Whiskies, die sie, obwohl man sie bestimmten einzelnen Brennereien zuordnen kann, nicht Single, sondern »Pure Malt« nennt – eine Bezeichnung, die normalerweise nur bei Vatted Malts angewendet wird, die normalerweise aus Malt-Destillaten von verschiedenen Destillerien komponiert sind. Neben dem *Nikka Pure Malt* mit den Untertiteln → *Kitagenshu* und → *Hokkaido* gibt es auch einen Nikka Pure Malt aus dem Sherry-Faß. Außerdem gibt es drei Versionen des *Pure Malt*, bei denen der Firmenname nicht so eindeutig und groß herausgestellt ist, den *Black*, den *Red* und den *White*. Letzterer ist eindeutig ein Vatted: die für ihn verwendeten Malt Whiskies werden aus Schottland importiert und in Japan »verheiratet«, wobei → Islay-Whiskies eine klare Dominanz haben, aber vermutlich auch ein Anteil von → Ben Nevis kommt, die

Nikka gehört. Der *Red* ist leicht, was darauf schließen läßt, daß er vor allem aus Destillaten besteht, die in Nikkas Brennerei bei → Sendai hergestellt werden, der man nachsagt, sie produziere Whiskies, die dem → Lowland-Stil nahekämen. Dagegen ist der *Black* ein fülliger und schwerer Whisky, er besteht hauptsächlich aus Destillaten von Nikkas erster Brennerei → Yoichi auf der japanischen Nordinsel Hokkaido. Alle drei kommen in Halbliterflaschen und die Firma ermutigt ihre Kunden, sie möglichst zusammen zu kaufen und mit ihnen eigene Blend-Experimente anzustellen. Sie waren die ersten reinen Malt Whiskies überhaupt, die von einer japanischen Firma auf den Markt gebracht wurden.

Pure Pot Still Whiskey Moderne Bezeichnung für den traditionellen Irish Whiskey, der früher nur → Pot Still Whiskey genannt wurde. Der Zusatz »Pure« wurde notwendig, nachdem auch in Irland fast ausschließlich Blends hergestellt werden. Heute sind nur noch → *Green Spot*, → *Old Comber* und → *Redbreast* Repräsentanten der alten Art. Auch *The* → *Tyrconnell*, → *Connemara* und → *Locke's Single Malt* von → Cooley sind Pure Pot Stills, unterscheiden sich dennoch von den genannten drei, weil sie nach schottischer Methode hergestellt werden, bei der ausschließlich gemälzte Gerste (Puristen bestehen darauf, daß Pot Still Whiskey unbedingt mehrheitlich nicht gemälzte Gerste enthalten muß) und auch nur zweimal destilliert wird.

Putachieside Schottischer Blend, der auf dem hübsch altmodischen Etikett noch »Liqueur Whisky« genannt wird. Es zeigt überdies den Platz in Aberdeen, der ihm den Namen gegeben hat. Die Marke wurde bereits im letzten Jahrhundert von William → Cadenhead, einem lokalen Wein- und Spirituosenhändler, herausgebracht, dessen Name jedem Maltkenner vertraut ist, weil diese Firma einer der ersten → unabhängigen Abfüller war. Cadenhead gehört heute J. & A. → Mitchell in → Campbeltown, die ihn mit 12 und 25 Jahren anbieten und im übrigen auch bei ihm ihren üblichen Prinzipien folgen. Der Whisky ist nicht gefärbt. Sie wollen ihn neuerdings etwas besser verfügbar machen. Hoffentlich bleibt das alte Etikett dabei erhalten.

Q

QSI (Quality Spirits International) Tochterfirma von William → Grant & Sons, die von Guernsey aus operiert, mehr als 50 Markennamen im Portfolio hat und vor allem einfache *value for money*-Blends vertreibt, zum Teil nur auf Einzelmärkten oder als Eigenmarken von anderen Firmen (wie z. B. Supermarktketten) angeboten werden. Dabei werden manchmal wie im Falle von → *Loch Kindie* auch Namen benutzt, die der Firma nicht selbst gehören. Die wichtigsten Marken, an denen William Grant & Sons die Rechte selbst haben sind: → *Consulate*, → *Glen*

Corrie, The → *Great Macauley*, → *Haddington House*, → *Highland Bird*, → *Highland Reserve*, → *King Charles* und → *Scottish Collie*. Außerdem führt die Firma den *Loch Kindie* und den → *Old Moor*.

Quaich Schottisches Trinkgefäß, das die Form einer Schale hat. Es sieht ähnlich aus wie ein »Tastevin«, hat aber zwei Handgriffe, durch die es an den eintretenden Gast oder in geselliger Runde von Trinker zu Trinker weitergereicht wird. Es wird auch als »cup of friendship« bezeichnet. Es kann aus kostbarem Metall wie Silber oder gar Gold bestehen oder auch aus Holz oder Horn gefertigt sein. Das Wort leitet sich vom gälischen cuach ab, hat zweifelsohne Anklänge an »Kelch« und geht auf das lateinische caucus zurück. Oft auch in schottischen Offiziersmessen in Gebrauch, waren quaichs weitgehend aus dem Alltagsleben verschwunden. 1988 wurden die → »Keepers of the Quaich« gegründet, die ihr Gelöbnis, sich »für Whisky und Schottland einzusetzen« durch Handauflegen auf einen großen quaich ablegen. Seitdem werden wieder viele quaichs produziert, die vor allem als Souvenirs beliebt sind.

Quarter Bezeichnung für eine Faßgröße, die ungefähr 125 bis 130 Liter beträgt und somit ein Viertel eines → *butt* umfaßt.

Queen Anne Schottischer Blend, der zu den ältesten Marken überhaupt zählt. Er kam aus dem Haus → Hill Thomson & Company, dessen Anfänge auf den 1793 in Edinburghs Frederick Street gegründeten Lebensmittelladen William Hills zurückreichen. Der Blend wurde von dem in den siebziger Jahren des vorigen Jahrhunderts in die Firma eingetretenen William Shaw kreiert, der ihn nach der letzten Stuart-Königin benannte. Sie regierte 1702–1714 und man erinnert sich gerne an sie, weil es dem Land unter ihrer Herrschaft gutging. 1970 gehörte *Queen Anne* zur Mitgift bei der Vereinigung von Hill Thompson mit → Glen Grant-→ Glenlivet und wurde zum Flaggschiff-Blend der neuen Firma The → Glenlivet Distillers, der stolz für sich in Anspruch nehmen konnte, Malts von allen firmeneigenen Brennereien zu enthalten, vor allem von → Longmorn, → Glen Grant und → Glenlivet. Diese herausragende Funktion hat er heute angesichts solcher hauseigener Marken wie → *Chivas Regal*, → *Passport* oder → *Royal Salute* verloren, er gehört aber immer noch zu den → Standard-Blends der heute unter dem Dach des Getränke-Multi → Seagram arbeitenden → Chivas & Glenlivet Group.

Queen Eleanor Schottischer Blend von Highland Shippers in Glasgow und London, einer der zahlreichen Tochterfirmen von H. → Stenham, der auch diesen Blend in den firmenüblichen fünf Altersstufen von 3, 5, 8, 10 und 12 Jahren herstellte und zwar ausschließlich für den Export. Nachdem der Inhaber 1996 im Alter von 82 seine Firma verkaufte, wird das Unternehmen unter dem Namen einer früheren Firmentochter, → Premier Scotch Whisky Co., fortgeführt. Queen Eleanor lebte von 1223–1293 und war mit König Henry III verheiratet.

Queen Elizabeth Schottischer Blend,

den es gleich zweimal gibt: Er ist als einfacher Standard immer noch im Programm von → UDV, zu denen die Marke gekommen ist, nachdem → Guinness in den achtziger Jahren Arthur → Bell & Sons übernommen hatte, 1987 auch → DCL gekauft, dann seine Spirituosen-interessen neu unter dem Dach von UD geordnet, sich 1997 mit Grand Metropolitan zu Diageo vereinigt und die UDV gebildet hatte. Bei Bell wiederum war sie ein Blend der Tochterfirma Burn Brae Blenders. Die zweite *Queen Elizabeth* kommt, diesmal als → Premium-Blend, von → Avery's of Bristol, einer der bedeutendsten Weinhandlungen Großbritanniens, die immer Wert darauf legte, ihre hauseigenen Blends selbst abzufüllen. Ob das auch unter dem neuen Besitzer der Firma, der Hallgarten Group, so bleibt, ist fraglich.

Queen Margot Schottischer Blend, der von der Tower Blending Company hergestellt wird. Der einfache → Standard wird in Deutschland in den Filialen von Lidl angeboten.

Queen Mary I Schottischer Blend von der Firma Premier Scotch Whisky Glasgow und London, die früher eine der mindestens sieben Tochterfirmen der Londoner Familienfirma war, die von H. → Stenham gegründet und geleitet wurde. Sie hatte mehr als 40 Marken im Programm und liebte es, die Namen englischer und schottischer Könige und Königinnen zu verwenden. Aus Altersgründen verkaufte Stenham sein Unternehmen an die schottische Firma Rossendale Blenders von Alastair R. F. Sinclair, der sie unter dem Namen Premier weiterführt und als eines seiner zwei Hauptlabels herausstellt. Typisch, daß dieser einfache, nach der unglücklichen Schottenkönigin benannte Blend nicht in ihrem Heimatland zu bekommen ist, sondern nur in den Supermärkten Südeuropas, Südamerikas und Südostasiens – aber die Verbannung war die Namensgeberin ja gewohnt. Es gibt den Whisky in den firmenüblichen fünf Altersstufen von 3, 5, 8, 10 und 12 Jahren.

Queen of Scots Schottischer Blend, mit seinen 15 Jahren ein → Premium, der natürlich mit seinem Namen nur die unglückliche Königin Mary meinen kann. Die → *warehouses* seines Herstellers → Glenmorangie liegen zwar nicht mehr am Queen's Dock wie zu den Zeiten, als die Firma noch → Macdonald & Muir hieß, ehe sie sich 1996 umbenannte und vom Hafen in Leith (wo Mary weiland ankam, als sie aus Frankreich zurückkehrte) nach Boxburn in die Nähe des Flughafens umzog. Auch der wichtigste Blend der Firma führt die Königin im Namen: → *Highland Queen*.

Queen's Choice Schottischer Blend von → UDV. Er kam unter die Obhut von deren Vorgängern UD, als Arthur → Bell & Sons, die Mutterfirma des als Hersteller genannten C. & J → McDonald, in den achtziger Jahren von → Guinness gekauft wurde.

Queen's Own Schottischer Blend, dessen Herkunft ungeklärt ist. Er ist bei dem britischen Wein-, Spirituosen- und Mineralwasser-Großhändler Matthew Clark im Programm, der seit Ende 1998 eine Tochter von → Canandaigua ist.

Queen's Seal, The Schottischer Blend aus dem Hause Peter J. → Russell. Er wurde früher von der Tochterfirma Ian → MacLeod in zwei Versionen, als *White* und als *Black Label* verkauft, heute gibt es ihn als → Standard und mit 12, 21 und 32 Jahren.

Quintessential, The Schottischer Blend, mit dem sich → Inver House Distillers an dem Wettbewerb »The → Spirit of Scotland« beteiligte, den die »International Wine & Spirit Competition« 1994 ausgeschrieben hatte. Anlaß war, daß 500 Jahre zuvor der Mönch John → Cor aus Fife vom König »Eight Bols of Malt« erhalten hatte, um daraus »aqua vitae«, also Whisky zu machen – die erste Erwähnung des Wortes in einem Dokument.

R

R & H Blenders Schottischer Blend von der relativ jungen Firma → London & Scottish Spirits, ein einfacher → Standard.

Racke rauchzart Deutscher Blend. Er wurde von der Bingener Firma A. Racke 1958 auf den Markt gebracht. Sie kann in gewisser Weise beanspruchen, Whisky in → Deutschland überhaupt erst durchgesetzt zu haben, der damals zwar schon bekannt und auch populär war, aber wegen der hohen Preise ein reines Prestigegetränk für die war, die bereits vom Wirtschaftswunder profitiert hatten, während sich die anderen damit begnügen mußten, im Kino den Stars zuzuschauen, wie sie ihren Scotch oder Bourbon genossen. Racke ist eine Familienfirma, die auf die (hugenottischen?) Raquets zurückgeht, die sich im 17. Jahrhundert als Weinhändler im Rheingau niederließen, und von Adam Josef Racke 1855 gegründet wurde, der sich in Bingen als Wein- und auch als Essighändler betätigte. Sein Sohn Georg wurde von seinem Schwiegersohn Heinrich Moller-Racke beerbt und von ihm übernahm Harro Moller-Racke die Geschäftsführung.

Er entschloß sich, die Vielfalt der Produkte auf wenige Markenartikel zu konzentrieren – und er war es, der erkannte, daß die Zeit reif war für einen Whisky, den sich die Deutschen auch leisten konnten. Mit für damalige Verhältnisse ungewöhnlichem (und ungewöhnlich cleverem) Werbeeinsatz brachte er seine Marke heraus, die er zunächst *Red Fox* nannte und von der er im ersten Jahr sofort 850000 Flaschen verkaufte. Der Name rief die Schotten auf den Plan, die ihm die Verwendung von englischen Worten untersagten. Der rote Fuchs ist immer noch auf den Flaschen, aber seit 1961 heißt der Whisky *Racke rauchzart*, eine geniale Wahl, die sicher dafür verantwortlich war, daß die Umbenennung keinen Schaden anrichtete, sondern nur ein weiterer Schritt auf dem Weg zum Erfolg war – ein Erfolg, der bis heute anhält. Die Marke hält, hinter → *Ballantine's*, → *Jim Beam*, → *Johnnie Walker* und → *Jack Daniel's* einen kommoden fünften Platz auf dem deutschen Markt. Der Erfolg der Firma, die seither andere bekannte Firmen wie Pott und Dujardin unter ihr Dach bringen konnte, war so groß, daß man sogar Lizenzen für Österreich und Jugoslawien vergab, einen in Kentucky hergestellten Bourbon namens *Old Red Fox* führte – und ein vorgemixtes Getränk anbot; auch hier also eine Pioniertat, in diesem Fall nur zu früh lanciert.

Ursprünglich wurde der Blend aus Malts gemacht, die aus Schottland kamen und in Rinteln an der Weser mit Getreidedestillaten verschnitten wurden, die Racke in Deutschland brennen ließ. Davon hat man mittlerweile Abstand genommen. Heute kommen alle benötigten Whiskies aus Schottland, aber geblendet wird immer noch hier, wobei die Reduktion mit dem berühmten, auf dem Rücken-Etikett erwähnten Wasser aus 240 Metern Tiefe vorgenommen wird, das vorher sorgfältig gefiltert wird. Der Blend enthält bis zu 25 Einzelwhiskies. Manche, die ihn schon in den fünfziger Jahren getrunken haben, sagen, er sei weicher und noch zarter geworden. Neben dem »Special Blend« gab es auch einen 12jährigen und, ganz selten, einen 25jährigen in der Glaskaraffe. Beide sind heute gesuchte Sammlerstücke.

Rampur Indische Destillerie in der gleichnamigen Stadt, die östlich von Delhi im Bundesstaat Uttar Pradesh liegt und in der heutigen Form von der Rampur Distillery Company erst 1993 errichtet wurde. Vorher hat die Firma dort nur Destillate aus Melasse gemacht, die man sonst eher Rum zu nennen pflegt. Sie wurde eingerichtet von Jolly Bhargava und seinem Produktionsleiter R. B. Singh, der sein Handwerk zuerst in Edinburgh an der Heriot-Watt University und dann bei → Invergorden und in → Tullibardine lernte; beide holten sich den Schotten Jimmy Lang zu Hilfe. Das Ergebnis war so beeindruckend, daß die Invergorden-Mutter → Whyte & Mackay 51 % der Anteile übernahm. Nach einer kurzen Unterbrechung ging die Brennerei 1997 wieder in Produktion – mit indischem Malt von einer schottischen Firma. Bhargava ist heute Chef von Whyte & Mackay (India) – und nicht nur die Schotten, sondern mit ihnen auch ihre Besitzer von → Jim Beam, haben eindrucksvoll ihren Fuß auf den Boden eines Landes gesetzt, von dem sich alle großen Getränkekonzerne ein riesiges Wachstumspotential versprechen. Die Brennerei hat nur kleine Dimensionen, sechs Gärbottiche aus rostfreiem Stahl und zwei ganz kleine → *pot stills*. Doch nicht nur das erinnert an → Edradour, auch der Whisky hat denen, die ihn schon probieren konnten, so ähnlich geschmeckt. Es ist noch nicht entschieden, ob es ihn jemals als Single Malt geben wird. Einstweilen wird ein kleiner Teil von ihm dem → *Genesis* und dem → *White Hall* beigegeben und auch in dem → *Moghul Monarch* von → Shaw Wallace spielt er, ungereift allerdings, eine Rolle.

Rare Bourbons Eine am Vorbild ihrer schottischen Serie → »Rare Malts« orientierte Reihe, die → UD 1997 einführte. Sie soll die Whiskeys längst geschlossener amerikanischer Brennereien zugänglich machen, von denen eigentlich niemand mehr hoffen konnte, jemals einen Tropfen zu kosten. Wie bei den Schotten handelt es sich um extrem limitierte Abfüllungen, die bei → *barrel proof* in die Flasche kommen. Anders als bei den Schotten wird aber leider nicht präzise angegeben, welcher Whiskey aus welcher Brennerei stammt. Beim ersten hat Jim Murray das Geheimnis gelüftet: Es war ein Kentucky Straight aus der Astor Distillery, die unmittelbar neben → Bernheim Distillery in Louisville lag. Er bekam den Namen → *Henry Clay* nach einem berühmten Senator, der auch einmal eine Brennerei besessen hat. Ihm folgte der → *Joseph Finch*. Leider ist es unwahrscheinlich, daß die Serie fortgesetzt wird, weil die aus der Verschmelzung der UD mit IDV hervorgegangenen UDV sich im Frühjahr 1999 von fast allen nordamerikanischen Aktivitäten getrennt haben.

Rare Breed Kentucky Straight Bourbon von → Austin, Nichols Distilling Co. Ihnen bzw. ihrem Master Distiller Jimmy Russell ist mit diesem → *barrel proof* das Meisterstück ihrer → *Wild Turkey*-Reihe gelungen: Jim Murray hält ihn für den besten Bourbon überhaupt. Die eher unscheinbare Flasche trägt die Jahreszahl 1855, das Gründungsdatum der Firma, unter einer Vignette, die einen Vogel zeigt, aber seltsamerweise nicht den berühmten Truthahn. Der ist nicht einmal auf dem Etikett zu sehen. Dort wird als Hintergrund ein Bild der → Boulevard Distillery in Lawrenceburg verwendet, wo Jimmy Russell seit 1955 arbeitet und seit vielen Jahren für die Produktion verantwortlich ist und alle Whiskies brennt, die als *Wild Turkey* abgefüllt werden. Er persönlich wählt auch alle Fässer aus, denen die Auszeichnung zuteil wird, ein *Rare Breed* zu werden. Sie sind 6, 8 und 12 Jahre alt. Die Flaschen vermerken auf dem Halsband eine Nummer, die dokumentiert, daß es sich um einen → *small batch*-Bourbon handelt. Er hat in der Regel um die 108°/54 % und wird auf manchen Märkten auch als *1855 Reserve* angeboten.

Rare Malt Selection Nach den → »Classic Malts« und der → »Flora & Fauna«-Serie war dies die dritte Reihe von → UD, mit der einerseits der Versuch gemacht wurde, das rückläufige Geschäft mit ihren Blends, den Markenwhiskies zu kompensieren, andererseits aber auf die zunehmende Nachfrage der Maltliebhaber zu reagieren. Ihnen bietet die Reihe sensationelle Whiskies. Glücklicherweise setzten auch UDV als Nachfolger der UD die Serie fort. Bis zum Frühjahr 1999 sind Malts von mehr als zwei Dutzend Brennereien herausgebracht worden, manchmal auch mehrere Versionen: → Aultmore, → Benrinnes, → Benromach, → Blair Atholl, → Brora, → Caol Ila, → Cardhu, → Clynelish, → Craigellachie, → Dallas Dhu, → Dailuaine, → Dufftown, → Glen Ord, → Glendullan, → Glenlochy, → Glenury Royal, → Hillside, → Linkwood, → Mannochmore, → Millburn, → Mortlach, → North → Port, → Port Ellen, → Royal Brackla, → Royal Lochnagar, → St. Magdalene und → Teaninich. Der Kenner weiß, daß viele von ihnen von inzwischen geschlossenen oder sogar zerstörten Brennereien stammen oder von Destillerien, deren Malts nur schwer in Eigentümerabfüllungen zu bekommen sind.

Alle werden in → *cask strength* und nicht → kühlgefiltert abgefüllt, was UDV zu der Empfehlung, sie mit zwei Dritteln Wasser zu verdünnen, und zur Warnung veranlaßt hat, sie könnten dabei trübe und wolkig werden, was ein Beweis für einen wirklich naturbelassenen und nicht künstlich gereinigten Malt ist. Es sind wirklich »Rare Malts«: wegen der sehr beschränkten Menge sind sie immer schnell ausverkauft.

Rattlesnake Whiskeydrink. Er ist eine Variante des Whiskey Sour, aus zwei Teilen Bourbon, einem Teil Zitronensaft, die mit einem Teil Zuckersirup, einem Löffel Puderzucker und einem Schuß Anisette im Mixbecher kräftig geschüttelt, abgeseiht und im Cocktailglas serviert werden

Real Mackay Schottischer Blend, der für die auf Guernsey beheimatete Firma Mackay & Co. (sie hat nichts zu tun mit → Whyte & Mackay) produziert wird und ausschließlich auf der Kanalinsel erhältlich ist. Er wird aber in Schottland hergestellt und zwar von → Long John International, die zum Imperium von → Allied Domecq gehören.

Real Mackenzie, The Schottischer Blend, der auf die bereits in den zwanziger Jahren des 19. Jahrhunderts gegründete Edinburgher Firma Peter Mackenzie & Co. zurückgeht. Ihnen gehörten die Brennereien → Blair Atholl und → Dufftown, als sie 1933 von Arthur → Bell & Sons gekauft wurden, die damit ihre ersten Destillerien erwarben. Als → Guinness Mitte der achtziger Jahre zuerst Bell und dann, zwei Jahre später, auch noch die → DCL kaufte, verlangte die britische Monopolkommission, daß sich deren Nachfolger → UD von einigen Unternehmen und Marken trennen mußte, von manchen (wie → *John Barr* und → *Claymore*) ganz, von manchen nur auf Teilmärkten. Zu letzteren gehörten die beiden Blends (→ Standard und 20 Jahre alt) und der Vatted der Marke *The Real Mackenzie*, deren Rechte für Großbritannien heute → Whyte & Mackay/ → JBB (Greater Europe) haben, die aber auf anderen Märkten nach wie vor von den UD-Nachfolgern UDV angeboten werden.

Rebel Yell Kentucky Straight Bourbon. Bis 1993 wurde er in der → Stitzel-Weller Distillery gemacht, deren Besitzer ihn 1936 einführten. Er war, wie das Label noch heute mitteilt, »especially for the Deep South« gedacht und sollte den Süden repräsentieren. Lange wurde er tatsächlich nur dort verkauft. Das Etikett zeigt die Jahreszahl 1849, die sich auf den Beginn der Marke → *W. L. Weller* bezieht, mit der er auch die Formel teilt: *Rebel Yell* ist einer der drei sogenannten Weizen-Whiskies von Stitzel-Weller, bei denen der sonst übliche Roggenanteil durch Weizen ersetzt ist – zur Zeit ist die → *mash bill* 75 % Mais, 20 % Weizen und 5 % Gerstenmalz. Nachdem die Marke eine Zeitlang eingestellt worden war, wurde sie 1961 zum 100. Jahrestag des Civil War wieder herausgebracht und 1984 sogar den Yankees im Norden zugänglich gemacht.

Das war das Jahr, als die schottische → DCL die Firma und die Marke übernahmen. Deren Nachfolger → UD hatten große Pläne, wollten die Welt des Bourbon entstauben, von den vielen »Olds« befreien und glaubten, mit dem

Rebellen ein junges Publikum ansprechen zu können – eine Spekulation, die nicht aufging. Die Bestände, die seinerzeit für den *Rebel Yell* bestimmt waren, dienten danach einer neuen Marke der Firma, dem »Prohibitions-Whiskey« *Dickel's* → *RX*. Die Fehlkalkulation könnte auch eine Rolle gespielt haben bei dem Entschluß, die Brennerei ganz zu schließen und die Whiskies für den *Rebel Yell*, den *W.L. Weller* und den → *Old Fitzgerald* fortan bei → Bernheim produzieren zu lassen. Doch auch dieser Entschluß war nur von kurzer Dauer. Brennerei und Marke gehörten im März 1999 zu dem Paket, das die UD-Nachfolger → UDV an ein Konsortium von → Heaven Hill, → Sazerac und David → Sherman verkauften. Letztere übernahmen die Marke, Heaven Hill die Brennerei. Der Whiskey wird mit 80° / 40 % abgefüllt. Es gibt auch einen *Rebel Yell Double Cinnamon Spiced Liquor* mit 101° / 50.5 %.

Rectifyer Bezeichung für die zweite der beiden Säulen, die bei der Herstellung von Whisk(e)y in → *patent stills* oder → *column stills* eingesetzt werden. Die erste Säule ist der → *analyser*. In ihr wird durch heißen Dampf der Alkohol aus der → *wash* gezogen, ehe ein Gemisch aus Wasser- und Alkoholdampf in der zweiten Säule rektifiziert, d. h. zu einem chemisch reinen, etwa 95 % starken und relativ geschmacksneutralen Alkohol wird.

Red & Gold Kentucky Straight Bourbon, der sich auf dem Label »smooth and mellow« preist und von einer Firma abgefüllt wird, die sich Red & Gold Distillery nennt und als Firmensitz → Bardstown angibt. Es handelt sich um einen der vielen Namen, unter denen die → Kentucky Bourbon Distillers agieren, die den 4 Jahre alten und 43 % (keine Proof-Angabe auf dem Etikett) starken Whiskey vermutlich aus der → Heaven Hill Brennerei beziehen.

Red Devil Getränk, das sich »Red Hot Whisky« nennt und ein Scotch ist und doch keiner. Es enthält laut den Angaben auf der Flasche → *Bells 8 years old with red Chili pepper* und wurde von → UD mit der Herstellerangabe Arthur → Bell & Sons gemacht. Es gab die Flaschen nur auf dem Testmarkt und in wenigen ausgewählten Läden wie → »Loch Fyne Whiskies« in Inveraray und in einem Pub im benachbarten Furnace (wo die Golfer ganz begeistert von dem Getränk waren, weil es »zweimal wärmt, im Mund und im Bauch«). Wie der → *Hackler* oder vorgemixte Getränke wie → *Bell's* mit Cola oder IRN Bru gehört der *Red Devil* zu den Versuchen, neue Käuferschichten zu erobern.

Red Extra Japanischer Blend von → Suntory, der zu den preisgünstigen Standard-Marken des Hauses gehört, selten in Bars anzutreffen ist, dafür aber angeblich gerne von den japanischen Hausfrauen gekauft wird, um das familiäre Getränkeangebot zu bereichern.

Red Feather Kanadischer Whisky aus dem Hause → Gilbey Canada, zunächst nur auf einem kleinen lokalen Markt getestet und wieder eingestellt, weil er sich nicht durchsetzen konnte. Der Journalist Jim Murray, der ihn probieren konnte, hält den 10jährigen nicht nur für den besten Whisky aus → Palliser, sondern für einen der besten

Canadians überhaupt. Es war lange offen, ob er nicht doch wieder herausgebracht würde, aber nachdem sich die UDV, die Nachfolger von Gilbey, von allen kanadischen Aktivitäten (bis auf eine einzige Marke) trennten, ist die Frage wohl entschieden.

Red Hackle Schottischer Blend, der heute von → Robertson & Baxter gemacht wird, aber ursprünglich von Hepburn & Ross auf den Markt gebracht wurde. Die Inhaber dieser Firma, die 1959 zum neuen Besitzer kam, dienten beim berühmten Black Watch Regiment, deren Soldaten einen roten Federbusch als Kopfschmuck trugen, der wiederum an eine 1795 geschlagene Schlacht erinnerte. Den Blend gab es früher, in Blau, als *Blue Hackle*, und als roten → Premium mit 12 Jahren. Heute ist davon nur der → Standard übriggeblieben.

Red Knight Indischer Whisky von → Khoday mit den in → Indien üblichen 42.8 % abgefüllt und sowohl von der Qualität als auch von der Quantität im Schatten des → *Peter Scot*, der großen Marke der Firma.

Red Lion Blending Britische Firma mit Sitz in London, die aus einem Zusammenschluß von → Highland Stag Whiskies und R. N. → MacDonald entstanden ist, sich als Broker betätigt, aber auch einige Whiskies selbst herausbringt: u. a. die Blends → *Custodian*, → *Gold Label* und → *Highland Stag*. Sie füllt auch für andere Häuser wie z. B. den → Diners Club unter deren Label ab. Den Vatted → *Glencoe* hat sie weiterverkauft an → Ben Nevis bzw. deren japanischen Besitzer → Nikka.

Red Rooster Schottischer Blend von Peter J. → Russell & Co. in Edinburgh, einer unabhängigen Familienfirma, die vor allem im Blend- und im Exportgeschäft tätig ist, mehrere Tochterfirmen wie → MacLeod besitzt und auch für andere Firmen unter deren Eigenlabel abfüllt. Wie → *Black Rooster*, der zur Zeit nicht hergestellt wird, ist dieser → Standard-Blend eine der Eigenmarken von Russell.

Red Rose Blend, der stolz die rote Rose auf dem Label führt, die auch im Wappen von Lancastershire zu finden ist (und nach der die berühmten Rosenkriege benannt sind). Der → De luxe mit seinen 40 % nennt sich »Product of the Palatine of Lancaster«, was natürlich mehrdeutig ist. Seine Hersteller, die Lancaster Whisky Producers in Wigan, wollen glauben machen, daß sie die alte Whiskytradition der Gegend wiederbelebt haben; tatsächlich gab es ja im letzten Jahrhundert die Bankhall Distillery in Liverpool, die zu den größten des Landes gehörte, und das Label des *Red Rose* weist auf die Brennereien der Firmen Preston (ebenfalls in Liverpool), Walker und Hall's of Bolton hin, die einen Ausstoß von 3 Millionen Gallonen hatten. Kritische Geister indes glauben, daß das einzige, was in dem Blend aus Lancaster stammt, das Wasser ist, mit dem aus Schottland stammende Whiskies auf Trinkstärke gebracht werden. Zum Whisky scheinen überall Legenden und Mythen zu gehören und wenn die Story von der Herkunft nicht stimmt, dann ist sie wenigstens gut ausgedacht (und auch nicht weiter hergeholt als beim weiter im Süden produzierten

→ *Prince of Wales*). Das Produkt und die Geschichten dazu hat E. J. Hamson erfunden, ein gelernter Bierbrauer und leitender Angestellter eines großen Malzextrakt-Herstellers. Ob Whisky in England tatsächlich früher hergestellt wurde als in Schottland und Irland, darum streiten sich die Forscher immer noch.

Redbreast Irischer → Pot Still Whiskey, von dem immer noch zwei verschiedene Versionen zu haben sind. Nicht nur das Label unterscheidet sie, sondern auch der Geschmack. Beide sind 12 Jahre alt, aber während die eine → Fitzgerald als Hersteller angibt, steht auf der anderen John → Jameson & Son und außerdem noch → Gilbey. Diese Firma, die später eine Tochter von → IDV / → Grand Metropolitan war, brachte ihn 1939 auf den Markt. Der Whiskey kam von → Jamesons → Bow Street Distillery, reifte aber in Gilbeys eigenen Fässern, wobei auf zwei Sherryfässer ein Bourbonfaß kam. Als die Brennerei geschlossen wurde, war Gilbey auf die noch vorhandenen Fässer angewiesen, von denen viele schon sehr alt waren, als sie 1985 die letzte Partie abfüllten. Besonders beliebt war er beim Klerus, weswegen er bald den Spitznamen »The Priest's Bottle« bekam. Vor einigen Jahren wurde die Marke von → IDG wiederbelebt. Sie ist ihr einziger Pot Still Whiskey, einer der wenigen, die es heute überhaupt noch gibt, und schon deswegen wird von vielen bedauert, daß die Iren bzw. ihre Tochterfirma Fitzgerald sich nicht mehr bemühen, diesen Ausnahmewhiskey besser herauszustellen. Der Sherrycharakter ist bei der neuen Version (40 %) weniger ausgeprägt.

Refill Bezeichnung, die in Schottland für → Fässer verwendet wird, in denen vorher schon einmal Whisky gereift ist und die nun zum zweiten (*first refill*) oder dritten (*second refill*) Mal mit Malt, seltener auch Grain, beschickt werden. Bekanntlich werden für schottischen Malt praktisch nie wirklich neue Fässer, also echte → *new casks*, eingesetzt, weil die die Aromen den Whisky in unerwünschter Weise dominieren würden. Vielmehr werden gebrauchte Fässer, in denen vorher meist Bourbon oder Sherry war, *second-hand* aus Spanien oder den USA bezogen, um sie zu füllen (→ *first fill*).

Regency Whisky, den → Seagram exklusiv für den Verkauf in → Venezuela herstellt. Er wird wahrscheinlich bereits in Schottland geblendet, sicher aber dort nicht abgefüllt, sondern *in* → *bulk* verschifft, um erst in dem südamerikanischen Land in die Flaschen zu kommen.

Regent Schottischer Blend von → MacDuff International, Glasgow.

Reife, Reifung Bezeichnung für den letzten und sehr entscheidenden Arbeitsschritt bei der Herstellung von Whisk(e)y. Er folgt der Destillation und dauert von der Abfüllung des frischen Destillats in die Fässer bis zu deren Entleerung. Bei der Reifung wird der Charakter des Whisk(e)y so gravierend beeinflußt, daß es Stimmen gibt, die ihr die größte Bedeutung zumessen. Dabei spielt die Dauer der Lagerung eine Rolle, aber ebensosehr die Art und Qualität des Einzelfasses wie auch das Mikroklima, das in und um das *warehouse* herrscht. Der englische Fachbegriff für den Prozeß heißt *maturing*. Einmal in der Flasche, reift Whisk(e)y nicht weiter.

Reliance Schottischer Blend, eine Marke, die früher über ihre Tochterfirma Forbes, Farquharson & Co. Arthur → Bell & Sons gehörte, über die sie zu → UD und dann zu UDV gekommen ist.

Reserve Japanischer Special-Blend von → Suntory mit relativ hohem Maltanteil. Er wurde 1969 auf den Markt gebracht, als die Firma 70 Jahre alt wurde. Sie verkauft von ihm in Japan 2,5 Millionen → *cases*, was ihn immerhin nach dem → *Kakubin* aus dem gleichen Haus zur zweitstärksten Marke des Landes macht. Auf den Normalflaschen steht der Name des Erzeugers dreimal so groß wie »Reserve« auf dem schwarzen Label, auf den neuen halben Flaschen ist das Verhältnis umgekehrt.

Réserve, La Ambitionierter Weinladen in Londons Walton Street Nr. 56 (in »walking distance«, fünf Gehminuten, von → Harrods entfernt), das neben einem hervorragenden Angebot von vor allem französischen Weinen auch eigenen Whisky führt und somit zu den → unabhängigen Abfüllern gehört. Es sind immer Einzelfässer, die angeboten werden, ihre Nummern werden auf den Flaschen angegeben. Sie alle sind ungefärbt, ohne → Kühlfiltrierung und mit 46 % abgefüllt – ein sicheres Indiz dafür, daß sie in → Campbeltown bei → Springbank bzw. → Cadenhead in die Flasche kommen. Deren Besitzer halten Anteile an dem Londoner Unternehmen und Malts von Springbank stellen wiederum dessen Schwerpunkt dar: 1997 gab es je ein Faß von 1978, 1972 und 1965, es war aber auch ein → *Macallan* von 1974, ein → *Caol Ila* von 1974 und ein → *Glen Moray* von 1962 zu haben. La Réserve bietet seinen Kunden auch ganze Fässer vor allem wieder von Springbank an, vorzüglich sogenannte *new fillings*, d. h. frische Destillate, die gegen eine Gebühr unter Zollverschluß bei der Brennerei belassen werden und bei denen erst nach ihrer Reifezeit Zoll und Steuern fällig werden, während der Whisky selbst schon bei Vertragsabschluß bezahlt werden muß. Ein → *hogshead Springbank* mit 256 Litern kostete 1999 1000 Pfund, d. h. die Flasche weniger als 4 Pfund. Auch wer ein eigenes Faß, allerdings schon ausgereiften, Malt gerne im eigenen Keller liegen haben möchte, kann von La Réserve für 1295 Pfund einen 1979er *Springbank* oder für 1575 Pfund einen *Caol Ila* von 1974 in → *cask strength* beziehen – allerdings nur einem kleinem Faß, einem jener 30-Liter-Fässer, die man *Blood tubs* nannte und ohne die der Haushalt eines Gentleman ehedem nicht denkbar war.

Rittenhouse Straight Rye, von dem man vielleicht noch ein paar Flaschen finden kann, obwohl er zur Zeit nicht mehr hergestellt wird. Er begann sein Leben in dem Bundesstaat, der, historisch gesehen, am Beginn der amerikanischen Whiskeygeschichte steht und mit einer Whiskeygattung identifiziert wurde, die heute zum Bedauern ihrer Liebhaber so selten geworden ist, daß man sie an den Fingern einer Hand abzählen kann. Er kam aus Pennsylvania, aber als dort die letzte Brennerei ihre Arbeit einstellte, kam er bereits von → Medley in Owensboro, nannte die Continental Distilling Co. als Hersteller und war immerhin mit seinen 100°/50 % ein → *Bottled in Bond*. Nachdem Medley zunächst von → Glenmore gekauft, 1991 mit dieser Firma in den Besitz von → UD gekommen war und nur noch als exklusiv für eine deutsche Firma abgefüllte Marke existierte, erwarb → Heaven Hill die Rechte an ihm. Dort konzentriert man sich heute nur noch auf den → *Pikesville* und den → *Stephen Foster* und hat den *Rittenhouse* genauso eingemottet wie die eigene Marke *North Brook*.

Riverstown Nahe Dundalk zu findender Ort im irischen County Louth nahe der Grenze zu Nordirland. → Cooley Distillery kaufte 1987 dem Staat die von einem tschechischen Architekten erbaute Destillieranlange Cimicei Teo ab, mit der Industriealkohol erzeugt wurde. Die von Kunstkennern kritisch mit dem Wort »häßlich« oder wohlmeinend mit »futuristisch« beschriebene Anlage wurde zu einer Brennerei umgebaut, in der mit → *pot stills* und einer → *patent still* sowohl Malt als auch Grain Whiskies produziert werden können. Sie werden zum Reifen mit Tankwagen in die alte irische Destillerie → Kilbeggan gebracht.

Rob Roy Schottischer Blend. Er ist nach dem »schottischen Robin Hood«, dem *outlaw* und Volkshelden »Rob Roy« McGregor (1671–1734), benannt. Ihm hat nicht nur Walter → Scott ein Buch, sondern auch Bérlioz eine Oper und Hollywood erst kürzlich (wieder) einen Film gewidmet. Der Blend kommt über deren Tochterfirma T. & A. → McClelland heute aus dem Hause → Morrison Bowmore und enthält wohl vor allem Malts aus den drei firmeneigenen Brennereien → Auchentoshan, → Bowmore und besonders → Glen Garioch. Er ist als → Standard mit 3, als De luxe mit 12, 17, 21, 25 und 30 Jahren zu erhalten.

Es gibt auch einen Whiskydrink gleichen Namens, eine Variation des Manhattan, bei der der normale Bourbon durch einen Scotch ersetzt wird.

Robbie Burns Schottischer Blend, der nach dem schottischen Nationalbarden Robert → Burns benannt ist, der eigentlich einen größeren Whisky als diese doch relativ kleine Marke verdient hätte. Sie gehörte wie der → *Old Angus* und → *Windsor Castle* zur Firma R. H. → Thomson & Co., Edinburgh, einer Tochter der → DCL und somit heute der → UD/UDV. Nicht zu verwechseln mit → Bobby Burns, einem Cocktail.

Robbie Dubh Name der berühmten Quelle, die das Wasser für die Brennereien → Glenfiddich und → Balvenie liefert. Nach ihr ist auch ein 12jähriger Scotch benannt, der natürlich aus dem Hause William → Grant & Sons kommt, allerdings noch nicht auf allen Märkten angeboten wird.

Robert Brown Japanischer Blend von → Kirin-Seagram, der wie alle Marken dieses kanadisch-japanischen *joint ventures* aus Whiskies komponiert ist, von denen einige in ihrer japanischen Brennerei destilliert, andere aus Schottland importiert sind. Die Firma bezeichnet diesen Whisky als einen »Deluxe«, eine Kategorie, die es in Japan, wo der

Anteil an Malt die Einstufung bestimmt, eigentlich nicht gibt. Nach schottischen Maßstab wäre er ein → Standard, Michael Jackson bescheinigt ihm aber immerhin relativ viel Körper.

Robertson & Baxter Schottische Firma, deren Anfänge auf das Jahr 1857 zurückgehen und die eine große Rolle in Schottlands Whiskyindustrie gespielt hat. Schon früh gab es enge Verbindungen zu The → Highland Distilleries Co., für deren Malts sie früh und lange ein Verkaufsmonopol hielt, mit denen sie bis heute durch gegenseitige Beteiligungen eng verbunden ist und die Adresse in Glasgow teilt – ebenso wie das Management ihrer Whiskyinteressen. Trotz vieler Übernahmeversuche z. B. durch die → DCL und durch → Seagram und Hiram → Walker konnte sie ihre Unabhängigkeit bewahren. Sie gehört immer noch den Familien der Gründer, die ihre Unternehmen unter dem Dach der Edrington Group gebündelt haben. Die Firma besitzt auch die Clyde Bonding, eines der größten Unternehmen für die Lagerung und Abfüllung von Whiskies in Schottland und es gehört ihr eine der größten schottischen Küfereien, die Clyde Cooperage. An der Grain-Brennerei → North British halten Robertson & Baxter eine 50 %-Beteiligung (die andere Hälfte war im Besitz von IDV, die bekanntlich 1997 zur → UDV wurde). Durch Aufkäufe gehört ihnen der berühmte Blend → *Red Hackle* ebenso wie die → Glengoyne Distillery und damit auch die Firma → Lang Brothers, deren *Langs*-Blends und der → *Auld Lang Syne*. Enge und alte Beziehungen bestehen auch zu → Berry Bros. & Rudd, deren Blend → *Cutty Sark* von Robertson & Baxter hergestellt und abgefüllt wird.

Robertson & Son, John Schottische Whiskyfirma, die vor allem als Lizenzinhaber der Brennerei → Coleburn und von → Speyburn Distillery hervorgetreten ist und von der ursprünglich der Blend → *Yellow Label* kam.

Rock Hill Farm Kentucky Straight Bourbon von → Sazerac, der Firma, die sich 1984 durch die Einführung ihres → *Blanton's*, dem ersten → *single barrel*-Bourbon überhaupt, große Verdienste erworben und den Markt revolutioniert hat. Der ist nach Albert B. Blanton benannt, dem Mann, der mehr als ein halbes Jahrhundert die Geschicke der → Ancient Age Distillery in → Leestown entscheidend mitbestimmt hat. Es war sein Vater, der den Grundstein zu dieser Brennerei gelegt hat, als er auf seiner Rock Hill Farm in Leestown mit dem Herstellen von Whiskey begann. Die Flasche hat die Form einer Karaffe, ist mit Pferden und mit einem sehr gestylten Label geschmückt. Unter den mittlerweile fünf *single barrels*, die alle aus Ancient Age kommen, ist er mit 100°/50 % die einzige → *Bottled in Bond*-Abfüllung. Die Fässer für ihn wählt der heutige Master Distiller Gary Gayheart aus.

Roderick Dhu Schottischer Blend, der schon im letzten Jahrhundert von → Wright & Greig auf den Markt gebracht wurde. Sie, ihre Marke und ihre Destillerie → Dallas Dhu, gerieten später unter den Einfluß der → DCL-Tochter → Bulloch Lade & Co. (→ Caol Ila). Heute wird der Blend lokal vor allem den Besuchern des Destillerie-Museums Dallas Dhu verkauft.

Rodger's Old Scots Schottischer Blend, dessen Namen an eine alte Firma aus Glasgow erinnert, die als Slater Rodger & Co. große Erfolge vor allem im Export und eine große Zahl von Blends im Programm hatte. Ihre Geschäfte liefen so gut, daß John → Walker & Co. schon 1898 ein Auge auf sie warfen und sie bald ganz übernahmen. Für die → DCL führte sie → Banff Distillery. Der *Old Scot*, der in manchen Ländern auch als *Rodger Special* verkauft wird, ist die einzige Marke des alten Unternehmens neben → *Huntley*, die → UD als Nachfolger der DCL bzw. UDV als Nachfolger von UD bis heute im Programm haben.

Rory Schottischer Blend, ein einfacher → Standard von → London & Scottish Spirits.

Rory o'Moore Whiskydrink. Diese Variante des Manhattan verzichtet auf den Vermouth Dry und ersetzt den Bourbon durch einen Irish.

Rosebank Schottische Malt-Destillerie, die man schon unwiederbringlich verloren glaubte, nachdem sie 1993 von ihren neuen Besitzern → UD geschlossen und ein Teil ihrer Gebäude in ein Restaurant umgebaut worden war. Doch Ende 1997 wurde angekündigt, daß sie, in kleinem Maßstab und im Rahmen eines millionenschweren Projekts, eventuell doch wieder produzieren soll – eine Nachricht, die vor allem diejenigen tief befriedigen wird, die den *Rosebank* für den besten Malt der → Lowlands überhaupt halten und den einzigen, der es mit jedem → Highland aufnehmen kann. Die Brennerei liegt am östlichen Rand von Falkirk direkt am Forth-Clyde-Canal. Nicht weit von ihr kann man Überreste des »Antonine Wall« besichtigen, der Grenzmauer, die die Römer gegen die Ureinwohner errichteten und der der Kanal weitgehend folgt. Die Anfänge von Rosebank sind nicht ganz gesichert, aber es steht fest, daß sie Mitte des 18. Jahrhunderts von James Rankine gegründet wurde, der dabei die Reste der alten Camelon Distillery benutzte. 50 Jahre später wurde sie zu einer Aktiengesellschaft umgewandelt und kam über die → SMD unter das Dach der → DCL, die ihre Tochter → Distillers Agency Ltd. mit der Führung beauftragte.

Sie füllte den Whisky auch schon als 8jährigen Single Malt ab – ein Alter, das von den Liebhabern als ideal angesehen wurde. Die → »Flora & Fauna«-Abfüllung der DCL-Nachfolger UD ist dagegen 12 Jahre (und etwas holzdominant). In der Serie der »Rare Malts« war für Sommer 1999 eine Abfüllung in Faßstärke angekündigt. Auch die Unabhängigen waren immer glücklich, wenn sie ein Faß zur Abfüllung ergattern konnten. Gordon & MacPhail hatten ihn mehrmals in der »Connoisseurs Choice«-Serie und Signatory hatte u. a. einen 1989er und einen 1990er (beide mit 43 %). Die alten → *stills*, mit denen → dreifach destilliert wurde, stehen ebenso wie die uralte Mühle, mit der das Malz in → *grist* verwandelt wird, und auch die ehrwürdige eiserne → *mush tun* ist noch vorhanden. Und auch das Carron Valley Water Reservoir in den Fintry Hills gibt es noch, aus dem das Wasser kam. Zwei Millionen Pfund soll es kosten, Rosebank wiederzubeleben. Die sollten übrigbleiben aus dem großen Topf, mit dem die ganze Kanalregion revitalisiert werden soll.

Route Japanischer Blend von → Sanraku-Ocean, von dem manchmal behauptet wird, er sei der japanische Versuch, einen → *J & B* oder einen → *Cutty Sark* nachzumachen, also einen hellen, körperleichten Whisky.

Rowan's Creek Kentucky Straight Bourbon, der auf dem Etikett einen der in den USA häufig verwendeten Phantasienamen angibt. In Wirklichkeit kommt er von → Kentucky Bourbon Distillers, an der Nachkommen der Familie → Willett beteiligt sind, der die gleichnamige Brennerei bei Bardstown gehört. Die Firma führt mehrere Marken und ist mit gleich vier Whiskeys beteiligt am neuen Bourbon-Trend der → *small batch*-Abfüllungen, die sie selbst »Boutique Bourbons« nennt. Dieser ist 12 Jahre alt, hat 100°/50 %, nennt sich auf dem Label »made and bottled by hand in small lots, one batch at one time«. Er heißt nach dem Friedensrichter John Rowan und der »creek«, der kleine Bach, läuft angeblich »through our little distillery«. Damit könnte Willett gemein sein, aber dort ist der Whiskey sicher nicht destilliert worden, denn die Brennerei ist schon länger als 12 Jahre geschlossen.

Royal Japanischer Blend von → Suntory, ein Premium, der von Firmengründer Shinjiro → Torii höchstpersönlich kreiert sein soll. Er wurde in den sechziger Jahren auf den Markt gebracht und entwickelte sich schnell zu einer erfolgreichen Marke. Es gibt ihn in zwei Versionen, in einer hohen und mehreckigen Flasche mit weißem Etikett und in einer distinguierten, nahezu quadratischen Karaffe, deren goldenes Label zusätzlich mit den Buchstaben »SR« geschmückt ist. Die etwa 20 verschiedenen Malts im Alter von 10 bis 15 Jahren, aus denen er komponiert ist, sind in ehemaligen → Bourbon-Fässern gelagert worden.

Royal and Ancient, The Schottischer Blend, natürlich benannt nach dem berühmtesten Golfclub der Welt, der im schottischen St. Andrews zwar über ein wunderschönes Clubhaus verfügt, aber kurioserweise über keinen eigenen Platz. Denn der Course, den einmal gespielt zu haben der Traum jedes Golfers ist, befindet sich im Eigentum der Stadt, ist also ein öffentlicher Platz. Um so privater ist der Palast des Clubs, den nur die handverlesene Schar der Mitglieder (mittlerweile aber wenigstens auch Frauen) betreten dürfen. Der exklusive Verein ist auch zuständig für die Formulierung der in aller Welt verbindlichen Golfregeln. Bei all diesen sehr elitären Veranstaltungen ist es geradezu erstaunlich, daß ein Blend, der diesen Namen tragen darf, nicht auch ausschließlich für die Bar des Hauses reserviert ist, aber er ist, richtig profan, auch in den Pubs der Londoner Brauerei Young & Co. zu finden. Dorthin kommt er, der 1913 von der einst in Edinburgh ansässigen Firma → Cockburn & Campbell herausgebracht wurde, weil diese Firma heute im Besitz der Bierbrauer ist. Er war früher 7 Jahre alt und ist heute ein 10jähriger

→ De luxe. Neuerdings gibt es auch einen 28jährigen »Millennium«-Blend.

Royal Brackla Schottische Malt-Destillerie. Brackla, ausgesprochen mit offenem »a« und auf der ersten Silbe betont, bedeutet Platz der gefallenen, gefällten Bäume. Die Brennerei liegt südöstlich von Inverness und südlich von Nairn und wird von einigen, die sich mit der Klassifikation Northern → Highlands nicht zufriedengeben, einer von ihnen selbst definierten Region Findhorn zugerechnet, obwohl dieser Fluß ziemlich weit weg ist. In unmittelbarer Nähe liegt allerdings das berühmte Schloß Cowdor, in dem nicht nur Macbeth gehaust haben soll, sondern nach dem auch der Bach benannt ist, aus dem die 1812 gegründete Brennerei ihr Wasser bezieht.

Ihr Gründer Captain William Fraser durfte ihr bereits 1835 das begehrte königliche Prädikat zufügen; sie ist damit eine von nur drei, die dieses Privileg haben. Sie verdankt es König William IV, der ihren Whisky offensichtlich sehr schätzte. Nach mehreren Besitzerwechseln kam sie 1926 zu John → Bisset & Co., die wiederum 1943 Teil der → DCL wurden, aber die Lizenz behielten, bis → UD sie 1992 auf ihre neue Tochterfirma UMGD (United Malt and Grain Distilleries) übertrugen. Aber wer geglaubt hatte, dies sei ein gutes Zeichen für ein langes Engagement, sah sich 1998 getäuscht: Zwar hatten UD Royal Brackla, die seit 1970 vier → *stills* hat, nach sechs Jahren Schließung wiedereröffnet. Das hinderte sie, inzwischen mit → IDV zu → UDV vereinigt, aber nicht, die Brennerei an → Bacardi zu verkaufen.

Ihr Malt wurde sicherlich bei den Blends von Bisset benutzt, in → Eigentümer-Abfüllung kam er aber erst durch UD heraus, die einen 10jährigen in die Reihe → »Flora & Fauna« aufnahmen. Kurze Zeit später ließen sie ihm einen Single Malt ohne Altersangabe folgen, offensichtlich, um auch einen preisgünstigen Malt im Angebot zu haben. Welche Pläne der neue Eigentümer verfolgt, ist vorerst offen. Einstweilen haben auch UDV noch Bestände, denn sie brachten in ihrer Serie der »Rare Malts« einen 20jährigen *Royal Brackla* von 1975 und mit 59.8 %. Auch von den → Unabhängigen gibt es ihn, sowohl von → Gordon & MacPhail (z. B. von 1972 und 1974), wie auch von von → Cadenhead, → MacArthur und von → Signatory, die ebenfalls mehrere Versionen herausbrachten.

Royal Canadian Kanadischer Whisky, bei dem man schmeckt, daß ein guter Teil Rye in ihm steckt. Er ist hauptsächlich für den taiwanesischen Markt bestimmt, aber auch in den USA zu bekommen, dort von → Austin, Nichols. Er stammt aber von der International Potter Distilling Company, der auch die → Cascadia Distillery in British Columbia gehört, die freilich nur einen sehr kleinen Teil zu diesem Blend beiträgt.

Royal Chalice Schottischer Blend von dem → unabhängigen Abfüller The → Vintage Malt Whisky Company, die erst 1992 in Glasgow gegründet worden ist. Er ist ein → De luxe; in Japan gibt es ihn auch mit 12 und 15 Jahren.

Royal Citation Schottischer Blend ohne Altersangabe aus dem obersten Preissegment, der dem reichhaltigen

Angebot der zu → Seagram gehörenden → Chivas & Glenlivet Group in dieser Klasse ein weiteres Glanzstück hinzufügt. Seine Hersteller verweisen darauf, daß er seine Eigenart der Benutzung von fünf verschiedenen Faßarten verdankt: neben Sherry- und Bourbonfässern werden auch aus alten Scotch- und Bourbonfässer geküferte und, höchst ungewöhnlich, ganz neue Eichenfässer verwendet. Die Holz- und Vanille-Töne sind deutlich zu spüren.

Royal Clan Stewart Schottischer Blend, der nach der berühmten schottischen Königsfamilie benannt ist; er ist eine der kleineren Marken von → Whyte & Mackay/→ JBB (Greater Europe).

Royal Club Schottischer Blend von der kleinen unabhängigen Firma Charles H. → Julian in London. Die Marke gab es früher schon einmal von der geheimnisumwobenen, mit → Barton assoziierten → ADP.

Royal Command Kanadischer Whisky mit 40 %. Er war eine Marke von → UD und wurde in → Valleyfield produziert, führte aber immer noch den Namen → Park & Tilford auf dem Etikett, aus deren Brennerei in Vancouver er einst kam. Man nennt ihn den körperreichsten – und den gefährlichsten – kanadischen Whisky, weil er am leichtesten zu trinken sei. Im Februar 1999 teilten die durch ihre Vereinigung mit → IDV zur → UDV gewordenen Besitzer mit, daß sie künftig als einzigen kanadischen Whisky nur noch → *Gibson's* führen wollten. Seine Zukunft ist also offen.

Royal Culross Schottischer Vatted Malt, dessen jüngste Whiskies acht Jahre alt sind. Er hat eine ziemlich lange Tradition. Sein Name, den Nichtschotten kaum aussprechen können (»cujoss« ist nur eine Annäherung) kommt von dem kleinen Ort am Nordufer des Firth of Forth, in dem der hl. Kentigern geboren wurde. Das Städtchen ist auch durch seine unterseeischen Kohlegruben bekannt und wurde von James VI zur »Royal Burgh« gemacht. Es steht heute komplett unter Denkmalschutz und wird von Historic Scotland betreut. Der Whisky trägt das Siegel eines örtlichen Ordens. Er wurde von den früheren Besitzern von → Glen Scotia eingeführt und gehört somit → Glen Catrine Bonded Warehouse.

Royal Decree Schottischer Blend mit 10 Jahren. Er wurde von → Whyte & Mackay übernommen, als sie die Firma Jarvis Halliday & Co. kauften.

Royal Edinburgh Schottischer Blend, ein einfacher Standard von → UD/UDV.

Royal Escort Schottischer Blend. Er gehört mit seinen 12 Jahren zum → Premium-Segment und fiel beim Kauf der Konkursmasse von → Gibson International an → Glen Catrine Bonded Warehouse. Seit 1994 wird er von dieser Firma herausgebracht.

Royal Findhorn Schottischer Blend von → Gordon & MacPhail mit einem ungewöhnlich hohen Maltanteil. Die jüngsten Whiskies in ihm sind 5 Jahre alt. Er ist benannt nach dem Fluß, der zwischen Inverness und Elgin bei Forres in die Nordsee mündet.

Royal Galleon Schottischer Blend von Douglas → Laing & Co., eine verhältnismäßig junge Marke mit sehr alten, gereiften Whiskies: er trägt die Altersangabe »25 years old«.

Royal Game Schottischer Blend, der von der britischen Handelskette Winerite in Leeds für den Verkauf in den eigenen Läden produziert wird.

Royal Heather Schottischer Blend, der von der Firma Old Chelsea Distillers hergestellt und nur in seinem Heimatland von Joseph Dunn, dem Softdrinkproduzenten, vertrieben wird.

Royal Heritage Schottischer Blend aus dem Hause William → Lundie & Co. in Glasgow, 21 Jahre alt und somit dem → De luxe-Segment zuzurechnen.

Royal Household Schottischer Blend, der heute nur schwer zu finden ist. Seine Hersteller waren einst James → Buchanan & Co. und es gab ihn nur an zwei Orten: im königlichen Haushalt – und in dem kleinen Hotel in Rodel an der Südspitze der zu den äußeren Hebriden zählenden Insel Harris. Dessen Besitzer Jock McCallum war von Buchanan's eingeladen worden, mit seiner Hausmarke an einem Wettbewerb teilzunehmen. Durch den Wettbewerb sollte ein Blend ermittelt werden, der gut genug für den königlichen Haushalt war. Es war Jocks Whisky, der gewann und hinfort den prestigeträchtigen Namen trug. Er wird heute von → UD/UDV gemacht, in kleinen Stückzahlen und nur für Japan, wo es offensichtlich genug Leute gibt, die für einen Blend mit blendendem Namen ein paar Yen mehr als sonst auszugeben bereit sind. Der Besuch in Rodel lohnt sich immer – aber nur noch wegen der kunst- und kulturgeschichtlich sehenswerten Kapelle und nicht mehr wegen des Blends; die heutigen Besitzer haben eine gut sortierte Bar, aber den *Royal Household* führen sie nicht mehr. Wer ihn unbedingt haben will, kann es in den Läden von Strachan's in Aboyne, Ballater oder Breamar versuchen, die als Hoflieferanten des nahen Schlosses Balmoral zuweilen eine Flasche haben, obwohl er dem Vernehmen nach selbst den Royals zu teuer geworden ist.

Royal Irish Distillery Dies war der korrekte Name von → Dunville's Brennerei in der Grosvenor Street in Belfast. Sie wurde 1869 gebaut, war die erste kommerzielle Destillerie in der Hauptstadt Ulsters und blieb bis zum plötzlichen Tod von Robert Dunville in den dreißiger Jahren im Besitz der Gründerfamilie, der damals auch → Bladnoch in den schottischen → Lowlands gehörte. Vermutlich deshalb wandten sich die verbliebenen Direktoren an die → DCL, die aber nicht interessiert waren, worauf die gesunde Firma überraschenderweise aufgab und die Brennerei mit ihren drei → *pot* und zwei → *Grain stills* ihren Betrieb einstellte. Sie muß aber auch später wenigstens hin und wieder aktiv gewesen sein, jedenfalls fanden → Cadenhead in einem irischen → *warehouse* ein Faß mit 1951 destilliertem Whiskey, den sie 1991 mit immer noch 66 % abfüllten und zum Teil einer längst untergegangenen irischen Brennereien gewidmeten Reihe (→ Bow Street, → John's Lane, → Jones Road, → Tullamore) machte, die zum eigenen 150. Jubiläum herausgebracht wurde. Der Name → Dunville ist jüngst wieder auf Whiskeyflaschen aufgetaucht. Fußballfreunde haben ihn nie vergessen, gibt es doch schon seit 1879 den »Distillery Football Club«, der lange auf einem Platz unmittelbar neben der Destille spielte und es sogar bis zur Teilnahme im UEFA-Cup brachte.

Royal Island Schottischer Blend von → Isle of Arran Distillers, die mit ihrer Brennerei erst 1995 in Produktion gehen konnten, also noch ein bißchen warten müssen, bis sie den Whisky als Single Malt herausbringen können (und das heißt auch, bis sich das investierte Kapital amortisiert). Da kommt es gerade recht, daß Gründer Harold Currie sein Leben lang als Blender gearbeitet hat und natürlich schnell einige Eigenmarken kreieren konnte. Der hochwertige Blend kommt in den drei Versionen 17, 21 und 30 Jahre alt. Den Namen hat er sich spätestens verdient, seit die Queen höchstpersönlich im Sommer 1997 das neue Visitor Centre in der Brennerei auf der Insel eröffnet hat.

Royal Lochnagar Schottische Malt-Destillerie. Sie liegt im Tal des Dee zwischen Ballater und Braemar, direkt am Fuß des Lochnagar, und zählt zu den (östlichen) → Highlands. Sie ist die einzige Brennerei der Gegend, in der einst sehr viele standen. Begründet wurde sie 1845 von John → Begg, der sich gegen die Anfeindungen von illegalen Brennern zur Wehr setzten mußte, aber bald eine mächtige Schutzherrin fand: Queen Victoria, die damals noch jünger war als wir sie heute von den meisten Bildern kennen, und in alles verliebt, was mit den schottischen Highlands zu tun hatte (was durchaus auch so manche Mitglieder der männlichen Bevölkerung eingeschlossen haben soll). Sie hatte sich das kaum einen Steinwurf entfernte Schloß Balmoral als Residenz auserkoren.

1848 wagte es Begg, seine Nachbarin samt Prinzgemahl Albert und den Kindern zu einem Besuch einzuladen, zu dessen Abschluß ein Drink kredenzt wurde, der so viel Gefallen fand, daß Begg einen Tag später zum Hoflieferanten ernannt und zur Führung des Präfixes »Royal« ermächtigt wurde. Der Titel zierte die Brennerei und wurde nur während der siebziger Jahre kurzzeitig gestrichen – angeblich, weil man sich über Prinz Philip geärgert hatte. Das Einvernehmen scheint wiederhergestellt und wie wohl sich die heutige königliche Familie dort fühlt, zeigen nicht zuletzt die Aktivitäten von Prinz Charles, der das wunderhübsche Kinderbuch »The Old Man of Lochnagar« verfaßt und viele seiner auch in Buchform veröffentlichten Aquarelle dort gemalt hat. Lochnagar, die ihr Wasser von ihrem Hausberg bezieht und nur zwei relativ kleine → *stills* hat, wurde 1916 Eigentum der → DCL, gehört heute also → UD/UDV. Sie haben leider das populäre und erfolgreiche Visitor Centre geschlossen, um die Brennerei zu einem Zentrum für firmeninterne Schulungen zu machen.

Den Whisky von Lochnagar gibt es schon lange als Single Malt mit 12 Jahren. Er war einer der ersten, die wirklich umfassend vermarktet wurden und auch immer relativ preisgünstig waren. Dafür ist »Selected Reserve« ohne Altersangabe und in numerierten Flaschen um so teurer. Auch in der Reihe der »Rare Malts« ist ein *Royal Lochnagar* mit 23 Jahren und 59.7 % herausgekommen. Nur sehr selten ist er von den Unabhängigen zu haben. Der Malt ist ein sanfter, runder, höchst angenehmer Whisky, den der Autor dieses Buches ebenso wie sein schottischer Kollege Jim Murray gerne auf eine der schönsten Wanderungen mitnimmt, die Schottland zu bieten hat: auf den Weg rund um Loch Muick, das auf der anderen Seite des in jeder Hinsicht majestätischen Berges liegt, der aber nicht nur dort hervorragend mundet.

Royal Lord Reihe von Spirituosen, die von der Firma Brodie Crawford & Co. hergestellt werden. Deren Spitzenmarke ist der Blend → *Brodie's Supreme.* Unter dem Namen *Royal Lord* gibt es neben anderen Schnäpsen einen schottischen Blend und einen kanadischen Rye, der in → Kanada produziert und in und für Großbritannien von der Handelsfirma abgefüllt werden.

Royal Malt Schottischer Vatted Malt ohne Altersangabe von → Hedges & Butler, einer Firma, die ihr Gründungsdatum 1667 stolz der Flasche eingeprägt hat. Sie ist heute eine Tochter des britischen Brauereigiganten Bass Charrington, hatte früher auch eine ganze Reihe von Blends unter ihrem Namen, von denen nur noch zwei übriggeblieben sind.

Royal Reserve Kanadischer Whisky, ein Rye mit 40 %, der von → Corby, einer Tochterfirma von Hiram → Walker, hergestellt wird und ihre meistverkaufte Marke sein soll.

Royal Salute Schottischer Blend, der 1952/3 von → Chivas Brothers im Auftrag von → Seagram herausgebracht wurde. Anlaß war die Krönung Elizabeth' II, die ja gleichzeitig Elizabeth I of Scotland ist. Zum Königshaus hat die Anfang des letzten Jahrhunderts in Aberdeen gegründete Firma Chivas alte Beziehungen: Als Queen Victoria Schloß Balmoral erwarb, ernannte sie die alteingesessenen Lebensmittel-, Wein- und Spirituosenhändler im nahen Aberdeen zum Hoflieferanten. Die militärische Sitte, zu feierlichen Anlässen 21 Haubitzenschüsse abzufeuern, gab das Alter des → De luxe-Blends vor: die in ihm enthaltenen Malts von → Glenlivet, → Glen Grant, → Longmorn, → Strathisla und auch alle anderen verwendeten Whiskies sind mindestens 21 Jahre alt. Inzwischen gibt es mit dem 40 Jahre alten und dem »LXX« allerdings auch ältere Versionen. Gemeinsam ist ihnen die königliche Aufmachung: die teuren Porzellanflaschen sind in feierlichen Samt gehüllt.

Royal Secret Indischer Whisky von → Polychem, die außerdem noch die beiden erfolgreichen Marken → *Men's Club* und → *White House* führen und in einem *joint venture* mit → IDV verbunden waren.

Royal Stag Whisky von → Seagram, die ihn nur für den Verkauf in → Indien vorgesehen haben und ihn auch dort produzieren, unter Verwendung von schottischem Malt und lokal destillierten Grain Whiskies, deren Herkunft nicht klar ist. Es könnte sich um Destillate von → Shaw Wallace handeln, mit denen die Kanadier ein *joint venture* anstreben.

Royal Strathythan Schottischer Blend. Er kommt aus dem Hause der → Seagram-Tochter → Chivas & Glenlivet Group.

Royal Tara Irischer Sahne-Likör, der

den Namen des alten keltisch-irischen Königtums trägt und von einer Molkerei in Cork hergestellt wird. Sie bezieht den für ihn benötigten Whiskey vermutlich von der benachbarten Brennerei in → Midleton. Er wird, mit 17 %, nur in Irland verkauft.

Russell & Co., Peter J. Schottische Whiskyfirma, von Leonard Russell 1936 gegründet, der sich zunächst nur als → Broker betätigte, aber schnell erkannte, daß er bessere Chancen hatte, wenn er selbst Blends herstellte und verkaufte. Sein Unternehmen wuchs auch durch Übernahmen wie die des bereits 1796 gegründeten Liverpooler Handelshauses William Maxwell, unter dessen Namen nach wie vor einige Marken des Hauses abgefüllt werden (→ *King Robert II*, → *Mason's*, → *William Maxwell*). Auch die Namen Ian → MacLeod mit seinem → *Isle of Skye* und → Cockburn & Murray (*The* → *Seven Stills*) gehört zum Portfolio. Russell ist heute eine der größten unabhängigen Firmen im Whiskygeschäft und vor allem im Export stark, mit Italien als Hauptabnehmer. Die Firma verfügt in Broxburn nahe des Flughafens Edinburgh über eine große Abfüllanlage, die sie zusammen mit J. & G. → Grant von → Glenfarclas unterhält und wo sie auch für andere Häuser, z. B. → Sainsbury, unter deren Label abfüllt. Eigenmarken sind die Blends → *Black Rooster*, → *Red Rooster*, → *Black Shield*, der Vatted Malt → *Glentress* und die Reihe → »Chieftain's Choice«, die sowohl Blends, Vatted und Single Malts umfaßt.

Rusty Nail Whiskydrink. Das klassische Rezept sieht 2cl → *Drambuie* auf 4cl Scotch vor, die entweder pur oder auf Eiswürfeln im Tumbler serviert werden, wobei jeder auf seinem Lieblingsblend bestehen sollte. Noch besser wird er natürlich mit einem guten Malt, z. B. einem *Balvenie*, der auch bei der Komposition des Likörs eine große Rolle spielt. Das Eis nimmt ihm ein wenig die üppige Süße. Aber wer es richtig süß liebt, mischt Scotch und *Drambuie* zu gleichen Teilen und läßt das Eis weg.

RX Bourbon, der von → UD herausgebracht wurde und als Hersteller einen Namen nennt, der eher mit → Tennessee zu tun hat als mit Kentucky: George → Dickel, der sogar mit seiner → Cascade Hollow Distillery und Tullahoma als Adresse genannt ist. Aber von dort kommt er keineswegs. Der Whiskey wurde in Wirklichkeit in Kentucky destilliert und zwar in der mittlerweile stillgelegten → Stitzel-Weller Distillery, die ebenfalls UD gehörte. Dort entstand bis 1993 der → *Rebel Yell*, ein Straight, den man lange nur mit den Südstaaten der USA identifizierte – und eben dorthin war Dickel 1912 ausgewichen, als in seinem heimatlichen Bundesstaat die Produktion von Alkohol verboten wurde (mehrere Jahre, bevor 1919 die → Prohibition allgemein eingeführt wurde und auch Kentucky traf). Damals wurden bei Stitzel-Weller Bottiche für das → *leaching* installiert, das für den Tennessee-Whisk(e)y kennzeichnend ist. Diese Bottiche existieren längst nicht mehr. Aber UD löste mit der Kreation des *RX* das Problem, sich mit dem Versuch verspekuliert zu haben, den *Rebel Yell* wegen seines Namens als besonders für junge Leute geeigneten Bourbon durchzusetzen, und plötzlich vor einer großen Überproduktion zu stehen. Er ist eigentlich eine Kombination aus Bourbon und Tennessee: Das Destillat ist ein echter Bourbon, dessen Fässer durch kleine Holzkohlestückchen eine nach Tennessee weisende zusätzliche, üppigen Karamelduft verströmende Note bekam. Er wurde mit 6 Jahren und 40 % abgefüllt und ist sicher nicht mehr lange zu bekommen, nachdem die UD-Nachfolger UDV sich im Frühjahr entschlossen, alle nordamerikanischen Marken bis auf eine aufzugeben.

Rye Amerikanische Whiskeyart. Es gibt heute nicht mehr sehr viele Beispiele von ihr, dabei ist sie historisch gesehen die älteste des Landes und wird von vielen auch für die beste und ausdruckvollste unter allen amerikanischen Whiskeys gehalten. Als die irischen und schottischen Einwanderer in ihrer neuen Heimat das Getränk herzustellen versuchten, das sie von zu Hause kannten, waren sie auf das Getreide angewiesen, was sie vorfanden und auf dem Boden am besten kultivieren konnten. Offensichtlich hatten sie nicht die in Schottland und Irland verwendete Gerste zur Verfügung, sondern mußten sich mit Roggen zufriedengeben. Maryland und Pennsylvania gelten als die Bundesstaaten, in denen im 18. Jahrhundert Whiskey aus Roggen destilliert wurde, während später, als die Siedler auf den Spuren von Daniel Boone und anderen Pionieren nach Kentucky kamen, vor allem mit Mais gearbeitet wurde.

Vom Bourbon, dem heute weitverbreitetsten Whiskeytyp der USA, unterscheidet sich der Rye nur durch das unterschiedliche Ausgangsmaterial, ansonsten ist alles gleich. Das amerikanische Gesetz schreibt vor, daß ein Straight Rye aus einer Maische gemacht sein muß, die zu mindestens 51 % aus Roggen besteht (beim Bourbon sind es 51 % Mais). In der Praxis sind es mehr und die fehlenden Anteile sind Mais oder Weizen und zu etwa 10 % bis 15 % Gerstenmalz, das die Fermentierung leichter macht.

Der hohe Roggenanteil gibt dem Rye eine trockene Bitterkeit, die sehr ausgeprägt ist. Sie ist es, die ihm einerseits leidenschaftlichen Zuspruch eingebracht, möglicherweise auf der anderen Seite aber dazu geführt hat, daß er seine Bedeutung verloren hat.

Vieles spricht dafür, daß sich die Amerikaner während der Prohibition von 1920 bis 1933 seiner »entwöhnt« haben. Damals gab es, wenn überhaupt, nur geschmuggelten kanadischen und schottischen Whisky – Arten, die in jedem Fall leichter sind als der Rye. Es kam zu einer Veränderung des amerikanischen Whiskeygeschmackes und dazu, daß der Rye nahezu in Vergessenheit geriet. Noch vor einigen Jahren konnte man die verbliebenen Ryes an einer Hand abzählen: Jim Beam führte eine Rye-Version, es gab den *Old Overholt,* den *Pikesville*, den *Rittenhouse* und einen *Wild Turkey Rye*. Einige neue Anbieter erweiterten die schmale Gruppe, vor allem die Familie → Van Winkle erwarb sich dabei Verdienste. In San Fransisco überraschte Fritz Maytag die Whisk(e)ywelt mit der Kreation eines aus Roggen destillierten Malts, des *Old Potrero.*

Rye Base Japanischer Blend, der, anders als sein »Stallgenosse« → *Corn Base* aus dem gleichen Hause → Nikka, gänzlich aus Destillaten besteht, die in Japan erzeugt wurden. Basis ist ein Roggenbrand, der mit anderen Whiskies verschnitten wurde.

S

S.S. Politician Schottischer Blend, der nach dem berühmten Schiff benannt ist, das 1941 an der Küste der kleinen Insel Eriksay strandete, an Bord eine große Anzahl von für die USA bestimmten Kisten des in den damaligen Kriegszeiten äußerst raren Nationalgetränks hatte, das dann die darbenden, aber ansonsten kaum unter dem Krieg leidenden Inselbewohner in einer Nacht- und Nebelaktion vom Schiff holten – bevor das Schiff sank und die Zollbehörden eingreifen konnten. Im Heimatmuseum der Nachbarinsel South U ist ist noch heute eine jener Flaschen zu sehen – mit der Aufschrift: »Eine der Flaschen, die 1941 zum schönsten Jahr des Krieges gemacht haben.« Die Geschichte ist von Compton McKenzie in dem Bestseller »Whisky Galore« verarbeitet worden.

Es gab immer die Theorie, daß an Bord des gesunkenen Schiffes noch Reste der Flaschen sein müßten, und 1990 rüstete man, auf die solchen Raritäten gegenüber immer aufgeschlossenen Sammler und ihre bereitwillig geöffneten Geldbeutel hoffend, zu einer fachmännischen Expedition. Sie förderte nur sehr wenig, aber immerhin trinkbaren, Stoff zu Tage. Um die Investionen doch wieder hereinzuholen, kreierte man unter Beteiligung der Firma Douglas → Laing einen Blend mit dem Namen des Schiffes, der jeweils nur ein paar Tropfen von dem wahrhaft historischen Whisky enthielt. Mit entsprechender Ausstattung in einem roten Schrein konnte man tatsächlich zu einem Preis von mehr als 150 Pfund alle Flaschen schnell an den Mann bringen. Ob freilich auch in dem Blend *Whisky Galore Atlantic Reserve* noch irgend etwas aus dem Schiff enthalten ist, wissen nur die Hersteller.

Safeway Britische Supermarktkette. Sie befindet sich in schottischem Besitz und legt deshalb Wert darauf, Produkte des Landes immer besonders auszuweisen. Wie die Konkurrenz von → Sainsbury, → Tesco oder auch → Marks & Spencer hat auch Safeway ein sehr großes Angebot an Getränken und besonders Weinen, von denen viele preisgünstig unter dem eigenen Label geführt werden, aber fast durchweg, wie Tests immer wieder beweisen, von guter bis sehr guter Qualität sind. Die Firma, die eine zweite Kette mit kleineren Läden und dem Namen »Presto« besitzt, hat auch eine passable Auswahl an schottischen Blends und Malts und führt eine Reihe von Single Malts unter dem eigenen Namen, bei denen nur die → Whiskyregion, aber nicht die Brennerei angegeben werden.

Sailing Ships Serie von → Einzelfaßabfüllungen, die aus dem Hause des

→ unabhängigen Abfüllers → Signatory kommen. Es gab bisher drei Malts, die an berühmte Segelschiffe erinnern sollten: einen 15jährigen → *Balvenie*, einen 16jährigen → *Caperdonich* und einen → *Glendronach* mit 20 Jahren, alle mit 43 %.

Sainsbury Wie alle großen britischen Supermarktketten (→ Marks & Spencer, → Safeway, → Tesco) hat J. Sainsbury plc nicht nur eine ausgezeichnete Weinabteilung und viele Markenwhiskies, sondern auch Hausmarken, die z. T. von Peter J. → Russell kommen. Das Angebot wechselt und umfaßt neben einigen einfachen (und billigen) Blends auch Malts von der → Speyside und von → Islay, deren genaue Herkunft freilich verschwiegen wird. *Sainsbury's Malt Whisky*, ein → Highland, ist in Ex-Sherry-Fässern nachgereift. Eindeutig ist die Herkunft beim → *Sainsbury's Irish Malt*, der von → Cooley gemacht ist und beim → *Glenmorangie* von 1979, der in Großbritannien exklusiv in den Läden der Kette verkauft wird.

Sainsbury's Irish Malt Irischer Whiskey, ein Single Malt, der von → Cooley Distillery kommt und weitgehend identisch ist mit dem → *Tyrconnell.*

St. Andrews Castle Schottischer Pure Malt, der zu einer Serie gehört, die sich die staatliche Denkmalschutz-Behörde → Historic Scotland zum Verkauf in den Shops der von ihr betreuten historischen Gebäude herstellen läßt und nach einigen der bedeutendsten (und bei Touristen beliebtesten) Attraktionen benannt hat. Das den Namen des schottischen Nationalheiligen tragende Schloß bzw. dessen Ruinen steht in dem kleinen Städtchen an der Ostküste, das mit der ältesten Universität des Landes und den berühmten »Links«-Golfplätzen gleicherweise eine Hochburg des Geistes, der Wissenschaften und des Golf ist. Der Malt ist 10 Jahre alt und seine 46 % weisen darauf hin, daß er von → Cadenhead und aus → Springbank kommt.

Saint Brendan's Superior Irischer Sahne-Likör, von der gleichnamigen Firma in Londonderry, somit die nordirische Version der Getränkesorte, die mit → *Bailey's* erst 1974 erfunden wurde und sich erstaunliche Marktanteile erobern konnte. Wie seine Konkurrenten hat er 17 %. Das Wort »überlegen« wird durch den Hinweis gerechtigfertigt, er enthalte »aged Irish cream« (Sahne sollte möglichst frisch sein, dachten wir ...). Der verwendete Whiskey soll von → Bushmills kommen.

St. James's Schottischer Blend, der seinen Namen von der Adresse seines Herstellers ableitet: In der Nummer 3 der St. James's Street im feinen Londoner Picadilly haben → Berry Bros. & Rudd ihren Laden. Es gibt ihn als → Standard und als 12jährigen → Premium.

St. Leger Schottischer Blend von → Hill Thomson & Company, die 1970 ihre Unabhängigkeit verloren haben und seit 1977 zu der → Chivas & Glenlivet Group gehören, die die schottischen Aktivitäten des kanadischen Getränkegiganten → Seagram koordiniert. Für den kanadischen Markt ist, wie man schon an dem Zusatz »Light Dry« merkt, dieser Blend auch hauptsächlich gedacht.

St. Magdalene Schottische Malt-

Destillerie. Sie ist leider seit 1983 geschlossen und wird nie wieder produzieren: ein Teil ihrer Gebäude ist umgebaut worden und enthält jetzt Luxuswohnungen. Sie sind in den alten →*floor maltings* untergebracht, die glücklicherweise unter Denkmalsschutz stehen und nicht abgerissen werden dürfen. So kann man die alten Pagoden und die großen weißen Buchstaben mit dem Namen der Brennerei immer noch lesen, wenn man mit dem Zug vorbeifährt oder das kleine Städtchen am Union Canal besucht, das ihr auch zeitweilig den Namen gegeben hat und gerne von Touristen besucht wird, die die Ruinen des Schlosses bestaunen, in denen einst die Schottenkönigin Mary geboren wurde: Linlithgow.

St. Magdalene war eine →Lowland-Brennerei, die, wie →Glenkinchie, ihre →*wash* nur zweimal destillierte und relativ viel Torf beim Mälzen einsetzte. Die →Scotch Malt Society hatte einmal eine Abfüllung, die bei einer Blindverkostung durchaus als ein mittlerer →Islay hätte durchgehen können. Es gibt den Malt der Brennerei, für die schon 1798 mit Adam Dawson ein Besitzer nachgewiesen ist und die zur Zeit ihrer Schließung der →DCL gehörte, immer noch, sogar von deren Nachfolger →UD/UDV, die in ihren Beständen zuerst ein Faß von 1970 fanden, es in ihre →»Rare Malts«-Reihe aufnahmen und als →*cask strength* mit 58.1 % abfüllten, ein zweites hatte 58.48 %, ein drittes schließlich war von 1979 und wurde mit 19 Jahren und bei 63.8 % abgefüllt. →Gordon & MacPhail haben den Malt regelmäßig in ihrer →»Connoisseurs Choice«-Reihe und brachten anläßlich ihres 100. Firmengeburtstages eine →»Centenary Reserve« von 1980 heraus. →Cadenhead zog zumindest einmal den Namen →*Linlithgow* vor. Ihn benutzte auch Signatory bei der Abfüllung für die Reihe »Silent Stills«; der Malt stammte aus dem Jahr 1975 und wurde 1998 mit 51.7 % angeboten.

Saladin box Bezeichnung für eine frühe Form von mechanisierten →*maltings*. Sie geht auf den französischen Ingenieur Charles Saladin zurück, der sie Ende des 19. Jahrhunderts zuerst beim Mälzen von Brauereigerste einsetzte. Sie ist weit weniger arbeitsaufwendig als die traditionelle Form der →*floor maltings*. Die durch Einweichen zum Keimen gebrachte Gerste wird nicht mehr auf Tennen ausgebreitet, wo sie zur Temperaturkontrolle über mehrere Tage hinweg immer wieder von Hand umgewendet werden muß. Statt dessen befindet sie sich in langen Betontrögen und das Wenden wird von motorgetriebenen Metallgabeln, die von Motoren angetrieben werden, besorgt. In Schottland hielt die neue Form erst nach dem 2. Weltkrieg Einzug. Sie wurde bald von den moderneren →*drum maltings* abgelöst. Eine Brennerei, die immer noch mit *Saladin boxes* arbeitet, ist →Tamdhu.

Sam Cougar Amerikanischer Blended, der von →Seagram gemacht und einstweilen nur in Australien verkauft wird. Die verwendeten Whiskeys sind 6 Jahre alt und sollen dem Vernehmen nach aus der →Lawrenceburg Distillery im Bundesstaat Indiana kommen, die nicht mit der anderen Seagram-Brennerei verwechselt werden darf, die auch in einer Stadt namens Lawrenceburg (aber in Kentucky) liegt und heute zur besseren Unterscheidung → Four Roses genannt wird.

Sanderson & Son, Wm Schottische Whiskyfirma, die von William Sanderson 1863 in Leith gegründet wurde und Großhandel mit Whisky, aber auch Magenbittern und Obstweinen betrieb. Sanderson war keiner der → Big Five, seine Firma steht ihnen aber an Bedeutung für die Whiskygeschichte Schottlands in nichts nach, vor allem weil er zu den ersten gehörte, der, angeregt von seinem Sohn, seine Blends nicht mehr in Fässern oder großen Steinkrügen verkaufte, sondern sie auf Flaschen zog, um Händlern und Wirten das Panschen zu erschweren. Zu ewigem Whisky-Ruhm brachten Sanderson Vater und Sohn es freilich erst durch ihren → *VAT 69*, den sie 1882 herausbrachten – oder besser schufen, nachdem sie in einer aufwendigen Aktion herausgefunden hatten, welche von fast 100 verschiedenen Mischungen beim Publikum am besten ankam. Sanderson & Son waren Mitbegründer der Grain-Destillerie → North British und fusionierten 1935 mit Booth Distillers, die hauptsächlich im Gin-Geschäft tätig waren. Zwei Jahre später gerieten sie unter die Kontrolle der → DCL. Für kurze Zeit war die Firma auch im Besitz von → Glen Garioch Distillery und sie hielt für die → DCL die Lizenz für → Hillside/→ Glenesk, die → UD 1992 für die bereits zehn Jahre zuvor geschlossene Brennerei löschen ließ. Sanderson hatte einst auch den Single Malt von Glenesk im Programm, der mit 5 Jahren nur für Italien, allgemein mit 12 Jahren zu bekommen war. Sanderson hatte als Tochterfirma J. & Hardie, deren bekanntestes Produkt der → Blend *The* → *Antiquary* ist. Heute findet sich der Name als Inhaber der Lizenz von → Aultmore Distillery und auf dem Blend → *Sanderson's Gold*, der allerdings erst seit 1991 angeboten wird, also ein UD-Produkt ist.

Sanderson's Gold Schottischer Blend, der den Namen der vor allem durch ihre Marke → *VAT 69* bekannten Firma Wm → Sanderson & Son führt, den es aber erst seit 1991 gibt – als vor allem für die Tropen entwickelten leichten Blend von → UD/UDV, die heute sowohl Besitzer des Namens der Firma wie ihrer Marken sind.

Sandpiper Indischer Whisky mit den obligaten 42.8 % Alkoholanteil, der über seine Zusammensetzung angibt, daß er ein Blend von (vorgemischtem) Scotch mit indischem Malt und Neutralsprit ist. Hergestellt wird er für die Ugar Sugar Works in Belguam; der Name läßt dann doch den Verdacht aufkeimen, daß der erwähnte Malt vielleicht doch ein in → Indien gerne verwendetes Destillat aus Melasse, also Zuckersirup, sein könnte.

Sandy Collins Whiskeydrink. Eine Variante des Collins, bei der Irish verwendet wird.

Sandy Macdonald Schottischer Blend von der → UDV-Tochterfirma → Macdonald Greenlees, die aus dem Zusammenschluß der Unternehmen der Brüder Greenlees und der Brüder Macdonald durch den schottischen Geschäftsmann James Calder entstand.

Beides waren sehr alte Firmen, letztere 1871, die erste schon 1840 gegründet und beide besaßen eine große Marke: die Greenlees Brothers den → *Old Parr* und die Macdonalds eben den *Sandy Macdonald*, der so alt war wie ihr Geschäft. Er ist heute nur noch eine der vielen kleinen Marken, die vor allem in Südamerika verkauft wird.

Sandy Macnab Schottischer Blend, der von → Macnab Distilleries kam und zu großen Teilen aus Grains und Malts bestand, die, eine Seltenheit, unter dem gleichen Dach produziert wurden, nämlich von der → Lochside Distillery in Montrose.

Sanraku-Ocean Japanische Firma im Besitz der Familie Suzuki, die allerdings nichts mit dem Autohersteller zu tun hat. Sie ist in vielen Bereichen tätig, produziert Chemikalien für die Landwirtschaft und die Pharmazie, Tierfutter und Dosennahrung und betätigt sich besonders intensiv auf dem Sektor der alkoholischen Getränke. In der heutigen Form geht sie auf die dreißiger Jahre zurück, als sie 1937 einen Sake herausbrachte, der »Sanraku« genannt wurde und einen Teil des Firmennamens ergab. Der zweite Teil kommt davon, daß sich die Firma in den Sechzigern entschloß, nicht mehr nur Sake und, unter dem Namen → Mercian, sehr erfolgreich Weine herzustellen, sondern sich an den Whisky-Boom anzuhängen, den → Suntory und → Nikka ausgelöst hatten. Sie baute in dem beliebten Kurort → Karuizawa eine Malt- und in Kawasaki eine Grain-Destillerie und begann, eine Reihe von Blends unter dem Markennamen → *Ocean Whisky* herauszubringen.

Die Produktion der Firma, deren Zentrale in Tokio zu Hause ist, ist gemessen an den beiden gigantischen Konkurrenten ebenso klein wie die Brennerei in Karuizawa, die seit Mitte der neunziger Jahre in Mercian umgetauft wurde. Aber immerhin ist ihr Marktanteil mit ca. 4 % noch ein bißchen größer als der von → Kirin-Seagram, der vierten der vier Firmen, die den japanischen Markt dominieren, und so groß wie der aller anderen 20 Firmen zusammen. Neben dem *Ocean* gibt es die Blends → *Asama*, → *Route* und → *Status*. Mit der Verschwommenheit, die auch anderen japanischen Herstellern eigen ist, führte Sanraku-Ocean einen Malt Whisky, bei dem sie auf dem Porzellanlabel, das um den Hals der Karaffe hing, zwar den Namen der Brennerei vermerkte, den sie aber nicht als Single, sondern als »Fine Aged Straight Malt Whisky« bezeichnete. Unter dem neuen Namen der Brennerei kommt, ebenfalls im Decanter, ein 17jähriger, den sie als »100 % Malt« deklarieren.

Savoy Schottischer Blend, der den Namen eines weltberühmten Hotels trägt. Solch ein Etablissement, dessen »Cocktail Book« seit Jahrzehnten den Barmännern und -frauen Ideen liefert und auch für Amateure unverzichtbar ist, solch ein Haus muß seinen eigenen Blend haben. Er wurde, bezeichnenderweise in den USA, von den damaligen Besitzern des Hotels herausgebracht und nicht nur im eigenen Haus, sondern auch in anderen Luxusherbergen wie dem »Waldorf Astoria« in New York serviert – und natürlich im »Berkely«, im »Claridges«, im »Connaught« und im

»Simpson's in the Strand«, die alle in der britischen Hauptstadt zu finden sind und ehedem zum Konzern gehörten und von denen die beiden ersteren ebenfalls Blends mit eigenem Namen hatten. Heute gibt es den Whisky in vielen besseren Hotels in Frankreich und natürlich immer noch im »Savoy« in London.

Sazerac Cocktail Whiskeydrink. Eigentlich eine Variante des Old Fashioned, die im gleichnamigen Coffee House in New Orleans kreiert worden sein soll. Bei ihr wurde ursprünglich statt des »Pernod« Absinth verwendet und statt Whiskey Cognac. Beide Formen gab es auch nebeneinander.

Sazerac Company Amerikanische Spirituosenfirma mit Sitz in New Orleans. Dort gibt es auch ein berühmtes Coffee House, in dem der berühmte Cocktail Sazerac erfunden worden sein soll. Ob die moderne Firma auch in diesem Lokal ihre Wurzeln hat, ist unklar. Sie wurde, wie Michael Jackson mitteilt, von »zwei im Spirituosengeschäft erfahrenen« Geschäftsleuten (Ferdie Falk und Robert Baranaskas) gebildet und beschäftigt sich mit der Herstellung, dem Import und dem Vertrieb von Wein und schärferen Getränken. 1982 erwarb Sazerac die → Ancient Age Distilling Company mit ihrer Brennerei in → Leestown; die Firma wurde 1992 von dem japanischen Konsortium → Takara Shuzo & Okura gekauft, während die Destillerie bei Sazerac blieb, die dann als Tochter die Leestown Distilling Company gründeten.

Im März 1999 kamen zwei weitere Marken ins Portfolio, als Sazerac zu dem zusammen mit → Heaven Hill und der David → Sherman Company gebildeten Konsortium gehörte, dem → UDV für 171 Millionen Dollar die Brennerei → Bernheim und vier Bourbons verkaufte, von denen ihnen schließlich der → *W. L. Weller* und der → *Old Charter Sazerac* zugesprochen wurde. Eine weitere Marke der Firma ist der »Dr. Gillicuddy's Schnapps«. Die Firma ist der amerikanische Distributeur von → *Glenfarclas* und führte zum Schutz dieser Marke den aufsehenerregenden Prozeß gegen → Whyte & Whyte. Sie führt die Bourbons → *Ancient Age*, → *Benchmark*, → *Bulleit*, → *Eagle Rare*, → *Kentucky Dale* und die → *single barrels* → *Blanton's*, → *Elmer T. Lee*, → *Hancock's Reserve* und → *Rock Hill Farm*, die Blendeds → *Ancient Age*, → *Brookstone*, → *Canadian Age*, → *Carstair's White Seal*, importiert die Canadians → *James Foxe* und → *McCauley's* und bietet natürlich auch eine vorgemixte Version des Cocktails an.

Scapa → Schottische Malt-Destillerie. Sie liegt etwa zwei Kilometer südlich von der anderen → Orkney-Brennerei → Highland Park und, anders als jene, direkt an der Küste von Scapa Flow und zählt zur Region der → Islands. Der Name Scapa ist Militärhistorikern vermutlich geläufiger als Whiskytrinkern, versenkten dort doch nach dem 1. Weltkrieg die von den Briten gefangengenommenen deutschen Seeleute ihre gesamte Flotte selbst und versenkte im 2. Weltkrieg dort ein deutsches U-Boot eines der größten britischen Schiffe, nachdem es den als unüberwindlich geltenden Sperrgürtel durchbrochen hatte. Scapa, 1885 von Macfarnlane und

Townsend gegründet, stand immer im Schatten der Nachbarin, vor allem weil ihr ihre Besitzer selbst zu wenig Chancen gaben. Gemessen an Highland Park mit ihren → Pagoden und den traditionellen → *floor maltings* ist Scapa ein Zweckbau, der seit 1954 im Besitz von Hiram → Walker (und somit heute von → Allied Domecq) ist. Seit dem Umbau 1959 ist die → *wash still* vom → *Lomond*-Typ. Das Wasser von Lingro Burn ist schon so torfhaltig, daß nur noch gänzlich ungetorftes Malz verwendet wird. Seit 1994 ruht – wie in vielen anderen Brennereien der Firma – die Arbeit, aber anders als → Ardbeg, → Balblair und → Pulteney wurde sie wenigstens nicht verkauft.

Auch als Single Malt stand der *Scapa* immer im Schatten des *Highland Park*, der zwar einer kleineren Firma gehört, von ihr aber als Flaggschiff geführt wird, wogegen *Scapa* lange überhaupt nur von den → Unabhängigen zu bekommen war. Vor allem → Gordon & MacPhail hatten einen 8jährigen mit 40 % und in der → Allied-Reihe gleich mehrere Abfüllungen (1979, 1983, 1984, 1985, 1986, 1988) unter dem Namen → Taylor & Ferguson, die seit der Übernahme durch die Kanadier die Lizenz nominell hielten. Sie standen auch noch auf dem Label der Literflasche mit dem 10jährigen, der 1995 zur Überraschung und Freude der Malt-Liebhaber als erste → Eigentümer-Abfüllung herauskam. War sie allerdings fast nur in Duty free-Shops zu bekommen, ist jetzt ein 12 Jahre alter *Scapa* in der Normalflasche allgemein erhältlich. Bleibt zu hoffen, daß Allied, nachdem sie sich endlich offiziell zu ihrem Inselkind bekennen, auch die Brennerei selbst bald wieder arbeiten lassen. Von → Signatory ließ sich der größte unabhängige deutsche Importeur Dieter Kirsch aus Syke zwei Spezialfüllungen eines 15- und eines 9jährigen *Scapa* machen, die auf dem Label Scapa Flow mit Kriegsschiffen zeigten. Cadenhead hatten u.a einen 1988er in der Faßstärke von 62.4 %.

Schenley Amerikanisch-kanadische Whisk(e)yfirma, die nach einer Stadt in Pennsylvania benannt ist. Sie wurde gegründet von Lewis Rosenstiel, der schon vor der → Prohibition im Whiskeygeschäft tätig war und die trockenen Jahre damit verbrachte, Whiskey zu kaufen, zu verkaufen und sogar selbst herzustellen – als medizinischen Alkohol. So kaufte er nicht nur die Bestände von → *Old Overholt*, sondern erwarb auch gegen Ende der zwanziger Jahre die → Leestown Distillery und die Brennerei in Frankfort, die ihr Leben als Old Oscar Pepper Distillery begann, später → Labrot & Graham gehörte und gerade wieder, jetzt im Besitz von → Brown-Forman, mit der Produktion begonnen hat. 1937 erwarb Schenley → Bernheim in Louisville samt deren Marken. Unmittelbar nach dem Weltkrieg begann die Firma, die die Rechte an dem Namen Cascade gekauft hatte, den Wiederaufbau der einst von George → Dickel gegründeten → Cascade Hollow Distillery in Tullahoma unweit der Stelle, wo sie ursprünglich stand. Gleichzeitig wurde eine kanadische Tochter gegründet und man stürzte sich, nachdem ein Fusionsversuch mit → Seagram gescheitert war, in einen Kampf mit den Kanadiern um die Vorherrschaft auf dem nordamerikanischen Kontinent. Der kanadische Teil Schenleys wurde später von einer Gruppe von Pensionskassen gekauft und unter dem Namen Canadian Schenley selbständig weitergeführt. Diese Firma besaß die Brennerei → Valleyfield und führte neben zahlreichen eigenen Marken auch die von → Park & Tilford.

1956 kam die Expansion über den Ozean nach Europa, die indes nur bis 1971 dauern sollte. Sie begann mit der Übernahme von Seager Evans, denen damals die Marke → *Long John* gehörte und auch die Brennereien → Strathclyde, → Kinclaith und → Tormore. → Laphroaig Distillery kam später dazu. Nachdem man sich von den schottischen Aktivitäten getrennt hatte, wurde 1982 auch Leestown verkauft, aber Bernheim, Dickel und Schenley Canada samt Valleyfield waren noch übrig, als → Guinness 1987 Schenley erwarb und seiner Spirituosentochter → UD angliederte. Die übliche Produktkonzentration folgte so unweigerlich wie die ebenso übliche Schließung von Brennereien. So mußte die alte Bernheim Distillery einem Neubau weichen, in dem sämtliche Bourbons von UD produziert wurden: der → *Old Charter*, → *I. W. Harper*, → *James E. Pepper* und die »Wheated Bourbons« (bei denen der übliche Roggenanteil in der Maische durch Weizen ersetzt ist) → *W. L. Weller* → *Old Fitzgerald*, und → *Rebel Yell*. In Kanada wurden einige Labels wie *Schenley Award* gestrichen. Im Programm waren danach nur noch → *Canadian O.F.C.* → *Gibson's* in zwei Abfüllungen, *Schenley* → *Golden Wedding*, → *MacNaughton's* und → *Royal Command*. Die Superhochzeit von Guinness und → Grand Metropolitan zu → Diageo und ihrer Töchter zu → UDV führte zu weiteren »Marktbereinigungen« und zum Verkauf fast aller nordamerikanischen Aktivitäten des neuen Spirituosenriesen, der in Kanada nur noch den *Gibson's* und in den USA den *George Dickel* und den *I. W. Harper* behielt.

Schenley Golden Wedding Kanadischer Whisky, der meist nicht nach seinem langjährigen Besitzer, sondern in verkürzter Form → *Golden Wedding* genannt wird. Als eine weitere Folge der Vereinigung von → IDV und → UD wechselte die Marke den Besitzer und gehört seit Februar 1999 → Canandaigua.

Schenley O.F.C. Kanadischer Whisky, der identisch ist mit dem → *Canadian O.F.C.*

Schmuggel Whisk(e)y und Schmuggel gehören zusammen, seit die Regierungen das natürliche Recht eines Menschen, sich seinen Alkohol zu destillieren bestritten und Steuern erhoben haben. In Schottland geschah das bereits am 17. Januar 1644 und die Steuer war dazu bestimmt, das Heer zu finanzieren. In Irland unternahm die (englische) Regierung ausgerechnet an Weihnachten 1661 den Versuch, Steuern einzuführen und trieb damit die halbe Nation in die Illegalität; seither spricht man dort vom legalen verächtlich als »Parlamentswhiskey«. In den USA erkannte die Regierung George Washingtons, sebst Brenner, im Jahr 1791, welch sprudelnde

Quelle der Whiskey war. Der Ausbruch der schließlich mit Waffengewalt niedergeschlagenen »Whiskey Rebellion« war die Folge. Folge war auch, in allen Ländern, das Schwarzbrennen und der Schmuggel – im englisch-amerikanischen Sprachgebrauch meint *smuggling* beides, das Herstellen und das Vertreiben von illegal destilliertem Whisk(e)y, von → *poitín* und von → *moonshine*. Ebenso war die Folge, daß die Regierungen → *excisemen*, Zollbeamte einsetzten, die Jagd nach den Gesetzesbrechern machten. Trotz vieler Erfolge konnten sie ihnen nicht das Handwerk legen. Erst die Einführung einigermaßen gerechter Steuern in Irland und Schottland im Jahr 1823 verlockte mehr und mehr Brenner, Lizenzen zu erwerben. Das Schmuggeln hörte dennoch nicht auf. Selbst ganz drakonische Maßnahmen wie die Einführung der Prohibition waren erfolglos. Sie steigerten im Gegenteil die Aktivitäten – und Gewinne – der Schmuggler und legten die Grundlage zu mancher Gangsterkarriere und zu manchem Vermögen.

Schottland Sie mögen ihn nicht erfunden haben, ihren → *uisge beatha*, den Whisky, das Wasser des Lebens, aber sie dürfen sich des Triumphes erfreuen, die erste schriftliche Quelle zu besitzen, in der er erwähnt wird. 1494 bekam ein John Cor »acht Maß Malz, um daraus aqua vitae zu machen«, Lebenswasser, Whisky eben. Er war ein frommer Klosterbruder aus Fife, was ein Hinweis darauf ist, daß es zuerst Mönche waren, die die wunderbare Flüssigkeit herstellten, als Heilmittel und ganz sicher nicht nur für die äußerliche Anwendung. Vermutlich waren es irische Mönche, die die Kunst der Destillation aus Italien in ihre Heimat mitbrachten und sie ihre schottischen Brüder lehrten.

Lange kann es nicht gedauert haben, bis der Whisky die Klöster verließ, denn schon 1505 erließ der König ein Edikt, das den Barbieren von Edinburgh das Privileg verlieh, ihn zu machen. Aber bald hatte sich herumgesprochen, daß der Whisky eine gute Möglichkeit bot, überschüssiges Getreide platzsparend zu lagern, dem Grundherren den Zehnten zu bezahlen. Schon um die Mitte des 16. Jahrhunderts muß er in den Highlands und auch in den Städten weit verbreitet gewesen sein. Warum sonst hätte das schottische Parlament am 31. Januar 1644 ein Gesetz verabschiedet, das auf die Destillation des schon zum Nationalgetränk gewordenen Whisky eine Steuer erhob, um damit die Armee zu finanzieren? Eine Schande, unter der sie heute noch leiden, die Schotten: daß nicht die Engländer, sondern sie selbst es waren, die den Menschen das Recht nahmen, sich ohne Steuern ihren eigenen Whisky zu brennen.

Die Engländer schlugen freilich dann erst richtig zu. 1707 hatten sich die Parlamente beider Länder vereinigt, die neue Regierung saß im fernen London und dachte sich immer neue Möglichkeiten aus, immer höhere Steuern einzuführen und mit Waffengewalt durchzusetzen. Vor allem die Menschen in den nur schwer zugänglichen Highlands wehrten sich. Das Schwarzbrennen und der Schmuggel waren weitverbreitet, kosteten viel Blut auf beiden Seiten – und schufen die Grundlage für viele Geschichten, die immer noch tradiert werden. Auch die Brenner in den Lowlands mußten Steuern zahlen, aber sie waren nicht nur wirtschaftlich stärker, sondern verfügten offensichtlich über bessere Beziehungen. Jedenfalls fanden die Highlander, daß sie benachteiligt wurden. Die letzte Hoffnung auf eine Wiedergewinnung der Unabhängigkeit war durch die vernichtende Niederlage von Bonnie Prince Charlie in der den Bürgerkrieg beendigenden Schlacht von Culloden 1746 begraben worden. Auch sie führte zu höheren Steuern. Um 1795 wurde die Highland Line gezogen und wieder fühlten sich die Highlander betrogen. Erst ein Gesetz von 1823 schien ihnen so fair, daß immer mehr es vorzogen, eine Lizenz zu erwerben; George Smith von → Glenlivet war der erste. Die Zahl der illegalen Destillen ging zurück (ganz verschwanden sie nie), die der legalen stieg und zum ersten Mal sah es so aus, als ob die Geschichte des schottischen Whisky in ruhigeren Bahnen verlaufen würde.

Sie tat es nicht. Sie ging mit heftigen Veränderungen weiter und es kommt sehr auf den Standpunkt an, ob man sie für Veränderungen zum Besseren oder zum Schlechteren hält. Einige neue Erfindungen wurden gemacht. Sie machten es möglich, daß die Whiskyproduktion die kleinen Farmen und als Kleinhandwerk betriebenen Brennereien verließ und zu einer großen und mächtigen Industrie werden konnte, daß Firmen entstanden, die weltumspannend aktiv waren, daß der schottische Whisky die Welt eroberte und zum beliebtesten und wirtschaftlich erfolgreichsten Getränk wurde – und immer noch zu einer kräftig sprudelnden Steuerquelle, die lange den größten Teil zum Budget der britischen Regierung lieferte, die die Kuh dennoch schlug, die sie molk; nur einmal in all den Jahren, 1973, wurde die Steuer gesenkt: weil eine zusätzliche Mehrwertsteuer eingeführt wurde.

Der Whisky, auf den diese Steuern erhoben wurden, war nicht der, den John Cor machte und der seither in den Highlands, Lowlands und auf den Insel gebrannt wurde: Malt Whisky, ausschließlich aus gemälzter Gerste in kupfernen Brennblasen, den *pot stills*, destilliert. Um 1825 machten Robert Stein und Aneas Coffey ihre bahnbrechenden Erfindungen, die einen völlig neuen Whiskytyp entstehen ließen, der kontinuierlich aus der *patent still* lief und für den nicht nur teures Gerstenmalz, sondern jedes Getreide verwendet werden konnte. Der Grain Whisky war geboren, chemisch ein reiner Alkohol, nur leider fast ohne Aroma und gänzlich ohne Charakter.

Nur zwanzig Jahre später kamen Pioniere wie Andeas → Usher auf die Idee, die beiden Whiskytypen zu kombinieren, sie zu mischen, zu blenden, und es entstand ein neuer, ein dritter Whiskytyp, der Blend, der seither zum Synonym für einen Scotch wurde. Er vereinigte die Vorteile der beiden Vorgänger, des billigen Grain und des charaktervollen Malt und machte es möglich, aus kunstvoll immer neu angesetzten Mischungen einen Whisky zu produzieren, der konsistent war, gleich im Geschmack, gleich im Geruch, und dank der Zugabe von Karamel, auch gleich in der Farbe. Die Whiskyproduktion lag nicht mehr allein in den Händen der Brennmeister, sondern in denen neuer Firmen, die sich mit ihrem Hausblend einen Namen schufen. Namen wie Walker in Kilmarnock, Teacher in Glasgow, Dewar in Perth, die Chivas Brothers in Aberdeen tauchten auf, Lebensmittelhändler allesamt, aus deren Whiskies Weltmarken wurden.

Eine große Hilfe war ihnen dabei, daß in Bordeaux die Reblauskatastrophe ausbrach und die Engländer plötzlich nicht mehr ihren Brandy bekamen. Die Schotten sprangen nur allzugerne in die Bresche. Sie expandierten, eroberten, zum Teil mit genialen Werbefeldzügen, London und von dort aus Australien, Indien, die USA. Am Beginn des 1. Weltkriegs war der Scotch Blend fest etabliert, so fest, daß nicht einmal der kriegsnotwendige Produktionsstop ihn langfristig behinderte – ebensowenig wie die Prohibition in den USA. In großem Maßstab wurde Scotch geschmuggelt und als sie zu Ende war, hatten die Amerikaner den Geschmack ihres eigenen Whiskey vergessen und zogen den leichteren Scotch (und den Canadian) vor. Die reichgewordenen Inhaber der großen schottischen Firmen gingen in die Politik und ließen sich zu → Whiskybaronen machen.

Schon lange vorher hatten sich immer mehr dieser Firmen zusammengeschlossen, um wirtschaftlich stärker zu werden. Das wichtigste dieser neuen Konglomerate war die DCL, die schon 1877 gegründet worden war, immer mehr kleine Firmen schluckte und 1925, als auch Buchanan-Dewar, Walker und schließlich White Horse sich mit ihr vereinigten, fast die Hälfte aller schottischen Brennereien besaß und mehr als die Hälfte der Industrie. Es war schließlich diese Firma, die die größten Veränderungen auslöste, denen Schottland in der Zeit nach dem 2. Weltkrieg ausgesetzt war: 1987 kam es zu einer heftigen Übernahmeschlacht, an deren Ende Guinness die träge gewordene DCL geschluckt hatte und begann, sie zu UD umzuformen. Es war dies nicht die letzte Übernahme. 1997 fusionierten Guinness und Grand Metropolitan, kurz vorher hatten Highland Distillers Macallan übernommen, noch früher American Brands Whyte & Mackay und Invergordon, und auch die Japaner waren als Besitzer von Tomatin, Ben Nevis und Morrison Bowmore fest etabliert: Schottischer Whisky war längst nicht mehr in schottischen Händen, sondern zu einem Betätigungsfeld global aktiver Konzerne geworden.

Die Entwicklung hat nicht nur ihre negativen Seiten. Ohne sie wäre es wohl nicht zur Renaissance des Malt Whisky gekommen. Denn der ursprüngliche schottische Whisky, der solange nur in den Blend verschwunden war, ist wieder da, wiederentdeckt, wiederbelebt. Allerdings war es wohl nicht ganz zufällig eine im Besitz ihrer schottischen Gründerfamilie verbliebene Firma, die die Kraft zu dieser Innovation hatte. 1963 hatten es, unter dem Gespött der Branche, William Grant & Sons gewagt, den Malt ihrer Brennerei Glenfiddich als Single Malt auf den Weltmarkt zu bringen. Es ist nicht falsch, von dieser Tat als dem Beginn einer Revolution zu sprechen. Mittlerweile gibt es die Malts aller Brennereien als Single Malt, viele Eigentümer füllen sie selbst ab und die Unabhängigen tun den Rest, haben es erreicht, daß auch es auch *single cask-* und *cask strength*-Abfüllungen gibt. Brennereien, vorher abweisend und geschlossen, sind als Mittel, Touristen anzuziehen, entdeckt worden; Glenturret Distillery ist nach dem Edinburgher Schloß der meistbesuchte Ort Schottlands.

Acht Maß Malz waren es, die Bruder John bekam, und genießen durften seinen Whisky nur seine Brüder (und der König, vermutlich). Heute können ihn alle bekommen und sich davon überzeugen, daß er der »König der Drinks« ist. Er ist ein Weltgetränk geworden und denoch so schottisch geblieben wie er es immer war. Aqua vitae, Lebenswasser, uisge breatha, Whisky, *spirit*, Geist, der Geist der Schotten und schottischer Geist.

Schwäbischer Whisky Deutscher Single Grain aus dem zwischen Stuttgart und Ulm gelegenen Owen/Teck, wo C. und I. Gruel eine Brennerei betreiben, die normalerweise Obstbrände produziert. Aus Interesse am schottischen Whisky beschloß Christian Gruel, sich in Schottland umzuschauen, entschied sich dann aber, es nicht mit einem Malt zu versuchen, sondern einen Grain herzustellen, den einzigen in Deutschland. Besonderen Wert legt er darauf, das Destillat lange und ruhig im Holzfaß ruhen zu lassen. Der Whisky dankt es ihm mit einer schönen Honigfarbe. Er füllt ihn mit 43 % ab – leider in eine Flasche, die eher einen süßen Weißwein oder einen fruchtigen Obstler verheißt als einen schwäbischen Whisky.

Scoff-Law Whiskydrink. Eine Variante des Manhattan mit Canadian, trockenem Vermouth, Zitronensaft und je einem Schuß Orange-Bitter und Grenadine.

Scoresby Rare Schottischer Blend, der in Schottland hergestellt, im Tank nach USA verschifft, erst dort abgefüllt und, sehr erfolgreich, nur auf dem heimischen Markt verkauft wird. Er soll, mit mehr als 600000 verkauften → *cases*, die viertgrößte Scotch-Marke in den USA sein. Das läßt verstehen, warum → UD, die sie beim Kauf von → Glenmore erwarben, später zwar viele von deren Produkten an → Barton weiterverkauften, ihn aber behielten, und macht es unverständlich, daß die neue Formation UDV sich im Frühjahr 1999 doch von ihr trennten.

Scotch Guard Schottischer Blend von der → Speyside Distillery Co., eine einfache Supermarkt-Marke aus dem → Standard-Segment.

Scotch House No. 12 Schottischer Blend, der sich auf dem Label mit dem Begriff »Old« schmückt und trotzdem ein einfacher Supermarkt-Standard unbekannter Herkunft ist, der vor allem in Deutschland verkauft wird.

Scotch Malt Whisky Society, The Schottisches Unternehmen, das einerseits ein → unabhängiger Abfüller, andrerseits eine echte Society, ein Club ist, weil er seine Whiskies nur an Mitglieder abgibt. Von denen hat die SMWS allerdings allein in Schottland weit mehr als 10000, was beweist, daß es sich bei dem, was sich aus bescheidenen Anfängen 1981 entwickelt hat, um eine echte schottische Erfolgsstory handelt – und um etwas, ohne das es die Wiederentdeckung des Malt als des eigentlichen, ursprünglichen Scotch und das seitdem immer stärker werdende Interesse an ihm, nicht gegeben hätte. Was die CAMRA, die »Campaign for real ale« für das angesichts des Vormarsches von Lagerbieren und der kleine Brauereien reihenweise dahinraffenden Konzentration auf immer weniger Brauereigiganten vom Aussterben bedrohte »echte Bier« getan hat, das leistete die Society für den Malt.

Gegründet wurde sie von Phillip »Pip« Hills, der sich bei einem Urlaub in der → Speyside über einen Whisky aus einem Faß wunderte, das ein Bauer bei → Glenfarclas gekauft hatte. Weil er so etwas noch nie gekostet hatte und es öfter haben wollte, legte er mit ein paar Freunden zusammen, um auch ein Faß zu kaufen und selbst abzufüllen. Aus der Gruppe wurde ein »Syndikat«, aus dem kleinen Syndikat ein Unternehmen. Immer mehr wollten auch solche Whiskies haben – sie wurden ihnen in einem Newsletter angeboten, der anfangs sehr schmal war, aber im Lauf der Zeit, je mehr die Besitzer der Brennereien ihr anfängliches Mißtrauen verloren und Fässer herauszurücken bereit waren, immer umfangreicher wurde. Viel zu den guten Beziehungen trug die Clubpolitik bei, nie den Namen der Herkunftsdestillerie auf das Label zu schreiben, sondern ihr eine Code-Nummer zu geben und die Mitglieder durch zum Teil äußerst blumige Beschreibungen raten zu lassen, woher ein Malt stammt (noch poetischer sind nur die *tasting notes* des Komitees, zu dem prominente Whiskynasen wie Prof. David Daiches und der Autor Charles MacLean gehören).

Diese Praxis der Anonymität, an der man aber seine Whiskykenntnisse erproben kann, wird bis heute behalten und immer noch steht Nr. 1 für Glenfarclas; 1.35 meint, es handelt sich um das 35. Faß von dort, das angeboten wird. Von Anfang an hat die Society auf den Flaschen auch genaue Daten für Destillation und Abfüllung angegeben. Noch wichtiger war für die Renaissance des Malt, daß grundsätzlich in → *cask strength* und ohne jede → Kühlfilterung gearbeitet wurde – ein Verfahren, das heute nahezu selbstverständlich ist, aber Anfang der achtziger Jahre eine Revolution war. Zum Erfolg hat sicher auch beigetragen, daß es Pip Hills gelang, ein geschichtsträchtiges Gebäude als Sitz der Society zu erwerben, das wie kein anderes zu ihr paßte und nicht nur gute Büros, sondern einen geradezu traumhaften Clubraum bot: The Vaults in Leith, ein Weinlagerhaus, das damals J. & G. → Thomson & Co. gehörte, viele Jahrhunderte alt war – in der Tat das älteste kommerzielle Gebäude Schottlands, das noch für seinen ursprünglichen Zweck benutzt wurde.

Inzwischen hat die Society Malts von mehr als 100 Brennereien abgefüllt, viele davon zum ersten Mal und den → *Lomond* nach wie vor als einzige jemals erhältliche Abfüllung; leider gab es von ihm nur ein Faß, also etwa 300 Flaschen. Die Society hat sehr expandiert, es gibt Niederlassungen in Frankreich, Japan, USA, den Niederlanden und in der Schweiz – leider immer noch nicht in Deutschland. Möglicherweise war die Expansion auch etwas zu schnell und heftig. 1995 kam es zu kleinen Turbulenzen, die zum Abschied des Gründers führten. Aber unter Richard Gordon als Managing Director und dem neuen Chairman Willie Philipps, der bis zum Verlust ihrer Unabhängigkeit Direktor bei → Macallan war, hat die SMWS wieder Fuß gefaßt und schickt vierteljährlich ihre Angebote mit schönen Malts. Sie sind leider meistens nicht ganz billig.

Scotch Single Malt Circle, The Weil er keine Erlaubnis bekam, einen deutschen Ableger der → Scotch Malt Whisky Society zu gründen, entschloß sich der in Düsseldorf lebende Schotte Bill Miller, zusammen mit seiner Frau Maggie einen eigenen Club zu gründen. Er sollte nach den gleichen Prinzipien organisiert sein wie das Vorbild in Edinburgh, das sich außerstande sah, in Deutschland lebende Mitglieder mit seinen Abfüllungen zu versorgen. Dank alter Beziehungen ins Heimatland und nicht zuletzt zu einigen Mitarbeitern der Society konnten die Millers an sehr gute Fässer herankommen, die sie ohne → Kühlfilterung, ohne → Färbung und in → *cask strength* abfüllten, wobei sie meist auch den Namen der Brennerei im Klartext angaben.

Der Circle fand schnell Freunde und hat heute, ungefähr zehn Jahre nach der Gründung, etwa 1000 Mitglieder, die in vierteljährlichem Abstand neue Angebote bekommen. Sie sind immer begleitet von sehr persönlichen Briefen Bill Millers, in denen er nicht nur darüber schreibt, was einen guten Malt auszeichnet und wie gesund es ist, ihn zu trinken, sondern auch zu allgemeinen politischen, philosophischen Fragen: als ob man mit ihm zusammensäße bei einem schönen → *dram*. Das zeigt, daß der Circle weit mehr ist als einer der vielen → unabhängigen Abfüller oder ein Versandgeschäft: Er ist eine immer größer werdende Gruppe von Freunden und die Millers sorgen durch Veranstaltungen und Tastings dafür, daß die Mitglieder sich auch kennenlernen. Obwohl sie ihnen mittlerweile durchaus auch Abfüllungen der schottischen Society anbieten können, denken die Millers nicht daran, deren deutscher Statthalter zu sein. Sie sind etwas ganz Eigenständiges und Einzigartiges.

Scotch Sour Whiskydrink. Whiskey Sour wird eigentlich mit Bourbon gemacht, aber auch die Variante mit Scotch hat ihre Anhänger. Ein Rezept empfiehlt zwei Teile Whisky auf einen Teil Zitronensaft und zwei Teelöffel Zucker, die kräftig geschüttelt werden. Serviert wird im Tumbler, dem Becherglas, wobei Kirschen und Orangen- und Zitronenscheiben als Garnierung an den Glasrand gesteckt werden.

Scotch Whisky Bezeichnung, die alle drei in Schottland produzierten Whisky-Arten umfaßt. Malt, Grain und Blend werden zwar auch in anderen Ländern destilliert und produziert und sie dürfen überall auch »Whisky« genannt werden. Der Zusatz »Scotch« allerdings ist eine gesetzlich geschützte Herkunftsbezeichnung, deren Einhaltung u. a. von der

Scotch Whisky Association weltweit überwacht wird. Es ist sehr fraglich, ob es sinnvoll ist, drei so fundamental verschiedene Whisky-Arten wie Malt, Grain und Blend durch ein einziges Wort zu definieren, und die Entscheidung war auch hart umkämpft.

Sie fiel 1909 nach einem aufsehenerregenden Prozeß im Londoner Stadtteil Islington. Der »What is Whisky Case« war angestoßen worden, weil minderwertige Blends in Londoner Kneipen aufgetaucht waren und sich die Hersteller von schottischem Malt und von irischem → Pure Pot Still vor dieser geschäftsschädigenden Konkurrenz durch eine eindeutige Definition ihres Produktes schützen wollten. Sie waren auf der einen Seite zu finden, auf der anderen engagierte sich vor allem die → DCL, schon damals ein bedeutender und wirtschaftlich starker Konzern. Berühmt geworden sind die auftrumpfenden Annoncen für den Grain → *Cambus*, die die DCL veröffentlichen ließ, um klarzumachen, daß Grain womöglich besser sei als Malt. Nachdem es zunächst so ausgesehen hatte, als fiele das Urteil zuungunsten der DCL aus, war sie am Ende doch Sieger. Seidem gilt, daß jedes Destillat aus Getreide Whisky werden kann.

Einige zusätzliche Dinge, wie z. B. die Art der zur Lagerung benutzten Fässer und die Mindestdauer der Reifung regeln, müssen freilich beachtet werden. Im Prinzip aber ist die Definition seit 1909 unverändert. Sie wurde vom Gesetzgeber übernommen, 1989 auch von der Europäischen Union anerkannt und zum letzten Mal 1998/99 im »Scotch Whisky Act« zusammengefaßt. Danach darf Scotch Whisky nur genannt werden, was

- »in einer Brennerei in Schottland aus Wasser und gemälzter Gerste (der nur ganze Körner von anderem Getreide zugefügt werden dürfen) produziert wird, die in dieser Brennerei zu einer Maische verarbeitet werden
- in eine fermentierbare Flüssigkeit verwandelt wird, ausschließlich durch ihre eigenen Enzyme, die, ausschließlich durch die Zugabe von Hefe fermentiert,
- destilliert wurde zu einem Alkoholvolumen, das weniger als 94.8 % beträgt, so daß das Destillat Aroma und Geschmack durch das Ausgangsmaterial und die Brennmethode bekommt
- gereift ist in einem vom Zoll überwachten Lagerhaus in Schottland, wobei Eichenfässer von nicht mehr als 700 Litern Kapazität benutzt werden müssen und die Reifezeit nicht weniger als drei Jahre betragen muß
- Farbe, Aroma und Geschmack von Ausgangsmaterial und der Methode der Produktion und der Reifung bekommt, und mit keiner anderen Substanz außer Wasser und »Spirit Karamel« ergänzt worden ist.«

Der »Act« verbietet, in Schottland anderen als Scotch Whisky herzustellen, und verlangt, daß Scotch Whisky, der abgefüllt und/oder zum Verkauf in oder zum Export aus der Europäischen Union angeboten wird, mindestens 40 % Alkoholvolumen haben muß.

Scotch Whisky Association Schottischer Wirtschaftsverband, der die Interessen der schottischen Whiskyindustrie im Inland und im Ausland vertritt. Sie wurde 1917 unter dem Namen The Whisky Association und mit Sitz in London gegründet und gab sich den heutigen Namen 1943. Die SWA ist ein Verband, der 66 Mitglieder hat, die wiederum 26 juristische Personen vertreten. Zugelassen sind die Hersteller, die Großhändler und die Broker. 95 % von ihnen sind der SWA beigetreten. Ihre Aktivitäten werden ausschließlich durch Mitgliederbeiträge finanziert. Es gibt zwei Niederlassungen, eine große mit 36 Mitarbeitern in Edinburgh und eine kleine in London, die hauptsächlich repräsentative Aufgaben hat.

Die SWA ist gleichzeitig eine Lobby für und ein *»watchdog«* der Industrie. Ihr Ziel ist es, »für die Interessen der schottischen Whiskyindustrie zu werben und sie zu schützen«. Sie versucht das Image des Scotch zu bewahren und verfolgt, manchmal auch kleinlich, jeden Mißbrauch dieses Namens. Wo immer die Gefahr besteht, daß irgendein Produkt mit echtem Scotch verwechselt werden könnte, sind die Anwälte der SWA zur Stelle. Sie haben z. B. dafür gesorgt, daß der *Glen Kella* von der Isle of Man sich nicht mehr Whiskey, sondern nur noch »Manx Spirit« nennen durfte. Sie verhindern auch, daß ein im Ausland hergestellter Whisky einen englischen Namen hat. Sie warnten aber auch die Verbraucher, als von unseriösen Anbietern Whisky faßweise angeboten wurde. Sie versucht auch, bestimmte Qualitätsnormen durchzusetzen, wenn sie z. B. in Australien dafür sorgt, daß der Mindestalkoholgehalt von Whisky 40 % sein muß.

Eine Hauptaufgabe der SWA ist der Kampf gegen ihrer Meinung nach unberechtigt hohe Steuern. So ist sie einerseits Partner, anderseits aber auch Gegner der britischen Regierung. Gemeinsam machen sie, zum Teil auch mit der WTO, Front gegen Länder, die ihren heimischen Spirituosen dadurch Vorteile verschaffen, daß sie Scotch sehr hoch besteuern. In Japan ist Scotch seit 1997 nicht mehr diskriminiert gegenüber dem japanischen Whisky, aber immer noch gegenüber dem Nationalgetränk »Shochu«. Im eigenen Land übt die Lobby Druck auf die Regierung aus, die bis auf eine einzige Unterbrechung (als die Mehrwertsteuer eingeführt wurde) die → *excise* immer nur erhöht hat. Damit war sie bisher allerdings erfolglos. Fast 20 Pfund (plus 17.5 % Mehrwertsteuer) müssen die schottischen Produzenten und damit auch die Verbraucher für einen Liter Alkohol berappen, d. h. mit 5.87 Pfund schlägt die Steuer zu Buche, wenn man im Vereinigten Königreich eine Flasche Whisky kauft.

Scotch Whisky Review Halbjahreszeitschrift, die eigentlich nur als Verkaufshilfe für → »Loch Fyne Whiskies« gedacht war, das Geschäft in Inveraray, das Richard Joynson und Lyndsay Shearer erst 1992 gegründet, aber mittlerweile zu einem der besten Whiskyläden überhaupt und sicherlich zum besten Schottlands gemacht haben. Ähnlich hat sich auch die SWR entwikkelt: durch profunde Kommentare, hervorragende Interviews mit führenden Mitarbeitern der Whiskyindustrie und Beiträge von so prominenten Autoren wie Charles MacLean, Michael Jackson und Walter Schobert ist die nach wie vor kostenlos zu beziehende Publikation zu einer unverzichtbaren Quelle für Whiskyfreunde geworden. Die beiden Firmengründer, mittlerweile glücklich verheiratet und stolze Eltern einer kleinen Tochter, verfügen mit dem preisgekrönten Blend *The* → *Loch Fyne* über eine Hausmarke, und haben mit dem → *Living Cask* jüngst eine alte schottische Tradition wiederbelebt.

Scotia Royale Schottischer Blend, 12 Jahre alt und damit zum → Premium-Segment zählend. Er wurde ursprünglich von A. Gillies & Co. herausgebracht, die damals Besitzer von → Glen Scotia Distillery waren. Später wurde er von → Gibson International auf den Märkten in Japan und Korea eingeführt und wird jetzt von → Glen Catrine Bonded Warehouse mit zunehmendem Erfolg auch in Europa angeboten. Die königliche Scotia soll eine ägyptische Prinzessin gewesen sein, die einen Griechen heiratete und ihren Namen dem Volk verlieh, das von ihrem Gemahl in Irland angesiedelt wurde.

Scots Club Schottischer Blend, der früher von der Firma Ewen & Co. kam. Sie geriet in den Besitz von → Waverly Vintners, einer Tochter des Brauereigiganten Scottish & Newcastle. Heute ist die Marke, wie der ebenfalls einst von Ewen abgefüllte → *Glen Clova*, im Besitz von → Invergordon.

Scots Earl Schottischer Blend von → Glen Catrine Bonded Warehouse, ein einfacher → Standard.

Scots Grey Schottischer Blend von Grey Rogers & Co., einer Tochter von → Invergordon. Es gibt den → De luxe in zwei Versionen mit 12 bzw. 15 Jahren.

Scots Lion Schottischer Blend von Donald Hart & Co. Die Firma ist nach einem der beiden → Hart Brothers benannt und ist ein Tochterunternehmen. Die beiden Brüder haben ihren Sitz in Glasgow, stellen Blends her und sind in den letzten Jahren zunehmend auch als → unabhängige Abfüller von Single Malts hervorgetreten.

Scots Poet Schottischer Blend aus dem Hause → Invergordon, der Tochter von → Whyte & Mackay / → JBB (Greater Europe).

Scott, Sir Walter Daß der neben Robert Burns bedeutendste schottische Schriftsteller in einem Whiskylexikon nicht fehlen darf, hängt weniger mit den Verdiensten zusammen, die er sich um das Nationalgetränk erworben hat, als vielmehr mit der Rolle, die er für die Wiedergewinnung der schottischen Identität gespielt hat. Schottland war nach dem Verlust der Unabhängigkeit durch die Vereinigung der Parlamente im Jahr 1707, nach den verheerenden Bürgerkriegen, die folgten und die in der vernichtenden Niederlage Bonnie Prince Charlies gegen die englische Armee bei Culloden im Jahr 1746 ihr vorläufiges Ende fanden, ein geschlagenes, gedemütigtes, unterdrücktes Volk, dem die über den angeblichen Aufstand zornigen Engländer die Verwendung der Sprache verboten, das Tragen der Tartans und selbst den Dudelsack. Erst 1822 besuchte wieder ein König das Land, empfangen in Edinburgh durch feierliche Zeremonien, die sich nicht zuletzt Scott ausgedacht hatte. George II fand nichts dabei, nach einem → *Glenlivet* zu verlangen, wohl wissend, daß der illegal destilliert war.

Scott fand nichts dabei, ihm den Malt servieren (und sich das Glas schenken) zu lassen. Er benutzte die Gelegenheit auch, den Kilt und die Tartans zu rehabilitieren. Kritiker mögen einwenden, daß viele Klischees, die dem Land nachgesagt werden, damals von Scott etabliert wurden und daß der Highland Dress, den er sich ausdachte, in dieser Form vorher tatsächlich nicht existiert hat. Aber man kann ebenso postulieren, daß Scott nur den Versuch unternahm, dem Land und seiner Bevölkerung wieder zu einem Stück Nationalstolz zu verhelfen – wie er es mit seinem unglaublich produktiven dichterischen Werk auch getan hat. Einige Figuren aus seinen Büchern haben die Schotten dadurch geehrt, daß sie Blends wie etwa den *Rob Roy* nach ihnen benannten. Seltsam, daß es keinen Whisky gibt, der Scotts Namen trägt. Wm Teacher and Sons hatten vor Jahren einmal einen *Sir Walter*. Er war der einzige Whisky bisher, den der Autor dieses Buches nicht vertragen hat und von dem er nur hoffen kann, daß es nicht Scott war, der mit diesem Sir Walter gemeint war.

Scott's Selection Serie von schottischen Single Malts, die gemeinsam von der → Speyside Distillery Co. und der mit ihr verbundenen Firma Alexander Muir (→ *Kings Crest*) herausgebracht wird. Sie treten in diesem Fall als → unabhängige Abfüller auf. Auf den Flaschen ist nur das Jahr der Destillation angegeben, aber es handelt sich immer um → *cask strength*-Abfüllungen.

Scottish & Newcastle Breweries Britischer Brauereigigant, der 1960 aus einer Fusion zwischen Scottish Breweries und Newcastle Breweries hervorgegangen ist und dem weitere Brauereien wie z. B. McEwan oder Younger gehören. Das Unternehmen besaß zeitweilig die → Glenallachie Distillery und hatte als Tochter die → Waverly Vintners mit zahlreichen Untergliederungen, die u. a. auch die Firma Charles → Mackinlay & Co. und deren Brennerei Isle of Jura mit einschlossen. Die beiden Destillerien wurden ebenso von → Invergordon übernommen wie die Marken → *Mackinlay's*, → *Glen Glova* und → *Scots Club*. Die Bierbrauer selbst führen, über Waverly, vor allem für die firmeneigene Pubkette nur noch die Blends → *Beneagles* und → *Huntingtower*.

Scottish Castle Schottischer Blend, der mit seinen drei Jahren gerade alt genug ist, um die Bezeichnung führen zu dürfen: es ist das für in Schottland hergestellte Getreidedestillate vorgeschriebene Mindestalter. Er kommt von → Burn Stewart.

Scottish Collie Schottischer Blend von → QSI, einer Tochter von William → Grant & Sons.

Scottish Dance Schottischer Blend von → Premier Scotch Whisky Co. in Glasgow, der wie alle (zahlreichen) Blends des Hauses mit 3, 5, 8, 10 und 12 Jahren hergestellt wird und ausschließlich zum Export bestimmt ist.

Scottish Envoy Schottischer Blend. Der »Schottische Bote« ist ein einfacher → Standard und kommt aus dem Haus H. → Mayerson & Company.

Scottish Island Schottischer Whiskylikör, der 1996 von der Firma Spirit of Argyll herausgebracht wurde. Aus dieser Region soll auch das Rezept stammen und wie bei seinem alteingeführten Vorbild → *Drambuie* beruft man sich darauf, daß es von Generation zu Generation weitergegeben wurde. Er hat 40 %, besteht aus → Speyside Malt, Heidehonig und wilden Kräutern und wird in 50cl-Flaschen angeboten. Das Label nennt ihn gälisch Càleach an Lochan, die Melldalloch Liqueur Company als Abfüller und Tighnabruaich in Argyll als Adresse.

Scottish Leader Schottischer Blend. Er ist die erfolgreichste Marke von → Burn Stewart, der Firma, die 1988 durch ein *management buy out* des früheren gleichnamigen Unternehmens entstand. Eine ihrer Tochterfirmen, Ross Bros., hatte den Blend bereits im Programm, aber erst in den letzten Jahren wurde er von den neuen Besitzern zielstrebig und erfolgreich ausgebaut. Er ist inzwischen in mehr als 50 Ländern zu haben. Es gibt ihn in allen Preis- und Altersklassen: als → Standard ohne Altersangabe und mit 12, 15, 17, 25 und 30 Jahren.

Scottish National Tartan, The Schottischer Blend. Die Spitzenmarke der noch jungen Firma The → Bennachie aus Inverurie. Sie kommt mit 21 und mit 30 Jahren und präsentiert sich in kostbaren Glaskaraffen.

Scottish Parliament Schottischer Single Malt, der die Tatsache feiert, daß sich die Schotten am 11. September 1997 in einer Abstimmung für die Einrichtung eines eigenen Parlaments in Edinburgh entschieden haben – ein Datum, das Prime Minister Tony Blair mit Bedacht gewählt hatte: Es ist der Tag, an dem William »Bravehart« → Wallace 1297 seinen Sieg gegen die Engländer errang. Von dem 12jährigen wurden 5000 Flaschen abgefüllt und dazu einige Glaskaraffen. Leider nennt die Firma Flavours of Scotland aus Glasgow nicht die Brennerei, aus der er kommt. Sie vermarktet den Namen in großem Stil und hat bis Ende 1998 bereits 25 schottischen Firmen die Lizenz verkauft, ihre typisch schottischen Produkte unter dem Label »Scottish Parliament« anzubieten.

Scottish Prince Schottischer Blend von Forbes, Ross & Co., einer Tochter von → Campbell & Clark. Beide Namen gehören heute der → Speyside Distillery Co. der Familie Christie. Sie war schon mit Campbell verbunden, als die noch selbständig waren, und bietet den Blend unter dem Namen seiner alten Besitzer mit 19, 21 und 30 Jahren an – wobei sie mit typisch schottischer Poesie raunt, das Rezept für ihn sei ein streng gehütetes und von Generation zu Generation weitergegebenes Geheimnis der Königlichen Familie.

Scottish Queen Schottischer Blend, eine der kleineren Marken von → UDV, die nur auf Einzelmärkten angeboten wird.

Scottish Reel Schottischer Blend von der erst 1994 gegründeten Firma → London & Scottish Spirits, die ihn als → Standard ohne Altersangabe und mit 8 Jahren führt.

Scottish Royal Schottischer Blend von der in Glasgow ansässigen Firma → Angus Dundee.

Seager Evans Britische Firma, 1805 als Partnerschaft der beiden Messrs. Seager und Evans gegründet, die sich vor allem als Ginhersteller einen Namen machte. In den zwanziger Jahren begann man, durch Whisky zu diversifizieren und baute am Südufer des Clyde in Glasgow die große Grain Destillerie Strathclyde. 1936 erwarb man mit dem Kauf der Londoner Wein- und Spirituosenfirma Chaplin die Marke → *Long John*, was zur Gründung der Tochterfirma Long John International führte; 1937 kam die Brennerei → Glenugie an der Ostküste dazu. Eine zweite Expansionsphase begann in den sechziger Jahren, zuerst durch die Erweitung von Strathclyde zu einer riesigen Anlage mit → *warehouses*, Abfüllanlage und der Maltdestillerie → Kinclaith, dann durch die Errichtung von → Tormore am Spey, bei deren Eröffnung 1959 Seager Evans bereits seit drei Jahren im Besitz der amerikanischen Firma → Schenley war. Sie ließen Long John → Laphroaig kaufen und verkauften dann aber 1971 alle schottischen Unternehmungen an den Brauereigiganten Whitbread. Der wiederum veräußerte 1987 seinen Wein- und Spirituosensektor an Allied Breweries, aus denen nach mehrerer weiteren Fusionen → Allied Domecq wurde.

Seagram Kanadische Firma, die mit einer kleinen Whisky-Destillerie in → Waterloo begann und mit heute 21 Brennereien und Abfüllfabriken in Nordamerika, Europa, Südamerika und im asiatisch-pazifischen Raum sowie einer kaum mehr zu übersehenden Zahl von Marken lange Zeit der größte Getränkekonzern der Welt war. Nachdem er inzwischen von der aus dem Zusammenschluß von → Guinness und → Grand Metropolitan entstandenen neuen Nummer 1 → Diageo und auch von → Allied Domecq überholt wurde, steht er heute immerhin noch auf dem dritten Platz der Rangliste – und ist der einzige, der immer noch in kanadischem Besitz ist (wo er heute nur noch in einer einzigen Destillerie, in → Gimli, Whisky produziert).

Die Geschichte der Firma beginnt mit Joseph Emm Seagram, dessen Eltern aus England einwanderten und zwei Farmen betrieben. Bald Waise geworden, wurde er in den USA ausgebildet und kam nach Kanada zurück, um Leiter der Granite und der Waterloo Mill zu werden, wo, wie in allen Mühlen damals, der Getreideüberschuß zu Alkohol destilliert wurde. Seagram kaufte sich ein, übernahm 1883 den Betrieb ganz, gründete die Joseph E. Seagram Flour Mill & Distillery Company und brachte im gleichen Jahr den → *Seagram's »83«* heraus, den ersten Blend des Landes und den ersten Markenwhisky. Die Firma war erfolgreich und exportierte große Mengen in die USA. 1911 wurde sie umbenannt in Joseph E. Seagram & Sons Ltd. und es wurde wiederum ein Whisky herausgebracht, der → *V.O.* Nach Seagrams Tod 1919 verkauften die Söhne die Firma an Samuel → Bronfman, der sie mit seinem Unternehmen unter dem Namen Distillers Corporation – Seagram Limited (DC-Sl) zusammenbrachte.

1928 ging er eine Partnerschaft mit der schottischen → DCL ein, für die die Motive auf beiden Seiten umstritten sind. Sicherlich hat die Versorgung des durch die → Prohibition nach kanadischen und schottischen Whiskies durstenden amerikanischen Marktes eine Rolle gespielt. Bronfman rechnete mit einer baldigen Beendigung der → Prohibition und hatte durch die Erweiterung seiner Brennereien in Waterloo und → LaSalle bestens vorgesorgt, als sie 1933 abgeschafft wurde. Im gleichen Jahr endete die Verbindung mit der DCL. Der Ruf, den sich die im Vergleich zu amerikanischen Schwarzgebrannten sauberen Canadians erworben hatten und der boomende Markt in den USA verhalfen zu weiterer Expansion. *Seagram's* → *7 Crown* wurde im Nachbarland lanciert. Drei Jahre später wurde in Louisville, Kentucky, eine neue Destillerie gebaut und im Laufe der nächsten Jahre mehrere andere übernommen, darunter → Old Prentice in Lawrenceburg, Kentucky, wo schon damals der → *Four Roses* erzeugt wurde. Eine andere war in Indiana, verwirrenderweise in einem Ort, der ebenfalls → Lawrenceburg heißt, wo der → *Benchmark* und der → *Eagle Rare* zu Hause waren. Auf insgesamt sieben Destillerien brachte es die Firma in den USA (von ihnen sind nur die beiden in den beiden Lawrenceburgs in Betrieb). Auch Marken wie → *Mattingly & Moore* und → *Henry McKenna* wurden gekauft (und auch wieder verkauft). Das US-Geschäft lief so gut, daß 1959 an der noblen Park Avenue in New York ein imposantes Verwaltungsgebäude bezogen wurde – gebaut vom Stararchitekten Mies van der Rohe (die Hauptverwaltung ist in Montreal). Bronfman schuf neue Marken wie → *Crown Royal*, kaufte andere Brennereien, Unternehmen wie → Adams und Reidel (→ *Lord Calvert*).

Nach dem Krieg begann mit dem Erwerb von → Chivas Brothers der Einstieg in Schottland, wo Seagram heute unter dem Namen The → Chivas & Glenlivet Group neun Destillerien und mehrere Abfüllanlagen besitzt. Seagram brennt Whisky in Neuseeland (→ *Wilson*), Argentinien (u. a. → *Blenders Pride*), hat *joint ventures* in → China und Thailand und vor allem mit → Kirin in → Japan. Whisky ist nicht das einzige Geschäftsfeld: Seagram produziert Gin und Wodka, besitzt Champagner- und Sektkellereien (in Deutschland z. B. Mumm), Cognacmarken wie »Martell« und die britische Ladenkette → Oddbins. Ein kostspieliger und mißlungener erster Ausflug ins Filmgeschäft hat Seagram, dessen derzeitiger Chairman Edgar Bronfman selbst Drehbücher schreibt, nicht davon abhalten können, die Universal Studios und deren Mutter MCA zu kaufen. Es gibt sogar Börsenbeobachter, die Anzeichen dafür erkennen, daß Seagram sich ganz von seinen Getränkeaktivitäten trennen möchte, um sich voll auf das Mediengeschäft zu konzentrieren.

Seagram's »83« Kanadischer Whisky, vermutlich die älteste Marke des Landes überhaupt. Sie kam 1883 und damit noch ein Jahr vor dem → *Canadian Club* des Konkurrenten Hiram → Walker heraus. Im gleichen Jahr hatte der kanadische Pionier Joseph Emm → Seagram die → Waterloo Mill and Distillery ganz gekauft und seine eigene Firma gegründet, aus der der zeitweilig größte Getränkekonzern der Welt werden sollte – eine Entwicklung, zu der der Exporterfolg seines *»83«* den Grundstock legte. Seagrams erster Whisky war auch insofern eine Pioniertat, als er zum erstenmal die bis dahin nur in Schottland übliche Methode des Verschneidens anwandte und damit den ersten kanadischen Blend schuf, während Kanada vorher nur → Straight Whiskies kannte.

Seal of Fine Malt Auszeichnung, die UDV sich ausgedacht hat, um auf Läden und Bars aufmerksam zu machen, die ein außergewöhnlich gutes und breites Sortiment an Malt Whiskies führen. Die einem Faßboden nachempfundene Plakette ist auch als ein Instrument gedacht, um Kunden anzuziehen. Sie wurde zum ersten Mal im Frühjahr 1998 verliehen. Unter den ersten sechs ausgezeichneten Läden waren »Milroy's« und »The Vintage House« in London, die beiden Filialen von »The Whisky Shop« in Glasgow und Edinburgh, der »Royal Mile Whisky Shop« ebenfalls in Edinburgh und das alteingesessene Weinfachgeschäft Tanner's of Shrewsbury.

Secret Koreanischer Blend von → Seagram. Er besteht aus Malt Whisky, der *in → bulk* aus Schottland importiert und mit lokal produzierten Grain Whiskies verschnitten wird und stellt eine billigere Alternative zu den ausländischen Blends dar, die in → Korea in den letzten Jahren einen geradezu atemberaubenden Aufstieg erlebten.

Select Hogshead, The Reihe von schottischen Single Malts, die von → Burn Stewart für die Läden der Kette »The Whisky Shop« in Edinburgh (Waverly Market), Glasgow, Inverness usw. abgefüllt werden. So gab es etwa einen → *Glenlochy* aus dem Sherry-Faß, der 14 Jahre alt war, und einen 16jährigen → *Port Ellen*. Beide hatten 50 %.

Seliko Tschechische Firma mit Sitz in Prag und Olomouc (Olmütz), die sowohl Lebensmittel wie Getränke herstellt und verkauft. Sie produziert unter anderem Slibowitz und führt die beiden Whiskymarken → *Gold Cock* und → *King Barley*. Während der erste unbestritten und eindeutig ein Blend ist, war der andere früher genauso eindeutig ein Malt, wurde dann aber ein Blend, während man für kurze Zeit den Malt *King Barleycorn* nannte. Ihn schmückte das gleiche Label wie den Vorgänger, was nicht gerade zur Erhellung beitrug. Dank der Bemühungen der deutschen Importeurs Jack Wievers in Berlin gibt es limitierte Mengen eines 12jährigen *King Barley*. Er wird nur Malt Whisky genannt und präsentiert sich aufwendig in Glaskaraffe und Holzkiste und ist entsprechend teuer.

Genauso verwirrend ist der Umgang der Firma mit ihren beiden Brennereien → Testice und → Dolany. Testice, die einzige der beiden, die auch heute noch produziert (wenn auch nicht die ganze Zeit), ist auf keiner Flasche genannt. Dort ist nur Dolany zu finden, wo heute allerdings nur noch abgefüllt wird; Josef Kvapil nennt sich sogar »Manager of Dolany distilleries«, als ob es die andere gar nicht gäbe. Dabei hätte die Firma allen Grund dazu, ihr Kind herauszustellen und deutlich beim Namen zu nennen: Kein Geringerer als Jim Murray, wahrscheinlich der einzige Journalist, der beide von innen gesehen hat und ihre Whiskies vor der Abfüllung aus dem Faß verkosten konnte, schreibt, daß er »weltweit Testice – speziell den 20jährigen – unter die ersten zwölf« besten Malts zähle – eine Qualität, für die er nicht nur die hervorragenden Ausgangsprodukte verantwortlich macht, sondern vor allem die Fässer aus tschechischer Eiche, die zur Reifung verwendet werden. Sein Urteil läßt sich überprüfen, seit es, wiederum Dank der Bemühungen von Wievers, den 20jährigen auch in Deutschland gibt.

Sendai Japanische Malt-Destillerie, die nach der Stadt benannt ist, die am 38. Breitengrad an der Ostküste von Japans Hauptinsel Honshu liegt. Die Brennerei selbst liegt freilich nicht in der Stadt, sondern eine halbe Stunde von ihr entfernt im Landesinneren. Weil sie auch zur Präfektur → Miyagikyo gehört, wird sie auch als Sendai »Miyagikyo« Distillery bezeichnet. Sie gehört der zweitgrößten Whiskyfirma Japans, → Nikka, deren Gründer Masataka → Taketsuru bereits dem anderen Whiskypionier des Landes und Gründer von → Suntory, Shanjiro → Torii, 1924 in → Yamazaki bei der Produktion des ersten je in Japan gebrannten Whiskeys zur Hand gegangen war und zehn Jahre später in → Yoichi auf → Hokkaido seine eigene Destillerie baute. Die Whiskyproduktion kam in Japan freilich erst nach dem Krieg so richtig in Gang und Ende der sechziger Jahre war der Bedarf so groß, daß Taketsuru eine weitere, viel größere Anlage baute. Sie wurde 1969 eröffnet – in einer sehr ländlichen Umgebung inmitten von Bambuswäldern und eingebettet zwischen zwei Flüsse. Mit ihren größeren, auf Marmorsockeln ruhenden → *pot stills* sollte sie einen leichteren Whisky produzieren als Yoichi und obwohl auch sie manchmal intensiv getorftes Malz verwendet, spricht die Firma gerne davon, daß dort vor allem Whiskies vom Typ → Lowland gemacht würden. Es gibt einen Single Malt, der den Namen *Miyagikyo* trägt und 12 Jahre alt ist.

Sennachie Schottische Single Malts. Sie haben gemeinsam, daß sie immer 30 Jahre alt sind. Sie stammen von verschiedenen Brennereien, denen wiederum gemeinsam ist, daß sie in der → Speyside liegen. Die Marke gehört der Glasgower Firma W. → Brown & Sons. Ein Sennachie war ein offizieller Hofchronist bei den irischen und schottischen Königen oder beim Clanchief.

7 Crowns Amerikanischer Blended von Seagram, dessen Whiskies aus der → Lawrenceburg Distillery in Indiana stammen (nicht zu verwechseln mit der ebenfalls Seagram gehörenden → Four Roses Distillery, die ebenfalls in einem Flecken namens Lawrenceburg, aber diesmal in Kentucky liegt). Dort wurden, neben Gin und Wodka, sehr viele verschiedene Whiskeyarten gemacht, Straight Bourbons und Ryes (darunter einer aus 100 % Rye!) mit jeweils ganz unterschiedlichen → *mash bills* und sogar ein reiner → Pot Still Whiskey nach irischer Art. Sie alle bilden die Grundlage für den Blended, der einmal in den sechziger Jahren die meistverkaufte Spirituose der Welt gewesen sein soll und auch heute noch unter den ersten 50 zu finden ist.

Seven Stills, The Schottischer Vatted

Malt aus dem Hause Peter J. → Russell & Co. in Edinburgh, das die ursprünglich von der 1953 übernommenen Firma → Cockburn & Murray herausgebrachte Marke zur Zeit nicht liefert. Sein Alter von 5 Jahren zeigte, für welches Land er vorzüglich gedacht ist: Für Italien, wo man so junge Malts liebt und deshalb, siehe → Glen Grant, so manchen jugendlichen Single bekommen kann, den es anderswo nur mit 12 Jahren und älter gibt. Sein Name legt nahe, daß in ihm vor allem Malts aus → Dufftown zu finden sind (»Rome was built on seven hills, Dufftown stands on seven stills«), aber das ist keineswegs sicher.

77 Schottischer Blend von Douglas → Laing & Co., ein → Standard von der Firma in Glasgow, deren bekannteste Marken → *House of Peers*, → *Kings of Scots* und → *John Player Special* sind.

Shangarry Irischer Single Malt. Ein neues Produkt aus dem Hause Cooley Distillery in Riverstown. Dort wird nach traditionellen Methoden Pure Pot Still destilliert und u. a. *The* → *Tyrconnel* gemacht, aber auch der → *Connemara*, der ganz gegen alle modernen irischen Gewohnheiten getorft ist. David F. Hynes erklärt, daß allein die Verwendung von ungetorftem oder getorftem Malz es möglich mache, unterschiedliche Single Malts zu produzieren. Weitere Varianten werden möglich durch den Einsatz verschiedener Faßtypen und durch die Abfüllung verschieden alter Whiskies. Allein sieben verschiedene Single Malts bot die Firma im Frühjahr 1999 an. Dazu kamen noch fast ein Dutzend Blends.

Shaw Wallace Indische Firma mit Sitz in Bombay, die u. a. eine Brennerei in Aurangabad im Bundesstaat Maharashtra besitzt und vor allem durch ihren → *Moghul Monarch* bekannt ist. Den nennt sie einen »Finest Malt Whisky«, obwohl auch er höchstens einen Anteil von echtem Malt aufweist und vor allem aus Melasse-Destillat besteht. Weitere Marken der Firma sind → *Antiquity* und → *Director's Special*. Der große kanadische Getränkekonzern → Seagram, der immer einer der ersten war, wenn es galt, sich auf neuen Kontinenten und in vielversprechenden Märkten zu engagieren, bemüht sich seit einiger Zeit um ein *joint venture* mit den Indern.

Sheep Dip Schottischer Vatted Malt, der 1974 zunächst nur als Hausmarke eines Pub in dem kleinen Ort Oldbury on Severn bei Bristol gedacht war, dessen Kunden sicher auch etwas mit dem kuriosen Namen anfangen konnten, weil er ihnen als Desinfektionsmittel für Schafe bekannt war. Die Marke wurde schon immer in Schottland hergestellt, wird aber heute auch von einer schottischen Firma verkauft: von → Invergordon (sofern man bei ihnen noch von »schottisch« sprechen kann, denn sie gehören jetzt → JBB(Greater Europe). Invergordon füllen ihn als 8jährigen Malt ab, vor allem für den Export.Von ihnen kommt auch der ebenfalls in Oldbury erfundene Blend → *Pig's Nose*.

Sherman Company, David Amerikanische Whiskeyfirma mit Sitz in St. Louis, die eine ganze Reihe von Marken führt, die bekannesten unter ihnen allerdings erst seit 1993. Sherman erwarb sie von → UD. Die hatten selbst erst zwei

Jahre vorher die in Owensboro ansässige Firma → Glenmore gekauft, die wiederum zwei andere Unternehmen im Ort, nämlich → Fleischmann und → Medley, übernommen hatten. Alte Medley-Marken sind → *Daviess County* und → *Ezra Brooks*, Glenmore hatte seit 1944 auch den → *Yellowstone*. Genau wie sie ist der → *Bourbon Supreme* ein Kentucky Straight. Daneben führt die Firma die Blended → *County* und → *Town Club* und die beiden kanadischen → *Canadian Deluxe* und → *Canadian Springs*. Sie konnte ihr Portfolio im März 1999 noch einmal vergrößern, als sie zusammen mit → Heaven Hill und → Sazerac von den UD-Nachfolgern → UDV die → Bernheim Distillery und vier Bourbon-Marken übernahm, von denen schließlich der → *Rebel Yell* unter ihrem Dach landete.

Sherry In einem Whisk(e)ylexikon muß nicht über den spanischen Wein informiert werden, wenngleich er ein in ganz Großbritannien und auch in Schottland und Irland immer noch sehr populäres Getränk ist – so populär, daß für ihn mittlerweile überall das englische Wort und nicht das spanische »Jerez« gebraucht wird. Aber genau diese Popularität ist auch schuld daran, daß hier eben doch von Sherry die Rede sein muß. Weil noch bis vor wenigen Jahren jeder gute britische Weinhändler seine Weine im Faß bezog und selbst abfüllte, gab es immer einen guten Vorrat an leeren → Fässern, die anders genutzt werden mußten oder konnten.

Es muß in der zweiten Hälfte des letzten Jahrhunderts gewesen sein, als einige Whiskyhändler bemerkten, daß ihr Whisky besser wurde, wenn er in Sherryfässern lagerte. Sherry-Malt war bald so begehrt, daß auch die Hersteller begannen, Sherryfässer zum Lagern und Reifen vor allem ihrer Malts zu benutzen. Der in das Eichenholz eingedrungene Sherry macht sie runder und vor allem weichere Malts profitieren davon – wobei selbstverständlich auch die verschiedenen Sherry-Arten verschiedene Effekte haben: ein duftiger Fino wirkt anders als ein dunkler trockener Oloroso oder ein schwerer Pedro Ximénez. Viele Hersteller (und auch manche Genießer) sind der Ansicht, es sei zu viel des Guten, ausschließlich sherryfaß-gelagerte Malts zu haben, andere Hersteller (und Genießer) schwören darauf.

Ein Beispiel dafür ist der → *Macallan*, dessen → Eigentümer-Abfüllungen ausschließlich aus Oloroso-Fässern kommen. Andere Brennereien verwenden lieber eine sorgfältig ausgewogene Komposition von verschiedenen Faßarten. In letzter Zeit ist man zudem dazu übergegangen, den Malt zuerst in einem Faß eine gewisse Anzahl von Jahren lagern zu lassen und ihn dann, zu einem → *finishing*, einer zweiten Reifung, in ein zweites Faß zu geben. Auch dafür werden Sherry-*butts* gerne genommen. Vielleicht spielt aber bei dieser neuen Praxis eine Rolle, daß Sherry-Fässer sehr teuer geworden sind. Bis zu 250 Pfund kostet ein Faß – verglichen mit etwa 25 für ein Ex-Bourbon-→ *barrel*. Sie sind auch rar geworden und wer, wie Macallan, einen großen Bedarf hat, ist längst dazu übergegangen, sie in Spanien selbst herstellen zu lassen, sie an Sherryproduzenten auszuleihen und dann nach Schottland zu holen, um so die erwünschte Qualität sicherzustellen.

Signatory Schottische Whiskyfirma, die erst am 23. 8. 1988 mit der Abfüllung eines → *Glenlivet* von 1968 gegründet wurde und von den beiden Brüdern Andrew und Brian Symington (letzterer ist 1998 ausgeschieden) praktisch allein nicht nur geleitet, sondern wirklich betrieben wird. Beiden ist es in dieser kurzen Zeit gelungen, die Signatory Vintage Scotch Whisky Co. aus sehr moderaten Anfängen zu einem der wichtigsten → unabhängigen Abfüller zu machen. Sie können es mittlerweile mit viel älteren Konkurrenten wie → Gordon & MacPhail aufnehmen – vielleicht noch nicht an Quantität, aber mit G&M und z. B. auch → Cadenhead oder der → Scotch Malt Whisky Society ganz gewiß an Qualität; ja, sie haben sogar neue Maßstäbe gesetzt, indem sie begannen, auf ihren Flaschen nicht nur exakt den Zeitpunkt der Destillation, sondern auch der Abfüllung anzugeben und, was vor ihnen noch niemand getan hatte, auch die Faßnummer und die → Faßart. Die Flaschen werden einzeln numeriert – unter Angabe der Zahl der insgesamt abgefüllten Flaschen.

Mehrmals gelangen den Symingtons ausgesprochene Coups, die auch die Sammlerwelt auf sie aufmerksam machte. So waren sie nicht nur die ersten, die einen → *Braes of Glenlivet* aus der mittlerweile in → Braeval umgetauften Brennerei vorlegen konnten, sondern es gelang ihnen auch, ein Faß des → *Killyloch* zu finden, das sie zusammen mit einem Malt aus der Schwesterbrennerei → Glenflagler abfüllten. Naturgemäß ergeben solche → Einzelabfüllungen nur wenige hundert Flaschen und entsprechend hoch sind die Preise, die man schon kurze Zeit nach der »Erstveröffentlichung« bezahlen muß – wenn man denn überhaupt noch eine Flasche findet. Für den *Killyloch* zahlen Sammler gerne mehr als DM 1000. Bei den Abfüllungen wird unterschieden zwischen Malts, die auf 43 % gebracht werden, und denen, die in → *cask strength* belassen werden. Für erstere wird die hohe Normalflasche verwendet und sie werden auch → kühlgefiltert, während die anderen naturbelassen bleiben und in einer gedrungenen Flasche angeboten werden. Neuerdings werden diese auf Taft gebettet, ihre Box ist mit Samt ummantelt und mit einem Fenster versehen, durch das das Label zu lesen ist. Besonders alte und seltene Malts bekommen auch ein Zertifikat.

Signatory ist bereit, für Kunden auch unter deren Namen und mit deren Etikett Fässer ganz oder auch nur teilweise abzugeben. Die holländische Serie → »Ultima« z. B. kommt von Signatory und auch der bedeutendste unabhängige deutsche Importeur Dieter Kirsch arbeitet für seine Abfüllungen mit der Firma in Edinburgh zusammen; selbst mehrere deutsche Whiskyhändler wie Reifferscheidt in Bonn oder Keßler in Marburg machten von dieser Möglichkeit Gebrauch. Neben dem Label mit dem signifikaten »S« auf einem Faß benutzt Signatory auch die Namen → Dun Eideann, → Prestonfield und → Sailing Ships. *Supreme* nannte man eine Abfüllung, die ähnlich wie der → *Century* von → Seagram oder der → *Ultima* von

→ Justerini & Brooks aus einer großen Zahl von Malts komponiert war: Bei Signatory waren es 104. Eine Großtat war 1997 die Erfindung der neuen Serie → »Silent Stills«, die in einer sorgfältigen Ausstattung, die selbst Signatory-Standards noch übertrifft, ausschließlich Malts von nicht mehr existierenden Brennereien präsentiert. Zum 10. Geburtstag der Firma feierte man sich durch die »10. Anniversary«-Reihe von fünf womöglich noch exklusiveren Single Malts und einem Single Grain. Der stammte, wiederum eine absolute Rarität, aus der → Garnheath Distillery, wo er 1973 destilliert worden war. Bei der Abfüllung 1998 hatte er noch 56.8 %. Die Malts waren ein → *Bruichladdich* (1968/98, 49.6 %), ein *Highland Park* (1972/98, 57.7 %), ein → *Isle of Jura* (1966/98, 50.6 %), ein → *Littlemill* (1965/98, 49.1 %) und ein → *Longmorn* (1969/98, 56.3 %).

Signature Japanischer Blend aus dem Hause → Suntory, der diesen Namen nur auf manchen Exportmärkten hat, im Heimatland selbst aber → *Imperial* heißt.

Silent Stills Serie von sehr raren Single Malts, die von dem bedeutenden → unabhängigen Abfüller → Signatory herausgebracht wird. Der Name bedeutet, daß ausschließlich Whiskies von Brennereien vorgelegt werden, die, oft schon vor längerer Zeit, stillgelegt wurden oder gar nicht mehr existieren. Die Firma, die für die Sorgfalt bekannt ist, mit der sie Abfüllungen nicht nur ausstattet, sondern auch auf dem Label beschreibt, hat die Exklusivität dieser Malts auch dadurch zum Ausdruck gebracht, daß sie noch liebevoller verpackt sind als sonst: In einer Holzkiste lagern hinter einem durchsichtigen Deckel die Flaschen auf Stoff, und weil die Brüder Symington wissen, wie schwer es Sammler übers Herz bringen, solche Flaschen zu öffnen, gibt es auch je eine Miniatur zum Probieren – die kleinen Flaschen haben allerdings mittlerweile selbst schon Sammlerwert. Außerdem findet man ein kleines rundes Stück Holz, das aus dem Faßboden geschnitten ist und den Namen der Brennerei und die Faßnummer nennt. In drei Editionen zu je sechs Flaschen geliefert gibt es 18 Abfüllungen. Sie umfassen in Serie 1 einen → *Glen Albyn* (1965/97, 61.6 %), einen → *Glen Flagler* (1972/97, 52.0 %), einen → *Glenlochy* (1965/97, 47.9 %), einen → *Glenugie* (1978/97, 57.4 %), einen → *Littlemill* (1965/97, 46.5 %) und einen → *Port Ellen* (1974/97, 59.2 %). Die zweite Serie brachte einen → *Banff* (1978/97, 58.8 %), einen → *Dallas Dhu* (1978/97, 59.8 %), einen → *Glen Mhor* (1977/97, 59.3 %), einen → *Glenury Royal* (1973/97, 53.7 %), einen → *Millburn* (1974/97, 58.7 %) und wiederum einen *Port Ellen* (1979/97, 56.3 %). Zur dritten Serie gehörten ein → *Glenglassaugh* (1967/98, 55.8 %), ein → *Glenugie* (1966/98, 53.9 %), ein → *Linlithgow* / → *St. Magdalene* (1975/98, 51.7 %, ein → *Lochside* (1966/98, 57.7 %) ein → *Mosstowie* (1976/98, 54.8 %) und, fast schon obligat, ein *Port Ellen* (1975/98, 56.15).

Silk Tassel Kanadischer Whisky, der in → Walkerville für → Corby hergestellt wird. Er war ursprünglich eine Marke von → McGuinness Distillers. Es gibt ihn in zwei Versionen, einer »normalen« mit 40 %, und einer »light«, die nur 27 % Alkohol hat und rund ein Drittel weniger Kalorien haben soll als der stärkere.

Single barrel Bezeichnung, die in den USA für eben das verwendet wird, was man in Schottland → *single cask* nennt. Auch bei Bourbons folgen immer mehr Hersteller dem Trend, nicht mehrere Fässer zu mischen, um so ihren »Hausstil« zu kreieren, sondern Einzelfässer abzufüllen. Sie ergeben natürlich immer nur eine kleine Menge Flaschen und zeichnen sich dadurch aus, daß jede Abfüllung (manchmal nur geringfügig, manchmal aber auch extrem) anders schmecken kann als die vorige oder nachfolgende. Bei der Handvoll amerikanischer Hersteller kann man sich aber darauf verlassen, daß sie für ihre *single barrels* wie den → *Blanton's*, den → *Benchmark*, den → *Elmer T. Lee*, den → *Booker's*, um nur einige Beispiele zu nennen, immer nur die beste Qualität auswählen. Kritiker freilich verweisen darauf, daß dadurch natürlich die Standardabfüllungen der Hausmarken leiden können, die ja auch auf gute Whiskeys angewiesen sind. Im Gegensatz zu schottischen Single Malts, bei denen die *single casks* meist auch → *cask strength* haben, werden die amerikanischen Bourbons und Tennessees verdünnt und auf sogenannte Trinkstärke, also etwa 80°/40 % gebracht.

Single Blend Der völlig neue Whiskytyp verbindet die Eigenschaften des Blend mit denen eines Single Malt. Letzterer definiert sich dadurch, daß er ausschließlich aus Malts einer einzigen Brennerei stammt, ersterer ist eine Mischung von Grain Whiskies und Malts. Ein *Single Blend* muß deshalb a) aus Malts und Grains bestehen und b) aus einer einzigen Destillerie kommen. Natürlich ist es nicht leicht, solch eine Brennerei zu finden. Zwar hat es verschiedene schottische Destillerien wie Ben Nevis oder Lochside gegeben, die beide Whiskytypen produzieren konnten, aber ein Blend aus nur je einem Malt und einem Grain wäre sicher kein besonders gelungenes Produkt geworden. Lomond Distillery macht Grain, und sie kann, dank variabler Köpfe in den *stills* und geringfügig veränderter Ausgangsmaterialien sechs verschiedene Malts produzieren, genug, um von einem erfahrenen Masterblender einen guten, komplexen Blend schaffen zu lassen: den ersten *Single Blend.*

Single cask Bezeichnung dafür, daß bei der Abfüllung von Single Malts nicht der Inhalt mehrerer Fässer »verheiratet« wird, sondern nur ein einziges, ganz bestimmtes Faß einer einzigen, ganz bestimmten Brennerei in die Flasche kommt. In den USA wird dafür der Begriff → *single barrel* benutzt. Solche Abfüllungen ergeben, je nach der Größe und dem Alter des ausgewählten Fasses, eine relativ kleine Menge. Bei einem alten und kleinen Faß kann es sich dabei oft um weniger als 150 Flaschen handeln. Selten liegt die Zahl über 500. Pionier der → Einzelfaßabfüllung war die → Scotch Malt Whisky Society, der inzwischen die meisten der → Unabhängigen gefolgt sind und von ihr auch die Praxis übernommen haben, in → *cask strength* und ohne → Kühlfiltrierung und → Färbung abzufüllen.

Die Besitzer der Brennereien waren den *single casks* gegenüber lange zurückhaltend und sie konnten dafür gute Argumente ins Feld führen. Sie müssen naturgemäß Wert darauf legen, daß der Verbraucher von ihnen eine verläßliche Qualität bekommt und sein, sagen wir, → *Lagavulin* immer so aussieht, riecht und schmeckt, wie er das gewohnt ist. Das läßt sich bei Einzelfässern nicht gewährleisten, weil tatsächlich kein einziges Faß mit einem zweiten ganz identisch ist. Die Unterschiede sucht man durch sorgfältige Auswahl der abzufüllenden Fässer auszugleichen. Ein Malt aus dem *single cask* dagegen ist immer ein besonderes Erlebnis. Er kann die normale Abfüllung übertreffen, aber auch ganz anders und manchmal eine herbe Enttäuschung sein. Aber gerade das ist ja der Reiz beim Malt.

Single Malt Bezeichnung für einen Malt, der im Gegensatz zu einem Vatted Malt aus einer einzigen, ganz bestimmten Destillerie kommt. Er ist historisch gesehen die älteste Whiskyart, geriet aber wirtschaftlich durch die übergroße Dominanz der Blends nahezu in Vergessenheit, ehe er durch die Pioniertat von William → Grant & Sons, ihren → *Glenfiddich* als Single Malt anzubieten, wiederentdeckt wurde. Das war 1963, und es dauerte noch zwei weitere Jahrzehnte, bis immer mehr Firmen begannen, an das Potential von Single Malt zu glauben und ihre Malts nicht mehr nur für Blends zu verwenden, sondern als Single Malt zu verkaufen – ein Entschluß, der durch den Niedergang der Blends genau so erleichtert wurde wie durch die größeren Marketingmöglichkeiten, die die immer neuen Fusionen und Übernahmen eröffneten. In den letzten zehn Jahren wurde Single Malt zum erfolgreichsten Whisky – ein Trend, der immer noch anhält.

Ein Single Malt darf nur Whisky enthalten, der in einer Brennerei destilliert und in der Regel auch gereift ist. Trägt er eine Altersangabe, ist damit immer der jüngste enthaltene Malt gemeint, d. h. auch für Single Malts wird natürlich der Inhalt vieler verschiedener Fässer geleert. Es ist auch bei ihnen die Kunst eines Masterblenders, die Fässer so auszuwählen, daß ein einheitlicher Stil entsteht, eine Art → Hausstil, der in Farbe, Aroma und Geschmack konsistent bleibt. Single Malts kommen in zwei verschiedenen Formen: es kann sich um Abfüllungen der → Eigentümer der Brennerei von → Unabhängigen handeln. Die Eigentümer bieten ihre Single Malts unter dem Namen der Destillerie an und sehen es nicht gerne, wenn auch die Unabhängigen das tun. Es hat sogar (→ Whyte & Whyte) Prozesse gegeben, durch die die Eigentümer die Verwendung des Namens als einer Art geschützter Herkunftsbezeichnung untersagen ließen. Die → Scotch Malt Whisky Society geht dem Problem aus dem Weg, indem sie statt des Namens eine (leicht zu entschlüsselnde) Chiffre auf die Etiketten schreibt.

Zuweilen bieten die Besitzer eines Brennerei ihren Single Malt auch unter anderem Namen an; Glenfarclas ist mit dem *Eagle of Spey* und beim *Meadhan* ein Beispiel. Einiges Aufsehen hat Invergordon erregt, als für die Serie der → »Malts of Scotland« einige Namen von historischen Brennereien benutzt wurden; es war das erste Mal, daß eine schottische Firma mit dem ungeschriebenen Gesetzt brach, Namen von Brennereien nur zu verwenden, wenn auch der Whisky aus ihnen kam. Es gibt natürlich viele Single Malts mit erfundenen Namen, z. B. wenn eine große Whiskyfirma wie → Gordon & MacPhail einen Teil ihrer großen Vorräte unter einem Markennamen wie → *Glen Avon* vermarktet oder Supermarktketten die genaue Herkunft eines Whisky nicht angeben dürfen (oder wollen) und es bevorzugen, ihn als Hausmarke unter ihrem eigenen Namen zu führen. Auch viele kleine Firmen, die vom Trend zum Single Malt profitieren möchten, liefern unter erfundenem Namen.

Singleton of Auchroisk Schottischer Single Malt von → Auchroisk Distillery, von → IDV als → Eigentümer-Abfüllung mit einem Namen angeboten, der von dem der Brennerei abweicht und keine Altersangabe, sondern das Abfüllungsjahr ausweist. In Japan gibt es auch einen *The Singleton Particular 1980*. Die Marke gehört nach der Fusion der IDV mit UD der neuen Firma UDV.

Sir Iain Special Schottischer Blend, der für → Moncreiffe in Glasgow hergestellt und von Charles H. → Julian in London weltweit vertrieben wird.

Sir Terence Schottischer Blend von einer Firma Mason and Summers in Airdrie. Was der Ort vermuten läßt, bestätigt das Etikett auf der Rückseite: Es handelt sich um ein Unternehmen von (diesmal so geschrieben) → Inverhouse, das den »Premium Selected« nur zum Export herstellt.

Sir Walter Raleigh Schottischer Blend von der Firma Douglas → Laing in Glasgow bzw. einer nach der Marke benannten Tochterfirma. Es gibt sie als → Standard mit der Zusatzbezeichnung »Gold Label« und als → De luxe mit der Altersangabe »25 years old«.

Skye Schottische Insel, die zur → Whiskyregion der → Islands zählt. Bei Touristen war sie immer schon beliebt und ist noch populärer geworden, seit sie über eine Brücke zu erreichen ist. Im Sommer ist oft mehr Deutsch, Französisch, Italienisch und Japanisch zu hören als Englisch oder gar Gälisch. Die Besucher müssen sich aber vor allem an der – allerdings wirklich eindrucksvollen – Natur berauschen, denn es gibt dort nur eine einzige Brennerei: → Talisker. Ihren Whisky bekamen prominente Besucher schon vor 200 Jahren zu kosten: Dr. Johnson und sein Adlatus → Boswell waren lange zu Gast im Talisker House – und auch im Schloß Dunvegan, dem Stammschloß der → MacLeods, dessen Laird an seine (zahlenden) Gäste einen nur dort zu bekommenden Singe Malt verkauft. So viel Begeisterung der heutige *Talisker* hervorruft, zumindest den Doktor konnte er nicht bekehren, er war nicht in der Lage, Whisky zu verstehen und blieb ein Whiskyverächter. Skye hat der Welt den Urtyp des Whiskylikörs geschenkt, den → *Drambuie*, der noch heute von den Mackinnons hergestellt wird. Deren Vorfahren bekamen das Rezept von keinem Geringeren als Bonnie Prince Charlie – aus Dankbarkeit, weil sie sich um ihn kümmerten, als er nach seiner Niederlage in Culloden auf der

Flucht von Schottland nach Frankreich war (so jedenfalls die firmenoffizielle Version der Geschichte). In Skye sitzt auch die Firma → Prabam Na Linne, ein sehr auf gälische Tradition achtendes Unternehmen mit verschiedenen Blends und Vatted Malts. Und selbstverständlich darf man nicht die Reihe von Blends vergessen, die Peter J. → Russell & Co. in Edinburgh für seine Tochterfirma Ian MacLoad & Co. unter dem Label → *Isle of Skye* im Programm hat.

Slaintheva Schottischer Blend von der Firma Alexander → Dunn & Co., die mit diesem 12 Jahre alten Whisky 1959 Neuland beschritten hat: Sie bot an, den Namen dessen, der die Flasche kauft oder sie als Geschenk erhalten soll, eigens auf das Etikett schreiben zu lassen. In Frankreich und vor allem Japan hatte man damit einen außerordentlichen Erfolg – der sicher auch durch die Schreibweise des Namens erleichtert wurde. Hinter ihm verbirgt sich nichts anderes als der für die, die des Gälischen unkundig sind, schwer zu lesende und schwer auszusprechende Trinkspruch »Slainté math«, den man mit whiskygeschwängerter Zunge feucht »schländschevá« artikulieren darf, während Gälen unnachahmlich ungefähr »slaintzé va« herausbringen. Damit das Geschenk auch ordentlich repräsentativ ist, gibt es ihn nicht nur in Flaschen in Normalgröße, sondern in sogenannten »Kingnums« mit 1,75 Litern Inhalt.

Slieve na gCloc Irischer Single Malt. Hinter dem unaussprechlichen gälischen Namen verbirgt sich ein Berg, in dessen Nähe sich die Brennerei von Cooley in Riverstown befindet. Sie ist in der Lage, unterschiedliche Malts zu produzieren, einmal weil getorftes und ungetorftes Malz verwendet wird, zum zweiten, weil auch verschiedene Faßtypen zum Einsatz kommen. Das erst 1999 herausgebrachte neue Produkt der rührigen Iren ist wieder ein »peated« Malt. Von solchen Malts gibt es in Irland nur zwei und beide kommen von Cooley. Der andere ist der → *Connemara*.

Small batch Bezeichnung für eine ganz neue Generation amerikanischer Whiskeys. Sie bedeutet, daß es sich zwar nicht um → Einzelfaß-Abfüllungen, aber um die Abfüllung von sehr kleinen Mengen handelt, für die nur die allerbesten Fässer ausgewählt werden: mit anderen Worten, es handelt sich um die Fortsetzung eines Erfolges, den zuerst die schottischen Single Malts und dann in den USA die → *single barrels* wie der → *Blanton's* hatten, mit anderen Mitteln. Läßt man → Maker's Mark Distillery mit ihrer immer sehr kleinen Produktion beiseite, stand → Jim Beam mit dem → *Basil Hayden*, dem → *Baker's* und dem → *Knob Creek* am Beginn des neuen Trends. Dem Marktführer sind seitdem immer mehr andere Firmen wie → UD mit der → »Bourbon Heritage Collection« (die es aber nicht mehr gibt, nachdem UDs Nachfolger UDV die meisten der zur Serie gehörenden Marken Anfang 1999 verkauften) oder → Wild Turkey Distillery mit dem → *Rare Breed* gefolgt.

Small Concern Whisky Co. Australische Firma, die in Ulverstone auf der Insel Tasmania die vermutlich kleinste Malt-Brennerei der Welt betreibt – noch kleiner als die der → Tasmania Distillery auf der gleichen Insel. Sie kann nur zwei bis drei Fässer monatlich herstellen, verwendet ungetorfte Gerste und arbeitet mit → *stills*, die teilweise aus Edelstahl sind. Das erste Faß wurde im November 1993 gebrannt, aber während Tasmania, später an den Start gegangen, nur die gesetzlich vorgeschriebene Mindestlagerungszeit von zwei Jahren abwartete und mit ihrem → *Sullivans Cove* schon auf dem Markt ist, scheint man dem Malt in Ulverstone mehr Zeit zu gönnen. Einige Fässer von ihm liegen bei → Cadenhead in schottischer Luft in der → Springbank Distillery. Der Whisky ist aus Wasser vom → Cradle Mountain gemacht und unter diesem Namen ist der »Pure Tasmanian Malt« mit 43 % nun auch (schwer) zu bekommen.

SMD (Scottish Malt Distillers Ltd.) Schottische Whiskyfirma, die 1914 aus dem Zusammenschluß der fünf Brennereien Clydesdale, Glenkinchie, Grange, Rosebank und St. Magdalene (Linlithgow) entstanden ist, die sich von der Zusammenarbeit mehr Effektivität im Konkurrenzkampf mit anderen Konzernen versprachen. Obwohl die fünf alle in den Lowlands lagen, expandierten sie bald in die Highlands, indem sie Glenlossie und North Port übernahmen. Ihr Hauptgegner war natürlich die → DCL, die durch den Erwerb von Buchanan-Dewar und Walker noch stärker geworden waren, sich einen Minderheitenanteil an SMD sichern konnten und sie schließlich ganz schluckten. 1929 entschied man, daß die SMD alle Malt-Brennereien von DCL kontrollieren sollte. 41 schottische Destillerien (einschließlich einiger stillgelegter) standen auf der Liste, als die DCL und damit auch die SMD 1987 von Guinness gekauft und in der Folge zu → UD gemacht wurde.

Smith Bowman Distillery, A. Amerikanische Firma, die heute eine Destillerie in Fredericksburg, Virginia, betreibt, in der indes vor allem Gin, Rum und Wodka produziert werden. Einen Whiskey macht sie nicht, d. h. um präzise zu sein, sie macht ihn nicht (mehr) ganz. Die Firma wurde von A. Smith Bowman Sr. gegründet, der tatsächlich ein Farmer-Destiller war, allerdings keiner der Pioniere aus dem 19. Jahrhundert. Er hatte viel Geld als Autohändler verdient, kaufte sich 1927 als Hobby die Star Hill Farm in der Nähe von Washington, DC. und begann dort nach der → Prohibition mit der Errichtung einer Brennerei. Sie nahm 1935 ihre Produktion auf und der Whiskey, der von ihr kam, hieß → *Virginia Gentleman* – nach William Byrd II, dem »first Gentleman of Virginia« und Gründer des nahegelegenen Richmond. Die Marke wurde bei den Politikern und dem übrigen Establishment der ebenfalls nahen Bundeshauptstadt bald populär – und ist die einzige von ehemals vielen Virginia-Whiskeys, die sich bis heute gehalten hat.

Sie kommt allerdings nicht mehr aus der alten Brennerei, die 1987 aufgegeben wurde, nachdem die Bowmans schon in den sechziger Jahren das meiste Land verkauft hatten, auf dem dann die Stadt Reston entstand. 1988 wurde die neue Brennerei eröffnet. In ihr findet sich ein kupferner → *doubler*, der fast wie eine → *pot still* aussieht, allerdings etwas ungewöhnlich geformt ist. Er dient dazu, einen Bourbon noch einmal zu destillieren, der vorher in → Heaven Hill ein- oder zweimal (es gibt verschiedene Aussagen) gebrannt und dann im Tank per Eisenbahn nach Virginia gebracht wird. Nach wie vor lautet die → *mash bill* 65 % Mais, 20 % Roggen und 15 % Gerstenmalz und nach wie vor steht auf dem Label »Virginia Whiskey«. Die »neue«, in Fredericksburg am Rappaphannock River erzeugte Version ist seit 1996 im Handel, aber mit einigem Glück findet man auch noch die alte aus Reston. A. Bowman Smith wird heute von John »Jay« Adams Jr. geleitet, der immerhin drei US-Präsidenten, Adams, Jefferson und Buchanan, zu seiner Verwandtschaft zählen kann und durch Heirat in eine Familie kam, die auch sonst allerhand Berühmtheiten aufweisen kann: der gegenwärtige Chairman Robert E. Lee IV ist Abkömmling des Bürgerkriegs-Generals Lee und der gegenwärtige Marketingchef Al Durante ist ein Neffe von Jimmy. Ganz das alte Virginia eben, dessen größter Sohn George Washington ja auch Whiskeymacher war – einer von vielen in einem Land, das als die Wiege des amerikanischen Whiskey gelten darf. Von dieser großen und stolzen Tradition ist nur noch eine Marke übriggeblieben und eine Brennerei, die ihn erzeugt, den Virginia Whiskey – wenigstens teilweise.

Smith, George Legendärer Farmer und Schwarzbrenner. 1792 geboren, lernte er sein Handwerk von seinem Vater und ging in die Whiskygeschichte ein, weil er der erste Destiller war, der sich von dem neuen Gesetz von 1823 verlocken ließ, eine Lizenz zur legalen Herstellung von Malt Whisky zu erwerben. Ein Jahr später eröffnete er seine nun legale Brennerei, → Glenlivet. Sein Whisky war allerdings schon vorher so berühmt, daß selbst der König bereits 1822 bei einem Besuch in Schottland nur seinen Malt aus dem Tal des Livet trinken wollte. Vor den Brandanschlägen seiner Nachbarn, die es vorzogen, einstweilen in der Illegalität zu bleiben, soll Smith sich mit zwei Pistolen geschützt haben, die noch jahrelang zu seinem Alltagskostüm gehörten. Nachdem er zunächst an zwei anderen Orten tätig gewesen war, errichtete er 1858 auf seiner Farm in Minmore die heutige Anlage. Ihr Whisky war bald so berühmt, daß fast alle Destillerien in der Umgebung sich mit dem Beinamen Glenlivet schmückten, darunter so hochkarätige wie → Glenfarclas und → Macallan. George Smith ließ daraufhin den Namen ins Handelsregister eintragen. 1871 gestorben, erlebte er nicht mehr den Triumph, daß sein Sohn sich 1880 das Recht erstreiten konnte, ihren Whisky zur Unterscheidung von den Trittbrettfahrern *The Glenlivet* nennen zu dürfen.

Smokey & Co. Japanischer Blend von → Suntory, den es in drei Versionen gibt, als *Natural Mellow*, als (giftig grünen) *Fine Mint* und als *Super Smokey*.

Smokey Jim Bourbon mit 40 % aus einer nicht genannten Brennerei in Kentucky, der vor allem in Großbritannien verkauft wird und zwar von einer Firma, deren Namen mit Smokey Jim's Bourbon und deren Adresse mit Salamander Place in Edinburgh angegeben wird. Dort sitzen → Invergordon Distillers und die sind im Besitz von → JBB (Greater Europe), so daß es sich bei diesem Whiskey mit sehr großer Wahrscheinlichkeit tatsächlich um eine Version des großen und berühmten → *Jim Beam* handeln dürfte.

Smoky Springs Deutscher Whisky, den es zuerst in der DDR gab, wo er als »Finest Whisky« vom VEB Nordbrand in Nordhausen hergestellt wurde und für 27 Mark zu kaufen war. Nach der »Wende« hat es die Marke zumindest noch kurzzeitig gegeben und als Hersteller war immer noch die Nordbrand Nordhausen genannt, diesmal aber als GmbH. Die vor allem für ihren Korn berühmte, schon 1507 gegründete Brennerei nannte ihr Produkt einen »Light Whisky, Smooth and Mellow« und einen → »Pure Single Malt«. Er hatte 40 %; das »Light« kann sich also nicht auf den Alkoholgehalt beziehen.

Snug Irische Spirituose von → IDG zur schnellen Herstellung eines → Toddy. Sie enthält bereits den mit Zucker, Zitrone und Nelke gesüßten und gewürzten Whiskey und muß nur noch mit heißem Wasser aufgegossen werden. Dabei empfiehlt sich Sparsamkeit, weil schon der Whiskey nur 30 % Alkohol hat.

Solan Indische Destillerie im Besitz der Firma Mohan Meakin, die sie Anfang der siebziger Jahre auf dem Gelände einer schon lange vorher gegründeten Brauerei errichtete, indes nie in Betrieb nehmen konnte, weil die Regierung des Bundesstaates Himichal Pradesh sich plötzlich entschloß, die Lizenz zu verweigern. Die funktionellen Gebäude gehören zur Solan Brewery, die an der spektakulären Bahnlinie von Chandirgarh nach dem alten, immer noch sehr britisch aussehenden Kolonialstädtchen Shimla liegen. Obwohl dort nie auch nur ein Tropfen destilliert wurde, kam der Name dennoch auf eine Flasche, und zwar auf die mit dem besten indischen Whisky, eines → Pure Malt mit dem Namen *Solan No. 1*. Er stammt zwar eindeutig, wie auch groß auf dem Label zu lesen ist, aus der → Kasauli Distillery von Mohan Meakin, wird aber in Solan abgefüllt, mit den in → Indien obligaten 42.8 % und natürlich nicht ohne ihm den ebenfalls obligaten Hinweis des Royal Institute of Public Heath and Hygiene mitzugeben, daß Whisky die Gesundheit gefährde. Im Gegensatz zu den indischen Gebräuchen ist er tatsächlich ein Malt, der vielleicht ein bißchen Malt von → Mohan Nagar, der anderen Destillerie der Firma, enthält (er nennt sich nicht Single Malt), aber gewiß nicht die sonst so beliebten billigen Melasse-Destillate.

Som Indische Destillerie, die in der im Bundesstaat Madhya Pradesh gelegenen Stadt Bhopal zu finden ist. Ihre bekannteste Marke ist der → *21 Century*.

Something Special Schottischer Blend, der von der Edinburgher Firma → Hill Thomson & Company auf den Markt gebracht wurde und neben → *Queen Anne* ihr Spitzenprodukt war, was auch der Zusatz »De luxe« deutlich macht. Die Firma fusionierte 1970 mit → Glenlivet und → Glen Grant, ihre Marken gehören somit heute zu → Seagram bzw. deren Tochter The → Chivas & Glenlivet Group.

Sour mash Bezeichnung für ein besonderes Verfahren, das bei der Herstellung von amerikanischen Whiskeys gebräuchlich ist. Viele Firmen stellen auf den Etiketten ihrer Flaschen gerne heraus, daß sie es anwenden, um eine besondere Qualität verheißende Spezialität zu suggerieren. Die Wahrheit ist, daß eigentlich in allen amerikanischen Brennereien *sour mash* verwendet wird, auch bei denen, die auf den Hinweis verzichten. In Tennessee, also für *Jack* → *Daniel's* und *George* → *Dickel*, ist die Methode sogar gesetzlich vorgeschrieben.

Das Wort selbst meint die → Maische, die nicht mehr süß ist, also keinen Zucker mehr enthält. Es handelt sich um Bestandteile der Flüssigkeit, die nach dem ersten Destillierdurchgang am Boden der → *beer still* zurückbleibt. Sie heißt in den USA → *stillage* und in Schottland → *burnt* oder *pot ale*. Sie besteht aus festen und flüssigen Teilen, die getrennt werden in → *dark grains*, die meist zu Viehfutter weiterverarbeitet werden, und in die → *thin stillage*, die dann wiederverwendet wird. Genau über diese Wiederverwendung bzw. über den Moment, wo die *sour mash* wieder in den Herstellungsprozeß eingespeist wird, gibt es in Whiskybüchern viele verwirrende und oft schlicht falsche Informationen.

Deshalb sei hier eine authentische Quelle zitiert, Lincoln W. Henderson, Master Distiller von → Brown Forman und für → Early Times Distillery ebenso verantwortlich wie für den → *Woodford Reserve*: »Die *sour mash* oder *stillage* ist das, was übrigbleibt, wenn → fermentierte Maische oder Bier destilliert werden. Die schweren Getreidebestandteile werden aus der *stillage* extrahiert und was dann noch übrigbleibt, nennt man die *thin stillage*. Die Brennereien fügen diese *thin stillage* der nächsten Fermentierung zu, die mit (gekochtem) Mais, Roggen, gemälzter Gerste und Hefe angesetzt wird. Die *thin stillage*, die *sour mash* also, setzt die Säurewerte bei der Gärung so weit herab, daß die meisten fremden Organismen außer der Hefe daran gehindert werden, zu wachsen. Es handelt sich in Wahrheit also um eine Schutzmaßnahme.«

Die *sour mash* wird, je nach Brennerei, entweder der Maische zugesetzt oder beim Fermentieren und manchmal auch der → *wash*, dem → *beer*, manchmal auch an allen drei Stellen. Henderson: »Jimmy Bedford, Master Distiller von Jack Daniel, erklärt, daß er die *thin stillage* in den Kocher tut zusammen mit den verschiedenen Getreidesorten und bevor er die Flüssigkeit in den Fermenter pumpt. In Early Times kommt die *sour mash* in den Fermenter und bei → Labrot & Graham verfahren sie wiederum wie bei Jack Daniel«. Auch die Menge ist unterschiedlich. Bis zu 25 % können es sein, die beim Maischen oder Fermentieren eingesetzt werden. Einigkeit besteht dann aber über die Wirkung dieses → *backset*: Abgesehen davon, daß der Gärprozeß kontrollierbarer wird und unerwünschte Bakterien getötet werden, wird auch erreicht, daß der Whiskey über viele Produktionsperioden hinweg seinen Charakter beibehält.

Southern Comfort Amerikanischer

Likör, der um 1860 von dem Barmann M. W. Heron in New Orleans erfunden worden sein soll – angeblich weil Heron mit einer Reihe von wohlriechenden und -schmeckenden Zutaten einen katastrophalen Whiskey genießbar machen wollte. Seine Grundlage ist allerdings schon lange nicht mehr Whiskey, sondern Neutralalkohol, der hauptsächlich mit Pfirsich- (und einem Hauch Zitrus-) Aroma und hundert anderen Ingredienzen verschnitten, acht Monate in Eichenfässern gelagert wird; vom Holz kommt der leichte, an Bourbon erinnernde Vanille-Duft, der zu der weit verbreiteten Meinung geführt hat, seine Basis sei (immer noch) Whiskey. Heron zog 1889 nach Memphis und betrieb dort eine Bar, ehe er in St. Louis mit der Abfüllung seiner Kreation begann. Der »Grand old Drink of the South« entwickelte sich zu einem Schlager, ist mit über zwei Millionen → *cases* jährlich die Nr. 4 weltweit unter den Likören. Er wird gerne pur oder mit Eis getrunken und auch als Grundlage für Cocktails verwendet, u. a. für eine → Whiskey Sour-Variante. Die Marke gehört mittlerweile der → Brown-Forman Corporation in Louisville. Sie hält fest an dem liebenswürdigen, eine alte an der Mündung des Mississippi in den Golf von Mexiko gelegene Zuckerfarm zeigenden Label, ist aber natürlich auch an der Weiterentwicklung und am Ausbau der Marke interessiert, läßt ihn deshalb in vielen Ländern in Lizenz produzieren und verkauft deswegen nicht nur einen *Southern Comfort and Cola* in der Dose, sondern seit kurzem auch eine *Southern Comfort Reserve* (ebenfalls 40 %), die nun wieder auf Herons ursprüngliches Rezept zurückgreift und eine Mischung des Likörs mit 6jährigem Straight Bourbon ist.

Southern Star Kentucky Straight Bourbon aus einer unbekannten Brennerei. Der Abfüller nennt sich auf dem Label Southern Star Distillery und gibt → Bardstown als Adresse an; es könnte sich also um → Heaven Hill oder um → Kentucky Bourbon Distillers handeln, die beide viele Marken unter ebensovielen Phantasienamen führen. Es gibt ihn in zwei Versionen: Der »Spirit of Kentucky« hat keine Altersangabe und 90°/45 %, der »Aged 10 Years« 101°/50.5 %.

Sovereign, The Schottischer Blend. Eine der vielen Marken der in Glasgow ansässigen Firma Douglas → Laing & Co., mit zwei Versionen aus dem → De luxe-Bereich: 12 bzw. 25 Jahre alt.

Spanien Daß das Land ganz weit oben im Konsum von Whisky steht, ist bekannt, weniger bekannt ist, daß es auch zu den Whiskyproduzenten gehört und daß dort sowohl Malt wie auch Grain Whiskies destilliert werden. Bis 1991 gab es sogar zwei Brennereien, aber Hiram → Walker schlossen in diesem Jahr ihre Anlage in dem südöstlich von Madrid gelegenen Ort Cuenca. Nach wie vor dagegen arbeitet → Molino del Arco, die nördlich von Madrid in der Nähe von Segovia zu finden ist. Sie wird geführt von einer Firma, die → Distilerias y Crienza heißt und ebenfalls im Besitz von Hiram Walker (und deren Mutter → Allied Domecq) ist. In Molino del Arco werden sowohl Malts als auch Grains hergestellt und beide fließen in den Blend → *DYC*, der nicht nur in seinem Heimatland beliebt ist und viel gekauft wird. Hiram Walker hat mit dem → *Doble V* noch eine zweite Marke, für die zumindest zum Teil in Spanien erzeugter Whisky verwendet werden dürfte. Wer dagegen den obskuren → *W. Turkey* macht, ist nicht bekannt. Die Spanier lieben aber nicht nur ihre eigenen Whiskies, sondern vor allem auch importierte, die nicht nur nach den Mahlzeiten gerne getrunken werden, sondern auch am späten Nachmittag statt des landeseigenen Sherry als Begleiter zu den tapas. Zum Verbrauch amerikanischer, kanadischer und irischer Marken stehen leider keine Zahlen zur Verfügung, für schottische gibt es sie. In der Statistik stand Spanien 1997 mit 28,78 Millionen Liter Scotch hinter Frankreich, den USA und Großbritannien auf Platz vier.

Special Malt Schottischer Vatted Malt, der von der Firma → Cockburn & Campbell in Edinburgh auf den Markt gebracht wurde. Sie gehört heute Young & Co., die zu den größeren noch verbliebenen unabhängigen Brauereien Großbritanniens zählen. Sie nennt ungefähr 500 Pubs im Großraum London ihr eigen, in denen die Marke ausgeschenkt wird.

Special Old Kanadischer Whisky, der im Gegensatz zu der großspurigen Ankündigung im Namen nur magere 4 Jahre alt ist. Er kommt wie sein großer Bruder → *Canadian Club* aus dem Hause Hiram → Walker und wird für den kanadischen Markt produziert. Ein *Special Old*, der als Rye Whisky ausgewiesen ist, wird aber auch in → *bulk* nach Schottland transportiert und erst dort abgefüllt – in Literflaschen aus Plastik.

Spey Cast Schottischer Blend, der bereits um die Jahrhundertwende von → Gordon & MacPhail eingeführt wurde. Der 12jährige → De luxe enthält nur → Speyside Malts. Der Name spielt darauf an, daß Angler am Spey wegen der überhängenden Bäume eine besonders komplizierte Wurftechnik anwenden müssen, um ihre Fliege an den Lachs zu bringen

Spey Royal Schottischer Blend, der früher von der Glen Spey Ltd. produziert wurde, dann von → IDV / → Grand Metropolitan hergestellt wurde, heute zum Portfolio von UDV gehört und vor allem zum Export nach Südamerika und auch in die USA, wo es ihn auch mit 8 Jahren gibt, bestimmt ist. Nach → Indien, wo IDV seit 1993 ein *joint venture* mit → Polychem hat, wird er *in* → *bulk* verschifft und im Land selbst abgefüllt.

Speyburn Schottische Malt-Destillerie. Ihr Name, ausgesprochen »spejbörn«, bedeutet Speybach. Sie liegt nördlich des Whiskyörtchens Rothes an der aufgelassenen Bahnlinie und der alten Straße nach → Elgin und zählt somit zur → Speyside. Sie ist eine Gründung des Jahres 1887, in dem Queen Victoria ihr »Jubilee« feierte, weswegen ihre Erbauer, eine Tochterfirma von John → Hopkins & Co. von ihrem Architekten Charles Chree → Doig unbedingt eine Fertigstellung noch vor Jahresende verlangten. Er schaffte es knapp und nur dank der Bereitschaft der Mitarbeiter, die dickvermummt in dem fenster- und türenlosen Gebäude mit der Produktion begannen – und genau ein Faß aus den → *stills* holten. Hopkins fusionierten 1916 mit der → DCL, die die Lizenz auf John Robertson & Son übertrugen, in deren Blend → *Yellow Label* der Malt aus Speyburn eine große Rolle spielte. Trotz ihrer schönen Lage und ihres traditionellen Aussehens hat die Brennerei, die nach wie vor nur zwei *stills* hat und ihr Wasser vom Granty Burn bezieht, nie viel von sich reden gemacht.

Aufsehen erregte allerdings, daß → UD als Nachfolger der DCL nur kurze Zeit, nachdem sie zum ersten Mal einen 12jährigen Single Malt von Speyburn in Eigentümer-Abfüllung in ihrer → »Flora & Fauna«-Reihe herausgebracht hatten, die Brennerei an → Inver House verkauften. Die neuen Besitzer bieten den Malt mit 10 Jahren an. Den 100. Geburtstag ihrer Brennerei nutzten sie zur Herausgabe eines 21 Jahre alten *Centenary Celebration 1887 – 1997*. Wie es sich für ein Geburstagsgeschenk gehört, war er in einen aufwendigen Decanter verpackt. Ein weiterer 21 Jahre alter *Speyburn* kam im Frühjahr 1999 heraus, diesmal in einem holzgeflochtenen Korb. Zuweilen gibt es ihn auch von → Unabhängigen, z. B. von → Gordon & MacPhail und → Cadenhead.

Speymalt Schottische Single Malts, die alle aus einer einzigen Brennerei kommen: aus → Macallan. Sie werden aber nicht vom → Eigentümer der Destillerie abgefüllt, sondern von → Gordon & MacPhail, dem größten Whiskyhändler und → unabhängigen Abfüller Großbritanniens. Zwischen den Unabhängigen und den Eigentümern sind die Beziehungen oft nicht unproblematisch, weil diese manchmal nicht gerne sehen, daß die Unabhängigen die Namen ihrer Brennereien benutzen und das zuweilen sogar gerichtlich zu unterbinden versuchen. Tatsächlich hat man auch gehört, daß es zwischen → Highland Distillers, den Besitzern von Macallan, und G&M Reibereien gegeben hat. Sie sind offensichtlich beseitigt. Jedenfalls kamen die Urquharts 1998 gleich mit einer ganzen Reihe von *Macallans* heraus, für die sie eine eigene Flasche kreiert hatten, die eine eingegossene Lachsfang-Szene zeigte. Alle Malts waren in 40 %. Den Anfang machte ein *Macallan* 1990 (von dem es auch eine Miniatur gab, auf der zur Freude der Sammler die unschottische Schreibweise »Whiskey« verwendet wurde). Es folgten, immer älter und immer teurer werdend, ein 1978, ein 1966, letzterer ebenso wie der 1950 in einer Holzschatulle mit transparentem Deckel. Die Krönung war bisher ein 50 Jahre alter *Macallan* von 1940, der schon wegen des Kriegsjahrgangs eine Rarität ist und die stolze Summe von mehreren Tausend Mark kostete. G&M treten unter dem Namen Speymalt als Großhändler auf und haben ihn schon 1994 für eine Reihe benutzt, als sie die kleine Serie → »Spirit of Scotland« herausbrachten. Anlaß war damals der 500. Jahrestag der ersten schriftlichen Erwähnung von Whisky in einem Dokument. Sie umfaßte einen → *Ardbeg*, einen → *Port Ellen* und einen → *Tomatin*. Mittlerweile füllen G & M für die Hanseatische Weinhandelsgesellschaft in Bremen und einen italienischen Importeur Whiskies mit der Firmenangabe Speymalt ab.

Speyside Schottische → Whiskyregion um den Fluß Spey herum. Gemessen an der Zahl der dort zu findenden Brennereien ist sie die bedeutendste: fast ein Drittel aller Destillerien Schottlands liegen zwischen Kingussie und Grantown-on-Spey im Südosten und der Spey Bay im Norden entlang dem Fluß und um die Ortschaften Elgin, Rothes, → Dufftown und Keith herum. Es gibt dafür mehrere Gründe. Einmal schenkt das Land dort alles, was man zum Whiskymachen braucht: Wasser, Gerste, Torf. Und während es früher wohl die Abgeschiedenheit und Unwegsamkeit war, die das Entstehen vieler illegaler, kleiner Brennereien begünstigte, war es gegen Ende des 19. Jahrhundert gerade im Gegenteil die gute verkehrstechnische Erschließung durch die Eisenbahn, die das Geld der Investoren anzog. Damals sprach man auch noch nicht von der Speyside, sondern nannte die Region nach ihrer berühmtesten Destillerie, → Glenlivet. Deren Besitzer George Smith hatte 1823 als erster den Mut, eine Lizenz nach dem neuen Gesetz zu erwerben und sein Whisky erwarb sich einen so guten Ruf, daß die anderen Brenner dem Namen ihrer eigenen Brennerei seinen als Affix zufügten und sie z. B. → Macallan-Glenlivet nannten – auch Destillerien, die sehr weit vom Fluß entfernt waren. Diese Angewohnheit wurde lange beibehalten und erst in den letzten Jahren von immer mehr Eigentümern aufgegeben.

Speyside Schottische Malt-Destillerie, die der gleichnamigen Firma Speyside Distillery Co. gehört. Sie liegt, einige Meilen von Kingussie entfernt, an der Mündung des River Tromie in den Spey, hat deshalb zweifelsohne den Anspruch darauf, der → Whiskyregion → Speyside zugerechnet werden, liegt andrerseits aber von den anderen Brennereien so weit entfernt (und näher zu → Dalwhinnie), daß man bei ihr auch einfach von den → Highlands reden kann. Sie ging erst im Dezember 1990 in Betrieb – fast 25 Jahre, nachdem mit ihrem Bau begonnen wurde. Daß es überhaupt so weit kam, ist der Leidenschaft und Ausdauer von George Christie zu verdanken, der es sich in den Kopf gesetzt hatte, dort, nicht weit von der Stelle, wo schon einmal eine Speyside Distillery gestanden hatte, eine kleine und sehr traditionell anmutende Brennerei zu bauen. Er war in der Whiskyindustrie kein Unbekannter, war an Blending- und Exportfirmen beteiligt, hatte aber vor allem in den fünfziger Jahren dadurch Aufsehen erregt, daß er mit der → North of Scotland Distilling Co. in Cambus eine Brennerei eingerichtet hatte, die mit → *patent stills* Malt produzierte. Das Experiment mußte bald abgebrochen werden, aber als Grain Destillerie arbeitete sie noch eine Zeitlang weiter.

Über all die Jahre verkaufte er Blends und Vatted Malts, auch schon unter dem Namen *Speyside* und mit dem großes Selbstbewußtsein verratenden Zusatz: »The best whisky in the world!« Und immer baute er weiter am Tromie. Am 12. 12.1990 geschah, was niemand mehr so recht geglaubt hatte: in den wunderschönen Gebäuden floß aus zwei *stills* der erste Malt. Christie durfte stolz behaupten, die erste Destillerie seit langem gebaut zu haben, die erste von den dreien (→ Kininvie, → Isle of Arran), die in den neunziger Jahren entstanden sind. Drei Jahre später, also exakt nach der vorgeschriebenen Mindestlagerzeit, brachte er seinen Whisky als Single Malt heraus, als *Speyside* in einer winzigen Auflage als »limited edition«, die nicht zum allgemeinen Verkauf bestimmt war, sondern ein Dankeschön an die war, die ihm beim Bau von Speyside geholfen hatten.

Zum allgemeinen Verkauf dagegen bestimmt war eine Version, die er → *Drumguish* nannte. Die Firma hat auch eine ganze Reihe von Blends im Programm, die sie zum Teil bei der Übernahme ihrer ehemaligen Partnerfirma → Campbell & Clark als Mitgift bekommen hat. Neben dem *Speyside* mit 8, 12, 15, 17, 21, 25 und 30 Jahren in verschiedenen Ausstattungen gibt es → *Dew of the Western Isles*, → *Glamis Castle*, → *Kings Scotch*, → *MacGavins*, → *Murdoch's Perfection*, → *Old Monarch*, → *Scotch Guard*, → *Scottish Prince*, *The* → *Strathmore* und → *Thistle Dhu*. *Glentromie* und *Glenwood* sind Vatted Malts und auch einen Sahnelikör hat man, *The* → *Great Glen Celtic Cream*. Sie alle werden abgefüllt in den firmeneigenen Speyside Bonding Co. Dort wird auch → *King's Crest* gemacht, der für die Firma Alexander Muir hergestellt wird. Mit ihr zusammen geben sie unter dem Namen → »Scotts Selection« eine eigene Reihe von Single Malts in → *cask strength* heraus. Für Abfüllungen von Single Malts wird auch immer noch der Name Campbell & Clark benutzt.

Spirit of Scotland, The 1994, als sich die erste schriftliche Erwähnung des schottischen Whisky in einem Dokument zum 500. Mal jährte, veranstaltete die International Wine & Spirit Competetion, selbst in diesem Jahr 25 alt, einen Wettbewerb unter dem Motto »The Spirit of Scotland«. Eingeladen waren die großen Whiskyfirmen, die zum feierlichen Anlaß einen neuen Blend kreieren sollten. Es beteiligten sich → Allied Distillers mit dem → *Heritage*, → Burn Stewart mit einem 25 Jahre alten → *Burberry's*, William → Grant & Sons mit einem 18 Jahre alten Blend, → Inver House mit dem *The* → *Quintessential* (15 Jahre), → Morrison Bowmore mit einem 21 Jahre alten *Bowmore Blended* (!), → UD mit dem → *Friar John* → *Cor Quincentenary*, von dem 1494 Flaschen aufgelegt wurden, und schließlich → Whyte & Mackay mit dem *500 Anniversary Blend*. Er, geschaffen von Masterblender Richard Paterson, errang die Palme. Auch die in Elgin ansässige Firma → Gordon & MacPhail nutzte den offiziellen Geburtstag des Whisky zur Herausgabe einer ebenfalls »Spirit of Scotland« genannten kleinen Serie von Single Malts durch ihre Tochter Speymalt. Sie enthielt einen → *Ardbeg* von 1974, einen → *Port Ellen* von 1979 und einen → *Tomatin* von 1964, alle abgefüllt mit 40 %.

Spirit of Today Kentucky Straight Bourbon mit 40 % (keine Proofangabe) von einem unbekannten Hersteller. Der Abfüller nennt sich Modern Times Distillery und gibt als Adresse → Bardstown an; es könnte sich also um → Heaven Hill oder um die → Kentucky Bourbon Distillers handeln.

Spirit safe Bezeichnung für ein Kontrollgerät, das vor allem in Schottland bei der Produktion von Malt Whisky in →*pot stills* eingesetzt wird. Es ist ein breiter Schrank, der meist aus einem kupfernen Rahmen mit soliden Glasfenstern gefertigt ist. Im Inneren befinden sich mehrere gläserne Töpfe zur Aufnahme der Destillate und Instrumente wie Thermometer und Hydometer. Die Destillate fließen aus der →*low wines* bzw. der →*spirit still* in einen Hahn, der von außen gedreht werden kann, so daß sie durch die Glastöpfe hindurch entweder in den *low wines receiver* oder, beim letzten Durchgang in den Bottich fließen, der die →*foreshots* oder →*feints* zum Wiederdestillieren oder den →*new spirit* zur Abfüllung in die Fässer aufnimmt. Der *spirit safe* dient somit dem →*stillman* dazu, die schwierige →Abtrennung vorzunehmen, d. h. zu entscheiden, wann der Zeitpunkt gekommen ist, den unbrauchbaren vom brauchbaren Alkohol zu trennen. Er kann dafür die erwähnten Instrumente verwenden, gibt aber auch Wasser zu, um durch die Trübung und die Farbe der Flüssigkeit zu erkennen, wann *the* →*heart of the run* beginnt und endet. Der ganze Kontrollprozeß wird dadurch erschwert, daß er in einem verschlossenen Gerät stattfinden muß, das durch eine schwere Metallstange gesichert ist, an deren beiden Enden sich solide Schlösser befinden. Sie waren bis vor wenigen Jahren nur durch zwei Schlüssel zu öffnen, von denen einen der Manager der Destillerie, den anderen der in jeder Brennerei stationierte Zollbeamte hatte. Seit unter der Regierung der »Eisernen Lady« Thatcher auch in der Whiskyindustrie entbürokratisiert und rationalisiert wurde, kann der Manager allein den *safe* öffnen, muß allerdings darüber genau Rechenschaft ablegen und jederzeit mit Stichproben des Zolls rechnen. Der *spirit safe* wurde von Septinus Fox um das Jahr 1820 erfunden und seit 1825 allgemein eingeführt. Tests, die sicherstellen sollten, daß die Qualität des Whisky nicht beeinträchtigt wurde, sollen in →Port Ellen Distillery ausgeführt worden sein.

Spirit still Bezeichnung für die Brennblasen, in denen die →*low wines* aus der →*wash still* und (bei der Dreifach-Destillation) der →*intermediate still* auf die gewünschte Alkoholstärke gebracht wird. Das Ergebnis wird in Schottland oft als »Baby-Whisky« bezeichnet, obwohl das nicht gesetzeskonform ist, weil von Whisky erst gesprochen werden darf, wenn das Destillat drei Jahre in Eichenfässern gereift ist. Der korrekte Terminus in Schottland ist denn auch →*spirit* bzw. wenn es sich zum menschlichen Konsum eignet, *potable spirit*. Es wird oft aber auch als →*new make* oder →*fillings* bezeichnet. In den USA spricht man von →*white dog*.

Die *spirit stills* sind meist etwas kleiner als die →*wash stills*, in denen der erste Brenndurchgang erfolgt und können auch eine abweichende Form haben. Sie werden mit den *low wines* befüllt, die zum Kochen gebracht werden, verdampfen und im gekühlten →*condenser* wieder flüssig werden. Nicht alles wird zu verwendbarem Alkohol: am Anfang und am Ende des Durchlaufs enthält die Flüssigkeit schädliche Stoffe, die auf keinen Fall ins Faß dürfen. Es ist die Aufgabe des → *stillman*, den Zeitpunkt abzuwarten, bis der *spirit* gut und verwendbar wird, um ihn dann abzutrennen.

Trotz der Instrumente muß er sich auch auf seine Erfahrung verlassen und auf Intuition. Er ist ein Künstler und trägt eine hohe Verantwortung; ob er gut gearbeitet hat, wird erst viele Jahre später zu schmecken sein. Er leitet die Flüssigkeit in den → *spirit safe*, wo er durch Zugabe von Wasser und durch Beobachtung von Temperatur und Alkoholgehalt feststellen kann, wann der (→ *foreshot* genannte) Vorlauf zu Ende ist. Je nach Größe der *still* dauert er eine Viertelstunde bis 45 Minuten. Danach beginnt der → *middle cut*, → *heart of the run*, der gute Stoff. Er hat anfangs etwa 70 % bis 75 % und schwächt sich im Verlauf der nächsten Stunden auf ca. 65 % ab.

Diese Phase kann, wieder je nach *still*, zwei bis vier Stunden dauern, sie hängt aber auch von Vorgaben der Brennmeister ab, die je nach Brennerei strenger oder großzügiger selektieren lassen; in → Macallan etwa werden nur 18 % des Durchlaufes als *middle cut* und für verwendbar erklärt. Der Rest sind die → *feints*, die wiederum giftige Stoffe enthalten. Sie werden natürlich nicht vernichtet. Kommt der *spirit* in den *spirit receiver*, so kommen die *feints*, der Nachlauf, zurück in den Behälter, wo die → *low wines* auf den nächsten Durchlauf warten und in den schon der *foreshot* zurückgeflossen ist. Der *spirit* aber ist nun fertig und muß nur noch zum Reifen ins Faß.

Springbank Schottische Malt-Destillerie, die unter ihresgleichen eine Sonderstellung beanspruchen kann. Das fängt mit der → Whiskyregion an, zu der sie gehört, schließt die Geschichte und Besitzverhältnisse ein, und endet bei den einmaligen Techniken, die dort angewendet werden. Sie befindet sich in dem Städtchen → Campbeltown am südlichen Ende der langgestreckten Halbinsel Kintyre. Dort gab es einst, noch bis in die zwanziger Jahre hinein, mehr als zwanzig Brennereien, von denen die meisten infolge der → Prohibition in den USA schließen mußten. Überlebt haben nur → Glen Scotia und eben Springbank. Sie steht an einem Ort, wo die Familie → Mitchell sich der Schwarzbrennerei widmete. 1828 gab es eine legale Brennerei und spätestens 1837 stiegen die Mitchells ein. Seitdem ist Springbank in Familienbesitz und wird heute in siebter Generation von Hedley Wright geleitet. Sie gehört damit zu den wenigen, die wie → Glenfarclas, im Familienbesitz ist, und neben → Glenfiddich die einzige, die in den Händen der Gründerfamilie geblieben ist.

Einige der Gebäude stammen noch aus den Anfangsjahren und auch sonst ist alles sehr wie in alten Zeiten. Einmalig ist, wie die → *wash still* und die beiden → *spirit stills* zu einer nur in Springbank angewendeten Form der → Dreifachdestillation eingesetzt werden, die immer wieder sehr unterschiedlich beschrieben wird. Sie ermöglicht die Herstellung mehrerer Malts mit unterschiedlichem Charakter. In Springbank werden schon länger zwei, seit Ende 1997 sogar drei verschiedene Single Malts erzeugt, die zur Unterscheidung verschiedene Namen tragen: neben dem nach der Brennerei benannten *Springbank* gibt es den → *Longrow* und seit kurzen den → *Hazelburn*. John McDougall, langjähriger Produktionsdirektor, beschreibt den Unterschied zwischen ihnen so: Zuerst wird ganz unterschiedliches Malz genommen, für den *Hazelburn* wird es gar nicht getorft, beim *Longrow* dagegen sehr intensiv, der *Springbank* liegt dazwischen. Beim Brennen ist der erste Durchlauf bei allen gleich. Dann werden die → *low wines* ein zweites Mal gebrannt; während sonst der → *middle cut* gleich ins Faß kommt, wird er beim *Springbank* und beim *Hazelburn* ein drittes Mal destilliert. Beim *Longrow* wird der gesamte zweite Durchlauf ein drittes Mal gebrannt.

Den *Hazelburn* hat noch niemand gekostet, aber bei den beiden anderen sind die Unterschiede frappierend und machen den *Longrow*, der höchstens einmal im Jahr gemacht wird, zu einem der begehrtesten Malts, mit einem Charakter, der es mit den intensivsten → Islays aufnehmen kann: rauchig-torfig, erdig und salzig. Die Salznote ist auch beim *Springbank* ausgeprägt, der bei vielen Wettbewerben seine Konkurrenten ausgestochen hat (und in Japan lange der beliebteste Malt war): ein trockener, öliger, salziger und äußerst komplexer Malt. Daß solche unterschiedlichen Methoden angewendet werden, ist ein Hinweis darauf, daß die Mitchells und auch Hedley Wright wissen, wie wertvoll das Beachten alter Traditionen ist – und wie sehr es sich bezahlt machen kann.

Schon die Namenswahl für den Zweit- und Drittmalt zeigt das: Sie sind nach alten, nicht mehr existierenden Campbeltown-Brennereien benannt, Longrow stand einst da, wo heute der Parkplatz von Springbank ist. Man weist auch stolz darauf hin, daß die ganze Produktion aus einer Hand kommt, angefangen vom Torf, der in der Nachbarschaft gestochen wird, über die Kohle, mit der die *stills* befeuert werden und die aus der Gegend kommt, bis zu dem Malz, das auf den eigenen → *floor maltings* für die verschiedenen Malts produziert wird. Mehrfach hat man mit besonderen Abfüllungen darauf hingewiesen; so gab es mehrere »West Highland Editions« (1966 und 1967 destilliert, aber in verschiedenen Jahren abgefüllt), für die alles – bis auf das → Sherry-Faß natürlich – aus Campbeltown kam, und eine »Local Barley Edition« von 1966. Als 1992 John Onstwedder, einer der Begründer der britischen Organic Food-Bewegung, die Idee zu einem Organic Malt hatte, konnte er gar keine andere Brennerei als Springbank wählen. Dort liegen jetzt einige Fässer, die zur Jahrtausendwende reif sein sollen. Eine weitere Besonderheit ist, daß auch die Abfüllung wie sonst nur noch in Glenfiddich am Ort der Brennerei vorgenommen wird – mit der gleichen Anlage, wo auch die Tochterfirma → Cadenhead ihre → unabhängigen Abfüllungen machen, was erklärt, warum die Normalstärke 46 % beträgt. Selbstverständlich wird auf → Kühlfilterung und auf jegliches → Färben verzichtet.

Doch die Mitchells verstehen nicht nur viel von Whiskyherstellung, sondern auch vom Marketing und Verkauf, siehe die schon genannten Sondereditionen, die natürlich bei Sammlern begeht waren. Es gibt den Whisky in fast unübersehbar vielen Versionen, als *C.V.* (Chaiman's Vat), als 8-, 10-, 12-, 15-, 21-, 25- und 33jährigen (wobei man sich fragt, wie alt der 12jährige, den es auch mit 57 % gibt, wirklich ist, denn Springbank arbeitete von 1982–1988 nicht), daneben → *vintages* mit unterschiedlichen Stärken und meist als Einzelfaßabfüllung. Großes Aufsehen erregten zwei wegen der sanft grünlichen Farbe etwas gewöhnungsbedürftige Cadenhead-Abfüllungen aus dem Rumfaß, wogegen der → *Triple S* mit einem frischen Destillat wirklich nur eine Kuriosität ist. Cadenhead hat natürlich auch immer wieder *Springbanks*, von den anderen Unabhängigen hatten ihn z. B. → MacArthur und → Signatory. Eine hübsche Idee ist eine Abfüllung von → Oddbins mit dem originellen Namen → *Against the grain*. Der teuerste Malt der Brennerei dürfte der von 1919 sein, den man im firmeneigenen Cadenhead-Laden in Edinburghs Royal Mile oder bei → »Loch Fyne Whiskies« erwerben kann – für 6000 Pfund.

Stag's Breath Schottischer Whiskylikör mit 19,8 %, der von → Meiklers of Scotland kommt. Er enthält, wie das Label ausweist, neben Whisky auch »Fermented Comb Honey«.

Standard Bezeichnung, die für einfache schottische Blends gebräuchlich ist. Die Standards repräsentieren bei weitem die größte Gruppe von ihnen. Es handelt sich meist um Whiskies ohne Altersangabe, die relativ jung sind, oft nicht viel älter als die gesetzlich vorgeschriebenen drei Jahre. Oft ist die Kategorie auch ein Hinweis auf den in ihnen enthaltenen Maltanteil – und auf ihren relativ niedrigen Preis. Beides, fehlendes Alter und Preis, dürfen freilich nicht zu dem Schluß verleiten, daß es sich um minderwertige Qualität handelt. Viele sind ihren Konkurrenten aus den höheren Klassen → Premium oder sogar → De luxe durchaus ebenbürtig. Alan S. Gray, führender Kenner von Scotch Whisky, wenn es um finanzielle Dinge geht, nennt in seiner jährlich erscheinenden »Scotch Whisky Industry Review« als Beispiel für Standards immerhin Namen wie → *Black & White*, → *Cutty Sark*, → *Dewar's*, → *Grant's*, → *VAT 69*, → *White Horse* und → *Whyte & Mackay*. Auch in anderen Ländern wird die Kategorisierung oft benutzt. In Japan wird sie auch verwendet, gebräuchlich ist dort aber auch die Bezeichnung Special. Sie steht für Blends mit einem Maltanteil von etwa 30 %.

Standfast Schottischer Blend aus dem Hause William → Grant & Sons, der unter dem alten Namen nicht mehr im Handel ist, sondern in → *William Grant's Family Reserve* umbenannt wurde. Der Name erinnert daran, daß die Firma nach dem Zusammenbruch → Pattisons in große Schwierigkeiten kam und nur dank ihres Familienzusammenhaltes überleben konnte.

Star Hill Amerikanische Destillerie, die besser unter dem Namen des Produktes bekannt ist, das sie herstellt:

→ Maker's Mark Distillery. Die Brennerei, die vom Vater des heutigen Präsidenten, T. William → Samuels Sr. erst 1953 gegründet wurde, ist durch geduldige und liebevolle Restaurierung der früheren Happy Hollow Brennerei auf der Star Hill Farm in der Nähe von Loretto nicht nur zu einem Schmuckstück geworden, das unter Denkmalschutz steht, sondern zur Heimat eines Kentucky Straight Bourbon, an dem fast alles einmalig ist – bis hin zur Verwendung der schottischen Schreibweise »Whisky« für ihr Produkt.

Stars Schottischer Blend aus dem Hause → Whyte & Mackay/ → JBB (Greater Europe), eine der vielen kleinen Marken der Firma. Sie wird zur Zeit nicht hergestellt, ist aber noch zu kaufen.

Status Japanischer Blend von → Sanraku-Ocean, der von der Firma als »High Quality Whisky« bezeichnet wird und einen vollen malzigen Geschmack hat.

Steeping Bezeichnung für den allerersten Arbeitsschritt bei der Umwandlung eines Gerstenkornes in alkoholhaltige Flüssigkeiten namens Malt Whisky oder Bier. Sie wird möglich, weil die Gerste Stärke enthält, die in Maltose genannten Zucker transformiert werden kann, der durch Gärung (beim Bier und beim Whisky) und durch Destillation (bei Whisky) zu Alkohol gemacht wird. Der erste Schritt dazu ist, die im Getreide enthaltene Stärke freizusetzen. Dazu wird das Korn zum Keimen gebracht. Das *steeping* findet in großen Bottichen statt, in denen das Getreide in Wasser eingeweicht wird.

Stein, Robert Schottischer Erfinder aus einer Familie, die in der Whiskygeschichte viele Spuren hinterlassen hat – die tiefsten stammen von ihm selbst. Die Steins betrieben Brennereien in Kilbagie und Kennetpans in Clackmannshire und es war in → Kilbagie, wo Robert 1826 eine völlig neue Methode der Whiskyherstellung erfand, die weder auf gemälzte → Gerste noch auf die traditionellen → *pot stills* angewiesen war. In seiner → *patent still* konnte auch mit anderen Getreidesorten gearbeitet werden und destilliert wurde kontinuierlich. Das Ergebnis war ein neuer Whiskytyp, der Grain. Er war billiger herzustellen und diente fortan vor allem dazu, mit Malt verschnitten zu werden – zum Blend, dem Whiskytyp, der seither ein Synonym für → Scotch ist und dank des Marketinggeschicks von zu → »Whiskybaronen« aufgestiegenen Pionieren wie den → Haigs einen beispiellosen Siegeszug vom kleinen lokalen Getränk zum erfolgreichsten Drink der Welt erlebt hat. 1751 heiratete Margarete Stein einen Haig und führte eine äußerst fruchtbare Ehe: Sie hatten fünf Söhne, die alle im Brennereigeschäft tätig waren, eine der Töchter heiratete John → Jameson und ein Enkel, ein weiterer John, lernte bei seinem Cousin Robert Stein in Kilbagie das Destillierhandwerk und war einer der ersten, der die Erkenntnisse seines Onkels in die Praxis umsetzte und im nahen → Cameronbridge die *patent stills* einführte.

Stenham, H. Whiskyfirma, die von London aus operierte und zahlreiche Tochterfirmen wie Highland Blending, Highland Shippers, → Premier Scotch

Whisky Co. führte. Was wie ein großer Konzern aussieht, ist in Wirklichkeit eine von Henry H. Stenham 1953 gegründete Familienfirma, die auch von ihm geleitet wurde. Er hat im Laufe der Zeit mehr als 40 Marken entwickelt, für die nicht geworben wurde und die er ohne Agenten verkaufte – alle ausschließlich im Export, wobei seine Hauptmärkte Südeuropa, Mittel- und Lateinamerika und Südostasien sind. Sie wurden sowohl mit bereits in Großbritannien abgefüllten Flaschen beliefert, mehr noch aber durch Blends *in* → *bulk*, d. h. die Whiskies werden in Schottland geblendet, in Containern verschickt, auf dem lokalen Markt abgefüllt und können dort, wegen der Vermeidung der sonst üblichen Kosten, sehr billig verkauft werden. Alle Marken der Firma außer den sehr wenigen Malts wurden in fünf Altersstufen produziert, mit 3, 5, 8, 10 und 12 Jahren. 1996 kauften Rossendale Blenders in Glasgow dem 82jährigen Stenham die Firma ab und führten sie seitdem unter dem Namen der ehemaligen Tochter Premier Scotch Whisky weiter. Sie konzentriert sich vor allem auf zwei Blends, → *King Henry VIII* und → *Queen Mary I*, hat die anderen aber durchaus noch im Angebot. Die wichtigsten von ihnen sind: → *Black Barrel*, → *Director's Special*, → *Golden Eagle*, → *Highlander* (ihn gibt es auch als »Straight Malt«!), → *Highland Star*, → *King John*, → *Premier*, → *Queen Eleanor* und → *Scottish Dance*.

Stephen Foster Straight Rye von → Heaven Hill, der identisch ist mit dem heute ebenfalls dort produzierten → *Pikesville Supreme*. Der Namensgeber ist kein anderer als der Verfasser des großen Songs »My old Kentucky Home«, in dem ein Haus in → Bardstown besungen wird, der Whiskey-Kapitale des Bundesstaates, in der auch die Brennerei Heaven Hill liegt. Foster war ein großer Liedermacher – und ein großer Trinker, der im Alter von nur 38 Jahren an Alkoholvergiftung starb.

Steuer Staatliche Geldabschöpfung, die auf allen Stufen des Umgangs mit Whisk(e)y von der Produktion über den Verkauf bis zum Kauf stattfindet und der man als Whisk(e)yliebhaber schutzlos ausgeliefert ist. Das amerikanische Beispiel der »Whiskey Rebellion« von 1794 zeigt, daß der Staat notfalls sogar Waffengewalt einsetzt, um seine Geldquelle zu schützen. Tatsächlich haben sowohl in Schottland wie auch in England und später im »Vereinigten Königreich« die Regierungen schnell entdeckt, wie sie aus Whisky direkt Geld machen konnten. Eine besondere Schande ist, daß sie es nicht für friedliche Zwecke, sondern meist zur Finanzierung von Kriegen einsetzten. Das englische Wort für (Inlands-)Steuer ist *excise* und unter diesem Stichwort sind weitere Informationen zu finden zur Auseinandersetzung zwischen den Brennern und Schmugglern und den *excisemen* Ihrer Majestät, aber auch zur Entwicklung der Höhe der Steuer, die heute in Großbritannien für eine Flasche Scotch mit 40 % Alkohol stolze 5,87 Pfund beträgt, zu denen dann noch einmal 17,5 % Mehrwertsteuer kommen. In Deutschland kostet der Liter reinen Alkohols DM 25.50, bei einer Flasche mit 40 % sind also DM 7.14 Steuern fällig.

Stewart MacDuff, The Schottischer Blend, dessen Name verrät, woher er kommt: Von → MacDuff International, die ihn als → Standard ohne Altersangabe und mit 12 bzw. 18 Jahren im Programm haben.

Stewart's Cream of the Barley Schottischer Blend aus dem Hause → Allied Domecq, das den ehemaligen Besitzer und »Erfinder« der Marke Stewart & Sons of Dundee 1959 unter seine Kontrolle brachte und ihr zum ersten Mal in ihrer Geschichte zu einer eigenen Brennerei (→ Glencadam) verhalf. Die 1831 gegründete Firma betätigte sich aber vor allem im Blend-Geschäft, vereinigte unter ihrem Dach eine ganze Reihe von Töchtern und exportierte mit ihnen zahlreiche Blends in 75 Märkte. *Cream of the Barley* ist der bekannteste von ihnen.

Stewart's Finest Old Schottischer Blend, der nach seiner Gründerfirma J. & G. Stewart benannt ist. Sie startete 1779 in Edinburgh und war sehr bald besonders im Exportgeschäft erfolgreich. 1917 erwarb sie die bekannte Marke *The → Antiquary* und fusionierte im gleichen Jahr mit der → DCL, für die sie kurz nach dem 1. Weltkrieg die whiskygeschichtlich bedeutsame Firma Andrew → Usher kaufte und führte. Sie besaß auch die Lizenz für die Brennerei → Coleburn, die von den DCL-Nachfolgern → UD geschlossen wurde. Die Markenrechte an ihrem Blend *Stewart's Finest* mußten sie gleich nach der Übernahme der DCL durch → Guinness aus kartellrechtlichen Gründen an → Whyte & Mackay/ → JBB (Greater Europe) abgeben.

Still, stills Bezeichnung für die meist aus Kupfer bestehenden Apparate, die zum Destillieren benutzt werden. Das Wort kommt vom lateinischen stillare, das tropfen oder triefen bedeutet. Die *stills* können sehr verschiedene Formen haben und in ganz unterschiedlich verlaufendem Destilliervorgang sehr unterschiedliche Whiskies erzeugen. Alle arbeiten freilich nach dem gleichen Prinzip und haben auch die gleiche Aufgabe.

Sie machen sich die Tatsache zunutze, daß Alkohol beim Erhitzen schneller verdampft als Wasser. Sie machen aus einer nur schwach alkoholhaltigen Flüssigkeit ein hochprozentiges Destillat. Diese Flüssigkeit, → *wash* oder manchmal auch → *beer* genannt, wird gewonnen, indem zuerst die Stärke von Getreidekörnern in Zucker verwandelt und dann durch Hefe zur → Gärung gebracht wird. Sie wird in den *stills* stark erhitzt. Dabei lösen sich die alkoholischen Bestandteile vom Wasser, das erst später verdampft. Die aufsteigenden Dämpfe werden dann durch Kühlung wieder flüssig. Das kann mehrmals wiederholt werden, bis der gewünschte Alkoholgrad erreicht ist.

Obwohl es bestimmte Formen des Destillierens auch schon im Altertum gegeben hat, wurden die bis heute angewendeten Techniken im Prinzip erst um die Jahrtausendwende entdeckt. Die wichtigste Erfindung waren die *alembics*, geschwungene Hälse, die auf den Topf aufgesetzt wurden, in dem die Flüssigkeit erhitzt wurde. Sie fingen den Alkoholdampf auf und leiteten ihn weiter in den → *condenser*, der durch kaltes Wasser gekühlt wurde.

Die auch heute noch vor allem beim Destillieren von Malt-Whisky in Schottland verwendeten →*pot stills* sind zwar größer, unterscheiden sich aber sonst kaum von der ursprünglichen Form. In ihnen kann immer nur partienweise destilliert werden. Eine kostengünstigere Form haben in den zwanziger und dreißiger Jahren des letzten Jahrhunderts Aeneas →Coffey und Robert →Stein mit der →*patent still* entwickelt, in deren Säulen die *wash* ohne Unterbrechung kontinuierlich verarbeitet wird. Sie wird nach einem der Erfinder auch *Coffey still* genannt, manchmal wegen ihres Aussehens →*column still* und meist als →*continuous still* bezeichnet.

Sie dient zur Produktion von Grain Whisky und wird auch verwendet, um einen hochprozentigen, chemisch sehr reinen Alkohol zu gewinnen, der als Basis für Gin und Wodka dient. Auch die Verbindung beider Formen ist üblich. So werden in Irlands größter Brennerei in →Midleton gleich eine ganze Reihe von Whiskies hergestellt, für die die unterschiedlichen Apparate in unterschiedlicher Reihenfolge miteinander verknüpft werden können. In den USA wird der erste Destilliervorgang meist in einer *continuous still* vorgenommen, der zweite in einem →*doubler*, der nichts anders ist als eine Form der *pot still.*

Stillage Bezeichnung, die in den USA für das verwendet wird, was in Schottland →*burnt* oder *pot ale* heißt. Es handelt sich um Rückstände, die nach dem ersten Distillieren in der →*wash still* oder →*beer still* zurückbleiben. Sie weisen zwei Komponenten auf: feste Getreidebestandteile, die meist zu Viehfutter verarbeitet werden, und die sogenannte →*thin stillage*, die man besser als →*sour mash* kennt. Sie wird in den USA verwendet, um als →*backset* wiederverwendet zu werden, wenn die →Maische für die nächsten Destillationen angesetzt wird. Manchmal wird sie auch erst beim →Fermentieren zugefügt. Immer aber hat sie die Aufgabe, durch Herabsetzen des Säuregehaltes unerwünschte Bakterien abzutöten und die Konsistenz des Whiskey zu sichern.

Stillbrook Amerikanischer Straight Bourbon und Blended von der McCormick Distilling Co., der zwei Brennereien, eine in →Weston in Missouri und die →Pekin Distillery in Illinois gehören. Pekin macht keinen Whiskey mehr und die Destillerie in Weston ist überhaupt nicht mehr in Betrieb. Die beiden Versionen der Marke sind noch in Illinois gemacht, aber die Vorräte sind begrenzt und werden, wenn sie erschöpft sind, durch Whiskey ersetzt werden, der bei →Heaven Hill destilliert ist. Der Straight ist 36 Monate alt und wird mit 80°/40 % abgefüllt.

Stillhouse Bezeichnung für das Gebäude, in dem das eigentliche Destillieren stattfindet, in dem also die →*stills* sich befinden und der →*stillman* arbeitet.

Stillman Jeder Mitarbeiter in einer Brennerei ist wichtig und jeder glaubt, der wichtigste von allen zu sein. Es gibt unterschiedliche Meinungen darüber, ob nur das →Mälzen, das →Brauen einschließlich der Überwachung der →Fermentation den Charakter des Whisk(e)y am meisten beeinflußt. Auch der → *warehouse man* und der → Masterblender werden ihre Stimme erheben. Aber alle dürften darin übereinstimmen, daß der *stillman* den verantwortungsvollsten Job hat. Er kontrolliert die → *stills* und die eigentliche Destillation. Er ist dafür zuständig, beim letzten Durchlauf im richtigen Augenblick am → *spirit safe* den → *foreshot* vom → *middle cut* und den von den → *feints* zu trennen und dafür zu sorgen, daß nur der *spirit* ins Faß kommt, der keine giftigen Fuselstoffe aufweist. Ob er sauber gearbeitet hat, ist oft erst viele Jahre später festzustellen, wenn die Fässer zur Abfüllung reif sind. Erschwert wird seine Aufgabe dadurch, daß er nicht an die Flüssigkeit selbst herankommt, weil der *spirit safe* vom Zoll unter Verschluß gehalten wird.

Stillman's Dram, The Von → Invergordon auf den Markt gebrachte »Limited Edition« ihrer vier Malts → *Bruichladdich*, → *Isle of Jura*, → *Tamnavulin* (zwei Versionen) und → *Tullibardine* (ebenfalls zweimal). Alle waren mit 45 % deutlich höher im Alkoholgrad als die Normalabfüllungen und sämtlich über zwanzig Jahre alt. Nach der Übernahme der Firma durch → Whyte & Mackay (jetzt → JBB/Greater Europe) wurde der Serie ein *Dalmore*, ebenfalls mit 45 %, zugefügt.

Stirling Castle Schottischer Single Malt aus einer kleinen Serie, die → Historic Scotland zum Verkauf in den Shops der von ihr betreuten historischen Gebäude und Sehenswürdigkeiten herstellen läßt und nach einigen seiner beliebtesten Touristenattraktionen benannt hat. Das mächtige Schloß über dem Städtchen Stirling im Tal des Firth hat seinen Namen einem 12jährigen Whisky gegeben, dessen 46 % darauf hinweisen, daß er von → Cadenhead bzw. deren Mutter J. & A. → Mitchell von der → Springbank Distillery kommt.

Stitzel-Weller Amerikanische Destillerie in Louisville in Kentucky, die die Namen von zwei bedeutenden Whiskey-Firmen in sich vereinigt. William LaRue Weller gründete sein Geschäft 1849, die Brüder Philip und Frederick Stitzel begannen 1870 oder 1872 mit dem Destillieren. Beide waren erfolgreich, die Wellers mit dem Handel, die Stitzels mit dem Brennen und schon vor dem 1. Weltkrieg schlossen sie, mit einer dritten legendären Figur, Julian »Pappy« → Van Winkle, als treibender Kraft einen Vertrag. Die Wellers bezogen fortan ihre Whiskies von den Stitzels, deren Brennerei eine der nur sechs war, denen es während der → Prohibition erlaubt war, Whiskey für medizinische Zwecke herzustellen. Nach dem Ende der trokkenen Jahre – Van Winkle hatte es zum Präsidenten gebracht – taten sich beide Firmen zusammen und errichteten in Shively/Louisville die Brennerei in ihrer heutigen Form mit ihren hübschen Ziegelsteingebäuden, dem selbstbewußten Schild mit »No Chemists Allowed« vor der Tür und dem hohen Schornstein, der mit dem Namen einer großen Marke geschmückt ist: → *Old Fitzgerald*. Er prangt dort immer noch, obwohl er, wie seine Stallgenossen → *W. L. Weller* und → *Rebel Yell*, dort nicht mehr produziert wird, sondern aus der nur sechs Kilometer entfernten → Bernheim Distillery kommt. Die drei weisen eine Gemeinsamkeit auf, die sie von allen anderen Bourbons unterscheidet: sie sind Weizen-Whiskeys, also Whiskeys, bei denen der gewöhnliche Anteil von Roggen durch Weizen ersetzt worden ist. Stitzel-Weller wurden 1972 zunächst von Somerset übernommen (die die Brennerei Old Fitzgerald nannten), dann 1984 von der schottischen → DCL, die wiederum 1987 von → Guinness gekauft und zu → UD gemacht wurde. Die neuen Londoner Herren entschlossen sich, die ebenfalls erworbene Bernheim Distillery zum Zentrum ihrer Aktivitäten zu machen, bauten sie 1992 von Grund auf neu, schlossen Stitzel-Weller und verkauften (inzwischen zu → UDV mutiert) im März 1999 auch Bernheim. Stitzel-Weller Distillery hatte einst 28 Gärbottiche; sie werden nicht mehr gebraucht. Ihre alten Bestände für den *Rebel Yell* werden zur Zeit als *Dikkel's* → *RX* aufgebraucht. Die Weizen-Whiskeys werden heute von Master Distiller Edwin S. Foote gemacht, der für sie eigene Hefen benutzt und eine → *mash bill* mit 75 % Mais, 20 % Roggen und 5 % gemälzte Gerste.

Stock Tschechischer Spirituosenhersteller mit Sitz in Plzen (Pilsen), der in der Nähe der weltberühmten Bierstadt in dem Dorf Pradlo über eine eigene Brennerei verfügt. Die Stock Distillery wurde 1920 gegründet und hat auch in den Jahren produziert, in denen das Land zuerst von den Deutschen besetzt und dann von den Kommunisten regiert wurde. Danach wurde sie wieder privatisiert und stellt sowohl Malt als auch Grain Whiskies her, wobei man großen Wert darauf legt, sich genau an schottische Methoden anzulehnen. Das Malz ist leicht getorft und kommt von einer Mälzerei, die auch → Suntory beliefert und den Torf aus Schottland importiert. Gemaischt wird in Brauereibottichen und die Gärung und Destillation werden in alten Kesseln mit einem Fassungsvermögen von 25 Hektolitern vorgenommen. Zur Reifung kommt der Whisky in ausgekohlte Holzfässer aus tschechischer Eiche, deren Größe die Lagerungsdauer bestimmen: Die neuen Gesetze der → Tschechischen Republik schreiben für Fässer, die nicht mehr als 300 Liter fassen, zwei, und für Fässer, die bis zu 700 Liter aufnehmen können, drei Jahre vor. Für kurze Zeit hat Stock einen Malt Whisky mit 43 % abgefüllt, der *Halberd Whisky* hieß, und einen Blend mit 40 % und dem Namen *Smoker Halberd Whisky*. Beide wurden abgelöst vom → *Printer's*, bei dem es um einen Blend handelt, obwohl das Label von einem »Blended Malt Whisky« spricht.

Stodart, J. & G. Heute nicht mehr existierende schottische Whiskyfirma, die Whiskygeschichte geschrieben hat, weil sie nicht nur den Vatted Malt erfunden hat, sondern auch die erste gewesen sein soll, die die Whiskies eine Zeitlang in Sherryfässern »verheiratete« und ihnen so eine zusätzliche Reifephase und damit zusätzliche Geschmacksnuancen genehmigte. Ihre bekannteste Schöpfung ist der → *Old Smuggler*, den sie 1835 einführten und der noch heute, als Blend, auf dem Markt ist. Ein zweites Mal hat die Firma das schottische Whiskygeschäft maßgeblich verändert, als sie 1930 der kanadischen Firma Hiram → Walker einen Anteil verkaufte und ihr damit deren Einstieg in Schottland ermöglichte. Stodart stand damals unter der Leitung von James Barclay. Man kannte sich aus den Zeiten der Prohibition, in denen beide, der Schotte und die Kanadier, nichts dagegen hatten, gute Geschäfte zu machen, indem sie ihren Whisky in die USA schmuggeln ließen. Hiram Walker kaufte auch → Ballantine und spielte bald eine führende Rolle in Schottland. Sie kaufte u. a. viele Brennereien, von denen sie → Glenburgie und später auch → Pulteney von Stodart führen ließ.

Stonebrook Kentucky Straight Bourbon mit 86°/43 %, der mit 8 Jahren abgefüllt wird und als Hersteller die Stonebrook Distilling Co. nennt. Die sitzt in → Bardstown, was darauf schließen läßt, daß es sich um einen der vielen Namen handelt, den → Heaven Hill benutzt.

Straight Whiskey Bezeichnung für unverschnittene amerikanische Whiskies. Sie müssen aus einer Maische destilliert sein, die ausschließlich aus Getreide besteht und beim Bourbon mindestens 51 % Mais, beim Rye mindestens 51 % Roggen enthalten muß und sie dürfen nicht mit einem zweiten Destillat vermischt werden. Straights sind auch die beiden Whiskies aus Tennessee, der *Jack Daniel's* und der *George Dickel.* Alle amerikanischen Straights werden heute außerdem mit der → *sour mash*-Methode hergestellt. Von einigen Bourbons gibt es sowohl Straight wie auch Blended Whiskies. Beispiele dafür sind *Barton* und *Four Roses*.

Strath-Roye Schottischer Blend von Glen Roye (Blenders), einer Tochtergesellschaft der in London arbeitenden Firma H. → Mayerson & Company, die zu den bedeutendsten → Brokern gehört, aber auch einige Eigenmarken hat.

Strathavon Schottischer Vatted Malt von Avonside, einer Tochter von → Gordon & MacPhail, mit Malts von Brennereien aus dem und um das → Glen Avon, dem Fluß, der einer anderen Marke des Hauses den Namen gegeben hat, der an → Tomintoul entlang- und bei → Cragganmore in den Spey fließt. Auch → Glenlivet, zu der G&M besonders gute Beziehungen haben, ist nicht weit – und noch zahlreiche andere Brennereien.

Strathbeag Schottischer Blend von CES Whisky, einer Tochter des erst 1992 gegründeten Hauses → MacDuff International. Das Wort meint kleines, weites Tal (gesprochen »straß-vic«). Die Firma hat auch einen Whisky, der »kleines, enges Tal« heißt, den Single Malt → *Glenbeg*.

Strathclyde Schottische Grain-Destillerie, im Herzen von Glasgow, im berühmt-berüchtigten Viertel Gorbals gelegen, am Südufer des Clyde, aber wie die ganze Stadt vom Loch Katrine in den Trossachs mit Wasser versorgt. Sie wurde gebaut, als die für ihre Ginherstellung bekannte Londoner Firma Seager Evans sich für schottischen Whisky zu interessieren begann und war deren erste Aktivität auf diesem Gebiet. Sie kauften später → Long John und deshalb ist die Brennerei in Glasgow eher unter diesem Namen bekannt. Mit Seager Evans und Long John International durchlief sie die Besitzerwechsel über → Schenley und Whitbread bis → Allied Distillers, die sie als ihre zweite Grain-Brennerei neben → Dumbarton betreiben. Dort wird, wegen der Enge in der Stadt, die schon zur Schließung der kleinen Malt-Destille → Kinclaith auf dem gleichen Gelände führte, auch ihr Whisky gelagert. Sie produziert aber auch Gin (für »Beefeater«). Als Single Grain ist noch nichts aus Strathcyde in die Flasche gekommen, weder von den → Eigentümern noch von den → Unabhängigen.

Strathconan Schottischer Vatted Malt, 12 Jahre alt, der früher aus dem Hause James → Buchanan kam und sicherlich Malts aus deren Brennereien → Dalwhinnie und → Glentauchers enthielt. Obwohl Buchanan als → DCL-Tochter (seit 1925) → UD gehörten und heute somit UDV, zeichnen sie immer noch für den Whisky verantwortlich.

Strathfinnan Schottischer Blend, eine nur lokal erhältliche Marke von Forth Wines, die auch den → *King James VI* herstellen.

Strathglen Schottischer Vatted Malt, 12 Jahre alt und als → Highland ausgewiesen, der von → Burn Stewart abgefüllt wurde, als die Firma noch in → Dumbarton ansässig war. Sie sitzt heute in East Kilbride und stellt die Marke zur Zeit nicht mehr her; aber finden kann man sie noch.

Strathisla Schottische Malt-Destillerie. Sie zählt zur → Whiskyregion → Seyside und liegt am Rande von → Keith am Ufer des Flüßchens Isla, von dem sich ihr heutiger Name, (weites) Tal des Ila, ableitet. So hieß sie aber nicht immer. Die Zahl ihrer Umbenennungen signalisiert zahlreiche Besitzerwechsel. Aber sie und besonders die ungewöhnlich hohe Zahl von Katastrophen, die über die Brennerei hereinbrachen, haben sie ironischerweise zu dem gemacht, was sie heute darstellt: eine Bilderbuchbrennerei, vielleicht die schönste Schottlands überhaupt. Würdige altersgraue Steingebäude, ein großzügiger Innenhof, um den sie sich scharen, hübsche Pagodendächer und ein altes Wasserrad erfreuen das Auge des Besuchers. Kein Zweifel, die Katastrophen sind ihr bekommen – und mehr noch der Beschluß ihres Besitzers → Seagram, sie zur Flaggschiffdestillerie seiner größten Marke → *Chivas Regal* zu machen.

Dazu kommt, daß sie eine der ältesten Brennereien Schottlands und gewiß die älteste der Speyside ist. Schon 1786 begann sie, damals als Milltown, zu arbeiten. Dann hieß sie Milton. Ein Feuer beschädigte sie 1876, eine Explosion 1887. Ihr Name war damals Strathisla. Sie wurde aber wieder umbenannt. 1949 drohte ihr der Ruin, als ihr Besitzer, ein Londoner Spekulant, wegen Steuerhinterziehung hinter Gitter kam. Bei der anschließenden Versteigerung arbeitete James Barclay, der sich als Schmuggler während der Prohibition einen Namen gemacht und über seine Firma James and George → Stodard der kanadischen Firma Hiram → Walker den Einstieg nach Schottland möglich gemacht hatte, für den zweiten kanadischen Giganten, für → Seagram. In deren Auftrag ersteigerte er für → Chivas Brothers das Kleinod. Seitdem heißt die Brennerei wieder Strathisla und befindet sich in sicheren Händen. Sie wird liebevoll gepflegt, darf mit ihrem alten Equipment arbeiten (obschon sie ihre Kapazität von zwei auf vier → *stills* erweiterte) und ihr Wasser fließt still und beständig aus Fons Bullien Well.

Zum 200. Jubiläum feierte man sie in einer kleinen Festschrift. Nur ihren Single Malt gaben die Kanadier bzw. ihre schottische Tochter Chivas & Glenlivet Group nicht ähnlich großzügig heraus. Es gab zwar einmal einen 12jährigen (und er war lange einer der gesuchtesten Malts), aber sonst überließ man es → Gordon & MacPhail, den Whisky bekannt zu machen – wie bei anderen zur Firma zählenden Brennereien wie → Longmorn und selbst → Glenlivet und → Glen Grant auch. In all diesen Fällen schöpften die → Unabhängigen aus Elgin durch ganze Reihen das Potential eines Malt aus, während sich die → Eigentümer gerade auf eine oder zwei Versionen beschränkten – wenn sie es, wie beim → *Benriach* oder dem → *Glen Keith*, nicht überhaupt vorzogen, alles für ihre vielen Blends zu behalten. Gordon & MacPhail haben ihn mit 8 (40 % und 57 %), 15 (ebenso), 21, 25, 30 und 35 Jahren und in zahlreichen *vintages*, von denen der älteste ein 1937er war. Nachdem Strathisla aber im Marketingkonzept von Seagram so eine herausragende Rolle spielt und auch in einem schönen Visitor Centre präsentiert wird, war es nur logisch, auch ihren Malt besser herauszustellen (und das große Publikum endlich merken zu lassen, daß er ein Klassiker ist): Er ist, wiederum mit 12 Jahren und in einer allerdings etwas merkwürdig geformten Flasche einer von vier in der → »Heritage Selection«, die 1994 herausgebracht wurde. Ein Jahr später feierte man den Abschluß der Renovierungsarbeiten mit einer Spezialabfüllung eines 25jährigen, die den Gästen der Feier am 9. 5. 1995 vorbehalten war.

Strathmill Schottische Brennerei, die am Rande des Ortes in → Keith liegt, also zur → Speyside zählt und wie ihr Whisky zu den unbekanntesten überhaupt gehören dürfte. 1891 als Glenisla (nach dem Fluß, an dem sie liegt und der auch → Strathisla ihren Namen gegeben hat) gegründet und vom neuen Besitzer → Gilbey, der sie vier Jahre später kaufte, umbenannt, läuft ihre Lizenz auf → Justerini & Brooks, mit denen Gilbey 1962 fusionierte, um die → IDV zu bilden, die später eine Tochter von → Grand Metropolitan wurde (die Brennerei gehört also heute zum Imperium der UDV). Gilbey's haben den Malt von Strathmill früher als → Eigentümerabfüllung angeboten, aber das ist lange her – und schade, weil die spärlichen → unabhängigen Abfüllungen (u. a. → Signatory in der »Wildlife«-Reihe und mit einem 1985er, MacArthur mit einem 11jährigen) und die Probenotizen der wenigen, die ihn verkosten durften, zeigen, daß die vier → *stills* einen delikaten, süßen, nur schwach rauchigen, aber malzigen Stoff produzieren. Am Eingang der Brennerei verrät das Schild »Home of Dunhill«, wofür er (außer für einen Blend namens → *Glen Spey*) lange Zeit vor allem gebraucht wurde: als Herz des → *Dunhill Old Master*. Freilich ist nicht sicher, wie lange noch, denn die Eigentümer der Marke haben die Rechte an dem teuren Blend 1997 neu an → Highland Distillers vergeben. Aber einstweilen lagern noch 100 Fässer *Strathmill* dort, die Dunhill 1993 zu ihrem hundertsten Jubiläum reservieren ließen; die gute Hälfte ist noch zu haben – für ca. 150000 DM, was die Fässer wohl zu den teuersten der Welt macht.

Strathmore Schottische Brennerei, die nur von 1957 bis Anfang der achtziger Jahre arbeitete. Sie lag in Cambus und wurde von der Firma → North of Scotland Distilling Co. betrieben, an der die von → Speyside Distillery bekannte Familie Christie maßgeblich beteiligt war. Ihre → *patent still* produzierte zunächst erstaunlicherweise Malt, wechselte dann aber zu Grain. Der Name ist Whiskytrinkern auch heute geläufig, weil auch ein weitverbreitetes schottisches Mineralwasser so heißt. Es kommt aus einer Quelle in der Nähe von → Glamis Castle, gehört aber nicht den Herren des Schlosses, sondern seit 1992 der Gruppe Matthew Clark.

Strathmore, The Schottischer Blend, dessen Name den Mineralwassertrinkern geläufiger sein dürfte als den Whiskykonsumenten (jedenfalls denen, die ihren Drink pur, ohne Wasser genießen). Beide sind aber nach dem gleichen Mann benannt, dem Earl of Strathmore, der in → Glamis Castle in Fife zu Hause ist. Er erlaubte der → Speyside Distillery Co. die Verwendung seines Namens – und die Christies von Speyside haben es ihm mit einem 15 Jahre alten Blend gedankt, der sich des adligen Wappens nicht schämen muß, wenn der Earl ihn seinen Gästen anbietet. Das Mineralwasser gehört seit 1992 dem britischen Weinproduzenten und Getränkegroßhändler Matthew Clark, der Ende 1998 von → Canandaigua übernommen wurde.

Strong's Schottischer Blend. Er ist die letzte Erinnerung an eine einst bedeutende und renommierte Firma. W. & S. Strong & Co. wurde um 1820 in Dundee gegründet und gehörte zu den ersten, die Whisky nach Australien und Neuseeland exportierten. Sie schuf den legendären Real → *Mountain Dew* und war Mitbesitzerin der Brennereien → Tomintoul und → Fettercairn. Wie sie wurde Strong 1973 von der Scottish and Universal Investment und dann von → Whyte & Mackay übernommen.

Stump Lifter Whiskeydrink, mitgeteilt von Gary und Mardee Haidin Regan in ihrem »Book of Bourbon«. Es gibt eine Variante mit drei Teilen starkem Cider bzw. fünf Teilen Apfelsaft. Basis für beide sind zwei Teile Bourbon. Die Regans ziehen die Cider-Version vor, empfehlen die mit dem Saft aber als sehr erfrischenden Sommerdrink.

Südafrika Das Land am Kap ist vor allem für seine Weine berühmt, aber es wird auch destilliert. Ein Likör namens »Amarula« ist auch in Deutschland erfolgreich; er besteht aus Sahne und einem Geist, der aus den Früchten des Marula-Baumes destilliert wird, von denen auch die Affen und die Elefanten wissen, daß sie eine wohltuende Wirkung entfalten. Auch Getreide wird gebrannt, allerdings kein Malt Whisky. Wie in vielen Ländern auch wird er *in* → *bulk* importiert und dann mit lokalen

Grains verschnitten; zwei bekannte Marken des Landes sind → *Teal's* und → *Three Ships*. Südafrika gehört aber auch zu den wichtigsten Abnehmern von schottischen Blends und Malts und steht in der Liste der zwölf Länder mit dem höchsten Verbrauch wieder auf Platz 11, nachdem es vor einigen Jahren einen erheblichen Rückgang gegeben hat, der aber möglicherweise mit den politischen Veränderungen zu erklären ist.

Südkorea Kein Land der Welt hat in den letzten zehn Jahren derart atemberaubende Zuwächse an Whiskykonsum erlebt wie der boomende Wirtschaftswunderstaat, der zu den vielbeschriebenen asiatischen Tigern gehört. Stimmen die Zahlen in der »Scotch Whisky Industry Review 1997«, gab es eine satte Steigerung von 1.65 im Jahre 1986 auf 11.44 Millionen Liter Scotch im Jahr 1986; nur Thailand kann da einigermaßen mithalten. Beide freilich wurden Ende 1997 auch hart von der Krise getroffen, die dazu führte, daß viele der neuen Reichen empfindliche Verluste hinnehmen und ihre Vorliebe für westliche Luxusgüter erheblich einschränken mußten. Die Zahlen der nächsten Statistiken werden nicht so positiv ausfallen. Neben den importierten Whiskies gibt es als billigere Alternative lokal produzierte Blends. → Seagram, wie oft die erste ausländische Firma, die sich engagierte, führt die beiden Marken → *Gold Classic* und → *Secret*.

Sugarbuttie Whiskeydrink. Kreiert hat ihn Mardee Haidin Regan, getauft Gary Regan. Die beiden sind die Autoren des wohl besten Buchs über Bourbon. Mutig mixen sie Whiskey und Wein, verstoßen also gegen die alte Regel, niemals Traube mit Korn zu mischen. Das Ergebnis ist verblüffend lecker. Man nehme drei Teile Bourbon auf zwei Teile Tawny oder Ruby Port und fülle mit ihnen das Glas, das viel Eis enthalten sollte.

Sullivans Cove Australischer Single Malt, der erst seit kurzem zu bekommen ist und auch nur dank der australischen Gesetzgebung, die für Whisky eine → Mindestlagerzeit von nur zwei Jahren (im Gegensatz zu den drei in Irland und Schottland) vorschreibt. Keinen Tag älter ist der Inhalt der Flasche, mit dem die auf der Insel Tasmania gelegene → Tasmania Distilley in Hobart → Australien wieder auf die Landkarte der whiskyerzeugenden Länder zurückbrachte. Sie hieß früher, ganz unromantisch, Gasworks Distillery. Der Malt, in einer quadratischen Normalflasche und in einem Glasdecanter, die aber den gleichen Inhalt haben, hat die zwischenzeitlich auch in Australien verlangten 40 %, ist aus Franklin-Gerste in der → *pot still* destilliert. Die Brennerei arbeitet seit 1995, reklamiert aber auf dem vornehmen lilablauen Etikett für sich, die »tradition from 1822« fortzusetzen.

Summer Hall Indischer Whisky von → Mohan Meakin, der erst im Herbst 1997 auf den Markt kam und zu einem der Spitzenprodukte der großen Firma werden soll, die in → Indien 15 000 Menschen beschäftigt und elf Brauereien sowie die Brennereien → Kasauli, Lucknow und → Mohan Nagar besitzt und eine weitere in → Solan, die allerdings nie in Produktion gegangen ist. Aber dort hatte der Chef der Firma, General Mohan, eine Sommerresidenz und sie gab den Namen für die neue Marke. Bei ihr verzichtet man auf die sonst in Indien erlaubte und übliche kräftige Dosis von Melasse-Destillaten, die indischen Whisky so billig macht. Verwendet werden statt dessen Malt aus Kasauli und Lucknow und Malts und Grains aus Mohan Nagar.

Sunflower Chinesischer Whisky von → China National Cereals, Oils & Foodstuffs Import and Export in Tsinglao und ein Beweis dafür, daß natürlich auch in der Volksrepublik Whisky getrunken – und produziert wird. Welche Ausgangsprodukte für diese Marke verwendet und wie sie verarbeitet wurden, ist nicht bekannt; vermutlich handelt es sich um ein Getreidedestillat.

Sunny Brook Kentucky Whiskey, den es sowohl als Straight Bourbon wie auch als Blend gibt. Die Marke gehörte zum Portfolio von National Distillers und gelangte 1987 unter das Dach von → American Brands, die die Firma samt ihrer drei Brennereien in → Frankfort (→ Old Crow, → Old Taylor und → Old Grand-Dad) kauften. Damals wußte man genau, woher die Whiskeys für die Marke kamen, heute kommen dafür nur die beiden → Jim Beam Distilleries in Boston bzw. Clermont in Frage.

Suntory Japanischer Konzern, dessen Name zwar bekannt ist, dessen Größe und dessen breites Engagement der Öffentlichkeit aber auch nicht annähernd bewußt ist, weil er gerne darauf verzichtet, sich in den Vordergrund zu spielen. Wer z. B. weiß, daß ihm das Rheingauer Weingut Robert Weil gehört und daß sich dieses Weingut nur durch das japanische Kapital die Investionen leisten konnte, die es in seine führende Position gebracht haben? Suntory betätigt sich in ähnlicher Weise in vielen Ländern und in vielen Bereichen; am deutlichsten tritt die Firma durch die Kette seiner Japan-Restaurants in über zehn Staaten in Erscheinung. Wahrhaft ein *global player*, der unter den weltgrößten Getränkekonzernen die 5. Position einnahm, ist das immer noch sehr japanisch geprägte Unternehmen der große Unbekannte. An führender Stelle steht noch immer ein direkter Nachkomme des Mannes, der 1899 den Mut hatte, in seiner Heimatstadt Osaka mit einem für sein Land ungewöhnlichen Geschäft, mit dem Import von spanischem Wein zu beginnen und selbst Wein anzubauen. 1907 konnte er einen süßen Wein auf den Markt bringen, den er »Akadama« nannte.

Die Zentrale der Firma ist immer noch in Osaka, das Verwaltungsgebäude aber in Tokio; es beherbergt auch ein Kunstmuseum, was beweist, wie weitgespannt Suntorys Interessen sind und daß es zur Firmentradition gehört, sich als großzügiger Sponsor besonders auf dem Gebiet der bildenden Kunst und der Musik zu betätigen. Firmengründer Shinjiro → Torii nannte seine Firma Suntory nach dem Nationalsymbol der aufgehenden Sonne und seinem eigenen Namen, der im Japanischen auch für ein Tor zum Tempelschrein steht. Daß er einen englischen Namen wählte, ist ein weiterer Beweis für seinen Weitblick, den er einmal mehr bewies, als er sich in den Kopf setzte, den Whisky in Japan heimisch zu machen, und zwar Whisky in seiner schottischen Spielart als Malt Whisky. 1923 engagierte er einen jungen Chemiker, Masataka → Taketsuru, der in Schottland studiert (und eine Braut gefunden) hatte, um in der ersten Destillerie des Landes im → Yamazaki Tal nahe seiner Heimatstadt in traditionellem schottischen Stil Malt zu machen.

1929 konnte er seine erste Marke, *Shirofuda*, einführen, die bald wegen ihres weißen Etiketts nur noch → *White (Label)* hieß. Sehr erfolgreich war sie nicht, anders als der 1937 herausgebrachte → *Kakubin*, der immer noch die Nr. 1 in Japan ist. Damals hatte Taketsuru schon die Firma verlassen, um sein eigenes Haus, → Nikka, zu gründen. Richtig erfolgreich wurde Suntory allerdings erst nach dem Krieg, wobei eine Kette von Lokalen, die »Torys Whisky Bars«, einen wesentlichen Anteil hatten, weil sie erstens nur firmeneigene Produkte anboten und zweitens den Whisky richtig populär machten. Heute steht Suntory für 71 % der Inlandsproduktion von Whisky und hat einschließlich der Importmarken einen Anteil von 67 % am Markt, weit vor dem Verfolger Nikka.

Die Firma hat 1973 mit → Hakushu eine zweite Brennerei in der Nähe des Fujiyama gebaut, die mit 55 Millionen Liter Jahresproduktion die größte Malt-Destillerie der Welt ist, aber 1989 noch um eine weitere Anlage ergänzt werden mußte. Noheji, eine weitere Malt-Brennerei an der Nordspitze von Japans Hauptinsel Honshu, ist noch nicht fertiggestellt. Alle Brennereien können mehrere verschiedene Malttypen produzieren und insgesamt hat die Firma ständig 1,6 Millionen Fässer gelagert, 200 000 in Yamazaki, 800 000 in Hakushu und 600 000 in ihrem »Aging Cellar« in der Nähe von Kyoto. Auch Grain-Destillerien werden betrieben. 1963 wurde beschlossen, mit den Gewinnen aus dem Wein- und Whiskygeschäft ins Bierbrauen einzusteigen; mittlerweile ist Suntory einer der vier großen Bierbrauer des Landes mit einer weiteren Brauerei in China. Suntory unterhält bedeutende Chemielaboratorien, ein Institut für Biotechnologie, ist ein großer Pharmaproduzent und ist in vielen Nahrungsmittel- und Getränkebereichen tätig, von der Produktion über die Distribution bis zu eigenen Restaurant- und Fast Food-Ketten, vom Mineralwasser bis zur Eiskrem. Man besitzt Anteile an der »Encylopedia Britannica« und managt, kaum überraschend für ein japanisches Unternehmen, Golfplätze und andere Sportstätten. Mit »Midori« hat man einen erfolgreichen (Melonen-) Likör lanciert. In Deutschland hat man das Rheingauer Weingut Robert Weil gekauft und durch große Investitionen zu einem der besten der Region gemacht; bereits vorher gab es eine Kooperation mit Schloß Vollrads, die mit einem Whisky namens → *President's Choice* gefeiert wurde. In Frankreich gehören u. a. die Rotwein-Chateaux Beycheville, Lagrange und Beaumont zum Firmenportfolio, das weit mehr als 300 Produkte umfaßt; insgesamt nimmt allein die Liste der Firmentöchter und internationalen Unternehmungen im Geschäftsbericht sieben Seiten ein.

Auch bei ausländischen Whiskyfirmen ist Suntory stark engagiert. Am Anfang stand eine Beteiligung an → Allied Distillers, deren Marken → *Ballantine's*, → *Long John*, → *Old Smuggler*, → *Teacher's* (u. a.) ebenso von Suntory importiert werden wie der Single Malt → *Laphroaig*. Seit 1994 ist man alleiniger Besitzer von → Morrison Bowmore einschließlich der Brennereien → Auchentoshan, → Bowmore und → Glen Garioch. Der Single Malt von → Macallan, der in Japan Kultstatus genießt und dessen älteren Abfüllungen japanische Barbesitzer oft zu Rekordpreisen bei Auktionen verholfen haben, ist nicht nur eine Importmarke Suntorys. Die Firma besaß einen 25 %-Anteil an der Brennerei und es war dieser Anteil, der 1996 dazu führte, daß Macallan seine Selbständigkeit verlor, als die Japaner sich mit → Highland Distillers zu einer strategischen Allianz zusammenschlossen und plötzlich zusammen 51 % der Aktien hielten.

In Japan selbst produziert der Konzern viele Marken, bei denen oft der Firmenname groß herausgestellt ist wie bei den Blends *Suntory Whisky*, von dem es zwei Versionen gibt, *Suntory* → *Imperial* (manchmal auch → *Signature* genannt), *Suntory* → *Old*, *Suntory* → *Reserve* und *White*. Auch bei den Malts, wie z. B. beim 8 Jahre alten, steht der Firmenname im Vordergrund, und wenn sie überhaupt genannt sind, werden die Namen der beiden Brennereien Yamazaki und Hakusku nur sehr klein und in Anführungszeichen auf dem Label ausgewiesen; sie werden auch nicht als Single, sondern als *Suntory* → *Pure Malt* bezeichnet. Weitere Blends sind → *Ageing*, → *Crest*, → *Excellence*, → *Hibiki*, → *Kakubin*, → *Old Club House*, → *Prestige*, → *Red Extra*, → *Royal*, *Smokey & Co.* und → *Torys*.

Super Japanische Marke von → Nikka und heute das erfolgreichste Produkt der Firma. Sie wurde als Blend 1961 eingeführt und man erzählt, daß Firmengründer Masataka → Taketsuru seiner kurz vorher verstorbenen Frau Rita sozusagen ein »Whisky-Denkmal« setzen wollte. Er hatte die Schottin kennengelernt, als er 1918 als Student in Glasgow war, um Brauereitechnik zu studieren, und sich so intensive Kenntnisse in der Whiskyherstellung aneignete, daß er nach seiner Rückkehr darangehen konnte, sein Heimatland zu einem Whiskyland zu machen. Zunächst war er Angestellter von Shanjiro → Toriis → Suntory, ab 1934 aber sein eigener und sehr erfolgreicher Chef. Selbstverständlich hat er Wert darauf gelegt, einen besonders guten Blend zu kreieren; »rare« und »old«, zwischen denen der Name *Super* auf dem Label steht, sind absolut berechtigte Bezeichnungen. Es gibt zwei Versionen des Blend, außer der originalen auch einen Premium, deren Flasche ein wenig schlanker und höher ist als die sehr an einen Armagnac oder an einen Boxbeutel erinnernde des einfachen *Super*. 1995 kam ein Vatted Pure Malt dazu.

Super Session Japanischer Blend von Nikka, der 1989 auf den Markt gebracht wurde, vor allem in Supermärkten angeboten wird und zu den einfacheren Whiskies des Landes gehört.

SWA Schottischer Wirtschaftsverband, dessen voller Name → Scotch Whisky Association ist.

Sweet Science Whiskydrink. Man nehme zwei Teile Scotch auf einen Teil *Drambuie*, mixe mit zwei Teilen Orangensaft und serviere in der Cocktailschale.

Swn y' Mor In Wales von der → Welsh Whisky Company hergestellter Blend, der indes aus schottischen Whiskies besteht. Das wird sich vielleicht in absehbarer Zukunft ändern, denn die Firma, die 1974 gegründet wurde und den Blend 1976 auf den Markt brachte, hat nach mehreren Anläufen 1996 ernsthaft mit der Produktion in ihrer eigenen kleinen Brennerei in dem Industriegebiet Parc Menter in Brecon begonnen. Der Name bedeutet Klang des Meeres, wird »sun i mor« ausgesprochen und ist walisisch, eine eigenständige Sprache innerhalb des Keltischen, in der Whisky → »Chwisgi« und walisischer Whisky »Chwisgi Cymreig« heißt. Auf der Flasche stehen noch mehr Wörter in dieser Sprache, von denen »Bragdy Aberhonddu Cym«(ru) sich auch von Sprachunkundigen mit Brecon, Aberhonddu, Wales übersetzen lassen. Es gibt den Blend auch in einem Gefäß, das wie ein Rugbyball aussieht.

Sword's Schottischer Blend, der von → Morrison Bowmore kommt und dessen Name an die alte Firma James Sword & Company erinnert. Sie wurde 1814 gegründet und gehört seit 1983 den heutigen Besitzern, die ihn als einzige von ehemals acht Marken der Firma noch im Programm haben, als einfachen → Standard.

Syndicate Schottischer Blend von → Whyte & Mackay/ → JBB (Greater Europe). Mit 30 Jahren gehört er zum → De luxe-Segment.

T

T. W. Samuels Kentucky Straight Bourbon mit einem Namen, den man eher mit der → Maker's Mark Distillery in Loretto in Verbindung bringt als mit → Heaven Hill in → Bardstown, von wo er kommt. Maker's Mark wurde erst in den fünfziger Jahren eröffnet – von T. William Samuels, der nach seinem Vorfahren Taylor William genannt worden war. Der hatte 1844 die erste Brennerei der Familie in Deatsville gegründet, die in der Hand der Familie blieb, bis sie wegen der → Prohibition 1920 schließen mußte. Nach ihr baute Leslie Samuels eine neue Anlage und eröffnete die alte T. W. Samuels Distillery wieder. Als sein Sohn T. William 1943 in Ruhestand ging, wurde sie und die Rechte am Namen verkauft. 10 Jahre später bereute er, daß er die Whiskeyproduktion aufgegeben hatte, er begann neu und baute ein neues Unternehmen auf, das inzwischen einen so hervorragenden Ruf (und Erfolg) hat, daß es sich verschmerzen läßt, daß der Name des Stammvaters jemand anders gehört. Heaven Hill macht allerdings keinen exzessiven Gebrauch von ihm, sondern verkauft die Marke als → *Bottled in Bond* mit 100° nur lokal.

Tail Bezeichnung, die in Irland und

Schottland oft anstelle des sonst üblichen →*feints* gebraucht wird. Gemeint ist die Flüssigkeit, die am Ende des letzten (in Irland dritten, in Schottland meist zweiten) Destillationsdurchlaufs aus der →*spirit still* fließt. Weil sie giftige Fuselöle enthält, ist sie unbrauchbar und es ist die Aufgabe des →*stillman*, dafür zu sorgen, daß sie den →*heart of the run*, den guten, brauchbaren Alkohol nicht verunreinigt, sondern nach sorgsamer Abtrennung zur Redestillation zurückgeleitet wird.

Takara Shuzo Co. Japanische Firma mit Sitz in Kyoto. Zusammen mit dem in Tokio ansässigen Okura bildete sie ein Konsortium, das sich sowohl in Schottland als auch in den USA im Whisk(e)ygeschäft betätigt. Hier ist sie zusammen mit →Sazarac an der →Leestown Distilling beteiligt, dort erwarben die Japaner 1986 mit der →Tomatin Distillery die größte Brennerei des Landes und die Blending-Firma J. & W. Hardie in Glasgow. 1998 verkaufte Okura, die stark im Wertpapier- und Immobiliengeschäft engagiert waren, ihren Anteil von 20 % an den größeren Partner, der daraufhin eine andere japanische Gruppe, Marubeni, an Tomatin beteiligte. Der Verkauf nutzte Okura nichts mehr: sie gingen im August 1998 bankrott.

Taketsuru, Masataka Japanischer Whiskypionier und einer der beiden »Väter« des japanischen Whisky, vielleicht der bedeutendere von ihnen. Der andere war Shanjiro →Torii, ein ehemaliger Weinimporteur und -produzent, der seine Gewinne verwendete, um 1923 seine →Yamazaki Distillery zu bauen. Er hatte die Vision, und er hatte das Geld, die Kenntnisse aber, eine Brennerei einzurichten und Malt Whisky zu destillieren, hatte Taketsuru – und beide zusammen schafften sie es, Japan zu einem der größten Whiskyproduzenten der Welt zu machen. Taketsuru, 1894 geboren, stammte aus einer Familie, die sich schon lange mit der Herstellung des heimischen Sake beschäftigte und ließ sich von einem Bierbrauer nach Schottland schicken, um dort die Kunst des Brauens zu studieren. Doch bald interessierte er sich mehr für das eigentliche Getränk des Landes und setzte seine Studien in Brennereien fort. Nikka, die Firma, die er gründete, spricht in ihrer Firmenchronik vom schottischen Örtchen Rothes und davon, daß es Destillerien von →White Horse gewesen seien. Die hatten kein Unternehmen in Rothes, wohl aber, ganz nahebei, →Craigellachie. Auch in →Lagavulin war Taketsuru und in →Hazelburn auf Kintyre.

Nach zwei Jahren kehrte er nach Japan zurück, begleitet von Rita, seiner schottischen Braut, die er bald heiratete (und der er nach ihrem Tod 1961 mit dem Blend →*Super Nikka* sozusagen einen »flüssigen« Grabstein setzte). Dem Mann, der ihm das Studium bezahlt hatte, war das Geld ausgegangen und so kam ihm das Angebot von Torii gerade recht. Zehn Jahre arbeitete er für ihn, dann trennten sie sich 1934, angeblich weil Taketsuru eine neue Brennerei an einem geeigneteren Ort haben wollte. Als Torii ablehnte, baute Taketsuru sie selbst, in →Yoichi auf der Nordinsel →Hokkaido, an einer Stelle, die ihn an →Campbeltown erinnerte, wo es gutes

Wasser und sogar Gerste und Torf gab. Solange der Whisky aus der ersten kleinen →*pot still* reifte, produzierte er Fruchtsäfte und der Apfelsaft »Kaju« war es, der schließlich seiner Firma Nippon Kaju den Namen gab; 1952 wurde er auf Nikka verkürzt. 1940 konnte er seinen ersten Whisky (und Brandy) herausbringen, aber dann stoppte der Krieg die Produktion und zwang ihn, Industriealkohol für Kriegszwecke herzustellen. Der eigentliche Aufstieg seiner Firma kam danach. Sie wurde im Laufe der Jahre zur zweitgrößten (nach Toriis →Suntory) und Taketsuru konnte 1969 noch eine zweite sehr viel größere Brennerei in →Miyagikyo bei →Sendai eröffnen, nachdem er es bereits sieben Jahre vorher gewagt hatte, eine echte altmodische →*Coffey still* (in →Nishinomiya) in Betrieb zu nehmen. Er starb 1979 kinderlos und überließ sein Unternehmen, das heute dem Brauereigiganten Asahi gehört, einem Neffen, der immer noch als einer der Direktoren tätig ist.

Talisker Schottische Malt-Destillerie. Ihr Name, betont auf der vorletzten Silbe, wird manchmal mit Wasserloch übersetzt. Sie zählt zur →Whiskyregion der schottischen →Islands und ist die einzige Brennerei auf der Insel Skye. Es gibt mehrere Gründe, sie und ihren Malt herausragend, sogar einzigartig zu nennen. Weniger wegen der immer noch ungewöhnlichen schönen landschaftlichen Lage am Salzwasser-Loch Harport mit dem Blick auf die meist auch im Sommer schneebedeckten Gipfel der Cuillins, eher schon wegen der Tatsache, daß sie mit fünf eine ungerade Zahl von →*stills* aufweist, mit denen bis 1928 dreifach destilliert wurde – und weil von der Quelle am Cnoc nam Speirag ein intensiv torfiges Wasser von rotbrauner Farbe kommt. Ihren Namen hat sie von der Farm, deren Besitzer sie wohl auch 1831 gegründet hat (Dr. Johnson und →Boswell waren bei ihm zu Gast). Sie gehörte für einige Jahre auch Roderick Kemp, den man eher mit →Macallan Distillery in Verbindung bringt, und bildete von 1898 bis 1925 zusammen mit →Dailuaine eine gemeinsame Firma, die dann von der →DCL übernommen wurde. In den sechziger Jahren brannte sie fast völlig ab, wurde aber glücklicherweise wieder aufgebaut.

Ihr Malt wird in den höchsten Tönen gepriesen: Robert Louis Stevenson nennt ihn in einem Atemzug zusammen mit →Islay und →Glenlivet und schwärmt: »The king o' drinks / As I conceive it / Talisker ...«. Jim Murray hat ihn in die Liste seiner zehn »All time favourites« (unter denen nur fünf schottische Malts sind!) aufgenommen und ist von dem schweren, wahrlich maskulinen Whisky so beeindruckt, daß es selbst ihm die Worte verschlägt und er den Kollegen Derek Cooper zitieren muß, dem man allerdings auch als Bewohner von Skye vielleicht ein bißchen Lokalpatriotismus nachsehen sollte. »Die stechende, leicht ölige, torfige Rauheit des Buketts steigt in meine Nüstern. Der Körper rinnt wie die Lava von den Cuillins durch meinen Rachen. Dann rums! Strom erhebt sich vom Tempel, ein erdbebenartiger Schock erschüttert das Gebäude, meine Augen verschwimmen, die

Backen röten sich und ich sinke gegen den Sessel. Talisker ist kein Getränk, er ist eine innerliche Explosion, destillierte Zentralheizung ... Da ist nichts Affektiertes am Talisker.«

Seit John → Walker & Sons in den achtziger Jahren von ihrer Mutterfirma DCL die Erlaubnis bekamen, diesen einzigartigen Stoff nicht mehr nur für ihren → *Johnnie Walker* zu verbrauchen, sondern ihn auch als Single Malt (mit 8 und 12 Jahren) herauszurücken, können alle an der Begeisterung teilhaben. Einzigartig war die Stärke des 8jährigen: 45.8 %. Sie wurde glücklicherweise auch von den DCL-Nachfolgern → UD beibehalten, die den *Talisker*, jetzt mit 10 Jahren, in die Reihe ihrer → »Classic Malts of Scotland« aufnahmen. Ihm wurde Ende 1997 in der Reihe »The → Distillers Edition« in limierter Auflage ein Malt von 1986 an die Seite gestellt, der in Fässern, in denen vorher ein spezieller Oloroso-→ Sherry von dem Weinberg Amoroso war, eine zweite Reifung bekommen hatte. Es gibt *Talisker* auch, wenn auch nicht oft, von den → Unabhängigen, z. B. von → Cadenhead und deren Tochter → Duthie. Besonders bemerkenswert war der 1955er von → Gordon & MacPhail in → *cask strength*.

Tambowie Schottischer Vatted Malt von der → Vintage Malt Whisky Company, die in Glasgow ansässig ist. Es gibt ihn ohne Altersangabe in den USA, ansonsten sind die enthaltenen Malts alle mindestens 8 Jahre alt.

Tamdhu Schottische Malt-Destillerie. Ihr Name, ausgesprochen »tamdu«, bedeutet grüner Hügel oder grüner Busch. Sie liegt im Herzen der → Speyside und ist vom Fluß nur durch die aufgelassene Eisenbahnstrecke getrennt. Sie war 1897 sicherlich mit ein Grund für den Bau an dieser Stelle und der hübsche kleine Bahnhof diente jahrelang als Visitor Centre – mußte aber geschlossen werden, weil die, so die Begründung der Firmenleitung, Touristen, die Tamdhu meist am Ende des → Whisky-Trail besuchten, vom vielen Probieren in den anderen Brennereien so angeheitert waren, daß die meist weiblichen Angestellten über Belästigungen klagten. Trotzdem ist die Brennerei immer noch einen Ausflug wert; die Eisenbahn gibt es nicht mehr, wo die Schienen waren, ist jetzt der Speyside Way, den man wandernd oder radfahrend nutzen kann, um von Destillerie zu Destillerie zu gelangen.

Tamdhu wurde noch zu Zeiten des Booms gebaut, aber der brach 1898 durch → Pattisons Bankrott zusammen und ein Jahr später übernahmen sie → Highland Distillers, denen sie bis heute gehört. Auch das mag ein Grund sein, warum man so wenig von ihr hört. Dabei verdient sie jede Aufmerksamkeit: man arbeitet trotz der allmählichen Erweiterung der → *stills* auf sechs in der um eine eigene Quelle herumgebauten Anlage sehr viel traditionsverbundener als anderswo, versteht seinen Whisky als ein durch und durch lokales Produkt, verwendet nur Gerste aus der unmittelbaren Umgebung und sticht auch den Torf in der Nähe. Vor allem kann man darauf verweisen, die einzige Brennerei Schottlands zu sein, die all ihr Malz noch selbst produziert – in ebenfalls einzigartigen → *Saladin boxes*, die sich von → *floor maltings* dadurch unterscheiden, daß das arbeitsaufwendige Wenden der feuchten, keimenden Gerste nicht mehr von Hand gemacht werden muß, sondern mechanisch.

Wenig hört man auch von ihrem Malt. Das meiste von ihm wird natürlich für den vielgetrunkenen Blend *The →Famous Grouse* gebraucht. Aber als Single Malt gibt es ihn durchaus, freilich leider nicht mehr den 15jährigen in der boxbeutelähnlichen Flasche und auch nicht mehr den 10 Jahre alten. Zur Zeit kommt dieser Whisky, durch den man lernen kann, was Speyside-Malt bedeutet, ohne Altersangabe. →Gordon & MacPhail haben einen 1960er und regelmäßig einen 8jährigen. So alt ist auch der *Tamdhu* in ihrer »MacPhail's Collection«. →Cadenhead hatte einen sherryfaßgelagerten von 1980 in zwei Versionen, mit 46 % und mit 58.7 %. Signatory verkaufte einen *Tamdhu* von 1970, ebenfalls aus dem Sherryfaß und mit 49.5 %.

Tamnavulin Schottische Malt-Destillerie, die fast so ähnlich heißt wie der Ort Tomnavoulin, zu dem sie gehört. Beide werden »tamna-vúlin« ausgesprochen. Sie zählt zur →Whiskyregion der →Speyside und wenn es eine Brennerei gibt, die das Recht hat, sich →Glenlivet zu nennen, dann sie. Denn sie ist die einzige, die wirklich in Nachbarschaft zu der Trägerin des berühmten Namens liegt und im Tal des Flüsschen Livet, das man ironisch das längste Schottlands genannt hat, wegen der vielen Destillerien, die ihrem Namen das Suffix »Glenlivet« zugefügt haben. Paradoxerweise bezieht Tamnavulin ihr Wasser nicht aus dem Fluß, sondern von unterirdischen Quellen in den Hügeln ringsherum. »Mühle am Hügel« bedeutet ihr Name und am Standort einer wunderschönen Wassermühle wurde sie 1956 von →Invergordon Distillers errichtet – als sehr unromantisches Zweckgebäude mit hochmoderner Technik und acht →*stills*. Das hat sie nicht davor geschützt, 1995, kurz nach der Übernahme Invergordons durch →Whyte & Mackay, geschlossen zu werden. Sie dient heute nur noch zum Lagern der Whiskies von →Tomintoul. Die alte Mühle wird, um wenigstens einige Arbeitsplätze zu sichern, von einer Kooperative der Dorfbewohner als Visitor Centre weiterbetrieben – einer der schönsten Picknick-Plätze ganz Schottlands.

Den Single Malt von Tamnavulin gab es mit 8 Jahren in einer viereckigen Flasche, dann gab es ihn mit 10 Jahren. Ebenso alt ist der Malt in einer Glaskaraffe, die einer →*pot still* nachgebildet ist. Ein 22jähriger kam in einer Holzkiste. 1997 wurde das Design von Etikett und Verpackung geändert und es erschien eine neue Version mit 12 Jahren. Er wurde durch einen 22 Jahre alten ergänzt, bei dem Invergordon ausdrücklich auf seine »natürliche Leichtigkeit« hinweist. In der Serie →»Stillman's Dram« gab es einen 25jährigen, dem, wiederum Ende 1997, ein 27jähriger zur Seite gestellt wurde. Beide hatten die für die Reihe generell verwendete Stärke von 45 %. Zuweilen gibt es ihn auch von den →Unabhängigen, z.B. von →Cadenhead und →Signatory (1978, 59.8 %, sherryfaßgereift). Die Veranstalter der 1. deutschen Whiskymesse 1996 in Bad Krozingen erkoren einen *Tamnavulin* als Sonderfüllung für ihre Besucher. Ein 25jähriger aus Tamnavulin war auch der → *New Century* von Unwins.

Tangleridge Kanadischer Whisky. Er kommt mit 10 Jahren von → Alberta Distillers, der kanadischen Tochter von → Jim Beam Brands, dem Spirituosenarm von → American Brands, die ihn einstweilen nur auf dem amerikanischen Markt verkaufen. Seine Süße ist für die Destillate von Alberta, wo ausschließlich Rye destilliert wird, eher untypisch und liegt an einer Beigabe, über die man sich ausschweigt, die aber spürbar ist und ihn für das Publikum, für das er gemacht ist, attraktiver machen soll.

Tansania Distillery Australische Malt-Destillerie, die ursprünglich als Gasworks Distillery firmierte, es dann aber vorgezogen hat, sich nach der dem australischen Festland vorgelagerten Insel zu benennen, auf der sie, in Hobart, liegt. Man kann von ihr Wodka kaufen oder Brandy und Gin und es gibt auch einen Blend mit dem Namen *Sullivans Cove*, den sie herausgebracht hat, um die Zeit zu überbrücken, bevor sie ihren eigenen Single Malt mit dem gleichen Namen (und ebenfalls ohne Apostroph, im Unterschied zur Adresse, die sich korrekt Sullivan's Cove schreibt) verkaufen konnte. Das australische Gesetz schreibt für Whisky eine mindestens zweijährige Lagerung im Faß vor und die Brennerei nahm erst 1995 ihren Betrieb auf, mit einem kleinen Destillierkolben in französischen Stil, der gerade alle zwei Wochen beschickt wird. Aber 1997 war es soweit, der Whisky konnte abgefüllt werden. Es gibt in Hobart auch ein reizvolles Museum und auf der Insel übrigens auch noch eine zweite Brennerei, die von der → Small Concern Whisky Co. betrieben wird, die ihre noch kleinere Produktion aber noch nicht auf Flaschen gezogen hat. In Hobart wird Franklin-Gerste verwendet und man beruft sich auf traditionelle Methoden – wie auf eine bis 1822 zurückreichende Tradition. Da die offizielle australische Whiskygeschichte erst 1866 beginnt, kann es sich dabei nur um Schwarzbrennerei handeln. Wie auch immer, nach dem Tod aller Whisky-Brennereien auf dem Festland ist Australien durch die Aktivitäten der beiden Zwerge wieder auf die Landkarte der whiskyerzeugenden Länder zurückgekehrt.

Tantallan Schottischer Single Malt, der von der → Vintage Malt Whisky Company in Glasgow abgefüllt ist. Genaues ist über seine Herkunft nicht zu erfahren, aber er soll aus der → Speyside kommen. Es gibt ihn als 10jährigen und einen 1980er bzw. 1984er → *vintage*. Auch die Mitglieder von Bill & Maggie Millers → Scotch Single Malt Circle konnten einen *Tantallan* probieren.

Tartan Prince Schottischer Blend. Er gehört zu den fünf Marken, die von der in Liverpool sitzenden Firma → Halewood International Ltd. geführt werden.

Tasting Bezeichnung für das mehr oder weniger professionelle Verkosten von Whisk(e)y. Im Gegensatz zu dem von Profis wie den Masterblendern bevorzugten und fast ausschließlich praktizierten → *nosing* wird bei ihm der Whisk(e)y auch in den Mund genommen und geschluckt. Ein *tasting* findet in mehreren Schritten statt: Zuerst wird mit dem Auge die Farbe des Getränkes geprüft. Sie kann zwar durch Färbung künstlich beinflußt sein, sollte aber etwas über Alter des Whisk(e)y und Beschaffenheit der Fässer, in denen er gereift ist, aussagen. Ebenfalls mit dem Auge wird der Körper geprüft. Dazu wird das Glas geschwenkt und beobachtet, wie die Flüssigkeit zurückläuft, ob in dünnen, langen oder in breiten Bahnen, den *legs*, die eine Art Kirchenfenster bilden. Dann folgt das *nosing*, mit der Nase wird das Aroma aufgenommen. Ein kräftiger Schluck, den man im Mund kreisen lassen sollte, läßt das Mundgefühl spürbar werden und die Geschmacksnuancen, die der Whisk(e)y am Gaumen und auf der Zunge hinterläßt. Abschließend wird festgestellt, welches *finish* er hat, welchen Nachklang (häßlich auch Abgang genannt). Erfahrene Verkoster empfehlen, diesem ersten Durchgang einen zweiten folgen zu lassen, bei dem der Whisk(e)y mit etwas Wasser verdünnt wird. Sie wissen, daß er dadurch seinen Charakter verändert, »aufgeschlossen« wird, daß neue, andere, bisher verdeckte Aromen sich entwickeln können. Die Farbe wird jetzt heller werden, der Körper leichter, mehr kommt es aber auf die Prüfung der Eindrücke an, die der Whisk(e)y jetzt in Nase und Mund hinterläßt. Selbstverständlich gehört zu einem vernünftig durchgeführten *tasting* auch ein brauchbares Glas. Der *tumbler*, das Becherglas eignet sich nicht, weil er die Aromen nicht an die Nase führt. Auch das von den Profis verwendete *nosingglas* ist nicht unbedingt zu empfehlen, weil es sich nach oben so stark verengt, daß zwar die Aromen auf die Nase konzentriert werden, der Whisk(e)y aber nicht mehr gut zu trinken ist. Als das beste Glas hat sich immer wieder das auch bei Weinverkostungen eingesetzte INAO-Glas erwiesen.

Taylor & Ferguson Schottische Whiskyfirma, die vor allem durch ihren Blend →*Ambassador* bekannt war. Sie gehörte zu den kleineren Firmen, die die kanadischen Hiram →Walker – Gooderham & Worts in den dreißiger Jahren in Schottland kauften. Nachdem sie 1954 →Scapa Distillery erworben hatten, übertrugen sie ihrer schottischen Tochter die Lizenz an dieser Brennerei auf den →Orkneys.

Té Bheag Schottischer Blend von →Pràban na Linne. Ein kleines Boot ist das Firmenlogo. Der Name Té Bheag nan Eilean (gesprochen »tschej weck«) kam auf das Label des ersten Blends, den Iain Nobles Firma herausbrachte. Er bedeutet »Little Lady of the Sea«, wird aber unter den gälisch sprechenden Inselbewohnern auch gern für ein *wee →dram* verwendet. Der Whisky hat einen hohen Anteil an Malts, unter denen sicher auch der Inselmalt →*Talisker* sein dürfte. Es gibt ihn in zwei Versionen: in der ursprünglichen und einer neuen, bei der auf →Kühlfiltrierung verzichtet wurde, um ihm mehr Aromastoffe zu lassen.

Teacher & Sons, Wm Schottische Firma, die bis zu ihrer Übernahme durch →Allied Breweries im Jahre 1976 die größte unabhängige und noch im Besitz der Gründerfamilie befindliche

Whiskyfirma des Landes war. William Teacher startete Mitte des letzten Jahrhunderts als Wein- und Spirituosenhändler in Glasgow und baute dort eine Kette von → »Dram Shops« auf, die für ihre Sauberkeit berühmt waren und in denen getrunken, aber nicht geraucht werden konnte. Sie machte ihn zum größten Wirt der Stadt mit insgesamt 18 Lokalen. Dann stieg er in den Großhandel ein und spezialisierte sich auf Blends, die genau nach den Wünschen seiner Kunden gemischt wurden. Aus einem von ihnen wurde die große und bis heute erfolgreiche Marke → *Teacher's Highland Cream*, die bereits 1884 ins Handelsregister eingetragen wurde. Wm Teacher & Sons gehörten auch zu den Pionieren des Exportes und bauten erfolgreich eine weitverzweigte Organisation auf, die zahlreiche Auslandsmärkte belieferte und auf vielen von ihnen mit eigenen Niederlassungen vertreten war. 1896 bauten sie → Ardmore Distillery, 1960 kauften sie → Glendronach. Sie sind heute eine Tochterfirma von → Allied Domecq. Wie sehr die Teachers aus Glasgow Whiskygeschichte geschrieben haben, zeigt der Roman »King's Royal« von John Quicley (London 1975), eine Familiensaga aus Schottlands stolzen Jahren, für dessen Protagonisten King wohl der alte Teacher Vorbild war (während für seinen Roman-Sohn, dem im Buch die Erfindung des Blend zugeschrieben wird, eine andere große Figur, Andrew → Usher, Pate stand). Außer dem → Standard-Blend gibt es noch den 12jährigen *Teacher's Royal Highland*, aber leider nicht mehr den *Teacher's 60*, dessen Name auf den ungewöhnlichen hohen Maltanteil von mindestens 60 % hinweisen sollte.

Teacher's Highland Cream Schottischer Blend aus dem seit 1976 zu den damals noch so genannten → Allied Breweries gehörenden Hause Wm → Teacher. Von dieser Firma, die einst → Ardmore Distillery baute und später → Glendronach erwarb, wurde er bereits 1884 eingeführt. Von Anfang an war er für seinen hohen Anteil an Malt bekannt. Er war, kurz vor dem 1. Weltkrieg, der erste Blend, für den der heute weitverbreitete Kork mit der Holzkappe verwendet wurde. Schon sehr bald wurde er in viele Länder exportiert und während der → Prohibition sicherten Exporte nach Kanada, daß er auch in die Staaten geschmuggelt werden konnte, was ihm später zu einer guten Marktposition verhalf. Verkauft werden ca. zwei Millionen → *cases*; in Großbritannien ist er die Nr. 3. Es gibt ihn als → Standard und als 12 Jahre alten *Teacher's Royal Highland*. Den *Teacher's 60*, der einen besonders hohen Malt-Anteil, eben 60 %, hatte, gibt es leider nicht mehr. Dafür haben Allied Domecq in Indien, wo sie den *in → bulk* eingeführten Blend von einer Tochterfirmen abfüllen lassen, 1997 zum 50. Jahrestag der Unabhängigkeit des Landes, eine limitierte Auflage eines *Teacher's 50* herausgebracht.

Teal's Südafrikanischer Blend, der aus schottischen Malts und im eigenen Land destillierten Grain Whiskies gemacht wird. Obwohl auf den Flaschen »Special Old« steht, ist der Inhalt nur etwa drei Jahre alt. Die Marke wurde

1990 von Robertson & Baxton eingeführt.

Teaninich Schottische Malt-Destillerie. Sie liegt in den Northern → Highlands nicht weit von der wesentlich bekannteren Brennerei → Dalmore – nahe dem Cromarty Firth und dem River Alness. Ihr Name bedeutet (wahrscheinlich) Haus am grünen Strand und ist nur schwer auszusprechen: »te-ní-nik« kommt der Artikulation der Einheimischen am nächsten. Sie hat nie viel von sich reden gemacht, obwohl sie, gegründet bereits 1817 von Captain Munro, auf eine lange Geschichte blicken kann. Ihr Malt wurde ausschließlich für Blends verwendet, vor allem für die von R. H. → Thompson, die im Auftrag der sie seit 1905 besitzenden → DCL die Lizenz innehatte. Mehrmals umgebaut und 1971 auf immerhin zehn → *stills* vergrößert, verfügt sie wie → Glenlossie über zwei → *stillhouses*, genannt »A side« und »B side«. Beide wurden 1985 geschlossen, seit 1990 produziert immerhin die »A side« mit sechs *stills* – mit einem Team, das man schon deshalb nicht Mannschaft nennen kann, weil bei ihm mit Cathy Earnshaw eine Frau ist, die vielleicht eines Tages genau so bekannt wird wie Bessie Williamson von → Laphroaig. Erst die DCL- Nachfolger → UD brachten ihren Single Malt in → Eigentümerabfüllung heraus, als sie ihn, 10 Jahre alt, in ihre → »Flora & Fauna«-Serie aufnahmen. Es gab und gibt aber auch immer wieder Abfüllungen von den → Unabhängigen, z. B. von → Cadenhead und → MacArthur. → Gordon & MacPhail hatten in ihrer »Connoisseurs Choice«-Serie viele Jahrgänge, zuletzt von 1975,1976 und 1982 (alle mit 40 %). → Signatory füllte 1992 einen 1975er und 1998 einen 1981er, beide mit 43 %, ab.

Teeling, John J. Irischer Geschäftsmann, der sich bereits als junger Student in Harvard in seiner Abschlußarbeit mit der Situation des heimatlichen Whiskey befaßte und die These vertrat, er sei der beste der Welt – mit dem schlechtesten Marketing. Als Mitte der 80er Jahre die Krise der → IDG so groß war, daß sie allein nicht überleben konnte, gab auch der mittlerweile geschäftlich erfolgreiche Teeling zusammen mit anderen Investoren ein Gebot ab, verlor aber die Übernahmeschlacht gegen → Pernod Ricard. Weil er sich nicht damit abfinden wollte, daß das Nationalgetränk ganz in ausländischer Hand war, gründete er 1987 die → Cooley Distillery und kaufte nicht nur vom Staat die Cimicei Teo Distillery in → Riverstown, sondern auch die Reste der alten → Kilbeggan Brennerei John → Lockes und die Rechte einer ganze Reihe von alten Firmen- und Markennamen wie A. A. → Watt, Adam → Millar oder → Dunville.

1989 liefen die ersten (Grain und Malt) Whiskies in Riverstown, 1992 brachte Teeling sie auf den Markt und forderte damit die IDG heraus, die sofort versuchten, den Konkurrenten zu beseitigen, indem sie seinen Mitgesellschaftern verlockende finanzielle Angebote machten. Das irische Kartellamt verhinderte eine Übernahme. Seitdem hat Teeling Verträge mit → UD und → Heaven Hill geschlossen, die ihm die Vermarktung seiner Produkte erleichtern, die er in kaum noch zu übersehender Vielfalt herausbringt. Neben den Malts *The* → *Tyrconnell*, → *Connemara*, → *Locke's, Shanagarry* und *Slieve na gCloc* gehören dazu die Blends → *Kilbeggan* (der in Deutschland mittlerweile der zweitstärkste Irish ist), → *Avoca*, *Ballygeary*, → *Cassidiy's*, → *Celtic*, → *Delaney's*, → *Erins' Isle* → *Finnegan*, → *Golden Irish*, → *Inishowen*, → *Millars Special Reserve*, → *O'Briens*, → *O'Hara* und → *O'Neills*, und der Likör → *Eblana*. Außerdem macht Cooley auch viele Eigenabfüllungen für Supermarktketten wie Safeway und Tesco. Auch der → *Knappogue Castle* kommt aus Riverstown.

Ten Distilleries Japanischer Blend von → Kirin-Seagram, der wie alle Marken des Hauses nicht nur japanische Whiskies, sondern auch schottische und möglicherweise auch andere enthält. Das kanadisch-japanische *joint venture* besitzt eine Brennerei in Japan und → Seagram hat allein neun in Schottland. Die Zahl von zehn wäre schon damit erreicht, ohne daß ein Zugriff z. B. auf Seagrams → Wilson Distillery in → Neuseeland notwendig wäre.

Ten High Kentucky Straight Bourbon, der heute von → Barton kommt und in → Bardstown gemacht wird. Früher gehörte die Marke Hiram → Walker und manchmal kann man noch Flaschen finden mit einem majestätischen Adler und dem Motto »American Native Spirit«, die als Hersteller Walker nennen – aber mit der Adresse Bardstown. Das andere Label nennt die Jahreszahl 1879, die sich auf das Jahr bezieht, in dem → Tom Moore seinen ersten Whiskey herausgebracht hat. Er hat zehn Jahre später die Destillerie gegründet, die sich heute Barton nennt. Das Etikett dieser Abfüllung zeigt einen Gentleman mit einem Glas Whiskey in der Hand, den Fuß auf einem Faß und einem Hund zu seiner Seite. In beiden Flaschen ist der gleiche Whiskey, mit 80° / 40 %. Er wird in vielen amerikanischen Bars als Hausmarke ausgeschenkt.

Tennessee Amerikanischer Bundesstaat im Süden der USA, in dem ein vom Staat anerkannter und definierter eigener Whisk(e)y-Typ produziert wird. Er unterscheidet sich von dem aus dem nördlichen Nachbarstaat kommenden Bourbon nur durch eine Kleinigkeit, die indes von den beiden einzigen in Tennessee produzierenden Destillerien werbewirksam herausgestellt wird. Besonders die Jack Daniel Distillery in Lynchburg macht viel Reklame mit Bildern, auf denen zu sehen ist, wie hoch aufgeschichte Stapel von Ahornholz zu Holzkohle verbrannt werden, die dann für das *charcoal mellowing*, das *leaching* oder für den *Lincoln County Process* (wie er korrekt heißt) verwendet werden. Dabei wird das frische Destillat nicht sofort in Fässer abgefüllt, sondern sickert zunächst langsam durch die in großen Bottichen aufgeschichtete Holzkohle, gibt bestimmte Stoffe an sie ab und bekommt von ihr auch welche, ehe es am Boden aufgefangen und in die Fässer gefüllt wird, wo es dann reift. Das Verfahren, das bei Daniel angewendet wird, unterscheidet sich nur in Nuancen von dem, das bei George Dickel, dem unverdientermaßen weniger bekannten Konkurrenten und Nachbarn Daniels, praktiziert wird. Seit 1941 ist es offiziell anerkannt. Ansonsten ist der Herstellungsprozeß in Tennessee der gleiche wie beim Bourbon und zwar einschließlich der immer besonders herausgestellten → *sour mash*-Methode.

Tennessee Sour Mash Bezeichnung für einen eigenständigen amerikanischen Whisk(e)ytyp, den zweiten des Landes neben dem → Bourbon, von dem er sich indes weder durch die Art der verwendeten Ausgangsprodukte noch durch die Destillationsmethode unterscheidet. Während der Bourbon in allen Bundesstaaten der USA gemacht werden darf, kommt der Tennessee Sour Mash tatsächlich nur aus diesem Südstaat, wo es früher Hunderte von Brennereien gab. Die → Prohibition, die in Tennessee schon 1910 zuschlug, überlebten davon nur zwei, nämlich die → Jack Daniel Distillery in Lynchburg und die → Cascade (Hollow) Distillery von → George Dickel in Tullahoma, erstere im Besitz der → Brown-Forman Corporation, letztere → UD/UDV gehörend. Dickel Distillery schreibt, und zwar schon lange, ihr Produkt »Whisky«, während die andere beim für Amerika typischen »Whiskey« bleibt.

Beide verwenden wie alle Bourbon-Brennereien eine Rezeptur aus mehr als 51 % Mais, Roggen und Gerstenmalz, beide brennen kontinuierlich. Das Spezielle am Tennessee Whisk(e)y ist auch nicht die → *sour mash*-Methode, die so groß herausgestellt, aber von allen amerikanischen Brennereien angewendet wird und bei der ein Teil der Flüssigkeit, die nach der ersten Destillation als Rückstand geblieben ist, als → *backset* in die Maische- oder in die Gärbottiche gegeben wird. Was Bourbon von Tennessee Whisk(e)y unterscheidet, ist einzig eine besondere Prozedur, der das frische Destillat unterzogen wird, bevor es zum Reifen in die Fässer kommt. Es heißt nach dem Ort, wo es ein Mann namens Alfred Eaton zuerst angewandt haben soll, → *Lincoln County Process*, wird aber auch als → *leaching* oder → *charcoal mellowing* bezeichnet.

Dabei werden große Holzbottiche von ca. drei Meter Höhe mit Holzkohle gefüllt, die aus Ahorn gewonnen wurde. Bei Jack Daniel sind es die Löcher von Kupferrohren, bei Dickel eine perforierte Stahlscheibe, aus denen der Whisk(e)y langsam auf die Holzkohle tröpfelt und sich dann allmählich und tagelang seinen Weg bis zum Boden der Riesenfässer bahnt, wo er in einem Wolltuch aufgefangen und dann abgefüllt wird. Das Verfahren ist aufwendig, kostet Zeit und Geld, entkleidet den Alkohol von bestimmten Stoffen, fügt ihm andererseits etwas von der Holzkohle hinzu. Die Leute in Tennessee schwören darauf, daß es diese Methode ist, die ihrem Whisk(e)y seine außergewöhnliche Milde und Reinheit verleiht. Ganz bestimmt ist sie ein wesentlicher Grund dafür, daß besonders der *Jack Daniel's* das sorgfältig gepflegte Image eines Whiskey hat, dessen Hersteller keine Eile kennen und sich durch nichts aus der Ruhe bringen lassen.

Tesco Britische Supermarktkette, die wie ihre Konkurrenten (→ Safeway, → Sainsbury, → Marks & Spencer) auch diverse Whiskies führt, unter anderem auch Hausmarken. Neben preisgünstigen Blends werden auch Single Malts wie der → *Glen Cairn* angeboten, bei denen allerdings nicht die Brennerei, sondern nur die Herkunftsregion genannt wird. Ihr *Tesco Special Reserve* ist ein Irish mit 40 %, der von → Cooley kommt und der von Cooleys Blender Noel Sweeney signiert ist.

Testice Tschechische Destillerie in der Nähe der mittelalterlichen Stadt Olomouc (Olmütz). Sie war einst eine Brauerei, produzierte aber schon zu Zeiten des kommunistischen Regimes Malt Whisky. Sie gehört heute dem Getränke- und Lebensmittelunternehmen → Seliko, das dort auch Slibowitz produziert und nordöstlich von Olomouc noch die Brennerei → Dolany besitzt, die allerdings nicht mehr aktiv betrieben, sondern nur noch zum Abfüllen benutzt wird. Das Wasser kommt aus einem Brunnen, der schon die alte Brauerei versorgte, gemälzt wird mit Torf, das teils aus Schottland, teils aus der → Tschechischen Republik stammt. Testice hat zwei → *pot stills*, die allerdings etwas anders aussehen als die in Schottland gebräuchlichen; eher erinnern sie an → *Lomond stills*. Sie liefern ein Destillat, das in Fässern aus tschechischer Eiche gelagert wird und so gut sein soll, daß es Jim Murray, der es nach 12- und sogar 20jähriger Reifung verkosten konnte, weltweit unter die besten 12 Whiskies zählt. Normalsterbliche können sich wenigstens eine Ahnung verschaffen, wenn sie den → *King Barley* trinken, auf dessen Label nur Dolany steht, der aber mit Sicherheit auch Malt aus Testice enthält wie auch der firmeneigene Blend → *Gold Cock*.

Thailand In den letzten Jahren einer der asiatischen Tigerstaaten mit einem enormen Wirtschaftswachstum, weist das Land gleich nach → Korea die weltweit höchste Zuwachsrate an Scotch zwischen 1986 und 1996 auf. Der »Scotch Whisky Industry Review 1997« zufolge stieg der Konsum von 1,21 auf 9,0 Millionen Flaschen pro Jahr. Ob das so bleibt, ist mehr als fraglich nach der Wirtschaftskrise Ende 1997. Vielleicht müssen die Thais doch wieder mehr nach den Flaschen greifen, auf denen zwar auch »Whisky« steht, die aber eine Spirituose enthalten, die aus Reis destilliert ist wie z. B. der »Singharay« und der »V.O. Royal Thai Whisky«. Beide kommen von der United Products Co., die ersteren als »Special Old Premium« und letzteren als einen »Unique Blend. Aged in Specially Imported Oak Casks« bezeichnet – da muß man schon genau lesen, daß nur die Fässer und nicht der Whisky importiert sind. Andere Reis-Whiskies sind der »Royal Thai Liquer Sang Thip« von der Surathip Sawan Vichitir Company, der »Gunn« und der »Shinga Chao Praya«. Seit 1995 gibt es aber auch einen »echten« Whisky, den → *Master Blend*, den → Seagram aus lokal destillierten Grains und aus Schottland importierten Malts in Thailand produzieren läßt.

Thin stillage Bezeichnung, die mit den Begriffen → *sour mash* wie → *backset* identisch ist und für ein Verfahren steht, das in den USA bei der Herstellung von Kentucky Bourbon üblich und bei der von Tennessee-Whisk(e)y sogar gesetzlich vorgeschrieben ist. Gemeint ist der Teil der Rückstände, die nach dem Destillieren der → *low wines* in der → *beer still* zurückbleiben und, nachdem die festen Getreideteile extrahiert sind, entweder beim Ansetzen der → Maische oder beim → Fermentieren für den nächsten Destillationsdurchgang wiederverwendet werden. Dadurch wird einmal für eine bestimmte Konsistenz des Whisk(e)y gesorgt, zum anderen werden durch Herabsetzung des Säuregehaltes unerwünschte Hefebakterien getötet.

Thistle Cocktail Whiskydrink, für den Vermouth Rosso und Scotch zu gleichen Teilen unter Zugabe einiger Spritzer Angostura gut gerührt und im Cocktailglas serviert werden.

Thistle Dhu Schottischer Blend. Die »schwarze Distel« ist ein Produkt der → Speyside Distillery Co.

Thomson & Co., R. H. Schottische Whiskyfirma, die für die → DCL die Lizenz von → Teaninich Distillery und die drei Blends → *Old Angus*, → *Robbie Burns* und → *Windsor Castle* führte. Sie ist heute eines der Subunternehmen von → UD/UDV.

Thomson, J. G. Zwei Produkte sind das einzige, was von der Firma übrigblieb, die bereits 1709 in Leith/Edinburgh gegründet wurde und in der schottischen Whiskygeschichte immer wieder Spuren hinterlassen hat, sei es als Partner von Andrew → Usher, als Besitzer der Brennereien → Littlemill und → Glen Garioch und, nicht zuletzt, des ehrwürdigen Gebäudes The Vaults nahe am Hafen, wo schon im 12. Jahrhundert Weinhandel betrieben wurde und heute die → Scotch Malt Whisky Society residiert. Thomson war Teil der → DCL, als der Brauereigigant Bass Charrington den Namen erwarb. Die beiden Produkte sind der Blend → *Old Inverness* und der Single Malt → *As we get it*.

3 Star Schottischer Blend, dessen voller Name → *Crawford's 3 Star* lautet, ein → Standard der Firma A. & A. Crawford, der heute in Großbritannien von → Whyte & Mackay und in anderen Ländern von → UD/UDV kommt, die die britischen Rechte 1994 weiterverkauft haben.

Three Ships Südafrikanischer Blend aus »Matured Scotch Whisky and Select South African Whisky«, also aus schottischen Malts und im Land destilliertem Grain Whisky, die in der Republik verschnitten und abgefüllt werden. Mit 3jährigem Whisky wurde die Marke 1977 eingeführt und schnell zu einer der erfolgreichsten des Landes. Seit 1992 gibt es den Blend auch mit 5 Jahren; ihm sagt man einen besonders hohen Maltanteil nach.

Three Stills Irische Spirituose, die sich nicht Whiskey nennen darf, weil sie nicht den dafür vorgeschriebenen Mindestgehalt von 40 % Alkohol aufweist, sondern nur 30 %. Sie wurde von der → IDG-Tochter → Fitzgerald & Co. auf den Markt gebracht, um den billigen Supermarktschnäpsen Konkurrenz zu machen. Woher die 70 % Wasser kommen ist nicht bekannt, der Alkohol wird in → Midleton produziert.

Threewood Bezeichnung für einige Whiskies, für deren Reifung drei verschiedene Eichenholzfässer eingesetzt wurden. Soweit bekannt, wurden Methode und Begriff zum ersten Mal von der → IDG für eine Version ihres → *Bushmills Single Malt* verwendet. Um ihn vorzustellen, wurden eigens drei Küfer aus drei verschiedenen Ländern eingeladen, um ihr Handwerk zu zeigen. Die Demonstration wies gleichzeitig auf die Bedeutung des Holzes beim Ausbau und bei der Reifung von Whisk(e)y hin. Aus USA kam ein Handwerker, der dort Fässer aus amerikanischer Eiche für Bourbon fertigt, aus Spanien kam ein Spezialist für die Herstellung von → Sherry-*butts* und aus Portugal reiste ein Küfer an, der Portwein-*pipes* zimmern konnte. Der 16 Jahre alte *Bushmills* ist eine Komposition aus Malts, die zuerst ca. 14 Jahre in Bourbon- und in Sherryfässern geruht haben, ehe sie »verheiratet« wurden und gemeinsam weitere zwei Jahre im großen Portfaß nachreifen durften. Ganz ähnlich war der → *Auchentoshan Threewood* »konstruiert«, nur erhielt der seinen Schliff nicht im Port-, sondern in einem Faß, das seinen Charakter vom schweren Pedro Ximénez Sherry bekommen hatte.

Thumper Bezeichnung für eine besondere Form der Brennblase, die in den USA manchmal für die zweite Destillation eingesetzt wird. Dort wird die → *wash* in einem ersten Durchgang in einer → *beer still* gebrannt, die im Unterschied zu den schottischen → *patent stills* nur aus einer einzigen Säule besteht und → *low wines* mit einer Stärke von 55 bis 60 % liefert. Werden sie in flüssiger Form weiterverarbeitet, nennt man die nächste *still* einen → *doubler*, bestehen sie aus Dampf, spricht man von *thumper*. Beide liefern ein Destillat von etwa 65 %, das die Amerikaner liebevoll → *white dog* nennen.

Tiliknagar Indische Firma, die im Land einige Marken wie → *Mansion House* produziert und seit November 1997 mit → Allied Domecq bzw. deren schottischer Tochter → Allied Distillers eine Partnerschaft eingegangen ist, die dem internationalen Konzern den Zugang zu dem riesigen Subkontinent öffnen soll, der in Zukunft einer der größten Märkte für Spirituosen sein wird. Die Firma distribuiert die Blends → *Teacher's* und → *Old Smuggler*, die *in* → *bulk* nach Indien gebracht und dort von einem anderen Partner, → Clan Morgan of Delhi, abgefüllt werden.

Tipparary Whiskeydrink. Die Manhattan-Variante mit Irish Whiskey, Vermouth Bianco und grünem »Chartreuse«.

Tobermory Schottische Malt-Brennerei auf der → Insel Mull. Deren Hauptstadt mit ihrer hübschen, buntbemalten Häuserfront am Hafen hat ihr den Namen gegeben. Sie liegt am Ortsausgang und neben einem eindrucksvollen Wasserfall. Weniger eindrucksvoll ist ihre Geschichte. Die Destillerie wurde schon 1795 gegründet, etwa zur selben Zeit wie → Oban und obwohl deren Gründern der Aufbau des Städtchens zu verdanken ist, haben sie mit der Brennerei nichts zu tun. Die gehörte eine Zeitlang der gleichen John → Hopkins & Co. wie Oban. Aber während die fast kontinuierlich produzieren durfte, war die einzige legale Brennerei Mulls schon im letzten Jahrhundert öfter geschlossen als in Betrieb. Von 1916 an im Besitz der

→DCL, war sie wiederum von 1930 bis 1972 stillgelegt. Dann wurde sie von einer Gesellschaft renoviert, auf vier →*stills* erweitert und in →Ledaig umbenannt. Konkurs, Schließung, Wiedereröffnung, Umbenennung, Schließung, Verkauf, Schließung der →*warehouses*, Einrichtung eines Visitor Centres und eines Käseverkaufsstands im →*stillhouse*: es war ein einziges Trauerspiel, das erst 1993 beendet wurde, als sie von →Burn Stewart übernommen wurde.

Sie produzieren nur mit zwei →*stills* und verwenden kaum bzw. nicht getorftes Malz, wollen aber hin und wieder auch mit getorftem Malz arbeiten. Früher wurde beides benutzt, weshalb es ganz unterschiedliche Single Malts gab und große (auch Qualitäts-)Unterschiede. Es gab sogar einen Blend mit dem Namen der Brennerei, es gab einen Vatted, ebenfalls von sehr schwankender Qualität. Die neuen Besitzer haben jetzt Klarheit geschaffen: was als *Tobermory* verkauft wird, ist ein Single Malt von Tobermory und er ist aus ungetorftem Malz gemacht. Unter dem Namen Ledaig, der 1972–1976 benutzt wurde, gibt es zwei Abfüllungen eines 1974er, eine mit 1979 und eine mit 1980 destilliertem Malt; sie sind getorft. So soll es auch es künftig bleiben, wenn wieder schwerere Whiskies gemacht werden: Es wird dann zwei Namen für zwei verschiedene Whiskies geben. 1998 feierten Burn Stewart ein 100. Jubliäum ihrer Brennerei (für das sich kein Beleg finden läßt) mit einer Abfüllung des *Tobermory*, die sich nur durch die Verpakkung von der normalen unterschied. Es gibt ihn nur selten von den Unabhängigen. Signatory führt einen *Vintage Ilse of Mull*, der natürlich aus Tobermory kommt.

Toddy Beliebtes Getränk, das gerne gegen Erkältungen, auch schon vorbeugend, eingenommen wird. Beim klassischen schottischen Rezept wird nur heißes Wasser mit Zucker dem Scotch beigegeben – in einem Mischungsverhältnis, das sich nach der Wahrscheinlichkeit der Erkältungsgefahr bzw. der Schwere der Grippe richtet. Getrunken wird natürlich nicht aus einem Glas, sondern aus dem »Mug«, einem Becher, bevorzugt aus Silber. Eine große Rolle spielt auch der Löffel, der zum Rühren gebraucht wird. Weniger puristisch Veranlagte geben auch eine, manchmal mit einigen Nelken gespickte, Zitronenscheibe bei. In dieser Form wird er als →Hot Whiskey in Irland und in den USA bevorzugt. In Irland gibt es mit dem →*Snug* auch eine vorgefertigte Version, die nur noch mit heißem Wasser aufgegossen werden muß.

Tom Cobb Australische Spirituose, die sich auf dem Label »genuin« und irgendwo auch Whisky nennt, ohne indes damit herauszurücken, worum es sich nun wirklich handelt. Als Herstellerfirma wird eine Tom Cobb Distilling Co. in Forest Glen, Queensland, genannt, die als Adresse »Moonshine Valley« führt, was dann doch verdächtig oder auch sehnsüchtig nach Schwarzgebranntem, nach →*moonshine* eben, klingt. Auch die weitere Beschreibung auf dem Etikett kann man sich (besser als den Stoff) auf der Zunge zergehen lassen: »This spirit is based on an old style saddlebag whisky which was originally distilled in the outbacks of → Australia. The distillation of this traditional dark liquor has basically remained unchanged since the late 1800's.« Nicht nur in gälischen Landen gibt es Poeten und Seher … Wohltuend klar und eindeutig dagegen die Angabe der Stärke: 80°/40 %.

Tom Moore Kentucky Straight Bourbon, der den Mann ehrt, der 1889 eine Brennerei an der Stelle gegründet hat, an der heute die → Barton Distillery steht, die die Marke heute auch herstellen. Moores erster Whiskey kam aber schon zehn Jahre zuvor heraus, als er mit einem Partner ein gemeinsames Unternehmen gründete. Der hieß Mattingly und an beide erinnert noch heute die Marke → *Mattingly & Moore*, die ironischerweise aber eben nicht von Barton kommt, sondern von der benachbarten → Heaven Hill Distillery. Moores Brennerei fiel, wie so viele, der → Prohibition zum Opfer. Nach deren Ende wurde sie von dem Unternehmer Henry Teur wiedereröffnet und wiederum zehn Jahre später von → Oscar Getz übernommen, der sie umtaufte. Den *Tom Moore* gibt es in einer Version mit 80°/40 % und ohne Altersangabe. Ebenfalls mit 40 % und wasserhell und mit dem cleveren Namen »The Clear favorite« gibt es ein neues Produkt, das gleich zwei Zielgruppen ansprechen soll: die alten Liebhaber von Schwarzgebranntem, der kein Faß gesehen hat und deshalb hell geblieben ist, und ein junges Publikum, das die »weißen« den »braunen« Spirituosen vorzieht.

Tomatin Schottische Destillerie. Ihr Name Name bedeutet Wacholderbusch und wird (schottisch) »tom-átn« oder (von Engländern) »tómatin« ausgesprochen. Sie liegt nahe der A9 am nördlichen Rand der Grampian Mountains. Gegründet wurde sie 1897 – in den Boomjahren also, deren baldigem Ende auch sie schnell zum Opfer fiel. 1909 wiedereröffnet, wurde sie bereits in den Jahren 1956 bis 1962 stark ausgebaut und vergrößert. Zu den bestehenden zwölf → *stills* war bis 1974 noch einmal die gleiche Zahl dazugekommen und damit war sie endgültig die größte Brennerei des Landes mit einer Kapazität von mehr als zwölf Millionen Litern Alkohol. Die Größe beeinflußte zwar nicht die Produktionsmethoden, die immer traditionell blieben, führte aber zu einem neuen Kollaps. Retter in der Not war das japanische Konsortium → Takara Shuzo Co. und Okura (das später auch die Bourbon-Brennerei → Leestown kaufen sollte) – es war das erste Engagement einer japanischen Firma in Schottland. Sie konsolidierte das Unternehmen, das immer noch als Tomatin Distillery Co. Ltd. geführt wird, läßt aber kaum ein Sechstel dessen produzieren, was möglich wäre (und in den 40 Millionen Liter Alkohol fassenden → *warehouses* gelagert werden könnte). 1998 verkaufte Okura, damals schon in großen wirtschaftlichen Schwierigkeiten, die wenig später zum Bankrott führten, seinen Anteil von 20 % an den größeren Partner, der daraufhin eine neue japanische Gruppe, Marubeni, an seinem schottischen Unternehmen beteiligte.

Der größte Teil des Whisky wurde und wird *in* → *bulk* nach Japan gebracht und dort mit japanischem Grain verschnitten. Die Firma besitzt mit → *Big T* und *The* → *Antiquary* auch zwei Blends, bei denen der Malt aus Tomatin ein Hauptbestandteil ist. Außerdem ist bekannt, daß der → Welsh Whisky → *Prince of Wales* in Wirklichkeit ein *Tomatin* ist. Als Single Malt füllt die Firma ihren Whisky mit 12 Jahren für die USA und mit zehn für den Rest der Welt ab. Bereits Seltenheitswert hat der 5jährige, den es früher in Italien gab. Eine Kostbarkeit ist der 25jährige, der in seiner repräsentativen Holzkiste auf einem Samtbett ruhen darf. Das 100. Jubiläum wurde mit einem 30jährigen in einer eleganten Glaskaraffe gefeiert, von dem 800 Exemplare abgefüllt wurden. → Unabhängige Abfüllungen gab es von → Gordon & MacPhail mit einem 1964 in der kleinen Reihe »Spirit of Scotland« und mit mehreren Jahrgängen (z. B. 1964 und 1968) in der Serie »Connnoisseurs Choice«. → Cadenhead bot zuletzt einen *Tomatin* 1976 aus dem Sherryfaß und mit 56.7 % an.

Tomitoul Schottische Malt-Brennerei. Ihr Name wird »tomintaul« ausgesprochen und bedeutet Hügel mit Scheunen. Man darf die Destillerie aber nicht im gleichnamigen Dorf suchen (dem angeblich höchsten Schottlands), denn dort findet man nur das → »Whisky Castle« und eine kleine Brauerei, die ein hervorragendes *real ale* macht. Vom Dorf aus muß man zuerst Richtung Grantown-on-Spey fahren, sich an der Brücke des Avon nach rechts wenden und kommt dann am Fluß entlang zur wildromantisch gelegenen Brennerei. Sie bezieht ihr Wasser nicht aus dem Avon, sondern von Ballantruan Spring. Die zur → Speyside zählende, sehr moderne Anlage wurde erst 1964 von den → Brokern W. & S. Strong und Hay & MacLeod gebaut, die 1972 von der Scottish & Universal Investment gekauft wurden, die im gleichen Jahr auch → Whyte & Mackay erworben hatten. 1974, zum 10jährigen Jubiläum, wurde sie von zwei auf vier → *stills* erweitert. Nachdem Whyte & Mackay zu ihren drei Brennereien → Dalmore, → Fettercairn und Tomitoul durch die Übernahme von → Invergordon Distillers weitere vier erhalten hatten, von denen sie sofort drei schlossen, treten sie zwar weiterhin als Besitzer auf, lassen den Single Malt aber von Invergordon verkaufen. Sie selbst hatten ihn mit 8 und 12 Jahren in Flaschen, die eher an ein Aftershave erinnerten, im Programm. Ein 10jähriger in einer Normalflasche kam dann zuerst für → Victoria Wine heraus, ehe er allgemein verfügbar wurde. Ihm wurde ein 12- und Ende 1997 ein 14jähriger an die Seite gestellt. Von den → Unabhängigen gibt es ihn nur selten. Signatory konnte 1996 ein Faß von 1966 mit 52.7 % abfüllen.

Torf Obwohl nicht nur in Schottland, sondern auch in Irland weitverbreitet, häufig zu finden und auch als Brennstoff in vielen (ländlichen) Teilen noch gebraucht, spielt Torf bei der Herstellung von irischem Whiskey nur eine kleine Rolle. Ehe sich → Cooley Distillery entschloß, mit dem → *Connemara* einen getorften Malt herauszubringen, warb die → IDG sogar damit, daß ihr Whiskey seine besondere Reinheit nicht nur der → Dreifachdestillation, sondern auch dem Verzicht auf Torf zu verdanken habe. In Schottland dagegen spielt Torf eine gewichtige Rolle, zumindest beim Malt Whisky. Es sind sogar zwei Faktoren, durch die Torf den Charakter eines Malt bestimmen und formen können: beim Wasser und beim Malz. Wasser wird benutzt, um die Gerste durch → *steeping* zur → Keimung zu bringen, Wasser wird verwendet, um das zu → *grist* zerschrotete Malzkorn einzumaischen. Dieses Wasser ist oft intensiv mit Torf in Berührung gekommen und hat häufig auch eine sanft gelbliche Farbe. Deshalb kann es vorkommen, daß selbst Malt Whiskies, für die ungetorftes Malz verwendet wurde, einen torfigen-rauchigen Geschmack haben; der → *Scapa* ist dafür ein Beispiel.

Überhaupt nicht zu überschätzen ist der Einfluß, den der Einsatz von Torf beim Trocknen des gekeimten Korns in der → *kiln* oder in den → *drum maltings* hat. Bekanntlich legt jede Brennerei, auch wenn sie selbst nicht mehr das Malz herstellt, großen Wert darauf, daß eine genau vorgeschriebene Menge Torf verwendet wird. Sie soll sicherstellen, daß es so etwas wie einen → Hausstil gibt, daß ihr Malt an seiner jeweils charakteristischen Rauch/Torf-Note identifizierbar wird. Dabei spielt eine große Rolle, aus welchem Material sich der Torf über die Jahrhunderte aufgebaut hat, ob er etwa eher aus Heidekraut entstanden ist oder, auf den Inseln, auch Seetang enthält. Allgemein wird anerkannt, daß der Insel-Torf anders, schwerer, intensiver ist und daß ein großer Teil des »medizinischen« Charakters dieser Malts ihm zu verdanken ist; → *Laphroaig* und → *Ardbeg* gelten dabei als die hervorstechendsten Beispiele. Auch die Tiefe des Torfbettes scheint eine Rolle für seine Eigenschaften zu spielen.

Torf wird heute, zumindest für die Whiskyproduktion, kaum mehr von Hand gestochen, sondern maschinell »geerntet«. Dabei wird immer wieder die Befürchtung laut, daß der Abbau das ökologische Gleichgewicht zerstören würde. Diese Gefahr bestünde nicht, wenn Torf nur für das Mälzen und nicht zum Export in deutsche Gemüsegärten verwendet würde. Auf → Islay sagt man, die Vorräte würden noch viele hundert Jahre reichen, so lange sie nur für ihre Malts eingesetzt werden. Daß die Whiskymacher Umweltgesichtspunkte sehr wohl ernst nehmen, hat → Bowmore bewiesen, wo man ein neues Verfahren entwickelt hat. Bei ihm wird die gleiche Intensität erreicht, indem die langen Torfstücke zerkleinert und vor dem Brennen angefeuchtet werden.

In anderen Ländern, in denen Malt Whisky gemacht wird, wird dazu oft Torf aus Schottland importiert. So verfügt Japan durchaus über eigene Vorräte, holt sich aber entweder Torf oder getorftes Malz aus Schottland, weil der eigene Rohstoff nicht die gleiche Qualität aufweist und schlechtere Ergebnisse erzielt.

Torii, Shanjiro Japanischer Whiskypionier, Gründer von → Suntory, einem der größten (Getränke-)Konzerne der Welt und Begründer der japanischen Whiskyindustrie, der zusammen mit dem jüngeren Masataka → Taketsuru die erste Brennerei des Landes baute und gemeinsam mit ihm dafür sorgte, daß Japan heute zu den größten Whiskyproduzenten der Welt gehört. 1879 geboren, begann er mit 21 Jahren mit dem Import von spanischen Weinen, brachte 1907 einen süßen japanischen Wein namens »Akadama« heraus, entwickelte sich zu einem der besten Weinkenner des Landes und machte so viel Geld, daß er sich daran machen konnte, seinen Traum zu verwirklichen. Er wollte schottischen Whisky nicht nur importieren, sondern nachahmen und im eigenen Land erzeugen.

Bei der Suche nach einem möglichst schottisch anmutenden Ort wurde er im noch zu Kyoto gehörenden → Yamazaki-Tal fündig, das nördlich von Osaka liegt (wo er zu Hause war). Drei Flüsse vereinigen sich dort in bergiger, waldiger Umgebung zum Yodogawa und ihre unterschiedlichen Temperaturen sorgen für das nötige feuchte, neblige Klima. Taketsuru, ein junger Chemiker, der in Schottland studierte und von dort nicht nur Kenntnisse in der Whiskyherstellung, sondern auch eine schottische Braut zurückbrachte, war Produktionsleiter in der 1923/24 errichteten Brennerei – zehn Jahre lang, ehe er sein eigenes Unternehmen gründete, das sich ebenfalls zu einem großen Konzern entwickeln sollte. 1929 brachte Torii seinen ersten Whisky heraus, den er *Shirofuda* nannte, der aber bald nur noch *White (Label)* hieß. Sehr zufriedenstellend scheint er nicht gewesen zu sein und erst 1937 kam mit dem → *Kakubin* eine wirklich erfolgreiche Marke heraus. Um das japanische Publikum an den landeseigenen Whisky zu gewöhnen, begann er nach dem Krieg, das Land systematisch mit Lokalen zu überziehen, die, in westlicher Schreibweise, nach ihm »Tory Whisky Bars« hießen und in denen nur firmeneigene Whiskies ausgeschenkt wurden. Nicht zuletzt sie waren der Grund, daß seine Firma, als er 1963 starb, bereits gute Profite mit Whisky machte. Sie wurden dazu benutzt, um ins Brauereigeschäft einzusteigen und einen weiteren Grundstein zu der weltweiten Expansion zu legen, die Suntory zu seiner heutigen Position im Weltmarkt verhalf. Ein Torii ist heute noch Vorstandsvorsitzender der Firma.

Tormore Schottische Malt-Destillerie. Ihr Name, ausgesprochen »tormór«, bedeutet großer Hügel. Sie liegt direkt an der A95 zwischen Grantown-on-Spey und Aberlour und gehört somit zur → Speyside. Ästheten finden, daß sie eine der schönsten Brennereien überhaupt sei. Sie sieht aus wie eine liebevoll restaurierte Anlage aus dem letzten Jahrhundert, ist aber kaum vierzig Jahre alt. Ihr Architekt, Sir Albert Richardson, bekam den Auftrag von → Long John International, die damals über → Seager Evans im Besitz der amerikanischen Holding → Schenley war. 1960 war sie fertiggestellt und zieht seitdem mit ihren weißen Gebäuden, dem Glokkenturm, dem künstlichen See samt den Schwänen die Blicke der Touristen auf sich. Das Innere, wo die Zahl der vier → *stills* mittlerweile auf acht verdoppelt wurde, bekommen leider nur ausgewählte Besucher zu sehen.

Der Whisky ist immer noch ein wesentlicher Bestandteil von → *Long John*.

Als Single Malt von den → Eigentümern gab es *Tormore* früher mit 5 und 10 Jahren in einer merkwürdig gerippten und leicht eckigen Flasche. 1991 wurde er in neuer, klassischer Aufmachung, mit einem bestimmten »The« im Namen und 10 Jahre alt herausgebracht. Seit 1997 gibt es ihn auch mit 12 Jahren. Bei den → Unabhängigen ist er ein seltener Gast, aber die → Scotch Malt Whisky Society hat von Zeit zu Zeit ein Faß und auch Douglas → Laing hatte eines für seine Serie The → »Old Malt Cask«.

Torys Japanischer Blend von → Suntory, der nur auf dem heimischen Markt eine Rolle spielt, wo er einer der preisgünstigsten ist. Sein Name hat nichts mit der Partei der britischen Konservativen zu tun, sondern ist vom Nachnamen von Shanjiro → Torii abgeleitet.

Town Club Amerikanischer Blended von der David → Sherman Company of St. Louis.

Towser Katze, die in der schottischen Malt-Destillerie → Glenturret beschäftigt war und es dort zu hohem Ansehen und großem Ruhm brachte. Sie starb 1987 – im hohen Alter von fast 24 Jahren, was immerhin 168 Menschenlebensjahren entsprechen würde. Aber nicht nur das macht sie rekordverdächtig; sie hält tatsächlich den absoluten Rekord an gefangenen Mäusen und hatte es bei ihrem Ableben auf die stolze, schier unglaubliche Zahl von 28899 malzvertilgenden Nagetieren gebracht. Als der erfolgreichste *mouser* der Welt bekam sie den ihr gebührenden Eintrag ins »Guinness Book of Records«. Zum 10. Todestag 1997 wurde sie zudem mit einem Denkmal im Hof ihrer Heimatdestille geehrt. Towsers Tatzen zieren auch das Label von → *Fairley's Light Highland Liqueur*, einem delikaten → Whiskylikör, der ihr gewiß geschmeckt hätte. Wir nennen sie nicht nur ihrer großen Verdienste wegen, sondern gleichsam stellvertretend für all die → *distillery cats*, die in fast allen Brennereien ihrem nützlichen Handwerk nachgehen und Mitarbeiter wie Besucher erfreuen.

Treasures from Scotland Collection Serie von schottischen Single Malts, die der → unabhängige Abfüller → Signatory unter dem Namen seiner Tochterfirma → Dun Eideann in Frankreich auf den Markt bringt. Wie bei seiner Hauptserie auch, werden in kleiner Schrift die Brennerei genannt, aus der der jeweilige Malt kommt, das Destillations- und das Abfüllungsjahr und auch die Faß- und die Flaschennummer.

Treasury Schottischer Blend von → Hill Thomson & Company, einer Tochterfirma der → Chivas & Glenlivet Group, die wiederum im Besitz von → Seagram ist.

Tresher Britische Getränke-Supermarktkette, die bis 1998 im Besitz des Brauereigiganten Whitbread war. Einschließlich ihrer Töchter »Wine Rack«, »Bottoms Up« etc. brachte sie es auf über 1400 Filialen im ganzen Land. Die schon damals nicht unbedeutende Marktstellung wurde fast zum Monopol ausgebaut, als Whitbread und → Allied Domecq beschlossen, ihre Töchter Tresher und → Victoria Wine mit ebenfalls knapp unter 1500 Läden unter dem Dach einer neuen Firma zusammenzuschließen, die First Quench getauft wurde. Einen neuen gemeinsamen Namen für die Shops selbst gibt es noch nicht. Treshers Auswahl an Whisky ist nicht gerade berauschend, reicht nicht über das Alltagsangebot hinaus und schon gar nicht an das der Konkurrenzkette → Oddbins heran.

Tribute Schottischer Blend aus dem Hause William → Lundie & Co. in Glasgow. Es gibt ihn als → Standard ohne Altersangabe und in höherwertigen Segmenten als → De luxe mit 15, 20, 25 und 30 Jahren.

Triple Crown Kanadischer Whisky. Er kam lange von → Gilbey Canada, einer Tochter von → IDV / → Grand Metropolitan, deren kanadische Spitzenmarke der international bekannte → *Black Velvet* war. Beide kamen aus der → Palliser Distillery in Lethbridge, Alberta, geschmacklich war der *Triple Crown* überlegen. Ob das, der Produktionsort und der Geschmack, so bleibt, ist offen, denn seit Februar 1999 gehört die Marke einem neuen Besitzer: → Canandaigua erwarb sie mit einigen anderen zusammen, weil die durch die Vereinigung mit → UD zu → UDV gewordenen Besitzer sich aus Kanada fast ganz zurückzogen.

Triple S Schottische Spirituose, die sich »Single Scottish Spirit« nennt, hohe 60 % in die kleinen 50cl-Flaschen bringt und Wm. → Cadenhead als Abfüller nennt. Eine seltsame Banderole über dem Drehverschluß spricht von einem »Attitude free alcohol«, das Label schillert einmal mehr in Grün und einmal mehr in Blau. Hinter dem geheimnisvollen Auftritt verbirgt sich ein frisches Destillat, das kein Faß je von innen gesehen hat, also → Baby Whisky ist, der natürlich offiziell so nicht bezeichnet werden darf, weil das Gesetz vorschreibt, daß ein schottisches Korndestillat drei Jahre faßgelagert sein muß, um Whisky heißen zu dürfen. Die unterschiedlichen Farben verweisen darauf, daß es sich einmal um einen → *Springbank*, das andere Mal um einen → *Longrow* handelt. Beide werden in → Dreifachdestillation hergestellt, was das »triple« ebenso bedeuten könnte wie die drei »S« von »Single Scottish Spirit«.

Tschechische Republik Einerseits überrascht es, daß in diesem Land Whisky nicht nur getrunken, sondern auch produziert wird, andrerseits ist das überhaupt nicht erstaunlich, gehört Tschechien doch zu den großen Biernationen dieser Welt mit einer Bierkultur, für die Namen wie Budvar (Budweis) und Plzen (Pilsen) stehen, das aber auch Hopfen aus Saaz und hervorragendes Wasser besitzt. Man versteht sich aufs Mälzen von Gerste und selbst Torf gäbe es; er wird aber heute meist aus Schottland geholt – und zu so gutem Malz verarbeitet, daß selbst der japanische Gigant → Suntory in Tschechien einkauft. Die Firma → Stock, die ihre Gründung mit 1920 angibt, besitzt heute wieder eine Brennerei in einem Dorf in der Nähe ihres Firmensitzes Plzen, wo während der kommunistischen Herrschaft auch die Brennerei Halberd Malt Whisky produzierte, der hauptsächlich in die Länder des Ostblocks verkauft wurde, um Devisen zu bekommen. Auch andere Brennereien hatten diese Aufgabe. Der einzige landeseigene Whisky, der in diesen Jahren überall zu erhalten war, war der *Private Club*. Die Marke wurde aus Qualitätsgründen aufgegeben, als der Familie Dynybyl, die ihre Brennerei schon vor dem Krieg gegründet hatte, das Unternehmen zurückgegeben wurde.

Heute gibt es nur noch zwei aktive Produzenten: Stock, die für kurze Zeit einen Malt namens *Halberd Whisky* und einen Blend mit dem Namen *Smoker Halberd Whisky* führten und jetzt → *Printer's* haben. Die zweite Firma ist → Seliko mit Sitz in Olomouc (Olmütz), die zwei Brennereien in der Nähe dieses Ortes besitzen, → Testice und → Dolony, und sich auf zwei Marken konzentrieren, den Blend → *Gold Cock* und den → *King Barley*. Auch er tritt manchmal als Blend und dann wieder als Malt auf. Beide Firmen müssen immer wieder die Produktion einstellen oder reduzieren und haben damit zu kämpfen, daß die Tschechen seit der Öffnung nach dem Westen lieber gleich zum Scotch greifen statt zu einheimischen Produkten, obwohl manche Kenner denen bescheinigen, daß sie die einzigen sind, die es wirklich mit den schottischen Vorbildern aufnehmen können. Dafür dürfte neben dem Händchen der Tschechen für die Bierbrauerei vor allem die Verwendung schottischer Methoden und der Einsatz von Fässern aus tschechischer Eiche verantwortlich sein. Die neuen Lebensmittelgesetze des Landes lehnen sich eng an die für Schottland geltenden Definitionen an, die jedes Destillat aus gemälztem oder ungemälztem Getreide oder Mais und Verschnitte daraus als Whisky anerkennen. Nur die Vorschriften für die Lagerung sind ein bißchen anders: die Mindestreifezeit, die in Schottland generell drei Jahre beträgt, gilt dort nur für Fässer, die bis zu 700 Liter fassen, während Fässer, die weniger als 300 Liter aufnehmen können, nur zwei Jahre gelagert werden müssen. Der Mindestalkoholgehalt beträgt dann wieder wie in Schottland 40 %.

Tsuru Japanischer Blend von → Nikka, das Flaggschiff des Hauses. Er ist natürlich ein Super-Premium und gehört damit zur höchsten der fünf Kategorien, in die die Japaner ihre Blends einteilen. Sie muß einen Maltanteil von mehr als 40 % aufweisen. »Tsuru« steht im Japanischen für Kranich, ist aber auch ein Bestandteil des Namens des großen Masataka → Taketsuru, den man zu Recht den Vater des japanischen Whisky nennen darf. Er war es, der sich als junger Student in Schottland die nötigen Kentnisse (und eine schottische Braut) angeeignet hatte, die es dem zweiten Whiskypionier des Landes, Shanjiro → Torii, möglich machten, seine erste Brennerei im → Yamazaki-Tal zu bauen. Für ihn arbeitete Taketsuru zehn Jahre lang, ehe er sich 1934 selbständig machte, um selbst Whisky zu machen. Der Blend kommt in zwei Verpackungen: in einer Glaskaraffe mit weißen Label und einem zusätzlichen Decanter-Label um den Hals, auf dem der Markenname steht. Noch vornehmer und kostbarer ist die schneeweiße Porzellankaraffe mit einem goldfarbenen Decanter-Label. Sie ist mit Kranichen geschmückt und so schön, wie es nur Japaner mit ihrer Vorliebe für ästhetische Verpackungen fertigbekommen.

Tullamore Dew Irischer Whiskey. Einst in Irland berühmt, ist er heute dort nur schwer, wenn überhaupt zu bekommen. Es gibt allerdings Pläne, die Marke wieder einzuführen. Im eigenen Land heute also eine Unbekannte, ist sie dafür besonders in Deutschland, aber auch in Frankreich und Dänemark praktisch Synonym für irischen Whiskey und in diesen Ländern unangefochten die Nr. 1 in ihrer Gattung. Der Name leitet sich ab von der 1829 im Städtchen Offally im gleichnamigen County gegründeten Brennerei, die die Initialen ihres Managers und nachmaligen Besitzers Daniel E. Williams, »dew« (das englische Wort für Morgentau) geschickt benutzte für den Slogan »Give Every Man his Dew«. Wie viele andere Destillerien geriet die Firma nach dem 2. Weltkrieg in Schwierigkeiten, die auch durch die Erfindung des Likörs → *Irish Mist* nicht überwunden werden konnten. 1954 mußte sie schließen. Die Marke kam über → Power zu → IDG, die sie 1993 an → Cantrell & Cochrane, damals eine Tochter von → Guinness und → Allied Domecq, verkauften. Sie brachte zusätzlich zum normalen Blend mit 40 %, von dem vor allem die Tonkrüge beliebt sind, einen 12jährigen heraus, dessen 43 % zeigen, daß er vor allem für das Ausland und Duty free-Shops bestimmt ist. → Cadenhead gelang es, einige Whiskies aus der alten Brennerei aufzutreiben und sie, zum Teil nur als Miniaturen, abzufüllen (1948/64.5 %, 1949/65.6 %, 1952/68.9), dabei benutzten sie den Namen des ursprünglichen Besitzers Daly. Ein echter alter *Tullamore* ist auch der → *Knappogue Castle 1951*.

Tullibardine Schottische Malt-Destillerie. Ihr Name, ausgesprochen »tullibárdin«, bedeutet Hügel von Bardine. Sie liegt zwischen Stirling und Perth oder, wenn man den Kreis noch enger ziehen will, zwischen der Stelle, wo das berühmte Mineralwasser »Highland Spring« gefördert wird, und dem noch berühmteren Hotel »Gleneagles« mit seinen Golfplätzen. Die Brennerei gehört zu den Southern → Highlands und liegt ganz knapp nördlich der Linie, die sie von den → Lowlands trennt. Das Blackford Moor vor den Ochill Hills ist bekannt für gute Brunnen, davon profitiert nicht nur die Wasserfirma, daraus zog schon eine Vorgängerin der heutigen Destille Nutzen, ebenso wie eine Brauerei. 1949 begann der renommierte Architekt W. Delmé Evans, der auch → Isle of Jura und → Glenallachie entworfen hat, mit dem Bau. 1971 verkauften sie ihre damaligen Besitzer an → Invergordon Distillers, die sie von zwei auf vier → *stills* vergrößerten. Bei der sehr feindlichen, sich von 1991–1994 hinziehenden Übernahmeschlacht geriet Tullibardine unter die Kontrolle von → Whyte & Mackay, die sie im Auftrag ihrer amerikanischen Konzernmutter → American Brands führen. Wie die anderen Invergordon-Brennereien → Bruichladdich und → Tamnavulin auch, ließen sie die Amerikaner schließen, sobald sie ihnen gehörte. Den Single Malt von Tullibardine gab es, mit 10 Jahren, bereits zu Invergordon-Zeiten. Ende 1997 wurde die Gestaltung von

Etikett und Verpackung geändert. Einen 21 Jahre alten Whisky gab es in einer Holzkiste. Auch in der Serie → »Stillman's Dram« war er zweimal vertreten, mit 25 und mit 27 Jahren, beidesmal bei 45 %. Von den → Unabhängigen ist er nicht häufig zu bekommen, aber → Cadenhead hat ihn manchmal, und auch → Signatory gelang es, ein Faß von 1972 (mit 53.5 %) abzufüllen.

Türkei Gemessen an ihrer Bevölkerungszahl hat die Türkei keinen sehr großen Whiskyverbrauch. Mit 3,30 Millionen Litern Scotch, die 1997 dort verkauft wurden, steht das Land nur knapp vor einem kleinen Land wie → Uruguay oder Belgien und Luxemburg. 1985 freilich waren es noch nicht einmal 700 000 Liter – so gesehen ist die Entwicklung fast atemberaubend. Noch verblüffender ist, daß im Land selbst Whisky gemacht wird, wenn auch in verschwindend kleinen Mengen. Die landeseigene Marke heißt → *Ankara* und verdankt ihre Existenz der Experimentierlust von Studenten der landwirtschaftlichen Fakultät. Nach manchen Quellen begannen sie schon 1956 zu Studienzwecken, Malt und Grain Whiskies zu destillieren. Auf den Flaschen mit dem Malt wird als Beginn der Produktion »in der Alkoholfabrik in Ankara« 1963 genannt. Zuerst wurde ein Blend abgefüllt, der auch ausländische Experten überzeugte. Seitdem hat das Staatsunternehmen Tekel kleine Mengen des »Türk Visiki« im Programm. Seit einigen Jahren gibt es auch (ohne das zweite »i«) einen »Malt Viski«, der laut Etikett erst nach fünfjähriger Reife in speziellen Fässern verkauft werde und in Übereinstimmung mit den türkischen Gesetzen hergestellt sei.

Twelve Stone Flagons Amerikanische Firma mit Sitz in Pittsburgh, Pennsylvania, die eine Reihe von Blends und einen Vatted Malt mit dem Namen → *Usquaebach* und einen Bourbon namens → *American Biker* führt. Man darf sich von diesem sehr amerikanischen Unternehmen nicht irreführen lassen: weder von der gewöhnungsbedürftigen Schreibweise ihrer schottischen Marke (die wohl versucht, das gälische → *uisge beatha* für Amerikaner les- und, wichtiger, sprechbar zu machen), noch von der kernigen Aufmachung mancher Blends in urwüchsigen Tonflaschen und schon gleich gar nicht von der offiziellen Firmengeschichte. Die berichtet vom whiskybegeisterten Vertreter Stanley J. Stankiwicz, der eines Tages von einer Spezialabfüllung hörte, die bei Nixons Amtsantritt serviert worden sein soll und die er als Sammler natürlich haben mußte. Er bekommt sie zwar nicht, dafür aber die Rechte an der Marke. Der Durchbruch zum kommerziellen Erfolg kommt – weil niemand anders als der Märchenprinz von Monaco und die Hollywood-Queen Liz Taylor ihm zur Seite standen. Das ist eine der Geschichten, die, wenn schon nicht das wahre amerikanische Leben, dann doch Hollywood schreibt, und wenn sie nicht stimmt, ist sie jedenfalls sehr gut erfunden. Man muß das alles aber gar nicht wissen, denn wer ihn probiert, merkt auch so, daß der von einer schottischen Zweigniederlassung in Glasgow hergestellte Whisky tatsächlich außergewöhnlich ist. Der amerikanische

Whiskey kann da leider nicht mithalten.

21 Century Indischer Whisky, der aus der → Som Distillery in Bhopal in dem südlich von Delhi gelegenen Bundesstaat Madhya Pradesh kommt.

Tyrconnell, The Irischer Whiskey, bis in die siebziger Jahre ein Blend, seit 1992 ein Single Malt, der von seinem Hersteller → Cooley Distillery auf dem Label zu Recht ein »Pure Pot Still« genannt und der Firma A.A. → Watt zugeschrieben wird. Der gehörte nicht nur eine Brennerei in Derry (die 1920 schließen mußte und von der schottischen → DCL erworben wurde), sondern auch ein berühmtes Rennpferd, das seinen Namen von der irischen Landschaft Tyrconnell (gälisch für Haus der Connells) hatte und bei der Irish Classic 1876 die begehrte Queen Victoria-Medaille gewann. Watt verewigte den Sieg im Namen seines Whiskey und die Familie, die längst nicht mehr selbst destillierte, sondern nur noch Blends herstellte, hatte ihn immerhin bis 1970 im Programm.

Es war ein guter Einfall von John J. → Teeling, dem ersten Single Malt seiner jungen Firma einen so renommierten und in Irland bekannten Namen zu geben und das alte Etikett mit dem im pferdevernarrten Land noch immer heißgeliebten und bis heute im Gedächtnis gebliebenen Tier zu verwenden. Er brachte ihn 1992 auf den Markt – im zarten Alter von drei Jahren also (und damit dem Mindestalter, das der Gesetzgeber für Getränke vorschreibt, die sich »Whisk(e)y« nennen dürfen). Für kurze Zeit, als die übermächtige Konkurrenz von → IDG den unliebsamen Neuling aufzukaufen versuchten, verschwand er wieder, ist aber mittlerweile bestens etabliert. Er ist, anders als die anderen irischen Whiskeys und ebenso wie die meisten schottischen Malts zweimal destilliert. Während für den → *Connemara* (den Cooley inzwischen auch auf den Markt gebracht hat) schwer getorftes Malz verwendet wird, ist der *Tyrconnell* ungetorft. Aus den ursprünglich drei Sternen des Labels sind fünf geworden, was nach den Angaben des Herstellers nichts mit dem mittlerweile höheren Alter der Whiskies zu tun hat, die zur Verfügung stehen, sondern nur eingeführt wurde, weil es schöner aussah. Wie beim → *Locke's* gibt es auch von ihm eine »Limited Edition« aus besonders sorgfältig ausgesuchten Fässern des Jahrgangs 1989.

U

Ubique Schottischer Blend aus dem Hause → Gordon & MacPhail, der trotz seines weltumfassenden Namens schwer und eigentlich nur in Schottland zu finden ist. Den Namen hat er von dem Motto des Royal Regiment of Artillery, für das er speziell produziert wird.

UD (United Distillers) Weltweit operierender Spirituosenkonzern. Er entstand 1987, als → Guinness nach einer erbittert ausgefochtenen Übernahmeschlacht die traditionsreiche und sowohl in Schottland wie in Amerika engagierte → DCL unter seine Kontrolle brachte. In gewisser Weise waren UD nur die Nachfolger des bereits vor der Jahrhundertwende gegründeten Unternehmens, dem bei der Übernahme fast ein Drittel aller schottischen Malt- und mehrere Grain-Destillerien gehörte, nebst einer Vielzahl von Tochterfirmen und einer große Zahl von zum Teil bedeutenden Marken. Wie verschachtelt und komplex die DCL wirklich waren, ergibt sich aus ihrer Geschichte, die mit dem Zusammenschluß von mehreren Lowland-Brennereien begonnen und dazu geführt hatte, daß Namen wie → Buchanan, → Dewar, → Haig, → Walker, um nur einige zu nennen, nur noch als Subunternehmen des Konglomerates DCL existierten.

Zu den wenigen, die sich ihrem Einfluß entziehen konnten, gehörten Arthur → Bell & Sons, aber genau mit der Übernahme dieser altehrwürdigen Firma begann Guinness 1985 seinen großen Fischzug und seine Expansion von einem reinen Brauerei- zu einem universellen Getränkegiganten. Andrerseits fiel Guinness durch den Kauf der DCL auch die amerikanische Brennerei von → Stitzel-Weller, die 1984 von den Schotten übernommen worden waren, in den Schoß. Und Guinness setzte seine Erwerbungen fort: Ebenfalls 1987 kam durch den Kauf von → Schenley sowohl die kanadische→ Valleyfield Distillery samt ihrer Marken als auch die Destillerie von → Bernheim in Kentucky und das Kleinod → George Dickel in → Tennessee zum Konzern. Selbstverständlich gab es nicht nur Erwerbungen, sondern auch eine kräftige Neustrukturierung unter Federführung der neuentstandenen UD, die in Londons Hammersmith ihr Hauptquartier hatten und von dort aus ihre Aktivitäten in den verschiedenen Ländern koordinierten. In Schottland wurden mehrere Brennereien geschlossen oder verkauft und die verbliebenen wurden unter dem Namen »United Malt- and Grain Distilleries« (UMGD) weiterbetrieben; außerdem gehörten fünf → *maltings* zu UD und mehrere Abfüllanlagen.

Auf der anderen Seite stiegen UD voll in das gerade aufblühende Geschäft mit Single Malt ein und sorgten dafür, daß die Whiskies fast aller ihrer Brennereien in die Flasche kamen – viele von ihnen zum ersten Mal. Von besonderer Wichtigkeit war die Schöpfung der → »Classic Malts of Scotland«, der → »Flora & Fauna«-Serie und die Reihe der → »Rare Malts«. Auf der anderen Seite des Atlantik schloß man Stitzel-Weller und Bernheim, um eine neue Bernheim Distillery zu errichten. 1991 wurde die Firma → Glenmore erworben, die ihrerseits vorher → Fleischmann und → Medley geschluckt hatte. Der Name Glenmore wurde behalten, aber viele Marken wie → *Ezra Brooks*, der → *Old Thompson* und andere wurden samt einiger stillgelegter Brennereien an → Barton Brands verkauft. Neben dem Tennessee-Whisky (sic) *George Dickel* konzentrierte man sich auf die Bourbon-Marken → *W. L. Weller*, → *Old Fitzgerald*, → *I. W. Harper*, → *Old Charter*, → *Rebel Yell* und *James E. Pepper* und schuf, in Anlehnung an die klassischen sechs Schotten, die → »Bourbon Heritage Collection«.

Auch in Kanada fand eine Markenbereinigung statt. In Deutschland kaufte man Asbach in Rüdesheim und änderte den alten Firmennamen bald in UD Germany. Bis 1997 hatte man es, zum Teil durch Übernahmen oder auch durch *joint ventures*, geschafft, daß UD in fast allen Ländern vertreten war, durch eigene Töchter allein in 26 Staaten und in weit mehr noch durch Beteiligungen an Brennereien oder Vertriebsgesellschaften, zum Teil auch unter dem Namen UD (wie in Indien und Südafrika). Von besonderer Bedeutung dabei waren die gegenseitige Verflechtung mit Moët Hennessy, mit Bundaberg in Australien und mit einer Riche Monde genannten Firma, die in Thailand, Singapur und Malaysia operiert.

Ende 1997 allerdings kam auch das Ende von UD: Am 17. Dezember gingen die Aktien eines neuen Unternehmens an die Börse, zu dem sich die UD-Mutter Guinness und ihr bisheriger Konkurrent, der Lebensmittelmulti → Grand Metropolitan zusammengeschlossen hatten, um unter dem Namen → Diageo zum größten Getränkekonzern der Welt zu werden. Aus den → IDV, bis dahin verantwortlich für die Wein- und Spirituosengeschäfte von GrandMet, und UD wurde das neue Gebilde → UDV. Das befindet sich mitten im Prozeß einer weltweiten Neustrukturierung aller Sektoren von der Produktion über das Marketing bis zum Vertrieb, und wird künftig (und ganz sicher unter Ausnutzung aller Synergieeffekte und Rationalisierungsmöglichkeiten) die bisherigen Aktivitäten der beiden früheren Firmen weltweit fortsetzen. Bis zum März 1999 hatte man bereits Hammersmith und das bisherige schottische Hauptquartier Cherrybank in Perth aufgegeben, Abfüllung und Verpackung auf nur noch drei Stellen (in Leven, Kilmarnock und Glasgow) konzentriert, Laindon und Straithleven geschlossen, die Ginproduktion nach → Cameronbridge verlegt und in Deutschland Weltmarken mit Asbach zu UDV Germany vereinigt.

Das waren kleine Fische gegen den Verkauf der Marke *Dewar's* an → Bacardi, die auch noch die Brennereien → Aberfeldy, → Aultmore, → Craigellachie und → Royal Brackla erhielten (für 1,15 Milliarden Pfund). Daneben nehmen sich die 185 Millionen Dollar bescheiden aus, die für → Bernheim Distillery und die Marken → *Old Charter*, → *Old Fitzgerald*, → *Rebell Yell* und → *W. L. Weller* erzielt wurden. In Kanada wurde → Valleyfield verkauft (an → Canandaigua), aber dort war es vor allem ehemaliger IDV-Besitz, der unter den Hammer kam. Als einziger Canadian ist der → *Gibson's* übriggeblieben, in den USA natürlich der → *Dickel* (samt der → Cascade Distillery) und die Marke → *I. W. Harper* (samt den noch bei Bernheim lagernden Beständen).

UDV (United Distillers and Vintners) International operierender Konzern, der einen großen Teil des Weltmarktes an Spirituosen beherrscht, aber dabei nur Teil des weit größeren internationalen Multi-Unternehmens → Diageo ist. Diese neue Firma, eindeutig die Nummer 1 weltweit, und größer als die beiden Verfolger → Seagram und

→ Allied Domecq, ist Ende 1997 aus der Fusion von → Guinness mit → Grand Metropolitan entstanden. Beide brachten je eine Spirituosen- bzw. auch Weintochter in die Ehe ein: Guinness → UD, GrandMet → IDV. Sie wurden zu UDV verschmolzen, konnten aber nicht alle Marken, Produktionsstätten etc. behalten. Sowohl die Monopolbehörden in den USA wie auch die europäische Kommission in Brüssel machten Auflagen und ordneten den Verkauf der Marken → *Ainslie's* und, schmerzlicher, → *Dewar's* an, um zu verhindern, daß die neue Firma vor allem in Amerika, wo UDs *Dewar's* der meistverkaufte Whisky war und IDV mit dem → *J & B* die Nummer 2 stellte, den Markt dominierte. Käufer waren bald gefunden: *Ainslie's*, stark vor allem in Griechenland, ging an die belgische Firma Bruggeman, *Dewar's* an → Bacardi, die zusätzlich auch noch vier Malt-Brennereien erwarben und für alles zusammen die stolze Summe von 1,15 Milliarden Pfund hinblätterten.

Mit diesem *deal* war es nicht getan, weitere Verkäufe folgten, um die Sortimente anzugleichen und zu bereinigen und, das besonders, um die bei solchen Großfusionen den Aktionären versprochenen Synergieeffekte zu realisieren. In Deutschland z. B. wurde die Firma geschlossen, die für die IDV hierzulande den Vertrieb organisierte, einige Mitarbeiter fanden im nahen Rüdesheim Arbeitsplätze, wo nach dem Kauf von Asbach UD Germany saß und jetzt UDV Germany arbeitet. In Schottland, wo die Angst vor dem Verlust von Arbeitsplätzen besonders groß war, behielten die Skeptiker zunächst recht: das Hauptquartier von UD in Cherrybank bei Perth wurde aufgelöst (ebenso wie in London der Standort Hammersmith), Abfüllung und Verpackung wurden nur noch auf die drei Orte Leven, Kilmarnock und Shieldhall / Glasgow verteilt, während Strahleven geschlossen wurde; allerdings wird westlich von Edinburgh eine neue Verwaltung gebaut. In → Cameronbridge Distillery wird der Gin mitdestilliert, der vorher in Laidnon / Essex fabriziert wurde.

Doch diese Änderungen waren bescheiden, gemessen an den Operationen, die im Februar und im März 1999 folgten. Zunächst wurde bekanntgegeben, daß → Canandaigua für 185 Millionen Dollar die kanadischen Produktionsstätten → Palliser (ehemals IDV) und → Valleyfield (ehemals UD) übernommen hatte – mit allen Marken außer dem Canadian → *Gibson's*. Einen Monat später wurde in den USA rationalisiert: ein Konsortium, zu dem → Heaven Hill, → Sazerac und die David → Sherman Company gehörte, erwarb vier Marken und eine Brennerei (und einige Nicht-Whiskey-Marken) für 171 Millionen Dollar. Die → Bernheim Distillery und der → *Old Fitzgerald* kamen schließlich zu Heaven Hill, → *Rebel Yell* zu Sherman und → *Old Charter* und → *W. L. Weller* zu Sazerac. Übrig blieben (einstweilen?) nur die → Cascade Hollow Distillery George A. → Dickels, dessen Tennessee-Whisky (sic) und als einziger Bourbon der *I. W. Harper*. Ein Ende der sogenannten Marktbereinigungen wird das alles noch längst nicht sein und sicher wird es auch wieder Zukäufe und Neuerwerbungen geben. Die Kriegskasse ist ja gut gefüllt.

Uisge beatha Das Wort bedeutet im schottischen Gälisch »Wasser des Lebens«, die irisch-gälische Version schreibt sich geringfügig anders uisce beatha. Beide scheinen Übersetzungen des lateinischen »aqua vitae« zu sein, das im ersten schriftlichen Dokument, in dem Whisky erwähnt wird, den »Excequer Rolls of Scotland« von 1494, gebraucht wird. Gesprochen werden beide »isch'ke-bah«. Das moderne Wort »Whisk(e)y« ist eine Verballhornung des gälischen Originals, die die IDG, die Irish Distillers Group, damit erklärt, daß die Soldaten König Henry II, als sie auf uisce beatha stießen, das Wort nicht korrekt aussprechen lernten (die Iren lassen geflissentlich unerwähnt, daß dieses aqua vitae keineswegs ein Getreide-, sondern ein Weinbrand war). Es gibt auch die gälische Zwischenform »usquebaugh« als Vorläufer von »Whisk(e)y« (das eigentlich nur »Wasser« heißt!), dessen moderne Schreibweise, ohne das irische »e« sich zum ersten Mal 1746 nachweisen läßt und dann auch im damals einflußreichen »Dictionary« von Dr. Samual Johnson Eingang fand, nachdem vorher auch »uiskie« und »usky« verwendet wurden. Ironischerweise hat sich die Aufspaltung des gälischen Originals auch heute wieder durchgesetzt: Iren (und Amerikaner) schreiben Whiskey, Schotten (und Kanadier) Whisky. Das ist pure Konvention, denn einmal läßt sich beweisen, daß noch Anfang dieses Jahrhunderts auch in Irland die meisten Brennereien auf ihr »e« verzichteten, andrerseits gibt es auch in den USA Whiskeys wie etwa den *Dickel*, die sich schottisch schreiben.

Ulle bé Naomh Schottischer Single Malt mit 8 Jahren, aber unbekannter Herkunft, den die in Minneapolis ansässige Firma → All Saint's Brands im Programm hat und in den USA anbietet. Der Name bedeutet »Du wirst wie betäubt sein«!

Ultimate Selection, The Serie von Single Malts in → Einzelfaßabfüllung, die sich die holländische Firma van Wees in Ammersfoort von → Signatory herstellen läßt. Der Inhalt der Flaschen ist auf dem Label so sorgfältig beschrieben, wie man das von den Brüdern Symington erwartet, also mit Datum der Destillation und der Abfüllung, Faßnummer und -art und natürlich mit dem Namen der Herkunftsbrennerei. Sie kommen in der Regel mit 43 %.

Unabhängige Abfüller Bezeichnung für die Firmen, die nicht Eigentümer der Brennereien sind, deren Single Malts sie abfüllen. Sie spielen bisher nur bei dieser schottischen Whisky-Art eine Rolle, bei anderen Whiskies wie etwa → Bourbon gibt es sie kaum noch. Die Abfüllungen der die Destillerien besitzenden Firmen nennt man im Unterschied zu den unabhängigen Abfüllungen → Eigentümer-, → Destillerie- oder in Großbritannien manchmal auch → Markethouse-Abfüllungen. Die Unabhängigen sind auf der einen Seite die legitimen Erben einer Tradition, die so alt ist wie der Handel mit Whisky, andrerseits repräsentieren sie ganz moderne Entwicklungen.

Ursprünglich war die Produktion von Whisky und der Einzelhandel mit ihm generell getrennt: ein Brenner verkaufte seinen Whisky an einen Händler, der ihn faßweise und später auf Flaschen gezogen an seine Kunden weiterverkaufte. Mit dem Aufkommen der Blends etwa um die Mitte des letzten Jahrhunderts änderte sich das. Es kam auch vor, daß ein Brenner damit begann, seinen eigenen Blend herzustellen; ein Beispiel dafür ist William → Grant & Sons. In der Regel war es aber so, daß die erfolgreichen Blender und Händler (besonders auch die → Big Five) damit begannen, eigene Brennereien zu bauen, um sich selbst mit den für ihre Markenblends benötigten Grundwhiskies versorgen zu können. An Single Malts war in dieser Zeit außerhalb Schottlands und außer den Blendern praktisch niemand interessiert, und selbst in Schottland gab es nur sehr wenige, die von ihren Eigentümern selbst auf den Markt gebracht wurden.

Das änderte sich erst durch die bahnbrechende Entscheidung der Grants in den sechziger Jahren, ihren → *Glenfiddich* weltweit zu vermarkten. Die anderen Whiskyfirmen sahen das mit großer Skepsis und begannen erst allmählich, die Malts aus ihren Brennereien in Eigentümerabfüllungen zu verkaufen. Noch Anfang der siebziger Jahre konnte man die Zahl dieser Eigentümer-Abfüllungen leicht und bequem überschauen. Es wäre völlig unmöglich gewesen, von jeder Destillerie eine Flasche Malt zu bekommen – hätte es nicht die Unabhängigen gegeben. In dieser Zeit waren es vor allem → Gordon & MacPhail und → Cadenhead, die dafür sorgten, daß der Liebhaber wirklich nachvollziehen konnte, was den Reiz des Malt ausmacht: nämlich die Vielfalt, die darin begründet ist, daß das Produkt jeder Brennerei seinen unverwechselbaren Charakter besitzt.

Seit der Malt immer mehr Anhänger findet (und die Blends Marktanteile verlieren), sind einerseits die großen Whiskyfirmen wachgeworden und bedienen die Bedürfnisse, indem sie zunächst die Whiskies fast aller ihrer Brennereien abfüllten und sogar → *vintage-* oder → *cask strength*-Editionen herausbrachten. Andrerseits haben die alteingesessenen Unabhängigen eine große Zahl von Nachfolgern gefunden, die in der Regel → Einzelfaßabfüllungen verkaufen. → Signatory und → MacArthur waren die ersten der neuen Anbieter, die schon Ende der achtziger Jahre auf den Plan traten; auch Clubs, die nur an ihre Mitglieder liefern, wie die → Scotch Malt Whisky Society oder den → Scotch Single Malt Circle, muß man zu den älteren Unabhängigen rechnen. Seit Mitte dieses Jahrzehnts ist ihre Zahl geradezu explodiert und die Abfüllungen sind nicht mehr zu übersehen, zumal die oft nur wenigen Flaschen, die ein Faß ergibt, manchmal nur in einem Land zu bekommen sind.

Obwohl es auch fließende Übergänge geben kann, wenn etwa Gordon & MacPhail sozusagen in → Lizenz und mit dem Einverständnis der Hersteller Whiskies von → *Mortlach*, → *Linkwood* oder → *Glenlivet* oder die → »Allied-Serie« abfüllt, sind die Beziehungen zwischen den »Offiziellen«, den Eigentümern, und den Unabhängigen durchaus gespalten. Einerseits weiß jeder genau, daß der in zweistelligem Umfang wachsende Markt der Maltkonsumenten sich ohne die Unabhängigen nicht so schnell und intensiv entwickelt hätte. Andrerseits sehen die Eigentümer die Aktivitäten der anderen Seite nicht so gerne, weil sie der Meinung sind, daß der Name ihrer Brennerei ein geschütztes Warenzeichen ist, das nur sie benutzen dürfen. Tatsächlich hat der amerikanische Importeur von → *Glenfarclas* dem Unabhängigen → Whyte & Whyte 1996 die Verwendung dieses Namen gerichtlich untersagen lassen (ein schottisches Gericht hat dagegen im August 1997 bei einem → *Laphroaig* geurteilt, der Verbraucher könne sehr wohl unterscheiden, von wem eine Abfüllung komme). Die Eigentümer befürchten außerdem, daß die Unabhängigen es bei der Auswahl der von ihnen abgefüllten Fässer nicht so genau nehmen und daß dadurch der Ruf ihres sorgfältig aus den besten Fässern komponierten Single Malts leiden könnte. Natürlich stammen alle Fässer aus der Brennerei und die Eigentümer könnten, wie es konsequent tatsächlich → Glenmorangie und die Grants mit ihren Whiskies tun, dafür sorgen, daß niemand anders sie in die Hand bekommt. Diese Praxis würde aber das gesamte Blendinggeschäft zusammenbrechen lassen – und viele Firmen würden es auch finanziell nicht überstehen. Sie sind darauf angewiesen, zur schnelleren Amortisierung ihre Fässer an Mitbewerber oder → Broker zu verkaufen oder auch zu vertauschen, um selbst Malts für ihre Blends zu bekommen. Einige Unabhängige wie Gordon & MacPhail oder die Scotch Malt Whisky Society beziehen ihre Fässer ausschließlich von den Herstellern, einige sind selbst seit vielen Jahren als Blender und Broker tätig wie die → Hart Brothers oder → Speyside Distillery (→ »Scott's Selection«) und verfügen über eigene Vorräte, die meisten aber müssen einkaufen. Die Bedenken der Hersteller sind auf jeden Fall nachvollziehbar; die Herkunft manches Fasses ist obskur und der Geschmack seines Inhalts entsprechend enttäuschend. Aufgeklärte Maltliebhaber wissen das aber sehr genau, sie können sich erklären, daß etwa ein → *Macallan* aus dem Ex-Bourbonfaß anders schmecken muß als die Eigentümerabfüllung, für die ausschließlich Oloroso-→ Sherryfässer verwendet werden. Obwohl ein bestimmtes Risiko besteht, erhöht das den Reiz noch einmal: daß der Malt aus jedem Faß anders ausfällt und ebenso eine Entdeckung wie eine Enttäuschung sein kann.

Außer den bereits genannten Unabhängigen gibt es, ohne Garantie einer auch nur annähernden Vollständigkeit, → Adelphi, → Blackadder, The → Bottlers, → Calchou, → Glenhaven, → Hart Brothers, Douglas → Laing, The → Master of Malt, Murray → McDavid, → Oddbins und → Wilson & Morgan. Sie alle tummeln sich in Schottland, aber es gibt Unabhängige auch in anderen Ländern wie in Holland → Whisky Merchant oder in Italien Samaroli.

Underback Bezeichnung für das Gefäß, in das die → *wort* fließt, wenn der Vorgang des → Maischens abgeschlossen ist. Bei allen Malt-Brennereien und auch bei einigen Grain-Destillerien werden durch einen perforierten Boden in den → *mash tuns* die flüssigen von den festen, → *draff* genannten, Bestandteilen getrennt. Danach wird die *wort* gekühlt, ehe sie weiterbefördert wird zu den → *washbacks*, wo sie durch Hefe zum → Fermentieren gebracht wird.

Union Glen Schottischer Blend von The → Bennachie, ein billiger und sehr junger → Standard, gerade mit dem Mindestalter von drei Jahren. Der Hersteller behauptet, es habe ihn schon vor 175 Jahren gegeben, damals von der Union Glen Distillery.

United Brewers of India Indische Firma, die nicht nur im Biergeschäft stark ist, sondern sich auch auf dem Gebiet des Whisky engagiert. Sie hat drei eigene Brennereien, von denen zwei an der Westküste und im Süden des Landes liegen, eine in Kerala, die andere, → McDowell's Distillery, in der Nähe von Goa. Die dritte schließlich ist im Landesinneren in Bangalore. Mit dem → *Bagpiper* besitzt die Firma auch die bei weitem erfolgreichste Marke des Landes, die mit 40 Millionen Flaschen pro Jahr alle anderen weit in den Schatten stellt. Sie kann sich auch brüsten, mit *McDowell's* (von dem es auch eine Reihe von Blends gibt) den ersten und immer noch einzigen echten Single Malt → Indiens auf den Markt gebracht zu haben. Eine weitere Marke ist → *Diplomat*. → Guinness, die bereits eine Tochter namens UD India hatten, sagte man nach, daß sie an einem *joint venture* oder an einer völligen Übernahme der indischen Kollegen interessiert sind, die mit ihren beiden Schwerpunkten, dem Bier und dem Whisky, tatsächlich gut in ihr Portfolio passen würden. Die Frage ist aber offen, nachdem Guinness mit Grand Metropolitan fusionierte, die mit IDV eine in Indien ebenfalls aktive Tochter besaßen.

Unwins Britische Wein- und Spirituosenfirma, deren Zentrale sich in Dartford, Kent, befindet. Als typische High Street-Kette konkurriert sie z. B. mit → Oddbins, mit dessen Angebot sie aber bei weitem nicht mithalten kann. Sie gehört Phillips Newman & Co. und wendet sich an die Kunden mit weniger hohen Ansprüchen. Neben einer großen Zahl von Blends und Single Malts in → Eigentümer-Abfüllungen führt sie auch eigens für sie hergestellte Marken wie den Blend → *Ben Roland* und den Malt → *Laird's Reserve*. Sie war die erste, die sich von dem Millennium-Fieber anstecken ließ und, als limitierte Edition, an Weihnachten 1998 mit dem → *New Century Single Malt* herauskam. Bei ihm handelt es sich um einen 25jährigen → *Tamnuvulin* mit 45 %, der natürlich vom Besitzer dieser Brennerei, von → Invergordon, geliefert wurde.

Urquhart Castle Schottischer → Pure Malt, der zu einer kleinen Serie von Malts gehört, die die Namen von bedeutsamen Stätten der schottischen Geschichte tragen. Das Schloß, eine mächtige und imposante Anlage, von der nur noch eindrucksvolle Ruinen erhalten sind, steht südlich von Inverness an den Ufern des Loch Ness. Es befindet sich in der Verwaltung von → Historic Scotland, einer Körperschaft, die im Auftrag des Staates die baulichen Denkmäler der schottischen Geschichte betreut und sich nicht zuletzt durch den Verkauf von Souvenirs in den Shops dieser historischen Gebäude finanziert. Da sie auch für → Dallas Dhu Distillery verantwortlich ist, lag es nahe, auch den Whisky als Einnahmequelle zu entdekken. Während die nach den Schlössern von Edinburgh, St. Andrews und Stirling benannten Abfüllungen von J. & A. Mitchell bzw. von deren → Springbank Distillery kommen und 46 % aufweisen, hat dieser nur 40 % – jene Stärke, für die der → unabhängige Abfüller → Gordon & MacPhail bekannt ist. Daß die Denkmalschützer in diesem Fall auf ihn zurückgegriffen haben, beweist ihr Bewußtsein für historische Zusammenhänge: die Firma in Elgin wird von Mitgliedern einer Familie geleitet, die von dem Schloß stammen, den Urquharts.

Uruguay Das lateinamerikanische Land ist eines der kleinsten des Kontinents und kann es doch sowohl an Whiskyverbrauch wie auch an Whiskykultur mit den großen Nachbarn → Argentinien und → Brasilien aufnehmen. Es gibt auch dort selbst hergestellte Whiskies, bei denen es sich allerdings um Blends handelt, für die nur die benötigten Getreidestillate im Lande selbst produziert werden, während die Malts aus Schottland *in → bulk* importiert werden. Die führenden Marken sind → *Old Times* und → *MacPay*, bei dem schon der Name sagt, warum diese »nationalen Whiskies« so beliebt sind: sie sind preiswert und ermöglichen auch denen einen Schluck, die sich die mit ausgesprochenen Luxuszöllen belegten importierten schottischen Blends nicht leisten können. Dennoch sind auch die begehrt; es ist sehr erstaunlich, welche Auswahl die Läden und die Lokale bieten. Alle großen Marken sind auf den Karten vertreten. Ein besonders erfolgreicher Blend ist → *Ye Monks*, von dem so viel verkauft wird, daß sein Marktanteil im → Premium-Segment mehr als 50 % beträgt.

USA Es war keineswegs Whiskey, was die ersten Siedler herstellten, als sie sich in ihrer neuen Heimat jenseits des Atlantiks niederließen – in einem Land, in dem sie bessere Lebensbedingungen und mehr Freiheit suchten, als sie sie in Europa hatten, in einem Land, das zu einem der großen Whiskeyländer werden sollte. Das sich rühmen kann, zwei Präsidenten, George Washington und Abraham Lincoln, gehabt zu haben, die den Whiskey nicht nur als Steuerquelle sahen (das taten sie auch), sondern als eine Möglichkeit, zu ihrem Lebensunterhalt beizutragen. Ein Land, aus dem trotz vieler Widrigkeiten eine der großen Whiskeyarten kommt, und mit dem *Jim Beam* und dem *Jack Daniel's* sogar zwei Marken, die zu den Spitzenreitern weltweit gehören.

Am Anfang aber stand eher Genever, Gin oder auch Pflaumenschnaps. In dem Maß, in dem nicht nur Engländer und Holländer ankamen, sondern Iro-Schotten, verlagerte sich das Ausgangsmaterial auf Getreide. Viele von den Neuankömmlingen hatten in ihrem Gepäck auch eine kleine *still* und viele waren gewohnt, aus den Überschüssen des Getreides, das nicht zum Brotbacken oder Porridgekochen gebraucht wurde, eine alkoholische Flüssigkeit zu destillieren, die man leichter lagern konnte und mit der es sich auch vortrefflich handeln ließ. Sie verwendeten dazu das Getreide, das sie vorfanden oder aus der alten Heimat mitgebracht hatten, Roggen vor allem. Am Anfang der amerikanischen Whiskeygeschichte steht Rye und er spielte sich in Maryland und Pennsylvania ab – um so mehr ist zu bedauern, daß in beiden Staaten praktisch kein Whiskey mehr gemacht wird und daß auch der Rye seine Bedeutung so sehr verloren hat.

Erst als auf den Spuren von Scouts wie Daniel Boone die ersten Siedler westwärts zogen und durch das Cumberland Gap die Appalachian Mountains überquerten, um sich an den Ufern der großen Flüsse in einem Land niederzulassen, das heute Kentucky heißt, begann man auch Mais zu verarbeiten, der seit dem Ende des 17. Jahrhunderts dort angebaut wurde. Es läßt sich nicht mehr feststellen, wer wirklich den ersten Bourbon machte, aber → Elijah Craig und → Evan Williams gehörten sicher zu den ersten. Das Destillieren war weitverbreitet. 1838 waren in Pennsylvania 3500 *stills* zu finden und in Kentucky über 2000. Freilich darf man nicht glauben, daß das, was da hergestellt wurde, auch nur das Mindeste mit dem zu tun hatte, was man heute unter einem Bourbon versteht. Wie beim Malt in Schottland auch waren die Brände rauh und wild, die Wohltat einer Reifung war unbekannt und es durfte praktisch jeder sein Produkt so verkaufen, wie es aus der Brennblase kam. Der Ausdruck »Feuerwasser« hatte sicherlich seine Berechtigung.

Es dauerte lange, bis es Männern wie Dr. James Crow (→ *Old Crow*) und E. H. Taylor (→ *Old Taylor)* gelang, Qualitätsstandards zu schaffen und sogar gesetzlich festschreiben zu lassen wie im 1897 erlassenenen → *Bottled in Bond*-Gesetz. Zu dieser Zeit war es der Regierung schon gelungen, das natürliche Recht eines freien Amerikaners, sich seinen Whiskey herzustellen, zu beschneiden und Steuern zu verlangen. Washington benötigte 1794 ein Heer von 12000 Soldaten, um den Widerstand der → Whiskey-Rebellion zu brechen, und Lincoln ließ sich die Kasse für den Unionskrieg auch durch Whiskeysteuern auffüllen. Auch eine Temperenzbewegung war längst entstanden, die nicht nur den Mißbrauch, sondern jeden Konsum von Whiskey zu verhindern versuchte. In manchen Bundesstaaten wie Tennessee war sie schon um 1910 erfolgreich, allgemein wurde die Prohibition dann zehn Jahre später Gesetz. Seltsam nur, daß es keine Berichte von Temperenzlern und Prohibitionsbefürwortern gibt, die jemals angeprangert hätten, daß die amerikanischen Ureinwohner, die Indianer, mit minderwertigem Alkohol traktiert und ruiniert wurden.

Die Prohibition ruinierte auch die amerikanische Whiskeyindustrie. Nur sechs Brennereien durften weiterarbeiten, um für medizinische Zwecke zu produzieren. Alle anderen wurden geschlossen. Viele blieben es für immer, andere erholten sich nur langsam und brauchten Jahre, um es mit der kanadischen und schottischen Konkurrenz aufzunehmen. Denn die profitierte von den trockenen Jahren. In großem Umfang kam geschmuggelter Whisky ins Land, in ebenso großem wurde → *moonshine* gemacht. Es wurde die Grundlage zu manchem Vermögen und zu mancher Gangsterkarriere gelegt. → Seagram und Hiram → Walker eroberten Positionen, die aus ihnen große, weltweit operierende Konzerne machten. Auch die Schotten waren erfolgreich. Das alles erreichte die Prohibition. Was sie nicht erreichte, war, den Whisk(e)y-konsum zu unterdrücken. Aber der Geschmack verlagerte sich – auf die leichten Canadians und die hellen Blends aus Schottland. Noch heute wird in den USA mehr Canadian getrunken als Bourbon, der den Rye fast ganz verdrängte. Daß man die Zahl der Brennereien im Land heute an den Fingern von zwei Händen abzählen kann, ist sicher auch eine Folge moderner Firmenkonzentrationen, hat gewiß aber auch mit der Prohibition zu tun.

Bourbon muß nicht in diesem County von Kentucky hergestellt werden (tatsächlich kommt von dort keiner). Das Gesetzt schreibt vor, daß jeder Whiskey sich Straight Bourbon nennen darf, wenn seine Maische zu mindestens 51 % aus Mais besteht. Er muß darüber hinaus mindestens zwei Jahre in neuen Eichenfässern gereift sein (wenn er keine Altersangabe hat, sogar vier). Rye, so er noch gemacht wird, muß 51 % Roggen aufweisen, Corn über 80 % Mais. Es gibt auch Blendeds und Whiskeys, sogenannte »Lights«, die weniger als 80°/40 % Alkohol haben dürfen. Und es gibt, als eine ganz neue Gattung, die nach der Prohibition entstanden ist, die → Tennessee Whiskeys, die ebenso gemacht und gelagert sein müssen wie Bourbons, aber dem → *Lincoln County Process* unterzogen werden müssen. *Jack Daniel's* (weniger sein »Kollege« *George Dickel*) ist sicher eine amerikanische Erfolgsstory der Zeit nach der Prohibition.

Aber es gibt noch mehr. Der Erfolg einer so kleinen, feinen Brennerei wie → Maker's Mark gehört ebenso zu ihnen wie der des → *Blanton's*, mit dem überhaupt ein neuer Abschnitt begann, der, nach dem Vorbild der schottischen Malts, die *small batch*- und die *single barrel*-Abfüllungen brachte und auch einige neue Pioniere ermutigte, mit ganz kleinen Destillerien ganz neue Wege zu gehen; Fritz Maytag mit seiner → Anchor Destillery und seinem → *Old Potrero* sind dabei besonders zu nennen.

Usher, Andrew Die beiden Usher, Andrew sen. und jun., gelten allgemein als die Erfinder einer Methode, die die Geschichte nicht nur des schottischen Whisky nachhaltig verändert hat: das Blenden, durch das ein völlig neuer Whisky-Typ geschaffen wurde, der Blend. Sicherlich haben auch andere wie W. P. Lowrie (von dem James → Buchanan seine ersten Whiskies bezog) oder Charles → Mackinlay ihre Experimente angestellt, aber es spricht alles dafür, daß der Ruhm tatsächlich der Edinburgher Familie gebührt. Der ältere Usher begann seine Laufbahn 1813 als Spirituosenhändler und es ist nicht mehr bekannt, was ihn dazu veranlaßte, die Inhalte verschiedener Fässer zu mischen (obwohl bekannt war, daß man diese Praxis in Frankreich beim Cognac durchaus schon anwandte). Vielleicht war es die sprichwörtliche schottische Sparsamkeit, die ihn dazu brachte, die Reste verschiedener Fässer in einem neuen Faß zu vereinigen. Immerhin wußte er schon, daß es dem Whisky besser bekam, überhaupt in Fässern gelagert und nicht, weiß und ungereift, aus Glasgefäßen oder Steinkrügen getrunken zu werden. 1853 gilt als das Jahr, in dem er seinen ersten Blend fertig hatte, der in Wirklichkeit ein Vatted war, weil er ausschließlich Maltwhiskies gemischt hatte und zwar welche von → Glenlivet, deren Generalvertreter er war. »Old Vatted Glenlivet« hieß die neue Schöpfung.

Es soll sein Sohn gewesen sein, der auf die Idee kam, nicht nur Malts, sondern Malts mit Grains zu vermischen, die von den 1826 erfundenen → *patent stills* erzeugt werden konnten. Der neue, leichtere und vor allem immer gleich schmeckende und gleich aussehende Whisky war schnell erfolgreich, vor allem im »Ausland«, in den Großstädten Englands, wo er schnell die Lücken schloß, die der wegen der Phyloxera-Katastrophe in Frankreich ausbleibende Brandy hinterlassen hatte. Die Firma Usher prosperierte und engagierte sich logischerweise in der Herstellung von Grains: zusammen mit anderen errichteten sie 1886 die damals größte Destillerie überhaupt, → North British in Edinburgh. Auch bei der Entstehung der → DCL spielten die Ushers eine große Rolle, ohne indes ihre Selbständigkeit zu verlieren. Das geschah erst 1919, als J. & G. → Stewart sie für die DCL erwarben. Der Name von Stewart steht heute auch auf den Flaschen von *Usher's* → *Green Stripe* und von *Usher's O.V.S.*, obwohl sie heute natürlich von → UD/UDV kommen, den Nachfolgern der DCL. Es ist eigentlich eine Schande, daß sie diese Whiskies, die ja so etwas wie die Ur-Blends sind, nicht einmal mehr in ihrem Heimatland Schottland anbieten. Wer sie haben will, muß sich nach Südamerika begeben.

Usquaebach Schottische Whiskies, deren Name eigentlich schon signalisiert, daß er weder für Schotten gedacht noch von Schotten hergestellt wird: Er ist ein sehr eigenwilliger Versuch, das gälische Wort für Wasser des Lebens so zu schreiben, wie man es (sehr ungefähr) ausspricht. Von → *uisge beatha*, gesprochen »isch'ke-baah« bis zu der verballhornten englischen Form »Whisky« war es schon ein langer Weg über → »usquebaugh«, »uiskie«. Gavin D. Smith zählt in seinem Buch »Whisky« mehr als zehn Schreibweisen auf, aber diejenige, die die Firma → Twelve Stone Flagons gewählt hat, ist nicht darunter. Sie sitzt, wen wundert es noch, im amerikanischen Pittsburgh, hat aber eine Niederlassung in Glasgow. Keinesfalls darf man sich von den Äußerlichkeiten, vom Namen, der Berufung auf über »225 years of tradition« und den urigen Präsentationen mancher Versionen in Tonkrügen, wie sie sicher auch in der Prärie benutzt wurden, in die Irre führen lassen: der Inhalt ist erstklassig. Tatsächlich haben diese Whiskies bei Blindverkostungen von Blends immer wieder vordere Plätze belegt. Es gibt auch einen Vatted Malt mit 15 Jahren, die Blends heißen *Original Flagon*, *Special*, *Reserve*, *Ultra*, alle mit dem Zusatz → Premium.

Der → *De Luxe* hat eine Altersangabe (8 Jahre), der *Elite Silver* und der *Elite Gold* sind sogar 25 bzw. 50 Jahre alt. Der *Crystal Decanter* dagegen gibt kein Alter an. Rechtzeitig zur Jahrhundert- bzw. Jahrtausendwende haben die fixen Amerikaner auch einen *Usquaebach Millennium, 21 Century* genannt, herausgebracht, einen Blend von 21 bis zu 21 Jahren alten schottischen Whiskies. In Japan ist ein Scotch auf dem Markt, der verblüffenderweise den gleichen Namen trägt, aber nicht identisch ist mit dem amerikanischen Schotten; der *Usquaebach Special* ist 12 Jahre alt und wird nur für → Nikka, die japanischen Besitzer von → Ben Nevis Distillery, zum Verkauf in ihrem Heimatland gemacht.

Usquebaugh Society Holländischer Whisky-Club, der sich selbst »Nederlandse Scotch Malt Whisky Vereniging« nennt. Er bietet seinen Mitgliedern eigene Abfüllungen und informiert in der clubeigenen Zeitschrift »De → Kiln« über Whisky, seine Geschichte, Brennereien und neue Abfüllungen und organisiert Reisen und Tastings.

V

Valleyfield Kanadische Destillerie. Sie liegt in der Nähe von Montreal, → Quebec, und wurde 1987 von → UD, die dort allerdings »Les destillateurs unis« heißen, gekauft. Damals war sie wenig älter als 30 Jahre: sie war erst 1945 von → Schenley als kanadische Tochterfirma gegründet worden und ist die einzig Überlebende von den ehemals acht Brennereien des französischsprachigen Teils des Landes, zu denen so berühmte Namen wie → La Salle und → Waterloo zählten. Valleyfield produzierte alle kanadischen UD-Marken, aber auch Rum, Wodka und Gin. Ihre Whiskies werden zu den besten, mächtigsten und charakteristischsten der Gattung Canadian gerechnet, was auf die kupferne → *still* zurückgeführt wird und darauf, daß für kanadische Verhältnisse relativ viel Mais und → Malz zum Einsatz kommen. Aus Valleyfield kommen neben den Schenley-Whiskies → *Golden Wedding*, → *Canadian O.F.C.*, → *Gibson's*, → *MacNaughton*, → *Order of Merit* und → *Royal Command*. Von ihnen ist *Gibson's* die einzige Marke, die die UD-Nachfolger noch in Kanada herstellen, nachdem sie sich von allen anderen getrennt und sie im Februar 1999 samt Valleyfield und der → Palliser Distillery in Lethbridge, Alberta, an → Canandaigua verkauft haben.

Van Winkle and Son, J. P. Amerikanische unabhängige Whiskeyfirma mit Sitz in Louisville, die vom Sohn und vom Enkel eines der großen alten Männer der Bourbon-Geschichte gegründet wurden. Dieser Julian → »Pappy« Van Winkle hatte sein Whiskey-Leben 1893 begonnen, als er als Handelsvertreter bei → W. L. Weller and Son eintrat. Er wurde bald zur treibenden und beherrschenden Figur des Unternehmens, sorgte dafür, daß es sich, weil es keine eigene Brennerei besaß, durch einen Kontrakt mit der → Stitzel Distillery in

Louisville absicherte, öffnete George → Dickel die Tür, als der wegen der in → Tennessee bereits 1910 wirksamen → Prohibition nicht mehr dort produzieren konnte. Während der trockenen Jahre gehörte die Brennerei, die Van Winkle mittlerweile gemietet hatte, zu den sechs, die noch Alkohol herstellen durfte. In dieser Zeit erwarb er die wichtige Marke → *Old Fitzgerald*. Nach der Prohibition folgte der endgültige Zusammenschluß von Stitzel-Weller, Van Winkle wurde Präsident und schmückte den Eingang des Neubaus mit einem Schild, auf dem zu lesen steht: »No chemist allowed ... This is a Distillery no whiskey factory«.

Aus dieser Brennerei stammen auch die Whiskies, die Van Winkle III und Van Winkle Jr. heute als Eigenmarken verkaufen, d. h. es sind sogenannte »Weizen-Whiskeys«, bei denen der normale Anteil von Roggen in der → *mash bill* durch Weizen ersetzt wird. Verwirrenderweise gibt die Familienfirma auf den Flaschen eine Old Rip Van Winkle Distillery in Lawrenceburg an, die es nie gegeben hat. Die älteren Bourbons sind sicher noch in der alten Destillerie hergestellt, deren Produktion 1993 von → UD eingestellt und in die nahegelegene → Bernheim Distillery verlegt wurde. Aus ihr kommt aber wohl die jüngste Version der Reihe, die als → *Old Rip* in einer viereckigen Flasche mit dunkelgrünem Label bei 86°/43 % abgefüllt ist. 12 Jahre alt ist ein anderer *Old Rip* mit schwarzem Etikett und 105°/ 52.5 %. Der 10 Jahre bzw. »10 Sommer alte« heißt *Old Rip van Winkle*, hat entweder 90°/45 % oder 107°/ 53.5 % und ein hübsches Etikett mit einem langbärtigen Zwerg und der Aufschrift »Asleep many Years in Wood«. Ein anderer *Old Rip* ist 15 Jahre alt und hat 107°/53.5.%. Die *Van Winkle Special Reserve* ist 12 Jahre alt, stammt aus »Lot B« und hat 90.4°/45.2 %.

Noch älter sind die 13jährige *Van Winkle Family Reserve* (95.6°/ 47.8 %) und die 20jährige Version, die zur Abwechslung *Pappy Van Winkle Family Reserve* heißt (90.4°/45.2 %), ein Bild von »Pappy« und, auf dem Rückenetikett, den großen alten Mann beim Golf mit einem Caddy und einem den Golfwagen ziehenden Hund zeigt. Noch älter ist die sehr limitierte Edition einer weiteren *Pappy Van Winkle Family Reserve*, die es auf 23 Jahre und 95.6°/ 47.8 % bringt. Auch einen *Old Rip Van Winkle Old Time Rye* gibt es, einen Straight Rye in numerierten Flaschen und mit 90°/45 %. Ihm folgte ein weiterer Rye: der *Van Winkle Family Reserve Rye* mit 12 Jahren und 95.6°/47.8 %. Eine Zweitmarke von Van Winkle ist der → *Old Commonwealth*, bei dem als Hersteller die Commonwealth Distillery Co., diesmal mit Sitz in Lawrenceburg angegeben wird. Diese Firma ist auch bei → *Lottas Home* und → *J. W. Gottlieb* als Hersteller genannt. Zuweilen macht man auch andere Sonderabfüllungen wie etwa für die Corlie Brothers aus Sacramento, Kalifornien. Schließlich arbeitet man auch mit dem Unternehmen zusammen, das die letzten Bestände von → Michter's unter dem Namen → A. H. Hirsch verkauft.

VAT 69 Schottischer Blend. Sein Name leitet sich weder von einer Vatikan-

Telefonnummer ab noch handelt es sich um eine sexuelle Anspielung. Er wurde von dem seriösen Whiskyhändler William → Sanderson und seinem Sohn William Mark bereits 1882 geschaffen. Der Markteinführung voraus ging eine aufwendige Aktion, die wohl einer der ersten systematischen Markt-Tests der Whiskygeschichte war: Die beiden Sandersons sollen selbst und mit Hilfe befreundeter Blendmeister an die 100 verschiedene Blends »angesetzt« und sie einer großen Zahl von Bekannten und Freunden zum Probieren angeboten haben. Alle entschieden sich für die Mischung aus dem Bottich (*vat* bedeutet Fäßchen) Nr. 69 – der *VAT 69* war geboren. Zum Marketing gehörte auch eine einprägsame Flaschenform, die sich an den damals üblichen Portweinflaschen orientierte und von ihnen auch die schwarze Farbe übernahm. In den fünfziger Jahren genoß der Whisky Kultstatus in der Bundesrepublik; jeder junge Intellektuelle hatte eine leere *VAT 69*-Flasche mit Kerze auf seinem Schreibtisch stehen. Die Marke hat auch den Besitzerwechsel zunächst zur → DCL und über sie zu → UD/ UDV überlebt, die allerdings nur noch die Standard-Ausführung anbieten, aber nicht mehr die früheren Varianten *VAT 69 Gold* und *VAT 69 Reserve De Luxe*, aber immerhin noch einen *VAT 69 Extra* – leider nur in Korea.

Vatted Malt Schottischer Whisky-Typ, der im Gegensatz zum Single Malt, dem Erzeugnis einer einzigen Destillerie, aus den Malts von mindestens zwei, meist aber von mehreren Brennereien besteht. Es handelt sich also um eine spezielle Form des Blendens, des Mischens verschiedener Whiskies. Abgesehen von der Form der Einzelfaßabfüllung werden alle Whiskies vor der Abfüllung gemischt, wenn die verschiedenen Fässer ausgeleert und ihr Inhalt zusammengeführt wird. Selbst die Single Malts sind keine Ausnahme, weil auch für sie immer mehrere Fässer gebraucht werden; die Kunst des Masterblenders besteht darin, die Fässer so auszuwählen, daß ihre Whiskies harmonieren und sich zu einem → »Hausstil« zusammenfügen, der in Farbe, Aroma und Geschmack konsistent ist. Dieser Vorgang wird aber eher mit »verheiraten« bezeichnet. Werden Malts und Grains kombiniert, spricht man in Schottland vom Blend.

Das Wort Vatted kommt von *vat*, das Faß oder Tonne heißt, und wird in Schottland ausschließlich für den Vatted Malt, in Irland aber auch generell für das Blenden benutzt. Vatted Malts werden auf den Flaschen aber praktisch nie mit dem Begriff bezeichnet. Üblich sind eher Pure Malt (was allerdings auch manchmal für Single Malts angewendet wird). Historisch gesehen ist das *vatting* von Malts älter als die Blends, die erst von Andrew → Usher und anderen Pionieren erfunden wurden. Dagegen wurden vorher oft die Destillate aus verschiedenen Brennereien vermischt, um ihre Unterschiede auszugleichen und sie, die oft sehr extrem im Charakter waren, geschmacklich ansprechender, harmonischer und, wiederum, konsistenter, für den Verbraucher verläßlicher zu machen.

Es ist völlig falsch, Vatted Malts automatisch für minderwertiger zu halten als etwa Single Malts. Die Herstellung eines eigenen Vatted gehört zu den schönsten Vergnügungen, die ein langer Winterabend bieten kann. Sind die Whiskies gut ausgewählt, können sehr brauchbare Ergebnisse entstehen. Erst vor kurzer Zeit hat Richard Joynson von → »Loch Fyne Whiskies« mit dem → *living cask* eine alte, früher in jedem guten Haushalt produzierte Form des Vatted Malt wiederbelebt. Man kann auch noch einige Vatted Malt erwerben. Eine sehr alte Marke ist der *Glenleven* von Haig. Der unabhängige Abfüller → Gordon & MacPhail hat einige Vatteds im Angebot, u. a. die Serie → »Pride of ...«, die einen wunderschönen Islay, einen guten Orkney und einen perfekten Speyside umfaßt. Sehr speziell sind die Vatteds *Centenary* von G&M und → *Century* von Chivas, die aus 100 einzelen Malts gemacht sind, und → *Signatory Supreme*, der sogar aus 104 Malts besteht.

Venezuela Obwohl es zu den kleinsten Ländern Lateinamerikas gehört, hat Venezuela lange eine Spitzenposition im Scotch-Verbrauch auf dem Kontinent eingenommen – und auch weltweit gut mitgehalten. Von 1992 bis 1994 hat es sogar Brasilien übertroffen, aber nur in absoluten Zahlen, denn im Pro-Kopf-Verbrauch stellt es das unvergleichlich größere Land bei weitem in den Schatten; fast 5 Millionen Liter tranken die whiskybegeisterten Südamerikaner 1997. Eine eigene Produktion gibt es allerdings nicht. Aber die großen internationalen Konzerne verkaufen nicht nur ihre großen Marken, sondern lassen spezielle Sorten ausschließlich für Venezuela herstellen, meist direkt im Land. → Seagram ließ früher einen Scotch namens *Glenson's in → bulk* dorthin bringen und abfüllen und bietet zur Zeit den → *Regancy* an. → UDV offerieren den → *Master's Choice*, einen Blend von schottischen Malts und kanadischen Grains, und den → *Old Regal*. → Allied Domecq verkauft dort einen → *Hiram Walker's Premium*, hecho en Venezuela.

Verheiraten Bezeichnung, die im Deutschen gerne verwendet wird, um einen Vorgang zu beschreiben, für den im Englischen mehrere Begriffe üblich sind: des Zusammenführens von Whisk(e)y aus verschiedenen Einzelfässern. *Marrying* ist dabei ein Prozeß, bei dem ein Blend noch längere Zeit in Tonnen ruht, bevor er abgefüllt wird, damit seine Einzelwhiskies sich besser miteinander verbinden können. *Blending* bedeutet das Vermischen von Malts und Grains zu einem Blend. *Vatting* ist in Irland ein Synonym für Blending, wird aber in Schottland nur für Vatted Malts benutzt, also solche, die aus Malts aus verschiedenen Brennereien bestehen.

Verkosten Bezeichnung für eine Form des Umgangs mit Whisk(e)y, für die in den Herstellungsländern Schottland, Irland, USA und Kanada die Begriffe → *nosing* und → *tasting* üblich sind.

Very Old Barton Kentucky Straight Bourbon von → Barton, sozusagen die »Hausmarke« der Firma, ein Whiskey, dem man nicht mehr als Durchschnittlichkeit bescheinigt. Es gibt ihn in vier Versionen: drei mit 6 Jahren und mit 80°/40 %, 86°/43 % bzw. 90°/45 %. Der → *Bottled in Bond* ist 4 Jahre alt und hat die obligatorischen 100°/50 %.

Very Old St. Nick Bourbon, der sich »Rare Bourbon Whiskey« nennt und das Wort Kentucky nur im Zusammenhang mit seinem Hersteller gebraucht. Das soll die Old St. Nick Distillery in → Bardstown sein, die es natürlich nicht gibt, sondern hinter der die Firma → Kentucky Bourbon Distillers stehen. Es gibt (mindestens) fünf Versionen: einen 12jährigen mit braunem Wachsverschluß, einen 15jährigen mit 107°/53.5 % und schwarzer Wachskappe, einen 18 Jahre alten »Antique Barrel« mit 115.3°/57.65 %, dessen Wachsversiegelung schwarz ist. Blau ist sie beim 20jährigen, der 116.4°/58.2 % mitbringt. Es gibt auch einen 9 Jahre alten mit 101°/50.5° und weißem Wachs, der unter Verwendung von Winterroggen gebrannt ist.

Victoria Wine Britische Getränke-Supermarktkette, die praktisch überall im ganzen Land vertreten ist. Die (einschließlich der Töchter wie Haddows) über 1400 Filialen gehörten bis 1998 zum Imperium von → Allied Domecq und wurden dann mit den Läden des Konkurrenten → Tresher zu einer neuen Gesellschaft namens First Quench zusammengeschlossen, die mit mehr als 3500 Läden fast schon ein Monopol besitzt. Nicht zur Kette gehörten Victoria Wine Cellars, deren Flaggschiff-Laden im französischen Calais von → Oddbins erworben wurde. Victoria Wine ist vor allem bei Weinen und Spirituosen im mittleren Preissegment tätig, reicht aber bei weitem nicht an Oddbins, den größten Konkurrenten, heran, jedenfalls nicht, was Auswahl, Freude an der Entdeckung neuer Marken, ja ganzer Herkunftsländer betrifft. Der Whiskybereich ist ganz ordentlich sortiert, bietet aber nichts, was vom Normalangebot abweicht. Gelegentlich gibt es Abfüllungen wie beim 10jährigen → *Tomitoul*, der speziell für die Firma ausgesucht worden sein soll, sich aber vom normalen nur durch einen entsprechenden Aufdruck auf dem Etikett unterschied. Eine Hausmarke ist der Blend → *Braemar*.

Vintage Bezeichnung, die früher nur für Weine üblich war, sich aber auch für Whiskies eingebürgert hat. Gemeint ist hier wie da, daß es sich um die Ernte eines einzigen, bestimmten Jahrgangs handelt. Der kann bei Wein tatsächlich von Jahr zu Jahr völlig anders ausfallen. Daß es bei Single Malts, aber auch bei Bourbons zumindest ähnlich sein kann, verblüfft dagegen zunächst. Die Eigentümer der Brennereien versuchen ja sogar, solche eventuell auftretenden Unterschiede dadurch zu verringern, daß sie immer eine größere Anzahl von Fässern so auswählen, daß sie »verheiratet« einem einheitlichen Stil, einem → Hausstil, entsprechen. Aber die Unterschiede sind vorhanden, weil nicht nur Faktoren wie das verwendete Getreide, das Wasser, die Verwendung von Torf oder die Form der Brennblasen einen Einfluß auf den Whisky haben, sondern natürlich auch die Temperatur.

Sehr gut kann man das verfolgen bei → *Macallan*, der seit langer Zeit jedes Jahr mit 18 (manchmal auch 17) Jahren und mit der Angabe des Jahrgangs abgefüllt wird. Auch andere Brennereien wie → Aberlour, → Glenfarclas,

→ Glenmorangie, → Highland Park oder → Springbank haben von Zeit zu Zeit besonders gute Fässer als *vintages* abgefüllt. Den Durchbruch allerdings brachten die Aktivitäten der → Unabhängigen, vor allem der → Scotch Malt Whisky Society. Sie geben auf ihren Flaschen oft bis auf den Tag genau das Datum der Destillation an, führen also nur *vintages*. Mehr Sinn macht die Verwendung des Wortes allerdings, wenn es wirklich für außergewöhnliche Malts (oder Bourbons) gebraucht wird. In diesem Sinn wird es z. B. von William → Grant & Sons für die raren (und teuren) → Einzelfässer ihres → *Balvenie* oder auch für den → *Glenfiddich Vintage Reserve* benutzt. Eine besondere Art von *vintage*-Whiskey sind die amerikanischen → *Bottled in Bond*, bei denen gesetzlich vorgeschrieben ist, daß sie nur aus Whiskies eines einzigen Jahrgangs komponiert sein dürfen.

Vintage Malt Whisky Company, The Schottische Whiskyfirma, die erst 1992 von Brian Crook in Glasgow gegründet wurde und als → unabhängiger Abfüller einige Vatted Malts ohne Herkunftsbezeichnung unter den Eigenlabels → *Finlaggan*, → *Glenalmond*, → *Glenandrew*, *Lord of Islay*, → *Tambowie* und → *Tantallan* führt. Der Name »The → Coopers Choice« dient dazu, um wie ihre Mitbewerber auch, einzelne Fässer von verschiedenen Destillerien abzufüllen, wobei das Angebot sich naturgemäß immer wieder ändert und ausverkaufte und ausgetrunkene Sorten durch neue ersetzt werden. Daneben gibt es, sozusagen als »Reihe in der Reihe« spezielle Abfüllungen von → Sherry-Fässern. Es gibt auch einen Blend namens → *Royal Chalice*. Hauptmärkte sind einstweilen Frankreich, Italien und die USA.

Virginia Gentleman Straight Bourbon, der sich auf dem Label »Virginia Whiskey« nennt – und wenn man Glück hat, findet man noch eine Flasche, die dieses Prädikat zu 100 Prozent verdient. Sie entstammt dann den Beständen der alten Sunset Hill Distillery in Reston, Virginia, die aber 1987 geschlossen wurde. Die Produktion der Marke wurde danach nach Fredericksburg verlagert, das zwischen Washington, DC und Richmond liegt. Dort produzieren A. → Smith Bowman in ihrer gleichnamigen Brennerei alle möglichen Spirituosen – und unterziehen in einem → *pot still*-ähnlichen → *doubler* einen Whiskey, den sie von → Heaven Hill beziehen, einer letzten Destillation. Es ist nicht ganz klar, ob er in Heaven Hill schon zwei- oder nur einmal destilliert wurde, sicher ist aber, daß die → *low* wines aus Heaven Hill in Tanks mit der Eisenbahn nach Virginia gebracht werden, wo sie dann noch einmal gebrannt werden.

Sie dürfen also zu Recht nach diesem Bundesstaat benannt werden, der einer der ersten war, in dem Alkohol aus Getreide, also Whiskey, erzeugt wurde, und wo George Washington sich als Brenner betätigte. *Virginia Gentleman* ist der einzige seiner Gattung, der von den einstmals vielen Marken Virginias übriggeblieben ist. Obwohl er sich sehr traditionell und *old fashioned*, so richtig als Verkörperung des alten Virginia gibt, gibt es ihn erst seit den dreißiger Jahren, als ihn der Hobby-Farmer und -Destiller Bowman Sr. auf den Markt brachte. Er eroberte schnell die Herzen des Establishments und insbesondere der Politiker in der nahen Bundeshauptstadt. Er wird, mit einem Sonderlabel, u. a. im Nationalen Presseclub serviert und befindet sich auch in der Bar der Yacht des Präsidenten; auch General MacArthur kam ohne ihn nicht aus. Das alles ist kein Beweis für seine, unbestrittene, Qualität, erleichtert aber sicher und zur Freunde aller Liebhaber das Überleben des einzigen noch verbliebenen Virginia Whiskies.

V.O. Kanadischer Whisky, von → Seagram 1911 auf den Markt gebracht – im gleichen Jahr, als Firmengründer Joseph Emm Seagram seine beiden Söhne in die Firma aufnahm und ihr den Namen gab, den der weltweit größte Getränkekonzern noch heute hat: Joseph E. Seagram & Sons. Der neue Blend kam anläßlich der Hochzeit von Sohn Thomas heraus und die Buchstaben bedeuten nicht »Very Old«, sondern »Very Own«, weil der Whisky ursprünglich nur für die Familie selbst bestimmt war. Die Flaschen waren einst mit einem rotgoldenen Band in den Rennsportfarben des Pferdeliebhabers Seagram verziert. Heute gibt es zwei Versionen: eine mit 40 % und einen *V.O. light* mit kaloriensparenden 30 %.

V.O. 8 Schottischer Blend, dessen voller Name *Cockburn's V. O. 8* lautet. Er kommt von → Cockburn & Company (Leith) und bedeutet wohl »Very Old 8 Years«.

Volstead Act Amerikanisches Gesetz, das den Schlußstein zur Einführung der Prohibition legte, die vom 17. Januar 1920 bis 5. Dezember 1933 die Vereinigten Staaten trockenlegen sollte, tatsächlich die amerikanische Whiskeyindustrie ruinierte (die irische auch), aber sowohl den schottischen wie den kanadischen Herstellern Vorteile schuf, von denen sie bis heute profitieren. Selbstverständlich erreichte die radikale Maßnahme nicht die Abschaffung des Alkoholkonsums. Ganz im Gegenteil erhöhte sie ihn, führte zu Schmuggel in noch nicht gekannten Ausmaßen, zum massenhaften Gesetzesbruch – und zur Erstarkung des Gangsterunwesens. Figuren wie Al Capone hätten ihre zweifelhafte Bedeutung ohne den Vostead Act niemals erringen können.

Volumen Bezeichnung für die Stärke, in der heute der Alkoholgehalt von Whisky angegeben wird. Sie hat die früher in Großbritannien und noch heute in Nordamerika übliche Messung in → *proof* weitgehend abgelöst, die schon deshalb schwierig zu handhaben war, weil beide Länder sie mit zweierlei Maß bestimmten. So entsprachen (und entsprechen) 100° in den USA glatten 50 %, aber im Vereinigten Königreich 57 %; und 70° diesseits waren jenseits des Atlantiks 80°. Heute wird die Definition der International Organisation of Legal Metrology (OILM) benutzt, die von einer Messung bei 20° C ausgeht und das Verhältnis von Wasser und Alkohol bestimmt. Sie beruht auf der Methode von Gay-Lussac. Die gesetzlichen Bestimmungen, von der → Scotch Whisky Association scharf überwacht, schreiben bei schottischem Whisky einen Mindestgehalt von 40 % Alkohol vor. In manchen Märkten sind aber auch 43 % üblich. Sie werden dadurch erreicht, daß der Whisky, Blend oder Single Malt, bei der Abfüllung auf die genannte Norm reduziert wird. Bei Bourbon dagegen wird das Wasser schon vor der Faßabfüllung zugegeben. Scotch verliert während der Lagerung durch Verdunstung an Stärke, während in den USA dieser → *angels' share* den Bourbon oft stärker werden läßt. In den letzten Jahren hat man aber zunehmend darauf verzichtet, den Whisk(e)y zu reduzieren, und zieht es vor, ihn in eben der Stärke abzufüllen, die er auf natürlichem Weg erreicht hat. Vorbild dazu waren die Malts der → Scotch Malt Whisky Society, die auch immer darauf hingewiesen hat, daß Whisky durch Reduktion auch Aroma verliert, besonders wenn er erst → kühlgefiltert wird. Die neuen → *cask strength-* oder → *barrel proof-*Whiskies überlassen es jedem einzelnen Verbraucher selbst, sie so zu verdünnen, wie er es möchte. Er muß wissen, daß die Whiskies bei der »Wässerung« leicht trübe und wolkig werden.

W

W&M Barrel Schottischer Blend, hinter dessen Namen sich keine anderen als → Whyte & Mackay verbergen, die alte schottische Firma, die von ihrer Mutter → American bzw. → Fortune Brands 1997 gezwungen wurde, ihre Identität aufzugeben und sich → JBB (Greater Europe) zu nennen.

Waitrose Britische Supermarktkette mit exzellentem Getränkeangebot, zu dem neben Markenwhiskies auch eine ganze Reihe von unter eigenem Namen abgefüllten Hausmarken gehören.

Wales Als Alfred → Barnard vor 1887 die britischen Inseln bereiste, fand er keine Brennerei in Wales, über die er berichten konnte. Erst in diesem Jahr, in dem sein berühmtes Buch erschien, wurde die Frangooch Distillery in Bala am Lake Bala gebaut, die angeblich sehr groß gewesen sein soll und bis 1907 produzierte. Damals soll sie von der besonders in Wales immer stärker werdenden Temperenzbewegung buchstäblich trockengelegt worden sein. Die Geschichte des Whisky in Wales ist aber älter und soll, glaubt man walisischen Geschichten, sogar früher begonnen haben als in Irland, wo man wie für fast alles andere auch immerhin keinen Geringeren als den Heiligen Patrick für die segensreiche Einführung eines der beiden Nationalgetränke (neben dem »Guinness«) verantwortlich macht.

In Wales glaubt man auch, daß es Mönche waren, die auf Bardsey Island vor der Halbinsel Lleyn begonnen haben, eine Kunst anzuwenden, die griechische Kaufleute sie gelehrt haben sollen. Man meint sogar, den Mann zu kennen: Reault Hir soll der große Pionier gewesen sein. Erstaunlich wäre all das nicht, denn das Land hat alles, was man braucht, um Whisky zu machen: Gerste, Wasser, Torf – und sogar genügend unzugängliche Orte, um das ungesehen von Landbesitzern, Polizisten,

Zöllnern oder anderen Bütteln der Regierung zu tun.

Es gibt aber auch gesicherte Quellen. Sie beweisen, daß Anfang des 18. Jahrhunderts sich zwei Familien mit Whisky beschäftigten, die das Land allerdings bald verließen, um in das gelobte Land Amerika auszuwandern, wo sie sich in Kentucky niederließen. Einer dieser Männer hieß → Evan Williams, der andere war ein Vorfahre des berühmten → Jack Daniel. Es verging viel Zeit, ehe Wales wieder ein Land wurde, in dem Whisky nicht nur getrunken, sondern auch hergestellt wurde. Zunächst allerdings nur in dem Sinn, daß Whisky aus Schottland geholt und in Wales verarbeitet wurde. 1974 gründeten Mal Morgan, Dafydd Gittins und dessen Frau Gillian in Brecon die → Welsh Whisky Co., die auf Walisisch viel schöner Cwmni → Chwisgi Cymreig Cyf heißt. Sie brachten zwei Jahre später einen Blend namens → *Swn y' Mor* und 1986 den → *Prince of Wales* heraus, den sie einen Single Vatted Malt nannten, weil sie den schottischen Malt aus → Tomatin mit Kräutern gefiltert hatten – ganz wie es Reault Hir auf Bardsey getan haben soll. 1990 begannen sie, selbst eine Brennerei einzurichten, die 1992 in Produktion ging, deren → *pot stills* allerdings zunächst nicht die erhofften Ergebnisse brachten und überarbeitet werden mußten. Seit 1996 sollen die Probleme beseitigt sein. In Wales selbst gebrannter Whisky wartet seitdem darauf, alsbald den Markt zu erobern.

Walker & Sons, John Schottische Whiskyfirma, die man nicht verwechseln darf mit dem Konzern, den Hiram → Walker in Kanada aufgebaut hat und der heute Teil von → Allied Domecq ist. Es ist nur eine einzige Marke, die die Firma bekannt gemacht hat, allerdings eine, die so erfolgreich und groß ist wie keine andere: → *Johnnie Walker*, sowohl als *Red Label* im → Standard als auch als *Black Label* im → Premium-Segment die Nr. 1 weltweit. Zu ihrer Bekanntheit hat wohl auch die Figur mit der roten Jagdjacke, den glänzend weißen Breeches und den ebenso glänzend schwarzen Reitstiefeln beigetragen, die mit flottem Schritt und durch ein Lorgnon blickend durch die Welt eilt – mit dem Slogan »Born 1820 – still going strong«. Jahreszahlen, mit denen im schottischen Whiskygeschäft gern und großzügig hantiert wird, muß man mit Skepsis betrachten – aber diese stimmt wirklich. Wenn auch nur für den Anfang der Firma, die John Walker damals als kleines Lebensmittelgeschäft im heimischen Kilmarnock gründete.

Es dauerte freilich dreißig Jahre und es war erst sein Sohn Alexander, der in größerem Maßstab, auch als Großhändler, ins Whiskygeschäft einstieg. Er eröffnete auch schon ein Büro in London und verkaufte seinen Whisky erfolgreich an die vielen Schiffe, die von Glasgow aus in See stachen. Aber so recht eigentlich war es dessen jüngster Sohn Alec, der die Firma wirklich groß machte, ihren Umsatz auf 100000 Gallonen steigerte, die Brennerei → Cardhu erwarb, seinen älteren Bruder John nach Australien schickte, wo er dafür sorgte, daß sein Whisky einen Wettbewerb nach dem anderen gewann – die Medaillen auf den Flaschen zeugen noch heute davon. Eine bedeutende Rolle spielte für die Entwicklung der Firma zum größten Blender und Bottler James Stevenson, der 1890 eingetreten war. Er war es, der bei dem Künstler Tom Browne die legendäre, seitdem manchmal leicht modifizierte, aber im Grunde unveränderte Werbefigur in Auftrag gab, den Slogan prägen ließ und dem Whisky, der bis dahin einfach »Walker's Kilmarnock Whisky« genannt wurde, den neuen Namen gab – und auch schon die auffällige viereckige Flasche, die ihn auf den ersten Blick erkennbar macht. Das war 1908.

Stevensons Organisationstalent fiel auch der Regierung auf, die ihn während des Weltkrieges mit der Aufsicht über die Munitionsproduktion betraute und ihn 1919 bis 1921 zum Generalinspekteur für Kriegsmaterial (und 1924 einen weiteren → Whiskybaron aus ihm) machte. Gemeinsam mit Alec Walker betrieb er den Zusammenschluß mit anderen von den → Big Five; 1925 fanden sich Walker, → Buchanan und → Dewar gemeinsam unter dem Dach der → DCL wieder. Walker konnte sich indessen eine gewisse Unabhängigkeit und Sonderstellung bewahren, die sich z. B. darin zeigt, daß *Johnnie Walker* heute in manchen Ländern nicht von der DCL-Nachfolgerin → UD/UDV, sondern von anderen Firmen vertrieben wird (in Deutschland z. B. von → Bacardi). Anders als die übrigen UDV-Marken wird er auch nicht in Leven abgefüllt, sondern an dem Ort, wo seine Geschichte einst begann: in Kilmarnock. Mitten im Ort steht die mächtige Anlage, die auch von Touristen besichtigt werden kann. Erstaunlich, daß es bis 1998 dauerte, ehe man dem großen Sohn der Stadt ein Denkmal errichtete. Schon zu DCL-Zeiten kamen aus dem Hause Walker auch zwei Single Malts: von der hauseigenen Cardhu Distillery und von → Talisker, deren Whisky eine große Rolle im *Red Label* und *Black Label* spielt, die allerdings nie unter dem Kommando der Walkers stand.

Walker, Hiram Kanadische Firma, die nach dem Unternehmer heißt, der als kleiner Lebensmittelhändler und Essighersteller in den USA begann und es zum Gründer einer der beiden großen Whiskyfirmen Kanadas brachte. Weil er auch mit Getreide handelte, kam er ins Nachbarland Kanada, begann sich dort für Whisky zu interessieren, erkannte das Entwicklungspotential der schon durch Eisenbahnen erschlossenen britischen Kolonie Upper Canada (heute Ontario). Er gründete 1858 die Windsor Distillery and Flouring Mill, handelte aber in Detroit weiter mit Getreide. Seine kanadische Unternehmung blühte und entwickelte sich bald zu einer richtigen Stadt mit Schule, Kirche und Postamt, die nach ihrem Gründer → Walkerville genannt wurde. Walker war in mancher Hinsicht ein Pionier: er führte die Distillation in der *patent still* ein, erkannte, daß die Zukunft nicht den rohen Schnäpsen gehörte, sondern konstanten Markenwhiskies, kümmerte sich um die Qualitätskontrolle, indem er seinen Whisky nicht mehr in Fässern und Krügen lieferte, sondern in von ihm selbst gefüllten Flaschen, schuf mit seinem → *Canadian Club* einen bis heute sehr erfolgreichen Klassiker und war zumindest mitbeteiligt, den Canadian zu einem eigenen Whiskytyp zu machen, einem Blend aus einem Basiswhisky, der mit Straights verschnitten wird.

Bei seinem Tod 1910 war seine Firma die zweitgrößte nach → Seagram. 1928 vereinigte sie Harry → Hutch mit seiner Firma zu Hiram Walker – Gooderham and Worts, die stark von der → Prohibition in den USA profitierten, vor allem nach deren Ende, als die amerikanischen Destillerien nichts liefern konnten und die Amerikaner nach dem sauberen Stoff verlangten, den sie in den langen trockenen Jahren schätzen gelernt hatten. Seit dieser Zeit wird in den USA mehr Canadian als Bourbon getrunken. Hiram Walker konnte weiter expandieren, baute eine Brennerei in Illinois und brachte den → *Ten High* und → *Walker's De Luxe Bourbon* auf den Markt, engagierte sich in Schottland (wohin es ebenfalls seit der Prohibition Verbindungen gab), kaufte zuerst J. & G. → Stodart und dann Mitte der dreißiger Jahre → Ballantine und baute den riesigen Brennereikomplex in → Dumbarton am Clyde, dessen Technik auch für Walkerville Vorbild war. Auch nach dem Krieg wuchs die Firma weiter, weitere Brennereien und Marken in Schottland kamen dazu, neue Märkte wurden erobert, neue Partnerschaften eingegangen, um z. B. in → Spanien und → Argentinien Whisky herstellen zu können. Eine bedeutende Akquisition in den USA war 1881 die → Maker's Mark Distillery in Loretto. Durch verschiedene Fusionen wurde Hiram zuerst eine Tochter von Allied Lyons und schließlich → Allied Domecq. Der alte Name steht heute für die Whiskyinteressen des Konzerns in Nordamerika und natürlich für die Aktivitäten in Kanada.

Walker's DeLuxe Kentucky Straight Bourbon, den die kanadische Firma Hiram → Walker (im Besitz von → Allied Domecq) seit den vierziger Jahren in den USA verkauft. Die → Prohibition hatte ihr eine gute Ausgangsbasis für erfolgreiche Geschäfte im Nachbarland verschafft und zu solchem Erfolg verholfen, daß sie sogar eine eigene Destillerie in Illinois baute. Als sie dann einen Bourbon herausbrachte, ahmte sie den Stil der als leicht geltenden und bei den Amerikanern sehr beliebten Whiskies nach, den sie auch in Kanada pflegte. Heute wird der Whiskey nicht mehr von der Firma selbst produziert; obwohl auch die → Maker's Mark Distillery mittlerweile zum Konzern gehört, bezieht sie ihn wahrscheinlich von → Heaven Hill in Bardstown, füllt ihn ohne Altersangabe mit 80°/ 50 % ab und schmückt das Label immer noch mit der Zahl 1858, die das Jahr meint, in dem der große alte Hiram Walker sein Geschäft startete.

Walkerville Kanadische Destillerie, deren Geschichte 1858 mit dem Bau von Hiram → Walkers Windsor Distillery and Flouring Mill begann. Sie stand an den Ufern des Eriesees auf der kanadischen Seite, aber in Sichtweite des damals noch kleinen Detroit. Das Unternehmen prosperierte so sehr, daß Walker bald nicht nur Häuser für seine Arbeiter und Angestellten baute, sondern auch eine Kirche und eine Schule.

1869 wurde ein Postamt eröffnet und das Städtchen bekam offiziell den Namen Walkerville. Sie ist die einzige kanadische Brennerei, die aus der Gründerzeit übriggeblieben ist, heute noch arbeitet und so aussieht wie ehedem – allerdings nur von außen. Die Inneneinrichtung und das verwendete Equipment stammen aus den dreißiger Jahren unseres Jahrhunderts und sind denen sehr ähnlich, die Walker in seiner damals errichteten großen Anlage im schottischen → Dumbarton verwendete. Das Hauptprodukt von Walkerville ist seit 1884 → *Canadian Club.*

Wallace Schottischer Whiskylikör, dessen Name an einen großen Schotten erinnert: William Wallace, der am 11. September 1297 an der alten Stirling Bridge einen wichtigen Sieg gegen das englische Heer errungen hat. Der »Guardian of Scotland« wurde weltweit bekannt durch Mel Gibsons Film »Braveheart«. An ihn erinnert auch der Wallace Tower bei Stirling, von dessen Höhe man hinübersehen kann nach → Deanston, wo der für den Likör (35 %) verwendete Single Malt destilliert wird. Wallaces Bild mit dem Slogan »The Spirit of Freedom« ziert die Flasche, die zum 700. Jahrestag der Schlacht und sicherlich auch angeregt durch den Erfolg des Films auf den Markt gebracht wurde. Als Hersteller ist eine Wallace Malt Liqueur Company in Deanston genannt, hinter der die Firma → Burn Stewart steht.

Ward Eight Whiskeydrink. Eine Variante des Whiskey Sour, bei der man 5cl Bourbon, 2 cl Zitronensaft, einen Löffel Puderzucker mit einem Spritzer Grenadine im Mixbecher kräftig schüttelt und im Tumbler serviert.

Warehouse Bezeichnung für die Lagerhäuser, in denen der Whisk(e)y reift; in den USA werden sie manchmal auch *rackhouse* genannt. Die *warehouses* sind nicht nur einfach ein Ort, an dem die vollen Fässer gestapelt werden. Sie üben, zusammen mit dem Faß selbst, einen erheblichen Einfluß auf den Whisk(e)y aus. Seit in den letzten Jahren immer mehr entdeckt wurde, daß *warehouse* und Faß die Faktoren sind, die ihn wahrscheinlich sogar stärker prägen als das Wasser, die Hefe und selbst die Form der → *stills*, wird noch mehr Wert auf ihre Beschaffenheit gelegt. In jeder Brennerei existiert eine Art Philosophie über die idealen Lagerbedingungen für den eigenen Whisk(e)y. Dennoch gibt es natürlich auch intensive, von wissenschaftlichen Studien begleitete Untersuchungen über moderne Formen der Lagerung z. B. in klimatisierten *warehouses*. Solche Speicher sind aber immer noch eher die Ausnahme. → Macallan hat solch modernen Gebäude errichtet, in denen die Fässer in so vielen Stockwerken übereinander geschichtet sind, daß sie nur noch mit Gabelstaplern zu bewegen sind. Auch William → Grant & Sons haben entlang des Fiddich eine ganze Reihe moderner, allerdings weniger hoher, *warehouses* errichtet. Andrerseits hält man gerade dort in → Dufftown auch an den alten Gebäuden fest, die nur einstöckig sind und in denen die Fässer in nur drei Reihen übereinander lagern.

So ist es auch bei den meisten anderen Brennereien: einstöckige Gebäude, wenige Faßreihen, wenige Fenster und meist nackter Erdboden. Das wird für günstiger gehalten als ein steinerner Fußboden. Alle diese Eigenschaften sind wichtig für die Entwicklung des Whisk(e)y, weil sie zum Mikroklima beitragen und zusammen mit der Temperatur und der Luftfeuchtigkeit z. B. über eine schnellere oder langsamere Reifung entscheiden. Auch der geographische Standort spielt eine Rolle: ein Faß reift in den → Highlands anders als eines, das auf einer Insel liegt, dort den langen Winterstürmen ausgesetzt ist oder sogar, wie in → Bowmore, unter dem Meeresspiegel liegt. Im Inneren der Lagerhäuser bilden sich oft Pilzbeläge, die zusammen mit dem Alkoholduft einen ganz speziellen Geruch entwickeln – diese Erfahrung dürfen allerdings nur wenige Besucher machen, denn in den *warehouses* lagern die Fässer *in → bond*, sie stehen unter Zollverschluß. Außen sind diese Häuser in ihrer im Gegensatz zum strahlenden Weiß der Destillerie grauschwarzen Farbe relativ unansehnlich. Dennoch prägen auch sie das Gesicht vieler schottischer Landschaften. Das tun sie auch in den USA, wo sie allerdings immer sehr hoch und oft aus Wellblech sind, so daß in ihren Innern oft sehr heiße Temperatur entstehen. Auch sie prägen natürlich den Bourbon und machen eine sorgfältige Überwachung und oft eine Umlagerung der Fässer notwendig, die gewährleisten soll, daß sie nicht zu ungleichmäßig reifen.

Wash Bezeichnung für die alkoholhaltige Flüssigkeit, die entsteht, wenn die zuckerige → *wort* in den → *washbacks*, den Gärbottichen, durch den Einsatz von Hefe zum → Fermentieren gebracht worden ist. Dabei spaltet sich der Zucker in Alkohol und in Kohlendioxide. Sie sind dafür verantwortlich, daß diese Gärung mehr oder weniger heftig verläuft. In schottischen Malt-Destillerien ist die Reaktion so heftig, daß die Bottiche abgedeckt und sogar beschwert werden müssen und der Schaum durch rotierende Propeller zusätzlich gebremst wird. Die Dauer der Gärung kann durch Absenken der Temperatur verlangsamt oder beschleunigt werden; sie beträgt normalerweise zwischen 40 und 72 Stunden. Die fertige *wash* enthält keinen Zucker mehr, ist also nicht mehr süß, sondern säuerlich und bitter. Sie wird oft auch als *weak beer* oder → *ale* bezeichnet, ist aber mit ihren 7 % bis 9 % Alkohol keineswegs schwach. Sie wird in einem *wash charger* aufgefangen und ist nun fertig zum Destillieren.

Wash still Bezeichnung für die Brennblase, in der bei der Produktion von Malt Whisky die → *wash* destilliert wird, in der also der erste von zwei oder manchmal auch drei Durchläufen stattfindet. Mit ihr beginnt die Verwandlung einer nur schwach alkoholhaltigen Flüssigkeit in eine hochprozentige Spirituose. Die *wash* hat zwischen 7 % und 9 %, die *wash still* erhöht den Alkoholgehalt auf etwa 22 bis 23 %, in einzelnen Brennereien können es auch 25 % sein. Weil das Ergebnis des Vorgangs → *low wines* genannt wird, spricht man mancherorts auch von der *low wines still*; verwirrenderweise wird aber zuweilen auch die → *spirit still* so genannt. Was aus ihr fließt, wird, vom → *stillman* sorgfältig beobachtet, über den → *spirit safe* in den *low wines receiver* geleitet. Von dort gelangt es dann in Brennereien, die zwei Durchläufe anwenden, in die → *spirit still*, bei denen mit drei Durchläufen in die → *intermediate still.*

Washback Bezeichnung, die vor allem in Schottland üblich ist, während sonst meist von *fermenters* gesprochen wird. Gemeint sind aber immer große Bottiche, in denen die Verwandlung der zuckerhaltigen → *wort* in eine alkoholische Flüssigkeit stattfindet. Diese → Gärung oder → Fermentation kommt durch den Einsatz von Hefe zustande und sie kann, je nach Temperatur, 40 bis 72 Stunden dauern. In schottischen Malt-Brennereien, wo nur gemälzte Gerste verwendet wird, verläuft sie so stürmisch, daß die *washbacks* abgedeckt werden und der Schaum durch sich drehende Propeller gebremst wird. Anderswo ist die Gärung bei offenen *fermenters* weit sanfter. In Amerika werden auch meist sehr viel größere Behältnisse eingesetzt. Traditionellerweise waren sie aus Lärche, Eiche und vor allem aus Oregon Pine, aber neuerdings setzt sich, wegen der leichteren Reinigungsmöglichkeit, immer mehr Edelstahl durch, obwohl man auch die Meinung hört, daß Holz bessere Ergebnisse liefert. Am Ende des Vorgangs bleibt die → *wash* übrig, eine säuerlich-bittere Flüssigkeit, die oft auch *beer* oder → *ale* genannt wird, einen Alkoholgehalt von zwischen 7 % und 9 % aufweist und als eine Art schwaches Bier beschrieben wird. »Bier ist es«, schreibt Jim Murray, »aber nicht gerade schwach«. Manche Destillerie-Arbeiter bekämpfen mit ihm gerne ihren Kater.

Washington, George Amerikanischer Präsident und Whiskeyproduzent. Schon bevor er zum Oberhaupt des jungen Staates gewählt wurde, hatte er sich als Farmer und Destillateur betätigt. In den siebziger Jahren des 18. Jahrhunderts hatte er auf seiner Farm in Mount Vernon *stills*, mit denen er allerdings nicht Whiskey, sondern Rum brannte. Aber sein Verwalter James Anderson, ein gebürtiger Schotte, überredete ihn, auch Roggen anzupflanzen und daraus Whiskey zu machen. Seine Destillerie war profitabel und bei seinem Tod 1799 soll eine erkleckliche Menge in seinem Lagerhaus gereift sein.

Washington wußte alles über die Herstellung und auch den Konsum von Alkohol. Er hatte, anders als sein späterer Nachfolger Lincoln, ein positives Verhältnis zu ihm. Es ist jedenfalls überliefert, daß er 1777, als die neu gebildeten United States of America sich die »Stars and Stripes« als Flagge erkoren, Sorgen machte, daß seine Soldaten nicht genug Whiskey bekämen. »Die Vorteile von moderatem Alkoholkonsum«, soll er gesagt haben, »haben sich bei allen Armeen bestätigt und können nicht in Frage gestellt werden.« All das hinderte ihn freilich nicht daran, als erster Präsident des Staates auch der erste zu sein, der eine Steuer auf den Whiskey einführte und, als die Farmer sich gegen sie in der → »Whiskey-Rebellion« zur Wehr setzten, sie mit militärischer Gewalt durchzusetzen.

Wasser Eines der ganz wenigen Naturprodukte, die für die Herstellung von

Whisk(e)y verwendet werden dürfen – und das, was von sehr vielen, die in der Industrie arbeiten, aber auch von vielen Fachautoren für das Ausgangsprodukt gehalten wird, das den Charakter des Whisky am entscheidendsten prägt. So ist in Kentucky und Tennessee immer wieder zu hören, daß es das über den berühmten *limestone*, also über Kalksteinschichten laufende und deshalb mineralstoffarme Wasser sei, von dem der Whiskey besonders profitiere. Kein Besucher von Jack → Daniel Distillery kommt an der imposanten Höhle vorbei, aus der das wie ein Augapfel gehütete Wasser fließt. In Schottland beschwört man die besondere Weichheit des Wassers und meint, am geeignetsten sei Wasser, das über → Torf und Granit geflossen sei. Andere glauben das Gegenteil und versichern, daß das harte Wasser dem Whisky die besondere Würze gebe; → Glenmorangie mit seiner Tarlogie-Quelle, → Glenkinchie, aber auch → Highland Park sind Beispiele dafür. Die einen wie die anderen sorgen sich um ihre Quelle, kaufen, wie es schon der alte William → Grant getan hat, Land auf, um die Wasserversorgung sicherzustellen, und kümmern sich um den Umweltschutz.

Neue Forschungen haben ergeben, daß das Wasser keineswegs eine große Rolle spielt, daß es aber weder besonders weich noch besonders torfhaltig sein sollte. Natürlich spielt die Sauberkeit eine große Rolle und natürlich muß es die Sorge jeden Managers sein, daß die Quelle auch wirklich fließt. Denn nach wie vor gilt: ohne Wasser kein Whisk(e)y. In Schottland schließen im Sommer viele Destillerien, weil sie nicht genug Wasser haben. Auch auf die Quantität hat das Wasser Einfluß. Und wichtig ist auch die Temperatur: kalt soll das Wasser sein. Gebraucht wird Wasser an mehreren Stellen des Produktionsprozesses: dort, wo noch selbst → Malz in der → *kiln* gemacht wird, wird es zum Einweichen der → Gerste verwendet. Wasser ist zum → Maischen notwendig. Der Alkoholdampf der → *stills* wird nur dann zu flüssigem Alkohol, wenn die Kondensatoren durch kaltes Wasser gekühlt werden (dafür wird oft anderes Wasser verwendet, das nicht so kostbar ist, z. B. Flußwasser). Und Wasser wird natürlich gebraucht, um es unmittelbar nach dem letzten Destillationsvorgang dem Whisk(e)y zuzusetzen, bevor der → *new spirit*, der → *white dog* zum Reifen ins Faß kommt.

Waterloo Kanadische Destillerie, zwischen London und Toronto in Ontario gelegen, 1857 als Mühle gebaut, wo gleichzeitig, wie in vielen Mühlen damals, das überschüssige Getreide destilliert wurde. Sie wurde 1883 von Joseph Emm → Seagram gekauft und in der Folge stark ausgebaut. Sie war das Flaggschiff des immer größer werdenden Konzerns, mit mächtigen Ziegelsteingebäuden und einem meilenweit sichtbaren Schornstein. Einen Eindruck von ihrer Größe (und Schönheit) kann man sich heute nur noch von alten Bildern verschaffen. Denn nachdem Seagram sich entschied, die gesamte Produktion ihres kanadischen Whisky nach → Gimli zu verlegen, wurde Waterloo stillgelegt und bis auf drei Lagerhäuser abgerissen. In einem von ihnen ist seit 1884 das sehr lohnende Seagram-Museum untergebracht, wo man sich über die Geschichte der Firma und des kanadischen Whisky überhaupt informieren und den → *Museum Blend* kaufen kann. Das Museum hat auch Lorraine Browns Buch »The Story of Canadian Whisky« herausgebracht.

Wathen's Kentucky Straight Bourbon von einer Firma, die für zwei große Namen der amerikanischen Whiskeygeschichte steht: die Wathens, die einst den→ »Old Grand Dad« Raymond B. Hayden beerbten und die American Medicinal Spirits Company gegründet hatten und Charles → Medley. Er und sein Sohn Samuel gehören tatsächlich zu der berühmten Familie, die von einem englischen Katholiken abstammt, der 1635 nach Maryland auswanderte. Die Medleys sind durch Heirat mit den → Beams verwandt. Sie besaßen im Lauf der Zeit gleich mehrere Destillerien, davon eine in Owensburg, arbeiteten aber in jüngster Zeit für andere Brennereien. Ihre berühmteste Marke war der → *Ezra Brooks*. In den achtziger Jahren verlor ihre Firma ihre Selbständigkeit und wurde von ihrem ortsansässigen Konkurrenten → Glenmore gekauft. Der wiederum wurde 1991 von → UD geschluckt, die alle Medley-Marken verkauften. Der einzige *Medley*, der noch den Namen der Familie und Firma trägt, wird heute in Deutschland abgefüllt, von Dethleffsen in Flensburg. Der → *single barrel Wathen's* mit seinen 47 % könnte aber durchaus noch aus den Beständen der alten Owensburger Brennerei stammen. Sein Alter ist freilich nicht angegeben, nur die Faßnummer und das Abfülldatum 27. 3. 1997.

Watt, Andrew A. Irischer Destilleriebesitzer, dem einst die Derry Distillery gehörte, die bis Anfang der Zwanziger Jahre in Familienbesitz blieb, ehe sie 1922 von der schottischen → DCL gekauft und wenige Jahre später endgültig geschlossen wurde. Die Familie blieb aber bis 1970 im Whiskeygeschäft und verkaufte u. a. einen Blend mit dem Namen *The* → *Tyrconnell*. Er, ursprünglich ein → Pure Pot Still und besonders erfolgreich in den USA, war benannt nach einem Rennpferd, das Watt gehörte und 1876 bei der Irish Classic die begehrte Queen Victoria-Medaille gewonnen hat. Der Name steht auch heute wieder auf Flaschen. → Cooley Distillery hatte die Rechte an der Marke und am Namen Watt erworben und brachte mit *The Tyrconnell* 1992 ihren ersten Single Malt auf den Markt. Auch ein weiterer alter Watt-Whiskey wurde von Cooley wiederbelebt: der → *Inishoven*, der bei Watt allerdings »Innishhoven« geschrieben wurde.

Waverly Vintners Ltd. Britische Tochter des Brauereikonzerns → Scottish & Newcastle, die ihren Namen auch in jüngster Vergangenheit manchmal variierte, früher in Edinburgh saß und heute von Perth aus operiert. Sie ist vor allem im Weinhandel engagiert, verfolgt aber immer noch, wenn auch nicht so stark wie früher, Whiskyinteressen. Unter dem Dach der Gruppe hatten sich einst mehrere Firmen angesammelt mit eigenen Brennereien und vor allem einer ganzen Reihe gut eingeführter Marken. Eine wichtige Tochter war

Charles → Mackinlay & Co., denen die → Isle of Jura Distillery und der Blend → *Mackinlay's* gehörte. Auch Bruce & Co. in Leith mit der Marke → *Northern Scot* war eine Tochterfirma. Eine weitere Brennerei im Konzernbesitz war → Glenallachie. Anfang der achtziger Jahre kauften die Bierbrauer die kleine schottische Firma Peter Thomson in Perth mit ihren beiden Marken → *Beneagles* und → *Huntingtower*. Sie sind die beiden einzigen Eigenmarken, die Waverly heute noch herstellen läßt und vertreibt. Alles andere einschließlich der Brennereien wurde um 1985 an → Invergordon verkauft, die auch den *Mackinlay's* wieder herausbrachten, auch die beiden Ewan-Marken → *Glen Clova* und → *Scots Club* im Portfolio haben und für Waverly die beiden Thomson-Blends abfüllen. Die Firma betätigt sich heute vor allem im Großhandel und hat z. B. 1997 den Vertrieb der Whiskies der irischen Firma → Cooley Distillery übernommen. Sie war bis 1999 auch für den Verkauf von → *Glenfarclas* in Großbritannien verantwortlich.

Weißer Whisk(e)y Bezeichnung für wasserklaren, farblosen Whisk(e)y. Natürlich kommt jeder Whisk(e)y zunächst einmal weiß auf die Welt. Das Destillat, das aus der Brennblase fließt, wird in den USA denn auch als → *white dog* bezeichnet. Er hat viele Liebhaber, besonders wenn er nicht legal, sondern schwarz, als → *moonshine* in Amerika, als → *poitín* in Irland oder → *peatreek* in Schottland hergestellt ist. Schottische Brennerei-Arbeiter lieben aber zuweilen auch ihren → *Baby whisky*, ihren → *clearic spike*. Obwohl es eigentlich ein Paradox ist, haben zuweilen sogar legale Hersteller den Anschein zu erwecken versucht, ihren Kunden, natürlich ganz legal hergestellten, jungen weißen Whisk(e)y anzubieten. Beispiele dafür sind der → *Georgia Moon* in den USA, der → *Bunratty Potcheen*, der von → UD schnell wieder aufgegebene → *Hackler* und der ebenfalls in Irland produzierte → *Knockeen*, oder der → *Cape Breton Silver* von → Glenora. Dennoch hielten viele Whiskyliebhaber den → *Glen Kella* von der Insel Man, der inzwischen nicht mehr Whiskey heißen darf, sondern in → *Manx spirit* umgetauft wurde, für den ersten weißen Whisk(e)y. Er, weiß geworden durch ein nochmaliges Destillieren schon faßgelagerter schottischer Whiskies, war es nicht. In Kanada hat es eine weiße Version des → *McGuinness* gegeben, aus Schottlands kamen einst die Blends *The White* und *Carnaby Street*, aus den USA ein weißer → *Tom Moore*.

Weizen-Whisk(e)ys Bezeichnung für eine kleine Gruppe von Bourbons, bei denen nicht die sonst übliche → *mash bill* aus mindestens 51 % Mais, einem Anteil Roggen und gemälzter Gerste verwendet wird. Bei ihnen wird der Roggen durch Weizen ersetzt. Das Verfahren war vor allem bei den Marken üblich, die von → Stitzel-Weller (später in der → Bernheim Distillery) hergestellt wurden. Zu ihnen gehören der → *Old Fitzgerald*, der → *Rebel Yell* und der *W. L. Weller*. Auch der *Maker's Mark* ist ein Weizen-Whisky (in seinem Fall ohne das »e«).

Welsh Whisky Co, The Walisische

Firma, die in ihrer Sprache sehr viel schöner Cwmni → Chwisgi Cymreig Cyf heißt und in Brecon zu Hause ist. Sie wurde 1974 von Mal Morgan und dem ehemaligen Lufthansapiloten Dafydd Gittins und dessen Frau Gillian gegründet, die davon überzeugt waren, damit an die alten Zeiten anzuknüpfen, als auch in → Wales Whisky gemacht wurde. In ihrem Fall stimmte das »machen« nur bedingt, denn sie konnten natürlich nicht selbst destillieren. Vielmehr kauften sie Whisky in Schottland ein und verarbeiteten ihn in ihrem kleinen Brauhaus in dem Pub »Camden Arms« zu einem Blend, den sie 1976 unter dem Namen → *Swn y' Mor* auf den Markt brachten. 1982 zogen sie um in den Ffrwdgrech Estate und vier Jahre später erschien ihr → *Prince of Wales*, ein Malt, den sie Single Vatted nannten, weil er tatsächlich ein Single Malt (aus → Tomatin) war, den sie aber, alten Gewohnheiten (nicht nur in Wales) folgend mit Kräutern »gefiltert« hatten. Um endlich auch destillieren zu können, zog das Unternehmen noch einmal um und begann 1992 im Industriegebiet Parc Menter mit der ersten Produktion aus → *stills*, die Studenten der Universität von Sussex entworfen hatten. Sie mußten überarbeitet werden, aber seit 1996 scheinen die Probleme überwunden zu sein und vielleicht gibt es bereits zur Jahrtausendwende einen echten → Chwisgi Cymreig. Einstweilen gibt es schon einen Laden, in dem man neben den beiden genannten Marken auch Gin und Wodka und den Sahne-Whiskylikör → *Merlyn* kaufen kann.

Western Club Kentucky Straight Bourbon, der mit 8 Jahren und 40 % von einer nicht bekannten Destillerie produziert und ausschließlich in Frankreich von der Firma S. L. A. U. R. in Le Havre verkauft wird.

Weston Amerikanische Destillerie in dem kleinen Ort Weston in → Platte Valley an der Westgrenze des Bundesstaates Missouri hart an der Grenze zu Kansas. Der Ort ist nach seinem Gründer Tom Weston benannt. Das Gelände, auf dem die Brenneri liegt, soll den indianischen Besitzern für ein einziges Faß Whiskey abgekauft worden sein. Sie existiert seit 1856 und hieß u. a. Blue Springs, Old Weston und McCormick Distillery. Diese Firma, der auch die Brennerei → Pekin in Illinois gehört, schloss 1985 ihre Anlage in Weston, blieb aber im Whiskeygeschäft, sorgt auch dafür, daß alle Geräte gut gepflegt werden, so daß eine Wiederaufnahme der Produktion jedenfalls nicht ausgeschlossen ist. Allerdings hat McCormick kürzlich einen Vertrag mit → Heaven Hill geschlossen, um, wenn die Vorräte aus Weston und aus Pekin aufgebraucht sein werden, ihre diversen Bourbons und Corn Whiskies auch weiterhin anbieten zu können. Bevor Fritz Maytag seine → Anchor Distillery in San Francisco eröffnete, war die Brennerei in Weston die westlichste des Landes.

»What is Whisky«-Case Eine Auseinandersetzung, die in der Geschichte des schottischen und des irischen Whisk(e)y eine bedeutende Rolle spielte und Auswirkungen hatte, die bis heute anhalten: an ihrem Ende stand eine Definition dessen, was sich überhaupt »Whisk(e)y« nennen durfte. Auslöser waren die Klagen darüber, daß in Lokalen immer wieder Blends angeboten wurden, die von zweifelhafter Qualität waren. Die Klagen gelangten im November vor ein Gericht im Londoner Stadtteil Islington und gegenüber standen sich im wesentlichen die Produzenten von Malt und Grain. Am 26. Februar 1906 entschied das Gericht für den Malt, wogegen die Grain-Brenner sofort Einspruch erhoben. Die DCL war so dreist, in der »Daily Mail« eine Annonce zu lancieren, die dazu aufforderte, ihren → *Cambus Single Grain* zu probieren, um dem »Publikum die Möglichkeit zu geben, herauszufinden, was purer *patent still whisky* wirklich« sei. Die Kampagne lief ebenso lange wie das Gerichtsverfahren. Das Gericht gab sich viel Mühe. 1909 fiel die Entscheidung. Die Royal Commission gab einen abschließenden Bericht heraus, in dem sie darauf hinweis, daß sie 37 Sitzungen abgehalten, 116 Zeugen gehört und zahlreiche Dokumente geprüft habe. Der Spruch lautete, daß man keinen Beweis dafür gefunden habe, daß »die Form der *stills* einen Einfluß auf den Charakter des Destillats« habe. Im Klartext: Alles war Whisk(e)y: Malts, Blends und sogar Grains. Auf dieser Definition baut seither die britische und auch die irische Gesetzgebung auf, die einige Details hinzugefügt hat wie z. B. die Mindestreifezeit und die Benutzung von Eichenfässern. Diese Definitionen sind auch von der Europäischen Union übernommen worden. Sie haben sicher dazu beigetragen, den Malt aus Schottland lange zu behindern und den irischen → Pure Pot Still nahezu gänzlich aussterben zu lassen. Vielleicht hätte man die Entscheidung doch einem Gericht in Dublin oder Edinburgh überlassen sollen und nicht einem Londoner ....

Whisk(e)y Das Wort wurde zuerst in den englischsprachigen Ländern für eine Spirituose verwendet, die aus einer Getreide-Maische destilliert wird. Heute wird es es überall da gebraucht, wo diese aus Schottland, Irland, Kanada oder den USA kommenden Spirituosen getrunken oder auch selbst produziert werden, zum Teil unter Verwendung importierter Bestandteile. »Whisk(e)y« ist keine geschützte Herkunftsbezeichnung, anders als etwa Champagner. Deshalb wird Whisk(e)y heute auch z. B. in Australien, Brasilien, Deutschland, Indien, Japan, Neuseeland oder der Tschechischen Republik hergestellt, um nur einige Länder zu nennen. Die Bezeichnungen Bourbon, Irish oder Scotch dagegen sind geschützt und dürfen nur für Whiskies verwendet werden, die dort hergestellt sind.

Diese Whiskies weisen große Verschiedenheit auf, gehen aber alle historisch auf den Malt Whisky zurück, der vermutlich zuerst in Irland destilliert wurde – die gesicherte erste schriftliche Quelle dagegen ist schottisch und spricht von einem Klosterbruder John → Cor, der »acht Maß Malz bekommt, um daraus Whisky zu machen«. Daß sich im Lauf der Geschichte neue Whisk(e)yarten entwickelt haben, hängt damit zusammen, daß nicht überall das Ausgangsmaterial Gerstenmalz zur Verfügung stand und daß auf der Suche nach preisgünstigeren Möglichkeiten entdeckt wurde, daß auch aus anderen

Getreidesorten destilliert und vor allem mit anderen Methoden destilliert werden konnte. Auch in Schottland hat man bald ungemälzte Gerste verwendet – weil nur Gerstenmalz besteuert wurde. In den USA und in Kanada arbeiteten die neuen Siedler mit dem Getreide, das sie vorfanden oder mitgebracht hatten. Sie nahmen Roggen und später auch Mais. Völlig neue Möglichkeiten eröffnete die Erfindung der → *patent still* in den zwanziger Jahren des letzten Jahrhunderts, die eine kontinuierliche Produktion möglich machte und sehr viel rationeller war als das Brennen in den → *pot stills*.

Tatsächlich definieren sich die einzelnen Whisk(e)yarten vor allem durch die Zusammensetzung der Maische, die als Grundlage des Fermentierens und Destillierens dient. Die eigentlich auch wichtigen Brennapparate spielen keine Rolle mehr, seit ein Gericht im Londoner Stadtteil Islington im Jahr 1909 im berühmten → »What is Whisky«-Case geurteilt hat, daß sowohl in *pot stills* erzeugter Malt als auch in *patent stills* destillerter Grain sich »Whisky« nennen dürfe. Seitdem gilt, daß Malt aus 100 % gemälzter Gerste gemacht sein muß, Grain aus allem möglichen Getreide (meist entscheidet der Marktpreis) und schottischer Blend eine Mischung von beiden ist. Ähnlich ist es in Irland. In den USA darf Bourbon überall, nicht nur in Kentucky produziert werden, muß aber aus mindestens 51 % Mais gemaischt werden, während der Rye aus mindestens 51 % Roggen entsteht. Von Corn spricht man, wenn über 80 % Mais gebrannt werden, Tennessee Whisk(e)y muß zusätzlich dem → *Lincoln County Process* unterworfen werden. Auch hier findet man (wenige) Blended Whiskies. In allen Ländern gibt es zudem gesetzliche Vorschriften über die Reifezeit.

Das Wort selbst ist eine englische Verballhornung des urspünglichen → »uisge beatha« aus dem Schottisch- bzw. »uisce beatha« aus dem Irisch-Gälischen – woran man sieht, daß die Aufspaltung in zwei verschiedene Schreibweisen schon eine alte Tradition hat. Ironischerweise ist ins Englische nur der erste Teil des Wortes übernommen worden, der einfach nur »Wasser« bedeutet, während es im Gälischen für »Wasser des Lebens« steht und eine Übersetzung des lateinischen »aqua vitae« ist. Über die gälische Zwischenform »usquebaugh« wurde es zu »uisge«, »usky« und Whisky und fand, in dieser Schreibweise, Eingang ins offiziöse »Dictionary« Dr. Johnsons. In dieser Form wurde es auch noch Anfang des Jahrhunderts in Irland verwendet, aber einige Dubliner Destillerien hatten zuvor schon begonnen, um sich von ihrer ländlichen Konkurrenz abzuheben, ihr Produkt mit dem »e« zu schreiben. Auch in den USA gibt es beide Schreibweisen: sie sind, hier wie dort, Konvention, die irgendwann zur Regel erklärt wurde. Heute schreiben die Schotten und die Kanadier Whisky, die Iren und die meisten Amerikaner bevorzugen Whiskey und der Rest der Welt orientiert sich an dem Whisk(e)ytyp, den er nachzumachen versucht.

Whisk(e)ydrinks Während viele Whisk(e)yliebhaber schon die Zugabe einiger Tropfen Wasser für eine unzulässige und unverzeihliche Verunreinigung ihrer geliebten Getränkes betrachten, sind erfahrene Barchefs und Cocktailexperten der Ansicht, daß Whisk(e)y keine ideale Grundlage für die Herstellung eines gemixten Drinks sei. Sie halten den Bourbon für geeigneter als den Scotch oder gar den Irish und weisen darauf hin, daß es eigentlich nur drei echte Whiskeydrinks gäbe: den Manhattan, den Mint Julep und den Old Fashioned, die in mehreren Varianten zubereitet werden können. Natürlich muß man auch den Whiskey Sour nennen und zugeben, daß Whisk(e)y ideal ist für einige heiße Getränke wie den berühmten Irish Coffee oder den Toddy, der ebenfalls mehrere Variationen kennt.

Folgende Whisk(e)ydrinks sind in dieses Buch aufgenommen: Affinity, Apology, Bagpiper's Melody, Beatlestone, Beltline Cocktail, Blackthorn, Blood and Sand, Bloody Macallan, Bobby Burns, Bourbon Crusta, Bourbon Highball, Bourbon Milk Punch, Bourbon Slushie, Braemar Cocktail, Brooklyn, Brown Fox, Bully, Bunratty, Captain Collins, Colonel Collins, Collins, Debonair Cocktail, Eldorado, Florian, Frisco Sour, Golden Nail, Hair of the Dog, Happy Morning, Horse's Neck, Hot Buttered Whisky, Hot Whiskey, Hot Whisky Skins, Irish Coffee, John Collins, Manhattan, Mary of Scotland, Mike Collins, Mint Julep, Morning Glory Fizz, Nineteen-Hole-Cocktail, Old Fashioned, Piratengift, Rattlesnake, Rob Roy, Rory o'Moore, Rusty Nail, Sandy Collins, Sazerac, Scuff-Law, Scotch Sour, Stump Lifter, Sugar Buttie, Sweet Science, Thistle Cocktail, Tipparary, Toddy, Ward Eight, Whiskey Hot Toddy, Whiskey Sour und Whisky Mac.

Whiskey Hot Toddy Eine Variante einmal des klassischen Toddy und des Whiskey Sour. Bei ihr werden ein gutes Maß Bourbon mit 2cl Zitronensaft und Zuckersirup nach Geschmack erhitzt, mit heißem Wasser aufgegossen und mit Nelken und Zitronenscheibe serviert.

Whiskey Rebellion Mit Recht urteilt Jim Murray in seinem Buch »Classic Bourbon«, daß die Whiskey Rebellion mehr als die Fußnote in der amerikanischen Geschichte verdient, die sie meist bekommt. Sie brach erst im Jahr 1794 aus, aber ihre Vorgeschichte geht bis auf 1786 zurück. Sie zeigt, welcher Geist die Siedler beseelte, die ihre alte Heimat in Europa verlassen hatten, um in Amerika den »wilden Westen« zu besiedeln. Und sie zeigt, daß auch der neugegründete Staat schnell den Whiskey als Steuerquelle entdeckte – diesmal allerdings zunächst weniger, um seine Armee zu finanzieren, als um Mittel aufzutreiben, das Land zu einer Handelsnation zu machen. Alexander Hamilton, Sekretär für das Finanzwesen, schlug Präsident George Washington vor, die Herstellung von Whiskey zu besteuern und zwar unabhängig davon, ob das kommerziell oder nur für den eigenen Gebrauch geschah. Die Siedler in Pennsylvania, viele von ihnen hatten Schottland und Irland eben wegen der Alkoholsteuer verlassen, fanden, statt ihnen Geld abzunehmen solle die Regierung sie besser beschützen und verweigerten die Zahlung. Ihr erstes Opfer wurde ein Steuerbeamter, den sie teerten und federten, nachdem sie ihm seine Pistolen abgenommen hatten.

Die eigentliche Rebellion begann 1794, als aufgebrachte Siedler das Haus eines anderen Zöllners angriffen, wobei ein Brenner starb. Soldaten marschierten auf und verhafteten 500 Farmer. Einer starb dabei, worauf ein Marsch nach Pittsburgh organisiert wurde, an dem sich 7000 Menschen beteiligten. Sogenannte Freiheitsbäume wurden errichtet. Von Hamilton aufgefordert, schickte der Präsident (der selbst Whiskey machte!) schließlich 12 000 Soldaten – mehr als man im Kampf gegen die Briten gebraucht hatte. Sie schlugen die Rebellion nieder. Auch in den USA, die sich die Freiheit aufs Banner geschrieben hatten, war das natürliche Recht eines Menschen, sich ohne Steuern seinen eigenen Whiskey zu machen, abgeschafft.

Whiskey Sour Whiskeydrink. Er ist vielleicht der Klassiker unter ihnen schlechthin. Es gibt viele Rezepte, auch Varianten mit Irish Whiskey und mit Scotch, aber das traditionelle sieht Bourbon vor und geht so: Man nehme zwei Teile Bourbon auf einen Teil Zitronensaft, gebe einen Löffel Puderzucker hinzu und einen halben Teil Zuckersirup, schüttle sie mit Eis, serviere sie aber ohne Eis im Champagnerglas oder im Tumbler.

Whisky Barons Spitzname für die Angehörigen der → Big Five, also der großen schottischen Whiskyfirmen James → Buchanan & Co., John → Dewar & Sons, John → Haig & Co., John → Walker & Sons und → White Horse Distillers. Sie alle kamen durch ihren geschäftlichen Erfolg nicht nur zu großem Reichtum, sondern tatsächlich zu Adels-Ehren. Allerdings wurden die Prädikate nicht gleichmäßig auf alle verteilt: Douglas Haig wurde nicht seiner Verdienste um den Whisky bzw. dessen Export geehrt, sondern weil er sich durch seinen vernichtenden Sieg über die Deutschen um das Vaterland verdient gemacht hat. Er bekam ein Reiterstandbild vor dem Schloß zu Edinburgh und den Titel eines Earl, den er hinfort aber auch zum Wohl der Familienfirma zu nutzen verstand. James Buchanan wurde immerhin 70, ehe er 1922 seinen Titel bekam und sich Lord Woolavington of Lavington nennen konnte. Die Brüder John Alexander und Thomas »Tommy« Dewar waren dagegen bereits 1901 bzw. 1907 zum Ritter geschlagen worden. Der ältere Dewar wurde 1917 zum Baron Forteviot of Dupplin, während »Whisky Tommy« die Baronswürde zwei Jahre später verliehen bekam und sich hinfort Baron Dewar of Homestall nannte.

Peter Mackie, die treibende Kraft hinter White Horse Distillers, brachte es nie zu ganz hohen Ehren und mußte sich (seit 1920) mit dem Titel eines Baronets begnügen. Und bei den Walkers gar schaffte es überhaupt kein Mitglied der Familie, sondern nur der von außen kommende James Stevenson, der 1924 Baron Stevenson wurde, aber wohl mehr wegen seiner überragenden Verdienste um die britische Munitionsversorgung im 1. Weltkrieg und als Generalinspekteur für Kriegsmaterial beim War Office von 1919 bis 1921. Ohne daß er zu seinen Lebzeiten einen Adelstitel bekommen hätte, rechnet Allen Andrews in seinem Buch »The Whisky Barons« (1977) auch Walter Barry von → Berry Bros. & Rudd zu der erlauchten Schar, weil er, wie die anderen, dem Scotch Whisky zum Sieg verholfen hat – in einer Zeit, die zwischen den Walzern eines Strauß und dem Charleston der zwanziger Jahre lag und zwischen den zwei »amerikanischen Katastrophen« der → Prohibition und dem durch die (amerikanische) Reblaus verursachten Phyloxera-Desaster, die den Hauptkonkurrenten Brandy aus dem Feld schlug. Ironischerweise war es übrigens der größte Prohibitionsbefürworter seiner Zeit, David Lloyd George, der als Prime Minister seinem König vorschlagen mußte, die Whiskybarone (außer Stevenson, das war später) auszuzeichnen.

Whisky Breton Französischer Whisky, »elaboré en Bretagne«. Es sind zwei Versionen bekannt, eine nennt Warenghem als Hersteller, die andere die Destillerie Menez-Bré, die aber beide als Ort Lannion an den »Ufern des Flusses Léguer« nennen. Menez-Bré wiesen ihren Whisky als Blend aus, ohne indes mitzuteilen, ob dafür irgendwelche Bestandtteile aus Schottland verwendet wurden oder ob man alle Destillate selbst hergestellt hat. Wie bei Jacques → Fisilier, der ebenfalls in der Bretagne arbeitet, bleibt also vieles unklar, vor allem läßt auch dieser Whisky offen, ob das alte keltische Land nun auf die Landkarte der Whisky-Länder gehört oder nicht – eine Frage, die sich nach dem → *Armorik* nunmehr eindeutig beantworten läßt.

Whisky crash Er beendigte schnell und heftig die Jahre des Whiskybooms, der in den neunziger Jahren des letzten Jahrhunderts ausgebrochen war, und läßt sich personifizieren in den Gestalten der beiden Pattison-Brüder Robert und Walter. Auch sie, Lebensmittelhändler aus Leith, waren von Boom angelockt worden, von den sagenhaften Erfolgen, die mit den schottischen Blends erzielt wurden, die zur Entstehung vieler bekannter Marken, zur Gründung vieler Handelsfirmen, aber auch zahlreicher neuer Brennereien in den Highlands geführt hatten. Die Pattisons eröffneten eine Firma in Edinburgh mit Zweigniederlassungen in Glasgow und London, beschäftigten über 150 Handelsvertreter, investierten riesige Summen in aufsehenerregende Werbekampagnen, ließen sich von keinem Geringeren als Alfred Barnard eine Firmenbroschüre schreiben, kauften u. a. → Glenfarclas und wohnten natürlich in fürstlichen Residenzen. Es dauerte nur zweieinhalb Jahre, ehe ihre Firma Pattison, Elder & Co., wie sie sich nannten, zusammenbrach – mit Gesamtschulden in Höhe von 743 000 Pfund. Die beiden Inhaber mußten sich vor Gericht verantworten und wurden zu mehrmonatigen Gefängnisstrafen wegen Betrugs verurteilt. Doch der Bankrott hatte nicht nur für sie schlimme Folgen. Er löste die erste große Krise der schottischen Whiskyindustrie aus und zog viele andere in Mitleidenschaft. Er kostete manchen die Existenz und noch mehr Firmen die Selbständigkeit. Brennereien, auch die, die erst kurz vorher eröffnet worden waren, mußten schließen, wurden verkauft. Marken verschwanden. Nicht alle hatten die Kraft und die Möglichkeiten, wie William → Grant & Sons, einen eigenen Blend wie den *Standfast* aufzubauen, um die Mengen zu kompensieren, die ihnen vorher von Pattison abgenommen worden waren. Es dauerte Jahre, bis sich die Industrie von dem *crash* erholt hatte.

Whisky de Bretagne Französischer Whisky, der in numerierten Flaschen ohne Altersangabe und mit 41 % kommt. Sie tragen die Signatur von Jacques Fisilier, der in Rennes in der Bretagne seinem Handwerk als »Artisan Liquoriste« nachgeht. Er stellt mehrere alkoholische Getränke her und führt auch einen nicht näher definierten Whisky namens → *Glenroc*. Während dieser zumindest im Norden → Frankreichs gut zu bekommen ist, ist der *Whisky de Bretagne* nur schwer zu finden. Noch schwerer ist es, über ihn Einzelheiten zu erfahren. Immerhin trägt er um den Hals ein kleines Papier, das ihn als Malt ausweist, was allerdings auf dem Label selbst nicht steht. Monsieur Fisilier ist nicht zu erreichen, seine Frau gibt freundlich Auskunft, verspricht, daß er schreibt, was er natürlich nie tut. Nur soviel verrät sie, daß ihr Mann die Fabrikation von einer anderen Firma übernommen habe – und sie schwört heilige Eide, daß er ihn selbst produziert und nicht etwa aus Schottland bezieht. Schade, daß es keine Gewißheit gibt; die → Bretagne auf die Whiskylandkarte zu setzen, wäre in jedem Fall ein Gewinn, denn sie ist keltisches Land.

Whisky Galore Ein Scotch, ein Buch, ein Film, eine Legende, eine wahre Geschichte. Fangen wir mit ihr an: Es war im Kriegsjahr 1941 und die Bewohner der äußeren Hebrideninseln litten wie alle Briten sehr darunter, daß der Whisky rationiert war. Das wenige, was überhaupt produziert wurde, ging, als Zahlungsmittel für Kriegsgüter, in die USA. Die Stimmung war schlecht und alle litten, auch die Bewohner von Eriksay. Bis in einer Nebelnacht unmittelbar vor ihrer Küste ein Schiff auf Grund lief, das, wie man schnell herausfand, mit Zehntausenden von Kisten mit den besten Blends beladen war. Bevor die Zollbehörden und der Kommandant der Home Guard eingreifen konnten, bargen die durstigen Leute das kostbare Gut, gerade noch rechtzeitig, ehe die → »S.S. Politician« ganz versank. Kommandant dieser Home Guard war kein anderer als der Schriftsteller Compton McKenzie, der nach dem Krieg diese Geschichte in seinem Buch »Whisky Galore« (das heißt »Whisky satt«) nacherzählte – nicht ohne sich selbst liebevoll als hoffnungslos vertrottelten Offizier auf den Arm zu nehmen.

Das Buch wurde zum Bestseller (eine deutsche Übersetzung mit dem drögen Titel »Das Whiskyschiff« ist leider seit langem vergriffen). Eine Verfilmung folgte. Alexander Mackendrick führte Regie in einer jener Komödien, die den britischen Film damals groß machten, er ließ die Leute so sprechen, daß sie auch in London verstanden werden konnten, fand wirklich eine unglaublich gute Besetzung und in Joan Greenwood als Posthalterstochter die Frau mit der »sexiest voice« des gesamten britischen Films. Sie spielte insofern eine tragende

Rolle, als ihre Hochzeit ohne genügend Whisky nicht hätte stattfinden können, und sie natürlich als Telefonvermittlerin alles mitbekam, was der Offizier dem Zoll flüstern wollte.

Es wurde, vor allem auf den Inseln, wo man sich an das denkwürdige Ereignis erinnert, als habe es gestern stattgefunden, immer gemunkelt, daß noch Flaschen auf dem Schiff sein müßten. 1990 fanden sich endlich genügend Investoren, die eine Expedition ausrüsteten – in der Hoffnung, die gefundenen Flaschen für viel Geld zu versteigern. Leider trog die Hoffnung. Aber es gab immerhin ein paar Buddeln und man schuf einen Blend namens *S.S. Politician*, der, obschon sehr teuer, schnell verkauft war. Dieser Erfolg führte zur Entscheidung, einen Nachfolger zu kreieren, die *Whisky Galore Atlantic Reserve*. Ob sie auch nur einen Tropfen von dem historischen Stoff enthält, bezweifeln nicht nur die Leute von Eriksay.

Whiskylikör Whisk(e)yspezialitäten für diejenigen, die es etwas süßer lieben. Wer sie für eine Vergeudung von gutem Whisk(e)y hält, sollte sich ins Gedächtnis rufen, daß solche Getränke so alt sind wie der Whisk(e)y überhaupt. Der wurde früher bekanntlich ungereift als frisches Destillat getrunken, das oft rauh und scharf war, was man durch die Zugabe von Kräutern, Honig oder Milch zu mildern versuchte. Der »Welsh Whisky« →*Prince of Wales* ist ein modernes Beispiel für eine Verfeinerung durch Kräuter, der →*Drambuie* der große Klassiker für die Liköre, die mit Kräutern und Honig arbeiten.

Solche Liköre waren schon im Mittelalter, nicht nur auf Whisk(e)ybasis, weit verbreitet. Dagegen sind die Liköre, für die Sahne verwendet wird, erst eine moderne Erfindung. Der erste von ihnen, 1974 kreiert, war der →*Bailey's*, der solch ein durchschlagender Erfolg wurde, daß er viele Nachfolger gefunden hat, vor allem in seiner Heimat Irland. Die *creams* enthalten weit weniger Alkohol als die Kräuterliköre, von denen es einige durchaus auf 40 % bringen, während die Sahnevarianten selten mehr als 17 % aufweisen. Eine dritte Sorte sind die Liköre, die mit Zitronenschalen aromatisiert sind. So gibt es vom *Wild Turkey* einen Likör; »Rock and Rye« gibt es sogar von mehreren Firmen. Dagegen ist der sehr erfolgreiche →*Southern Comfort*, der oft dafür gehalten wird, kein Whiskeylikör.

Insgesamt ist die Gattung ungemein populär, was sich darin erweist, daß immer mehr Liköre auf den Markt gebracht werden. Ein *Glenfiddich Liqueur* ist dafür ebenso ein Beispiel wie der leichte *Fairley's* oder der *Wallace* und der *Cock o' the North*, um nur einige zu nennen. Sie ergänzen die schon länger angebotenen Kräuterliköre *Dunkeld Atholl Brose* (ebenfalls ein Klassiker), *Glayva*, *Irish Mist*, *Lochan Ora* und *Stag's Breath*. Sahneliköre sind u.a der *Carolans*, *Columba Cream*, *Dubliner, Emmets*, *Heather Cream*, *Meadows* und *Merry's*.

Whisky Loch Das Wort ist schottisch, nicht deutsch, und bedeutet See. Es wird benutzt, um liebevoll und ironisch einen höchst kritischen Zustand zu beschreiben, an dem die schottische

Whiskyindustrie seit langem leidet: daß Überproduktionen vorhanden sind. Sie sind (aus der Sicht der Industrie) gefährlich für die Stabilität der Preise, gefährden Arbeitsplätze und verursachen immer wieder Schließungen oder zumindest Stillegungen von Brennereien. Das Problem, mit dem sich die Hersteller konfrontiert sehen, beruht darin, daß Whisky nicht sofort nach seiner Destillation gebraucht wird, sondern mindestens drei, meist aber viel mehr Jahre reift, ehe er verkauft wird, und daß niemand genau voraussagen kann, wieviel Malt aus einer Brennerei in, sagen wir, zwölf Jahren verwendet wird, um als Single Malt abgefüllt oder zum Blenden an andere Firmen verkauft zu werden. Ergebnis dieser Unsicherheit ist, daß es in Schottland immer entweder zu viel oder zu wenig Whisky gegeben hat; »Too much or too little«, hieß sogar eine kleine Broschürenreihe, die von → Tomatin in den achtziger Jahren herausgegeben wurde. Das »too much« ergibt dann das Whisky Loch, das nur trokkengelegt werden kann, wenn der Verkauf gesteigert wird und der Whiskyliebhaber mehr verbraucht.

Whisky Mac Whiskydrink, der zu den traditionellen schottischen Getränken zählt und eher zu Hause als in der Bar getrunken wird. Es handelt sich um eine Mischung aus Scotch und einer alkolischen Flüssigkeit, die man woanders möglicherweise überhaupt nicht kennt: Ingwerwein. Ein Engländer nimmt den von Stone, ein echter Schotte natürlich nur den von Crabbie, einer alten Firma, die ihre Produktionsstätten in Leith hatte und vor wenigen Jahren von Glenmorangie pcl gekauft wurde. In welchem Verhältnis beide, der Scotch und der Gingerwine, gemischt werden, muß man ausprobieren.

Whisky Newsletter Monatlich erscheinende Publikation, die von Alan S. Gray für Sutherlands Limited in Edinburgh herausgeben wird und früher bei Campbell, Neill & Co. bzw. von 1990–1992 bei Charterhouse Tilney, beide in Glasgow, erschien. Sie muß lesen, wer alles über Scotch Whisky wissen will: Allan S. Gray gilt als einer der bestinformierten Leute, was ihm u. a. auch von Richard Grindal bescheinigt wird, der selbst ein alter Insider ist und nicht nur unter seinem Namen Bücher schreibt (»Return to the Glen« und »The Spirit of Whisky«, deutsch »Das Whisky Brevier«), sondern unter dem Pseudonym Richard Grimes auch Krimis. In »The Tartan Conspiracy«, in der zwei fiktive Brennereien vorkommen, holt sich die Hauptfigur Rat bei jemand, hinter dem sich nur der wirkliche Gray verbergen kann. Er kann über alles Auskunft geben – und das tut er auch im »Newsletter«: Hintergründe, Analysen, Personalien, Umsätze und Aussichten, Käufe und Verkäufe, Produkte – und Börsenbewertungen. Das Monatsblatt wird ergänzt durch die jährlich erscheinende »The Scotch Whisky Industry Review« mit umfassenden Berichten, Statistiken, Firmeninformationen bis hin zu den Sponsoring-Aktivitäten der einzelnen Unternehmen. Man kann nur beide zusammen abonnieren und spätestens der stolze Preis von 600 Pfund läßt deutlich werden, für wen Alan S. Gray die ganze Arbeit tut: für Börsianer und

Investoren. Aber wer z. B. früh Wind kriegen will von einer Megafusion (etwa zwischen → Guinness und → Grand Metropolitan), der muß in den teuren Apfel beißen.

Whiskyregionen Während in den USA mit → Kentucky und → Tennessee nur zwei regionale Herkunftsbezeichnungen üblich sind, werden in Schottland mehrere Regionen unterschieden. Die Unterscheidung zwischen den → Highlands und den → Lowlands geht bereits zurück auf alte Auseinandersetzungen zwischen den Inhabern der großen Destillerien im Süden und den oft in sehr kleinem Maßstab arbeitenden Brennereien im Norden, in den auch verkehrsmäßig kaum erschlossenen Highlands. Sie spiegelten sich auch in der unterschiedlichen Steuer wider, die die Regierung in London erließ. Benachteiligt wurden immer die kleinen Brenner, was viele zum Schwarzbrennen und zum Schmuggeln trieb – und deutlich macht, daß es immer um mehr ging als ums Geld: um das Streben nach einem Stück Unabhängigkeit und Freiheit auf der einen, um Disziplinierung von unbotmäßigen Aufständischen auf der anderen Seite. Es war dann eigentlich ein Versuch, mehr Rechtssicherheit zu schaffen und ein Stück Befriedung zu erreichen, der zur Einführung der berühmten → Highland Line, der Grenze zwischen den Highlands und den Lowlands durch ein »Select Committee of the House of Commons« auf einer 1793 bzw. 1799 veröffentlichten Karte führte. Sie war nicht ganz identisch mit der Einteilung, die heute üblich geworden ist.

Wenn heute die Region der Highlands von der der Lowlands getrennt wird, geschieht das durch eine Linie, die im Westen Glasgows etwa bei Gunnock beginnt und bis Dundee geht. Die Highlands selbst werden meistens unterteilt in die Northern, Western, Eastern und Southern Highlands – mit dem eigens ausgewiesenen Gebiet der → Speyside. Nur wenige Autoren plädieren für eine differenziertere Aufteilung. Eine Sonderregion stellt → Campbeltown auf Kintyre dar, wo früher sehr viele Brennereien arbeiteten. Von ihnen sind heute nur zwei übriggeblieben, weshalb das Gebiet oft entweder den Lowlands oder den Western Highlands zugeschlagen wird. Eine eigene Region ist zweifelsohne die der → Inseln, wobei → Islay wiederum oft extra genannt wird, weil dort besonders viele Destillerien zu finden sind. Die anderen Brennerei-Inseln sind die Orkneys, Skye, Mull, Jura und Arran. Oft wird auch versucht, den Regionen einen bestimmten Stil zuzuordnen, also einen typischen Speyside-, Islay- usw. Charakter zu postulieren. Wie wenig solche Postulate weiterhelfen und stimmen, zeigt ein einfacher Vergleich z. B. zwischen einem → *Laphroaig* und einem → *Bunnahabhain*: sie kommen beide von Islay, aber es liegen Whiskywelten zwischen ihnen.

Whiskysee Bezeichnung für einen Zustand, der im Schottischen Whisky Loch heißt und unter diesem Stichwort abgehandelt ist.

Whisky Trail Ein schon vor vielen Jahren auf Anregung (ausgerechnet) der britischen »Automobil Association« (AA) eingerichteter Rundweg in der

Speyside, der zu einigen für Touristen besonders attraktiven Destillerien führt und eifrig auch vom Scottish Tourist Board durch ein jährlich neu erscheinendes Faltblatt beworben wird. Am Weg liegen u. a. die Brennereien Glenlivet, Glenfiddich, Strathisla, Glen Grant, Glenfarclas und Cardhu. Ziemlich in ihrer Mitte, am Rande von Craigellachie, liegt auch noch die Speyside Cooperage, wo man verfolgen kann, wie im Akkord Whiskyfässer geküfert werden. Früher gehörte zum Trail auch noch Tamdhu, die viele als letzte Brennerei besuchten. Ihre Besitzer verweigerten eine weitere Teilnahme an dem Programm, weil es immer wieder vorkam, daß betrunkene Besucher das Personal belästigten.

Whisky Watch Vierteljährlich erscheinender Newsletter, der über möglichst alle neuen Whiskies informiert und einige von ihnen durch *tasting notes* intensiver beschreibt, der über neue Entwicklungen in der Whisk(e)yindustrie berichtet, auf Veranstaltungen hinweist, Bücher und CDs zum Thema vorstellt und in einem Leitartikel kritische Kommentare formuliert. In jeder Nummer wird eine Brennerei vorgestellt und zwar durch ein Interview mit der jeweiligen → *distillery cat*, die bekanntlich mehr weiß und sieht als jeder ihrer menschlichen Kolleginnen und Kollegen und den wichtigen Job hat, die Malzspeicher mäusefrei zu halten. Hausgrafiker des Blattes ist Alfred Prenzlow, Herausgeber und Redakteur Walter Schobert.

White Japanischer Blend, der sich stolz die älteste Marke des Landes nennen kann, weil ihn Shinjiro → Torii, der Gründer des Hauses → Suntory und japanische Whiskypionier, bereits 1929 auf den Markt gebracht hat. Das Etikett sagt allerdings, der Whisky sei »originated in 1923«; gemeint ist damit das Jahr der Eröffnung von Toriis → Yamazaki-Brennerei, der ersten Japans, und ganz gewiß waren im *Shinfouda*, wie er ursprünglich hieß, nicht nur schottische, sondern auch Malts aus der eigenen Destillerie enthalten. Wegen des weißen Etiketts wurde er sehr schnell von jedermann nur noch »White Label« genannt, was dann lange auch als offizieller Name benutzt wurde. Heute steht auf den Flaschen (auf einem immer noch sehr an eine ganz bestimmte schottische Marke erinnernden Label!) nur noch *White*. Früher soll der Blend auch sehr schottisch geschmeckt haben, was aber nicht besonders gut ankam, weswegen er geschmacklich abgemildert worden sein soll.

White and Gold Schottischer Blend, der heute von → Glenmorangie plc kommt und früher wie der → MacAndrew's von der Firma Alistair Graham Ltd. hergestellt wurde.

White Bush Ehemaliger Name des Blends von → Bushmills, der früher auch »Old Bushmills« genannt wurde und heute offiziell *Bushmills Original* heißt. Wer ihn bestellt, verlangt ihn immer noch unter der alten Bezeichnung, die von der Farbe des Etiketts abgeleitet ist und die ihn von seinem »Stallgenossen« → *Black Bush* unterscheidet – und signalisiert, daß der eine leicht, der andere voll im Charakter ist.

White dog Bezeichnung, die in den

USA für die frisch destillierte Spirituose verwendet wird, die noch nicht im Faß gereift ist. Das Wort, ein Äquivalent für die schottischen Begriffe → *clearic spike*, → *Baby whisky* oder → *new spirit*, wird sowohl von legalen Brennereien angewendet, ist aber neben → *moonshine* auch ein Synonym für schwarzgebrannten Whiskey.

White Hall Indischer Whisky, der diesen Namen wirklich verdient, weil er, was in → Indien eher die Ausnahme ist, wirklich nur aus Getreidedestillaten besteht, in diesem Fall aus schottischem Malt und indischem Grain und zusätzlich einer kleinen Menge Malt aus der → Rampur Distillery.

White Heather Schottischer Blend aus dem Hause → Campbell Distillers und somit → Pernod Ricard, die ihn vor allem in → Frankreich erfolgreich verkaufen. Früher auch mit verschiedenen Altersstufen, heute nur noch als → Standard.

White Horse Schottischer Blend. Er ist eine der großen Marken, heute auf Platz 12 der weltweit meistverkauften, und eines der seltenen Beispiele dafür, daß der Name des Produktes später seiner Herstellerfirma den Namen gegeben hat. White Horse Distillers heißt erst seit 1924 so und trug vorher den Namen des Mannes, der sie gegründet, den Blend kreiert und zu seiner Bedeutung geführt hat: Peter Mackie, dem man wegen seines Tatendrangs, seiner Energie und seines Engagements, den Spitznamen »restless Peter« gegeben hat. Er stammte aus einer Edinburgher Familie, die nicht weit von der berühmten Gastwirtschaft »White Horse Cellar« in Cannongate, der Royal Mile also, ihren Wohnsitz hatte. Sie, früher eine vielbenutzte Station für die Postkutschen, gehörte keineswegs der Familie, wie Mackies Firma werbewirksam behauptete und fast alle Whiskyautoren brav nachplapperten (bis auf David Daiches, der als Edinburgher und Literatur- und Whiskyhistoriker immer eine zuverlässige Quelle ist). Mackie lernte sein Handwerk in der → Lagavulin Distillery, die seinem Onkel James → Logan gehörte, gründete 1883 seine Firma Mackie & Co (Distillers), ließ aber erst 1891 seine eigene Marke registrieren, die er »Mackie's White Horse Cellar Scotch Whisky« nannte. Lagavulin erbte er 1889, 1892 baute er zusammen mit einem Partner → Craigellachie Distillery, die er 1915 ganz übernahm. 1920 kaufte er auch noch → Hazelburn in → Campbeltown, wo er ein wissenschaftliches Labor einrichtete und wo ein junger Japaner namens Masataka → Taketsuru das Wissen erwerben konnte, mit dem er zu Hause → Suntory und → Nikka etablieren konnte. Mackie engagierte sich sehr im Kampf um die Definition dessen, was sich Scotch Whisky nennen durfte, in dem sich die von der → DCL unterstützten Grain-Hersteller gegen die Malt-Destiller durchsetzten. Mackie konnte verhindern, daß seine Firma von der DCL geschluckt wurde, was aber dennoch drei Jahre nach seinem Tod 1924 geschah – als letzte der → Big Five. Ebenfalls im Jahre 1924 und gleichfalls erst nach Mackies Tod erfolgte auch die Umbenennung in White Horse Distillers. Sie landeten 1926 einen besonderen Coup, als sie als erste die bis dahin üblichen Korken durch den Schraubverschluß ersetzten – und dadurch ihren Umsatz innerhalb weniger Monate gewaltig steigern konnten. White Horse, dann eine Tochter der DCL-Nachfolger → UD und heute von UDV, halten auch die Lizenz von → Glen Elgin, auf deren Single Malt das weiße Pferd noch abgebildet ist, während es vom Eingang zu Lagavulin verschwunden ist. In Craigellachie steht der Name in großen Buchstaben auf einem Gebäude, was die FAZ zu der ahnungslosen Aussage veranlaßte, dort werde *White Horse* gebrannt. Ihr Malt ist in dem Blend aber ganz sicher ebenso enthalten (und das wird auch so bleiben, auch wenn die neue → UDV die Brennerei an → Bacardi verkauft hat) und auch die Malts der beiden anderen Brennereien Mackies werden weiterhin ihre Rolle im *White Horse* spielen. Geblendet wurde er früher direkt neben der Port Dundas Grain Distillery in Glasgow; jetzt machen UDV ihn in Leven. Es gibt ihn als *Fine Old* im → Standard und in Japan auch im → Premium-Segment; dort kann man auch einen *Mild* kaufen. In den USA kann man einen 12jährigen *Extra Fine* kaufen. Außerdem gibt es den 12jährigen → *Logan's*, den man als die ältere Version des *White Horse* bezeichnen kann.

White House Indischer Whisky von → Polychem, der auf seinem Label sich nicht als Malt ausgibt, wie bei den meisten anderen Marken des Landes üblich, sondern freimütig zugibt, daß er ein Blend aus indischem Malt und bereits geblendetem und aus Schottland importiertem Scotch ist. Es gibt ihn, mit den landesüblichen 42.8 %, seit 1984. Seit 1993 hat die Firma ein *joint venture* mit → IDV (also heute mit UDV), die sicherlich für den schottischen Anteil in dem Whisky sorgen, der mittlerweile auch erfolgreich nach Osteuropa exportiert wird.

White Label Schottischer Blend, oft auch dem vollen Namen *Dewar's White Label* genannt, womit bereits deutlich wird, wer ihn kreiert hat: die beiden Brüder John Alexander und Thomas »Tommy« Dewar, die 1880 das Geschäft ihres Vaters in Perth übernahmen und mit ihm seine Blends, »Dewar's Whisky« genannt. Sie waren schon unter der Regie des Vaters erfolgreich, aber erst unter Federführung der beiden Brüder wurde *White Label* zu einer Weltmarke, schon 1896 mit dem »Royal Warrant« ausgezeichnet, das die Firma als königlichen Hoflieferanten auswies, eifrig beworben mit viel Phantasie und unter Einsatz der modernsten Medien (wie des erst 1895 erfundenen Films) und der ältesten schottischen Klischees: Tragende Figur war meist ein eleganter Highland-Regiment-Offizier oder, noch häufiger, ein Highlander in dem Outfit, das erst durch und für die englischen Royals George IV und Queen Victoria in dieser Form entwickelt wurde.

Der Whisky, dessen Hauptbestandteil an Malt von der hauseigenen → Aberfeldy Distillery kommen dürfte und von dem es mit *Ancestor* auch eine → Deluxe-Version gibt, gehört zu den meistverkauften und ist in manchen Märkten die Nr 1, z. B. in Griechenland und vor allem in den USA. UDV, als Nachfolger der → UD und der → DCL, in der die alte Firma 1925 aufgegangen war, waren im Besitz der Rechte an dem Firmennamen und der Marke. Sie wurden von den europäischen bzw. amerikanischen Monopolkommissionen 1997 gezwungen, sie abzugeben, als sich → Guinness und → Grand Metropolitan zum größten Getränkekonzern der Welt zusammenschlossen und in den USA mit *Dewar's White Label* und dem → *J & B* die beiden stärksten Marken und damit eine sehr marktbeherrschende Position gehabt hätten. Die neuen Besitzer sind → Bacardi, die sie zusammen mit Aberfeldy Distillery und den Brennereien → Aultmore, → Craigellachie und → Royal Brackla erwarb.

Whyte & Mackay Schottische Whiskyfirma, die gleichzeitig einer der großen Marken den Namen gegeben hat. Die Flaschen mit diesem Blend sind allerdings der einzige Ort, an dem der Name, der in manchen Teilen Schottlands geradezu ein Synonym für Scotch ist, noch in Erscheinung tritt. Als Firmenbezeichnung ist er gelöscht, seit → American bzw. → Fortune Brands, die amerikanischen Besitzer der Firma, beschlossen, ihre schottische Tochter umzutaufen und nach ihrem bekanntesten und erfolgreichsten Produkt, dem Bourbon → *Jim Beam*, in → JBB (Greater Europe) zu benennen.

Vielleicht verschwindet als nächstes auch das Jahr 1844 von den Flaschen, das zwar nicht das der erst 1882 erfolgten Gründung von Whyte & Mackay meint, sondern sich auf die Etablierung von Allan & Poytner bezieht. Deren Mitarbeiter war Charles Mackay lange gewesen, bevor er sich dann 1882 mit James Whyte als Whiskyhändler zusammentat und wenig später den Blend kreierte. Er wurde im Laufe der Jahre sehr erfolgreich in den USA, Südafrika und → Neuseeland und, nach dem Krieg, vor allem auch in Großbritannien. In Glasgow gehört er zu den meistverlangten Blends und auf den Hebrideninseln Lewis und Harris trinkt man praktisch nichts anderes.

Die prosperierende Firma kaufte 1960 von den Mackanzie Brothers deren → Dalmore Distillery. Weitere Brennereien kamen in den siebziger Jahren hinzu, als Whyte & Mackay ihre Selbständigkeit verloren und von der Scottish & Universal Investment gekauft wurden, die auch → Fettercairn und → Tomintoul erwarben. 1987 konnten sie das Portfolie ihrer Marken stark ausweiten, als → Guinness nach der Übernahme der → DCL von der englischen bzw. europäischen Monopolkommission gezwungen wurde, sich von einer Reihe von Marken zu trennen. Seitdem besitzt Whyte & Mackay die weltweiten Rechte an *The* → *Claymore*, → *John Barr*, → *Stewart's Finest Old*, → *Jamie Stuart* und → *Old Mull* und die Rechte für Großbritannien an → *Buchanan's*, → *Crawfords 3* bzw. *5 Star* und an *The* → *Real Mackenzie*. Den Blend → *Haig's*, den sie damals auch übernahmen, haben sie wieder an → UD verkauft.

1990 folgte ein weiterer Besitzerwechsel, als → American Brands durch ihre britische Tochter, den Zigarettenkonzern Gallagher Wyhte & Mackay kaufen ließen. Sie mußten sich sofort in eine weitere Übernahmeschlacht stürzen, um → Invergordon Distillers mit ihren

Brennereien → Bruichladdich, → Invergordon, → Isle of Jura, → Tamnavulin und → Tullibardine zu kaufen, was 1994 gelang. Unmittelbar danach schloß die neue Mutter drei der vier Malt-Brennereien und ließ nur noch Isle of Jura weiterproduzieren. Das Stirnrunzeln in Schottland konnte die Amerikaner nicht davon abhalten, 1997 einen weiteren Schlag zu landen, der für Whyte & Mackay tödlich war und ihren Untergang als Firma bedeutete: ein Verlust, den sicher nicht nur jene als schmerzlich empfinden, die ein Gespür für Geschichte und Tradition haben.

Die amerikanische Mutter, mit wenig Verständnis für schottische Gefühle, gliederte konsequent um und verkauft als JBB (Greater Europe) nur noch die großen Marken. Sie behielt die Single Malts von Bruichladdich, Dalmore und Isle of Jura für sich und überließ die anderen und eine Vielzahl von kleinen Blends Invergordon, die jetzt in Leith auch das gesamte Blending und Abfüllen erledigen. Natürlich ist der alte Blend nach wie vor ein Flaggschiff. Ob er allerdings noch so produziert wird wie früher, ist fraglich: Er war berühmt für ein ganz spezielles, sorgfältiges und zeitaufwendiges Verfahren, bei dem die einzelnen Malts zuerst miteinander in → Sherryfässern verheiratet wurden; dasselbe geschah mit den Grains. Dann wurden sie geblendet, um danach wieder längere Zeit in Eichenfässern zu lagern, bevor sie abgefüllt wurden.

Es gibt den Blend in vielen Versionen: als → Standard ohne Altersangabe, der im Frühjahr 1998 in neuer Ausstattung und mit dem schönen Slogan »New distinctive look – same distinctive whisky« herausgebracht wurde. Die älteren Versionen sind 12, 15, 18, 21 und 30 Jahre alt. Den 30jährigen gibt es auch im Kristalldecanter. Der → *High Strength* hat 52.5 %, alle anderen die üblichen 43 %, auch der *Tribute Decanter.* Whyte & Mackay beteiligte sich 1994 an dem Wettbewerb »The → Spirit of Scotland«, den sie mit dem von Richard Paterson kreierten → *500 Anniversary Blend* ruhmreich gewannen.

Whyte & Whyte → Unabhängiger Abfüller mit Sitz in Elk Grove Village, Chicago, USA, dem nur ein kurzes Leben beschieden war, der aber möglicherweise sehr tiefe Spuren hinterläßt. Angelockt von dem Boom, den das Interesse an Single Malt und besonders auch an → Einzelfaßabfüllungen von den Unabhängigen ausgelöst hatte, startete die Firma Anfang der neunziger Jahre mit *single cask*-Abfüllungen von Malts, die sie aus Schottland bezog und in den USA vertrieb. Der schnelle Erfolg wurde Ende 1996 abrupt gestopt, als → Sazerac, offizieller Importeur von → *Glenfarclas* vor Gericht zog, um Whyte & Whyte verbieten zu lassen, auf ihren Flaschen diesen Namen zu verwenden, also die Brennerei anzugeben, da es sich um ein geschütztes Warenzeichen handle. Sazerac und damit J. & G. Grant, die Besitzer von Glenfarclas, siegten. Whyte & Whyte wurde zu einer sechsstelligen Geldstrafe verurteilt, die dazu führte, daß sie diesen Teil des Geschäftes einstellten. Das Urteil könnte weitreichende Konsequenzen haben, wenn auch andere Eigentümer von Brennereien durch Gerichtsverfahren die Unabhängigen daran hindern würden, ihre Abfüllungen genau zu kennzeichnen. Einen Ausweg böte das System an, das die → Scotch Malt Whisky Society anwendet, die ihre Flaschen mit einer (von einigermaßen Kundigen leicht zu entschlüsselnden) Chiffre versieht.

Wild Turkey Amerikanischer Whiskey, den es als Kentucky Straight Bourbon in mehreren Versionen und als Straight Rye gibt. Die Marke ist verhältnismäßig jung, gehört aber zu den erfolgreichsten in den USA und, seit sie im Besitz des französischen Konzerns → Pernod Ricard ist, auch weltweit. Eingeführt wurde sie 1942 von Thomas McCarthy, dem damaligen Präsidenten der Firma → Austin, Nichols & Company, die seit 1855 existiert und sich u. a. mit dem Verkauf von Wein und Spirituosen beschäftigte und unter seiner Regie auch mit der Produktion von Gin, Blended und Straight Bourbons begann, die Whiskeys allerdings immer noch von fremden Brennereien bezog. Die Firmengeschichte berichtet, daß McCarthy einen seiner Bourbons auf einen Jagdausflug mitnahm, auf dem er mit drei Bridge-Genossen Truthähne schießen wollte. Der Whiskey fand soviel Anklang, daß man McCarthy ein Jahr später bat, die gleiche Sorte mitzubringen. Er fand heraus, welche Flasche er damals eingepackt hatte und taufte die Sorte *Wild Turkey*.

1970 entschloß sich die Firma, selbst eine Destillerie für die Bourbons zu erwerben (den Rye bezog man von → Michter's Distillery). Die Wahl fiel auf eine Brennerei in der Nähe von Lawrenceburg, die von D. L. Moore gegründet und 1905 von den Brüdern Ripy gekauft worden war. Sie firmiert heute entweder als → Boulevard Distillery, als Austin, Nichols Distilling Company oder, nach ihrem Produkt, als Wild Turkey Distillery. Sie und die Marke wurden Anfang der achtziger Jahre von Pernod gekauft (→ Heublein, später Tochter von → Grand Metropolitan, erwarb einen Anteil und hat noch die Vertriebsrechte für die USA). Die starke und prägende Konstante des Unternehmens aber ist der langjährige Master Distiller Jimmy Russell. Er begann 1955 seine Karriere noch unter der Familie Ripy und spielt die gleiche Rolle, die → Booker Noe bei → Jim Beam, → Elmer T. Lee in → Leestown und Bill Samuels bei → Maker's Mark innehaben, ist, wie sie, eine lebende Legende und einer, der die Geheimnisse der Whiskeyherstellung bis ins kleinste Detail beherrscht. Unter seiner Regie stieg die Produktion, ist aber mit etwa 60 000 Fässern im Jahr immer noch vergleichsweise klein. Russell arbeitet mit einem → *sour mash*-Anteil von 33 % und seine Formel für den Bourbon sind 75 % Mais, 13 % Roggen und 12 % gemälzte Gerste; beim Rye, der mittlerweile ebenfalls in Boulevard gemacht wird, nimmt er 65 % Roggen, 23 % Mais und ebenfalls 12 % Gerstenmalz. Er schwört auch auf seine spezielle Hefe und lagert seinen Whiskey in unbeheizten → *warehouses* und sorgt für regelmäßige Umlagerung, damit alle Fässer annähernd gleiche Bedingungen haben.

Russell glaubt, daß der *Wild Turkey* seine beste Form erreicht, wenn er um die 100°, also die klassische → *Bottled in Bond*-Stärke, hat. Schwächer sind nur der 4jährige mit 80°/40 % und eine Version mit 86.8°/43.5 %. Der Klassiker ist der *Old No. 8 Brand* mit 8 Jahren und 101°/50.5 %. Die gleiche Stärke haben die 8jährige *Wild Turkey 1855 Reserve* und der *Tradition Straight*. Es gibt auch zwei → *single barrels*, den → *Kentucky Legend* und den → *Kentucky Spirit*, und den → *barrel proof* → *Rare Breed*, den man wohl als das Spitzenprodukt der Reihe bezeichnen darf (und den Jim Murray für den besten Bourbon überhaupt hält). Der Rye mit seinem dunkelgrünen Label hat wieder 101°/50.5 %. Schließlich gibt es auch einen *Wild Turkey Liqueur*, der als Bestandteil Honig auf dem Etikett nennt, aber auch intensiv nach Zitrus duftet. Von 1971 bis Ende der achtziger Jahre gab es den *Wild Turkey* in Keramikkaraffen in Form von Truthähnen, die bei Sammlern sehr beliebt waren und zum Teil hohe Preise erzielten.

Willett Amerikanische Destillerie in unmittelbarer Nähe der sie mächtig überragenden → Heaven Hill Distillery nahe Bardstown. Sie ist seit den achtziger Jahren geschlossen, aber die Familie Willett arbeitet seit langem geduldig und langsam an einer Neueröffnung. Probeläufe haben bereits stattgefunden und sowohl eine → *beer still* im traditionellen Kentuckystil wie eine → *pot still* sind ebenfalls schon installiert und wenn dieses Buch erscheint, sollte die Produktion eigentlich voll laufen. Aus den Beständen der alten Brennerei stammen die Bourbons → *Johnny Drum* und → *Noah's Mill*, die die Firma → Kentucky Bourbon Distillers auf ihrem Programm hat, an der die Willetts ebenfalls beteiligt sind.

William Grant's Schottischer Blend aus dem Hause William → Grant & Sons, der schon vor der Jahrhundertwende auf dem Markt war. Er hieß früher → *Standfast*, wofür es mehrere Erklärungen gibt. Einmal führte der Clan Grant den Schlachtruf »Stand fast Craigellachie«. Es könnte aber auch sein, daß sich die Grants mit dem Motto selbst Mut machen wollten, als sie nach dem Zusammenbruch von → Pattison, dem Hauptabnehmer ihrer Malts von → Glenfiddich und → Balvenie, also in einer für sie schwierigen Situation gezwungen waren, einen eigenen Blend zu schaffen. Das war vor genau 100 Jahren. Sie haben nicht nur durchgehalten, sondern sich durchgesetzt, denn heute steht der → Standard-Blend, der jetzt *Family Reserve* heißt, in Großbritannien und in der Weltrangliste auf Platz 4 und ist besonders in Südamerika äußerst populär. In Italien gab es früher einen *BP*, was für »Best Procurable« steht. Er war, wie heute der *Royal* und *Old Gold*, 12 Jahre alt. Der *Classic Reserve* ist 18 und der *Rare Gold* 25 Jahre alt. Es gibt auch einen → *highproof* namens *Superior Strength* mit 50 %.

William Lawson's Schottischer Blend, den es in zwei Versionen gibt: als → Standard mit dem Zusatz »Finest Blend« und als 12jährigen *Scottish Gold*. Die Marke kann auf eine lange Geschichte zurückblicken. Eine besondere Rolle spielte sie, damals im Besitz einer irischen Firma, während der → Prohibition, als große Mengen auf die Bahamas geliefert wurden, von wo sie leicht in die USA geschmuggelt werden konnten. Damals hieß der Whisky einfach *Lawson's*, was man änderte, um eine Verwechslung mit → Peter Dawson auszuschließen. Die Marke gehörte dann wieder einer Firma, die den gleichen Namen trug: William → Lawson Distillers. Sie war, über die Vermouth-Könige Martini & Rossi, eine Tochter von → Bacardi und führte in deren Auftrag die Brennerei → Macduff, deren Single Malt → *Glen Deveron* sicher eine große Rolle in den beiden Blends spielt. Nachdem Bacardi 1998 von → Diageo John → Dewar & Sons gekauft hatte, bündelten sie ihre schottischen Aktivitäten unter dem Namen Dewar und ließen den Namen Lawson aus dem Handelsregister streichen. Ob auch die Marke eingestellt wird, ist einstweilen offen.

William Low's Finest Schottischer Blend, der für die in Schottland weitverbreitete Supermarktkette William Low hergestellt und in deren Filialen verkauft wurde. Schon im letzten Jahrhundert gegründet, konnte sie ihre Selbständigkeit bis 1994 bewahren; dann wurde sie von → Tesco übernommen, die Low's Hausmarke einstellten.

William Maxwell Schottischer Blend, ein einfacher → Standard, der nach der Tochterfirma von Peter J. → Russell & Co. benannt ist.

Wilson Amerikanischer Blended, den man leicht verwechseln kann mit dem *Wilson's* aus der neuseeländischen → Wilson Distillery. Dieser hier kommt von → Heaven Hill.

Wilson & Morgan Schottische Whiskyfirma, die zu den fast schon unübersehbar vielen seit 1995 neu aufgetretenen → unabhängigen Abfüllern gehört und unter dem Namen »Barrel Selection« eine Reihe von Single Malts herausbringt. Als Adresse wird Edinburgh angegeben, aber das Alkoholvolumen der Abfüllungen ist 46 %, was zumindest auf Verbindungen zu → Cadenhead schließen läßt. Auf dem Label werden grundsätzlich das Alter der Malts und das Jahr ihrer Destillation und Abfüllung vermerkt.

Wilson Distillers Neuseeländische Brennerei, in Dunedin auf der Südinsel gelegen, wo es so schottisch zugeht, daß eine Destillerie im Stadtbild natürlich nicht fehlen darf. Erstaunlicherweise wurde sie erst 1968 eröffnet, als die Familie Wilson, die gute Geschäfte mit Bier und vor allem mit Malzextrakten machte, sich entschloß, die Brauerei Willowbank umzuwidmen. Da man in Schottland keine Berater fand und bei der Einrichtung der alten Gebäude auf sich allein gestellt war, wurden z. B. die → *stills* aus Edelstahl geschmiedet, was offenbar zu katastrophalen Ergebnissen führte. Jedenfalls war das erste Produkt, ein Blend namens *South 45*, kein großer Erfolg. 1981 stieg der kanadische Getränkemulti → Seagram, immer auf der Suche nach neuen Produktionsstätten und Märkten, in Neuseeland ein und stellte nicht nur Geld, sondern auch Knowhow zur Verfügung; zumindest manche Teil an den *stills* sind seitdem aus Kupfer.

Der zweite Blend, der nach der Firma *Wilson's* genannt wurde, war dann auch erfolgreicher und ist heute auf dem Heimatmarkt so stark wie sonst nur schottische Importe (nicht an Alkoholgehalt, er hat nur 37.5 %). Auch die Entscheidung, einen Single Malt in der Brennerei herzustellen (sie kann Grain und Malt und auch Gin und Wodka produzieren), wäre wohl ohne die Mutter mit ihren internationalen Verbindungen, Märkten und Marketingkenntnissen nicht möglich gewesen. Seit 1991 gibt es diesen Single Malt, als 10jährigen mit dem Namen →*Lammerlaw*. Er ist relativ erfolgreich in Südostasien und auch in England und Deutschland zu bekommen. Dennoch mußte die Produktion in Dunedin 1995 eingestellt werden; der südkoreanische Partner hat seinen Abnahmevertrag platzen lassen und man sitzt auf Überbeständen. Wilson Distillery soll aber, sobald sie abgebaut sind, auf jeden Fall die Arbeit wieder aufnehmen.

Windsor Der Name wird für zwei ganz verschiedene Marken verwendet und obwohl die eine ein Canadian ist, ist sie nicht nach Hiram →Walkers gleichnamiger (und leider geschlossener Brennerei) benannt. Namensgeberin war das königliche Schloß in England. Der kanadische Whisky wird von →Alberta Destillers, der kanadischen Tochter von →Jim Beam hergestellt. Es gibt von ihm zwei Versionen, den →*De luxe* und den *Supreme*, der vier Jahre alt ist und sehr erfolgreich verkauft wird. In verschiedenenen Ländern haben sie unterschiedlichen Alkoholgehalt. Der andere kommt ebenfalls von einer kanadischen Firma, ist aber ein schottischer Blend und heißt mit vollem Namen *Windsor Premier*. Er ist 12 Jahre alt und steht immer noch auf der Produktliste von →Seagram.

Windsor Castle Schottischer Blend, eine der drei Marken der Firma R. H. →Thomson & Co. aus Edinburgh, die zum Imperium der →DCL gehörte und somit heute unter dem Dach der →UDV zu finden ist.

Wine Society 1874 1874 unter Beteiligung des Architekten der Royal Albert Hall gegründete Genossenschaft, deren Zweck es war, die Mitglieder mit guten und preiswerten Weinen zu versorgen. Sie wurden unter der Albert Hall gelagert. Die Society hatte sehr schnell Erfolg, die Zahl ihrer Mitglieder wuchs ständig und unter ihnen war eigentlich alles, was in der britischen Gesellschaft Rang und Namen hatte, Politiker, Schriftsteller, Dichter. Die Mitgliederliste liest sich wie ein »Who is Who« – und viele Prominente ließen es sich auch nicht nehmen, ehrenamtlich im Management mitzuarbeiten. Ihre Kataloge sind mustergültig, ausführlich und lehrreich, und es sicher nicht falsch zu sagen, daß die Wine Society nicht nur die Grundversorgung vieler, auch adeliger, Haushalte sichergestellt, sondern auch einen guten Teil zu der Tatsache beigetragen hat, daß es keine Nation mit mehr Weinverstand gibt als die britische.

Die Mitgliedschaft kostet 20 Pfund und gilt auf Lebenszeit. Heutige Mitgliedernummern bewegen sich bereits um 160000 und längst mußte der Keller unter dem Konzerthaus (und manch anderer in der Zwischenzeit benutzter) aufgegeben werden. Heute hat die »International Exhibition Co-operative Wine Society Limited«, als die sie offiziell registriert ist, gewaltige Anlagen in

Stevenage nördlich von London, mit hervorragend temperierten Räumen, in denen die Mitglieder ihre kostbaren »Clarets«, Madeiras oder Portweine ruhen lassen können, bis sie trinkreif sind. Die Society führt sehr viele Eigenlabels, also Weine, die unter ihrem Namen abgefüllt werden. Heute muß das im Herstellungsland der Weine gemacht werden, nachdem die EG es nicht mehr erlaubt, Weine faßweise zu importieren und selbst auf Flaschen zu ziehen. An der Qualität der Rotweine, Sherries und Ports hat das nichts geändert, aber schade ist es doch.

Bei Whisky gibt es naturgemäß keine Probleme: die Society kauft nach wie vor frische Destillate von Malts und Grains, läßt sie in eigenen Kellern reifen. *The Society's Scotch Whisky* ist ein leichter Blend, *The Society's Highland Blend* etwas fülliger und fleischiger. Traditionellerweise hat die Society auch immer Malts aus → Mortlach im Angebot, einen »over 10 years old« mit 43 % und einen → *cask strength*, dessen Alkoholvolumen je nach Faß variiert, sich aber immer um die 55 % bewegt. Die Abfüllungen sind um die 15 Jahre alt und kommen aus Oloroso-→ Sherryfässern, in denen früher societyeigene Sherries waren. Ihr *Mortlach* ist schlicht sensationell – aber nur für Mitglieder zu haben.

Wiser's Kanadischer Whisky, der ursprünglich einmal von der gleichnamigen Brennerei in Prescott, Ontario, gemacht wurde. Ihr Gründer, J.P. (John Philip) Wiser war der Sohn von holländischen Einwanderern und war mit seinen Aktivitäten in Viehzucht und -handel ebenso erfolgreich wie mit seiner Brennerei am verkehrsgünstigen St. Laurence Strom. Diese Destillerie hatte er ursprünglich von einem Geschäftspartner übernommen und 1864 nach einem Feuer völlig neu und mit der besten Technik der Zeit gebaut. Er war vermutlich der erste, der (bei der Weltausstellung in Chigaco 1893) die Bezeichnung »Canadian Whisky« gebrauchte. Sein Unternehmen wurde 1932 von → Corby gekauft. Die Firma läßt ihn von ihrer Muttergesellschaft Hiram → Walker in → Walkerville in mehreren Versionen produzieren: als etwa sechsjährigen *Wiser's Special Blend*, den das Label als Rye Whisky ausweist, als *Wiser's DeLuxe* mit 10 Jahren und als *Wiser's Very Old*, der mit seinen 18 Jahren einer der ältesten kanadischen Whiskies überhaupt sein dürfte.

W. L. Weller Kentucky Straight Bourbon, der einen großen Namen trägt: den William LaRue Wellers, der 1849 mit dem Whiskeyhandel begann und Sohn des Whiskeypioniers Daniel Weller war. Weller reüssierte schnell und schuf einige sehr erfolgreiche Marken, besaß aber selbst nie eine Brennerei. 1893 trat eine andere legendäre Figur in seine Dienste: Julian »Pappy« → Van Winkle, der seine Karriere als Vertreter der Firma begann und zusammen mit einem Partner das Unternehmen seines Arbeitsgebers übernehmen konnte. Schon vorher war er die treibende Kraft hinter einem Vertrag mit erfolgreichen Brennern: den Stitzels. Nach der → Prohibition schlossen sich beide ganz zusammen, eröffneten 1935 eine neue Brennerei in → Louisville für ihren eigenen Whiskey und für die Marke → *Old Fitzgerald*, die Van Winkle sich während der trockenen Jahre gesichert hatte, und kreierten den → *Rebel Yell*. Sie alle repräsentieren einen eigenen Whiskeytyp, den sogenannten »Weizen-Whiskey«, der so heißt, weil der normale Roggenanteil eben durch Weizen ersetzt wird.

Alle drei wurden bis 1993 in der Stitzel-Weller Distillery erzeugt, die im gleichen Jahr von ihren neuen Besitzern → UD geschlossen wurde. Danach wurden die drei Marken bei → Bernheim hergestellt, die ebenfalls UD gehörte und ein Jahr vorher neu gebaut worden war. Doch dabei blieb es nicht lange. Die Brennerei und der Bourbon *W. L. Weller* gehörten zu dem Paket, das die UD-Nachfolger → UDV im März 1999 an ein aus → Heaven Hill, → Sazerac und der David → Sherman Company bestehendes Konsortium verkaufte; neben dem → *Old Charter* gelangte auch diese Marke ins Portfolio von Sazerac. Ob Master Distiller Edwin S. Foote seine Formel bei den neuen Besitzern weiter benutzen kann, wird sich noch zeigen müssen. Seine → *mash bill* bestand aus 75 % Mais auf 20 % Weizen und 5 % Gerstenmalz. Es gibt den Whiskey in vier Versionen: als *Special Reserve* mit 7 Jahren und 90°/45 %, als *Old Weller Antique – The Original 107 Bourbon, 7 Summers Old* und *Genuine Old Line Sour Mash* mit 107°/53.5 %. Spitzenprodukt ist der 10 Jahre alte *Centennial* mit 100°/50 %, der auch zur → »Bourbon Heritage Collection« von UD gehörte.

Wolfe's Glen Schottischer Single Grain, der auf dem Label auch seine Herkunft aus den → Highlands nennt. Er stammt aus der → Invergordon Distillery, ist 10 Jahre alt und im Eichenfaß gelagert. Er wird, 1996 auf den Markt gebracht, vorläufig nur in den USA angeboten.

Woodford Reserve Kentucky Straight Bourbon, den es erst seit 1997 gibt, der aber einen der ältesten und ehrwürdigsten Namen der amerikanischen Whiskeygeschichte wieder auf eine Flasche brachte und, mehr noch, auf die Landkarte der amerikanischen Destillerien: → Labrot & Graham. Sie wurde, ein stolzer Tag für Kentucky und für alle Freunde des Bourbon, erst am 17. 10. 1996 wiedereröffnet. Von ihr kann der Whiskey also noch nicht stammen, der auf seinen Flaschen die Jahreszahl 1812 nennt – auf der um ihren Hals hängenden Karte sogar als Gründungsdatum der Distillery. Das ist zwar ein wenig hochgestapelt, aber dann doch wieder nicht: an der Brennerei im Glenn's Creek bei Frankfort jedenfalls steht 1878 – und 1838. In diesem Jahr begann die Old Oscar Pepper Distillery ihre Produktion, aber es ist wahrscheinlich richtig, daß Peppers Vater Eljiah als einer der ersten in Woodford County mit der Whiskeyherstellung begann, vielleicht 1812. Wie auch immer, Master Distiller Lincoln Henderson hat jedenfalls sehr sorgfältig seine Fässer in der → Early Times Distillery, wo er für die Produktion von → Brown-Forman verantwortlich ist, geprüft. Nur die allerbesten wurden für diesen Whiskey ausgewählt, der sich zu Recht »Distiller's Select« nennt und uns auf die großen Bourbons vorbereiten soll, die bald aus der alten-neuen Brennerei kommen werden. Die numerierten Flaschen der → *small batch*-Abfüllung sind von Henderson signiert, die Stärke ist 90.4°/45.2 %.

Worm Bezeichnung für eine heute kaum mehr gebrauchte, aber früher allgemein übliche Form des → *condensers* bei der Produktion von Whisky in → *pot stills*. Er ermöglicht, daß die durch Erhitzen zu Dampf gewordene alkoholische Flüssigkeit beim Destillieren wieder flüssig wird. Dazu wird der Dampf am Kopf der → *stills* in einem → *lyne arm* genannten Rohr aufgefangen und dann durch ein sich spiralförmig nach unten schlängelndes Rohr, eben den Wurm, geleitet. Der Wurm läuft durch einen mit kaltem Wasser gefüllten Bottich, der Dampf wird zu Alkohol, der dann durch den *spirit safe* geschickt wird, wo der *stillman* entscheidet, was als brauchbar angesehen und was zum Redestillieren kommt.

Wort Bezeichnung für die Würze, eine schmutzigfarbene, fast undurchsichtige und stark zuckerhaltige Flüssigkeit, die übrigbleibt, wenn der Vorgang des → Maischens abgeschlossen ist. Sie wird, nachdem man sie von den noch vorhandenenen festen Resten der verwendeten Getreidekörner getrennt und im → *underback* aufgefangen hat, gekühlt und dann in die → *washbacks* gepumpt, wo sie mit Hefe versetzt wird, um die → Gärung, die → Fermentation, einzuleiten. Bei manchen Grain-Destillerien allerdings findet keine Trennung von *wort* und → *draff* statt. Zuweilen kann man auch den Plural *worts* hören.

Wright & Greig Schottischer Blend von → UD/UDV, die in ihm eine alte Whiskyfirma weiterleben lassen, die einst vor allem als Besitzer von → Dallas Dhu Distillery und des → Blend → *Roderick Dhu* bekannt war. Sie war später eine Tochter von → Bulloch Lade und somit auch der → DCL, über die die Rechte an dem Namen an UD fielen.

W. Turkey Spanischer Whisky, der auf dem Label leider nicht zu erkennen gibt, wer so schamlos die Bekanntheit des amerikanischen Bourbon-Klassikers → *Wild Turkey* ausnutzt. Es verrät nur, daß die Spirituose 5 Jahre alt ist und daß sie »elaborado en Espana« sei.

Würze Bezeichnung für die zuckerhaltige Flüssigkeit, die übrigbleibt, wenn durch das → Maischen der fermentierbare Zucker aus dem zum Bierbrauen oder Destillieren bestimmten Getreide herausgewaschen ist. Der englische Begriff dafür ist → *wort* oder *worts*.

W. W. Beam Kentucky Straight Bourbon, der nicht aus einer der beiden Brennereien von James → »Jim« Beam kommt, sondern von → Heaven Hill. Das ist gar nicht so unlogisch, weil diese Destillerie, seit sie in den dreißiger Jahren eröffnet wurde, immer Mitglieder der Beam-Familie beschäftigte: zur Zeit ist Parker Beam Master Distiller und es sieht so aus, als ob sein Sohn Craig ihn eines Tages beerben würde. Parkers Vater war der erste Brennmeister und er war es, der die Hefe von der Jim Beam Distillery mitbrachte, mit der in Bardstown noch heute gearbeitet wird.

Y

Yamazaki Japanische Destillerie, mit der die Geschichte des japanischen Whisky begann. Sie ist das Werk zweier Männer, die am Anfang dieser Geschichte standen und deren Pioniergeist es zu verdanken ist, daß das Land heute zu den bedeutendsten Whiskynationen gehört. Die Brennerei wurde 1923 gegründet von Shinjiro → Torii, einem Weinproduzenten, der es sich in den Kopf gesetzt hatte, mit den Profiten aus dem Weinhandel zum ersten Whiskyhersteller seines Landes zu werden. Zur Realisierung seines Traumes holte er sich einen anderen Visionär dazu, den jungen Masataka → Taketsuru, der sich seine Kenntnisse nirgends anders als in Schottland angeeignet hatte; zehn Jahre stellte er sie in den Dienst Toriis, ehe er seine eigene Firma gründete.

Torii hatte als Standort für die Brennerei einen Ort nördlich von Osaka, am Stadtrand von Japans alter Hauptstadt Kyoto ausgesucht, ein waldiges Tal, das der Anlage ihren Namen gab und das vor allem hervorragendes Wasser aufwies. Drei Flüsse, zwei von Kyoto, einer von Nara kommend, vereinigen sich zum Yodogawa, und ihre unterschiedlichen Temperaturen sorgen dafür, daß es immer kühlen und feuchten Nebel gibt – ideale Bedingungen für die Lagerung von Whisky. Die großen Gebäude fügen sich schön in die Landschaft ein. Zwei etwas seltsam aussehende Türme sollen wohl wenigstens von Ferne an die beiden Pagoden erinnern, die früher die → *kiln* krönten und durch einen Steg verbunden waren (genauso sehen die aus, die heute das Dach von → Suntorys Whisky-Museum in → Hakashu, ihrer anderen Brennerei, bilden). Die *kiln* wurde abgebaut, als die Firma sich entschloß, nicht mehr selbst zu mälzen, sondern das fertige Malz aus dem Ausland zu beziehen.

Gearbeitet wird traditionell, aber mit modernem Equipment. Die Verwendung von unterschiedlich getorftem Malz und von verschiedenen Hefen macht es möglich, daß die 12 → *pot stills* eine ganze Reihe unterschiedlicher Malts produzieren können. Man läßt sich nicht gerne in die Karten schauen, sondern teilt nur mit, daß Yamazaki »als vielseitige und flexible Destillerie drei verschiedene Malttypen produzieren kann: 1. mit vollem Körper und mit vollem Geschmack, 2. mit mittleren Körper und esterig, 3. mild und mit einer Andeutung von gekochter Maische«. Zur Lagerung werden oft neue Eichenfässer, aber auch ehemalige Bourbonfässer benutzt, Ex-→ Sherryfässer dagegen weniger. Suntory hat riesige Reifekeller anderswo, lagert aber auch in Yamazaki.

Japanischen Gebräuchen entsprechend nennt man die → Eigentümer-Abfüllung nicht Single, sondern → Pure Malt und schreibt den Namen der Brennerei auch nur ganz klein auf das Label, auf dem vor allem »Suntory Pure Malt Whisky« hervorsticht. Der manchmal geäußerte Verdacht, die Flaschen enthielten vielleicht doch einen Anteil von schottischen Malts (immerhin besitzt Suntory dort mehrere Brennereien), kann jedenfalls nicht ganz von der Hand gewiesen werden – die Firma selbst gibt jedenfalls keine eindeutige Auskunft. Mit *Yamazaki* auf dem Etikett gibt es mehrere Versionen: am besten (auch international) zu finden ist die 12jährige und auch der 15jährige mit 57 % und der, sehr teure, 18jährige in numerierten Flaschen sind ständig im Programm. Daneben gibt es Sonderabfüllungen in oft nur sehr kleinen Mengen wie z. B. einen 1990er Pure Malt mit 56 % und aus dem Sherry-Faß, dessen numerierte Flaschen vom Masterblender Keizo Saji signiert sind. Dessen Unterschrift tragen auch die numerierten Flaschen, die keine Altersangabe haben, aber die Stärke des Whisky mit 58 % ausweisen.

Ye Monks Schottischer Blend, der vor allem in Lateinamerika sehr populär, in Paraguay der meistverkaufte überhaupt ist und in → Uruguay 60 % Anteil am Markt der → Premium-Blends hat. Zum Erfolg dürfte nicht zuletzt beitragen, daß er in einem antik anmutenden Steinkrug verkauft wird (und vermutlich auch die auf dem überwiegend katholischen Kontinent wirksame Anspielung, daß er ein Favorit der Mönche sei). Er ist eine Erfindung von Donald Fisher, der aus Perthshire stammte und 1836 in Edinburgh einen erfolgreichen Whiskyhandel aufzog, wobei er in mancherlei Hinsicht ein Pionier war, eben z. B. im Einsatz von zugkräftigen Verpackungen wie dem – handgefertigten – Krug. Noch wichtiger war sein Qualitätsbewußtsein, das ihn dazu bewog, seine Whiskies reifen zu lassen und dazu vor allem → Sherryfässer zu verwenden. Die Entdeckung, welch segensreiche Wirkung der Einsatz von guten Fässern auf schottischen Whisky hat, ist nicht zuletzt ihm zu verdanken. Die Firma verlor ihre Unabhängigkeit genau 100 Jahre nach der Gründung an die → DCL, von denen ihn → UD/UDV geerbt haben. Sie produzieren nur noch den → Standard und leider nicht mehr den → De luxe-Blend, der *Ye Whisky of ye Monks* hieß.

Yellow Label Schottischer Blend, der heute von → UDV kommt, aber unter dem Namen »Robertson's Yellow Label« ursprünglich die Hausmarke der Firma John Robertson & Son war. Sie wurde schon 1827 in Dundee gegründet und zog später als Tochter der → DCL nach Edinburgh um. Bis 1991, als deren Nachfolger → UD sie an → Inver House verkauften, hielt sie offiziell die Lizenz von → Speyburn Distillery, um die Jahrhundertwende war sie auch Besitzerin von → Coleburn.

Yellowstone Kentucky Straight Bourbon, der auf den Träger eines der großen Namen der Whiskeygeschichte zurückgeht: auf Joseph Bernard Dant, den Sohn von J. W. Dant und Gründer der Cold Spring Distillery in Gethsemane, Kentucky. Sein Whiskey war populär und verkaufte sich im ganzen Westen gut. Es war 1872, als einer seiner Vertreter von einer Tour zurückkam, von seinem Besuch im gerade neueröffneten Yellowstone National Park erzählte und vorschlug, dem Whiskey diesen Namen zu geben. Später baute er die Taylor and Williams Distillery in Gethsemane und nach der → Prohibition, während der der Whiskey für medizinische Zwecke verkauft werden durfte, die Yellowstone Distillery in Louisville. Sie und die Marke wurden 1944 von → Glenmore erworben. 1991 kauften → UD dieses Unternehmen, gaben die Marke aber zwei Jahre später ab an die David → Sherman Company of St. Louis, die nicht verraten, woher sie den Stoff beziehen, und zwei Versionen führen: mit 86°/43 % und mit 90°/45 %, beide ohne Altersangaben.

Yoichi Japanische Malt-Destillerie, die im Westen der Nordinsel → Hokkaido eine Eisenbahnstunde von Sapporo entfernt liegt, nach einer kleinen Stadt benannt ist und manchmal auch Hokkaido »Yoichi« Distillery genannt wird. Sie macht schon von Ferne einen sehr schottischen Eindruck, mit grauen Steingebäuden, die von roten Dächern gekrönt sind, und obwohl Yoichi eine städtische Brennerei ist, könnte man sich auch die sie umgebende Landschaft, an drei Seiten Berge, an der vierten das Meer, in den → Highlands gut vorstellen. Der Ort war die Wahl Masataku → Taketsurus, der sie 1934 gründete, weil er glaubte, dort ideale Bedingungen vorzufinden, um das in Japan anzuwenden, was er in Schottland gelernt hatte. Es gab gutes Wasser, kalte Winter und in der Nähe sogar Torf; selbst Gerste wächst auf Hokkaido. Damals hatte er bereits zehn Jahre für → Suntory gearbeitet, verließ aber die Firma, mit der er den ersten japanischen Whisky produziert hatte, um sich selbständig zu machen. Er begann mit einem Unternehmen, das sich später zu → Nikka entwickeln sollte, und setzte zunächst auf Fruchtsäfte, um die Zeit zu überbrükken, bis sein eigener Malt fertig war, den er 1940 herausbrachte – genau zwanzig Jahre nach seiner Rückkehr aus Schottland. Die kleine → *pot still*, die er installierte, kann man heute noch sehen.

Auch sonst hat sich äußerlich wenig verändert, obwohl kaum noch selbst gemälzt wird und natürlich die Zahl der *stills* sich – auf sechs – vergrößert hat; sie werden immer noch mit Kohle beheizt. Die Verwendung von verschiedenen Hefen und unterschiedlich getorftem Malz erlaubt die Produktion verschiedener Whiskytypen, von denen einige sehr intensiv rauchig-phenolig ausfallen – kaum erstaunlich, hat doch Taketsuru u. a. in → Campbeltown und → Lagavulin seine Lehrzeit absolviert. Auch beim Lagern orientiert man sich am schottischen Vorbild, die Lagerhäuser sind unbeheizt und die Fässer lagern auf Kiesböden. Verwendet werden vor allem ehemalige Bourbonfässer und neue, ausgekohlte Fässer, → Sherry-Holz kommt kaum zum Einsatz. Nikka führt einen 12 Jahre alten → *Nikka Pure Malt Whisky*, der als weitere Bezeichnung auf dem Label auch die Herkunftsbezeichnung »Hokkaido« hat, was dafür spricht, daß er aus dieser, der zweitältesten Brennerei des Landes, kommt. Ganz eindeutig ist das beim Single Malt, der *Yoichi* heißt und den es in drei Versionen mit 8 (nur in der Destillerie), mit 10 (nur in Japan) und mit 12 Jahren gibt.

Yukon Jack Kanadischer Whisky, der als Hersteller die gleichnamige Destillerie angibt, aber von Heublein kommt. Er wird mit 50 % abgefüllt und nennt sich stolz »the black sheep of Canadian Liquor«. Es gibt ihn auch als modischen

Yukon Jack

»Permafrost« mit Minzgeschmack und einem »Hauch von Zimt« und als »Snakebite« mit Limonengeschmack.

Die Whisk(e)y-Bibliographie

Allen, Warner H.: *No. 3 St. James's Street*. London: Chatto & Windus. (über Berry Bros & Rudd)

Amis, Kingsley: *On Drink*. London: Jonathan Cape 1972.

Andrews, Allen: *The Whisky Barons*. London: Jupiter Books 1977. 148 S.

Arthur, Helen: *The Single Malt Whisky Companion. A Connoisseur's Guide*. London: Quintet Publishing und The Apple Press 1997. 256 S. Dt.: *Single Malt Whisky*. Köln: Benedikt Taschen 1998. 256 S.

Baird, Bryce: *The International Whisky Connoisseurs Quiz Book*. Doncester: Selbstverlag 1995. 112 S.

Barnard, Alfred: *The Whisky Distilleries of the United Kingdom*. London: Harper's Weekly Gazette 1887. Reprint mit neuer Einleitung von I.A. Glen: Newton Abbot: David & Charles 1969. VII + 457 S. The Centenary Edition. Mit einem Vorwort von David Daiches und einer Einleitung von Michael Moss: Edinburgh: Mainstream in Verbindung mit Lochar 1987.

Barnard, Alfred: *Royal Gordon Whisky. A Visit to the Scotch Whisky Stores of Messrs. Pattison, Elder & Co, and Glenfarclas Distillery, Glenlivet*. London: Joseph Causton & Sons 1893. 46 S.

Begg, Donald: *The Bottled Malt Whiskies of Scotland*. Edinburgh: Gyler Press 1972. 14 S. Erweiterte Auflage 1979. 20 S.

Bell, Colin: *Scotch Whisky: Colin Bell's Famous Drambusters Guide*. Newtongrange: Langsyne 1985. 107 S.

Bergius, Adam: *Make your own Scotch Whisky*. O. O.: Wm. Teachers 1992. O.S. Reprint: Glendaruel: Argyll Publishing 1995. 32 S. (Illustrationen von Rowland Emett)

Bielenberg, Andrew: *Locke's Distillery. A History*. Dublin: The Lilliput Press 1993. 122 S.

Birnie, William, C.A.: *Notes on the Distillation of Highland Malt Whisky*. Compiled in 1937 and Retyped in 1963. Auchterarder: A.D.Gardie & Son. Second Edition 20th June, 1964. 29 S.

Bond, Keith (i. e. Jimmy Brown): *Still Life. Memoirs of An Exciseman*. Inverurie: Selbstverlag 1996. 47 S.

Brander, Michael: *The Original Scotch. A History of Scotch Whisky from the Earliest Days*. London: Hutchinson 1974. 150 S. 4. rev. Ausgabe: Gleneil Press, Whittingehame Haddington 1995. 174 S.

Brander, Michael: *A Guide to Scotch Whisky*. Edinburgh und London: Johnston & Bacon Publ. 1975 (1977, 1978 repr). 96 S.

Brander, Michael: *The Essential Guide to Scotch Whisky*. Edinburgh: Canongate 1990. 173 S. [2]1992. 176 S.

Brown, Gordon: *The Whisky Trails. A geographical guide to Scotch whisky*. London: Prion 1993, revidiert 1997. 224 S. (mit einem Vorwort von Kingsley Amis)

Brown, Gordon: *Classic Spitits of the World. A comprehensive Guide*. London: Prion (Multimedia Books Ltd.) 1995. 264 S.

Brown, Lorraine: *200 Years of Tradition:The Story of Canadian Whisky*. Markham, Ontario: Fitzhenry & Whiteside 1994. 148 S. (hrsg. vom Seagram Museum)

Brunschwig, Hieronymus: *Das distilierbuch. Das Buch der rechten kunst zu Distilieren unnd die wasser zu brennen*. Straßburg: J. Grüninger 1515. CXXX Blätter, Titelholzschnitt, 239 Textholzschnitte. (4. Ausgabe des Buches)
Book of Distillation. London. ca. 1530. Reprint: With a New Introduction by Harold J. Abrahams New York, London: Johnson Reprint Corp. 1971. CXX und 276 S. (The Sources of Science, No. 79)

Buchanan, John, Norman Case, Emery Gellert: *Scotch Whisky. The Single Malts*. Sydney: Project Publishing 1981. 158 S.

Burke, Jerry: *Scotch on the Rocks. Illustrated True Story of Whisky Galore*. Glasgow: Lang Syne 1988. 52 S.

Burns, Edward: *It's a bad thing whisky, especially BAD WHISKY*. Glasgow: Balvag Books 1995. 176 S.

Cantini, Patricia: *Whisky. Vom gälischen Lebenswasser, das die Welt eroberte*. München: Edition Spangenberg bei Droemer Knaur 1996. 114 S. (aus dem Italienischen von Susanne Bunzel)

Casamayor, Pierre, Marie-Josee Colombani: *Le livre de l'amateur de Whisky*. Toulouse: Éditions Daniel Briand, Robert Laffont 1984. 192 S.

Checkland, Olive: *Japanese Whisky, Scotch Blend. The Story of Masataka Taketsuru, his Scottish Wife, and the Japanese Whisky Industry*. Edinburgh: Scottish Cultural Press 1998. 148 S.

Collison, Francis: *The Life & Times of William Grant*. Dufftown: William Grant & Sons 1979. 102 S. [2]1984. [3]1987.

Cooper, Derek, Fay Godwin (Fotos): *The Whisky Roads of Scotland*. London: Jill Norman & Hobhouse 1972. 160 S.

Cooper, Derek: *A Taste of Scotch*. London: André Deutsch 1989. 128 S.

Cooper, Derek: *The Balvenie. A Centenary Celebration 1893–1993*. Dufftown: William Grant & Sons 1993. 52. S.

Cooper, Derek: *Guide to the Whiskies of Scotland*. London: Pitman 1978. 121 S. Fortgesetzt als: *The Century Companion to Whiskies*. London: Century Publishing 1983. 169 S.

Cooper, Derek: *The Little Book of Malt Whiskies*. Belfast: Appletree Books 1992. 60 S.

Cousins, Geoffrey E.: *A Family of Spirit. William Teacher and his descendants in the Scotch whisky trade 1830–1975*. Glasgow: Wm. Teacher & Sons 1975. 174 S.

Craig, Charles: *Glenpatrick House Elderslie. The Story of An Unsuccessful Distillery*. O. O.: Ambrosia Books Ltd. 1982. 39 S. (Typoskript)

Craig, Charles H.: *The Scotch Whisky Industry Record*. Glasgow: Index Publishing Limited 1994. 659 S. (mit Beiträgen von R. E. B. Duncan, John R. Hume, R.K. Martin und Michael Moss)

Cribb, Stephen & Julie: *Whisky on the Rocks. Origins of the »Water of Life«*. Keyworth: British Geological Survey 1998. 72 S.

Crombie, James: *Her Majesty's Custom and Excise*. London und New York: George Allen & Unwin und Oxford Press 1962. 224 S. (The New Whitehall Series No. 10)

Crowley, Roz: *The Story of Irish Whiskey. Die Geschichte des Irischen Whiskey. L'Histoire de Whiskey Irlandais*. Clogroe, Blarney: On Stream Publications 1993. O.S.

Daiches, David: *A Wee Dram. Drinking Scenes from Scottish Literature*. London: André Deutsch 1990. 200 S.

Daiches, David: *Lets Collect Scotch Whisky*. Norwich: Jarrold 1986. O.S.

Daiches, David: *Scotch Whisky – Its Past and Present*. London: André Deutsch 1969. 168 S. ÜRev. Auflage 1978. 170 S. Taschenbuch mit neuem Vorwort 1995: Birrinn. 192 S. Dt.: *Scotch Whisky* (mit einem Vorwort von Hans-Heinrich Isenbart und einem Rezeptteil von Harry Schraemli). Luzern u. Frankfurt a. M.: C.J. Bucher 1971. 239 S.

Darven, James: *La Grande Histoire du Whisky*. Paris: Flammarion 1992. 216 S. Dt.: *Das Buch vom Whisky*. (übersetzt und bearbeitet von Axel Behrendt) München: Collection Rolf Heyne 1993. 215 S.

Delos, Gilbert: *Les Whiskies du Monde*. Paris Dt. (übersetzt von Karin-Jutta Hoffmann): *Whisky aus aller Welt*. Erlangen: Karl Müller 1998. 160 S.

Dewar, Peter Beauclerk: *The House of Dewar 1296–1991. The Fortunes of Clan Dewar*. London: Peter B. Dewar 1991. 137 S.

Donat, Jacques: *1er Répertoire international de Mignonettes d'alcool*. Le Mée-sur-Seine: Éditions Amatteis 1998. 192 S.

Dunnet, Alastair: *The Land of Scotch*. The Scotch Whisky Association 1953.

Elder, Andrew: *The Whisky Map of Scotland*. Edinburgh: John Bartholomew & Son 1976. (Faltkarte, in Zusammenarbeit mit The Scotch Whisky Association)

Fielden, Christopher: *A Dynasty in Drink: The Suntory Story*. Holt, Trowbridge: Wine Source 1991. 193 S.

Fleming, Susan: *The Little Whisky Book*. London: Judy Piatkus 1988. R1992. 60 S.

Forbes, George: *Scotch Whisky*. Glasgow: Lang Syne 1995. 92 S.

Forbes, R.J.: *Short History of the Art of Distilling*. Leiden 1948.

Gabanyi, Stefan: Schumann's Whisk(e)y Lexikon. München: Heyne 1986. 368 S.

Gardiner, Leslie: *The North British: The First Hundred Years*. Edinburgh: The North British Distillery Company 1985. 64 S.

Grant, Elizabeth: *Memoirs of a Highland Lady. The Autobiography of Elizabeth Grant of Rothiemurchus afterwards Mrs. Smith of Baltiboys. 1797–1830.* Edited by Lady Strachey. [1]1898. London: John Murray 1928. 427 S.

Gray, Alan: *The Scotch Whisky Industry Review.* Jährlicher Report. Edinburgh: Sutherland & Partners (seit 1993, bis 1989: Campbell, Neill & Co., Glasgow, 1990–1992: Charterhouse Tilney, Glasgow.

Greenwood, Malcolm: *A Nip Around the World. Diary of a Whisky Salesman.* Glendaruel: Argyll Publishing 1995. 112 S.

Greenwood, Malcolm: *Another Nip Around the World.* Glasgow: Neil Wilson 1997. 92 S.

Grindal, Richard: *Return to the Glen. Adventures on the Whisky Trail.* Chevy Chase: Alvin Rosenbaum 1989. 159 S.

Grindal, Richard: *The Spirit of Whisky. An Affectionate Account of the Water of Life.* London: Warner Books 1992. 256 S. Dt.: *Das Whisky Brevier. Geschichte und Geschichten vom Wasser des Lebens.* München: Heyne 1994. 239 S.

Grinling, Jasper: *Spey Royal.* London: W & A Gilbey Ltd. 1960. O.S.

Gunn, Neil: *Whisky and Scotland.* London: George Routledge 1935. 198 S. Reprint: London: Souvenir Press 1977.

Gutzke, David W.: *Alcohol in the British Isles from Roman Times to 1996. An Annotated Bibliography.* Westport, Connecticut u. London: Greenwood Press 1996. 266 S. (Nr. 44 der Bibliographies and Indices in World History)

Hanley, Clifford: *A Skinful of Scotch.* London: Hutchison & Co. 1965. 174 S. (mit einem Kapitel »The Hard Stuff«)

Harris, James F., Mark H. Waymack: *Single-Malt Whiskies of Scotland for the Discriminating Imbiber.* La Salle, Illinois: Open Court 1992. 194 S.

Harris, Paul (Hrsg.): *The Rhythm of the Glass. Drinking: Contemporary Writing.* Edinburgh: Paul Harris Publishing 1977. 88 S. (mit Beiträgen von Bill Tait, Alan Bold, George MacKay Brown, Jeremy Bruce-Watt, Duncan McAra, Stanley Roger Green, Ronald Shaw, Norman MacCaig, Cliff Hanley, John Broom, Donald Campbell. Etchings von Donald Mackenzie, Fotos von Barry Jones)

Hastie, S.H.: *From Burn to Bottle. How Scotch Whisky is made.* Edinburgh: Philip Gee for Scotch Whisky Association [3]1956. 24 S.

Helenius-Seppälä, Matti: *Über das Alkoholverbot in den Vereinigten Staaten von Nordamerika.* Jena: Gustav Fischer 1910. 131 S.

Henderson, Richard: *Chasing Charlie.* O. O.: Black Raven Publishers 1996. 424 S. (Geschichte um einen verborgenen Schatz von 1000 Flaschen Whisky)

Hills, Phillip (Hrsg.): *Scots on Scotch. The Scotch Malt Whisky Society Book of Whisky.* Edinburgh und London: Mainstream 1991. 192 S. (mit Beiträgen von George Rosie, Trevor Royle, Colin McArthur, David Daiches, Alan

Bold, Ruth Wishart, Derek Cooper, Russell Sharp, Hamish Henderson, Norman MacCaig, Phillip Hills)

Hobley, L.F. *Customs and Excise Men*. London: Allman & Son 1974. 80 S.

House, Jack: *The Spirit of White Horse*. White Horse Distilleries 1971.

House, Jack: *Pride of Perth. The Story of Arthur Bell & Sons Ltd. Scotch Whisky Distillers*. London: Hutchinson Benham 1976. 135 S.

House, Jack u. a.: *Scotch Whisky*. London: Macmillan 1979.

House, Jack: *The Romance of Long John*. O. O.: Long John International Ltd. 1982. 32 S.

Howard, Kathleen, Norman Gibat: *The Lore of Still Building. A primer on the production of alcohol for food and fuel.* (1th printing 1973) Fostoria, Ohio: Noguska Industries 1994. 184 S.

Hume, John R.. *Dallas Dhu Distillery*. Edinburgh: Her Majesty's Stationary Office 1988. 16 S.

Jackson, Michael: *A Scottish Odyssey*. in: Decanter Dez. 1991. S. 202–211. (S.208–211: Vorstellung einiger Malts)

Jackson, Michael: *Malt Whisky Companion. A Connoisseur's Guide to the Malt Whiskies of Scotland*. London: Dorling Kindersley 1989. 240 S. ^{2}1991. 240 S.,^{3}1994. 272 S. Dt.: *Malt Whisky. Der Guide für Kenner und Genießer*. München: Heyne. 240 S.

Jackson, Michael: *The World Guide to Whisky*. London: Dorling Kindersley 1987. 224 S. Dt.: *Whisky*. Bearbeitet und ergänzt von Claus Arius. Weil der Stadt: Walter Hädecke 1988. 259 S. ^{2}1993. 248 S.^{3}1997. (bearbeitet von Walter Schobert)

Johnson, Tom: *The Story of Berry Bros. & Rudd Wine and Spirit Merchants* O. O.: Selbstverlag o. J. 32 S.

Jones, Andrew: *Whisky Talk*. London: Judy Piatkus 1997. 152 S.

Keegan, Alan: *Scotch in Miniature. A Collector's Guide to Whisky Miniatures*. Gartocharn: Northern Book/Famedram 1982. Revidierte Auflage 1986. 80 S.

Kobler, John: *Ardent Spirits. The Rise and Fall of Prohibition*. London: Michael Joseph 1974. 386 S.

Kochan, Nick und Hugh Pym: *The Guinness Affair. Anatomy of a Scandal*. London: Christopher Helm 1987. 198 S.

Kreis, Bernd: *Maltwhisky*. In: *Cotta's kulinarischer Almanach auf das Jahr 1994*. Stuttgart: Klett-Cotta 1994. S. 19–24.

Kroll, Harry Harrison: *Bluegrass, Belles, and Bourbon. A Pictorial History of Whisky (sic!) in Kentucky*. South Brunswick and New York: A. S. Barnes and Company, London: Thomas Yoseloff 1967. 224 S.

Lamond, John D., Robin Tucek: *The Malt File*: London: Benedict Books 1989. 136 S. ^{2}1993. 160 S. (hrsg. von The Malt Whisky Association)

Lamond, John: *The Whisky Connoisseur's Book of Days. Facts, Fables and Folklore*. Whittingehame: The Edinburgh Publishing Company 1992. 140 S.

Lamond, John: *The Whisky Connoisseurs's Companion. Facts, Fables and*

Folklore from the World of Whisky. Leith: The Edinburgh Publishing Company 1993. 136 S.

Laver, James: *The House of Haig.* Markinch: John Haig & Co. 1958. 75 S.

Lerner, Daniel: *Schottischer Whisky.* Köln: Könemann 1998. 184 S.

Lockhart, Sir Robert Bruce: *Scotch. The Whisky of Scotland in Fact and Story.* London: Putnam 1951. 184 S. 7. Auflage Glasgow: Neil Wilson 1996. 192 S. (mit einem Vorwort von Robin Bruce Lockart). Dt.: *Whisky. Die abenteuerliche Geschichte des Scotch.* (mit ergänzenden Texten von Aladar von Wesendonck: »Whisky in aller Welt« und »Whisky in Deutschland«). München: Wilhelm Heyne Verlag 1967. 220 S.

Macdonald, Aeneas: *Whisky.* Edinburgh: The Purpoise Press 1930. 135 S.

MacDonald, Ian: *Smuggling in the Highlands.* Sterling: Eneas Mackay 1914. 124 S.

Mackie, Albert D.: *The Scotch Whisky Drinker's Companion.* Edinburgh: Ramsay Head 1973. 124 S.

MacLean, Charles: *The Mitchell Beazley Pocket Whisky Book. A guide to malt, grain, liqueur and leading blended whiskies.* London: Mitchell Beazley 1993. 192 S. Scotch Whisky. London: Mitchell Beazley 1998. 223 S.

MacLean, Charles: *Sainsbury's Guide to Malt Whisky.* London: Sainsbury plc 1995. 96 S.

MacLean, Charles: *Discovering Scotch Whisky.* Christchurch, Dorset and London: New LifeStyle Publishing Ltd. 1966. 96 S.

MacLean, Charles: *Scotch Whisky.* Andover: Pitkin Guides. 1996. 29 S.

MacLean, Charles: *Malt Whisky.* London: Michtell Beazley 1997. 176 S. Dt.(übersetzt von Axel Behrendt): München: Heyne 1998. 176 S.

Maggee, Malachy: *1000 Years of Irish Whiskey.* Dublin: O'Brien Press 1980. 144 S.

Mahé, Patrick: *La Magie du Whisky.* Paris: Éditions du Chêne 1997. 184 S.

Mantle, Jonathan: *The Ballantine's Story.* London: James & James 1991. 65 S.

Martine, Roddy: *Scotland. The Land and the Whisky.* (Photographs by Patrick Douglas-Hamilton) London: John Murray in Association with The Keepers of the Quaich 1994. 224 S.

Martine, Roddy (Text) und Bill Milne (Fotos): *Single Malt Scotch.* New York: Friedman/Fairfax Publishers 1997. 164 S.

Maxwell, Sir Herbert: *Half-A-Century of Successfull Trade. Being a Sketch of the Rise and Development of the Business of W & A Gilbey, 1857–1907.* London: Pantheon Press für W & A Gilbey. 1907. 85 S.

McBain, Stewart: *200 Years of Distilling Tradition. Strathisla Distellery Keith 1786–1986.* Keith: Selbstverlag 1986. 68 S.

McCall, Robert: *500 Years of Scotch Whisky. Scotch Whisky – The Quincentenary 1494–1994.* Glasgow: Arts & Entertainment Publishing Limited 1994. 106 S.

McDonald, John: *Secrets of the Great Whiskey Ring.* Chicago: Belford, Clarke & Co. 1880. 308 S.

McCreary, Alf: *Spirit of the Age. The story of »Old Bushmills«.* »Old Bushmill« Distillery Company 1983. 232 S.

McGuffin, John: *In Praise of Poteen:* Belfast: Appeltree Press 1978. 167 S. Dt.: Jürgen Schneider. Hamburg: Lutz Schulenburg (Edition Nautilus) 1996. 187 S.

McDowall, R.J.S.: *The Whiskies of Scotland.* London: John Murray 1967. 164 S. 4.revidierte Auflage überarbeitet von William Waugh. 1986. 184 S. Dt. (gekürzt, aber vom Autor autorisiert): Mainz: Florian Kupferberg 1968. 100 S.

McHardy, Stuart: *Tales of Whisky and Smuggling.* Moffat: Lochar Publishing 1991. 160 S.

McIvor, Doug: *Scotch Whisky – Top Single Malts.* London: PRC Publishing Ltd. 1998. 96 S.

McNeill, F. Marian: *The Scots Cellar – Its Traditions and Lore.* Edinburgh: Richard Paterson 1956. 290 S.

Mehrlich, Klaus: *Whisk(e)y von den britischen Inseln. Eine Untersuchung der Industrien und der wirtschaftlichen Bedeutung des Whisk(e)y für Schottland und Irland.* Frankfurt a. M.: Peter Lang 1997. 374 S. (Dis. Erlangen 1997)

Milroy, Wallace: *Malt Whisky Almanac.* Moffat: Lochar 1986. 94 S. – 1987. 120 S. (Vorwort von Kingsley Amis). – 1989. 144 S. (Vorwort von John AR MacPhail) Glasgow: Neil Wilson Publ.4 1992. 144 S. (Vorwort von Sir Iain Tennant) 6 1995. 160 S. (Vorwort von Earl of Mansfield) *The Original Malt Whisky Almanac. A Taster's Guide.* Glasgow: Neil Wilson 7 1998. 160 S. Dt.: *Malt Whisky Almanach. Leitfaden für den Genießer.* Schortens: Verlag Friesland 1991. 144 S. Dt. Ausgabe der 5. Auflage: 1993. 144. S. 6. Auflage: 1995. 160 S. 7. Auflage: 1998.

Milsted, David: *Bluff your way in Whisky.* Horsam: Ravette Books 1991. 62 S.

Moore, Graham: *Malt Whisky. A Contemporary Guide.* Shrewsbury: Swan Hill Press 1998. 160 S.

Morrice, Philip: *The Whisky Distilleries of Scotland and Ireland.* London: Harper Publishing 1987. 369 S. (mit Zeichnungen von Peter Haillay. Gedruckt zum Centenary von Barnards Buch)

Morrice, Philip: *The Schweppes Guide to Scotch.* Sherbone: Alphabooks 1983. 413 S.

Morrison, Brian: *Drink and the Victorians.* London 1971.

Morton, Tom: *Spirit of Adventure. A Journey Beyond the Whisky Trail.* Edinburgh und London: Mainstream Publishing 1992. 188 S.

Moss, Michael S., John R. Hume: *The Making of Scotch Whisky. A History of the Scotch Whisky Distilling Industry.* Edinburgh: James & James 1981. 304 S.

Moss, Michael: *Scotch Whisky.* Edinburgh: W & R Chambers 1991. 91 S.

Murphy, Brian: *The World Book of Whisky.* Glasgow, London: Collins 1978. 192 S.

Murray, Jim: *Irish Whiskey Almanac.* Glasgow: Neil Wilson Publ. 1994. 159 S.

Murray Jim: *Classic Irish Whiskey.* London: Prion Books 1997. 256 S. (überarbeitete Fassung von *Irish Whiskey Almanac*)

Murray, Jim: *Complete Book of Whisky. The Definite Guide to the Whiskies of the World*. O. O.: Carlton 1997. 224 S. Dt.: *Whisky & Whiskey* (übersetzt von Irene Spreitzer). München: Lichtenberg 1997. 224. S.

Murray, Jim: *The Complete Guide to Whisky. Selecting, Comparing and Drinking the World's Great Whiskies*. O. O.: Carlton 1997. 256 S. (vom Text her fast identisch mit dem o.g. Titel, ohne »Exoten« und Fotos) Dt.: *Die großen Whiskys der Welt* (übersetzt von Irene Spreitzer). München: Lichtenberg 1998. 368 S.

Murray, Jim: *The Art of Whisky. A Deluxe Blend of Historic Posters from the Public Record Office*. PRO Publications: Kew 1998. 80 S.

Murray, Jim: *Classic Bourbon, Tennessee & Rye Whiskey*. London: Prion Books 1998. 272 S. Dt.: Weil der Stadt: Hädecke Verlag 1999. (übersetzt von Lucas Schobert, bearbeitet von Walter Schobert)

Murray, Jim: *Classic Blended Scotch*. London: Prion Books 1999. 256 S.

Neish, Alexander B.: *The art of Peat cutting*. Bowmore: Ileach Teleservices Ltd 1966. 17 S.

Nettleton, J.A.: *The Manufacture of Spirits as conducted at the Various Distilleries of the United Kingdom*. London 1898.

Nettleton, J.A.: *The Manufacture of Whisky and Plain Spirit*. Aberdeen: G. Cornwall & Sons 1913. 606 S.

Newman, Peter C.: *King of the Castle. The Making of a Dynasty: Seagram's and the the Bronfman Empire*. New York: Atheneum 1959. 304 S.

Nown, Graham: *Edradour. The Smallest Distillery in Scottland*. Whitley, Melksham: Good Books 1988. 48 S. (mit einem Vorwort des Duke of Argyll)

Nown, Graham: *Malt Whisky. A Comprehensive Guide for both the Novice and Connoisseur*. London: Salamander Books 1997. 128 S. Dt. (übersetzt von Dr. Marcus Würmli): *Malt Whisky. Ein Geschenk der Natur.* Cham (Schweiz): Müller Rüschlikon 1998. 128 S.

o.V.: *Report respecting the Distilleries in Scotland*. Ordered to be printed 12th July 1799.

o.V.: *Report respecting the Scotch Distillery Duties*. Ordered to be printed 11th June 1798.

o.V.: *Whisky. Thoughts on distllation of ardent spirits in the Highlands of Scotland; submitted to the consideration of the government by a landed proprietor in the country of Inverness*. Inverness 1814.

o.V.: *Truths about Whisky*. London: Sutton Shape and Co. Second Edition Revised: 1879. 113. S.

o.V.: *Report from the Select Committee on British and Foreign Spirits*. Ordered by the House of Commons, to be printed, 30. April 1891. London: His Majesty's Stationary Office 1891– 1908. 151 S.

o.V.: *Glenlivet. Where Romance and Business meet beeing the Annals of The Glenlivet Distillery founded by George Smith in 1824*. Glenlivet: Capt. W.S. Smith 1924. 32 S. 1959 (mit Illustrationen von George

Mackie, zum 100. Jahr der Produktion am gleichen Ort); [4]1966. 41 S.

o.V.: *Scotch Whisky. Questions and Answers*. Edinburgh: Philip Gee für The Scotch Whisky Association 1953. (viele Neuauflagen)

o.V.: *All About Whiskey*. Dublin: The Irish Pot Still Distillers Association 1957. 18 S.

o.V.: *Irish Maltster's Conference. Selected Papers 1952–1961*. Dublin: Arthur Guinness, Son & Co. 1961. 339 S. (Aufsatzsammlung zu verschiedenen Aspekten des Mälzens, von der Ernte bis zum Trocknen des Malzes)

o.V.: *D.C.L. and Scotch Whisky*. Ipswich: Cowell 1961. 182 S. [2]1962. 1966.[4]1975.

o.V.: *Mr. Seager & Mr. Evans. The Story of a Great Partnership*. London: Seager & Evans Co. 1963. O.S.

o.V.: *Harrods Book of Whisky*. Published by Decanter for Harrods. London 1978. 46 S.

o.V.: *Scotch Whisky in the 80s*. Distilling Sector Working Group. Edinburgh: HMSO 1984.

o.V.: *The Story of Scotch Whisky. A Souvenir Guide Book to the Scotch Whisky.* Whisky Heritage Centre Edinburgh 1988. O.S.

o.V.: *The Maltmap. A Full Colour Map of Scotland's Most Famous Malt Whiskies*. Edinburgh: Cheldon Press 1991.

o.V.: *The Brewery Manual and Who's Who in British Brewing and Scotch Whisky Distilling 1992*. Hampton: Hampton Publishing Ltd. 1992. 248 und 31 S.

o.V.: *Irish Whiskies. Past and Presence.* Wicklow: Real Ireland Design Ltd. 1993. O.S. (Little Books of Ireland)

o.V.: *Islay Malt Whisky Trail Passport.* Bowmore: Ileach Teleservices o. J. (1994). O.S.

o.V.: *Caol Ila Distillery 1846–1996. A Photographic Celebration*. Port Askaig: Caol Ila Distillery 1996. 56 S.

o.V.: *North British. The North British Distillery Co. Ltd.* Wheatfield Road Edinburgh 1885–1935. O.O, O. J. 47 S.

Pacy, Joseph: *The Reminiscenes of a Gauger. Imperial Taxation, Past and Present, Compared*. Newark: o.V. 1873. 127 S.

Parish, Woodbine: *Two Reports of W.P., Esquire, Chairman of the Board of Commissioners in Scotland, on the Subject of ILLICIT DISTILLATION in Scotland; – dated London 25 April and 26. April 1816.* (ordered, by the House of Commons, to be printed, 7th June 1816)

Pattullo, Diane, Derek Cooper: *Enjoying Scotch*. London: Johnston & Bacon 1980. 112 S.

Perry, Stuart: *The New Zealand Whisky Book*. Auckland, Sydney, London: Collins 1980. 141 S.

Philipson, John: *Whisky Smuggling on the Borders*. Newcastle upon Tyne: The Society of Antiquaries 1991. 46 S.

Piggott, J.R.(John Raymond), R.(Russell) Sharp, R.E.B.(Robert Erskine Burt) Duncan (Hrsg.): *The Science and Technology of Whiskies*. Harlow: 1989. 410 S.

Pyke, Magnus: *Science and Scotch Whisky*. Edinburgh: The Distillers Company 1966.

Quigley, John: *King's Royal.* London: Hamish Hamilton 1975. 442 S.

Ramsay, Stuart Maclean: *Single Sensation. So many Single-Malt Scotches but which dram do we drink.* In: Cigar Aficionado Vol. 7, Nr. 1, December 1998. S. 292–309.

Ravier, Michel: *Whisky. Wissenswertes für Genießer.* München: Ballantine's/Nathan International 1984. 79 S. (Enzyklopädie für den Verbraucher)

Reeve-Jones, Alan: *A Dram like this … The Gourmet's Guide to Scotch Whisky.* London: Elm Tree Books, Hamish Hamilton for William Grant & Sons 1974. 122 S.

Regan, Gary und Mardee Haidin: *The Book of Bourbon And Other Fine American Whiskeys.* Shelburne: Chapters Publishing Ltd. 1995. 364 S.

Riddell, J.B.: *Observations on the Scotch Whisky Production Cycle.* O. O.: The Invergordon Distillers 1976.

Robb, J. Marshall: *Scotch Whisky. A Guide.* London und Edinburgh: W. & R. Chambers, New York: E.P. Dutton O. J. (1950). 80 S.

Ross, James: *Whisky.* London: Routledge & Kegan 1970. 158 S.

Rudolf, Karl. *Malt, Scotch, Bourbon & Co.* Düsseldorf: Econ 1989. 116 S. (Econ Gourmet Bibliothek)

Ryan, John Clement: *Irish Whiskey.* Dublin: Eason & Son 1992. 24 S. (The Irish Heritage Series: 71)

Scarisbrick, J.: *Spirit Manual. (Historical & Technical).* Burton-on-Trent: o.V. 1891. 152 S. (Revenue Series No. 2)

Saintsbury, George: *Notes on a Cellar Book.* London: Macmillan 1920. ³1931. 228 S.

Schobert, Walter: *Malt Whisky Guide. Führer zu den Quellen.* Weil der Stadt: Hädecke 1992. 161 S. ²1994. 175 S. ³1996 (erweitert). 184 S.

Schobert, Walter (Hrsg.): *The Glenmorangie Trail. Bar und Shopping Guide 1996 – Ein Führer zu den besten Malt Whisky Adressen Deutschlands.* Aschheim bei München: Moët-Hennessy Deutschland 1995. 223 S.

Schobert, Walter: *Single Malt Note Book.* Syke: The House of Whiskies 1996. 267 S.

Setter, Lösch, Klassen: *Whisky.* Sande: Verlag Friesland 1981. 141 S.

Shaw, Carol P.: *Whisky.* Glasgow: Harper Collins 1993. 237 S. (Collins Gem)

Shaw, Carol P.: *Classic Malts. A beautifully illustrated guide to over 85 classic Scottish and Irish malt whiskies.* Glasgow: Harper Collins 1997. 95 S.

Shay, Frank (Hrsg.): *My Pious Friends and Drunken Companions and More Pious Friends and Drunken Companions. Songs and Ballads of Conviviality.* New York: Dover 1961. 235 S. (zuerst in zwei Bänden erschienen: London: The Macauly Company 1927 u. 1928)

Sillett, S(teve) W.: *Illicit Scotch.* London: Beaver Books 1965. 121 S. Aberdeen: Impuls Publ. 1970. 121 S. Glasgow: Lang Syne 1990. 120 S.

Simon, André L.: *Everybody's Guide to Wines and Spirit.* London: Charles Skilton 1961. 194 S. (mit einem Kapitel Whisky)

Simon, André: *Drink*. London: Burke Publ. 1948. 272 S. (mit einem Kapitel »John Barleycorn«)

Simpson, Bill u. a.: *Scotch Whisky as tasted by Bill Simpson, Anthony Troon, S. Russell Grant, Hugh MacDiarmid, Donald Mackinlay, Jack House, Theodora FitzGibson*. London: Macmillan 1974. 120 S.

Sinclair, Clive: *Rare Images. A View of J & B*. O. O.: Selbstverlag 1977. O.S. (mit Farbfotos von Art Kane)

Skipworth, Mark: *Whisky*. London: Hamlyn 1987. 156S. Sonderausgabe: London: Lomond/Reed Consumer Books 1992. 156 S. 3. Auflage 1994. Dt.: *Schottischer Whisky*. Herrsching: Pawlek 1989. 156 S.

Smith, Gavin D.: *Whisky. A Book of Words*. Manchester: Carcanet 1993. 213 S.

Spiller, Brian: *The Chameleon' Eye. James Buchanan & Company Limited 1884–1984*. London & Glasgow: James Buchanan & Co Ltd. 1984. 148 S.

Spiller, Brian: *Cardhu. The World of Malt Whisky*. London: John Walker 1985. 80 S.

Steadman, Ralph: *Still Life with Bottle*. (*Whisky according to Ralph Steadman*) London: Ebury Press Random House 1994. 160 S.

Steel, James: *Selection of the Practical Points of Malting and Brewing and Structures* theron, for the Use of Brewery Proprietors. Glasgow: James Steel 1878. 130 S. (und X plates).

Steneker, Fred: *Whisky: Het complete whiskyboek met o.a. tips, recepten, longdrinks, en cocktails*. Rotterdam: Wyt Uitgevers o.J. 104 S.

Symons, William: *The Practical Gager or The Young Gager's Assistent*. London 1830. 346 S.

Taylor, Ian Cameron: *Highland Whisky*. An Comun Caidhealach 1968. 12 S. (Reprint 1972)

Thomson, Thomas: *Brewing and Distilling*. Edinburgh: Adam and Charles Black 1849. 378 S.

Tovey, Charles: *British & Foreign Spirits: Their History, Manufacture, Properties, etc.* London: Whittaker & Co. 1864. 376 S.

Townsend, Brian: *Scotch Missed. The Lost Distilleries of Scotland*. Glasgow: Neil Wilson Publishing Ltd. 1993. 160 S. (erweitert) 1997. 192 S.

Townsend, Brian: *The Lost Distilleries of Ireland*. Glasgow: Neil Wilson Publishing 1997. 154 S. (mit einem Vorwort von John Clement Ryan)

Tucek, Robin, John Lamond: *The Malt Whisky File*. Edinburgh: Canongate Books Ltd. 1995. 224 S. 1997. 240 S. Dt. (mit einem Vorwort von David Stewart): Kirn 1995. 224 S.

Waugh, Alec: *Merchants of Wine. Being a Centenary Account of the House of Gilbey*. London: Cassell and Comp. 1957. 135 S.

Waymack; Mark H. und James F. Harris: *The Book of Classic American Whiskeys*. Chigago and La Salle: Open Court 1995. 238 S.

Webb, S. & B.: *The History of Liquor Distilling in England Principally from 1700 to 1830*. O.O.: 1903. 162 S. (+54 S. Anzeigen)

Weir, Ronald B.: *History of the Pot Still Malt Distillers Association*. Elgin 1970.

Weir, Ronald B.: *The Distilling Industry in Scotland in the Nineteenth and Early Twentieth Century*. Edinburgh: Univerity of Edinburgh. 1974. XXIII, 570 und XIII S. (Typoskript)

Weir, Ronald B.: *The History of the Malt Distillers' Association of Scotland*. O. O.: o. J. 177 S. (York: Economics Department, University of York: 1974) (Typoskript)

Weir, Ronald W.: *The History of the Distillers Company 1877–1939: Diversification and Growth in Whisky and Chemicals*. New York: Clarandon Press Oxford Press 1995. 417 S.

Wesendonk, Aladar von: *Whiskey und Whisky*. Götzenhain: Verlag Arne Krüger 1974. 413 S.

Wheatley, Dennis *1749–1949. The Seven Ages of Justerini's*. London: Riddle Books 1949. 85 S.

Wheatley, Dennis: 1749–1965. *The Eight Ages of Justerini's*. Aylesbury: The Dolphin Publ. Comp. 1965. 102 S.

Wilson, James Boone: *The Spirit of Kentucky*. Louisville: Glenmore Distilleries 1945. 50 S.

Wilson, John: *Scotland's Distilleries*. Gartocharn: Famedram 1975.

Wilson, John: *Scotland's Malt Whiskies. A Dram by Dram Guide*. Gartocharn: Famedram 1973. Revidiert: 1978. 125 S.

Wilson, Neil: *Scotch and Water. Islay, Jura, Mull, Skye. An illustrated guide to the Hebridean malt whisky distilleries.*[1] *1955*. Moffat: Lochar 1985. 128 S. (Vorwort David Daiches)

Wilson, Neil: *The Malt Whisky Cellar Book*. (mit einem Vorwort von Wallace Milroy) Glasgow: Neil Wilson 1999. 150 S.

Wilson, Ross: *Scotch Made Easy*. London: Hutchison 1959. 336 S.

Wilson, Ross: *Scotch. Its History and Romance*. Newton Abbot: David & Charles 1973. 184 S.

Wilson, Ross: *Scotch. The Formative Years*. London: Constable 1970. 502 S.

Wilson, Ross: *The House of Sanderson*. O. O.: Wm. Sanderson 1963. 108 S.

Wisniewski, Ian: *The Classic Whisky Handbook*. London u. a.: Lozenz Books (Annes Publishing) 1998. 64 S.